GROSSE STIMMEN

JENS MALTE FISCHER

GROSSE STIMMEN

Von Enrico Caruso bis Jessye Norman

VERLAG J. B. METZLER
STUTTGART · WEIMAR

Die Deutsche Bibliothek – CIP-Einheitsaufnahme

Fischer, Jens Malte:
Grosse Stimmen : von Enrico Caruso bis Jessye Norman /
Jens Malte Fischer. – Stuttgart : Metzler, 1993
ISBN 3-476-00893-2

Gedruckt auf säure- und chlorfreiem, alterungsbeständigem Papier

ISBN 3-476-00893-2

© 1993 J. B. Metzlersche Verlagsbuchhandlung
und Carl Ernst Poeschel Verlag GmbH in Stuttgart
Einbandgestaltung: W. Löffelhardt
Satz: Uwe Steffen, München
Druck: Druck-Partner Rübelmann, Hemsbach
Printed in Germany

Verlag J. B. Metzler Stuttgart · Weimar

EIN VERLAG DER SPEKTRUM FACHVERLAGE GMBH

Inhalt

Sängerinnen und Sänger der Jahrhundertwende
1

Erstes Intermezzo: Der Höhepunkt des italienischen dramatischen Gesangs – Otello, eine Rolle und ihre Sänger
73

Sängerinnen und Sänger der zwanziger und dreißiger Jahre
115

Inhalt

Zweites Intermezzo: Sprachgesang oder Belcanto? Wagners Sänger, die Bayreuther Schule und die Entwicklung des Wagner-Gesangs
229

Sängerinnen und Sänger der vierziger und fünfziger Jahre
293

Inhalt

Drittes Intermezzo: Die Merkwürdigen und die Außenseiter, die Verkannten und die Unbekannten
377

Sängerinnen und Sänger der sechziger und siebziger Jahre
411

Viertes Intermezzo: Jüdische Sänger — Eigenart und Schicksal
511

Sängerinnen und Sänger der Gegenwart
523

Glossar
599

Literaturverzeichnis
617

Personenregister
619

Vorwort

Das Buch stellt den Versuch dar, in einem Band ein knappes Jahrhundert in der Geschichte des Kunstgesangs zu überblicken. Es beginnt zu dem Zeitpunkt, an dem die Geschichte der Schallaufzeichnung es ermöglicht, Gesangsleistungen mit einer ausreichenden Wiedergabetreue aufzuzeichnen, also um die Jahrhundertwende, und hier mit der epochalen Erscheinung Enrico Carusos. Eine auch nur annähernde Vollständigkeit, wie sie mehrbändige Werke lexikalischer Natur geben können, war nicht angestrebt. Angesichts der räumlichen Beschränkung mußte eine Grundsatzentscheidung fallen: Werden möglichst viele Namen genannt, oder wird auf Ausführlichkeit im Einzelfall beharrt? Der Autor hat sich für die zweite Lösung entschieden, wohl wissend, daß dies schmerzliche Verluste nach sich zieht. Es liegt ihm daran, seinen Lesern zu versichern, daß er eine tränendurchfeuchtete Liste in seinem Schreibtisch verwahrt mit den Namen jener Sängerinnen und Sänger, die er nicht aufnehmen konnte – jede einzelne Entscheidung gegen einen Namen ist ihm schwergefallen, zumal die Qualitätskriterien, die solchen Entscheidungen zugrunde lagen, keineswegs immer eindeutig zu bestimmen waren. Da die angestrebte Ausführlichkeit dennoch nicht allen behandelten Künstlern gleichermaßen gegönnt werden konnte, nimmt das Buch eine Zweiteilung vor: Jene Künstler, deren höchster Rang international unbestritten ist, erhielten ein größeres Porträt zugeordnet, die anderen ein kleineres. Dies bedeutet keineswegs durchgehend eine Einteilung in »erstklassig« und »zweitklassig«; manchmal ist ein Sänger nur in der ersten Kategorie eingeordnet, weil er zeittypischer, repräsentativer ist, nicht immer ist er deshalb technisch, musikalisch, interpretatorisch besser als ein anderer, der sich in der zweiten Kategorie befindet.

Das Buch bemüht sich vor allem um eines (und unterscheidet sich darin von vergleichbaren Publikationen): Nicht nur die gesangliche Leistung soll anhand der Schallplatten einer sezierenden Beurteilung unterzogen werden, sondern vor allem soll hinter den Stimmen und Aufnahmen die Signatur des singenden Menschen deutlich werden; das Biographische, auch Anekdotische, wird daher nicht verschmäht. Was die gesangstechnische Beurteilung angeht, so weiß der Autor sich einig mit den Fachleuten für die Gesangskunst, daß sie in einem viel höheren Maß objektivierbar ist, als weithin angenommen wird. Er versucht dies in einem gesangstechnischen Glossar darzulegen, das die wichtigsten Begriffe erklärt. Um die chronologische Folge der Porträts aufzulockern, aber auch, um eine Vertiefung des Blickes zu erreichen, sind zwischen die Porträtkapitel vier Exkurse, Intermezzi genannt, eingeschoben, die zum Teil querschnittartig vorgehen (das Wagner-Intermezzo), oder an einem speziellen Punkt (Verdis *Otello*) gewissermaßen eine Tiefenbohrung vornehmen. Wagner und Verdi werden in ihrer Einwirkung auf die Geschichte der Gesangskunst also bevorzugt behandelt. Vergleichbare Exkurse wären natürlich auch denkbar gewesen für den Mozart-Gesang, die italienische Belcanto-Oper, für Puccini oder Strauss. Hier mußte eine Auswahl getroffen werden, bei der persönliche Interessensschwerpunkte des Autors den Ausschlag gegeben haben.

Eine gewisse Mühe macht sich das Buch mit den »Hinweisen«. Die Leser werden es vielleicht begrüßen, bei den größeren Porträts die wichtigste Literatur über die betreffenden Sängerpersönlichkeiten genannt zu bekommen (auch wenn diese oft nicht in deutscher Sprache erschienen ist) und außerdem wichtige Recitals auf CD. Operngesamtaufnahmen mit den Sängern können nur gelegentlich aufgeführt werden, als Ausgleich sind im Anschluß an das Vorwort zentrale Opernaufnahmen mit historischem Charakter genannt. Bei den kleineren Porträts werden meist nur die Labels genannt, bei denen sich Recitals der Sänger finden lassen (im abschließenden Gegenwartskapitel wurde auch darauf verzichtet). Als die Arbeit an dem Buch begonnen wurde, enthielten die »Hinweise« noch reichhaltige Angaben zu Langspielplatten. Die in ihrem Tempo nicht vorhersehbare, geradezu brutale Verdrängung der Langspielplatte durch die Compact Disc läßt solche Hinweise nicht mehr sinnvoll erscheinen. Ein gewisses Trostpflaster ist die ebenfalls nicht erwartete Fülle von historischen Opern- und Gesangsaufnahmen auf CD. Insgesamt gilt sicher für die Leser dieses Buches und ihre Suche nach einschlägigen Tonträgern Parsifals Wort zu Kundry: »Du weißt, wo du mich wiederfinden kannst!« (Die Angaben haben den Stand des Jahresendes 1992.)

Der Autor möchte seinen Dank ausdrücken: Renate Treiber und vor allem Raphaela Rupert haben sich um das Manuskript verdient gemacht. Tamara Barzantny hat mit Korrektur gelesen und sich die große Mühe des Registers aufgeladen. Kurt Malisch hat das Manuskript einer kritischen Durchsicht unterzogen. Sein unübertreffliches Detailwissen in allen Bereichen, die Sängerinnen und Sänger betreffen, hat das Buch vor manchen Irrtümern bewahrt.

Vorwort

Uwe Steffen hat nicht nur mit großem Satz-, sondern auch Sachverstand das
Manuskript in die endgültige Buchform gebracht. Uwe Schweikert schließlich hat das Buch in einer kritischen Situation mit offenen Armen aufgenommen.

Hinweise

Eine Vorform des Wagner-Intermezzos erschien 1986 in der Zeitschrift *Opernwelt*. –
In Ergänzung des Literaturverzeichnisses sollen hier zunächst Handbücher genannt
werden, in denen sich wichtige Informationen zur Sichtung des immensen tönenden
Materials befinden, das auf LP und CD vorlag oder vorliegt. Da ist zunächst das un-
verzichtbare Standardwerk, das von Alan Blyth herausgegeben wurde: *Opera on Record*
(3 Bände, London 1979, 1983, 1984). Einen historischen Katalog bietet *Opern auf
Schallplatte 1900–1962* (Wien 1974). Zur schnellen Orientierung sehr nützlich ist Karl
Löbls und Robert Werbas *Opern auf Schallplatte* (2 Bände, Düsseldorf 1983). Für Spezialisten historischer Aufnahmen interessant ist Julian Morton Moses *Collectors Guide
to American Recordings 1895–1925*, der zuerst New York 1949 erschien und dann in
einem Reprint (New York 1977). Die besten Diskographien zu Sängern finden sich
(soweit es keine Standardwerke zu ihnen gibt) in der englischen Spezialzeitschrift *The
Record Collector* und der englischen Opernzeitschrift *Opera*. Ein nützliches Verzeichnis
von Diskographien zur klassischen Musik und ihren Interpreten ist Michael H. Grays
und Gerald D. Gibsons *Bibliography of Discographies*. Band 1: *Classical Music, 1925–1975*
(New York/London 1977).

Die speziellen CD-Hinweise bei den einzelnen Sängerinnen und Sängern sollen hier
ergänzt werden durch Hinweise auf aktuelle *CD-Anthologien* mit wichtigen historischen Gesangsaufnahmen:

The Great Tenors, 2 CDs, Pearl
Tenors of the Bolschoi, 2 CDs, Pearl
Covent Garden on Record: A History, 12 CDs, Pearl
Divas, 2 CDs, Nimbus
Great Singers, 2 CDs, Nimbus
18 ténors d'expression française, 1 CD, Music Memoria
Les Introuvables du chant mozartien, 4 CDs, EMI
The Harold Wayne Collection (Raritäten), 7 CDs, Symposium
The Record of Singing Vol. 4 (1939–1955), 7 CDs, EMI
Berühmte italienische Baritone, 2 CDs, Memories
Famous Russian Singers, 6 CDs, Pearl

Abschließend eine Liste mit *25 historischen Opernaufnahmen*, die der Autor seinen Lesern empfiehlt, einzig unter dem Gesichtspunkt der sängerischen Qualität. Vor allem

bei den Live-Mitschnitten, die durch die Angabe des Opernhauses bezeichnet sind, müssen zum Teil erhebliche Abstriche an der technischen Qualität gemacht werden.

Vincenzo Bellini, *Norma*: Vittorio Gui; Maria Callas, Ebe Stignani, Mirto Picchi (Covent Garden London 1952); Legato.

Hector Berlioz, *Les Troyens*: Georges Prêtre; Nicolai Gedda, Marilyn Horne, Shirley Verrett (RAI Rom 1969); Melodram.

Georges Bizet, *Carmen*: Thomas Beecham; Victoria de los Angeles, Nicolai Gedda, Ernest Blanc (1958); EMI.

Luigi Cherubini, *Medea*: Leonard Bernstein; Maria Callas, Fedora Barbieri, Gino Penno (Scala Mailand 1953); Melodram.

Giacomo Meyerbeer, *Le Prophète*: Henry Lewis; Nicolai Gedda, Marilyn Horne (RAI Turin 1970); Myto.

Wolfgang Amadeus Mozart, *Così fan tutte*: Fritz Busch; Ina Souez, Luise Helletsgruber, Heddle Nash, Willi Domgraf-Fassbaender (Glyndebourne 1935); Pearl/EMI.

Wolfgang Amadeus Mozart, *Don Giovanni*: Bruno Walter; Ezio Pinza, Elisabeth Rethberg, Virgilio Lazzari (Salzburg 1937); Legato.

Wolfgang Amadeus Mozart, *Le nozze di Figaro*: Erich Kleiber; Cesare Siepi, Hilde Güden, Fernando Corena (1955); Decca.

Wolfgang Amadeus Mozart, *Die Zauberflöte*: Thomas Beecham; Wilhelm Strienz, Helge Rosvænge, Erna Berger, Tiana Lemnitz (1937/38); Pearl/EMI.

Giacomo Puccini, *La Bohème*: Thomas Beecham; Victoria de los Angeles, Jussi Björling, Robert Merrill (1956); EMI.

Giacomo Puccini, *Tosca*: Victor De Sabata; Maria Callas, Giuseppe Di Stefano, Tito Gobbi (1953); EMI.

Richard Strauss, *Der Rosenkavalier*: a) gekürzt: Robert Heger; Lotte Lehmann, Maria Olszewska, Elisabeth Schumann, Richard Mayr (1933); Pearl; b) Erich Kleiber; Maria Reining, Sena Jurinac, Hilde Güden, Ludwig Weber (1954); Decca.

Giuseppe Verdi, *Aida*: Carlo Sabajno; Dusolina Giannini, Aureliano Pertile, Irene Minghini-Cattaneo (1929); Pearl.

Giuseppe Verdi, *Un ballo in maschera*: Ettore Panizza; Jussi Björling, Alexander Svéd, Zinka Milanov, Bruna Castagna (Metropolitan Opera New York 1940); Myto.

Giuseppe Verdi, *Don Carlos*: Fritz Stiedry; Cesare Siepi, Jussi Björling, Robert Merrill, Fedora Barbieri (Metropolitan Opera New York 1950); Myto.

Giuseppe Verdi, *La forza del destino*: Dimitri Mitropoulos; Renata Tebaldi, Fedora Barbieri, Mario Del Monaco, Aldo Protti, Cesare Siepi (Florenz 1953); Foyer.

Giuseppe Verdi, *Otello*: Fritz Busch; Ramón Vinay, Licia Albanese, Leonard Warren (Metropolitan Opera New York 1948); Melodram.

Giuseppe Verdi, *Simon Boccanegra*: Ettore Panizza; Elisabeth Rethberg, Lawrence Tibbett, Giovanni Martinelli, Ezio Pinza, Leonard Warren (Metropolitan Opera New York 1939); Melodram.

Giuseppe Verdi, *La Traviata*: Ettore Panizza; Rosa Ponselle, Lawrence Tibbett, Frederick Jagel (Metropolitan Opera New York 1935); Pearl.

Richard Wagner, *Der fliegende Holländer*: Antal Dorati; George London, Leonie Rysanek, Giorgio Tozzi (1960); Decca.

Richard Wagner, *Die Meistersinger von Nürnberg*: Artur Bodanzky; Friedrich Schorr, Elisabeth Rethberg, René Maison (Metropolitan Opera New York 1936); Music and Arts.

Richard Wagner, *Tristan und Isolde*: Wilhelm Furtwängler; Kirsten Flagstad, Ludwig Suthaus (1952); EMI.

Richard Wagner, *Der Ring des Nibelungen*: a) Wilhelm Furtwängler; Ferdinand Frantz, Martha Mödl, Ludwig Suthaus (RAI Rom 1953); EMI; b) Wilhelm Furtwängler; Ferdinand Frantz, Max Lorenz, Kirsten Flagstad, Set Svanholm (Scala Mailand 1950); Virtuoso.

Richard Wagner, *Die Walküre*: a) I. Akt: Bruno Walter; Lauritz Melchior, Lotte Lehmann, Emanuel List (1935); EMI; b) Erich Leinsdorf; Friedrich Schorr, Astrid Varnay, Helen Traubel, Lauritz Melchior, Alexander Kipnis (Metropolitan Opera New York 1941); Myto.

Richard Wagner, *Siegfried*: Artur Bodanzky; Lauritz Melchior, Kirsten Flagstad, Friedrich Schorr (Metropolitan Opera New York 1937); Music and Arts.

Sängerinnen und Sänger
der Jahrhundertwende

Enrico Caruso

Der Gesangspädagoge George Cunelli, der ein Buch über seine Erinnerungen an große Sänger geschrieben hat (*Voice no Mystery*, London 1973), berichtet auch von seinem ersten persönlichen Eindruck von Caruso, nachdem er ihn zuerst nur durch Schallplatten kennengelernt hatte, bei einem Gastspiel des Tenors 1909 in Paris:

»Ich war tief enttäuscht. Seine Stimme erschien mir schwerfällig, guttural und erheblich forciert. Im dritten Akt von *Aida* und im letzten Akt von *Manon Lescaut* klang sie rauh, und in *Pagliacci* retteten ihn nur sein überwältigendes Temperament und seine Erfassung des Charakters der Rolle. Später, in *Rigoletto* an der Großen Oper, hörte ich, daß die Stimme bei dem hohen H brach, weil er sie in der Kadenz zu ›La donna è mobile‹ forcierte. Noch später, in Mailand 1916, war seine Stimme so geschädigt, daß sie in *Pagliacci* von der des Baritons praktisch ununterscheidbar war. Für mich war das eine Tragödie, weil alle, die die Gelegenheit gehabt hatten, ihn in einem früheren Stadium seiner Karriere zu hören, als er noch das mehr lyrische Repertoire sang, darin übereinstimmten, daß das die prachtvollste Stimme war, die auf der Opernbühne je zu hören war.«

Mit diesem Zitat soll nicht die Demontage eines Denkmals beginnen, von dessen Größe ich zutiefst überzeugt bin, sondern es soll ein wenig jener Caruso-Mythisierung entgegengewirkt werden, die allen Lesern vertraut ist und die nicht weiter erläutert werden muß, eine Mythisierung, die mit jenem Doppelbonmot zu tun hat: »Caruso made the Gramophone – and the Gramophone made him« (ein Bonmot von unbezweifelbarer Richtigkeit), die außerdem zu tun hat mit seinem vorzeitigen Tod im Alter von 47 Jahren und nicht zuletzt mit seinem sängerischen Können und dem unwiderstehlichen Appeal seiner

Stimme, die sich auf eine allen anderen Sängern seiner Zeit, weiblichen oder männlichen, überlegene Weise den Bedingungen des Mediums Schallplatte mit seiner noch steinzeitlichen Technik anpaßte (vergessen wir nicht, daß Caruso keine einzige elektrische Aufnahme machen konnte, sich also nicht in einer Technik verewigte, mit der für die meisten Sachverständigen überhaupt erst eine einigermaßen treue und die Qualitäten einer Stimme transportierende Methode der Tonaufzeichnung beginnt).

Die jetzt vorliegenden drei CD-Editionen haben nach langen Jahren, in denen Caruso sträflich wenig präsent war, diesen Befund in verblüffender Weise erhärtet und verstärkt. Die »unbeschreiblich ansprechende, zugleich süße und heldenhafte Stimme« Carusos, die in der Rolle des Radames ungenannt, aber deutlich erkennbar aus jenem *Zauberberg*-Grammophon dringt, das Hans Castorp in Thomas Manns Roman so gerne bedient, ist zum Synonym für den Tenor, ja für das Singen überhaupt geworden, und über keinen Sänger sind so viele Bücher und Aufsätze geschrieben worden, auch nicht über Maria Callas – in der Bibliographie von Andrew Farkas, *Opera and Concert Singers* von 1985, umfaßt der Abschnitt zu Callas acht Seiten, der zu Caruso zwölf Seiten mit einschlägigen Titeln.

Caruso wurde am 25. Februar 1873 in Neapel geboren, als 18. Kind einer 21 Köpfe zählenden Schar, seine Familie war arm, aber nicht sozial deklassiert, wie immer wieder behauptet wird, der Vater arbeitete in der Juteindustrie Neapels, dann als Hausmeister in einem Warenhaus. In solchen Verhältnissen ist, auch wenn für das tägliche Brot gesorgt ist, an eine ausführliche Schulbildung nicht zu denken, und so nahm »Errico«, wie er lange hieß, bereits mit zehn Jahren eine Tätigkeit als kleiner Hilfsmechaniker auf, später dann war er bei einem Hersteller von Trinkbrunnen angestellt. Aus dieser frühen Beobachtung von Materialien und mechanischen Abläufen resultiert vielleicht sein scharfes Auge für graphische Zusammenhänge. Caruso blieb zeit seines Lebens illiterat – er besaß keine Bücher und las keine Bücher, das einzige, das seine Frau Dorothy bei ihm antraf, war eine Kompilation von Tatsachenberichten, die ihm als Nachtlektüre diente; das erinnert, was die Bildungsschlichtheit eines großen Künstlers betrifft, an Anton Bruckner, der ja außer einem Buch über eine Nordpolexpedition und einem über die Ermordung Kaiser Maximilians von Mexiko auch keine Bücher besaß. Neben seinem sängerischen Genie aber besaß Caruso eine zweite Begabung, die zur Karikatur, durch eine Fülle von Beispielen belegt, die zeigen, daß es sich nicht nur um eine Freizeitbeschäftigung handelte, sondern um den Ausdruck einer Fähigkeit, mit der er unter anderen Umständen seinen Lebensunterhalt hätte verdienen können.

Die stimmliche Begabung fiel bereits vor dem Stimmbruch auf, und wie bei so vielen großen italienischen männlichen Sängern war es der Kirchenchor

2

mit seinen solistischen Aufgaben, in dem es erste Gelegenheiten gab, Stimme zu zeigen (die Rolle des Kirchenchors für die italienische Gesangskultur wäre eine eigene Studie wert). Am 1. Juni 1888 war Carusos Knabenstimme zum ersten Male solistisch in der Kirche San Severino zu hören, nach dem Stimmbruch bekam er Unterricht bei Guglielmo Vergine, 1893 sang er dem Leiter des Teatro Mercadante, Nicola Daspuro, vor, um die Rolle des Wilhelm in Thomas' *Mignon* zu erhalten (Caruso hat diese Rolle merkwürdigerweise nie mehr gesungen, wohl weil das Werk bereits weitgehend aus den Spielplänen verschwunden war). Das Vorsingen verlief ungünstig, und so mußte Caruso, mußten Neapel und die musikalische Welt noch warten auf das Debüt dieses Tenors. Michael Scott datiert es auf den 2. Januar 1895, als Caruso sich mit einem »Tantum ergo« in einer Vesper in der Kirche von Caserta hören läßt. Das Bühnendebüt erfolgte dann zwei Monate später im Teatro Nuovo in Neapel, mit der tenoralen Hauptrolle in einer neuen »commedia lirica« des Komponisten Domenico Morelli: *L'amico Francesco* (die Aufführung fand vor geladenen Gästen statt – das in den meisten Nachschlagewerken zu findende Datum November 1894 ist von Scott korrigiert worden). Einer etwas weiteren Öffentlichkeit wird der Tenor dann bekannt, als er den Alfredo in *La Traviata* im Teatro Mercadante singt, am 29. November 1895.

Von einer kometenhaften Karriere des jungen Neapolitaners (er ist 22 Jahre alt) kann indes keine Rede sein, mühsam singt er sich durch die kleineren und kleinsten Opernhäuser Süditaliens, und es dauert noch einmal zwei Jahre, bis er an einem großen Haus (vor allem in den Maßen großen) auftreten darf, dem Massimo in Palermo, wo er in *La Gioconda* singt. Dieses Jahr 1897 bringt zwei schicksalhafte Begegnungen: Er hat Gelegenheit, in Torre del Lago Puccini vorzusingen, der ausgerufen haben soll: »Wer schickt Sie – Gott?«, und er begegnet der Kollegin Ada Giacchetti, mit der er in den folgenden Jahren zusammenlebt, ohne zu heiraten, wenn auch mit zwei Kindern gesegnet. Man wird auf Caruso aufmerksam, und mit dem Winter 1898/99 ist der Beginn seiner internationalen Karriere anzusetzen, als er Gelegenheit erhält, bei einer Rußlandtournee neben so glanzvollen Sängern wie Mattia Battistini und Luisa Tetrazzini aufzutreten; im Mai 1899 hat er im Teatro Colón in Buenos Aires einen großen Erfolg, und am zweiten Weihnachtstag des Schwellenjahres 1900 debütierte er im Gralstempel italienischer Opernkunst, an der Scala, und zwar in *La Bohème*. Dieses Debüt stand unter einem unglücklichen Stern, denn Caruso war außerordentlich nervös, war eingeschüchtert von der Reputation und Strenge Arturo Toscaninis, der die Vorstellung leitete, und hatte auch prompt Probleme mit ihm, weil er während der Proben die Spitzentöne nicht aussingen wollte, während Toscanini, der das Markieren haßte, darauf bestand. So war nicht verwunderlich, daß die Premiere bei der Kritik einen enttäuschenden Eindruck hinterließ, aber schon nach der zweiten Vorstellung schälte sich heraus, daß hier der Beginn einer ganz großen Karriere zu erleben war. In Mailand aber zählen zweite und alle folgenden Aufführungen nicht so viel wie eine einzige Premiere, und so kam die unter schlechten Vorzeichen stehende Premiere von Donizettis *Elisir d'amore*, eine Oper eines »guten Meisters, doch lang schon tot«, um die *Meistersinger* zu zitieren, ein Werk, auf das keiner der Loggionisti und der Melomanen der Scala auch nur einen Pfifferling setzte, denn das Opernrepertoire der Jahrhundertwende war, das darf man nicht vergessen, ein vor allem zeitgenössisches, kaum ein Werk, das älter als 40, 50 Jahre war, was also sollte man mit diesem verstaubten Stück, das sich Toscanini und der künstlerische Direktor der Scala, Giulio Gatti-Casazza (später auch Leiter der Metropolitan Opera), in den Kopf gesetzt hatten. Was folgte, ist Operngeschichte: Der Abend stand lange auf der Kippe, trotz einer guten Besetzung, aber es war Carusos Nemorino, der die Sache aus dem Feuer riß und Toscanini, der vor Lob nie übersprudelte, zu der Bemerkung veranlaßte: »Per Dio! Se questo Napoletano continua à cantare così, fara parlare di se il mondo intero« (Mein Gott, wenn dieser Neapolitaner so weitersingt, wird er die ganze Welt von sich sprechen machen) – so überliefert es Gatti-Casazza in seinen Memoiren (in der gleichen Spielzeit debütierte übrigens ein junger russischer Bassist in Boitos *Mefistofele* an der Scala: Fjodor Schaljapin).

In der gleichen Oper, mit der er in Mailand triumphiert hatte, wollte Caruso auch in seiner Geburtsstadt reüssieren, aber die Aufnahme war kühl, und er sang nie wieder dort. 1902 debütierte er dann in Covent Garden als *Rigoletto*-Herzog, und mit »Questa o quella« begann er die Serie seiner Plattenaufnahmen in jenem legendären Hotelzimmer in Mailand, die am 11. April 1902 eingespielt wurde, vor einem vom jungen Musikproduzenten Fred Gaisberg aufgestellten Trichter (die in einer der aktuellen CD-Editionen Carusos unter dem Datum 1900/01 geführten Aufnahmen sind nach der zuverlässigsten Diskographie von John R. Bolig in Michael Scotts Biographie erst 1903 entstanden). Als Herzog debütierte er dann auch am 23. November 1903 an der Met in New York, und damit hatte er den ersten Gipfel seiner Karriere erreicht. Es blieben ihm genau 17 Jahre bis zu seinem letzten Auftritt am Weihnachtsabend 1920 in New York in seiner letzten großen Rolle, dem Eléazar in Halévys *La Juive*, 17 Jahre, die er vor allem in New York an der Met verbrachte, abgesehen von seinen großen Tourneen und den Sommeraufenthalten in seiner Heimat.

Halten wir hier einmal ein und versuchen wir zu bestimmen, was es war, das aus Caruso, einem über Provinzbühnen tingelnden Tenor, mit Ende Zwanzig einen Tenorstern erster Größe machte. Erschließen kann man das einmal aus den genannten ersten Aufnahmen und (sehr viel fragwürdiger und unsicherer) aus Kritiken jener Zeit, wobei man positiv in Rechnung stellen kann, daß die Opernkritiker in den großen Opernstädten Europas und in New York ein sehr viel solideres Wissen über das Phänomen des Singens besaßen, als man es heute voraussetzen und antreffen kann. Jeder Gesangsinteressierte kennt den Gemeinplatz, daß Caruso sich von einem leichten Tenor zu einem italienischen Heldentenor mit stark baritonaler Färbung entwickelt habe, wie ihn seine letzten Aufnahmen erklingen ließen. Hängt man dieser Meinung an, dann wird man sich wundern, bereits in Kritiken vor der Jahrhundertwende die Bemerkung zu finden, daß Carusos Stimme ungewöhnlich dunkel geklungen habe; nicht erst 1916, wie bei Cunelli zu lesen, war also ein solcher Eindruck möglich. Eine sehr vielsagende Kritik stammt aus Carusos Auftrittsserie in Neapel im Januar 1902, die ihn und das Publikum so enttäuschte. Über seinen Des Grieux in Massenets *Manon* schrieb der Kritiker Procida:

»Eine schöne Stimme, ohne Zweifel, mit Tönen von sonorer Kraft, klarem Timbre und einer mühelosen Expansion. Es ist eine schöne Stimme in jeder Beziehung, voll ausgeglichen und warm in ihrer ganzen Ausdehnung. Aber das ist nicht ausreichend. Ihm fehlt der Charme eines ausgefeilten Singens, die Eleganz eines Darstellers, die nur durch gründliches Studium zu erreichen ist. Die Stimme ist immer wieder zu kehlig, mit nicht ausreichender Kopfbeimischung, und Mezza-voce-Passagen sind zu oft laut und ohne Politur gesungen, die Töne werden mit einer tamagnoartigen Vehemenz herausgestoßen.«

In einer Kritik über sein erfolgreicheres Londoner Auftreten wird das alles allerdings ins Positive gewendet und gerade sein Mezza voce hervorgehoben, auf der anderen Seite auch die Tamagno-Töne. Was heißt das nun vor dem Hintergrund auch der ersten Aufnahmen aus den Jahren 1902 und 1903? Wer diese frühesten Caruso-Aufnahmen hört, nachdem er die berühmteren und um die Welt gegangenen Einspielungen aus den Jahren zwischen 1910 und 1920 (die letzte Aufnahmesitzung fand am 16. September 1920 statt) zur Kenntnis genommen hat, wird allerdings Schwierigkeiten haben, das Urteil der Mitwelt wirklich zu verstehen, denn er wird hier in der Tat eine hellere Stimme, ein flüssigeres Singen, ein öfter eingesetztes Mezza voce vorfinden als in den späteren Aufnahmen (Kritiker späterer Jahre, die Caruso vorwarfen, nie ein Mezza voce besessen zu haben, hören offensichtlich über solche Dokumente hinweg). Verständlich jedoch und in gewisser Weise auch berechtigt erscheinen solche kritischen Stimmen, auch wenn sie zweischneidiges Lob aussprechen, erst vor dem Hintergrund der Tenorszene der Jahrhundertwende, speziell im italienisch-französischen Repertoire, vor dem sich die Erscheinung Carusos dann doch als Epiphanie eines zumindest partiell neuen Tenortypus, ja sogar Sängertypus ausmacht.

In einer anderen Kritik aus jenen Jahren um die Jahrhundertwende wird Caruso noch präziser eine Kombination aus der Grazie Fernando De Lucias und der Stimme Francesco Tamagnos bescheinigt, und diese Diagnose weist uns den richtigen Weg. Mit dem Stichwort Tamagno (dem Uraufführungssänger von Verdis *Otello*) ist der Typus des italienischen Heldentenors gemeint, wie er sich aus dem »tenore robusto« entwickelt hatte, also eine Stimme, die auch für den Arnold in Rossinis *Guillaume Tell* taugt, für den Otello eben, den Manrico, den Arrigo in den *Vêpres siciliennes* etc., also eine Stimme, die vor allem in der Lage ist, trompetenhafte Spitzentöne zu liefern, bei der es dann aber, wie auch im Falle Tamagnos, oft an der Stimmkultur für die Zwischentöne mangelt. Caruso sang zu diesem frühen Zeitpunkt solche heroischen Rollen noch überhaupt nicht, aber er brachte in seine mehr lyrischen oder »spinto«-Rollen für die Ohren seiner Zeitgenossen ganz offensichtlich ein heroisches Element ein, das bis dato völlig ungewohnt war. Vom Repertoire her mußte sich Caruso natürlich sehr viel mehr der ersten Komponente dieses Urteils zurechnen lassen, die durch den Namen De Lucias gekennzeichnet ist, dem man den Namen Alessandro Boncis noch hinzufügen könnte.

De Lucia und Bonci scheinen, wenn man sich heute ihre Platten anhört, einem anderen Jahrhundert als Caruso anzugehören, nämlich dem 19., während Caruso als der erste Tenor des 20. Jahrhunderts zu bezeichnen ist. De Lucia war 13 Jahre älter als Caruso, Bonci nur drei Jahre älter, aber Welten liegen zwischen ihnen. De Lucia und Bonci waren im Sinne des klassischen Belcantos erzogen worden, wenn auch in der Ausprägung, die das 19. Jahrhundert ihm gegeben hatte. Sie hatten eine Ausbildung im Geiste des ornamentierten Gesangs erfahren, hatten sich trainiert im »gruppetto« und in der »appoggiatura«, waren darauf geeicht, den vorgegebenen Notentext im Sinne dieser alten Tradition auszuschmücken und auszuweiten, was auch hieß, mit dem gegebenen Notenmaterial kühn bis selbstherrlich umzugehen. Fermaten wurden so lange ausgehalten, wie es der Atem erlaubte, Diminuendi und Crescendi wurden ausgiebig eingesetzt, und die Kunst der Nuance triumphierte über den vokalen Effekt. Beide, De Lucia und Bonci, waren stimmlich im Vergleich zu Caruso nur schwächlich ausgestattet, und ihren Nachruhm hat vor allem behindert, daß sie ein Kunstmittel einsetzten, das seine Verteidiger als kontrolliertes Vibrato bezeichnen, das aber auch schon als häßlich meckerndes Tremolo eingestuft worden ist. Von dem größten Tenor der ersten Hälfte des 19. Jahrhunderts, Giovanni Battista Rubini, heißt es, daß er dieses kontrollierte Vibrato zur höchsten Kunstfertigkeit entwickelt und zu einem eigenen Reizmittel ausgebaut habe, bei De Lucia und auch Bonci (ähnlich später noch bei den spanischen Tenören Miguel Fleta und Hipólito Lázaro zu beobachten) ist es sicher schon als ein Zeichen des Niedergangs der Stimmkunst anzusehen, vor allem deshalb, weil sie beide ja, darin Caruso vergleichbar, keine Sänger des Belcanto-Repertoires mehr waren, sondern sich mit dem Repertoire des Verismo und seiner Begleiterscheinungen abgeben mußten – so war De Lucia, man mag es kaum glauben, berühmt für seine Interpretation des Canio in *Pagliacci*, des Rodolfo und des Alvaro in *La forza del destino*. Entscheidend aber waren das Stilempfinden und die Fähigkeit zum verzierten Gesang, der beiden Tenören noch selbstverständlich, bei Caruso so jedoch nicht mehr vorauszusetzen war.

Auch in einem anderen Sinne war Caruso ein neuer Typus. Die großen Sänger des 19. Jahrhunderts waren sehr oft rundum gebildete und kultivierte Persönlichkeiten, die das Singen als eine künstlerische Ausdrucksform einer komplexen Persönlichkeit ansahen und sich in den Salons der großen Gesellschaft der europäischen Höfe mit der gleichen Sicherheit bewegten wie auf der Bühne – Mattia Battistini und Lilli Lehmann gehörten noch dieser Spezies an, der große Jean de Reszke, der wahrscheinlich universalste Tenor vor Caruso, verkörperte ihn in blendender Weise.

Mit Caruso kam nicht nur das Zeitalter der Schallplatte, sondern auch das des Menschen wie du und ich, die Demokratisierung der letzten Reste des romantischen Künstlergenies. Caruso kam aus einfachsten Verhältnissen, ein Mann des Volkes und nicht zuletzt deshalb das Idol der um ihre gesellschaftliche Eingliederung kämpfenden italienischen Einwanderermassen in New York und Chicago. Nicht zufällig stammte er aus Neapel und nicht aus Rom oder Mailand, und nicht zufällig war seine künstlerische Entwicklung an den Verismo und dessen Siegeszug gekoppelt, in dem ja auch zumindest intendiert war, Menschen des Alltags auf die Bühne zu stellen. Es gab nicht wenige Kritiker, gerade an der Met, wo er sich den Vergleich mit Reszke gefallen lassen mußte, die sein Auftreten als vulgär empfanden, jegliche Noblesse vermißten; immer wieder ist in den amerikanischen Anfangsjahren bei aller Bewunderung der stimmlichen Leistung zu hören, daß er sich wie ein Bauer auf der Bühne bewege, daß er hohe Töne effekthascherisch ausstelle, um die Gunst der Stehplätze buhle.

Caruso hat sich in den großen Salons nie wohl gefühlt, auch wenn er lernte, sich in ihnen zu bewegen. Er war kein universaler Künstler, der auch sang, sondern er war Sänger, nichts als Sänger, von der Spezialbegabung des Karikierens einmal abgesehen. Wenn er nicht sang oder sich aufs Singen vorbereitete oder sich vom Singen erholte, dann ging er am liebsten mit einem seiner wenigen Freunde (dem Bariton Antonio Scotti zum Beispiel) zum Pastaessen in ein schlichtes italienisches Restaurant, oder er kam ohne viel Umschweife zum Kern seiner zahlreichen Affären mit dem weiblichen Personal der Metropolitan Opera, denn obwohl äußerlich keineswegs attraktiv, hatte er natürlich den Appeal des größten Tenors seiner Zeit, den er auch gnadenlos ausnutzte. Diese Lebensweise hat er erst in seiner kurzen Ehe mit Dorothy Park Benjamin aufgegeben, die im August 1918 geschlossen wurde.

Carusos Kunst ist also (das wird für uns heute meist dadurch verdeckt, daß er für alle nach ihm kommenden Tenöre des italienisch-französischen Repertoires geradezu erdrückend und stilbildend geworden ist) janusköpfig gewesen: Einerseits nahm er noch Elemente des verzierten Gesangs in seine Interpretationen auf, andererseits verschmolz er Elemente des heroischen Stils mit denen des aktuellen Verismo, eine absolute Neuerung, denn wie man am Beispiel De Lucia sieht, wurden auch Rollen, die man seit Caruso mit heldentenoralem Aplomb zu hören gewohnt ist wie Canio, Andrea Chénier, Radames und Manrico, bis dato von Tenören mit sehr viel schmalerer und leichterer Stimmcharakteristik gesungen. Hört man sich Carusos Aufnahmen von 1902 bis etwa 1910 durch, dann wird man gerade im Vergleich mit den Zeitgenossen feststellen, daß es damals, aber auch seither nicht, keinen Tenor gab und gegeben hatte, dem die Verschmelzung des Lyrischen und des Heroischen so großartig gelungen wäre.

Das phonographische Gesamtwerk Carusos zeigt, daß alle Kritik, die darauf hinausläuft, er habe sich ab der Mitte seiner Karriere künstlich zum baritonal grundierten Heldentenor gemacht und damit den Abstieg seiner stimmlichen Leistungen herbeigeführt, der genauen Überprüfung nicht standhält. Bereits in diesen Aufnahmen aus dem ersten Jahrzehnt des neuen Jahrhunderts wird deutlich, daß die exzeptionell klangvolle und breite Mittellage, Fundament jedes heldentenoralen Aufschwungs, im Kern schon vorhanden ist, und jene Kritiken, die ihm gerade in jenen frühen Jahren den baritonalen Klang vorhalten, verschwinden ja nach etwa 1905 immer mehr, um später, wie wir bei Cunelli sahen, verstärkt wiederzukehren. Für diese heldentenorale Fundierung seines Stimmaterials spricht auch die immer wieder zitierte Tatsache, daß Caruso in seinen Anfängerjahren große Schwierigkeiten mit der Höhe hatte; die Stimme brach meistens schon beim B, und es muß ihn Nerven gekostet haben, diesen für einen Tenor seines Repertoires natürlich fatalen Fehler während des Aufbaus seiner Karriere korrigieren zu müssen, »learning by doing« also, denn er hatte nicht die Möglichkeit, sich für eine gewisse Zeit zurückzuziehen, um zu lernen, sondern er mußte seinen Lebensunterhalt und den seiner Familie verdienen.

Als er seine ersten Aufnahmen machte, war dieses Problem jedenfalls behoben, wie die prachtvolle Aufnahme von »Salut demeure chaste et pure« aus *Faust* zeigt, die er im Februar 1906 sang und in der die Verschmelzung des Lyrischen mit dem Heroischen sehr schön zu hören ist: Aus einem zarten Mezza voce entwickelt, blüht die Stimme immer mehr auf und entfaltet sich auf einem prachtvollen hohen C, das keine Anzeichen einer mühevollen Plage macht. Will man überprüfen, ob Caruso zumindest den Nachklang des verzierten Stils noch beherrschte, dann höre man sich die sogenannte Traumerzählung aus Massenets *Manon* an,»Chiudo gli occhi«, die in jener ersten Aufnahmesitzung vom April 1902 eingespielt wurde.

Um Carusos Kunst kennen und verstehen zu lernen, sind jene Aufnahmen zwischen 1902 und 1910 das entscheidende Lernmaterial, wenn man sich mit der rudimentären Aufnahmetechnik anfreundet, die von seiner Stimme deshalb überflügelt wird, weil diese ihr Klang- und Farbenspektrum vor allem in der Mitte entfaltet. Man kann diese besondere Phonogenität der Stimme Carusos auch dadurch leicht überprüfen, daß man höher gelagerte Stimmen, vor allem Koloratursoprane, aus jener Zeit daneben hält: Je höher die Stimme, desto weniger wird sie von der Technik transportiert, im Extrem bleibt nur noch ein schrilles, entpersönlichtes Pfeifen übrig, dem kein individuelles Timbre mehr anzumerken ist – insofern ist es kein Zufall, daß es gerade der Tenor mit der reichsten Mittellage war, die wohl je ein Tenor gehabt hat, der so ideal sich über die mangelhafte Technik hinwegsetzte – ähnliches gelang nur noch Baritonen wie Battistini und Ruffo.

Um 1910 ist Carusos Stimme bereits voll entwickelt, mehr als das, sie hat ihren rein vokalen Höhepunkt erreicht, und alle heroische Kraft, die angeblich erst am Ende seiner Karriere erreicht wurde, ist schon vorhanden, wie das»Ora e per sempre« aus *Otello* zeigt und das»No, pagliaccio non son« aus den *Pagliacci*, beides im Dezember 1910 aufgenommen. Caruso hat ja leider nie eine Gesamtaufnahme einer Oper gemacht, die zu seinen Lebzeiten schon durchaus möglich war, wenn auch äußerst selten, aber immerhin gibt es alle wesentlichen Ausschnitte aus Gounods *Faust*, die er 1909/10 mit Geraldine Farrar und Marcel Journet sang, Aufnahmen, die in ihrer konzentrierten, versammelten Tonemission und der puren vokalen Schönheit nie mehr übertroffen wurden. Nebenbei gesagt besaß Caruso auch alle körperlichen Voraussetzungen für einen Tenor von Weltklasse. Von Ärzten und Stimmphysiologen, die ihn untersuchten, ist übereinstimmend eine ganz außergewöhnliche Großräumigkeit aller Resonanzräume festgestellt worden, die jedem sofort auffällt, der Photographien des Sängers daraufhin prüft: Der mächtige Schädel, rund, aber keineswegs weich (wie bei Beniamino Gigli), liegt wie ein Felsblock auf den Schultern, der vom Meerwasser rundgeschliffen worden ist, aber seine Härte nicht verloren hat. Caruso war größer, als er auf den Photos erscheint: 1,76 Meter, und besaß einen enormen Brustkorb, mit dessen atmender Betätigung er angeblich einen Flügel von seinem Platz wegrücken konnte. Ob er allerdings ein so großer Atemkünstler war, wie immer wieder behauptet wird, wage ich doch zu bezweifeln, denn die Aufnahmen sprechen eine andere Sprache.

Damit bin ich bei dem heiklen Kapitel von Carusos sängerischer Technik, über die schon viele Artikel und Diatriben verfaßt worden sind. Sehr viel Substantielles kommt dabei nicht heraus. Das vom Titel her vielversprechende Buch des langjährigen Hausarztes der Met, P. Mario Marafiotis *Carusos Method of Voice Production*, erschien zuerst als Privatdruck 1922 und wurde als Paperback 1981 wieder aufgelegt; es stellt jedoch eine Darlegung von Marafiotis Theorie dar, wie man richtig singen müsse, unter dem Deckmäntelchen des berühmten Namens, über dessen eigene Technik man nur so viel erfährt, daß sie eben mit des Autors Ansichten übereingestimmt habe (oder umgekehrt). Auch der kurze Abriß *The Art of Singing*, unter Carusos Namen zusammen mit einem ähnlichen Text Luisa Tetrazzinis von der Met 1909 herausgegeben, enttäuscht, weil er (sicher nicht von Caruso eigenhändig verfaßt) im Allgemeinen steckenbleibt.

Immer wieder ist Carusos Technik mit dem Prinzip des gestauten Singens in Zusammenhang gebracht worden, wie es zuerst 1909 von dem deutschen Gesangspädagogen George Arnim zu einer Weltanschauung erhoben wurde. Gestautes Singen läßt sich am Bilde des Staudamms erklären, der enorme Wassermassen zusammenfaßt und sie dann geballt entströmen läßt. Ähnlich ballt der Stimmritzenschluß den zum Singen benötigten Atem zusammen und kann ihm vor allem für einen explosionsartig herausgeschleuderten Fortissimoton ungeahnte Kräfte verleihen. Ein gewisses Maß an Stauen des Atems ist für das kunstvolle Singen völlig natürlich und auch unumgänglich, denn wenn der Atem wie Wasser aus einem löcherigen Eimer permanent versickert, so kann nur eine schwächliche, impotente Tonbildung dabei herauskommen, aber es gehört zu den Geheimnissen des Singens, daß der Atem zugleich gehalten und strömend sein muß, und wenn das Stauprinzip außer für den speziellen Einsatz der höchsten sängerischen Kraftentfaltung als allein seligmachendes Atemprinzip für alle Bereiche des Gesangs gleichermaßen herangezogen wird, dann muß es zu Verspannungen und Forcierungen kommen, die sich auf die Dauer schädlich auswirken müssen, sowohl auf die reiche stimmliche Emission des Tones wie auf die Gesundheit des Sängers insgesamt, auf seine Lungen- und Herzfunktion insbesondere.

Es spricht nun eine ganze Reihe von Indizien dafür, daß Caruso das Stauprinzip in einer für ihn bedenklichen Weise angewandt hat. Positive Folge war zunächst einmal die bis dahin von Tenören kaum je gehörte Kraft der Spitzentöne, schon in einem Stadium, als die lyrische Substanz der Stimme noch unangetastet war – so gelang es ihm eben, die Vehemenz der hohen Töne, wie man sie seinerzeit nur von Tamagno gewöhnt war, mit einem lyrischen Grundton zu verbinden – Tamagno seinerseits, wie man auf seinen wenigen Aufnahmen hören kann, erzeugte seine wuchtigen Töne ohne Atemstau, mit der Technik der »tenori robusti« des 19. Jahrhunderts. Man muß allerdings doch wohl konstatieren, daß diese Methode auch höchst bedenkliche negative Folgen hatte. Je radikaler Caruso diese Methode anwandte, desto stärker neigten die exponierten Töne dazu, nicht nur wie mit einem Peitschenknall einzusetzen (wenn nämlich der Atemstau plötzlich gelöst wurde), sondern auch wie ein solcher Knall plötzlich abzureißen (weil nämlich die Atemkapazität mit diesem einen geradezu orgasmischen Ausstoß auch völlig erschöpft war). Das »cantar a fior di labbra«, die Tonbildung, die den Ton wie aus dem Nichts gleichsam entstehen ließ und ihn auch ins Unhörbare sanft zurückführte, diese Technik, die Grundlage der Belcanto-Kunst war und die man etwa bei Battistini immer noch perfekt hören kann, sie war Caruso nicht gegeben, oder genauer gesagt, sie interessierte ihn nicht, und er ließ sie im Laufe seiner Karriere verkümmern, weil sie für die realistisch-veristische Art, in der er seine Rollen interpretierte, ihm nicht weiterführend und geeignet erschien, womit er sicher recht hatte.

So atemberaubend Carusos dramatisches Singen durch diese Technik wurde, so wenig sollte man vergessen, welchen Preis er dafür bezahlte. Schon bei frühen Aufnahmen läßt sich erkennen, daß seine Stimmtechnik hinter der der genannten etwas älteren Sängerkollegen zurücksteht. Bereits bei seinen ersten Aufnahmen, etwa in »Dai campi dai prati« aus Boitos *Mefistofele*, kann das durchaus überzeugende Mezza voce, das hier zu hören ist, nicht darüber hinwegtäuschen, daß die Fähigkeit zum Legatosingen unterentwickelt ist, daß viel zu häufig geatmet wird (meist mit einem schlechten Sängertrick nicht in der ersten möglichen Atempause, sondern gegen den Text kurz dahinter, während bessere Techniker weder an der einen noch an der anderen Stelle atmen). Bei den Aufnahmen aus der zweiten Hälfte seiner Plattenkarriere zwischen 1910 und 1920 kommt es dann gelegentlich zu ganz grotesken überemphatischen und überdramatischen Interpretationen. Verführt von seiner so mächtig gewordenen Stimme, der Lust an der vokalen Exhibition und dem Welterfolg, den er damit hat, steigert Caruso etwa in der berühmt gewordenen Aufnahme des *Rigoletto*-Quartetts »Bella figlia dell'amore« vom Januar 1917 den Herzog zu einem illegitimen Sohn einer Verbindung zwischen Otello und Brünnhilde, er durchbricht die Linie des Gesangs, als ob er die Schmiedelieder aus *Siegfried* zu singen hätte, drängt seine Kollegen vokal brutal an die Wand und zerstört so den Sinn des von Verdi Gemeinten – auch wenn die Ausdruckskraft seiner Stimme wie immer zu beeindrucken vermag, ist es eine verfehlte Interpretation. Wo dieser geradezu selbstzerstörerische Drang zur Expression – und man sollte Caruso von solchen Aufnahmen ausgehend als den einzigen wirklich expressionistischen Sänger der ersten Jahrzehnte dieses Jahrhunderts bezeichnen – allerdings auf die richtige Musik und die richtige Stimmung trifft, da sind die Ergebnisse nun wirklich atemverschlagend, ob es sich um das *Otello*-Duett mit Titta Ruffo handelt, das 1914 aufgenommen wurde, oder ob es die Szene Carlo/Alvaro aus Verdis *Forza del destino* ist, »Sleale, il segreto fu dunque violato!« (Juli 1918), in der die Wildheit des Mestizen Alvaro in den wie Feuerbällen aufsteigenden Spitzentönen sich verbrennt – wohl nur noch bei Maria Callas ist dramatische Wahrheit auf der Opernbühne derart bestürzend und ungeschminkt rein klangliche Gestalt geworden, und Caruso bietet immer wieder Argumente für die These, daß das beste Bühnenspiel heutiger Sänger nichts nützt, wenn die Signatur der darzustellenden Figur nicht zuallererst und allerschwerst *vokal* erfaßt worden ist; er war nach allen sachkundigen Zeugnissen ein lausiger Darsteller, als er seine Karriere begann, und hat erst in den letzten Jahren seines Lebens zu erschütternder Wahrhaftigkeit der Bühnenpräsentation gefunden, viel früher jedoch gelang es ihm, seine Figuren vokal in wie aus Stein gehauenen Quadern auch durch die Trichterqualität der Aufnahme hindurch zum Zuhörer zu transportieren – »inventare il vero«, das Wahre erfinden, war die Maxime des späten Verdi für seine Operngestalten, und kein Sänger hat sie so verwirklicht wie Caruso.

Aber noch einmal zurück zu seiner Technik. In dem Buch seiner Witwe Dorothy, das aussagekräftiger ist, als es Witwenbücher normalerweise sind, findet sich eine einzige Bemerkung zu seiner Singtechnik, die in unserem Zusammenhang aufhorchen lassen muß. Immer wieder gefragt, ob er nicht seine Technik weitergeben wolle, wehrte Caruso ab: »Wie soll ich erklären, wie ich es mache? Ich hebe meinen Brustkorb – so – und ziehe meinen Bauch ein – so – und meinen ›Setz dich‹ – so – und dann singe ich.« Mit »Setz dich« ist offensichtlich das »Einklinken« der Atemstütze gemeint, bedenklich aber ist das Baucheinziehen, denn es ist ein Indiz dafür, daß der Atem nicht so frei entströmen kann, wie es die Belcanto-Technik sinnvollerweise vorschreibt. Noch schlimmer wäre das Herauspressen des Bauches, aber auch das Einziehen widerspricht den goldenen Regeln der Gesangskunst.

Noch aussagekräftiger für die Diagnose jener gefährlichen Atemstautechnik ist ein Photo, eines der ganz wenigen, die Caruso beim Singen zeigen, denn alle berühmten Rollenphotos sind in Kostüm und Maske im Studio aufgenommen oder zumindest gestellt und zeigen ihn nie singend. Es ist eine Aufnahme von 1918, die ihn bei einem Konzert in Sheepshead Bay zeigt, im Anzug mit Krawatte und einem Notenblatt in der Hand. Deutlich erkennbar sind der stark gewölbte Brustkorb und der leicht in den Nacken gelegte Kopf. Erschreckend aber ist der Anblick, den das Gesicht bietet, es ist das Gesicht eines kranken Mannes, rund zwei Jahre, bevor die wirkliche tödliche Krankheit ausbrach, mit dunkel schattierten Ringen und Wülsten um die Augen; vor allem aber sieht man deutlich, daß hier jemand mit Überdruck singt, Hals und Gesicht sind abnorm angeschwollen, und auch wenn es kein Farbphoto ist, so springt einem die geahnte Verfärbung des Gesichts ins Gesicht.

Dazu paßt eine sehr interessante Beobachtung des Tenorkollegen Giacomo Lauri-Volpi in seinem Buch *Voci parallele*, die exakt diesen Befund bestätigt. Ich bin mir nicht sicher, ob Lauri-Volpi Caruso persönlich gehört hat, wenn nicht, muß er aber detaillierte Berichte zur Verfügung gehabt haben, denn er bestätigt genau unsere Diagnose: »Die Stauung aller am Gesang beteiligten Organe, durch die Caruso nicht zuletzt den einmaligen Celloton seiner Stimme erzeugte, führte zu einem verstärkten Blutzufluß in Hals und Gesicht des Sängers« – und Lauri-Volpi geht sogar so weit, den Tod Carusos damit in einen engen Zusammenhang zu bringen. Das genannte Photo zeigt jedenfalls keinen Künstler, der sein Singen genießt und wie spielerisch eine Probe seines Könnens gibt, sondern einen unter höchstem Anstrengungsdruck stehenden Mann.

Wenn ich nun noch auf Carusos Krankengeschichte eingehe, dann nicht aus medizinischem Interesse, sondern weil auch sie in engen Zusammenhang mit seiner sängerischen Leistung zu bringen ist. Immer noch hält sich hartnäckig die Legende, Caruso sei an Lungenkrebs gestorben, wobei die auch durch den tränendrüsigen Caruso-Film mit Mario Lanza verbreitete Episode mit dem Blutsturz während einer *Elisir d'amore*-Vorstellung eine entscheidende Rolle spielt. Laut Michael Scott, der sich auf einen medizinischen Beitrag eines Dr. Pritchard bezieht, handelte es sich hingegen um eine tödliche Krankheit, die multifaktoriell zusammengesetzt war, unter heutigen Bedingungen ziemlich wahrscheinlich in den Griff zu bekommen wäre, mit den damaligen Mitteln jedoch kaum zu bewältigen war und zu einer Serie von Operationen führte, die zum Teil ohne Betäubung, nur mit dämpfenden Spritzen durchgeführt werden mußten, weil sich herausstellte, daß Carusos Herz erheblich geschwächt war, ein Leidensweg sondergleichen. Hätte Caruso überlebt, wäre eine Fortsetzung der Karriere kaum denkbar gewesen, mit einem eingesunkenen Lungenflügel und einer teilweise entfernten Rippe, ganz abgesehen davon, daß er schon vor dem Ausbruch der Krankheit ein vorzeitig körperlich und psychisch verbrauchter und gealterter Mann war, wie gerade die nicht gestellten Photographien zeigen. Zum Tode führte die Kombination einer Lungen- und Bauchfellentzündung mit einem Empyem und mehreren Abszessen im Brustraum.

Immer wieder ist jene berühmte und auch berüchtigte Aufnahme der großen Arie des Eléazar aus Halévys *La Juive*, die Caruso am 14. September 1920 sang, mit der tödlichen Krankheit in Verbindung gebracht worden, und in der

Tat hört man den Sänger geradezu qualvoll und den Hörer peinigend zwischen den Phrasen röcheln, das italienische »inalare la voce« bekommt hier einen pathologischen Sinn, und die ungeheuer eindrucksvolle Aufnahme seiner letzten großen Rolle, die er kreierte, erhält hier einen besonderen Hintergrund, einen Hades-Charakter gewissermaßen – »nur Todgeweihten taugt mein Anblick«, wie Brünnhilde singt. Bettet man diese in mancher Hinsicht einzigartige Aufnahme jedoch in die gesamte vokale Hinterlassenschaft Carusos ein, so bekommt man einen anderen Eindruck. Biographisch ist zu sagen, daß er nach den letzten drei Aufnahmetagen dieses Septembers, den letzten auch seines Lebens, noch eine höchst erfolgreiche Gastspielreise machte – erst als er von dieser Tournee zurückkehrte, so berichten seine Frau und alle Biographen übereinstimmend, zeigten sich Symptome einer Unpäßlichkeit. Noch deutlicher wird die Unhaltbarkeit dieser These, wenn man die Aufnahmen des gleichen Tages und der folgenden Tage danebenhält. Noch am gleichen Tag singt er das neapolitanische Schmankerl *I márricordo e napule* völlig ohne das bewußte Röcheln, desgleichen zwei Tage später »Deh, chio ritorno alla mia nave« aus Meyerbeers *Africaine*, und seine allerletzte Aufnahme »Domine deus« aus Rossinis *Petite messe solennelle* ist mit einer Zartheit und Leichtigkeit gesungen, die zwar nicht mehr an seine Anfänge heranreicht, aber dennoch geradezu unglaublich ist angesichts der Schwere seines Repertoires in den letzten Jahren. Von den Anzeichen einer das Singen beschwerenden Lungenkrankheit keine Spur. Auf der anderen Seite finden sich bereits in Aufnahmen, die zehn Jahre zuvor aufgenommen wurden, die Spuren jenes Röchelns, immer dann, wenn es zur dramatischen Unterstreichung emphatisch eingesetzt werden kann. Man mag darüber streiten, ob das ein angemessenes Mittel ist, Caruso hat es jedenfalls nicht aus Krankheitsgründen, sondern aus künstlerischen Gründen eingesetzt.

Wenn ich nun weiter in Carusos Krankheitsbild eindringe, dann weil ich meine, daß der einmalige Charakter seiner Kunst mit seiner Leidensgeschichte in engstem Zusammenhang steht und daß es sinnvoll ist, an diesem einen, wenn auch extremen Beispiel den Zusammenhang von Leiden und großer Gesangskunst einmal deutlich zu machen. Ich sprach davon, daß Caruso bereits in den Jahren um 1915, als er Anfang seiner Vierzig ist, den Eindruck eines frühzeitig gealterten und verbrauchten Mannes machte – das hat eine physische und psychische Komponente. Physisch gesehen trieb Caruso eindeutigen Raubbau mit seiner Gesundheit. Der Verbrauch von mehreren Päckchen schwarzer Zigaretten pro Tag, zur Selbstberuhigung geraucht durch eine Spitze, muß selbst bei einer ursprünglich so robusten Natur Folgen gehabt haben. Sein Sohn Enrico Caruso jr. berichtet in einem 1990 erschienenen Buch von den unappetitlichen Details der morgendlichen Körperpflege: Nach der noch vor dem Frühstück angezündeten Zigarette und dem schwarzen Kaffee kam die Benutzung eines Inhalators, der dann zum hustenden Auswurf von schwarzem Schleim führte, bis dann nach 10 bis 15 Minuten stolz verkündet wurde: »Lo strumento è pulito« (das Instrument ist gereinigt), ohne einzusehen, daß es sich hier um Zeichen eines krankhaften Zustandes handelte. Das Gurgeln mit Salzwasser, die Benutzung eines Zerstäubers mit einer Äther- und Jodoformmischung, das eigenhändige Einpinseln der Stimmbänder mit einer geheim zusammengesetzten Lösung – alles eine Selbstmedikation, über die man nur die Hände über dem Kopf zusammenschlagen kann. Ein Pneumogramm, das 1911 von Carusos Stimm- und Lungenfunktion angefertigt wurde, zeigt bereits krankhafte Veränderungen im Bereich der Stimmlippen und weist auf die Anspannung und Mühe hin, mit der er schon damals seine staunenerregenden stimmlichen Leistungen vollbringen mußte. Immer schlimmer werdende Migräneanfälle peinigten Caruso bis zur Unfähigkeit, einen Ton hervorzubringen; 1919 auf einer Mexikotournee führten ihn Halsschmerzen so weit, daß er auf die Idee kam, sich den Hals aufzuschneiden, um das Blut herausfließen zu lassen, wie er an seine Frau schrieb. Vor seinen Auftritten wurde die Nervosität mit Fortschreiten seiner Karriere immer schlimmer, und die Vorkehrungen dagegen nahmen Züge einer Zwangsneurose an: Noch in der Garderobe rauchte er seine letzte Zigarette (das ist auch durch ein Photo im Kostüm des Canio belegt), dann nahm er eine großen Schluck Salzwasser, das er in die Lunge einzuatmen schien, es folgte eine Prise schwedischen Schnupftabaks, dann kam ein Weinglas voll Whisky, danach ein Glas Mineralwasser, dann noch ein Apfel, von denen er vorher schon mehrere verzehrt hatte. In jedem Kostüm, das er trug, gab es zwei kleine Fächer, in die er Fläschchen mit Salzwasser schob, um sie auch auf der Bühne gebrauchen zu können. Schließlich nahm er seinen Talisman an sich, eine Kette mit einem Korallenhorn, Heiligenmedaillen und alte Münzen, flehte seine tote Mutter um Beistand an, und nun war er bereit, zu seinem Auftritt zu gehen.

Aus diesen zwanghaften Verrichtungen ist zu erkennen, welche Nervenkraft jeder einzelne Auftritt kostete. Sieht man unter diesem Vorzeichen sich eine beliebige Folge von Auftritten an, erkennt man, was sich dieser Mann zumutete, kaum weniger als der vielbeschäftigtste Tenor unserer Tage, Plácido Domingo. Ich wähle das Frühjahr 1906: 16. März Met *Gioconda*, 17. März Konzert in New York, 19. März Baltimore *Martha*, 21. März Baltimore *Faust*, 23. März Washington *Lucia di Lammermoor*, 24. März Washington *Pagliacci*, 27. März Pittsburgh *Carmen*, 29. März Pittsburgh *Bohème*, 30. März Pittsburgh *Faust*, 3. April Chicago *Faust*, 5. April Chicago *Carmen*, 7. April Chicago *Martha*, 9. April St. Louis *Martha*, 11. April Saint Louis *Faust*, 12. April Kansas City *Martha*, 17. April San Francisco *Carmen* – am nächsten Tag gab es in San Francisco das gewaltige Erdbeben, das Caruso an der Fortsetzung dieser angsterregenden Serie von Beanspruchungen hinderte. Schaut man sich im Vergleich dazu die letzten Auftritte Carusos vor Ausbruch der tödlichen Krankheit an, dann ist die Belastung keineswegs geringer geworden. Im Dezember 1920 sind es vom 3. bis zum 24. Dezember immerhin noch sieben Auftritte; die Frequenz ist zwar etwas geringer geworden, dafür sind aber auch die vokalen Anforderungen gestiegen, denn jetzt handelt es sich um *La forza del destino*, um *Samson et Dalila*, um *Pagliacci* und *La Juive*.

Es gab und gibt Ausnahmesänger, auch prominente der Gegenwart, die unter Belastungen dieser Art, falls sie solche so extrem auf sich nehmen, geradezu aufblühen (ob die Stimme auch aufblüht, ist eine andere Frage). Bei Caruso war dies offensichtlich nicht der Fall. In dem nüchternen und zurückhaltenden Buch seiner Witwe gibt es einen Abschnitt, in dem der Leidensdruck, unter dem diese Kunstleistung entstand, plötzlich unverstellt und präzise benannt wird. Dorothy Caruso erzählt, wie ihr Mann sich gelegentlich seine eigenen Platten anhörte (die von Kollegen oder andere Musik nahm er kaum zur Kenntnis) und dabei sich wie eine fremde Person anerkennend über die schöne Stimme äußerte, die da zu hören war, jedoch eher schwermütig fortfuhr: »Mit einer schönen Stimme ist es nicht schwer, die Höhe zu erreichen, aber oben bleiben, das ist schwer.« Dorothy Caruso: »Mir wurde klar, daß es mehr als schwer war – es war eine Art Sklavendienst. Je mehr er sang, um so mehr verlangte die Welt von ihm. Nie konnte er nachlassen, über alles erträgliche Maß trieb er sich hinaus. Er sang nicht mehr aus Liebe zum Singen, sondern weil er dazu verpflichtet war. Und da er die Vollkommenheit suchte, fand er in sich kein Genügen; sosehr er sich mühte, vollendet zu sein – immer wußte er, es müsse darüber hinaus noch etwas geben, das noch besser wäre als sein Bestes. Er gewann keinen Trost und keine Nahrung aus der Musik, aber er gab beides.«

Das ist, so denke ich, weit mehr als das abgenutzte Klischee von Künstlertragik, es ist die existenzielle Überspannung eines Mannes aus der neapolitanischen Hefe, der außer Zeichnen und Singen nichts konnte und doch mit den Mächtigen und sich bedeutend Gebenden dieser Welt an einer Tafel saß, der seine stimmlichen Schwächen der Anfangszeit in actu, auf der Bühne korrigieren mußte und der dann auf der Höhe seiner stimmlichen Leistungsfähigkeit beginnen mußte, die Begleiterscheinungen einer problematischen Stimm- und Atemtechnik auszugleichen, was ihm immer weniger mühelos gelang. So ist es kein Wunder, daß seine Aufnahmen aus der zweiten Hälfte seiner Karriere sich grob in zwei Hälften aufteilen lassen, in jene, in denen das tenorale Normalrepertoire durch dramatischen Überdruck auf wenn auch beeindruckende Weise destruiert wird, und jene, in der das immer überdimensionaler werdende Pathos, das »Leiden«, auf die geeigneten Rollen trifft. Es sind dies der Otello, der Samson und der gepeinigte Jude Eléazar in Halévys *La Juive*. Ein antisemitisches sogenanntes *Handbuch der Judenfrage* hat in den zwanziger Jahren nachträglich versucht, in Caruso den angeblichen »Cohn« zu entdecken, angeregt wohl durch seine letzte und vielleicht größte Rolle. Das einzig Richtige ist daran, daß es in dieser viereinhalb Minuten dauernden Aufnahme einem singenden Menschen gelungen ist, Qual und Leid eines ganzen geschundenen Volkes zum klanglich beredten Ausdruck zu bringen, nicht weil er diesem Volke angehörte, sondern weil ihm ein Gott des Gesanges gegeben hatte, zu singen, was Eléazar und was Caruso litten.

Hinweise

Michael Scott, der so enorm sachkundige Verfasser der beiden Begleitbände zur Plattenedition *The Record of Singing*, hat die zuverlässigste Caruso-Biographie vorgelegt (*The Great Caruso*, London 1988), die sich mit Bemerkungen zu Carusos Kunst leider ganz strikt zurückhält, sondern sich mit der detaillierten Wiedergabe der biographischen Fakten begnügt. Das Buch enthält auch eine Chronologie von Carusos Auftritten von Thomas G. Kaufmann, die allen früheren an Exaktheit überlegen ist, und die Diskographie von John R. Bolig – beides auf dem neuesten Stand des Wissens. 1990 erschien das Erinnerungsbuch von Enrico Caruso jr., *My Father and My Family* (Portland, Oregon), im gleichen Jahr das Buch von Pietro Gargano und Gianni Cesarini: *Caruso. Vita e arte di un grande cantante* (Mailand 1990; deutsch: Zürich 1991). Dorothy Carusos Buch *Enrico Caruso* erschien deutsch 1954 (im amerikanischen Original 1945) und ist, wie dargelegt, durchaus lesenswert. Ebenso heranzuziehen immer noch die Biographie von Pierre V. R. Key, an der Carusos Sekretär Bruno Zirato mitarbeitete: *Caruso*; sie erschien auf deutsch 1924 (München). Wichtig noch Howard Greenfelds Biographie *Caruso* (New York 1983). Francis A. Robinson edierte 1957 einen schönen Bildband *Caruso. His Life in Pictures*. Von Greenfeld erschien 1991 *Caruso. An Illustrated Life* (deutsch: Zürich 1992).

Von den CD-Editionen mit Carusos vokalem Gesamtwerk sind die der Firma RCA und Pearl zu empfehlen. Für Interessenten, die sich mit einzelnen Aufnahmen begnügen wollen: Bei Pearl und Nimbus sind je zwei CDs erschienen.

Fjodor Schaljapin

Es war ein höchst unfreundlicher Tag, dieser 30. Oktober 1984 in Moskau, kalt war es, und es regnete in Strömen. Die ansehnliche Menschenmenge, die sich unter den Regenschirmen auf dem Friedhof am Neujungfrauenkloster versammelt hatte, ließ sich davon nicht irritieren, ebensowenig wie der Sekretär des sowjetischen Komponistenverbandes, der Komponist Tichon Chrennikow, denn es ging um die verspätete Heimkehr eines großen Sohnes Rußlands, Fjodor Schaljapins, der aus Paris nach Moskau überführt wurde, wo er seit seinem Tode 1938 auf dem Batignolles-Friedhof gelegen hatte. Damit fand eine problematische Beziehung einen vorläufigen versöhnlichen Abschluß, die mit der endgültigen Abreise Schaljapins aus seiner Heimat im Juni 1922 (nicht 1920, wie gelegentlich zu lesen) begonnen hatte. Im Herbst 1988 wurde in einer Moskauer Zeitung weitergehend vorgeschlagen, dem großen Sänger Rehabilitierung zuteil werden zu lassen, dem 1928 die Staatsbürgerschaft wie auch der Ehrentitel »Volkskünstler der Republik« aberkannt worden war, und erst zu diesem Zeitpunkt wurde bekannt, was letztlich zu dieser Aktion geführt hatte. Bisher wurde immer der Prozeß ins Feld geführt, den Schaljapin gegen die sowjetische Regierung angestrengt hatte, wegen unerlaubten Nachdrucks seiner Memoiren. Schaljapin hatte diesen Prozeß verloren und war deswegen auch von seinem alten Freund Maxim Gorki attackiert worden, der wohl zu Recht für sich beanspruchte, erheblich an diesen Memoiren beteiligt gewesen zu sein, denn er hatte die einer Sekretärin diktierten Erinnerungen in eine literarisch durchaus ansehnliche Form gebracht. Das eigentliche Vergehen des Sängers aber war offensichtlich eine spontane Hilfsaktion Schaljapins für hungernde russische Emigrantenkinder in Paris, was in Moskau als konterrevolutionäre Aktion begriffen wurde. Aus dieser völligen Rehabilitierung scheint bis heute nichts geworden zu sein, aber es kann kein Zweifel bestehen, daß unter den aktuellen Verhältnissen dies nur eine Frage der Zeit ist. Bis zu diesem Zeitpunkt konnte man in den sowjetischen Quellen die Probleme mit dem Sänger deutlich ablesen. In der *Großen Sowjet-Enzyklopädie* wurden ihm seine politische Unbeständigkeit und seine Tendenz zur persönlichen Bereicherung vorgeworfen, und auch in der DDR-Ausgabe der Memoiren von 1972 werden getreu dem sowjetischen Vorbild immer wieder mahnend der Finger gehoben und der Kopf geschüttelt über die Unzuverlässigkeit dieses Künstlervölkchens. Man wird jedoch lapidar feststellen können, daß ein extremer Individualist wie Schaljapin naturgemäß mit der bolschewistischen Kulturpolitik selbst in ihren liberalsten Zeiten nicht zu Rande kommen konnte und in den dreißiger Jahren notgedrungen unter die Räder gekommen wäre, wie der ihn bewundernde Wsewolod Mejerchold. Das Schicksal des heimgekehrten Sergei Prokofjew hätte er nicht so mit Nachgiebigkeit getragen wie dieser.

Extremer Individualist – es hat keinen bedeutenden Sänger dieser Jahrhunderts gegeben, für den diese Charakterisierung mehr geeignet erscheint, wobei die Betonung auf beiden Wortbestandteilen mit gleichem Recht liegen kann. Als »Barbar«, als »blonder Cherub«, als riesiger Bär mit kindlichem Gemüt

aus dem so exotischen Rußland, so tauchte er in der mitteleuropäischen Vor-
kriegsgesellschaft auf und war von Anfang an mehr als ein stimmliches oder
auch künstlerisches Ereignis. Der amerikanische Journalist Carl van Vechten,
der 1916 einen heute noch lesenswerten Artikel über Schaljapin schrieb, war
zu einem Interview angemeldet und blieb in seiner Gesellschaft von elf Uhr
morgens bis elf Uhr nachts; er erlebte den Sänger permanent essend und trin-
kend und versicherte glaubhaft, er habe nie in seinem Leben jemand so Un-
massen essen und trinken sehen ohne jedes Anzeichen von Ermüdung oder
Überfüllung (an sechs Teller Zwiebelsuppe erinnerte er sich besonders intensiv). Schaljapin war ohne Zweifel Alkoholiker, ein von seinem Vater ererbtes
Leiden, der ein Tagelöhner und Trunkenbold war, wie ihn sich die schlimmsten
russischen Klischees nicht besser ausmalen können. Dennoch ist nicht bekannt,
daß jemals eine Vorstellung ausfallen mußte, weil Schaljapin durch Alkohol
beeinträchtigt war; ob dafür seine immense Arbeitsdisziplin verantwortlich war,
die aus einem unbändigen Kunstfanatismus resultierte, oder seine gigantische
physische Widerstandsfähigkeit oder beides, wird man nicht mehr entscheiden
können – jedenfalls starb er nicht an Leberzirrhose noch an sonstigen Aus-
schweifungsfolgen, sondern an Leukämie.

Die Anekdoten über ihn sind Legion, sei es über seinen oft wiederholten
Versuch, den Dirigenten seine Vorstellungen von Tempi aufzuzwingen durch
Taktieren an der Rampe oder entsprechendes Fußaufstampfen, oder über die
Chancenlosigkeit der Regisseure neben einem Sänger, der szenisch keine
Autorität über sich duldete – er war immer sein eigener Regisseur und der
anderer. Man könnte diese Geschichten für stark übertrieben halten, wenn es
nicht ein deutliches Zeugnis dafür gäbe, eine Live-Aufnahme aus Covent Gar-
den (ich komme darauf noch näher zu sprechen) vom Juni 1928, als *Faust* auf
dem Spielplan stand, Dirigent war Eugene Goossens, ein Mann von einigem
Können, der jedoch speziell in der Serenade des vierten Aktes »Vous qui faîtes
l'endormie« nicht die geringste Chance hatte, mit den Beschleunigungen und
Verlangsamungen seines Méphistophélès irgendwie Schritt zu halten, Rubato
kann man das schon nicht mehr nennen, ein Rubatissimo eher, in dem jede
Phrase ihr eigenes Tempo hat, das mit dem von Gounod gemeinten nur noch
vage Ähnlichkeit besitzt.

Die schönsten Anekdoten, die aus eigenem Erleben stammen, kann zu
Schaljapin Gerald Moore beisteuern, der als junger Begleiter einige Male in
seinen Diensten stand. Ihm passierte nicht, was anderen passierte, daß der Riese
mitten im Lied an den Flügel kam und dem Pianisten den Takt auf die Schulter
klopfte, aber immerhin mußte er erleben, daß der Star das Nachspiel zu Schumanns *Grenadieren* dadurch illuminierte, daß er erst nach Beendigung seines
Vokalparts den Beifall herauskitzelte und dann, während Moore noch spielte,

majestätisch das Podium verließ. Weithin berühmt war auch Schaljapins Marotte, so zu tun, als entscheide er erst während des Konzerts, welche Lieder aus seinem überreichen Repertoire er nun wirklich sang. Statt Programmen wurden kleine Büchlein an der Kasse verkauft, welche durchnumeriert die Texte des Repertoires enthielten. Mit dröhnender Stimme rief dann Schaljapin in den Saal:»Numbaire fortyfive, numbaire fortyfive«, und das Publikum hatte die Gelegenheit, den Text Nr. 45 aufzuschlagen und mitzulesen. Moore bekam allerdings schnell heraus, daß 86 Prozent der Musik, die da angeblich auf Abruf bereit stand, nie gesungen wurde. Moore macht ebenfalls deutlich, daß er im Rückblick Schaljapin nicht das Prädikat eines großen Liedsängers zubilligen kann – bis zur Unkenntlichkeit wurden Lieder Schuberts und Schumanns verzerrt.

Der größte Bassist dieses Jahrhunderts – Schaljapin ist dieses Etikett bald angeheftet worden, und jeder junge nachstrebende Baß wurde mit ihm verglichen, an ihm gemessen oder zu seinem Nachfolger erklärt (ich erinnere mich, daß gar vor längerer Zeit Ivan Rebroff mit diesem Etikett versehen wurde). Aber war Schaljapin überhaupt ein Baß? Zweifel daran sind erlaubt und begründet. Man wird diese so ungemein charakteristische Stimme natürlich nie mehr unvorbelastet hören können, aber ich bin sicher, daß man sie dann als Baßbariton bezeichnen müßte oder gar als Heldenbariton. In seiner Autobiographie gibt der Sänger dafür Belege: Als Anfänger hielt er sich selbst für einen Bariton und hatte bei einem seiner ersten Vorsingen mit Valentins Gebet aus *Faust* einen nicht unerheblichen Erfolg. Bei der Operntruppe von Ljubimow und Forcatto, der er in seiner Frühzeit angehörte, sang er in Tiflis mit ziemlichem Erfolg die Partie des Tonio in *Pagliacci*, und bei seinem unglücklich verlaufenden Debüt an der Met wurde ebenfalls ein Baritontimbre registriert. Das kann kein Zufall sein, und man muß Schaljapins Stimme, was die Facheinteilung betrifft, nur einmal mit echten Bässen, die allerdings heute rarer sind als zu seinen Zeiten, vergleichen, also mit Alexander Kipnis, mit Nazzareno De Angelis, mit Tancredi Pasero und José Mardones, um zu hören, was ein wirklicher Baß ist und was Schaljapin nicht ist. Er hat ja leider nie Wagner gesungen, obwohl ihn der deutsche Kaiser Wilhelm II. höchstpersönlich daraufhin ansprach, weil er sich in der deutschen Sprache nicht sicher genug fühlte, aber was für ein Hagen wäre das geworden (auch eine Rolle für einen hohen Baß)!

Am 11. Februar (gelegentlich wird auch der 13. genannt) 1873 wurde er in Ometewa in der Nähe der alten Tatarenstadt Kasan geboren. Will ein Sozialhistoriker das Leben der armen Leute in der russischen Provinz im letzten Drittel des 19. Jahrhunderts studieren, dann seien ihm die Lebenserinnerungen Schaljapins ans Herz gelegt – so farbig wie der Sänger mit Hilfe Gorkis dieses

Leben schildert, wird man es nirgends sonst finden. Über den Vater wurde schon gesprochen, die Mutter mußte bis zur Bettelei herabsteigen, um den allernötigsten Unterhalt für die Familie zu erhaschen – die berüchtigte Geldgier Schaljapins in seinen Erfolgsjahren hat hier ihre deutlichen Wurzeln, er konnte aber auch, wie das Beispiel der Emigrantenkinder zeigt, sehr freigebig sein, wenn er an der richtigen Stelle berührt wurde. Als Kirchensopran begann er und verdiente sich schon früh das Geld mit choristischer Mitwirkung bei einer Operettentruppe (die Schule war mit 13 Jahren beendet worden). Sein erstes Theatererlebnis erschütterte ihn tief – es war in einem Kiewer Theater, man gab ein Stück mit dem Titel *Die russische Hochzeit*:

»Plötzlich ging ein Zittern über den Vorhang. Er hob sich, und ich erstarrte, war sofort in einer verzauberten Welt. Vor mir wurde ein dumpf geahntes Märchen lebendig. In einem prächtigen Raum bewegten sich gut gekleidete Menschen und unterhielten sich auf eine besonders artige und feine Weise. Ich verstand nicht, was sie sagten. Ich war bis in die Tiefe der Seele von der Szenerie erschüttert und starrte auf das Wunder, ohne einen Gedanken fassen zu können. Der Vorhang fiel, und ich stand da, verzaubert, wie in einem Wachtraum, einem Traum, den ich nie erlebt, aber auf den ich immer gewartet hatte und noch immer warte. Ich wollte nicht glauben, daß dies andere Leben zu Ende sein sollte. Ich entsinne mich, daß ich schwankte, als ich auf die Straße trat.«

Mag das im nachhinein stilisiert sein – als ein Urerlebnis wird man es bezeichnen können, und es erklärt, daß Schaljapin in erster Linie Darsteller auf dem Theater sein wollte, der Sänger war als solcher eher Mittel zum Zweck. 1890 tauchte sein Name zum erstenmal auf einem Theaterzettel auf: Bei der Semjonow-Smarski-Operntruppe sang er den Truchseß, den Vater von Halka in Moniuszkos Oper, ohne je eine richtige Gesangsstunde genossen zu haben, geschweige denn eine Bühnenausbildung. 1892 nahm ihn der Tenor Dmitri Usatow in Tiflis als Schüler an und führte, unter Verzicht auf ein Honorar, die offensichtlich vorhandene Naturstimme in die richtigen technischen Bahnen. Ein Jahr später sang er zum erstenmal jene Rolle, die zu seinem Markenzeichen wie der Boris werden sollte, den Méphistophélès in Gounods Welterfolg *Faust*. Und nun ging es mit beängstigendem Tempo voran: 1895 singt er an der Petersburger Hofoper ebenfalls den Méphistophélès, 1896 tritt er in die Privatoper von Sawwa Mamontow in Moskau ein, offensichtlich das progressivste russische Opernunternehmen, in dem auf Drängen Schaljapins nun ein russisches Repertoire ausgebildet werden konnte, während an den Hofopern von Moskau und Petersburg das internationale italienisch-französische Repertoire nach wie vor triumphierte – nicht zufällig war Schaljapins erste Rolle bei Mamontow die des Sussanin in Glinkas *Iwan Sussanin*. Bei Mamontow singt er auch seinen ersten Boris, und es ist wohl keine Übertreibung, wenn man behauptet, daß ohne Schaljapin dieses Werk vielleicht heute kaum bekannter wäre als *Chowanschtschina*. Schaljapin hatte die Musik Mussorgskis kennengelernt, als in einem privaten Kreis die Wirtshausszene aus *Boris Godunow* aufgeführt wurde – er stellte eine kleine Nebenrolle, den Grenzwächter, dar, und da passierte es:

»Ich spürte plötzlich etwas Ungewöhnliches in mir vorgehen. Ich fühlte in dieser seltsamen Musik etwas mir zutiefst Vertrautes, Eigenes. Mir schien, daß sie meinem verworrenen, schweren Leben genau entsprach und mich stets begleitet hatte. Sie lebte in mir, in meiner Seele, und mehr als das – sie klang in der ganzen mir vertrauten Welt wieder. So spreche ich heute, damals fühlte ich nur den erhabenen Zusammenklang von Sehnsucht und Freude. Am liebsten hätte ich zugleich geweint und gelacht. In jener Stunde wurde mir bewußt, daß Musik die Stimme der Weltseele, ihr Lied ohne Worte ist.«

Noch ein Urerlebnis also, an dessen Authentizität nicht zu zweifeln ist. Schaljapin brachte den *Boris*, der bis dahin für eine rohe, ungeschlachte Steppenspezialität gehalten wurde, auch in den ungläubig staunenden Westen (Paris 1908, Mailand 1909, London 1913), und der Magnetismus seiner Darstellung verhalf diesem merkwürdigen Werk des Musiktheaters zu jenem Siegeszug, der bis heute nicht abgebrochen wurde.

Von nun an verlegte er sich auf eine internationale Reisetätigkeit, die ihm ungeheure Honorare einbrachte und seiner unstillbaren Neugier auf Menschen und neue Länder, neue Erfahrungen entgegenkam. In seiner Heimat fühlte er sich eh nicht besonders wohl, weder im Zarenreich, dessen horrende Ungerechtigkeiten er wohl erkannte (der sozialrevolutionäre Freund Gorki hat ihn immer als »einen von uns« bezeichnet), aber auch, wie angedeutet, nicht in der Lenin-Phase der bolschewistischen Sowjetunion, und doch hatte er immer Heimweh, jene »Nostalgie«, die der russische Exilant Andrei Tarkowski in seinem gleichnamigen Film so unübertrefflich beschrieben hat. Er war schon in den Jahren vor dem Ersten Weltkrieg ein Weltstar, gehörte keinem festen Ensemble mehr an, sondern band sich nach dem Stagioneprinzip für Aufführungsserien an bestimmte Häuser.

Es ist immer wieder darauf hingewiesen worden, oft auch tadelnd, ein wie kleines Repertoire Schaljapin letztlich gehabt habe. Das ist nur bedingt richtig. Wirft man einen Blick auf das Verzeichnis aller Rollen, die er gesungen hat, dann sind das 65, und man wird heutzutage nur wenige Bässe finden, die diese Zahl erreichen, einfach, weil das internationale Opernrepertoire für Bässe zumindest erheblich zusammengeschrumpft ist. In diesem erstaunlichen Verzeichnis sind natürlich viele russische Spezialitäten, Opern etwa von Alexandr Serow oder die Opern Nikolai Rimski-Korsakows, die bei uns kaum bekannt sind, aber auch der Brogni aus Halévys *La Juive*, der Gudal in Rubinsteins *Dämon*, der Bertram in Meyerbeers *Robert le diable*, der Nilakantha in Delibes' *Lakmé* und was solch aparter Rollen noch mehr sind. Andererseits ist diese Beobachtung nicht ganz unberechtigt, denn mit zunehmendem Erfolg schrumpfte dieses breite Repertoire wie Butter unter der Sonne und konzentrierte sich letztlich, wenn man es genau nimmt, auf vier Rollen: den Boris, den Méphistophélès bei Gounod, den Mefistofele in Boitos gleichnamiger Oper und den Basilio im *Barbiere di Siviglia* – schon mit dem Leporello im *Don Giovanni*, mit dem er internationalen Repertoiregepflogenheiten entgegenkommen wollte, hatte er nicht viel Glück (man kann ihn sich aber auch nicht in dieser Rolle besonders glücklich vorstellen). Boitos kapitales Werk fand in ihm einen ebenso kapitalen Interpreten, der Komponist konnte sich davon selbst überzeugen, als Schaljapin die erste Begegnung mit dieser Rolle gleich in der Höhle des Löwen hatte, 1901 an der Mailänder Scala, unter einem jungen Dirigenten namens Arturo Toscanini und mit einem ebenfalls jungen Faust-Tenor namens Enrico Caruso, mit dem ihn später eine freundschaftliche Beziehung verband, ebenso wie mit seinem Baritonkollegen Titta Ruffo.

Ein Sänger wie Schaljapin, der sich das Bild seiner Figuren nach den Vorbildern großer Maler formte, der seinen Mephisto bis ins Detail hinein nach dem berühmten Stich Wilhelm von Kaulbachs bildete, sich für Kostüm und Maske Anregungen aus den großen Museen und bei den befreundeten russischen Malern der Jahrhundertwende holte, der sich für die Vorbereitung auf den Boris mit dem großen russischen Historiker Wassili Klijutschewski tagelang zusammensetzte, einen solchen Interpreten hatte das stereotypisierte italienische Operntheater (und so war es in der ganzen westlichen Welt um 1900) noch nicht gesehen. Als Schaljapin Boitos Mefistofele im Prolog bis zum Gürtel nackt auf die Bühne wuchtete (ganz nackt wäre ihm noch lieber gewesen), das Muskelspiel des mächtigen Körpers durch geschickte Schminktechnik noch hervorgehoben, da war ein Skandal nahe, der aber in dem immensen Erfolg unterging. Ein Zeugnis aus späterer Zeit gibt uns Beniamino Gigli, der 1922 zum erstenmal mit dem Russen an der Met auftrat, eben in der Rolle, die 20 Jahre zuvor Caruso gesungen hatte:

»Ich, der ich zum erstenmal mit ihm auftrat, konnte mir keine bessere Interpretation des Mephisto vorstellen. Zunächst einmal war er äußerlich wie dafür geschaffen. Mit seiner hochgewachsenen geschmeidigen Figur, der halb entblößten Brust und dem grausamen, furchterregenden Ausdruck, den er seinen beweglichen Zügen lieh, bot er eine geradezu entnervend diabolische Erscheinung. Seine eigene Rollenauffassung wich in vielem von der traditionellen Interpretation ab, die ich bisher an der Met kennengelernt hatte, und erschien mir viel wahrer und künstlerisch überzeugender. Beim Prolog im

Himmel erschien er zum Beispiel nicht von Wolken umgeben, sondern tauchte gewaltig und bedrohlich wie eine taumelnde Riesenspinne aus der Tiefe auf. Seine langen schwarzen Haare waren zu einer Skalplocke zusammengedreht, so daß er wirkte, als trüge er eine japanische Teufelsmaske. Sein Gesang war ebenso herrlich wie sein Spiel. Die Struktur seiner Stimme war schön, vollkommen in der Klangwiedergabe, berauschend in ihrem Umfang und ihrer Kraft, und seine Gesangstechnik war ein staunenswertes Beispiel von Atembeherrschung, Tonerzeugung und Phrasierung.«

Womit wir bei der Stimme Schaljapins wären, der wir uns schon mit Bemerkungen über das adäquate Stimmfach genähert hatten. Der beste Weg, Schaljapin so kennenzulernen, wie er auf die Zeitgenossen gewirkt haben muß, ist der Zugriff zu drei längeren Ausschnitten aus Live-Aufführungen in Covent Garden, die 1979 in einer Kassette mit Covent-Garden-Aufnahmen publiziert wurden. In erstaunlicher technischer Qualität hört man da unter anderem den ganzen ersten Akt aus *Faust* mit Schaljapin, die für seine Rolle wesentlichen Ausschnitte aus den weiteren Akten, Szenen aus *Mefistofele* und alle zentralen Szenen des *Boris Godunow*. Die Aufnahmen entstanden 1926 und 1928 und zeigen, daß Schaljapin, er war damals Mitte Fünfzig, im Vollbesitz seiner stimmlichen Kräfte war, sogar noch die letzten mir bekannten Aufnahmen aus den Jahren 1934 und 1936 zeigen eine kaum geschmälerte Stimmkraft (entgegen anders lautenden Gerüchten). Hat man Schaljapin, so stellen wir uns einmal vor, noch nie gehört, dann ist der Eindruck kaum beschreibbar. In der »Invocation« aus *Faust* schon werden die Töne geknetet und geknautscht, extreme Färbungen sind quasi das Normale, bei der erwähnten Serenade scheint jeder Ton aus einem anderen Loch zu kommen, und allein die Variationen des teuflischen Lachens könnten schon als Lehrmaterial für ganze Generationen dienen, ebenso wie auch die anfeuernden »Saboe«-Schreie des Mefistofele in der »Fuga infernale« Boitos. Am eindrücklichsten sind natürlich die Ausschnitte aus *Boris* – ein vollständiges Rollenbild, wie wir es uns atemberaubender kaum vorstellen können. Hier lernt man, wo spätere Generationen von Boris-Sängern ihr je nach Temperament nachgeahmtes oder umgangenes Vorbild haben. In seinem Ziel, Musiktheater und Sprechtheater in eine Synthese zu bringen, geht Schaljapin bis an die Grenze des Erlaubten und auch darüber hinaus – kein anderer Sänger des Boris hat sich so weit vorgewagt. Für alle galt die einzige Frage: Folge ich diesem übermächtigen Rollenvorbild in der die Gesangslinie überbordenden exzessiven Darstellung, besonders an der Glockenszene bemerkbar, wie es am eindrucksvollsten wohl Boris Christoff gemacht hat, oder betone ich stärker das belcantistische Element und vertraue auf die Aussagekraft der Partitur, Nicolai Ghiaurov und George London gingen eher in diese Richtung.

Deutlich wird an allen diesen Beispielen, daß Schaljapin ein Meister der extremen Stimmfärbung war. Man wird ihm kein Unrecht tun (und Gigli ein wenig korrigieren müssen), wenn man feststellt, daß seine Stimme von Haus aus kein Instrument war, das sich durch sonore Fülle und Wärme des Klanges auszeichnete, sondern eher in die Richtung dessen ging, was man despektierlich einen »Stroh-Baß(bariton)« nennt, um eine trockene und knarrend-knarzende Stimmcharakteristik zu beschreiben, wie sie osteuropäischen Stimmen dieser Lage oft (aber nicht immer) eignet – noch einmal sei an Christoff erinnert, dessen Stimme trotz rein italienischer Schulung die Biegsamkeit von italienischen Stimmen wie bei Ezio Pinza und Cesare Siepi fehlte. Schaljapin wußte natürlich um diese Eigenart seiner Stimme, und auch wenn er bei Usatow angeblich eine, wenn auch kurze, Belcanto-Schulung durchlaufen hat, für die es damals ja noch einen international verbindlichen Standard gab, so war er doch immer bereit, die Tonschönheit jederzeit aufzugeben (da sie nicht seine Stärke war) um der dramatischen Wirkung und Expressivität willen.

Einen naturalistischen Sänger hat man ihn genannt, und wirklich geht das, was man da hört, über veristisches Singen weit hinaus, es ist, um es ganz deutlich zu sagen, mit den herkömmlichen Parametern der Gesangsästhetik nicht mehr zu beurteilen. Wenn man nüchtern beschreiben will, was man in diesen Live-Aufnahmen hört, die darin um einiges weiter gehen als die bekannteren Studioaufnahmen aus den verschiedenen Stationen seiner Karriere, dann wird man nicht umhin können festzustellen, daß gewissermaßen der Haupttext durch den Nebentext überwuchert wird. Nicht mehr das, was in den Noten steht, kommt hier zur Aktualisierung, sondern das, was der Interpret Schaljapin als Essenz einer Figur begriff. Er war ein Darsteller, der die bloße Einfühlung in eine Figur als unzureichend ablehnte (wie würde ich mich verhalten, wenn ich Boris wäre etc.), sondern der in penibler Vorbereitung zum Kern einer Figur, eines historischen oder fiktiven Menschen vordrang und diese Essenz darzustellen versuchte (nicht umsonst hat Konstantin Stanislawski ihn so bewundert). Um diese Essenz darzustellen, war ihm sozusagen jedes Mittel recht, das heißt konkret, daß die Gesangslinie durch Flüstern und Schreie, durch heiseres Röcheln, durch Lachen und Schluchzer, durch Stöhnen und Röhren überwuchert werden durfte, bis diese »F’iorituren« ganz neuer Art plötzlich ein Gewebe schufen, das sich über den nackten Notentext legte. Schon ganz früh ist bei ihm diese Tendenz bemerkbar: In einer frühen Aufnahme der Verleumdungsarie aus dem *Barbiere di Siviglia* von 1908 werden bereits die lang angehaltenen Töne im Mittelteil durch bewußt eingesetztes Meckern und Tremolieren abgewandelt – man merkt deutlich, daß es diesem Kerl einfach unmöglich war, etwas so Langweiliges zu singen wie eine lang ausgehaltene Baßnote.

Diese Londoner Aufnahmen sind ein Glücksfall der Interpretationsgeschichte, hätten wir nur von Caruso ähnliche Dokumente! In noch einem anderen Punkt müssen wir uns in bezug auf Schaljapin glücklich schätzen, denn wir können ihn in einem Tonfilm als Schauspieler erleben (von Caruso gibt es nur einige Stummfilmszenen): 1933 drehte der deutsche Regisseur G. W. Pabst, einer der Meister seines Faches, in Frankreich einen *Don Quichotte*-Film und konnte Schaljapin für die Titelrolle gewinnen. Das kam nicht von ungefähr, denn dieser hatte ja 1911 die Uraufführung von Massenets gleichnamiger Oper in Monte Carlo gesungen, und dieses Werk hatte nur durch ihn Bestand, der es an den großen Bühnen der Welt sang. Jetzt, ein Jahr vor seinem Rückzug von der Bühne, ging er mit dieser Rolle vor die Kamera, allerdings war es kein Opernfilm, sondern ein Originaldrehbuch, und auch die Musik Massenets wurde nicht verwendet, sondern Jacques Ibert schrieb eine sehr kunstvolle Filmmusik dazu, die Schaljapin Gelegenheit zu einigen Ariosi gibt – ein Dokument ersten Ranges, das jedem beweist, daß dieser immense Sängerdarsteller als Nurschauspieler eindrucksvoll genug ist. Die Legende Schaljapin lebt, sie ist überprüfbar und nachlebbar.

Der größte Bassist des Jahrhunderts? Im Abschnitt über Alexander Kipnis ist dargelegt, warum ich Kipnis diesen Titel zuerkennen möchte, aber Schaljapin war sicher der größte singende Menschendarsteller, unabhängig von seiner Stimmgattung, den die Bühnen des 20. Jahrhunderts gesehen haben. Mochten andere schöne Töne aneinanderfügen, kunstvoller und wohltönender als er, er dachte in Tönen und agierte in Tönen. Ein beredter Sänger, das wäre zuwenig, ein Sänger von einer geradezu ohrenbetäubenden sängerischen Eloquenz, immer eher des Zuviel als des Zuwenig schuldig, ein kulissensprengendes Naturereignis, ein Unikat. Mejerchold hat schon 1909 das Spezifische von Schaljapins Begabung erfaßt:

»In Schaljapins Spiel ist immer Wahrheit. Immer steht sie etwas über dem Leben – er ist die ein wenig überhöhte Wahrheit der Kunst [...] Schaljapin ist einer der ganz wenigen Opernsänger, die, den Hinweisen der Notenschrift genauestens folgend, mit ihren Bewegungen ihre Zeichnung geben. Und diese körperliche Zeichnung verschmilzt stets harmonisch mit der Tonzeichnung der Partitur [...] Was der dionysische Altar für den Tragöden, ist für den Darsteller des Musikdramas das Schaffen Schaljapins.«

Hinweise

Die Textgeschichte der berühmten Autobiographie Schaljapins, aus der ich zweimal zitiert habe, ist ziemlich verworren. Der sozusagen berühmtere Teil ist jener, den Schaljapin mit Hilfe von Maxim Gorki verfaßte oder, besser gesagt, Gorki aus Diktaten

Schaljapins zusammenstellte und mit der Kraft seines Autorentalents bearbeitete, ihr literarischer Rang und ihre Lebendigkeit sind also sicherlich auch der Arbeit Gorkis zu verdanken. Diese Erinnerungen erschienen zuerst in Fortsetzungen in den zwanziger Jahren in einer russischen Zeitschrift und dann in einer amerikanischen Ausgabe 1927 auf englisch (um diese Ausgaben gab es die erwähnten juristischen Auseinandersetzungen). Vollständig ediert erschienen sie erst auf russisch in einer zweibändigen Ausgabe (1958–60 zusammen mit dem zweiten autobiographischen Buch). Von dieser russischen Ausgabe ist die deutsche abgeleitet, die ohne Jahresangabe um 1970 in Tübingen erschien. Sie läuft, nicht unberechtigt, unter dem Autorennamen Gorkis und heißt *Mein Freund Fjodor: Das Leben Schaljapins*. Weil Schaljapin seine Ansichten über die Welt und die Bühnenkunst gegen Ende seiner Karriere noch einmal darlegen wollte, verfaßte er selbst eine zweite Version seiner Autobiographie, die erheblich anders aussah und die auf russisch 1932 in Paris herauskam. *Maska i duscha* hieß dieses Buch, *Maske und Mensch*, und es kam gleichzeitig auch auf englisch in London und New York heraus. Eine deutsche Version in Auszügen (bezeichnenderweise offensichtlich um politische Ausführungen gekürzt) gibt die deutsche Ausgabe von Lothar Fahlbusch (Leipzig 1972), deren erster Teil aus der Gorki-Autobiographie besteht. Die ausführlichste Schaljapin-Biographie ist die dreibändige von Jelena Groschewa, die 1976–79 in Moskau erschien, bis heute anscheinend nicht übersetzt. Leichter benutzbar und auf dem neuesten Stand ist diejenige von Victor Borovsky, *Chaljapin: a Critical Biography*, London/New York 1988. Carl van Vechtens Essay über Schaljapin mit interessanten Details über den Mißerfolg in New York 1907 findet sich in dessen Buch *Interpreters* von 1920, das in einem Reprint New York 1977 vorliegt. Eine Diskographie von Allan Kelly findet sich in der Sammlerzeitschrift *The Record Collector* XX, Nr. 810, S. 184–230.

Bei Pearl liegen vier CDs mit Schaljapin-Aufnahmen vor. Die berühmten Live-Aufnahmen aus Covent Garden sind zur Zeit nicht greifbar. Die Liederaufnahmen sind in zwei CDs bei Preiser erhältlich. Bei Nimbus gibt es eine CD.

Mattia Battistini

Beinahe hätte er es geschafft, sein 50jähriges Bühnenjubiläum zu feiern, »La gloria d'Italia«, »Il re dei baritoni«, Mattia Battistini. Am 9. November 1878 hatte er in Donizettis *Favorite* im römischen Teatro Argentino debütiert, und in der gleichen Rolle wollte er 1928 noch einmal auftreten, aber seine Krankheit verhinderte das, und zwei Tage vor diesem angestrebten Jubiläum starb Battistini auf seinem herrschaftlichen Landsitz in der Nähe von Rieti. Geboren wurde er am 27. Februar 1856 in Contigliano in der Nähe von Rom; sein Vater war ein angesehener Arzt und Anatomieprofessor. Battistinis letztes Auftreten vor Publikum fand im Oktober 1927 auf einer Tournee in Graz statt, damals war er 71 Jahre alt, seine letzten Schallplattenaufnahmen wurden im Februar 1924 in Mailand gemacht, wenige Tage vor seinem 68. Geburtstag. Man vergleiche aus dieser Serie die Aufnahme eines seiner »pièces de résistance« »A tanto amor« aus seiner Debütrolle in *La Favorite* mit der ersten Aufnahme des Stückes von 1906: Es ist verblüffend, wie wenig der natürliche Alterungsprozeß dieser Stimme und dieser unglaublichen Technik anhaben konnte, vor allem wenn man bedenkt, daß er seine ersten Aufnahmen erst im Alter von 46 Jahren machen konnte, nämlich 1902, in einem Alter also, als andere Sänger seines Faches schon ihren Zenit überschritten hatten, der große Titta Ruffo zum Beispiel.

Eigentlich hätte Battistini nach dem Willen seines Vaters Mediziner oder zumindest Jurist werden sollen, aber bei häuslichem Musizieren blieben seine Fähigkeiten nicht verborgen, und so wurde er zu Venceslao Persichini geschickt, der später auch Ruffo unterrichtete. Bis zu diesem Zeitpunkt hielt seine Umgebung ihn und auch er selbst sich für einen Tenor, Persichini jedoch lenkte ihn in die Richtung Bariton; ein hoher Bariton jedoch blieb Battistini sein Leben lang, mit einer hörbaren Schwäche in den tiefen Lagen (zu bemerken im *Ballo in maschera* und in *Rigoletto*), dennoch nicht zu verwechseln mit einem »hellen Bariton«, wie ihn die Franzosen als »baryton martin« kennen, denn es ist ein Kennzeichen der italienischen Stimmschulung, auch hochgelagerte Stimmen dunkel klingen zu lassen, so daß der Mangel in der Tiefe dann immer wieder verblüffend ist – am extremsten ausgeprägt ist dieses Phänomen bei Ruffo.

Nach seinem römischen Debüt erweiterte Battistini sein Repertoire zügig und konsequent – noch war er nicht der König der Baritone, sondern nur eine von vielen italienischen Nachwuchsbegabungen. Sein Ruhm als Vokalist stieg ständig an, als Darsteller wurde er jedoch nicht für ein Talent ersten Ranges gehalten. Das war damals überhaupt keine Schande und wurde nur von wenigen moniert, darunter allerdings von Giuseppe Verdi, für den die glaubhafte Verkörperung eine außerordentlich wichtige Vorbedingung war, um den Anforderungen seines Spätwerks gerecht zu werden. Nicht zuletzt deshalb hat er am französischen Bariton Victor Maurel festgehalten, seinem Jago und Falstaff, trotz der ihn sehr aufregenden Starallüren dieses übermäßig selbstbewußten Sängers. Als die Aufführung des umgearbeiteten *Simon Boccanegra* anstand (1881), schlug Giulio Ricordi Verdi vor, sich doch einmal Battistini anzuhören (der ja erst seit drei Jahren auf der Bühne stand). Verdi, der ebenfalls positive Nachrichten hatte, war bereit, die Probe zu machen, und schwankte zwischen Battistini und Giuseppe Kaschmann für diese Rolle. Daß dann doch Maurel den Boccanegra sang, deutet darauf hin, daß keiner der beiden Kandidaten den Anforderungen Verdis genügte. Einige Jahre später hatte Verdi erhebliche Bedenken, Battistini oder Kaschmann für eine römische Reprise des *Otello* einzusetzen – für den Jago seien beide zu »gefühlsselig«, und gegen Ricordi beharrte Verdi auf seiner Einsicht, daß Battistini kein guter Jago sein könne; nachdem dieser im Jahre 1890 dann doch noch den Boccanegra an der Scala gesungen hatte, war Verdis Urteil fertig: »ein mittelmäßiger Darsteller«. Man wird Verdi das glauben können, keiner konnte es besser beurteilen als er.

Die Karriere Battistinis jedoch blieb von solchen kritischen Punkten unberührt. Sein Debüt an der Scala erfolgte 1888, und von diesem Zeitpunkt datiert ein unaufhaltsamer und die Musikzentren Europas umspannender Aufstieg, der nur die Vereinigten Staaten weitgehend aussparte, angeblich wegen des Widerstandes, den Battistini gegen die Ozeanüberquerungen hatte (so sang er nie an der Met). Als das Land seiner größten Triumphe wird man wohl das zaristische Rußland ansehen können. Seit seinem Debüt in Petersburg im Jahre 1893 bis zum Ersten Weltkrieg sang er dort, auch in Moskau und Warschau, seine großen Rollen: Den Don Giovanni sang er zum erstenmal in Petersburg und galt als bedeutendster Rollenvertreter, nachdem sich der berühmteste Giovanni der älteren Generation, Antonio Cotogni, zurückgezogen hatte und die Rolle seinem Nachfolger wie eine Reliquie übergeben hatte – allenfalls Francisco d'Andrade konnte sich noch mit ihm messen. Mit seinen 30 Lederkoffern, auf denen die Initialen M. B. prangten, reiste er fürstlich durch die Welt, mit dem Zaren und anderen gekrönten Häuptern stand er auf vertraulichem Fuße, und die »maniera grande«, die ihn auf der Bühne auszeichnete, flutete auch in sein Privatleben hinüber: Mit der gleichen Grandezza, mit der er als Scarpia auf der Bühne seine Schokolade trank, benutzte er (mit abgespreiztem kleinen Finger gewissermaßen) seine Tasse auch im Privatleben. Berühmt ist jene letztlich nicht belegte Anekdote, daß er in Rußland durch seine Fürsprache einem aus politischen Gründen zum Tode Verurteilten das Leben gerettet haben soll. Battistini sang noch mit Tamagno den *Otello*, er sang aber auch schon mit dem jungen Kollegen Enrico Caruso, und gegen Ende seiner Karriere trat er noch in *La Traviata* in Wien auf, mit einem gewissen Richard Tauber als Alfredo – solche Namensbreite zeigt die Spannweite seiner Karriere an.

Hört man sich Battistinis Aufnahmen in der Folge ihrer Entstehung (von 1902 bis 1924) durchgehend an, so wird man verschiedene Überraschungen erleben, wenn man von dem Klischeebild des Belcanto-Baritons ausgeht, dem der athletische Stimmbesitzer veristischer Prägung Ruffo gegenübergestellt wurde und wird. Im Vordergrund des auf jeden Fall grandiosen Eindrucks, den man von diesem Sänger erhält, stehen sicherlich die natürliche Leichtigkeit der Tongebung, das anstrengungslose Singen bis in Fortegrade hinein, die man ihm vielleicht gar nicht zutraut (an der Seite Tamagnos soll er als Jago im

Racheduett einen stimmlich keineswegs schmächtigen Eindruck gemacht haben), und die grundsätzliche Dignität und Noblesse seiner vokalen Linie. Schon allein aus diesen Gründen sind Battistinis Aufnahmen Lehrstunden bis heute geblieben. Ich kenne jedenfalls keinen Bariton, der ein so gleichmäßig qualitätvolles klangliches Erbe hinterlassen hat. Ruffo hatte die gewaltigere Stimme, Pasquale Amato war der vielseitigere und vielschichtigere Sängerdarsteller, Giuseppe De Luca stand den Quellen des Belcantos vielleicht noch einen Schritt näher, aber Battistini ist sicherlich der in allen Bereichen ausgeglichenste Bariton, den die technisch überlieferte Gesangsgeschichte kennt. Erstaunlich aber ist dann doch, daß er, obwohl einer Generation angehörend, die nicht mit dem Verismo aufgewachsen ist, durchaus Züge zeigt, die als veristisch aufgefaßt werden müssen, denn auch er kann stimmlich hart zupacken, er verschmäht den Effekt nicht, der von der puren klanglichen Schönheit wegführt, auf der anderen Seite stellt er auch die hohen Töne, die er ja in Fülle und Schönheit besaß, mit einer Selbstzufriedenheit aus, die an die Kastratenprimadonnen früherer Zeiten denken läßt. Giacomo Lauri-Volpi berichtet in seinem Buch *Voci parallele*, daß er als junger Mann Battistini in seiner Paraderolle in *La Favorite* hörte und in der Kadenz von »A tanto amor« staunend miterlebte, wie Battistini auf einem einzigen Vokal eine Kette von Kunststückchen produzierte, die er in die verschiedenen Ecken des Auditoriums wirken ließ, bis der Saal ihm zu Füßen lag. Ein theatralisches Sichaufplustern, das nicht immer mit dem musikalischen Anlaß in korrekter Verbindung steht, ist auch gelegentlich an seinen Aufnahmen zu bemerken (wenn auch nicht in solcher Exzentrizität, wie Lauri-Volpi berichtet), und so kommt Battistini in der Überemphatisierung manchmal in die Nähe des fast eine Generation jüngeren Caruso.

Unter seinen Aufnahmen ragen wohl bei aller Gleichmäßigkeit diejenigen hervor, die in den Jahren 1911 und 1912 gemacht wurden. Battistini war ein Mittfünfziger, aber die Stimme klingt wie die eines Mittdreißigers, mit ausladender Sonorität bis in die höchsten Lagen, etwa in den selten zu hörenden zwei Ausschnitten aus *Quo vadis?*, einer Oper des heute vergessenen französischen Komponisten Jean-Charles Nouguès, oder der mit dramatischem Martellato gesungenen Arie »Cruda, funesta smania« aus Donizettis *Lucia di Lammermoor*. Der scharfe Blick des alten Verdi hat sich insofern bewahrheitet, als Battistini seine höchsten Leistungen nicht im Verdi-Fach erreichte. Für den Rigoletto (all dies nach den Aufnahmen beurteilt) fehlten ihm die klangvolle Tiefe und die Fähigkeit, die Tiefenschichten einer Figur bloßlegen zu können, auch der Macbeth bleibt allzu zurückhaltend, überzeugend allein der Rodrigo aus *Don Carlos* und der Carlo aus *Ernani*, die seinem Naturell von allen Verdi-Baritonrollen sicher am nächsten kamen. Wenn man das Manko der schwachen Tiefe zu überhören bereit ist, dann sind die drei Ausschnitte aus der Partie des Wolfram in *Tannhäuser* Modelle eines noblen Wagner-Gesangs, von jenem schier unendlichen Legatoatem getragen, den sich Wagner immer vorstellte. Eine bemerkenswerte Kuriosität sind zwei Ausschnitte aus der Partie des Werther. Massenet war von der Kultiviertheit Battistinis so begeistert, daß er die Tenorpartie Werthers einrichtete, um sie in dessen stimmlichen Umfang einzupassen. Die Aufnahmen sind ein Beispiel dafür, wozu ein Komponist damals bereit war, wenn er glaubte, seinem Werk etwas Gutes tun zu können. Musikalisch wird man das Verschlimmbesserung nennen müssen, aber die Noblesse des Singens macht diese Merkwürdigkeiten erträglich. Man mag einzelne Aufnahmen Battistinis nicht als letztlich stilgerecht oder rollendeckend empfinden, und auch bei ihm gibt es verunglückte Phrasen und Töne, immer aber besticht die Linienführung dieses Singens, das auch in schwächeren Momenten stets zu fesseln weiß. Nicht immer wird von ihm die dramatische Kontur einer Rolle bis ins letzte erfaßt, und von der Spannweite der Expression, die der späte Caruso selbstzerstörerisch Klang werden ließ, ist Battistini immer weit entfernt, aber er stattet alle seine tonlichen Porträts mit einer gleichmäßigen, aber nicht langweiligen menschlichen Wärme aus, die den Hörer wohltuend umfängt – ein baritonaler Kachelofen gewissermaßen oder, wie ein englischer Kritiker sagte: »Battistini hören, das ist, als ob man einen hervorragenden alten Burgunder trinken würde.«

Hinweise

Gemessen an dem Ruhm und der Bedeutung dieses Sängers ist die Literatur über ihn kläglich. Immer noch am besten ist das schmale und in den Fakten unsichere Buch von Francesco Palmegiani: *Mattia Battistini, il re dei baritoni* (Mailand 1949; Reprint New York 1977, mit einer neuen Diskographie).

Den besten Zugang zu seinen Aufnahmen gab die komplette Kassette mit sieben Platten, die Keith Hardwick 1986 für die englische EMI herausbrachte (im Beiheft ein schöner Essay von John Steane). Natürlich ist diese Kassette schon lange vergriffen, und ein gleichwertiger Ersatz auf CD ist im Augenblick nicht greifbar. Bei Preiser, Nimbus und Pearl liegt je eine CD vor.

Titta Ruffo

»Der Ruffo der Tenöre« – nein, so hat man Caruso nie genannt, wohl aber wurde Titta Ruffo der »Caruso der Baritone« genannt, worin sich natürlich die Rangordnung der Stimmgattungen widerspiegelt, aber auch ein platter Vergleich, der der Eigenart der beiden befreundeten Sänger, die jedoch kaum miteinander aufgetreten sind und kaum miteinander Platten gemacht haben, nicht gerecht wird. Gemeinsam ist beiden, daß sie ihre Plattenaufnahmen in der Zeit der akustischen Aufnahmetechnik gemacht haben; Caruso starb vor der Wende, Ruffo hat noch nach 1925 Aufnahmen gemacht, die aber dann den schnellen Verfall seiner stimmlichen Kräfte zeigen. Bei allen Sängern, die wir nur aus der Periode vor 1925 kennen, müssen wir den »Mehrwert« addieren, das heißt dasjenige Potential an Klangfülle und Klangfarbe, das durch die Technik nicht eingefangen werden konnte. Bekanntlich haben die hohen Frauenstimmen am meisten darunter gelitten – das kaum unterschiedene Pfeifen der hohen Soprane ist ein trauriger Beleg dafür. Stimmen, die sich im mittleren Frequenzbereich bewegten, wie die dunkle Tenorstimme Carusos und diejenige Ruffos, sind hingegen begünstigt gewesen.

Im Falle Ruffos kommt jedoch etwas Besonderes hinzu, was der Plattensammler Roland Teuchtler als das Wunder der »größten Raumstimme überhaupt« bezeichnet hat; das soll heißen, daß die Stimme Ruffos an Volumen und Durchschlagskraft alles übertraf, auch außerhalb seines eigenen Faches, was die Zeitgenossen zu hören gewohnt waren und was wohl erst durch Lauritz Melchior im Tenorfach egalisiert wurde. Alle Berichte von kompetenten Beurteilern stimmen darin überein, daß die schiere Klanggewalt dieser »voce di leone« überwältigend war. Das ist auf den Platten aus Ruffos bester Zeit zwischen etwa 1910 und 1920 durchaus noch bemerkbar, man höre sich einmal nur zur Einstimmung sein unbegleitetes »All'érta marinar« aus Meyerbeers *L'Africaine* an, wo die Stimme geradezu zu explodieren scheint, je höher sie steigt, aber wir müssen uns darüber klar sein, daß wir dennoch nur eine ferne Ahnung vermittelt bekommen von dem, was die glücklichen Zeitgenossen hören konnten. Eines jedenfalls ist sicher: Weder ich noch einer meiner Leser hat je eine Baritonstimme solchen Kalibers gehört – mit Kaliber meine ich zunächst einmal die schiere Größe der Stimme, aber das sind nicht die einzigen Vorzüge von Ruffos Singen.

Worauf die Schallkraft von Ruffos Stimme beruhte, die, wie manche meinen, heutzutage geradezu als abnorm empfunden würde, wo mangelnde Schallkraft ein Kennzeichen italienischer Baritone ist und ein Normalzustand wie bei Piero Cappuccilli schon als sensationell angesehen wird, darüber ist viel gerätselt worden, manches jedoch ist durchaus als gesichert anzusehen, und es hat viel mit der Physiologie des Singens zu tun. Man muß sich nur die zahlreichen schönen Photos von Ruffo ansehen, am besten die Privatphotos, um zu sehen, daß er das besaß, was die Stimmexperten als den goldenen Schnitt für einen Sängerkopf bezeichnen: einen gewaltigen Kopf, rund und doch markant geschnitten, mit einer stark ausgebildeten Mund- und Nasenpartie, breiten Backenknochen und entschiedener Stirnknochenpartie, also optimal ausgebildeten Resonanzräumen, ein fleischiges, ja man könnte fast sagen muskulöses Gesicht, das alles über einem nicht übermäßig großen, aber stattlichen Körper von erdhafter Solidität mit einem enormen Brustkorb, der eine ebenso enorme Lungenkapazität garantierte. Wir haben außerdem das Zeugnis des Gesangspädagogen George Cunelli, das uns erlaubt, am Beispiel Ruffo, einem extremen Beispiel gewiß, noch detaillierter in die Geheimnisse der Sängerphysis einzusteigen.

Im Jahr 1920 hielt sich Cunelli in Rom auf und wurde von zwei HNO-Spezialisten der römischen Poliklinik gefragt, ob er Interesse habe, sich wissenschaftlich mit einem der größten Sänger seiner Zeit zu befassen, mit Ruffo nämlich, der sich freundlicherweise bereit erklärt hatte, für eine Untersuchung zur Verfügung zu stehen. Mit allen Meßinstrumenten und Apparaten behängt, die der damaligen Wissenschaft zur Verfügung standen, wurde Ruffo in einem weitgehend leeren Klinikraum, in den nur ein Klavier geschafft worden war, gebeten, zunächst einmal seine Stimme in ihrer Vollkraft zu produzieren. Er sang den Prolog zu *Pagliacci*, eines seiner Kabinettstückchen; als er das hohe As auf »al pari di voi« sang, liefen die beiden Ärzte mit schmerzverzerrtem Gesicht aus dem Raum, die gewaltigen Vibrationen hatten sich auf ihre Zähne fortgepflanzt, und auch Cunelli, solche Stimmentladungen schon eher gewohnt, fühlte sich ziemlich benommen. Als nächstes Kunststück sang Ruffo das Brindisi aus Thomas' *Hamlet*, einer Oper, die durch ihn überhaupt erst Weltruhm erlangt hatte, dabei hielt er eine Kadenz in einem Atem von 14 Sekunden Länge durch – der Mund der Ärzte ging gar nicht mehr zu. Als nächstes sollte die Stimmausdehnung getestet werden. Ruffo sang zu diesem Zweck die Kavatine des Faust (eine Tenorrolle) aus Gounods Oper und krönte sie mit dem von den meisten Tenören gefürchteten hohen C, einem Ton, den Cunelli noch von keinem Tenor in solchem Volumen und solcher Brillanz gehört hatte. Ruffo sagte dazu, daß die stimmliche Ausdehnung einer solchen Rolle ihm keine Schwierigkeiten mache, nur die Tessitura sei ihm unangenehm, und deshalb sei die Entscheidung für die Baritonlage gefallen – Cunelli war sogar der Meinung, daß er ohne weiteres ein Wagner-Heldentenor hätte werden können (wo die Tessitura meistens tiefer liegt als im italienisch-französischen Repertoire).

Das entspricht exakt der Hörerfahrung mit Ruffos Platten insofern, als die Stimme immer gewaltiger wird, je weiter sie in die Höhe klettert, andererseits aber (und das ist wohl das Ruffo-Geheimnis) hat sie das dunkle Timbre eines Heldenbaritons und nicht das eines Heldentenors, dem man ja einige baritonale Beifärbung zugestehen mag – dem Timbre widerspricht allerdings die auf den ersten Blick verwunderlich schwach entwickelte Tiefe (man kann dies bei dem erwähnten »All'érta marinar« gut hören). Man, und selbst der Ausnahme-Stimmathlet Ruffo nicht, kann eben nicht beides haben, die heldentenorale Höhe mit der Farbe eines dunklen Baritons und die Tiefe eines Heldenbaritons – da stoßen die physiologischen Gegebenheiten auch hier an eine natürliche Grenze. Ruffo hat ja interessanterweise den Kurwenal und den Telramund gesungen, hat sogar den Wotan und den Wanderer studiert, aber nie gesungen. Was nun diese umwerfende dunkle Farbe Ruffos betrifft, so konnten Cunelli und die Ärzte damals feststellen, daß sie erreicht wurde durch das Singen mit einer extrem offenen Kehle, dem Kehlkopf in einer sehr tiefen Position und entsprechend dem Gaumen in einer sehr hohen Position, so daß der Zugang zu den Resonanzräumen immer offen blieb. Die Stimmbänder Ruffos waren außerordentlich breit und kräftig, aber nicht von außergewöhnlicher Längenausdehnung, die Kapazität seiner Lungen lag um einen Liter über dem Standard, der bei Leistungssportlern seiner Körpergröße festgestellt worden war.

Mit diesen Bemerkungen, nahegelegt von einem faszinierenden Material, soll nun nicht der Eindruck erweckt werden, bei Ruffo handele es sich nur um einen reinen Stimmkrösus, einen Mann, dessen Motto war (nach einem Scherz der amerikanischen Musikkabarettistin Anna Russell) »Anything you can sing I can sing louder«. Um diesem Eindruck zu entgehen, muß man sich nur zwei Plattenaufnahmen anhören, die auf ihre Weise genauso ungewöhnlich sind wie die Stentortöne Ruffos, die zwei von Ruffo gesprochenen Hamlet-Monologe Shakespeares, italienisch natürlich (»Essere o non essere« – klingt das nicht schön?) mit musterhafter Diktion, einem edlen sonoren Ton – würde man diese als Aufnahmen des bedeutendsten Schauspielers seiner Zeit in Italien verkaufen, als Gegenstück zu Aufnahmen Alexander Moissis gewissermaßen, niemand würde daran zweifeln. Dieser Ruffo, der das väterliche Handwerk eines Kunstschmieds erlernt hatte und dessen Hände so verarbeitet waren, daß er aus dem Klavierunterricht des Konservatoriums entfernt wurde, der mit acht Jahren beginnen mußte, für die Familie mitzuverdienen, dieser absolute Autodidakt war später ein belesener, gebildeter Mann, der die klassischen Autoren, Biographien und historische Werke las und liebte. Auf der Höhe seiner Kunst verstand er sich nicht mehr als Bariton, sondern als Künstler, der seine Kunst nicht mit Feder, Tinte oder Pinsel ausübte, sondern eben mit jenen Mitteln, die ihm die Natur so verschwenderisch verliehen hatte.

Am 9. Juni 1877 wurde er in Pisa geboren, und er starb am 5. Juli (nicht am 6., wie in Handbüchern zu lesen) 1953 in Florenz. Sein Künstlername entstand aus einer Umdrehung seines Familiennamens: Titta war sein Fami-

lienname, Ruffo Caffiero seine Vornamen (sein gleichnamiger Sohn, der viel
für den Nachruhm seines Vaters getan hat, nennt sich wieder korrekt
Dr. Ruffo Titta jr.). In Rom wuchs er auf, und dort hörte er auch seine erste
Oper, *Cavalleria rusticana*, mit dem Protagonistenpaar des Verismo, Roberto
Stagno und Gemma Bellincioni. Die naturgegebenen stimmlichen Mittel fielen auf und führten zur Möglichkeit, an der Accademia di Santa Cecilia zu
studieren, und zwar bei Venceslao Persichini, berühmt als Lehrer von Mattia
Battistini und Giuseppe De Luca, jenem De Luca, der sehr viel später ausrief,
als man ihn nach der Stimme Ruffos befragte: »Ma quella non era una voce,
quella era un miracolo« (Aber das war keine Stimme, das war ein Wunder).
De Luca befand sich in der Gesangsklasse Persichinis, war aber sehr viel weiter fortgeschritten, und auf ihn bezog sich das ganze Interesse des Lehrers.
Die Art, in der Persichini seine Gesangsklasse leitete, eher wie eine Ka-
dettenanstalt als wie eine Gruppe von werdenden Künstlern, stieß Ruffo ab,
der sich auch völlig vernachlässigt fühlte, nach sieben Monaten verließ er
diese Gruppe und wandte sich an den bekannten Bariton Lelio Casini, der
die stimmliche Potenz erkannte, die in diesem auf den ersten Blick grob-
geschnitzten jungen Burschen steckte, richtigen Unterricht jedoch erhielt er
auch dort nicht.

Sehr viel später, als er ein Weltstar war und alle möglichen Leute sich als
den wahren und einzigen Lehrer des großen Baritons bezeichneten, versuchte
Ruffo, etwas für seinen Bruder Ettore zu tun, der eine recht erfolgreiche
Laufbahn als Gesangspädagoge eingeschlagen hatte, und nannte ihn als seinen
eigentlichen Lehrer. Alles deutet darauf hin, daß in Wirklichkeit Ruffo nichts
anderes als ein Autodidakt war, der nie regulären und andauernden Unterricht genossen hat. Man ist geneigt, den relativ früh ansetzenden stimmlichen
Abstieg Ruffos, der begann, als er Mitte Vierzig war, mit dieser mangelnden
Ausbildung in Verbindung zu bringen, aber das scheint mir keineswegs zwin-
gend zu sein.

Ob Ruffo je einen Lehrer gefunden hätte, der ihm geraten hätte, seine Höhe
weniger zu exponieren und dafür seine Tiefe als Fundament besser auszubilden
(bezeichnenderweise begann sein stimmlicher Niedergang mit einem Schwin-
den der schwachen Tiefe, und dann erst kamen Höhenprobleme), ist höchst
fraglich, fraglich aber auch, daß Ruffo auf einen solchen Lehrer gehört hätte,
der ihm nehmen wollte, was die Basis seiner Weltkarriere bildete. Letztlich hat
nicht diese technische Frage den Ausschlag gegeben, sondern die unausrottbare
Art Ruffos, viel zu oft die schwersten Partien zu singen (auch Caruso beging
lange diesen Fehler) und dabei immer das Äußerste an Kraft und Einsatz zu
geben. Jeder andere wäre schon zehn Jahre früher mit dieser Art am Ende
gewesen, die überdimensionalen Kräfte Ruffos hielten ungewöhnlich lange

stand, nicht so lange allerdings, um wie Battistini noch mit Mitte Sechzig erfolgreiche Konzerte zu geben.

Angeblich hat Ruffo, so erzählt er jedenfalls in seiner Autobiographie, eine der gewichtigsten und faszinierendsten, die je ein Sänger hinterlassen hat, schon 1897 seine ersten Plattenaufnahmen gemacht, aber davon ist nichts erhalten (die ersten erhaltenen Aufnahmen stammen aus dem Jahr 1905). 1898 dann das Debüt im Teatro Costanzi in Rom, pikanterweise als Heerrufer (Hin- und Herrufer, sagte Johann Nestroy) im *Lohengrin* an der Seite des spanischen Tenors Francisco Viñas; der prophezeite ihm, daß er eine gewaltige Karriere machen werde, wenn er seine Stimme pflege, eine solche Baritonstimme habe er noch nie gehört – und das war von nun an immer wieder die Reaktion ungläubiger Hörer bei einer Karriere, die einen für Italien typischen Verlauf durch die Provinztheater nahm, allerdings aufgrund der vokalen Mittel des jungen Sängers in einem sehr beschleunigten Tempo.

Schon 1900 (Ruffo ist 23 Jahre alt!) springt er am Teatro Massimo in Palermo für die berühmten Kollegen Mario Sammarco und Eugenio Giraldoni ein, und kurz darauf wird er eingeladen, in einer *Rigoletto*-Vorstellung in London an der Seite von Nellie Melba zu singen. Ruffo macht einen Fehler: Er singt bei der Probe entscheidende Phrasen mit voller Stimme aus – von der Wirkung wird die nicht anwesende Melba benachrichtigt, und schon heißt es, die Diva wolle mit Ruffo nicht singen, weil er zu jung für diese Rolle sei, der Routinier Antonio Scotti tritt an seine Stelle und kann dem Erfolg der Melba nicht gefährlich werden. Jahre später gibt es Gelegenheit zur Revanche. Die Melba hört in Neapel Ruffo als Hamlet, seine Paraderolle, und äußert den Wunsch, neben ihm die Ophélie zu singen. »Zu alt, um neben mir zu singen«, ist die kühle Antwort des Baritons. Ägypten, Buenos Aires, die damals beliebten Stationen für italienische Operntruppen, auch Caruso ist sie durchlaufen, dann 1904 der Ruf der Scala nach einem Vorsingen vor Arturo Toscanini, am 7. Januar das Debüt als Rigoletto, Petersburg, Paris, dort *Fedora* zusammen mit Caruso, in Lissabon der erste Hamlet.

1907 steckt Ruffo in einer schweren Krise, seine Geliebte, eine bekannte Sängerin, die in der Autobiographie nur als »Benedetta« firmiert, stirbt; Ruffo ertränkt sein Leid zunehmend in Alkohol und sagt eine Vorstellung nach der anderen ab. Der Verleger und Musikmanager Renzo Sonzogno reißt ihn aus diesem Tal empor, und nun eilt er, wie man so sagt, von Triumph zu Triumph. Merkwürdig nur, daß er sich nie an ein Haus bindet oder binden läßt – weder wird er zum führenden Bariton der Scala noch zu dem der Metropolitan. An der Met singt er zum erstenmal im November 1912 den Hamlet, allerdings als Mitglied eines Gastspiels der Chicagoer Oper, und erst 1922 wird er reguläres Mitglied des Instituts, ein Jahr nach Carusos Tod – angeblich plante der Met-

Direktor Giulio Gatti-Casazza, für Caruso und Ruffo den *Otello* auf den Spielplan zu setzen, für Caruso wäre es ein Rollendebüt gewesen, aber dazu kam es nicht mehr, und so zeugt nur das elektrisierende Racheduett der beiden von dem, was möglich gewesen wäre.

Mit zwei Vorstellungen der *Aida* verabschiedet sich Ruffo im Februar 1929 vom Publikum der Met, im Colón von Buenos Aires, wo er besonders beliebt war, stand er im Juni 1931 als Scarpia zum letztenmal auf einer Bühne, ein Konzert in Cannes im Februar 1935 ist sein letztes Auftreten in der Öffentlichkeit (er hatte in diesen Jahren seinen Wohnsitz in Nizza genommen) – aber halt, ganz stimmt das nicht, denn sein Sohn berichtet vom wirklich letzten Mal, als die Stimme des Löwen in der Öffentlichkeit erklang, es war dies am 26. Juli 1943, als Ruffo, in Florenz lebend, die Nachricht von der Verhaftung Mussolinis erhielt – er trat zum Fenster seiner Wohnung, öffnete es und sang die *Marseillaise*, plötzlich von immer zahlreicher werdenden Stimmen begleitet.

Dies ist ein weiteres Ruhmesblatt dieses gewaltigen Sängers: seine unbeugsame Haltung gegenüber dem italienischen Faschismus, die ihn an die Seite Toscaninis stellt und ihn unterscheidet etwa von Beniamino Gigli, der sich dem Regime anpaßte. Ruffos politische Haltung wurde zum erstenmal offenkundig bei der Ermordung seines Schwagers Giacomo Matteotti durch die Faschisten im Jahre 1924, ein politischer Skandal, der ganz Italien erschütterte – Ruffo trug den Sarg bei der Beerdigung mit und machte dadurch seine Position deutlich. Zwei Jahre später wurde von Schwarzhemden eine Plakette zerstört, die in seiner Heimatstadt Pisa zu seinen Ehren am Teatro Verdi angebracht worden war; nun war das Maß für Ruffo voll, und er gelobte, nie mehr in seiner Heimat zu singen, woran er sich auch gehalten hat – als der Faschismus am Boden lag, war seine Laufbahn schon lange beendet. Es folgten aber auch im Ausland eine ganze Reihe von gezielten Aktionen gegen Ruffo, gesteuert aus Italien, sein Sohn hat sie in der Ruffo-Anthologie von Andrew Farkas aufgelistet: gezielte Mißfallensbekundungen in Vorstellungen, tätliche Angriffe, Nachrichten von seinem angeblichen Tod und was der miesen Tricks mehr sind, bis hin zu seiner Verhaftung in Rom im Jahr 1937. In seinem Wohnort Florenz lebte er in verbitterter Isolation, nur von treuen Freunden besucht, sein zu Melancholie und Depressionen neigendes Wesen verdüsterte sich zunehmend und wurde auch bis zu seinem Tode 1953 nicht mehr entscheidend aufgehellt.

Ruffo war der erste moderne italienische Bariton, dies wird vor allem deutlich im Vergleich mit Battistini und De Luca, die noch aus der Tradition des 19. Jahrhunderts ihre künstlerische Kraft schöpften; der Ziergesang, der »canto fiorito«, war nicht die Linie, aus der er herstammte, sondern er wuchs mit dem Verismo auf, als Autodidakt nicht vorbelastet durch das Herkommen, sondern den aktuellen Entwicklungen gegenüber aufgeschlossen. Er hat, fast wie Caruso, Schule gemacht, als Stimmbesitzer jedoch war er noch mehr als sein neapolitanischer Kollege eine Ausnahmeerscheinung. Baritone wie Riccardo Stracciari und Apollo Granforte, wie Gino Bechi und Carlo Tagliabue sind ihm in dem dramatischen Impetus, in der Entwicklung eines heroischen Stimmgestus, im Naturalismus der Stimmexhibition gefolgt, eine Linie, die bis hin zu Tito Gobbi geht, heute jedoch mangels Masse nicht weitergeführt wird. Vergessen wir dabei aber nicht, daß Ruffo kein einseitiger Stimmprotz war, die Geläufigkeit seiner Figaro-Interpretation kann immer wieder in Erstaunen versetzen, das Trinklied aus *Hamlet* in der späteren Version von 1920 ist ein Wunder an stimmlicher Gelenkigkeit und Geschmeidigkeit, das französisch gesungene »Pauvre martyr obscur« aus der vergessenen Oper *Patrie* des ebenso vergessenen französischen Komponisten Emile Paladhile ebenso ein Wunder an ebenmäßig flutendem Belcanto – auch wenn insgesamt Ruffo kein Sänger war, der der Belcanto-Tradition zuzuordnen ist.

Ruffo hatte nach eigenem Bekunden exakte Farbvorstellungen für seine Stimme, er versuchte vier Grundfarben herzustellen, eine weiße, dann eine dunklere und intensivere, die er blau nannte, diese wiederum, erweitert und abgerundet, wurde zu Rot und schließlich, mit dem Maximum an Dunkelheit, zu Schwarz. Aus diesen Grundfärbungen stellte er dann eine reiche Mischpalette her, mit der er seine sehr verschiedenen Rollen bewältigte, für deren Darstellung er sich außerdem auf eine spezielle Beobachtungsgabe verließ. Wie man es von Thomas Mann erzählt, formte auch Ruffo einzelne seiner Gestalten nach Vorbildern, die er im Alltag getroffen hatte. Sein weltberühmter Tonio in *Pagliacci*, blatternnarbig, mit einigen Zahnlücken und debil lächelnd, entstand aus der Beobachtung eines schwachsinnigen Bergdorfbewohners, nach dessen Bild er sogar sein Make-up formte. Die Schattierungsmöglichkeiten Ruffos werden am verblüffendsten deutlich auf jener berühmten Aufnahme von Nabuccos »Treman gl'insani«, das er einleitet mit dem Wechselgesang des Heldenbaritons Nabucco und des Basses des Priesters Zaccaria. Das ist mehr als ein Zirkuskunststück, das ist der schlagende Beweis für seine Palettentheorie, denn man vermeint wirklich, zwei verschiedene Sänger zu hören, einen Bassisten und einen Heldenbariton mit viel Höhe.

Ruffo ist der einzige Bariton der Gesangsgeschichte, bei dem das erzene, muskulöse, heroische Singen gekoppelt ist mit einer ebenfalls erheblichen Fähigkeit, Mezza voce und Parlandopassagen zu singen; welche seiner so diversen Fähigkeiten beim Hörer von heute letztlich den Ausschlag gibt, das wäre ihm sicher gleichgültig gewesen, wenn man ihn nur als umfassenden Künstler begriff. Kein Zweifel, daß Ruffo der wiederauferstandene Herold des Trojanischen Krieges, der so laut wie 50 Männer sprechen und rufen konnte, daß er die neuzeitliche Verkörperung Stentors ist; ein Brüller mit angeschwollenen Halsadern ist er jedoch nie gewesen.

Hinweise

Auf die außergewöhnlich aufschlußreiche Autobiographie *La mia parabola* wurde schon hingewiesen. Sie reicht bis 1924 und erschien zuerst 1937, kurz nachdem Ruffo sich aus der Öffentlichkeit zurückgezogen hatte. 1977 ist sie in einer Prachtausgabe neu ediert worden, mit zusätzlichen Informationen über den weiteren Lebensweg Ruffos aus der Feder seines Sohnes, mit einer Chronologie seiner Auftritte und einer Diskographie sowie einem ungewöhnlich reichen und schönen Bildanhang, der auch Farbphotos enthält – ein schöneres Buch von einem und über einen Sänger wird man suchen müssen. Damit nicht genug, hat der amerikanische Sängerspezialist Andrew Farkas eine Titta-Ruffo-Anthologie herausgegeben (Westport, Conn. 1984), in der zeitgenössische und moderne Zeugnisse über Ruffo zusammengestellt sind, außerdem eine verbesserte Version der Auftrittschronologie und der Diskographie enthalten ist. Mit diesen beiden Büchern darf Ruffo als der bestdokumentierte Sänger der Geschichte gelten.

Die Firma Preiser hat eine Titta-Ruffo-Edition mit drei CDs herausgebracht, bei Nimbus ist eine Ruffo-CD herausgekommen.

Nellie Melba

Welch eine Karriere: die der Nellie Melba. Kaum einer, der heute ein Pfirsich-Melba ißt, weiß noch, daß der Starkoch Auguste Escoffier dieses zu Ehren der berühmtesten Sopranistin der Jahrhundertwende kreierte (der »Toast Melba« ist dagegen kaum noch lebendig), und wo das Diamantenhalsband ist, das der russische Zar Alexander III. in den neunziger Jahren des vorigen Jahrhunderts der Diva schenkte (angeblich hatte es einen Wert von 100 000 Goldmark), das weiß wohl auch keiner mehr, außer vielleicht den Nachkommen des einzigen Sohnes der Sängerin. Für Gesangsinteressierte jedoch ist die Melba nach wie vor ein Stern erster Ordnung – neben ihr gab es zu ihrer besten Zeit eigentlich nur noch Adelina Patti, und da sie sich erst im Jahre 1926 mit 65 Jahren von der Bühne verabschiedete, hat sie gar den jüngeren Caruso überlebt, mit dem sie eine berühmte Aufnahme von »O soave fanciulla« machte. Mattia Battistini, Enrico Caruso und Fjodor Schaljapin waren die einzigen männlichen Sänger, die sich in ihrem Ruhm mit ihr messen konnten.

In der Fünfergruppe, die sich aus den größten Sängern der Jahrhundertwende gebildet hat, gehört sie mit Battistini der älteren Generation an, die um die Jahrhundertwende bereits um die Vierzig ist, während Caruso, Schaljapin und Ruffo die jüngere Generation vertreten, die um die Jahrhundertwende sich in ihren Zwanzigern befindet – es ist, auch wenn es zwischen der Melba und Caruso nur zwölf Jahre Altersunterschied sind, der Unterschied zwischen einer Sängerin des 19. und einem Sänger des 20. Jahrhunderts.

Die Schwierigkeit, die Kunstleistung der Melba heutigen Lesern und Hörern nahezubringen, hat aber noch andere Ursachen, die durch einen Blick auf Battistini deutlich werden: Auch er hat eine sehr lange Karriere, auch seine ersten Aufnahmen stammen aus einer Zeit, in der der Zenit der Karriere schon erklommen ist, aber sie sind heute so frisch und eindrücklich wie am ersten Tag. Es gibt, ein grundsätzliches Interesse und eine gewisse Vertrautheit mit historischen Aufnahmen vorausgesetzt, nicht die geringste Schwierigkeit, die Leistung Battistinis heute zu vermitteln. Ganz anders verhält es sich mit der Melba, denn da ich selbst, nun schon jahrzehntelang vertraut mit Klangdokumenten, die fast 100 Jahre alt sind, daran zweifle, daß die Leistung der Melba »vermittelbar« ist, kann ich nicht hoffen, daß einer meiner Leser sich von den Aufnahmen affizieren läßt. Es hat keinen Zweck, darum herumzureden: Von allen Giganten der Jahrhundertwende ist es ausgerechnet Nellie Melba, deren Gesangskunst in dem Sinne historisch geworden ist, daß sie Ohren von heute nicht mehr nahezubringen ist – so sehe ich es jedenfalls. Doch bevor wir uns mit den Gründen beschäftigen, die zu diesem Verdikt führen, einige Informationen über das »Phänomen« Melba, denn ein solches bleibt sie natürlich.

Geboren am 19. Mai 1861 in Burnley in der Nähe von Melbourne, hieß sie eigentlich Helen Porter Mitchell, später verheiratete Armstrong. Erst in dem Anfangsstadium ihrer Karriere substituierte sie den Kosenamen für Helen als Vornamen und nannte sich nach der Hauptstadt Melbourne (sie war eine glühende Australierin, die auch aus diesem Grunde zusammen mit Joan Sutherland dort noch in größten Ehren gehalten wird) Nellie Melba. Der Vater stammte aus Schottland und war um die Mitte des Jahrhunderts nach Australien ausgewandert. Vater und Mutter pflegten die Musik, die sie der Tochter früh nahebrachten. Im College schon bekam sie Gesangsunterricht bei einer Schülerin Manuel Garcías d. Ä. (diese Linie sollte noch bedeutsam werden), und nachdem sie das College verlassen hatte, setzte sie diesen Unterricht bei dem italienischen Gesangslehrer Pietro Cecchi fort. Ihr Debüt erfolgte in einem Melbourner Konzert des Jahres 1884 (inzwischen hatte sie den Captain Charles Armstrong geheiratet und einen Sohn zur Welt gebracht, ihr einziges Kind und ihre einzige, nicht sehr glückliche Ehe). 1886 ging sie nach Europa und geriet unter die Fittiche von Mathilde Marchesi, deren Schule sicher die größte Talentschmiede für (ausschließlich) weibliche Stimmen war, die das 19. Jahrhundert kannte.

Die Pädagogin mit dem volltönenden italienischen Namen hieß eigentlich Mathilde Graumann und stammte aus Frankfurt am Main, sie hatte noch bei dem Komponisten Otto Nicolai studiert und vor allem bei Manuel García d. J. und war so mit der berühmtesten Gesangsschule des 19. Jahrhunderts direkt verbunden – auf dem Umweg über sie waren es ihre Schülerinnen auch. Als ausübende Sängerin trat sie fast nur auf dem Konzertpodium auf, unterrichtete dann aber ausschließlich, zunächst in London, seit Beginn der achtziger Jahre in Paris. Ihrer Schulung, auch in mehreren Büchern publiziert, verdanken Sängerinnen von Weltruhm ihre Laufbahn: Emma Eames, Etelka Gerster, Sigrid Arnoldson, Ellen Gulbransson, Selma Kurz, ihre Tochter Blanche Marchesi und eben Nellie Melba.

In der Marchesi-Schulung erhielt die Melba die Grundlagen ihrer bis ins Alter perfekten Gesangstechnik. Ihr Bühnendebüt erfolgte 1887 in Brüssel als Gilda, ihr Abschied in Covent Garden, das sie als ihr Stammhaus betrachtete, 1926 mit einem Galaabend und Ausschnitten aus *Otello*, *La Bohème* und Gounods *Roméo et Juliette*, drei ihrer erfolgreichsten Rollen. In diesen 40 Jahren eilte sie von Triumph zu Triumph. Zunächst fand sie sich im Koloraturfach zurecht mit Rollen wie der Gilda, der Ophélie in Thomas' *Hamlet* und der Lucia di Lammermoor, dann aber, als sich die Kraft ihrer Stimme immer mehr entwickelte, nahm sie Rollen aus dem lyrischen bis hin zum jugendlich-dramatischen Fach hinzu. Sie hatte die Gelegenheit, mit Verdi, Puccini und Leoncavallo zu arbeiten, und als sie 1893 an der Met debütierte (sie war Anfang Dreißig und auf einer ersten Höhe ihrer vokalen Fähigkeiten), da wurden die Mühelosigkeit ihrer Tongebung, der Charme und die Schönheit ihres Singens sogar über die Künste der Patti gestellt. Ihre Aida, die sie 1892 zuerst in London sang, wurde allgemein begrüßt, aber sie setzte die Rolle nur vorsichtig ein, weniger vorsichtig war sie vier Jahre später, als sie an der Seite von Jean de Reszke als Siegfried die Brünnhilde in *Siegfried* an der Met sang – der einzige kapitale Fehler, der ihr in ihrer minuziös geplanten Karriere unterlief und der sie für einige Wochen die Stimme kostete – sie sang die Rolle nie wieder. Hingegen gelang ihr, mit Puccinis Mimì eine Rolle zu erobern, die mit ihr assoziiert wurde wie keine andere – nicht zuletzt deshalb bereitete sie bei ihrem Abschiedsabend in Covent Garden ihrem Publikum das Vergnügen, eine 65jährige Mimì neben einem 30 Jahre jüngeren Rodolfo zu hören. Sie studierte die Partie mit Puccini in Lucca und sang sie dann zwei Jahre nach der Uraufführung in Philadelphia 1898 zum erstenmal; danach war der Welterfolg dieses Werkes vor allem Nellie Melba zu verdanken.

Fünf Jahre nach ihrem Abschied von ihrem Londoner Publikum starb Nellie Melba am 23. Februar 1931 in Sydney. Im Performing Arts Museum in Melbourne gibt es eine eigene Melba-Abteilung, in der ihre Kostüme und Schmuckstücke für die verschiedenen Rollen aufgehoben werden, denn sie lehnte es ab, etwas anderes zu tragen als ihre eigenen für jede Rolle angefertigten Roben und Accessoires.

Nähert man sich mit dem Hintergrund des Wissens über die Tatsachen dieser stupenden Laufbahn den Aufnahmen der Melba, dann beginnen die eingangs angedeuteten Probleme. Alle Kritiker und Melomanen, die sie zu ihren besten Zeiten (und die dauerten sehr lange) gehört haben, sind sich einig darüber, daß der Stimmklang der Melba etwas Einzigartiges war. Was Victor Maurel über Tamagno sagte: »La voix unique du monde«, das wurde auch auf die Melba angewendet. Hervorgehoben werden die unfehlbare Tonreinheit, der perfekte Registerausgleich, die unübertroffene Leichtigkeit der Tonemission. William James Henderson, einer der kenntnisreichsten Gesangskritiker, schrieb in seinem Nachruf auf die Melba, daß man bei ihr nicht davon habe sprechen können, daß es einen Tonansatz, eine Tonattacke gegeben habe, denn sie hatte keine: der Mund wurde geöffnet, und der Ton war einfach da in seiner ganzen Klangpracht. Henderson verdanken wir auch die vielleicht beste Charakteristik der Melba-Stimme: »Ich habe nie etwas Vergleichbares gehört. Die Schönheit, die Kraft, die trompetenhafte Qualität dieser Stimme unterschied sich von den flötengleichen Tönen der Patti. Es war keine bessere Stimme, aber eine andere Stimme. Sie ist ›silbern‹ genannt worden, aber was heißt das schon? Da war aber eine Qualität, die sie hatte und die auch diejenigen verstehen können, die sie nie gehört haben: sie hatte Glanz. Die Töne glühten mit einer sternenartigen Brillanz. Sie flammten mit einer weißen Flamme.«

Es könnte sein, daß wir mit dem Begriff »weiße Flamme«, den Henderson in dieser Hymne benutzt, dem »Problem« Melba in der technischen Konservierung ihrer Stimme relativ nahe sind. Daß in den Zeiten der akustischen Stimmenaufzeichnung, also von der Jahrhundertwende bis in die zwanziger Jahre, die sehr hohen und sehr tiefen Stimmen benachteiligt werden, während die Stimmen, die in der Mitte des Klangspektrums ihre Vorzüge haben (Baritone, Mezzosoprane, Tenöre mit reicher Mittellage wie Caruso), sehr viel besser aufgezeichnet werden, ist eine Grunderfahrung, die man mit historischen Gesangsaufnahmen machen muß, und daran ändert auch keine digitale Aufbereitung etwas. Koloratursoprane, wie die Melba ursprünglich einer war, haben es besonders schwer. Daß aber die Melba es noch schwerer hat als andere hohe Frauenstimmen, kann nur daran liegen, daß ihrer Stimme besondere unphonogene Eigenschaften anhaften, denn man muß den übereinstimmenden Preis ihrer stimmlichen Fähigkeiten durch die Zeitgenossen ja durchaus ernst nehmen. Meine Vermutung ist, daß dies mit jener von Henderson beschriebenen »weißen Flamme« zusammenhängt. Einerseits ist genau zu hören, daß die Töne der Melba von einer vor allem in der Höhe gewaltig ausladenden Kraft sind, wie sie seither keiner Sängerin ihres Faches mehr eigen waren, wie Glockenklänge (nicht Glöckchen) stehen sie im Raum, und man geht wohl kaum fehl, wenn man sich eine Mischung aus der Kraft Birgit Nilssons und der Biegsamkeit Joan Sutherlands als das Movens dieser Stimme vorstellt, das ihr Publikum in atemloses Staunen versetzte. Wie solche Töne die größten Opernhäuser und Konzertsäle mühelos füllten, das beschreiben alle, die sie hören konnten.

Dies also ist für ein einigermaßen geschultes Ohr durchaus nachvollziehbar und läßt sich auch durch die Aufnahmetechnik nicht gänzlich zerstören. Vom Reiz des Timbres allerdings ist kaum etwas übriggeblieben, und das liegt dann vielleicht doch daran, daß es eine Stimme war, die sich jener »voce bianca« annähert, von der die Italiener meist in Beziehung auf einen Tenor sprechen, einer »weißen Stimme«, eher arm an Farben und Abschattierungen. Bei aller Begeisterung haben auch schon kritische Zeitgenossen angemerkt, daß das Singen der Melba durch seine ungeheure Energie beeindruckte, weniger dadurch, daß hier etwas zu Herzen ging, etwas Bewegendes von dieser Stimme, diesem Singen ausging. Viel Charme hat dieses Singen nicht (und das ist nun unabhängig von der Aufnahmetechnik), der technischen Perfektion ihres Singens entspricht nicht die geschmackliche Distinktion, die hohen Noten werden oft zu laut, claironhaft herausgestellt, fallen aus dem Zusammenhang der Phrasierung heraus, vor allem aber wirkt die Schallplattenhinterlassenschaft der Melba (sie reicht immerhin von 1904 bis 1926 und zeigt in den ersten Jahren die Stimme voll intakt), in toto gehört, einförmig und poesielos, bei aller vokalen Kunstfertigkeit.

Am bewegendsten bezeichnenderweise sind jene Live-Aufnahmen von ihrem Abschiedsabend, an dem sie Mimì, Juliette und Desdemona sang: Ihre Stimme ist nicht mehr das, was sie war, sie ist etwas scharf geworden, gemessen am Alter jedoch noch immer erstaunlich frisch. Hier, wie auch in den Abschiedsworten an ihr Publikum, die ebenfalls aufgezeichnet wurden, kommt jene »moving quality« durch, die der Hörer von heute sonst so schmerzlich vermißt. Bei aller Bewunderung für die stimmliche Perfektion: die noch einmal 13 Jahre ältere Lilli Lehmann vermag uns mit den gloriosen Resten ihrer Stimme unmittelbar zu packen, wenn sie die Arie der Donna Anna herausschleudert, die marmornen Tonquader der Melba stehen uns so fern wie die klassizistischen Bauten des frühen 19. Jahrhunderts.

Hinweise

Die Literatur zu Nellie Melba entspricht ihrer säkularen Karriere. Da ist zunächst ihre Autobiographie *Melodies and Memories* (London 1925), dann die immer noch unentbehrliche frühe Biographie von Agnes G. Murphy: *Melba: A Biography* (London 1909). Von Percy Colson stammt *Melba. An Unconventional Biography* (London 1932). Joseph Wechsbergs romanhafte biographische Erzählung *Red Plush and Black Velvet* (Boston 1961) erschien auch auf deutsch (*Roter Plüsch und schwarzer Samt*, Reinbek 1964). Die jüngste Biographie ist die von John Hetherington: *Melba* (New York 1968). Eine Sammlung von Zeugnissen gab W. R. Moran 1984 heraus: *Nellie Melba. A Contemporary Review* (Westport, Conn.).

Die australische RCA gab 1982 eine Fünf-Platten-Kassette mit Melbas *American Recordings 1907–1916* heraus. Zur Zeit liegen bei Pearl zwei und bei EMI eine CD mit Melba-Aufnahmen vor. Die Londoner *Farewell Performance* von 1926 ist auf einer CD bei ECR zugänglich.

* * *

Man könnte ein ganzes Repertoire von Opernkuriositäten zusammenstellen, das nur noch dem Sammler von historischen Gesangsaufnahmen vertraut ist. Wer kennt noch Benjamin Godards Oper *Jocelyn*? Doch höchstens dann, wenn er John McCormacks oder Jussi Björlings Version der sogenannten »Berceuse« im Ohr hat. Edouard Lalos *Le Roi d'Ys* ist kürzlich immerhin als Gesamtaufnahme produziert worden, aber bekannt ist eigentlich nur das aparte »Vainement, ma bien aimée«, das Richard Tauber so unnachahmlich gesungen hat, und das Trinklied des Orsino aus Donizettis *Lucrezia Borgia* hat nur überlebt, weil virtuose Altistinnen in Ermangelung der Kastraten sich dieses Kabinettstückchens angenommen haben – Ernestine Schumann-Heink zum Beispiel. Ambroise Thomas? Nun gut, man wird *Mignon* und *Hamlet* als Veroperungen von großen Texten der Weltliteratur noch beim Namen nennen können, und das »Vin, dissipe la tristesse« des Hamlet ist von den großen Baritonen seit Titta Ruffo bis Gérard Souzay und Sherrill Milnes immer gerne gesungen worden (heute scheint es keiner mehr zu kennen), die größte Kuriosität aber ist sicherlich seine komische Oper *Le Caïd*, die nur in einigen wenigen Minuten überlebt hat, und auch das nur, weil ein Bassist namens **Pol Plançon** (1851–1914) die sogenannte »Air du Tambour-Major« zu einer Aufnahme gemacht hat, deren Charme und meisterliche Gesangskunst bis heute nicht verwelkt sind. John Steane sagt es ebenso schlicht wie treffend: »Schönheit des Tones, technische Meisterschaft, Hingabe an die Kunst und Autorität des Stils. Das sollten sicherlich die Grundbedingungen für die großen Sänger eines Zeitalters sein, das man das goldene zu nennen wünscht. Wenn einer diese Eigen-

schaften in den richtigen Proportionen und in einem hohen Maße besaß, dann
der französische Bassist Pol Plançon.« Mit Adelina Patti zusammen ist Plançon
der älteste in diesem Buche behandelte Sänger.

Plançon stammte aus den Ardennen und machte seine Gesangsausbildung
bei Gilbert Duprez, jenem berühmten französischen »ténor de vaillance«, der
mit seinem mit der Bruststimme gesungenen hohen C Rossini so schockiert
hatte. Plançon debütierte 1877 in Lyon, sang seit 1880 in Paris, seit 1883 an
der Grand Opéra, wo er als Méphistophélès in Gounods *Faust* begann, jene
Rolle, mit der er über Jahrzehnte geradezu identifiziert wurde und in der Marcel Journet seine Nachfolge antrat. In Paris wirkte er auch an den Uraufführungen von Massenets *Le Cid* und Saint-Saëns' *Ascanio* mit. In den neunziger
Jahren verlagerte sich seine Karriere (für einen französischen Sänger ungewöhnlich) nach London und nach New York, wo er bis 1908 an der Met der
erste Bassist vornehmlich für das französische Repertoire war, aber auch den
König Philipp und den Plumkett in *Martha* sang, mit dem er sich 1908 von
der Bühne verabschiedete. Bis zu seinem Tode lebte er dann als Gesangslehrer
in Paris (trotz seines eminenten Könnens ist von erfolgreichen Schülern nichts
bekannt).

Wie Battistini, Patti und Melba verkörpert oder, besser gesagt, verstimmlicht
Plançon jenes goldene Zeitalter der Gesangskunst, von dem allerdings schon
die Zeitgenossen der Jahrhundertwende sagten, daß es eigentlich schon lange
vorbei und in solchen Sängern nur noch als Schatten der großen Virtuosen
des 18. Jahrhunderts vorhanden sei. Wir müssen uns an die klingenden Zeugnisse halten, und wegen der bewußten technischen Probleme sind es gerade
die tieferen und tiefen Stimmen, die für uns am lebendigsten eine Tradition
verkörpern, wie sie ansonsten nur in den schriftlichen Erinnerungen an bessere
Gesangszeiten überdauern. In diesem Rahmen nimmt Plançon einen hervorragenden Platz ein.

Im Unterschied zu Caruso, Ruffo und Schaljapin, jenen jüngeren Vertretern eines modernen, zukunftweisenden, aber auch problematischen Singens, überwältigt Plançon nicht durch seine Stimme als solche. Ganz ähnlich
wie im Falle von Amato und De Luca wird man beim ersten Anhören einer
Plançon-Aufnahme, den Ruhm des Sängers im Hinterkopf, sich und andere
fragen, was denn so Besonderes an dieser Stimme sei. Das Besondere haftet
auch in diesem Falle nicht an der Stimme, sondern am Singen. Dennoch ist
es keineswegs eine Dutzendstimme, die durch eine virtuose Technik aufge-
wertet wird. Plançon ist der Idealtypus eines »basse chantant« (im Italienischen »basso cantante«), eines Stimmtypus der französischen Tradition, der es
bei uns immer schwer gehabt hat, weil das Bild des Basses durch eine Stimme
wie die Schaljapins geprägt worden ist (wie das Bild des Tenors durch Ca-

ruso). Der »basse chantant« ist etwas ganz anderes: eine hochgelagerte Stimme an der Grenze zum Bariton, schlank im Volumen, beweglich in der Linienführung, geschmeidig in der Fähigkeit, die Stimme zu färben und abzuschattieren. Die Beispiele Plançon und Journet lehren uns, daß von einer solchen Stimme der Méphistophélès Gounods gesungen werden muß. Durch Besetzungen wie Schaljapin, Christoff und Ghiaurov sind wir an jene tonmächtigen, schwarzstimmigen Teufel gewöhnt, die eher dröhnen als elegant verführen. Schaut man sich aber die Partie genauer an, wird man erkennen, daß solche schwarzen Bässe mit der Biegsamkeit, die die Partie nicht nur im Ständchen erfordert, meistens überfordert sind, und auch das »Le veau d'or« muß federnd gesungen werden und nicht blökend. Auf dem Sprechtheater hat diese Darstellung von Goethes Mephisto eine viel bessere Tradition: Von Max Pallenberg bis Gustaf Gründgens gibt es da immer wieder den elegant-gefährlichen Mephisto, dem jedes Dröhnen und Poltern fremd sein muß. Bei Gounods Opernteufel muß man sich erst daran gewöhnen und die Verblüffung darüber hintanstellen, daß hier ein Bassist nicht mit der Stimme prunkt, sondern mit dem Singen und dessen Finesse.

Plançon ist dafür das ideale Beispiel »zur Gewöhnung«, denn auch seine Stimme hat Reize aufzuweisen, subtile Reize allerdings, denn, wie Steane es wieder unnachahmlich ausdrückt, seiner Stimme zu lauschen, das ist »wie mit der Hand über fein gemasertes poliertes Mahagoni zu streichen«. Plançon ist der klangliche Beweis dafür, daß ein Baß genauso subtil singen kann wie ein lyrischer Tenor oder ein lyrischer Sopran – wir sind es nur nicht mehr gewohnt. Um zu der genannten launigen Arie des Tambour-Major zurückzukehren, in der der alte Haudegen von militärischen und amourösen Abenteuern erzählt: die ansteckende Fröhlichkeit, mit der Plançon dieses Kabinettstückchen präsentiert, die frappierende Gleichmäßigkeit des Tonflusses, mit der die komplizierten Rouladen und Skalen gesungen werden, die elastisch wie ein Gummiball hüpfende Stimme, man muß es hören, um zu glauben, wozu eine Baßstimme fähig sein kann; von gleicher Qualität sind die Aufnahmen mit den Szenen des anderen französischen Mephisto, des aus Berlioz' *Damnation de Faust*, die Plançon mit einer wohl nie mehr erreichten Eleganz, ja einer Lässigkeit singt, die aber nur wirken kann, weil sie auf einer umfassenden Beherrschung aller sängerischen Kunstmittel beruht. Wie sagte jener Kenner von Battistini: ihm zuzuhören ist, als ob man einen guten alten Burgunder tränke. Nun: ernennen wir Plançon zu einem guten alten Bordeaux und seien wir glücklich, daß der Spätherbst des goldenen Zeitalters des Gesangs noch solche Köstlichkeiten im Keller hat, die auch heute noch höchsten Genuß bereiten.

Wie dankbar müßte man sein, von Caruso nicht nur seine zahlreichen schönen Einzelaufnahmen zu besitzen, sondern auch eine Gesamtaufnahme einer Oper – wir wissen, daß es leider eine solche nicht gibt, aber von einem der prominenten Partner Carusos auf der Bühne der Metropolitan Opera, dem Bassisten **Marcel Journet** (1867–1933), besitzen wir eine Gesamtaufnahme, die ihn in einer seiner Paraderollen zeigt, nämlich als Méphistophélès in Gounods *Faust*-Oper. Die Aufnahme entstand 1932, ein Jahr vor dem Tode Journets, der damals bereits 65 Jahre alt war, und man kann nur über die Frische und Agilität dieses Sängers staunen, wenn auch die Stimme nicht mehr die Klangfülle aufweist, die frühere Platten zeigen. Im Laufe seiner langen Karriere sang der in der Nähe von Nizza geborene Journet an den bedeutendsten Opernhäusern der Welt, vor allem in New York, Paris und Mailand. Er wurde als Sänger wie als intensiver Darsteller überall aufs höchste geschätzt, und doch erreichte er nie den alleraobersten Rang unter den Bässen, weil er immer noch größeren Kollegen den Vortritt lassen mußte. Zu Beginn seiner Karriere mußte er sich mit Edouard de Reszke und dem überragenden Techniker Pol Plançon vergleichen lassen, auf dem Höhepunkt seiner Laufbahn mußte er gegen Schaljapin ansingen, heute sind solche Vergleiche historisch geworden, und die Schallplatten Journets haben ihren Wert behalten. Journet wurde am Pariser Konservatorium ausgebildet und debütierte 1893 am Stadttheater von Montpellier. Schon im nächsten Jahr sang er in Brüssel und in Paris. Seine internationale Karriere begann mit einem erfolgreichen Auftreten in London, und 1900 wurde er an die Metropolitan Opera nach New York berufen, wo er in den folgenden acht Jahren unter anderem an der Seite Carusos ein enorm breites Repertoire sang, das den ganzen Baßbereich abdeckte, aber auch in Baritonregionen hineinreichte, denn Journet war ein typisch französischer hoher Baß, ein »basse chantant«, dessen Volumen es ihm aber im Gegensatz zu den meisten französischen Bässen auch erlaubte, Rollen wie Wagners Hagen, den Wotan und den Hans Sachs zu singen, letztere Partie noch 1931 bei den Festspielen von Verona. Mit Beginn des Ersten Weltkrieges verließ Journet die Vereinigten Staaten und sang jetzt vor allem in Paris, Brüssel, Monte Carlo und Mailand. Arturo Toscanini zog ihn an der Scala zu zahlreichen Aufgaben heran und übertrug ihm bei der Uraufführung von Boitos *Nerone* die wichtige Partie des Simon Mago, wenige Jahre später sang er den Dossifei bei der Erstaufführung von Mussorgskis *Chowanschtschina*.

Von allen bedeutenden Bässen dieses Jahrhunderts ist Journet einer der vielseitigsten gewesen, sein Repertoire umfaßte über hundert Partien, darunter viele in Opern, die heute vergessen sind. Seine Musikalität und darstellerische Beweglichkeit unterstützten ihn bei dieser Versatilität. Seine Schallplattenaufnahmen umspannen einen Zeitraum von rund 25 Jahren – den kompletten

Journet zeigt die genannte Gesamtaufnahme von Gounods *Faust,* mit einer bösen Eleganz und einer scharfen Charakterisierungskunst, die sich so sehr unterscheidet von den klobigen, schweren Stimmen, mit denen dieser französische Mephisto so oft besetzt wird. Will man jedoch Journets Stimme in ihrer vollen Frische hören, so muß man zu den älteren Aufnahmen greifen, etwa denen, die er als Partner Carusos aufgenommen hat. Hier wird deutlich, was Ezio Pinza, einer seiner großen Nachfolger, so an Journet bewunderte, wenn er sagte, daß er nie einen Baß gehört habe, der von den höchsten zu den tiefsten Noten mit einer solchen Leichtigkeit hinabgestiegen sei [Preiser].

Was für die Bassisten Pol Plançon und Marcel Journet gilt, das gilt auch für die Baritone **Pasquale Amato** (1878–1942) und Giuseppe De Luca. Ist man Baritonstimmen von dem gewaltigen Kaliber eines Titta Ruffo gewohnt oder von der edlen Sonorität eines Mattia Battistini oder Riccardo Stracciari oder Joseph Schwarz, dann wird man bei Amato und De Luca zunächst enttäuscht sein: keine spektakulären Spitzentöne, keine ausladende Mittellage, keine »Löwenstimme« also wie bei Ruffo und auch kein auf den ersten Hör-Blick »interessantes« Timbre. Aber dennoch gehören beide, unabhängig von der Stimmlage, zu den eloquentesten Sängern der Gesangsgeschichte, zu jenen, die mit ihrer Stimme Nuancen ausdrücken konnten, die Besitzern von größeren Stimmen auszudrücken versagt blieb. Amato ist einer der ganz wenigen bedeutenden Sänger, die wie Caruso aus Neapel stammten, einer Stadt, die man klischeehaft mit italienischem Gesang in Verbindung zu bringen pflegt – in Wahrheit haben Gegenden wie die um Parma und Modena oder um den Gardasee sehr viel mehr bedeutende Stimmen hervorgebracht. Amato war fünf Jahre jünger als Caruso, 1900 kam er an die Scala, wo er bei der italienischen Premiere von Debussys *Pelléas et Mélisande* 1908 den Golaud sang. Im gleichen Jahr kam er an die Met, der er bis 1921 angehörte und wo sich der erfolgreichste Teil seiner Karriere abspielte. Hier etablierte er sich als von Caruso geschätzter Baritonpartner (mit dem er aber nur zwei Duettaufnahmen machte) und als Spezialist für die Erstaufführungen neuer Opernwerke. So sang er die Partie des Jack Rance in der Uraufführung von Puccinis *Fanciulla del West.* Man kann lesen, daß speziell seit seinem Abschied von der Met (seine Laufbahn dauerte dann noch bis 1934) seine stimmlichen Kräfte rapide nachgelassen hätten, Aufnahmen aus dem Jahre 1924 jedoch lassen an einem solchen Urteil zweifeln. Amato war dann bis zu seinem Tode Gesangslehrer an der Louisiana University und in New York.

Um die Kunst Amatos kennenzulernen, greift man zunächst am besten zu zwei Aufnahmen: zu Renatos Arie »Eri tu« aus dem *Ballo in maschera* (1914) und zu Rigolettos »Cortigiani, vil razza dannata« (1911). Wir sind heute gewohnt (von Sängern wie Leo Nucci etwa), beide Szenen mit größtmöglicher Tonexpansion zu hören, vulgären Effekten, Schluchzen, Jammern und Auftrumpfen, Rampenszenen jedenfalls, mit denen die Sänger versuchen, gerade im Falle von »Eri tu« die mangelnde äußere Dramatik dieser ja vornehmlich retrospektiven Szene »auszugleichen«. Nichts davon bei Amato – und insofern sind diese Aufnahmen »Pflichtlektüre« für jeden, der sich als Interpret mit diesen Rollen beschäftigt. Dramatischer als Amato kann man beide Szenen nicht singen, aber es ist eine Dramatik, die aus Nuancierung resultiert; es entstehen Miniaturdramen von wenigen Minuten Länge, die aber nicht aus lauter interessanten Einzelheiten bestehen, sondern eingebunden sind in einen energischen Stilwillen, der sich dennoch zurückhaltend artikuliert. Amatos Kunst lebt aus diesem Paradox, und man muß schon in Einzelheiten gehen, um das zu verdeutlichen (was ich hier nicht tun kann). Eine breitere Palette an Färbungen, Schattierungen, Flexionen, Rubati, die immer zuchtvoll bleiben, wird man in diesen Szenen schwerlich hören können. Wie er in Renatos Schlußwendung »E finita, non siede che l'odio e la morte nel vedovo cor« durch winzige Beschleunigungen und Verlangsamungen Spannung aufbaut, von dem unendlich zart getönten »dolcezze perdute« einmal ganz zu schweigen, in denen der elegische Grundton der ganzen Szene endlich einmal deutlich wird (aus dem der Racheschwur sich wie künstlich aufgeplustert aufbaut), wie er als Rigoletto bereits im Dialog mit den frechen Höflingen das ganze Drama des Vaters erzählt, bevor es überhaupt zu den »Cortigiani« kommt, während der »Normal«-Rigoletto diese auf den ersten Blick nur vorbereitende Phase herunternuschelt, um sich für den stimmlichen Ausbruch zu schonen, wie er allein in das »R« des »Razza dannata« seine ganze Verachtung für das Höflingsgeschmeiß zu legen versteht, das allein beweist, daß er einer der größten Nuancierungskünstler war, die die Schallplatte überliefert hat.

Fast gleichaltrig mit Pasquale Amato war **Giuseppe De Luca** (1876–1950). Wenn einen Augenblick lang der Vergleich mit dem Sprechtheater erlaubt ist, dann könnte man im Baritonfach der Jahrhundertwende Mattia Battistini mit Josef Kainz vergleichen, als Bindeglied zwischen dem »stile antico« und dem »stile nuovo«, Amato mit dem großen Charakterdarsteller Albert Bassermann und De Luca mit Alexander Moissi, bei dem das kantable Element beim Sprechen im Vordergrund stand. Gegenüber Amato, dem Sänger des charakteristischen Details, das sich zu einem Charakterganzen rundet, ist De Luca der Interpret, bei dem die sängerische Erfüllung der melodischen Signatur einer Rolle im Vordergrund steht, bei dem Wohlklang und Interpretation in einer harmonischen Abgewogenheit anzutreffen sind. Neue Einsichten in Figuren, das plötzliche Aufreißen von Abgründen wie bei Amato wird man bei De Luca vergeblich suchen, problematische und extreme Naturen waren seine Sache nicht, entsprachen auch nicht seinem friedlich-freundlichen Naturell. Wenn man sagt, daß er im Ensemble großer Stimmen, in Zusammenarbeit mit Caruso, Galli-Curci, später mit Gigli und Martinelli sein Höchstes leistete, so ist das keine Minderung seiner Bedeutung, sondern der Hinweis auf den großen Vorzug dieses Sängers, der an den Leistungen der anderen wuchs und im harmonischen Miteinander eher als im eigenbrötlerischen Selbstbezug sein Bestes gab.

De Luca ist als Schallplattensänger immer in Gefahr, unterschätzt zu werden, das Timbre seiner Stimme war nicht so exklusiv wie bei Battistini, seine Kraft nicht so groß wie die Ruffos, obwohl er auch den Rigoletto meisterte, und wenn er mit Caruso jene grandiose Aufnahme des Duetts Carlos/Alvaro aus *La forza del destino* singt, »Il segreto fu dunque violato«, dann tritt seine relativ hochgelagerte Baritonstimme gegenüber der dunklen Tenorstimme Carusos auf den ersten Blick in den Hintergrund, in Wirklichkeit verschmilzt sie aber ideal mit der seines Partners, weil hier zwei in sich äußerst homogene Stimmen aufeinandertreffen. Homogenität und Harmonie, das sind wohl die hervorstechendsten Merkmale des Singens von De Luca, und die immer noble und männliche Linie seiner Aufnahmen sichert ihnen einen Platz im Pantheon. Wie Battistini hatte De Luca eine lange Karriere, und im Gegensatz zum älteren Kollegen konnte er das 50jährige Jubiläum seiner Bühnenkarriere auch auf der Bühne begehen, während eines Galaabends der Met 1947, auch wenn er tatsächlich bereits ein Jahr vorher seine Laufbahn beendet hatte. Der in Rom geborene Bariton hatte bei Venceslao Persichini gelernt (und Ruffo, sein Mitschüler, berichtet, wie eifersüchtig alle waren, wenn der Maestro wieder einmal seinen Liebling De Luca zum Vorsingen aufforderte und ihn bevorzugte, wo es ging). Seit 1903 sang er an der Scala, wirkte unter anderem an der prekären Uraufführung der *Butterfly* als Sharpless mit (1904). Relativ spät, 1915, kam er an die Met, wurde dort aber eines der beliebtesten Ensemblemitglieder.

De Luca sang das sogenannte schwere Repertoire eher nur am Rande, in kluger Einschätzung seiner begrenzten stimmlichen Mittel (diese kluge Einschätzung bescherte ihm eine Karriere, die erheblich länger dauerte als die Ruffos) bewegte er sich vor allem im sogenannten interessanten Fach und im komischen Bereich – sein Figaro im *Barbiere* galt als unerreicht in der Vis comica und der mustergültigen klaren Diktion, die auch bei den schnellsten Plapperpartien nicht ins Nuscheln geriet. Das köstlichste Klangzeugnis dieser Fähigkeit ist das Duett »Cheti, cheti« aus Donizettis *Don Pasquale*, das er mit Ferruccio Coradetti aufgenommen hat – De Luca war, als Sänger zumindest, ein »Bursche von unendlichem Humor«. Auf der anderen Seite war er durchaus in der Lage, die Ansprüche von Rossinis Guillaume Tell zu bewältigen, den er 1923 sang. Das Siegel seiner Vielseitigkeit bildet die Zahl von 52 verschiedenen Rollen in 924 Aufführungen, die er an der Met sang. Bis zu seinem Tode lebte er dann als Gesangslehrer in New York. De Lucas Aufnahmen sind eine Ohrenweide für alle, die bereit sind, das sängerische »finish«, die Politur höher einzuschätzen als die Attraktivität der Stimme selbst [Preiser und Nimbus].

Hört man heute Aufnahmen aus den dreißiger und vierziger Jahren, in denen deutsche Sänger italienische Opernmusik, vor allem Verdi, interpretieren, läßt sich meist eine leichte Enttäuschung nicht verhindern, und dies selbst bei den renommiertesten Künstlern wie Heinrich Schlusnus und Helge Rosvænge. Das liegt nicht an den stimmlichen Mitteln, sondern an der fehlenden Idiomatik. Zunächst verhindert die deutsche Übersetzung, die in der italienischen Oper damals grundsätzlich dargeboten wurde, daß der musikalische und klangliche Fluß ungehindert ablaufen kann. Hinzu kommt jedoch noch viel entscheidender die Prägung mehrerer Sängergenerationen durch einen an Wagners Werken geschulten deklamatorischen Stil, der einem voll ausgebildeten Legato, einem kunstvollen »messa di voce«, den Hauptbedingungen der italienischen Oper des 18. und auch noch des 19. Jahrhunderts, entgegenstand. Dieser Befund fällt heute nicht mehr so kraß aus wie vor 40 oder 50 Jahren, weil die Internationalisierung der Opernszene und die Rückkehr zur Originalsprache hier korrigierend gewirkt haben, dennoch gibt es nur wenige deutsche Sänger, die auf dem Felde der italienischen Oper mit italienischen oder spanischen Kollegen wirklich konkurrenzfähig wären. Um so phänomenaler mutet es an, daß in den Jahren nach dem Ersten Weltkrieg ein deutscher Jude aus Riga zu den vier, fünf führenden Baritonen des italienischen Faches gehörte, dessen Rigoletto, Jago, Luna und Germont in nichts den Verkörperungen seiner italienischen Kollegen nachstanden: **Joseph Schwarz** (1880–1926).
Schwarz ist uns durch seinen frühen Tod zeitlich sehr fern gerückt, doch bezeugen seine Schallplatten, daß das zeitgenössische Urteil über ihn keineswegs übertrieben war, daß er nämlich die vielleicht schönste Baritonstimme seiner Epoche besaß. Schwarz wurde in Riga geboren, wo er in ärmlichsten Verhältnissen mit acht Geschwistern aufwuchs. Er sang im Synagogenchor seiner Heimatstadt, zusammen mit einem später ebenfalls sehr prominenten Tenor, Hermann Jadlowker. Er sollte das väterliche Schneiderhandwerk erlernen, seine stimmliche Begabung wurde jedoch frühzeitig erkannt, und Mäzene ermöglichten ihm ein Studium am Sternschen Konservatorium in Berlin. Bald wurde er zu weiterem Studium nach Wien empfohlen, wo ihn Adolf Robinson betreute, der auch der Lehrer von Leo Slezak gewesen war. Im Alter von 20 Jahren bereits konnte Schwarz am Theater in Linz debütieren, in der nicht

gerade anspruchslosen Rolle des Amonasro in Verdis *Aida*. Es folgten einige
unstete Wanderjahre an Provinzbühnen und mit reisenden Operntruppen, bevor er an die Wiener Volksoper und dann sehr bald noch von Gustav Mahler
an die Hofoper engagiert wurde.

Es war die Zeit, als sich bereits das Ende der Operndirektion Mahlers ab-
zeichnete, und als Schwarz im Jahre 1909 sein Engagement antrat, war Mahler
schon demissioniert. An der Hofoper hatte es Schwarz sehr schwer, denn er
mußte gegen den Schatten des Wiener Publikumslieblings Leopold Demuth
ansingen, der 1910 verstorben war. Obwohl Schwarz ein Demuth in allen Belangen überlegener Sänger war, gelang es ihm nicht, sich in Wien die Position
zu sichern, die er aufgrund seiner Leistungen verdient hätte. Immerhin erarbeitete er sich ein breites Repertoire, das damals noch weit ins Wagner-Fach
hineinreichte, bis zum Amfortas, Wanderer und Wotan in *Rheingold* – die Kon-
zentrierung auf das italienische Fach kam erst später. Es bedurfte der Begeisterung des Berliner Publikums, das ihn bei einem Gastspiel 1915 an der Hofoper kennenlernte, um Schwarz den ihm gebührenden Platz zu sichern. Man
verglich ihn jetzt mit dem großen Mattia Battistini, dem führenden Bariton
der Jahrhundertwende, und wirklich ist Schwarz bei einem Vergleich von Plattenaufnahmen derjenige, der Battistini in der überragenden Kultur der Stimmführung am nächsten steht. Im Berlin der Jahre vor dem Ersten Weltkrieg
wurde Schwarz *der* italienische Bariton des deutschen Sprachraums, der keinen
Vergleich zu scheuen brauchte, wie sich dann Anfang der zwanziger Jahre herausstellte, als er mit seinen italienischen Kollegen auch an der Metropolitan
Opera, in London und Paris, sogar in Mailand unter Arturo Toscanini konkurrierte. Schwarz, der eine ausgesprochen eindrucksvolle Erscheinung war, be-
stach neben seiner stimmlichen Pracht auch durch die Kraft seiner Darstellung
und wurde gerade in diesem Punkt über seine Fachkollegen gestellt. Sein Rigoletto wurde in London als »schaljapinesk« bezeichnet – der russische Bassist
setzte damals die Maßstäbe für Bühnenpräsenz, die allerdings keineswegs so
hoch waren wie heute. Er war gerade auf dem Höhepunkt seiner Laufbahn
angelangt, als eine schwere Erkrankung im November 1926 zu seinem plötzlichen Tode führte. Schwarz hat eine ganze Reihe Schallplatten hinterlassen,
die von einer seltenen einheitlichen Qualität sind. In seinem einmalig noblen
und sonoren Bariton verbindet sich die Inbrunst der Synagoge mit der besten
Tradition italienischen Belcantos. Er ist heute viel zuwenig bekannt – von den
Experten jedoch wird er als einer der bedeutendsten Sänger dieses Jahrhunderts anerkannt [Preiser].

Im Kreise von Operninteressenten und Gesangsbegeisterten ist mir schon einige Male krasses Unverständnis entgegengetreten, wenn ich behauptete, daß

Leo Slezak (1873–1946) ein bedeutender Heldentenor gewesen sei. Slezak
sei zwar ein Autor von recht amüsanten autobiographischen Büchern und ein
erfolgreicher Filmkomiker gewesen, hieß es dann, aber doch kein guter Sänger.
Und dann wurde eine Niedrigpreisplatte mit Slezak-Aufnahmen aufgelegt,
und die Stimme wackelte wirklich, klang gequetscht, und das Falsett wurde
über Gebühr beansprucht. Da solche Platten meist keine Aufnahmedaten verzeichnen, mußte ich meine ganze Überzeugungskraft aufbieten, um klarzumachen, daß es sich bei diesen bekannten Slezak-Aufnahmen um Platten vom
Ende der zwanziger Jahre handele, als er sich bereits dem 60. Lebensjahr näherte, und daß man den weltweiten Ruhm und die ungeheure Beliebtheit
Slezaks in Wien, seine Wertschätzung durch Gustav Mahler nur verstehen
könne, wenn man sich Aufnahmen aus der Zeit vor dem Ersten Weltkrieg
anhöre.

Slezak wurde in Mährisch-Schönberg geboren. Ein »böhmakelnder« Tonfall
ist vor allem in den Aufnahmen, die er in fortgeschrittenem Alter machte, auch
aus seinem Singen herauszuhören. Er war der Sohn eines Müllers, der nach
dem Verlust seines Geschäftes nach Brünn zog, wo Leo in ärmlichsten Verhältnissen aufwuchs. Bald mußte er die Schule verlassen und als Gärtner und
Schlosserlehrling arbeiten. Durch die Bekanntschaft mit einem Choristen des
Brünner Theaters kam Slezak zum erstenmal auf die Bühne als Statist und bald
darauf auch als Aushilfschorist, ohne je eine Stunde Gesangsunterricht genossen zu haben. Eines Tages gastierte der bekannte Bariton Adolf Robinson
in Brünn – ihm fiel unter den Chorsängern eine Stimme auf, deren Besitzer
sich auch durch ungewöhnliche Körpergröße auszeichnete. Er ließ Slezak
vorsingen und erkannte in dem ungeschulten Organ das enorme Material.
Während Slezak seinen Lebensunterhalt vor allem als Schmied verdiente, unterrichtete ihn Robinson, und seine Frau brachte dem jungen Sänger die musikalischen Grundbegriffe bei, der zu diesem Zeitpunkt noch keine Noten lesen konnte. 1896 war es dann soweit, daß Slezak als Lohengrin in Brünn
debütieren konnte. Bereits zwei Jahre später wurde er an die Berliner Hofoper
engagiert, doch der Sprung an eine der bedeutendsten europäischen Bühnen
erwies sich als ungünstig. Slezak war mit den Rollen, die man ihm gab, unzufrieden, löste von sich aus den Vertrag und stufte sich gleichsam freiwillig zurück zum Breslauer Stadttheater, nach dem Motto »lieber in Breslau der Erste
als in Berlin der Letzte«. Dieser Schritt erwies sich bald als richtig, denn er
konnte in Breslau sein Repertoire stark erweitern und war sehr schnell der
unangefochtene Star des Theaters. Außerdem lernte er dort seine Frau, die
österreichische Schauspielerin Elsa Wertheim, kennen. Von allen Seiten wurde
ihm nahegelegt, sich auf Wagner zu spezialisieren, für den er von der Stimmkraft und der Erscheinung her wahrlich prädestiniert war. Bei einem Gastspiel

der Breslauer Oper in London wagte er sich an den Siegfried heran (sicher hat niemals mehr ein Siegfried die Schmiedelieder so adäquat gestaltet wie der ehemalige Schmied Slezak), gab sich jedoch so aus, daß er den dritten Akt nur noch mit halber Stimme singen konnte. Slezak hat diese Warnung nie vergessen und sich fortan auf den Lohengrin, den Stolzing und den Tannhäuser beschränkt, was ausreichte, um ihn zu einem der führenden Wagner-Tenöre seiner Zeit zu machen. Er selbst erzählt, daß er allerdings bei Cosima Wagner in Ungnade gefallen sei, als er beim Vorsingen frech-fröhlich den Bajazzo intonierte – in Bayreuth durfte man beim Vorsingen solch welschen Tand nicht zu Gehör bringen, und so hat er nie dort gesungen.

1901 gastierte Slezak zum erstenmal an der Wiener Hofoper, mit drei seiner größten Partien, dem Arnold in Rossinis *Guillaume Tell*, dem Stolzing und dem Radames. Mahler, damals Direktor der Hofoper, war von ihm begeistert und engagierte ihn sofort. Sehr bald war Slezak der erklärte Liebling der Wiener. Seine Scherze, deren Opfer meist sein etwas tumber dänischer Kollege Erik Schmedes wurde, mit dem er sich die Wagner-Rollen teilte, sind Legion. 1909 ging Slezak an die Metropolitan Opera, nachdem er sich zuvor von dem legendären Jean de Reszke auf die Aufgaben des italienischen Repertoires speziell hatte vorbereiten lassen (bisher hatte er seine italienischen Rollen in deutscher Sprache gesungen). Besonderen Erfolg hatte er in New York wie in London als Verdis *Otello*, was für einen deutschsprachigen Sänger sehr erstaunlich ist, der ja gegen das Vorbild eines Tamagno und Zenatello anzusingen hatte. Mit Caruso kam er kaum in Konkurrenz, da sich Caruso zu jener Zeit die Partien des »tenore eroico« noch nicht erarbeitet hatte. Im Ersten Weltkrieg kehrte Slezak wieder nach Wien zurück und setzte die Reihe seiner Erfolge fort, in den zwanziger Jahren verstand er es sehr geschickt, noch bevor seine stimmlichen Mittel merkbar nachließen, seine Karriere allmählich auf ein anderes Gebiet zu verlagern. Der Alfred in der *Fledermaus* und Offenbachs *Barbe-Bleue* eröffneten eine Reihe von Operettenerfolgen, die dann in den dreißiger Jahren zwanglos in zahllose eher weniger gewichtige Filmlustspiele übergingen. Im Januar 1934, Slezak war 60 Jahre alt, sang er an der Wiener Staatsoper seine letzte Opernvorstellung, den Canio in *Pagliacci*. Slezaks letzte Lebensjahre am Tegernsee waren überschattet von den Kriegsereignissen und der Tatsache, daß seine Frau Jüdin war, er sich aber nicht von ihr trennen wollte, wie die braunen Machthaber verlangten.

An Stimmkraft steht Slezak den schwersten Heldentenören des Jahrhunderts wie Tamagno und Melchior kaum nach, übertrifft sie aber an Beweglichkeit und Leichtigkeit, mit der die höchste »tessitura« gemeistert wird – die hohen C und D der Meyerbeer-Partituren machten ihm keine Schwierigkeiten. Seine außergewöhnlich gut klingende Kopfstimme setzte Slezak meisterhaft ein. Kein Zweifel, die Aufnahmen, die Slezak auf dem stimmlichen Höhepunkt zeigen (sie entstanden in den Jahren 1905–12), zeigen die wahrscheinlich prachtvollste jugendliche Heldentenorstimme unseres Jahrhunderts, für die man gar nicht anders kann als das krude Beiwort »saftig« zu verwenden, in vollem Bewußtsein der Tatsache, daß es in diesem Zusammenhang nach Knödel, Pilsner und Selchfleisch klingt. Besonders glanzvoll sind sicher jene Aufnahmen, die Slezak als Otello (vgl. *Otello*-Exkurs) und als Interpreten der Grand opéra zeigen – einen solchen Meyerbeer-Tenor hat es außer Caruso nicht mehr gegeben (Nicolai Gedda, als Interpret überlegen, hatte nur einen Bruchteil der Stimmkraft). Zum überragenden Sänger fehlte ihm jedoch die Differenzierungskraft: Alles klingt gleich kräftig oder gleich kopfstimmig, ob es Otello oder Raoul, ob es Tannhäuser oder Assad ist – hier ist der entscheidende Abstand zu Caruso oder Melchior oder auch Jacques Urlus dann doch nicht zu überhören [frühe und späte Aufnahmen bei Preiser].

Blickt man in den Katalog des größten deutschen Schallplattenversandhändlers, dann ist man verblüfft, in welcher Fülle CDs mit dem irischen Tenor **John McCormack** (1884–1945) verfügbar sind. Gehört McCormack bei uns zu den prominentesten Tenören, gar Sängern unseres Jahrhunderts? Mattia Battistini auf der anderen Seite ist zur Zeit kaum auf modernen Tonträgern vertreten. Das Rätsel löst sich schnell, wenn man weiß, daß in diesem Katalog auch ein großer Teil des englischen Plattenmarktes verzeichnet ist. In England und Amerika genießt McCormack nach wie vor einen Ruhm, der mit dem Carusos zu vergleichen ist (der »irische Caruso« ist er auch irreführend schon genannt worden), und das liegt ganz eindeutig an seinem immensen Repertoire populärer Lieder und Balladen vornehmlich aus dem irischen Folklorebereich wie *Mother Machree, I Hear You Calling Me* und *When Irish Eyes Are Smiling* – von rund 20 solcher Titel hat er zu seinen Lebzeiten mehr als eine Million Platten verkauft; in einer Zeit, in der die Pop-Musik auf Platte noch nicht endgültig zur Massenware geworden war, ist dies als eine ungewöhnliche Verkaufsleistung zu betrachten. Bei uns hingegen, wenn ich das richtig sehe, ist McCormack nicht gerade ein Geheimtip, aber doch eher ein Fall für den Spezialisten. Bei uns spielt die irische Folklore dieser Spezies so gut wie keine Rolle, und muß man sich diesen Tenor im anglo-amerikanischen Bereich als einen Sänger vorstellen, der auch einmal ein bekannter Operntenor war (was die wenigsten wissen), so ist er bei uns überhaupt nur als solcher bekannt, und wenn, dann durch einige wenige Aufnahmen, die sich an den Fingern einer Hand abzählen lassen und als »loci classici« der Gesangskunst gelten, allen voran seine Aufnahme von Ottavios »Il mio tesoro« aus dem Jahre 1916. Auf diesem

Wege hat McCormack auch bei uns einen mehr oder weniger esoterischen Ruhm, und das ist schon bemerkenswert, denn er hat nie im deutschsprachigen Raum auf der Bühne gesungen, und seine Bühnenkarriere und damit seine Opernkarriere mit Ende Dreißig schon beendet.

In Athlone geboren, besaß McCormack ganz offensichtlich eine »Naturstimme«, wie sie so oft behauptet wird, aber doch nur selten allen Überprüfungen standhält, will sagen, eine Stimme, die ohne gründliche Ausbildung bereits den richtigen Sitz und die richtige Tragfähigkeit aufweist – ein vergleichbares Phänomen haben wir im Tenorbereich bei Jussi Björling und Fritz Wunderlich. Bei einem Festival in Dublin gewann er eine Medaille, sang dann in einem katholischen Kirchenchor (sein Katholizismus irischer Prägung war immer dezidiert) und machte mit seinem Chor auch eine USA-Tournee. Damit war sein Ehrgeiz aber noch nicht befriedigt: 1905 ging er nach Italien und studierte dort in Mailand bei Vincenzo Sabatini, bei dem die Grundlagen für seine hervorragenden Leistungen gerade im italienischen lyrischen Fach gelegt wurden. 1906 debütierte er in einem winzigen Theater in Savona bei Genua unter dem Namen Giovanni Foli (er war zu der Zeit mit einer Miß Foley verlobt, seiner späteren Ehefrau), weil er mit seinem irischen Namen nicht auf die entsprechende Resonanz im Mutterland der Oper hoffen konnte, ein Jahr später konnte er schon seinen ersten Turridu in *Cavalleria* in Covent Garden singen, dem der *Rigoletto*-Herzog und der Ottavio folgten. Bis 1918 sang er nun jede Saison in diesem Hause, von 1910 an auch an der Metropolitan Opera.

Zwischen 1910 und 1917 entstanden auch seine besten Opernaufnahmen, die seinem relativ beschränkten Repertoire entnommen waren, in dem neben dem Ottavio, der als seine beste Rolle galt, Gounods Faust, Bizets Nadir (in den *Pêcheurs de perles*), Almaviva (im *Barbiere di Siviglia*), Alfredo (*Traviata*), Rodolfo (*Bohème*) und Faust in Boitos *Mefistofele* dominierten, also die Partien des lyrischen Tenors. Anfang der zwanziger Jahre reduzierte sich seine Operntätigkeit, während gleichzeitig seine Konzertauftritte mit dem beschriebenen Repertoire sich häuften, 1923 gab er dann seine Opernkarriere endgültig auf, teilweise wohl beeinflußt durch den Schock einer lebensgefährlichen Infektion, die er nur mit Mühe überstand, aber auch wohl aus der Einsicht heraus, daß seine Begabung, Menschen auf der Bühne darzustellen, beschränkt war durch sein mangelndes Temperament und durch die Unlust, über die ihm gegebene Natur hinaus in andere Menschen hineinzuschlüpfen. Zwischen 1923 und 1938 war McCormack in der ganzen englischsprachigen Welt auf ständiger Tournee, und damit sowie mit den Millionen verkaufter Schallplatten ersang er sich ein Vermögen, das er in einen sehr aufwendigen Lebensstil investierte.

Greift man, um McCormack kennenzulernen, zu der auf CD vorliegenden Sammlung seiner Arien und Duette aus italienischen Opern und beginnt man mit »Spirto gentil« aus Donizettis *Favorite,* einer frühen Aufnahme aus dem Jahre 1909, wird man zunächst vielleicht enttäuscht sein über diesen Zwirnsfaden von Stimme, wie jemand mal über den jungen Richard Tauber sagte. Man muß sich einhören in diese Stimme, deren Appeal sich nicht sofort auf den ersten Ton hin erschließt. Schreitet man aber weiter fort zu den Ausschnitten aus *Aida* und *Traviata,* darunter das berühmte Duett »Parigi o cara« mit Lucrezia Bori, dann blüht für den Hörer diese zart scheinende Stimme plötzlich mächtig auf, in einem Duett aus Ponchiellis *La Gioconda* mit Mario Sammarco sind geradezu gewaltige Spitzentöne zu hören, die nur dadurch entstehen, daß eine perfekt sitzende lyrische Stimme ihre ganze Tragfähigkeit ausspielt. Über die Aufnahme von »Il mio tesoro« ist schon viel geschrieben worden, und in der Tat sind Atemkontrolle, Legato und Leichtigkeit der Tongebung mirakulös, mindestens genauso grandios aber ist die Aufnahme von »Champs paternels« aus Méhuls *Joseph,* mit heroischem Glanz gesungen – das ist erst wieder in Léopold Simoneaus Aufnahme dieser Rarität gleichwertig gestaltet worden. McCormacks Fähigkeit, die Tongebung so natürlich wie das Fließen von Wasser erscheinen zu lassen, ist wohl das größte Wunder seines Singens, der einzige, der ihm darin gleichkommt, ist der junge Björling gewesen. Schwierigste Passagen, bei denen prominente Kollegen ins Keuchen und in Atemnot geraten, wirken bei ihm, als seien es vokale Fingerübungen der Anfängerklasse. Trotz dieser enormen Leichtigkeit und der hellen, hochgelagerten Stimme sind seine Aufnahmen nie weichlich oder unmännlich. McCormack war kein Espressivosänger, und seine Ausdrucksskala war nicht so breit wie die anderer Tenöre seines Ranges, aber seine Aufnahmen werden Bestand haben als Beispiele eines Wohlklangs von größter Mühelosigkeit, wie er nur wenigen Sängern in diesem Jahrhundert gegeben war [Pearl: *Italian Opera, Irish Songs, Lieder and Art Songs*].

The »Last of the Titans« – so bezeichnet die 1928 erschienene Biographie Mary Lawtons ihre Heldin **Ernestine Schumann-Heink** (1861–1936) – die letzte der Titanen. Das aber gibt ein irreführendes Bild dieser Künstlerin. Gewiß: überdimensional waren ihre stimmlichen Möglichkeiten zwischen pastosen tiefen Tönen und einer im Verhältnis dazu geradezu unglaublichen Beweglichkeit, und sie vermochte offensichtlich auch auf der Bühne den Eindruck von »Grandeur« zu verbreiten, aber ebenso richtig ist der von ihrem amerikanischen Publikum ihr gegebene Beiname »Mother Schumann«, den die Mutter von sieben Kindern (das letzte trug die Vornamen George Washington, alles aus Liebe zu ihrer zweiten Heimat) sich durch ihr mütterliches Wesen und ihre immense Beliebtheit erarbeitete – das berühmte Photo von ihr mit dem Strickstrumpf in der Hand spricht Bände. Bruno Walter vermag in seinen Erinnerungen dazu ein Schlaglicht beizutragen; er hatte in seinen Anfängerjahren in Hamburg mit ihr zu tun, wo auch Gustav Mahler als erster Kapellmeister wirkte:

»[...] sie sang Azucena und Carmen, in meinem zweiten Jahr Amneris, Ulrica, Ortrud und anderes mit mir. Wir kamen uns nicht näher, ihre eigenwillige Persönlichkeit und ihr originelles Talent widersetzten sich dem Einfluß und den Bemühungen des jungen Musikers, und ich beschränkte mich schließlich auf rein musikalische Verständigung in unseren Proben, denn ich erkannte gern an, daß sie von ihrer bedeutenden Begabung nur ernsten künstlerischen Gebrauch machte. Auch war sie eine ursprüngliche, volkhafte Natur und es bleibt mir unvergeßlich, daß die auffällige Sichtbarkeit baldiger Mutterschaft sie nicht hinderte, die Partie der Carmen zu singen – was übrigens das Drama durch ein vom Dichter nicht beabsichtigtes familienhaftes Motiv komplizierte – und daß sie etwa eine gute Woche nach dem allgemein erwarteten Ereignis schon wieder als Amneris auf der Bühne stand.«

Die Zeit, von der Walter hier spricht, war die Mitte der neunziger Jahre des vorigen Jahrhunderts, als Schumann-Heink schon seit langem in Hamburg tätig war. Eigentlich hieß sie Ernestine Rößler, und der Doppelname, mit dem sie weltberühmt wurde, ist die Hinterlassenschaft ihrer ersten beiden Ehen. Sie wurde in der Nähe von Prag geboren und muß eine außerordentlich frühreife Altistin gewesen sein, denn angeblich sang sie bereits mit 15 Jahren das Altsolo in Beethovens *Symphonie Nr. 9.* Gesichert ist jedenfalls, daß sie mit 17 als Azucena an der Dresdner Hofoper debütierte, immer noch eine sensationell junge Sängerin für eine solche Rolle (und jeder Elevin von heute würde man ein schnelles Ende ihrer Laufbahn prophezeien, käme sie auf eine solche Idee – die Laufbahn der Schumann-Heink dauerte 54 Jahre). Seit 1883 war sie in Hamburg engagiert, wo sie sehr bald die erste Altistin Marie Götze ausstach. Von 1896 an war sie die führende Altistin der Bayreuther Festspiele, und mit Cosima Wagner verband sie sogar so etwas wie Freundschaft – bis 1914 sang sie dort; ihre Soprankollegin Anna Bahr-Mildenburg hat sich später gerührt an diese Pionierjahre in Bayreuth erinnert, wo Schumann-Heink alle Partien zwischen Alt und Mezzo sang, wobei die Erda und die Waltraute natürlich die Höhepunkte waren. Als Ortrud debütierte sie 1899 an der Met, und bis 1933 hat sie diesem Hause angehört. Politisch-zeitgeschichtlich geriet diese allseits beliebte Sängerin zwischen die Fronten, als sie sich nach dem Tod ihres zweiten Mannes ganz in Amerika niederließ und die amerikanische Staatsbürgerschaft beantragte, was während des Ersten Weltkrieges zur Beschlagnahme von Vermögen in Deutschland führte; ihr ältester Sohn fiel auf österreichischer Seite im Krieg, und sie wurde nun wieder in den USA als feindliche Ausländerin verdächtigt. Hin und her gerissen zwischen ihren Loyalitäten, hat sie sich dann doch politisch für ihre neue Heimat entschieden und war eine der machtvollsten Interpreten der Nationalhymne auf den so beliebten Großveranstaltungen – aus dieser Zeit datiert der Name »Mother Schumann«.

Das Ende ihrer Laufbahn und ihres Lebens entsprach nicht der so langen und glücklichen Karriere. Sie verlor 1929 beim Schwarzen Freitag einen großen Teil ihres Vermögens und mußte, fast 70 Jahre alt, wieder auf Tournee gehen, vor allem weil eine zwar reichliche, aber nicht reiche Verwandtschaft (drei Ehen, sieben Kinder) von ihr abhing. In Hollywood versuchte sie, Geld zu verdienen, wirkte auch bei einem Film mit, und 1932 stand sie ein letztes Mal auf der Bühne der Met, mit 70 Jahren immer noch eine beeindruckende Erda neben Michael Bohnen als Wanderer und Lauritz Melchior als Siegfried – das Monument einer vergangenen Zeit neben der jüngeren Generation, an diesem Abend dann doch in einem anderen Sinne »the Last of the Titans«. Vier Jahre später ist sie in Hollywood dann an Leukämie gestorben, Tiny Rößler aus Prag, die allein wegen ihrer jüdischen Mutter nicht nach Deutschland und später auch nicht in ihre Geburtsstadt hätte zurückkehren können.

Eine Altstimme wie die Schumann-Heinks hat, ich wette darum, keiner meiner Leser je auf der Bühne hören können. Stimmen solchen Kalibers und solchen Stimmumfangs über zweieinhalb Oktaven sind im Altbereich ebenso ausgestorben wie die eines Melchior bei den Heldentenören. Das ist ein Goldbronzeton einer mächtigen Glocke, von dem Cosima Wagner meinte, der Meister hätte die Partie der Erda reicher ausgestattet, hätte er eine solche Sängerin zur Verfügung gehabt. Dabei handelt es sich bei ihr nicht um jenen vor allem in England beheimateten Typus des Oratorienalts mit gebremstem Temperament und gewaltigen Brusttönen, wie ihn am verblüffendsten wohl Clara Butt verkörperte (in gewisser, allerdings erheblich spiritualisierter Weise auch Kathleen Ferrier). Der Alt Schumann-Heinks war fast über den ganzen weiten Bereich ihres Umfangs einheitlich getönt, und er war vor allem zur virtuosen Beweglichkeit in der Lage, wie man sie sonst nur von italienischen Koloraturaltistinnen kennt, die fähig sind, die Rosina im *Barbiere di Siviglia* zu singen. Nun – die Rosina hat Schumann-Heink meines Wissens nie gesungen, aber sie sang die Fidès in Meyerbeers *Prophète*, jene mit höllischen Schwierigkeiten gespickte Altpartie, die Meyerbeer für Pauline Viardot-García schrieb und die in unseren Tagen nur die Spezialbegabung der Marilyn Horne zu bewältigen in der Lage war (der wiederum eine Erda nicht zuzutrauen war und ist). Man höre sich »Ah! mon fils« und »O prêtres de Baal« aus dieser Oper an, um einen Eindruck vom Können und der Stimmpotenz der Schumann-Heink zu bekommen, und man höre sich vor allem jenes tollste Kabinettstück an, das sie aufgenommen hat, das Trinklied des Orsino aus Donizettis *Lucrezia Borgia*: »Il segreto per esser felice«, mit einer vitalen Verve gesungen, einer Geschmeidigkeit, die einem Koloratursopran Ehre machen würde, gekrönt mit einem Triller – dieses eine Gustostückerl genügt, um einem aufmerksamen Hörpublikum von heute die Sprache zu verschlagen. Und wenn die Stimmung dann ganz auf dem Höhepunkt ist, zu Ehren von Mother Schumann, dann kann man noch »I und mei Bua« von Carl Millöcker nachschieben, was die Amerikaner »a pleasant Yodel-Song in dialect« nennen – und eine neue Generation von Schumann-Heink-Fans ist gewonnen [Nimbus].

Vielen Opern- und Gesangsinteressierten ist der Name Lehmann ein Begriff. Verbunden mit dem Vornamen Lotte assoziiert man eine der größten Sängerinnen dieses Jahrhunderts, zwischen 1920 und 1940 unübertroffen in Wagner- und Strauss-Rollen. Die Sopranistin **Lilli Lehmann** (1848–1929) hingegen, mit Lotte nicht verwandt, ist eigentlich den meisten nur noch ein Name, mit akustischen Erinnerungen nicht verbunden, der wie ein ferner Klang aus dem 19. Jahrhundert herüberdringt, eine Sängerin, die bei den ersten Bayreuther Festspielen 1876 mit Richard Wagner zusammenarbeitete und später einen Weltruhm erlangte, der dem von Lotte Lehmann keineswegs untergeordnet werden kann. Es gibt von ihr zwei Aufnahmeserien aus den Jahren 1905 und 1906, als sie sich bereits ihrem 60. Lebensjahr näherte, die einen Eindruck von dieser großen Sängerpersönlichkeit vermitteln können.

Lilli Lehmann wurde in Würzburg geboren. Ihre Mutter war Sängerin und Harfenistin, ihr Vater Tenor am Würzburger Theater. Diese günstige Konstellation übertrug sich nicht nur auf Lilli, sondern auch auf ihre jüngere Schwester Marie, die als Opernsängerin ebenfalls eine beachtliche Karriere machte. Ihre Kindheit verbrachte Lilli in Prag, wo sie durch ihre Mutter gesanglich ausgebildet wurde. Am Prager Landestheater debütierte sie 1867 als erster Knabe in der *Zauberflöte*. Über die Stationen Danzig und Leipzig kam sie 1870 an die Hofoper nach Berlin, wo sie als Marguerite in Meyerbeers *Huguenots* einen großen Erfolg hatte, der zu einem langfristigen Engagement führte. Wie erwähnt, holte sie Wagner als Woglinde für den ersten *Ring*-Zyklus nach Bayreuth, 20 Jahre später sang sie dort die Brünnhilde, denn inzwischen war sie zur führenden hochdramatischen Sopranistin aufgestiegen. 1886 folgte sie der Aufforderung, an der New Yorker Met zu singen, ohne sich um die Folgen für ihren Berliner Kontrakt zu kümmern. Es bedurfte der Vermittlung Kaiser Wilhelms II., der ein spezieller Verehrer ihrer Kunst war, damit sie Jahre später wieder in Gnaden in Berlin aufgenommen wurde. Lilli Lehmann hatte dank ihrer Kunst, ihrer machtvollen Persönlichkeit und ihrer ungewöhnlich langen Karriere eine Stellung im Musikleben ihrer Zeit, wie sie wohl kein Sänger vor oder nach ihr erreicht hat. Sie gab 1901 die entscheidende Anregung für die Salzburger Mozartfeste, dem Vorläufer der heutigen Salzburger Festspiele bis 1910, bei denen sie nicht nur sang, sondern auch inszenierte und zahlreiche Schüler unterrichtete, unter anderem bei Kursen im Salzburger Mozarteum – ihre Qualitäten als Lehrerin waren allerdings umstritten. Man kann guten Gewissens sagen, daß sie sowohl den Wagner-Gesang wie die theatralische Mozart-Interpretation der Jahre vor dem Ersten Weltkrieg entscheidend mitbestimmt hat. Noch mit 70 Jahren trat sie als Liedsängerin auf.

Lilli Lehmanns Rollenregister kann heutzutage nur Staunen erregen in seiner Fülle und Vielfalt. In ihrer langen Karriere gelangte sie vom Ersten Knaben über Gilda und Lucia di Lammermoor, Traviata und Carmen bis zu Sieglinde, Brünnhilde und Isolde, sang zu diesem Zeitpunkt aber immer noch die Koloraturpartie der Konstanze in Mozarts *Entführung aus dem Serail*. Im italienischen Fach hatte sie manche Konkurrentinnen, Weltruhm erlangte sie hingegen als Wagner-Sängerin. Sie ist die einzige der Wagner-Sängerinnen der ersten Bayreuther Generation, von der Plattenaufnahmen existieren, ihr sehr persönlich gefärbter Stil wurde zum Vorbild für Jahrzehnte.

Hört man heute ihre Platten, die sie in fortgeschrittenem Alter gemacht hat, ist man zunächst sicher befremdet. Nehmen wir die Aufnahme der Arie der Donna Anna »Or sai chi l'onore« aus dem *Don Giovanni*. Sofort fällt die Andersartigkeit des Mozart-Stils des späten 19. Jahrhunderts auf. Die Arie bekommt durch die Appoggiaturen einen erheblich anderen Charakter, als wir ihn gemeinhin gewohnt sind (erst neuerdings fließen diese Dinge in die Mozart-Interpretation wieder ein). Dann sind die stimmlichen Schwierigkeiten der Sängerin unüberhörbar. Die Stimme zeigt deutliche Unterschiede zwischen einem markanten Brustregister, einer schwach entwickelten mittleren Region und einem sehr hellen, vibratoarmen Kopfregister. Besonders zwischen mittlerem und tiefem Register gibt es Brüche, von denen man nicht sagen kann, ob sie auf das Alter der Interpretin zurückzuführen sind oder ein ständiger technischer Mangel waren.

Diese Registerunterschiede haben allerdings auch Vorteile. Es wird verständlich, warum Lehmann gleichzeitig hochdramatische und Koloraturrollen singen konnte, und auch als Donna Anna machen ihr die Koloraturen längst nicht die Schwierigkeiten, die man sonst bei dramatischen Interpretinnen dieser Rolle hören kann. An einigen Stellen scheint die Arie die Kräfte der Sängerin zu übersteigen, manche Töne wirken wie mit letzter Kraft hervorgestoßen. Aber doch, welche Attacke, welche Dynamik des Vortrags! Das Rezitativ ist so packend, so extrem im Ausdruck von keiner anderen Donna Anna zu hören. Dennoch bleibt die Tonschönheit des oberen Registers von dieser Dramatik unangekränkt. Trotz aller stimmlichen Schwächen strahlt diese Interpretation Autorität und Größe aus, die den Ruhm Lilli Lehmanns verständlich machen.

Wenn man über die Sopranistin **Emmy Destinn** (1878–1930) spricht, muß man zwei Photos beschreiben, die aus einem deutschen Stummfilm stammen. Sie zeigen einen vergitterten Löwenkäfig, in welchem ein Flügel aufgestellt ist. Am Flügel sitzt ein Pianist mit Turban, auf dem Flügel liegt ein mächtiger Löwe, und daneben steht eine voluminöse Sängerin und – singt. Das zweite Photo zeigt ebendiese Sängerin lächelnd mit einer Hand in der Mähne des Löwen. Der Film hieß *Die Löwenbraut*, und die Sängerin hieß Emmy Destinn, die für diesen Auftritt 2500 englische Pfund bekommen haben soll. Diese Photos könnten den Verdacht nähren, daß Destinn eine Skandalnudel gewesen ist, die für Geld zu allem bereit war – dies wäre ein Irrtum. Sie war zwar sicher eine der höchstbezahlten Sängerinnen ihrer Zeit, jedoch allen Skandalen abgeneigt und von ruhigem Temperament. In den zwei Jahrzehnten vor dem Ersten Weltkrieg hatte sie kaum Konkurrentinnen zu fürchten und nahm eine Stellung ein, vergleichbar nur mit der von Maria Callas in den fünfziger Jahren.

Als Ema Kitlová war sie in Prag geboren worden. Als Kind lag ihr ganzer Ehrgeiz darin, eine bedeutende Geigerin zu werden, und sie ist auch mit acht Jahren als Wunderkind aufgetreten. Genauso früh begann sie mit der Ausbildung ihrer Stimme, mit 14 Jahren studierte sie bei Marie Loewe-Destinn in Prag, von der sie nicht nur eine perfekte Technik, sondern auch ihren Künstlernamen bekam. Mit nur 19 Jahren debütierte sie als Santuzza in *Cavalleria rusticana* in Dresden, bereits ein Jahr später in derselben Rolle in Berlin. Dieses Berliner Auftreten verschaffte ihr sogleich einen Fünfjahresvertrag an die Hofoper. In Bayreuth war sie 1901 die jüngste Senta im *Fliegenden Holländer*, die je dort gesungen hatte, in Berlin brillierte sie in einigen Uraufführungen, so in *Roland von Berlin*, einer vergessenen Oper Leoncavallos, in der deutschen Erstaufführung von Smetanas *Dalibor* – außerdem war sie die erste Berliner Salome. Diese Rolle allerdings gab sie bald wieder auf, weil sie ihr zu anstrengend war, vielleicht auch, weil ihre Statur mit der Rolle bald nicht mehr in Einklang zu bringen war. Seit 1905 war sie auch international berühmt. In diesem Jahr sang sie Puccinis *Butterfly* in Covent Garden, in der englischen Erstaufführung der Oper. Obwohl sie als Partner keine Geringeren als Enrico Caruso und Antonio Scotti zur Seite hatte, trug sie den größten Triumph davon. Ein zeitgenössischer Kritiker schrieb: »Puccini könnte diese Musik nur für sie geschrieben haben, so wundervoll paßte sie zu der unbeschreiblichen, silbernen Qualität ihrer Stimme. Mit ihrem ›Un bel dì‹ entfachte die Destinn eine derartig akute Aufregung und wußte einen so starken und so schmerzlichen Sinn für Mitleid auszulösen, daß die Tränen in Logen, Parkett und Galerie ohne jede Zurückhaltung flossen.« Von der englischen Königin Alexandra wird erzählt, daß sie wegen der Destinn sämtlichen Vorstellungen der *Butterfly* beiwohnte.

Sie sang nun in aller Welt. 1906 kreierte sie an der New Yorker Metropolitan Opera die Lisa in Tschaikowskis *Pique Dame* und wurde zwei Jahre später fest an dieses Haus gebunden, wo sie zahlreiche Vorstellungen mit Caruso sang, mit dem sie auch eine Reihe von Plattenaufnahmen gemacht hat. Neben der Londoner Butterfly war eine Puccini-Uraufführung wohl der zweite Höhepunkt ihrer Karriere: Sie sang die erste Minnie in *La fanciulla del West*, wieder mit Caruso in New York. Destinn eilte von Triumph zu Triumph, bis der Erste Weltkrieg ausbrach. Sie war bereits als junge Frau eine Tschechin von starkem Nationalbewußtsein gewesen. 1916 kehrte sie in ihre Heimat zurück, nannte sich nun Emma Destinová und arbeitete in der tschechischen Unabhängigkeitsbewegung mit, von ihrem Schloß in Böhmen aus. Der Ärger mit der österreichischen Zentralmacht in Wien ging so weit, daß sie kurzfristig inhaftiert wurde. Nach dem Ende des Krieges kehrte sie 1919 noch einmal für zwei Spielzeiten nach New York zurück und sang auch wieder in London. Obwohl sie erst Anfang Vierzig war, konnte sie nicht mehr an ihre früheren Erfolge anknüpfen. Die Stimme hatte ihre Frische verloren, vielleicht durch den sehr frühen Karrierebeginn verursacht, und ihre statiöse Figur hatte sich zu echter Korpulenz ausgewachsen, die von zu hohem Blutdruck begleitet wurde. Bereits 1926 gab sie ihre Bühnenlaufbahn auf und zog sich auf ihr Schloß zurück.

Destinn hat eine stattliche Zahl von Aufnahmen hinterlassen, darunter die ersten Gesamtaufnahmen von Gounods *Faust* und Bizets *Carmen*. Dennoch geben diese Aufnahmen aufgrund ihres Alters nur einen unvollkommenen Eindruck ihrer Stimme wieder. Wenn man diese in ein bestimmtes Fach einordnen soll, bekommt man angesichts der rund 80 Partien, die sie beherrschte, Schwierigkeiten. Zentrum ihrer Tätigkeit waren sicher die lyrischen und jugendlichdramatischen Rollen Puccinis und Verdis. Ihre Aufnahmen zeigen jedoch eine Stimme von solcher Kraft und solchem Volumen, daß man sie besser bei Wagner aufgehoben glaubt, den sie aber nur zu Anfang ihrer Karriere gesungen hat. Emmy Destinns Sopran überzeugt vor allem mit der Kraft der hohen und höchsten Lagen, die pure Schönheit ihres Timbres, die von den Zeitgenossen gerühmt wurde, wird leider nur unvollkommen wiedergegeben.

Vor rund 100 Jahren, im Frühjahr 1884, gab es eine Galavorstellung an der New Yorker Metropolitan Opera, die in die Geschichte dieses Hauses eingehen sollte. Es war angekündigt, daß die junge Koloratursopranistin **Marcella Sembrich** (1858–1935), die dem Ensemble gerade seit dieser Spielzeit neu angehörte, nicht nur als Sängerin, sondern auch als Geigerin und Pianistin auftreten sollte. Sembrich hatte im vorangegangenen Herbst als Lucia di Lammermoor debütiert, mit größtem Erfolg, aber der angekündigte Dreifachauftritt wurde doch eher als Kuriosität angesehen, und wie ein Zeuge berichtet, wurde die Sängerin mit »nachsichtigem Lächeln« vom Publikum empfangen. Sie hatte eine Geige bei sich und spielte zusammen mit dem Met-Orchester Adagio und Finale des *Violinkonzerts Nr. 7* von Charles de Bériot. Dem Publikum verschlug die Könnerschaft auf dem Instrument die Sprache, dann brach es in Begeisterungsstürme aus. Sembrich ließ sich wieder und wieder hervorrufen, dann setzte sie sich an den Flügel und brachte Mazurken von Frédéric Chopin zu vollendetem Vortrag. Danach, so der Zeuge, wurde das Publikum hysterisch. Schließlich hob der Dirigent den Stab zur Arie »Ah, non giunge« aus Bellinis *Sonnambula*. Danach brach der reine Wahnsinn aus – so der Augen- und Ohrenzeuge. Die junge Sängerin hatte sich als Meisterin in drei normalerweise getrennten Spezialgebieten der virtuosen Musik erwiesen. Daß sie von ihren drei Begabungen schließlich den Gesang zu ihrem Beruf gemacht hatte, dafür war angeblich Franz Liszt verantwortlich, vor dem sie in Weimar eine seiner *Ungarischen Rhapsodien* gespielt, aber auch als Geigerin und Sängerin geglänzt hatte. Liszt soll daraufhin gesagt haben: »Du hast drei Paar Flügel, um zu den höchsten Höhen des Ruhmes zu fliegen. Du mußt dir hierzu die Flügel des Gesanges wählen.«

Sembrich wurde als Prakseda Marcelina Kochanska in Wiesniewczyk in Galizien geboren, sie nahm als Künstlerin dann den Mädchennamen ihrer Mutter an. Der Vater war Dorfmusikant, die Verhältnisse, in denen sie aufwuchs, waren mehr als ärmlich. Ihre vielfältige musikalische Begabung zeigte sich früh; bereits mit elf Jahren konnte sie durch die Unterstützung eines Mäzens das Konservatorium von Lemberg besuchen, das noch von einem Schüler Chopins geleitet wurde. Geige und Klavier standen im Mittelpunkt ihrer Ausbildung; für den Gesang war es noch zu früh. Ihr Klavierlehrer war Wilhelm Stengel, den sie später heiratete. Als sich ihre stimmliche Begabung herausstellte, war es auch schnell klar, daß in Lemberg die Ausbildungsmöglichkeiten erschöpft waren. 17jährig ging sie nach Wien zu Viktor von Rokitansky und dann nach Mailand zu Battista Lamperti. Die Ausbildung war nur kurz: Mit 19 Jahren debütierte Sembrich dort, wo 70 Jahre später auch Maria Callas debütierte, in Athen mit der Rolle der Elvira in Bellinis *Puritani*. 1880 schon sang sie in Londons Covent Garden. Die Londoner Kritiker erkannten die ungewöhnliche Qualität ihres Singens, die glockengleiche Reinheit ihrer Stimme, die unfehlbare Intonation und die Sauberkeit der Koloraturskalen und setzten sie sofort neben Adelina Patti und Emma Albani als den dritten Stern an den Koloraturhimmel. Patti konnte es sich leisten, darauf zu bestehen, mit der jungen Konkurrentin gemeinsam vor Königin Viktoria aufzutreten. Dann erfolgte sehr bald jene anfangs erwähnte Verpflichtung nach New York, die allerdings trotz des Sensationserfolges zunächst folgenlos blieb, weil die italienische Saison der Met eine finanzielle Katastrophe wurde.

Die nächsten 15 Jahre war Sembrich nicht mehr an der Met zu hören, sondern feierte ihre Triumphe vor allem in Europa, die nicht gering waren, was man schon daran sehen kann, daß ein englischer Zigarillo nach ihr »Marcella« genannt wurde. Sie war weltberühmt, aber doch keine Primadonna, wie es Patti, Nellie Melba und Luisa Tetrazzini waren, vielleicht auch deshalb, weil sie keine besonders attraktive Frau war und sich auch nicht wie ein Star aufführte. Ihre Wertschätzung war bei den Kritikern eher noch größer als beim breiten Publikum, denn technisch war sie ihren berühmten Kolleginnen vielleicht sogar überlegen. Ihre besten Partien waren jene, in denen das obere Register ihres Stimmumfangs zur Geltung kam, also Königin der Nacht, Traviata und die Marguerite in Gounods *Faust*, sie sang aber auch die Mimì in *La Bohème* und erntete das höchste Lob Puccinis, sie sang sogar die Eva und Elsa Wagners, das aber waren ihre einzigen Ausflüge ins schwerere Fach. Ihre Schallplattenaufnahmen zeigen einen sehr persönlich timbrierten Koloratursopran, der in der Mittellage nicht sehr stark ausgebildet ist, dafür aber sich durch eine unglaubliche Atemtechnik auszeichnet. Als Musikerin war sie sicher ohne Konkurrenz, wenn schon nicht als Sängerin, und es paßt zu ihrer künstlerischen Intelligenz, daß sie schon um die Jahrhundertwende Liederabende gab, auf denen sie nicht nur Schubert und Schumann sang, sondern auch Tschaikowski, Hugo Wolf und Strauss, also zum Teil damals avancierte Komponisten. Der Pianist Ignacy Paderewski wird recht gehabt haben, als er von Sembrich als der musikalischsten Sängerin sprach, die er je gehört habe. Andererseits verschmähte sie auch keineswegs Virtuosenstückchen. Johann Strauß persönlich schrieb für sie eine Koloraturversion seines *Frühlingsstimmenwalzers*, mit der sie überall Furore machte. 1898 kam sie endlich wieder nach New York und blieb jetzt für elf Jahre dort, bis sie 1909 sich von der Bühne verabschiedete. In diesen Jahren sang sie die erste Rosalinde in der *Fledermaus*, aber auch die erste Elvira in Verdis *Ernani* und, in einem anderen New Yorker Theater, unzählige Male die *Lustige Witwe* Franz Lehárs. 1917 nahm sie auch vom Konzertpodium Abschied und unterrichtete in den folgenden Jahren in Berlin, Lausanne und schließlich Philadelphia (eine ihrer Schülerinnen war Dusolina Giannini, die berühmteste Aida der dreißiger Jahre).

In seinem Buch *Primadonna* hat Alex Natan zumeist Rollenphotos der von ihm präsentierten Sängerinnen ausgewählt. Im Falle **Luisa Tetrazzinis** (1872–1940) beschritt er einen anderen, ziemlich ungalanten Weg. Die Sängerin ist in einen weißen Pelzmantel gehüllt zu sehen, kurzbeinig und völlig aus der Form gegangen, Kopf, Hals und Schultern in einer einzigen Linie ineinander übergehend. Neben ihr steht ein erheblich jüngerer Mann mit Pelzkragen auf dem Mantel, ebenso schlank wie smart aussehend, Typus »latin lover«, »ihr junger Gatte«, wie die Bildunterschrift mitteilt. Es dürfte sich um jenen ominösen Pietro Venati handeln, den Tetrazzini 1929 heiratete und der sie erst verließ, als er einen Großteil ihres Vermögens durchgebracht hatte – die Begräbniskosten der einst millionenschweren Sängerin mußte der Staat übernehmen. In ihren Affären hatte die nie sehr ansehnliche und früh korpulente Koloratursopranistin nur Pech und Kummer, als Künstlerin machte sie eine der brillantesten Karrieren ihres Faches, eine späte Karriere allerdings, denn erst in den Jahren nach 1905 wurde sie durch Auftritte in San Francisco und London, wo sie als Lucia di Lammermoor in Covent Garden begeisterte, weltweit bekannt. Sie war jetzt eine Mittdreißigerin, hatte aber im Gegensatz zu mancher Fachkollegin ihren stimmlichen Höhepunkt noch keineswegs überschritten. Ihre Bühnenlaufbahn beendete Tetrazzini zwar schon mit Beginn des Ersten Weltkrieges, ihre weltweiten Konzerttourneen aber setzte sie stimmlich nur wenig reduziert bis Mitte der dreißiger Jahre fort. Ihre Schallplatten bekräftigen ihren einstigen Ruhm – ohne Zweifel gehört sie in die erste Reihe der bedeutenden Koloratursängerinnen dieses Jahrhunderts, die etwa durch die Namen Melba, Patti, Sembrich, Hempel, Galli-Curci, Kurz und Dal Monte bezeichnet ist.

Tetrazzini ist allerdings keine Sopranistin, die auf den ersten Blick überrumpelt. Die Qualität der Aufnahmen schwankt auf eine in dieser Klasse befremdende Weise, und sie gehört auch zu jenen Vertreterinnen ihres Faches, deren brillante Höhe mit einer eher schwachen und unattraktiven Mittellage gekoppelt ist. Die Höhe allerdings ist des Staunens wert, nicht das übliche Gezirpe, sondern ein fast stählerner Ton, der die Durchschlagskraft einer Trompete besitzt, ohne je scharf zu werden – John Steane wagt den nur auf den ersten Blick absurden Vergleich mit Birgit Nilsson und liegt damit völlig richtig, denn natürlich sind das Volumen und die Lautstärke weit entfernt von der Wagner-Heroine, aber die Klarheit und Tragfähigkeit des Tons sind durchaus vergleichbar. Mag Tetrazzini in wichtigen Parametern des Koloraturgesangs überlegene Konkurrentinnen haben, es gibt einen Punkt, in dem sie überlegen ist und als einzige an die überragende Adelina Patti anknüpfen kann (von der wir ja nur Aufnahmen nach dem Ende der Karriere haben), und das ist die Ausdrucksstärke. Sie beweist, lange vor der Callas, daß Partien des Koloraturfachs nicht nur vokale Kunstfertigkeit erfordern, sondern daß Kontur und Signatur einer Gestalt erfaßt sein müssen, bevor die Kehlfertigkeit aufs Trampolin gehen darf. Man nehme ein scheinbar untypisches und wenig aussagekräftiges

Beispiel, Tetrazzinis Einspielung der Szene des Oscar aus Verdis *Ballo in maschera*, »Saper vorreste«, die ja bekanntlich keine unüberwindlichen stimmlichen Schwierigkeiten bietet und bei der das Publikum schon zufrieden ist, wenn sie »hübsch« gesungen wird. Tetrazzini hatte wohl zu keiner Zeit ihrer Weltkarriere die Figur, um einen ansehnlichen Oscar in straff sitzende Hosen zu zwängen, ihre Aufnahme von 1909 jedoch macht gewissermaßen die Bühnenvorstellung überflüssig, denn hier wird rein vokal, durch Schattierungen, Färbungen, stimmliches Augenzwinkern jener lausbübische Charme evoziert, den andere durch noch so schmale Hüften nicht verständlich machen können – eine große Künstlerin [Pearl, Nimbus, EMI].

Wer bei Luisa Tetrazzini bei aller Bewunderung ein besondere Stimmschönheit schmerzlich vermißt, der wird bei **Selma Kurz** (1874–1933) fündig werden. Geradezu sprichwörtlich berühmt wurde die Sängerin durch ihre Trillerfertigkeit, die auch auf den Schallplatten dokumentiert ist, und in der Tat sind das die wohl ausgeglichensten und mit schier unendlichem Atem manchmal allzusehr ausgestellten Triller, die sich denken lassen, aber nicht diese Fertigkeit ist es (einstmal unabdingbarer Bestandteil aller Belcantoschulung, dann immer mehr vernachlässigt), die den Hörer von heute bei Selma Kurz besonders anzieht, sondern es ist der bei einer als Koloratursopran weltberühmt gewordenen Sängerin unglaublich schöne Bratschenklang der Mittellage, der ebenso verblüfft, wie er bezaubert – keine Sängerin des Faches hat dieses Zaubermittel in so reichem Maße aufzuweisen wie sie. Man kommt dem Geheimnis näher, wenn man weiß, daß Selma Kurz von ihren ersten Lehrern als Alt oder Mezzo eingestuft worden ist.

Die aus einer bettelarmen jüdischen Familie Galiziens stammende Sängerin war vom Kantor der jüdischen Gemeinde entdeckt worden und hatte bei Johannes Ress in Wien sowie bei Mathilde Marchesi in Paris studiert. Ihr Debüt fand in Frankfurt am Main statt, als Elisabeth im *Tannhäuser*, auch die Carmen sang sie in jener Zeit, die Azucena war bereits studiert, daß sie einmal die Zerbinetta in der Wiener Zweitfassung der *Ariadne auf Naxos* sein würde, war nicht abzusehen. Es soll Gustav Mahler gewesen sein, der ihre Koloraturfähigkeiten entdeckte, als sie ihm die *Trovatore*-Leonora vorsang (die davon ja eine ganze Menge haben sollte). Ob es wirklich und letztlich das richtige Fach war, in das sie da hineingedrängt wurde, verdient zumindest einen leisen Zweifel, wenn man auch sagen muß, daß die Fachgrenzen damals nicht so eng gesehen wurden wie später. Es war also für die Zerbinetta Selma Kurz durchaus normal, daneben Tatjana, Manon, Mimì und Butterfly zu sein, auf Puccinis Drängen sang sie auch einmal die Tosca, aber das blieb Episode. Was uns an Selma Kurz bezaubert, sind die Qualitäten eines lyrischen Soprans von geradezu cremigem

Wohllaut, verbunden mit einer altmeisterlichen Atemtechnik, auf der der berühmte Triller (als »Kurz-Schluß« bewitzelt) aufbaute. Es wird nicht verwundern, daß auf der anderen Seite ihre Höhenflüge nicht ganz die Leichtigkeit der berühmten Kolleginnen aufweisen, einschneidender noch ist die Tatsache, daß ihre Expressivität um einiges hinter ihren eminenten stimmlichen Mitteln zurückblieb. Hört man sich ihre besten Aufnahmen an, dann wird man doch bald den Eindruck von Gleichförmigkeit haben, ob es sich um Leonora, Norina oder Zerlina handelt. Wenn es um die dramatischen Akzente Verdis geht, wie in Elviras »Ernani, involami« aus *Ernani*, dem Befreiungsschrei einer eingeengten Seele, da bleibt Selma Kurz im brillanten Exekutieren der Noten stecken. So wie Tetrazzini in ihrer sängerischen Beredsamkeit als die Nachfolgerin der Patti anzusehen ist, so wird man Selma Kurz mit ihren gewaltigen Vorzügen, aber auch ihren Schwächen als die Nachfolgerin der Melba begreifen können (der sie im Stimmklang vorzuziehen ist).

In den zwanziger Jahren konnte man vor allem in Amerika, aber auch in einigen europäischen Städten, eigenartige Konzerte erleben. Unter dem Titel »Jenny-Lind-Konzert« trat eine deutsche Koloratursopranistin im Kostüm und mit dem Repertoire der berühmten schwedischen Primadonna des 19. Jahrhunderts auf. Über den künstlerischen Gewinn eines solchen Maskenspiels waren schon damals die Meinungen geteilt, daß die als Jenny Lind verkleidete Sängerin jedoch immer noch rein gesanglich imponieren konnte, wurde anerkannt. Es handelte sich um die in Leipzig geborene **Frieda Hempel** (1885–1955), die zu jener Zeit eine große Opernkarriere bereits hinter sich hatte und nur noch im Konzertsaal auftrat. Hempel hatte am Sternschen Konservatorium in Berlin studiert, ihr Bühnendebüt jedoch nicht als Sängerin abgelegt, sondern als Elfe in der berühmten *Sommernachtstraum*-Inszenierung Max Reinhardts aus dem Jahre 1905. Im gleichen Jahr trat sie als Sängerin in Breslau auf, nahm ein Engagement in Schwerin an und sang bereits eine kleine Rolle bei den Bayreuther Festspielen. Von Schwerin aus gastierte sie an der Berliner Hofoper, und ein Kritiker schrieb über ihre Marguerite in Meyerbeers *Huguenots*, die eine ihrer großen Partien blieb:

»Frieda Hempel verfügt über sämtliche notwendigen Eigenschaften, eine schöne, frische, bewegliche Stimme, ein gutes Gehör, bemerkenswerte Leichtigkeit der Darstellung. Die strahlenden Triller, ein ausgezeichnetes Staccato machen ihre Koloraturen einfach vollkommen. Die Art, wie sie ihre Rollen interpretiert, bezeugt ein künstlerisches Temperament, wie wir es selten sehen. Fräulein Hempel sollte ein Stern erster Größe werden.«

Sie wurde es sehr bald an der Berliner Hofoper, deren umjubelter Koloraturstar sie seit 1907 war. Kaiser Wilhelm II. hatte sie besonders ins Herz geschlossen. »Hempelchen« soll er zu ihr gesagt haben, »wie machen Sie das nur, ich zerbreche mir den Kopf? Wenn Sie von einer Flöte begleitet werden, weiß ich oft nicht, welcher Ton aus der Flöte, welcher aus Ihrer Kehle kommt.« Seine Majestät meinten hier sicherlich die berühmte Wahnsinnsarie der Lucia di Lammermoor, in der die Sopranistin im Wettstreit mit einer Querflöte glänzen kann – Hempel machte diese Donizetti-Oper in Berlin wieder populär. Bei einem Gastspiel in London sang sie zum erstenmal mit Enrico Caruso, mit dem sie sofort sehr gut harmonierte. Der Ruf an die New Yorker Met, der sie 1912 erreichte, ist wohl weitgehend Carusos Einfluß zu danken. Dort sang sie 1913 in der amerikanischen Erstaufführung des *Rosenkavaliers* die Marschallin, eine Rolle, die man heute nicht mit einem Koloratursopran besetzen würde, und viele Partien an der Seite von Caruso.

Hempel hatte großen Erfolg in New York, ohne jedoch ein wirklicher Star zu werden, wie es Luisa Tetrazzini und Emmy Destinn waren, später dann Amelita Galli-Curci. Ihr Erfolg bei den Kritikern war immer ein wenig größer als der beim Publikum. Ihre perfekte Technik und ihr musikalischer Geschmack standen jenseits aller Kritik, jedoch blieben Gesang und Darstellung immer ein wenig kühl und unpersönlich im Vergleich mit den genannten Koloraturgrößen. Ihr Abgang von der Bühne der Met scheint nicht ganz freiwillig gewesen zu sein und auf die künstlerische Eifersucht Galli-Curcis zurückzugehen. Eine Spielzeit trat sie dann noch in Chicago auf, um dann einen für eine nach eigenen Angaben 35jährige Sängerin erstaunlichen Schritt zu tun: Sie zog sich endgültig von der Opernbühne zurück und trat fortan nur noch im Konzertsaal auf, und das immerhin noch 30 Jahre lang.

Sie verließ sich dabei keineswegs ausschließlich auf die zweifelhafte Attraktion der Jenny-Lind-Konzerte, sondern schuf sich Respekt mit ziemlich anspruchsvollen Liedprogrammen, in deren Mittelpunkt Werke von Mozart, Schubert, Schumann, Brahms und Wolf standen. Späte Aufnahmen zeigen, daß die Beschränkung auf ein Lied- und Konzertrepertoire nicht ganz unbegründet war, denn schon früh scheint die Sicherheit der höchsten Noten nachgelassen zu haben, ohne daß es ihr vergönnt gewesen wäre, als Ausgleich in ein schwereres Fach überzugehen. Auf dem Höhepunkt ihrer Opernkarriere wurden vor allem ihre Mozart-Interpretationen gerühmt – ein Urteil, das die erhaltenen Aufnahmen nicht völlig zu bestätigen vermögen. Hempels Mozart-Aufnahmen wirken heute im Vergleich zu denen der wesentlich älteren Lilli Lehmann etwas verstaubt und altmodisch. Frisch geblieben sind dagegen die Aufnahmen aus dem Bereich des virtuosen Koloraturgesangs, die auch heute noch zu überzeugen vermögen. 1955 kamen ihre Erinnerungen unter dem Titel *Mein Leben dem Gesang* heraus, die ein lebendiges Bild gerade von der Berliner Hofopernzeit vermitteln. Im gleichen Jahr ist Hempel bei einem

Aufenthalt in Berlin gestorben [die Duette mit Hermann Jadlowker bei Club 99].

Es ist etwas verwegen, in einem Buch, das sich mit den großen Sängern unseres Jahrhunderts beschäftigt, einen kurzen Abschnitt **Adelina Patti** (1843–1919) zu widmen, deren stimmlicher Höhepunkt nach allen Zeugnissen zwischen 1860 und 1880 lag. Patti war zwar eine große, eine sehr große Sängerin, aber sie war es im strengen Sinne natürlich nicht für das 20., sondern für das 19. Jahrhundert. Wenn sie dennoch hier vorkommt, dann deshalb, weil sie eine Sängerin von weltweitem Ruhm und stilbildender Kraft gewesen ist, deren Einfluß aus dem goldenen Zeitalter des Kunstgesangs bis weit in unser Zeitalter hineinreichte, und weil sie im ersten Jahrzehnt dieses Jahrhunderts ihre ersten und einzigen Schallplattenaufnahmen gemacht hat, deren Aura bis heute ungebrochen ist. Diese Aufnahmen entstanden in den Jahren 1905 und 1906, nicht in einem Schallplattenstudio, sondern in ihrem von allen Besuchern als einschüchternd düster geschilderten Schloß Craig-y-Nos Castle, in der Nähe von Brecon in Wales. Dorthin war der Produzent Fred Gaisberg mit seiner Aufnahmeapparatur gefahren (so wie er wenige Jahre zuvor nach Mailand gefahren war, um in einem Hotelzimmer das junge Talent Enrico Caruso in seinem Trichter einzufangen). Patti war zu diesem Zeitpunkt (1905) 62 Jahre alt und gerade in einer endlosen Serie von »unwiderruflich letzten Auftritten« beschäftigt (es heißt, sie habe diese Sitte weltweit populär gemacht).

Patti war in England ein nationales Monument, seit ihrem Debüt im Jahre 1861 – so wie es die 18 Jahre jüngere Nellie Melba dann wurde, die eine Generation später 1888 in Covent Garden debütierte. Daß beide Sängerinnen keineswegs Engländerinnen waren, störte das Publikum nicht. Melba war immerhin als Australierin noch eine nahe Verwandte, Patti jedoch eine in Madrid geborene Italienerin, die in New York aufgewachsen war. Sie stammte aus einer Sängerfamilie und trat als singendes Wunderkind in den USA bereits im zarten Alter auf, den Geiger Ole Bull und den Pianisten Louis Moreau Gottschalk auf Tourneen begleitend. Ihr erster Bühnenauftritt fällt in das Jahr 1859 (sie ist 16 Jahre alt) mit der Rolle der Lucia di Lammermoor, für eine Sängerin dieses Alters eine kühne Herausforderung, aber auch wieder einmal ein Beispiel dafür, daß es in den goldenen Zeiten mit dem angeblich so sorgsamen und langsamen Karriereaufbau nicht immer weit her war. Ihr Covent-Garden-Debüt im Jahre 1861 mit der Amina in Bellinis *Sonnambula* war gleichzeitig ihr Europadebüt, 45 Jahre später hat sie 1906 »Ah non credea mirar ti« aus dieser Oper aufgenommen; es wurde die berührendste Aufnahme aus dieser letzten Aufnahmeserie, und in ebendiesem Jahre 1906 hat sie in London auch ihren (fast) endgültigen Abschied von ihrem Publikum genommen (noch 1914 mit 71 Jahren trat sie in einem Wohltätigkeitskonzert auf).

In den sechziger Jahren des 19. Jahrhunderts entfaltete sich dann ihre Karriere mit großer Schnelligkeit und erheblicher räumlicher Spannweite in ganz Europa, Covent Garden aber blieb ihr Stammhaus. Sie heiratete einen ihrer Tenorpartner, Ernest Nicolini, nachdem sie sich von ihrem ersten Mann, einem Marquis de Caux, getrennt hatte. Für ihren zweiten Mann erwarb sie auch das walisische Schloß, von dem die Rede war; Nicolini aber starb sehr bald, und ihre dritte Ehe führte Patti dann mit einem Baron Rolf Cederström. 1881, auf dem Höhepunkt ihrer Berühmtheit, kam sie wieder nach New York zurück, von wo ihre Karriere ihren Ausgangspunkt genommen hatte. Es gab um diese Zeit keine andere Primadonna assoluta, die ihr den Rang hätte streitig machen können. Sie verdiente märchenhafte Summen (in der Spielzeit 1888/89 sollen es allein 100 000 Pfund gewesen sein), und so war es ihr keine Schwierigkeit, ihren ersten Mann mit angeblich 1,5 Millionen Goldfrancs auszuzahlen – auch hier gilt es zu bemerken, daß die Verdienstmöglichkeiten heutiger Opernstars im Vergleich dazu so einzigartig nicht sind, eine spitze Zunge könnte nur bemerken, daß heute auch Sänger sehr viel Geld verdienen, die mit ihrem Können in den Patti-Zeiten nicht weit gekommen wären. Patti war ursprünglich ein lyrischer Koloratursopran, dessen Glanzrollen die Lucia, die Amina, die Violetta und Rossinis Rosina waren. Mit dem Reifeprozeß ihrer Stimme erweiterte sich auch ihr Repertoire hin zum lyrischen Sopran, bis an die Grenzen des Lirico-spinto-Faches mit der Aida und der *Trovatore*-Leonora. Eine einzige Unvorsichtigkeit hat sie begangen, als sie sich 1885 in London an die Carmen heranwagte, ein ähnlicher Mißgriff, wie es die Brünnhilde später für Melba sein sollte. In einem späteren Stadium der Karriere hat sie, so heißt es, nie mehr irgendwelche musikalischen oder Bühnenproben besucht und sich erst kurz vor der Vorstellung informieren lassen, wer die Partner des Abends waren.

Von Hause aus muß sie nach den Zeugnissen, die wir besitzen, ein ausgesprochenes Darstellungstalent gehabt haben, das vor allem in komischen und kapriziösen Rollen zum Tragen kam. Hört man, mit welch listigem Charme die Mittsechzigerin *La Calasera* von Sebastián Iradier singt (dem Komponisten auch von *La Paloma*), dann wird man solchen Behauptungen ungeprüft Glauben schenken. Diese berühmten Altersaufnahmen können natürlich nicht mehr die große Patti in all ihrem Glanz zeigen. Sie ist etwas kurzatmig geworden, und manche hohen Töne haben nicht mehr die Rundung, die erforderlich wäre. Immer noch aber sind in diesen einzigen Tonzeugnissen, die wir von ihr haben, die Reinheit und Makellosigkeit des Tones unüberhörbar und verblüffend. Der Wiener Kritiker Eduard Hanslick, der sie auf dem Höhepunkt ihres Könnens hörte, schrieb damals:

»Sie gibt sich weder der Leidenschaft hin, Tremolo zu singen, noch klingt ihre Stimme eine Note undeutlich oder angestrengt. Sie besitzt völlig das fast verlorene Geheimnis guter italienischer Sänger: den Ton voll und stark produzieren zu können, ohne dabei zu schreien. Auch ihr Spiel hat die restlose Einfachheit einer graziösen Natur behalten. Übersättigung mit Rollen, die sie vielleicht hundertmal gesungen hat, brachte sie niemals in Versuchung, etwa um jeden Preis Tricks der Komödie oder der Neuheit zu versuchen.«

Die Reinheit, die Makellosigkeit, die Stärke des Tones, das sind alles Epitheta, die wir mit gleichem und auch noch größerem Recht auf die erhaltenen Aufnahmen Melbas anwenden können (die zum Zeitpunkt dieser Aufnahmen allerdings noch um einiges jünger war), aber die eine Generation ältere Patti besaß etwas, was Melba zumindest auf ihren Aufnahmen nicht vermitteln kann, eine humane Wärme und einen Charme, der die Unzulänglichkeiten der Aufnahmetechnik und der Atemtechnik vergessen und uns als dankbare Hörer unvermittelt zu angerührten Zeitgenossen werden läßt, während wir der Melba wie einem klingenden Monument aus fernen Zeiten lauschen, ehrerbietig, aber nur mäßig gerührt [Pearl].

Erstes Intermezzo

Der Höhepunkt
des italienischen dramatischen Gesangs:
Otello, eine Rolle und ihre Sänger

In Verdis erster Oper *Oberto conte di San Bonifacio* singt Riccardo eine Arie
»Ciel pietoso, ciel clemente«, die zum erstenmal bei der Premiere des Werkes
am 17. November 1839 an der Mailänder Scala erklang. Am 5. Februar 1887
wurde an gleicher Stelle Verdis vorletztes Werk, der *Otello*, uraufgeführt – un-
vorstellbare 48 Jahre liegen zwischen den beiden Werken, und noch einmal
sechs Jahre vergehen bis zur *Falstaff*-Premiere, damit sind es dann 54 Jahre, die
die Werke jenes Mannes umspannen, den nicht wenige Leute, durch Mozart
und Wagner nicht wesentlich irritiert, für den größten Opernkomponisten der
Musikgeschichte halten. Wenn dieser Exkurs sich mit der vokalen Signatur
einer Rolle aus diesem gewaltigen Œuvre beschäftigt, und zwar mit der neben
dem Tristan wohl anspruchsvollsten Rolle, die die Opernliteratur für einen
Tenor vorsieht, anspruchsvoll nicht im Sinne der zeitlichen Ausdehnung oder
der Anzahl der Spitzentöne (im letzten Falle dürfte der Arnold in Rossinis
Guillaume Tell den Rekord halten), sondern anspruchsvoll, was die Anforderungen an den singenden Darsteller betrifft, die dann auch solche der vokalen
Linie sind, dann soll dies stellvertretend stehen für den Verdi-Gesang insgesamt
und für den italienischen Operngesang des 19. Jahrhunderts, wie er sich in
der Realisation durch das 20. Jahrhundert darstellt.

Weiteres legitimiert einen solchen Exkurs: Nur an *einem* Beispiel kann ein
Buch wie das vorliegende, das in seinem Anspruch und seinem Umfang begrenzt ist, derart ins Detail gehen, und in diesem Falle des *Otello* lohnt sich
eine solche Mühe mehrfach. Das Werk ist ein Höhe- und Gipfelpunkt der
Oper, es stellt, was die Titelpartie betrifft, gleichzeitig einen Höhe- und End-
punkt in der Entwicklung des dramatischen Tenors dar, und schließlich sind
wir hier in der glücklichen Lage, eine lückenlose Diskographie vor uns zu
haben, die mit dem Sänger der Uraufführung einsetzt, über dessen Zusammenarbeit mit Verdi es interessante Zeugnisse gibt. Auf diese Weise ist die

73

Ausführlichkeit dieses Abschnitts das notwendige Pendant zu der Ausführlichkeit, mit der an anderer Stelle die Probleme des Wagner-Gesangs behandelt werden, dort allerdings unter einem anderen, breiteren Aspekt.

Zurück noch einmal zu *Oberto* und der Arie des Riccardo. Geht man vom *Otello* aus und blickt rückwärts auf das Œuvre Verdis, dann wird einem sehr schnell auffallen, daß der Tenor in diesem Werk keineswegs immer eine so dominierende Stellung einnimmt wie im *Otello*. Das entspricht der Entwicklung des Stimmfachs Tenor, wie ich sie im Exkurs über den Wagner-Gesang darlege, daß nämlich seine prominente Stellung sich erst im Laufe des 19. Jahrhunderts entwickelt hat und lange Zeit durch die Präponderanz des Baritons oder der Primadonna überschattet wurde. Man denke nur an eines der großen späteren Beispiele der Opera seria, an Rossinis *Semiramide* von 1823 (also nur 16 Jahre vor Verdis Erstlingswerk), in der Sopran und der aus dem Altkastraten hervorgegangene Mezzosopran beziehungsweise Koloraturalt die tragenden Figuren stellen, in zweiter Linie der hohe Baß des Bösewichts und erst in dritter Linie eine kleine Tenorpartie, von der nichts anderes verlangt wird, als daß sie ihre hohen Töne weit über dem hohen C (mit Kopfstimme) abzuliefern hat. Aus diesen eher schmächtigen Liebhabern und unentschlossenen Zauderern des Tenorfachs entwickelt sich, in der deutschen Oper schneller als in der italienischen, ebenso schnell allerdings auch in der französischen Grand opéra und dort besonders prominent, der »tenore di forza«, der Heldentenor moderner Prägung, dessen schwergewichtigste Ausformung im Wagnerschen Heldentenor, vor allem der *Ring*-Tetralogie, zu erblicken ist; seine Vorläufer sind Eléazar in Halévys *La Juive*, der Raoul in Meyerbeers *Les Huguenots* und vor allem der Jean de Leyde in Meyerbeers *Prophète*.

An Verdis Werk ist die Entwicklung im 19. Jahrhundert beispielhaft abzulesen, sie wird aber auch schon im Blick auf seine unmittelbaren Vorgänger und Lehrmeister deutlich, nämlich bei Rossini, Bellini und Donizetti. Nehmen wir noch einmal den Idreno aus *Semiramide* und vergleichen ihn mit dem Arnold aus dem sechs Jahre späteren *Guillaume Tell* – hier der »tenorino« mit der Kopfstimmenhöhe, dort schon der erste »ténor de vaillance«, wie die Franzosen das nennen, in einer französisch geschriebenen Oper, ein entschlossener, tatkräftiger Mann, dem der Griff zum Schwert ebenso nahe liegt wie der zur Geliebten und an den demgemäß stimmlich ganz andere Anforderungen gestellt werden. Ähnlich ist der Befund, wenn wir auf Bellini und Donizetti blicken: einmal der melancholisch zirpende Nemorino aus dem *Elisir d'amore*, der Idealtyp des »tenore di grazia«, wie ihn in der Ära der Schallplatte etwa Fernando De Lucia, Alessandro Bonci und vor allem Tito Schipa vertraten (nicht zufällig ist Schipa als Nemorino unübertroffen), andererseits der kraftvolle Pollione in Bellinis *Norma*, schon fast ein »tenore di forza«, der allerdings für unsere Ohren durch Besetzungen wie Mario Del Monaco und Franco Corelli völlig verbildet ist im Vergleich zu dem, was Bellini eigentlich damit gemeint hat – der mittlere Alfredo Kraus wäre dafür die richtige Besetzung gewesen.

Verdis Riccardo in *Oberto* also ist jener »tenore di grazia«, ein Sängertypus, wie der Name verrät, dessen Artikulation auf das sanfte und zärtliche Ausdrucksspektrum gerichtet ist – da Verdi immer sehr eng mit seinen Interpreten zusammenarbeitete und sich sehr exakt an die sängerischen Potenzen anlehnte, die zur Aufführung seiner Werke zur Verfügung standen, dachte er natürlich an Tenöre wie Lorenzo Salvi und Italo Gardoni, die solche Rollen in den dreißiger und vierziger Jahren des 19. Jahrhunderts sangen (ausführlich wird diese Entwicklung in dem schönen Buch Rodolfo Cellettis, *Voce di tenore*, dargestellt, Mailand 1989). Riccardo ist ja auch bezeichnenderweise nicht die Titelfigur dieser ersten Oper Verdis – ein »tenore di grazia« kann keine dominierende Hauptgestalt sein, der titelgebende Oberto wird vom »primo basso« gesungen, aber im Unterschied zu *Semiramide* tritt der Tenor auch schon nicht mehr in die zweite Linie, sondern wird als »primo tenore« in die erste Linie neben die beiden Primadonnen des Sopran- und Mezzosopranfachs gesetzt. Der »tenore di grazia« dominiert in Verdis Frühwerk, nur die Titelgestalt der Oper *Ernani* fällt ein wenig aus dem Rahmen, allein schon dadurch eben, daß hier ein Tenor der Titelheld ist, was dann bis zum *Corsaro* von 1848 nicht mehr der Fall sein wird, denn Attila und Macbeth sind bezeichnenderweise Baß und Bariton. Mit dem Corrado im *Corsaro* sind wir dann schon bei jenem »tenore di forza«, wie ihn für Verdi beispielhaft Gaetano Fraschini verkörperte, das Pendant zu Joseph Tichatschek in seiner Bedeutung für den frühen und mittleren Wagner. Ernani und Corrado sind Tenorhelden anderen Zuschnitts, von einem »élan vital« beseelt, aktiv, zupackend, mit der Schneide des Schwertes und der Stimme in die Ereignisse eingreifend.

Aus dem »tenore di forza« entwickelt sich dann der sogenannte Spintotenor, zu dem es noch den verwandten Spintosopran gibt. Der im Fachjargon viel verwendete Begriff ist gar nicht leicht zu übersetzen – »spinto« kommt vom italienischen Verb »spingere«, was »schieben, drücken, antreiben, anspornen, vorwärtsdrängen« bedeutet und einen Stimmtypus lyrischer Grundsubstanz meint, der jedoch auch zu dramatischen Aufschwüngen fähig ist, eine direkte Übersetzung gibt es nicht, mir fällt nur eine literarhistorische Parallele ein: So wie die Sturm-und-Drang-Literatur aus empfindsamen Quellen erwuchs, so schwingt sich der Spintotenor aus empfindsamer Grundstimmung zu Sturm-und-Drang-Entladungen auf. Dem Lirico-spinto-Typus bei Verdi ist etwa der Arrigo in den *Vêpres siciliennes* zuzurechnen wie auch der Gabriele Adorno in *Simon Boccanegra* (nebenbei gesagt ist dieser seltene Name desjenigen Philosophen, der in unserem Jahrhundert am tiefsinnigsten und gleichzeitig brillantesten über Musik nachgedacht hat, zweimal in der Operngeschichte verzeichnet, einmal bei Verdi und dann noch einmal in Franz Schrekers *Gezeichneten*, wo die düstere Figur des Duce ebenfalls Adorno heißt).

Von der Mitte des Schaffens an gerechnet wird die Schubladeneinteilung dann schon schwierig, oder wie sollte man den Herzog in *Rigoletto* (wieder ist ein Bariton die beherrschende Figur) bezeichnen, der sowohl Züge des »tenore di grazia« hat wie die des Spinto – ähnliches gilt für den Manrico, diesmal der Titelheld des *Trovatore*, den man oft fälschlicherweise mit einem Heldentenor besetzt: Sänger wie Del Monaco, Corelli oder McCracken waren damit überfordert, was man immer schnell bei »Ah si ben mio« hörte, aber oft überhörte, weil die Ohren ganz auf das überflüssige C in der Stretta gerichtet waren.

Heldische Züge trägt ohne Zweifel auch der Mestize Alvaro in *La forza del destino*, aber auch in dieser Rolle versagen die allzu dramatischen Tenöre oft kläglich, denen die nötige sängerische Finesse für die schwierigen Passagen in »O tu che in seno agli angeli« fehlen – das dramatische Rezitativ, das vorangeht, täuscht Sänger und Besetzungsbüros aufs empfindlichste.

Ein Riccardo im *Maskenball* ist offensichtlich ähnlich schwer zu besetzen. Wer an die Salzburger Festspiele der letzten Jahre denkt und sich nichts vormacht, wird bei aller Wertschätzung von Plácido Domingo nicht darüber hinweghören können, daß ein Sänger, der Hunderte von Malen schon den Otello gesungen hat, sich die nötige stimmliche Biegsamkeit für den Riccardo kaum bewahren kann – man höre sich einen Beniamino Gigli oder einen Jussi Björling (live) an, wie sie die Canzone »Di tu se fedele« meistern, um zu verstehen, was ich meine.

Auf der anderen Seite habe ich jene unisono geäußerte Kritik nicht verstanden, die die Entscheidung Herbert von Karajans mit Hohn überschüttete, José Carreras als Radames zu besetzen – ich erinnere mich an eine Schlagzeile »Nemorino in Theben«. Diejenigen, die das nicht verstanden, haben die Rolle des Radames nicht verstanden, wie sie Verdi vokal konzipierte (ich will damit nicht über die damalige Leistung von Carreras rechten, sondern nur behaupten, daß auch hier die Rollentradition meist zur überschweren Stimme greift). Wirkliche Heldentöne hat Radames doch wirklich nur am Ende des Nilaktes nötig – wenn das »Sacerdote io resto a te« allzu schwachbrüstig klingt, dann ist allerdings ein Aspekt der Rolle nicht erfüllt. Von dort her aber nun die ganze Rolle bestimmen zu wollen, das hieße den alten Fehler zu verdoppeln, die *Aida* als ganzes von der Triumphmarschszene her zu bestimmen, also darüber hinwegzugehen, daß sie ansonsten ein psychologisches Kammerspiel von Ibsen-Qualität ist und Radames durchaus noch Züge des »tenore di grazia«

hat, auf keinen Fall mehr als ein Lirico-spinto-Tenor sein sollte, man denke nur an die zartstimmigen Höhenflüge des Schlußduetts, die von einem »tenore di forza« kaum bewältigt werden können (ein Francesco Tamagno, auf den wir gleich kommen werden, hätte das auch nicht zureichend geleistet), und man denke natürlich an den berühmt-berüchtigten Schluß der Auftrittsarie des Radames, der ein Pianissimo (pp) schon vorsieht bei dem letzten »trono vicino al« und dann auf »sol« ein Morendo, also ein doppeltes Piano, das offensichtlich in ein mindestens dreifaches »ersterben« soll. Das leistet kein »tenore di forza« und kein »tenore robusto«, schon die Tenöre der Kairoer und Mailänder Aufführungen, Pietro Mongini und Giuseppe Fancelli, hatten damit Schwierigkeiten, und für den wohl besten Radames der ersten Aufführungen, Giuseppe Capponi, formulierte Verdi für diese heikle Stelle eine alternative Lösung, die statt des Pianissimos auf dem hohen B eine pianissimo gesungene Wiederholung von »vicino al sol« auf dem B eine Oktave tiefer vorsieht (man kann diese Lösung auf Arturo Toscaninis *Aida*-Aufnahme, gesungen von Richard Tucker, hören).

Kein einheitliches Entwicklungsbild also in Verdis Tenorgalerie, aber einheitlich ist der Eindruck, daß der Otello an seinen Sängerdarsteller Anforderungen stellt, die erheblich über das hinausgehen, was alle anderen Tenorrollen Verdis bis zu diesem Zeitpunkt verlangt hatten – und damit sind wir beim Zentrum unseres Exkurses.

Der Otello wird meist und nicht zu Unrecht als diejenige Tenorrolle Verdis angesehen, die dem Wagnerschen Tenortypus am nächsten steht. Das hat einmal zu tun mit dem angeblichen Wagnerismus des späten Verdi, ein Vorwurf beziehungsweise eine Vereinnahmung, gegen die er sich immer schärfstens verwahrt hat, an der aber in dem Sinne etwas dran ist, daß die viel schärfere Deklamationshaltung gerade dieser Rolle dem Wagnerschen Sprachgesang und seinen dramatischen Möglichkeiten etwas abgelauscht hat. Das hat aber auch zu tun mit der Stimmcharakteristik, die hier offensichtlich gefordert ist und die wir zunächst einmal vorläufig als »heroisch-heldisch« in einem allgemeinen Sinne bezeichnen wollen. Ein im wahren Sinn des Wortes »fulminanter«, nämlich von Blitzen begleiteter Auftritt wie der des »Esultate«, bei dem schon mit einem Ton der oberen Mittellage, nämlich mit dem Eis auf »Esul*tate*«, der Vollklang des im Fortissimo spielenden Orchesters übertönt werden muß, das ist nicht von einem »tenore di grazia« zu bewältigen, auch eigentlich nicht mehr von einem Lirico-spinto-Tenor – obwohl es solche Stimmen immer wieder zu dieser Rolle gezogen hat. Dies bedarf eines italienischen Heldentenors, der wiederum etwas mehr ist als ein »tenore robusto« oder »tenore di forza«, ja es bedarf eigentlich, wenn wir ein Ergebnis dieser Untersuchung schon einmal vorwegnehmen, einer ganz und gar eigentümlichen Stimme, einer Otello-

Stimme eben, wie sie es nicht alle Tage gibt – und es ist ja kein Zufall, daß es immer wieder Sänger gegeben hat, die eigentlich nur mit dieser Rolle eine enorme Karriere gemacht haben. Bezeichnend ist auch, daß diese Rolle es ist, die immer wieder die großen Wagner-Tenöre angezogen hat, und entgegen allen behaupteten einmaligen Besonderheiten, die der Wagner-Tenor angeblich haben muß (siehe Wagner-Exkurs), hat es immer wieder erfolgreiche Ausflüge von Wagner-Tenören zum Otello gegeben, von denen gleich zu nennen sein werden die hoch beachtlichen von Leo Slezak und Lauritz Melchior wie auch die von Franz Völker und Max Lorenz.

Das Heldische also, Stimmgewaltige, Auftrumpfende, Gebieterische – keine Frage, daß ein kompetenter Interpret des Otello darüber verfügen muß. Es muß leider immer wieder festgestellt werden, daß auch namhafte Interpreten daraus den falschen Schluß ziehen, daß die *ganze* Rolle auf diesen muskulösen Ton der negroiden Kraftmeierei gestellt werden muß. Gewiß, ein milchkaffeebrauner Edelmensch darf dieser venezianische Feldherr nicht sein. Laurence Olivier, der große englische Schauspieler, dem wir einen beeindruckenden *Othello*-Film verdanken (es ist der Shakespeares natürlich, der ja nicht ganz der Boitos und Verdis ist, worauf ich hier nicht weiter eingehen kann; der englische Othello sollte sein »h« in der Mitte haben, der italienische Otello verzichtet darauf), berichtet in seinen Memoiren, daß er zunächst sehr skeptisch war, als ihn seine Freunde und Kollegen drängten, den Othello zu spielen, dem er sich zunächst vor allem stimmlich nicht gewachsen glaubte, weil sein eigener Stimmcharakter so ganz anders war als jene dunkle, schwarze, traurige, samtweiche Baßstimme, die er für den Othello vor sich sah beziehungsweise hörte. In wochenlangen, einsamen Brüllstunden gelang es ihm jedoch, seine Stimme in ihrer Farbe und Lage so zu verdunkeln, daß seine Freunde sie kaum wiedererkannten, und dann erst hielt er sich reif für den Othello.

Was für den Schauspieler gilt, gilt erst recht für den Sänger, und mit Oliviers Einstellung sind wir ja schon bei dem anscheinend unlösbaren Problem, ob der Otello von einem tenoralen Tenor oder von einem baritonalen Tenor zu singen sei, jenes Problem, das sich bei Siegfried, Siegmund und Tristan ganz ähnlich stellt und einfach mit der Tatsache zu tun hat, daß ein Heldentenor einen Tenorursprung haben kann wie auch einen Baritonursprung. Ich halte den baritonalen Ursprung, die Cellofarbe des Tenorklangs, für das mental Erregendste, was ein Heldentenor mitteilen kann, und dies gilt in ganz besonderem Maße für den Otello, wie auch Olivier erkannt hat. Das heißt nicht, daß tenorale Heldentenöre den Otello nicht singen können (wir werden in der Einzelbetrachtung sehen, daß das durchaus geht). Auf einem ganz anderen Blatt steht die Tatsache (siehe das Melchior-Kapitel), daß die Entwicklung eines Heldentenors aus einem Bariton eine äußerst schwierige und risikoreiche

Operation ist, die nicht jeder so gut verkraftet wie Melchior. Mir scheint die Zahl der prominenten Fälle, in denen diese Wandlung nur temporär gutging, die Zahl der erfolgreichen »Geschlechtsumwandlungen« erheblich zu übersteigen (beiseite gesprochen: bei den Bayreuther Festspielen von 1990 war ein neuer Siegmund, Poul Elming, zu hören, der lange Jahre Bariton gesungen hatte und sich für die Umstellung nicht viel Zeit nahm – er war am Schluß des ersten Aktes schon stimmlich so ermüdet, wie es bei einem Mann seiner körperlichen Konstitution nicht sein dürfte).

Ein guter oder gar ein herausragender Otello muß aber noch viel, viel mehr können als laut und schallkräftig singen, und er muß noch viel, viel mehr haben als ein attraktives baritonales Timbre. Der italienische Musikwissenschaftler Massimo Mila hat die verschiedenen Register, die ein Otello beherrschen muß, folgendermaßen charakterisiert und unterschieden: das »parlato«, den Sprechgesang, das »cantabile«, das sprachähnliche Singen, das »declamato melodico«, das melodische Rezitativ – alle diese Stufen gehen in einem ständigen Fluß ineinander über. Es kommt also nicht nur darauf an, alle diese Spezifitäten einzeln zu beherrschen, sondern auch vor allem darauf, ihr beständiges Changieren, gar innerhalb einzelner Szenen und Phrasen, nachzugestalten – einen unendlich schwer zu realisierenden Höhepunkt dieser Anforderungen stellt die Szene mit Desdemona im dritten Akt dar: »Dio ti giocondi o sposo« mit dem anschließenden Monolog »Dio mi potevi scagliar«.

Wer der Meinung ist, der Otello sei eine Partie, die durch die lauten Töne gewissermaßen entschieden werde, der schaue sich einmal, wie wir es jetzt tun wollen, die Vortragsbezeichnungen Verdis für diese Rolle an (ich richte mich nach dem Ricordi-Klavierauszug, der von Marino Parenti nach dem Autograph der Partitur revidiert wurde). Gehen wir stichwortartig die vier Akte durch:

Das »Esultate« muß natürlich im Forte, ja in größtmöglicher Lautstärke gesungen werden, daran gibt es keine Subtilitäten zu entdecken. Ein interessantes Detail der Aufführungsgeschichte ist, daß Verdi für den letzten Aufschwung der Stimme auf »uragano« einen Vorschlag vom H herunter auf das punktierte Viertel des A vorgeschrieben hat. Tradition aber ist es, eine Schleife zu singen, die von einem wiederholten Gis ausgeht (von »vin*se*«) und von dort erst sich auf das H aufschwingt – schon Tamagno hat es so gemacht, jedenfalls auf seinen Plattenaufnahmen, sicherlich auch bei der Premiere, und die meisten Tenöre sind ihm bis heute darin gefolgt; der einzige Tenor, der es nicht macht auf den mir bekannten Aufnahmen, und es ist ein sehr reflektierter Tenor, ist Giacomo Lauri-Volpi.

Das den ersten Akt abschließende Duett mit Desdemona »Gia nella notte densa«, dessen musikalische Schönheiten von kompetenteren Leuten als von mir schon hinlänglich beschrieben worden sind, läßt bereits das Klischee vom Stentor-Otello in sich zusammenfallen. Die Vortragsbezeichnungen für den Tenor sind die folgenden: »piano«, ein einziges »forte« auf »tuoni la guerra«, »dolce«, dreifaches »piano«, »morendo« (ersterbend, verlöschend), »legato«, »dolce«, »sempre dolce«, »con espressione«, zweifaches »piano« schließlich auf dem abschließenden »Venere splende«, was eine ähnlich knifflige Stelle ist wie das Pianissimo in der Arie des Radames, und folgerichtig gibt es auch keinen der berühmten Otello-Sänger, der das wirklich realisiert.

Im zweiten Akt, in der ersten Auseinandersetzung mit Jago, herrschen Anweisungen wie »declamato« und »marcato« vor, die die immer noch mühsam beherrschte Haltung Otellos charakterisieren. Im Quartett wechseln Ausdrucksqualitäten wie »aspramente« (was in der Fassung von Walter Felsenstein nicht richtig mit »heftig« übersetzt wird, es heißt vielmehr »herb«, »schroff«) ab mit »dolcissimo«, wenn er seines vergangenen Traumes von der Reinheit Desdemonas gedenkt. Selbst noch in dem Auffahren vor »Ora e per sempre« herrschen zweifaches »piano« und »dolcissimo« vor (»che m'innamora«), das dann aber abrupt in das Forte von »e sui labbri mendaci« übergeht. Das Allegro assai ritenuto stellt an den Sänger eine andere Anforderung, nämlich eine Art Marsch zu singen, der ein fast Mahlerscher Trauermarsch ist, der Trauer über das verlorene Glück und Ende des Ruhmes von Otello, dem Kriegshelden. Von hier bis zum Ende des Aktes herrschen dann Bezeichnungen wie »con forza« und »solenne« (feierlich) vor, wobei die drei »sangue«-(Blut-)Rufe unmittelbar vor dem sogenannten Racheduett »Si, pel ciel« ein Äußerstes an stimmlicher Exhibition verlangen – sie müssen jedoch auf jeden Fall gesungen und nicht geschrien werden, am besten kantable Schreie sein – wer schafft das?

Der dritte Akt endlich ist die Nagelprobe, an der sich das Schicksal dieser Rolle und damit dieser Oper insgesamt entscheidet. Die ganze lange Szene mit Desdemona »Dio ti giocondi, o sposo« ist die erste Stufe der Anforderung. Sie steht unter dem Zeichen dessen, was eine der letzten Anweisungen an den Sänger so ausdrückt (wiederum wie viele dieser Anweisungen von Felsenstein nur unscharf übersetzt, denn bei Boito und Verdi kommt es auf jedes Wörtchen an): »mutando d'un tratto l'ira nella più terribile calma dell'ironia« (plötzlich den Zorn in die fürchterlichste Ruhe der Ironie verwandelnd) – dieses Changieren zwischen Zorn und Ironie bestimmt die ganze lange, ungeheuer schwierige Szene (für den Tenor schwierig, die immer auf einen Ton gestimmte Desdemona ist zwar eine rührende, aber keine schwierige Rolle im Vergleich zu dem, was von ihrem schwarzen Gemahl gefordert wird). Diesmal sind alle Anweisungen mit doppeltem Boden zu lesen, denn wenn er »dolcissimo smorzando« von der »eburnea mano« seiner Gattin singt, dann ist das eben jene fürchterliche Ironie, die ihn so viel Kraft kostet, daß er hinterher den Monolog »Dio, mi potevi scagliar« nur noch fast tonlos flüstern kann – gewaltigere Wetterstürze sind nie einem Sänger abgefordert worden. »Con eleganza« geht es weiter, dann »dolce«, dann jedoch bald auch »cupo« (besser als »düster«, »dumpf« zu übersetzen denn als »finster«), wenn er sie warnt, das Taschentuch zu verlieren, und ein dreifaches Piano auf »guai«, dieses Pianissimo setzt sich dann fort in »Una possente maga ne ordia«, schwillt an und wird immer wieder zurückgenommen, bis es dann im dritten »il falzoletto« in ein fürchterliches Fortissimo ausbricht, schon jedoch versickert der Ausbruch wieder in finsteres Brüten (»cupo«), um dann im Schluß dieser Szene (»Date mi ancor l'eburnea mano«) in zwölf Takten vom Sänger sage und schreibe sechs verschiedene Ausdruckscharaktere zu verlangen, ein Unikat in der Operngeschichte.

Es beginnt mit der Ironie des ersten zitierten Satzes. Der Beginn des nächsten Satzes »Vi credea« (»Denn ich glaubte«) soll »marcato«, »a voce spiegata« (bedeutsam, mit voller Stimme) gesungen werden, dann folgt eine Parenthese (wie singt man eine Parenthese?) »Perdonate se il mio pensiero e fello« (»verzeiht mir den verruchten Gedanken« – nicht »sündig«, wie Felsenstein übersetzt), und dies soll gesungen werden »a voce bassa parlando«, also »mit gesenkter Stimme wie sprechend«, dann folgt wieder mit voller Stimme »quella vil cortigiana« (»diese schändliche Hure«) und jetzt »cupo e terribile« (düster und schrecklich) »che è la sposa d'Otello« (»die Gattin Otellos ist«), wobei der zweite Teil des Namens Otello dann noch mit einer »voce soffocata«, einer erstickten Stimme, gesungen werden soll.

Der von diesen Ansprüchen erschöpfte Tenor hat dann nur wenige Sekunden Pause, denn gleich folgt der nächste Gaurisankar der vokalen Interpretation, der Monolog des Otello »Dio mi potevi scagliar tutti mali della miseria, della vergogna«, sicher eine zentrale Szene der Oper, vielleicht *die* zentrale Szene der Oper, das längste Solo, das Otello zur Verfügung steht, aber keine Arie im herkömmlichen Sinne, ja selbst Philipps große Szene in *Don Carlos* wirkt konventionell im Vergleich zu dem, was Verdi hier gelingt. Wieder oder noch hat Otello mit einer »voce soffocata« zu singen, was nicht »gebrochen« heißt, wie Felsenstein meint, sondern »erstickt«, was wohl nicht dasselbe ist. Aus dem Orchesteransturm nach Desdemonas Abgang, der eher ein Hinausstürzen sein muß, taumelt Otello wieder auf die Mitte der Bühne (»nell massimo grado dell'abbattimento«, »Niedergeschlagenheit« ist dafür eine zu schwache Übersetzung, »Zerschmettertheit« wäre richtiger), hier ist noch nicht das Ende von Otellos Laufbahn erreicht, aber wohl ihr tiefster Punkt. Aus diesem tiefsten Punkt heraus tröpfeln tonlos die Worte, denen jede Farbe, jede Melodie ausgetrieben wurde. Dieser ganze erste Teil bis zum »Cantabile« ist auf einen tonlosen Ton gestimmt, auf das As, auf das sich Otellos Zerstörtheit reduziert hat (in ganz anderem Zusammenhang, nämlich in der Verwandlungsmusik nach Maries Ermordung in Bergs *Wozzeck*, hat ein anderes Unisono, eines auf H, eine andere, aber vergleichbare Wirkung, allerdings ist es ein Unisono im Orchester, das seine Wirkung nicht zuletzt aus einem ungeheuren Crescendo bezieht, während die Wirkung dieses ersten Monologteils ganz ohne Crescendo auskommen muß, was noch viel erstaunlicher ist). Der Mittelteil des Monologs (»ma o pianto o duol«) ist »cantabile« zu singen, das heißt, daß der stockend flüsternde Sprechton aufgeweicht wird durch einen Gesangston, der in einem Changieren zwischen Piano und Pianissimo, zwischen Animando und Diminuendo betörende Schönheit entwickelt, ein später Widerschein vergangenen Glücks, um dann im Fortissimo des »Ah dannazione« den Untergang Desdemonas und damit auch den Otellos zu besiegeln.

Ich denke, daß allein diese erste Hälfte des dritten Aktes an musikdramatischer Kühnheit, was die Gestaltung der Titelrolle der Oper angeht, alles übertrifft, was das 19. Jahrhundert von einem Sänger zu fordern hat, mit der einzigen Ausnahme des Tristan im dritten Akt der gleichnamigen Oper, der Unterschied ist vielleicht nur der, daß die horrenden Schwierigkeiten der Rolle des Otello subkutaner sind als die des Tristan, erst bei genauerem Hinsehen und Hinhören sich enthüllen. Wir können den weiteren Teil der Rollenentwicklung jetzt kürzer abhandeln, denn es kommen keine wesentlich neuen Züge mehr hinzu, was keineswegs heißt, daß die Rolle damit gewissermaßen ausgereizt wäre. Noch einmal muß der Darsteller (von dem man eher sprechen sollte als von einem Sänger) die Fähigkeit des In-Parenthese-Singens erproben, wenn er vor der versammelten Gesellschaft die Botschaft aus Venedig verliest, seine Abberufung verkündet und gleichzeitig die öffentliche Demontierung Desdemonas vornimmt (»A terra e piangi«) bis hin zu seinem konvulsivischen Anfall (»convulsivamente, delirando«), in dem ihm noch einmal »die Musik ausgeht« und er ins reine »parlante«, ins stammelnde Sprechen, verfällt – eine Szene, die mit einer klinischen Deutung à la Epilepsie doch wohl erheblich zu kurz interpretiert wird (auch wenn Boito selbst schon dieses Stichwort gegeben hat).

Und schließlich die letzte Szene der Oper: Wieder ist die seelische Erstarrtheit des Mohren musikalisch durch die Gestimmtheit auf einen Ton gekennzeichnet, zunächst das C von »Diceste questa sera le vostri preci« (»Hast du heut abend schon gebetet«), wie in Erz gehauen wirken diese Töne, aber ein Erz, das untergründig angefressen, verfault ist, und wieder herrscht die Vortragsbezeichnung »cupo« vor, die häufigste derer, mit denen die Partie versehen ist, Verzweiflung und desperate Mordlust verbinden sich in den parallel gesungenen Phrasen von Otello und Desdemona (nebenbei gesagt wohl die einzige Stelle in der Oper des 19. Jahrhunderts, in der das Wort »prostituta« opern-

würdig geworden ist). Es folgt schließlich das »Niun mi tema«, das als Solo-
nummer auf Plattenrecitals so absurd wirkt, weil es nur verständlich und nachvollziehbar wird, wenn es der Abschluß einer enervierend folgerichtigen Tragödie ist und wenn klar wird, daß hier in diesen wenigen Schlußtakten der
Partie und der ganzen Oper das Drama Otellos noch einmal mikrokosmisch
wiederholt wird. Der Eingang des »Niun mi tema« nimmt noch einmal den
heroischen Ton des »Esultate« auf, das zu Anfang der Oper den letzten Höhepunkt von Otellos Heroentum bezeichnete, in dem der Keim des Verfalls schon
angelegt war, nun aber wird das Heroische nur noch zitiert, weil es für immer
zerstört ist, denn er weiß und drückt aus, daß er seine Autorität verloren hat
und daß ihn vor Festnahme und schimpflichem Prozeß nicht einmal mehr das
Schwert in seiner Hand schützt, sondern nur noch der Suizid. Im zweiten Teil,
dem Adagio, pianissimo und zart zu singen, überwältigt ihn die Vorstellung von
der zerstörten Anmut der »pia creatura« Desdemona, und der dritte und letzte
Teil treibt in noch größere Verinnerlichung mit der Wiederaufnahme des »ba-
cio«-Motivs aus dem Schluß des Liebesduetts im ersten Akt; mit der Vortragsbezeichnung »morendo« enden die Oper und die Partie des Tenors, in der, wie
deutlich geworden ist, die Aufforderung »fortissimo« die am seltensten vorkommende ist.

Man suche eine andere Partie der Operngeschichte, weit über den Tenorbereich hinaus, die eine solche Vielzahl von Affekten und Schattierungen auf
engstem Raum fordert, auch der Tristan reicht in toto hier nicht heran, wobei
das Wort Schattierungen ganz wörtlich zu nehmen ist, denn die Häufigkeit des
Begriffs »cupo« macht klar, daß dies eine verschattete Partie zu nennen ist, in
der die dunklen, finsteren, vergrübelten, aber auch rasenden und zornigen Töne
bei weitem die Überhand haben, mit strahlendem Tenorglanz ist eine solche
Partie nicht zu bewältigen.

Niemand hat dies natürlich besser gewußt als Verdi selbst. Wir sind in der glücklichen Lage, nicht nur Plattenaufnahmen jenes Sängers zu besitzen, der die
Uraufführung in der Titelrolle bestritten hat und dann zum uneingeschränkt
regierenden Interpreten dieser Rolle wurde, nämlich **Francesco Tamagnos**
(1850–1905), wir besitzen darüber hinaus auch eine ganze Reihe von Hinweisen sowohl von Boito als auch von Verdi, was die Gestaltung dieser und
der anderen Rollen betrifft. Sie sind leicht zugänglich in der vorzüglichen
Ausgabe des Briefwechsels zwischen Verdi und Boito, die Hans Busch besorgt
hat (Frankfurt a. M. 1986); in einem noch größeren Zusammenhang finden
wir diesbezüglich Dokumente in der enormen Materialiensammlung *Verdis
Otello and Simon Boccanegra in Letters and Documents*, ebenfalls von Busch erarbeitet (Oxford 1988), eine große editorische Leistung, die eine Übersetzung

ins Deutsche verdiente. Der geniale Boito, dessen Leistung als Komponist zweier Opern leider überschattet wird durch die fast ebenso große Leistung als Librettist Verdis, hat ein kommentiertes Personenverzeichnis erstellt, in dem vom Standpunkt des Librettisten aus die Figur Otellos unter anderem folgendermaßen umrissen wird:

»Die Folter hat für Otello begonnen. Der Mensch wird ein anderer. Er war bei Verstand, nun redet er irre, er war stark, nun ist er zerbrochen, er war rechtsbewußt und redlich, nun begeht er Verbrechen, er war gesund und unbeschwert, nun ächzt er und stürzt und fällt in Ohnmacht wie ein vergifteter oder von Epilepsie befallener Körper. Und Jagos Worte sind in der Tat Gift, das in das Blut des Mohren injiziert wurde. Das schicksalhafte Voranschreiten dieser moralischen Vergiftung muß in seinem ganzen Grauen dargestellt werden. Otello macht Schritt für Schritt die schrecklichsten Qualen des menschlichen Herzens durch, die Zweifel, die Raserei, den tödlichen Sturz.«

Der Komponist macht sich natürlich noch ganz andere Gedanken, für die der Librettist prima vista nicht zuständig ist (obwohl Boito Verdi immer wieder in ihrem Briefwechsel Hinweise und Beurteilungen auf und von Sängern gibt, die von großer Sachkenntnis zeugen). Schon über ein Jahr vor der Premiere ist der Name Tamagnos bereits heftig in der Diskussion zwischen Verdi und seinem Verleger Giulio Ricordi. Die Beziehung Verdi–Ricordi (Giulio war der Leiter des gleichnamigen bedeutenden Verlagshauses, auch wenn offiziell noch sein Vater Tito das Ruder führte) ist in rund 2500 Briefen dokumentiert, die noch längst nicht alle veröffentlicht sind, eine Vater-Sohn-Beziehung von großer Intensität und Repräsentativität für das europäische Musikleben der zweiten Hälfte des 19. Jahrhunderts. Vor allem mit Ricordi bespricht Verdi Besetzungsprobleme, denn der hatte auch erheblichen Einfluß an der Mailänder Scala.

Tamagno stand seinerzeit, Mitte der achtziger Jahre, auf dem Höhepunkt seines Könnens und seiner Karriere. Er hatte sich als führender Vertreter für die »tenore robusto«- oder »tenore di forza«-Rollen Verdis dadurch etabliert, daß er 1881 an der Scala den Ernani gesungen hatte und im gleichen Jahr den Adorno in der zweiten Fassung von *Simon Boccanegra* sowie 1884 den Don Carlos in der italienischen Fassung, alles an der Scala. Und dann kam am 5. Februar 1887 der erste Otello – wie Kutsch/Riemens sagen (und wie es mancher Plattenhüllentext wiederholt): »In dieser Rolle ist er durch keinen seiner Nachfolger mehr erreicht worden.« Daran möchte ich begründete Zweifel anmelden, sie sind begründet durch die Aufnahmen Tamagnos, auf die ich gleich noch komme, aber auch durch Verdis eigene Vorbehalte. Im Januar 1886, also gut ein Jahr vor der Uraufführung, schreibt Verdi an Ricordi:

»In vieler Hinsicht würde Tamagno sehr gut passen, aber in sehr vieler anderer nicht! Es gibt da große, lange Legatophrasen, die a mezza voce zu sprechen sind, was ihm unmöglich ist. Und was schlimmer ist, der erste Akt und (was noch schlimmer ist) der vierte Akt würde kalt zu Ende gehen!! Es gibt da eine kurze, aber große Melodie und noch dazu sehr wichtige Phrasen (nachdem er sich verwundet hat) a mezza voce... und auf die kann man nicht verzichten.«

Aus dieser wichtigen Briefstelle geht zweierlei hervor: erstens (und das ist in der Partitur so exakt nicht bezeichnet), daß Verdi sich vorstellte, zentrale Passagen der Rolle des Otello sollten in »mezza voce« gesungen werden. Das heißt zu deutsch mit halber Stimme (nicht zu verwechseln mit »messa di voce«) und bedeutet eine Klangproduktion, bei der das Kopfregister stärker als das Brustregister beteiligt ist, zur Erreichung einer sanfteren und süßeren Klangqualität, die natürlich auch in der Tonintensität hinter der des Brustregisters zurückstehen soll. Es bedeutet zweitens, daß Verdi, der ja Tamagno zu diesem Zeitpunkt in den genannten exponierten Rollen seiner Oper mehrfach zu hören Gelegenheit hatte, erhebliche Zweifel äußerte, ob dieser Sänger die Anforderungen des Otello bewältigen würde, und diese Zweifel, das ist das Wichtigste, werden in der Folgezeit nicht ausgeräumt. Ricordi antwortet sofort auf diese Bedenken Verdis, indem er noch einmal den Namen eines anderen Tenors ins Spiel bringt, über den offensichtlich ebenfalls diskutiert worden war, nämlich Angelo Masini, den Verdi als Solist in seinem *Requiem* sehr schätzte, der aber offensichtlich (es gibt keine Platten von ihm) eine sehr viel leichtere Stimme als Tamagno besaß, denn Verdi wollte ihn später unbedingt als Fenton im *Falstaff* besetzen, eine Partie, mit der der Komponist ja am Schluß seiner Laufbahn wieder zum »tenore di grazia« seiner Anfänge zurückkkehrte.

Masini als Fenton, das war offensichtlich vorstellbar, Tamagno als Fenton war sicher unvorstellbar. Ricordi teilt mit Verdi die Meinung, daß Masini und Tamagno die beiden einzigen Kandidaten für die Rolle des Otello sind, daß aber wegen der geforderten Kraft und Heftigkeit eigentlich nur Tamagno in Frage komme. Ricordi gibt damit das bis heute herrschende Vorurteil über den stimmlichen Charakter des Otello wieder, aber der Schöpfer dieser Figur weiß es besser und läßt sich auch durch Hinweise Ricordis auf die strahlenden hohen Töne Tamagnos, die in Opern Meyerbeers und Ponchiellis so viel Effekt machen, nicht beirren:

»So ist es nicht beim Otello. – Nachdem er begriffen hat, daß Desdemona unschuldig getötet wurde, geht Otello der Atem aus, er ist erschöpft, physisch und moralisch erledigt, er kann und darf nur noch mit halb erloschener, verschleierter Stimme singen, aber mit sicherer [da ist jene »voce soffocata«

gemeint]. Das ist eine Eigenschaft, die Tamagno nicht hat. Er muß immer mit voller Stimme singen, ohne die sein Ton häßlich, unsicher, unsauber wird... Das ist etwas sehr Ernstes, was mir viel zu denken gibt! Lieber will ich die Oper nicht hergeben, wenn diese Stelle der Partitur nicht herauskommt...«

Verdis Bedenken blieben, aber Tamagno sang doch den Otello – offensichtlich gab es wirklich keine Alternative, und Verdi hatte ja auch durchaus etwas für Tamagno übrig, denn sonst hätte er sich sicher nicht mehrfach mit ihm photographieren lassen, Photos, die übrigens zeigen, daß Tamagno zwar sehr viel stämmiger als Verdi war, aber etwa gleich groß, was bedeutet, nur mittelgroß, also nicht einer jener gigantischen Otello-Sänger wie Slezak und Vinay, die ihre Kollegen um Haupteslänge überragten. Etwas anderes kam hinzu, um die Skepsis Verdis bezüglich seines Tenors zu verstärken: Tamagno war offensichtlich kein musikalisch besonders ingeniöser Sänger – jedenfalls läßt sich das deutlich aus einer brieflichen Bemerkung Ricordis gegenüber Verdi schließen während der Vorbereitungsphase für die Uraufführung: »Ihren Instruktionen folgend beschränkt sich Faccio [Franco Faccio, der Uraufführungsdirigent] darauf, ihm [Tamagno] die Noten exakt, mathematisch beizubringen und nichts anderes.« Verdi hat sich nach der Uraufführung nicht mehr dezidiert über Tamagno geäußert, der dann zum Standardinterpreten der Rolle wurde, er hat sich auch die verunglückte Wiederaufnahme von *Otello* an der Scala im Jahre 1889 nicht angesehen, in der ein Tenor namens Giuseppe Sesto Giannini den Otello sang, laut Boitos Urteil »ein tollwütiger Hund und bestialischer Missetäter – mit einer guten Stimme«, und er hat sich auch nicht über den französischen Tenor Albert Saléza geäußert, der bei der französischen Erstaufführung den Otello sang (bei der Verdi anwesend war).

Was Tamagno betrifft, so haben wir allerdings nicht nur die wenigen Aufnahmen, sondern auch die Zeitungskritiken der Uraufführung und späterer Aufführungen. Auf dieser Fährte wird man zunächst herb enttäuscht, weil man die Feststellung machen muß, daß die Kritiker der Zeit (das ist heute ganz ähnlich) sehr wortreich über das neue Werk sich verbreiten, über Bühnenbild und Kostüme, über die Randerscheinungen eines solchen gesellschaftlichen Ereignisses, aber sehr wenig, manchmal gar nichts über die gesanglichen Leistungen sagen – so jedenfalls geht es mit der Mailänder Uraufführung. Ein dezidiertes Urteil findet sich allein in einer Beurteilung der amerikanischen Sängerin Blanche Roosevelt, die ihre Briefe an Wilkie Collins über dieses große Ereignis in Buchform herausbrachte. Ihr Urteil über Tamagno ist zwar ebenfalls kurz, aber dezidiert: »Tamagno der Tenor, spielte und sah aus wie Otello, aber er sang nicht, er blökte« – ein solches Urteil bestätigt offensichtlich die Befürchtungen Verdis, und es stammt von einer Frau, die vom Singen etwas verstand. Der Gerechtigkeit halber sei aber auch noch die einzig wirklich im Bereich der Sängerleistungen substantielle Kritik zitiert, die aus der Feder von Francis Hueffer in der Londoner *Times* erschien. Über Tamagno heißt es dort sehr positiv:

»Er ist ein ›tenore robusto‹, wie er sein soll, und seine Stimme, auch wenn sie im mittleren Register nicht sehr viel Charme besitzt, geht mit Leichtigkeit bis zum hohen B. Die hohen Noten sind wirklich prachtvoll, und es ist dabei besonders zu vermerken, daß er ein echter italienischer Tenor ist und nicht ein Bariton mit ein paar zusätzlichen hohen Noten.«

Ein heute sehr viel berühmterer Londoner Musikkritiker, der unter dem Pseudonym »Corno di bassetto« schrieb, war George Bernard Shaw – er war bei der Londoner Erstaufführung im Lyceum Theatre dabei, in der ebenfalls Tamagno den Otello sang, und sein Eindruck deckt sich wieder erstaunlich stark mit Verdis Bedenken und Roosevelts Eindruck:

»Tamagno ist unbezweifelbar ein Künstler von Ausnahmerang, dessen Stimme in die höchsten Ränge des Theaters mit enormer Kraft dringt, auch wenn Beschreibungen seines Stimmvolumens manchen übertrieben erscheinen. Seine Stimme hat allerdings keinen reinen, noblen Ton und auch nicht einen süßen, sinnlichen Charakter und auch nicht die Breite eines ›tenore robusto‹: Sie war nasal, schrill, vehement, manchmal grell, manchmal klagend, aber immer eigenartig und originell.«

Sehr zwiespältige Beurteilungen also, sie spiegeln die Zwiespältigkeit Verdis selbst wider und ergänzen sich doch zu einem problematischen Gesamtbild. Nun wird man mit Recht fragen: warum diese mühevolle Rekonstruktion aus zeitgenössischen Zeugnissen, wenn wir uns doch selbst anhören können, wie Tamagno geklungen hat. Hört man sich diese Aufnahmen unvoreingenommen an (sie entstammen den Jahren 1903 und 1904, die *Otello*-Ausschnitte sind zweimal eingespielt worden, außerdem gibt es Passagen aus *Il trovatore* und aus *Le Prophète* und so weiter), dann wird man nicht umhin können, die Bedenken Verdis und die Urteile Shaws und Roosevelts bestätigt zu finden. Im »Esultate« wird aber auch deutlich, daß die Berichte über die Brillanz der hohen Noten und die Durchschlagskraft dieser Stimme nicht übertrieben sind – in dieser Hinsicht scheint Tamagno wirklich in seiner Zeit eine Ausnahmestellung innegehabt zu haben, die auch von seinem Jago-Partner Victor Maurel in seinem hochinteressanten, heute schwer zu bekommenden Büchlein *Dix ans de carrière* bestätigt wird, wenn er dort schreibt, daß Tamagno das Ideal gesanglicher Gewalt, das die Rolle erfordere, mit erstaunlicher Kraft ausgestattet habe; Maurel schränkt aber gleichzeitig ein, daß eine solche stimmliche Vehemenz keineswegs die Bedingung sine qua non einer guten Wiedergabe des Otello sein müsse. Das »Ora e per sempre« dagegen ist tief enttäuschend, der Sänger ist nicht in der Lage, die Linie des Singens zu halten, die Phrasen sind zerrissen, es wird viel zu häufig geatmet, die Intonation ist immer wieder unsauber, das »Niun mi tema«, vor allem in der früheren Aufnahme von 1903, gelingt schon wieder besser und hat mehr stimmliche Autorität, die »voce soffocata« wird gut realisiert – wie man überhaupt den Eindruck hat, daß diese Aufnahmen Tamagnos stilbildend für die weitere Otello-Tradition geworden sind. Diesem insgesamt enttäuschenden Eindruck wird nun von allen Verteidigern Tamagnos entgegengehalten, soweit sie überhaupt auf dieses trübe vokale Bild der Aufnahmen eingehen und es nicht schlicht leugnen oder zu Vorzügen emporstilisieren, daß diese Aufnahmen kurz vor Tamagnos Tod entstanden sind – er starb 1905, nachdem sich schon seit etwa 1898 eine zunehmende Herzerkrankung bemerkbar gemacht hatte, und der anrührende Satz »Dedico alla memoria del mio padre«, den Tamagno vor der Aufnahme aus dem *Il trovatore* spricht, ist auch zu seiner eigenen »memoria« geworden.

Kein Zweifel – dies kann nicht mehr die stimmliche Vitalität sein, mit der er 15 Jahre zuvor die Bühnen Europas erobert hatte, andererseits ist die Stimme als solche noch keineswegs altersbrüchig oder durch ein ausladendes Vibrato gekennzeichnet, wie es für ältere Sänger mit nachlassender Zwerchfellspannkraft typisch ist. Die Krankheit wird sich am ehesten in der Unfähigkeit aufspüren lassen, den Atem ausreichend zu verteilen und lange aufzusparen. Für sich allein genommen müßten diese Aufnahmen sicher unter Vorbehalt gehört werden, zusammen jedoch mit den zitierten zeitgenössischen Zeugnissen, unter denen Verdis Ex-cathedra-Einschränkungen natürlich der höchste Wert beizumessen ist, lassen sie doch den zusammenfassenden Schluß zu, daß Tamagno ein äußerst robuster »tenore robusto« war, mit fanfarenhaften Spitzentönen von einer enormen Wucht – das »Esultate« und das »Si pel ciel« müssen in seinen besten Zeiten von atemberaubender Wirkung gewesen sein. Alle leisen und gebrochenen Töne jedoch, die nach Verdis Willen und Absicht, wie sie in seinen brieflichen Vorstellungen und in den Vortragsbezeichnungen niedergelegt sind, die Signatur dieser Rolle bestimmen und gegenüber dem heroischen Stimmprunk eindeutig Vorrang haben sollten, blieben diesem Sänger weitgehend verschlossen (wir fühlen uns an Wagners Verhältnis zu Tichatschek erinnert, der für ihn als strahlendes Stimmphänomen unerreicht blieb, dem jedoch die tiefergehenden Schmerzensakzente des Tannhäuser auf immer verschlossen blieben).

Wenn ich nun einen chronologisch geordneten Durchgang durch die Einzelaufnahmen der Partie des Otello, dann anschließend durch die Gesamtaufnahmen vornehme, dann ist das, in aller gebotenen Gedrängtheit und Stichwortartigkeit, die Hörprobe aufs Exempel aus dem bisher Ausgeführten. Eine absolute Vollständigkeit war dabei nicht intendiert, auch kaum erreichbar.

Gleichzeitig gibt dieses Verfahren Gelegenheit, wenigstens schlaglichtartig einmal eine Revue der dramatischen Tenöre dieses Jahrhunderts an sich vorüberziehen zu lassen und auch Namen zu nennen (und gerade solche Namen), die nicht in den Rang eines Einzelporträts erhoben werden konnten.

Einzelaufnahmen

Beginnen wir mit den Einzelaufnahmen, wobei jene Sänger zurückgestellt werden, von denen es Gesamtaufnahmen gibt.

Erstaunlich als erstes die Tatsache, daß nicht etwa Francesco Tamagnos Aufnahmen von 1903 und 1904 die ersten Otello-Aufnahmen sind, die die Plattengeschichte kennt, sondern daß schon 1902 **Giovanni De Negri** (1851–1923) das »Niun mi tema« aufnahm, ein Sänger, über den selbst Kutsch/Riemens keine Information geben, über den man aber im Personalanhang von Hans Buschs *Otello-*und-*Boccanegra*-Dokumentation lesen kann, daß der Otello zu seiner wichtigsten Rolle wurde, ganz offensichtlich war er in Italien sozusagen die zweite Wahl für diese Oper hinter Tamagno, und sein Name spielt in den Dokumenten der Zeit auch immer wieder eine Rolle. Die einzige erhaltene Aufnahme aus dem Jahre 1902 steht unter dem gleichen Vorbehalt wie die Tamagnos, denn schon 1898 hatte sich der Sänger wegen eines Halsleidens von der Bühne zurückgezogen. Die Aufnahme zeigt eine hellere, geschmeidigere Stimme als die Tamagnos, bleibt aber unpersönlich und uninteressant.

Vom ersten französischen Otello Albert Saléza gibt es, wie erwähnt, keine Aufnahme, dafür von einem anderen Heldentenor der Grand Opéra in Paris, **Albert-Raymond Alvarez** (1860–1933), der eigentlich Raymond Gourron hieß und Leiter einer Militärkapelle war, bevor er sich dem Gesang widmete. In Paris machte er sich einen Namen als Walther in Wagners *Meistersingern*, sang aber sonst vornehmlich das französische Repertoire. Seine ebenfalls aus dem Jahr 1903 stammende Aufnahme des »Ora e per sempre«, italienisch gesungen, fällt durch ein mangelhaftes Italienisch auf und zeigt eine kräftige, aber unattraktive Stimme. (Über Tamagnos Aufnahmen aus den Jahren 1903 und 1904 ist das Nötige gesagt worden.)

Erheblich interessanter wird es mit dem aus Puerto Rico stammenden **Antonio Paoli** (1870–1946) – es gehört in die schwierig zu fassenden Bereiche der Gesangsgeschichte, daß es offensichtlich eine nicht zu leugnende Prädisposition süd- und mittelamerikanischer Tenöre für das schwere Heldenfach gibt. Paolis Aufnahmen stammen aus dem Jahr 1907 und aus späteren Jahren, vom »Esultate« gibt es zwei Versionen, die Stimme vermag auch heute noch zu beeindrucken durch ihre ungemein saftige und füllige Kraft, die sich in der Höhe noch zu steigern scheint, und mit diesem Organ führt Paoli ein muskulöses, aber letztlich undifferenziertes Singen vor; differenzierter singt er in anderen Arien wie aus Massenets *Cid* – als Otello jedenfalls bleibt er ein Kraftmeier, von dessen vokaler Substanz allerdings heutigen Rollenvertretern einiges zu wünschen wäre.

Vom russichen Tenor **Iwan Jerschow** (1867–1943) gibt es ein mächtiges »Addio sante memorie«, russisch gesungen und 1903 aufgenommen, von **Léonce Escalaïs** (1859–1941) ein geschmeidiges »Dio mi potevi«, 1906 französisch eingespielt.

Es gehört zu den großen Glücksfällen der Plattengeschichte, daß **Enrico Caruso** (1873–1921), der diese Rolle ja nie auf der Bühne gesungen hat, vielleicht auch nicht gesungen hätte, wenn er länger hätte leben dürfen, zweimal mit einem Ausschnitt aus *Otello* ins Studio gegangen ist. 1910 hat er das »Ora e per sempre« eingespielt und 1914 die noch weit berühmtere Version des »Si pel ciel« mit Titta Ruffo. Das Porträt Carusos ist der bessere Platz, um sich über Vorzüge und Eigenart dieses Sängers zu verbreiten, hier nur so viel, daß die Freude über diese beiden Aufnahmen nur getrübt wird durch den Kummer, daß wir nicht mehr von ihm haben – die wesentlichen Szenen aus *Otello* mit Caruso, Ruffo und, sagen wir, Rosa Ponselle, das wäre ja durchaus denkbar gewesen – es bleibt der Wunschtraum jedes Gesangsvernarrten. Wie dem auch sei – beide Aufnahmen sind Modelle geblieben, Modelle des erfüllten, konzentrierten, dabei mächtigen, geradezu ehernen Singens. Caruso, ein Tenor, der keineswegs als Bariton angefangen hatte, wies in jenen Jahren schon jenes verblüffend baritonale Timbre auf, das er hier, gemäß seiner Lehre von den verschiedenen Klangfarben, natürlich ganz bewußt einsetzt. Man kann dies nachprüfen an genau gleichzeitigen Aufnahmen, etwa der Siciliana aus *Cavalleria rusticana*, die er sehr viel leichter, heller im Ton singt, und die Kombination Caruso/Ruffo ist natürlich unschlagbar (der immer wieder gezogene Vergleich der gewiß schön gesungenen Version von Björling/Merrill grenzt, von einem Björling-Verehrer sei das akzeptiert, an Majestätsbeleidigung).

Einer der großen Unbekannten ist der galizische Tenor **Modest Menzinsky** (1875–1935), wahrscheinlich, weil er den Hauptteil seiner Karriere in der, wenn auch respektablen, Opernprovinz Köln verbrachte (von 1910 bis 1926). Auf seinen Aufnahmen hört man einen beeindruckend machtvollen, dabei schlank und unforciert singenden jugendlichen Heldentenor mit ausladender, technisch sehr konzentrierter Höhe, der als Siegmund, Siegfried und Tristan überzeugen kann und auch als Otello mit »Tu, indietro«, einmal schwedisch, einmal deutsch gesungen, und mit einem deutschen »Dio mi potevi«. Ohne Zweifel gehört dieser auch unter Experten kaum bekannte Sänger in die vordere Reihe seines Faches.

Der holländische Heldentenor **Jacques Urlus** (1867–1935) wird im Wagner-Exkurs seiner eminenten Bedeutung gemäß gewürdigt. Der Otello gehörte nicht zu seinen bedeutenden Partien, die 1911 aufgenommene deutsche Version von »Niun mi tema« zeichnet sich jedoch wie alle Urlus-Aufnahmen durch eine große Tonschönheit und erstaunliche lyrische Geschmeidigkeit aus, wird nur durch die schreckliche Übersetzung Max Kalbecks behindert (»süßes totes Liebchen« und so weiter) und durch die Urlussche Eigenart, manche Vokale zu stark abzudecken, die wohl mit seiner Muttersprache Holländisch zu tun hat.

Ganz ähnliches diagnostiziert man bei **Leo Slezak** (1873–1946), nur daß hier die mährische Herkunft eine Rolle spielte. Wer Slezak aus seiner Spätzeit als Filmkomiker kennt, als Partner von Hans Moser und Adele Sandrock, oder von den Platten aus den späten zwanziger Jahren, auf denen er vor allem seine noch bewundernswert intakte Kopfstimme glänzen läßt, der wird sich kaum vorstellen können, daß dies einmal der Besitzer einer der prächtigsten und klangmächtigsten jugendlichen Heldentenorstimmen war, die die Schallplatte überliefert hat. Slezak hat nach einem fehlgeschlagenen Experiment klugerweise darauf verzichtet, die schweren Heldenpartien Wagners zu singen, er hat als Lohengrin und Stolzing seine große Karriere gemacht, er war der beste Prophet und Raoul (in *Les Huguenots*) seiner Zeit, und er war, zumindest stimmlich gesehen, der beste Otello der Jahre vor dem Ersten Weltkrieg, den er vor allem in der Zeit seines Met-Engagements zwischen 1909 und 1912 mit großem Erfolg sang. Erfolgsfördernd waren die ebenso unsinnigen wie beliebten Geschichten über den »Czech giant«, seine herkulische Gestalt und seine enormen Körperkräfte. Daß ein Prunkstuhl unter seinem Otello zusammenbrach, sorgte ebenso für Gesprächsstoff wie die Tatsache, daß seine Desdemona-Partnerin Frances Alda sich unmittelbar nach einer Vorstellung einer Blinddarmoperation unterziehen mußte, was natürlich den rohen Händen dieses Knödel-und-Pilsner-Tenors zugeschrieben wurde. Seine zwei Otello-Aufnahmen von 1913 (»Ora e per sempre« und »Niun mi tema«), in einem böhmakelnden Italienisch gesungen, können heutzutage nur das Staunen lehren, weil eine solche stimmliche Wucht, ein solcher Höhenglanz in dieser Rolle ausgestorben scheinen; Slezak ist neben Caruso der stimmlich eindrucksvollste Otello bis zu diesem Zeitpunkt, daran ist kein Zweifel, eine tiefergehende interpretatorische Leistung darf man allerdings von ihm nicht erwarten, sein Otello klingt wie sein Raoul, wie sein Stolzing oder sein Jean de Leyde.

Als der wahre Nachfolger Tamagnos aber galt nicht Slezak zu dieser Zeit, sondern der Italiener **Giovanni Zenatello** (1876–1949). Der gebürtige Veroneser hatte 1898 in Belluno als Bariton debütiert, er gehört allerdings zu jenen seltenen Fällen eines Heldentenors, dem man diese Baritonvergangenheit nicht anhört, was zu der Vermutung Anlaß gibt, daß er im Gegensatz zu Melchior, Zanelli oder Vinay nie wirklich ein Bariton war. Seit 1899 sang er dann Tenorrollen, ohne lange Übergangszeit übrigens, seit 1903 an der Scala, wo er an der unglücklichen Uraufführung der *Madama Butterfly* mitwirkte (als Pinkerton). 1906 sang er zum erstenmal den Otello und galt sehr bald als der würdigste Nachfolger des unvergessenen Tamagno in dieser Rolle, eine Position, die er über rund 20 Jahre beibehalten konnte in angeblich über 500 Vorstellungen dieser Oper. Wir haben von Zenatello Otello-Aufnahmen, die ziemlich genau diese 20 Jahre umspannen, denn schon 1906 nahm er für Fonitipia das »Niun mi tema« auf; noch aufregender sind allerdings die Aufnahmen aus dem Jahr 1926, denn es handelt sich um technisch erstaunlich gelungene Live-Aufnahmen aus Covent Garden (ähnliche Dokumente haben wir von Nellie Melba und Fjodor Schaljapin). Dazwischen liegt eine Aufnahme des »Si pel ciel« mit dem großen Bariton Pasquale Amato aus dem Jahre 1910. Es gibt bis heute Kenner, die ihn für den besten Otello überhaupt halten, und Kutsch/Riemens sprechen von einer der schönsten Stimmen, die Italien diesem Jahrhundert geschenkt habe – ich muß gestehen, daß ich mich beiden Urteilen nicht anschließen kann. Zenatellos Stimme fehlen gerade für den Otello Farben und Sinnlichkeit, Schatten und Tiefe. Er ist insofern Tamagno-Nachfolger, als er mit ähnlichen Fanfarentönen aufwarten kann, ohne je die Wucht des Vorgängers zu erreichen, und ist insofern das Bindeglied in jener Tradition, die in Giovanni Martinelli ihre Fortsetzung findet. Die frühen Aufnahmen sind in diesem Sinne durchaus beeindruckend, aber nicht bewegend, die späten Live-Aufnahmen aus London haben mehr bewegende Momente, lassen jedoch bei einem doch erst 50jährigen Sänger die Folgen eines Dauertrompetens erkennen, das »Esultate« ist penetrant, fast schrill (man erinnert sich an Shaws Tamagno-Kritik), das Duett am Ende des ersten Aktes (allerdings ein Jahr später im Studio aufgenommen) klingt eng und spitz, schwingungsarm, das »Ora e per sempre« leidet an der mangelnden Fähigkeit, Töne lang auszuhalten und ausschwingen zu lassen, sowie an Kurzatmigkeit, und das »Dio mi potevi« klingt offen und geheimnislos.

Eine Kuriosität stellen die Otello-Aufnahmen **Bernardo De Muros** (1881–1955) dar, auch weil er die Rolle nie auf der Bühne gesungen hat, aber das trifft auf Caruso ja auch zu. De Muro (nicht zu verwechseln mit dem Tenor Enzo De Muro Lomanto, der eine Zeitlang mit dem Sopran Toti Dal Monte verheiratet war) sang den Otello jedoch aus einem anderen Grunde als Caruso nicht, über den er selbst freimütig Auskunft gab: Ein so kleiner Mann wie er könne den eifersüchtigen Mohren nicht auf der Bühne darstellen. De Muro war allerdings durch ein groteskes Mißverhältnis zwischen seiner Körpergröße und dem »squillo«, der Durchschlagskraft seiner Stimme, gekennzeichnet, seine Starrolle war der Folco in Mascagnis *Isabeau*, den er 382mal im Lauf seiner Karriere sang. Seine drei Ausschnitte aus *Otello* bestätigen allerdings die Befürchtung, daß sich hier jemand auf seine Stentortöne verläßt, jenes alte Mißverständnis, das sich schon in seiner Äußerung kundtut, »un piccolo uomo, che grida nell personaggio d'Otello«, sei einfach lächerlich – wie wir gesehen haben, geht es eben nicht um den »grido«, den Schrei, sondern um subtiles Singen – und so klingen diese Aufnahmen: Stentortöne, denen man anmerkt, daß der Sänger nichts begriffen hat, das »Dio mi potevi« wird heruntergedeklamiert, geradezu aufgesagt, aber nicht erfüllt gesungen.

Eine Kuriosität anderer Art ist die einzige Aufnahme, die **Hermann Jadlowker** (1877–1953) vom Otello gemacht hat, nämlich das »Niun mi tema«, auf deutsch 1916 eingespielt. Jadlowker war einer der technisch perfektesten lyrischen Tenöre, mit einer Geläufigkeit der Gurgel, die nur von McCormack und Tauber übertroffen wurde, an rein stimmlicher Faszination jedoch stand er hinter jenen erheblich zurück, trieb dafür sein Repertoire weit in den heldischen Bereich vor, bis zum Florestan, Raoul und Parsifal, und eben auch bis zum Otello, den er offensichtlich um 1910 einige Male in Wien gesungen hat, ohne daß dies eine wirklich wichtige Rolle für ihn wurde. Hört man seine Aufnahme, dann kann sie auch wirklich nicht ernsthaft konkurrieren – das ist gepflegt gesungen, aber es fehlt alles, was zur »physique du rôle« dazugehört.

Davon mehr als genug hatte **Tino Pattiera** (1890–1966) aufzubieten, der mit seinem ungestümen Temperament und seiner männlichen »beauté« zwischen 1920 und 1940 der unbestrittene Startenor der Dresdener Oper war. Der Dirigent Fritz Busch, der mit ihm als Protagonisten für die sogenannte deutsche Verdi-Renaissance verantwortlich war, nannte dieses Temperament allerdings »unselig« und sprach von einer »verhängnisvollen Charakterschwäche« des Sängers (in Buschs Erinnerungen ist nachzulesen, daß Pattiera bei der Vertreibung Buschs durch die Nazis eine ungute Rolle spielte). Es steht zu vermuten, daß es vielleicht auch eine Art von Charakterschwäche war, die letztlich verhinderte, daß aus dem Besitzer eines ganz außerordentlichen stimmlichen Materials ein wirklich großer Sänger wurde. Seine Aufnahmen zeigen eine Tenorstimme, in der sich die Melancholie der slawischen Sänger mit der Sinnlichkeit der italienischen Tenöre mischt – jene Mischung, die als »mediterran« bezeichnet worden ist, es fehlt seinem Singen aber der entscheidende Schliff, jegliche Verfeinerung, vor allem vergißt Pattiera über dem Herausstellen seines Prachtmaterials immer wieder, daß die herrlichen Einzeltöne durch ein Legato verbunden werden müssen, auch in dramatischen Partien wie dem Alvaro, dem Chénier und eben dem Otello, in denen er sich am liebsten tummelte. So bleibt sein »Si pel ciel«, das er 1923 mit Michael Bohnen aufnahm, letztlich enttäuschend, besser ist schon das »Già nella notte densa«, das 1928 mit der wunderbaren Meta Seinemeyer zusammen (seiner bevorzugten Dresdener Partnerin) entstand, der Schluß des Duetts ist sogar sehr schön zart gesungen, eine eher seltene Erscheinung bei Pattiera.

Die *Otello*-Diskographie steckt voller Kuriositäten, von denen eine weitere der englische Heldentenor **Frank Mullings** (1881–1953) liefert. Sein Ruhm war in England beträchtlich, sowohl als Wagner-Sänger wie auch als Konzerttenor, ist aber nicht über sein Heimatland hinausgedrungen, was man durchaus verstehen kann, wenn man seine 1924 entstandene Aufnahme von »Stilled by the gathering darkness« hört (worunter unschwer »Già nella notte densa« zu erkennen ist). Mullings muß ein Darsteller von einiger Überzeugungskraft und Wucht gewesen sein, als Sänger vermag er nicht zu überzeugen, denn seine kehlige Stimme zeigt nur periphere Spuren von Singkultur und produziert ziemlich kloßige Töne.

Eine Kuriosität ganz anderer Art stellt der irische Tenor **John O'Sullivan** (1878–1955) dar, eine Kuriosität aber eher literarischer Art, denn kein Geringerer als James Joyce war mit ihm befreundet und setzte sich enthusiastisch für ihn ein – aber das soll in dem Exkurs über die Außenseiter seinen Platz finden. Stimmlich ist das ein Tenor, bei dem man nur Mund und Ohren aufsperren kann über die Brillanz und Mächtigkeit vor allem seiner Spitzentöne, die es mit denen von Tamagno durchaus aufnehmen können, jenen noch durch die Schönheit des männlichen Timbres übertreffen. Jenseits der Produktion von schönen, lauten und hohen Tönen jedoch verliert O'Sullivan leider an Boden, denn in puncto Musikalität und denkendem Singen ist es bei ihm nicht so weit her, in seinem »Esultate« gibt es auch Intonationsunsicherheiten, machtvoll und imposant ist es dennoch, in den weiteren Ausschnitten singt O'Sullivan jedoch durchgehend zu laut, vertraut auf den Eindruck seines Organs und singt über Zwischentöne und Schattierungen hinweg. Für die Liebhaber von Prachtstimmen jedoch ist O'Sullivan immer einen Plattenkauf und ein Anhören wert.

Meiner Bewunderung für **Aureliano Pertile** (1885–1952) habe ich in dem Pertile-Abschnitt keine Zügel angelegt. Im Falle seines Otello muß diese Bewunderung eine gewisse Einschränkung erfahren. Pertile hat ihn zum erstenmal 1937 gesungen, spät in seiner Karriere. Bereits 1928 hatte er mit dem Bariton Benvenuto Franci das Racheduett aufgenommen, mit all der Vehemenz, die man von ihm erwarten kann, aber eher äußerlich bleibend. 1942 dann nahm er drei weitere Ausschnitte auf, das »Dio ti giocondi« mit Gina Cigna, das »Dio mi potevi« und das »Niun mi tema«, Einspielungen, die seit den fünfziger Jahren offensichtlich nicht mehr aufgelegt wurden. Es sind zweischneidige Interpretationen. Pertile hat hier zu jener Vertiefung gefunden, ohne die Otello nicht zu fesseln vermag, und er bietet Farben und Differenzierungen, von denen allemal zu lernen ist. Allerdings hat die Stimme nicht mehr die Tragfähigkeit seiner großen Zeit, und seine Neigung zu histrionischen Stimmeffekten wird kaum noch gezügelt, was gerade bei dieser Rolle ungute Folgen hat. Da es aber keine einzige Aufnahme von Pertile gibt, die man uninteressiert und gelangweilt beiseite legt, gehören auch diese in der *Otello*-Diskographie in eine vordere Reihe.

Einen blasseren Eindruck erhält man bei der einzigen *Otello*-Aufnahme, die es von **Giuseppe Borgatti** gibt (1871–1950). Das »Niun mi tema« wurde 1928 aufgenommen, und 15 Jahre zuvor hatte Borgatti seine Karriere beenden müssen, als er ausgerechnet während einer *Tristan*-Probe seine Sehfähigkeit verloren hatte. Borgatti war bis zu diesem Zeitpunkt der führende Wagner-Tenor Italiens gewesen, vor allem als Siegfried und Tristan glänzend (in italienischer Sprache gesungen, wie damals üblich) und von Arturo Toscanini für seine Wagner-Aufführungen an der Scala hochgeschätzt. Auch die Aufnahmen aus seinen besten Jahren vermitteln keinen eminenten Eindruck von seiner Stimme, jedoch durchaus den eines intelligenten und musikalischen Sängers, was man von manchen berühmten Wagner-Tenören seiner Zeit nicht unbedingt sagen kann, der seine Stimme sicher und präzise zu führen versteht. Die spätere *Otello*-Aufnahme kann davon nur noch Rudimente zeigen.

Auf ganz anderem Niveau steht das »Niun mi tema«, das wir von dem schwedischen Tenor **Carl Martin Öhman** (1887–1967) hören können. Öhman, heute vielleicht noch bekannt als Lehrer von Nicolai Gedda und Martti Talvela, entpuppt sich auf seinen nicht zu zahlreichen Aufnahmen aus den späten zwanziger Jahren als ein Tenor von einigem Format und ungewöhnlichem stimmlichen Reiz, obwohl er zu seiner Zeit keineswegs eine außerordentliche Karriere gemacht hat, sondern nur der jugendliche Heldentenor der Berliner Städtischen Oper zwischen 1925 und 1937 war. Sein deutsch gesungenes »Niun mi tema« (von ähnlicher Qualität sind die Ausschnitte aus *Lohengrin*) zeigen ein edles Organ von sicherer Technik und auch der Fähigkeit, ein klingendes Mezza voce zu singen; auch wenn Öhman, wie die meisten skandinavischen Sänger, ein Vertreter des deutschen Faches war und diese Aufnahme etwas unidiomatisch klingt, ist sie eine der wirklich guten Versionen, die man jederzeit mit Genuß anhören kann.

Mit dem nächsten Sänger begeben wir uns in den Olymp der Otello-Darsteller, so jedenfalls meine Einschätzung. Es handelt sich um den chilenischen Bariton-Tenor **Renato Zanelli** (1892–1935), den wohl einmaligen Fall in der Gesangsgeschichte, bei dem es Aufnahmen aus der Bariton- wie aus der Tenorzeit gibt und bei dem gleichzeitig nur schwer zu entscheiden ist, ob er als Bariton besser war oder als Tenor (das ist der Unterschied zu Lauritz Melchior, dessen Baritonaufnahmen nur untere Mittelklasse darstellen). Zanellis Vater war Italiener, die Mutter Chilenin, eine Mischung, die offensichtlich stimmliche Folgen von ungewöhnlichem Reiz hat, denn in diesem Falle kann ich Kutsch/Riemens' Charakterisierung nur »vollinhaltlich« zustimmen. »Eine der schönsten Stimmen seiner Epoche – in ihr ergänzten sich baritonale Wärme und metallischer Glanz eines Heldentenors mit dramatischer Ausdruckskraft zu einer glücklichen Einheit« – wobei ich hinter den Ausdruck »metallisch« doch noch ein Fragezeichen setzen möchte, denn es gehört zu den Charakteristika solcher Stimmen, daß das sogenannte Metall (siehe Glossar) bei ihnen eher schwach ausgeprägt ist, was nicht nur einen Nachteil bedeutet. Zanelli debütierte als Bariton 1916 und sang bis 1923 in diesem Stimmfach, erst 1924 sang er in Neapel seine erste schwere Tenorrolle, den Raoul in den *Huguenots* und bald auch schon den Otello, mit dem er weltweit berühmt wurde, sich als dritter in die Reihe der ganz Großen nach Tamagno und Zenatello einreihte, unter ihnen ist er der erste, der den Typus des baritonalen Heldentenors verkörpert und der damit dem, was der Otello erfordert, doch sehr viel näher kommt. Sein Timbre hat Ähnlichkeit mit dem seines Landsmannes Ramón Vinay, ist jedoch nicht so guttural und leicht heiser, sondern (dem Vater sei Dank) italienischer, freier und wohlklingender. Die berühmten Otello-Aufnahmen Zanellis, die er 1930 in Mailand gemacht hat, Carlo Sabajno dirigierte, sind dabei keineswegs als perfekt zu bezeichnen. Das »Esultate«, mit dem es beginnt, ist im Gegenteil geradezu verunglückt, und es wundert einen doch, daß diese Aufnahme so stehenblieb, denn Zanelli, dem vom Stimmcharakter her das Fanfarenhafte nicht liegen konnte, bekommt sofort einen Kratzer auf die Stimme, von der Kraftverspannung herrührend, der ihn dann die wenigen Sekunden lang auch nicht mehr verläßt. Dann aber (alle wesentlichen Ausschnitte der Rolle sind aufgenommen worden) kann er seine Stärken entfalten: Das »Già nella notte densa«, leider mit einem ungenügenden Sopran an seiner Seite, wird wunderbar weich und samtig gesungen, alle »dolce«- und »con espressione«-Bezeichnungen werden mit einer männlichen Wärme erfüllt, die ihresgleichen sucht. Für das »Ora e per sempre« ist Zanellis Singstil wieder nicht ganz »marcato« genug, aber im »Dio mi potevi scagliar« erreicht er eine Höhe der Interpretation wie kein anderer Rollenvertreter vor und nach ihm. Das scheint mir wirklich die ultimative Version zu sein, ein expressives Parlando, dabei immer gesungen, wodurch die »voce soffocata« etwas vernachlässigt wird. Das Pianissimo auf »aqueto« ist von einer geradezu betörenden Schönheit. Man kann der Meinung sein, und ist dabei, wie wir gesehen haben, durch den Komponisten recht gut abgedeckt, daß dieser Monolog nicht allzu schön gesungen werden darf (James McCracken hat daraus eine extreme Folgerung gezogen, auf die wir noch kommen), Zanelli aber zeigt, daß Wahrheit auch durch Schönheit herstellbar ist – ich kenne keine bessere Version als die des Chilenen, der auf dem Höhepunkt seiner Karriere einem Nierenkrebs erlag.

Eine Aufnahme des deutschen Heldentenors **Paul Kötter** (1898–1974), der zusammen mit Paul Schöffler das »Si pel ciel« singt, zeigt ein kräftiges, aber nicht sehr attraktives Stimmaterial, das dem Gesungenen keine besonderen Glanzlichter aufzusetzen vermag.

Wenig Eindruck macht auch der italienische Tenor **Nino Piccaluga** (1890–1973), dessen »Esultate« (wahrscheinlich um 1930 aufgenommen) stämmige, aber forcierte Töne vernehmen läßt, die Stimme hat Ähnlichkeit mit der Antonio Paolis.

Auf ganz anderem Niveau, und das nicht unerwartet, bewegen wir uns mit **Lauritz Melchior** (1890–1973), über den an anderer Stelle das Wichtigste gesagt wird. Seine 1930 in London aufgenommenen zwei Ausschnitte als Otello, begleitet immerhin von John Barbirolli, gehören zu den Höhepunkten der *Otello*-Diskographie, auch wenn sie deutsch gesungen sind (glücklicherweise, denn wie man später hören kann, sang Melchior ein ziemlich schreckliches Italienisch). Das »Dio mi potevi« steht im Rang der Version Zanellis nur wenig nach, auch wenn die beiden Stimmen, trotz des gemeinsamen baritonalen Ursprungs, kaum miteinander zu vergleichen sind. Melchiors verblüffende Fähigkeit, ein zurückgenommenes, verinnerlichtes Mezza voce zu singen, das seine Wagner-Interpretationen so adelt, kommt auch hier aufs schönste zum Tragen. So singt er die heikle Stelle des »aqueto«, das »dolcissimo« und »pianissimo« gesungen werden soll und aus dem dann die Steigerung bis zu »quel raggio« um so mächtiger hervorbrechen muß, mit einer geradezu zauberischen Kopfstimme, aus der heraus das Fortissimo-B dann sich ungeheuer steigert. Gleiches gilt für das wie in Erz gehauene »Niun mi tema«. Es ist zu bezweifeln, daß Melchior auf der Bühne ein eindrucksvoller Otello gewesen ist, zu sehr verließ er sich immer auf die Wirkung seiner mächtigen Gestalt und seiner ebenso mächtigen Stimme, diese beiden Aufnahmen jedoch sichern ihm einen Platz im Olymp der Otello-Interpreten. Demgegenüber verblassen spätere Versionen, die 1942/43 aufgenommen wurden, teilweise in Buenos Aires während einer dortigen Aufführungsserie, und das »Esultate« des 70jährigen Melchior (»Eksultate« singt er da) gehört ins Kuriositätenkabinett (siehe das Melchior-Kapitel).

Ein bei uns ziemlich unbekannter französischer Tenor namens **Paul Franz** (1876–1950) hat (wohl in den späten zwanziger Jahren) in französischer Sprache das »Ora e per sempre« aufgenommen und vermag damit durchaus zu beeindrucken. Franz war an der Pariser Grand Opéra in den zwanziger und dreißiger Jahren der Spezialist fürs schwere Tenorfach, speziell für Wagner (der dort auf französisch gesungen wurde). Daneben brillierte er vor allem als Enée in Berlioz' *Troyens* und als Samson in Saint-Saëns' Oper. Sein Otello, dunkel timbriert und autoritativ gesungen, leidet nur an einer etwas kehligen Tongebung.

Von **Franz Völker** (1899–1965), dem Unikum eines lyrischen Heldentenors und dem besten Lohengrin seiner und anderer Zeit, gibt es drei Einspielungen als Otello, den er in der Spätphase seiner Karriere gesungen hat, auch noch nach dem Krieg an der Münchner Staatsoper. Von 1930 stammt ein deutsch gesungenes »Niun mi tema«, aus einer Wiener Aufführung von 1933 ist das »Tu, indietro« zu hören, von 1944 eine Live-Aufnahme aus der Berliner Staatsoper mit dem ebenfalls deutsch gesungenen »Dio mi potevi«. Völkers Vorzüge beeindrucken auch hier wieder: die edle, männliche Stimme mit ihrem weichen Kern und ihrem vorbildlichen Legatofluß, nur eines fehlt ganz entschieden: Exuberanz und Temperament der Rolle.

Bei uns zu entdecken bleibt nach wie vor (wenn mein Eindruck von seiner Unbekanntheit richtig ist) der Italiener **Francesco Merli** (1887–1976), ein gebürtiger Mailänder, der in seiner Heimatstadt an der Scala immer ein wenig im Schatten Pertiles stand, was ihn sicher gewurmt hat, denn er besaß die erheblich attraktivere Stimme. Als Künstler stand er hinter Pertile zurück, wenn er auch ein sehr beachtlicher Sänger war, der die heldischen Seiten des Repertoires eindrucksvoll bediente, wie seine Gesamtaufnahmen von *Pagliacci*, *Manon Lescaut* und *Trovatore* eindrücklich beweisen. Seine *Otello*-Aufnahmen aus dem Jahre 1935 (im Duett mit Claudia Muzio) gehören ohne Zweifel in die oberen Ränge unserer Übersicht, denn Merli war ein saftiger Spintotenor, dem der Squillo eines Lauri-Volpi abging, der aber dafür mehr Fülle und Wärme besaß. Dennoch fehlte es ihm nicht an der Höhe, wie man an dem Duett »Dio ti giocondi« sieht, wo er das gefürchtete hohe C auf »cortigiana« voll aussingt, das die meisten nur anschlenkern (es ist ein ähnlicher Fall wie das hohe C für den Siegfried in der *Götterdämmerung* bei seinem »Hoiho-Hoihe« im letzten Akt). Merlis Otello-Aufnahmen sind stimmlich potent, die Stimme sitzt technisch perfekt, hat nur einen leicht nasal-gestopften Klang, zu einem ganz großen Otello fehlt nur das entscheidende Quentchen Persönlichkeit.

Das fehlt viel entscheidender einem so soliden und zuverlässigen Sänger wie **Georges Thill** (1897–1984), der heute noch in seiner französischen Heimat einen erheblichen Ruf genießt, der mir ein wenig übertrieben zu sein scheint. Sein Otello, aus dem zwei französisch gesungene Ausschnitte von 1943 stammen, kann nicht überzeugen. Das ist technisch versiert und gepflegt, bedeutet aber eine völlige Unkenntnis des von Verdi, Boito und Shakespeare Gemeinten, man hört da nicht Otello, sondern einen französischen Staatssekretär, der über die Probleme eines hochgestellten Militärs in der Garnison Zypern Vortrag hält, einen gleichförmig mittellauten Vortrag auch noch, der über die Feinheiten der Partitur hinwegsingt.

Giacomo Lauri-Volpi (1882–1979), eine Ausnahmeerscheinung unter den Sängern unseres Jahrhunderts dadurch, daß er so viele Bücher hinterlassen hat, wie sie auch Dietrich Fischer-Dieskau kaum mehr schreiben wird, deren Wert allerdings höchst ungleichmäßig ist, hat sich, wie Pertile, den Otello relativ spät erobert. Seine Aufnahmen daraus stammen aus dem Jahr 1941 und zeigen das Optimum dessen, was ein Spintotenor in dieser Rolle erreichen kann. Das Problem Lauri-Volpis als Otello und vielleicht seiner ganzen enormen Karriere war, daß seiner Stimme nicht sehr viele Farben zur Verfügung standen, schon gar nicht die dunklen, geheimnisvollen, das ist alles temperamentvoll gesungen, mit dem Squillo, auf den er sich so viel zugute hielt, intelligent deklamiert, und doch fehlt das Entscheidende, es fehlt die Tiefendimension, ohne die ein Otello vordergründig bleiben muß, jene Dimension, die Zanelli und Melchior haben und die auch noch bei Tamagno durchaus zu spüren ist.

Ich will nicht behaupten, daß jene Tiefendimension es ist, die den Otello von **Helge Rosvænge** (1897–1972) auszeichnet, dennoch gehört der Querschnitt, den er 1943 unter Karl Elmendorff eingespielt hat, zu den großen Überraschungen jeder *Otello*-Diskographie. Daß Rosvænge ein fulminantes »Esultate« singen kann, das war ja noch zu erwarten, daß er aber der einzige aller mir bekannten Rollenvertreter ist, der den Schluß von »Già nella notte densa« im vorgeschriebenen Pianissimo zustande bringt, unter Zuhilfenahme einer schönen Kopfstimme, das ist schon mehr als verblüffend, das »Si pel ciel« zusammen mit dem klobigen, aber durchaus machtvollen Hans Reinmar ist geradezu elektrisierend gesungen, und das »Niun mi tema« zeigt wiederum ein Mezza voce, das man dem Bravado der Opernbühne gar nicht zugetraut hätte. Diese Otello-Aufnahme genügt, um Rosvænge in die Galerie der großen Otello-Sänger aufzunehmen, und beweist wieder einmal, daß er heute eher unterschätzt wird.

Die Verehrer von **Max Lorenz** (1901–1975) waren immer der Meinung, daß sein Otello die späte Krönung seines ja eher schmalen Nicht-Wagner-

Repertoires war. Allzuoft hat er ihn nicht gesungen, unter anderem in einer Vorstellungsserie an der Wiener Staatsoper 1942/43. Bisher kündete nur ein in der Tat eindrucksvolles Photo von dem Lorenzschen Otello, kürzlich tauchten zwei deutsch gesungene Ausschnitte auf, die wahrscheinlich in dieser Zeit in Wien entstanden sind, das »Dio mi potevi« und das »Niun mi tema«. Sie lassen es allerdings als Verlust erscheinen, daß nicht mehr erhalten ist, denn Lorenz vermag seiner Interpretation jene Vibrationen mitzugeben, die andere oft vermissen lassen, deren Stimmen mehr Otello-Farben haben mögen. (Diese Aufnahmen im Anhang der *Otello*-Gesamtaufnahme unter Karl Böhm.)

Eine größere Karriere hätte der aus Korsika stammende Tenor **José Luccioni** (1903–1978) machen können, der nach einer mittleren Laufbahn seit 1943 an der Pariser Großen Oper die heldischen Partien sang, sein französisch gesungenes »Ora e per sempre« gehört durch die virile Biegsamkeit der Stimme, die eher mediterran als typisch französisch geprägt ist, zu den besseren Versionen.

Für mich eine wirkliche Sensation in der *Otello*-Diskographie war die Stimme von **Todor Masarow** (1905–1975), die ich durch einen »Geheimtip« auf einer schon lange vergriffenen Preiser-Platte kennenlernte. Masarow gewann 1937 einen Gesangswettbewerb und debütierte im gleichen Jahr schon an der Wiener Staatsoper als Radames, unter der Leitung Bruno Walters. Die Karriere hielt offensichtlich diesem Anfangsversprechen nicht stand. Walter, der sich sehr für ihn interessierte, verließ Österreich 1938, der Krieg kam, und nach 1945 konnte Masarow an seine Erfolge nicht mehr anknüpfen. Es war eine Tenorstimme, die unter anderen Bedingungen eine Weltkarriere hätte machen können. Die Stimme war nicht nur enorm voluminös und durchschlagskräftig, sondern darüber hinaus auch von einer ungewöhnlichen Schönheit, ein italienischer Heldentenor mit der slawischen Einfärbung, wie sie manchmal für bulgarische und kroatische Stimmen typisch ist (Masarow war Bulgare), dabei ohne jede Kehligkeit oder Gutturalität, wie sie slawische Sänger oft aufweisen, gerade die Tenöre. Die beiden *Otello*-Ausschnitte zeigen ein so rollendeckendes Organ, daß man geneigt ist, ihn in die allererste Reihe der Interpretationen zu rücken, das Singen jedoch bleibt hinter der Stimme zurück. Hätte Walter sich weiter mit Masarow beschäftigen können, wären günstigere Zeitumstände und ein gutes Management dazugekommen, dann hätten Vinay und Del Monaco einen ernstzunehmenden Konkurrenten gehabt – wer's nicht glaubt, der beschaffe sich die Platte und prüfe meine Behauptung nach. Die Aufnahmen dürften um 1950 gemacht worden sein.

Aus etwa der gleichen Zeit (die Gigli-Experten können da vielleicht Auskunft geben) stammen zwei Aufnahmen, die allein aufgrund des Sängernamens als Kuriositäten gelten dürfen, denn ein **Beniamino Gigli** (1890–1957) als Otello, das kann sich so recht wohl niemand vorstellen. Er hat diese Rolle natürlich nie auf der Bühne gesungen, aber es gibt zwei etwas apokryphe Ausschnitte, das »Esultate« offensichtlich aus einem Konzert (es ist Beifall zu hören) und das »Dio mi potevi«, mit denen man auch Gesangsexperten hereinlegen kann, denn die wenigsten vermuten hinter diesem kraftvollen, dunkel timbrierten Otello mit den ausladenden Spitzentönen den säuselnden und schluchzenden Gigli, der keinen ganz ungetrübten Ruf als Sänger hat, außerdem das mit seiner Tochter Rina Gigli 1951 aufgenommene Duett aus dem ersten Akt, in dem die völlig intakte Stimme des 61jährigen beeindruckt. Diese Aufnahmen, die ganz sicher aus der Spätzeit des Sängers stammen, sind der Beweis dafür, wie weit eine so eminente technische Naturbegabung wie Gigli kommen kann, wenn die Stimme klug ausgebaut und ausgereift wird.

Von **Jussi Björling** (1909–1968) gibt es ein höchst seltsames Photo, es zeigt nicht den Sarotti-Mohr, auch wenn es so aussieht, sondern soll den Otello darstellen, den er nie auf der Bühne gesungen hat. In welchem Zusammenhang dieses Photo entstanden ist, ist mir nicht bekannt, vielleicht für die Plattenaufnahme, die er 1951 zusammen mit Robert Merrill von »Si pel ciel« gemacht hat. Diese Aufnahme genießt ja einen legendären Ruf, und es fällt mir als engagiertem Björling-Verehrer schwer zu sagen, daß ich diese Begeisterung nicht teilen kann. Gewiß: die Ausnahmequalität der Stimme Björlings, und auch mit Abstand die Merrills, teilt sich dem Hörer mit, und die Spintostimme Björlings ist in den »Sangue«-Schreien zu einer unerwarteten Wucht gesteigert, aber es hilft nichts dagegen, daß dies nicht die Stimme und nicht das Temperament sind, die notwendig wären – so ketzerisch das klingt: ich nehme dem ziemlich ungeschliffen singenden Masarow den Otello mehr ab als dem großen Björling.

Die Karriere von **Peter Anders** (1908–1954) war vor der Fritz Wunderlichs die brillanteste, die ein deutscher Tenor nach dem Krieg gemacht hat, auch ihn traf ein Unfalltod vorzeitig, wenn auch in vorgerücktem Alter; Anders war gerade dabei, aus dem lyrischen Fach, in dem er sich erfolgreich schon vor und während des Krieges bewegt hatte, in ein heldisches Fach überzugehen. Sein Lohengrin galt als äußerst vielversprechend, und eine Rundfunkgesamtaufnahme hat dies auch bestätigend festgehalten. Aus dieser Zeit, nämlich 1952, stammt auch die Aufnahme des Duetts »Già nella notte densa«, deutsch gesungen, mit Sena Jurinac als Desdemona, eine Rolle, die sie auch viel später noch mit großem Erfolg gesungen hat, mit Partnern wie Wolfgang Windgassen und James McCracken. Anders als Otello vermag hier nicht so zu überzeugen wie als Lohengrin. Das ist gepflegt, aber lahm gesungen, die Stimme wird außerdem in der Höhe eng und spröde, erinnert plötzlich an den in den fünfziger Jahren im Rundfunk sehr beliebten Operetten- und Spieltenor Heinz Hoppe, bei dem diese auch dem Hörer die Kehle zuschnürenden Höhenangina noch sehr viel ausgeprägter war.

Wiederum eine kuriose Karriere war die des Holländers **Hans Kaart** (1920–1963), auf den auch ich nur durch Zufall gestoßen bin. Kaart kam spät zum Singen, war zunächst als Schauspieler tätig und reüssierte in der Mitte der fünfziger Jahre ziemlich kometenhaft in Amsterdam, Paris und Düsseldorf als vulkanischer Darsteller von Rollen des dramatischen Faches: Canio, Siegmund, Samson und eben Otello. Sein naturalistischer Darstellungsstil war für die konventionalisierten Opernbühnen jener Jahre etwas Ungewöhnliches – so pflegte er vor seinem »Esultate«-Auftritt sich mit einem Eimer Wasser zu begießen, um dem aus einer Seeschlacht kommenden Feldherrn etwas Glaubwürdigkeit zu verleihen. Sein Singen, das auf einer einzigen Platte festgehalten ist (von 1956, der Klappentexter Leo Riemens bedauert es, daß später keine Aufnahmen mehr gemacht worden sind), ist ebenfalls naturalistisch in einem zwiespältigen Sinne. Mit einem an McCracken erinnernden Timbre und ähnlich dürftiger technischer Politur wirft sich Kaart mit enormem Aplomb in seine Arien und Szenen, darunter auch drei aus *Otello*. Die Stimme bleibt halsig und guttural, die Emphase ist beeindruckend, bleibt aber äußerlich, sein Temperament wäre manchem allzu akademischen Otello zu wünschen gewesen. Eine längere Entwicklung blieb dem Spätstarter Kaart versagt, denn er starb 1963 an den Folgen einer Ohrenoperation.

Aus der Mitte der fünfziger Jahre dürfte auch eine Aufnahme der Szene »Dio ti giocondi« stammen, mit der man auch ausgebuffte Stimmkenner aufs Glatteis führen kann, denn die wenigsten erkennen in dieser imposanten, schön timbrierten Tenorstimme diejenige **Mario Lanzas** (1921–1959), jenes unglücklichen Opfers Hollywoods und seiner eigenen ungefestigten Persönlichkeit. Diese Aufnahme (mit einer etwas überreifen Licia Albanese als Desdemona) straft alle diejenigen Lügen, die immer wieder behaupten, daß Lanzas Stimme für die Bühne ungeeignet gewesen wäre. Die Manipulationsmöglichkeiten waren damals noch relativ gering, und es ist nicht wegzuleugnen, daß man hier eine ausgesprochen schöne und viril timbrierte Tenorstimme hört, deren Sitz und Technik durchaus sattelfest sind – warum hätte diese Stimme nicht einen Theaterraum füllen können? Die Stimme Lanzas war nicht übermäßig groß, aber von einem durchaus ausreichenden mittleren Volumen; was noch erheblich weiterzuentwickeln gewesen wäre, waren die sängerische Intelligenz und die Musikalität, aber da haben auch berühmtere Kollegen Nachhilfestunden nötig gehabt. Es mag sein, daß ich mit meiner Meinung allein stehe, aber ich halte Lanza für eine außergewöhnliche stimmliche Begabung, der eine bedeutende Opernkarriere möglich gewesen wäre, wenn ihr Gelegenheit zur Reifung gegeben worden wäre.

Aus der Mitte der fünfziger Jahre stammen zwei heute äußerst seltene Querschnitte. Der eine wurde in Budapest aufgenommen und hat in **Josef Simándy** (*1916) einen beeindruckenden Titelhelden. Simándy ist an der Budapester Oper noch heute eine Legende, im Westen wurde er weit weniger bekannt, auch wenn er in den fünfziger Jahren in Wien und München gastierte. Er war ein Zwischenfachtenor mit erheblicher Spintoqualität, dessen geschmeidige, durchschlagskräftige Stimme auch den Otello respektabel bewältigt.

Der zweite Querschnitt wurde in den USA für ein Billiglabel mit jungen Nachwuchskräften aufgenommen, die als Met-Stars annonciert wurden. Der Otello dieser Aufnahme ist der Amerikaner **Albert Da Costa** (1927–1967), damals ein Endzwanziger, der durch eine riesige Stimme eindeutig baritonaler Provenienz aufhorchen läßt, allerdings auch durch ständiges Zutiefsingen. Da Costa war offensichtlich eine enorme Stimmpotenz; einige Jahre später wurde er berühmt durch jene *Tristan*-Aufführung der Met, in der neben Birgit Nilsson drei Tenöre verschlissen wurden – einer der Tristane war Da Costa. 1960 kam er nach Europa und wurde in Köln engagiert, ein tödlicher Autounfall beendete 1967 eine hoffnungsvolle Karriere.

Mit erheblich größeren stimmlichen Mitteln ausgestattet, außerdem ein Bild von einem Mann war **Franco Corelli** (*1921), über den an anderer Stelle noch zu sprechen sein wird. Er ist immer wieder gedrängt worden, den Otello zu singen, es kam aber nie dazu. Ein »Esultate«, dessen Aufnahmedatum ich auf etwa 1960 schätze, läßt zweifeln, ob der Otello eine Rolle gewesen wäre, in der Corelli hätte Großes leisten können, es ist nur laut und äußerlich.

Im Gegensatz zu Corelli hat **Wolfgang Windgassen** (1914–1974) den Otello relativ oft gesungen, neben seinen Wagner-Rollen und dem Florestan war es seine erfolgreichste Bühnenrolle, und wer ihn, etwa in der Frankfurter Inszenierung Wieland Wagners oder in der Fernsehproduktion Otto Schenks, gesehen hat, wird bestätigen, daß es dem Darsteller Windgassen auch in dieser Partie (die ihm ganz sicher nicht auf den Leib geschneidert war) gelang, über seine stimmlichen Begrenzungen zu triumphieren und ein anrührendes Porträt des Mohren zu entwerfen. Auf dem deutsch gesungenen Querschnitt von 1967 (mit Fischer-Dieskau als Jago) fällt leider dieser Aspekt weg, und es bleibt der Respekt für eine Leistung, die einer rolleninadäquaten Stimme und einem teutonischen Gesangsstil abgetrotzt wurde.

Mit einem anderen deutsch gesungenen Otello der sechziger Jahre kommen wir (und hier sehe ich viele Leser ungläubig den Kopf schütteln) zu einem *stimmlichen* Höhepunkt der *Otello*-Diskographie, und zwar mit **Ernst Kozub** (1924–1971). Kozub hat etwa Mitte der sechziger Jahre auf zwei Platten drei Ausschnitte eingespielt, das Duett aus dem ersten Akt (mit Melitta Muszely), das »Dio mi potevi« und das »Niun mi tema« (in zwei Versionen), alles auf deutsch in der Übersetzung Kalbecks. Das ist als Gestaltungserlebnis kein großer Moment und insofern, gerade bei dieser Rolle, keine wirkliche Konkurrenz, der Kozub anhaftende, immer etwas nölige, unbeteiligte Ton mit stark gebremstem Temperament wird keinen Hörer vom Stuhl reißen, aber »qual voce splendida«, würden die Italiener sagen, die vielleicht prachtvollste jugendliche Heldentenorstimme, die es in den letzten Jahrzehnten gegeben hat, mit einem herrlichen virilen Timbre und Sonorität bis in die tiefsten baritonalen Lagen – ein Hörerlebnis.

Nicht auf den Leib geschneidert, das kann man mit Fug und Recht von der seltsamen Begegnung zwischen Otello und **Carlo Bergonzi** (*1924) sagen, der in seiner zu Recht bestaunten und respektierten Anthologie von Verdi-Tenorarien von *Oberto* bis zum *Falstaff* den Otello nicht auslassen konnte und wollte, auch er hat ihn nie auf der Bühne gesungen, und als der reflektierteste italienische Tenor der Nachkriegszeit wußte er genau warum (im Gegensatz zu Giuseppe Di Stefano, der glaubte, den Otello auf der Bühne riskieren zu sollen – ein beklagenswertes Experiment, das ich hier mit Schweigen übergehe). Aus Bergonzis Version von »Dio mi potevi« und »Niun mi tema« kann ein Nachwuchssänger sicher einiges lernen, allerdings nichts, was er von den wirklich bedeutenden Rollenvertretern nicht auch lernen könnte, es ist alles sehr intelligent gesungen, aber eher der Extrakt einer Dissertation über Otello, nicht die Figur selber.

Aus den späteren siebziger Jahren dürften die Aufnahmen zweier Tenöre aus der Sowjetunion stammen. Die erste hat nur einen Kuriositätsstatus: Der litauische Heldentenor **Valentinas Adamkevichius** (über den weder aus der Plattenhülle noch aus den üblichen Nachschlagewerken etwas zu erfahren ist) singt auf russisch das »Niun mi tema«, mit einer gewaltigen Stimme, die man als Baßbariton einstufen würde und der man eher einen Pizarro als einen Otello zutrauen würde.

Außerordentlich eindrucksvoll hingegen sind das »Dio mi potevi« und das »Niun mi tema« des russischen Tenors **Wladimir Piawko** (*1941; der auch auftauchende Vorname Wladislaw scheint nicht der richtige zu sein). Die Gattin Piawkos ist im Westen berühmter geworden – es war Irina Archipowa, aber Piawkos Stimme, italienisch timbriert und mächtig aufstrahlend, ist eine veritable Sensation zu nennen. Ich vermag nicht zu sagen, ob er noch aktiv ist, aber als Tenor Anfang der Fünfzig müßte er sich jetzt noch für die schwereren Rollen in bester Form befinden. Holte man Piawko als Otello an westliche

Bühnen, würden die derzeitigen Rollenvertreter wie Atlantow, Mauro, Murgu, gar Pavarotti hoffnungslos deklassiert. Wo sind die findigen Agenten, die Piawko bei uns vorstellen?

Neben Plácido Domingo und Carlo Cossutta hat sich in den achtziger Jahren der russische Tenor **Wladimir Atlantow** (*1939) in die erste Reihe der Otello-Interpreten gesungen, und das nicht zu unrecht (er ist damit sogar bis in die Arena von Verona vorgedrungen, wo die italienischen Sänger traditionsgemäß tonangebend sind). Atlantow ist ein Vertreter jener gar nicht so wenigen russischen Heldentenöre (man denke an Georgi Nelepp, Surab Andshaparidse und Surab Sotkilawa), die es an Stimmkraft leicht mit den Wagner-Tenören aus dem Westen aufnehmen können. Atlantow, der eine Zeitlang das merkwürdige Experiment machte, zwischen Tenor- und Baritonrollen zu pendeln, dürfte neben Jon Vickers der stimmächtigste Otello der letzten Jahrzehnte sein, an sängerischer Kultur steht er seinen italienischen und spanischen Kollegen und auch Vickers allerdings erheblich nach. Vielleicht hat er es deshalb noch nicht zu Plattenehren in dieser Rolle gebracht, und nur ein Mitschnitt einer Münchner Aufführung von 1980 zeugt von seinem allerdings beeindruckenden Stimmpotential, mit einem gewaltigen »Esultate« und durch nichts zu erschütternden Stentortönen durch die ganze Vorstellung hindurch, aber erschreckend wenig Subtilität. Aufführungen in letzter Zeit allerdings zeigen, daß die Stimme Atlantows inzwischen an Fülle und Farbe verloren hat, daß dafür seine Darstellung des Otello leider nicht an Vertiefung und Differenzierung gewonnen hat.

Eine Aufnahme des Duetts, die **Franco Bonisolli** (*1938) mit Mirella Freni gemacht hat, zeigt, daß hier ein Tenor vernachlässigt worden ist, der ein beeindruckender Otello ist und auch auf einer Gesamtaufnahme sein könnte (auf jeden Fall im Vergleich mit Cossutta und Pavarotti).

Die Gesamtaufnahmen

Wenn ich jetzt abschließend zu den Gesamtaufnahmen komme, dann soll ausdrücklich betont werden, daß die kurzen Beurteilungen sich ausschließlich wieder auf die Sänger der Titelpartie beziehen, nicht auf die Leistungen ihrer Partner, des Orchesters, der Dirigenten, also keine Beurteilungen über den Wert der Gesamtaufnahmen als solche sind.

Nur einmal auf Platte überhaupt hervorgetreten, und dann gleich mit einer *Otello*-Gesamtaufnahme, ist der italienische Mediziner **Nicola Fusati** (1882–?), es ist die erste Gesamtaufnahme der Oper überhaupt, die im Rahmen der zwei großen Aufnahmeserien der späten zwanziger und dreißiger Jahre realisiert wurde, hier mit Carlo Sabajno als Dirigent. Fusati ist nicht so schlecht, wie er gelegentlich gemacht wird, die Stimme ist das, was die Amerikaner »ringing« nennen, durchdringend und stark, wenn auch im Stimmklang nicht sehr attraktiv, er fühlt sich am wohlsten, wenn er »mit voller Pulle« singen kann, die lyrischen Passagen werden nur ungenügend bewältigt, die Stimmgebung hat einen klagenden Grundton, der auf die Dauer sehr eintönig wirkt. Im Zusammenspiel mit dem wirklichen Star der Aufnahme, mit dem fabulösen Jago des Apollo Granforte, gelingen Fusati emphatische Momente, aber keine überzeugende Gesamtleistung. (Die Aufnahme ist jetzt wieder als CD in dem attraktiven Set *Teatro alla Scala* der Firma Rodolphe zugänglich.)

Über **Giovanni Martinelli** (1885–1969) als Otello (er war der erfolgreichste Rollenvertreter zwischen Zanelli und Vinay) sagt der englische Experte Alan Blyth (Herausgeber der drei unverzichtbaren Bände *Opera on Record*): »You have to accept his peculiar timbre, not to everyone's liking it is to mine«) und kommt am Schluß seiner *Otello*-Diskographie zu einem idealen Ensemble, bei dem Martinelli den Otello verkörpern soll. Sosehr ich oft mit Blyth und seinen Mitarbeitern übereinstimme – diese Bewertung ist mir völlig unverständlich. Und das ist nicht nur eine Frage, ob einem Martinellis Timbre gefällt oder nicht (it is *not* to mine), sondern ob eine überzeugende sängerische Leistung gezeigt wird oder nicht, und die kann ich weder auf dem Studioquerschnitt von 1939 noch auch den Live-Mitschnitten aus der Met von 1938, 1940 und 1941, alle Aufnahmen mit dem eindrucksvollen Lawrence Tibbett als Jago, hören. Es mag sein beziehungsweise ist deutlich hörbar, daß dieser Otello für Martinelli zu spät kam, er war zum Zeitpunkt der Aufnahmen um die Mitte der Fünfzig, und die Eigenarten seines Singens, um das Wort Unarten zu vermeiden, hatten sich auf ihre unattraktiven Seiten reduziert. 1937 hatte er seinen ersten Otello überhaupt in London gesungen, und seine enorme Beliebtheit beim Publikum der Met verschaffte ihm einen späten Frühling in dieser Rolle. Seine steifen, schwingungsarmen Töne, denen in seinen besten Aufnahmen aus früheren Zeiten (etwa mit Rosa Ponselle) noch ein gewisser viriler Reiz zugesprochen werden konnte, als sie durch die physische Kraft des Sängers noch zu claironhaften Spitzentönen geformt wurden, sind jetzt nur noch spröde und unattraktiv. Die Spitzentöne des Otello, die sich ja nur in gemäßigten Sphären bewegen, sind ohne Glanz, haben ihren Sitz fast völlig verloren und klingen stumpf und belegt. So mißlingen (in den Einspielungen in unterschiedlichem Grade) alle heroischen Passagen mehr oder weniger total, ein trauriges Zeugnis für einen einstmals strahlenden Helden der Opernbühne, dessen einstige Größe aber für ein geneigtes Ohr noch zu hören bleibt, wenn das »Dio mi potevi« durchaus bewegend gesungen wird, nur sollte die »voce soffocata« eben ein Kunstmittel sein und nicht den stimmlichen Stand des Sängers realistisch widerspiegeln.

Der schwedische Tenor **Torsten Ralf** (1901–1954), an der Dresdener Oper in den dreißiger und vierziger Jahren der erste jugendliche Heldentenor, hatte als Stolzing, Lohengrin und Bacchus einen guten Ruf. Sein Otello ist zweimal komplett überliefert. Ein Met-Mitschnitt von 1946 läßt ihn auf italienisch hören, eine erst kürzlich wiederaufgetauchte Aufnahme des Reichssenders Wien von 1943 (Dirigent ist Karl Böhm) auf deutsch. Ralf besaß eine beeindruckende Stimme, die zu großer Kraftentfaltung in der Lage war, andererseits auch stille Momente zu gestalten wußte. Darüber hinaus fehlten ihm allerdings die für einen großen Otello entscheidenden Ingredienzien.

Über **Ramón Vinay** (*1912) kann ich mich hier kurz fassen, weil ihm ein eigener Abschnitt gewidmet ist. Auch über ihn als Otello und als sängerische Erscheinung gibt es sehr unterschiedliche Ansichten, die drei Gesamtaufnahmen sowie die im Vinay-Kapitel genannten Live-Ausschnitte aus Buenos Aires und Studioaufnahmen, die er 1951 mit Eleanor Steber eingespielt hat, lassen für mich jedoch nur den Schluß zu, daß es sich hier neben Zanelli um den wohl größten Interpreten der Rolle handelt, den sie bisher gehabt hat. Die Raserei im Triumph wie in der Zerstörung und Selbstzerstörung kann vielleicht nur ein Sänger adäquat darstellen, der bereit ist, notfalls auch seine eigene Stimme und Karriere zu zerstören (wenn er wie Vinay seine Umstellung vom Bariton auf Tenor technisch so ungenügend fundierte, daß selbst seine Bärennatur dem nicht lange standhielt). Das ist um Gottes Willen kein Rezept für kommende Sänger der Rolle, und Verdi hätte bei einer solchen Bemerkung wütenden Einspruch erhoben, aber ein Gran Wahrheit hat sie vielleicht doch für sich. Vinay hat den Otello rund zehn Jahre erfolgreich singen können; ob seine Ausflüge ins Wagner-Fach mit dazu beigetragen haben, seine Karriere zu verkürzen, darüber läßt sich schlüssig nichts sagen, ich halte es dennoch für sehr wahrscheinlich. Wer mit dem gleichen schonungslosen Einsatz und der gleichen Unfähigkeit, ökonomisch mit seinen Mitteln umzugehen, auch den Siegmund, viel mehr noch aber den Tristan und den Tannhäuser singt (letztere für einen baritonalen Heldentenor eine mörderische Rolle), der muß sich nicht wundern, wenn auch armdicke Stimmbänder ihre Elastizität verlieren. Als traurige Kuriosität höre man sich jenen Mitschnitt einer *Otello*-Aufführung in Dallas von 1962 an, wo Vinay neben Del Monaco als Otello den Jago singt. Es bleiben jedoch jene drei Monumente: 1947 die Studio-Live-Produktion unter Arturo Toscanini, 1948 die Met-Aufführung unter Fritz Busch und 1951 die Salzburger Festspielaufführung unter Wilhelm Furtwängler. Was die Leistung Vinays betrifft, so möchte ich der Busch-Version den Vorzug geben, in der bei aller Brillanz und allem Feuer die Sänger freier atmen und phrasieren als unter der Peitsche Toscaninis.

Neben und nach Vinay ist nur ein Tenor zu nennen, der auf eine ganz andere Weise sich dieser Rolle bemächtigte: Mario Del Monaco. Doch zuvor noch der Hinweis (die angestrebte Vollständigkeit verpflichtet dazu) auf zwei eher kuriose Gesamtaufnahmen. Die eine wurde 1951 eingespielt, auf dem Urania-Label vertrieben und dürfte heute auch Raritätensammlern kaum noch in die Finger kommen. Der Otello-Sänger heißt dort **Gino Sarri**, findet sich in keinem der einschlägigen Werke, weder bei Kutsch/Riemens noch bei Kesting, und ist doch für eine Überraschung gut, denn es ist eine etwas heisere, aber machtvolle und eindringliche Heldentenorstimme, die damals offensichtlich nur eine Provinzgröße war, heute jedoch auf großen Bühnen Eindruck machen könnte – ähnliches gilt, nebenbei gesagt, für den Bariton Antonio Manca Serra als Jago, damals, wenn Kutsch/Riemens richtig informieren, nur wenig über Zwanzig und schon wenige Jahre später gestorben, ein Stimmphänomen eigener Art, eine klobige, wuchtige Stimme, eher ein Alberich als ein Jago, aber ein Sänger, der beeindruckt.

Provinzieller als Sarri, wenn auch bekannter, war der Argentinier **Carlos Guichandut** (*1919), in den fünfziger Jahren sozusagen ein Otello der dritten Reihe, hinter Vinay und Del Monaco, vielleicht stünde er auch heute noch an einem solchen Platze, aber wiederum wäre nur das Fehlen besserer Rollenvertreter daran schuld, denn Guichanduts Leistung war es nicht wert, in einer Gesamtaufnahme verewigt zu werden.

Nun aber zu **Mario Del Monaco** (1915–1982), dessen Charakterbild in der Beurteilung der Experten, vorsichtig gesagt, schwankend ist. Unvorsichtiger gesagt: er ist der beliebteste Punchingball für diejenigen Kritiker, denen subtiles Singen und Anknüpfung an die großen Traditionen des Belcantos über alles gehen. Da ich selbst von solcher Position nicht allzu weit entfernt bin, werden meine Leser nicht erwarten, daß ich mich nun für Del Monaco stark mache und auch nicht in seiner besten Rolle, denn das ganze Kapitel ist ja ein einziges Plädoyer für subtiles, differenziertes Singen gerade in dieser Rolle. Es macht die Größe Vinays aus, daß bei aller Rauheit und Kraftmeierei seines Singens solche Subtilität immer wieder möglich ist, sicher nicht aus einer intellektuellen, sondern eher aus einer identifikatorischen Leistung heraus, die sich kaum auf der Ebene des Bewußtseins abgespielt haben dürfte. Dies ist wohl der entscheidende Punkt, in dem Del Monaco hinter Vinay zurückstehen muß, denn sein Singen bezieht seine unbestreitbare Wirkung nur noch aus dem Kraftmeierischen, das völlig reflektiert und kalkuliert als Wirkungsmacht eingesetzt wird. Del Monacos vokale Machoattitüde, das Sich-in-die-Brust-Werfen eines für seine Rollen um entscheidende Zentimeter zu klein Geratenen, was durch seinen wirklich klassisch schön zu nennenden Kopf nicht ganz ausgeglichen wurde, hat dadurch etwas Kaltschnäuziges gegenüber dem immer heißen Wüstenatem Vinays. Nirgends brennen wir genauer, sagte einmal Ernst Bloch über Otto Klemperer – es läßt sich wunderbar auf Vinay übertragen, für Del Monaco hieße das: Nirgends frieren wir genauer, fasziniert, aber erkältet bis ins Mark. Franziska Martienßen-Lohmann hat die hübsche Bemerkung gemacht, wenn Max Reger sich in einem Hotel unter der Berufsbezeichnung »Akkordarbeiter« eingetragen habe, dann könnten manche Sänger sich als »Metallarbeiter« oder »Maskenverleiher« annoncieren, und Del Monaco gehört zu jener Spezies, deren extrem auf metallische Schlagkraft trainierte Stimme eine Zeitlang daraus große Wirkung zog, jedoch dafür auch bezahlen mußte mit einem frühzeitigen Sprödewerden der Stimme, einem Verlust an Glanz und Biegsamkeit, schließlich gar einem Verschwinden des Timbres, so daß aus einem stählernen Glanz ein rostig-blecherner Klang wurde, der in der Fachwelt als »Gießkannenstimme« häßlich, aber zutreffend gekennzeichnet wird – Martinelli war ein ähnlicher Fall, Corelli in gewissem Maße auch, und eben Del Monaco. Er ist so oft wie kein anderer Otello auf Platte gebannt worden. Ganz am Anfang seiner Karriere 1951 hat er die zentralen Szenen in einem Recital mit Argeo Quadri gesungen, und man versteht sofort, warum er eine solche Karriere gemacht hat, denn eine solche stimmliche Potenz gibt es nicht in jedem Jahrgang (keine Anekdote ist es, daß ihm während seiner Ausbildung Stimmverlust drohte, als ein Pädagoge versuchte, ihm das Pianosingen beizubringen – er kehrte daraufhin zu seiner vertrauten Methode zurück, die in der Vermeidung jeder stimmlichen Zurückhaltung bestand, und hat danach nie mehr einen Lehrer konsultiert). Zweimal stand er als Otello im Studio: 1954 mit Alberto Erede und 1960 mit Karajan – die letztere Aufnahme zeigt bereits die Verhärtungen und Verspannungen des stimmlichen Niedergangs, profitiert aber von der interpretatorischen Leistung des Dirigenten. Darüber hinaus gibt es zur Zeit fünf Live-Mitschnitte zwischen 1954 und 1962. Alle überragend, auch die Studioaufnahmen, ist dabei die Met-Aufführung des Jahres 1958, technisch erstaunlich gut, von Fausto Cleva fulminant dirigiert, mit Leonard Warren und Victoria de los Angeles apart besetzt. Del Monaco, mit all den formulierten Reserven, ist hier so gut wie nie, von einem elektrisierenden, überrumpelnden Furor getrieben, ein Vitalschwung, ein kaltes Feuer, das jeden, der sich von der menschlichen Stimme überwältigen lassen kann, aufwühlt. Unter diesem fast maschinenhaften Schwung leiden natürlich wichtige Facetten der Partie, das Meditative kommt erheblich zu kurz, aber das »Si pel ciel« ist atemverschlagend, und die drei »Sangue«-Schreie drücken selbst noch den Plattenhörer in seinen einsamen Sessel – es ist diese Aufführung, mit der sich Del Monaco in den Otello-Olymp hineingesungen hat.

Ob der Kanadier **Jon Vickers** (*1926) in diesen Otello-Olymp gehört, darüber streiten sich Experten und Fans, ich neige dazu, ihn einzulassen. Hier soll nur von dieser Rolle die Rede sein (mehr über Vickers in einem späteren Abschnitt). Neben Melchior ist er sicher der stimmächtigste Vertreter dieser Rolle, und der Reiz seines Mohren besteht vor allem in der ihm eigentümlichen Mischung aus gewaltigsten Tönen und seiner immer vorhandenen Fähigkeit, dennoch auch subtil und zurückhaltend zu singen, wenn es die Situation erfordert. Wem es auf die Stimme ankommt, der wird von Vickers' erster Gesamtaufnahme begeistert sein, die er 1960 mit Tullio Serafin einspielte. Diese Aufnahme ist besser als ihr Ruf, scheint mir, auch wenn der alte Serafin nicht mehr in der Lage war, der Aufnahme seinen Stempel aufzudrücken. Um einiges nuancenreicher singt Vickers in der zweiten Aufnahme von 1974 (mit Karajan – diese Aufnahme scheint mir hingegen nicht so gut wie ihr Ruf zu sein, als Ganzes), aber die Stimme hat nicht mehr die Gewalt von früher. Bei der ersten war er 34 Jahre alt, bei der zweiten 48, und es scheint fast so, als sei die eine zu früh, die andere zu spät gekommen: 1967 hätte also *die Otello*-Aufnahme mit diesem gewaltigen Tenor entstehen müssen, wenn man das arithmetische Mittel nimmt, aber dennoch bleibt die Tatsache, daß Vickers der letzte Sänger ist in jener gloriosen Reihe von Tamagno über Zanelli, Melchior und Vinay, mit Einschränkungen auch Del Monaco, der es verstand, dem Otello jenes überdimensionale Maß zu verleihen, ohne das diese Rolle zu einem tenoralen Alltagsereignis herunterkommen muß, das sie auf gar keinen Fall sein darf, und deshalb ist an der bleibenden Größe seiner Otello-Interpretation nicht zu rütteln.

Beim nächsten Sänger, dem Amerikaner **James McCracken** (1926–1988), werde ich mich mit meinem Urteil zwischen alle Stühle setzen, denn »Jimmy« McCracken ist bei seinen wenigen Opernaufnahmen, die er gemacht hat, vor allem aber beim Otello, so einhellig verrissen worden von allen, die von der Sache etwas verstehen, daß es schon äußerst riskant ist, daran ein gutes Haar zu finden, will man noch ernst genommen werden. Ich kann mir jedoch nicht helfen: Ich kann nicht anders als gleich mehrere gute Haare an ihm zu finden. Dabei bemühe ich mich ganz inständig, zu trennen zwischen dem Eindruck, den ich zweimal auf der Bühne in seiner größten Rolle von ihm hatte, einmal 1966 auf dem Höhepunkt seiner stimmlichen Leistungsfähigkeit in der Wiener Staatsoper und dann noch einmal 1978 in der Münchner Staatsoper, als seine Stimme nur noch Ahnungen der einstigen Bedeutung vermittelte, und dem Platteneindruck. Der Wiener *Otello* ist der größte Eindruck, den ich je von einem Bühnen-*Otello* hatte – hier aber muß und will ich mich auf den Platteneindruck beschränken, der sich auf ein »Niun mi tema« auf seinem ersten Recital 1965 beschränkt und auf die vielgescholtene Gesamtaufnahme, die John Barbirolli 1968 einspielte. Ausnahmsweise ein Wort zum Dirigenten, der in allen Kritiken schlecht weggekommen ist: Sicher, alle kontrollierte Wildheit, die man als *Otello*-Dirigent auch braucht, waren dem alten Sir John nicht gegeben, aber man höre sich nur vergleichend einmal das »Già nella notte densa« an – eine solche wunderbare Entspanntheit und meditative Ruhe erreicht keine andere Einspielung, die pure musikalische Schönheit, die Mahler-Nähe dieses »langsamen Satzes« ist einfach überwältigend. Aber zu McCracken: die einstimmige Schelte für diese Aufnahme (ich hoffe, ich habe keine Lobeshymne übersehen) geht vor allem vom »Dio mi potevi«-Monolog aus: deplaciert, geschmacklos, völlig übertrieben, unfreiwillig komisch und so weiter – das ist der Tenor. Ich halte zu Gnaden und dagegen: Niemand außer McCracken hat den Mut gehabt, Verdis Vorschrift »voce soffocata« zu verwirklichen, und Barbirolli, der enorm viel von italienischer Oper verstand und dessen Vater und Großvater im *Otello*-Uraufführungsorchester gesessen hatten, hat es offensichtlich toleriert. Ich will damit nicht behaupten, daß Verdi das abgesegnet hätte, es ist sicherlich eine extreme Deutung, aber dieses wirklich erstickte, gebrochene Schluchzen und Aufschreien rührt mich immer wieder zutiefst, auch wenn es mit einer zeitgemäßen *Schallplatten*ästhetik nur schwer zu vereinbaren ist und auch wenn die ganze Aufnahme zeigt, daß McCracken ein Sänger war, der mit seinen reichlich vorhandenen stimmlichen Mitteln um sich warf wie der starke Mann auf dem Jahrmarkt mit seinen Gewichtsattrappen; sein rauhes, ungefüges Organ hätte dringend einen technischen Feinschliff gebraucht, auch er war eher ein Bariton, der nie wirklich zu einem Tenor geworden war, und so dauerte die Glanzperiode nicht länger als bei Vinay, aber er bleibt dennoch ein Otello von höchst individuellem Profil und charakteristischer Wucht, eher Speckstein als Marmor.

Der italienische Tenor **Carlo Cossutta** (*1932) hat in dieser Rolle in den späten siebziger und den achtziger Jahren eine nicht unbeträchtliche Karriere machen können, überall dort, wo Domingo nicht zur Verfügung stand, war Cossutta ein eindrucksvoller Ersatz, auch wenn man beide Stimmen nicht unmittelbar vergleichen kann. 1977 wurde er dafür belohnt mit der Einspielung, die Georg Solti dirigierte. Die Stimme war zu diesem Zeitpunkt durchaus eindrucksvoll, breit, dunkel gefärbt, ohne geradezu baritonal zu sein; allerdings hatte sie schon damals ein Problem, das sich inzwischen zugespitzt hat, nämlich eine starke Vibratoneigung, weil der Sänger seine Stimme immer künstlich verbreitern wollte auf Kosten der Spitze, um den heldischen Partien gewachsen zu sein. Das ist kein Otello der allerersten Garnitur, aber doch eine respektable Leistung, der das Außerordentliche fehlt, das eine solche Interpretation doch haben muß.

Eine völlige Außenseiterrolle spielt eine Gesamtaufnahme, die hierzulande nahezu unbekannt ist, eine englisch gesungene Version aus dem Jahr 1983, live bei einer Londoner Aufführung unter Mark Elder mitgeschnitten. **Charles Craig** (*1919) ist der Otello dieser Aufführung, und Insider werden sich dieses Namens erinnern, der auf Platten so gut wie nie zu Ehren kam, als Otello in den siebziger Jahren jedoch auch international einen guten Ruf hatte (er sang ihn etwa auch an der Deutschen Oper Berlin). Craig war 63 Jahre alt, als er die festgehaltene Aufführung sang, der älteste Otello, der überhaupt auf Platte gebannt ist, und keineswegs der stimmlich gebrechlichste. Im Gegenteil ist dies eine Lehrstunde, wie man als Tenor auch im heldischen Fach, das Craig jahrzehntelang sang, seine stimmliche Vitalität bewahren kann, und sein Erfolg wird verständlich, wenn man diese erstaunlich frische, männliche Stimme hört, deren einziges Alterszeichen nur Intonationsprobleme sind. Es ist ein Jammer, daß Craig nicht zehn, fünfzehn Jahre vorher diese Aufnahme gemacht hat, wir hätten einen Otello der allerersten Linie, der allerdings als Interpret nicht ganz die Qualität des Sängers erreicht (Craig hat 1971 unter Carlos Kleiber in München den Otello gesungen, ein mir zugängliches Tonband bestätigt diesen Verlust).

Der erfolgreichste Otello-Interpret unserer Tage ist **Plácido Domingo** (*1941). Domingo hat sehr früh, zum Entsetzen aller Fachleute, seinen ersten Otello gesungen, und schon bald nach seinem Debüt hat er ihn in einer Scala-Eröffnungspremiere gesungen, die in die Werkgeschichte eingegangen ist (mit Piero Cappuccilli und Mirella Freni, dirigiert von Kleiber, ein Raubmitschnitt ist wohl auf Betreiben des Dirigenten von der Bild- und Tonfläche verschwunden und war auch mir nicht zugänglich; Kleiber, als *Otello*-Dirigent heute sicher eine Ausnahmeerscheinung, ist der Welt sozusagen seinen *Otello* noch schuldig). Zweimal hat Domingo inzwischen die Oper eingespielt, einmal 1978 unter James Levine und dann noch einmal 1986 als Vorlage für den unsäglichen *Otello*-Film Franco Zeffirellis unter Lorin Maazel. Ich beziehe mich hier auf die spätere Aufnahme, die sich, was die Leistung Domingos betrifft, von der älteren nicht sehr unterscheidet. Domingo ist ohne Zweifel der eindrucksvollste Otello unserer Tage, sein Riesentalent und die Qualität seiner Stimme triumphieren auch hier, aber wenn man einmal, wie wir es jetzt getan haben, die »Otello-Legacy« unseres Jahrhunderts einschließlich Tamagnos Revue hat passieren lassen, dann wird sich beim Anhören (ich hüte mich, den Eindruck des Films hier verschärfend miteinzubeziehen) eine Enttäuschung nicht verhehlen lassen, eine Enttäuschung, die daraus resultiert, daß bei dem maniakalischen Rollenverschleiß Domingos letztlich auch der Otello nur eine Rolle unter anderen ist, sein kann, sein muß, wie sehr auch der Sänger im Begleitheft beteuert, daß Otello der Gipfelpunkt einer Tenorkarriere ist. Seine Interpretation bleibt »streamlined«, mit dem breiten und großen Pinsel gemalt. Man hört alle großen Vorbilder heraus, man ist von der Stimme begeistert, aber es ist eine relativ unpersönliche Rollenvariante, der die Bereitschaft fehlt, ein sängerisch-darstellerisches Risiko einzugehen. Domingos freundlichem Naturell fehlt doch die Fähigkeit zur Entäußerung, zur radikalen Zuspitzung eines Charakters, wie sie der sehr viel weniger perfekte Sänger Vinay, um ihn wieder anzuführen, in jeder Faser leistete. Weniger wichtig ist, daß einige hohe Töne nicht mehr so frei kommen wie in der früheren Aufnahme. Es scheint so, daß Otello eine Rolle ist, die keine oder nur wenige Götter neben sich duldet. Wer sich ihr verschreibt, muß sich ihr mit Haut und Haaren verschreiben – so taten es Zenatello, Zanelli, Vinay und Del Monaco, auch Tamagno. Ein Otello, der zwischen einen Alfredo, einen Radames, einen Rodolfo und einen Lohengrin »eingepaßt« wird, kann nicht das exzeptionelle Ereignis sein, das er immer sein sollte, wenn der singuläre Rang dieses Werkes innerhalb der europäischen Operngeschichte deutlich werden soll.

Die letzten beiden Gesamtaufnahmen der Oper entstanden 1990 und 1991, beide merkwürdigerweise als Mitschnitte konzertanter Aufführungen. Die jüngere davon hat als Positiva immerhin Solti als Dirigenten und das unbestreitbar hervorragende Chicago Symphony Orchestra aufzubieten. Mit dem Titelhelden jedoch fällt sie um einige entscheidende Grade hinter Soltis eigene ältere Aufnahme zurück, die mit Cossutta keinen Otello der allerersten Garnitur, aber doch einen soliden Sänger mit durchaus adäquaten Mitteln aufzubieten hatte. Mit **Luciano Pavarotti** (*1935) allerdings hat Solti einen Protagonisten, dem zu einem überzeugenden Otello fast alles fehlt: Temperament, Timbre, Volumen, Farbe, Tiefe. In seinem Buch *My Own Story* hatte Pavarotti 1981 geschrieben beziehungsweise schreiben lassen: »Aber bestimmte Tenorrollen, auch im italienischen Repertoire, werden immer jenseits meiner Möglichkeiten bleiben: Verdis ›Otello‹ und Giordanos ›Andrea Chenier‹.« Hätte er sich doch nur an seine Maxime gehalten.

Die ältere Aufnahme entstand in Tokio, Gustav Kuhn ist der Dirigent, der rumänische Tenor **Corneliu Murgu** (*1948) ist der Otello dieser Aufnahme. Hätte man (schreckliche Vorstellung) einzig zwischen diesen beiden Aufnahmen zu wählen (immer im Hinblick auf den Tenor), so bin ich nicht sicher, ob die Wahl nicht doch auf Pavarotti fiele, der durch seine glasklare Diktion und einige anrührende stille Momente dann doch einige Pluspunkte sammeln kann; Murgu ist stimmlich erheblich üppiger ausgestattet, gehört aber zu jenen traurig stimmenden Otello-Sängern, die da glauben, laute Töne reichten aus, um diese Rolle zu gestalten – eine rein äußerliche Angelegenheit mit permanenten Problemen der Intonation und der rhythmischen Genauigkeit. So endet die *Otello*-Diskographie derzeit mit zwei Tiefpunkten, aber glücklicherweise ist die glorreiche Vergangenheit greifbar.

Hinweise

Die Otello-Aufnahmen Francesco Tamagnos sind auf CD erhältlich bei Pearl, die Giovanni Zenatellos bei Preiser, die Lauritz Melchiors bei Nimbus; die Gesamtaufnahmen Ramón Vinays bei Melodram (mit Fritz Busch) und RCA (mit Arturo Toscanini). Von Mario Del Monaco ist zur Zeit nur die Studioaufnahme mit Herbert von Karajan zugänglich (Decca) und ein Mitschnitt unter Alberto Erede (Nuova Era). Jon Vickers mit Tullio Serafin gibt es bei RCA.

Sängerinnen und Sänger der zwanziger und dreißiger Jahre

Alexander Kipnis

Fragt man heute einen musikinteressierten Operngeher nach dem größten Bassisten dieses Jahrhunderts, so wird die Antwort wohl Fjodor Schaljapin lauten, der Connaisseur wird sich davon unterscheiden wollen, indem er den weit unbekannteren Namen Alexander Kipnis fallen läßt. Connaisseure haben nicht immer recht, aber in diesem Falle wird sich die Berechtigung dieses Urteils nicht bestreiten lassen. Dieser unterschiedliche Bekanntheitsgrad ist um so erstaunlicher, wenn wir davon ausgehen, zwei deutsche Opernfreunde gefragt zu haben, da Schaljapin nur bei relativ seltenen Gastspielen in Deutschland gesungen hat, während für Kipnis Deutschland zwischen 1913 und 1935 das Zentrum seiner Karriere bildete und er zuletzt sowohl in Bayreuth als auch in Salzburg und an der Berliner Staatsoper in der allerersten Linie der Bassisten stand. Der Unterschied ist einzig darin begründet, daß es Schaljapin schon zu Lebzeiten geschafft hatte, ein Mythos zu werden, das heißt, weit über den engeren Kreis der Gesangs- und Operninteressierten hinaus zu einem Synonym für Sänger zu werden wie vor ihm nur Enrico Caruso und sagen wir Nellie Melba, nach ihm Maria Callas, heute die Tenöre Plácido Domingo und Luciano Pavarotti. Kipnis hat diesen Status nie erreicht, auch nicht erstrebt, doch ich bin sicher, daß seine Schallplattenhinterlassenschaft, die reich und vielseitig ist wie die keines anderen Bassisten, Bestand haben wird.

Der Vergleich mit Schaljapin soll nicht weitergeführt werden, denn außer der Tatsache, daß es sich um einen russischen und einen ukrainischen Sänger handelt (was so nahe beieinander liegt wie ein deutscher und ein italienischer Sänger), gibt es wenige Möglichkeiten zur direkten Konfrontation. Schaljapin hat mit einem sehr engen Repertoire Weltkarriere gemacht, das neben vor allem russischen Nationalopern des 19. Jahrhunderts und russischen Liedern nur einige Spezialpartien des französischen und italienischen Repertoires umfaßte. Der Grund dafür ist nicht in einem Unvermögen des Sängers zu suchen, sondern unter anderem in seinem sehr spezifischen Stimmcharakter und einer nicht sehr ausgeprägten Sprachbegabung, die gerade für das in Rußland populäre Französisch einigermaßen ausreichte, nicht aber mehr für das Italienische und Deutsche. Kipnis dagegen ist, wenn schon nicht der größte, dann auf jeden Fall der vielseitigste Bassist dieses Jahrhunderts, der merkwürdigerweise gerade die großen russischen Rollen erst gegen Ende seiner Karriere gesungen hat, als ihm in Amerika die Chance dazu gegeben wurde. Neben dem Boris gehörte allerdings Gounods Méphistophélès zu seinen großen Rollen (Boitos Mefistofele sang er 1930 in Chicago), er sang aber auch Mozart und war sowohl als Sarastro wie als Leporello berühmt, er sang Verdi, sein Wagner-Repertoire reichte vom Gurnemanz, mit dem er in schon fortgeschrittenem Alter an der Met debütierte, bis zum Wotan (unvorstellbar von Schaljapin), und schließlich war er einer der bedeutendsten Interpreten des Kunstliedes seiner Zeit, ohne sich dabei auf Carl-Loewe-Balladen zu beschränken, wie dies so viele Bassisten taten und noch tun.

Geboren wurde Alexander Kipnis in Schitomir in der Ukraine am 1. Februar 1891. Bereits vor dem Stimmbruch fielen Musikalität und schöne Knabenstimme auf, Musiker oder gar Sänger als Berufsziel schien jedoch zunächst weitab zu liegen, und der Kaufmannsberuf wurde anvisiert. Am Konservatorium von Warschau kam es jedoch dann zu einem Musikstudium, zunächst mit dem Ziel eines Militärkapellmeisters, damals eine der sichersten musikalischen Karrieren, die man sich vorstellen konnte. Die stimmliche Begabung ließ sich jedoch immer weniger verleugnen, Kipnis ging nach Berlin und hatte das Glück, dort an den Pädagogen Ernst Grenzebach zu geraten, dessen Schulung mindestens drei Weltklassesänger zu verdanken sind: Kipnis, Lauritz Melchior und Max Lorenz. Bei Ausbruch des Ersten Weltkrieges wurde Kipnis zunächst als ›feindlicher Ausländer‹ interniert; man befand sich jedoch noch in relativ humanen Zeiten, denn der feindliche Ausländer konnte gelegentlich abends als Sänger in bescheidenem Rahmen auftreten und tagsüber seiner Internierung Genüge tun. Nach seiner Freilassung debütierte er 1915 an der Hamburger Oper. 1917 wechselte er an die Hofoper in Wiesbaden und erarbeitete sich hier die Grundlagen seines legendär breiten Repertoires, unter anderem sang er im Wiesbadener Ensemble seinen ersten Hagen an historischer Stätte, nämlich in Worms. 1922–30 war er dann am Deutschen Opernhaus in Berlin engagiert (das nach 1925 Städtische Oper hieß) und entwickelte in dieser Zeit auch seine internationale Karriere. 1930–35 sang er an der Staatsoper in Berlin. Schon 1923 bereiste er mit der German Opera Company Nordamerika, von 1923 bis 1932 sang er regelmäßig an der Oper von Chicago, zwischen 1927 und 1933 gehörte er zu den führenden Bassisten der Bayreuther Festspiele. Bereits 1916 hatte er seine ersten Schallplattenaufnahmen gemacht, darunter eine Arie des Mozartschen Figaro, aber auch schon eine Szene des Gounod-schen Méphistophélès, 1927 gab es eine weitere Aufnahme, die nichts von ihrem Glanz verloren hat, es handelt sich um die Szene des Gurnemanz, »So ward es uns verheißen«, mit Fritz Wolff als Parsifal und Siegfried Wagner als Dirigent.

Für Kipnis-Neueinsteiger, die etwas für Wagner übrig haben, ist dies der wohl beste Introitus, vor allem, wenn man die respektablen Gurnemanze der neueren Schallplattengeschichte im Ohr hat, ich nenne nur die zwei besten: Franz Crass und Kurt Moll. Nichts gegen diese beiden ausgezeichneten Künstler, aber erst, wenn man Kipnis gehört hat, weiß man, wie ein Baß auch klingen kann: unglaublich klangreich, sonor, dabei warm und keineswegs knarrend wie so viele russische Bässe, eine ganz spezielle Mischung aus slawischem Timbre und italienischer Stimmschulung (obwohl Kipnis nie in Italien gelernt hat), mit perfektem Deutsch, kein verkappter Baßbariton, aber auch kein forcierter »basso profondo« mit Nebelhorntönen, sondern einfach eine ebenso voluminöse wie schöne Baßstimme, ich glaube, die schönste Baßstimme, die auf Schallplatte überliefert ist. Kipnis stand nicht an allererster Stelle der Bayreuther Bässe jener Jahre, die mußte er den älteren und schon renommierteren Kollegen überlassen, wie Emanuel List, Josef von Manowarda und Ivar Andrésen, aber er alternierte etwa beim neuen *Tristan* von 1927 als Marke mit Andrésen, sang außerdem den Gurnemanz, noch im Juli 1933 den Pogner in der Neuinszenierung der *Meistersinger* durch Heinz Tietjen. »Noch« sage ich, weil damit seine Mitwirkung in Bayreuth beendet war, denn er war nach den rassischen Grundsätzen der neuen Herren nicht tragbar. So kommt es zu dem merkwürdigen Nebeneinander im Bayreuther Festspielführer von 1933, daß weit vorne der neue Führer prangt, als Kanzler des Deutschen Reiches, und bei den Mitwirkenden Kipnis als Pogner, Gurnemanz und Titurel angekündigt wird – gleich hinter ihm List, sein Kollege im Alphabet, auch er ein »nicht-arischer« Wagner-Sänger hohen Ranges (der unübertroffene Hunding in Bruno Walters Aufnahme des ersten Aktes der *Walküre*), der 1934 Deutschland verlassen mußte (Manowarda entwickelte sich hingegen zum treuen Parteigänger der neuen Ordnung).

Kipnis selbst hat erzählt, daß er wie andere Künstler in jenem Jahr 1933 von Winifred Wagner, der Herrin von Bayreuth, zu einem Essen in Wahnfried eingeladen wurde, ein geheimnisvoller Ehrengast wurde versprochen. Es kam Kipnis zu Ohren, daß es sich dabei um Hitler handeln würde, und er suchte und fand eine Ausrede, nämlich die, daß er mit dem großen Wagner-Biographen Ernest Newman zu Abend essen müsse – eine weitere Einladung nach

Wahnfried erfolgte nicht. Es gehört zu den Ungereimtheiten jener Jahre, daß zu Anfang des Dritten Reiches auch jüdische Künstler sich noch eine Zeitlang halten konnten, bei entsprechendem Rang und entsprechender Protektion – so kam es, daß Kipnis noch 1932 an die Berliner Staatsoper berufen wurde, das erste Institut deutscher Opernherrlichkeit, und ihr nominell bis 1935 angehören konnte. Im Gegensatz zu manchen anderen Kollegen aber machte er sich keine Illusionen über die Entwicklung in Deutschland, nutzte seine guten Kontakte nach Amerika und wurde bereits 1931 amerikanischer Staatsbürger. Noch aber sang er vornehmlich in Europa. Wien und Salzburg waren noch nazifrei, also war er dort jetzt oft zu hören, sein Sarastro in der Salzburger *Zauberflöte* von 1937 ebenso wie sein Rocco im *Fidelio*, beides unter der Leitung Arturo Toscaninis, sind wichtige Daten in jenen Jahren. Ein Jahr später aber war auch das vorbei, denn Österreich war nicht mehr Österreich, sondern zur Ostmark geworden. Bis Kipnis (ein 49jähriger Met-Debütant) im Jahr 1940 nach New York gerufen wurde, gestalteten sich die letzten Jahre vor dem Krieg sehr unübersichtlich. Es gab Gastspiele in England, Konzerttourneen nach Australien und Neuseeland, nach Nord- und Südamerika. Es waren vor allem die Jahre, in denen er seine Tätigkeit als Liedinterpret auf einen Höhepunkt führte (die bei der späteren Operntätigkeit an der Met wieder mehr in den Hintergrund trat).

Kipnis ist unter den großen Liedsängern dieses Jahrhunderts schon insofern eine Ausnahme, als er der einzige wirkliche Baß ist, der auf diesem Gebiet Höchstes erreicht hat; dies war vor allem zu seiner Zeit völlig ungewöhnlich, als es einerseits die Liedspezialisten wie Elena Gerhardt und Gerhard Hüsch gab, andererseits die Opernsänger, die sich mit großer Stimme und großem Pathos in das Abenteuer eines Liederabends stürzten, bei dem oft die Mischung aus Arien und Liedern typisch war (wie wir sie heute noch bei italienischen Tenören finden). Daß ein ukrainischer Bassist in die höchsten Ränge der Hugo-Wolf- und Johannes-Brahms-Interpreten aufstieg, das war etwas höchst Ungewöhnliches und ist unter anderem dem genannten Newman zu verdanken, der nicht nur Wagner-Biograph war, sondern auch Vorsitzender der Hugo Wolf Society, deren Anthologie mit Liedern des Meisters, produziert vom jungen Walter Legge, Plattengeschichte gemacht hat. Legge hörte Kipnis bei einem Londoner Liederabend Wolf singen und war überglücklich, einen Interpreten für die Lieder für tiefe Stimme gefunden zu haben, die nicht transponiert werden sollten oder konnten.

Es mag gute Gründe geben, Kipnis' Leistungen im Liedgesang für seine größten zu halten, ich bin da nicht so puritanisch, aber sie sind seinen Opernaufnahmen zumindest gleichwertig, in ihrem Gelingen gemessen an den Zeitumständen aber sehr viel ungewöhnlicher. Was ist es, das auch heutige Hörer an diesen Aufnahmen von »Sascha« Kipnis, wie ihn seine Freunde nannten, überwältigt? Natürlich zuerst einmal die pure Qualität der Stimme. Es gibt ja viele Beispiele dafür, daß Sänger im Liedbereich Hervorragendes leisten, die auf der Opernbühne gar nicht oder in nur bescheidenem Maße Erfolg haben, zum Beispiel, weil ihre Stimme von Volumen und Tragfähigkeit her einfach nicht ausreicht, um ein Orchester, gewissermaßen auf Dauer, übertönen zu können; es gibt diese Beispiele vor allem im frankophonen Bereich: ich nenne den großen Charles Panzéra, Bernard Kruysen und vor allem Gérard Souzay. Bei Kipnis haben wir es jedoch mit einer Stimme zu tun, die es mit jedem Dröhnbaß aufnehmen kann, was Volumen, Tragfähigkeit und Steigerungs-möglichkeiten betrifft, von der einzigartigen Qualität des Timbres nicht zu reden. Kipnis hatte außerdem überhaupt nicht das Problem der meisten Sänger mit viel Stimme, die, wenn sie überhaupt Lieder singen, zum einen Balladen bevorzugen (Bässe singen deshalb so gerne Loewe), in denen sie ihre Stimm-kraft ausspielen können, sich darüber hinaus immer schwer tun, ihre Stimme auf das Format der Lieder zu reduzieren, eine Reduktion, die beileibe nicht immer erforderlich ist, denn das Lied, richtig verstanden, benötigt die ganze Skala der Dynamik, aber doch partiell erforderlich ist. Kipnis hatte damit keine Probleme, denn seine Fähigkeit, ein klangvolles Mezza voce zu singen, also mit halber Stimme immer noch relativ sonor zu singen und den Klang nicht zum körperlosen Hauch zu degenerieren, war eminent ausgebildet. Das Aufregende daran, wie er etwa »Nun laß uns Frieden schließen« aus Wolfs *Italienischem Liederbuch* hauchzart singt, ist das jederzeit lauernde und ahnbare Potential eines schwarzen, rollenden Basses.

Gerald Moore, der mit ihm als Begleiter arbeitete und auch Aufnahmen machte, stellt ihm in seinen Erinnerungen ein hervorragendes Zeugnis aus, und das will im Rückblick etwas heißen, denn Moore hat ja später mit den bedeutendsten Liedinterpreten der Nachkriegszeit gearbeitet, mit Dietrich Fischer-Dieskau und Elisabeth Schwarzkopf vor allem, die den Liedgesang auf ein vorher nicht erreichtes Niveau hoben:

»Er war ein großartiger Musiker mit einer tiefen Baßstimme, dunkel, doch samtig und von großer dynamischer Ausdruckskraft. Sein mezza voce war be-zaubernd und doch nicht körperlos, denn man spürte eine verborgene Kraft dahinter. Er besaß die gleiche Stimmqualität wie Schaljapin und wie wir sie heute bei Boris Christoff hören, aber diese beiden Künstler erwarben ihren Ruhm auf der Opernbühne. Als Liedersänger werden sie von Kipnis ohne weiteres in den Schatten gestellt, und ich bin bereit, ihm die Palme zuzu-sprechen als dem besten Musiker unter allen Bassisten, die ich je begleitete. Es war aber nicht leicht, mit Sascha Kipnis zu musizieren, er hatte panische Angst davor, daß das Klavier für seine Stimme zu schwer würde. Alle Sänger mit tiefen Stimmen und auch die Cellisten werden von dieser Furcht gequält, und man muß zugeben, daß sie von einem unachtsamen Begleiter sehr leicht übertönt werden können. Kipnis liebte es, wenn die Begleitung ein schattenhafter Hintergrund blieb. Da ich mich seiner Schwäche fügte, tönt in unserer Plattensammlung von Brahms-Liedern die Begleitung so, als ob ich im Nebenzimmer spielte – meiner Meinung nach sehr zum Nachteil der Lieder. Sascha hätte seine Liederabende am liebsten a cappella gegeben, wenn das möglich gewesen wäre.«

Moore spricht hier unter anderem die dynamische Ausdruckskraft Kipnis' an, und dies ist in der Tat eine weitere Stärke dieses außergewöhnlichen Sängers. Während viele Bassisten, auch die berühmten, zwischen einem gehauchten Piano und einem geröhrten Fortissimo nur sehr wenige Zwischentöne haben, ist die Skala bei Kipnis enorm differenziert. Vor allem ist er ein Meister der Stimmfärbung und Stimmabtönung, und es ist daher verständlich, daß er gerade die Lieder liebte, in denen gewissermaßen verschiedene Rollen zu singen waren. So kann man es beim *Erlkönig* hören, wo er die vier Stimmcharaktere subtil voneinander abhebt, ähnlich facettiert er in Brahms' *Von ewiger Liebe* die Stimmen der beiden Liebenden, gleiches läßt sich von Wolfs *Geselle, wolln wir uns in Kutten hüllen* sagen – überhaupt ist erstaunlich, welch zarter Töne diese mächtige Stimme fähig war.

1940 begann mit dem New Yorker Debüt als Gurnemanz im *Parsifal* der letzte Abschnitt in Kipnis' Karriere, der inzwischen fast 50 Jahre alt war, er dauerte noch einmal zwölf Jahre und war kaum weniger erfolgreich als die vorhergehenden Abschnitte. Kipnis war nun wieder in erster Linie Opernsänger, was auch damit zusammenhing, daß in den USA das Publikum für das deutsche Lied (auch im Zusammenhang mit dem Zweiten Weltkrieg) nicht eben groß war, und nur für die zunehmende Zahl deutscher Emigranten die deutsche Waldeinsamkeit zu besingen, das war halt nicht abendfüllend. Sein schon von Hause aus enormes Repertoire erfuhr jetzt noch einmal eine Erweiterung durch jene Opern, die im Repertoire der Met vorhanden waren, während sie im Deutschland oder Österreich der Vorkriegszeit relativ unbekannt waren: König Arkel in Debussys *Pelléas et Mélisande*, Nilakantha in Delibes' *Lakmé*, Gremin in Tschaikowskis *Eugen Onegin*, Galizki in Borodins *Fürst Igor*. Die Standardrollen fehlten daneben nicht, wie man an einigen Live-Mitschnitten aus der Met in jenen Jahren feststellen kann; man hört dort also Kipnis als Landgraf im *Tannhäuser* neben Lauritz Melchior, als Leporello neben Ezio Pinzas Giovanni unter Bruno Walter, als Rocco neben der Leonore der Kirsten Flagstad, ebenfalls von Walter dirigiert.

Die wichtigste Erweiterung des Kipnis-Repertoires war aber eine schon gar nicht mehr erwartete: Der *Boris Godunow* sollte aufgeführt werden, Schaljapin stand nicht mehr zur Verfügung – seine Zeit an der Met war schon 1928 zu Ende gegangen. Pinza sang den Boris, aber man mußte doch feststellen, daß ein italienischer Basso cantante, ideal geeignet für den Giovanni und den Figaro, für den Boris eine luxuriöse Fehlbesetzung war. So erinnerte man sich Kipnis' russischer Muttersprache und der Tatsache, daß diesem Bassisten keine Partie fremd war. Der Mittfünfziger Kipnis bestand die Herausforderung. Er ist zwar kein sehr berühmter Vertreter dieser Rolle geworden; hört man sich die vier notorischen Ausschnitte aus der Oper an, die schon fast den gesamten Part des Boris enthalten (sicher die kürzeste Partie eines Titelhelden in einer abendfüllenden Oper, aber nicht die anspruchsloseste), so wird man aber doch geneigt sein, Kipnis in die allererste Reihe der großen Boris-Sänger dieses Jahrhunderts zu stellen, neben Schaljapin, Christoff, London und Ghiaurov. 1952 war die Karriere von Kipnis beendet, noch lange Jahre hat er dann seine Lehrtätigkeit fortgesetzt, erst am New York College of Music, danach an der Juilliard School.

Eine Erinnerung sei hier angefügt. Ich habe mich selten darum bemüht, persönlichen Kontakt zu bedeutenden Sängern zu suchen, weil mir eine mögliche Verwechslung mit der Masse der kritiklosen Adoranten, die viele Sänger umgeben, immer zuwider war. Im Falle von Kipnis bin ich sehr froh, einmal über meine Bedenken hinweggegangen zu sein. Bei Gelegenheit einer New-York-Reise im Frühjahr 1974 (vier Jahre später ist er gestorben) besuchte ich ihn und seine Frau in ihrem Haus in Westport (Connecticut), eine Zugstunde von New York entfernt. Der 83jährige war guter Dinge, freute sich über den Besuch aus Deutschland, zu dem seine Kontakte doch sehr minimal waren, wie ich das Gefühl hatte. Er sprach einige Minuten auf Band für eine Rundfunksendung, die ich vorbereitete, und war glücklich zu hören, daß seine damals neu herausgekommenen Langspielplatten auch in Deutschland und Österreich seinen Ruhm erneuerten, denn natürlich war er zu jener Zeit in Amerika, speziell beim Publikum der Met, noch viel bekannter als bei uns, wo er 40 Jahre zuvor das letzte Mal zu hören gewesen war. Er erzählte faszinierend von der Zeit in Bayreuth, von Siegfried und Winifred Wagner und den Schatten des Nazismus, die in Bayreuth besonders spürbar waren, in den Jahren vor 1933; verblüfft war er, daß ich junger Bursche die Bayreuther Sänger um 1930 gut kannte, selbst solche der zweiten Garnitur wie Robert Burg, über dessen Charakter er nicht viel Gutes sagen konnte.

Solange es klingende Zeugnisse großen Kunstgesangs geben wird, so lange wird Kipnis' Stimme einen der allervordersten Plätze in der Rangliste einnehmen, nicht nur die exzeptionelle Stimme, sondern auch der ungewöhnliche Interpret. Er war – nehmt alles nur in allem – der größte Bassist unseres Jahrhunderts, wir werden wohl kaum mehr seinesgleichen hören.

Hinweise

Es gibt, soweit mir bekannt ist, keine ausführliche biographische Information über Alexander Kipnis. Das ist ein Jammer, denn dieses Leben war wahrlich reich an künstlerischen und zeitgeschichtlichen Erlebnissen. Der Sohn Igor Kipnis, ein international bekannter Cembalist, bereitet zusammen mit William Youngren eine Biographie vor, die voraussichtlich 1994 bei Amadeus Press, Portland, erscheinen wird. Im Augenblick bietet das Sommerheft 1991 der Zeitschrift *Opera Quarterly* (Jahrgang VIII, Heft 2) mit mehreren Aufsätzen über Kipnis die beste Information.

Pearl hat unter dem Titel *The Best of Alexander Kipnis* eine von seinem Sohn Igor Kipnis betreute schöne Auswahl auf CD herausgebracht. Bei Music and Arts erschien eine Doppel-CD mit Kipnis' sämtlichen Brahms- und Wolf-Aufnahmen, das fast gleiche Programm ist auch auf zwei CD bei Preiser erhältlich. Bei RCA erschienen unter dem Titel *Alexander Kipnis – Boris Godunov* seine Aufnahmen russischer Arien und Lieder.

Ezio Pinza

Daß aus einem Radrennfahrer ein Schlagersänger wird, das würde heute niemanden mehr verwundern. Daß aber aus einem Radrennfahrer einer der bedeutendsten Opernsänger seiner Zeit wird – das ist fürwahr ein einmaliger Fall, und dieser Fall ist verbunden mit dem Namen des Bassisten Ezio Pinza. Pinza wurde am 18. Mai 1892 in Rom als siebtes Kind eines Schusters geboren. Getauft wurde er auf den Namen Fortunato, da dem Priester der Name Ezio allzu heidnisch vorkam, aber es blieb ein Leben lang bei Ezio. Die Familie übersiedelte bald nach Ravenna, wo Ezio durch Brotaustragen zum Unterhalt beitrug und eine Tischlerlehre begann. Zunächst fielen nicht seine musikalischen, sondern seine sportlichen Talente auf, und er beschloß, durch Radrennen sein Geld zu verdienen. Dieser Beruf erwies sich aber bald als nicht sehr ertragreich, da die großen Erfolge ausblieben, und sein Vater meinte schließlich, seine Stimme klänge doch unter der Dusche so gut, daß man sie ausbilden sollte. Pinzas Gesangsstudium in den Konservatorien von Ravenna und Bologna war allerdings sehr fragmentarisch – es geht sogar das Gerücht, daß er wegen vollkommener Talentlosigkeit abgewiesen worden sei. Seine Ausbildung kann jedenfalls nicht länger als zwei Jahre gedauert haben, denn bereits 1914 debütierte er an einer Provinzbühne in La Spezia als Oroveso in Bellinis *Norma*. Der Kriegsausbruch 1914 unterbrach die Sängerlaufbahn, und Pinza machte statt an der Bühne beim Militär Karriere, aus dem er erst 1919 wieder entlassen wurde. Eine Zeitlang war er Bremser bei der Eisenbahn, bevor er an die römische Oper engagiert wurde. 1921 gelang ihm der Sprung an die Mailänder Scala, wo er bald Arturo Toscanini auffiel. Die Zusammenarbeit mit diesem Dirigenten betrachtete Pinza immer als ebenso entscheidend für seine Laufbahn wie später die Begegnung mit Bruno Walter. Toscanini schätzte vor allem die natürliche Musikalität des Sängers – die hatte Pinza allerdings auch nötig, denn er hat nie Noten lesen gelernt, sondern immer nach dem Gehör studiert. 1924 wirkte er in der Uraufführung von Boitos *Nerone* mit, allerdings noch nicht als Simon Mago, den Marcel Journet sang. Sein Rollengebiet war in jenen Jahren gekennzeichnet durch all die feierlichen Priesterfiguren, an denen die italienische Oper bis hin zu Verdi so reich ist.

Als Giulio Gatti-Casazza, der Direktor der New Yorker Metropolitan Opera, in Europa herumreiste, auf der Suche nach einem Ersatz für Fjodor Schaljapin, fiel seine Wahl auf Pinza, und so debütierte dieser 1926 in Spontinis *Vestale* an der Bühne, deren erster Bassist für das italienische Fach er bis 1948 blieb. Neben seiner prächtigen Stimme zeichneten ihn eine blendende Erscheinung und eine ursprüngliche Darstellungsgabe aus. Dennoch war es keineswegs sehr naheliegend, daß er in den dreißiger Jahren zum bedeutendsten Don-Giovanni-Darsteller wurde, dessen Ruhm bis heute anhält, denn in jener Zeit waren die großen Mozart-Opern im Spielplan der Met nur sporadisch vertreten. Jedenfalls stellte sich Pinza 1929 als Don Giovanni vor, und der Erfolg ließ spüren, daß hier Rolle und Sänger deckungsgleich geworden waren. Auch ein zweites Handikap war überwunden, denn der Don Giovanni ist eine Rolle, in der Bassisten nur selten reüssieren, da ihnen meist die erforderliche Flexibilität fehlt. Bis heute hat nach Pinza eigentlich nur Cesare Siepi diese Erfahrung widerlegt.

Walter war es, durch den Pinza erst die völlige Reife als Mozart-Interpret erlangte. Für die Salzburger Festspiele von 1934 bereitete Walter den *Don Giovanni* vor. Das Ensemble war bereits zusammengestellt, nur ein wirklich idealer Titelheld fehlte noch. Man wies Walter auf die Erfolge Pinzas an der Met hin, und es wurde ein Treffen in New York verabredet. Walter erzählt in seinen Erinnerungen:

»Ein amüsanter Vorfall gab mir Hoffnung, in ihm neben der allgemeinen künstlerischen Eignung, von der ich nach allem Gehörten überzeugt war, auch jene Gabe unmittelbarer persönlicher Wirkung zu finden. Wir hatten unsere böhmische Köchin nach New York mitgenommen, eine tüchtige, aber schwunglos nüchterne und nicht mehr junge Person. Es klingelte, und Anita ging die Türe zu öffnen. Sogleich aber stürzte sie zurück zu uns und verwirrt, erregt und mit rotem Kopf flüsterte sie meiner Frau zu: ›Gnä Frau, a so a schöner Mann is draußen.‹ Da sagte ich zu meiner Frau: ›Mir scheint, ich habe meinen Don Giovanni für Salzburg‹ – und ich hatte ihn.«

Diese Anekdote mag das vermitteln, was die Plattenaufnahmen natürlich nicht gänzlich weitergeben können, die unmittelbare sinnliche Ausstrahlung dieses Sängers, eine Virilität, ohne die ein noch so gut singender Don Giovanni notwendig blaß bleiben muß. Auf Pinzas Schallplatten fällt die Leichtigkeit auf, mit der er Spitzentöne singt. Der große Umfang seiner Stimme ermöglichte ihm die Aufrechterhaltung eines Repertoires von insgesamt 76 Baß- und Baritonrollen. Ohne große Schwierigkeiten konnte er vom Giovanni zu jenen Baßrollen wechseln, die am Anfang seiner Karriere gestanden hatten.

Zeit seines Lebens hatte er eine Vorliebe für die leichte Muse – hierin hat man ihn oft mit Richard Tauber verglichen. Er sang sehr gerne Lieder seiner italienischen Heimat und trat gegen Ende seiner Karriere immer öfter in Operetten, Musicals und Filmen auf. Dem guten Leben und dem guten Verdienen war er ganz diesseitig zugetan, was ihm niemand verübelte, zumal im Hinblick auf seine arme Kindheit. In den vierziger Jahren machten sich erste Alterserscheinungen seiner Stimme bemerkbar, die Neugier auf neue Rollenerfahrungen aber war noch keineswegs gestillt. 1948 nahm Pinza endgültigen Abschied von der Opernbühne. Die Karriere im Unterhaltungsgenre war jedoch noch nicht zu Ende. Er trat im erfolgreichsten Musical jener Jahre, Richard Rodgers' *South Pacific*, am Broadway auf, drehte allein 1950 drei Filme und machte sich auch das neue Medium Fernsehen zunutze – übrigens schlug sein Kollege Lauritz Melchior in jenen Jahren einen ganz ähnlichen Weg ein. 1956 kündigte sich eine Herzkrankheit an, der er am 9. Mai 1957 in Stamford (Connecticut) erlag.

Pinza gehört ohne Zweifel zu den bedeutendsten Bässen unseres Jahrhunderts. Seine Stimme zeichnete sich durch enormen Umfang und eine ungewöhnliche Ausgeglichenheit und Leichtigkeit der Tongebung aus. Er verstand es, große Klangfülle auch ohne Forcieren oder gar Brüllen zu erzielen, und war ein Legatosänger von hohem Rang. Pinza ist der ideale Vertreter jenes Faches, das man in Italien als »basso cantante« bezeichnet, also eine Baßstimme mit großer Höhe und Beweglichkeit. Nicht jedem ist es schließlich gegeben, sowohl Sarastro wie auch Figaro in seinem Repertoire zu haben. Der Pinza-Giovanni-Mythos hält auch heute noch nüchterner Überprüfung stand. Die strahlende Virilität dieses »latin lover« ist noch auf den Rollenphotos geradezu physisch spürbar. Moderne Giovanni-Interpretationen, die diese Rolle vom Ende des kaum noch Erfolgreichen und Gefragten her deuten, wären bei Pinza sicher auf Widerstand gestoßen; er bleibt ein Giovanni der mediterranen Sonne und des geschmeidig-männlichen Gesangs.

Hinweise

Pinzas Don Giovanni war früher eine oft gesuchte und selten gefundene Rarität auf Raubpressungen, jetzt aber ist er gleich zweimal auf CD-Mitschnitten kompletter Aufführungen vertreten, die Gelegenheit geben, den Mythos zu überprüfen, beide Male dirigiert Bruno Walter, mit dem er seine besten Leistungen im Mozart-Bereich erzielte. Die erste Aufführung ist die der Salzburger Festspiele von 1937, die zweite stammt aus der Met und dem Jahr 1942. Studioaufnahmen hat Pinza nicht viele gemacht; sie sind auf vier CDs bei CBS, Pearl und Memories zugänglich. Pinzas Figaro ist auf einem Mitschnitt zu hören, der 1943 in der Met entstand (Music and Arts). Als Méphistophélès in Gounods *Faust* kann man ihn in einem Mitschnitt von 1943 aus der Met hören (AS Disc). Die vor allem wegen Pinza bemerkenswerte Aufnahme von Verdis *Requiem* von 1927 liegt bei Pearl vor.

Ezio Pinza. An Autobiography erschien 1977 (New York).

Richard Tauber

Im Herbst 1929 regte sich Karl Kraus, der größte Satiriker deutscher Zunge in unserem Jahrhundert, über einen Zeitungsbericht auf, in dem der Tenor Richard Tauber einem Journalisten seine derzeitigen und zukünftigen Pläne darlegt (Tauber war in jenen Jahren auch für ein breiteres Publikum der Sänger mit dem größten Appeal, jeder Popgröße von heute vergleichbar). So erfährt der Leser des ungenannten Wiener Blattes, daß Tauber noch 150 Abende in Berlin mit dem *Land des Lächelns* vor sich hat. Auf Franz Lehár und dessen Goethe-Operette *Friederike* anspielend, in der Tauber einen seiner großen Erfolge gehabt hatte, heißt es bei Kraus:

»Komische Welt. Überall warten sie auf einen, der ein Vogerl in der Kehle hat, und wiegen es mit Gold auf. Können an den Klängen eines österreichischen Musikfeldwebels nicht genug haben. Und werden einmal wissen, daß Goethe der war, den Tauber gesungen hat [...] – Bei Lehárs *Zarewitsch* wird eine unbeschäftigte Dame in die Proszeniumsloge gesetzt, wirft bei der fünften Wiederholung von ›Willst du...‹ Blumen vor die Füße des Schmalztenors, worauf er sich zu ihr wendet, direkt zu ihr empor, und für sie ein sechstes Mal ›Willst du‹ macht. Ich habe es gesehn. Kotzenwürdigeres hat sich nie in einem Theaterraum begeben; das Publikum winkte mit Tüchern.«

Einige Jahre später, im Februar 1936, wenige Monate vor Kraus' Tod, berichtet dieser über eine Silvesteraufführung der *Fledermaus* in der Wiener Staatsoper, in der er vor allem die Schwächen des Textes bloßlegt, die ihm weit unter den von ihm geliebten Offenbach-Werken zu stehen scheinen, auch an den Mitwirkenden läßt er kaum ein gutes Haar (auch nicht an Hans Moser als Frosch). Als Tenor Alfred wirkte in dieser Aufführung der besagte Tauber mit, und hier ringt sich Kraus, der bei seinen Vortragsabenden selbst Couplets sang, auch wenn er keine Noten lesen konnte, immerhin zu einem positiven Aperçu durch, nachdem er Taubers Bühnenleistung negativ beurteilt hat:

»Und dabei gibt es, wohl aus der Zeit, wo er noch nicht ganz leharisiert war, eine Archivplatte, auf der er das Lied vom ›Klein-Zack‹ zu wirklichem, starkem Ausdruck brachte.«

Ein Lob Taubers als Interpret Offenbachs – das will im Munde von Kraus etwas heißen, und es will vor allem etwas heißen, daß Kraus an einem Sänger, der auf der Klaviatur der Massenmedien so zu spielen verstand und der so gut verstanden hatte, was Public Relations bedeuten, noch ein gutes Haar ließ.

Was Kraus da entwirft, ist das kritische Tauber-Bild jener Jahre um 1930, nur bei ihm in satirischer Zuspitzung, wie es weit verbreitet war, vor allem bei jenen der ernsteren Seite der Kunst zugewandten Zeitgenossen, die mit der Koalition Tauber/Lehár gar nichts anzufangen wußten. Der normale Prozeß wäre ja der, daß ein Künstler von seiner Mitwelt vergöttert und in den Himmel gehoben wird, daß aber die Nachwelt, die vom Rummel um seine Person weitgehend befreit ist, diesem Künstler kritischer gegenübersteht – wenn wir bei den Tenören bleiben in diesem Zusammenhang, dann wäre der Tauber-Zeitgenosse Jan Kiepura ein solcher Fall, dessen rampenreißerisches Zurschaustellen von Spitzentönen auf seinen Aufnahmen wesentlich weniger Eindruck macht als auf die Zuhörer seiner Zeit, ein vergleichbarer Fall wäre Mario Del Monaco.

Im Fall Tauber jedoch liegt es merkwürdig anders. War die Reaktion vor allem in der zweiten Hälfte seiner Karriere ab der Mitte der zwanziger Jahre bei den kritischen Geistern eher negativ, ja immer negativer werdend, dann sind heute solche kritischen Stimmen weitgehend verstummt, und die internationale Einschätzung Taubers als einer der größten Sänger unseres Jahrhunderts ist ziemlich einhellig, im deutschsprachigen Raum wie im Ausland. Mit den Aufnahmen kann das nichts zu tun haben, denn die Lehár-Einspielungen und das ganze andere Repertoire der leichten Muse bis hin zu den selbstkomponierten Gstanzln des »Allround-Musician« Tauber füllen heute wie damals die Tauber-Platteneditionen. Es ist vielleicht nur so, daß der Ruhm und das Können des Opernsängers Tauber einigermaßen gleichberechtigt neben dem des Operettensängers stehen und nicht jenes von diesem verdunkelt wird, wie es in den zwanziger Jahren der Fall war, denn als Lehár-Interpret wurde Tauber international berühmt, als Operntenor war er doch von einer begrenzten Ausstrahlungskraft.

126

Richard Tauber

Von der Popularität Taubers in diesen Jahren zwischen etwa 1925 und 1933, als die Nazis ihm das Weiterarbeiten erst in Deutschland, dann 1938 auch in Österreich unmöglich machten, kann man sich heute im Zeitalter der Massenhysterie um wirkliche und selbsternannte Stars durchaus einen guten Begriff machen – aber selbst die Geschäftstüchtigkeit eines Luciano Pavarotti wirkt schmalspurig neben der Taubers. Tauber war in allen Gazetten (das konnte einen Kraus schon mit Recht aufregen), auf allen Kanälen zu hören und zu sehen. Die Zeitungsphotos von Tauber sind Legion: Tauber beim Sechstagerennen, Tauber beim Heurigen, Tauber beim Presseball, Tauber auf einem Ozeanriesen Richtung Amerika oder Australien, Tauber vor seinem Mercedes 160 (auf dessen Kühler die Metallinsignien »Tauber – Spezial« prangten). Der Revue- und Kabarettkomponist Friedrich Hollaender verulkte den Tauber-Rummel auf seine Art:

Wer war schon Goethe?
Ein kleiner Poete!
Wer hat erweckt ihn?
Wer hat entdeckt ihn?
Wen hört man aus sämtlichen Lautsprechern schrein?
Ei, wer tommt denn da? Ei, wer kann denn das sein?
O Tauber, mein Tauber!

Am Ostseestrande,
wer liegt im Sande?
In Wintersporten
mit Henny Porten?
Wer jagt dich zur Nacht noch im Alpdrucktraum?
Wer lächelt dich an unterm Weihnachtsbaum?
O Tauber, mein Tauber!

Fleck auf der Schleife?
Nimm Tauber-Seife!
Kleine Erfrischung?
Trink Tauber-Mischung!
Es strahlt wie ein Leuchtturm im Autogewühl
sein Nam' vom Himmel wie einstmals Persil!
O Tauber, mein Tauber!

Tauber als Gatten,
Tauber auf Platten,

Tauber zum Nachtisch,
Tauber im Nachttisch,
des Stimme so lind strömt wie lenzliche Luft,
des Name verfolgt dich noch bis in die Gruft.
O Tauber, mein Tauber!

(Der Refrain spielte auf den bekannten Refrain aus *Friederike* an: »Oh Mädchen, mein Mädchen, wie lieb' ich dich«.)

Die Gretchenfrage im Falle Taubers ist letztlich die, ob man sein Engagement für Lehár, das ja bis in die Mitarbeit hineinreichte, bis ins gemeinsame Ausprobieren von Wendungen, Tonfolgen, Intervallen, ob diese Symbiose, die für beide Seiten von enormem geschäftlichen Vorteil war, ob sie nicht nur für Lehár ein künstlerischer Gewinn war, sondern auch für den Sänger. Für Lehár scheint es mir ganz eindeutig zu sein, daß sein Stern zu sinken begann in dem Augenblick, da Tauber nicht mehr zur Verfügung stand. Es gibt keinen vergleichbaren Fall in der Geschichte des Musiktheaters, in dem ein Komponist und ein Sänger so aufeinander eingespielt waren, nur mit dem Unterschied, daß Lehár durch Tauber erst groß wurde, während Tauber schon vor Lehár groß war. Kein Zweifel, daß Lehár für Tauber Maß schneiderte, denn er verstand offensichtlich einiges von Stimmen und wußte, wie man die Stärken und Schwächen von Taubers Tenorlage berücksichtigen mußte. Die sogenannten Tauber-Lieder in diesen Operetten (also etwa »Gern hab' ich die Fraun geküßt« aus *Paganini*, »Es steht ein Soldat am Wolgastrand« aus dem *Zarewitsch*, »Schönste der Frauen« aus *Giuditta*, »Dein ist mein ganzes Herz« aus *Land des Lächelns* usw.) liegen auf Taubers Stimme wie ein maßgeschneiderter Frack, bringen die Vorzüge der warmen, gemessen am begrenzten Volumen der Stimme ungewöhnlich dunklen Mittellage perfekt zur Geltung, verzichten weitgehend auf die Wirkung einer eher nicht so glänzenden Höhe. Diese Symbiose geht so weit, daß die Tauber-Lieder aus Taubers eigenen kompositorischen Versuchen (etwa »Du bist die Welt für mich« aus seiner Operette *Der singende Traum*) exakt so klingen, als seien sie von Lehár komponiert. Seit Tauber nicht mehr Lehár singt, führen dessen Operetten nur noch ein Scheinleben.

Auf der Schallplatte hat noch einige Zeit Nicolai Gedda, ein Tenor von an Tauber fast heranreichender sängerischer Raffinesse, jedoch ohne den Timbre-Appeal seines Vorgängers, die Lehár-Werke am Leben erhalten, aber seien wir ehrlich: *Der Graf von Luxemburg* und *Der Zarewitsch* sind kaum noch in deutschen Provinztheatern am Flackern, einzig *Die Lustige Witwe* hat da noch eine gewisse Chance, weil sich die weiblichen Diven vom Schlage Elisabeth Schwarzkopfs dafür interessieren, heute aber auch nur noch, wenn sie gegen den Strich inszeniert werden, denn die objektive Verlogenheit der Textbücher und der Lehárschen Musik war durch einen genialen Sänger wie Tauber eine Zeitlang zu übertönen, aber nicht wegzuwischen gewesen. Um nun die Gretchenfrage zu beantworten: Ich stehe nicht auf dem Standpunkt derer, die das Pferd von hinten aufzäumen und sagen, Tauber habe den Lehár-Schmonzes durch seine Kunst veredelt, sondern ich fürchte, die Taubersche Kunst ist an wertloses Gut verschwendet worden, was letztlich seinem Nachruhm, wie bemerkt, nicht geschadet hat, aber doch den künstlerischen Ertrag seiner Karriere gemindert hat – es spricht für sein immenses Können, daß die Gesangsfanatiker aus aller Welt ihn dennoch für einen so großen Künstler halten.

Begonnen hatte der Lebensweg Taubers am 16. Mai 1891 im österreichischen Linz. Die Mutter Elisabeth Seifferth, geborene Denemy, war Operettensoubrette am Linzer Theater, der Vater Richard Anton Tauber Schauspieler am selben Haus, die Mutter war verwitwet, aber sie heiratete den Vater ihres Kindes dennoch nicht, es mag der erhebliche Altersunterschied von 14 Jahren zwischen ihr und dem jüngeren Schauspieler dabei eine Rolle gespielt haben (den Namen Seifferth, wie der *New Grove* behauptet, hat Tauber wohl nie getragen, sondern er hieß Richard Denemy, wurde dann 1913 von seinem Vater adoptiert und trug fortan den Doppelnamen Richard Denemy-Tauber, wie noch ein Reisepaß aus seiner Dresdener Zeit belegt, ließ den ersten Teil des Namens aber schon sehr bald weg). Das Kindheitsleben des kleinen Richard war außerordentlich unstet, vor allem deshalb, weil er zwischen den getrennten Wanderexistenzen der Eltern hin und her geschoben wurde, anscheinend einvernehmlich zwischen den beiden Erwachsenen, aber dennoch sicher nicht förderlich für eine kontinuierliche Entwicklung. Wichtig wurden für Tauber die Jahre, in denen er bei seinem Vater in Wiesbaden war, an dessen Hoftheater jener engagiert war; dort bekam er Klavierunterricht bei dem später bekannten Dirigenten Arthur Rother, und er schwärmte für einen Freund seines Vaters, den Heldentenor Heinrich Hensel. Dieses Faktum scheint mir keineswegs nebensächlich zu sein, denn Hensel ist zwar heute kaum noch bekannt, war aber ein bedeutender Heldentenor seiner Zeit, später der erste Tenor der Hamburger Oper, 1911 auch als Parsifal und Loge in Bayreuth zu hören. Hensel hat nur wenige Plattenaufnahmen gemacht, die aber lassen ein sehr attraktives Singen vernehmen, nicht das Konsonantenspucken der Bayreuther Heldentenöre jener Jahre, sondern eine klare, offene Stimme mit lyrischer Grundsubstanz, die mit sehr gutem Legato geführt wird (kein Wunder, daß Hensel als Lohengrin und Stolzing besonders erfolgreich war), und es scheint mir einleuchtend, daß Hensel bis in die Diktion hinein für den jungen Tauber ein Vorbild wurde, denn auch Tauber wollte ja eigentlich Heldentenor werden (und kurioserweise wurde er in den Akten der Staatsoper Berlin später als Heldentenor geführt).

Die keineswegs problemlosen weiteren Stufen in Taubers Weg zum Weltklassesänger sind schon oft anekdotisch benutzt worden, sollen hier aber dennoch nicht ganz beiseite gelassen werden. Der berühmte Bariton Leopold Demuth in Wien, ein Freund von Vater Tauber, wurde gebeten, den 17jährigen zu prüfen, der den unbändigen Wunsch äußerte, Sänger zu werden. Demuths Antwort war: »Lieber Freund! Um Gottes Willen, halte deinen Sohn davon ab, Sänger zu werden. Was er besitzt, ist ein Zwirnsfaden, aber keine Stimme. Glaub mir, aus ihm wird niemals ein Sänger!« Ebenso urteilte der Wiesbadener Kapellmeister Josef Schlar: »So a Stimm hab i a« wird überliefert (ein Bayer oder ein Österreicher offensichtlich, dieser Herr Schlar). Die Fama will, daß noch weitere sogenannte Fachleute sich gleichmäßig negativ über die stimmlichen Aussichten des Aspiranten äußerten. Es ist wohl nicht untypisch für Taubers Charakter, daß er sich davon nicht beeinflussen ließ – und es ist gleichfalls bezeichnend, daß es auch in den Biographien von Lotte Lehmann und Aureliano Pertile gleichartige Erlebnisse zu berichten gibt – man soll den Fachleuten hier wie andernorts nicht allzusehr trauen. Andererseits ist sehr wohl vorstellbar, daß die Stimme des noch nicht 20jährigen Tauber keinen besonders glanzvollen oder gar durchschlagskräftigen und sieghaften Eindruck machte, sie macht diesen auch keineswegs auf den ersten Schallplatten aus dem Jahre 1919, sie machte ihn letztlich auch auf dem Höhepunkt der Karriere nicht, sondern war darauf angewiesen, durch andere Mittel zu glänzen.

So wie Lotte Lehmann kurz vor dem Abbruch ihrer sängerischen Bemühungen in Mathilde Mallinger die richtige Lehrerin fand, so fand ihn glücklicherweise Tauber in dem Freiburger Karl Beines, einem Chorleiter und keineswegs überregional renommierten Gesangspädagogen, dessen einziger prominenter Schüler Tauber dann auch war. Der junge Tauber wurde Beines von seinem Vater mit den Worten empfohlen: »Dieser Junge hat den Wahn, Sänger werden zu müssen«, aber Beines ließ sich nicht verdrießen, den Jungen vorsingen zu lassen; der ehrgeizige »Heldentenor« sang natürlich die »Winterstürme« aus der *Walküre* – Beines erinnerte sich später: »Ich fand, daß die Stimme klein und in Höhe und Tiefe sehr begrenzt war, aber daß sie doch in der Mittellage ein Timbre hatte, das mich besonders aufmerksam machte. Vor allem aber gefiel mir an dem Jungen seine Musikalität und sein Temperament.« Bei Beines entwickelten sich die unscheinbaren stimmlichen Mittel des jungen Tauber auf erstaunliche Weise. Bisher hatte er noch geschwankt zwischen dem Wunsch, Tenor oder Dirigent zu werden (eine diesbezügliche Ausbildung seiner sehr vielseitigen musikalischen Fähigkeiten hatte auf dem Hochschen Konservatorium in Frankfurt stattgefunden), jetzt aber wurde langsam klar, wohin die Reise ging – sie ging zunächst nach Dresden und Chemnitz. Noch nicht 22 Jahre alt, hatte der Tenor bereits erfolgreich an der

Königlichen Hofoper in Dresden vorgesungen und war ab 1. August 1913 dort engagiert. Debütiert jedoch hat er unter den Fittichen seines Vaters am Neuen Stadttheater in Chemnitz, wo Tauber senior seit einem Jahr Direktor war und nun »C. Richard Tauber« (C. stand für Carl und sollte der Unterscheidung vom Vater dienen) als Tamino zum erstenmal auf den Brettern stand. Chemnitz muß damals einen sehr guten Musikkritiker gehabt haben, denn aus der Debütkritik meint man schon alle Qualitäten des späteren Tauber herausschmecken zu können, und die Charakteristika seiner Kunst scheinen auf geradezu hellseherische Weise erfaßt zu sein:

»Die Stimme nun ist ein schöner, ausdrucksreicher, biegsamer und trotz seines dunklen Tones sehr jugendlicher Heldentenor [!], dem in der Tiefe und Mittellage viel Duft eigen ist und der in der obersten Höhe ein wenig von dem Glanze einbüßt, der ihn sonst auszeichnet. Was dem Hörer gestern abend eine echte Genießerfreude bereitete, das ist die feine Art, in der die schwere und anspruchsvolle Partie durchgeführt wurde. Wieder einmal ein grundmusikalischer Sänger! Dem vornehmen Zug in der Behandlung von Stimme und Noten entsprach ganz und gar die subtile Charakteristik im Vortrag, besonders in der Kantilene, die in edlem Flusse und echt künstlerischer Nuancierung vor dem Ohr des Hörers hinzog.«

Wir halten also im Jahr 1913. Von jetzt an bis ziemlich genau ins Jahr 1925 darf man die Opernkarriere Taubers rechnen, ab 1926 ist er dann in zunehmendem Maße der Operettentenor mit dem Schwerpunkt Lehár, als der er sehr viel weiter bekannt wird. Im Sinne meiner Entscheidung für den wichtigeren Operntenor Tauber sei in dem kurzen Abriß das Schwergewicht auf die erste Hälfte seiner Karriere gelegt, auch wenn die Mehrzahl seiner Schallplattenaufnahmen der zweiten Hälfte entstammt. Tauber wurde in Dresden in mehrfacher Hinsicht ins kalte Wasser geworfen, seine erste Partie zum Einspringen war der Alfonso in Aubers *Muette de Portici*, kein leichtes Brot wahrlich, der Max im *Freischütz* kam hinzu (es gibt ein Bild aus dem Jahr 1914, das ihn in dieser Rolle in der Zoppoter Waldoper zeigt, seine Partnerin ist die ebenfalls noch junge und unbekannte Lotte Lehmann), der Bacchus in *Ariadne auf Naxos* kam hinzu, sauschwer und undankbar – alle Tenöre werden das bestätigen. Interessante Einblicke in seine stimmlichen Probleme jener Anfängerjahre geben Kritiken der Zeit und ein Brief des Dresdener Intendanten Graf Seebach an seinen Chemnitzer Kollegen und Sängervater. In einer Kritik wird ein »leidiger Zungenfehler« beanstandet, Seebach beklagt sich, daß der junge Tauber kein sehr eifriger Künstler, sondern eher zum Bummelanten neigender Mensch sei, und moniert auch das berüchtigte »S« und außerdem die Neigung zu bedenklichem Tremolieren. Tauber lispelte also offensichtlich in jener Zeit – davon ist allerdings schon bei den ersten Aufnahmen von 1919 nichts mehr zu spüren. Interessant ist aber die Sache mit dem Tremolieren. Jeder Tauber-Liebhaber wird verwundert sein, denn Tremolieren kann man dem Sänger weiß Gott nicht vorwerfen. Wenn man aber in den frühen Aufnahmen gräbt, wird man doch fündig, etwa bei der Aufnahme der Arie des Sängers aus dem *Rosenkavalier*, wo beim letzten schwierigen Aufschwung tatsächlich die Stimme wackelt – die Aufnahme stammt aus dem Jahr 1920. Später ist dieses leichte Tremolieren aber völlig verschwunden, dafür aber (das ist meine These) ist eine andere sehr viel vertrautere Tauber-Eigenart an die Stelle getreten, nämlich die Verfärbung der Vokale in der Höhe, also ein »A« zu einer Art »Ä« und so weiter, das Abgleiten der Vokale aus dem Sitz in der Maske in ein mehr oder minder wattiges Nirwana, was durch die Kunst Taubers einen ausgesprochen reizvollen manieristischen Effekt ergibt, aber mit den Regeln der Deklamation und des richtigen Stimmsitzes nicht zu vereinen ist. Ich habe den Eindruck (ohne dies beweisen zu können), daß dieses am Anfang nicht vorhandene Verrutschen der Vokale ein Hilfsmittel war, um die offensichtlich und auch hörbar zu Beginn vorhandene Tremologefahr zu bannen, denn die Stimme sitzt in dieser Beziehung in den Aufnahmen der Jahre 1919/20 noch sehr viel besser als später.

Daß Tauber eine außerordentliche Opernbegabung war, macht die Raschheit seiner Karriere deutlich, die später nur verdunkelt wurde durch jene besagte zweite Operettenphase. Auf die Dresdener Staatsoper folgte die Berliner Staatsoper ab 1919 (wo es allerdings zwei Anläufe brauchte) und die Wiener Staatsoper ab 1925. Aus diesen Opernjahren will ich zwei Ereignisse herausgreifen. Schon in Schrekers *Fernem Klang* hatte Tauber seine Begabung für die moderne sensuelle »Nervenoper« der Zeit bewiesen (daraus ist leider keine Aufnahme erhalten). In Korngolds *Toter Stadt* hat Tauber in der Rolle des Paul Unvergeßliches geleistet. Diese Oper des ehemaligen Wunderkindes und immer noch blutjungen Komponisten Korngold ist ein Geniestreich, und das leitmotivische »Glück, das mir verblieb«, das zunächst im Duett zwischen Paul und Marietta aufscheint und gegen Ende der Oper in Pauls Arioso »Ich werde sie nicht wiedersehen« noch einmal aufgenommen wird, ist eine der süffigsten Eingebungen der Operngeschichte (dieses Urteil werden die meisten Leser wohl für übertrieben halten, ich weiß). Das merkt man allerdings kaum, wenn Heldentenöre wie René Kollo (auf der Platte) und James King (bei Aufführungen in den letzten Jahren) diese Rolle singen. Tauber hat die zwei genannten Ausschnitte auf der Platte hinterlassen (das Duett zusammen mit Lotte Lehmann), und es sind Sternstunden eines geradezu hypnotischen, trunken machenden tenoralen Prachtgesangs, mit jenem schwerflüssig dekadenten Sirup des schwelgerischen Klanges, wie ihn diese Musik (ein letztes Aufleuchten des musikalischen Fin de siècle) unbedingt benötigt – das ist eine der großartigsten

Tauber-Aufnahmen, wer ihn »at his best« kennenlernen will, soll hier zuerst hinhören, und eine der schönsten Tenoraufnahmen überhaupt. Das zweite große Ereignis in der Karriere des Opernsängers Tauber war sicher die deutsche Erstaufführung der nachgelassenen *Turandot* Puccinis in Dresden im Juli 1926 unter der musikalischen Leitung Fritz Buschs (interessanterweise in der Regie Issai Dobrowens – es muß sich dabei um den späteren Dirigenten handeln): Für die Rolle des Kalaf war der Dresdener Heldentenor Curt Taucher auserkoren, der aber kurzfristig absagen mußte. Drei Tage vor der Premiere übernahm Tauber den ihm völlig unbekannten Part und führte ihn zu einem triumphalen Erfolg, ein Erfolg, der allen zu denken geben muß, die Tauber immer als einen Tenor ohne Höhe bezeichnen, denn ohne Höhe kann man den Kalaf nicht zureichend singen. Die Spannweite von Bacchus und Kalaf bis zu dem Don Ottavio im *Don Giovanni*, den er 1922 bei den Salzburger Festspielen sang, zeigt die enorme Bandbreite des Opernsängers Tauber.

Mit der Berliner Premiere von Lehárs *Paganini* am 30. Januar 1926 aber, das sieht der Tauber-Biograph Otto Schneidereit in aller Schärfe und ganz richtig, endete die Opernlaufbahn des Richard Tauber und begann die Operettenlaufbahn (über die ich hier nicht viel weiter sagen will – die Fakten und Daten sind allzu bekannt und überall leicht nachzulesen). Es ist jene Phase, die an kommerziellen Erfolg mit allen seinen Insignien und an der Beliebtheit beim Publikum alles übertrifft, was bis dahin in Deutschland üblich gewesen war. Der deutsche Caruso – dieses Epitheton ist mehr als zutreffend, in den Einnahmen dürfte Tauber seinen italienischen Kollegen noch erheblich übertroffen haben. Dem äußeren Erfolg jedoch entsprechen zunehmende künstlerische Fragwürdigkeiten, wie sie sich auch etwa in den sehr problematischen Schubert-Liedaufnahmen mit Orchesterbegleitung widerspiegeln. Es gibt einen gewissen Widerspruch zwischen der ausgebufften Musikalität dieses Sängers, der wahrscheinlich der größte Musiker war, der je unter die Sänger gegangen ist, und einer gewissen kindlichen, naiven Einfalt gegenüber musikalischen Qualitätskriterien – mit diesem Zwiespalt müssen alle Tauber-Bewunderer (und ich zähle mich engagiert zu ihnen) leben. In die Phase seiner größten Erfolge fällt aber auch eine schwere Erkrankung an Gelenkrheumatismus, von deren Folgen sich der Sänger bis zu seinem Tode nicht richtig erholen sollte. Ein Journalistenbericht aus dem Jahr 1932, kurz vor einem neuen Tauber-Film (der Sänger nutzte intensiv die neuen Möglichkeiten des Tonfilms), bietet ein nicht sehr schmeichelhaftes äußeres Bild von dem ja erst 41jährigen Tenor:

»Ich sah den weltberühmten Sänger zum ersten Mal aus der Nähe. Eine etwas füllige, schwere Figur. Ein rotes fleischiges, etwas gedunsenes Gesicht, in dem das kleine Monokel nicht gut wirkte – und die unförmigen, von jahrelangem schwerem Gelenkrheumatismus geschwollenen Hände, die sich beim Sprechen nur steif und nur innerhalb gewisser Grenzen bewegen konnten.«

Einige Monate später war es mit der Karriere Taubers in Deutschland vorbei. Der Sohn eines nach dem damaligen Jargon »Volljuden« durfte nicht mehr in Deutschland auftreten, zumal er für die Nazipresse schon länger ein Symbol für den sittenlosen Kulturverfall der Weimarer Republik gewesen war – in Österreich konnte er noch bis 1938 auftreten, dann verlegte er sich auf große Tourneen rund um die Welt und ließ sich schließlich in England nieder, wo er 1940 auch naturalisiert wurde. Es war nicht einfach für den erfolggewöhnten Tauber, dessen stimmliches Können durch die enorme Beanspruchung der zurückliegenden Jahre so gut wie nicht gelitten hatte (anderslautende Beurteilungen entbehren jeder Grundlage – man höre sich die letzten Aufnahmen aus dem Jahr 1946 an), sich in England durchzuschlagen, wo die Lehár-Operetten längst nicht so bekannt waren (man hatte ja Gilbert und Sullivan). Tauber besann sich auf alte, nur wenig verschüttete Fähigkeiten und trat als Dirigent auf – ein Programm aus Coventry (gerade von den Deutschen bombardiert) zeigt, daß er sich bis an Schuberts *Unvollendete* heranwagte (mit dem London Philharmonic Orchestra).

Im Frühjahr des Jahres 1947 (noch einmal muß daran erinnert werden, daß Tauber erst ein Mittfünfziger war und kein abgetakelter Sänger, auch wenn er seinem deutsch-österreichischen Publikum völlig entschwunden war) fühlte er sich nicht wohl, und bald stand die letale Diagnose Lungenkrebs fest. Dann kam es noch einmal zu einem denkwürdigen Ereignis: Am 27. September 1947 gastierte die Wiener Staatsoper in London, und für Tauber ging ein besonderer Wunsch in Erfüllung – im Kreise seiner alten Kollegen noch einmal auftreten zu dürfen; er sang im *Don Giovanni* den Ottavio, neben Elisabeth Schwarzkopf und Maria Cebotari sowie Paul Schöffler als Giovanni. Am 8. Januar 1948 starb Tauber in London (er war in zweiter Ehe mit der englischen Schauspielerin Diana Napier verheiratet, nachdem seine erste Ehe mit der mäßig begabten, aber ehrgeizigen Sängerin Carlotta Vanconti, deren Leistungen in einigen Duetten mit ihm nachzuprüfen sind, unter unwürdigen Umständen gescheitert war).

Das Einzigartige an Tauber – was war es? Einiges ist schon angedeutet worden. Auch wenn solche Superlative immer ein Problem sind: es hat wahrscheinlich keinen musikalisch umfassender talentierten Sänger in unserem Jahrhundert gegeben, der mit großem Talent schon als Jugendlicher komponierte und Klavier spielte, später dirigierte und eben auch sang. Die Phrasierungskünste Taubers, gegründet auf einem schier unendlichen Atem (seine Atemtechnik hat er bei Beines gelernt, der sie zu Recht als Basis aller sängerischen Äußerung ansah) war unübertrefflich – was Tauber alles in einem Atem singen konnte, ist kaum zu glauben, und wenn er atmete, dann so unmerkbar, daß es wie in einem Atem gesungen klang (berühmt in dieser Hinsicht sind die beiden Aufnahmen der Ottavio-Arien, die es mit den Versionen John McCormacks durchaus aufnehmen können). Diese Phrasierungskunst kommt vielleicht besonders dann zum Vorschein (für den unvorbereiteten Hörer), wenn Tauber etwas singt, was eigentlich außerhalb seines Repertoires liegt und was man von anderen Sängern gut zu kennen glaubt, so in seinen wenigen Ausflügen ins Wagner-Fach in den Fußstapfen Hensels. Außer dem Froh im *Rheingold* hat er Wagner nicht auf der Bühne gesungen, und natürlich ist die Bezeichnung Heldentenor, die mehrfach für ihn gebraucht wurde, irreführend, denn dazu fehlte ihm doch die Durchschlagskraft der Stimme, die jedes Metalls ermangelte und durch eine geradezu extreme Weichheit, gelegentlich Wattigkeit ausgezeichnet wurde, aber seine Interpretationen des Preislieds von Stolzing oder der »Winterstürme« sind Modellinterpretationen für den unangestrengten Lyrismus, den diese Partien auch benötigen, und stehen so auf gleichem Niveau wie die Lohengrin-Interpretationen des Italieners Pertile.

Ein so undramatischer Sänger wie immer behauptet wird, war Tauber allerdings gar nicht. Wenn ich meine, daß er der bedeutendste deutsche Verdi-Tenor hätte werden können, klingt das vielleicht etwas unglaubwürdig. Man höre sich aber die Aufnahmen zweier Duettszenen an: »In dieser feierlichen Stunde« aus *La forza del destino*, 1922 mit Benno Ziegler aufgenommen, und vor allem die Szene Radames/Amneris aus dem vierten *Aida*-Akt, mit der ausgezeichneten Sabine Kalter 1923 aufgenommen (nicht zufällig in kompletter Form in die französische Kassette *Les Introuvables du chant Verdien* aufgenommen) – hier bleibt Tauber der Dramatik der Situation nichts schuldig, singt mit einer unglaublichen Innenspannung und spielt die Vorzüge seiner verblüffend baritonalen Mittellage aus, die den Verdacht auf einen Heldentenor immer wieder nähren konnte. Einem weiteren Vorurteil bin ich schon halbwegs entgegengetreten, daß nämlich die Stimme Taubers »kurz« war, also in der Höhe und Tiefe begrenzt. Die Tiefe war allerdings immer schwach, besonders in den frühen Aufnahmen, die Höhe jedoch immer vorhanden, auch wenn sie nicht glanzvoll aufstrahlte, die erwähnte Stimmsitzverlagerung, verbunden mit einer ziemlich extremen Schiefstellung des Mundes, die man in Filmaufnahmen beobachten kann, erweckte später den Eindruck einer schwachen Höhe. Die Essenz der Tauberschen Kunst aber liegt vielleicht gar nicht in diesen eminenten sängerischen Fähigkeiten, sondern in der Art, wie er diese benutzt, um die gesungene Musik mit seiner unglaublich zärtlichen Artikulation und Phrasierung zu liebkosen (hier liegt auch die Wurzel seines Erfolgs bei der weiblichen Zuhörerschaft). Tauber ging mit der Musik, die er sang, ob Verdi oder Lehár, ein intensiv erotisches Verhältnis ein, er streichelt und umhegt jede Silbe, jede Phrase mit äußerster Behutsamkeit, sein unendliches Legato ist wie die Hand eines erfahrenen Liebhabers, die die Körperlinien der Geliebten nachzeichnet, es sind nicht die Machoattacken des veristischen Tenors und nicht die Keulenschläge des Wagner-Tenors schlechter Schulung. In den genannten beiden Korngold-Ausschnitten wird das besonders deutlich, aber auch in zwei weiteren Tauber-Platten mit dem Einsame-Insel-Faktor: der Berceuse des Jocelyn aus Godards gleichnamiger Oper (hier übertrifft er sogar den eigentlich kaum zu übertreffenden Jussi Björling – eine Kuriosität nebenbei: auch Lotte Lehmann hat dieses Arioso eingespielt, das eindeutig eine Tenorpartie ist). Das andere Beispiel ist das »Vainement ma bien aimée« aus Lalos *Le Roi d'Ys* – man höre sich die »tendresse« an (man kann das fast nur französisch ausdrücken), mit der Tauber dieses kleine melodische Schmuckstück karessiert, die unendliche Grazie seines Singens – was die menschliche Stimme vermag, wird in diesen Sternstunden deutlich.

Hinweise

Die Biographie Otto Schneidereits *Richard Tauber. Ein Leben – eine Stimme* kam 1976 in Berlin heraus, die Biographie Willi Korbs *Richard Tauber. Biographie eines unvergessenen Sängers* 1966 in Wien. Unveröffentlichtes Material aus dem Besitz der Witwe Taubers bietet die Biographie von Charles Castle, *This was Richard Tauber* (London 1971). Diana Napier selbst hat zwei Bücher über ihren Mann veröffentlicht: *Richard Tauber* (Glasgow 1949, Reprint New York 1980) und *My Heart and I* (London 1959).

Unter den CDs besonders empfehlenswert: *The Vocal Prime of Richard Tauber* (Pearl), *Richard Tauber singt Lieder* (Pearl), *Richard Tauber singt Arien* (EMI), *Richard Tauber – Opera and Operetta* (Pearl). Eine Kuriosität findet sich bei Acanta: das letzte gemeinsame Konzert von Lehár und Tauber, im Juni 1946 aufgenommen.

Tito Schipa

Um die historische Herleitung eines so eminenten sängerischen Phänomens wie Tito Schipa sich vor Augen zu führen, empfiehlt es sich, Aufnahmen des italienischen Tenors Giuseppe Anselmi anzuhören, der hierzulande kaum noch bekannt sein dürfte. Anselmi war 13 Jahre älter als Schipa, stammte aus der Stadt Vincenzo Bellinis, Catania, und feierte seine wohl größten Triumphe an spanischen Bühnen, am Teatro Real von Madrid und am Teatro Liceo von Barcelona. Er war ein eminent musikalischer Sänger, der ursprünglich hatte Geiger werden wollen und auch später immer wieder mit diesem Instrument aufgetreten ist. Als seine spezielle Glanzpartie galt der Des Grieux in Massenets *Manon*. Ich erwähne dies, weil dem Kenner hier die Ähnlichkeiten mit Schipa auffallen müssen. Schipa stammt aus Lecce, an der Ferse von Italiens Stiefel gelegen, einer Gegend, die starkem spanischen Einfluß unterlegen war, er war ein Mann von eminenter musikalischer Begabung, als Pianist wie als Komponist erfolgreich (so der Komponist einer Operette *La principessa Liana*, deren Uraufführung er 1935 selbst dirigierte), als seine spezielle Glanzpartie galt der Werther in Massenets *Werther*, daneben noch der Ernesto in Donizettis *Don Pasquale*, und er hatte sein enthusiastischstes Publikum in Spanien und vor allem im spanisch sprechenden Südamerika, wie im Teatro Colón von Buenos Aires. Das ist kein Zufall, kann kein Zufall sein.

Läßt man einmal die von den Spaniern besonders geliebten Tenöre Revue passieren, dann fällt auf, daß sie zwei ziemlich entgegengesetzte Tenorvarietäten besonders lieben, einmal den »tenore robusto« oder »eroico«, der mit stählern geschmetterten Spitzentönen zu überzeugen vermag – deshalb war Giacomo Lauri-Volpi in Spanien so beliebt, wo er später seinen Wohnsitz nahm, ebenso wie Hipólito Lázaro, ein spanischer Tenor von zweifelhafter künstlerischer Kontur, aber von großer Stimmpotenz. Auf der anderen Seite lieben die spanischen Opernfreaks jene Tenöre, die »morbidezza« verströmen können, die Stimme in einen schier endlosen Hauch auslaufen lassen, das Diminuendo und Morendo beherrschen: Miguel Fleta trieb diese Künste bis zum Exzeß und überwältigte seine spanische Heimat damit, aber auch Anselmi wies diese Besonderheiten auf, und vor allem bei ihm mehr noch als bei den anderen »tenori di grazia«, wie Alessandro Bonci und Fernando De Lucia, hat Schipa gelernt (ohne sein direkter Schüler zu sein). Man höre sich nur von beiden Sängern die Traumerzählung aus Massenets *Manon* an oder Rodolfos »Quando le sere al placido« aus Verdis *Luisa Miller*, um ohne Mühe die Deszendenz zu erkennen, was die Delikatheit der Abschattierungen angeht, die Zartheit der Linienführung.

Schipa ist jedoch seinem großen Vorgänger in zwei Punkten erheblich voraus: Bei ihm gibt es nicht jene Tendenz zum Forcieren in den dramatischen Teilen der Arien, die bei Anselmi immer wieder zu einem Aufgerauhtsein und einem Strähnigwerden der Stimme führt, und er hat ihm noch die leicht hauchige Stimmversamtung voraus, die zu jenem »sfumato« des Stimmklangs führt, das die Schipa-Liebhaber als besonders aufregend empfinden, während andere (an diesem Sänger teilen sich die Geister) es als unattraktiven Stimmklang bezeichnen. Man kann die Ahnenreihe mühelos erweitern. Der immense und verdiente Erfolg, den Schipa hatte, gerade auch als Plattensänger, führte dazu, daß es eine ganze Reihe von Epigonen gab, die versuchten, seine spezielle Art des Singens als Manier fruchtbar zu machen. Am weitesten kam damit wohl

Ferruccio Tagliavini, auf den wir gesondert eingehen müssen; bemerkenswert aber auch ein viel unbekannterer Tenor namens Joseph Rogatchevsky, ein geborener Ukrainer, der seine Karriere in Frankreich und vor allem in Brüssel machte. Von ihm gibt es eminente Plattenaufnahmen, gerade auch von *Manon* und *Werther*, die eine betörende »voix mixte« zeigen, merkwürdigerweise aber auch wie bei Anselmi eine Tendenz zum Forcieren bei den Fortestellen, die zu leichten Kratzern auf der Stimme führt – jedem Liebhaber kultivierten Tenorgesangs seien die Aufnahmen Rogatchevskys, der in Brüssel immer noch großen Ruf genießt, dringend ans Herz gelegt.

Ich sprach von den beiden zentralen Partien Schipas, dem Werther und dem Ernesto in *Don Pasquale*. Es gehört zu den großen Versäumnissen der Plattengeschichte, daß mit Schipa keine *Werther*-Gesamtaufnahme gemacht worden ist. Als 1930 in Paris die erste und für lange Zeit einzige Gesamtaufnahme dieses Meisterwerks produziert wurde, war es klar, daß für die Titelrolle nur ein französischer Tenor in Frage kam; es war Georges Thill, ein ausgezeichneter Sänger, dem aber gerade die Facetten fehlten, die Schipa der Rolle mitzugeben imstande war; Thill singt die Partie, wie es übrigens französische Tradition zu sein scheint, viel zu gesund, viel zu robust – das kann Massenet nicht gemeint haben, mit der unendlichen melancholischen Zärtlichkeit, die seine Musik verströmt, und wie sie vollendet nur Schipa auf seinen wenigen Ausschnitten hinterlassen hat (Richard Tauber, hätte er die Partie gesungen, wäre zu ähnlichem in der Lage gewesen). Man muß sich nur einmal das berühmte Bild Schipas in dieser Rolle ansehen, mit der Pistole in der Hand auf einen Stuhl gesunken, nachdem er Hand an sich gelegt hat – allein dieses schlichte Photo verströmt schon jene Morbidezza, wie wir sie von seinen Platten kennen, es ist die ideale Verkörperung jenes romantischen Jünglings der Werther-Mode, der Lord Byron und Benjamin Constant gelesen hat. Ein zweischneidiges Dokument allerdings gibt es, das uns Schipas Werther in größerer Vollständigkeit zeigt, der Zusammenschnitt einer Aufführung dieser Oper, die angeblich im Februar 1948 in Rom stattgefunden hat, Schipa wäre damals um die 60 Jahre alt gewesen, und der italienische Experte Rodolfo Celletti mutmaßt im Begleittext, daß die Aufnahme doch eher zehn Jahre jünger ist, also Ende der dreißiger Jahre entstand, denn er vermag nicht zu glauben, daß die Stimme Schipas später noch so frisch war, obwohl die Karriere erstaunlich lange gedauert hat. Selbst ein ausgefuchster Hörer »antiker« Platten hat jedoch Schwierigkeiten, sich aus diesen technisch miserablen Partikeln ein zureichendes Bild zu machen.

Es sei daher jedem Schipa-Neugierigen ein anderer Weg empfohlen. Man verschaffe sich Zugang zu der ersten *Don Pasquale*-Gesamtaufnahme, die 1932 für die EMI in Mailand entstand, unter der Leitung Carlo Sabajnos. Dann lege

man den Beginn des zweiten Aktes auf, mit jener langen orchestralen Ein-
leitung mit ihrer unendlich traurigen Solotrompete, und dann höre man sich
den Ernesto Schipas an, wie er sich in Selbstmitleid und »Taedium vitae« verliert: »Povero Ernesto« beginnt das Rezitativ und »Cercherò lontana terra« die
Arie – weit weg will er fliehen, »deplorando il ben perduto« das verlorene
Glück beweinen. Hat man Schipa hier gehört, dann ist man für alle anderen
tenoralen Donizetti-Interpreten ein für allemal verdorben, und trügen sie auch
die berühmtesten Namen. Von seinem Singen geht ein Zauber aus, der mit
Klischee wie goldene Stimme nicht beschrieben ist. Hier hat ein Sänger sozusagen den Komponisten übertroffen, er singt das, was hinter und zwischen
den Notenlinien steht, alle Melancholie, alle Verlassenheit dieses jungen, un-
reifen Menschen wird hier von einem Interpreten transponiert, der der Meister
des beredten Singens war, und das völlig ohne Mätzchen. Bei Schipa gibt es
kein Schluchzen wie bei Beniamino Gigli, sondern nur winzige Flektionen
der Stimme, die mehr aussagen als alle Exhibition, es gibt Grazie, Charme,
Delikatesse, feinste subtilste Akzente, die Fähigkeit, das Rubato sublim einzusetzen – ich kenne außer Tauber niemanden, der solche Fähigkeiten besaß.
Und die Stimme? Die war allerdings – und das ist das größte Wunder dieses
Sängers – alles andere als außergewöhnlich. Es ist ein anderer Fall als der
Aureliano Pertiles, der aus einer eher häßlichen Naturstimme ein äußerst dy-
namisches Werkzeug dramatisch-erfüllten Singens gemacht hat. Schipa sang
zwar zu Beginn seiner Karriere auch Rollen wie den Cavaradossi, aber je weiter seine Karriere fortschritt, desto bewußter beschränkte er sich auf die Rollen
des »tenore di grazia«, erlaubte sich aber doch Ausflüge zum *Rigoletto*-Herzog,
die ihm nicht schadeten.

Der Gesangspädagoge Edgar Caesari, der mit Schipa längere Zeit engen
Kontakt hatte, beschrieb das Phänomen dieses Sängers aus intimer Kenntnis
vor allem der Entwicklungszeit als Sänger:

»Seine Stimme war zu jener Zeit kaum eine Stimme zu nennen, es war
eine Art Nichtstimme. Ein Stück Baumwolle, unbestimmt in der Qualität, völlig uninteressant, aber, bei Gott, was hat er damit gemacht! Seine Technik war
so perfekt, daß er in der Lage war, die Illusion extremer Schönheit zu schaffen.
Es war atemberaubend. Er hatte ein stimmliches Ideal in seinem Herzen, und
er verwirklichte es. Es gab Hunderte von Tenören, die mehr Stimme als Schipa
hatten, aber keiner sang so wie er. Er gab seinen Hörern eine Vision von wahrer
Schönheit, und genau das macht das Geheimnis des Singens aus.«

In seiner Kraßheit scheint mir dieses Urteil sehr eindrücklich zu sein, aber
auch nachvollziehbar. Es ist ja wirklich nicht das leicht verhangene, sfumato-
artige Timbre, das gelegentlich sogar gutturalen Beiklang bekommt, das den
Hörer überwältigt, und schon gar nicht das eher bescheidene Volumen der

Stimme, wahrscheinlich die an Volumen kleinste Stimme, aus der je ein großer Tenor etwas gemacht hat, sondern es ist das, was dieser enorm musikalische Sänger mit diesen bescheidenen Mitteln transportierte, was ihn zu
einem der beredtesten Sänger aller Zeiten machte, zu einem Tenor, der den
Hörern selbst noch auf der Schallplatte die Vision, die Suggestion einer musikalischen Szene, einer musikalischen Phrase ohne Abstriche vermitteln kann
– nur Tauber und Caruso sind Schipa in diesem Punkte gleichrangig, bei den
Sängerinnen ist nur die ansonsten ganz anders geartete Maria Callas eine
solche sprechende, beredte, mitteilende Sängerin gewesen, auch wenn sie immer wieder zu außermusikalischen Mitteln gegriffen hat wie extremen
Stimmfärbungen, auf die Schipa vollkommen verzichtete – insofern ist seine
Leistung in diesem Punkte noch höher anzusetzen (der Callas vergleichbar
arbeitete in dieser Hinsicht Schaljapin). Apropos Caruso: die Witwe Dorothy
Caruso berichtet, daß gegen Ende seines Lebens Caruso mit ihr einen Liederabend Schipas in New York besuchte. Nach einer Viertelstunde brach er
wieder auf. Seine Frau fragte, warum sie dann überhaupt gekommen seien.
»Weil er ein Tenor ist, aber es ist alles in Ordnung«, war Carusos »dunkle«
Antwort, der in jenen Jahren genau wußte, daß schon nach seinem Nachfolger gesucht wurde und diesen Ausleseprozeß interessiert beobachtete.

Nein, Schipa war nie in der Gefahr, in diese Konkurrenz einzugreifen, obwohl man auf keinen Fall in die Fehleinschätzung verfallen darf, ihn als tenoralen Säusler mißzuverstehen, als »Crooner«, wie die Amerikaner den Typus
Bing Crosby nennen; im Gegenteil ist es erstaunlich zu hören, wie diese unbezweifelbar kleine Stimme in der Höhe ohne jedes Forcieren ausladen kann,
und es wird immer wieder berichtet, daß Schipas Stimme mühelos auch die
größten Häuser füllen konnte, wie das Colón, in denen sogenannte schwere
Stimmen trotz aller Kraftentfaltung nicht immer über die Rampe kamen. Schipa war ein technisch perfekter Vertreter des Auf-dem-Atem- und gleichzeitig
In-der-Maske-Singens, das auch kleinen Stimmen eine enorme Tragfähigkeit
verleiht – daher seine geradezu verblüffend starken hohen Töne, die allerdings
keineswegs unorganisch im Verhältnis zu der zarten Mittellage und der eher
schwach entwickelten Tiefe wirken. In seinem Element ist er jedoch vor allem,
wenn er eine »filatura« singen kann, jenes Morendo, das Ersterben des Tones,
das der zentrale Ausdruck einer verfeinerten melancholischen Interpretation
sein kann, wenn er so meisterhaft eingesetzt wird wie im Falle Schipas. Und
so bleiben jene Aufnahmen die Höhepunkte, die seine diesbezüglichen Fähigkeiten unter Beweis stellen, jene Chiaroscuro-Arien und -Szenen, wie sie bei
Massenet als unerreichbares Muster vorliegen, aber auch in Cileas »E la solita
storia« aus *L'Arlesiana*, im Schlußduett aus *La Bohème* mit Lucrezia Bori, im
Duett »Veranno a te« mit Amelita Galli-Curci aus *Lucia di Lammermoor*, in den

Ausschnitten aus Thomas' *Mignon* wie auch in den italienischen und spanischen Populärsongs, für die er als unerreichter Interpret galt, bis hin in seine Filmtätigkeit, die ihn in Italien noch beliebter machte als die Opernengagements. Auch als Mozart-Sänger wurde und wird er gerühmt, ich muß jedoch gestehen, daß seine Aufnahmen der beiden Ottavio-Arien mich nicht so berühren wie die meisten anderen Platten. Das ist zwar besser gesungen, als wir es heute meistens hören, und der Charme dieses Sängers verströmt sich auch hier, aber diese Aufnahmen haben doch etwas Unidiomatisches, wie überhaupt italienische Sänger mit Mozart immer ihre großen Schwierigkeiten haben und hatten – Cesare Siepi und Ezio Pinza als Don Giovanni und Figaro sind da wirklich Ausnahmen. Es bleibt ein störendes Element des Fremden, Unvertrauten, Unbegriffenen, und das führt wohl dazu, daß Schipa hier seine sängerische Überredungskunst, seinen rattenfängerischen vokalen Charme nicht richtig entfalten kann.

So einhellig in der Welt des Kunstgesangs die Meinung über das sängerische Können Schipas ist (bei der Stimme, wie gesagt, scheiden sich die Geister), so uneinig sind sich die Gewährsleute über sein Geburtsdatum – ein 2. Januar ist klar, aber welches Jahr war es, 1887, 1888, 1889 oder 1890? 1890 war der bevorzugte Geburtstag des Betroffenen selbst, Kutsch/Riemens sind mit 1887 am rigidesten, eine in dem Schipa-Buch von Renzo D'Andrea wiedergegebene Geburtsurkunde der apulischen Stadt Lecce, auf die wir uns verlassen wollen, geht von 1889 aus, sie weist auch darauf hin, daß von einem Vornamen Tito nicht die Rede sein kann, sondern daß das Knäblein Raffaele Attilio Amedeo Schipa hieß. Über seine Familie ist wenig bekannt, es soll der Bischof von Lecce gewesen sein, der auf die sängerische Begabung in seiner Stadt aufmerksam wurde – Apulien gehört im Gegensatz zu Venetien und der Lombardei nicht zu den Sängerlandschaften Italiens. Bei Alceste Gerunda in Lecce und Emilio Piccoli in Mailand bekam Schipa Gesangsunterricht. Der zierliche, kleingewachsene Gesangsadept soll angeblich eine besondere Trainingsmethode empfohlen bekommen haben: Eine brennende Kerze vor dem singenden Mund durfte nicht mit einem Mal ausgeblasen werden, sondern sollte während des Singens langsam verlöschen – ein Morendo also auch hier; wenn Schipa seine Kunst des Diminuendo dabei gelernt hat, dann sollten Kerzen künftig ein wesentlicher Bestandteil des Gesangsunterrichts werden. Schipas Debüt erfolgte in Vercelli als Alfredo in *La Traviata*, eine Partie, die er später gar nicht mehr so oft gesungen hat, 1910, sagen die meisten Quellen, war das, D'Andrea spricht von 1909. In den folgenden Jahren ging Schipa den üblichen Weg durch die italienische Provinz, mit gelegentlichen Auftritten auch schon in Mailand, wenn auch nicht an der Scala; dort debütierte er dann 1915 in einer für Italien aparten Rolle, der des Wladimir in

Borodins *Fürst Igor*. Mit Arturo Toscanini traf er zum erstenmal als Fenton in *Falstaff* zusammen, dann sang er auch *La Traviata* mit ihm. Seine größten Erfolge in jenen Jahren vor dem Ersten Weltkrieg aber sah Südamerika – der kleine Schipa im großen Teatro Colón, aber dank seiner stupenden Technik funktionierte das prächtig.

Gefördert wurde er vor allem von Bonci, einem der großen »tenori di grazia« der Jahrhundertwende, deren Ära sich jetzt zu Ende neigte, und es bestand bald kein Zweifel mehr, daß Schipa der legitime Nachfolger von Bonci, De Lucia und Anselmi war. In Südamerika und Spanien, wie erwähnt, lagen seine Schwerpunkte, dann auch in Chicago; die Scala hielt ihn aus welchen Gründen auch immer nicht lange, die Met empfing ihn erst 1932 und dann auch nicht besonders herzlich, aber da befand sich Schipa in bester Gesellschaft – es kam hinzu, daß das lyrisch-elegische Repertoire, auf das er sich zunehmend konzentrierte, an der Met nicht besonders beliebt war, alles andere wurde von Gigli und Martinelli zur Zufriedenheit des New Yorker Publikums abgedeckt. Um 1930 konzentrierte Schipa seine Karriere wieder mehr auf Italien und trat nun auch häufiger an der Scala auf. Seine reiche Schallplattentätigkeit (über 300 Aufnahmen hat er gemacht) hatte ihn immens populär gemacht. Mit Filmen wie *Chi è piu felice di me* und *Vivere* wurde er im Vorkriegsitalien zum populärsten Filmsänger, populärer als später Gigli, dessen Filme vor allem in Nazi-Deutschland gut liefen.

Im faschistischen Italien scheint sich Schipa arrangiert zu haben, so jedenfalls stellt es das unsägliche Buch von D'Andrea dar, dessen Hauptanliegen es ist, die Mussolini-Herrschaft als etwas völlig Natürliches und Harmloses hinzustellen und das Mittun des Verfassers und Schipas als etwas völlig Normales. Eine weitergehende Analyse der Biographie Schipas in diese Richtung läßt das Material allerdings nicht zu.

Er hatte eine lange Karriere; im Gegensatz zu den »tenori di grazia«, die ihre Stimme überanstrengten wie Anselmi und Tagliavini, sang Schipa mit kaum nachlassender Stimmkraft, nur zunehmender Begrenzung in der Höhe. 1949 verabschiedete er sich in Cimarosas *Matrimonio segreto* von der Scala, 1952 sang er noch einmal den Werther in Rom, 1954 ein letztes Mal in Buenos Aires, im selben Jahr nahm er auch die letzten Platten auf. Es wird von einer New Yorker Radiosendung von 1964 erzählt, in der er vor dem Mikrophon noch einmal »Com'è gentil« aus *Don Pasquale* sang, mit 74 Jahren, ein Jahr später, am 16. Dezember 1965, ist er an den Folgen einer Diabeteserkrankung gestorben. Für jeden, der lernen will, was subtiles Singen bedeutet, bleiben Schipas Aufnahmen allererste Wahl.

Hinweise

Vor Renzo D'Andreas Buch *Tito Schipa* (Fasano di Puglia 1980) ist dringend zu warnen; es handelt sich um eine ebenso geschwätzige wie eitle Selbstdarstellung des Autors, für die der verehrte Sänger nur Vorwand ist. Daniele Rubboli steuerte zu diesem Buch eine Diskographie bei, die das einzig Wertvolle dieser Publikation ist – schade. Schipa hat selbst eine nicht sehr aussagekräftige Autobiographie verfaßt, *Si confessa* (Mailand/Rom 1961). Es gibt sonst wenig Vernünftiges über Schipa, hervorgehoben sei der Text von Rodolfo Celletti, der dem erwähnten *Werther*-Mitschnitt von Fonit-Cetra beigegeben ist; zusammen mit einem Text von Alex Natan (*fono forum* 8/1966) bildet er das leider einzig Vernünftige, was zur Zeit verfügbar ist.

Schipa ist auf CD gut vertreten: Zwei Platten bei Pearl, ein Dreierset bei Nuova Era und eine Platte bei Nimbus seien hervorgehoben. Die *Don Pasquale*-Aufnahme von 1932, die allein wegen Schipa (glänzend aber auch Ernesto Badini als Pasquale und Afro Poli als Malatesta) eigentlich konkurrenzlos ist, ist bei EMI auf CD herausgekommen.

Beniamino Gigli

Unter den wirklich großen Tenören unseres Jahrhunderts, die man, bei strengster Prüfung, an zwei Händen abzählen kann (manche würden sagen an einer), stellt Beniamino Gigli einen Sonderfall dar, denn sein Charakterbild schwankt in der Geschichte, wie Schiller von Wallenstein sagen ließ. Eine blendende Stimme, so heißt es immer wieder, aber ein unerträglicher Kitschier, der in zahlreichen Filmen der dreißiger und vierziger Jahre alles mögliche sang, was mit Kategorien des guten Geschmacks nicht mehr zu bezeichnen war, der mit Schluchzern und Drückern die Musik sentimental auflud, der direkte Vorgänger Mario Lanzas also. Schlimmeres wirft ihm Jürgen Kesting vor, seinen Blick auf den Gigli der dreißiger und vierziger Jahre richtend: Vulgarität und Unaufrichtigkeit, demagogischer Vortrag, durch den Arien zu wahren Volksreden werden, und manipulative Anpassung an den Massengeschmack – Kesting zielt damit sehr deutlich auf die unbestreitbare Tatsache, daß sich Gigli willig vor den politischen Karren Mussolinis spannen ließ (im Unterschied etwa zu dem unbeugsamen Verhalten Arturo Toscaninis oder seines Baritonkollegen Titta Ruffo) und auch nichts dabei fand, seine Popularität in Hitler-Deutschland voll auszukosten. Daß die Filme, in denen Gigli höchst unbeholfen und tapsig seine kleine rundliche Gestalt zu Markte trug (aus der er nicht wie Hans Moser ein Kunstmittel machte), unerträglich sind, wird niemand bestreiten wollen – und selbst sein Playback-Gesang ist in damaliger Tonspurqualität eine Zumutung – aber auch diejenigen haben recht, die darauf verweisen, daß man Gigli nur wirklich kenne, wenn man die frühen Aufnahmen zwischen 1918, als er begann, für die Schallplatte zu arbeiten, und etwa 1928, als er auf dem Höhepunkt seines Könnens stand, berücksichtige. Und schließlich ist unbestreitbar, daß es Gigli gelang, in einer Zeit, die mit großen Tenören durchaus noch gesegnet war, sich in New York gegen die Konkurrenz eines Giovanni Martinelli und eines Giacomo Lauri-Volpi durchzusetzen und zwischen 1921 und 1932 als der legitime Nachfolger Carusos zu gelten, ein Titel, um den sich viele bewarben.

Dieses Tenorphänomen Gigli wurde am 20. März 1890 in Recanati in der Familie eines Schuhmachers geboren, der gleichzeitig auch Sakristan der Kirche war, was mit sich brachte, daß die auffallende Knabenstimme des Siebenjährigen bereits im Kirchenchor erklingen konnte. Mit zwölf Jahren war die Schulzeit beendet, mehr konnte sich eine arme Familie nicht erlauben, und als Apothekergehilfe verdiente Gigli die ersten Groschen für den Familienunterhalt. Es ist nicht klar ersichtlich, wie sich in dem Jungen die fixe Idee festsetzen konnte, Opernsänger zu werden, denn in der Familie spielte Musik keine Rolle – mehr als die notorische italienische Opernbegeisterung wird man nicht voraussetzen können, und die führt ja in keineswegs allen Fällen zu einer Sängerkarriere. Wie auch immer: Der 17jährige verließ sein Heimatstädtchen und zog nach Rom, wo er auch sehr bald ein Stipendium für die Accademia di Santa Cecilia gewann, ohne die meisten Grundvoraussetzungen für ein Musikstudium zu erfüllen; er konnte zum Beispiel überhaupt nicht Klavier spielen, und seine Kenntnisse auf dem Saxophon waren dafür kein Ersatz. Gigli hatte mit seinen Lehrern Glück: Es waren Antonio Cotogni und Enrico Rosati. Cotogni hat bei Plattensammlern eine eigenartige Berühmtheit erlangt, denn er ist der wohl älteste Opernsänger, von dem es eine Schallaufnahme gibt, Jahrgang 1831, zum Zeitpunkt, als Gigli zu ihm kam, also fast 80 Jahre alt. Für seine Stimme wichtiger war jedoch sicherlich Rosati, der das naturwüchsige Talent verfeinerte, indem er ihm, es mag überraschend klingen, vor allem das übertriebene Fortesingen abgewöhnte. 1914 fühlte der junge Tenor und fühlten seine Lehrer, daß die Zeit reif war für einen Test. Die Teilnahme an einem Wettbewerb in Parma ließ Gigli wie einen Kometen aus der Unbekanntheit hervorsteigen. Der große Tenor Alessandro Bonci, ein letzter Vertreter der Belcantotradition des 19. Jahrhunderts, gab zu Protokoll: »Abbiamo finalmente trovato il tenore!« (Wir haben endlich *den* Tenor gefunden!)

Die mit diesem ersten Preis verbundene Chance, nämlich ein Engagement an der Oper von Chicago, konnte der Gewinner allerdings nicht mehr nutzen, der Ausbruch des Ersten Weltkriegs zerstörte auch diesen Plan, und so kam es zum Operndebüt an sehr viel bescheidenerem Platze, nämlich in Rovigo, und zwar als Enzo Grimaldo in Ponchiellis *La Gioconda* im selben Jahre 1914. Tullio Serafin, ein damals junger Dirigent, der Zeit seines Lebens dafür berühmt war, ein besonders sensibles Ohr für begabte Sänger zu haben, wurde auf Gigli aufmerksam und lud ihn ein, als Des Grieux in Massenets *Manon* die Saison in Genua zu eröffnen. Es folgte eine von den Kriegsereignissen relativ unberührte kontinuierliche Karriere in Italien. Pietro Mascagni bat ihn, *Cavalleria rusticana* in Neapel zu singen, und von diesem Zeitpunkt datierte eine lange kollegiale Freundschaft, die einen Höhepunkt in der 1940 entstandenen Gesamtaufnahme der *Cavalleria* fand, die der alte Komponist noch selbst dirigierte. Das zweite Werk, das Gigli in Neapel zu Gehör brachte, war Boitos *Mefistofele*, die Faust-Oper des auch als Opernkomponist genialischen Verdi-Librettisten, der für seinen Faust-Darsteller die wunderbarste Tenorlyrik geschrieben hatte. *Mefistofele* wurde für Gigli zum Schicksalswerk, denn er stellte sich mit dieser Rolle 1916 auch dem römischen Publikum vor, 1918 debütierte er damit an der Mailänder Scala, wo Toscanini für den gerade gestorbenen Komponisten eine Sondervorstellung dirigierte, und als Faust begann er schließlich auch 1920 an der Met, mit 34 Vorhängen der vielleicht größte Triumph seiner Laufbahn.

Das Debüt an der Scala 1918 bedeutete den nationalen, das an der Met den internationalen Durchbruch für Gigli. In den USA war er faktisch zu diesem Zeitpunkt ein Unbekannter, nach dem 26. November 1920 war er ein Star. Sein Aufstieg überschneidet sich auf seltsame Weise mit dem rapiden Ende Carusos, der ja nur 17 Jahre älter war als er. Es sind die gleichen Tage des Jahres 1920, in denen der Neapolitaner seine letzten, von Blutstürzen dramatisch überschatteten Auftritte absolviert, und am 24. Dezember 1920 steht er zum letztenmal in einer seiner größten Rollen, dem Eléazar in Halévys *Juive*, auf der Bühne. Es war ganz unausweichlich, daß Gigli als Caruso-Nachfolger gewertet wurde, obwohl er sich gegen diesen Vergleich immer gewehrt hat. Carusos Stimme entwickelte sich schon früh zum dramatischen, ja zum italienischen Heldentenor, wurde baritonal in der Färbung und zeichnete sich darüber hinaus durch eine Ausdrucksgewalt aus, die auf den späten Aufnahmen geradezu bestürzend hervortritt. Giglis Tenor hingegen bewahrte bis ans Ende seiner langen Karriere ihre jünglingshafte Frische – die Empfindungsstärke, die Caruso in Rollen wie dem Eléazar und dem Samson erreichte, blieb Gigli verschlossen, was auch seinen Bühnendarstellungen anzumerken war. Andererseits besaß Giglis Stimme Qualitäten, die ziemlich einzigartig waren und die heute, wo wir uns an denaturierte Töne, besonders im Tenorfach, gewöhnt haben, geradezu sensationell erscheinen. Kaum ein anderer Tenor, Tito Schipa ausgenommen, war ein solcher Meister des Mezza voce, des mit halber Stimme klangvoll Singens, konnte solche mühelosen Übergänge in die Kopfstimme vollziehen, die Tonproduktion Giglis ist mit dem Strömen flüssigen Metalls oder mit der samtartigen Weichheit einer vollendet gespielten Geige zu vergleichen, ein Belcantotenor allerdings, wie oft behauptet wird, war er nicht, denn er hatte mit der Agilität und Virtuosität so seine Schwierigkeiten, was man etwa den wenigen enttäuschenden Mozart-Aufnahmen anmerkt. In seinem Element war Gigli vor allem in der Oper des Jahrhundertendes, bei Giordano und Ponchielli, bei Puccini und Mascagni. Als Andrea Chénier, Enzo Grimaldo, Des Grieux, Canio und Federico in Cileas *Arlesiana* brachte er die Zuhörer zur Raserei, wenn er alle Gefühlsemphase, die ihm als singendem Darsteller verwehrt war, in die Kantilene legte und sie mit Expressivität ausschmückte, in einer späteren Zeit eher zuviel als zuwenig. Von seinen vielen großartigen Aufnahmen überzeugen heute jedoch eher die, in denen er nur seine Stimme glänzen läßt, manchmal sogar dann am meisten, wenn er sich gerade als »Tenor« Zurückhaltung auferlegt.

Mit dem Durchbruch an der Met war die Weltkarriere vorgezeichnet. Ein Kritiker beschrieb präzise den stimmlichen Eindruck, den er von diesem 30jährigen Tenor hatte: »Seine Stimme ist ein lyrischer Tenor von eigenartiger Wärme und Fülle in der Mittellage, im Timbre auffallend schön, bemerkenswert elastisch und fein und bei vollem Einsatz reich an Schmelz. Es ist ohne Zweifel die schönste Tenorstimme, die die New Yorker seit Carusos Erscheinen hören konnten.« Diese Einschätzung begleitete den Tenor in den folgenden Jahrzehnten fast überall. Dem Rückblick will es jedoch erscheinen, als sei die New Yorker Zeit für Gigli die künstlerisch ertragreichste gewesen. 1932 nahm er im Zorn Abschied von der Met, voller Verachtung die Zumutung zurückweisend, eine Reduzierung seines immensen Gehaltes in Kauf nehmen zu müssen, weil die Wirtschaftskrise an der Oper nicht vorbeigegangen war. Diese arrogante Haltung hat ihm bei den Amerikanern schwer geschadet, und später hat er zugegeben, einen Fehler gemacht zu haben. In den dreißiger und vierziger Jahren beschränkte sich seine Laufbahn vor allem auf Italien, wo seine Macht so weit ging, daß er einen mehrjährigen Vertrag nicht mit einem Opernhaus, sondern mit dem Staat selbst abschloß. Aus dieser Zeit resultiert der nicht ganz unberechtigte Vorwurf, der Tenor Mussolinis gewesen zu sein. Kaum weniger beliebt war er in Deutschland. Zwischen 1935 und 1943 drehte er elf unsägliche Filmchen und machte eine Reihe von Operngesamtaufnahmen, die seine Stellung als führender italienischer Tenor der Gegenwart befestigten. Ein Tenor wie Aureliano Pertile konnte hierin mit ihm nicht konkurrieren, auch wenn er als musikdramatischer Darsteller ihm überlegen war. Noch mit 56 Jahren bestand Gigli erfolgreich das Experiment, die Tenorrollen in *Cavalleria rusticana* und *Pagliacci* an einem Abend hintereinander zu singen. Erst mit 65 Jahren zog er sich vom Konzertpodium zurück, zwei Jahre später, am 30. November 1957, starb er in Rom.

Ohne Zweifel ist Gigli, gerade bei uns in Deutschland, lange Zeit falsch eingeschätzt worden von einer Generation, für die Caruso nur ein ferner Klang war, die Pertile und Schipa nicht kannte und von Jussi Björling, der nie in Deutschland auftrat, zuwenig wußte. Man wird, bei strengster Prüfung, vielleicht sagen können, daß er sich als Künstler mit den genannten nicht ganz messen konnte, als purer Sänger jedoch einen der vordersten Plätze in der Tenorskala unseres Jahrhunderts einnehmen darf.

Hinweise

Giglis durchaus lesenswerte Erinnerungen erschienen auf deutsch 1957 in Hamburg unter dem Titel *Und es blitzten die Sterne*. Immer noch heranzuziehen ist Raffaelo De Rensis Biographie *Beniamino Gigli, sein Leben, seine Kunst, seine Persönlichkeit* (München 1936). 1990 erschien in Italien (Treviso) ein schöner Bildband mit dem Titel *Gigli*, herausgegeben von Giuseppe Pugliese. Die Erinnerungen der Tochter erschienen 1986: Rina Gigli, *Beniamino Gigli, mio padre* (Parma). Von Franco Foschi stammt *Omaggio a Beniamino Gigli. Primavera del tenore* (Rom 1982).

Immer mehr Gigli-Aufnahmen erscheinen auch auf CD. Zu nennen sind zur Zeit zwei CDs bei Nimbus und vier bei Pearl. Unter den Gesamtaufnahmen, die nach und nach wiederveröffentlicht werden, hebe ich hervor: Verdis *Un ballo in maschera*, Giordanos *Andrea Chénier*, Leoncavallos *Pagliacci*, Mascagnis *Cavalleria rusticana*, Puccinis *Manon Lescaut* und Verdis *Requiem*.

Aureliano Pertile

»Al mio carissimo Pertile, al cantante impeccabile, all'interprete fedele, all'artista mirabile di svariete opere, mai abbastanza lodato – Arturo Toscanini« (Meinem liebsten Pertile, dem unfehlbaren Sänger, dem getreuen Interpreten, dem wunderbaren Künstler in vielen verschiedenen Opern, nie genug gepriesen – Arturo Toscanini) – so die handschriftliche Widmung unbekannten Datums, die in Bruno Tosis Buch über Aureliano Pertile faksimiliert abgedruckt ist. Der Tenor Toscaninis, das ist das Etikett, das Pertile bis heute anhaftet, ein zweischneidiges Lob, denn es heißt einerseits der bevorzugte Tenor des größten italienischen Maestros dieses Jahrhunderts zu sein, es heißt andererseits das Geschöpf eines autokratischen Pultherrschers zu sein, an dessen Opernaufnahmen man ja deutlich merken kann, daß ihm die schönste Stimme an sich etwas

Sekundäres war und daß ihm musikalische Sicherheit und Unterordnung unter den Willen des Dirigenten wesentlicher waren. Die Meisterschaft des Maestros, von der Theodor W. Adorno sehr kritisch sprach, beinhaltet eben auch eine Einengung der sängerischen Freiheit, der sich nicht alle unterziehen wollten. Es ist nicht von ungefähr, daß Toscanini mit dem größten Tenor der vierziger Jahre (in der Zeit also, als er bei der NBC die Opernernte in die Scheuer fahren konnte), mit Jussi Björling, nur einmal dokumentiert ist, mit einer Aufführung von Verdis *Requiem* nämlich, während die Tenöre, die für die Studio-H6-Aufnahmen herangezogen wurden, eben Jan Peerce und Richard Tucker hießen. Die eindrucksvolle Videoaufnahme der *Aida*, die jetzt neuerdings zu besichtigen ist, zeigt überdeutlich das, was als mangelnde Freiheit und Spontaneität den berühmten Aufnahmen schon immer vorgeworfen wurde: Die Sänger wirken außerordentlich angespannt, ja verkrampft (vor allem Tucker und Herva Nelli), und blicken auf den Dirigenten wie das Kaninchen auf die Schlange. Dennoch gibt es große Leistungen, aber Leistungen, die der perfektionistischen Vorbereitung zu danken sind, nicht der Emphase des Augenblicks. Ramón Vinay als Otello war, soweit ich sehe, der einzige, dessen sängerisches Temperament sich nur partiell einengen ließ, und Toscanini mußte darüber hinwegsehen, weil es keinen besseren Otello zu jener Zeit gab, das merkte auch er. Der Tenor Toscaninis, das bedeutet auch, daß die diversen Orchester, mit denen der Dirigent arbeitete, vor allem die Streichergruppen, es sich immer wieder anhören mußten: »Cantate, come canta Pertile« (Singt so, wie Pertile singt), denn Toscaninis Vorstellungen von melodischen Linien, von der Phrasierung großer Bögen, kam eindeutig von der Gesangslinie her, man merkt es seinem eigenen gekrächzten, aber immer eindrucksvoll phrasierten Probengesang an, der auf den berühmten Probenmitschnitten erhalten ist.

Geboren wurde Pertile am 9. November 1885 in Montagnana, einem Städtchen in der Nähe von Padua, und kein Biograph versäumt, darauf hinzuweisen, daß der Tenorkollege Giovanni Martinelli wenige Tage zuvor, am 22. Oktober 1885, im selben Ort geboren wurde (manche behaupten, Martinelli sei in Wirklichkeit ein paar Jährchen älter gewesen, aber das soll der schönen Legende keinen Abbruch tun). Pertile und Martinelli waren jedenfalls ihr Leben lang gut befreundet und gingen sich in ihrer Karriere auch geschickt aus dem Wege: Während Martinelli seine größten Triumphe an der Met feierte, reüssierte gerade dort Pertile nicht so sehr und wurde der Held der Scala in den zwanziger und dreißiger Jahren; Martinelli hat außerdem Pertile um 17 Jahre überlebt. Die Familie Pertiles war kleinbürgerlichen Zuschnitts, der Vater war Schuhmacher, die Verhältnisse eng und beschränkt, was Pertile im Verlauf seiner gloriosen Karriere nie vergessen hat. Während Martinellis Stimme eher durch Zufall entdeckt wurde, ist von Pertile nichts anderes zu berichten, als daß schon sehr frühzeitig alles auf eine sängerische Laufbahn hindeutete. Die Altstimme des Knaben fiel bereits im Kirchenchor auf (diese italienische Kirchenschulung ist ein Charakteristikum in der Biographie vieler italienischer männlicher Sänger, die ja glücklicherweise auch nicht mehr dem »coltellino«, dem Messerchen des Kastrierers, zum Opfer fielen, wie ihre Altersgenossen noch 100 Jahre zuvor – und noch während Pertile seine Stimmausbildung erhielt, sang der letzte bekannt gewordene Kastrat, Professore Alessandro Moreschi, in der päpstlichen Kapelle). Der Übergang nach dem Stimmbruch war nicht gleitend, denn mit 17 Jahren schien es, als ob Pertile seine Stimme gänzlich verloren habe, die er mit 15 noch zur Gitarre erprobt hatte. Dann aber kam sie wieder, die Stimme, allerdings nicht so triumphal, daß jeder den Wunsch des jungen Mannes verstanden hätte, Sänger werden zu wollen. »Non mi sembra una gran voce«, soll das Urteil des ersten Lehrers gewesen sein, Vittorio Orefice hieß er, hatte als Chordirektor schon mit Toscanini zusammengearbeitet und lehrte am »Istituto musicale di Padova«. Keine sehr große Stimme also war die Diagnose, daß es auch keine sehr hübsche Stimme war, verschwieg der höfliche Lehrer wahrscheinlich, denn anscheinend erkannte er das Potential, das in diesem jungen Burschen steckte.

Über die Häßlichkeit der Stimme Pertiles ist viel geschrieben und viel diskutiert worden. Der italienische Experte Giorgio Gualerzi äußerte sich 1985 in einem Artikel der englischen Zeitschrift *Opera* sehr entschieden: »Man kann sich, von einem objektiven Standpunkt aus, kaum eine häßlichere Stimme als seine vorstellen.« Das ist drastisch ausgedrückt, aber übereinstimmend mit dem Urteil vieler Sachverständiger. Man kann sicher festhalten, daß Pertiles Tenor weitgehend der sinnlichen Reize entbehrte, die man bei einem italienischen Tenor eigentlich für unabdingbar hält, es fehlte ihr über die ganze Entwicklung hinweg alles Warme, Weiche, Honigsüße, was im anderen Extrem Gigli so reich besaß, später mit geringeren Mitteln und geringerer Technik auch noch Ferruccio Tagliavini. Was statt dessen an die Stelle trat, darüber wird noch zu sprechen sein.

Wie ging es weiter mit Pertile? Das Handwerk eines Goldschmieds und Ziselierers war auf alle Fälle erlernt, aber bis auf eine Art Gesellenstück nie ausgeübt worden. 1910, mit 25 Jahren, schloß er die Ausbildung bei Orefice in der Musikschule ab, mit Belobigung im Fach Gesang, wie das Zeugnis ausweist. Im Februar 1911 debütierte er in Vicenza als Lyonel in Flotows *Martha*, die Kritik bescheinigte ihm eine starke Stimme und einen wachen Sinn für das Dramatische. Pertiles Tenor scheint damals mit der Höhe noch Probleme gehabt zu haben, das H wurde kaum erreicht, das C überhaupt nicht, und auch wenn später dieses hohe C erarbeitet wurde, war Pertile nie das, was man einen »C«-Tenor nennt. Toscanini, der in diesen Dingen strenge Mann, erlaubte ihm sogar, die Stretta des Manrico zu transponieren, und auf der Gesamtaufnahme ist ebenfalls die transponierte Fassung zu hören, auch wenn man als Hörer das Gefühl hat, daß Pertile dieses »C« durchaus singen könne, denn in allen seinen Aufnahmen aus der besten Zeit zwischen 1920 und 1930 gibt es keine hörbaren Höhenprobleme.

Mehr Aufsehen als mit seinem ersten Lyonel erregte er dann im selben Jahr 1911 in einer Nouveauté, der Oper *Quo vadis?* des Franzosen Jean-Charles Nouguès nach dem gleichnamigen Erfolgsroman des Polen Henryk Sienkiewicz, in der Pertile zum erstenmal in jene Atmosphäre aus spätrömischer Dekadenz und Christenverfolgung eintauchte, die ihm später in den beiden Nero-Opern, die seinen Weg säumen, so großen Ruhm einbringen sollten. Im Mailänder Teatro dal Verme fand diese italienische Premiere statt, er sang die Rolle des Vinicio und erregte Aufsehen durch seine brillanten hohen Töne, während von der Kritik die Mittellage noch als belegt und unentschieden kritisiert wurde. Pertile hat in der Folgezeit eine ganze Reihe von Novitäten gesungen, so in *Conchita* von Zandonai, in *Isabeau* von Mascagni, in *Louise* von Charpentier und in noch viel unbekannteren Werken (oder kennt man noch die auch von Zemlinsky vertonte *Florentinische Tragödie* des Herrn Mariotti?). Die Kritiken, die seine Technik bemängelten, spornten den jungen Sänger an, denn ihm war klar, daß er nur mit einer überragenden Stimmtechnik die Grundlagen dafür haben würde, seine Timbrenachteile je auszugleichen und seinen Willen zur Expressivität mit dem nötigen stimmlichen Nachdruck vertreten zu können – so studierte er noch einmal mit dem Dirigenten und Stimmsachverständigen Manlio Bavagnoli, und wirklich hat man seither niemanden mehr an seiner Technik mäkeln gehört.

Einen ersten Kontakt mit einem bedeutenden jungen Dirigenten verschafft eine Aufführung von *Aida* in Bologna, bei der Tullio Serafin am Pult steht, der schon damals als Experte für Stimmen einen gewissen Ruf hat; wir schreiben das Jahr 1913, und in den folgenden Jahren singt sich Pertile durch die italienische Provinz langsam, aber sicher nach oben. Das Jahr 1916 bringt einen entscheidenden Schritt nach vorn, zum erstenmal steht er auf den heiligen Brettern der Scala und singt in Zandonais Erfolgsreißer *Francesca da Rimini*, bereits in einem illustren Ensemble – es folgen die ersten Auslandserfolge in Spanien, in Buenos Aires und in Rio de Janeiro auf den traditionsreichen Tourneen italienischer Opernensembles. Bemerkenswert sicher scheint auch schon sein erster Lohengrin gewesen zu sein, den er 1919 noch an nichtprominentem Platze singt; diese Rolle, die in Italien von allen Wagner-Opern ja immer die größte Popularität genossen hat, sollte später zu einem seiner größten Triumphe werden und gehört auch zu den faszinierendsten Plattenhinterlassenschaften Pertiles – hinzu kam, daß der berühmteste Wagner-Sänger Italiens,

Giuseppe Borgatti, durch eine fortschreitende Erblindung seine Karriere nicht mehr fortsetzen konnte.

Schuld daran, daß Pertile durch Toscanini zum führenden Tenor der Mailänder Scala gemacht wurde, war eigentlich Signora Toscanini, so will es die Überlieferung. Sie hatte Pertile in der Arena di Verona erlebt und empfahl ihrem Mann, sich diesen Tenor einmal anzuhören. Die Scala trat in eine neue Phase ihrer Geschichte ein, und zwar in die bis heute wohl glänzendste, nämlich die neun Spielzeiten ab 1921, in denen Toscanini das künstlerische Gesicht des Hauses prägte, und der wahrscheinlich entscheidende Protagonist unter den Sängern dieser Ära, dieser glanzvollen zwanziger Jahre, war eben Pertile, der den gegenüber Sängerleistungen immer äußerst wortkargen Toscanini (seine Begeisterung schäumte nur gelegentlich über, wenn seine weiblichen Diven sein außerdienstliches Interesse erregten) zu dem Ausruf veranlaßte: »Finalmente sento cantare a modo mio: così si canta« (Endlich höre ich jemanden nach meinen Vorstellungen singen – so muß man singen). Schaut man sich das Repertoire an, das Pertile in diesen neun Spielzeiten in Mailand bewältigt hat – es umfaßt 35 verschiedene Opern –, so kommt man nur ins Staunen über die Ansprüche und die Vielseitigkeit, denen dieser Tenor in jenen Jahren offensichtlich mühelos gewachsen war. Vielleicht hängt es aber doch mit dieser enormen Beanspruchung, vielleicht aber auch mit seiner späteren Herzerkrankung zusammen, daß er trotz seiner felsenfesten Technik am Ende der dreißiger Jahre über den Zenit hinaus war. Dieses Repertoire reichte vom Radames und Manrico zum Lohengrin und sogar zum Stolzing (beide Wagner-Rollen natürlich auf italienisch), von *Bohème* über *Ballo in maschera* zu *Madama Butterfly*, von *Andrea Chénier* über *Manon Lescaut* und *Lucia di Lammermoor* zur *Forza del destino*.

Zwei große persönliche Erfolge feierte Pertile in seiner Scala-Glanzzeit in zwei Novitäten, von denen die eine wohl kaum wiederzubeleben, die andere ein leider unvollendetes rares Meisterwerk ist, welches aber noch viel zu wenige Bewunderer hat. Die erste Oper ist Wolf-Ferraris *Sly*, die zweite Boitos *Nerone*. Die Titelrolle des *Nerone* stellt (das ist nur kaum bekannt) eine der größten sängerischen Herausforderungen für einen italienischen Heldentenor dar, der auch gleichzeitig ein Charaktertenor sein muß, der also nicht nur über heldische Töne verfügt, sondern auch mit ihnen einen bizarren, dekadenten, zwischen schlotternder Angst und schäumender Hybris hin und her gerissenen Menschen darstellen kann. Hört man sich die zwei existierenden Plattenaufnahmen dieses eminenten Werkes an, wird man feststellen, daß in beiden Fällen die Titelrolle zwar respektabel gesungen, aber nicht wirklich gestaltet wird, hört man sich dagegen die wenigen Ausschnitte an, die mit Pertile als Nerone aufgenommen wurden, dann wird man als eine der großen

Unterlassungssünden der Plattenindustrie es ansehen, nicht eine Gesamtaufnahme dieses Werkes mit diesem Protagonisten gemacht zu haben – es
wäre eine Sternstunde des Musiktheaters geworden. So müssen wir uns mit
Fragmenten begnügen, in denen aber schon deutlich wird, daß es diesem
Tenor gegeben war, die ganze angedeutete Bandbreite dieser Figur auszu-
leuchten, nicht von einem intellektuellen Standpunkt aus, der ihm wohl eher
fern lag, sondern von einem sängerischen und musikalischen Instinkt her, der
von Toscanini in den Dienst dieser Ausnahmeoper gelenkt wurde.

In den dreißiger Jahren, nach Toscaninis Weggang, zehrte Pertile von dieser
unwiederholbaren Ära an der Scala und verbreitete seinen Ruhm über ganz
Europa. Es wird aus den Unterlagen nicht ganz klar, wie sich Pertile damals
politisch verhalten hat. Alex Natan spricht davon, daß Toscanini es ihm nie
verziehen habe, sich zu Mussolini bekannt zu haben, als er selbst ins Exil ging.
Pertile hat sich jedenfalls im faschistischen Italien nicht so exponiert wie Gigli,
allerdings gibt es ein Widmungsphoto Mussolinis für den von ihm verehrten
Tenor, der jedoch nie Mitglied der faschistischen Partei war.

Die besten Schallplatten Pertiles, und auch bei weitem die Mehrzahl, entstanden in den Jahren zwischen 1920 und 1930, also eben jener Scala-Glanzzeit. Die drei Gesamtaufnahmen, die glücklicherweise mit ihm gemacht wurden, sind *Aida* von 1928, *Il trovatore* von 1930 und die weniger glückliche
Carmen von 1932, die ersten beiden mit dem Dirigenten Carlo Sabajno, die
letztere mit Lorenzo Molajoli. Noch einmal war Pertile dann Nerone, diesmal
(1935) in der Oper Mascagnis, die unter der Leitung des Komponisten (eines
Günstlings des Regimes) an der Scala uraufgeführt wurde – der künstlerische
Ertrag war geringer als bei Boito. Ein letztes Bühnendebüt gab es 1937 an
abgelegenem Ort: In Malta sang Pertile seinen ersten Otello und konnte damit
in den folgenden Jahren große Erfolge feiern, auch wenn er nicht aus dem
Schatten des stimmpotenteren Francesco Merli heraustreten konnte. Vielleicht
wäre es besser gewesen, Pertile hätte Ende der dreißiger Jahre seine Karriere
beendet. Tito Gobbi berichtet in seinen Lebenserinnerungen, daß er mit ihm
im Sommer 1939 in den römischen Caracalla-Thermen in *Pagliacci* sang, Pertile als Canio, der junge Gobbi als Silvio. Am Schluß von »Vesti la giubba« gab
Pertile seiner immer ausgeprägter werdenden Neigung zum »Overdoing« nach
und übertrieb die Schluchzer so sehr, daß sie wie Lachen klangen; folgerichtig
fing auch das Publikum zu lachen an und verdarb so das Pathos der Szene. Als
Gobbi am nächsten Tag Pertile traf und ihm Komplimente über die Aufführung
machte, die, wie Gobbi berichtet, immer noch eindrucksvoll war, auch wenn
der stimmliche Höhepunkt deutlich überschritten schien, schüttelte Pertile re-
signiert den Kopf und sagte: »Nein, das Publikum mag mich nicht mehr, es ist
Zeit, abzutreten.« Pertile aber sang weiter, bis zum Ende des Jahres 1945, wo

er noch einmal in Rom als Boitos Nerone auftrat, der 60jährige hatte sich selbst überlebt. Als Professor am Mailänder Konservatorium unterrichtete er noch einige Jahre, gezeichnet durch eine zunehmende Herzerkrankung, am 11. Januar 1952 starb er in Mailand.

Was veranlaßt nun einen Sänger und Kenner historischer Aufnahmen wie Dietrich Fischer-Dieskau, Pertile in seinen Olymp der großen Sänger aufzunehmen, einen anderen kenntnisreichen Autor wie den Engländer John Steane, in seinem Buch *The Grand Tradition* Pertile ziemlich abschätzig zu behandeln unter dem Stichwort »The Decline of Singing«? Ein Grund ist sicher schon deutlich geworden: Für den, dem zu großer Gesangskunst auch der Zauber einer Stimme gehört, wird Pertile nie ein Tenor ersten Ranges sein. Aber das ist nur ein Aspekt. Auch stilistisch wirft das Singen Pertiles Fragen auf, denen man nicht ausweichen darf. Auf den ersten Blick ist er ein extrem veristischer Sänger, man könnte ihn gar als expressionistischen Sänger bezeichnen, dem die Ausdrucksemphase über alles geht, in gewisser Weise ein mit Max Lorenz in Deutschland vergleichbares Phänomen, beides Sänger, die mit von Hause aus unattraktiven stimmlichen Mitteln ein Maximum an Wirkung erzielten. Auf der anderen Seite aber wird gerade bei den frühen Aufnahmen deutlich, daß Pertile nicht völlig in die Verismolinie einzuordnen ist, die seit Caruso das Bild des italienischen Tenors bis heute geprägt hat (und für die heute Plácido Domingo das prominenteste Beispiel ist). Pertile greift durchaus auch auf die vorveristische romantische Tradition des 19. Jahrhunderts zurück und läßt Ähnlichkeiten mit dem Stil eines Alessandro Bonci, eines Fernando De Lucia erkennen. Dies ist vor allem an seinem geradezu exzessiven Gebrauch des Messa di voce und des Mezza voce zu erkennen, mit dem er aus den Tenören seiner Generation weit herausfällt (er übertrifft etwa Gigli hier bei weitem) und in dem er auch Caruso überlegen war, von Martinelli und Lauri-Volpi ganz zu schweigen, die das Schwergewicht auf den Martellato-Ton der metallischen Spitzentöne setzten (und hierin die Extremnachfolge von Mario Del Monaco und Franco Corelli erfuhren).

Pertiles Markenzeichen, ja das Geheimnis seiner Gesangskunst waren der perfekte Registerausgleich und der perfekte Ausgleich zwischen den verschiedenen Stärkegraden, er war der größte Dynamiker unter all den großen Tenören unseres Jahrhunderts und hat das Fluten zwischen Pianissimo und Fortissimo zum Zentrum seiner Kunst gemacht, in der völlig richtigen Ansicht, daß ein Forte, das bruchlos aus einem Piano entwickelt wird, vielfach wirkungsvoller sein muß als ein Fortissimo, das aus einem Dauerforte entwickelt wird. In diesem Sinne vor allem sind seine Aufnahmen wahre Lehrstunden für jeden Sänger, nicht nur für die Tenöre, denn man kann aus ihnen lernen, welche Wirkungen mit einer variablen Dynamik zu erzielen sind. Unter diesem Aspekt sollte man sich zum Beispiel die Aufnahme des Duetts Edgardo/Lucia aus *Lucia di Lammermoor* anhören (»Sulla tomba«) oder die Arie des Rodolfo aus *Luisa Miller,*»Quando le sere al placido«, Aufnahmen aus den Jahren 1930 und 1927. Die explosiven Crescendi, die dennoch nicht aus der Gesangslinie herausfallen, und die vollendeten Diminuendi lassen verstehen, warum man Pertile den »scultore della melodia« genannt hat, den Bildhauer der Melodie. Es sei nicht verschwiegen, daß diese Methode, vor allem beim späten Pertile, auch ihre Schattenseiten haben kann, ich stimme etwa dem englischen Kritiker Paul Morby zu, wenn er sagt, daß Pertiles Aufnahme von »Santa Lucia« so exaltiert sei, daß sie nicht mehr kritisierbar sei, und es ist schon wahr, daß der permanente Expressionsdruck, unter dem Pertile stand, auch zur Manier werden konnte, bei der genannten *Carmen*-Aufnahme ist das zu beobachten. Hört man einen ganzen Abend Pertile-Aufnahmen, ist man sozusagen erschöpft, wie nach einem exzessiven Saunabesuch, aber auch nach einem Abend Gigli kann man erschöpft sein, weil man sich an diesem vokalen Honigtopf überfressen hat.

Ein wahres Wunder sind auf jeden Fall seine *Lohengrin*-Aufnahmen, drei davon 1920 entstanden, die anderen drei 1927. Einmalig der vokale Charme, den Pertile mit seiner unattraktiven Stimme hier entfalten kann; das »anmutig bebende Lächeln«, das Wagner hier vorschwebte, ist nie annähernd so erreicht worden, die Kunst des Legatos bei extrem langsamen Tempi ist nicht genug zu bewundern, wie überhaupt Pertiles Atemtechnik über alle Zweifel erhaben ist – einzelne dieser Aufnahmen zerfallen allerdings durch die extreme Zerdehnung in wunderbare Einzelheiten, dennoch stehe ich nicht an, diese Aufnahmen für die besten Lohengrin-Aufnahmen überhaupt zu halten, sogar noch dem großen Franz Völker überlegen, auch wenn es nicht die richtige Stimme ist (die hatte nur Björling). Pertiles Ansichten zur Gesangstechnik, die in Tosis Biographie abgedruckt sind, sind hoch aufschlußreich, man kann sie jedem jungen Sänger nur empfehlen (viel mehr als die apokryphen Ausführungen Carusos über Gesangstechnik), denn sie scheinen mir ein Optimum darzustellen an Ausnutzung der Resonanzräume und an richtigem Training der Zwerchfellatmung – die Ergebnisse sind an seinen Aufnahmen zu studieren. Natan hat schon recht, wenn er als das eigentliche Charakteristikum von Pertiles Gesangsstil die Verbindung von Verismo und Romantik kennzeichnet, er hat nicht recht, wenn er meint, daß der Sänger zwischen beiden unentschlossen hin und her gependelt sei, es war eine völlig bewußte und genau kalkulierte Verbindung romantischer Phrasierungskunst mit der Expressivität des Verismo – durch diese Mischung, die den Personalstil Pertiles ausmachte, wird er für immer einer der größten Tenöre der Gesangsgeschichte bleiben.

Hinweise

Den besten biographischen Einstieg, mit vielen interessanten Photos, Zeugnissen der Kollegen und Auftrittsverzeichnis, bietet das Buch von Bruno Tosi, *Pertile, una voce, un mito* (Venedig 1985). 1932 erschien in Bologna Domenico Silvestrinis Buch *Aureliano Pertile e il suo mètodo di canto*.

Die Gesamtaufnahme von *Aida* mit Pertile liegt bei Pearl und Nuova Era vor, die des *Trovatore* bei Nuova Era. Bei EMI gibt es zwei, bei Preiser und bei Music Memoria je eine CD mit Pertile-Aufnahmen.

Lauritz Melchior

Es gibt da eine Aufnahme des einleitenden »Esultate« aus Verdis *Otello*, als deren Entstehungsdatum Mai 1960 angegeben ist. Man hört ein sehr mäßiges Orchester die einleitenden Takte herunterhudeln, und dann ertönt eine Tenorstimme (stellen wir uns vor, wir hören diese Aufnahme zum erstenmal, und niemand hat uns verraten, wer der Tenor ist), die offenkundig gar keine Tenorstimme ist, sondern ein veritabler Bariton von einem Volumen und einer Klangentfaltung, wie man sie in dieser Rolle noch nie gehört hat (Francesco Tamagno und Ramón Vinay eingeschlossen) – dieser Bariton bewältigt die ersten hohen Töne dieser kurzen, kaum eine Minute dauernden Passage atemberaubend, im zweiten Teil allerdings baut er etwas ab und kann das »l'uragano« nicht so glanzvoll zu Ende führen, wie er es begonnen hat. Wem gehört diese völlig aus allen Rahmen fallende Stimmkraft? Lauritz Melchior, liest man auf dem Plattencover, na ja, kein Wunder, aber dann blättert man doch noch einmal zum Aufnahmedatum: 1960 – da war dieser Otello 70 Jahre alt, und man reibt sich die Ohren und hört das Ganze gleich noch einmal, ohne zu einem anderen Urteil zu kommen. Die Stimme ist erstaunlich, geradezu mirakulös intakt, das Stehvermögen kann nicht ganz mithalten, aber ebenso eindeutig ist, daß der ehemalige Bariton als alter Mann wieder ein Bariton geworden war (manche behaupten, er war nie ein wirklicher Tenor, aber dazu später).

Bekannter als dieser kurze Ausschnitt ist der ganze erste Akt der *Walküre*, den er wenige Wochen vorher in Kopenhagen noch einmal für den Rundfunk gesungen hat. Ein vergleichbares Phänomen, rein altersmäßig natürlich noch verblüffender, ist das »Nessun dorma«, das der 79jährige Giacomo Lauri-Volpi in einem Konzert in Barcelona sang, aber das Beispiel des »Great Dane« (so ist man versucht, diesen überlebensgroßen Tenor aus Kopenhagen zu nennen; »Great Dane« ist die amerikanische Bezeichnung für eine große dänische Dogge) bleibt auf jeden Fall ein stimmliches Wunder für sich. Vor allem hat Lauri-Volpi gegenüber Melchior eigentlich nur »Schonpartien« wie den Manrico gesungen.

Die Statistik Melchiors, die kursiert, ist atemberaubend, auch wenn anzunehmen ist, daß nicht alle Zahlen stimmen (weil manche in zwei Versionen existieren). Sei dem wie es sei: Als Melchior sich am 2. Februar 1950 als Lohengrin von der Bühne der Met und allen anderen Bühnen für immer verabschiedete, da war der Manager Rudolf Bing heilfroh. Für ihn war Melchior schon 1939, als er zum erstenmal die Met besuchte, nur noch ein wandelndes rotes Plüschsofa als Tannhäuser, und als Bing sein Regiment antrat, fand er Melchior entsetzlich dick und gealtert (wenn man die Photos vom letzten Lohengrin anschaut, wird man Bing nicht ganz unrecht geben können); ihm war auch ein Dorn im Auge, daß Melchior zu den Proben nicht mehr erschien und erklärte, falls ein Dirigent glaube, ihm noch etwas beibringen zu können, solle er sich bei ihm einen Termin geben lassen (so lautet jedenfalls die Version Bings). Nun aber die Statistik: 106mal Lohengrin, 81mal Parsifal, 144mal Tannhäuser, 223mal (!) Tristan (den andere kaum zehnmal überstehen), 183mal Siegmund, 128mal Siegfried in *Siegfried*, 107mal Siegfried in der *Götterdämmerung* – fast 1000 Wagner-Vorstellungen zusammen. Darüber hinaus ein schmales Repertoire, dennoch breiter, als mancher wohl vermutet, und breiter als das mancher prominenter Wagner-Sänger von heute: 31mal Otello, 25mal Radames, 21mal Canio, elfmal Jean de Leyde, die Hauptrolle in Meyerbeers *Prophète*, neunmal Florestan, fünfmal Turridu und dreimal Samson.

Der 20. März 1890, an dem Melchior in Kopenhagen geboren wurde, ist auch der Geburtstag von Beniamino Gigli, lassen wir es bei dem kalendarischen Zufall. Die überall zu lesende Behauptung, sein eigentlicher Name sei Lebrecht Hommel gewesen, ist falsch. Er wurde getauft als Lauritz Lebrecht Hommel Melchior, wobei die drei Vornamen eine Reverenz vor seinem Paten Professor Lauritz Lebrecht Hommel waren. Der Vater war Leiter einer Privatschule, die Mutter starb wenige Tage nach der Geburt des Sohnes. Als Knabensopran sang der Junge in einem Kirchenchor – ein in Italien so häufiger Anfang für eine männliche Sängerkarriere, außerhalb Italiens eher selten zu finden. Nach Angaben des Melchior-Experten Hans Hansen war es das weibliche Hausfaktotum Frau Jensen, die vornehmlich Mutterstelle an Lauritz vertrat und seine sängerische Begabung nach Kräften förderte. Bei Paul Bang erhielt er seinen ersten Gesangsunterricht, und bei einer privaten Opernschule debütierte er »intern« in einer Rolle, die den künftigen Wagner-Recken nicht voraussehen ließ, als Gärtner Antonio in *Le nozze di Figaro*. Bariton würde er werden, das stand fest. Ein Jahr später tourte er mit einer Operntruppe und *La Traviata* durch Dänemark, und bald erschien seine erste Platte mit einer Arie daraus, »Di provenza« – eine drollige Photographie zeigt den 22jährigen

Bariton in der Rolle des Germont père, mit den kosmetischen Mitteln eines schlechten Hollywood-Films künstlich auf alt getrimmt. 1913 dann der erste Auftritt an der Königlichen Oper in Kopenhagen (in einem so kleinen Opernland werden einheimische Talente schnell groß), sein offizielles Debüt gewissermaßen, als Silvio in *Pagliacci*. Als junger Bariton fürs Gröbste sang er sich nun durchs Repertoire und auch durch Konzerte, ohne weiter aufzufallen, er war ja auch erst ein Mann in den Zwanzig.

Die entscheidende Wende kündigte sich allerdings dann aus berufenem Munde an. Im Frühjahr 1916 gab es eine andere Operntournee, diesmal mit dem *Trovatore*; es ist anzunehmen, daß Melchior dabei den Luna sang, überliefert ist es nicht. Diese Tournee hatte ein sehr prominentes Mitglied in Gestalt der Interpretin der Azucena; es handelte sich um Madame Charles Cahier, eine sehr interessante Persönlichkeit im Reiche des Gesanges; eigentlich hieß sie Sarah Jane Walker und stammt aus Tennessee, hatte aber den schwedischen Rittergutsbesitzer Charles Cahier geheiratet (daher der Sommersitz der Künstlerin auf dem Schloß Helgerum in Schweden und die Neigung zu Skandinavien) und war vor allem als Konzertaltistin eine Berühmtheit (mit dem Dirigenten Bruno Walter verband sie eine sehr enge Beziehung). In die Musikgeschichte eingegangen ist sie als Altistin bei der postumen Uraufführung des *Liedes von der Erde* von Gustav Mahler, die Walter wenige Monate nach Mahlers Tod 1911 in München leitete. Die Cahier scheint später zu Recht als Gesangspädagogin berühmt geworden zu sein, denn sie war es, die befand, daß der junge Melchior kein Bariton, sondern ein Tenor sei. Melchior ließ sich das einige Zeit durch den Kopf gehen, dann wandte er sich an eine offensichtlich richtige Adresse, den dänischen Wagner-Tenor Vilhelm Herold, der sich gerade von der Bühne zurückgezogen hatte. Zwei Jahre studierte er bei Herold »auf Tenor«, aber auch danach ließ er sich erheblich Zeit – es gibt keinen Sänger, der sich mit dieser schwierigen Umstellung so viel Zeit genommen hat wie Melchior, die ungewöhnliche Langlebigkeit der Stimme hat es ihm gedankt und hätte eigentlich allen zu denken geben müssen, die es versucht haben, ihm nachzueifern – auf dieses Problem werden wir gleich noch kommen. Melchior hat den Prozeß dieser Umschulung beschrieben als einen langwierigen Aufbau der drei Tenornoten A, B und C auf der normalen Baritonhöhe E, F und G und dem schließlich erreichten Ziel, den Unterschied zwischen der Bariton- und der Tenorhöhe so einzuebnen, daß man ihn nicht mehr hören würde. Herold sei oft unzufrieden gewesen und habe ihn in seinem Bornholmer Dialekt beschimpft.

1918 sang dann Melchior seine erste Tenorrolle an der Kopenhagener Oper, es war der Tannhäuser, den ich für den schwierigsten Wagner-Part neben dem Stolzing für einen vom Bariton kommenden Heldentenor halte (den Stolzing hat Melchior nach langer Prüfung später endgültig für sich abgelehnt). Es war offensichtlich kein Mißerfolg, aber ebenso offensichtlich kein großer Triumph, denn seine weiteren Einsätze im Heldentenorfach waren eher spärlich, es ging nicht so recht weiter mit der Karriere, in der Ehe mit zwei kleinen Kindern kriselte es (später war Melchior mit einer zierlichen Deutschen verheiratet, die der Riese berechtigterweise nur »Kleinchen« nannte), und er ging immerhin schon auf die Dreißig zu.

In Melchiors Karriere gab es jedoch glücklicherweise immer wieder ungewöhnliche Begegnungen, Kontakte und auch Zufälle. Einer dieser Zufallskontakte war der mit dem italienischen Rundfunkpionier Guglielmo Marconi, der ihn für eine der ersten großen internationalen Rundfunkmusikübertragungen verpflichtete (neben immerhin Nellie Melba), dadurch wurde wiederum Sir Henry Wood auf ihn aufmerksam, der Leiter der Londoner Promenadenkonzerte (die heute noch berühmten »Proms«), und in einem dieser Konzerte hörte ihn Hugh Walpole. Walpole war zu jener Zeit schon ein ziemlich berühmter Romancier, er sollte mit *Jeremy* und *The Herries Chronicle* noch viel berühmter werden, der Charles Dickens der zwanziger Jahre gewissermaßen, ein detailfreudiger Schilderer des viktorianischen Englands und offensichtlich ein Opern- und Sängerenthusiast, denn nach Madame Cahier und Herold war er der dritte und vielleicht wichtigste unter denen, die Melchiors Stimmpotential erkannten. Das erinnert ein wenig an die Begeisterung James Joyces für den irischen Heldentenor John O'Sullivan, auf die ich an anderer Stelle noch ein wenig eingehen will. Es ist nicht übertrieben zu behaupten, daß Walpoles Bereitschaft, als Sponsor, wie man heute sagen würde, den nicht mehr ganz jungen Tenor zu unterstützen, sein immer noch unausgereiftes Tenortalent noch einmal weiter zu entwickeln, ebenso ungewöhnlich wie entscheidend war, denn irgend jemand mußte ja die weiteren Studien eines 30jährigen Familienvaters finanzieren – man stelle sich heute einen 30jährigen Tenor vor, der schon gewisse Erfolge vorzuweisen hat und sich dennoch entschließt, noch einmal zwei, drei Jahre in die Lehre zu gehen. Melchior tat dies bei Victor Beigel in London und bei Ernst Grenzebach in Berlin, bei dem zu gleicher Zeit ein elf Jahre jüngerer Tenor aus Düsseldorf studierte namens Max Lorenz, szenischen Unterricht erhielt er darüber hinaus von Anna Bahr-Mildenburg, der großen Heroine der Gustav-Mahler-Ägide an der Wiener Hofoper, inzwischen mit dem Schriftsteller Hermann Bahr verheiratet und an der Münchner Akademie für Tonkunst unterrichtend, und schließlich wurde er sogar für würdig befunden, in Bayreuth in die Geheimnisse des Wagnerschen Werkes eingeführt zu werden (wobei er mit Siegfried Wagner Freundschaft schloß).

Die eigentliche Weltkarriere des inzwischen Mittdreißigers Melchior beginnt erst 1924: Zum erstenmal nach dem Krieg gibt es wieder Festspiele in

Bayreuth, und Melchior, international noch völlig unbekannt, ist als Parsifal und Siegmund vorgesehen, den Siegmund singt er zuvor schon an Covent Garden in London unter Bruno Walter in einem illustren Ensemble, zu dem unter anderem seine spätere bevorzugte Partnerin Frida Leider gehörte – hier wurde natürlich auch der Grundstein dafür gelegt, daß Walter ihn 1935 für seine Aufnahme der *Walküre* nach Wien holte. In Bayreuth debütierte er im gleichen Sommer als Parsifal unter Karl Muck, und bis 1931 hatte er natürlich dort nicht die geringste Konkurrenz zu fürchten, denn hört man die anderen Bayreuther Heldentenöre jener Jahre, etwa Gunnar Graarud und Sigismund Pilinsky, so können sie Melchior das Wasser, geschweige denn die Töne nicht reichen. Warum 1931 sein letztes Bayreuther Jahr war, ist aus den Unterlagen nicht ersichtlich, daß es die Nazis waren, die ihn vertrieben, ist nicht recht wahrscheinlich, denn sie ergriffen auch auf dem Grünen Hügel erst zwei Jahre später die Macht, im selben Jahr 1933, in dem auch für Bayreuth in dem erwähnten Lorenz ein fast gleichwertiger Ersatz für Melchior erstand. An der Met debütierte er 1926 als Tannhäuser, und nun sind die weiteren Stationen der Karriere schnell erzählt. In New York wurde er weitgehend nicht als die Kapazität erkannt, die er wirklich war, und so entschloß er sich, an einer kleineren, aber doch bedeutenden Bühne wie der Hamburgischen Staatsoper zwischen 1927 und 1930 sein Repertoire zu erweitern und zu festigen, um dann 1929 an die Met zurückzukehren und nun, wie man so schön sagt, von Triumph zu Triumph zu eilen. Die Berliner Staatsoper, das Teatro Colón in Buenos Aires, Covent Garden, das sind die wichtigsten Stationen, Zentrum aber war doch die Met, der Däne Melchior konnte im Zweiten Weltkrieg dankbar sein, daß er in den USA seine zweite Heimat fand und auch amerikanischer Staatsbürger werden konnte.

Die überwältigende Statistik wurde schon aufgezählt, in den späteren Jahren kamen dann noch eine eigene Radioshow und Fernsehauftritte hinzu. In fünf nicht sehr bemerkenswerten Hollywood-Filmen hat er mitgewirkt, als der nette bärenhafte, silberhaarige Onkel oder Opa, dem auch immer wieder Gelegenheit zum Playbacksingen gegeben wurde, wo er seine beneidenswert ungebrochene Stimmkraft demonstrieren konnte (es waren natürlich auch diese Aktivitäten, die wie im Falle von Helen Traubel den Zorn des puritanischen Bing an der Met-Spitze erregten). 300 Schallplatten, sehr viele Konzertauftritte (die genannte Zahl von 2000 halte ich allerdings für übertrieben). 1950 nahm er Abschied von der Bühne, am 19. März 1973 ist er, einen Tag vor seinem 83. Geburtstag, in Santa Monica in Kalifornien gestorben.

Heldentenor of the Century, so ist eine amerikanische Melchior-Platte betitelt, und an dieser Einschätzung hat noch keiner der Experten gerüttelt, auch ich will und kann das nicht tun, denn an seinem Ausnahmerang ist nicht zu zweifeln. Selbst die tadelnden Bemerkungen von Desmond Shawe-Taylor im *New Grove*, der von musikalischen Defekten spricht wie Unsicherheiten in Rhythmus und in der Einhaltung der Notenwerte, treffen eigentlich den »Great Dane« nicht so recht, denn sie sind begründet nur gegenüber Live-Aufnahmen aus der Spätzeit Melchiors zu erheben, als er in der Tat in der Lage war, lustlos-routinierte und auch schlampige Abende »abzuliefern«. Völlig unbestreitbar ist die Basis für die Einschätzung Melchiors als Phänomen landauf, landab: Es ist die einzigartige Mischung aus der wohl gigantischsten Tenorstimme, die die Schallplatte überliefert hat, mit der Fähigkeit, außerordentlich subtil zu singen, was der Erfahrung widerspricht, denn selbst bei berühmten Sängern kann man immer wieder feststellen, daß ebendiese Fähigkeit mit dem Volumen und der Durchschlagskraft der Stimme und deren Wachsen eigentlich nie Schritt hält, sondern dem sogenannten dramatischen Singen zum Opfer fällt, die prominenten Beispiele sind Legion. An Beispielen für diese wirklich überwältigende Fähigkeit Melchiors mangelt es nicht: Man höre sich nur das mit Recht vielzitierte »Nun weißt du, fragende Frau, warum ich Friedmund nicht heiße« aus Walters *Walküre*-Aufnahme an und vergleiche es mit späteren Aufnahmen. Kein einziger Tenor kommt Melchior gleich in dem geradezu zauberischen Diminuendo, das auf »heiße« in einen geheimnisvollen Hauch übergeht, in dem die ganze okkulte Lebensgeschichte dieses Fremdlings und zugleich seine Sehnsucht nach einem anderen Leben enthalten ist. Von ähnlichem Kaliber seine berühmte Gestaltung von Siegfrieds Tod, die 1930 in London eingespielt wurde, »Brünnhilde, heilige Braut«. Die Entwicklung von dem todesverschatteten »Wer verschloß dich wieder in Schlaf, wer band dich in Schlummer so bang« zu dem geradezu gräbersprengenden »Der Wecker kam [...] der Braut bricht er die Bande« ist kaum beschreibbar. Die ganz aparten Melchior-Liebhaber, und sie haben nicht ganz unrecht, heben für den innersten Schrein ihres Melchior-Kultes allerdings keine Wagner-Aufnahme auf, sondern die zwei Ausschnitte aus *Otello*, die ebenfalls aus dem Jahr 1930 stammen und mit John Barbirolli aufgenommen wurden (auch wenn sie deutsch gesungen wurden – spätere Ausschnitte aus den vierziger Jahren zeigen, daß auch der ältere Melchior immer noch nicht gelernt hatte, die italienische Sprache richtig anzuwenden, so singt er »djulivo« statt »dschulivo« – giulivo – usw.). Auch hier ein Wunder, wie zart Melchior das »brachst du in Stücke« im perfekt gestützten Mezza voce singt, um dann auf der Steigerung einen Spitzenton zu singen, dessen Kraft und Glanz alles übertrifft, was die größten Otello-Interpreten je zustande brachten.

Es wird Melchior nachgesagt, nicht gerade der intellektuellste unter den großen Sängern dieses Jahrhunderts gewesen zu sein, ein kindliches Gemüt in einem riesigen Körper (bei Doggen soll es ja ganz ähnlich sein), von unbändiger Freß- und Trink- sowie Scherzlust gegenüber seinen nicht immer begeisterten Kollegen. Darüber hinaus ist wohl auch unbestreitbar, daß er als Darsteller sehr ökonomisch mit seiner Kraft umging und nur die allernotwendigsten Expressionen auf die Bühne brachte. Sei dem, wie ihm wolle, als *Sänger*, und allein das können wir Heutigen nachprüfen, ist er von einer Fähigkeit des gestischen, beredten und plastischen Singens, der im Wagner-Gesang des Tenorfachs nur weniges an die Seite zu stellen ist – dazu würde ich zählen die besten Aufnahmen von Jacques Urlus, Lorenz als Tannhäuser und live mit Siegfrieds Tod sowie auf jeden Fall den erheblich unterschätzten Ludwig Suthaus mit den Live-Ausschnitten aus dem Berliner *Tristan* von 1947. Alle Kollegen übertraf Melchior an Subtilität und Stimmkraft. In den Chor der verständlichen Jubler hat bisher an einem Punkte nur der Wiener Stimmexperte Clemens Höslinger nicht eingestimmt, und zwar, was die Technik Melchiors betrifft – und ich bin geneigt, ihm weitgehend Recht zu geben (Höslingers Ausführungen finden sich in Heft 12/1970 der Zeitschrift *fono forum*). Höslinger weist darauf hin, daß die Technik Melchiors trotz der exzessiven Vorbereitung auf den Stimmlagenwechsel höchst problematisch war und blieb. Man kann es zuspitzen auf die These, daß Melchior zeit seines Lebens ein Bariton blieb und nie wirklich ein Tenor wurde, obwohl ihm das hohe C durchaus zur Verfügung stand. Diese erstaunlich leichte Höhe kam durch die Methode des sogenannten »Deckens« zustande. Die gedeckte Tongebung, die »voix sombrée«, wie die Franzosen sagen, ist den Stimmexperten nicht unbekannt, sie soll auf den notorischen Gilbert Duprez zurückgehen, jenen Propagator des hohen C mit der Bruststimme in den dreißiger Jahren des 19. Jahrhunderts, der die gedeckte Tongebung gegenüber der bis dahin offenen »weißen« Tongebung in der Höhe befürwortete.

Unter Decken versteht man in diesem Zusammenhang eine spezielle Einstellung des stimmerzeugenden Apparates, die auf der Tiefstellung des Kehlkopfs, der Aufrichtung des Kehldeckels und der Erweiterung des Ansatzrohrs beruht. Es ist natürlich das Erbteil der Baritonvergangenheit von späteren Heldentenören, daß sie die Deckungstechnik bevorzugen, denn die Spitzentöne der Baritone kommen normalerweise auf diese Art zustande, während die Spitzentöne der Tenöre offener gesungen werden müssen (das hat nichts mit Kopfstimme oder Falsett zu tun), um die nötige Durchschlagskraft zu erhalten. Im Zusammenhang mit dem bedeutenden chilenischen Otello-Spezialisten Vinay weise ich darauf hin, daß Lauri-Volpi in einem seiner Bücher ganz deutlich und zutreffend sagt, daß ein Bariton immer ein Bariton bleibt, auch wenn er sich die Tenorhöhe erarbeitet, er hat doch nicht jenen »squillo«, jene Durchschlagskraft in der Höhe, die den Tenor auszeichnet, und wird durch den dadurch erzwungenen erhöhten Kraftaufwand bald stimmliche Probleme bekommen. Vinay ist dafür natürlich ein prominentes Beispiel (der weniger prominente Hugh Beresford war es in Bayreuth ebenfalls), aber auch bei nicht so krassen Fällen wie dem bedeutenden Ludwig Suthaus oder auch Spas Wenkoff kann man feststellen, daß die Höhe immer gegenüber der Mittellage mehr oder weniger enttäuschend zurückblieb und bei fortschreitendem Alter als erstes Probleme machte. Wie verhält es sich nun bei Melchior? Er ist die winzige wirkliche Ausnahme von der Regel. Einerseits hat er wohl den Registerausgleich immer als Bariton vollzogen und nie im Tenorsinne, andererseits haben es ihm, und nur ihm allein, seine immense physische Kraft und vielleicht noch eine spezielle Konstellation, deren Grundlagen wir nicht kennen, gestattet, auf ein eindeutiges baritonal gebliebenes Stimmfundament bis zum G etwa, die Terz oder Quart, die es zum Tenor braucht, noch draufzusetzen, und dieses technische Wunder scheint mir das eigentliche Geheimnis von Melchiors Wirkung zu sein: Wenn aus dem verhangenen Baritonklang die geradezu gleißenden Klänge des Tenors hervorbrechen, dann hat das den Effekt eines Durchbrechens der Sonne durch einen Wolkenvorhang und ist von geradezu süchtig machender Wirkung, selbst für die, die Melchior nie in natura gehört haben. Selbst in diesem Ausnahmefall jedoch beweisen die späten Live-Aufnahmen aus den vierziger Jahren, daß die Rückkehr zum Bariton, die die Natur gewissermaßen von selbst vollzog, beziehungsweise das Wiederhervorkommen der eigentlichen Stimmveranlagung unter der Tarnkappe des Heldentenors fortschritt. Man kann daraus nur schließen, daß der Weg, den Melchior gegangen war, für einen jungen Bariton hoch gefährlich ist – vorbildlich kann er in dieser Beziehung nicht genannt werden, und es war sicher ein Irrtum Melchiors, eine Stiftung einzurichten, mit der nach seiner Methode das Umstudium auf Heldentenor ermöglicht werden sollte, so wie es ihm möglich gewesen war. Melchior bleibt ein erratischer Block in der Gesangsgeschichte dieses Jahrhunderts, und die Wagner-Tenöre von heute haben Pech, daß sie an diesem Vorbild sich messen lassen müssen (und der Bayreuther Festspielleiter Wolfgang Wagner muß einen Hörsturz erlitten haben, als er behauptete, daß Sänger wie Melchior auch nur mit Wasser gekocht hätten und heute auf herbe Kritik stoßen würden).

Der alte Melchior reiste viel in der Welt herum, besuchte seine alten Kollegen und Freunde wie Frida Leider und auch seinen jüngeren Kollegen Lorenz, an den er in einem Brief schrieb, daß die »alten Kammeraten jetzt Engeleins sind die auf einer Wolke sitzen und Harfe spielen«; der Brief schloß mit einer Formel: »Lebt wohl und feucht deine Kehle, dein alter Kammerat und Freund Lauritz«. So können wir also getrost annehmen, daß der Engel Lauritz, auf einer sehr massiven und tragfähigen Wolke sitzend, eine Harfe mit armdicken Saiten schlägt, gleichzeitig aber auch darauf die zartesten Töne erzeugen kann, die im Himmel zu hören sind. Feucht deine Kehle, großer Däne.

Hinweise

Shirlee Emmons hat eine umfangreiche Biographie geschrieben: *Tristanissimo. The Authorized Biography of Heroic Tenor Lauritz Melchior* (New York 1990). Das Buch enthält auch eine ausgezeichnete Diskographie von Hans Hansen. Zu nennen wäre noch der Artikel von Kurt Malisch in *fono forum* 3/1990, der außerdem mit einer guten Diskographie versehen ist.

Der beste Zugang zu den Platten ist im Augenblick die jetzt auch auf CD vorliegende sechsteilige Melchior-Anthologie von Danacord. In den letzten Jahren sind zunehmend Live-Mitschnitte von Met-Aufführungen ans Licht gekommen, die trotz unterschiedlicher technischer Zumutbarkeit heiß zu empfehlen sind (sie sind bei Malisch verzeichnet). Ich nenne vor allem den *Tannhäuser* von 1941 mit Erich Leinsdorf, die *Walküre* von 1941 ebenfalls mit Leinsdorf, *Siegfried* und *Götterdämmerung* von 1936 und 1937 mit Artur Bodanzky sowie unbedingt *Tristan und Isolde* von 1936 aus Covent Garden (mit Kirsten Flagstad als Isolde und Fritz Reiner als Dirigent sowie dem hervorragenden Herbert Janssen als Kurwenal). Bei Pearl ist eine CD mit Melchior-Raritäten erschienen, bei Nimbus sind bekannte Aufnahmen herausgekommen, bei Memories zwei CDs.

Rosa Ponselle

Eine seltsame Karriere, die Karriere Rosa Ponselles: 20 ununterbrochene Spielzeiten an der Met, von ihrem ersten Auftreten am 15. November 1918 bis zu ihrem letzten am 15. Februar 1937; in drei Spielzeiten (1929–31) trat sie in nur wenigen Aufführungen in Covent Garden auf, und in Spontinis *Vestale* sang sie 1933 bei den Mai-Festspielen in Florenz. Das war alles, und doch hat diese fast rein amerikanische Karriere einer Italo-Amerikanerin einen Weltruhm evoziert, der bis heute anhält und dessen Stärke keineswegs abgenommen hat. Damit sind die Seltsamkeiten noch nicht beendet: Als Rosa Ponselle (deren eigentlicher Name Ponzillo war, die Eltern waren aus Caserta eingewandert, sie war also keine waschechte Amerikanerin, wie zu lesen ist, aber sicher eine für den Melting-pot typische Amerikanerin) an jenem Novembertag des Jahres 1918 an der Met debütierte in *La forza del destino*, an der Seite von Enrico Caruso als Alvaro und Giuseppe De Luca als Carlos, da war sie ganze 21 Jahre alt, hatte noch nie auf einer Bühne gestanden und hatte überhaupt bis zu diesem Zeitpunkt nur zwei Opern gesehen. Die Nerven der jungen Newcomerin waren zum Zerreißen gespannt, und als sie einmal ihren Partner Caruso zumurmelte: »Ich sterbe, ich kann nicht weiter singen«, murmelte er zurück: »Corragio, corragio, io ti sostengo« (nur Mut, Mut, ich unterstütze dich), ein Zuspruch, der Wunder wirkte, auch wenn er nur wenig praktische Bedeutung hatte – Rosa Ponselle hat das jedenfalls noch in hohem Alter dankbar erzählt. Unter den Nerven hat sie die ganzen 20 Jahre ihrer superben Karriere gelitten, solche Nervenbündel waren ja auch Jussi Björling und Franco Corelli, die meisten großen Sänger kommen mit diesem Problem besser zurecht. Lange Wanderungen durch die Straßen mußten jedesmal absolviert werden, bevor die magische Tür zum Opernhaus durchschritten werden konnte; außerdem hatte sie eine Frischluftneurose: Die Fenster ihrer Garderobe und auch die Türen hinter der Bühne mußten für sie jeweils zwei Stunden vor der Vorstellung weit geöffnet werden, sommers wie winters, andere Kollegen waren davon nicht begeistert, und De Luca drohte sogar mit dem Rechtsanwalt, falls er sich dadurch eine Erkältung holen sollte.

Der Weg zur sensationellen Premiere der *Forza del destino* war, dem Alter des weiblichen Stars entsprechend, kurz und steil gewesen. In Meriden (Connecticut) am 21. Januar 1897 geboren, hatte sie als Jugendliche schon bemerkenswerte Musikalität bewiesen und war mit ihrer Schwester Carmela (die später eine bescheidenere Karriere als Sängerin machte, immerhin ebenfalls bis zur Met vordrang) als »Ponzillo-Sisters« in New Yorker Varietés aufgetreten. Der Impresario William Thorner, der auch Fähigkeiten als Gesangslehrer besaß, wurde auf sie aufmerksam, denn ihre Stimme war offensichtlich an Volumen und Klangschönheit sehr bald über das Repertoire hinausgewachsen, das sie seinerzeit sang. Er war es, der den Kontakt zur Met, vor allem zu Caruso, herstellte. Auch für Caruso war die Rolle des Alvaro neu, die sich als seiner Stimme auf den Leib geschnitten erwies (die Aufnahmen daraus beweisen das bis heute), und er hatte den sicheren Riecher dafür, daß die Bedeutung des Abends durch ein weiteres Debüt, diesmal einer völlig unbekannten Person, gesteigert werden könne (die Rolle war ursprünglich für Claudia Muzio vorgesehen gewesen). Max de Schauensee, ein Stimmenconnaisseur und Plattensammler besonderen Zuschnitts, hat als junger Mensch an der dritten dieser legendären *Forza*-Aufführungen teilgenommen und erinnerte sich anläßlich von Ponselles 80. Geburtstag an diesen Abend in der Met:

»Diese Premiere einer Oper, die seit 1882 nicht an der Met gegeben worden war, sollte offensichtlich als Vehikel für den Weltstar Caruso dienen. Auf den Eindruck des neuen Soprans, der mich erwartete, war ich nicht vorbereitet. Als ihre erste wichtige Phrase ›Ahi troppo sventurata sono‹ erklang, war mir sofort klar, daß ich noch nie eine solche Stimme gehört hatte. Caruso sang bezwingend wie immer, und als diese beiden phänomenalen Stimmen anschließend gemeinsam die Höhenflüge antraten, war der Eindruck überwältigend. Zwillings-Tonsäulen von enormer Pracht fluteten durch den Riesenraum der Met. Ponselles Stimme wirkte damals auf mich größer als in späteren Jahren, wo die Töne gewissermaßen stromlinienförmiger wurden. Ihre hohen Töne waren monumental mit einer stählernen Brillanz, das Mittelregister von einer samtenen Weichheit. Ich werde nie das strahlende hohe B vergessen am Ende von ›Pace mio Dio‹, solche Töne machten ihr damals (im Unterschied zu später) nicht die geringsten Schwierigkeiten, sie badete förmlich darin. Seit diesem Zeitpunkt trug sie bei Kennern den Beinamen ›Caruso in Petticoats‹.«

Diese Erinnerung gibt den Ton an, den jeder anzuschlagen wußte, der Ponselle einmal gehört hat. Der Dirigent Tullio Serafin, vielleicht der letzte große Dirigent, der alles über Stimmen wußte und dieses Wissen auch den Sängern hilfreich zurückgeben konnte (etwa Maria Callas), sagte immer wieder, er habe drei Stimmwunder in seinem Leben kennengelernt: Caruso, Ruffo und Ponselle, und wirklich ist das mächtige Fluten solcher dunkel getönten gewaltigen Stimmen vergleichbar, so verschieden Tenor, Bariton und Sopran natürlich sind. Walter Legge, auch er ein Stimmkenner ersten Ranges, hat wohl die beste Charakteristik von Ponselles Stimme verfaßt (ebenfalls zu Ponselles 80. Geburtstag):

»Es war eine majestätische Stimme, enorm reich an Obertönen, wie die Ruffos, wenn man an seine Aufnahmen von ›All'erta marinar‹ und die *Zazà*-Arien denkt. Ihr Legato war perfekt, völlig nahtlos, exquisit moduliert, und mit einer Atemkontrolle, die nur den Hörer atemlos vor Staunen macht. Sie hatte Kraftreserven, wenn die Rolle oder die dramatische Situation es verlangte, wie ein hochdramatischer Sopran, aber eigentlich war sie ein ‹lirico-spinto›, mit einer erstaunlichen Agilität. Sie verstieg sich nie in die reine Koloraturebene, aber ihre Koloraturfähigkeit war dennoch fast unglaubhaft, ihre Stakkatoreihen wirkten wie eine Reihe gleichmäßiger Perlen, Legatoskalen liefen wie durch unsichtbares Öl. Die Stimme war aus einem Guß, vom tiefsten Ton bis zum höchsten, Registerwechsel waren völlig unhörbar.«

Mit diesen Fähigkeiten war eine Weltkarriere vorbestimmt, eine Weltkarriere, die, wie erwähnt, eine Met-Karriere war und die ihrer prachtvollen Schallplatten, nicht so viele, wie sie es selber gewünscht hatte, aber doch genug, um diesen Weltruhm stabil zu halten.

Jede Rolle, die sie an der Met sang, war ja eine völlig neue Rolle für sie, und das Repertoire, das sie sich erarbeitete, war mit 23 Rollen nicht eben immens, aber gemessen an den 19 Spielzeiten doch sehr beachtlich. Als Caruso kurz vor dem Ende seiner Karriere Halévys *La Juive* sang, war sie seine weibliche Partnerin, sie sang die Donna Anna, die Rezia in *Oberon*, die Elisabetta in *Don Carlos*, die Leonora im *Trovatore*, die Gioconda, die Aida, die Elvira in *Ernani* und die Fedra in der für sie geschriebenen Oper ihres künstlerischen Beraters Romano Romani, eine Oper, die mit der Ponselle lebte und dann auch starb. Als Höhepunkt ihrer Met-Karriere ist wohl die Norma von 1927 zu betrachten, auf die sie durch Romani und Serafin, den Dirigenten der Aufführung, langsam vorbereitet wurde, zwei Jahre zuvor wurde ihr die Rolle der Giulia in Spontinis *Vestale* anvertraut, als Probelauf gewissermaßen, denn die Giulia gilt als eine Art stimmlich jüngerer Schwester der Norma, und dann wurde die Ponselle *die* Norma ihrer Zeit, ein Werk, das in New York weitgehend unbekannt war – erst Maria Callas hat hier auf ihre ganz eigene Art anknüpfen können. Der Abschied Ponselles von der Bühne kam so überraschend und nebenbei, daß ihre Gemeinde eigentlich nicht realisierte, was da vor sich ging. Sie wünschte sich die Titelrolle der *Adriana Lecouvreur* von Cilea, ein beliebtes Vehikel für weibliche Stars ihres Kalibers, dankbar, ohne gewaltige Anforderungen an die Stimme, aber ansonsten ein schmalbrüstiges Werk von schwacher Durchschlagskraft. Giulio Gatti-Casazza, der Direktor der Met, erinnerte sich daran, daß selbst mit Caruso in der männlichen Hauptpartie diese Oper kaum Publikum angezogen hatte, und da er immer an die persönlich an ihn gerichtete Lehre Verdis zurückdachte: »Die Bestimmung eines Theaters ist es, voll zu sein und nicht leer«, lehnte er ab. Die Diva machte diesen Fall zum Casus belli und verlor die Kraftprobe. Sie machte ihren Schwur wahr, nie mehr an der Met aufzutreten, und dehnte dies auf die Bühne überhaupt aus – mit 40 Jahren war so eine gloriose Karriere am Ende; manche behaupteten, auch ihre stimmlichen Mittel seien am Ende gewesen, so der berühmte Kritiker William Henderson, der auch einige Bücher über Sänger und Oper geschrieben hatte und sie seit ihrem Debüt mit mißgünstigen Kritiken verfolgte, deren Tenor war, daß sie nie gelernt habe, richtig zu singen, und nur mit einem Naturkapital wuchere, ein Unsinn, der sich aus ihren Schallplatten sofort selbst widerlegt.

Aber wirklich mag bei dem frühen Abschied noch anderes mitgespielt haben, vor allem der einzige wirkliche Mißerfolg ihrer Laufbahn, die Carmen, die sie 1935 zum erstenmal sang. Der Mitschnitt einer Vorstellung aus dem folgenden Jahr klärt darüber auf, daß sie hier wirklich fehl am Platze war, ebenso deutet ein eher groteskes Photo dieser Rolle daraufhin, bei dem ihr immer statuarisches rundes Gesicht mit dem relativ kleinen Mund auf »gypsy« getrimmt ist; wie ein Witzbold sagte, sah sie aus »wie Carmen Miranda, nur ohne Apfelsinen« (Miranda war eine zweitklassige Hollywood-Darstellerin, die auf südländische Schönheiten spezialisiert war). Sie hatte es offensichtlich darauf angelegt, die Carmen möglichst ordinär zu spielen, um einmal einen Kontrast zu ihren hehren leidenden Frauengestalten zu erzeugen, aber gerade das war nicht ihr »cup of tea«. Andere waren und sind der Meinung, daß ihre Traviata, die sie 1930 zum erstenmal sang, der Grund für ihre stimmlichen Schwierigkeiten war, aber selbst an diesen stimmlichen Schwierigkeiten ist mit Fug zu zweifeln. Gewiß, die Sicherheit der hohen Töne war nicht mehr die ihrer Anfänge, und schon die Norma sang sie (wie der Spezialist John Ardoin anhand von damals benutzten Klavierauszügen festgestellt hat) mit Transponierungen und geschickter Umgehung von einigen hohen C. Hört man ihre gewiß grandiosen *Aida*-Aufnahmen aus dem Jahre 1926, wird man bei aller Bewunderung feststellen, daß die Spitzentöne nicht so frei schwingen, wie sie das bei einer Sängerin solchen Niveaus tun sollten, dafür aber sind die *Ernani*- und *Norma*-Aufnahmen aus den Jahren 1928 und 1929 in diesem Punkte völlig untadelig.

Was ihre Aufnahmen überhaupt betrifft, so muß der Autor ehrlicherweise folgendes sagen: Natürlich wird aus ihnen klar, wie überall zu lesen, daß dies die wahrscheinlich schönste und üppigste Stimme des italienischen dramatischen Faches war, die es gegeben hat (Puccini und Wagner hat sie nie gesungen), es wird aber auch klar, warum alle, die sie je auf der Bühne gehört haben, versichern, daß der Eindruck durch die Aufnahmen nicht richtig wiedergegeben wird. Das ist eine oft gehörte Entschuldigung, aber eigentlich nur im Falle Ponselles hat man als Hörer ihrer Platten das schmerzhafte und frustrierende Gefühl: enorm, aber da muß doch noch etwas mehr gewesen sein. Ich will nicht behaupten, diese Aufnahmen seien enttäuschend, wenn man die hymnischen Beschreibungen ihrer Stimme liest (von denen ich zwei zitiert habe), aber es eignet ihnen doch ein Moment des Unerfüllten, die Fülle des Wohllauts bleibt ein winziges, aber entscheidendes Stückchen hinter den Erwartungen zurück (ein Gefühl, das man etwa bei den älteren Aufnahmen Carusos keineswegs hat). Es mag sein, daß sie auf der Schallplatte auch deshalb ein wenig zurückgenommen, gelegentlich unfrei oder emotional retardiert wirkt, weil dem Hörer der Eindruck ihrer statuarischen Schönheit fehlt, der auf der Bühne die nicht sehr ausgeprägte dramatische Intensität ergänzte. Dies alles gilt für die bekannten, leider nicht allzu zahlreichen, aber jede für sich Gesangsgeschichte machenden Aufnahmen. Dieser Eindruck muß jedoch ergänzt werden durch jenen Mitschnitt einer *Traviata*-Aufführung der Met aus dem Jahre 1935, der alle, die vielleicht ähnliche Reserven haben wie ich, das Staunen lehren kann. Kein Mensch käme zunächst einmal auf die Idee, daß die Traviata von einer Stimme solchen Kalibers gesungen werden könne – und wie gesungen. Gewiß, die Callas war auch keine herkömmliche Zwitscherstimme, wie sie gelegentlich bis heute die Traviata singen, aber sie war doch in Volumen und Grandeur des Timbres nur eine halbe Portion gegenüber Ponselle. Diese Aufnahme, technisch auch von ausgebufften Historic-recording-

Hörern nur mit Mühe an einem Stück zu verdauen, mit einem poesielosen Alfredo, einem etwas polternden Germont père (Lawrence Tibbett) und einem vitalen, aber auch pauschalen Dirigat Ettore Panizzas, ist endlich das Wunder, das man sich von einer Ponselle erwartet. Sie zeigt vor allem, daß sie, zwei Jahre vor Ende der Karriere, stimmlich in vollster Blüte stand, sie zeigt aber auch eine Delikatesse des Singens, ein Raffinement der vokalen Linie, das atemverschlagend ist. Jeder, der die berühmte Scala-Aufführung mit der Callas unter Carlo Maria Giulini kennt, wird zu würdigen wissen, wenn ich die Ponselle des Jahres 1935 noch über die Callas stelle, weil hier einmal und unwiederholbar dramatische Wahrhaftigkeit und herzzerreißende Expression mit dem lodernden Feuer einer Prachtstimme kombiniert wurden. Man hört geradezu Wunder des dramatisch erfüllten Legatosingens, im »Dite alla giovine«, das »Addio del passato« hat alles »legato e dolce«, das Verdi hier verlangt, und das »Gran dio« jenes »legato con espressione«, das klarmacht, daß die Traviata, von Erna Berger gesungen oder Sängerinnen dieses Typus, leider nur eine Karikatur dessen ist, was Verdi hier verlangte. Das Ponselle-Wunder der Traviata aber scheint unwiederholbar zu sein, denn bisher hat es keinen Sopran dieses stimmlichen Kalibers mehr gegeben (von der Timbrequalität will ich gar nicht reden), der sich mit Erfolg an diese Rolle gewagt hätte.

Ponselle hat es, wie sie immer wieder beteuerte, nie bereut, so früh die Bühne verlassen zu haben. Es war allerdings ein Abgang, wie man ihn sich läppischer kaum hätte vorstellen können, der krasse Gegensatz zum gloriosen Beginn der Laufbahn. Sie hatte kurz zuvor einen amerikanischen Industriellen namens C. A. Jackson geheiratet und zog mit ihm nach Baltimore, diese Ehe endete in Skandal und Scheidung. Immer wieder, wenn auch selten, trat sie bei Konzertanlässen auf, wovon Tondokumente erhalten sind, und noch 1954 machte sie private Aufnahmen (sie war ja auch erst 57 Jahre alt), die zeigen, daß ihre Stimme, bis auf eine stärker werdende Begrenzung der Höhe, völlig intakt war, üppig, dunkel und reich strömend wie eh und je. Robert Merrill erzählt eine schöne Geschichte, die um 1950 spielt: Er war auf einer New Yorker Party eingeladen, zusammen mit Leonard Bernstein, der Sopranistin Blanche Thebom und eben Ponselle. Alle Bitten, etwas zu singen, wurden von der immer noch scheuen Ponselle strikt abgelehnt, aber Bernstein wußte, wie man sie provozieren konnte. Er setzte sich an den Flügel, improvisierte herum, rutschte unmerklich in den dritten Akt von *Aida* hinein, und plötzlich füllte die unvergessene Stimme der Ponselle den Raum mit ihrem Klangstrom, Merrill fiel ein, und zusammen sangen sie die Szene Amonasro/Aida aus dem dritten Akt, für Merrill eine unvergeßliche Erinnerung (und sicher für alle anderen Anwesenden auch). Noch mit 80 Jahren sagte sie von sich – und das war nicht nur kokett –, sie singe noch gelegentlich zu ihrem eigenen Vergnügen in ihrer

»Villa Pace«, wie sie ihr Haus in Baltimore genannt hat, nach der »Pace«-Arie der Leonora in *La forza del destino*. In ihrem »Retirement« war sie keineswegs untätig. Sie übernahm 1954 die Leitung der Baltimore Civic Opera, was die künstlerische Seite betraf, und sie, die selbst kaum Gesangsunterricht gehabt hatte, wurde zu einer begehrten Pädagogin, die mit Beverly Sills, Raina Kabaiwanska und James Morris arbeitete, um nur die bekanntesten Schüler zu nennen. Will man einem jungen Melomanen oder zumindest einem, der noch auf dem aufregenden Weg der Entdeckungen ist, demonstrieren, zu welcher Grandeur und Majestät Frauenstimmen fähig sind, dann gibt es eigentlich nur zwei Möglichkeiten, eine kühlere statuarischere, und das ist Kirsten Flagstad, und eine sinnlichere, femininere, dunkel glühende, das ist Rosa Ponselle, eine Diva, die in ihrer Mischung aus »casta« und »volluttuosa« einzigartig war – am 25. Mai 1981, 44 Jahre nach dem Ende ihrer Bühnenlaufbahn, ist sie in New York gestorben, ihre Aufnahmen aber leben und leuchten.

Hinweise

Ein Buch von und über Rosa Ponselle ist empfehlenswert: *Ponselle, a Singer's Life*, das sie gemeinsam mit James A. Drake verfaßt hat, es erschien 1982 in New York und enthält eine ausgezeichnete Diskographie von William Park, die in einem Anhang sogar die Aufnahmen der Schwester Carmela Ponselle umfaßt, sowie die Live-Mitschnitte und die Radiosendungen. In Jerome Hines' Buch *Great Singers on Great Singing* (London 1983) gibt sie Auskunft über ihre Technik. Der schöne Artikel Walter Legges über sie, neben anderen Beiträgen, u. a. auch die Erinnerungen Max de Schauensees, finden sich in der Zeitschrift *Opera* 28:1977, S. 13–25.
   Die legendäre *Traviata*-Gesamtaufnahme aus der Met von 1935 ist zusammen mit Ausschnitten aus *Norma* bei Pearl erschienen, dort auch die Ausschnitte aus *La forza del destino*, *Il trovatore* und *Aida*. Bei RCA und Nimbus gibt es je eine CD mit den wichtigsten Einzelaufnahmen, bei Pearl noch zwei CDs mit den Columbia-Aufnahmen.

Lotte Lehmann

»Liebe Frau Sonne« – wer kann schon von sich behaupten, von Thomas Mann so brieflich angesprochen worden zu sein? Lotte Lehmann war der Adressat solcher und vieler anderer Liebeserklärungen, von Arturo Toscanini, Bruno Walter, von Richard Strauss und Giacomo Puccini, und ein engagierter Bewunderer wie Joseph Wechsberg sagte von ihr:

»Wer will schon die Biographie einer Sängerin lesen? Sogar ihre Platten, auch die besten, geben nur einen unvollkommenen Eindruck ihrer Persönlichkeit: Selbst die besten Platten bleiben, Gott sei Dank, noch immer Ersatz. Aber wer das Glück hatte, einmal die Lehmann zu erleben (was mehr ist, als sie zu hören und zu sehen), der denkt daran sein ganzes Leben.«

Weder ich noch die Mehrzahl meiner Leser werden die Lehmann noch selbst erlebt haben, wir Armen müssen uns also mit den Platten, den Photos und den Berichten, aber auch mit den erstaunlich zahlreichen Zeilen aus ihrer eigenen Feder begnügen.

Geboren wurde Lotte Lehmann am 27. Februar 1888 in Perleberg in der Mark Brandenburg; im Haushalt eines kleinen Beamten wuchs sie auf, der Vater hatte immerhin einen hübschen Tenor und sang im Perleberger Gesangverein mit der gleichen Pflichttreue, mit der er seinen Beruf versah, eine früh verstorbene Tante soll nach der Familienüberlieferung die Stimme eines Engels gehabt haben. Stimmliche Begabung war auch bei Klein-Lotte offensichtlich vorhanden, denn schon als Schülerin trat sie in der Aula ihrer Schule auf, und die ersten Stimmen ertönten, es könne in dieser Hinsicht etwas aus ihr werden, auch wenn der Vater sich nur einen ordentlichen Beruf für seine Tochter vorstellen konnte, Lehrerin in erster Linie (und in seinen kühnsten Träumen verstieg er sich gar bis zur Oberlehrerin). Bei Erna Tiedke in Berlin, selbst noch Schülerin an der Berliner Königlichen Hochschule für Musik, nahm sie die ersten Gesangsstunden und wurde nach einem Vorsingen an der Hochschule (ihr ganzes Repertoire bestand zu diesem Zeitpunkt aus der Arie Siébels aus Gounods *Faust* und aus der Arie »Jerusalem« aus Mendelssohn-Bartholdys *Paulus*) als Schülerin akzeptiert – das horrende Schulgeld wurde von der wenig bemittelten Familie zusammengekratzt. Man sollte meinen, daß nun mit der Aufnahme in die Hochschule eine kontinuierliche Laufbahn begonnen hätte, aber die größten Schwierigkeiten lagen erst noch vor der blutjungen Elevin, und es ist wahrscheinlich ein entscheidendes Zeichen für die Willensstärke und Zielstrebigkeit dieser kantigen Brandenburgerin, wie sie diese Schwierigkeiten meisterte. Bei Helene Jordan an der Hochschule machte sie zunächst gute Fortschritte, als diese aber wegen Krankheit für längere Zeit ausfiel, fühlte sie sich bei einem anderen Lehrer nicht gut aufgehoben. Die private Gesangsschule der Etelka Gerster, jener berühmten Koloratursopranistin, die von Verdi persönlich noch protegiert worden und ernsthafte Rivalin von Adelina Patti gewesen war, hatte einen glänzenden Ruf, und so wechselte sie dorthin über, bekam Unterricht bei Eva Reinhold, einer Mitarbeiterin Gersters – und scheiterte. Sie scheiterte nicht an ihrer mangelnden Kenntnis der Musik- und Opernliteratur, sie scheiterte auch nicht an einem Grundübel, mit dem sie lange zu kämpfen hatte, ihrer rhythmischen Labilität, nein, sie scheiterte an der

Gesangsmethode ihrer Lehrerin, die sich durch eine völlig unsinnige Betonung der Registerunterschiede auszeichnete.

Die Schilderung dieses Scheiterns ist eine der bewegendsten Passagen in Lehmanns Erinnerungsbuch *Anfang und Aufstieg*, es war vor allem mit den geradezu quälenden Demütigungen verbunden, mit denen ihre Lehrerin und auch Gerster die unreife Schülerin peinigten. Die Rettung kam von Mathilde Mallinger, deren Name mit der Münchner Uraufführung der *Meistersinger von Nürnberg* verbunden ist, wo sie das erste Evchen war und die dann an der Berliner Hofoper eine beachtliche, wenn auch nicht glänzende Karriere gemacht hatte. Die alte Dame, deren Erzählungen von Wagner Lehmann mit glühenden Ohren lauschte, richtete die völlig Verzweifelte wieder auf. Mallinger darf als wichtigste Lehrerin gelten, aber auch später, vor allem in der ersten Hamburger Zeit, vertraute sie sich den verschiedensten Lehrerinnen an, wie Alma Schadow, Hedwig Francillo-Kaufmann, Katharina Fleischer-Edel – viele Köche verderben den Brei, könnte man so oft sagen, in diesem Falle aber scheint das nicht so gewesen zu sein, es sei denn, man stellt die von ihr später selbst festgestellten technischen Defizite dieser etwas unorganischen Ausbildung in Rechnung. Im Herbst 1910 debütierte Lehmann an der Hamburger Oper als zweiter Knabe in der *Zauberflöte*, immerhin das Haus, an dem Gustav Mahlers und Bruno Walters Karrieren ihren entscheidenden Anstoß bekommen hatten und das nun von Gustav Brecher geleitet wurde, während der junge Otto Klemperer als Kapellmeister beim Publikum, speziell dem weiblichen, Furore machte. Mit all den Rollen, die einer Soprananfängerin zugedacht sind, kann man kaum einen Eindruck machen, die Bilder, die erhalten sind, zeigen nur, daß diese junge Perlebergerin an Körpergröße, Arm- und Beinumfang ihre Kolleginnen erheblich überragte. Lehmann blieb immer eine statiöse Sängerin, ihr breitflächiges Gesicht, ihre kräftige Statur waren vom glamourösen Flair einer Maria Jeritza, die zu ihrer Intimfeindin wurde, meilenweit entfernt, und es hängt wohl damit zusammen, daß sich einer der Prominenten nicht in den Chor ihrer Bewunderer einreihte, Hugo von Hofmannsthal, der sich im Briefwechsel mit Richard Strauss immer wieder kleine und größere Spitzen nicht verkneifen kann: Die offenbar sehr spießbürgerliche und nüchterne Lehmann, der Prototyp des Bürgerlich-Braven, so heißt es, wenn es um die Besetzung der *Frau ohne Schatten* und der *Ägyptischen Helena* geht – aber Hofmannsthal ist wirklich eine Ausnahme, und so ganz falsch, wenn es auch ziemlich bösartig formuliert ist, liegt er ja gar nicht, denn es ist gerade dieses Element, was als offene Natürlichkeit von allen anderen so geschätzt wurde.

In Hamburg, von wo ihre Karriere ausging, erwartete Lotte Lehmann aber noch einmal ein nicht unempfindlicher Rückschlag: Ihre erste größere Rolle, die Freia im *Rheingold*, mit der sie selbst sehr zufrieden war, kam bei der Presse gar nicht gut an: »Mit rührender Unbeholfenheit sang und spielte ein Fräulein Lehmann die Freia. Über die stimmlichen Qualitäten der jungen Dame, der eine große Befangenheit die Kehle zuzuschnüren schien, ist noch nichts zu sagen.« »Fehl am Ort« sei sie gewesen, befand eine andere Gazette, eine dritte ließ sich auch durch das »liebliche Aussehen« nicht »für die mangelnde Gesangs- und Spielbegabung entschädigen«. Dies aber waren dann die letzten wirklich einschneidenden Beeinträchtigungen ihrer Karriere (wenn wir von dem nicht ganz glücklich verlaufenden Engagement an der Met absehen), und kein Geringerer als Enrico Caruso, der in Hamburg gastierte und sie als Eurydike in Glucks *Orpheus* hörte, war enthusiasmiert: »A brava, brava, che bella magnifica voce, una voce italiana«, sollen seine Ausrufe gewesen sein, und ähnlich begeistert war ja dann auch Puccini von ihrer Suor Angelica, reserviertere Kritiker bemängelten aber die italienische Aussprache und den doch deutschen Stimmduktus ihres Singens – und ich bin geneigt, ihnen Recht zu geben, wenn man Aufnahmen aus *Tosca* und *Turandot* hört: Das groteske Photo, bei dem das breite Gesicht und der breite Mund Lehmanns auf das Turandot-Puppenmündchen zusammengeschminkt sind, spricht hier Bände. Den Durchbruch in Hamburg bedeutet die Elsa, mit Klemperer, dessen berüchtigtem Charme es nicht gelang, Lehmann aus dem Konzept zu bringen – dieser Charme äußerte sich in Ausbrüchen wie »Ihnen ist wohl die große Partie zu Kopf gestiegen«. Als der alte Klemperer und die alte Lehmann sich viel später einmal begegneten und sie ihm erzählte, daß sie jetzt erfolgreiche Meisterkurse gebe, raunzte er: »Ich hatte gehofft, Sie lernen jetzt endlich die Partien, die Sie früher so oft gesungen haben.« 1914 kam der Ruf des Gottes der südlichen Zonen, wie Mahler zu sagen pflegte – er war leider nicht mehr in Wien, Hans Gregor und Franz Schalk leiteten die Hofoper, aber dennoch wurde die Urpreußin Lehmann zum gefeierten und geliebten Star der Wiener Hof- und später der Staatsoper. Sie etablierte sich dort mit dem Komponisten in der Zweitfassung der *Ariadne auf Naxos*; Marie Gutheil-Schoder, ein Star noch des Mahler-Ensembles, erschien nicht zu den Proben und wurde von der Zweitbesetzung Lehmann dann auf Wunsch Strauss' und Schalks ersetzt.

Dieser Erfolg fand 1916 statt, aber schon vorher hatte Alma Mahler, die Witwe des Giganten, geschrieben (und sie hatte ihre Finger immer noch kräftig im Wiener Kulturbetrieb, kräftiger als zu Lebzeiten ihres Mannes):

»Es ist hier eine junge Sängerin aufgetaucht, an die wir ziemlich rasch unser Herz verloren haben. Sie heißt Lotte Lehmann und kommt aus Hamburg. Sie strahlt eine ruhige Harmonie aus und scheint kein Mensch des Konfliktlebens zu sein, was ihr hier gut bekommen wird. Auch hat mir Hans Pfitzner Löbliches von ihr berichtet, da er schon mit ihr zusammengearbeitet hat.«

Debütiert hatte sie in Wien als Agathe im *Freischütz* und sang dann schon bald den Octavian an der Seite des großen Richard Mayr, der für Strauss und alle Liebhaber des *Rosenkavaliers* der einzigartige Ochs geworden war, obwohl er nicht die Uraufführung gesungen hatte. In Hamburg hatte sie schon die Sophie gesungen, später wurde sie dann die Marschallin, die berühmteste ihrer Zeit, eine Entwicklung, die damals als sensationell angesehen wurde, später dann immer wieder zu beobachten war. Ihre Marschallin ist ja auf der berühmten Kurzfassung des *Rosenkavaliers* erhalten, die Robert Heger mit den Wiener Philharmonikern im Herbst 1933 in Wien einspielte. Dieses Plattenzeugnis ist doppelt wertvoll: Es bewahrt die Marschallin Lehmanns auf und den Ochs Mayrs, nur wenige Zeit vor dessen Tod, der Octavian der Maria Olszewska ist ebenfalls ausgezeichnet.

Es gibt unter den »Lehmannisten« einen alten, offensichtlich unentscheidbaren Streit, welches denn nun ihre größte Rolle war, die Marschallin, die Sieglinde oder die Leonore. Die Kür leidet etwas daran, daß ein Gesamtmitschnitt des *Fidelio* nicht existiert (es sei denn, es tauchen noch Bänder von den legendären Salzburger Aufführungen unter Arturo Toscanini auf), während die Marschallin und die Sieglinde (Bruno-Walter-Aufnahme) fast völlig erhalten sind. Wenn man die Marschallin hört, ist man geneigt, ihr die Krone zu geben, hört man die Sieglinde, so jener. Beim Wiederhören der Marschallin fällt einem sofort auf, wo Elisabeth Schwarzkopf, die berühmteste Marschallin nach der Lehmann (auch eine Preußin), ihre Nuancen und ihre Diktion in dieser Rolle her hat – wenn man das einmal etwas uncharmant ausdrücken will. Lehmann durchmißt gleich in den ersten Szenen eine breite Skala zwischen Schelmisch, Kokett-Gerührt und Nachdenklich, und sie singt den ganzen ersten Teil des ersten Aktes mit einem Nuancenreichtum, der unerreicht geblieben ist, vor allem, weil er als naturgewachsen erscheint. Ist die Schwarzkopf hier mehr Kunst als Natur, so die Lehmann mehr Natur als Kunst, was für die gesamte künstlerische Physiognomie der beiden Sängerinnen zutrifft. Wie sie »Er Katzenkopf« betont, wie sie mit »Octavian« und »Mein Bub« halb berechnend, halb nachgiebig auf den schwärmerisch exaltierten Ton ihres jungen Liebhabers eingeht, das ist im wahrsten Sinn des Wortes unnachahmlich. Strauss erinnerte sich anläßlich der *Ariadne auf Naxos* später an Lehmann:

»In der neuen Fassung ging die Oper im Herbst 1916 zum ersten Mal in Wien in Szene, mit der prächtigen, von mir neuentdeckten Lotte Lehmann [da übertreibt Strauss erheblich], meiner späteren Ariadne, Färberin, Arabella, Octavian und unvergeßlichen Marschallin, als Komponist. In ihr vereinten sich eine seelenvolle Stimme und ausgezeichnete Textaussprache mit genialer Darstellungskraft und schöner Bühnenerscheinung zu einer seltenen Interpretin meiner Frauenrollen.«

Bei dieser Begeisterung des Komponisten (weniger des Textautors, wie wir sahen) war es nur zu verständlich, daß man auch an Lehmann dachte, als die Uraufführung der *Frau ohne Schatten* näherrückte. Im Oktober 1919 sang sie in dieser Oper (das letzte Meisterwerk von Strauss, wie manche meinen) die Färberin neben Maria Jeritza als Kaiserin und Mayr als Barak. Vor der heiklen Partie hatte sie zunächst äußerste Hemmungen gehabt, und es bedurfte der ganzen Überredungskunst des Komponisten und des von ihr sehr verehrten Dirigenten Schalk, um ihr zu diesem großen Triumph zu verhelfen, der den Beginn ihrer internationalen Karriere bedeutete. Da Strauss wußte, was er an der Lehmann hatte, dankte sie ihm das Vertrauen, indem sie auch weniger bedeutende Rollen wie die Christine im *Intermezzo* mit Hingabe gestaltete. Die Verbindung zu Strauss lockerte sich allerdings in den dreißiger Jahren. In dem Gespräch, das sie 1936 mit Lanfranco Rasponi führte, sprach sie offen über die Entfremdung, die sich vollzogen hatte. Sie führte das frank und frei auf die Tatsache zurück, daß in jener Zeit Strauss (vollkommen berechtigt) Clemens Krauss für den besten Dirigenten seiner Werke hielt – daran wäre auch nichts Böses gewesen, aber Krauss war nun einmal mit der rumänischen Sopranistin Viorica Ursuleac verheiratet, die er an allen seinen Häusern, in denen er Verantwortung trug, sehr schnell in die vorderste Sopranposition katapultierte, und so lief die Ursuleac auch in Wien, wohin Krauss berufen worden war, bald der Lehmann in einigen Partien den Rang ab, eine Sängerin, die ihr in fast allen Bereichen, an Stimmschönheit, Kultiviertheit, Beseeltheit, unterlegen war. Allerdings hatte sie ein Plus: Sie besaß eine größere Strahlkraft in den hohen und höchsten Lagen, ein Registerbereich, in dem Lehmann nie ihre Stärke hatte und in dem sie in den dreißiger Jahren zunehmende Probleme bekam. Insofern hat auch Rasponi wohl recht, wenn er darauf hinweist, daß die Straussschen Sopranpartien auf Glanz in den hohen Lagen angewiesen sind und daß auch deshalb ein Auseinanderleben Strauss/Lehmann unausweichlich war.

Wenn ich sagte, daß Lehmann nie eine Sängerin mit einer Tophöhe war, dann darf man das nicht so verstehen, als habe sie damit immer Probleme gehabt. Es ist wohl nur so gewesen, daß sie als Sängerin immer mehr ihrem Instinkt gefolgt ist als einer wirklich sattelfesten Technik, auch ihre Phrasierung war gewissermaßen naturbelassen, mit sehr eindrucksvollen Ergebnissen, aber auch mit der Folge, daß der Atem, mit dem sie sorglos umzugehen pflegte, nicht immer so lange ausreichte, wie es der Komponist gerne gesehen hätte. Das Sich-voll-Verausgaben, das ihre zweite Natur war, die Weigerung, auf Sparflamme zu singen, mit ihren Kräften zu haushalten, hätte schon früher zu Problemen geführt, wenn sie nicht von Haus aus eine ungemein robuste und auch innerlich widerstandsfähige Natur gewesen wäre. Das erste, was dann nachließ, war eben die Höhe, andererseits gibt es Aufnahmen, auf denen diese Höhe verschwenderisch vorhanden ist. Die Aufnahme der Leonoren-Arie aus *Fidelio* (ohne Rezitativ) aus dem Jahr 1927 läßt in dem so gefürchteten letzten Aufschwung nichts an Tonfülle vermissen, ein Jahr später nahm sie die Arie der Heliane aus Korngolds *Das Wunder der Heliane* auf (»Ich ging zu ihm«), mit üppig leuchtenden Tönen in der Höhe – aber in diesem Punkte konnte auch die Tagesform entscheiden, denn vier Jahre zuvor hatte sie die Arie der Marietta aus der *Toten Stadt*, ebenfalls von Korngold, aufgenommen, bei der die Höhen scharf und unattraktiv sind. Es ist erstaunlich, daß die so unmondäne Lehmann sehr gut auch mit solchen Rollen zurecht kam; als Marietta hatte sie allerdings (und das gab sie auch selbst zu) die unüberwindliche Konkurrenz der Jeritza vor sich, die ihr an Fin-de-siècle-Parfum unendlich überlegen war, dennoch sind diese Aufnahmen, die heute nicht sehr bekannt sind, von hohem Rang, nicht zu vergessen auch noch das Lied der Myrtocle aus d'Alberts *Toten Augen*. Von allerhöchstem Rang und Zauber ist das Duett Marietta/Paul aus der *Toten Stadt*, das sie 1924 mit Richard Tauber aufnahm – von der Legatokunst ihres Tenorpartners angestachelt, gelingt ihr hier eine sehnsüchtig sehrende Interpretation dieses unwiderstehlichen Schmachtfetzens.

Es ist ein Jammer, daß wir von ihrer Leonore nur einen Ausschnitt besitzen, nach allen Berichten war dies ihre wohl größte Leistung auf der Bühne. Ab 1927 war sie die Leonore der Salzburger Festspiele, die Dirigenten wechselten ebenso wie die Partner, von Schalk über Krauss und Strauss, die Lehmann blieb wie der berühmte Fels in der Brandung, nur 1933 war einmal Elisabeth Rethberg ihr Ersatz; die Lehmann blieb bis 1937 Leonore, in den letzten Jahren zusammen mit dem von ihr erst gefürchteten, dann verehrten Toscanini (der angeblich gesagt haben soll, wenn die Lehmann einen Schmiß mache, sei es ihm immer noch lieber, als wenn andere korrekt sängen – das klingt allerdings nicht sehr authentisch), mit den Festspielen von 1938 war diese Ära zu Ende, Hans Knappertsbusch trat an die Stelle von Toscanini und Hilde Konetzni und Gertrude Rünger an die der Lehmann. Mit den Nazis vertrug sie sich nicht, ein Ehrentitel, der ihr immer anhaften wird. Was genau in dem berüchtigten Gespräch, das sie in Berlin mit Hermann Göring hatte, beredet wurde, darüber hat sie nie näher gesprochen, es scheint sich darum gehandelt zu haben, der Preußin gewissermaßen den Titel der führenden Sopranistin des Dritten Reiches anzubieten und sie nach Berlin zu holen. Es war vielleicht das Glück der Sängerin, daß sie zur Berliner Oper nur wenige Kontakte hatte und ihr Zentrum damals schon lange Wien war und sie auch schon viel im Ausland sang; der exklusive Anspruch, den die Nazis an sie hatten, und außerdem die enge künstlerische und menschliche Gemeinschaft mit Menschen wie Walter, Toscanini und Thomas Mann, die für das Dritte Reich ebenfalls nichts übrig hatten, erleichterten es ihr, diesen Sirenentönen ihr Ohr zu versagen. Nach dem Anschluß Österreichs war auch an der Wiener Staatsoper ihres Bleibens nicht mehr länger, und es fügte sich gut, daß ihre amerikanischen Kontakte, zunächst mit der Oper von Chicago, in diesen Jahren intensiviert wurden.

1934 wurde sie an die Met berufen und debütierte mit der Sieglinde in der *Walküre*, es war der 11. Januar 1934, und ihr Partner als Siegmund war Lauritz Melchior (die berühmte Aufnahme des ersten Aktes und der Siegmund/Sieglinde-Szenen des zweiten Aktes entstand im Sommer 1935 in Wien). Der spätere Schallplattenproduzent John Coveney war jugendlicher Zeuge dieses Debüts und hat sich später erinnert:

»Die tosende Gewalt des Vorspiels zur Walküre war verstummt, und Siegmund suchte erschöpft Zuflucht vor dem Unwetter in Hundings Hütte, stieß einen kraftlosen Schrei aus und brach zusammen. In flackerndem Feuerschein trat eine reizende Gestalt aus dem Dunkel, Zögern, Neugier, Angst in ihren Bewegungen, noch ehe sie Sieglindes fragende Worte sang, und da hatte ich, was ich suchte: vollendeten Ausdruck, getragen von innerer Erregung, Auseinandersetzung mit Text und Aussage – jene untrüglichen Zeichen von Lotte Lehmanns Gesangskunst, die viele zu erreichen suchten und die letztlich keiner überbieten konnte. ›Ein fremder Mann? Ihn muß ich fragen. Wer kam ins Haus und liegt dort am Herd?‹ Sanfte Worte, pianissimo vorgetragen, doch so mitreißend, daß meine Aufmerksamkeit sich augenblicks auf diese Gestalt richtete.«

Man kann all das und noch viel mehr ja überprüfen in jener legendären Aufnahme, und auch wenn unseren heute auf einen jugendlichen Stimmklang der Sieglinde fixierten Ohren manches vielleicht etwas reif klingt, so müssen wir doch wieder wie schon bei der Marschallin feststellen: Ein ähnlich nuancenreiches, subtiles Singen hat es in der Partie nicht mehr gegeben (auch wenn die jüngere Kollegin Helen Traubel ihr an Stimmpracht noch überlegen war). In keiner vergleichbaren Wagner-Rolle hat sie ähnliches erreicht – die passiven Elsas und Elisabeths waren für den Anfang ihrer Karriere richtig, konnten aber ihre Künstlerschaft nicht so richtig entbinden (auch wenn ihr »Heinrich, Heinrich, was tatet ihr mir an« aus dem *Tannhäuser* noch in vielen nachklingt, die es einmal gehört haben). Um den Plan, die Isolde zu singen, gibt es viele Geschichten – er wurde nie ausgeführt. Lehmann sagt in ihren Erinnerungen:

»Es war immer ein Lieblingswunsch Franz Schalks gewesen, mich die Isolde singen zu lassen. Zur Isolde hatte ich eine ganz merkwürdige Beziehung: ich liebte diese Partie mit der zähen Hartnäckigkeit der unglücklich Verliebten [...] Ich träumte von ihr im wahrsten Sinne des Wortes [...] Ich studierte sie für mich und weinte vor Entzücken über ewig Unerreichbares. Denn meiner Stimme fehlte die hochdramatische Kraft, die siegreich dem großen Orchester

trotzen muß, nicht verletzt werden darf, wenn sich das Drama elementar ent-
lädt.«

Schalk sah die Isolde als Möglichkeit, wenn sie lernen könnte, sich zu zü-
geln, mit ihren stimmlichen Kräften haushälterisch umzugehen – daran allerdings zweifelte er, wohl zu Recht. Bruno Walter war Feuer und Flamme und
sprach davon, daß man das Orchester ja dämpfen könne. Es sind ja immer die
gleichen, nie erfüllten Dirigentenversprechungen dieser Art, die Sänger dazu
verleiten, sich zu überschätzen, und es war wahrscheinlich richtig, daß Lehmann dieses Experiment nicht gemacht hat. Bezeichnend auch, daß es ihre
befreundeten Heldentenorkollegen Leo Slezak und Lauritz Melchior waren,
die sie dringend vor der Isolde warnten, auf die sie auch schließlich hörte,
auch wenn es ein ewiger Stachel in ihr blieb, diese Partie nicht gesungen zu
haben. Die Fachleute von heute verweisen in diesem Zusammenhang immer
wieder auf die Einspielung des Liebestods, den Lehmann 1930 sang – er be-
weise, daß sie der Partie nicht gewachsen gewesen wäre. Hier kann ich mich
aber überhaupt nicht anschließen, denn das scheint mir eine der erfülltesten
Versionen dieses abgenudelten Stückes zu sein, die wir besitzen, mit völlig
ausreichender Stimmkraft, sicher eher lyrisch als dramatisch, was dem Stück
bestens bekommt, von einer stupenden Wortdeutlichkeit, von der sich heutige
Sängerinnen der Partie ganze Batzen abschneiden könnten, und mit einer innigen Versammeltheit gesungen, die unvergleichlich ist. Abgesehen davon glaube auch ich, daß die Isolde auf der Bühne ein höchst problematisches Experiment gewesen wäre und daß Lotte Lehmann gut beraten war, es bleiben zu
lassen.

Wir haben bei einer der größten Sängerinnen dieses Jahrhunderts nicht
verschwiegen, daß ihre Anfänge keineswegs einfach und durchgehend glorios
waren, deshalb sei ebenfalls nicht verschwiegen, daß der letzte Karriere-
abschnitt nicht auf Rosen gebettet war. Gewiß, als Sieglinde hatte sie die
Herzen der New Yorker gewonnen, aber als inzwischen 46jährige Sängerin,
die immer noch das jugendlich-dramatische Fach sang und nicht, wie so oft
üblich, mit zunehmendem Alter ins hochdramatische Fach überwechselte, mit
der einzigen Ausnahme der Leonore, die sie eben nicht hochdramatisch sang,
gab es doch Schwierigkeiten. Die sechs Jahre jüngere Rethberg war schon
lange im italienischen Fach etabliert und sang mit mehr Italianità, während
Lehmann alle ihre Rollen des italienischen Repertoires auf deutsch erlernt
hatte und ein nicht sehr idiomatisches Italienisch sang. Ein weiterer Fehler
war es sicher, als Tosca sich dem Vergleich mit der Diva Jeritza zu stellen, und
so wurde die Wiener Rivalität nach New York übertragen. Im hochdramatischen Bereich debütierte ein Jahr nach der Lehmann ebenfalls als Sieglinde
die sieben Jahre jüngere Norwegerin Kirsten Flagstad, deren überlebensgroße

Wagner-Stimme das menschliche Maß der Lehmann schnell in den Schatten stellte, und als die *Fidelio*-Leonore in New York der Flagstad und nicht der Lehmann anvertraut wurde, war die berühmteste Leonore ihrer Zeit so beleidigt, was man verstehen kann, daß sie die Rolle an der Met nie sang. Nein, so ganz rosig waren diese Jahre für die Lehmann nicht, wenn man das mit den Jahren in Wien und Salzburg vergleicht – ein gewisser Ausgleich allerdings wurde darin geschaffen, daß sie als Interpretin des deutschen Kunstlieds gefeiert wurde (was ihr niemand an ihrer künstlerischen Wiege gesungen hatte), ja man kann sagen, daß durch sie das deutsche Lied eigentlich erst in Amerika bekannt wurde. Am 23. Februar 1945 stand sie zum letztenmal auf der Bühne, als Marschallin in der Met, fast genau sechs Jahre später gab sie in New York ihren letzten Liederabend (sie hatte allein in dieser Stadt im Lauf von 19 Jahren 55 Liederabende gegeben), sich dabei mit bewegten und bewegenden Worten von ihrem Publikum verabschiedend, das schockiert war über die Ankündigung vom Rückzug. Selbstkritik und Einsicht waren jedoch immer die Stärke dieser starken Natur gewesen, und später schrieb sie an eine Journalistin zu diesem Punkt:

»Glauben Sie mir, es war richtig so. Mir scheint, ich wäre schrecklich eingebildet, wollte ich glauben, ich könne immer so weitermachen, sogar dann, wenn meine Stimme schlechter wird. Alle Leute sagen: Sie könnten immer weiter singen, es ist nicht die Stimme, es ist Ihre Interpretation. Doch meine Stimme ist das Instrument, auf dem ich spiele, und dieses Instrument klingt mir fade geworden, fade und langweilig.«

Hört man die Aufnahme, die 1951 von Schumanns Liederzyklus *Frauenliebe und -leben* mit Walter am Klavier gemacht worden ist (der nur noch mit Kathleen Ferrier eine so innige Symbiose mit einer Sängerin eingegangen ist), dann wird man nicht umhin können, eine Reduzierung der stimmlichen Mittel zu konstatieren, und Lehmanns Selbstkritik gerechtfertigt finden. Lehmann war nicht dazu geboren, untätig zu sein, nachdem sie Bühne und Konzertpodium verlassen hatte. Sie malte, gab Meisterkurse und Unterricht (Eleanor Steber, Jeanette McDonald und später Grace Bumbry haben von ihren Anweisungen profitiert), sie schrieb nicht zuletzt mit erstaunlicher sprachlicher Sicherheit Gedichte und Bücher. Ein Roman, *Orplid mein Land*, war schon 1937 erschienen, im selben Jahr wie die Lebenserinnerungen *Anfang und Aufstieg*, die leider nicht weitergeführt wurden. In der amerikanischen Zeit erschienen zwei gewichtige Bücher: *My Many Lives*, eine Porträtgalerie ihrer größten Rollen, vermischt mit Erinnerungen an die großen Dirigenten und Sängerkollegen, ein außerordentlich lebhaftes Buch, das, soweit ich sehe, unverständlicherweise noch nicht ins Deutsche übersetzt wurde – dieses Buch erschien auf englisch (übersetzt von der Freundin Frances Holden) 1948, 1945 bereits war *More*

Than Singing erschienen, das Lehmanns Erfahrungen mit dem Liedgesang zusammenfaßt. Bis zu ihrem Tode am 26. August 1976 in Santa Barbara (Kalifornien) war sie rastlos schöpferisch und menschenfreundlich tätig – eine große Natur und schon deshalb eine Ausnahmeerscheinung unter den Sängern, eine Sängerin von einem individuellen Umriß wie kaum eine zweite, gesangstechnisch und stilistisch keineswegs untadelig, von der Perfektion in dieser Richtung so weit entfernt wie keine Kollegin ihres Ranges, aber überwältigend durch etwas, was der eher untertreibende Kollege Leo Slezak einmal so ausdrückte:

»Sie besaß das Geheimnis, das einzige Geheimnis, das wir haben: Herz. Ein Ton, der aus dem Herzen kommt, geht dem Hörer zu Herzen, vielleicht weiß er nicht einmal, was eigentlich ihm solche Freude bereitet, was ihn so zufrieden und glücklich macht.«

Slezak paraphrasiert hier, sicher bewußt, die berühmten Beethoven-Worte zur *Missa solemnis*: »Von Herzen – möge es zu Herzen gehen!« – und es ist wohl kein Zufall, daß wir Beethovens Leonore seit der Lehmann nicht mehr vergleichbar gehört haben.

Hinweise

Berndt W. Wesslings Buch *Lotte Lehmann, mehr als eine Sängerin* (Salzburg 1969) stellt entlang der Biographie der Sängerin vor allem eine Kompilation aus Zeugnissen von Wegbegleitern dar. Kürzlich erschien die Biographie von Beaumont Glass, *Lotte Lehmann. A Life in Opera and Song* (Santa Barbara 1988). Alan Jeffersons *Centenary Biography Lotte Lehmann* erschien 1988 in London (deutsch Zürich 1991). Das Buch enthält auch eine kommentierte Diskographie von Floris Inyonboll. Walter Legges schönes Porträt erschien zuerst in der Zeitschrift *Opera* und findet sich in *On and Off the Record. A Memoir of Walter Legge* (London 1988).

Der erste und zweite Akt der *Walküre* unter Bruno Walter sind bei EMI veröffentlicht. Die gekürzte *Rosenkavalier*-Version von 1933 mit Robert Heger gibt es bei Pearl. Bei Pearl, RCA und EMI liegen Einzelaufnahmen vor.

Frida Leider

Es gibt nicht wenige Wagner-Hörer mit einem gewissen historischen Bewußtsein, die dabei bleiben, daß Frida Leider die kompletteste aller Wagner-Sängerinnen war. Man ist geneigt, sie in die Reihe der »Alten« zu stellen, obwohl sie mit ihrem Geburtsjahrgang 1888 so alt gar nicht ist, nur sieben Jahre älter als Kirsten Flagstad und nur 30 Jahre älter als Birgit Nilsson – dennoch scheinen Generationen zwischen diesen Sängerinnen zu liegen. Das hat verschiedene Ursachen. Mit ihren Aufnahmen (auch wenn so viele vorzügliche darunter sind, denn woher käme sonst ihr konstanter Ruhm) liegt sie eigentlich unglücklich zwischen der akustischen und der elektrischen Aufnahmeperiode, denn ihre besten Aufnahmen stammen aus den Jahren zwischen 1925 und 1930. Wenige Jahre später war ihre Karriere fast schon zu Ende, als sie 1938 zum letztenmal in Bayreuth auftrat, wo sie lange die unübertroffene Brünnhilde gewesen war. Ihre bedrückende persönliche Situation, über die noch zu sprechen sein wird, hatte ihre physische und psychische Sicherheit, mit der sie lange Zeit ihre Weltkarriere bestritten hatte, nachhaltig erschüttert, und damit, sie war gerade 50 Jahre alt und stimmlich, wie die Liedaufnahmen aus dem Anfang der vierziger Jahre beweisen, noch lange nicht am Ende, war die internationale Opernkarriere beendet, die sie nach dem Krieg mit seinen schlimmen Erlebnissen nicht mehr aufnehmen wollte. Mit einem Konzert im Februar 1946 verabschiedete sie sich als Sängerin von der Öffentlichkeit. Eine altmodische Sängerin aber war die Leider nie, im Gegenteil, ihre großen Wagner-Aufnahmen, unter denen leider kein kompletter Mitschnitt einer großen Aufführung ist (wenn auch hartnäckige Gerüchte sich halten von kompletten *Tristan-* und *Götterdämmerung*-Aufführungen), können, so meine ich, nach wie vor als »Mastertapes« dienen für einen zeitlos gültigen Wagner-Gesang.

In ihren Erinnerungen *Das war mein Teil* hat Frida Leider selbst ganz klar erkannt, was die Essenz ihres Wagner-Stils war, auch wenn man darüber von ihr gerne noch mehr gehört hätte. Sie erinnert sich da an ihren Hamburger Durchbruch als Isolde, die sie in ihrer ersten Hamburger Spielzeit sang, es war 1919, und außerdem ihr überhaupt erst zweites Auftreten in dieser Rolle. Die Vorgängerin in Hamburg als Wagner-Heroine war Theo [sic] Drill-Oridge gewesen, eine Sängerin des alten, schlechten Wagner-Stils offensichtlich, denn Frida Leider erinnert sich an eine stark übertriebene Aussprache und eine wenig differenzierte Dynamik. Ihre erste Hamburger Isolde wurde hoch gelobt von Kollegen und Publikum, die Kritik aber verglich sie mit ihrer Vorgängerin und mäkelte am allzu »Oratorienhaften« ihres Gesangs herum.

Frida Leider erkannte, was gemeint war, nämlich ihr Bemühen, »italienisches (!) Belcanto zu singen, und es war mein höchstes Streben, diesen Gesangsstil auf die Interpretation meiner Wagner-Partien zu übertragen, ein Ziel, das mich nach Jahren härtester Arbeit zum Welterfolg führen sollte. Ich studierte in der nächsten Zeit Wagner sehr genau auf seine dynamischen Vorschriften und kam allmählich zu der Erkenntnis, daß meine Gesangstechnik und Richard Wagners Anforderungen bestimmt zu einem künstlerischen Resultat führen müßten. Ich nahm zunächst meine Aussprache unter die Lupe, akzentuierte sehr scharf, um dann alles in die Gesangslinie einzuschließen. Große Gesangsbögen fielen mir sowieso nicht schwer.«

Die Leider hat hier, offensichtlich ohne es zu wissen, genau Wagners eigene Vorschläge für das Studium seiner Partien realisiert, die zu Wagners Zeiten allerdings zu im höchsten Falle zweischneidigen Resultaten geführt hatten, weil die Verknüpfung mit dem italienischen Belcanto nur unvollkommen geleistet wurde oder gar rigide abgelehnt wurde – in ihrem Falle geriet diese Zusammenfügung ursprünglich heterogener Elemente zu einem Glücksfall der Gesangsgeschichte.

Begonnen hatte alles in Berlin, am 18. April 1888, wo die Tochter eines Zimmermanns und einer Lehrertochter geboren wurde. Zirkus und Varieté machten auf das Kind großen Eindruck, der erste Opernbesuch, 13jährig (man gab *Il trovatore*), setzte das junge Mädchen in hellste Aufregung – vor allem die Azucena hatte es ihr angetan. Für die Königliche Oper langte das Geld der Familie aber nicht, so mußte sich Frida Leider darauf beschränken, die Theaterzettel und die Künstlerpostkarten zu studieren – für die Amerikanerin Geraldine Farrar entwickelte sich eine richtige Backfischschwärmerei, ohne daß sie ihren Star je auf der Bühne sehen konnte. Nach dem Abschluß der Schule wurde eine Ausbildung an einer Handelsschule absolviert und dann bei der Darmstädter Bank als eine der ersten weiblichen Angestellten gearbeitet. Von einer richtigen Gesangsausbildung konnte bis dahin keine Rede sein, es gab nur dilettierende Versuche bei Familienfeiern und Schulfesten. Um der geliebten Oper nahe zu sein, sang die Bankangestellte für den Chor der Königlichen Oper vor, und hier wurde das erste fachmännische Ohr aufmerksam, nämlich der berühmte Professor Hugo Rüdel, der seine Treffsicherheit unter Beweis stellen konnte, denn er erklärte das unausgereifte Organ der Leider für einen dramatischen Sopran und der Ausbildung zum Sologesang unbedingt wert. Die erste Lehrerin ließ ihre Schülerin allerdings zunächst Alt singen, offensichtlich, weil die Stimme so dunkel timbriert war, wie man es auch noch auf den Aufnahmen der reifen Frida Leider hören kann und wie es einem hochdramatischen Sopran ja auch gut ansteht. So konnte die 19jährige Elevin zwar die Traumrolle des Kindes, die Azucena, singen, aber fühlte sich doch stimmlich zunehmend unwohl. Der Wechsel zu einem anderen Lehrer, der sie Sopran singen ließ, brachte auch keine grundsätzliche Besserung, denn er räumte nicht den schwersten Fehler aus, den ihre stimmliche Ausbildung damals aufwies, den klaren Registerbruch zwischen Tiefe, Mittellage und Höhe; noch zwei weitere Wechsel waren notwendig, bevor Frida Leider bei einer alten Koloratursängerin (sie gibt in ihrer Autobiographie kaum Namen an) die entscheidenden technischen Hinweise erhielt, die von großer Wirkung gewesen sein müssen, denn bei der uns bekannten Sängerin ist es gerade der bruchlose Registerausgleich, der in Erstaunen versetzt. In jener Zeit sah die junge Sängerin auch die große Eleonora Duse bei einem Gastspiel in Berlin und nahm sich ihre sparsame Gestik und ihre klassische Haltung zum Vorbild für ihre eigenen späteren Heroinenverkörperungen. Aus jenen Jahren resultiert auch die enge Freundschaft mit Smaragda von Eger-Berg, der Schwester von Alban Berg, die mit ihr korrepetierte – wir werden nicht umhin kommen, noch ein Urteil von Berg über Frida Leider zu zitieren, das schwer im Magen liegt.

1915 war es dann soweit: Die jetzt immerhin 27jährige Sängerin debütierte in Halle, einerseits eine blutige Anfängerin, andererseits schon mit einer stimmlichen Reife, die es ihr erlaubte, sich den erfahrenen Kollegen als die »neue Hochdramatische« vorzustellen, auch wenn sie noch keine einzige dieser Rollen gesungen hatte. Die relativ späte Entwicklung und die lange, unhektische Vorbereitung hatten den Vorteil, daß die Anforderungen der riesigen Partien, die bald auf sie zukamen, sie nicht aus dem stimmlichen Sattel werfen konnten. Die erste Rolle war gleich die Venus im *Tannhäuser*, bekanntlich vertrackt zwischen den Anforderungen an einen Mezzo und denen an eine Hochdramatische angesiedelt. Von Halle ging es in stetigen, aber ruhigen Schritten weiter aufwärts, eine typisch deutsche solide Karriere, wie sie in jenen Jahren üblich war. Von 1916 bis 1918 war sie in Rostock engagiert, wo sie als Valentine in Meyerbeers *Huguenots* debütierte, ein Hinweis darauf, daß sie nicht nur als Wagner-Sängerin abzustempeln ist, es kam die Kundry in *Parsifal* hinzu, nachdem sie ihre erste Brünnhilde in der *Walküre* als Gast in Nürnberg gesungen hatte (die Nürnberger fielen aus allen Wolken, als sie erfuhren, daß der vermeintlich routinierte Gast diese Rolle bei ihnen zum erstenmal sang). Eine Saison war sie in Königsberg engagiert und dann seit 1919 in Hamburg, der ersten wirklich bedeutenden Station, wo ihr mit der erwähnten Isolde (dem zweiten Auftritt in der Rolle) der sogenannte Durchbruch gelang. Dennoch: Frida Leider war keineswegs ein Nur-Wagner-Sopran. In Hamburg wurde Mozart besonders gepflegt, und sie hatte die Gräfin im *Figaro* zu singen, aber auch die Aida und die Leonora im *Trovatore* und gar die Norma, die zu ihrem Bedauern nicht sehr oft auf dem Spielplan stand. Die Plattenaufnahmen mit der Leider aus *Il trovatore* und *Un ballo in maschera* vor allem mit Heinrich Schlusnus als Partner 1925 in Berlin aufgenommen, zeigen, daß sie als Verdi-Sopran eine fast vergleichbare Karriere hätte machen können.

Frida Leider war 35 Jahre alt, als sie 1923 an die Berliner Staatsoper berufen wurde, nachdem bereits 1921 ein Gastspiel als Isolde sehr erfolgreich verlaufen war (der Chef der Staatsoper, Max von Schillings, hatte dirigiert, ihr Partner als Tristan war der singende Zahnarzt Oscar Boltz – wer kennt ihn noch?). Sie war nun bereit für eine Weltkarriere, blendend vorbereitet, langsam ausgereift und von großer psychophysischer Belastbarkeit. Die Weltkarriere eröffnete sich vor allem in London, in Covent Garden, wo sie 1924 als Isolde debütierte und dann alle Brünnhilden sang – ihre Schutzengel auf diesen ersten großen Expeditionen auf die internationalen Bretter waren zwei Bücher über Gesangstechnik, eines, in dem Enrico Carusos Methode niedergelegt war, und ein anderes von der großen Lilli Lehmann zum gleichen Thema. In London fühlte sich Frida Leider sogleich sehr wohl – sie hatte allerdings auch das Glück, bei Bruno Walter als Dirigent und in den starken Armen ihres Partners Lauritz Melchior in Sicherheit gewiegt zu werden. Jedes Jahr bis 1938 kehrte sie nach London zurück und hat dies nie bereut. In Berlin lernte sie Rudolf Deman, den Konzertmeister der Staatsoper, näher kennen, den sie später heiratete. Die jüdische Herkunft Demans, der im letzten Moment noch 1938 in die Schweiz emigrieren konnte, führte dazu, daß sie, die führende hochdramatische Wagner-Sängerin des Deutschen Reiches, nach 1938 zum Schweigen verurteilt war, wohl auch nicht mehr auftreten wollte. In jenen glücklichen Anfangsjahren in Berlin jedoch dachte sie nicht an solche Verdunklungen des Schicksals, betrachtete sich im Gegenteil als vom Glück begünstigt, und das zu Recht. Sie folgte auch dem Rat ihres Freundes und Kollegen Schlusnus und vertiefte ihre Gesangstechnik ein letztes Mal bei den Professoren Louis Bachner und Julius von Raatz-Brockmann. Bei Bachner verbesserte sie ihr Messa di voce und die Fähigkeit, Triller zu singen (die bei einer Wagner-Sängerin wirklich selten so perfekt zu hören sind, denn auch Brünnhilde hat Triller zu singen), bei Raatz-Brockmann wurde ihre Tiefe klangvoller, die unter den Ansprüchen der hochdramatischen Höhe ihre natürliche Fülle verloren hatte.

Zwischen 1924 und 1937 wird man die besten und grandiosesten Jahre der Frida Leider ansiedeln können, sie sang mit den größten Dirigenten, mit Wilhelm Furtwängler und Bruno Walter, aber auch mit Leo Blech, ihr bevorzugter Partner als Tenorheld war Lauritz Melchior, zu dem später noch Max Lorenz hinzutrat (der weniger bekannte Rudolf Laubenthal sei nicht vergessen, mit dem sie bemerkenswerte Aufnahmen gemacht hat), sie sang in aller Welt, London vorneweg, aber auch Chicago und Buenos Aires, nur an der Met gehörte sie zu den weniger Glücklichen: Sie sang dort nur in zwei Spielzeiten 1933 und 1934, und dann kam Kirsten Flagstad... Ihre Brünnhilden sang sie auch an der Mailänder Scala, auf italienisch, wie damals üblich, und sie hat das nicht bereut, auch wenn es eine verteufelte Textlernerei war, denn im Sinne ihrer Grundüberzeugung, den italienischen Belcanto auf den Wagner-Gesang übertragen zu wollen, stellte sie mit Freude fest, daß ihre Kehle sich durch den italienischen Vokalreichtum öffnete, der Atem freier floß und später die deutsche Phrase mit »italienischem Sitz« plaziert werden konnte. Vergessen wir wiederum nicht, daß Frida Leider auch in ihrer Berliner Zeit (und für die Berlinerin war es das höchste, an der Berliner Staatsoper singen zu können) keineswegs nur Wagner sang; in ihrem Rollenverzeichnis tauchen in jener Zeit immerhin so aparte Dinge auf wie die Dido in Berlioz' *Troyens* mit Helge Rosvænge als Äneas und die Herzogin von Parma in der Erstaufführung von Busonis *Faust* mit Friedrich Schorr in der Titelrolle. Es konnte nicht ausbleiben, daß die bedeutendste Hochdramatische ihrer Zeit von Bayreuth gerufen wurde. 1928 sang sie dort zum erstenmal, und zwar die Kundry in dem von Karl Muck geleiteten *Parsifal*, den Siegfried Wagner noch völlig im Sinne der Tradition des Meisters und seiner noch lebenden Witwe Cosima – »inszenierte« kann man da eigentlich nicht sagen – »einrichtete«. In Bayreuth war sie zwischen 1933 und 1937 die einzige Brünnhilde, 1933 die Isolde neben Marta Fuchs, und 1938 teilte sie Brünnhilde und Kundry ebenfalls mit der Fuchs. Der Bayreuther Festspielführer von 1933 führt aber auch schon eine jugendlich-dramatische Sängerin aus Oslo an, Flagstad, die Ortlinde und dritte Norn singt.

Im Dritten Reich konnte sich Frida Leider nicht mehr wohl fühlen. Sie selbst war natürlich primär »ungefährdet«, wie man sagte, eher unpolitisch und als führende Wagner-Sängerin eigentlich Persona grata, aber durch ihren jüdischen Mann in einer »Mischehe« lebend. Sie merkte natürlich, daß einige ihrer Partner auf der Bühne nicht mehr in Deutschland neben ihr auftauchen durften, wie die Bassisten Alexander Kipnis und Emanuel List, die noch im Sommer 1933 in Bayreuth in *Parsifal* neben ihr standen, und trotz aller Versicherungen des wendigen Intendanten Heinz Tietjen in Berlin merkte sie, daß die Situation auch für privilegierte Künstler immer prekärer wurde, das Netz sich zusammenzuziehen begann, wie sie sich selbst ausdrückt.

Kurz vor dem Ende ihrer Karriere sollte es gleichzeitig zu deren Höhepunkt kommen, jedenfalls hat Frida Leider es so empfunden. Im Herbst 1937 war eine Neuinszenierung von *Tristan und Isolde* an der Berliner Staatsoper angesetzt, die musikalische Leitung hatte Furtwängler, die szenische Tietjen, also eine Bayreuther Besetzung, wie sie damals in der engen Union Berlin/Bayreuth üblich war. Sie selbst sagt dazu:

»Ich stand im Zenit meiner Kunst und hatte nur den einen Gedanken, in dieser Aufführung gesanglich und darstellerisch den Eindruck einer unaufhörlichen Intuition zu übermitteln. Es ist schwer zu erklären, aus welchen Quellen ich schöpfte, aber das große Wunder gelang mir. Vielleicht war es das Fegefeuer, in dem ich mich menschlich befand, oder mein unerschöpfliches Talent, das die Natur mir verliehen hatte. Ich fühlte an diesem Abend, daß ich den künstlerischen Höhepunkt meiner Laufbahn erreicht hatte.«

Dieser Höhepunkt jedoch war schon fast der Abschied, der dann im nächsten Jahr kam. Es war zunächst der Abschied von Bayreuth 1938, noch nicht endgültig der von der Bühne der Berliner Staatsoper, zu der die Beziehungen jedoch sehr rudimentär wurden; die Ereignisse hatten auch dort die Atmosphäre vergiftet und die Beziehungen zwischen Kollegen nachhaltig zerstört, einige Auslandsgastspiele, etwa in Italien, halfen nicht über diese Entfremdung vom Berliner Publikum hinweg, eher schon taten dies die Liederabende, die auf den Rat von Schlusnus und mit Hilfe des Begleiters Michael Raucheisen im Spätherbst der Karriere plötzlich von einiger Wichtigkeit wurden. Das Kriegsende erlebte Frida Leider in ihrem Haus in Pausin in der Nähe von Berlin mit vielen Schrecknissen, konnte nach dem Krieg aber wieder ihren Mann in die Arme schließen, mit dem gemeinsam sie dann eine Lehrtätigkeit an der Berliner Musikhochschule aufnahm. Daneben war sie Leiterin des Gesangsstudios der Berliner Staatsoper, deren Intendant Ernst Legal ihr auch mehrfach die Gelegenheit bot, ihre langen szenischen Erfahrungen in Opernregie umzumünzen. Der Höhepunkt dieser letzten künstlerischen Erfahrungen von Frida Leider war sicherlich der *Tristan*, den sie im Herbst 1947 in Szene setzte, noch einmal konnte sie dabei mit Furtwängler zusammenarbeiten, Erna Schlüter sang ihre alte Rolle und Ludwig Suthaus den Tristan. Am 4. Juni 1975 ist sie in ihrer Heimatstadt gestorben.

Die kompletteste Wagner-Sängerin war sie, sagte ich zu Anfang. Das soll heißen, daß Kirsten Flagstad natürlich unerreicht ist und wohl auch bleibt, in der majestätischen Gewalt eines schier unerschöpflichen Stimmstroms, daß Birgit Nilsson in dem sieghaften Stahlklang ihres heroischen Soprans wohl kaum übertroffen werden kann, daß die pure Schönheit von Helen Traubels Organ überwältigend ist. Wenn man aber fragt, bei welcher Sängerin alle Komponenten, die zu einem hochdramatischen Sopran gehören, in harmonischer Ausgewogenheit versammelt sind, dann ist dies wohl bei Frida Leider der Fall. Und damit hängt zusammen, daß sie die einzige der genannten Sängerinnen ist, die außerhalb des Wagner-Fachs wirklich voll überzeugende Aufnahmen hinterlassen hat. Die frühen Verdi-Aufnahmen, die erwähnt wurden, sind ein Beweis dafür, dann aber vor allem eine mit dem Atem der Tragédie classique gesungene französische Arie der Armide aus Glucks gleichnamiger Oper, die italienisch gesungene Arie der Donna Anna »Or sai chi l'onore« aus *Don Giovanni* und die Arie der Leonore aus *Fidelio* – alles drei Marksteine in der Schallplattengeschichte und den berühmtesten Aufnahmen der drei Stücke zumindest gleichwertig. Der Sopran der Leider war gemessen am Standard der Flagstad oder auch Nilsson gar nicht besonders groß oder in der Höhe besonders ausladend, sondern eher schlank und nervig. Sie glich darin mehr den großen dramatischen Sopranen der Jahrhundertwende wie vor allem Johanna Gadski, jenem Typus, wie er in Wien oder New York für Wagner bevorzugt wurde, während in Bayreuth die Heroine mit klotzigen Tönen und kräftiger Konsonantenspuckerei geschätzt wurde.

Die Stimme der Leider klang nie matronenhaft und statiös, aber auch nie extrem jugendlich und hell (deshalb hat sie die Sieglinde oder Eva und Elisabeth kaum gesungen), sondern immer fraulich gereift, mit einer perfekten Verblendung der Register, einer dunkel leuchtenden Tiefe, einer warmen Mittellage und einer darauf organisch aufbauenden Höhe, die auch bei extremsten Belastungen nie angestrengt klang. Die Verbindung von Wortdeutlichkeit (die Wagner so wichtig war) mit dem Ideal des Belcantos hat sie wie keine andere Wagner-Sängerin verwirklicht, eben weil sie der richtigen Meinung war, daß man die Aida und Leonore nicht mit anderen gesanglichen Mitteln singen dürfe als die Brünnhilde. Auf einer Platte eines etwas apokryphen amerikanischen Labels wurden Live-Ausschnitte aus der Bayreuther *Götterdämmerung* von 1937 versprochen, mit Frida Leider, Max Lorenz und Wilhelm Furtwängler, die Leider singt dabei die Schlußszenen der Brünnhilde ganz fabulös. Hört man aber näher hin, dann fallen die ungewöhnlich gute Tonqualität und das Fehlen jeglicher Neben- und Bühnengeräusche auf, bei noch näherem Hinhören und Vergleichen stellt sich heraus, daß es sich um die Studioaufnahme unter Leo Blech von 1928 handelt. Live aber kann man sie dann doch noch hören in einem längeren Ausschnitt aus dem zweiten Akt der *Götterdämmerung* mit Furtwängler, der 1936 in London aufgenommen wurde, und von der Qualität der Studioaufnahmen ist nichts, aber auch gar nichts abzuziehen; allein diese Aufnahme zeigt, wie jammerschade es war, daß die Sängerin, die sich noch im Vollbesitz ihrer stimmlichen Kräfte befand, zwei Jahre später so in den Hintergrund treten mußte.

Als Kuriosität sei jedoch das Urteil eines von mir außerordentlich verehrten Mannes nicht unterdrückt, dasjenige Alban Bergs, dessen Schwester so eng mit Frida Leider befreundet war. Im Jahr 1925 besuchte er in Wien ein Konzert, in dem die Leider sang; er schrieb an seine Frau Helene, nachdem er seine schlechte »todtraurige Stimmung« erläutert hatte, die ihm offensichtlich Konzert, Sängerin und die Musik Wagners, die erklang, versauert hatte:

»Und der Gesang: eine sehr gute Stimme nicht ganz großen Formats (was mir nichts machen würde), sehr kultiviert, ungemein sicher und beherrscht. Alles was man von dem Instrument: Frauenstimme verlangen kann. Aber von einer Seelenlosigkeit, die ich überhaupt nicht für möglich gehalten hätte. Kein Ton, der einem ans Herz geht. Außerdem völlig farblos, ohne jedwede Modulation oder Anpassung an so simple musikalische Charaktere, wie sie in der Musik vorliegen [...] alles eine Farbe. Ein Gesicht etwa wie das der T., aber ohne jede Intelligenz und ohne jeden sympathischen Zug. Dafür die Nase noch mehr hängend und durch die sogenannnten ›Gramfalten‹ sich von den fahlen Backentaschen abhebend. Wobei diese Physiognomie aber auch während des ganzen Abends den Ausdruck völliger Unbeteiligtheit beibehielt. Die Gestalt: die gewisse Hochdramatische mittleren Kalibers.«

Was das Physiognomische angeht, so wird man Berg bei Betrachten der Photos ein wenig Recht geben können, aber ansonsten muß man doch dem verehrten Meister energisch widersprechen, der entweder wirklich in abgrundtiefer schlechter Stimmung war oder gegen die Freundin seiner Schwester Animositäten hegte, die heute nicht mehr nachvollziehbar sind: Ausgerechnet Frida Leider Seelenlosigkeit und Unfähigkeit zur Modulation vorzuwerfen (Modulation in diesem Sinne war für Wagner das entscheidende Kriterium für einen großen Sänger gewesen) kann nur Ausdruck höchster Ungerechtigkeit sein, denn es ist gerade der Ausdruck von eher introvertiertem Seelenadel, der das Singen Frida Leiders auszeichnet, die einzigartige Mischung aus heroischem Leuchten und fraulicher Wärme, die ihre Aufnahmen zu einem unverlierbaren Schatz macht. So wie ihr ist es keiner Wagner-Sängerin gelungen, die prononcierte Schallkraft eines dramatischen Soprans mit dem flüssigen Legato und der Biegsamkeit einer italienisch geschulten Stimme zu verbinden. Daß das »fehlende Engagement«, das ihr gelegentlich und nicht nur von Berg vorgeworfen wird, nichts mit einem Unvermögen zu tun hat, bezeugt die genannte Aufnahme der Donna-Anna-Arie, die an dramatischer Zuspitzung es mit allen modernen Interpretationen aufnehmen kann (und darin nur von der allerdings extremen Version von Lilli Lehmann übertroffen wird). Wenn dies bei den Wagner-Aufnahmen so nicht zur Geltung kommt, dann kann es sich nur um Stilwillen handeln, im Sinne des prägenden Duse-Erlebnisses: Sparsame Gestik und klassische Haltung, das war es, was Frida Leider ohne marmorne Glätte den Heroinengestalten Wagners mitgeben wollte.

Hinweise

Frida Leiders Erinnerungen *Das war mein Teil* (Berlin 1959) sind schon lange vergriffen. In der englischen Ausgabe dieses Buches *Playing My Part* (New York 1966) findet sich eine Diskographie von Harold Burros, die in der deutschen Ausgabe nicht vorhanden ist.

Den besten Einstieg bietet eine Drei-CD-Kassette bei Preiser, die sämtliche Aufnahmen von 1921 bis 1926 enthält. Außerdem gibt es eine CD bei Preiser, zwei bei Pearl und zwei bei Legato (nur Wagner).

* * *

Unter den drei überragenden italienischen Bassisten der zwanziger und dreißiger Jahre (Pinza, Pasero, De Angelis) ist **Nazzareno De Angelis** (1881–1962) der älteste und zugleich unbekannteste. Das scheint mir nicht gerecht zu sein, denn De Angelis ist unter einem bestimmten Blickwinkel der interessanteste dieser drei bedeutenden Sänger, man könnte auch sagen der modernste, der expressivste, und es ist kein Zufall, daß er wesentlich durch Arturo Toscanini geprägt wurde, unter dessen Leitung er an der Mailänder Scala die entscheidenden Partien seines Faches sang. In Aquila in der Nähe von Rom geboren, wurde De Angelis an der Accademia di Santa Cecilia seiner Heimatstadt ausgebildet und debütierte 1903 in Aquila in Donizettis *Linda di Chamounix*. Das Debüt an der Mailänder Scala wird auf 1905 angesetzt. Bei zwei Uraufführungen jener Jahre taucht sein Name auf: bei Cileas *Gloria* (1907) und vor allem bei Montemezzis *L'amore dei tre re* (1913), einem heute kaum noch bekannten Werk, jedoch seinerzeit eine der erfolgreichsten Uraufführungen vor dem Ersten Weltkrieg. Durch Gastspiele wurde er in Nord- und Südamerika sehr bekannt, aber die Scala blieb das Zentrum seiner Karriere, die dort bis 1933 dauerte; 1939 zog er sich von der Bühne zurück, bis in die fünfziger Jahre hinein gab es noch gelegentliche Konzertauftritte. Der König Philipp und Boitos Mefistofele galten als seine größten Rollen. Hört man De Angelis' prächtige Plattenaufnahmen, dann wird man geneigt sein, auch seinen Wotan in diese Reihe aufzunehmen, den er neben dem Marke und dem Gurnemanz immer wieder auf der Bühne in Italien gesungen hat, denn seine Aufnahme von Wotans Abschied aus der *Walküre* von 1929 (»Addio sublime prole d'eroi« – so wunderbar klingt auf italienisch »Leb wohl, du kühnes, herrliches Kind«) läßt sich mit den größten Versionen dieser zentralen Passage vergleichen und messen: groß und mächtig der Anfang, mit verschatteter Intensität der Mittelteil »Der Augen leuchtendes Paar«. Boitos Meisterwerk *Mefistofele* hat in De Angelis den unübertroffenen Interpreten gefunden. Glücklicherweise konnte er seine Rollengestaltung in einer Gesamtaufnahme überliefern, die 1932 unter der musikalischen Leitung Lorenzo Molajolis entstand.

De Angelis bleibt auch heute, 60 Jahre danach, ein »monumentum aere perennius«, weder Cesare Siepi noch Norman Treigle, noch Nicolai Ghiaurov und Samuel Ramey haben so alle Facetten dieser großen Rolle zwischen erhabener Bosheit, scharfem Sarkasmus und derbem Behagen erfaßt und vokal umzusetzen gewußt. De Angelis ist ein Sänger, der in jeder Minute interessant ist (das ist bei einem Bassisten von Haus aus ungewöhnlicher als in anderen Stimmfächern), der Reichtum an Schattierungen und Finessen ist enorm, der Stimmumfang reicht in heldenbaritonale Höhen (deshalb der Wotan). Die Kehrseite dieser leuchtenden Medaille ist, wie bei Aureliano Pertile, einem anderen Toscanini-Zögling, daß solches Singen immer in Gefahr ist, die große

Linie eines Rollenporträts, eines vokalen Gesamtbildes zu vernachlässigen, und so wird man sich die Wirkung seines Philipp nicht so groß vorstellen dürfen wie die seines Mefistofele – wie Pertile ersetzt er die letzten Residuen des »stile classico« durch einen aufregenden und nie kalt lassenden Expressionismus [eine CD bei Preiser].

Der Turiner **Tancredi Pasero** (1893–1983), ein Jahr jünger als Ezio Pinza, darf als dessen eigentlicher Konkurrent im italienischen Baßfach angesehen werden. Die beiden Sänger gingen sich geschickt aus dem Wege: Während Pasero zwischen 1926 und 1951 vornehmlich an der Scala seine Laufbahn entfaltete, tat dies Pinza an der Met, wo Pasero nur zwischen 1929 und 1933 sang, erfolgreich zwar, aber doch hinter Pinza zurückstehend. Studiert hatte Pasero bei Arturo Pessina, debütiert in seiner Heimatstadt 1917 als König in *Aida*, als sein eigentliches Debüt betrachtete er selbst jedoch den Rodolfo in Bellinis *Sonnambula*, den er 1918 in Vicenza sang (die berühmte Kavatine »Vi ravviso o luoghi ameni« hat Pasero mehrfach aufgenommen). Im Dezember 1926 wurde die Scala mit *Don Carlos* eröffnet, Arturo Toscanini dirigierte, in einem illustren Ensemble sang Pasero mit 33 Jahren einen König Philipp, der seiner Karriere einen ersten Höhepunkt gab. In den länger als zwei Monate dauernden intensiven Proben mit dem unerbittlichen Toscanini lernte er mehr für sein Sängerleben als in all den Jahren zuvor. Es folgten allein an der Scala 435 Vorstellungen in einem immens weiten Repertoire, das von Gurnemanz zu König Marke, von Boris Godunow zu Leporello, von Mefistofele zum Simon Mago in Boitos *Nerone* reichte – an der Uraufführung von Mascagnis *Nerone* war Pasero ebenfalls beteiligt.

Der Vergleich mit De Angelis und Pinza drängt sich auf: Pasero hat den Giovanni nicht gesungen, er wäre auch in dieser Rolle nur schwer vorstellbar, seine Stimme ist mächtiger und dunkler als die Pinzas, ihr fehlte die Geschmeidigkeit, obwohl seine Belcantofähigkeiten für heutige Ohren ungewöhnlich waren. Sein Feld waren die großen königlichen Figuren, denen er markantes vokales Profil verlieh. Paseros Baß war reicher und volltönender als die Stimmen seiner beiden Kollegen, nur Alexander Kipnis war ihm darin überlegen, edles Erz ohne jede Neigung zum Dröhnen und Blöken, wie man sie etwa bei dem stimmlich noch gewaltiger ausgestatteten Giulio Neri beobachten kann. Die erzene Qualität seines Singens, das dabei nie die Linie hoheitsvollen Gestaltens verläßt, macht den unverbrauchten Reiz seiner Aufnahmen aus. Im Vergleich mit De Angelis muß man jedoch auch konstatieren, daß Paseros Singen, wenn man sich einmal an den Reichtum des vokalen Stromes gewöhnt hat, auf die Dauer einförmig und monochrom wirkt, es fehlte ihm an Charakterisierungskunst und Differenzierungswillen, um seinen Rollenporträts die letzte Schärfe der Kontur zu verleihen, stimmliche Fülle und wohltuende Linienführung hingegen reihen ihn unter die ganz großen Bassisten ein [eine CD bei Preiser].

Der Baßbariton **Michael Bohnen** (1887–1965) ist oft als der »deutsche Schaljapin« bezeichnet worden. Dieser Vergleich der beiden Künstler, die miteinander befreundet waren, hat seine Berechtigung, wenn man an die darstellerische Überzeugungskraft denkt, die Fjodor Schaljapin wie Bohnen auszeichnete, er stimmt nicht mehr, wenn man sich erinnert, daß Schaljapin ein sehr begrenztes Repertoire hatte, das außer russischen Opern nur wenige vor allem französische Partien enthielt, während Bohnen vom seriösen Baß über den Baßbuffo bis zum Heldenbariton alle Rollen verkörperte, die seinem Naturell entgegenkamen.

Bohnens Begabung wurde sehr früh erkannt, und schon mit 16 Jahren besuchte er das Konservatorium seiner Heimatstadt Köln; bald darauf nahm er Unterricht bei Richard Schulz-Dornburg. 1910 debütierte er bereits am Düsseldorfer Stadttheater, von 1911 bis 1914 war er am Hoftheater Wiesbaden engagiert. 1914 bot sich ihm jene Chance, von der wohl jeder junge Sänger träumt. Er fuhr nach Berlin, um sich dort eine Vorstellung von Wagners *Parsifal* anzusehen. Der Darsteller des Gurnemanz, Paul Knüpfer, erkrankte plötzlich, und Bohnen, der diese Partie zwar studiert, aber noch nie gesungen hatte, wurde gefragt, ob er nicht einspringen könne. Er tat es und hatte einen sensationellen Erfolg, der am Beginn einer großen Karriere stand.

In dieser Zeit sang Bohnen vor allem Partien des seriösen Baßfachs, gastierte 1914 schon an Covent Garden, wo er Schaljapin kennenlernte, und wirkte bei den Bayreuther Festspielen mit. Als Wagner-Sänger hatte er zeit seines Lebens große Erfolge, ließ sich aber nie auf dieses Rollengebiet festlegen. Für seine Interpretation des Hagen in der *Götterdämmerung* trieb er völkerkundliche Studien und trat mit einem auf mongolische Art kahlgeschorenen Schädel auf – das mag verdeutlichen, wie intensiv sich Bohnen auf seine Rollen vorbereitete. Auch der Hans Sachs in den *Meistersingern von Nürnberg* zählt zu seinen großen Erfolgen. In dieser Phase seiner Karriere begann sich Bohnen auch die heldischen Baritonpartien des italienischen Faches zu erschließen, wozu ihn sein ungewöhnlicher Stimmumfang befähigte: vor allem den Amonasro in *Aida*, den Scarpia in *Tosca* und den Jago in *Otello*. Nach einer Unterbrechung durch den Ersten Weltkrieg sang er ab 1916 wieder an der Berliner Hofoper, deren Leitung 1918 für kurze Zeit Richard Strauss übernahm. Als Strauss an die Wiener Staatsoper ging, folgte ihm Bohnen und wußte das verwöhnte Wiener Opernpublikum auch als Ochs von Lerchenau im *Rosenkavalier* zu begeistern, obwohl Wien in Richard Mayr einen idealen Vertreter dieser Rolle besaß. Bohnen verfügte über reichste stimmliche Mittel, dennoch ging es ihm nie um pure Stimmentfaltung; ihn reizten interessante, schwierige Rollen, die an seine Charakterisierungskunst hohe Anforderungen stellten. Deshalb sang er auch Partien wie den Francesco in Schillings' *Mona Lisa* und den Titelhelden in Kreneks *Jonny spielt auf.* Eine Berliner Zeitung schrieb damals: »Bohnen ist noch nicht da, man sieht ihn noch nicht, aber man spürt schon seine Nähe, irgendein geheimes Fluidum strahlt heran aus dem dunklen Raum.«

Bohnen neigte dazu, die dramatische Wahrheit über die Einhaltung der Gesangslinie und der Notenwerte zu stellen. Sein Temperament riß ihn immer wieder zu Übertreibungen und Eigenmächtigkeiten hin, die, wie bei seinem Kollegen Schaljapin, von der Kritik oft übel vermerkt wurden. So erregte er großes Aufsehen, als er in der Rolle des König Marke in Wagners *Tristan und Isolde* die Bühne am Schluß des dritten Aktes früher verließ, als in der Partitur vorgesehen. Ähnliches tat er als Hagen in der *Götterdämmerung*, einfach weil es ihm dramaturgisch sinnvoller erschien. Einiges von dieser Eigenart wird in den Plattenaufnahmen Bohnens deutlich, die er etwa vom Méphistophélès aus Gounods *Faust* gemacht hat. Die musikalischen Freiheiten, die er sich gestattet, werden aufgewogen durch die stimmliche Dynamik und die beklemmende Hinterhältigkeit seiner Interpretation. 1922 wurde Bohnen an die Met verpflichtet, deren Ensemble er bis 1933 angehörte. Ab 1935 sang er wieder am Deutschen Opernhaus Berlin und hatte nebenher noch große Erfolge als Filmschauspieler zu verzeichnen (ähnlich wie Leo Slezak, dem er auch in der überdimensionalen Gestalt glich). Nicht nur in Berlin, auch bei den Salzburger Festspielen wurde er in jener Zeit als Kaspar in Webers *Freischütz* gefeiert.

Daß Bohnen nicht nur dämonische und finstere Rollen meisterte, beweist sein Erfolg als Kezal in Smetanas *Verkaufter Braut,* in der er oft mit Richard Tauber auftrat. Von 1945 bis 1947 war Bohnen Intendant der Städtischen Oper Berlin. 1951 verabschiedete er sich dort als Hans Sachs von der Bühne. Er war der Prototyp des intelligenten singenden Schauspielers, wie er heute immer wieder gefordert wird. Seine offensichtlich nicht zügelbare Exzentrik und Egozentrik würden allerdings heute die Regisseure zur Verzweiflung treiben, die damals nicht wagten, gegen einen Star aufzumucken. Zu seiner Zeit, in der der Typus des Nursängers noch häufiger war, galt Bohnen als Ausnahmeerscheinung. In der Weite seines Repertoires, das vom Sarastro bis zum Wotan und Scarpia reichte, steht er auch heute noch einzig da.

Es gibt viele Angehörige der älteren Generation, für die sich der Name des Baritons **Heinrich Schlusnus** (1888–1952) vor allem mit dem deutschen Kunstlied verbindet, und wirklich hat er sich auf diesem Felde eine große, allerdings heute nicht mehr vorhandene Popularität errungen. Schlusnus'

Karriere hatte jedoch noch ein anderes Gesicht: Er galt als führender deutscher Verdi-Bariton der späten zwanziger und der dreißiger Jahre. Dieser Ruf hatte eine geringere Verbreitung, denn da Schlusnus als Opernsänger nur sehr wenige Gastspiele und Reisen unternahm, beschränkte er sich vor allem auf sein Stammhaus, die Berliner Staatsoper, während er mit Liederabenden auch in Nordamerika und Kanada auftrat.

Schlusnus wurde in Braubach am Rhein in eine kinderreiche Postbeamtenfamilie hineingeboren. Der Vater hatte eine schöne Baßstimme und war Leiter der Braubacher Quartettvereinigung – daß Singen allerdings zum Beruf werden könnte, erschien ihm äußerst dubios. Als sein Sohn Heinrich diesen Wunsch äußerte, verwies er ihn auf die sichere Postlaufbahn. Schlusnus arbeitete also in Koblenz als Postangestellter und nahm in Frankfurt am Main Gesangsstunden. Die Reichspost fesselte ihn so wenig, daß er eines Tages aus Koblenz ausriß und zu seinen Eltern flüchtete. »Postgehilfe Schlusnus spurlos verschwunden. Kasse stimmt« soll ein Telegramm der Postdirektion Koblenz an die Eltern gelautet haben. Da in Frankfurt inzwischen sich Mäzene gefunden hatten, die der hoffnungsvollen Stimme den Weg zur Bühne ebnen wollten (es waren die Industriellen Weinberg), stand dem Ausscheiden aus dem Postdienst nichts mehr im Wege. Zwei schon perfekte Bühnenverträge für den Anfänger Schlusnus machte wenig später das Militär zu Makulatur – das erste Mal, weil er seiner Dienstpflicht nachkommen mußte, das zweite Mal, weil der Erste Weltkrieg ausbrach, der allerdings für den Rekruten Schlusnus nur von kurzer Dauer war. An der belgischen Front erhielt er bereits im August 1914 eine schwere Beinverletzung und wurde somit dienstunfähig. Mit dieser Verletzung wurde seine spätere Unbeweglichkeit auf der Bühne erklärt. Nach der Genesung stand dem ersten Auftreten nichts mehr im Wege. Es fand an der Hamburger Oper statt und verlief so enttäuschend, daß Schlusnus schon mit dem Gedanken spielte, aufzugeben. Die Hamburger Oper ließ den hoffnungslos unbegabten Anfänger sehr schnell nach Nürnberg ziehen, wo als Kapellmeister die jungen Robert Heger und Clemens Krauss wirkten. Heger notierte damals bereits mit Bedauern (es war das Jahr 1915), daß man diesen Sänger sicher nicht lange in Nürnberg werde halten können – hier wurden seine Fähigkeiten also besser erkannt als in Hamburg. Zwei Gastspiele an der Berliner Hofoper als Luna im *Trovatore* und als Valentin in Gounods *Faust* brachten ihm sehr rasch ein Engagement dort ein.

Von 1917 bis 1945 war Schlusnus Mitglied der Berliner Hof- und später dann der Staatsoper. Er hatte es in Berlin zunächst gar nicht einfach. Im italienischen Fach mußte er sich gegen den ersten Bariton der Hofoper, Joseph Schwarz, behaupten. Vergleicht man Aufnahmen beider Sänger, so wird man zugeben, daß Schwarz die »italienischere« Stimme besaß – auch war er nach

Berichten auf der Bühne von größerer Darstellungskraft. Erst nach dem Tode von Schwarz konnte Schlusnus seine führende Stellung als Verdi-Bariton erringen. Im Wagner-Fach hatte er es mit der Konkurrenz der gestandenen Wagner-Baritone zu tun – für die Heldenpartien war seine von Haus aus lyrische Stimme nicht geeignet, als Wolfram im *Tannhäuser* dagegen erzielte er große Erfolge. Einmal, 1934, ist er auch bei den Bayreuther Festspielen aufgetreten, als Amfortas in *Parsifal*. Die Ende der zwanziger Jahre vornehmlich von Dresden ausgehende Verdi-Renaissance hatte auch damals kaum gespielte Opern wie *Don Carlos*, *Macbeth* und *Les Vêpres siciliennes* wieder spielplanfähig gemacht. *Les Vêpres siciliennes* war eine der erfolgreichsten Produktionen der Berliner Staatsoper. In den Hauptrollen dieser Oper, in der Frauen eine untergeordnete Rolle spielen, brillierten Schlusnus und Helge Rosvænge. Es wird berichtet, daß Schlusnus sich in dieser Rolle nicht sehr wohl fühlte, weil das unglückliche Familienleben des Montfort ihn an seine eigenen familiären Probleme erinnerte. Seine Stimme besaß ausreichende Sonorität, um ihn zum führenden deutschen Rigoletto-Interpreten zu machen, wovon eine Gesamtaufnahme des Jahres 1944 zeugt. Was an Schlusnus' Singen besticht, sind die ungekünstelte Einfachheit seines Vortrags und die große technische Sicherheit, mit der er seinen Bariton immer unforciert führt. Das Timbre ist unverwechselbar, nicht so sehr italienisch, sondern eher mit einem slawischen Beiklang, wie er auch zum Beispiel bei Anton Dermota und Tino Pattiera zu spüren war (die Familie Schlusnus stammte aus Masuren). Die Gleichmäßigkeit seines Singens schlägt allerdings gelegentlich in Gleichförmigkeit um, und die gepflegte Temperamentlosigkeit seines Vortrags versagte dramatischen Rollen die entscheidende Dimension. Wo jedoch Delikatesse und verhaltene Soigniertheit gefordert waren, da war Schlusnus am rechten Platz, und seine Leistungen in diesem Felde werden heute eher unterschätzt. Auch wer sich mit Timbre und Interpretationsart von Schlusnus nicht befreunden kann, wird zugeben, daß vom pur Gesanglichen her kaum Wünsche offen bleiben. Dies fand auch das Berliner Publikum, dem er sich bis 1945 ohne entscheidendes Nachlassen seiner stimmlichen Kräfte präsentierte [Preiser].

Wenn der Bariton **Gerhard Hüsch** (1901–1984) immer wieder als typisch deutscher Sänger, als typisch deutsche Stimme bezeichnet worden ist, dann ist das ein zweischneidiges Kompliment. Einerseits soll das sicher heißen, daß hier jemand in der Lage ist, Partien der deutschen Oper, das deutsche Kunstlied genuin wiederzugeben, mit ungekünstelter Schlichtheit zu singen, einen natürlichen Gesangston bilden zu können, andererseits sind die Assoziationen an das »Teutsche« im problematischen Sinne der zu ehrenden »deutschen Meister«, wie es in den *Meistersingern* heißt, das Deutschtümelnde, das angeblich Echte und Schlichte und Volkhafte, wie es so schändlich mißbraucht wurde, nicht zu vermeiden. Hüsch hat mehr noch als Heinrich Schlusnus für mehrere Generationen ihre Auffassung geprägt, wie Schubert und Schumann, Brahms, Strauss und Pfitzner zu singen seien. Heute jedoch ist er in den Schlagschatten der großen Liedersänger der Nachkriegszeit zurückgetreten, und man gilt als etwas altmodisch, wenn man auf die Leistungen Hüschs und Schlusnus' zurückverweist. Zu denken geben sollte jedoch die Anmerkung Michael Scotts, daß Hüschs Einspielungen der großen Liederzyklen Schuberts und Schumanns unübertroffen seien – man kann annehmen, daß Scott Dietrich Fischer-Dieskau und Hermann Prey dabei nicht völlig vergessen hat.

Hüsch hatte als Schauspieler in seiner Heimatstadt Hannover angefangen, war aber dann zum Gesang gewechselt und als lyrischer Bariton sehr schnell nach Berlin gekommen, wo er zunächst am Deutschen Opernhaus, ab 1937 an der Staatsoper sang. 1930/31 war er der Wolfram der Bayreuther Festspiele, in Thomas Beechams Aufnahme der *Zauberflöte* sang er seinen berühmt gewordenen Papageno. Seit Anfang der dreißiger Jahre jedoch rückten Liederabende immer mehr in das Zentrum seines Wirkens, die Opernauftritte wurden immer seltener. Nach dem Krieg nahm Hüsch seine Konzerttätigkeit wieder auf und verband sie mit zahlreichen Meisterkursen in aller Welt. Hört man von einem lyrischen Bariton, daß er auf der Bühne vor allem als Wolfram und Papageno berühmt wurde, sich ansonsten dem Lied zugewandt habe, so ist man schnell geneigt zu denken, daß die Stimme für mehr nicht ausgereicht habe. Nimmt man sich Hüschs Aufnahmen vor, wird man schnell eines Besseren belehrt: Das ist eine Baritonstimme, die in Sonorität und Männlichkeit die genannten berühmten Nachfolger um einiges übertrifft, sie hat nicht ganz die Fülle von Schlusnus, aber so wie die italienische Oper damals in Deutschland gesungen wurde, hätte Hüschs Bariton dafür allemal ausgereicht – in der Tat gibt es sogar einen Scarpia-Ausschnitt von ihm, der allerdings seine Sache dann doch nicht war. Hüschs Stimme war perfekt durchgebildet, was in der deutschen Gesangstradition seiner Zeit keineswegs selbstverständlich war, sie war in der Tiefe füllig und besaß »Körper«, in der Höhe verblüfft ihre mühelose Projektionskraft. Sie wirkt immer viril, auch dann, wenn er sein schönes Mezza voce einsetzt (man höre Brahms' *Feldeinsamkeit*). Ob seine genannten Liedeinspielungen wirklich bis heute unübertroffen sind, wie Scott andeutet, wird immer eine Glaubensfrage bleiben. Wem Fischer-Dieskaus Schubert allzu ausgeklügelt, überemphatisch erscheint, wer mehr Stimme, mehr Gesang verlangt, der wird sich aufatmend zu Hüsch flüchten können und sich damit keineswegs blamieren, wer in diesen Liedern auch Schatten, Hinter- und Abgründe sieht und hört und dies auch vom Interpreten hören will, der wird mit Hüschs immer offenen und geradlinigen Interpretationen nicht ganz zufrieden sein können. Man nehme Schuberts *Lied eines Schiffers an die Dioskuren*. Bei Fischer-Dieskau und auch bei den letzten Liederabenden Fritz Wunderlichs ist der metaphysische Schauer des Schiffers vor dem Sternenhimmel unüberhörbar, bei Hüsch ist es eher eine Proklamation an die Dioskuren als ein Lied, völlig schlackenlos gesungen, aber zu markig, zu geheimnislos. Ein Vokalist von zeitloser Bedeutung bleibt Hüsch trotz dieser Einschränkung allemal und ist als solcher einer jüngeren Generation dringend ans Herz zu legen [die zwei Schubert-Zyklen bei Pearl].

Es bietet sich an, an dieser Stelle noch zwei deutsche Baritone zu nennen, deren Signaturen mit Gerhard Hüsch starke Ähnlichkeiten aufweisen bis auf die Tatsache, daß sie doch vornehmlich auf der Bühne hervorgetreten sind. **Willi Domgraf-Fassbaender** (1897–1978) ist heute wohl vor allem noch dadurch bekannt, daß er auf zwei der Glyndebourner Mozart-Aufnahmen unter Fritz Busch mitwirkt, als Guglielmo und Figaro. Liebhaber des Opernfilms werden sich an den Glücksfall der *Verkauften Braut* von Max Ophüls erinnern, in der er einen ansehnlichen und spielbegabten jugendlichen Helden abgab. Wer die kuriose *Zauberflöte* Arturo Toscaninis von den Salzburger Festspielen 1937 kennt, weiß auch, daß Domgraf-Fassbaenders Papageno sich keineswegs hinter Hüsch verstecken muß. Er hat neben den genannten Gesamtaufnahmen relativ wenige Schallplatten gemacht, weil die Firmen andere Sänger vorzogen. Bei seinen Einzelaufnahmen wird deutlich, daß er keineswegs nur als Mozart-Sänger eingesetzt wurde, sondern im Unterschied zu Hüsch vor allem als Verdi-Bariton reüssierte – sie reichen vom Figaro Rossinis über Renato und Rigoletto bis gar zum Amonasro. Natürlich ist seine Stimme kein Verdi-Bariton im strengen Sinne, sie ist heller und schlanker als die Hüschs, verblüfft aber durch eine große Tragfähigkeit und Strahlkraft in der Höhe, und der Vortrag besitzt Temperament und Vitalität, mehr als bei Hüsch und mehr als bei **Karl Schmitt-Walter** (1900–1985), dessen späte Karriere in den fünfziger Jahren als Bayreuther Beckmesser vergessen ließ, daß er seit Mitte der dreißiger Jahre am Deutschen Opernhaus Berlin eine beachtliche Karriere als lyrischer Bariton und als Spielbariton gemacht hatte (auch das eine spezifisch deutsche Fachausprägung, mit der Rollen wie die Lortzings gemeint sind).

Daß der Bariton **Riccardo Stracciari** (1875–1955) in diesen Abschnitt über die Sänger der zwanziger und dreißiger Jahre eingeordnet ist, zeugt von einer gewissen Willkür. Wer an der Mailänder Scala bereits 1905 debütierte und von da an eine kontinuierliche Karriere gemacht hat, die ohne jeden Tiefpunkt auskam, der könnte mit Fug und Recht auch im Abschnitt über die Sänger der Jahrhundertwende seinen Platz finden. Auf der anderen Seite ist Stracciari eine unglaublich lange Karriere vergönnt gewesen – seine letzten Auftritte fanden gegen Ende des Zweiten Weltkriegs statt, rund 45 Jahre nach seinem ersten Auftreten auf der Bühne. Meine Entscheidung beruht eher gefühlsmäßig darauf, daß ich seine Stimme zuerst auf zwei Gesamtaufnahmen kennenlernte, die 1929 und 1930 entstanden sind und die auch heute noch bei vergleichenden Diskographien Referenzpunkte sind: *Il barbiere di Siviglia* und *Rigoletto*, in denen Stracciari seine beiden berühmtesten Partien (den Figaro soll er über 900mal gesungen haben) auf eine Weise interpretiert, die modellhaft geworden ist (und nur winzige Intonationsprobleme deuten gelegentlich darauf hin, daß hier ein Mittfünfziger singt). Der in Casalecchio bei Bologna geborene Bariton studierte zunächst Elektrotechnik, ließ dann am Konservatorium von Bologna seine Stimme ausbilden und debütierte 1899 als Konzertsänger, im selben Jahr ebenfalls in seiner Heimatstadt als Marcello in *La Bohème*. Nach einigen Jahren in der Provinz und auf Tourneen trat er 1905 als Amonasro an der Scala zum erstenmal auf, bei der italienischen Erstaufführung von Tschaikowskis *Pique Dame* und bei der Uraufführung von Alfanos *Risurrezione* machte er auf sich aufmerksam. An der Met war er zwischen 1906 und 1908 (er debütierte neben Enrico Caruso) nicht so glücklich und kehrte nicht mehr dorthin zurück. Beliebt war er hingegen in Südamerika und in London wie auch in Chicago, neben seinen internationalen Auftritten war jedoch die Scala das Zentrum seiner Tätigkeit in einer Zeit, in der die Fülle erstklassiger italienischer Baritone, verglichen mit heute, einfach überwältigend war: Ruffo, Amato, De Luca, Granforte, Scotti, Sammarco, Galeffi und andere – welch eine Fülle von großen Namen.

Bei Frida Leider habe ich festgestellt, daß es in einzelnen Punkten Sängerinnen gab, die sie überragten, daß es aber keine komplettere hochdramatische Sopranistin gegeben hat. Ähnliches läßt sich für Stracciari sagen: Er besaß nicht ganz die Grandeur von Mattia Battistini, nicht ganz die klangliche Wucht von Titta Ruffo, nicht ganz die Eloquenz von Pasquale Amato, nicht ganz die Subtilität von Giuseppe De Luca, aber er hatte all dies in einer Ausgeglichenheit des Mischungsverhältnisses, die ihresgleichen sucht. John Steane hebt eine seiner ersten Aufnahmen hervor, »O vecchio cor« aus Verdis *I due Foscari*, 1905 mit Klavierbegleitung eingespielt. Stracciaris Bariton besaß offensichtlich eine besondere Phonogenität (was wiederum für den untadeligen Stimmsitz spricht), denn er zeigt bereits mit dieser vorsintflutlichen Technik eine Brillanz und Strahlkraft, gerade in der Höhe, die verblüffend ist. Die Reinheit des Legatos, in das die Marcatonoten voll integriert sind, die subtile Ausführung der »Fioritura«-Passagen, das samtene Mezza voce, die Verteilung von Licht und Schatten mit dem Können eines großen Malers – Steane hat völlig recht, wenn er diese Dinge hervorhebt und diese Aufnahme zu einem »locus classicus« der Gesangskunst in unserem Jahrhundert erhebt. Mehrfach hat Stracciari die Arie des Figaro aus dem *Barbiere* aufgenommen, 1910 zum erstenmal, bis 1929, als er die Gesamtaufnahme machte – die Parlandoagilität bei voller, jederzeit verfügbarer Resonanz ist bewundernswert, ebenso ist es die in vokales Granit gemeißelte Noblesse und Wildheit seines Rigoletto. Im heutigen Opernbetrieb hat man sich gewöhnt, daß der Barbier von einem leichtgewichtigen hohen Bariton gesungen wird, der Rigoletto von einem dramatischen (Thomas Hampson singt den Barbier, aber nicht den Rigoletto, Piero Cappuccilli hat den Barbier frühzeitig abgegeben, als er zum Rigoletto vorstieß). Die großen Namen der Tradition zeigen, daß es früher selbstverständlich war, beide Rollen nebeneinander auf der Palette zu haben – Ruffo und Stracciari haben dies ohne Schwierigkeiten bewältigt, denn die goldenen Regeln des Gesanges gelten für beide Partien, und nach Battistini hat kein Bariton sie so umfassend beherrscht wie Stracciari [Preiser].

Der amerikanische Bariton **Lawrence Tibbett** (1896–1960) ist der erste in jener stolzen Phalanx amerikanischer Baritone, die durch die Namen Leonard Warren, Robert Merrill und Sherrill Milnes weitergeführt wird, er war darüber hinaus der erste amerikanische Sänger, der ohne eine europäische Ausbildung an der Met zum Star wurde, der erste amerikanische Opernsänger, der im Kommerzradio erfolgreich war, und der erste Opernbariton, der (bereits 1930) im jungen Tonfilm auftrat. Kein Wunder, daß Tibbett bei amerikanischen Opernenthusiasten auch heute noch als Verkörperung des »american dream« gilt, in Europa hingegen ist er bei weitem nicht so bekannt, hatte auch nur seltene und vereinzelte Auftritte. Auch Tibbetts Herkunft konnte kaum amerikanischer sein: Er stammte aus einer kalifornischen Sheriffamilie und erzählte immer gerne, daß sein Vater bei einer Schießerei mit einem gewissen Wild Jim McKinney getötet worden sei; seine ersten Auftritte als Schauspieler hatte er mit einer Shakespeare-Truppe, die vom Vater des Filmschauspielers Tyrone Power geleitet wurde. Seine stimmliche Schulung soll sich angeblich nur über einen Zeitraum von sechs Monaten erstreckt haben, bevor er 1923 als Anfänger an die Met engagiert wurde. Anfänger haben an der Met außer reitenden Boten nicht viel zu singen; für Tibbett schlug die Stunde im Januar 1925, als er den Ford in Verdis *Falstaff* singen durfte, eine mittlere Rolle mit einem allerdings brillanten Monolog, in dem ein Bariton alles zeigen kann, was er »drauf« hat. Tibbett erzwang sich mit diesem Monolog einen Solovorhang gegen den Star des Abends, den Altmeister Antonio Scotti als Falstaff, und war damit ein gemachter junger Mann. Eine sehr negative Schilderung dieses Ereignisses kann man in Beniamino Giglis Erinnerungen lesen, der darstellt, daß Tibbett nur mit seiner Begabung zum lauten Schreien damals Erfolg gehabt habe (Gigli sang in derselben Vorstellung den Fenton): »Er war nicht fähig, seinen Rang als Star lange aufrecht zu erhalten, und wenige Jahre später fand er sich als das wieder, was er zuvor gewesen war: als zweiter Bariton.« Das ist eine allerdings böswillige Darstellung, denn Tibbett war immerhin 15 Jahre lang der führende Bariton der Met, bis dann 1940 seine Stimme nachzulassen begann; seine letzte Vorstellung sang er 1950.

Warum er als Mittvierziger in eine Krise geriet, von der er sich nicht mehr erholte, darüber gibt es Vermutungen, aber keine Klarheit. Hörbare technische Mängel gibt es auf den Aufnahmen aus seiner besten Zeit nicht, es mag höchstens sein, daß sein Fall demjenigen Titta Ruffos ähnelt, wo es eigentlich nur das ständige Singen mit der größtmöglichen Tonexpansion gewesen sein kann, das eine technisch sehr gesund fundierte Stimme vorzeitig verschliß. Glauben wir dem wie immer offenen Merrill, dann hat ein anstrengender Lebenswandel in seiner zweiten Ehe, mit Partys, Champagner, Scotch und Zigaretten, das seine beigetragen. Am Ende dieser glanzvollen Karriere standen Verhaftung wegen Trunkenheit am Steuer, eine tote Frau in seinem Apartment (nach polizeilicher Darstellung Selbstmord mit Schlaftabletten) und schließlich der Tod Tibbetts, Folge eines Sturzes mit Kopfverletzungen (die Begründungen sprechen von Autounfall, Alkoholrausch oder auch einem häuslichen Unfall).

Triumph und Tragik dieses Lebens einmal beiseite gelassen: was sagen uns heute die Aufnahmen Tibbetts? Sie zeigen uns eine Baritonstimme von einer ganz außergewöhnlichen tonlichen Expansion. Das ist nicht ganz die Löwenstimme Ruffos, aber ein kräftiger Tiger ist das schon, der da zu hören ist. Faszinierend ist Tibbetts markiges Organ vor allem dadurch, daß er im Unterschied zu seinen großen italienischen Kollegen seine blendende Höhe (die bis zum »H« reichte, wie sein Biograph Andrew Farkas sagt) nicht durch eine schwache Tiefe erkaufte, denn er erhielt seine Sonorität bis in tiefste Lagen, konnte so 1934 mit Leopold Stokowski Wotans Abschied aus der *Walküre* aufnehmen (den er allerdings nie auf der Bühne gesungen hat, im Gegensatz zum Wolfram) und damit einen beeindruckenden und vollgültigen Beitrag zur Wagner-Diskographie liefern. Tibbett kam mit der vertrackten Tessitura des Escamillo-Auftritts ebenso zurecht, wie er in Scarpias »Te Deum« mühelos Chor und Orchester übertönte. Sein Jago, auf mehreren Mitschnitten meist mit Giovanni Martinelli erhalten, ist der neben Apollo Granforte beste der Überlieferung, nur für Rossinis Barbiere fehlte es ihm an federnder Beweglichkeit. Tibbetts größtes Vermächtnis aber ist sein Simon Boccanegra. Der Met-Mitschnitt einer Aufführung des Jahres 1939 zeigt, daß Tibbett nicht nur ein Stimmbesitzer, sondern auch ein »singing actor« war. In einer stargesättigten Besetzung mit Elisabeth Rethberg als Amelia, Pinza als Fiesco, Tibbetts späterem Nachfolger auch in der Rolle des Boccanegra Leonard Warren als

Paolo und Martinelli als Gabriele Adorno triumphiert Tibbetts wie aus Quadern gefügter Nobelbariton in schmerzlicher Größe. Allein mit dieser Aufführung hat er sich in den Bariton-Olymp hineingesungen [Pearl, Nimbus, *Simon Boccanegra* bei Melodram, *Rigoletto* bei Myto].

»Helge Rosvænge sang in der im Nu ausverkauften Wiener Volksoper den Manrico im *Troubadour*. Es gab elf Vorhänge nach der Stretta und über 40 Vorhänge nach Schluß.« Diese Pressenotiz stammt keineswegs aus den dreißiger Jahren, als der dänische Tenor auf dem Höhepunkt seiner Karriere stand, sondern erschien Anfang der sechziger Jahre in Wien, als er mit 65 Jahren den Manrico sang. Das war aber noch nicht der Schlußpunkt einer ungewöhnlichen Laufbahn; noch einige Jahre später ist **Helge Rosvænge** (1897–1972) mit Arien und Liederabenden und in Operettenrollen aufgetreten.

Als Helge Rosenvinge Hansen wurde der Tenor in Kopenhagen geboren. Nichts, außer guten Schulnoten im Singen, schien auf eine künstlerische Laufbahn hinzudeuten. Im Gegenteil galt sein Interesse vornehmlich den naturwissenschaftlichen Fächern, und nach dem Abitur bereitete er sich an der technischen Hochschule seiner Heimatstadt auf den Beruf des Ingenieurs vor. Nach dem mit »sehr gut« bestandenen Ingenieurexamen machte Rosvænge Ferien in Schwerin. Besuche im dortigen Theater führten ihn mit seiner späteren Frau, der ungarischen Sopranistin Ilonka Holndonner, zusammen. Ihr blieb nicht verborgen, daß ihr Verehrer stimmliche Fähigkeiten hatte, die er neben seinem Studium bei einem Arzt, der eigentlich hatte Heldentenor werden wollen, frisch gehalten hatte. Sie schlug ihm vor, mit ihr in einem Konzert aufzutreten. Ein ebenso hellsichtiger wie blumiger Kritiker schrieb: »Unter der Voraussetzung, daß alle die Knospen dieser jungen Kunst mit Fleiß und echt gärtnerischer Liebe zur Blüte gebracht und nicht von dem prasselnden Beifall geknickt werden, steht Helge Rosvænge eine große Zukunft bevor.« Diese Zukunft sollte sehr bald beginnen. In Neustrelitz wurde ein Tenor für die Partie des Don José in *Carmen* gesucht, der vorgesehene Sänger war erkrankt. Es war die einzige Rolle, die Rosvænge vollständig beherrschte, und sie brachte ihm (man schrieb das Jahr 1921) seinen ersten Erfolg und den Entschluß, die Laufbahn eines Sängers einzuschlagen. Ein Jahr lang sang er nun in Neustrelitz, von 1922 bis 1924 war er mit seiner Frau in Altenburg in Thüringen engagiert. In dieser Zeit gastierte er auch einmal in Kopenhagen, aber dies blieb für längere Zeit sein einziger Auftritt dort, denn ein anderer, weniger weitsichtiger Kritiker schrieb: »Helge Rosvænge ist in Deutschland in einer Stadt engagiert, wo noch nicht einmal ein Schnellzug hält, darum wollen wir auch bei ihm nicht länger verweilen.« Die Städte, in denen er engagiert war, wurden dann aber sehr bald größer, 1924–26 war dies Basel, 1926–29 Köln. 1929 wurde er dann an die Berliner Staatsoper berufen, der er lange Jahre angehörte, und seit 1930 war er gleichzeitig Mitglied der Wiener Staatsoper.

Innerhalb von acht Jahren war aus einem unbekannten dänischen Ingenieur einer der vielversprechendsten jugendlichen Heldentenöre Europas geworden. Rosvænges Antrittspartie in Berlin war der Rodolfo in Puccinis *Bohème* mit Maria Müller als Mimì. Seit 1932 sang er fast jedes Jahr bei den Salzburger Festspielen und auch einige Male in Bayreuth. Seinen vielen Verpflichtungen kam er meist mit Hilfe des Flugzeugs nach und begrüßte unterwegs Kollegen mit Parsifals Worten »Im Fluge treff’ ich, was fliegt«. Seine Vielseitigkeit war ebenso legendär wie seine stimmliche Unverwüstlichkeit – eine Rosvænge-Absage gehörte zu den allerseltensten Ereignissen. Er sang nicht nur die Standard-Puccini- und Verdi-Rollen, sondern auch Mozarts Tamino (den man in der Gesamtaufnahme Thomas Beechams hören kann), auf der heldischen Seite reichte seine Spannweite bis zu Radames und Otello (für den Rundfunk) sowie zu Lohengrin, Stolzing und Parsifal. Vor allem aber war er Spezialist für die Rollen, denen seine Kollegen wegen der stimmlichen Schwierigkeiten aus dem Wege gingen – je häufiger und je höher Spitzentöne gefordert waren, desto wohler fühlte Rosvænge sich, und auch vor Ausgefallenem machte er keine Umwege, sei es Aubers *Fra Diavolo* oder Berlioz’ *Troyens*. Die eminent schwierige Arie des Hüon aus Webers *Oberon* »Von Jugend auf im Kampfgefild« wie auch Florestans große Szene aus *Fidelio* zählen zu den Glanzpunkten seiner Schallplattenaufnahmen. Es bereitete ihm keine Kopfschmerzen, Manrico und Radames, Rodolfo und Bacchus innerhalb einer Woche zu singen. Das Ende des Zweiten Weltkriegs erlebte Rosvænge in Berlin. Er wurde nach Rußland deportiert und ließ sich nach seiner Freilassung in Wien nieder. Das Studium seiner Jugendjahre kam ihm in diesen schweren Zeiten zugute. Er beteiligte sich an chemischen Fabriken und ließ eigene Patente auswerten. Mit 50 Jahren setzte er zu einem Comeback an, das auch glanzvoll gelang. 1958 mietete seine Wiener Verehrergemeinde einen Konzertsaal, um ihm ein Auftreten zu ermöglichen, denn die Staatsoper zeigte ihm die kalte Schulter, hielt ihn wahrscheinlich für zu alt. 1961 sang er an der Berliner Staatsoper den Radames, dann den Manrico, wie erwähnt, in Wien, wenig später gab er sein Debüt in New York mit einem Arienabend in der Carnegie Hall – ein Mittsechziger, der jüngere Kollegen das Fürchten lehrte.

Rosvænges Stimme gehört zu jenen, die man unter Hunderten sofort wiedererkennt, nicht aufgrund einer außergewöhnlichen Schönheit ebendieser Stimme, sondern aufgrund eher eines Artikulationsmangels, der hellen und spitzen I-Laute, die aufdringlich hervorstechen. Diese oft parodierte und kritisierte Eigenart seiner Stimme war so etwas wie ein Markenzeichen, ein weiteres waren die leicht angesetzten, enorm tragfähigen Spitzentöne, die an italienische Tenöre wie Giovanni Martinelli und Giacomo Lauri-Volpi denken lassen. In der Mittellage wirkt seine Stimme leicht spröde und verhaucht, sinnlich-einschmeichelnde Qualitäten wird man zunächst vergeblich suchen. In Partien, in denen dramatische Durchschlagskraft, gepaart mit Beweglichkeit, gefordert ist, gekrönt durch eine Serie fulminanter Spitzentöne, hat Rosvænge wenig Konkurrenz zu fürchten. Die ganze Klasse dieses Tenors wird aber erst deutlich, wenn er sich nicht auf seine Naturgaben verläßt, sondern wenn er etwa in der berühmt gewordenen Aufnahme des *Feuerreiters* von Hugo Wolf, mit Gerald Moore am Klavier (sie entstand 1936), in der Schärfe des deklamatorischen Sprachgesangs viel weiter geht, als es sich ein angeblich überdeklamierender moderner Interpret wie Dietrich Fischer-Dieskau traut, wenn er (siehe *Otello*-Exkurs) als einziger Otello der Plattengeschichte das Pianissimo des Liebesduetts wirklich gestaltet und wenn er in einer Rundfunkaufnahme des zweiten Teils von Strauss' *Ariadne auf Naxos*, die 1935 unter Clemens Krauss entstand, diese Partie, ebenso undankbar wie schwierig, so singt, wie sie niemand nach ihm je gesungen hat, mit allem Glanz eines jungen Gottes, vor allem aber mit einem geradezu berückenden Mezza voce, wenn die zarten Töne des fragenden Erstaunens gefordert sind: »Bist du auch solch eine Zauberin?« – wer das gehört hat, dem wird kein anderer Bacchus mehr genügen [vier CDs bei Preiser, auch frühe Aufnahmen, eine bei Pearl].

Bei dem bis heute unentschiedenen Streit, wer denn nun der legitime Nachfolger Enrico Carusos gewesen sei, fällt auch immer wieder der Name **Giacomo Lauri-Volpi** (1892–1979). Der italienische Tenor wurde in Lanuvio in der Nähe Roms geboren und studierte Jura an der römischen Universität. Gleichzeitig bereits nahm er Gesangsunterricht an der Accademia di Santa Cecilia bei Antonio Cotogni, später bei Enrico Rosati, dem Lehrer Beniamino Giglis. Der Erste Weltkrieg zögerte den Beginn seiner Karriere hinaus, der Frontsoldat Lauri-Volpi hatte kaum Gelegenheit zum Singen. Doch im September 1919 war es dann soweit: Er debütierte in der Partie des Arturo in Bellinis *Puritani* am Teatro Santa Rosa in Viterbo. Daß er dabei nicht seinen eigenen Namen benutzte, sondern sich Giacomo Rubini nannte (Rubini hieß der berühmteste italienische Tenor des 19. Jahrhunderts), wirft schon ein bezeichnendes Licht auf latente Minderwertigkeitsgefühle und ihre spätere Überkompensation in einer an Skandalen reichen Karriere.

In den nun folgenden Jahren trat Lauri-Volpi mit großem Erfolg in Florenz, Rom und Genua auf und eroberte bei einem Gastspiel der römischen Oper das südamerikanische Publikum. Innerhalb von drei Jahren sang er sich in die vorderste Linie der italienischen Tenöre, und der Ruf der Mailänder Scala ließ nicht lange auf sich warten, doch dort gab es 1922 gleich den ersten größeren

Skandal in Lauri-Volpis Laufbahn. Arturo Toscanini, der damalige musikalische Leiter der Scala, wollte ihm nicht erlauben, die traditionelle Kadenz in »La donna è mobile« aus *Rigoletto* zu singen. Zwei cholerische Temperamente prallten aufeinander, und Lauri-Volpi verließ Mailand. Später sind die Differenzen wieder beigelegt worden, doch Toscanini zog fortan für wichtige Aufgaben lieber Aureliano Pertile und Miguel Fleta heran. Die Scala hatte in diesem Fall das Nachsehen und die New Yorker Met den Vorteil. Von 1923 bis 1933 war Lauri-Volpi dort eine Hauptstütze des italienischen Repertoires. Mit Maria Jeritza zusammen stellte er sich als Kalaf in Puccinis *Turandot* vor, und als Vasco da Gama in Meyerbeers *Africaine* riß er die New Yorker zu Beifallsstürmen hin. Auch in New York tat Lauri-Volpi etwas für seinen Ruf, der schwierigste Sänger seiner Zeit zu sein, eine Art Callas der zwanziger Jahre. Diesmal legte er sich mit seinem Konkurrenten Beniamino Gigli an. Gigli, ansonsten ein friedfertiger Mensch, verkündete schließlich, daß Lauri-Volpi ein Tenor von der Hälfte seines Formats sei. Dieser wiederum wollte einer Verlängerung seines Kontraktes mit der Met nur zustimmen, wenn seine Gage höher sei als die Giglis. Schließlich erhielt er 1500 Dollar plus zehn Cent, während Gigli nur 1500 Dollar bekam.

Auch sein Met-Engagement ging abrupt durch Differenzen mit der Leitung des Hauses zu Ende. Im März 1933 sang Lauri-Volpi zum letztenmal in New York, um dann nach Italien zurückzukehren. Dort erlaubte ihm die persönliche Gunst Mussolinis, seine Allüren zu voller Blüte zu entwickeln. Er gastierte weiterhin in aller Welt, so mit dem Ensemble der Scala in Berlin. Damals Anwesende bezeugen, daß sie niemals einen besseren Manrico gehört haben. Überhaupt darf Lauri-Volpi wenn schon nicht als der beste, so doch als einer der vielseitigsten unter den großen italienischen Tenören gelten. Sein Repertoire hatte eine immense Breite, begünstigt auch durch die außergewöhnliche Länge seiner Karriere. Noch als 63jähriger erarbeitete er sich eine neue Rolle. Auf dem Höhepunkt seiner Laufbahn sang er sowohl den Edgardo in Donizettis *Lucia di Lammermoor*, also eine Partie für einen leichten, sehr beweglichen Tenor mit Durchschlagskraft, als auch Verdis Otello, eine Rolle für einen Heldentenor. In den Opern des italienischen Belcanto-Zeitalters brillierte er ebenso wie im veristischen Repertoire. Seine Stimme ist charakterisiert durch eine sehr schlanke Mittellage und eine erstaunlich durchschlagskräftige Höhe, vor allem aber durch ein ganz schnelles, kurzes Vibrato, das sicher nicht jedermanns Sache ist. Sein Tenor bekommt dadurch etwas Trompetenhaftes, wie es auch bei Giovanni Zenatello und Giovanni Martinelli anzutreffen ist, während ich unter den heutigen Sängern keine vergleichbare Stimme kenne.

Als es mit dem italienischen Faschismus zu Ende ging, zog sich Lauri-Volpi nach Spanien zurück. Er schrieb mehrere Bücher über sein Leben und die

Gesangskunst, unter anderem *Voci parallele*, ein interessanter Vergleich zwischen Sängern verschiedener Epochen. Seine stupende Technik ermöglichte es ihm, bis zum Ende der fünfziger Jahre auf der Opernbühne zu stehen, unter anderem mit Maria Callas als Partnerin, und noch eine Reihe von Operngesamtaufnahmen zu machen. Vor kurzem konnte ich mich selbst von dem Phänomen dieses alterslosen Sängers überzeugen. Ich hörte eine Tonbandaufnahme, die im Sommer 1975 in seinem Haus in Spanien aufgenommen wurde. Während er einer Schülerin Gesangsunterricht gab, war er mit irgend etwas unzufrieden. Zur Demonstration sang er den Schluß der Kalaf-Arie »Nessun dorma« aus Puccinis *Turandot* vor, mit einem solch strahlenden hohen »H«, daß nur der es glauben kann, der es selbst gehört hat. Auf Platte festgehalten ist eine komplette Version dieser Arie, die Lauri-Volpi bei einem Konzert in Barcelona 1972 sang, immerhin schon 79 Jahre alt – auch hier eine unglaubliche körperliche Spannkraft, die gerade bei einem Tenor ganz ungewöhnlich ist. Er dürfte damit wohl den Rekord halten, was die stimmliche Vitalität betrifft. Tiefe Männerstimmen darf man nicht vergleichen – die haben es einfacher, etwa der über 80jährige Hans Hotter oder (das ist wohl der absolute Rekord) der große russische Bassist Mark Reisen, der noch mit 93 Jahren aufgetreten sein soll. Lauri-Volpi hielt sich immer für den größten aller Tenöre, seine Platten können diese Einschätzung nicht ganz bestätigen. Gewiß, an »squillo« kam ihm kaum einer gleich, aber darin erschöpften sich auch schon die Reize seiner geheimnislosen, bloß auftrumpfenden Stimme und seines letzlich unsensiblen Singens. Man vergleiche nur die diesbezüglichen Fähigkeiten eines Tenors, der gewisse Ähnlichkeiten mit ihm aufweist: Helge Rosvænge [zwei CDs bei Memories, eine bei Preiser].

Auf dem Totenschein von **Joseph Schmidt** (1904–1942), der vom Zivilstandskreis Hinwil im Kanton Zürich ausgestellt wurde, ist zu lesen, daß der rumänische Staatsangehörige Schmidt, wohnhaft gewesen in La Bouboule, Frankreich, zur Zeit im Flüchtlingslager Gyrenbad, ledig, am 16. November 1942 um elf Uhr zehn Minuten gestorben sei. Als Schmidt in das schweizerische Internierungslager Gyrenbad bei Zürich eingeliefert worden war (er hatte die Grenzen von Frankreich kommend illegal übertreten), da hatte er im Internierten-Fragebogen als Berufsbezeichnung eingetragen »Filmschauspieler, Radio- und Schallplattensänger« und auf die Frage nach anderen Berufen, die er eventuell ausgeübt habe, geantwortet: »in anderer Weise wie als Sänger war ich bisher nie tätig«. Dahinter verbirgt sich ein Emigrantenschicksal, wie es sie millionenfach gab, ein früher Tod durch eine Herzschwäche nach einer schweren Angina, dennoch ein freundlicher Tod im Vergleich mit dem, den der größte Teil des osteuropäischen Judentums erleiden mußte, aus dem Schmidt stammte.

Hervorgehoben wird dieses Schicksal einzig durch die Tatsache, daß dieser kleine Mann von 1,52 Meter Körpergröße eine der erstaunlichsten Stimmpotenzen tenoraler Art besaß, die unser Jahrhundert gesehen hat. Auf Schmidts Grabstein auf dem israelitischen Friedhof in Friesenberg (Zürich) steht neben hebräischen Lettern auch der Satz: »Ein Stern fällt...«, und unter diesem Motto ist nach dem Krieg bei uns an einem Schmidt-Mythos gestrickt worden, dessen Rührseligkeit es erlaubte, das Zeittypische und Alltägliche seines Schicksals hinter einem Tränennebel zu verstecken.

Ich wage zu behaupten, daß das wahre Können von Schmidt, das künstlerische Potential, das in ihm steckte, zum Zeitpunkt seines Todes nicht annähernd ausgeschöpft war, ähnlich wie es bei Fritz Wunderlich und Meta Seinemeyer und anderen so früh Verstorbenen der Fall war. Wer ihn nur mit seinen Filmschlagern wie *Heut' ist der schönste Tag in meinem Leben* oder mit dem *Postillon de Lonjumeau* kennt, der hat von seinem Können nur einen marginalen Eindruck. Ich wage also weiterhin zu behaupten, daß nur für diejenigen Schmidts sängerische Größe einsichtig ist, die eine obskure amerikanische Platte ihr eigen nennen, die sich *The Legendary Tenor Joseph Schmidt-Live Performance* nennt und die wesentliche Auszüge aus drei Konzerten bietet, die Schmidt im Frühjahr und Herbst 1937 in der New Yorker Carnegie Hall gegeben hat; es waren Konzerte, die landesweit im Rundfunk übertragen wurden und von General Motors gesponsort wurden (ein Teil dieser Aufnahmen ist jetzt auf einer Melodram-CD zugänglich). Mit Schmidt traten Maria Jeritza und Grace Moore auf, meines Wissens sind es die letzten von ihm erhaltenen Aufnahmen (jedoch ist es nicht ausgeschlossen, daß weitere noch auftauchen), und sie zeigen, daß sich seine Kunst wie seine Stimme seit den allseits bekannten Aufnahmen, die zwischen 1930 und 1934 entstanden sind, unerhört entwickelt hatte. Hier erst wird unverstellt deutlich, welche Begabung dieser kleine Mann aus dem rumänischen Dawideny besaß und zu welchen Leistungen er noch imstande gewesen wäre. Man höre sich nur einmal aus dem Konzert vom März 1937 »Una furtiva lagrima« an, mit welcher Mischung aus Zartheit und Stimmkraft (die er früher nicht besessen hatte) das gesungen ist und mit welcher geradezu transzendentalen Virtuosität Schmidt seinen Schlußtriller singt, der nicht enden will; ebenso triumphiert er in den Ensembleszenen aus *La Bohème*, *Madama Butterfly* und *Faust* bei weitem über seine in Amerika viel bekannteren Kolleginnen.

In der Bukowina hatte Schmidt seine Jugend verbracht, aufgewachsen nicht in der Tradition des südländischen Belcantos, sondern in der des Synagogengesangs, aus der so viele große Talente, gerade im Tenorfach, erwachsen sind – ich nenne nur Hermann Jadlowker und Richard Tucker, deren Stimmen wie die Schmidts in der Synagoge entdeckt wurden. Es gibt ein frühes Photo von

Schmidt, das ihn im Gewand eines »Chasan« zeigt, und zu seinen berührendsten Aufnahmen gehören jene Gesänge von Louis Lewandowski und Salomon Sulzer, die er 1928 in der Berliner jüdischen Reformgemeinde aufgenommen hat und die erst relativ spät ans Tageslicht kamen. Nachdem Schmidt in Wien und Berlin Gesang studiert hatte (es war mehr eine Politur für einen Instinktsänger und eine Naturstimme als ein Studium), fiel er in Berlin bei einer Revue auf, sang dann dem Leiter der Opernabteilung des Berliner Rundfunks Cornelis Bronsgeest vor (der ein bekannter Wagner-Sänger gewesen war) und machte eine rasche Karriere vor allem in Operngesamtproduktionen für den Rundfunk, die erste war *Idomeneo*, es folgten Meyerbeers *Africaine*, *Mefistofele* von Boito und sogar eine *Zauberflöte* unter der Leitung Bruno Walters – von allen diesen unschätzbaren Dokumenten scheint nichts erhalten zu sein. Schonungslos, wie es seine Art war, hat der scharfzüngige Dirigent Leo Blech Schmidts Problem ausgedrückt: »Schade, daß Sie nicht klein sind«, soll er zu ihm gesagt haben, worauf Schmidt verwundert antwortete: »Ich bin doch klein«, darauf Blech: »Sie sind nicht klein, Sie sind zu klein«. Dem zähen Vorurteil, daß Schmidt nie auf der Opernbühne gestanden habe, muß allerdings entgegengetreten werden: Im Januar 1939 kam es zu seinem einzigen Auftritt im Théâtre de la Monnaie in Brüssel, wo er den Rodolfo in *La Bohème* sang, die feinfühligen Kritiker waren allerdings bemüßigt, auf seine mangelnde Körpergröße ausdrücklich hinzuweisen.

Zwischen 1929 und 1933 war Schmidt der populärste Rundfunktenor im deutschen Rundfunk, und selbst das naivste deutsche Publikum mußte sich eigentlich fragen, in welchem Staat es lebte, wenn sehr bald im Dritten Reich ein manipuliertes Photo von Schmidt in den Zeitungen erschien mit der Unterschrift: »Ein Verbrechertyp, dessen Bild in jeden Steckbrief paßt«. Entsprechend der sich langsam, aber kontinuierlich zuziehenden Schlinge um das deutsche Judentum konnte Schmidt, der 1933 Deutschland verlassen hatte und erst in Wien, wo er fünf Filme drehte, dann in Brüssel lebte, wenn er nicht auf einer seiner immer hektischer werdenden Tourneen unterwegs war, bis zum Anfang des Jahres 1939 noch gelegentlich in Berlin auftreten, allerdings nur in Veranstaltungen des auf ein jüdisches Publikum beschränkten jüdischen Kulturlebens. Als 1940 die deutschen Truppen Belgien überrollten, floh Schmidt zuerst nach Frankreich und von dort in die Schweiz, wo sein kurzes Leben in einem Gasthof in der Nähe des Internierungslagers endete. Auf einer Strohschütte lag der Leichnam in einem Zimmer des Gasthofs, vier ebenfalls im Lager festgehaltene Rabbiner erwiesen ihm die letzte rituelle Ehre.

Daß Schmidts Tenor mit einer extremen Leichtigkeit in der Höhe gesegnet war, ist bekannt. Wenn er das hohe D singt, hat man das Gefühl, daß es ohne Zuhilfenahme des Falsetts auch noch eine Terz weitergehen könnte. Ich kenne keinen Tenor dieses Jahrhunderts, der ohne Tricks eine so leichte Höhenattacke hat. Erkauft wird das durch eine deutliche Schwäche in den tieferen Lagen, und auch von daher wird man fragen müssen, ob Schmidt auf der Opernbühne eine normale Tenorpartie in Mittellage und Tiefe hätte zureichend gestalten können. Die genannten letzten Aufnahmen zeigen, daß die Stimme an Volumen auch in der Tiefe sehr gewonnen hatte, aber noch die Kritiker jenes Brüsseler Opernauftritts von 1929 sprechen (in diesem Punkte durchaus glaubhaft) diese eklatante Tiefenschwäche an. Dennoch war dies keine extrem helle oder unmännliche Stimme, und gerade die späteren Aufnahmen zeigen, daß Schmidts Tenor in seiner immer leicht verschleierten und melancholisch verschatteten Mittellage den größten Zauber entfalten konnte. Es ist ja nicht die aufgesetzt fröhliche Hopphopp-Munterkeit seiner Filmschlager, die heute noch überzeugt, sondern es sind die von abgrundtiefer Trauer grundierten Arien und Szenen, wie die des Rodrigue aus Massenets *Cid* und das »Glück, das mir verblieb« aus Korngolds *Toter Stadt*, in denen uns Schmidts Singen am stärksten berührt. Die Inbrunst der Synagoge durchglüht diese Aufnahmen, auch wenn sie unter einer meist lieblosen Begleitung leiden und es Schmidt offensichtlich an der musikalischen Raffinesse gebrach, die sein Freund Richard Tauber in solchen Momenten so freigebig verstreuen konnte. Man mag sich kaum vorstellen, was aus diesem Sänger geworden wäre, wenn er die begonnene Zusammenarbeit mit einem Dirigenten wie Bruno Walter hätte fortsetzen können und wenn er an Partien wie die Korngolds und Schrekers, an den Werther und den Des Grieux Massenets herangeführt worden wäre.

Daß sein Singen auch zu Menschen spricht, die ansonsten an Verfeinerungen der sängerischen Kultur nicht interessiert sind, darf nicht gegen ihn verwendet werden, es zeigt nur, daß in dieser Stimme etwas mitschwingt, was unmittelbar Zentren des Gefühls anspricht. Wenn der hochgeschätzte Kollege John Steane Schmidt in seinem bedeutenden Buch nur nebenbei auf einer halben Seite abhandelt, dann erliegt er offensichtlich dem konventionellen Bild von Schmidt, kennt auch die späten Aufnahmen nicht; das nicht ausgeschöpfte Potential dieser unglaublichen Stimmbegabung mitbedenkend, muß man ihn unter die großen Sänger dieses Jahrhunderts einreihen [EMI].

Wer den Kunstgesang vornehmlich unter den Prämissen einer geistgeborenen Übung versteht, der wird den hispano-englischen Tenor **Alfred Piccaver** (1883–1958) wohl kaum einer näheren Betrachtung für wert halten, wer ihn als nur sinnliche Tonproduktion schätzt, wird da gänzlich anderer Meinung sein. Dieses Buch hält sich in der Mitte der extremen Meinungen und glaubt daher, Piccaver mit guten Gründen aufnehmen zu sollen.

Piccaver wurde als Alfred Peckover in Long Sutton, Lincolnshire, geboren. Seine spanischen Vorfahren trugen den Namen Piccaverdi, was grüne Lanze bedeutet, und so wurde dann später aus Peckover wieder Piccaver. Der Vater war Chemiker, und alles deutete darauf hin, daß auch sein Sohn die technisch-naturwissenschaftliche Richtung einschlagen würde. Als die Familie nach New York übersiedelte, erhielt Alfred gar eine Anstellung bei dem Erfinder Thomas Alva Edison. Er wurde zwar von Freunden öfters in die Metropolitan Opera mitgenommen, machte sich aber nicht viel aus dieser langweiligen Kunstgattung und soll bei *Parsifal* sanft eingeschlummert sein. Das änderte sich schlagartig, als er eines Tages Enrico Caruso hörte. Nun konnte ihn von dem Entschluß, Sänger zu werden, nichts mehr abbringen. Er studierte Carusos Stimme und ahmte sie bis zur Imitation nach. Auch in späteren Zeiten gehörte das Vorspielen von Caruso-Platten zu seinen liebsten Beschäftigungen, als er sich weitgehend von seinem Vorbild gelöst hatte (was ihm jedoch nie gänzlich gelang).

Dem opernbegeisterten jungen Elektrotechniker kam es nun sehr gelegen, daß Edison ihm empfahl, seine Ausbildung an der technischen Hochschule in Wien zu perfektionieren. Dort fand Piccaver, der interessante und gutaussehende Mann aus den USA, schnell Anschluß an die sogenannten besseren Kreise, die er mit seinen stimmlichen Talenten zu unterhalten wußte. Zufällig hörte ihn Angelo Neumann, der Leiter der Prager Oper, der ihn sofort mitnehmen wollte. Piccaver hattte verständlicherweise Bedenken, was sein Vater und Edison dazu sagen würden, aber schließlich debütierte er 1907 in Prag, ohne je Gesangsunterricht genossen zu haben, und das mit solchem Erfolg, daß die Laufbahn des Opernsängers feststand. Wie vorausgesehen, verzieh ihm sein Vater dieses Abweichen vom rechten Wege nie. Während seiner Anfängerjahre in Prag hatte Piccaver noch Gelegenheit, seine versäumten Studien in Mailand nachzuholen und erarbeitete sich die wesentlichen Partien des lyrischen Tenors. Die nächste Wende kam durch den berühmten Bariton Mattia Battistini, der in Prag gastierte und von Piccaver begeistert war; er nahm ihn zu einem Gastspiel als Herzog in *Rigoletto* nach Wien mit, wo sich der junge Tenor nun wirklich dem Vergleich mit Caruso aussetzen mußte, der einige Tage zuvor in der gleichen Rolle in Wien aufgetreten war. Der Erfolg war dennoch groß, und 1912 wurde er von Hans Gregor an die Hofoper verpflichtet. Kritik und Publikum waren sich darüber einig, daß Wien hier einen außergewöhnlichen Fund gemacht hatte, und Piccaver war die folgenden 25 Jahre der ungekrönte Tenorkönig des Wiener Opernlebens. Puccini machte kein Hehl daraus, daß für ihn nach dem Tode Carusos Piccaver der beste Vertreter seiner Tenorrollen war, und machte seinen Einfluß geltend, damit Piccaver in den europäischen Erstaufführungen von *La fanciulla del West* und *Il tabarro* die Hauptpartien sang. Für seine Gestaltung des Des Grieux erhielt der Tenor vom Komponisten glühende Dankesbriefe.

In den zwanziger und dreißiger Jahren hatte Piccaver auf dem Kontinent keine Konkurrenz und konnte es sich leisten, auf Auslandsgastspiele so gut wie gänzlich zu verzichten. Wer den deutschen Caruso hören wollte, mußte eben nach Wien fahren, und das taten viele. Die Wiener dankten ihm diese Anhänglichkeit mit einer grenzenlosen Verehrung, und das, obwohl oder weil der vergötterte Star durchaus seine Launen hatte. Vor allem machte er sich gar nichts daraus, auch kurzfristig Vorstellungen abzusagen, wenn er etwa bei einem Wetterumschwung auch nur die leiseste Indisposition verspürte. Wie der Geigenvirtuose seine kostbare Stradivari umhegt, so pflegte Piccaver seine nicht minder kostbare Stimme. Es ging das Bonmot um, daß die Direktion bei ihm angefragt habe, ob er seine Indispositionen für die nächste Saison bereits getroffen habe. Wenn man ihn gelegentlich doch überredete, Vorstellungen zu singen, die er lieber abgesagt hätte, konnten seine Verehrer einen mißgelaunten Piccaver erleben, der sich sichtlich unwohl fühlte und sich nicht allzuviel Mühe gab. War er aber in Form, so gab es Abende, etwa mit Maria Jeritza und Lotte Lehmann, die Operngeschichte geworden sind, und alles war vergeben und vergessen. Das Verdi- und vor allem das Puccini-Fach wurde von ihm in Wien triumphal beherrscht. Seinem etwas elegischen Temperament kamen die Rollen Puccinis noch besser entgegen als die Verdis, für die es sowohl seiner Stimme als auch seiner Persönlichkeit an dramatischem Elan mangelte, was auch auf seinen Platten deutlich zum Vorschein kommt. Elegisch getönt war auch sein wunderbar phrasierter Lohengrin, ein Lohengrin, der bei Puccini in Torre del Lago Zwischenstation gemacht hatte, bevor er an die Schelde kam – das nachprüfbare Ergebnis ist von hohem Reiz.

Bereits 1917 war Piccaver Kammersänger geworden, 1926 wurde er Ehrenmitglied der Wiener Staatsoper. Die enthusiastische Liebe der Wiener zu ihrem »Picci«, der Heurige und die beliebten Fußballspiele Staatsoper gegen Burgtheater, bei denen er mitkämpfte – das waren Dinge, die ihn in dieser Stadt sich heimisch fühlen ließen, und nicht ohne Wehmut kehrte er 1938, kurz nach Beendigung seiner Karriere, nach England zurück. Als aber 1955 die wiedererstandene Staatsoper eröffnet wurde, war er selbstverständlich unter den Ehrengästen und entschloß sich, für immer in Wien zu bleiben und seine pädagogische Tätigkeit, die er mit einer drolligen Mischung aus Österreichisch und Englisch ausübte, dort fortzusetzen. Als er starb, gab es einen Trauerzug durch Wien, wie er wohl noch keinem Sänger vergönnt war. Der Tenor Helge Rosvænge hat die Stimme seines Kollegen mit einem Goldregen verglichen, Lotte Lehmann schreibt in ihren Erinnerungen, Piccaver habe die schönste Tenorstimme besessen, die sie je gehört habe. Auch wenn Superlative problematisch sind: seine Platten geben auch bei nüchterner Betrachtung dazu Anlaß, diese Urteile annähernd zu bestätigen. Wohl niemand kann sich dem überwältigenden Reiz dieser baritonal getönten Simme entziehen. Die nasale Beimischung, die manchmal stärker, manchmal schwächer zu hören ist, ruft eine zusätzliche sinnliche Bezauberung hervor, vor der die Wiener Damen wehrlos dahinschmolzen. Der Registerausgleich ist vollkommen, das Legato und die Atemtechnik perfekt. Wenige Stimmen vermitteln so den Eindruck des Üppig-Quellenden, auf der anderen Seite werden viele Hörer das Männlich-Nervige vermissen und den Eindruck einer weichlichen Dekadenz haben, der nicht für alle mit dem Wunschbild eines Tenors zu vereinbaren ist. Offenkundige Schwächen sind die mangelnde Deutlichkeit der Artikulation und vor allem die Schwierigkeiten, die Piccaver bereits in seiner Glanzzeit mit der Höhe hatte. Seine Stimme war von Natur aus ungemein weich (seine Verehrer verglichen sie mit einem kostbaren Pelzmantel) und wurde in der Höhe leicht wattig und angestrengt. So konnte er eigentlich kein idealer Manrico sein, bei Puccini aber war die betörende Kantilene wichtiger, und ein Puccini-Tenor wie Piccaver ist heute weit und breit nicht zu erblicken [Pearl].

Selten ist das Urteil über einen berühmten Sänger so uneinheitlich wie das über **Giovanni Martinelli** (1885–1969). Wo die einen nicht genug bekommen konnten und können von der virilen Strahlkraft eines athletischen Tenors, da hörten und hören die anderen nur steife, schwingungsarme Töne mit sehr begrenztem ästhetischen Nutzwert. Der Autor siedelt sich mit seiner Einschätzung zwischen den Extremen an und gesteht eine gewisse Zwiespältigkeit in seiner Beurteilung des Phänomens Martinelli ein. Martinelli ist Jahrgangs- und Geburtsortsgefährte von Aureliano Pertile (Montagnana in Venetien), aber ähnlich wie Ezio Pinza und Tancredi Pasero gingen sich auch Pertile und Martinelli geschickt aus dem Wege. Martinelli »residierte« an der Met, wo Pertile nicht reüssierte, der hingegen an der Scala dominierte, wo Martinelli nur in seinen ersten Jahren auftrat. Er stammte aus einer fast ähnlich kinderreichen Familie wie die Enrico Carusos und erlernte das Tischlerhandwerk, das auch sein Vater ausgeübt hatte. Während seiner Militärzeit spielte er in der Banda seiner Kompanie die Klarinette, dabei soll seine stimmliche Begabung aufgefallen sein. 1910 trat Martinelli zum erstenmal als Konzertsänger auf, im selben Jahr sang er den Ernani im Teatro dal Verme in Mailand. In Rom sang er 1911 die Partie des Dick Johnson in Puccinis *Fanciulla del West* als Zweitbesetzung hinter Amedeo Bassi und zog die Aufmerksamkeit Puccinis auf sich. In Covent Garden brillierte er mit Neuheiten von Wolf-Ferrari und Zandonai. 1913 kam er nach New York und hat dort bis zu seinem Abschied 1946, wie die Statistik belegt, 36 verschiedene Partien in 603 Vorstellungen gesungen. Bei dem nie entschiedenen und auch nicht zu entscheidenden Kampf um die Nachfolge Carusos besaß er immer einen hervorragenden Listenplatz. Mit 52 Jahren, 1937, eroberte er sich jene Rolle, über die es geteilte Ansichten gibt, ob es seine größte war: Otello, und sang sie in einem kurzen, aber intensiven Zeitraum an den großen Bühnen der Welt. Das interessanteste Experiment seiner Spätzeit war sicherlich der Tristan, den er 1939 in Chicago mit Kirsten Flagstad ausprobierte (es hat sich offensichtlich davon kein Tondokument erhalten). Nach dem Ende seiner Laufbahn betätigte er sich seit 1946 in New York als Pädagoge, und mit immerhin 82 Jahren ist er dann noch einmal als Kaiser Altoum in *Turandot* in Seattle aufgetreten. Nach der Vorstellung sagte er vor dem Vorhang, er habe in dieser Oper als Prinz angefangen, jetzt sei er Kaiser, und nun wolle er aber auch abtreten.

Will man sich Martinelli nähern, dann empfiehlt es sich, zu jenem Doppelalbum zu greifen, das die Firma Pearl zu seinen Ehren herausgebracht hat und das in Ausschnitten aus *Il trovatore* und *La forza del destino* Martinelli als Verdi-Tenor zeigt, außerdem Rosa Ponselle, Ezio Pinza und Giuseppe De Luca präsentiert. Man fange am besten an mit dem Duett Alvaro/Carlos aus *La forza del destino* »Invano Alvaro... Le minaccie, i fieri accenti«, und man wird zugeben, niemals eine so aufregende Aufnahme dieser Szene gehört zu haben, seit Caruso zusammen mit Pasquale Amato 1911 sie aufgenommen hat. Diese Aufregung ist, bei aller Wertschätzung des reifen De Luca, vor allem dem Tenor zu danken. Martinelli singt mit einer vibrierenden, weiß glühenden Intensität, die glaubhaft macht, daß es hier um Leben und Tod geht. Die Tonbildung dieser schon von Haus aus hellen, claironhaften Stimme ist auf die Spitze getrieben, auf die Spitze eines Floretts, verglichen mit dem erheblich breiteren Degen der Caruso-Stimme. Gerade in diesem Vergleich werden Größe und Begrenzung Martinellis deutlich. Martinellis Singen hat »Biß«, hat flammende Beredsamkeit, hat den rhetorischen Überdruck eines Mannes, der um sein Leben singt, ein Kampfhund, der gefährlich an der vokalen Kette zerrt, die ihn noch mit der Überlieferung des »bel canto« verbindet. Im Vergleich mit dem anderen großen Rhetoriker Pertile ist sein Ausdrucksspektrum jedoch begrenzt, weil er der Wirkung eines Piano, eines Mezza voce, vor allem eines Messa di voce kaum vertraut. Zu verinnerlichten Tönen, die Caruso immer zu Gebote standen, ist Martinelli im Vollbesitz seiner stimmlichen Kräfte kaum fähig, sie kommen erst, als diese Kräfte nachlassen und er den Otello singt (siehe *Otello-*Exkurs).

Obwohl Martinelli mit dem lyrischen Tenorrepertoire angefangen hat, sind seine Aufnahmen aus diesem Repertoire enttäuschend (Rodolfo, *Rigoletto*-Herzog, auch das Schmachtende des Cavaradossi lag ihm fern). In seinen besten Aufnahmen aus den zwanziger Jahren, wenn er das Repertoire zwischen

Enrico Caruso als Don José in „Carmen" von Georges Bizet

Fjodor Schaljapin als Don Quichotte in Jules Massenets gleichnamiger Oper

△ Mattia Battistini als Marquis Posa
in „Don Carlos" von Giuseppe Verdi

◁
Titta Ruffo als
Neri Chiaramantesi
in „La Cena delle Beffe"
von Umberto Giordano

Nellie Melba als Marguerite in „Faust" von Charles Gounod, 1896

Alexander Kipnis als Kezal in
„Die verkaufte Braut"
von Bedrich Smetana

Francesco Tamagno als Verdis Othello   Lilli Lehmann

Ezio Pinza als Mozarts Don Giovanni

Beniamino Gigli als Verdis Otello

(Foto: Ullstein Bilderdienst)

Richard Tauber als
Sou-Chong in
„Das Land des Lächelns"
von Franz Léhar

(Foto: Ullstein Bilderdienst)

Aureliano Pertile als Edgardo in „Lucia di Lammermoor" von Gaetano Donizetti

Lauritz Melchior als Siegfried in Richard Wagners „Siegfried"

Tito Schipa als Werther in Jules Massenets gleichnamiger Oper

Frida Leider als Brünnhilde in
„Die Walküre" von Richard Wagner

(Foto: Ullstein Bilderdienst)

Lotte Lehmann als Eva in „Die Meistersinger
von Nürnberg" von Richard Wagner

Rosa Ponselle als Norma in Vincenzo Bellinis gleichnamiger Oper

Lawrence Tibbett
als Jago in „Otello"
von Giuseppe Verdi

Hans Hotter
als Wotan in
„Die Walküre"
von Richard Wagner

Kirsten Flagstad als Isolde in „Tristan und Isolde" von Richard Wagner

▽
Birgit Nilsson als
Brünnhilde in
„Siegfried" von
Richard Wagner
(Foto: Sabine Toepffer,
München)

△
Jussi Bjoerling
als Don Carlos
in Giuseppe Verdis
gleichnamiger Oper

◁
Max Lorenz
als Verdis Otello
(Foto: Ullstein Bilderdienst)

Hildegard Behrens
als Brünnhilde
in „Die Walküre"
von Richard Wagner
(Foto: Sabine Toepffer,
München)

George London als
Amonasro in „Aida"
von Giuseppe Verdi

Ramon Vinay als Verdis Otello

Boris Christoff als König Philipp in „Don Carlos" von Giuseppe Verdi (Foto: Fayer, Wien)

Spinto- und Robusto-Tenor singt, Canio und Andrea Chénier, Manrico, Alvaro und Enzo, dann vermag sein Singen in seiner tief empfundenen Emphase zu überzeugen, mehr, zu überrumpeln. Die technischen Fragezeichen, die man machen muß, bleiben bestehen: Die knalligen Spitzentöne sind unter Druck erzeugt und werden deshalb steif, in seiner Spätzeit als Otello ganz folgerichtig auch spröde. Es ist eigentlich unglaublich und deutet auf eine unverwüstliche sängerische Physis hin, daß Martinelli mit dieser Technik so lange singen konnte (Mario Del Monaco hat mit einer ähnlichen Technik rund 15 Jahre früher die Segel streichen müssen). Wenn man es ganz deutlich und negativ ausdrücken will: Martinelli war ein Preßtenor, dessen Platten man einem lernbegierigen Nachwuchssänger besser nicht vorspielen sollte. In seinen besten Aufnahmen jedoch (dazu gehört auch ein *Gioconda*-Mitschnitt aus der Met von 1939 mit Zinka Milanov) vermag er die Rhetorik eines römischen Konsuls mit der Heroik eines italienischen Heldentenors zu verbinden (Franco Corelli ist in einigen Auftritten ähnliches gelungen) [je zwei CDs bei Pearl und Nimbus].

Die Vertreterinnen des Altfachs stehen zumeist, wie ihre männlichen Baßkollegen, im Schatten höherer Stimmlagen und sind zudem (mit wenigen Ausnahmen) von den Komponisten stiefmütterlich behandelt worden. Das ist der Hauptgrund für den latenten Ehrgeiz der Altistinnen, ins Sopranfach überzuwechseln, der oft genug mit einer Stimmkrise endet. Auch **Sigrid Onegin** (1889–1943) unternahm einen solchen Ausflug und sang die Lady Macbeth in Verdis *Macbeth* – dank ihres ungewöhnlichen Stimmumfangs nahm sie dabei keinen Schaden. Sie beherrschte das gesamte Alt- und Mezzorepertoire, und eine ihrer großen Rollen war natürlich der Orpheus in Glucks *Orpheus und Eurydike*.

Sigrid Onegin wurde als Tochter deutscher Eltern in Stockholm geboren. Sie hieß damals Elisabeth Elfriede Sigrid Hoffmann und ist kurioserweise ein direkter Nachkomme des *Struwwelpeter*-Verfassers Heinrich Hoffmann. Ihre Kindheit verbrachte sie in Paris und wurde durch ihren Vater, der (von Beruf Diplomat) ein Musik- und Theaterenthusiast ersten Ranges war, mit diesen Sphären in Berührung gebracht. Der Vater starb früh, und die Familie mußte das glänzende Leben in den Hauptstädten Europas mit einer bescheidenen Existenz in Wiesbaden vertauschen. Um die Mutter zu unterstützen, trat Sigrid Onegin als Schreibkraft in ein Büro ein. Der Entschluß, die Stimme ausbilden zu lassen, reifte in ihr, nachdem sie die berühmte Madame Charles Cahier als Carmen erlebt hatte. Die Carmen wurde auch eine ihrer großen Partien. Sie begann ihr Gesangsstudium bei Luise Ress in Frankfurt am Main und bei Eugen Robert Weiß in München. Wesentliche Unterstützung erhielt sie durch den russischen Komponisten und Pianisten Eugen Borissowitsch Lwow-Onegin, den sie bald darauf heiratete. 1911, mit 22 Jahren, debütierte sie als Konzertsängerin, noch unter dem Namen Lily Hoffmann. In Stuttgart hörte sie der dortige Generalmusikdirektor Max von Schillings und verpflichtete sie für die Hofoper. 1912 begann sie dort, gleich in einer der schwierigsten Rollen ihres Faches: der Carmen. In dieser Rolle war sie auch kurze Zeit später die Partnerin von Enrico Caruso, der als Don José in Stuttgart gastierte. Caruso war begeistert und wollte sie gleich nach Amerika mitnehmen. Der Einspruch des Intendanten und ihres Mannes verhinderte dies, und so trat Sigrid Onegin erst zehn Jahre später den Weg nach Amerika an. Während ihres Stuttgarter Engagements vervollkommnete sie ihre Stimmtechnik bei einem Gesangspädagogen in Mailand. Dort eignete sie sich jene erstaunliche stimmliche Beweglichkeit an, die ihrem dunklen und schweren Organ nicht von Natur aus gegeben war. In den Beginn ihres Stuttgarter Engagements fiel ein bedeutendes Opernereignis: Am 25. Oktober 1912 sang sie in der Uraufführung der *Ariadne auf Naxos* von Strauss die Partie der Dryade. Der Erste Weltkrieg verzögerte zunächst eine internationale Karriere – eine weitere Belastung war die russische Staatsbürgerschaft ihres Mannes, der sich zwei Jahre lang versteckt halten mußte. Als er 1919 starb und auch Schillings Stuttgart verließ, nahm Sigrid Onegin ein Engagement an der Münchner Staatsoper an.

In dieser Stadt lernte sie auch ihren zweiten Mann, den Hautarzt Fritz Penzoldt, kennen. Wie so viele Altistinnen, denen ihr Opernrepertoire nicht mehr genügt, erarbeitete sich Sigrid Onegin in jener Zeit eine große Zahl von Liedern und gab viele umjubelte Liederabende. Die Aufnahmen, die wir davon besitzen, sind stärker als die Opernaufnahmen dem Zeitgeschmack verhaftet und entsprechen nicht immer unseren heutigen Vorstellungen – vor allem fällt die Neigung zu starken Rubati auf. Bis 1922 dauerte das Engagement an der Münchner Staatsoper, dann trat sie den schon einmal projektierten Weg nach Amerika an. 1922 debütierte sie zunächst in einem Konzert in der Carnegie Hall mit Leopold Stokowski, dann an der Metropolitan Opera als Amneris in Verdis *Aida* mit Elisabeth Rethberg und Giovanni Martinelli als Partnern, was für jene Zeit eine Traumbesetzung war. Dem Ensemble der Met gehörte sie zwar nur zwei Jahre an, blieb aber bis 1938 ein gerngesehener und regelmäßiger Gast in den USA. Von 1926 bis 1931 sang sie an der Städtischen Oper Berlin und gastierte mit großem Erfolg in Paris, London und Wien. In jenen Jahren erreichte ihre Karriere den Höhepunkt: 1931 sang sie bei den Salzburger Festspielen den Orpheus neben Maria Müller und Maria Cebotari, 1933/34 trat sie bei den Bayreuther Festspielen als Fricka, Waltraute und erste Norne im *Ring des Nibelungen* auf. Ohne Zweifel war Sigrid Onegin die renommierteste und vielseitigste deutsche Altistin dieser Zeit. Im Wagner-Gesang wie im italienischen Fach hatte sie kaum Konkurrenz zu fürchten, und bei ihren Liederabenden besaß sie eine große und anhängliche Zuhörergemeinde.

Bei dem Versuch, Sigrid Onegins Stimme und Interpretation mit Worten zu umschreiben, kommt man um den Begriff der »Größe« nicht herum. Groß war ihre Altstimme in Volumen und Umfang, eine innere Größe beseelte aber auch ihre Darstellung. Wenn etwa die Aufnahmen aus *Carmen* nicht voll befriedigen können, so liegt das wohl daran, daß leidenschaftliches Temperament ihrem Wesen zuwiderlief. Auch ihre Bühnengestaltung war eher von statuarischer Majestät geprägt. Immer wieder frappierend ist die Leichtigkeit, mit der sie extreme Höhenlagen bewältigt. Von 1931 bis zu ihrem Tode 1943 lebte Sigrid Onegin in der Schweiz. Ihr Mann, der die Chronik ihres Lebens schrieb, wählte dafür den Titel *Altrhapsodie*. Eine der letzten Aufnahmen der Sängerin ist jenem Werk von Johannes Brahms gewidmet, auf das dieser Titel anspielt. Es ist eine Art künstlerisches Vermächtnis und zugleich die vielleicht schönste Aufnahme Sigrid Onegins [Preiser].

Der Name der Sopranistin **Maria Jeritza** (1887–1982) wird vielen Opernfreunden durchaus noch ein Begriff sein, aber nur wenige werden je Aufnahmen von ihr gehört haben. Diese Diskrepanz erklärt sich aus der relativ schmalen akustischen Hinterlassenschaft dieser bedeutenden Sängerin. Ihr Ruhm aber ist bis heute ungebrochen geblieben, vor allem in Wien und New York, da sie einer der faszinierendsten und exzentrischsten Bühnenpersönlichkeiten ihrer Zeit war, eine Faszination, die durch die Schallplattenaufnahmen nur unvollkommen erklärt wird. Um heute einen Begriff zu geben, wer und wie Maria Jeritza war, ist wohl der Vergleich mit Maria Callas am besten geeignet. Beide waren Theatertemperamente eigener Art, von Skandalen umwittert, bei jedem Auftritt die Bühne beherrschend, beide setzten ihre eminenten stimmlichen Mittel hemmungs- und schonungslos ein, und beide bezahlten dafür mit einem relativ frühen Nachlassen ihrer stimmlichen Fähigkeiten.

Maria Jeritza wurde in Brünn geboren. Damals hieß sie noch Maria Jedlicková und betrat auch unter diesem Namen zum erstenmal die Bühne als Choristin. In Olmütz sang sie ihre ersten Solorollen, dann trat sie im Münchner Künstlertheater als Operettensopranistin auf, wo sie der Direktor der Wiener Volksoper, Rainer Simons, hörte und sofort engagierte (das war im Jahr 1910); in Wien erweiterte Maria Jeritza ihr Repertoire bis hin zur Elsa in *Lohengrin*, mit der sie gleich einen großen Erfolg hatte. Später dehnte sie ihr Wagner-Repertoire sogar bis zur Brünnhilde aus, merkte aber, daß sie damit zu weit gegangen war – die Sieglinde blieb allerdings eine ihrer großen Partien. 1912 fand die junge Sopranistin Protektion von höchster Stelle. Sie sang in Ischl die Rosalinde in Strauß' *Fledermaus*. Der österreichische Kaiser Franz Joseph, der dort seinen Sommersitz hatte, war begeistert von ihr und zeigte sich ungehalten darüber, daß ein solches Talent nicht schon längst an der Hofoper engagiert war, anscheinend müsse man erst alt und abgesungen sein, bis man dorthin komme, soll er geraunzt haben. Gegen den Wunsch Seiner Majestät konnten in diesem Fall keine Qualitätsbedenken vorgebracht werden, und von diesem Zeitpunkt an bis in die dreißiger Jahre blieb Maria Jeritza Primadonna assoluta der Wiener Hof- und späteren Staatsoper. Im selben Jahr 1912 wurde sie von Strauss für die Uraufführung der *Ariadne auf Naxos* in Stuttgart ausersehen, bei der sie (wie auch viele Jahre später in der zweiten Fassung) die Titelpartie sang. Für Strauss, der sie besonders schätzte (in ihrem Nachlaß fand sich ein unbekanntes Strauss-Lied, das für sie komponiert worden war), war sie auch die erste Kaiserin in der *Frau ohne Schatten*, ebenso eine hinreißende ägyptische Helena und Salome. Es ist jene Zeit, in der der Typus der modern-nervösen Frau, der Femme fatale, Einzug auf der Opernbühne hält, denken wir an Giordanos Fedora, an die Frauenfiguren Schrekers und Korngolds. Für Korngold sang sie die Violanta in der gleichnamigen Oper und die Marietta in der jetzt wieder häufiger gespielten *Toten Stadt*.

Ein Kritiker hat Maria Jeritza einmal »Instinktkomödiantin, Großmeisterin der effektvollen Pose, phantasievolle Improvisatorin« genannt, und ein anderer meinte, sie hätte sicher auch nur mit den Worten »Die Pferde sind gesattelt« alles an die Wand gesungen, wie es im Bühnenjargon heißt. Diese Fähigkeiten und ihre ungewöhnlich attraktive Bühnenerscheinung beeindruckten nicht nur Strauss, sondern auch Puccini, der von ihr hingerissen war. Er sah sie als Manon Lescaut und Tosca und setzte sich sofort dafür ein, daß sie die Minnie in *La fanciulla del West* an der Met singen konnte. Umgehend wurde diese bisher mit wenig Glück aufgeführte Oper zum Erfolg für Maria Jeritza und für den Komponisten – sie blieb elf Jahre lang Mitglied des dortigen Ensembles. Soweit Puccini dies noch möglich war, studierte er auch die Rolle der Turandot mit ihr ein, und seit der Premiere 1926 in New York galt Maria Jeritza als unübertroffene Interpretin der rätselhaften Prinzessin – daß ihre Stimme an Volumen mit keiner der heutigen Interpretinnen konkurrieren kann, sollte den Besetzungsbüros zu denken geben. Oft ist beschrieben worden, wie sie in der Rätselszene nicht gleich oben auf der großen Treppe erschien, sondern von unten langsam mit dem Rücken zum Publikum emporstieg, eine endlose Schleppe hinter sich her ziehend, um dann plötzlich herumzufahren: »O Fremdling, keiner soll mich besitzen. Drei sind der Rätsel, eines ist der Tod.« Ihre Tätigkeit in den zwanziger und dreißiger Jahren beschränkte sich nicht auf Wien und New York. Die großen Opernhäuser Frankreichs, Englands und

Rußlands lagen ihr zu Füßen, wenn sie in einer ihrer Glanzrollen auftrat. In allen Kritiken wird hervorgehoben, daß ihre darstellerische Leistung gleichwertig neben der stimmlichen stand und in späteren Jahren auch stimmliche Schwächen vergessen ließ. Der Intendant des Burgtheaters, Alfred von Berger, wollte sogar mit ihr Schillers *Jungfrau von Orleans* einstudieren. Maria Jeritza ging bis zur letzten Faser in ihren Rollen auf: Als sie Schillings' *Mona Lisa* sang, die wahnsinnig zu werden hat, machte sie Studien an Geisteskranken. Immer kannte sie nicht nur ihren Part, sondern das gesamte Werk bis in die letzte Note und half so durch ihre Musikalität vielen Kollegen über Klippen hinweg.

Zahllos sind die Anekdoten, die sich um ihr auf der Bühne wie im Privatleben gleich überschäumendes Temperament ranken. Die Sitte, das »Vissi d'arte« in *Tosca* auf dem Boden liegend zu singen, geht auf sie zurück. Als sie einmal mit Beniamino Gigli an der Met auftrat, verstauchte sie sich durch eine Ungeschicklichkeit des Sängers den Fuß, worauf sie ihn des Mordversuchs bezichtigte. Einige Tage später sang sie mit ihm *Tosca*. Beim Schlußapplaus bekam Gigli einen Vorhang mehr als sie, worauf es hinter der Bühne zu einem großen Ausbruch kam. Maria Jeritza weigerte sich zunächst, überhaupt noch vor dem Vorhang zu erscheinen. Endlich kam sie, von ihren Verehrern brausend akklamiert, hinkend, auf den Arm des Dirigenten gestützt, und rief: »Dieser Gigli benimmt sich nicht anständig zu mir« – Gigli soll daraufhin an der Met einige Zeit einen schweren Stand gehabt haben. Wie schon angedeutet: Die Schallplatten geben nur ein unzureichendes Bild dieser ungewöhnlichen singenden Schauspielerin, die dennoch ihren vor allem in den hohen Lagen kraftvoll aufleuchtenden Sopran nicht unter den Scheffel zu stellen brauchte. Nach dem Krieg trat sie nur noch in Wohltätigkeitsveranstaltungen auf, etwa für den Wiederaufbau der Wiener Staatsoper. Auch im höchsten Alter blieb sie der kapriziöse Star, der für seine Bewunderer manchmal ziemlich anstrengend, aber nie langweilig war. Mit 94 Jahren ist sie in Orange in New Jersey gestorben.

Elisabeth Rethberg (1894–1976) ist, und das wird viele verwundern, denen ihr Name ein Begriff ist, eine Deutsche, die allerdings das Zentrum ihrer Karriere an der New Yorker Metropolitan Opera hatte. Sie wurde als Lisbeth Sättler im Erzgebirge geboren. In den letzten Jahren vor dem Ersten Weltkrieg studierte sie am Konservatorium in Dresden Klavier so erfolgreich, daß eine Laufbahn als Pianistin im Bereich des Möglichen erschien. Nebenbei nahm sie bei Otto Watrin Gesangsunterricht, und dieser Lehrer überzeugte sie davon, daß ihre ungewöhnliche Stimmbegabung den Ausschlag geben sollte. 1915 debütierte die 21jährige mit der kleinen Rolle der Arsena in Strauß' *Zigeuner-*

baron an der Dresdener Hofoper, wo sie bis 1922 sang und oft zusammen mit dem jungen Richard Tauber die verwöhnten Opernfreunde begeisterte. Ihre durch das Klavierstudium entwickelte große Musikalität und rezeptive Kraft ermöglichten es ihr, in den Dresdener Jahren ein immenses Repertoire von rund 100 Rollen aufzubauen, den Grundstock für die verblüffende Breite ihres Metropolitan-Repertoires, über das noch zu sprechen sein wird. 1922 debütierte sie als Aida, neben Sigrid Onegin als Amneris, an der Met. Es wird berichtet, daß sie gleich nach der Ankunft mit dem Schiff zu einer Probe mußte und noch im Mantel ihre erste Arie sang. Danach bereitete ihr das Orchester eine Akklamation und entschied damit gewissermaßen über die folgenden 20 Jahre ihrer Karriere und ihres Lebens, in denen sie dem New Yorker Hause fest verbunden blieb – die Aida gehörte dabei zu ihren hervorragendsten Partien.

Elisabeth Rethbergs Repertoire war ungewöhnlich breit. Vor allem war sie die einzige deutsche Sängerin, die gleichermaßen Erfolge im italienischen wie im deutschen Fach zu verzeichnen hatte, während etwa Lotte Lehmann an der Met weitgehend auf Wagner und Strauss beschränkt blieb. Als Aida genoß sie Weltgeltung, ebenso als Desdemona, Leonora und Santuzza, aber auch als Donna Anna, Pamina, Agathe, Elsa und Elisabeth. Der damalige Direktor der Met, Giulio Gatti-Casazza, hatte sogar die Absicht, sie das dramatische Koloraturfach, wie etwa Lucia di Lammermoor, singen zu lassen, wozu es aber nicht kam. Stimmumfang und Vielseitigkeit Elisabeth Rethbergs sind in ihrer Generation einzigartig und lassen an Lilli Lehmann denken. Zu Gastspielen kam sie immer wieder nach Europa zurück. An ihrer alten Wirkungsstätte Dresden gestalteten sich ihre Gastauftritte zu einer Art Rethberg-Festwochen. Bei einer dieser Gelegenheiten sang sie 1928 die Uraufführung der *Ägyptischen Helena* von Strauss unter Fritz Busch. 1929 folgte in Mailand die Aida unter Arturo Toscanini, der fortan einer ihrer größten Bewunderer war. Auch an den Salzburger Festspielen nahm sie bis 1939 immer wieder teil.

An technischen Mängeln kann es nicht gelegen haben, wenn Elisabeth Rethbergs Karriere erstaunlich früh zu Ende ging. Bereits 1942 zog sie sich von der Bühne zurück und lebte bis zu ihrem Tode in der Nähe von New York. Vielleicht hat sie in den letzten Jahren ihrer Laufbahn nicht immer die ihr gemäßen Rollen gesungen. Daß sie noch 1941 die Brünnhilde in Wagners *Siegfried* sang, deutet darauf hin, daß die Direktion sie nicht nur im Rahmen ihrer stimmlichen Mittel einsetzte. Aufnahmen aus den letzten Jahren zeigen ein unerklärliches Nachlassen der stimmlichen Spannkraft. Davon abgesehen kenne ich nur wenige Sopranistinnnen dieses Jahrhunderts, bei denen Tonschönheit und Stimmbeherrschung eine solch ideale Mischung eingegangen sind. An den Aufnahmen ihrer Glanzzeit ist selbst für das kritischste Ohr kein

Mangel festzustellen, an ihnen kann jeder an Gesang Interessierte lernen, was stimmliche Perfektion, die nicht Selbstzweck ist, bedeutet. Der englische Experte John Steane nennt Elisabeth Rethberg zu Recht »the singer's singer«, deren pure vokale Meisterschaft bis heute nicht übertroffen worden sei. Es wird immer wieder behauptet, Elisabeth Rethberg sei zwar eine vokal überragende, aber interpretatorisch eher blasse Sängerin gewesen, sozusagen eher ein Tebaldi- als ein Callas-Typus. Bei Studioaufnahmen aus den zwanziger und dreißiger Jahren muß man jedoch bedenken, daß sehr streng zwischen Plattenaufnahmen und Bühnenaktion unterschieden wurde, Kontrolle der Emotionen galt im Studio als oberstes Gebot. Man höre sich aber nur die beiden Arien der Amelia aus *Un ballo in maschera* an, die die Rethberg 1929 und 1930 aufnahm, Interpretationen, die auch von der Callas nicht übertroffen wurden, denn Elisabeth Rethberg triumphierte gerade darin über alle Konkurrentinnen, daß sie zeigt, wie Gefühl und Emotion Verdis Musik inhärent sind und nicht hinzugefügt werden müssen, wenn nur der Sinn für die Linie der Musik und die technische Perfektion groß genug sind. Noch schlagender allerdings ist für Rethberg-Skeptiker die erhalten gebliebene Aufnahme der Salzburger Festspielpremiere des *Don Giovanni* von 1937, in dem sie unter der Leitung Bruno Walters und neben Ezio Pinza die Donna Anna war. Man muß nur das »Or sai chi l'onore« hören, um die Fähigkeit dieser Sängerin zur dramatischen Entäußerung bei gleichzeitiger vollkommener Atem- und Stimmkontrolle mit offenen Ohren und offenem Munde vorbehaltlos zu bewundern – das übertrifft auch noch die wunderbare Aufnahme Frida Leiders und ist, wie die ganze Aufnahme, eine Sternstunde des Mozart-Gesangs in diesem Jahrhundert.

Zwei Sängerschicksale in den Annalen der Gesangskunst sind es, die eine staunenerregende frühe Meisterschaft und ein trauererregender früher Tod vereinten: Fritz Wunderlich und **Meta Seinemeyer** (1895–1929). Wunderlich starb kurz vor seinem 36., Meta Seinemeyer kurz vor ihrem 35. Geburtstag, als Todesursache wird meist Leukämie genannt, gelegentlich aber auch eine Grippeepidemie. Noch während ihrer tödlichen Erkrankung heiratete sie den Dirigenten Frieder Weißmann, der die meisten ihrer Schallplattenaufnahmen aus den letzten Lebensjahren betreut hatte (er war der Studiodirigent der Plattenfirma Parlophon). Ein Schicksal, das wie das Maria Cebotaris, Mario Lanzas und Enrico Carusos zu Filmversionen Anlaß gäbe, aber dazu fehlte der Seinemeyer dann doch die Starqualität, die sie erst nach ihrem Tode durch ihre Schallplatten erreichte. Im Falle Wunderlichs wie im Falle der Seinemeyer weigere ich mich, von früher Vollendung zu sprechen, ein in jedem Falle unsinniger Begriff, denn wer kann sich schon verbürgen dafür, daß nicht noch bedeutendere Leistungen erbracht worden wären als die während eines kurzen

Lebens dokumentierten; frühe Meisterschaft ist also etwas anderes als frühe Vollendung – für beide Sänger trifft dies zu. Meta Seinemeyer ist darüber hinaus der seltene, wahrscheinlich sogar einzigartige Fall, daß eine Sängerin mit einer eigentlich nur regionalen Karriere, die sich vor allem in Dresden, auch in Berlin abspielte und in der Auftritte in New York und London Einzelfälle waren und nicht einmal sehr spektakuläre dazu, daß eine solche Sängerin heute weltweit anerkannt und nicht nur bei den deutschen Autoren akklamiert wird. Der große Produzent Walter Legge, einer der besten Stimmkenner seiner Zeit, hat ihr attestiert, daß sie der einzige Sopran der zwanziger und dreißiger Jahre war, der sich zur Qualität einer Rosa Ponselle hätte entwickeln können, wenn ihr mehr Zeit geblieben wäre, und bei der gesanglichen Erziehung seiner jungen Frau Elisabeth Schwarzkopf durch die großen Klangmuster der Vergangenheit arbeitete Legge nach eigenem Bekunden mit »großen Dosierungen Meta Seinemeyer, um zu zeigen, in welchem Maße auch ›teutonische‹ Stimmen einen brillanten italienischen Stimmklang erzeugen können«.

Meta Seinemeyer wurde in Berlin geboren. Die Tochter eines Kriminalkommissars kam ohne größere Umwege zum Singen und nahm Unterricht bei Nikolaus Rothmühl und Ernst Grenzebach (der auch der Lehrer von Max Lorenz war). 1918 sang sie am Deutschen Opernhaus in Charlottenburg vor (dem Vorgänger der heutigen Deutschen Oper in Berlin) und wurde als lyrische Sopranistin verpflichtet. Schon in diesen ersten Berliner Jahren drang sie jedoch in Grenzpartien ihres Faches vor: Sie sang die Agathe im *Freischütz* und die Eva in den *Meistersingern*. Die materielle Not der Nachkriegsjahre machte ein Engagement in den USA für die deutschen Künstler noch erstrebenswerter, als es ohnehin war. 1923 ging die »German Opera Company« auf Tournee, der neben Meta Seinemeyer auch Alexander Kipnis und Friedrich Schorr angehörten – auch bei dieser Tournee sang sie die Eva. Ein Gastspiel in Dresden als Marguerite in Gounods *Faust* im Jahr 1924 bedeutete den entscheidenden Schritt ihrer Karriere.

Die ihr verbleibenden fünf Jahre brachten eine Kette von Höhepunkten. Meta Seinemeyer hatte das Glück, in Dresden an das damals lebendigste deutsche Opernhaus zu kommen, wo unter der Ägide von Fritz Busch und mit Kollegen wie Tino Pattiera, Ivar Andresen und Robert Burg maßstäbliche Aufführungen vor allem des italienischen Repertoires zustande kamen. Die sogenannte Verdi-Renaissance in Deutschland nahm von Dresden ihren Ausgang. Bis zu diesem Zeitpunkt war, so unvorstellbar das klingen mag, Verdi auf deutschen Bühnen nur mit den Standardopern der mittleren Zeit vertreten. Sowohl das Spätwerk *Otello* wie auch *La forza del destino* oder *Don Carlos* waren so gut wie unbekannt. Hier setzte Buschs Arbeit an, unterstützt teilweise von Franz Werfel, der die deutschen Fassungen neu bearbeitete (denn an italienisch gesungene Aufführungen war damals nicht zu denken). Meta Seinemeyer trug als Leonora in *La forza del destino* und Desdemona in *Otello* wesentlich zu dieser Neuentdeckung Verdis auf den deutschen Bühnen bei. Die Schallplattenausschnitte, die davon erhalten sind, zusammen mit dem leidenschaftlichen Tenor Pattiera, sind die besten deutschen Verdi-Aufnahmen geblieben. Dresdens Entdeckerfreude richtete sich von Verdi folgerichtig weiter auf den italienischen Verismo: Giordanos *Andrea Chénier* wurde 1926 für Deutschland erstaufgeführt, das daraus erhaltene Schlußduett zwischen Pattiera und Seinemeyer hat ebenfalls nichts von seinem Glanz verloren.

Daneben vernachlässigte sie aber keineswegs das deutsche Repertoire. Bei ihren wenigen Auslandsgastspielen, einer Südamerikatournee 1926 und einem Auftreten in Londons Covent Garden, sang sie vor allem Wagner: Eva, Elsa und Sieglinde. Das Gastspiel in London bedeutete zugleich Höhepunkt und Ende ihrer glanzvollen Karriere. Busch hat Meta Seinemeyer in seinen Erinnerungen so geschildert:

»Wir hatten in der unvergeßlichen, leider sehr jung verstorbenen Meta Seinemeyer eine hervorragende Vertreterin der Leonore, wie überhaupt jener gefühlsbetonten, lyrisch-dramatischen Partien Verdis und kleinerer italienischer Komponisten. In Giordanos ›Andrea Chenier‹ war sie eine rührende Madeleine. Ihre sehr an die Rethberg gemahnende Stimme hatte, wenn sie jener an Meisterschaft nicht ebenbürtig war, statt dessen eine unvergleichliche Beseelung, die man gerne die ›Träne in der Stimme‹ nennt. Man konnte Meta Seinemeyer nichts Schöneres auf ihren Grabstein schreiben als das Schlußwort der ›Macht des Schicksals‹: ›Die Seele lebt‹.«

Diesem schönen Epitaph bleibt anzufügen, daß Meta Seinemeyers erstaunlich reiche Schallplattenhinterlassenschaft von fast durchweg höchstem Rang ist. Ihre vokale Signatur ist die einzigartige Mischung von Qualitäten der besten deutschen Sopranistinnen jener Epoche, nämlich Innigkeit und Beseeltheit mit den üppig sinnlichen Tönen der besten italienischen Sopranistinnen – man höre sich nur die Szene der Amelia aus *Un ballo in maschera* an: »Ecco l'orrido campo« (durch die deutsche Übersetzung etwas behindert), und »Der Männer Sippe saß hier im Saal«, beides Aufnahmen von 1929, um die spezifischen Seinemeyer-Qualitäten sofort zu registrieren. Vor allem vermied sie etwas, wozu deutsche Fachkolleginnen aus dieser Zeit immer leicht neigen: Hausbackenheit. Hätte sie die Gelegenheit gehabt, ihre großen italienischen Partien in der Originalsprache auf internationalem Parkett zu singen, sie besäße heute den Ruhm einer Ponselle und Rethberg, da hat Legge recht, aber auch so sind die Qualitäten dieser gleichsam exterritorialen Erscheinung auf deutschem Boden von Fachleuten und Liebhabern angemessen gewürdigt und anerkannt [Preiser].

Der Weg der **Tiana Lemnitz** (*1897) begann in Metz, wo sie als Tochter musikalischer Eltern (der Vater war Militärkapellmeister) geboren wurde. An der Metzer Musikschule nahm sie mit 15 Jahren ihre ersten Gesangsstunden, die sie dann in Frankfurt am Main am Hochschen Konservatorium bei Anton Kohmann fortsetzte. Ihr Lehrer war von ihrem Stimmaterial entzückt, von ihrer Atemtechnik entsetzt, und bei ihm erarbeitete sie sich die Grundlagen für ihr später so technisch perfektes Singen. Tiana Lemnitz debütierte 1920 in der Titelrolle von Lortzings *Undine* am Stadttheater von Heilbronn. Im Jahr darauf wurde sie nach Aachen engagiert, wo 20 Jahre später auch Elisabeth Grümmer ihre Karriere begann, jene Sopranistin, die vielleicht als einzige nach dem Krieg die Tradition von Tiana Lemnitz und Margarete Teschemacher fortgesetzt hat. In Aachen ließ sich Tiana Lemnitz Zeit und baute sich ein Repertoire lyrischer Rollen auf, das schon damals die Tendenz zum jugendlich-dramatischen Sopran in sich trug – bereits in Aachen sang sie das Evchen in den *Meistersingern*. 1928 wurde sie an das Opernhaus in Hannover engagiert. Nun begann das solide Fundament ihrer Karriere sich positiv auszuwirken. Seit 1931 war sie durch einen Gastspielvertrag an die Dresdener Staatsoper gebunden. Strauss wurde auf sie aufmerksam und wollte mit ihr die Uraufführung seiner *Arabella* besetzen. Diese Pläne zerschlugen sich – später aber hat Tiana Lemnitz die Arabella oft und erfolgreich gesungen, in Berlin meistens zusammen mit Gerhard Hüsch als Mandryka. 1934 war es dann soweit: Tiana Lemnitz wurde an das damals bedeutendste deutsche Opernhaus engagiert, die Berliner Staatsoper. Sie war jetzt 37 Jahre alt, und im Gegensatz zu so manchen Blitzkarrieren, die ebenso plötzlich endeten, wie sie begonnen hatten, konnte Tiana Lemnitz die jugendliche Frische ihrer Stimme bis nahe an ihr 60. Lebensjahr erhalten. Sie sang jetzt mehr dramatische Rollen als zuvor: die Leonora in Verdis *Trovatore*, die Aida, von den Rollen Wagners die Elisabeth, Elsa und Eva, achtete aber sorgsam darauf, nie ihr lyrisches Fundament zu verlassen, um immer wieder die Pamina singen zu können, die zu ihren berühmtesten Rollen gehörte.

In einer autobiographischen Aufzeichnung hat sie ihr Credo der Leichtigkeit verkündet: »Auf Leichtigkeit kommt es an, nur nicht drücken, nicht übersingen, sondern immer wieder leicht schwingend und schwebend die Stimme führen.« Es ist diese Subtilität der Stimmführung, die eminente Pianokultur (die gelegentlich fast manierierte Züge annehmen kann), die das Singen von Tiana Lemnitz charakterisieren. Von Berlin aus erweiterte sich ihre Gastspieltätigkeit erheblich. Während sie in Berlin sich die Rollen des deutschen Repertoires mit Maria Müller teilte und mehr Verdi und Strauss sang als Mozart und Wagner, galt sie auswärts vor allem als ideale Pamina, Agathe, Elsa und Eva – so in Wien, München, London und Buenos Aires. Die Zeitereignisse reduzierten diese Gastspiele allerdings bald drastisch. So mußte sie bereits 1938 ein Gastspiel an der New Yorker Met absagen, Chancen, die durch Premieren wie die von Graeners *Prinz von Homburg* und Wagner-Régenys *Bürger von Calais* nur unvollkommen aufgewogen wurden. Tiana Lemnitz' größter internationaler Erfolg war sicherlich die Agathe in Webers *Freischütz* bei den Salzburger Festspielen von 1939 unter Hans Knappertsbusch. Als künstlerisch ebenso bedeutsam hat sie die Desdemona in Verdis *Otello* bezeichnet, die sie unter der Leitung Victor De Sabatas in Berlin sang. Man mag der Ansicht sein, daß ihr Timbre sie für die Rollen des deutschen Repertoires prädestinierte, die Verdi-Aufnahmen von Tiana Lemnitz sind jedoch erstaunliche Zeugnisse, wenn man einkalkuliert, daß es zu ihrer Zeit nicht den international vereinheitlichten Verdi-Stil von heute gab, dem man sich anpassen muß, will man Erfolg haben, sondern eine sehr deutsche Art, Verdi zu singen, die allein schon dadurch fixiert war, daß grundsätzlich in deutscher Sprache gesungen wurde. Tiana Lemnitz gehört zu den deutschen Sängern, die sich am weitesten vom unidiomatischen deutschen Verdi-Stil entfernt haben. Nach dem Ende des Krieges konnte sie noch eine ganze Zeit lang an ihre früheren Erfolge anknüpfen. Sie wurde gleich wieder ins Ensemble der Staatsoper berufen und wandte sich neuen Rollen zu. So sang sie 1951 in einer denkwürdigen Aufführung unter Erich Kleiber zum erstenmal die Marschallin im *Rosenkavalier*. 1955 verabschiedete sie sich von der Bühne und leitete noch einige Zeit lang das Nachwuchsstudio der Staatsoper. Tiana Lemnitz hat eine ganze Reihe schöner Aufnahmen hinterlassen, so einen vollständigen *Rosenkavalier* aus ihrer späteren Zeit. Noch heute genießt aber ihre Pamina legendären Ruf, die sie in einer Gesamtaufnahme der *Zauberflöte* unter Thomas Beecham 1937 in Berlin einspielte, und wirklich hört man von Tiana Lemnitz die herausragende stimmliche Leistung dieser Aufnahme [Preiser].

Wer wissen will, was die oft klischeehaft beschworene französische »clarté« im Gesang bedeutet, der wird beim Anhören der Aufnahmen **Ninon Vallins** (1886–1981) Belehrung und Aufklärung erfahren. Kristallklar wie ein unverschmutzter Gebirgsbach strömt dieser Sopran, kein üppiges Vibrato, kein zitterndes Tremolo, kein sinnlicher Kehldruck stören diesen ungetrübten Eindruck. Dabei war Ninon Vallin keine flötenhafte Soubrette oder eine geschlechtslose »Bach-Sängerin«, sondern besaß einen Sopran von beträchtlicher Durchdringungskraft und erstaunlich fülligen tiefen Registern. Es ist so verständlich, daß sie auf einer älteren Edition der berühmten *Werther*-Gesamtaufnahme von 1931 als Mezzosopran der Opéra-Comique angekündigt wird. Ninon Vallin hatte zunächst als Konzertsängerin, speziell als Interpretin Claude Debussys (vom Komponisten selbst hochgeschätzt), auf sich aufmerksam gemacht. Sie trat neben Debussy auch für die zeitgenössischen Kompositionen Reynaldo Hahns und Albert Roussels ein, und ihre Karriere teilte sich fortan ziemlich gleichberechtigt zwischen Lied und Konzert einerseits, der Oper andererseits auf. Das französische Kunstlied wird in seinen zarten Strukturen sofort angekränkelt, wenn die Emphase des Sängers allzu groß wird – seine bedeutenden Interpreten wie Panzéra, Bernac, Souzay und eben Vallin haben diese wichtige Vorschrift beherzigt. Wenn es darum geht (in der Oper), Emotionen offenzulegen, aus sich herauszugehen, wie man gemeinhin sagt, dann bleiben allerdings Wünsche offen, so bei ihrer gesanglich vollkommenen Charlotte in *Werther*, von der eine kühle Emotionslosigkeit ausgeht, die der Figur wichtige Nuancen schuldig bleibt. Charlotte muß zwar ein junges Mädchen von versammelter Selbstdisziplin sein, aber Massenets Meisterwerk kann nur voll realisiert werden, wenn an den entscheidenden Momenten diese Haltung um so wirkungsvoller plötzlich durchbrochen wird, ja zusammenbricht, nur für Momente, gewiß, aber für entscheidende Momente. Es ist dies ein Einwand, der bezeichnenderweise gegenüber Georges Thill, ihrem Partner als Werther, bei aller Bewunderung für die stupende gesangliche Leistung in dieser schwierigen Partie, genauso gemacht werden muß – es scheint doch die Kehrseite jener bewußten »clarté« zu sein, deren Vorzüge nicht genug zu rühmen sind [Music Memoria].

Die Duse der Oper hat man **Claudia Muzio** (1889–1936) genannt – man wird diesen Vergleich kaum verstehen, wenn man Bilder der beiden Diven miteinander vergleicht: hier die sehnig-knochige Duse, dort die schon früh zur Rundlichkeit neigende Muzio, deren prachtvolle dunkle Augen allerdings die Körperfülle vergessen machen. Der Vergleich wird jedoch nachvollziehbar, wenn man die Aufnahmen Claudia Muzios hört, die ihr trotz einer relativ kurzen Karriere von rund 25 Jahren eine begeisterte Gefolgschaft sicherten, die bei den Vokalenthusiasten bis heute besteht. Man könnte das Geheimnis dieses Erfolges auf die folgende Formel bringen: Wer die verzehrende Intensität einer Maria Callas über alles schätzt, jedoch nicht bereit ist, über deren vokale Defizite gnädig hinwegzusehen, wer außerdem bereit ist, die Dimensionen der Callasschen Rollengestaltung auf ein bescheideneres Maß reduziert zu hören (ohne daß die Intensität deswegen nachlassen müßte), den wird man mit sicherlich durchschlagendem Erfolg auf Claudia Muzio verweisen können. Dabei gilt die Einschränkung, daß ihre Platten offensichtlich nicht die ganze Spannweite ihres Könnens wiedergeben: Vokal sind die Aufnahmen der frühen zwanziger Jahre für die Firma Edison auf jeden Fall vorzuziehen, die berühmteren Columbia-Aufnahmen der Jahre 1934 und 1935 zeigen das histrionische Können der Muzio sehr viel besser (etwa in dem berühmt gewordenen »Addio

del passato« aus *La Traviata*), der Zustand ihrer Stimme war jedoch schon beklagenswert im Vergleich mit den älteren Einspielungen. In der Kurzatmigkeit
jener späten Jahre wird man sicher Zeichen der beginnenden Herzkrankheit
erkennen können, der sie bald darauf erlag, aber auch die Zeichen einer Überbeanspruchung durch Partien wie Aida, Santuzza, Leonora und Norma. Es war
ein Unglück der Muzio, daß ihr dramatisches Bühnengenie (man wird sie als
legitime Nachfolgerin von Gemma Bellincioni ansehen können, der Diva des
Verismo) sie zu Rollen führte, denen ihr von Haus aus zartes Stimmorgan
nicht für immer gewachsen sein konnte.

Claudia Muzio stammte aus Pavia, der Vater war Opernregisseur an großen
Bühnen, auch in London und New York, und so wuchs die Tochter in Dunst
und Staub der Oper auf. 1910 begann sie in Arezzo als Puccinis Manon (nach-
dem sie zuerst Harfe, dann Gesang studiert hatte). 1913 schon sang sie an der
Scala (als Desdemona), und als Fiora in einer der erfolgreichsten Neuheiten,
Montemezzis *Amore dei tre re*, etablierte sie sich als führende Sopran-Nach-
wuchskraft. Von 1916 bis 1921 sang sie an der Met, ohne dort wirklich jenen
Erfolg zu haben, der ihrem Können gebührt hätte, denn einerseits mußte sie
sich gegen stimmlich üppiger ausgestattete Kolleginnen wie Rosa Ponselle,
Florence Easton und Emmy Destinn behaupten, andererseits hatte sie im lyrischen Bereich Geraldine Farrar und Lucrezia Bori zu fürchten. So changierte
sie zwischen lyrischem und jugendlich-dramatischem Fach, nicht immer
glücklich in der Rollenwahl. Glücklicher war sie in Chicago und am Colón
in Buenos Aires, wo sie mehr Vorstellungen sang als an der Met, ihre persönliche Lebensführung hingegen war von desaströsen Beziehungen zu diversen
Männern geprägt, und die Metapher vom gebrochenen Herzen, an dem sie
starb, ist hier vielleicht angebracht. Was die Aufnahmen der Muzio so aufregend
macht (und was auch das Problem ihrer Karriere war), ist jene einzigartige
Mischung aus mädchenhaft zartem Stimmklang von höchster persönlicher
Charakteristik und aus dem Geiste des Verismo geborener dramatischer Durch-
glühtheit.

Nach allen zeitgenössischen Berichten soll sie die ideale Balance in der
Zeit um 1930 gefunden haben, aber ausgerechnet aus jener Zeit gibt es keine
Aufnahmen. Was die Beurteilung der Aufnahmen angeht, gebe ich diesmal
Michael Scott gegen John Steane recht, der die berühmteren späten Auf-
nahmen als von Manierismen und vokalen Unzulänglichkeiten belastet emp-
findet, ohne sich dem Zugriff ihrer Traviata entziehen zu können (die vor
Ponselle und Callas niemand so bewegend gesungen hat wie sie), und deshalb
den frühen den Vorzug gibt. Aus ihnen wird deutlich, warum Claudia Muzio
in veristischen Partien solchen Eindruck machte: Als Adriana Lecouvreur, in
Szenen von Leoncavallo und Mascagni ist sie schwer zu übertreffen – warum

das so ist, wird ebenfalls in den Edison-Aufnahmen deutlich, wenn sie nämlich Glucks »Spiagge amate« aus *Paride ed Elena* und Händels »Lascia ch'io
piangi« aus *Rinaldo* singt, wo sie plötzlich mit einer klassischen Abgeklärtheit,
Ruhe und Größe zu singen versteht, die zeigen, daß sie noch einen Zipfel
vom »stile antico« mitbekommen hat. Wir sind hier wohl nahe am Geheimnis
der immer noch magnetischen Wirkung von Claudia Muzios Singen: Die
Verbindung einer keuschen, mädchenhaften Grandeur mit der Nervenkunst
des Verismo geht aus vom Herzen eines verletzlichen Wesens und berührt das
Herz des Hörers mit unmittelbarer Wirkung [zwei CDs bei Legato, je eine
bei Nimbus und EMI].

Das Fach des Koloratursoprans hat in diesem Jahrhundert einen entscheidenden Wandel erfahren. Waren im 19. Jahrhundert die großen Primadonnen wie
Henriette Sontag, Jenny Lind und Adelina Patti noch durchweg reine Koloratursopranistinnen, so hat sich später das Schwergewicht zugunsten dramatischer Stimmen verlagert, wie dem jugendlich-dramatischen Sopran für die
Verdi-Rollen und dem hochdramatischen Sopran für Wagners Werke. Das Koloraturfach ist davon nicht unberührt geblieben, wofür Maria Callas das beste
Beispiel ist, die dem Typus des dramatischen Koloratursoprans weltweite Geltung verschaffte. Eine der letzten großen Vertreterinnen des alten Typs ist sicher
Maria Ivogün (1891–1987) gewesen, die als Maria Kempner in Budapest geboren wurde. Sie war die Tochter eines K.u.K.-Offiziers und einer Operetten-
sängerin – aus den Anfangsbuchstaben des Mädchennamens ihrer Mutter entstand ihr Künstlername Ivogün. In Wien wurde sie schon in jungen Jahren bei
Amalie Schlemmer-Ambros ausgebildet. Wie sie durch ein erfolgloses Vorsingen an die Münchner Hofoper kam, das berichtet Bruno Walter in seinen
Erinnerungen. Walter war damals gerade dabei, von Wien nach München zu
gehen, und erzählt von einem Vorsingen vor dem Direktor der Wiener Hofoper,
Hans Gregor:
»Eine der häufigen Meinungsverschiedenheiten zwischen Gregor und mir
hat mir allerdings große und dauernde Freude bereitet. Ein Probesingen auf
der Bühne war angesetzt worden und zwar zu der Zeit, als meine Entlassung
von Wien bereits genehmigt war und ich mit Eifer nach jungen Talenten für
München suchte. Eine Schülerin der bekannten Gesangslehrerin Amalie
Schlemmer-Ambros erschien auf dem Theater, sehr jung und klein und zart
aussehend, und als sie eine Koloraturarie und, irre ich nicht, die Erzählung
der Mimì aus der ›Bohème‹ gesungen hatte, wußte ich, daß ich eine künftige
bedeutende Künstlerin gehört hatte, doch zugleich war ich gewiß, daß ›mir
diese Blume nicht blühte‹, daß sie in einer Stunde mit einem Vertrag an die
Wiener Oper Gregors Bureau verlassen würde. Mein vorzeitiger Kummer

aber verwandelte sich in helle Freude, als sich Gregor nach ihrem Vorsingen zu mir umwandte und sein Urteil in den drastischen Worten ausdrückte: ›Das war nischt!‹ Ich eilte hinter die Bühne, hatte mit der schüchternen jungen Dame eine eingehende Unterredung, und nach einigen Tagen war Maria Ivoguen, eine der genialsten Sängerinnen der Opernbühne, nach München engagiert, wo sie zu den Künstlern gehören sollte, denen jene Epoche ihren Glanz verdankte.«

Soweit Walter. Im Jahre 1913 debütierte dann Maria Ivogün an der Münchner Hofoper in jener Rolle, die Walter beim Vorsingen so gut gefallen hatte, als Mimì in *La Bohème*. Zwölf Jahre, bis 1925, blieb sie die erste Koloratursopranistin der Münchner Hof- und späteren Staatsoper. Mit ihrem Namen verbunden sind die Uraufführungen von Pfitzners *Palestrina*, in der sie den Ighino sang, und des *Christelfleins* desselben Komponisten, bei der sie die Titelrolle gestaltete, aber auch die kaum noch bekannten *Vögel* von Walter Braunfels, bei der sie den eminent schwierigen Prolog der Nachtigall sang.

Der Ruhm der jungen Sängerin drang sehr schnell über die bayerischen Grenzen hinweg. Die Hofoper in Berlin wollte sie ebenso hören wie die in Wien, wo man das Versäumnis des Direktors anscheinend sehr schnell eingesehen hatte: 1916 sang sie bei der Premiere der Neufassung der *Ariadne auf Naxos* von Strauss die Zerbinetta, die fortan die Partie blieb, in der sie keine Konkurrenz zu fürchten hatte. Noch in München heiratete sie den Tenor Karl Erb, der die Titelrolle in *Palestrina* gesungen hatte, nach der Trennung von ihm den Pianisten Michael Raucheisen, der dann über Jahrzehnte hinweg nicht nur ihr Partner war, sondern auch der gesuchteste Begleiter bei Liederabenden großer Kollegen. Maria Ivogün selbst war eine sehr geschätzte Liedersängerin, eine Interpretin vor allem der Werke von Strauss und Pfitzner. 1925 wechselte sie von München nach Berlin an die Städtische Oper und entfaltete nun auch eine reiche internationale Tätigkeit mit Tourneen und Gastspielen auch in den USA und mehreren Auftritten bei den Salzburger Festspielen. Ihre Karriere endete früh: bereits 1932. Es heißt, daß ein schweres Augenleiden sie bewogen habe, ein Gelübde abzulegen, von der Bühne abzutreten, wenn ihr Augenlicht gerettet würde. Wenn es so war, hat sie sich strikt daran gehalten. Später hat sie als Pädagogin in Wien und Berlin ihre Kenntnisse und Erfahrungen weitergegeben, unter anderem an Elisabeth Schwarzkopf. Bemerkenswert an ihrer Karriere ist, daß sie nie versucht hat, Ausflüge in das Fach des dramatischen Koloratursoprans zu unternehmen, etwa die Lucia di Lammermoor Donizettis zu singen, wie es viele ihrer späteren Fachkolleginnen getan haben, die keineswegs eine größere Stimme besaßen. Sie ist immer klug in den Grenzen des lyrischen Koloratursoprans geblieben und hat sich mit den großen Erfolgen beschieden, die ihr in diesem

Bereich vergönnt waren. Auf einer Reihe schöner Aufnahmen ist die exquisite Qualität ihrer Stimme erhalten geblieben.

1963 starb in Kalifornien hochbetagt **Amelita Galli-Curci** (1882–1963), die über zwei Jahrzehnte die berühmteste Koloratursopranistin ihrer Zeit gewesen war und als legitime Nachfolgerin von Adelina Patti gefeiert wurde, eine bemerkenswerte Karriere, die zudem noch ohne ein eigentliches Gesangsstudium erreicht worden war. In Mailand geboren, entstammte sie einer spanisch-italienischen Musikerfamilie, der Großvater war Operndirigent gewesen, die Großmutter eine renommierte Sängerin. Schon als Kind besuchte Amelita Galli-Curci die Vorstellungen der Mailänder Scala und sog die Atmosphäre dieses Opernhauses, an dem sie nie singen sollte, mit allen Fasern auf. Musikalische und sprachliche Begabung fielen bei dem kleinen Mädchen besonders auf, beidem wurde eine sorgfältige Erziehung zuteil, die auf der musikalischen Seite auf eine Karriere als Pianistin hinauszulaufen schien. Als 16jährige hatte sie einen beachtlichen Erfolg in ihrem ersten solistischen Auftreten. Dann aber überwog das Interesse am Gesang. In einer Phase, als ihre Familie in großen Schwierigkeiten war, widmete sie sich autodidaktisch diesem Fach; daß sie sich dabei vom Gesang der Nachtigallen als Vorbild leiten ließ, mag eine hübsche Anekdote sein und nicht mehr.

Das Jahr 1906 sah ihr Debüt in einem winzigen Theaterchen in Trani, einem Städtchen in Apulien, wo sie als Gilda in *Rigoletto* zehn Vorstellungen bestritt, 1908 konnte sie dann im Teatro Costanzi in Rom ein erheblich größeres Parkett betreten. Dort sang sie neben Giuseppe De Luca in Bizets komischer Oper *Don Procopio*. Aus Amelita Galli war inzwischen die Galli-Curci geworden, weil sie den Maler Luigi Curci geheiratet hatte. 1910 erhielt sie eine Einladung an die Scala in ihrer Heimatstadt für Bellinis *Sonnambula*, wie sie dachte, für die Titelrolle, in Wirklichkeit für die Nebenrolle der Lisa, die sie empört ablehnte – so kam es, daß sie nie an der bedeutendsten Bühne Italiens gesungen hat. An allen anderen großen italienischen Bühnen trat sie in der Folgezeit auf, eine Südamerikatournee verbreitete ihren Ruhm als virtuose Koloratursängerin, Spanien und Rußland waren weitere Stationen. In Barcelona erkrankte sie 1915 an Typhus, und kaum davon erholt, sang sie die Rosina im *Barbiere di Siviglia* vom Rollstuhl aus, sicher eine ungewöhnliche Rolleninterpretation. In Südamerika, das zu dieser Zeit ja ein sehr reichhaltiges Opernleben aufwies, war sie damals besonders beliebt. 1915 kam es in Buenos Aires zur ersten Partnerschaft mit Enrico Caruso in *Lucia di Lammermoor*, außerdem sang sie dort neben Titta Ruffo die Ophélie in Thomas' *Hamlet*. Durch ihre berühmten Partner wurde sie der Schallplattenfirma Victor empfohlen, die mit Caruso-Aufnahmen den Weltmarkt beherrschte. Zum

Jahreswechsel 1916/17 kamen ihre ersten Schallplatten heraus. Innerhalb weniger Monate wurden davon fast eine halbe Million Exemplare verkauft – Amelita Galli-Curci stellte damit auch Caruso in den Schatten, und man wird feststellen können, daß ihr internationaler Ruhm und ihr späterer enormer Marktwert ohne das Medium der Schallplatte nicht denkbar gewesen wären.

Ihr nordamerikanisches Debüt fand nicht an der Met, sondern in Chicago statt, wo sie zuerst als Gilda auftrat. Zu ihren großen Rollen gehörte auch die Dinorah in Meyerbeers damals noch sehr beliebtem gleichnamigen Werk, das in der sogenannten Schattenarie ein eminentes Zugstück für Koloratursopranistinnen aufwies; »Ombra leggiera« hieß dieses Stück, denn Meyerbeers Opern wurden damals außerhalb Frankreichs auf italienisch gesungen. Als Amelita Galli-Curci mit dieser Rolle 1918 auch in New York gastierte, bekam sie allein nach dieser Arie 24 Vorhänge. Nun hatte das Galli-Curci-Fieber endgültig ganz Amerika ergriffen. 1921 wurde sie an die Met engagiert, der sie zehn Jahre lang angehörte. Sie war inzwischen durch ihre zweite Ehe mit dem Pianisten Homer Samuels amerikanische Staatsbürgerin geworden, und ihre Karriere war fortan vor allem eine amerikanische und eine Schallplattenkarriere. Mit Carusos frühem Tod endete eine hoffnungsvoll begonnene Partnerschaft, von der leider nur zwei Plattenaufnahmen zeugen, die aber zu den ganz großen historischen Zeugnissen zählen: das Quartett aus *Rigoletto* und das Sextett aus *Lucia di Lammermoor*. Wer historische Gesangsaufnahmen sammelt, besitzt und schätzt diese beiden Kostbarkeiten. 18 Jahre lang hatte Caruso fast immer die Eröffnungsvorstellung der Met geprägt und damit gezeigt, wer der unbestrittene Star der Stars war. Im November 1922 fiel diese Ehre Amelita Galli-Curci als Traviata zu, neben der ihre Partner Beniamino Gigli und Giuseppe De Luca verblaßten und die mit 2500 Dollar zum bestbezahlten weiblichen Opernstar wurde. Im Januar 1930 stand sie als Rosina zum letztenmal auf der Bühne der Metropolitan Opera. Geplant war dieser relativ frühe Abschied nicht, aber ein Kehlkopfleiden machte ihr zu schaffen und überschattete auch eine anschließende Europatournee. Nach einer Operation 1935 versuchte sie noch einmal ein Comeback in Chicago, aber es wurde ihr deutlich, daß sie nicht mehr an ihre großen Erfolge würde anknüpfen können, und so schloß eine der ganz großen Sängerkarrieren dieses Jahrhunderts wenig spektakulär ab. Amelita Galli-Curci gehört zu jener Handvoll Sängerinnen, die den Koloraturgesang unseres Jahrhunderts geprägt haben, zusammen mit Nellie Melba, Luisa Tetrazzini, Selma Kurz und Adelina Patti. Sie war vielleicht nicht die Virtuoseste von allen, aber ihre Grazie und instinktive Noblesse, mit der sie auch musikalisch leichtgewichtige Stücke veredelte, räumen ihr einen Platz unter den großen Sängerinnen der Schallplattenära ein [zwei CDs bei Pearl, eine bei Nimbus].

Sprachgesang oder Belcanto?
Wagners Sänger, die Bayreuther Schule
und die Entwicklung des Wagner-Gesangs

»Was hilft's mir denn, wenn ich noch so schöne Noten schreibe, und keinen Sänger finde, der sie zu singen versteht?« Das sagte Richard Wagner 1875 bei den Vorbereitungen der ersten Festspiele zu dem Gesangspädagogen Julius Hey. Dieser Stoßseufzer Wagners über die nicht gefundenen Sänger für seine Festspiele zeigt, daß er bei einem viel bescheideneren Unternehmen, als es die Gründung der Festspiele waren, gescheitert war, nämlich bei der Einrichtung einer musikdramatischen Schule, die der Vorbereitung der Sänger auf die Gestaltung seiner Werke gewidmet sein sollte. Schon 1865 hatte Wagner dem königlichen Gönner Ludwig II. einen Vorschlag für eine in München zu errichtende Deutsche Musikschule unterbreitet – die Ungunst der Verhältnisse ließ eine Verwirklichung nicht zu. Im Zentrum des Lehrplans dieser Schule sollte die Gesangsausbildung stehen. Schon damals stellte Wagner die Schwierigkeiten einer deutschen Gesangskunst dar, begründet in den Eigenheiten der deutschen Sprache. Den Grundfehler der Sänger seiner Zeit, wenn sie deutsche Oper sangen, sah Wagner in der gedankenlosen Übernahme der vorherrschenden italienischen Belcanto-Schule auf den deutschen Operngesang. Im Unterschied zum italienischen Vokalismus müsse der energisch sprechende Akzent in den Vordergrund treten, der für den dramatischen Vortrag besonders geeignet sei. Es muß aber unterstrichen werden, daß Wagner in diesem Memorandum für Ludwig II. ausdrücklich sagt, daß der Gesangswohlklang der italienischen Schule dabei nicht aufgeopfert werden dürfe – eine Warnung, die in der Bayreuther Schule nach Wagners Tod sträflich vernachlässigt wurde.

Wagner hatte immer ein zwiespältiges Verhältnis zum italienischen Belcanto. Es ist zu vermuten, daß ein traumatisches Kindheitserlebnis dabei keine unwichtige Rolle spielte. Im Hause der Mutter Wagners verkehrte zeitweise der italienische Kastrat Filippo Sassaroli, Kollege seiner Schwester Klara an der Dresdner italienischen Oper, der das Kind trotz seiner Gutmütigkeit durch sein kreischendes Lachen und seine seltsame Stimme ängstigte und in Wagner, wie dieser in *Mein Leben* darstellt, starken Widerwillen gegen italienisches Singen und Sprechen erregte. Das konträre Erlebnis dazu war Wilhelmine Schröder-Devrient, die der junge Wagner als Leonore in Beethovens *Fidelio* erlebte und die dann später seine erste Senta wurde. Die »dämonische Wärme ihrer menschlich-ekstatischen Leistung« wurde ihm ebenso zum Vorbild, wie das gelegentliche Verlassen des Gesangstons um der dramatischen Wirkung willen sein Modell des Sprachgesangs entscheidend prägte. Einen Nachhall davon, wie die Schröder-Devrient gewirkt haben muß (bei gesanglich sicher viel größerer Perfektion der jüngeren Sängerin) bekommt man beim Anhören der Aufnahmen der großen Lilli Lehmann, die ja schon bei den ersten Bayreuther Festspielen des Jahres 1876 dabei war und 1896 die Brünnhilde im *Ring*-Zyklus sang. Es gibt von ihr nur einen uncharakteristischen Wagner-Ausschnitt auf Schallplatte, aber etwa die berühmte Aufnahme der Donna-Anna-Arie »Or sai chi l'onore« zeigt deutlich, was ich meine.

Nach dem Scheitern der Münchner Pläne hatte Wagner andere Sorgen als die Errichtung einer Musikschule, aber er vergaß diese Pläne nicht. Als die ersten Festspiele in Bayreuth vorüber waren, tauchten sie wieder auf, jetzt aber auf ihren Kern reduziert, nämlich als Entwurf einer Stilbildungsschule speziell für die Werke des Meisters. Aber auch diese Absicht scheiterte, unter anderem daran, daß sich nicht genug Sänger fanden, die bereit oder in der Lage waren, sich einem monatelangen Exerzitium in Bayreuth zu unterziehen. Erst 1892 konnte Cosima Wagner in sehr bescheidenem Rahmen eine Stilbildungsschule eröffnen, zu deren Leiter nicht Hey, der bewährte Gesangsberater der ersten Festspiele, sondern Julius Kniese bestimmt wurde. Kniese scheint mir der für die negative Entwicklung des Bayreuther Wagner-Gesangs um die Jahrhundertwende entscheidende Mann gewesen zu sein. Unter Cosimas Ägide und Knieses Anleitung wurde die Wagnersche Idee des Sprachgesangs oder Sprechgesangs, wie es dann später hieß, zu einer übersteigerten, zum Teil auf Mißverständnissen beruhenden Doktrin, bei der der von Wagner noch geforderte Gesangswohllaut, das Legato, das er am Beispiel des *Lohengrin* als unverzichtbar erklärt hatte, gänzlich aufgeopfert wurde. Leo Slezak, der einmal erfolglos in Bayreuth vorsang und dann doch zu einem der führenden Wagner-Tenöre außerhalb Bayreuths wurde, berichtet, daß bei Cosima und Kniese außerdem noch bei jeder Probe mit voller Stimme ausgesungen werden mußte, bis zur totalen stimmlichen Erschöpfung.

Was hat es nun mit dieser Idee des Sprachgesangs auf sich? Nur wer, so glaubte Wagner, seine Partie gemäß der Absicht des Dichters zu rezitieren verstehe, der könne sie auch der Absicht des Musikers gemäß singen. Die Arbeit mit seinen Sängern begann deshalb immer mit ausführlichen Leseproben. Durch »Sprachplastik« sollte die dramatische Wirkung der Sinnakzente gesteigert werden. Zur Behebung von Ansatzfehlern ließ Wagner die Sänger zunächst während des Singens vor allem deutlich sprechen, dann achtete er auf korrekte Atemverteilung, und schließlich ließ er die Bewegung der melodischen Linie durch Anschwellen und Akzentuierung nachgestalten. Das Vorbild, auf das sich Wagner immer wieder für seinen Sprachgesang berief, war einerseits Schröder-Devrient als Leonore, andererseits die Tamino/Sprecher-Szene aus Mozarts *Zauberflöte* gewesen. An den Wagner-Aufnahmen der Jahrhundertwende ist nun mit einer überraschenden Deutlichkeit eine Zweiteilung zu bemerken. An Sängern, die Wagner vornehmlich in Bayreuth sangen oder sich der dortigen Schulung unterzogen wie zum Beispiel Pelagie Greef-Andriessen, Anton van Rooy und Theodor Bertram, ist (in individuell unterschiedlichem Maße) die Vereinseitigung des Prinzips mit schmerzhafter Eindringlichkeit zu bemerken: Das Legatoprinzip ist weitgehend aufgegeben, jede Silbe, jeder Konsonant werden mit größter Energie hervorgestoßen, geatmet wird oft gegen den Gesangsbogen, auch die prächtigsten stimmlichen Mittel (wie etwa bei Bertram, vielleicht die gewaltigste Heldenbaritonstimme, die überliefert ist) gelangen dadurch nur unvollkommen zur Wirkung, und es entsteht das, was englische Kritiker den »Bayreuth Bark«, das Bayreuther Gebell, nennen und was ein Witzbold »Bell-Canto statt Belcanto« nannte. Hört man aber Sänger, die außerhalb Bayreuths, etwa in Wien oder New York, als Wagner-Interpreten zu Ruhm und Ehre kamen, so hört man in vielen Fällen perfekten Wagner-Gesang, wie er auch heute noch als Ideal erscheinen kann – ich nenne vorläufig nur die Sopranistin Johanna Gadski, die vor allem an der Met sang, die Tenöre Leo Slezak und Jacques Urlus, die Altistin Ernestine Schumann-Heink. Es war paradoxerweise gerade die Bayreuther Doktrin vom Sprachgesang, die durch allzu viele Stimmruinen den Ruf der Unsingbarkeit der Wagner-Partien förderte. Da half es auch nicht, daß Wagner selbst schon 1875 zu Hey bemerkt hatte, daß unter der Bezeichnung »Sprachgesang« leider nur noch ein kräftig gesteigertes Textsprechen verstanden würde, das im ungleichen Kampf mit dem Orchester immer unterliegen würde. Bei diesem unsinnigen Verfahren (so Wagner!) gingen viele schöne Stimmen frühzeitig zugrunde. Genau dieses Verfahren aber war es, das Bayreuth nach Wagners Tod einschlug.

Der Meister selbst war durch manche zweideutige Äußerung nicht unschuldig an dieser Entwicklung. Sicher fehlte ihm die letzte Einsicht in technische Probleme. Man kann dies daran bemerken, daß er bei den Proben zu den ersten Festspielen seinen Siegfried Georg Unger die gleiche Phrase bis zur Erschöpfung wiederholen ließ, weil er glaubte, damit das Grundproblem Ungers, einen stark gaumigen Tonansatz, beheben zu können. Aber Wagner war einsichtig genug, als Ausgleich dafür sich der Mitarbeit Heys, des besten deutschen Gesangspädagogen seiner Zeit, zu versichern, während Cosima offensichtlich nicht viel vom Singen verstand und auch Kniese kein Gesangspädagoge, sondern Chorleiter war. Vor allem gab es bei Wagner lebenslang das Korrektiv einer Vorstellung von Stimmwohlklang. Dieses Korrektiv war bei ihm begründet in der Erinnerung an die Stimme seines ersten Rienzi und Tannhäuser Joseph Tichatschek. Das aus dem italienischen Belcanto auf die Partien Wagners übertragene Legato, die Naturgabe eines »anmutig bebenden Lächelns« in der Stimme, ein ermüdungsfreies, strahlend-männliches Stimmorgan – all das hat nach seinem eigenen Bekunden in Wagner die Vorstellung, wie ein dramatischer Tenor klingen müsse, für alle Zeiten festgeschrieben. Tichatschek hatte allerdings in Wagners Augen einen entscheidenden Fehler – ihm fehlte jeglicher Zugang zu tieferen Dimensionen der Menschengestaltung; so konnte er vor allem die Schmerzensakzente, die Wagner von Tannhäuser forderte, nicht annähernd gestalten. Dieser Bereich war erst bei Ludwig Schnorr von Carolsfeld, dem ersten Tristan, in den richtigen Händen, dem Wagner nach dessen frühen Tod lange nachtrauerte (Hey meinte allerdings, Schnorr habe technisch keineswegs untadelig gesungen). Albert Niemann, den Tannhäuser der Pariser Skandalaufführung, holte Wagner noch als ersten Siegmund nach Bayreuth.

Wagners letztlich unsichere Einstellung zu Problemen der Gesangskunst wird an seiner Stellung zum Belcanto deutlich. Sein Modell des deutschen Operngesangs hat er ja immer wieder als deutschen oder auch vaterländischen Belcanto bezeichnet. Wie erwähnt war ihm der Kastrat das negative Symbol des italienischen Kunstgesangs, andererseits wollte er auf den Wohllaut der italienischen Schulung nicht verzichten. Einerseits schimpfte er in den stärksten Ausdrücken gegen die »sogenannte italienische Stimmschulung«, andererseits rühmte er an Tichatschek die Übertragung des Belcantos auf den Wagner-Gesang. Beim alten Wagner, vielleicht auch bedingt durch die immer länger werdenden Aufenthalte in Italien, läßt sich ein positiveres Verhältnis zum Belcanto feststellen. Cosima notiert in ihren Tagebüchern unter dem 3. August 1872: »Richard singt eine Kantilene aus Bellinis ›Puritanern‹, dabei bemerkend, daß Bellini solche Melodien gehabt, wie sie schöner nicht geträumt werden können. Dabei gedenkt er Rubinis, wie wundervoll er dies gesungen« (Rubini war der berühmteste italienische Tenor der vierziger und fünfziger Jahre gewesen). Aber Cosima scheint solche Äußerungen später verdrängt zu haben, denn in einem Brief des Jahres 1890 an Richard Strauss, der ihr einen Bariton für Bayreuth empfohlen hatte, heißt es: »Herrn von Milde habe ich mir gemerkt. Ich fürchte aber seinerseits den ›Belcanto‹, welcher aber bereits durch Reichmann und Scheidemantel bei uns vertreten sein wird.« Man sieht: Belcanto ist endgültig ein Schimpfwort geworden, und das merkt man leider vielen Bayreuther Gesangsgrößen jener Zeit an. Ein Vergleich zwischen der Gestaltung des Wolfram durch Anton van Rooy und durch den großen italienischen Bariton Mattia Battistini ist in dieser Beziehung sehr lehrreich.

Man hört manchmal die Ansicht, daß Heys monumentales Werk *Deutscher Gesangs-Unterricht* (3 Bände, Mainz 1884) die Schuld an dieser negativen Entwicklung trage, weil Hey der Verfechter der extremen Sprachgesangs-Ideologie gewesen sei. Daß diese Ansicht falsch ist, muß jedem klar werden, der sich die drei Bände Heys genauer anschaut, die auch heute noch eine spannende Lektüre sind. Hey war 1864 in München mit Wagner bekannt geworden und wurde von Wagner zum gesangstechnischen Berater der ersten Festspiele gemacht. In den Erinnerungen, die Hey an diese Zusammenarbeit unter dem Titel *Richard Wagner als Vortragsmeister* verfaßt hat, haben wir eine Quelle von außerordentlichem Informationsreichtum für Wagners Vorstellungen von der sängerischen Interpretation seiner Werke und für seine Probentechnik. In Heys ein Jahr nach Wagners Tod erschienenem *Deutschen Gesangs-Unterricht* finden wir das Ergebnis der langen Erfahrung Heys als erfolgreicher Gesangspädagoge und der Zusammenarbeit mit Wagner vor. Wie erwähnt wurde Hey für die nächsten Festspieljahre nicht mehr herangezogen. Als er 1902 Bayreuth zum erstenmal wieder besuchte, war er entsetzt über die gesangstechnische Vorbereitung der meisten Sänger durch Kniese. Heys Gesangsschule ist deshalb so interessant, weil sie keineswegs die Bibel des Sprachgesangs ist, sondern viel eher auf der Linie des »Belcanto-Wagner« liegt, um es vereinfacht auszudrükken. Zwar sieht auch Hey im Sinne Wagners einen Unterschied zwischen deutschem und italienischem Gesangsstil, wird aber auch nicht müde zu betonen, daß auch für den deutschen dramatischen Sänger die Grundvoraussetzungen des Belcantos von größter Wichtigkeit sind. Ein Zitat aus diesem Werk, dessen Ziel ja die Schulung des idealen Wagner-Sängers ist, muß hier genügen: »Es gibt eben, wie wir gesehen haben, keine der italienischen Schule zugehörige Gesangsdisziplin, kein Gebiet der stimmtechnischen Virtuosität, welche der deutsche Gesangsunterricht nicht ebenso erschöpfend durchzuführen hätte.«

Es ist nicht schwer, anhand der ja seit der Jahrhundertwende einsetzenden Gesangsaufzeichnungen, unter denen von Anfang an auch Wagner-Aufnahmen sich befinden, meine Diagnose nachzuprüfen, daß zwischen Bayreuth einerseits, Wien und New York andererseits sich im Wagner-Gesang eine Kluft auftat, die durch die ideologische Engstirnigkeit des Bayreuther Kreises noch vertieft wurde (es sei nur an den Streit um die *Parsifal*-Aufführungen außerhalb Bayreuths erinnert). Hey hat nicht mehr erlebt, daß seine (und in mancher Hinsicht auch Wagners) Vorstellung vom regelrechten Wagner-Gesang sich dann doch international durchsetzte. Auch in Bayreuth blieb es nicht bei den geschilderten Zuständen. Unter dem Nachfolger Knieses als Studienleiter der Bayreuther Festspiele, Carl Kittel (der dieses Amt von 1912 bis 1939 versah), besserten sich die Verhältnisse merklich. Kittel hat sich in den dreißiger Jahren im Bayreuther Festspielführer mehrfach zum Bayreuther Aufführungsstil geäußert. Was den Gesang betrifft, so geht daraus hervor, daß er, ganz auf der Linie Heys, einen behutsamen Mittelweg zwischen Sprachgesang und Belcanto einschlug. Die aus Bayreuth stammenden Wagner-Aufnahmen seit der zweiten Hälfte der zwanziger Jahre belegen diesen Wandel in aller Deutlichkeit. Die größere Toleranz des Festspielleiters Siegfried Wagner und dann auch Winifred Wagners hat wohl auch in diesem Bereich segensreich gewirkt. Das Engagement Arturo Toscaninis als Bayreuth-Dirigent wäre unter Cosima und Kniese ebenso undenkbar gewesen wie das eines deutschen Belcantisten wie Franz Völker, einer Maria Müller, eines Alexander Kipnis, alles Sänger, die den »sogenannten Belcanto« verkörpern und damit alle jene Tugenden, die Wagner und Hey vorgeschwebt hatten.

Verschaffen wir uns nun einen Überblick über den Wagner-Gesang einst und jetzt und benutzen dabei die Facheinteilungen und Rollenbesetzungen als Leitfaden – dabei wird gleichzeitig etwas Information über die Entstehung der Stimmfächer einfließen. Mit Ausnahme von Lauritz Melchior und Frida Leider (und einigen Sängern der Gegenwart) werden alle bedeutenden Wagner-Sänger in diesem Zusammenhang behandelt, soweit sich ihr Ruhm ausschließlich (oder fast ausschließlich) aus diesem Repertoire speist.

Baß und Bariton

Was ein Baß ist, darüber hat der Stimmphysiologe sehr genaue Vorstellungen: »Des Basses Grundgewalt dürfte auf größere Stimmlippen und auf den besonders weiten Bronchialbaum zurückzuführen sein, die je nach Beschaffenheit den Grundton und die tiefen Obertöne der Stimmlippen verstärken.« Was ein Bariton ist, die statistisch am häufigsten vorkommende Stimmlage des Mannes, das meint ein geflügeltes Wort erkundet zu haben: »Der Übergang vom Tenor zum Menschen.« Die Kunstmusik war lange an Baßstimmen nicht übermäßig interessiert. Relativ früh in der Geschichte der Oper, bei Claudio Monteverdi, bekommt der Baß sein charakteristisches Profil als »basso profondo«, mit geringer stimmlicher Ausdehnung in die Höhe. Pluto, Neptun, Charon sind die typischen Monteverdischen Baßfiguren, unter denen der Seneca in *L'incoronazione di Poppea* sicher die reichste ist; das Majestätische, Feierliche, auch das Weise des Alters sind die wesentlichen Züge. Auch im 19. Jahrhundert noch verträgt sich die Autorität einer Baßstimme am besten mit der Darstellung von Priestern, Königen und Vätern. Von den zahllosen Beispielen nenne ich nur die Unterredung zwischen Philipp und dem Großinquisitor in Verdis *Don Carlos*, wo in zwei Figuren gewissermaßen alle drei Funktionen vertreten sind. Daneben entwickelt sich der Seitentrieb des Baßbösewichts (Kaspar im *Freischütz*, Sparafucile in *Rigoletto*, Wagners Hagen ist eine grandiose Übersteigerung dieser Tradition), der seine idealtypische Verkörperung natürlich im bösen Prinzip schlechthin hat, im Teufel auf der Opernbühne, der bei Berlioz wie bei Gounod und Boito allemal für herrliche Baßrollen einsteht – erst Ferruccio Busoni macht aus ihm einen Tenor.

Lassen wir den lyrischen Bariton einmal beiseite, der bei Wagner prominent eigentlich nur durch den Wolfram vertreten ist. Die Bezeichnung Heldenbariton ist relativ späten Datums. Wagner selbst hat sie, soweit ich sehe, gar nicht verwendet, sondern die einheitlichere Bezeichnung Baß gewählt. In den Klavierauszügen von Karl Klindworth und Felix Mottl kann man dann die Bezeichnung »hoher Baß« für das lesen, was wir heute unter Heldenbariton verstehen; damit wird Wotan charakterisiert, aber auch Alberich, Donner, Fasolt und Gunther, während der Wanderer in *Siegfried* als Baß bezeichnet wird, dessen »tessitura« ja wirklich etwas tiefer liegt als die des Wotan in der *Walküre*. Die Partie des Hans Sachs wird ebenfalls als Baßpartie gekennzeichnet, obwohl sie meistens von Heldenbaritonen gesungen wurde und wird, ja sogar von lyrischen Baritonen. Was die stimmliche Ausdehnung betrifft, so sind bei Wagner Baß und Heldenbariton praktisch nicht unterschieden, für beide sind F/Fis die Obergrenze, der Unterschied liegt nur darin, daß beim hohen Baß beziehungsweise beim Heldenbariton die »tessitura« höher liegt, das heißt, daß sich größere Teile der Partie im oberen Drittel des Stimmumfangs bewegen als bei den reinen Baßpartien. Solche Variabilität gibt es nicht nur bei Wagner, sondern auch im italienischen Repertoire. Rollen wie der Simon Boccanegra, der Jago und auch der Scarpia liegen tiefer als der Renato und der Luna und werden gern von Heldenbaritonen gesungen, die sich vom mühseligen Geschäft der Götterväter entspannen wollen.

In der deutschen Oper haben sich die Differenzierungen zwischen Baß und Bariton in der ersten Hälfte des 19. Jahrhunderts entwickelt. Lange Zeit war es üblich, daß Schauspieler dazu herhalten mußten, die kleinen, weniger wichtigen Baßpartien der Väter und Intriganten zu übernehmen. In einem Entwurf für eine deutsche Operngesellschaft, den Carl Maria von Weber 1817 in Dresden vorlegte, listete er das Opernpersonal auf, das seiner Meinung nach unabdingbar war. Es finden sich dort nur folgende tiefe Männerstimmen: ein erster Bassist für Charakterrollen, »in denen das Spiel vorherrschend ist«, und ein Bassist für Nebenrollen »komischen oder beschränkten Charakters«. Der

Begriff Bariton wird also überhaupt noch nicht verwendet, wie ja auch bei Mozart noch nicht ausdrücklich zwischen Baß und Bariton unterschieden wird. In Webers *Freischütz* gibt es vier Baßrollen: den Kaspar, den Eremiten, Kuno und Ottokar, von denen Ottokar heute als Bariton bezeichnet und besetzt wird. In Webers *Euryanthe* haben wir dann allerdings in der Gestalt des Lysiart schon eine Vorstufe des Wagnerschen Heldenbaritons vor uns, ebenso wie in den Titelrollen von Marschners *Hans Heiling* und *Vampir*, die alle nicht nur in der stimmlichen Charakteristik auf den Holländer vorausweisen, sondern auch dadurch, daß sie Figuren sind, die sich vom Bösewichtklischee entfernen, weil sie Männer sind, die durch Schrecken und Leid düster gehärtet wurden, gefallene Engel, wie Wagner vom Holländer sagt. Pointiert formuliert kann man die Entstehung des Heldenbaritons erklären aus der Existenz des aus der Literatur wohlvertrauten zerrissenen romantischen Helden.

Die Baßrollen scheinen heute bei der Besetzung der Wagnerschen Werke die wenigsten Schwierigkeiten zu machen. Es gibt eine Reihe von Bassisten mittleren und jüngeren Alters wie Kurt Moll, Hans Sotin, Matti Salminen und Matthias Hölle, die respektable, auch eindrucksvolle Leistungen zeigen. Dennoch möge jeder Leser anhand der Schallplatten selbst nachprüfen, ob er in den letzten Jahren einen Hunding gehört hat, wie ihn Emanuel List in der Einspielung des ersten Aktes der *Walküre* durch Bruno Walter 1935 gesungen hat, einen gefährlichen Hunding ohne Übertreibungen, dessen Töne auch in der Tiefe noch klangvoll und nicht klobig oder geröhrt wirken. Es ist auch zu fragen, ob es je wieder einen Gurnemanz, einen König Heinrich wie Alexander Kipnis gegeben hat. Diese Frage ist vielleicht etwas unfair, weil in meinen Augen und Ohren überflüssig, denn ich halte Kipnis für den bedeutendsten Bassisten unseres Jahrhunderts, noch vor Fjodor Schaljapin, den er durch seine Vielseitigkeit überragte (siehe den Abschnitt über Kipnis). Will man die bedeutenden Wagner-Bässe Revue passieren lassen, so führt der aussagekräftigste Weg über Einspielungen, in denen die Partie des Hagen dokumentiert ist, bei weitem die größte Herausforderung, denen sich ein Vertreter dieser Stimmgattung bei Wagner (und weit darüber hinaus) konfrontiert sieht. So ist es kein Zufall, daß man sich den sogenannten Mannenruf des Hagen aus dem zweiten Akt der *Götterdämmerung* (neben dem »Hier sitz' ich zur Wacht« die einzige Szene, die man ohne Not herauslösen kann) von den bedeutendsten Bassisten der zwanziger und dreißiger Jahre, die vor allem im Wagner-Fach reüssierten, anhören kann.

Da wäre zunächst **Emanuel List** (1888–1967) zu nennen, jener schon erwähnte kaum übertroffene Hunding in Bruno Walters Version des ersten Aktes der *Walküre*. Der gebürtige Wiener hieß eigentlich Fleissig, aber auch sein Künstlername gab immer wieder Anlaß zu Scherzen, wenn es etwa in einer

Kritik hieß, daß sich Herr List seine tiefen Töne nicht erliste, sondern sie wirklich zur Verfügung habe. List wanderte während des Ersten Weltkriegs nach den USA aus, kehrte Anfang der zwanziger Jahre aber wieder in seine Heimatstadt zurück und debütierte 1922 an der Volksoper. Karriere aber machte er an der Berliner Staatsoper, wo er zwischen 1924 und 1934 engagiert war und als Nachfolger des zur Berliner Legende gewordenen Paul Knüpfer angesehen wurde. Noch 1933 konnte er in Bayreuth fast sein gesamtes Wagner-Repertoire, natürlich vor allem den Hagen, erfolgreich präsentieren, dann griffen langsam, aber sicher die Rassenvorstellungen des Dritten Reiches auch nach List. Er ging wieder nach New York zurück, wo er sich im Gegensatz zu anderen Emigranten schon gut auskannte, und trat ein langfristiges Engagement an der Met an, sang daneben aber immer wieder, solange dies noch möglich war, an der Wiener Staatsoper. Anfang der fünfziger Jahre kehrte er wieder nach Österreich zurück, aber es war für ihn zu spät, um seine Karriere wiederaufnehmen zu können. Bei Lists Schallplatten (es sind nicht allzu viele Studioaufnahmen und eine Reihe von Live-Mitschnitten) fallen die ausgesprochen bassige Definition der Stimme und der verblüffende Tonumfang auf. List war offensichtlich weder das, was man einen Kellerbaß nennt, noch ein hoher Baß mit Tendenz zum Heldenbariton, aber er hatte die Tiefe des einen und die Höhe des anderen in einer Unangestrengtheit, die in seiner Generation einzigartig war. Baßstimmen solcher Charakteristik sind (wieder einmal muß diese Feststellung getroffen werden) offensichtlich ausgestorben. Ein bedeutender Interpret war List wohl aber nicht. Sein Hunding wirkt in seiner unverbildeten Härte und geradlinigen Sturheit gewissermaßen durch sich selbst – zum Hagen jedoch gehört noch mehr, und das konnte List nicht aufbringen.

Falls man bereits bei List, durch heutige Bässe in diesem Punkte nicht gerade verwöhnt, über die geradezu lässig produzierte Tonfülle ins Staunen gerät, so wird man bei **Ivar Andrésen** (1896–1940) aus diesem Staunen nicht mehr herauskommen. Der gestrenge Michael Scott spricht von »one of the outstanding bass voices of this century« – und er neigt nicht zu Übertreibungen. Die schiere Opulenz dieser Stimme grenzt für uns Heutige ans Fabulöse, man traut gewissermaßen seinen Ohren nicht, wenn Andrésen etwa den Choral des Marcel aus Meyerbeers *Huguenots* anstimmt: »O höre mich, du starker Gott« – selbst ein schwerhöriger Gottvater hätte davon Kenntnis nehmen müssen; außerdem wird man gewahr, wie weit selbst ein Nicolai Ghiaurov in der berühmten Scala-Aufführung dieser Oper hinter den Anforderungen zurückblieb. Dieselbe Aufnahme, wie auch das prächtige Duett Guardian/Leonora aus *La forza del destino* mit Meta Seinemeyer zeigt, daß Andrésen keineswegs nur stolzer Besitzer einer überdimensionalen Baßstimme war, sondern diese Naturgabe mit einer soliden Technik und der

Fähigkeit verband, die Stimme auch in klingendes, subtiles Piano zurückzuführen. Andrésen war mehr noch als Emanuel List ein Basso profondo – seine Technik ermöglichte es ihm jedoch, auch jene Wagner-Partien zu meistern, die den tiefen Bässen immer ein Greuel sind, weil sie unangenehm hoch liegen: König Heinrich und Landgraf. Andrésen stammte aus Oslo, ließ sich aber in Stockholm bei Gillis Bratt ausbilden, der seine Eignung als Lehrer großer Stimmen auch an Kirsten Flagstad demonstrierte. An der Stockholmer Oper bekam er sein erstes Engagement mit 23 Jahren, ein ungewöhnlich früh ausgereifter schwerer Baß. 1925 ging er dann nach Dresden, wo er bis 1934 der erste Vertreter seines Faches war, und das in der größten Zeit, die dieses Opernhaus je hatte. Zwischen 1927 und 1936 sang er jedes Jahr in Bayreuth, auch dort der erste Bassist. Anfang der dreißiger Jahre gastierte er höchst erfolgreich in New York und London und sang dann von 1934 bis 1936 an der Berliner Staatsoper. Seine Tätigkeit in seinen letzten Lebensjahren liegt in einem merkwürdigen Dunkel – bekannt ist nur, daß er im November 1940 »plötzlich« (in der Tat erst 44 Jahre alt) gestorben ist. Wenn wir auch bei Andrésen uns Hagens Mannenruf anhören, dann wird die Feststellung nicht überraschen, daß dies der stimmlich mächtigste und wuchtigste Hagen ist, den die Schallplatte überliefert; wer Andrésens Aufnahmen in größerer Breite kennt, wird allerdings auch nicht verwundert sein, daß seinem Hagen die aggressive Düsternis fehlt, die dieser Rolle doch anhaften muß [Preiser].

Diese Diagnose, die mit dem Rang des außerordentlichen Bassisten Ivar Andrésen nichts zu tun hat, sondern nur eine Begrenzung seines Talents nach einer speziellen Seite hin bedeutet, wird man auch nicht vermeiden können, wenn man sich einem anderen der bedeutenden Bassisten der Zeit zwischen den Kriegen zuwendet, dem gebürtigen Wiener **Ludwig Weber** (1899–1974). Als Hobbychorist wurde der Kunststudent Weber entdeckt und 1920 an die Wiener Volksoper engagiert. Wer in Wien an der Volksoper sang, wurde so gut wie nie für würdig befunden, von dort direkt zur Staatsoper zu wechseln; es mußten Umwege gemacht werden, die bei Weber rund 20 Jahre dauerten. Diese Umwege führten ihn über Elberfeld, Düsseldorf und Köln nach München, wo er von 1933 bis zum Ende des Krieges neben Georg Hann die erste Baßposition einnahm, die lange durch Paul Bender geprägt worden war. Als Jüngster der hier besprochenen imposanten Baßphalanx konnte Weber nach dem Krieg seine Laufbahn in beeindruckender Weise fortsetzen. So sang er bei den Bayreuther Festspielen 1951 zum Neubeginn den Hagen und noch 1963 den Titurel. 1954 gab es für Weber eine Schallplattensternstunde, denn er konnte den Ochs in Erich Kleibers *Rosenkavalier*-Aufnahme singen. Da Richard Mayrs Gestaltung nur in einem Querschnitt erhalten ist, bleibt Webers Rollenporträt der Maßstab, an dem sich heutige Interpreten, kaum zu ihren Gunsten, messen lassen müssen. Webers Wagner-Interpretationen sind auf zahlreichen Aufnahmen, vor allem Mitschnitten, erhalten. Unter allen großen Wagner-Bassisten des Jahrhunderts darf er als der Belcantist par excellence bezeichnet werden, das Gegenstück zu Franz Völker im Tenorfach. Weber stand als junger Sänger noch einige Male mit Mattia Battistini auf der Bühne und hat ihn immer als Vorbild bezeichnet. Solche Legatoqualitäten, wie er sie in den Wagner-Gesang einbringt, hat man später nur noch von Franz Crass und Karl Ridderbusch (bei bescheideneren stimmlichen Mitteln) vernommen. Der immer weiche, runde Ton, der jederzeit unforciert mächtig auftrumpfen kann, ist Webers größtes Plus. Gerade dieses Plus jedoch verhindert, daß sein vielgerühmter Hagen die letzte Schärfe des Zuschnitts erreicht, wie man etwa aus Live-Auszügen einer Covent-Garden-Aufführung von 1936 entnehmen kann – stimmlich ist das ebenso maßstabsetzend, wie es das bei List und bei Andresen war.

Wenn man schon bei diesen Sängern obersten Ranges keinen in allen Fasern überzeugenden Hagen finden kann, sollte man wohl die Suche aufgeben, aber man wird dann doch noch fündig an einer eigentlich unvermuteten Stelle, bei einem Sänger, der weder als Stimmbesitzer noch als Techniker mit den genannten Größen Schritt halten kann, der aber jene »vis daemonica« besitzt und außerdem jenes Maß an überbordendem gestischen Singen, das für solche aus dem Rahmen des Herkömmlichen fallenden Partien nötig ist. Es ist der Frankfurter Baßbariton **Ludwig Hofmann** (1895–1963), der in den dreißiger und vierziger Jahren vor allem in Wien und Berlin, aber auch in Bayreuth und an der Met zu hören war. Er erreichte nie ganz die Popularität der genannten Kollegen, überragte sie aber in der immensen Vielseitigkeit, die sein Repertoire kennzeichnete, das vom Sarastro und Osmin über den Hagen bis zum Wotan und zu Kreneks *Jonny spielt auf* reichte. In der Vehemenz seiner Darstellung wie im Stimmumfang ist Hofmann als jüngerer Bruder Michael Bohnens anzusehen, und sein Hagen hat nun endlich alle Ingredienzien, die man sich von dieser Rolle nur wünschen kann: Eloquenz, Schärfe, lakonische Bosheit, sardonischen Humor – eine Musterinterpretation, die viel zuwenig bekannt ist.

Unter den deutschen Wagner-Bassisten der fünfziger und sechziger Jahre ragt **Gottlob Frick** (*1906) hervor. Es war Anfang der siebziger Jahre, da kam unter der Leitung Georg Soltis eine neue *Parsifal*-Gesamtaufnahme heraus. Als Gurnemanz überzeugte die Schallplattenkritiker der sich dem 70. Lebensjahr nähernde Frick, in einer Rolle, die er zuvor nur ganz selten gesungen hatte. Als Solist debütierte er 1934 in Coburg, wo damals viel Wagner gespielt wurde und Frick sein Repertoire in dieser Richtung erweitern konnte. Dann ging es für zwei Jahre nach Freiburg, später nach Königsberg.

Karl Böhm, Opernchef in Dresden, hörte den schwäbischen Bassisten in Königsberg und lud ihn ein, in Dresden zu gastieren. Mit König Heinrich und Rocco stellte sich Frick in Dresden vor und wurde sehr schnell engagiert. Von 1938 bis zum Kriegsende gehörte er dem legendären Dresdener Ensemble an und wirkte schon bei einigen Schallplattenaufnahmen mit. Auch nach Kriegsende blieb Frick zunächst in Dresden, hatte einen Gastvertrag mit der Berliner Staatsoper und mit der Städtischen Oper in West-Berlin, die von Heinz Tietjen geleitet wurde. Schließlich übersiedelte Frick ganz in die Bundesrepublik, von wo aus seine internationale Karriere begann, mit einem Gurnemanz in London. Kurz darauf nahm ihn die Wiener Staatsoper unter Vertrag, dann München und Hamburg.

Entscheidend für seine Laufbahn wurde sicher die Tatsache, daß er bereits 1951 im neuen Bayreuth dabei war und sich von dort aus zum führenden Wagner-Bassisten seiner Generation entwickelte. Mir selbst ist vor allem sein Hagen in Erinnerung, den er in der ersten Hälfte der sechziger Jahre in Bayreuth sang. Frick sang seine großen Wagner-Rollen, aber auch den Kezal und den Sarastro an allen großen Opernhäusern der Welt. Um den Hans Sachs hat er merkwürdigerweise einen großen Bogen gemacht, obwohl diese Partie ihm bei seiner sehr sicheren Höhe durchaus erreichbar gewesen wäre – da trifft er sich mit seinem Heldenbariton-Kollegen Hans Hotter, der den Sachs auch nur eine kurze Zeit sang. Die andere große Baßrolle, die er immer vermied, war die des Ochs auf Lerchenau im *Rosenkavalier.* Die überließ er lieber seinem ehemaligen Dresdener Baßkollegen Kurt Böhme, vielleicht auch weil seine schwäbische Mundart, die man in zarten Anklängen auch noch beim Hagen hören konnte, dem Ochs nicht entgegengekommen wäre. Es war immer wieder verblüffend, welche Stimmgewalt aus dem nur mittelgroßen, eher schmalen Sänger sich entwickelte. Eine eher weich als metallisch getönte echte Baßstimme war es, die Frick sein eigen nannte, mit sonoren Tönen in der Tiefe und einer mächtig expandierenden Höhe, der auch das hohe F keine Schwierigkeiten machte – die gegenwärtig führenden Wagner-Bassisten wirken neben ihm oft wie Baritonstimmen. Wilhelm Furtwängler hat ihn nach dem Krieg musikalisch geformt, dann auch Kleiber, Böhm und Solti. Unter den Regisseuren war es vor allem Günther Rennert, mit dem er sich seine Rollen erarbeitete – in Bayreuth bevorzugte Wieland Wagner eher die intellektuelleren Bässe wie Josef Greindl. Mit schönen Gesamtaufnahmen hat sich Frick seinen Platz in der Geschichte des Wagner-Gesangs gesichert [drei CDs bei EMI].

Höhere Anforderungen als an seine Bassisten hat Wagner an die Heldenbaritone gestellt. Vom Sänger des Holländer etwa verlangte er eine ausreichende Farbskala und vor allem die Kunst der Modulation, worunter er Klangfärbung verstand. Die düstere, unheimliche Modulation des Organs müsse bis an die äußerste Grenze geführt werden. Julius Hey weist in seinem *Deutschen Gesangs-Unterricht* darauf hin, daß der Holländer höchste dynamische Anforderungen stelle, mächtige Stimmexpansion ebenso verlange wie breitphrasierte Kantilene. Mustert man die Holländer-Interpreten der modernen Gesamtaufnahmen durch, so wird man in allen diesen Bereichen Defizite entdecken, am stärksten wohl bei Norman Bailey, dem Holländer in Soltis Aufnahme von 1977. Geht man zurück an den Beginn der Schallaufzeichnung, wird man mit dem bereits erwähnten Anton van Rooy, dem berühmtesten Holländer und Wotan der Jahrhundertwende, auch nicht glücklich werden, weil bei ihm die negativen Charakteristika des Bayreuther Sprachgesangs bemerkbar sind.

Besser geht man als Schallplattenhörer wieder rund 20 Jahre nach vorne und trifft dort auf **Friedrich Schorr** (1888–1953), *den* Wotan und Sachs der zwanziger und dreißiger Jahre, der in einer Aufnahme des Jahres 1929 auch einen bezwingenden Holländer singt. Hier haben wir die mächtige Stimmexpansion, neben der heutige Rollenvertreter doch recht schmalstimmig wirken, aber auch die breitphrasierte Kantilene, deren Schorr auch fähig war, der seine gewaltige Stimme erstaunlich biegsam behandeln konnte. Würde heutzutage ein blutjunger Baßbariton sein Bühnendebüt mit 23 Jahren als Wotan in der *Walküre* geben, wären alle mehr oder weniger Sachverständigen entsetzt über diesen Frevel, der sich früher oder später rächen müsse. Schorr, unter Kennern immer noch als der bedeutendste Heldenbariton dieses Jahrhunderts gewertet, hat ebendiese Kühnheit gewagt, und sie ist ihm nicht schlecht bekommen, ich bin aber nicht sicher, ob junge Sänger sich dieses Vorgehen als Beispiel nehmen sollten.

Schorr wurde in Nagyvárad (Großwardein) in Ungarn geboren, in einem Jahr, das anscheinend ein besonders guter Sängerjahrgang war, denn ihm entstammen auch Frida Leider, Lotte Lehmann und Elisabeth Schumann. Entgegen dem elterlichen Ratschlag, der für ihn eine juristische Laufbahn vorsah, studierte Schorr Gesang bei Adolf Robinson in Wien, der auch der Lehrer von Leo Slezak war. Mit dem genannten Wotan-Debüt an der Grazer Oper im Jahre 1911 fand Schorr zugleich die Rolle seines Lebens. 1916 bis 1918 sang er am Deutschen Theater in Prag, von 1918 bis 1923 am Kölner Opernhaus, eine für die Zeit typische solide Karriere (sieht man einmal vom kühnen Debüt ab), die langsam von kleineren zu größeren Häusern fortschritt. 1923 bereiste Schorr mit der German Opera Company zum erstenmal Nordamerika, ein Jahr später wurde er an die Metropolitan Opera berufen, wo er als Wolfram im *Tannhäuser* debütierte. Bis 1943 blieb er Ensemblemitglied und sang insgesamt 427 Vorstellungen, eine erstaunliche Kontinuität und ein Engagement, das ihm sehr nützlich war, als ihm deutscher Rassenwahn ein Auftreten an deutschen Bühnen unmöglich machte. Schorr ist der Nachwelt ausschließlich als Wagner-Sänger im Gedächtnis geblieben. Wir sollten neben seiner unbezweifelbaren epochalen Bedeutung für diesen Repertoirebereich nicht vergessen, daß er auch in Busonis *Doktor Faust* die Titelrolle verkörperte und daß er bei den amerikanischen Erstaufführungen von Kreneks *Jonny spielt auf* und Weinbergers *Schwanda, der Dudelsackpfeifer* ebenfalls die jeweiligen Hauptrollen sang. Es ist aber nicht zu bestreiten, daß die Konzentration auf die großen Wagner-Partien immer ausschließlicher wurde, daß Rollen wie Amonasro, Pizarro und Jochanaan immer mehr zurücktraten. In allen diesen Partien gab es gleichwertige oder überlegene Kollegen zu fürchten. Schorr machte keineswegs nur eine amerikanische Karriere. Bis 1933 teilte er seine Tätigkeit zwischen Amerika und Deutschland auf, wo er vor allem an der Berliner Staatsoper und bei den Bayreuther Festspielen sang. In Bayreuth war er zwischen 1925 und 1931 *der* Wotan der Festspiele, der die Erinnerung an Anton van Rooy verblassen ließ und seinen Nachfolgern wie Rudolf Bockelmann es schwermachte, ihn vergessen zu lassen. Daß Schorr auch ein hervorragender Hans Sachs war, ist durchaus nicht selbstverständlich, denn beide Rollen können sich gelegentlich ausschließen, und es ist auf den Aufnahmen erstaunlich zu hören, wie Schorr seiner mächtigen Stimme eine verblüffende Legato- und Pianokultur abzuzwingen vermag.

Es gehört zu den absurden Zügen der Rassenpolitik des Dritten Reiches, daß gerade Künstler wie Schorr, die den Wagnerschen Sprachgesang in einer Art verkörperten, wie ihn Wagner sich erträumt, aber nie selbst erlebt hatte, ihre künstlerische Heimat verlassen mußten. Für die letzten zehn Jahre seiner Karriere profitierte das New Yorker Publikum in mehrfacher Weise, denn er hatte dort auch die Aufgabe, seine nichtdeutschen Kollegen in die Geheimnisse des deutschen Operngesangs einzuweisen. 1943 nahm er als Wanderer im *Siegfried* Abschied von der Bühne, im *Ring*-Zyklus, mit dem über 30 Jahre zuvor seine Laufbahn begonnen hatte. Auch nach diesem Datum trat er noch in Konzerten auf, inszenierte an der City Opera Wagner. 1943 wurde Schorr Direktor der Manhattan School of Music und leitete ein Opernstudio in Hartford (Connecticut). Schorrs Schallplattenaufnahmen haben seither klassischen Rang eingenommen. Jeder, der sich für historische Aufnahmen interessiert, wird hier seine Maßstäbe beziehen dafür, wie ein Heldenbariton klingen muß. Die metallische Sonorität und autoritative Fülle dieser Stimme teilen sich auch dem heutigen Hörer ohne Abstriche mit [je eine CD bei Pearl und Preiser, bei Pearl außerdem ein *Meistersinger*-Querschnitt, Berlin 1928].

Für die Generationen nach Friedrich Schorr haben **Rudolf Bockelmann** (1892–1958) und Hans Hotter als Holländer und Wotan stilbildend gewirkt. Bei Bockelmann deutete zunächst nichts auf eine Sängerkarriere hin. Sein

Vater war Lehrer in der Lüneburger Heide, in dem Dorf Bodenteich bei Celle, wo Bockelmann geboren wurde. In Celle ging er zur Schule, nach dem Abitur studierte er in Leipzig klassische Philologie mit dem Ziel, ebenfalls Lehrer zu werden. Die Musik war für ihn das, was man heute Hobby nennen würde: Er sang im Universitätschor und liebäugelte ein wenig mit dem Kapellmeisterberuf. Der Erste Weltkrieg unterbrach sein Studium, das Bockelmann erst nach Kriegsende abschließen konnte. Nun hätte er eigentlich sein Referendariat antreten müssen, aber seine Stimme war einigen Leuten aufgefallen, die ihn drängten, dem Dirigenten Arthur Nikisch vorzusingen. Nikisch, der auch die Sopranistin Elena Gerhardt entdeckt hatte, empfahl ein Gesangsstudium, das Bockelmann in Leipzig bei Oscar Laßner und dem berühmten Heldenbariton Walter Soomer, der vor dem Krieg in Bayreuth erfolgreich gewesen war, aufnahm. 1920 konnte er dann schon im Celler Stadttheater auftreten, relativ früh, gemessen am späten Beginn der Ausbildung, und 1921 schon hörte man ihn in Leipzig als Heerrufer in Wagners *Lohengrin*. Das Werk Wagners wurde bald Mittelpunkt seiner Karriere. In Leipzig entwickelte sich seine Stimme dann sehr bald zum Heldenbariton, und als solcher wurde er 1926 nach Hamburg engagiert, wo er zum erstenmal den Hans Sachs und den Wotan sang, sicher die bedeutendsten Partien seines Repertoires. Bei einem Philharmonischen Konzert sang Bockelmann unter dem Dirigenten Karl Muck, damals der traditionsreiche *Parsifal*-Dirigent in Bayreuth, eine Institution, wie sie viel später vergleichbar Hans Knappertsbusch bildete. Muck war sehr angetan und hat wahrscheinlich den Kontakt zu Bayreuth hergestellt, wo Bockelmann 1928 als Kurwenal debütierte. Bis 1942 war er nun eine der Stützen der Bayreuther Festspiele, daneben war er seit 1932 an der Berliner Staatsoper engagiert, die damals ja im Wagner-Bereich aufs engste mit Bayreuth kooperierte. In den zentralen Partien seines relativ engen Repertoires gastierte er in aller Welt, solange es die Zeitereignisse zuließen.

Nach dem Ende des Krieges vermochte er nicht mehr an seine große Karriere anzuknüpfen. Zwar fühlte er sich stimmlich durchaus noch auf der Höhe, aber das neue Bayreuth trat nicht mehr an ihn heran, wohl auch, weil er sich zu eng mit dem Dritten Reich eingelassen hatte. Zunächst lebte Bockelmann in Hamburg als Gesangslehrer, stark verbittert über die schmerzlich empfundene Zurücksetzung. 1955 wurde er als Professor an die Dresdener Musikhochschule berufen, konnte sein dortiges Amt aber nur noch drei Jahre ausüben, am 9. Oktober 1958 ist er in Dresden gestorben. Bockelmann hat nicht allzu viele Schallplatten hinterlassen, neuerdings tauchen jedoch immer wieder Live-Mitschnitte auf, in denen er zu hören ist. Die Größe und die Kraft seines Baritons sind auf allen diesen Aufnahmen konstatierbar, gelegentlich stört eine etwas steife Tongebung, und die Qualität seines Timbres scheint mir hinter seinen großen Kollegen etwas zurückzustehen [Myto].

Hans Hotter (*1909) hat seine Karriere ungewöhnlich früh begonnen. Er wurde in Offenbach geboren, hatte allerdings waschechte bayerische Eltern – sein Vater war Lehrer an der Kunstgewerbeschule. Nach dem frühen Tod seines Vaters wuchs Hotter in München auf und besuchte die dortige Musikhochschule. Vom Heldenbariton war jedoch zunächst überhaupt keine Rede, sondern es stand der Musiklehrer am Horizont mit den Schwerpunkten Musiktheorie und Orgel. Hotters Gesangslehrer Matthäus Römer lenkte sein Interesse vor allem auf den Liedgesang. Die Beschäftigung mit Schumann, Schubert und Wolf wurde allerdings sehr schnell unterbrochen durch einen Anfängervertrag mit dem Stadttheater in Troppau, wo er bereits 1930 als Sprecher in der *Zauberflöte* debütierte. Erst gut zehn Jahre später fand er wieder die Zeit, sich mit dem Kunstlied auseinanderzusetzen, und hatte dann als Interpret von Schuberts *Winterreise* große Erfolge – seine erste Schallplatteneinspielung dieses Werkes entstand schon 1942/43. Zehn Jahre zuvor war der junge Baßbariton in Breslau engagiert, wo er bereits Amonasro und Amfortas sang (man bedenke: als 23jähriger) – bis 1934 sang er am Deutschen Theater in Prag. Dort hörte er Fjodor Schaljapin, der ihn sehr beeindruckte und seine spätere Darstellung des Boris Godunow prägte. Die entscheidenden Jahre seiner künstlerischen Entwicklung waren jedoch das Engagement an der Hamburgischen Staatsoper von 1934 bis 1937 und dann die anschließenden Jahre an der Münchner Staatsoper. In Hamburg schuf sich Hotter das Fundament für seine später führende Stellung als Wotan und Fliegender Holländer, wobei man sich wieder daran erinnern muß, daß er erst ein Endzwanziger war.

Ich weise deshalb darauf so ausdrücklich hin, weil heute ein junger Baßbariton dieses Alters, der sich anschickt, den Wotan zu singen, allgemeines Entsetzen hervorrufen würde. Man würde ihn vor frühzeitigem Verschleiß warnen und ihm die Sänger der älteren Generation als Vorbild hinstellen, die solche Partien erst in fortgeschrittenem Alter gesungen hätten. So richtig das im Normalfall sein mag – Hotter und Friedrich Schorr sind verblüffende Gegenbeispiele. 1937 kam Hotter nach München, das sein Standquartier geblieben ist; er hatte dort das Glück, viele Jahre mit Clemens Krauss und Hans Knappertsbusch zusammenarbeiten zu können und so seinem bereits recht großen Repertoire die letzte musikalische und darstellerische Abrundung geben zu können. München verlangte neben den Wagner-Partien vor allem Richard Strauss von ihm – an zwei Uraufführungen war Hotter beteiligt, als Kommandant im *Friedenstag* 1938 und als Olivier in *Capriccio* 1942. Seine eindrucksvollsten Strauss-Rollen sind aber sicher der Mandryka in *Arabella* und Jochanaan in *Salome* gewesen; eine Überraschung für das Münchner Publikum war es, in Rollen wie Gianni Schicchi und Basilio im *Barbiere di Siviglia* Hotters komisches Talent zu entdecken. Seine sich anbahnende internationale Karriere wurde durch den Kriegsausbruch zunächst unterbunden. Seit 1950 jedoch war er in London, Mailand und New York eine in jedem Sinne des Wortes überragende Erscheinung bei vielen Wagner-Aufführungen, von 1951 bis zum Ende der sechziger Jahre war er dies auch bei den Bayreuther Festspielen. Hotters Wotan etwa, überdimensioniert in Stimme und Gestalt, gehört anscheinend einer bereits versunkenen Bühnenwelt an. Er war ein resignierender Gott von archetypischer Größe, ohne dabei in das wabernde Pathos früherer Bayreuther Jahre zu verfallen, insofern mit Wieland Wagners Intention durchaus übereinstimmend. Stimmlich war Hotter kein typischer Heldenbariton, für den ja der stark metallische Beiklang charakteristisch ist, seine Stimme war zwar voluminös, aber eher weich, mit einer weichen Konsonantenbehandlung, die im Kontrast zur damals üblichen Sprachbehandlung im Wagner-Gesang stand, manchmal aber auch zur deklamatorischen Undeutlichkeit führte, immer jedoch das belcantistische Element betonte. Vielleicht war der nicht restlos gelungene Ausgleich zwischen diesen Elementen Grund für die stimmlichen Probleme, die Hotter bereits um 1960 zu schaffen machten, als die Stimme ihren Kern verlor und zum Tremolieren neigte. Hotter gelang es jedoch nach einer längeren Phase, seine frühere Stimmfestigkeit wiederzugewinnen und seinen persönlichen Wagner-Stil, den man mit »heroischer Weichheit« charakterisieren könnte, weiter auszuprägen. Seine Versuche, am Ende seiner Karriere ins Regiefach umzusteigen, waren nicht von Erfolg gekrönt. Seit längerer Zeit ist er jedoch als Lehrer für dramatische Gestaltung und Interpretation auf vielen Meisterkursen erfolgreich, und wenn er vorsingt, dann kann man eine bewundernswert intakte Stimme hören, sogar bei vereinzelten Bühnenauftritten, so als Schigolch in Bergs *Lulu*.

Kommen wir zum Hans Sachs, der ganz andere Anforderungen als der Holländer stellt. Sind dort Zustände höchster Erregung und Dramatik in nur drei musikdramatische Komplexe zusammengeballt, so muß der Sachs fast ständig auf der Szene sein in einer Partie, die auch noch, um meistersingerlich zu sprechen, eine Vielzahl von »Tön und Weisen« erfordert, die vom Kecken zum Zärtlichen, vom Brummigen zum Ironischen, vom Nachdenklichen bis zum Kunstpathos der Schlußansprache reichen. Eine alte Streitfrage ist, ob der Sachs vom Baß oder vom Heldenbariton gesungen werden sollte. Wagner schreibt, wie gesagt, einen Baß vor, meinte aber offensichtlich, wenn man die »tessitura« sich anschaut, einen hohen Baß oder Heldenbariton. So mancher renommierte Wagner-Baß hat einen weiten Bogen um diese Rolle gemacht (Gottlob Frick etwa, wobei andere als stimmliche Gründe eine Rolle gespielt

haben mögen), andere wie Josef Greindl waren darstellerisch sehr überzeugend, hatten jedoch gelegentlich mit der hohen Lage Mühe. Die bedeutendsten Sachs-Interpreten der Vergangenheit waren fast durchweg Heldenbaritone, manche Sänger dieses Faches haben wiederum keinen (oder nur
kurzfristigen) Zugang zum Sachs gefunden, wie etwa Hans Hotter. Zur Zeit
scheint es Mode zu sein, den Schusterpoeten mit einem lyrischen Bariton
zu besetzten. Dietrich Fischer-Dieskau hat ihn auf der Platte und auch auf
der Bühne gesungen, und im Moment ist Bernd Weikl landauf, landab der
gefragteste Sachs. So unterschiedlich beide Stimmen sind – sie sind dennoch,
wie ich meine, in ihrem Grundcharakter lyrisch geblieben. Das hat nichts mit
Volumen oder Deklamationskunst zu tun, sondern heißt nur, daß ein eher
weicher Stimmcharakter vorherrscht, daß die Stimme weniger metallischen
Beiklang, weniger Resonanzfülle, weniger Tiefe besitzt, als von einem Heldenbariton gefordert ist und eben auch von der Partie des Hans Sachs, die
man als Baß, hohen Baß oder Heldenbariton bezeichnen kann, die aber eines
sicher nicht ist: eine Partie für einen lyrischen Bariton. Natürlich haben solche lyrischen Stimmen keine Schwierigkeiten mit den Spitzentönen, strengen
sich mit der Schlußansprache am Ende eines überlangen Abends nicht so an,
können ein schön zartes »Johannisnacht« singen, aber der Charakter der Rolle
verändert sich grundlegend (und nicht im Sinne Wagners), wenn das obere
Drittel der Partie, in dem ein hoher Baß oder Heldenbariton seine größte
Durchschlagskraft und Dynamik entwickelt, für einen lyrischen Bariton quasi
zur Mittellage wird, in der seine dynamischen Möglichkeiten eingeschränkter
sind, während seine eigene Höhenlage, die bis zum A, teilweise darüber hin-
ausreicht, überhaupt nicht ausgenutzt, gewissermaßen amputiert wird. Ein solcher Sachs wird aus Dynamik- und Registergründen schnell eintönig und
einfarbig, hebt sich auch nicht genug von einem vielleicht dunkel timbrierten
Stolzing-Tenor ab, verkörpert nicht genug den Abstand an Alter und Lebens-
erfahrung, der doch vorhanden sein muß, wenn die Beziehungen des *Meistersinger*-Personals glaubwürdig bleiben sollen (diese Bemerkung soll keinem
Sachs an der Schwelle zum Greisenalter das Wort reden).

Ein solcher Sachs, wie er sein sollte, war und ist für viele Kenner wieder
Friedrich Schorr, von dem wir modellhafte Aufnahmen besitzen. Als stimmliches Ideal über Schorr hinaus, auch wenn er ihm als Interpret unterlegen
war, möchte ich **Hans Hermann Nissen** (1896–1980) bezeichnen, dessen
Sachs am schönsten auf einer Studioproduktion des dritten Aktes zu hören
ist, die Karl Böhm 1938 mit dem Ensemble der Dresdener Staatsoper aufnahm. Zwei Jahre zuvor hatte sich Nissens Karriere mit der des älteren Schorr
berührt. Schorr war für die Neuinszenierung der *Meistersinger* bei den Salzburger Festspielen 1936 unter Arturo Toscanini vorgesehen, überwarf sich

aber bei den Proben mit dem Maestro und wurde durch Nissen ersetzt. Ein technisch unzulänglicher Mitschnitt des Jahres 1937 dokumentiert diese denkwürdige Aufführung. Nissen besaß die rollendeckende Stimme für den Sachs, männlich und dabei biegsam, technisch hervorragend geführt, mit einem perfekten Mezza voce (was bei der Größe der Stimme nicht selbstverständlich ist) und einem gestützten, klingenden Piano (»Johannisnacht« kann nicht schöner gesungen werden). Nissen war ein sehr geradliniger Sachs, von des Gedankens Blässe nicht allzusehr angekränkelt; heute würde man ihm mehr Nuancen abfordern, aber als Sänger ist er kaum zu übertreffen [die Salzburger Aufführung bei Melodram].

Ein heute nicht seinem Können entsprechend gewürdigter Heldenbariton war **Ferdinand Frantz** (1906–1959) – er starb plötzlich auf dem Höhepunkt seiner stimmlichen Leistungsfähigkeit, wenige Jahre bevor der eigentliche Schallplattenboom mit Wagner-Aufnahmen begann. Erst später wurden die beiden Gesamtaufnahmen des *Rings* bekannt, die unter Wilhelm Furtwänglers Leitung in Italien entstanden waren (1950 der Mitschnitt der Scala-Aufführung, 1953 die Produktion der RAI). Bei beiden Aufführungen sang Frantz den Wotan (mit Ausnahme des Wanderers 1950). Nehmen wir noch die beiden *Meistersinger*-Aufnahmen hinzu, die er unter der Leitung Rudolf Kempes einspielte (1951 und 1957), dann haben wir doch ein ziemlich komplettes Bild dieses Sängers, der (aus Kassel stammend) über Chemnitz und Hamburg noch im Krieg nach München gekommen war, wo er bis zu seinem Tode blieb und mit seiner Frau, der hochdramatischen Sopranistin Helena Braun, ein vielbewundertes Wagner-Paar bildete. Zurückblickend erscheint es uns, als sei Frantz der letzte in der Traditionslinie des klassischen deutschen Heldenbaritons gewesen, der mit unangestrengter Sonorität und viriler Stimmfülle eine Gestalt wie den Sachs umriß, die seinem eher zum Gemütvoll-Behäbigen neigenden Temperament noch mehr lag als der Wotan, den er dennoch imponierend sang – nach Frantz haben wir, wenn wir strenge Maßstäbe anlegen, nur Sänger als Sachs gehört (mit wie großen Meriten auch immer), die den stimmlichen »goldenen Schnitt« dieser Rolle nicht ausfüllten, ob Edelmann, Wiener, Greindl oder Bailey, Fischer-Dieskau, Adam und Weikl [die zweite *Meistersinger*-Gesamtaufnahme bei EMI].

Zur Partie des Wotan soll nicht mehr allzuviel gesagt werden, weil vieles, was auf Holländer und Sachs zutraf, auch für ihn gilt, der in sich gewissermaßen die Anforderungen für die beiden anderen Rollen vereint. Prüfstein für jeden Wagner-Sänger ist natürlich der Schluß der *Walküre*, der Wotan als Vater und Gott zeigt, damit die alten Rollenklischees aufgreifend, die einst dem Baß zugeteilt waren, darüber hinaus aber auch zu jenen Schmerzensakzenten vordringend, wie sie erst der aus dem romantischen Geiste geborene Heldenbariton ausdrücken konnte. Die Anforderungen an den Sänger sind entsprechend hoch; größtmögliche Stimmexpansion muß über das Orchester triumphieren, gleichzeitig jedoch muß die Legatolinie gewahrt bleiben, und es müssen innige Pianotöne zur Verfügung stehen. Das Wotan-Fach war in den vergangenen Jahren nicht überzeugend besetzt; die Situation hat sich jetzt aber mit Siegmund Nimsgern, James Morris, Robert Hale und John Tomlinson erheblich verbessert. Was die Vergangenheit betrifft, so bewegen wir uns auf sicherem Grund: Friedrich Schorr ist auch hier ein Maßstab mit ganz kleinen Einschränkungen, was die Tonfärbung betrifft, Rudolf Bockelmann ist ihm mit seiner nicht so persönlich timbrierten Stimme nicht gewachsen, George London war nahe daran, den gleichen Rang einzunehmen, und schließlich gibt es von Alexander Kipnis eine fulminante Aufnahme von Wotans Abschied (entstanden 1926 in Berlin), die zeigt, daß auch ein Baß diese Partie bewältigen kann (Kipnis hat sie nicht nur im Studio gesungen).

Alt und Mezzosopran

Als im Sommer 1875 in Bayreuth die Proben für die erste zyklische Aufführung des *Rings des Nibelungen* abgehalten wurden, die im Jahr darauf stattfinden sollte, kam die Diskussion im engeren Kreis (so berichtet Julius Hey) bei der Arbeit mit Amalie Materna, der ersten Brünnhilde, auf die ungenügende Geistesausbildung sonst dramatisch begabter Sängerinnen, mit denen Wagner im Verlauf seines Lebens zu tun gehabt hatte. Des Meisters Stellungnahme dazu fiel anders aus als erwartet:

»Soll ich meine Frauenrollen nur Sängerinnen anvertrauen, die imstande sind, bei jedem Satz, den sie singen, tiefsinnige Betrachtungen über die moralische Begründung und Zulässigkeit des von mir Gewollten anzustellen? Ich verlange angeborenes, natürliches Singtalent mit musikalischer Veranlagung und ausreichendem Stimmorgan verbunden, das durch vernünftige Schulung seine Befestigung und künstlerische Vervollkommnung erhielt. Das Temperament ist – meiner Erfahrung nach – das wesentlichste, weil es die wertvollste Grundlage für alles ausmacht, was die dramatische Aktion gesanglich wie darstellerisch vom Bühnensänger fordert. Dazu gehört dann ein natürliches Verständnis für den Textinhalt eines Bühnenwerks. Das Gesetz für die kunstmäßige Verbindung von Wort und Ton bleibt der einschlägigen Anleitung vorbehalten, die den Sinn für Sprachrhythmus und Phrasierung zu wecken und auf den Gesang zu übertragen hat. Hierauf ist besonderes Gewicht zu legen; weil er als Richtschnur für den wirkungsvollen Sprachgesang zu gelten hat. Auf den richtigen Weg der Stimmentwicklung und des Kunstverständnisses geführt, begreift das weibliche Geschlecht alles übrige rasch und gewinnt bald sicheren Überblick. Was bedarf ein gesunder Instinkt überhaupt großer reflektierender Umschweife? Das Temperament greift herzhaft zu und erfaßt das Entscheidende. Das halte ich für wertvoller, als wenn ein hysterisch angehauchtes, geistig noch so hochstehendes weibliches Wesen, bei mangelnder Willensenergie und ohne den erforderlichen Kraftüberschuß, an die Lösung von Aufgaben herantritt, die unter allen Umständen eine gesunde, robuste Körperkonstitution voraussetzen.«

Neben Bemerkungen, die für die Wagner-Interpretation insgesamt wichtig sind, enthält dieses Zitat auch Einblicke in Wagners Frauenbild, die ich mir zu kommentieren versagen muß, und wichtige Hinweise für die Gestaltung der Wagnerschen Frauenrollen.

Reine Kontraaltpartien sind bei Wagner nicht eben häufig, prominent sind sie nur durch die Erda in *Rheingold* und *Siegfried* vertreten, schon die eine oder andere Walküre und Norne muß nicht unbedingt ein Kontraalt sein. Im 18. Jahrhundert wird der Begriff Kontraalt sowohl für Kastraten als auch für Frauenstimmen verwendet, später, als die Kastraten an Bedeutung verlieren, bleibt er den Frauenstimmen vorbehalten und entwickelt sich allmählich als dritte Stimmbezeichnung neben Sopran und Mezzosopran. Hört man historische Aufnahmen von Kontraaltistinnen und vergleicht man sie mit heutigen Fachvertreterinnen, wird man feststellen, daß es Stimmen einer dunklen und gleichzeitig voluminösen Charakteristik wie die einer Ernestine Schumann-Heink, einer Clara Butt nicht mehr zu geben scheint – die Erdas von heute machen alle den Eindruck, als ob sie mit der Fricka glücklicher wären. Ein Phänomen wie die Schumann-Heink, die neben einer urweltlichen Erda auch eine Altkoloraturpartie in Donizettis *Lucrezia Borgia* singen konnte, ist endgültig zu einem historischen Monument geworden (siehe den Abschnitt über Ernestine Schumann-Heink).

Wenn wir uns dem Mezzosopran zuwenden, so betreten wir ähnlich schwankenden Boden wie bei der Unterscheidung zwischen Baß und Heldenbariton. Man hört zum Beispiel immer häufiger *Lohengrin*-Aufführungen, bei denen Ortrud und Elsa im Stimmklang kaum noch zu unterscheiden sind. Einerseits wird man die Ortrud nicht mit einem Kontraalt besetzen wollen, weil dem die Höhenlagen der Partie, die mit dramatischer Durchschlagskraft gesungen werden müssen, größte Schwierigkeiten bereiten würden, unstreitig ist jedoch andererseits, daß Wagner als Ortrud eine von der Elsa durch dunklere Stimmfärbung und andere Charakteristika unterschiedene Sängerin haben wollte. Ähnliches gilt für die Kundry, von der die Theaterleute sagen, daß der erste Akt von *Parsifal* einen Alt, der zweite einen Sopran erfordere.

Die Unterscheidung zwischen Sopran und Mezzosopran ist frühestens in der Mitte des 18. Jahrhunderts zu beobachten. Erst zu diesem Zeitpunkt werden in der Oper Sopranpartien geschrieben, die in der Höhe eine größere Ausdehnung besitzen und virtuosere Anforderungen stellen. Terminologisch wird aber immer noch nicht unterschieden: Aus zeitgenössischen Berichten über die berühmten Primadonnen des späten 18. Jahrhunderts, Francesca Cuzzoni und Faustina Bordoni, mit denen Georg Friedrich Händel in London eine skandalreiche Zusammenarbeit pflegte, geht hervor, daß die Bordoni eher ein Mezzosopran war, während die Cuzzoni über die höchsten Soprananlagen verfügte; beide Sängerinnen bezeichneten sich aber als Sopranistinnen.

Mustert man die neueren Gesamtaufnahmen des *Lohengrin* durch, so wird man beim Anlegen strenger Maßstäbe mit keiner Ortrud wirklich zufrieden sein können. Was Wagner selbst von seiner Ortrud verlangte, ist nachzulesen in einem wichtigen Brief, den er 1852 an Franz Liszt schrieb, als dieser in Weimar die Uraufführung des *Lohengrin* vorbereitete. Aus diesem Brief geht hervor, daß »furchtbare Großartigkeit« und »entsetzlicher Wahnsinn« die beiden wichtigen Züge sind, die in der Darstellung dieses »grauenhaften politischen Weibes« zum Ausdruck kommen« müssen.

Es gibt für mich überhaupt nur eine Sängerin, die dies alles, noch heute nachprüfbar, wirklich zum Ausdruck gebracht hat, und das war **Margarete Klose** (1902–1968), die nicht umsonst *die* Ortrud der dreißiger Jahre war. Am besten ist ihre Ortrud zu hören in einer Live-Aufnahme aus der Berliner Staatsoper, die Robert Heger 1943 leitete. Klose als Ortrud war deshalb so einzigartig, weil sie von der Klangfarbe her eine ausgesprochene Altistin war, allerdings mit Volumen, Durchschlagskraft und Höhe eines dramatischen Soprans, eine wahrlich seltene Kombination. Man höre in die genannte Aufnahme hinein, wie sie zu Beginn des zweiten Aktes sämtliche Anweisungen Wagners wie »leise, doch grimmig«, »trotzig«, »mit fürchterlichem Hohne« und so weiter realisiert, wie sie dem Wort »Gott« ein dämonisches Crescendo mitgibt und wie sie die »entweihten Götter« geradezu entfesselt herausschleudert, und man wird nicht daran zweifeln, daß dies eine im Wagner-Gesang singuläre Leistung ist, eine Jahrhundertaufnahme, oder wie immer man das nennen mag [diese Gesamtaufnahme bei Preiser].

Wem, von der Ortrud einmal abgesehen, der Darstellungsstil Margarete Kloses zu naturalistisch-expressionistisch ist, wer von einer dramatischen Altistin/Mezzosopranistin auch eine Schönheit des Tons, die edle Geste verlangt, den muß man dringend auf die schwedische Sängerin **Karin Branzell** (1891–1974) verweisen. Auf privaten Photos sieht sie wie eine verträumte Organistin aus, und Organistin wollte sie tatsächlich ursprünglich werden, debütierte dann aber 1912 als Amneris an der Stockholmer Oper. Von 1918 bis

1933 sang sie an der Berliner Staatsoper, von 1924 bis zum Ende ihrer Bühnenlaufbahn 1951 an der Met, danach war sie als Lehrerin an der Juilliard School tätig (Jean Madeira und Mignon Dunn gehörten zu ihren Schülerinnen). Branzells Stimme gehört zu jenen Fällen, bei denen der weit überdurchschnittliche Tonumfang eine exakte Fachbestimmung schwer macht. Zu ihren prächtigsten Aufnahmen gehören Arioso und Romanze der Fidès aus Meyerbeers *Prophète*, für jede Altistin der Gaurisankar der möglichen Ansprüche, die von ihr mindestens genauso souverän bewältigt werden, von den Orgeltönen der Tiefe bis zu den Koloraturläufen der Höhenlage, wie von der Spezialistin Marilyn Horne – nur daß man Horne eine Ortrud, eine Waltraute und Fricka nie zugemutet hat. Karin Branzell hat in ihrer frühen Stockholmer Zeit sogar die Brünnhilde in der *Walküre* gesungen, und es hat sicher die Gefahr bestanden, daß ihre fulminante Höhe zu einer hochdramatischen Karriere verführt hätte, aber sie blieb in dem Bereich, der ihr zugemessen war, und wurde durch eine lange unangestrengte Karriere belohnt. Unangestrengt – das ist auch der vorherrschende Eindruck, den der beglückte Zuhörer aus ihren Aufnahmen gewinnt, der gleichmäßige Wohllaut, die wie selbstverständlich zur Verfügung stehende Tonfülle machen Branzells Platten zu Meilensteinen, weit über den Wagner-Gesang hinaus [Preiser].

Der Wagner-Sopran

Wenden wir uns nun den beiden Stimmgattungen zu, die von vielen als die Krone der Wagnerschen Stimmschöpfungen angesehen werden, dem dramatischen Sopran und dem Heldentenor. Ihnen wird dementsprechend in der Öffentlichkeit das größte Interesse entgegengebracht, und ein scheiternder oder reüssierender Wagner-Tenor erregt allemal größeres Aufsehen als ein Heldenbariton. Es muß allerdings gefragt werden, ob es bei Wagner wirklich Sopran- und Tenorrollen gibt, welche die des Sachs oder des Wotan übertreffen, was stimmliche Anforderungen und Tiefendimensionen angeht, aber der Bariton hat schon zu allen Zeiten weniger Aufmerksamkeit gefunden und muß mit diesem Handicap leben.

Den Sopran bei Wagner möchte ich in drei Kategorien unterteilen: den lyrisch-dramatischen Sopran (diese ungebräuchliche Bezeichnung wird sogleich erklärt), mit wechselnden Schwerpunkten auf dem ersten oder zweiten Wortbestandteil (wenn man etwa Elsa und Elisabeth vergleicht), den jugendlich-dramatischen Sopran, wie ihn die Sieglinde darstellt, und den hochdramatischen Sopran, wie ihn vollendet die Isolde und die Brünnhilde der

Götterdämmerung verkörpern (während die der *Walküre* zwischen jugendlich-dramatischem und hochdramatischem Sopran angesiedelt ist). Die Entwicklung, die zu diesen Stimmfächern führte, fand im 19. Jahrhundert statt. Sie wurde von zwei Seiten bestimmt: von der kultursoziologischen des Musiklebens, in dem immer größer werdende Konzertsäle und Opernhäuser auch immer voluminösere und durchdringendere Stimmen erforderten, und auch von der kompositorischen Seite, wo immer dramatischere Frauengestalten geschaffen wurden – parallel zur Geburt des Heldenbaritons aus dem Geist des romantischen bleichen Helden wird auch die Heroine neuen Typs geboren. Beim dramatischen Koloratursopran wird die Koloraturseite nach und nach zurückgedrängt. Leid und Verzweiflung drücken sich nicht mehr wie bei Bellinis Norma und Donizettis Lucia im Kopfregister aus, sondern in Brusttönen des heroisch-pathetischen Leidens oder Aufbegehrens. Es ist auch auf die mangelnde Virtuosität der deutschen Sängerinnen hingewiesen worden, die Komponisten wie Weber und Marschner veranlaßte, auf den virtuosen Zierat zu verzichten und aus einem Mangel eine Tugend zu machen. Es war eine der großen Taten des späten Wagner, durch die ingeniöse Idee des verdeckten Bayreuther Orchesters die negativen Entwicklungen im Wagner-Gesang selbst im Hinblick auf einseitige Bevorzugung der Lautstärke zu korrigieren; gegenüber Julius Hey hat Wagner einmal die Tendenz zu möglichst großer Stimmentfaltung und zum rohen Geschrei am Beispiel der Elsa getadelt. Die Bayreuther Orchesteranordnung ermöglichte und ermöglicht dem Sänger hier eine sehr vorteilhafte Balance. Frida Leider etwa hat beschrieben, wie wunderbar leicht es sich in Bayreuth singt, wie kein Fortissimo des Orchesters eine gut geschulte Stimme zudecken kann.

Es war die Rede vom lyrisch-dramatischen Sopran, ein Widerspruch in sich, möchte man meinen. Aber betrachten wir die Elisabeth in *Tannhäuser* und ihre Auftrittsarie, die sogenannte Hallenarie. Diese ist gekennzeichnet durch den mehrfachen Wechsel vom jubilierenden Ausbrechen eines seit langem verschütteten Gefühls zum lyrisch-verhaltenen, schüchternen »da er aus dir geschieden« und wieder zurück in den schmetternden Jubel von »Wie jetzt mein Busen hoch sich hebet«. Oder denken wir an die leidenschaftliche Selbstentäußerung, mit der sich Elisabeth im zweiten Akt vor Tannhäuser wirft, um ihn vor den Schwertern der Wartburg-Gesellschaft zu schützen. Diese Kontraste sind mit »lyrisch-dramatisch« gemeint, und sie sind so bei der Elsa nicht vorhanden.

Wenn wir uns berühmte Rollenvertreterinnen der Elisabeth aus der Vergangenheit und Gegenwart anhören, dann finden sich eigentlich nur wenige voll überzeugende Interpretationen: etwa die von **Maria Müller** (1898–1958), die in einer gekürzten Gesamtaufnahme unter Karl Elmendorff (Bayreuth

1930) am besten zu hören ist und die ideal einen Stimmtypus verkörperte, von dem manche behaupten, daß es ihn nur bei deutschen Sängerinnen gebe und den auch noch gleichzeitig Margarete Teschemacher, später eigentlich nur noch Elisabeth Grümmer in Vollendung verkörperten. Die aus Theresienstadt bei Leitmeritz in Böhmen stammende Maria Müller hatte in Prag und Wien ihre Ausbildung erhalten und durch Erik Schmedes und Anna Bahr-Mildenburg gewissermassen noch direkt den Geist des Gustav-Mahler-Ensembles der Wiener Hofoper übertragen bekommen. In Linz debütierte sie 1919 und gleich als Elsa, eine für ihre weitere Laufbahn bestimmende Rollenwahl. An der Prager Oper wurde sie von Alexander von Zemlinsky betreut, auch er dem Mahler-Schönberg-Kreis zugehörig, heute in seiner Bedeutung als Komponist erkannt, damals vor allem als sachkundiger und uneitler Dirigent (später auch an der Kroll-Oper neben Otto Klemperer tätig) geschätzt. Schon von Prag aus gastierte sie an der Met, und nicht nur im Wagner-Fach, sondern auch als Aida, Butterfly und Marie in Smetanas *Verkaufter Braut*. Durch Bruno Walter kam sie nach Berlin, wo sie bis ans Ende ihrer Laufbahn an der Staatsoper blieb. Als *Tannhäuser*-Elisabeth holte sie Siegfried Wagner nach Bayreuth (die Aufführung ist auf Platte dokumentiert), und 1936 sang sie die Elsa in dem aufsehenerregenden neuen *Lohengrin*, mit dem sich Heinz Tietjen und Wilhelm Furtwängler als das neue Team an der Spitze Bayreuths glanzvoll etablierten: Franz Völker und Maria Müller waren das neue *Lohengrin*-Paar, beides noch junge Sänger auf dem ersten Höhepunkt ihres Könnens.

Die Zeitgeschichte verhinderte wie bei den meisten deutschen Sängern ihrer Generation die mögliche und natürliche Weltkarriere. Als der Krieg zu Ende war, war die Müller eine Mittvierzigerin, aber in ihr war offensichtlich mehr zerbrochen als nur der äußere Rahmen ihrer Lebensumstände. 1950 gelang es Tietjen, sie noch einmal zu einigen Berliner Auftritten zu überreden, aber Maria Müller und auch ihre Bewunderer mußten erkennen, daß es zu einem Comeback nicht mehr kommen würde, und so zog sie sich nach Bayreuth zurück, der Stätte ihrer größten Triumphe, wo sie unweit des Festspielhauses auch beerdigt ist. Ihre Aufnahmen zeigen das Idealbild eines lyrisch-dramatischen Soprans. Sängerinnen ihres stimmlichen Formats steuern heute geradewegs auf Isolde und Brünnhilde zu, sie vermied diesen Fehler und blieb streng in den Grenzen ihres Faches. Sucht man nach der prototypischen Verkörperung des »innigen« deutschen Soprans, so wird man bei der Müller fündig. Diese deutsche Innigkeit hat einen prekären Klang bekommen – Uta von Naumburg und der Bamberger Reiter als Propagandabilder eines staatstragenden Rassenwahns, davon blieb auch die Wagner-Interpretation des Dritten Reiches nicht unberührt. Hört man heute Maria Müllers Aufnahmen, wird man den unbefleckten Kern dieses Klischeebildes heraushören können, ohne seinen Mißbrauch vergessen zu können, für den auch sie benutzt wurde.

Was Maria Müller als Elisabeth zur letzten Vollendung fehlte (und deshalb war sie als Elsa doch noch besser eingesetzt), war ebenjene Tendenz zu Gefühlsextremen. In dieser Hinsicht ist ihr eine bei uns nur noch wenig bekannte Sängerin überlegen, die Französin **Germaine Lubin** (1890–1979), die bei der denkwürdigen *Tristan*-Aufführung 1939 in Bayreuth unter Victor De Sabata und als Partnerin von Max Lorenz die Isolde sang. Eine französisch gesungene Hallenarie aus dem Jahr 1929 halte ich für die ideale Interpretation dieses schwierigen Stückes [EPM].

Die Sieglinde in der *Walküre* ist eine Partie gänzlich anderen Charakters, keine schwärmerische Jungfrau mehr wie Elsa und Elisabeth, sondern eine im Leid gehärtete, schon etwas reifere junge Frau. Die »tessitura« der Sieglinde liegt tiefer als die der beiden anderen Rollen, sie ist eine jugendlich-dramatische Partie, mit einer Tendenz zum Hochdramatischen, und sehr oft haben spätere Brünnhilden als Sieglinde angefangen. Eine kräftige Stimme mit guter Mittellage und ausgebildetem Brustregister wird also benötigt. Technisch ist die Partie nicht sehr schwer, und man hört deshalb auch ganz selten eine wirklich schlechte Sieglinde. Dies trifft auch auf die derzeit erfolgreichen Rollenvertreterinnen zu, die es sich aber dennoch gefallen lassen müssen, mit Lotte Lehmann in der Einspielung des ersten Aktes durch Bruno Walter verglichen zu werden.

Für diejenigen, denen der Stimmklang der Lehmann in dieser Aufnahme schon allzu reif ist, sei auf eine weit unbekanntere Aufnahme der letzten Szene des ersten Aktes verwiesen, die, gekoppelt mit dem gesamten dritten Akt, 1945 in New York unter der Leitung Artur Rodzinskis entstand. Hier kann man, sowohl als Sieglinde wie als Brünnhilde, eine der prachtvollsten Wagner-Stimmen hören, die es je gegeben hat, die Amerikanerin **Helen Traubel** (1898–1972). Daß sie zu den größten Wagner-Sängerinnen dieses Jahrhunderts zählt, eine legitime Nachfolgerin Frida Leiders und eine fast ebenbürtige Konkurrentin Kirsten Flagstads war, ist bei uns in Europa wenig bekannt, denn zu den zahlreichen Besonderheiten von Traubels Karriere gehört es, daß sie ausschließlich in Amerika gesungen hat. Sie wurde in Saint Louis geboren und begann bereits mit 13 Jahren, ihre Stimme ausbilden zu lassen. 1925 debütierte sie in einem Konzert mit dem Saint Louis Symphony Orchestra sehr erfolgreich, und es hätte nun nahegelegen, sich um ein Opernengagement zu bemühen, aber die Traubel zog es vor, die nächsten zwölf Jahre mit ebendiesem Orchester in zahlreichen Tourneen durch die Lande zu ziehen. In dieser Zeit kamen zwei Angebote der Metropolitan Opera, in deren Ensemble einzutreten, denn der Ruf der jungen amerikanischen Sängerin mit der mächtigen Stimme hatte sich über ganz Amerika verbreitet. Die Traubel aber erklärte, sie fühle sich dafür noch nicht reif genug, blieb bei ihren Konzerten und studierte nebenher weiter. Mitte der dreißiger Jahre versuchte der renommierte Komponist und Dirigent Walter Damrosch, sie für die Bühne zu gewinnen. Er hatte bereits um die Jahrhundertwende Johanna Gadski in Amerika zu großer Popularität gebracht. Damrosch baute in seine neue Oper *The Man Without a Country* eine Rolle für Helen Traubel ein, und so debütierte sie mit dieser Oper schließlich 1937 an der Met. Anstatt nun aber ihre Karriere zielstrebig fortzusetzen, zog sie sich wieder nach Saint Louis zurück, um an ihrer Stimme weiter zu arbeiten.

Zwei Jahre später, im Dezember 1939, fühlte sie sich anscheinend endgültig gerüstet: Sie sang ihre erste Wagner-Rolle auf der Bühne, die Sieglinde in der *Walküre* inmitten eines illustren Ensemble: Lauritz Melchior, Kirsten Flagstad, Friedrich Schorr und Kerstin Thorborg waren ihre Partner. Mit einem Schlage hatte sich Helen Traubel an der Met als hervorragendste Wagner-Sängerin neben der Flagstad etabliert, und als die Norwegerin 1941 wegen der Kriegsereignisse nicht mehr nach den USA zurückkehren konnte und wollte, beherrschte sie das Wagner-Repertoire vollkommen. Außer Venus und Senta sang sie alle weiblichen Rollen in Wagners Werken und konzentrierte sich so stark auf diesen Bereich, daß sie in all den Jahren nur eine einzige Rolle gesungen hat, die nicht Wagnerschen Ursprungs war, nämlich die Marschallin in Strauss' *Rosenkavalier*. Als die Flagstad nach Beendigung des Krieges wieder an die Metropolitan Opera zurückkehrte, ging es bei der Repertoireaufteilung zwischen den Kolleginnen nicht ohne Schwierigkeiten ab. Bei Tourneen und Gastspielen in ganz USA und in Südamerika war Helen Traubel äußerst erfolgreich, wegen ihrer Ausnahmestimme und ihres temperamentvollen Bühnenspiels gleichermaßen geschätzt (als Darstellerin war sie der Flagstad eindeutig überlegen).

So spät und so umständlich ihre Opernkarriere begonnen hatte, so früh und so merkwürdig endete sie wieder. Helen Traubels eigenwilliges Künstlertum dokumentierte sich darin, daß sie nichts dabei fand, in Operetten, Musicals und Filmen (so hat man das Vergnügen, sie an der Seite von Jerry Lewis sehen zu können) aufzutreten und Kriminalromane zu schreiben *(The Metropolitan Opera Murders)*. Nun hat ihr großer Kollege Melchior ersteres auch getan, allerdings erst nach Beendigung seiner Opernkarriere. Daß Helen Traubel versuchte, beides zu vereinen, verärgerte die Leitung der Metropolitan Opera. Als sie auch noch in einem Nachtklub auftrat, wurde ihr 1953 ihr neuer Vertrag mit entsprechend scharfen Bemerkungen zugeschickt. Helen Traubel unterzeichnete diesen Vertrag nicht mehr und gab im März 1953 mit der Isolde ihre letzte Vorstellung auf der Opernbühne. Damit endete die unkonventionelle

Karriere einer Sängerin, deren Popularität in den USA auch deshalb so groß war, weil sie als einzige Amerikanerin in die Phalanx der europäischen Wagner-Sänger einbrechen konnte. Arturo Toscanini, sonst eher streng in seinem Urteil über Sänger, soll Traubels Stimme als die schönste der Welt bezeichnet haben. Sind solche Superlative auch immer fragwürdig, so beeindruckt auf den nicht allzu zahlreichen Schallplattenaufnahmen ein Sopran von unerschöpflicher Tonfülle und einem sehr persönlichen, warmen Timbre. Im Vergleich zu Frida Leider erscheint ihre Stimme mächtiger und kompakter, im Vergleich zu Kirsten Flagstad jugendlicher und beweglicher.

Der hochdramatische Sopran mag den einen als die Krönung der Wagnerschen Frauenpartien erscheinen, den anderen als monumentale Fehlentwicklung weg vom Belcanto-Ideal. Dieser Stimmtypus hat Wandlungen durchlaufen. Daß es im Wagner-Gesang der Jahrhundertwende stimmliche Leistungen gab, die bis heute nichts an Frische und Überzeugungskraft verloren haben, wird einem im hochdramatischen Sopranfach zuallererst an den Aufnahmen von **Johanna Gadski** (1872–1932) deutlich. Die in Anklam in Pommern geborene Sängerin hatte sich im letzten Jahrzehnt des 19. Jahrhunderts durch die deutsche Provinz gesungen, zunächst in Rollen des lyrischen Faches, und war 1899 in Bayreuth als Eva in den *Meistersingern* zu hören gewesen. Bekannt wurde sie aber erst, als sie seit 1900 an der Met sang und dort bis 1917 der führende dramatische Sopran war, im Wagner-Fach nur gefährdet durch die schwedische Sängerin **Olive Fremstad** (1871–1951), die als Altistin begonnen hatte und durch Lilli Lehmann zum Sopran umgeschult worden war. Die Fremstad war die größere Darstellerin, aber vergleicht man beider Aufnahmen, so wird man die gesangstechnische Überlegenheit der Gadski konstatieren müssen, die durch ihre Entwicklung vom lyrischen Sopran her vor allem immer eine leichte und strahlende Höhenlage aufzuweisen hatte. Wie es damals für dramatische Sopranistinnen üblich war, sang sie neben den großen Wagner-Rollen immer auch Partien wie Aida, Amelia und Leonora, und das, was in diesen Rollen an stimmlichen Finessen erforderlich war, wurde von ihr zum Segen für die Isolden und Brünnhilden verwandelt. In dem jugendlich-prunkenden Stimmklang ihrer Isolde beispielsweise (davon zeugt eine Aufnahme von »Dein Werk? O törge Magd!« aus dem Jahre 1909), der so gar nichts von dem angeblich Heroinenhaften hat, das nach einem gängigen Vorurteil dem Wagner-Gesang vor 100 Jahren anhaftet, wird man jene besten Traditionen erblicken, die durch Frida Leider, Helen Traubel und Germaine Lubin weitergeführt worden sind. Gadskis Laufbahn endete unglücklich. 1917 mußte sie Amerika verlassen, weil ihr Mann angeblich einen freudigen Toast auf die Versenkung des Passagierschiffs »Lusitania« durch deutsche U-Boote ausgebracht hatte. Nach rund zehn Jahren in ihrer Heimat, in denen sie kaum in Erscheinung trat, feierte sie auf einer USA-Tournee ein erstaunliches Comeback in ihren großen Rollen (sie war jetzt fast 60 Jahre alt), aber bevor sie diesen Erfolg weiter ausbauen konnte, kollidierte ein Auto, das sie in Berlin benutzte, mit einer Straßenbahn, ein Unfall, dessen Folgen sie einen Tag später erlag [Club 99].

Eine ebenso erstaunliche Entdeckung kann man machen, wenn man sich Aufnahmen von **Gertrude Kappel** (1884–1971) anhört. Diese Sopranistin, vier Jahre älter als Frida Leider, steht heute arg und unverdient im Schatten, verdunkelt durch die allerdings souveräne Leistung der jüngeren Kollegin. Ohne die Leider würde ohne Zweifel sie als die bedeutendste Wagner-Sopranistin zwischen Johanna Gadski und Olive Fremstad einerseits und Kirsten Flagstad andererseits gelten. Gertrude Kappel begann am Opernhaus in Hannover, zunächst teilweise in Partien des Mezzofachs. Durch Richard Strauss kam sie zu Beginn der zwanziger Jahre an die Wiener Staatsoper, und nachdem sie lange eine Provinzlaufbahn hinter sich gebracht hatte, begann nun eine internationale Karriere, die ihre Schwerpunkte in Wien und London hatte, seit 1928 auch an der Met. Ihr dortiges erstes Auftreten als Isolde machte Furore, und ein namhafter Kritiker meinte sogar, daß sie der größte dramatische Sopran sei, den die Met je erlebt habe. Als 1935 die jüngere Flagstad an der Met auftauchte, zog sich die Kappel ziemlich rasch zurück und gab zwei Jahre später ihre Karriere ganz auf. Sie hat relativ wenige Aufnahmen gemacht, zwei Serien, die 1911 und 1924 entstanden sind. Der Schlußgesang der Brünnhilde aus der *Götterdämmerung* aus der zweiten Serie gehört ohne jeden Zweifel zu den gültigsten Versionen dieser anforderungsreichen Szene. Der Stimmklang der Kappel, obwohl sie vom Mezzofach herkam, hat im Vergleich mit Leider und Flagstad etwas Jugendlich-Jubilierendes, mit dem sie auf jedes offene Ohr auch heute noch erheblichen Eindruck machen kann.

In die Garde der großen Wagner-Soprane gehört auf jeden Fall die bei uns weniger bekannte, in England immer noch sehr geschätzte **Florence Austral** (1894–1968). Ihr Künstlername sagt es schon: Sie stammte aus Australien, war in der Nähe von Melbourne geboren worden – der Vater war allerdings aus Schweden in den fünften Kontinent gekommen, und so wird man ihr Können dann doch wieder auf die notorische Eignung der Skandinavier für das dramatische Gesangsfach zurückführen können. Gesangsunterricht erhielt sie in Melbourne und New York, ab 1922 etablierte sie sich in London als führende hochdramatische Sängerin, allerdings immer etwas im Schatten der dort häufig gastierenden Frida Leider. Ihre weitere Karriere wurde erheblich durch eine arteriosklerotische Erkrankung behindert, von der sie schon als Mittdreißigerin befallen wurde. Um 1940 kam dadurch ihre Laufbahn zu einem vorzeitigen Ende. Sie lebte dann in der Nähe von Sydney als Gesangslehrerin, zuletzt fast völlig gelähmt. Allzu viele Aufnahmen gibt es von Florence Austral nicht, aber allein das Vorspiel zur *Götterdämmerung*, das sie 1918 in London mit dem Tenor Walter Widdopp aufnahm, würde ausreichen, um sie in die erste Reihe der dramatischen Soprane zu führen – so mitreißend jugendlich im Stimmklang, so mühelos über das Orchester triumphierend und leuchtend ist das auch von den bedeutendsten Konkurrentinnen nicht gesungen worden.

Um die Jahrhundertwende, wie das beeindruckende Beispiel Johanna Gadskis lehrt, herrschte ein eher schlanker Stimmcharakter mit großer Durchschlagskraft vor – diesem Ideal war noch Frida Leider verpflichtet, auch Helen Traubel. Dann setzte die Betonung des Volumens ein mit dem unbestreitbaren Höhepunkt Kirsten Flagstad (natürlich sind dies Entwicklungen, die nur wenig gesteuert werden können, sondern von dem Auftauchen von Sängerpersönlichkeiten abhängen). Seither ist diese Tendenz wieder rückläufig. **Birgit Nilsson** (*1918), die dominierende Brünnhilde und Isolde der fünfziger und sechziger Jahre, entsprach noch weitgehend dem älteren Ideal. Ohne ihre sprichwörtliche Zuverlässigkeit, unerschütterliche Gesundheit und unverwüstliche Stimmkraft hätte das Wagner-Repertoire seine Weltgeltung in jenen Jahrzehnten schon aus praktischen Gründen nicht erlangen können – es ist wohl nicht übertrieben, das zu behaupten. Angefangen hat das alles sehr ländlich, auf einem Bauernhof bei West Karup in Südschweden, den ihr Vater besaß. Ihrem Vater verdankte die Nilsson nach eigenem Eingeständnis ihre beneidenswert robuste Physis, ihrer Mutter wahrscheinlich die stimmliche Begabung. Der Organist der Dorfkirche wurde auf die Stimme der Bauerstochter aufmerksam und nahm sie in den Kirchenchor auf; von Oper war keine Rede, auf einer südschwedischen Halbinsel wußte man kaum, daß so etwas existierte, ihre erste Oper sah die Nilsson, als sie mit 22 Jahren nach Stockholm kam. Der erste Gesangslehrer, der ihr eine große Karriere prophezeite, war Ragnar Blennow; als sie aber dann an die musikdramatische Schule in Stockholm zu weiterem Unterricht kam, hatte sie wenig Glück mit ihrer Gesangsausbildung. Über ihren dortigen Lehrer, den seinerzeit berühmten englischen Tenor Joseph Hislop, spricht sie mit seltener Offenheit und völlig negativem Urteil. Es hätte nicht viel gefehlt, und ihre von Anfang an auffallend große und voluminöse Trompetenstimme wäre für immer ruiniert gewesen; seitdem hat Birgit Nilsson die Bühne als den wichtigsten Gesangslehrer bezeichnet, eine vielleicht nicht immer nachahmenswerte Einstellung. Auch ihr Debüt an der Stockholmer Königlichen Oper war nicht sehr aufmunternd: Sie sang die Agathe im *Freischütz*, und es dirigierte der alte Kämpe des deutschen Repertoires Leo Blech, für seine sarkastische Strenge berühmt und gefürchtet, der die Anfängerin auch sogleich für unbegabt und unmusikalisch erklärte. Zum falschen Gesangslehrer kam also auch noch der falsche Debütdirigent hinzu, und schwächere Naturen als Birgit Nilsson wären daran vielleicht gescheitert.

Ein Jahr lang passierte nach der nicht sehr gelungenen Agathe nichts, aber dann kam die Wende in Gestalt des großen Fritz Busch, der im Unterschied zu Blech ein Kenner der menschlichen Stimme und ein guter Psychologe war. Die vorgesehene Sängerin der Lady Macbeth fiel aus, und Busch erarbeitete mit der jungen Nilsson im Jahre 1947 (sie war immerhin schon eine Endzwanzigerin) ihren großen Durchbruch. Busch lud sie dann auch zu ihrem ersten Auftreten auf internationalem Parkett ein, zu der Elettra in Mozarts *Idomeneo* nach Glyndebourne, wo Busch ja schon vor dem Krieg seine weltberühmten Mozart-Aufführungen erarbeitet hatte; das war 1951, und im selben Jahr wollte Hans Knappertsbusch die schwedische Sopranistin bereits nach Bayreuth bringen, denn er hatte in Stockholm mit ihr die *Siegfried*-Brünnhilde gemacht und war über die Mächtigkeit dieser Stimme in Entzücken geraten, die eigentlich von Anfang an sich als hochdramatischer Sopran definierte, wenn sie auch in den ersten Jahren fast mehr lyrische Partien sang. 1952/53 setzte eine gravierende Lungenerkrankung der Karriere einen erheblichen Dämpfer auf, aber seit der Saison 1953/54 ging es unaufhaltsam nach oben. In Bayreuth sang sie 1953 in einer Aufführung der Beethovenschen *Neunten*, die gewissermaßen als Vorsingen betrachtet wurde, denn Birgit Nilsson war bisher dem in Bayreuth unumgänglichen Ritus aus dem Wege gegangen. Nach diesem Konzert kniete sich Wieland Wagner vor sie hin und rief emphatisch aus: »Frau Nilsson, Sie sind unsere zweite Maria Müller, aber die Isolde dürfen Sie nie singen« – ausgerechnet die Isolde wurde der größte Bayreuther Triumph. 1954 war sie dann die Elsa im Bayreuther *Lohengrin*.

Die erste Isolde kam 1957 in einer Wolfgang-Wagner-Inszenierung, die epochemachende Isolde unter Wieland Wagner und Karl Böhm dann 1962 mit Wolfgang Windgassen als Partner, eine Aufführung, die auch heute noch in ihrer Schallplattenversion nichts von ihrer Faszinationskraft verloren hat. Gleichzeitig etablierte sich die Nilsson aber auch international als führender hochdramatischer Sopran neben Astrid Varnay und Martha Mödl, zwei Sängerinnen mit Mezzosoprancharakter, denen gegenüber sie mit ihrem eindeutigen Soprancharakter und ihrer immer mühelosen Höhe stimmlich im Vorteil war, während sie als Darstellerin (auch das muß man bei allem Lobpreis zugestehen) nie ganz die Intensität dieser beiden Kolleginnen erreichte. Im Gegensatz zu Mödl und Varnay darf die Nilsson wohl als der vielseitigste Nicht-nur-Wagner-Sopran bezeichnet werden. Sicherlich standen die Isolden und Brünnhilden im Mittelpunkt ihrer künstlerischen Existenz, aber die Salome und die Turandot, die Amelia im *Ballo in maschera* und die Donna Anna im *Don Giovanni*, die Aida und vor allem die Elektra, spät sogar noch die

Färberin in der *Frau ohne Schatten* – das bezeichnet den Umfang eines Repertoires, wie es in jenen Jahrzehnten der stimmlichen Spezialisierung keineswegs üblich war. Alle diese Partien sind in meist hervorragenden Schallplatteneinspielungen leicht und hoffentlich noch lange zugänglich. Sie hat mit den größten Dirigenten gearbeitet und mit den größten Partnern gesungen. Franco Corelli, mit dem sie etwa *Turandot* häufig gesungen hat, bekam in ihr eine Partnerin, die es im langen Aushalten von lauten hohen Tönen mit ihm durchaus aufnehmen konnte, aber im Gegensatz zu vielen anderen Berühmtheiten war sie eine äußerst disziplinierte, verantwortungsbewußte Künstlerin, die keinen Wert auf Mätzchen und Glamour legte. 208mal die Isolde, das dürfte ein Fabelrekord sein, dessen Bestand weit über die Jahrtausendwende gesichert ist.

Schlagfertigkeit und ein deftiger Humor sicherten ihr eine große Beliebtheit bei den Kollegen. Einer der wenigen, der das gar nicht vertragen konnte, war Herbert von Karajan – kein Wunder, daß er immer fieberhaft auf der Suche nach anderen Wagner-Sopranen war, meist ohne großen Erfolg. Auf einer Probe zu einem *Ring* 1957 in Wien rief er ihr (damals schon sein eigener Regisseur) zu:»Frau Nilsson, das Herz liegt da, wo Sie ihre Geldbörse haben.« Darauf Birgit Nilsson:»Ach, Herr von Karajan, dann haben wir ja wenigstens etwas gemeinsam.« Kein Zweifel, die Stimme der Nilsson war ein Naturereignis. Ich erinnere mich an die Bayreuther Isolde von 1963. So etwas hatte ich bis dahin nicht gehört und habe es seither nie wieder gehört, eine einmalige Verbindung von Volumen und Durchschlagskraft, eine Stimme, die bei aller metallischen Beimischung nie scharf wurde oder ins Brüllen kam, dabei von erstaunlicher Wortdeutlichkeit. Die Stimme von Kirsten Flagstad war wohl im Volumen noch größer, die Stimmen von Frida Leider und Helen Traubel hatten mehr sinnlichen Reiz (um nur einmal das Wagner-Fach zu vergleichen), aber die Nilsson war schon eine Klasse für sich. Ihre Stimme war allerdings nach meinem Eindruck nicht unbedingt phonogen. Ihre Schallplatten sind alle eindrucksvoll, geben aber das Erlebnis der Bühne nicht so zureichend wieder, wie das bei anderen großen Sängern durchaus möglich ist. Gut, daß die Erinnerung noch frisch ist an eine der ganz großen Sängerinnen unserer Zeit [EMI, DGG].

Eine früher viel diskutierte Frage spielt im Augenblick kaum eine Rolle, ein gewissermaßen »stoffliches« Problem, die Frage nämlich, ob sich der hochdramatische Sopran aus dem Sopran oder aus dem Mezzo oder gar Alt entwickeln müsse oder solle. Hans Knappertsbusch meinte einmal, aus Samt (also Mezzo und Alt) könne man keine Seide (also Sopran) machen – angeblich soll er dann durch Martha Mödl eines Besseren belehrt worden sein. Immer wieder gab es hochdramatische Sopranistinnen wie die Mödl und Marta Fuchs, die von »unten« kamen. In vielen Fällen fügte der Celloklang des Mezzo den Isolden und Brünnhilden Nuancen von großem Reiz hinzu, oft aber gab es dann auch frühzeitig Probleme mit den Höhenlagen der Partien.

In gewissem Sinne gehört auch **Astrid Varnay** (*1918) hierher, deren Stimme immer eine ausgesprochene Mezzocharakteristik besaß, auch wenn sie nie in diesem Fach gesungen hat. In einem älteren Sachbuch ist zu lesen, daß sie wie Kirsten Flagstad und Birgit Nilsson skandinavischer Herkunft sei. Das wäre wirklich zu schön: drei große Wagner-Sängerinnen der Jahre zwischen 1940 und 1970 Skandinavierinnen. Man könnte lange Betrachtungen über den Zusammenhang von Stimmcharakter und Abstammungstypologie anstellen, der zweifellos vorhanden ist – nur: die Varnay paßt leider nicht ganz ins Schema. Zwar wurde sie in Stockholm geboren, aber die Eltern waren Ungarn, der Vater ein Tenor, die Mutter eine Koloratursopranistin. Erbliche Voraussetzungen also schon, aber nicht durch Skandinavien. Aufgewachsen ist Astrid Varnay allerdings vor allem in den USA, wohin die Familie verzog, als die Tochter zwei Jahre alt war. Zwei Lehrer haben die Ausbildung ihrer Stimme zu verantworten, als erste die Mutter und dann der Pädagoge Hermann Weigert, den sie später heiratete.

So früh wie sie ist selten eine hochdramatische Sopranistin in die großen Partien und an die großen Häuser gekommen. An der Met war man auf sie aufmerksam geworden, aber ihr Debüt als Sieglinde in der *Walküre* im Dezember 1941 verdankte sie einer Erkrankung von Lotte Lehmann – die Tatsache, daß diese Vorstellung im Rundfunk übertragen wurde, war der Grundstein für ihren keineswegs kurzlebigen Ruhm. Und eine Woche später kam es noch dicker: Nun wurde eine Brünnhilde in der gleichen *Walküre* gebraucht (diesmal war Helen Traubel ausgefallen), und auch diese Aufgabe bewältigte die bestens vorbereitete, ehrgeizige, junge ungarisch-schwedisch-amerikanische Sängerin. Daß sie ihre erste Brünnhilde gleich mit dem vielleicht bedeutendsten Interpreten des Wotan, mit Friedrich Schorr, singen konnte, hat ihre Vorstellung von Wagner-Interpretation zeitlebens bestimmt. Ihr eigentliches, also offiziell geplantes Debüt war dann erst der dritte Auftritt auf den Brettern der Met, die Elsa im *Lohengrin*, über die ein Kritiker schrieb: »Sie besaß den Stil eines routinierten Veteranen und ist zweifellos eine der begabtesten Nachwuchssängerinnen unserer Zeit.« Astrid Varnay ist bis auf wenige Tage gleichaltrig mit Birgit Nilsson, sie hat aber die hochdramatischen Partien rund ein Jahrzehnt früher zu singen begonnen. Sie selbst hat dies nie als Nachteil angesehen, es läßt sich aber nicht bestreiten, daß sie doch auch rund ein Jahrzehnt früher von diesen Partien Abschied nehmen mußte. Es wäre zu einfach, wollte man diese Tatsache nur mit diesem vielleicht allzu frühen Beginn in Verbindung bringen. Auch der Stimmcharakter der beiden Heroinen ist sehr unterschiedlich gewesen. Schon in den frühen Aufnahmen aus den fünfziger Jahren ist zu hören, daß der Sopran der Varnay tiefer gelagert ist als der der Nilsson, ihr fehlten immer die mühelose Höhe, die fulminant aufstrahlenden metallgewirkten Spitzentöne der schwedischen Kollegin. Ich habe sie immer für einen verkappten Mezzosopran gehalten, der nur im Unterschied etwa zu Martha Mödl nie als solcher angefangen hat. Jürgen Kesting fällt in seinem Buch über die großen Sänger ein sehr harsches Urteil über Astrid Varnay, und wirklich sind ihre wenigen Schallplatten (meist Mitschnitte von Aufführungen) von einem vokalpuristischen Standpunkt aus eher enttäuschend, die gutturale Mittellage und die oft schneidenden Höhen sind nicht immer das reine Hörvergnügen – wer aber diese Sängerin je auf der Bühne erlebt hat, wird gerade in diesem Falle im Extrem die Erfahrung bestätigt finden, daß Schallplatten nicht ausreichen, um die Wirkung einer Sängerpersönlichkeit vollgültig wiederzugeben. Gerade Opernregisseure, die sich mit den bloßen Stimmbesitzern nicht zufriedengeben, haben diese Seite der Kunstleistung Astrid Varnays immer wieder enthusiastisch hervorgehoben. Gustaf Gründgens, der mit ihr 1951 beim Maggio Musicale in Florenz zusammenarbeitete, schrieb ihr: »Es ist eine der vielen Unterlassungssünden des lieben Gottes, mir keine Singstimme gegeben zu haben. Ich wüßte nichts Schöneres, als mit Ihnen auf der Bühne zu stehen.« Und Wieland Wagner prägte den berühmten Satz: »Was brauche ich einen Baum auf der Bühne, wenn ich Astrid Varnay habe.«

Für mich selbst gehören die Brünnhilde, die Kundry und die Elektra der Varnay zu den größten Erlebnissen der Menschengestaltung auf der Musikbühne, obwohl diese Abende in den sechziger Jahren die vokalen Probleme durchaus nicht vergessen ließen und der vokale Eindruck von Nilssons Isolde ein weitaus imposanterer war. Als ich sie hörte, neigte sich ihre hochdramatische Karriere schon langsam dem Ende zu, den Abschluß bildete eine *Götterdämmerungs*-Brünnhilde in Stuttgart 1971, die 99., bis zur 100. ist es leider nicht mehr gekommen. Zwischen 1951, also dem ersten Nachkriegsfestspieljahr, und 1968 war Astrid Varnay in Bayreuth nicht zu ersetzen, sie sang dort alle großen Rollen ihres Faches, neben den genannten auch die Senta, die Isolde und die Ortrud. Noch während sie das hochdramatische Fach sang, war sie so klug, sich nach und nach Rollen des Charakterfachs anzueignen: die Herodias in *Salome*, die Klytemnästra in *Elektra* (als ihr die Titelpartie stimmlich entglitt), die Amme in der *Frau ohne Schatten* und die Küsterin in *Jenufa*. Wenn sie heute, in winzigen Rollen, die Bühne der Bayerischen Staatsoper betritt, ist es faszinierend zu beobachten, wie sie diese beherrscht, auch wenn sie nur wenige Takte zu singen hat. Ruggero Raimondi, der oft in München Gounods Méphistophélès gesungen hat, wurde kürzlich gefragt, ob er sich noch an sein erstes Auftreten in München in dieser Rolle erinnere. Seine Antwort war, daß er sich an kaum etwas noch erinnere, nur Astrid Varnay in der weiß Gott kleinen Rolle der Marthe sei ihm noch eindrucksvoll im Gedächtnis. So wie Raimondi wird und muß es allen gehen, die Astrid Varnay in ihren großen Rollen erlebt haben: Die vokalen Probleme werden bei einer Diskussion der gesanglichen Leistung nicht vertuscht werden können, aber sie werden überstrahlt von der Erinnerung an eine der größten Sänger-Schauspielerinnen dieses Jahrhunderts [Melodram, DGG].

Ähnlich wie mit Astrid Varnay wird es demjenigen mit **Martha Mödl** (*1912) gehen, der sie nicht in ihren großen Rollen auf der Bühne gesehen hat: Die Aufnahmen geben nur einen unzureichenden und teilweise enttäuschenden Eindruck von dieser bedeutenden Bühnenpersönlichkeit, deren Wirkung nur zum Teil in der sängerischen Leistung begründet lag. Noch heute steht Martha Mödl mit 80 Jahren immer wieder auf der Bühne, als Gräfin in Tschaikowskis *Pique Dame* oder als Chorführerin in Reimanns *Troades*, und so ist sie wie Astrid Varnay und Hans Hotter ein durchaus lebendiges Monument aus großen Tagen der Wagner-Darstellung nach dem Kriege, die heute für ein jüngeres Publikum bereits Legende sind. Die gebürtige Nürnbergerin hatte relativ spät angefangen, mit Anfang Dreißig in Remscheid als Hänsel in Humperdincks Märchenoper, und als es dann nach dem Krieg richtig in Düsseldorf losging, mit Gustaf Gründgens als Intendant, da sang sie Mezzosopran, begann dann aber 1949 mit einer ersten Kundry sich in das Zwischenreich zwischen Mezzo und dramatischem Sopran hineinzubewegen. Diese Partie sang sie auch bei den ersten Festspielen im neuen Bayreuth 1951, und dann folgte die Isolde, zu der sie von Wieland Wagner überredet wurde. Mit der Brünnhilde rundete sie ihre Wagner-Partien ab, mit denen sie berühmt wurde.

Eine große Reisetätigkeit lag ihr nicht, und so fühlte sie sich mit der Oper in Stuttgart und mit Bayreuth ausgelastet; Wieland Wagner und Günther Rennert waren jene Regisseure, die auf je verschiedene Art es verstanden, die darstellerischen Talente der Mödl auf aufregende Weise zu entbinden. Ob Martha Mödl wirklich der geeignete Beweis dafür ist, daß man aus Samt Seide, aus einem Mezzo eine Hochdramatische machen kann, wage ich zu bezweifeln. Die Aufnahmen, unter denen ich den *Fidelio* mit Wilhelm Furtwängler und allen voran den Mitschnitt des *Tristan* mit Ramón Vinay als Partner (mit dessen baritonalem Tenor sich die Mezzocharakteristik der Mödl ausgezeichnet verträgt) und unter der Leitung Herbert von Karajans in Bayreuth 1953 hervorheben möchte, sprechen eine andere Sprache. Das Plus der Mödl war die üppig quellende Tiefe und Mittellage, die allerdings auch immer etwas reifer klang, als es die Rolle der Isolde erfordert. Die hochdramatische Höhe hat sie jedoch nie wirklich besessen, hier nur Annäherungswerte erzielt. Gegenüber der heroinenhaften Varnay war die erdhaft-warme Ausstrahlung der Mödl (die sich unvergeßlich im zweiten Akt von *Parsifal* entfaltete), getragen durch eine suggestive Bühnenpräsenz, die aparte zweite Farbe, durch die die weiblichen Zentralpartien in Neu-Bayreuth ihren bestimmenden Stempel aufgedrückt erhielten. Was mit Varnay und Mödl gelang, ist auch mit der sängerisch weit überlegenen Birgit Nilsson nicht mehr erzielt worden [Preiser].

Was die Isolden betrifft, so gestehe ich, daß ich mich mit der Tendenz zur Leichtgewichtigkeit nicht befreunden kann. Wenn eine lyrische Sopranistin mit großer Durchschlagskraft, ein weiblicher »lirico spinto« also, die Isolde singt, dann wird man beglückt durch eine strahlende Höhe, die großen Effekt macht und auch keineswegs unwichtig ist. Man wird aber auch erkennen müssen, daß die Mittellage dann eher schwach klingt und die Tiefe manchmal eher ein Sprech- als ein Brustregister zu sein scheint. Eine Isolde aber ohne Mittellage und Tiefe ist keine Isolde. Die Partie kann nur bewältigt werden, so wie sie Wagner gemeint und komponiert hat, wenn die Kuppel der Höhe von kräftigen Säulen getragen wird. Wir sollten uns daran erinnern, daß Wagner in einem Brief des Jahres 1858 unmißverständlich sagte: »Ich brauche, namentlich zur Isolde, Stimme, Stimme, Stimme!« Es läßt sich nicht wegdiskutieren, daß die Isolde, fast noch mehr als die Brünnhilde der *Götterdämmerung*, ein Element des stimmlich Majestätischen, Grandiosen besitzen muß, wie es unübertroffen Kirsten Flagstad verkörpert hat und wie es seit Birgit Nilsson aus den *Tristan*-Aufführungen verschwunden zu sein scheint.

Kirsten Flagstad (1895–1962) besaß ohne Zweifel die voluminöseste Sopranstimme des Jahrhunderts. Die im norwegischen Hamar geborene Sängerin wuchs im Hause eines Kapellmeisters und einer Pianistin auf. Die stimmliche Ausbildung in Oslo wurde sehr früh begonnen, und bereits 1913 erfolgte das Debüt in d'Alberts *Tiefland* als Nuri, eine Rolle, die allerdings den künftigen Wagner-Gesang noch nicht einmal voraussahnen läßt. Was dann kam, war das Gegenstück zu all den Märchen- und Blitzkarrieren, von denen so oft die Rede ist, denn es dauerte rund 20 Jahre, bis Kirsten Flagstad ihren ersten großen Erfolg verbuchen konnte, wahrscheinlich ein Zeichen dafür, daß diese Ausnahmestimme einen langen stimmlichen Reifeprozeß benötigte und auch durchhalten konnte, ohne frühzeitig verschlissen zu werden. Von der Kleinmädchenpartie der Nuri geht es zu Operettenrollen am Mayol-Theater in Oslo, wo sie seit 1917 tätig ist, ein nicht ganz vorbildloser Weg, denn Bayreuths erste Brünnhilde Amalie Materna war ebenfalls als Operettensopran groß geworden. Seit 1928 ist die Flagstad am Göteborger Stadttheater verpflichtet, wo sie ihre ersten bescheidenen Erfolge erringt, die dann zur entscheidenden Einladung für die Bayreuther Festspiele 1933 führen, wo sie zunächst die kleinen Rollen der Ortlinde und der dritten Norn im *Ring des Nibelungen* singt. Im Bayreuther Festspielführer von 1933 kann man ihr schlichtes Bild sehen und sie als »jugendlich-dramatische Sängerin aus Oslo« angekündigt finden mit einem merkwürdigen Repertoire, in dem Nedda aus dem *Bajazzo*, Micaela aus *Carmen* und Mimì aus *Bohème* verzeichnet sind, aber auch schon Elsa, Eva und Isolde.

Skandinavische Sänger standen auch damals in einem guten Ruf, besonders im Wagner-Gesang, denn Nanny Larsen-Todsen war in den zwanziger Jahren die Isolde der Bayreuther Festspiele gewesen, und Lauritz Melchior stand bereits auf der Höhe seines Ruhmes als Wagner-Tenor. Kirsten Flagstad muß bei ihrem Bayreuther Debüt aufgefallen sein, denn sonst hätte man ihr nicht im darauffolgenden Jahr die Partien der Sieglinde (neben Max Lorenz) und der Gutrune (neben der Brünnhilde Frida Leiders) anvertraut. So wurde das Bayreuther Festspieljahr 1934 zum Ausgangspunkt der glänzenden Karriere Kirsten Flagstads (die zu diesem Zeitpunkt schon knapp 40 Jahre alt war). Bereits im Februar 1935 sang sie die Sieglinde an der New Yorker Met, nachdem sie von den Talentsuchern dieses Instituts probeweise für eine Spielzeit verpflichtet worden war – das Wörtchen »probeweise« wurde allerdings ganz schnell aus dem Vertrag gestrichen. Es ist verbürgt, daß der Dirigent dieser *Walküre*-Aufführung vor Staunen seinen Stab fallen ließ und der Sänger des Siegmund seinen Einsatz verpaßte nach den ersten Tönen dieser in Amerika völlig unbekannten Sängerin aus Oslo. New York hatte in den Jahrzehnten zuvor die bedeutendsten Wagner-Interpreten erlebt, aber Kirsten Flagstad errang sich und dem Wagner-Repertoire einen neuen Popularitätsstandard, so daß es Kritiker gab, die die amerikanische Wagner-Pflege in das Zeitalter »before and after Kirsten« einteilten.

Ein zweiter Glücksfall kam hinzu: Heutige Wagner-Enthusiasten haben sich daran gewöhnt, daß man etwa bei Aufführungen von *Tristan und Isolde* um die Interpretin der weiblichen Hauptrolle sich weniger Sorgen machen muß als vielmehr um ihren männlichen Partner, der sich oft zwei Akte lang auffällig zurückhält, um die vokalen Gipfel des dritten einigermaßen anständig zu bewältigen. Kirsten Flagstad und Frida Leider hatten als Isolde in den meisten Vorstellungen einen Melchior und einen Lorenz an ihrer Seite, bei denen solche Sorgen völlig unbegründet waren. Die Live-Mitschnitte aus London und New York, die wir vom Gespann Melchior/Flagstad besitzen, können einen das Staunen lehren über stimmliche Potenzen, wie es sie heute weltweit nicht mehr gibt. Eine einzige Zahl vermag die Unangefochtenheit des Tristan-Paares Melchior und Flagstad schlagend zu dokumentieren: Bei 48 Vorstellungen dieser Oper an der Met zwischen 1935 und 1941 sangen 48mal Melchior und Flagstad die Hauptrollen. New York war in jenen Jahren das Zentrum der künstlerischen Tätigkeit der Flagstad. Persönliche Motive bewogen sie 1941, nach Norwegen und zu ihrem Mann zurückzukehren, das heißt in das kriegsgeschüttelte, von den Nazis terrorisierte Europa. Nach dem Krieg wurde gegen ihren Mann der Vorwurf der Kollaboration mit den deutschen Besatzern erhoben, der auch auf sie abfärbte und ihr in Amerika sehr schadete. Nach sechsjähriger Unterbrechung unternahm sie 1947 wieder eine Nordamerikatournee, die ihr sofort wieder die alten Triumphe einbrachte. Ihre Stimme hatte etwas vom Glanz der Spitzentöne verloren, war aber durch eine dunklere Färbung eher noch majestätischer geworden. In den folgenden Jahren entstanden eine Reihe von Plattenaufnahmen, darunter vor allem die Gesamtaufnahme des *Tristan* unter der Leitung Wilhelm Furtwänglers, deren historischer Rang bis heute unerreicht und unbestritten geblieben ist. 1948 bis 1951 sang Kirsten Flagstad vor allem an der Covent Garden Opera in London, 1949 und 1950 trat sie als *Fidelio*-Leonore bei den Salzburger Festspielen auf. 1955 stand sie zum letztenmal auf der Bühne; als 1958 in Oslo die Nationaloper gegründet wurde, war es selbstverständlich, daß die größte Sängerpersönlichkeit, die Norwegen je hervorgebracht hatte, die Direktion übernahm. Bereits 1960 mußte Kirsten Flagstad jedoch wegen einer Krankheit diesen Posten aufgeben, am 8. Dezember 1962 ist sie in Oslo gestorben. Glaubt man denen, die sie noch auf der Bühne hören konnten, dann geben ihre Schallplatten nur unzureichenden Eindruck von der Größe und Gewalt ihrer Stimme, einem wahren Klangkatarakt – für den, der auf die Schallplatte angewiesen ist, bleiben diese Aufnahmen denkwürdig genug: eine majestätischere, monumentalere Frauenstimme hat es im Wagner-Gesang und darüber hinaus wohl nie gegeben. Noch in der eigentlich zu spät kommenden *Tristan*-Aufnahme Furtwänglers, in der ihr Sopran bereits etwas maternell klingt, sind es jene kuppelartig leuchtenden Töne, die die Einzigartigkeit Kirsten Flagstads auch für den Hörer von heute nachvollziehbar machen lassen, ihn geradezu süchtig machen und gleichzeitig verderben für die Isolden unserer Tage [EMI, RCA, Memories, Legendary Recordings].

Daß eine erfolgreiche Sängerin auf dem Höhepunkt eben dieser Erfolge »freiwillig« zurücktritt und ebenso überraschend wie (bis heute jedenfalls) konsequent ihre Laufbahn beendet, kommt äußerst selten vor – allein dies wäre ein Grund, die schwedische Sopranistin **Catarina Ligendza** (*1937) zumindest zu erwähnen. Ich tue dies aber auch deshalb, weil ich ihre Bühnenanfänge zufällig miterleben konnte und weil ich den Eindruck habe, daß es um ihren Nachruhm schlecht bestellt ist. Sie hat mit Schallplattenaufnahmen sehr wenig Glück gehabt, ihre Stimme war allerdings nicht sehr phonogen, und man wird die bezwingende Wirkung ihrer Bühnenauftritte dort kaum wiederfinden. Alte Bayreuth-Hasen werden allerdings wehmütig, wenn sie an Catarina Ligendzas Isolden und Brünnhilden der siebziger Jahre zurückdenken – so viel unforcierte Mädchenhaftigkeit hat man seither dort nicht mehr erlebt.

Sie war nie eine Hochdramatische im Sinne Birgit Nilssons, sondern blieb immer eine jugendlich-dramatische Sängerin, die durch eine sattelfeste Technik (sie war die Tochter eines in Schweden berühmten Sängerehepaars) auch die Isolde problemlos meisterte. Zu einer spektakulären Karriere auf allen Medienkanälen fehlten ihr vielleicht brennender Ehrgeiz und andere Starqualitäten. Immer wirkte sie ein Gran zu ernst und zu skrupulös, dem äußeren Glanz einer Bühnenexistenz wie fremd und staunend gegenüberstehend – mag sein, daß hier auch die Gründe für ihren 1988 vollzogenen plötzlichen Rücktritt zu suchen sind.

Im gegenwärtigen dramatischen Sopranfach nimmt **Hildegard Behrens** (*1941) eine Sonderstellung ein. Die Arzttochter aus dem Oldenburgischen studierte Jura, schloß dieses Studium auch ab, war allerdings nie Anwältin, wie die Legende es will, sondern fügte an dieses Studium direkt das der Gesangskunst an, ebenfalls in Freiburg, und zwar bei Ines Leuwen an der dortigen Musikhochschule. Mit 30 Jahren, wenn andere schon ihre erste Stimmkrise hinter sich haben, kam Hildegard Behrens überhaupt erst ins Opernstudio der Düsseldorfer Oper, aber dafür ging es nun sehr schnell nach oben, zunächst am Düsseldorfer Haus selbst, dann fiel das Auge Herbert von Karajans auf die nicht mehr ganz junge Anfängerin, weil er eine Salome für seine Salzburger Inszenierung von 1977 suchte, und von da ab war die Behrens »gemacht«, auch wenn sich das Verhältnis zu Karajan wegen seines diktatorischen Alleinvertretungsanspruches nicht konfliktfrei gestaltete. Sie war nicht dazu geeignet, sein »Geschöpf« zu werden oder gar zu bleiben, dazu hatte sie von Anfang an zuviel Vertrauen in ihr Können, ihr Herz und ihren Kopf, und so löste sie sich bald aus diesen Abhängigkeiten.

Als *Fidelio*-Leonore, als Marie in *Wozzeck* und vor allem als Brünnhilde gewann sie in den achtziger Jahren Weltgeltung. Der Georg-Solti/Peter-Hall-*Ring* in Bayreuth seit 1983 und der Wolfgang-Sawallisch/Nikolaus-Lehnhoff-*Ring* in München (später dann auch James Levine / Otto Schenk in New York) etablierten sie als die führende hochdramatische Sängerin der Zeit. Der von ihr faszinierte Oscar Fritz Schuh nannte die Behrens einmal enthusiasmiert die »Duse des Musiktheaters« (ein Titel, der auch schon Claudia Muzio zuerkannt wurde, was Schuh wahrscheinlich nicht wußte), und wirklich ist sie in einer Zeit, in der die großen Sopranpartien Wagners eher pauschal und mit breitem Pinsel auf die Bretter gemalt werden, mit ihrem veristisch anmutenden (man denke an ihre Marie), detailbesessenen Spiel heute eine ungewöhnliche Erscheinung. Sicher zu Recht gilt sie als eine der reflektiertesten Sängerinnen der aktuellen Opernszene, und gerade Regisseure, die intellektuelle Ansprüche zu stellen gewohnt sind, schwärmen von der Arbeit mit ihr. Mit nicht erlahmender Energie bohrt sie in den psychischen Abgründen der weiblichen

Figuren Wagners, Strauss' und Bergs oder Janáčeks; eine Begegnung mit Hildegard Behrens auf der Bühne läßt nie kalt und gleichgültig. Wenn Schuh allerdings in gleichem Atemzuge sagt: »Sie singt mindestens so schön wie die Sängerinnen früherer Epochen«, dann müssen doch Zweifel angemeldet werden. Diese Zweifel resultieren vor allem aus der Tatsache, daß ihre Stimme nach wie vor nicht die einer wirklich Hochdramatischen ist. Was bei der Behrens aufs erste Hören besticht (und sie von ihren großen Vorgängerinnen wie Martha Mödl und Astrid Varnay grundsätzlich unterscheidet, die als Darstellerinnen übrigens keineswegs unterlegen waren, was eine jüngere Generation oft zu vergessen geneigt ist), ist die leuchtende, immer präsente und durchschlagende Höhe, es ist aber die Höhe einer jugendlich-dramatischen Sängerin, der es entscheidend an dem Fundament der breiten Mittellage und gar Tiefe fehlt, ohne die eine Brünnhilde, eine Isolde nicht restlos zu bewältigen sind. Hildegard Behrens versucht diesem Manko (das sich auch nicht durch eine Weiterentwicklung der Stimme hat beheben lassen) zu begegnen, indem sie das Brustregister künstlich nach oben zieht, es, von unten her gesehen, später verläßt, von oben her gesehen, früher in es eintritt, um ein Mehr an Resonanz und Durchschlagskraft in diesen Bereichen zu erzielen. Diese Überziehung des Brustregisters über die natürlichen Grenzen hinweg führt dann aber zu jenen unschönen quasi gesprochenen Tönen, die jeder kritische Behrens-Verehrer kennt, und zu jenen auffallenden Kratzern und Heiserkeiten genau im Bereich des Registerübergangs, die mit Indisposition nichts zu tun haben, weil sie bezeichnenderweise sofort wieder verschwunden sind, wenn die kritische Zone verlassen wird.

Es bleibt also zu fragen, ob Rollen wie die *Götterdämmerungs*-Brünnhilde und gar die Elektra ihrem Stimmcharakter wirklich entsprechen. Bei der Wagner-Sängerin Behrens muß auch noch gefragt werden, ob ihre stark ausgeprägte Artikulationsundeutlichkeit im Sinne des Komponisten ist, dessen größter Wunsch bekanntlich war: Kinder, seid deutlich! Der Sängerin ist dieses Problem wohl bewußt, denn in einem frühen Interview mit Horst Koegler sprach sie von sich aus eine entsprechende Rüge Koeglers in einer Kritik an und beteuerte, daß sie daraufhin an sich gearbeitet habe, was bis heute aber nicht zu wirklich befriedigenden Ergebnissen geführt hat. Trotz dieser Einschränkungen (und das sind sicherlich keine Bagatelleinwände) muß gesagt werden, daß der Casus Behrens einmal wieder zeigt, daß es nicht ausreicht, die Leistung eines Sängers, einer Sängerin nur von den stimmlichen Parametern her zu beurteilen, insofern beruht die Beurteilung der großen Persönlichkeiten der weiteren Vergangenheit, sofern sie nur über deren Aufnahmen erfolgt, auf einer schon reduzierten Komplexität, die Sänger der Gegenwart haben die Chance, stimmliche Probleme, wie in diesem Fall überschrittene Fachgrenzen, durch den Magnetismus der singenden »personality« in den Hintergrund treten zu lassen – vergessen wird man sie nicht können.

Der Heldentenor

Der Heldentenor, wie er uns vertraut ist und wie er Intendanten heute so viel Kopfzerbrechen macht, ist nicht von Richard Wagner in die Opern- und Gesangsgeschichte eingeführt worden. Wagners heldische Tenorpartien sind nur die Spitze (in mancher Hinsicht auch das Ende) einer Entwicklung, für deren Anfang man an prominenter Stelle den italienischen Opernkomponisten Gaspare Spontini nennen muß. Nicht zufällig wurde Spontini 1805 zum Hofkomponisten Napoleons I. ernannt. Das heroische napoleonische Zeitalter, das Empire, ist so recht die Zeit, die heroische Opern verlangt und auch geliefert bekommt. Die Opern Spontinis, wenig später die Grand opéra, benötigen einen neuen Heldentypus, nicht mehr den sentimentalischen Jüngling wie Edgardo in *Lucia di Lammermoor*, der nur von Tod, Gruft und entsagender Liebe zu singen weiß, sondern einen jungen Mann, der sich, wenn nötig, auch mit gezücktem Schwert einer Übermacht von Feinden entgegenstellt, wie Masaniello in Aubers *Muette de Portici*, wie Raoul in Meyerbeers *Huguenots*. Solche Charaktere lassen sich nicht mehr hinlänglich mit der Kopfstimme oder gar dem Falsett in der Höhe darstellen, wie es bis dahin durchaus üblich war, sondern nun bedarf es eines Sängers, der Wucht und Dramatik mit der Überzeugungskraft der Bruststimme über die Rampe bringen kann (und mit der damit verbundenen Lautstärke). Dies führt zu jenem oft zitierten ersten hohen C, das mit Bruststimme gesungen wurde, und zwar vom französischen Tenor Gilbert Duprez als Arnold in Rossinis *Guillaume Tell* 1837 an der Pariser Oper, der damit das Klangbild des neuen heldischen Tenors prägte, von dem von nun an fanfarenhafte hohe Töne verlangt wurden.

Es ist interessant zu beobachten, daß sich in Frankreich eigentlich bis heute eine spezielle Spielart des Heldentenors erhalten hat, den die Franzosen »ténor de vaillance« nennen, dessen Stimme oft nicht sehr attraktiv ist, der aber durch geradezu abnorme stimmliche Trompetenstöße mit sehr hellem Stimmcharakter um das hohe C und darüber hinaus aufwarten kann. Ein immer wieder verblüffendes historisches Beispiel ist der französische Tenor Léonce Escalaïs, der ganz in dieser Duprez-Tradition steht, aus der, wie man sich denken kann, mit ein, zwei Ausnahmen (Paul Franz und Georges Thill), keine Tenöre hervorgingen, die für Wagner geeignet waren.

Joseph Tichatschek, Wagners erster Rienzi und Tannhäuser, gehört dem neuen Tenortypus schon an, und um die Mitte des 19. Jahrhunderts scheint sich der Begriff Heldentenor in Deutschland eingebürgert zu haben. Für Julius Hey in seinem *Deutschen Gesangs-Unterricht* von 1884 ist der Heldentenor keine Stimmgattung im Sinne einer ursprünglichen Veranlagung, sondern das Ergebnis einer längeren Entwicklung. Hey sieht den Heldentenor (und er meint den Wagnerschen Heldentenor) sich aus dem sogenannten tiefen Tenor entwickeln, den man bei der Stimmprüfung oft kaum vom Bariton unterscheiden könne. Wichtig sei vor allem eine kräftige körperliche Konstitution. Es ist in der Tat auffallend, welch großen Wert Wagner auf die körperliche Beschaffenheit seiner Helden legte: Den ersten Siegfried Georg Unger wählte er offensichtlich mehr wegen seines athletischen Körperbaus aus als wegen seiner Stimme, täuschte sich dann allerdings in der Annahme, daß die stimmlichen Probleme sich schon irgendwie regeln lassen würden. Uns mag das heute sehr naiv anmuten, aber sicher ist der heutige Mangel an mächtigen Stimmen (auf die, wie ich meine, der Wagner-Gesang nicht verzichten kann) auch eine Folge des gewandelten Schönheitsideals, dem kräftige Mannsbilder wie Lauritz Melchior oder Leo Slezak nicht mehr entsprechen.

Natürlich gibt es innerhalb des Heldentenorbereichs bei Wagner erhebliche Differenzierungen, vom fast lyrischen Extrem des Lohengrin bis zum schweren Helden des Siegfried oder dem heldischen Charaktertenor, wie ich ihn nennen möchte, des Tannhäuser und Tristan. Es können nur einige dieser Differenzierungen beispielhaft herausgegriffen werden.

Am stärksten von allen Wagnerschen Tenorpartien auf *einen* Ton gestimmt ist der Lohengrin, der beherrscht wird von Distanz und allerdings gefährdeter Entrücktheit, die in der Brautgemachszene von sehr menschlichen Empfindungen gebrochen wird. Wichtig ist, daß der Interpret des Lohengrin innerhalb dieses schmalen Ausdrucksspektrums ein Maximum an Nuancen entfaltet, damit aus dem einen Ton nicht Eintönigkeit wird. So wichtig wie nirgends sonst bei Wagner ist aber auch die pure Qualität der Stimme, des Timbres also. Wagner selbst schrieb an Franz Liszt, als dieser die Uraufführung vorbereitete, daß der Sänger vor allem eines haben müsse: Glanz im Äußeren und in der Stimme. Darüber hinaus muß ein guter Lohengrin aber auch noch einiges technisches Rüstzeug mitbringen: Er muß ein gestütztes Piano singen, er muß die Kunst des Mezza voce beherrschen, aber auch die des Messa di voce, also des bruchlosen An- und Abschwellens des Tones, und er muß über eine beträchtliche Legatotechnik verfügen, dann erst wird sich jenes Wunder aus Blau und Silber ereignen, das Thomas Mann bei *Lohengrin* assoziierte. Dies sind keine geringen Anforderungen, und es wird nicht verwundern, daß ich sie bei den prominenten Rollenvertretern der Gegenwart in nur ungenügendem Maße verwirklicht sehe (Plácido Domingos Lohengrin stellt eine gewisse Ausnahme dar). Gerade wegen der Legatoanforderungen hat man den Lohengrin immer wieder mit einem Sänger italienischer Schulung besetzt, und schon im 19. Jahrhundert war *Lohengrin* die in Italien am häufigsten gespielte Wagner-Oper. Hans von Bülow schrieb in einem Zeitungsbericht von einer Aufführung 1871 in Bologna über die Leistung des italienischen Tenors Italo Campanini: »Er singt den ganzen letzten Akt hinreißend. Seine Erzählung vom Gral habe ich nie in annähernder Weise von deutschen Sängern reproduziert gehört [...]« – Bülow störte sich offensichtlich überhaupt nicht daran, daß dies ein italienisch gesungener Lohengrin war, daß also der Schwan mit »Addio mio cigno gentil« verabschiedet wurde.

Wenig bekannt ist, daß Enrico Caruso 1901 in Buenos Aires dreimal den Lohengrin gesungen hat. Er hat dies allerdings nie wiederholt und auch (leider) keine Plattenaufnahmen davon gemacht. Der beeindruckendste italienische Lohengrin bleibt deshalb Aureliano Pertile, Arturo Toscaninis Lieblingstenor, dessen *Lohengrin*-Ausschnitte geradezu Lehrbuchcharakter haben, was die Kunst der Phrasierung betrifft, und der die Beherrschung des Messa di voce bis zum Manierismus gesteigert hat: Was Pertile fehlt, ist die Schönheit der Stimme (siehe den Pertile-Abschnitt). Einen Lohengrin, der von Puccini überarbeitet wurde, kann man bei Alfred Piccaver hören, dem einstigen Idol der Wiener Staatsopernbesucher. Der Samtschimmer dieser Stimme mit dem perfekten Legato gibt dem Lohengrin überraschende Nuancen, die starke Sinnlichkeit seines nasalen Tones läßt allerdings den Aspekt der Distanz völlig vergessen (siehe den Piccaver-Abschnitt).

In den fünfziger und sechziger Jahren hat der Ungar **Sándor Kónya** (*1923) mit großem Erfolg noch einmal einen solchen Puccini-Lohengrin gesungen. Er hat leider allzu wenige Spuren im Gedächtnis hinterlassen, weil seine Schallplattenhinterlassenschaft sehr schmal ist. Deshalb wird vielleicht meine Ansicht, daß Kónya der beste Lohengrin war, der nach dem Kriege zu hören war, Kopfschütteln hervorrufen. Ein Hineinhören in den Bayreuther Mitschnitt des Jahres 1958, als er in dieser Rolle dort zum erstenmal auftrat, wie auch in die amerikanische Studioproduktion des Jahres 1966, die bei uns nie recht bekannt wurde, müßte diese Ansicht heftig unterstützen, denn einen so nobel timbrierten, unangestrengt flutenden, legatobewußten Tenor hat man seither in dieser Rolle nicht mehr hören können. Plácido Domingos Lohengrin besteht heute glänzend in einer schwachen Konkurrenz, aber der Schritt zu dieser Rolle (Parsifal und der anvisierte Tristan sind etwas anderes) kam doch wohl ein paar Jahre zu spät, und Kónya übertrifft ihn auch in der deutschen Diktion. Schon damals, am Ende der fünfziger Jahre, hat man an diesem »Puccini-Lohengrin« herumgenörgelt, aber im Vergleich mit den meisten anderen Wagner-Tenören der Nachkriegszeit kann ich mich an dem Puccini-Element in dieser Rolle nicht satt hören [Gesamtaufnahme Bayreuth 1958 bei Myto].

Weitaus bekannter in der Rolle des Lohengrin ist nach wie vor der amerikanische Tenor **Jess Thomas** (*1927), und dies vor allem deshalb, weil die von Rudolf Kempe geleitete Gesamtaufnahme dieser Oper von 1963 zu Recht als bisher unüberholte Referenzaufnahme gilt. Thomas etablierte sich in den sechziger Jahren von München aus im Wagner-Fach, als Lohengrin und Stolzing, aber auch als Bacchus und Radames. Kluge Rollendisponierung und ein einnehmendes Äußeres trieben seine Karriere voran (ich erinnere mich allerdings an sein Scheitern mit dem Tannhäuser 1966 in Bayreuth, das nur knapp an einer Katastrophe vorbeischlitterte). Die spätere Zuwendung zu schwereren Rollen wie dem Siegfried (bei Herbert von Karajan) war nicht mehr von so viel Gelingen begünstigt. Auch der genannte Lohengrin auf Platte zeigt die Probleme seiner Technik. Thomas war wohl von Haus aus ein Bariton, auch wenn er nie in diesem Fach gesungen hatte, und hat sich die Höhe des Heldentenors künstlich aufgepfropft, ohne sie organisch mit der Mittellage zu verbinden. So klang die Höhe immer verschleiert, besaß nie wirklichen Glanz, Thomas allerdings kompensierte diese Schwäche ein wenig durch ein schönes Mezza voce, durch das er die meisten seiner damaligen Wagner-Kollegen an subtilen Wirkungen übertreffen konnte [EMI].

Es steht außer Frage, daß **Franz Völker** (1899–1965) in den dreißiger Jahren Lohengrin-Maßstäbe gesetzt hat, die bis heute nicht übertroffen wurden. Völker hat, als Belcantist unter den Wagner-Tenören (dieser Klischeebegriff ist hier durchaus einmal am Platze) Aufnahmen gemacht, die bis heute Gültigkeit haben. Er stammte aus Neu-Isenburg bei Frankfurt am Main, einem Städtchen mit auffallender Gesangstradition auf der Basis von Chören und Gesangsvereinen. Schon die Sopranstimme des kleinen Völker fiel auf, nach dem Stimmbruch aber schien nichts auf eine berufliche Laufbahn in dieser Richtung hinzudeuten, doch 1925 gewann er in Frankfurt einen Amateurwettbewerb mit dem Herzog aus *Rigoletto* – dem italienischen Repertoire hat er bis zum Ende seiner Laufbahn Beachtung geschenkt, zum Schluß galt er neben Max Lorenz als der beste deutsche Otello. Clemens Krauss, Chef der Frankfurter Oper, nahm ihn unter seine Fittiche, und schon zwei Jahre später machte er in Berlin seine ersten Plattenaufnahmen, darunter bereits Ausschnitte aus *Lohengrin*. Es war diese Rolle, mit der er Weltkarriere machte; seine Paarung von heldischer baritonaler Kraft und lyrischer Sensibilität war Labsal für die Ohren jener Wagnerianer, die den »Bell-Canto« satt hatten und die großen italienischen Tenöre in dieser Rolle nicht kennenlernen konnten. Ab 1933 sang Völker bei den Bayreuther Festspielen vor allem Lohengrin, aber auch Siegmund, Erik und Stolzing und war damit der lyrisch getönte Konterpart zum dramatischeren Lorenz.

Bezeichnend für Völker war, daß er fast gleichzeitig zu Beginn der dreißiger Jahre auch noch bei den Salzburger Festspielen den Ferrando in *Così fan tutte* singen konnte, was man sich von Lorenz nun kaum vorzustellen wagt, außerdem den Florestan und den seither nicht mehr adäquat interpretierten Menelas in Strauss' *Ägyptischer Helena*. Heute nur noch wenig bekannt ist, daß Völker damals ein außerordentlich erfolgreicher Operettensänger auf der Schallplatte war, und das Tauber-Vorbild, das man durchhört, hat segensreich auch auf seine Wagner-Interpretationen eingewirkt (eine ähnliche Entwicklung nahm der stimmlich nicht so üppig ausgestattete Marcel Wittrisch, auch er ein hoch beachtlicher Lohengrin jener Jahre und ein ganz hervorragender Meyerbeerscher Raoul, solange diese Oper noch auf deutschen Bühnen gezeigt werden durfte). Warum der untadelige Techniker Völker bereits in den vierziger Jahren stimmliche Ermüdungserscheinungen zeigte, entzieht sich meiner Kenntnis. Seinen Lohengrin hört man auf der im Zusammenhang mit Margarete Klose schon genannten Live-Aufnahme aus der Berliner Staatsoper von 1943, noch vollendeter, weil stimmlich frischer, sind allerdings frühere Studioaufnahmen und die Live-Aufnahmen aus Bayreuth 1936. Es hat vor und nach Völker keinen deutschen Wagner-Tenor gegeben, der eine solche Legatokultur besaß, ohne dabei auf Stimmkraft zu verzichten (Völker war ja auch ein hervorragender Siegmund). Ein besonderer Kunstgriff Völkers war es, die Konsonanten möglichst weich auszusprechen. Seine Tonansätze kommen mit unglaublicher Weichheit, wie Wattebälle; man muß allerdings zugeben, daß dabei die von Wagner immer wieder geforderte Wortdeutlichkeit etwas leidet. Auch mit seiner Atemtechnik liegt Völker weit über dem Wagner-Standard (und ohne Atemtechnik kann es kein Legato geben). Man vergleiche einmal, mit welch breitem Atem Völker die Begrüßung des Schwans im dritten Akt singt (die ja, fast ungeschützt vom Orchester, zu den heikelsten Stellen der Partie zählt), während *alle* Lohengrine der späteren Gesamtaufnahmen diese Passage durch zu häufiges Atemholen zerhacken. An Völkers Lohengrin gibt es nichts zu deuten und zu mäkeln, und wenn ich sage, daß mir Völkers Stimme immer noch eine Nuance zu irdisch ist, dann ist das eine Bemerkung jenseits aller Qualitätsdiskussionen [Gesamt- und Einzelaufnahmen bei Preiser].

Zu einem Zeitpunkt, als ich die Suche nach der idealen Lohengrin-Stimme schon aufgegeben hatte, nach jener Mischung aus erdenfernem Gralsschimmer und verhaltener Sinnlichkeit also, fiel mir eine Aufnahme eines Konzerts in die Hände, bei dem **Jussi Björling** (1911–1960) wenige Wochen vor seinem Tode die Gralserzählung zum ersten und letzten Male öffentlich sang. Auch wenn die schwedische Sprache nicht unbedingt die geeignete für den Lohengrin ist, auch wenn dies interpretatorisch noch am Anfang steht, zu burschikos gesungen ist und auch einen musikalischen Fehler enthält – hier ist sie, die ideale Lohengrin-Stimme [diese Aufnahme bei Gala]!

Die Rolle des Tannhäuser stellt, wie sich herumgesprochen hat, die heikelsten Anforderungen an einen Wagner-Tenor, auch wenn andere Partien weit größere Ausdauer erfordern mögen. Ein Tannhäuser von allerhöchstem Rang, neben Jacques Urlus der wohl heute unbekannteste aller großen Wagner-Tenöre, war der Münchner Tenor **Heinrich Knote** (1870–1953). Knote wurde unmittelbar nach der Jahrhundertwende an der Met als Konkurrent Enrico Carusos in den heldischen Partien angesehen, beschränkte dann aber seine Karriere vornehmlich auf seine Heimatstadt. Es gibt nicht allzu viele Aufnahmen von Knote, heute jedoch würde er alle verfügbaren Wagner-Tenöre in ihre Schranken verweisen, dessen bin ich sicher. Knote war ein Spätentwickler: Die Aufnahmen des fast 60jährigen übertreffen die des 40jährigen. Wer Knote gehört hat und sich vom historischen Klangbild nicht abschrecken läßt, der weiß wieder, wie ein Heldentenor klingen muß, strotzend vor Stimmkraft und dennoch schlank singend, die Register bruchlos ineinander übergehend, Spitzentöne, mit denen Ambosse gespalten werden könnten (über sie sollte ein Siegfried verfügen, denn nicht nur das Schwert, sondern auch die Stimme sollte »schneiden« können). Ganz nebenbei widerlegt Knote das alte Vorurteil, daß die Sänger von einst vielleicht technisch besser waren, daß aber doch die modernen Interpreten viel »intensiver« seien, wobei »intensiv« manchmal nur ein Vertuschungsbegriff für gesangliche Mängel ist. Knote bleibt dem Tannhäuser nichts an Expressivität und Exaltation schuldig, deklamiert vorbildlich und wortdeutlich und verläßt doch nie den Gesangston. Geradezu unglaubwürdig mutet das Datum der hier angesprochenen Aufnahmen an, sie stammen aus dem Jahr 1929, als der Sänger in seinem 60. Lebensjahr stand. Hier müssen die Zauberkünste des Venusbergs nachgeholfen haben, oder war es doch nur die Perfektion eines aus den alten Traditionen schöpfenden deutschen Belcantos, wie ihn sich Wagner immer so inständig herbeiwünschte?

Die Erinnerung an Wolfgang Windgassen als Tannhäuser schließt die eminente Darstellungsleistung dieses Sängers mit ein, ein Sänger für die Schallplatte war Windgassen nicht, dazu fehlte es seiner Stimme doch an den nötigen sinnlichen Reizen. Windgassen gilt ja als der Exponent einer modernen, psychologisch ins Extrem vorangetriebenen Tannhäuser-Interpretation. Hört man sich den, wie ich meine, besten Tannhäuser an, nämlich Max Lorenz, dann merkt man, daß Windgassen nur fortsetzte, was Lorenz in dieser Hinsicht vorgebildet hatte.

Mit **Max Lorenz** (1901–1975) ist es eine eigenartige Sache. Schlägt man fremdsprachige Standardwerke zu unserem Thema auf, so wird man abfällige Urteile über diesen Tenor finden, die sich vor allem auf musikalische Ungenauigkeiten und Freiheiten beziehen, aber auch auf seine als unattraktiv, ja häßlich empfundene Stimme – so bei John Steane nachzulesen. Im deutschen Sprachbereich jedoch, oder sagen wir besser im Dunstkreis der Berliner und Wiener Staatsoper sowie der Bayreuther Festspiele, genießt er nach wie vor einen eminenten Ruf, den ich, das sei gleich gesagt, für vollauf berechtigt halte. Der mangelnde internationale Ruhm von Lorenz hängt natürlich auch damit zusammen, daß der Zweite Weltkrieg verhindert hat, die stimmlich besten Jahre des Tenors außerhalb Deutschlands zum Tragen kommen zu lassen. Nur in Italien war er noch außerordentlich beliebt und wurde zum Commendatore ernannt, ein Titel, auf den er besonders stolz war. Wer weiß aber schon, daß diejenigen, die dabei waren, seinen Otello für eine der größten Verkörperungen dieser Rolle halten? Leider scheint kein Mitschnitt dieser Partie zu existieren, die er zum erstenmal 1942 an der Wiener Staatsoper gesungen hat und dann insgesamt 64mal in Wien, in Paris gar auf italienisch. Das aber hat nichts mit der Bewertung der Stimme zu tun, die uns auf zahlreichen technisch durchaus zureichenden Aufnahmen zugänglich ist, inklusive einiger Live-Mitschnitte, unter anderem jene komplette *Götterdämmerung* 1950 an der Mailänder Scala, die Wilhelm Furtwängler dirigierte.

Der Düsseldorfer Metzgersohn schien zunächst zum Singen durch nichts außer Begeisterung prädestiniert. Der große Glücksfall war für Lorenz der Kontakt zu dem Pädagogen Ernst Grenzebach in Berlin. Grenzebach taucht immer wieder in jenen Jahren als bedeutender Stimmbildner auf und scheint vor allem für Tenöre ein Händchen oder sagen wir eine Stimmgabel gehabt zu haben, denn er hatte auch mit Lauritz Melchior gearbeitet und betreute später Peter Anders. Bei Grenzebach erlebte Lorenz zunächst eine große Enttäuschung. Anstatt die ersehnten Wagner-Partien brüllen zu dürfen, die rein äußerlich dem stattlichen jungen Mann mit dem »klassischen« Profil auf den reckenhaften Leib geschrieben waren, wurden monatelang nur Vokalisen geübt – »um den Rost von der Stimme wegzubringen«, wie Grenzebach sagte – und da sind wir schon bei einer ersten Erklärung für die mangelnde Wertschätzung bei manchen Experten. In diesem Zusammenhang sind die ersten Plattenaufnahmen von Lorenz hochinteressant, die er als Mittzwanziger aufnahm. Sie zeigen eine Eigenart, die seine Stimmentwicklung auch später prägte und jene Anekdoten über den Schüler verständlich machen. Alles, was im Zusammenhang mit einem Tenor an Wohlklang, an Weichheit und Süße erwartet wird, war Lorenz versagt, die Stimme klingt eher rauh und spröde, und Grenzebach hat ganz recht: wie eine rostige Klinge, die erst durch längere Bearbeitung

ihren Glanz erhält. Diese ersten Aufnahmen, gleichermaßen aus dem Wagner-
wie Verdi-Repertoire, zeigen jedoch auch schon, wo die Reise hingeht: Die
Höhe strahlt schon mächtig auf, auch wenn der Sitz der Spitzentöne noch
nicht jene traumwandlerische Sicherheit hat, die Lorenz im Verlauf seiner Karriere nicht mehr verlassen sollte. Eines wird aus diesen frühen Aufnahmen ganz
deutlich: Lorenz war im Sinne Melchiors kein typischer Heldentenor, der gemacht und nicht geboren wird, das heißt aus einem Bariton entsteht, sondern
er war immer ein Tenor, dem aber die Entwicklung zum Heldentenor, die ja
dann auch in wenigen Jahren erfolgte, schon deutlich in die Stimme eingeschrieben ist.

1928 sang Lorenz seine erste größere Partie in Dresden und gleich eine
ziemlich schwierige, den Menelas in Strauss' *Ägyptischer Helena* – daß Strauss
für Tenöre nicht viel übrig hatte, ist in dieser Oper schmerzhaft zu spüren, in
der wie in *Ariadne auf Naxos* die sogenannte Dankbarkeit der Rolle in keinem
Verhältnis zu ihrer stimmtechnischen Vertracktheit steht – außerdem ist sie um
einiges ausgedehnter als die des Bacchus. Lorenz machte in Dresden in relativ
kurzer Frist eine durchaus aufsehenerregende Karriere. 1933 ist das für ihn
entscheidende Jahr. Die Met holt ihn nach 1931 zum zweitenmal, erst auf der
Überfahrt erfährt er, daß er auch den Tannhäuser zu singen habe, in dem er
sich noch nicht zu Hause fühlte; Richard Tauber, der musikalisch Ausgefuchste,
arbeitete mit ihm während der Überfahrt – auch das ein Vorteil dieser ge-
ruhsamen Art, über den Atlantik zu kommen. 1933 aber ist auch das Jahr seines
ersten Auftretens in Bayreuth, wo er gleich auf einen Schlag Parsifal, Stolzing
und die beiden Siegfriede singt – ein Programm, das sich heute kein Tenor
mehr zumuten würde. Lorenz und Bayreuth, das ist ein eigenes Kapitel, groß
und problematisch gleichermaßen. Alle großen Partien (wie gesagt außer dem
Tannhäuser) hat er dort gesungen, als Siegfried hatte er ein Monopol von 1933
bis 1942, als Tristan hatte er es natürlich auch, aber dieses Musikdrama wurde
nur 1938 und 1939 aufgeführt – und es gibt eine ganze Reihe von Enthusiasten, die immer noch zitternd darauf warten, daß ein Band von einer dieser
Aufführungen auftaucht: Lorenz, Germaine Lubin als Isolde und Victor De
Sabata als Dirigent – das verspricht allerdings ungeahnte Wonnen, und diejenigen, die dabei waren, haben bis heute keine bessere Aufführung gesehen
und gehört, wie sie glaubhaft versichern.

Lorenz ist nach dem Krieg noch zweimal in Bayreuth aufgetreten, 1952
als Siegfried in der *Götterdämmerung* und 1954 als Siegmund in der *Walküre*.
Zwei Auftritte, eine geradezu groteske Zahl, schaut man sich die Tenöre an,
die gleichzeitig in Bayreuth die großen Rollen sangen (einzig Ramón Vinay
war Lorenz als stimmliches Ereignis vergleichbar), und Lorenz war in jenen
Jahren noch keineswegs auf dem absteigenden Ast. Diese Vernachlässigung

muß zu tun haben mit dem entschlossenen, wenn auch zum Teil verlogenen »unpolitischen« Neuanfang in Neu-Bayreuth (nach dem Motto »Hier gilt's der Kunst« – von einer Verarbeitung der Vergangenheit konnte keine Rede sein), und Lorenz war nun einmal der Startenor der Festspiele im Dritten Reich gewesen, ja er war der führende heroische Tenor des Dritten Reiches überhaupt gewesen, ein Favorit Hitlers. Dafür konnte er gewissermaßen nichts – wenn man sich entschloß, in Deutschland zu bleiben, mußte man sich so etwas gefallen lassen –, es gibt jedoch auch eine weitergehende tiefenpsychologische Erklärung für diese Vorliebe, denn das Singen von Lorenz hat, das ist nicht zu bestreiten, in seinem ungestümen Vorwärtsdrängen, das auch über Notenwerte und langsame Tempi von Dirigenten hinweggeht, durchaus etwas »Blitzkrieghaftes«, das den Rollen natürlich gut anstand, die Lorenz sang (wobei ihm übrigens die gebrochenen Aspekte dieser Rollen genauso gut und überzeugend gelangen) – hier mußte die NS-Ideologie etwas Wahlverwandtes spüren, nach dem Motto »Wer wider mich ist, den zerschmettere ich«.

Ausdrücklich sei gesagt, daß der Mensch Lorenz diesem Bild offensichtlich so gar nicht entsprach. Er hatte in New York 1932 die jüdische Sängerin Charlotte Appel geheiratet, von der er nicht lassen wollte – das machte ihn zu einer prinzipiell gefährdeten Person im Dritten Reich, ebenso wie andere Besonderheiten seines Privatlebens (man erinnere sich an die Probleme, die die ebenfalls hochprominente Kollegin Frida Leider wegen ihres jüdischen Ehemanns Rudolf Deman hatte). Es ist wohl nur gerade dieser Vorliebe des Reichskanzlers und Führers zu verdanken, ebenso wie der schützenden Hand, die Winifred Wagner wie auch Heinz Tietjen über Lorenz hielten, daß er diese Zeit unbeschadet überstand, ja sogar, wie mehrfach bezeugt ist, selbst Bedrängten helfen konnte, ein Held nicht nur auf der Bühne. In diesem Sinne hat Lorenz das Beste daraus gemacht, daß der Höhepunkt seiner Karriere – und natürlich sind die Jahre zwischen 1933 und 1945 seine besten Jahre gewesen, das bringen der Zufall des Geburtsdatums und die Physis eines Heldentenors nun einmal so mit sich – ausgerechnet mit den 1000 braunen Jahren zusammenfiel und daß die Werke jenes Komponisten, denen er sich als singender Darsteller am engsten verbunden und verpflichtet fühlte, durch die prägenden Erlebnisse eines Linzer Galeriebesuchers namens Adolf Hitler, aber auch durch dem Werk und seinem Schöpfer immanente Züge zu repräsentativen Werken dieses Regimes wurden.

Die genannten *Tristan*-Aufführungen in Bayreuth 1939 mit De Sabata (ein Jahr zuvor hatte Karl Elmendorff dirigiert), zusammen mit Aufführungen desselben Werkes an der Mailänder Scala, stellen vielleicht den eigentlichen Höhepunkt in der Karriere von Lorenz dar. Der Mailänder Mitschnitt von

1951, ebenfalls mit De Sabata und der unterschätzten Gertrude Grob-Prandl als Isolde, ist technisch nicht zureichend, um einen adäquaten Eindruck zu vermitteln, da ist dann doch der Digest, der mit Robert Heger 1942 in Berlin aufgenommen wurde, vielsagender, und ich möchte behaupten, daß Lorenz einer der imposantesten Tristane war, die die Platte überliefert hat, weil er für diese Partie jene Züge eines heldischen Charaktertenors mitbrachte, die dem dritten Akt das Maß an neurotischer Verzweiflung und exaltierter Synästhesie von Liebes- und Todeslust verleihen, transportiert durch eine messerscharfe Diktion, wie sie in Lauritz Melchiors (in den verschiedenen Mitschnitten) eher pauschal grandiosem Al-fresco-Singen nicht vorhanden sind. War Melchiors Stimme mit einem überdimensionalen Zweihänder zu vergleichen, so die von Lorenz mit einer (entrosteten) Damaszener-Klinge, die auch noch über dem stärksten Orchesterschwall sieghaft aufblitzt – man höre sich einmal die Schmelz- und Schmiedelieder an, bei denen man immer wieder merkt, daß die baritonalen Heldentenöre sich stimmordend anstrengen müssen, um ihrem Organ die notwendige Durchschlagskraft zu verleihen. Die tenoralen Helden-tenöre haben damit erheblich weniger Schwierigkeiten, vor allem wenn der Stimmsitz so perfekt ist wie bei Lorenz, der immer in der Maske sang, was wiederum den Nachteil hat, daß die weicheren Regionen der Resonanzräume, die einem wärmeren Stimmklang zugute kommen könnten, vernachlässigt werden. Als Tristan und als Tannhäuser scheint er mir Melchior in der Expres-sivität zu übertreffen; dem Dänen standen allerdings noch üppigere stimmliche Mittel zur Verfügung, auch eine größere Subtilität des Singens – im Piano-singen war er überlegen, dem schlankeren, nervösen Singen von Lorenz jedoch eignet ein ganz spezieller Reiz, den jedoch offensichtlich nicht alle Hörer auf-zunehmen geneigt sind.

Sein Tannhäuser, besonders die Romerzählung, ist ein Meilenstein des Wagner-Gesangs. Nur der 60jährige Knote hat sie ähnlich eindrucksvoll ge-sungen, und alle jene, die meinen, erst Wolfgang Windgassen habe die mo-derne psychologische Wagner-Interpretation als Tannhäuser erfunden, sollten sich diese beiden Tenöre mit ihrer Schilderung des Papsterlebnisses in Rom einmal anhören, die schneidende Schärfe und eherne Gewalt von Lorenz hat keiner seiner Nachfolger auch nur annähernd erreicht. Eine sehr reizvolle, sicher auch ambivalente Aufnahme ist jener Mitschnitt der Festaufführung von *Ariadne auf Naxos* 1944 an der Wiener Staatsoper, zum 80. Geburtstag von Richard Strauss. Natürlich fehlt Lorenz zum Bacchus der jugendliche Schmelz, wie ihn etwa der viel kleiner dimensionierte Rudolf Schock ein-bringen kann, und zu Anfang seines Auftritts stört ein Zutiefsingen, aber dann: welch heroischer Stimmklang, welche Leichtigkeit dieser schweren Stimme, welche für Lorenz ungewöhnliche Subtilität bei »bist du auch eine

Zauberin« – auch wenn das Pianosingen nicht die Region war, in der er sich besonders wohl fühlte [Preiser].

Wolfgang Windgassen (1914–1974), in Annemasse im französischen Hochsavoyen geboren, wirkte nicht wie jemand, der aus einer ausgesprochenen Künstlerfamilie kam, und doch hatte er so viele Sänger in der Familie wie kaum einer: Sein Vater Fritz Windgassen teilte mit ihm sogar das gleiche Stimmfach des Heldentenors, als der er zwischen 1923 und 1945 an der Stuttgarter Staatsoper eine Institution war. Opernbesucher, die Vater und Sohn vergleichen konnten, waren der Meinung, daß der Vater als Darsteller und Musiker unterlegen, in der Stimmqualität aber überlegen gewesen sei. Windgassens Mutter war die Koloratursopranistin Vally van Osten, ihrerseits Schwester der weit berühmteren Sopranistin Eva von der Osten, die bei der Uraufführung des *Rosenkavaliers* 1911 in Dresden den Octavian gesungen hatte. Vater Windgassen, der wie sein Sohn immer einen Sinn für das Praktische hatte, bemerkte recht früh, daß dieser Sohn stimmliche Talente aufzuweisen hatte, drang aber auf eine solide Ausbildung in einem technisch-handwerklichen Beruf, und so wurde Wolfgang technischer Volontär an der Stuttgarter Oper, wurde aber weiter von seinem Vater und an der Musikhochschule stimmlich ausgebildet. 1939 debütierte er im nahen Pforzheim, keineswegs als Wagner-Sänger, sondern als Linkerton in Puccinis *Madama Butterfly*. Der Krieg verhinderte zunächst eine weitere Entwicklung des Opernsängers Windgassen, und er mußte 1945, nun schon Anfang Dreißig, noch einmal von neuem, diesmal an der Stuttgarter Oper, anfangen. Es kann vermutet werden, daß diese notgedrungen langsame Karriereentwicklung mit dafür verantwortlich war, daß er sich seine stimmliche Frische bis in ein fortgeschrittenes Alter bewahrte. Der Stuttgarter Oper, der schon sein Vater so lange die Treue gehalten hatte, fühlte auch der Sohn sich bis zu seinem Tode verpflichtet, zuletzt auch noch als Operndirektor – Vater und Sohn überspannen so über 50 Jahre Zugehörigkeit zu Stuttgart.

Daß Windgassen bei der Wiedereröffnung der Bayreuther Festspiele 1951 dabei war und sehr schnell zu deren führendem Tenor wurde, hat mit Wieland Wagners Bestreben etwas zu tun, auch bei den Sängern eine Generationsablösung zu bewirken. Obwohl etwa Max Lorenz damals noch im Vollbesitz seiner stimmlichen Kräfte war, setzte man in Bayreuth auf neue Stimmen (Wieland Wagner soll übrigens Windgassen zuerst in der Aufführung einer Operette Jacques Offenbachs gehört haben). Windgassen, das wußte er selbst, war stimmlich nicht von dem Kaliber eines Melchior und Lorenz, er entsprach jedoch dem Typus des durch die Wagner-Tradition unverbildeten Sängers, der im Sinne des neuen Bayreuth formbar war und durch Intelligenz und Darstellungskraft überzeugen konnte. Dies ist übrigens auch der Grund dafür, daß man die

Leistung Windgassens nur richtig würdigen kann, wenn man ihn auf der Bühne gesehen hat, denn die Schallplatten können von einem Künstler solchen Zuschnitts nur einen Teilbereich vermitteln. 1951 also sang Windgassen seinen ersten Parsifal in Bayreuth, dann den Lohengrin, beides Rollen, die später nicht zu seinen stärksten Leistungen zählten. Bis zum Ende der sechziger Jahre, als auch die Ära Wieland Wagners endete, war er *der* Heldentenor Bayreuths und als Wagner-Interpret in aller Welt begehrt. Rollen wie Lohengrin oder Stolzing, in denen Belcanto-Qualitäten und schönes Timbre wichtig sind, lagen ihm nicht so sehr, diejenigen Partien aber, die man als die Wagnerschen Charakterrollen für Heldentenor bezeichnen kann, also Tannhäuser und Tristan, fanden in ihm einen bedeutenden Interpreten.

Windgassen kam nicht vom Bariton her, sondern war immer Tenor gewesen, seine tragfähige und durchschlagende Stimme, obwohl nicht übermäßig voluminös, hatte nie Schwierigkeiten, das Wagner-Orchester zu übertönen, die kluge Ökonomie seines kräftesparenden Singens, das jedoch selten sparsam wirkte, ließ ihn diese Partien mühelos durchstehen, an denen junge Sänger heute oft verzweifeln. Sein Tristan etwa, den er neben Birgit Nilsson in der heute schon legendären Inszenierung Wieland Wagners sang, ist ja auch auf Platte festgehalten und vermag auch auf diesem Wege einiges von der Faszination des Sänger-Darstellers Windgassen zu vermitteln. Als er Anfang der siebziger Jahre die Zahl der Wagner-Abende langsam reduzierte, sich dafür aber auch einen Spaß erlaubte wie den, als Prinz Orlofsky in einer Fernsehinszenierung der *Fledermaus* aufzutreten, da war er immer noch gut bei Stimme und ein wirklicher Nachfolger immer noch nicht in Sicht. Die Arbeit als Operndirektor in Stuttgart machte ihm großes Vergnügen, und nichts deutete darauf hin, daß ein Herzschlag ihn am 8. September 1974 mitten aus der Arbeit reißen sollte. Die nachfolgenden Jahre sollten zeigen, daß das Klischeewort von der Unersetzbarkeit bei Windgassen nun wirklich zutraf.

Die beiden Siegfriede stellen unterschiedliche Anforderungen an einen Tenor; von daher gesehen ist es durchaus sinnvoll, sie in einer zyklischen Aufführung des *Rings* von zwei verschiedenen Sängern gestalten zu lassen, denn diejenigen Interpreten, die beide Aufgaben gleich überzeugend bewältigen, kann man an einer Hand aufzählen. Kurz gesagt erfordert der Siegfried in *Siegfried* einen Heldentenor mit Spinto-Qualitäten, der die Schmelz- und Schmiedelieder möglichst mühelos über das Orchester hinwegbringt. Ein Heldentenor, der vom Bariton kommt, wird hier sich so verausgaben müssen, daß er für den dritten Akt nicht mehr die Kraft hat, neben seiner ausgeruhten Brünnhilden-Kollegin zu bestehen. Dieser Typus des Heldentenors wird sich in der *Götterdämmerung* sehr viel wohler fühlen, weil die Tessitura tiefer liegt.

Ein Spinto-Tenor im ersteren Sinne, allerdings mit letztlich nicht ausreichender Substanz, war **Richard Schubert** (1885–1958), ein Wagner-Sänger, der die immer wieder geäußerte Behauptung Lügen straft, früher seien die Wagner-Tenöre alle dickbäuchige Gestalten gewesen. Sein Aussehen und seine Präsenz auf der Bühne wirkten Anfang der zwanziger Jahre wie eine Sensation, denn hier trat, etwa als Tannhäuser, ein moderner Nervenschauspieler auf die Bühne, wie er damals die expressionistische Sprechbühne beherrschte, in der Oper aber weitgehend unbekannt war. Daß Schubert nicht nur Siegfried und Tannhäuser sang, sondern auch den Paul in der Hamburger Uraufführung von Korngolds *Toter Stadt*, deutet schon auf das Ungewöhnliche seiner Karriere hin. Er sang dann in den folgenden Jahren in Hamburg und Wien ein ebenso anstrengendes wie breites Repertoire zwischen Rodolfo und Alfredo auf der einen, Siegfried und Otello auf der anderen Seite, dazwischen die modernen Reißer von Schreker, Korngold und Schillings. Seine wichtigsten Schallplatten wurden alle zu Beginn seiner großen Karriere aufgenommen, im Jahr 1920, und sie zeigen bereits, warum das alles nicht gutgehen konnte. Einerseits gehören Schuberts Versionen der Schmiede- und Schmelzlieder zu den besten der Überlieferung – sie sind mit jünglingshafter Schneidigkeit und einem furiosen Elan gesungen –, andererseits ist nicht zu überhören, daß dies eine eigentlich schmale Stimme ist, die eines Zwischenfachtenors, der sich mit den schwersten Wagner-Partien übernehmen mußte. Bereits 1927 war Schuberts Stimme unwiederbringlich dahin, auch wenn er noch über rund zehn Jahre hinweg durch den ganzen Einsatz seines Charismas darüber hinwegzutäuschen vermochte – ein warnendes Beispiel, aber dennoch eine ganze Reihe blendender Aufnahmen, die Bestand haben werden.

Jener Wagner-Tenor, der Richard Schubert in Stimmklang und Projektionskraft am ähnlichsten war, allerdings erheblich mehr von der dringend notwendigen Stimmsubstanz besaß, war **Set Svanholm** (1904–1964), dessen Andenken mir dringend einer Auffrischung bedürftig erscheint. Ich wage zu behaupten, daß der junge Siegfried selbst von Lauritz Melchior und Max Lorenz nicht so glaubwürdig verkörpert worden ist wie von diesem schwedischen Tenor, dessen eigentliche Karriere allerdings auch nicht viel länger als zehn Jahre dauerte. Svanholm war bei John Forsell zunächst als Bariton ausgebildet worden und sang dieses Fach auch sechs Jahre lang; merkwürdigerweise ist diese Baritonvergangenheit ihm überhaupt nicht anzuhören, ein ähnlicher Fall wie der große Otello-Interpret Giovanni Zenatello. Ab 1937 sang er dann Tenorpartien und trat bei den Salzburger Festspielen als Stolzing und Tannhäuser auf. Die eigentliche Karriere begann dann erst 1946, als er in *Siegfried* an der Met debütierte, »the first true Heldentenor after Melchior«, wie die amerikanische Kritik befriedigt feststellte. Mitte der fünfziger Jahre allerdings, als der Wagner-Boom auch in Europa so richtig wieder einsetzte, scheint Svanholm schon über den Zenit seiner Laufbahn hinaus gewesen zu sein. Will man die oben geäußerte Behauptung vom wohl besten jungen Siegfried nachprüfen, dann muß man bereit sein, über die technischen Unzulänglichkeiten des berühmten *Rings* der Mailänder Scala hinwegzuhören, den Wilhelm Furtwängler 1950 dirigierte und in dem die Sänger meist vom Orchester in den Hintergrund gedrückt werden. Sehr viel deutlicher werden Svanholms Vorzüge auf einer Aufnahme der letzten Szene des dritten Aktes dieser Oper, die Erich Leinsdorf 1949 mit Svanholm und der grandiosen Eileen Farrell einspielte. In beiden Fällen wird der Hörer zugeben müssen, daß ein so nerviges und muskulöses, dabei immer schlankes und biegsames Singen die Rolle des Siegfried zu jenem übermütigen Hörvergnügen macht, das Wagner vorschwebte. Weder in Bayreuth noch andernorts noch auf der Platte ist Svanholm seither auch nur annähernd egalisiert worden.

Bei dem Stichwort »Siegfried« müssen noch zwei Künstler erwähnt werden, die keineswegs zu den berühmten Interpreten dieser oder anderer Wagner-Rollen zählen, deren jeder aber zumindest punktuell Bedeutendes geleistet hat. Einer davon ist der in Liverpool geborene Brite maltesischer Herkunft **Alberto Remedios** (*1935). Remedios ist als Wagner-Tenor sicher nur denjenigen bekannt, die einmal in die englisch gesungene Gesamtaufnahme des *Rings* hineingehört haben, die unter Reginald Goodall auf eine Inszenierung der Sadler's Wells Opera in London zurückgeht. Remedios ist in England ein sehr bekannter Sänger, außerhalb seiner Heimat jedoch hat sein Name keinen besonderen Klang – da geht es ihm ähnlich wie dem hervorragenden Otello-Interpreten Charles Craig. Remedios ist kein wirklicher Heldentenor, sondern ein Zwischenfachsänger, der aber bewiesen hat, daß man auch schwere Partien, zu schwere eigentlich, mit ausgereifter Technik und kluger Disposition mehr als achtbar bewältigen kann. Wer wissen will, wie schönstimmig ein Siegfried klingen kann, der höre sich die *Götterdämmerung* mit Remedios an – man muß nicht auf Plácido Domingo warten, um die Belcanto-Qualitäten auch in dieser Rolle schätzen zu lernen, die völlig verhunzt wird, wenn sie kraftmeierisch gestemmt wird. [*Siegfried* bei EMI].

Eine ganz ähnlich wohltuende Erfahrung kann man machen, wenn man die *Götterdämmerung*-Aufnahme Herbert von Karajans auflegt. Wer kennt heute noch **Helge Brilioth** (*1931)? Kometengleich begann seine Karriere um 1970 und führte ihn gleich nach Bayreuth und an die großen Bühnen (ich erinnere mich aus dieser Zeit an einen hervorragenden Lohengrin an der Deutschen Oper Berlin), aber wenige Jahre später war es damit schon wieder vorbei, aus welchen Gründen auch immer. Der Siegfried war für das eher bedächtige Temperament Brilioths wohl nicht die ideale Rolle, aber auch hier wird man sagen müssen, daß er damals (1970) einen Helden mit betörend schönen verschatteten Tönen sang (im Unterschied zu Set Svanholm ist seine Baritonvergangenheit nicht zu überhören und offensichtlich nicht schlackenlos genug abgestreift). Auch hier stellt sich wieder die Frage: Wo ist der Tenor, der seither diese Rolle bewegender gesungen hat? Es gibt Anlaß, sich nicht nur an Svanholm, sondern auch an Alberto Remedios und Brilioth zu erinnern [DGG].

Es wäre ungerecht, würde man an dieser Stelle nicht auch noch **Hans Hopf** (*1916) erwähnen, allein deshalb, weil er in den fünfziger und frühen sechziger Jahren ein international gefragter Heldentenor war. Hopf ist insofern ein Unikum unter den schweren Heldentenören, als er im Mozart-Fach begonnen hat. Es gibt Aufnahmen von ihm, noch im Zweiten Weltkrieg entstanden, die ihn als Ottavio zeigen und als Aubers Fra Diavolo. Man wird allerdings schon diesen frühen Hopf-Zeugnissen bescheinigen müssen, daß er im Fache Nicolai Geddas nicht gut aufgehoben war, denn seine Stimme hatte als einen ihrer großen Vorzüge schon damals einen kräftigen baritonalen Kern, der ihn dann rasch zu den heldischen Partien führte. Bereits 1951 sang er den Stolzing in Bayreuth, in den folgenden Jahren wurde der Max im *Freischütz* zu einer zentralen Partie, die er geradezu im Abonnement an allen großen Bühnen sang und die auch in mehreren Gesamtaufnahmen überliefert ist, am besten wohl in der konzertanten Version Erich Kleibers. Hopfs Stimme war nicht unbedingt ideal für das Studiomikrophon geeignet, auf den Aufnahmen klingt sie oft etwas topfig-nasal und schwerfällig, an guten Abenden auf der Bühne jedoch konnte man ganz andere Eindrücke gewinnen. So erinnere ich mich an einen Siegfried bei den Bayreuther Festspielen, es dürfte 1963 gewesen sein, wo Hopf, mitgerissen von seiner Brünnhilde Astrid Varnay, zu großer Form auflief. Da klang sein stämmiger Tenor saftig und üppig (welcher Siegfried hat sich seither diese Prädikate verdient), und aus seiner lyrischen Vergangenheit war noch die Fähigkeit zurückgeblieben, ein schönes Mezza voce zu singen.

Nur andeutend kann hier die Frage erörtert werden, ob der echte Heldentenor sich wirklich nur aus dem Bariton entwickeln kann, wie Lauritz Melchior es aus seiner eigenen Entwicklung ableitete (und sogar eine Stiftung einrichtete, die eine solche Umschulung unterstützen sollte). Diese Frage ist nicht neu und vielleicht gar nicht prinzipiell, sondern nur individuell zu entscheiden. Schon Albert Niemann, der Tannhäuser der Pariser Erstaufführung und später erste Siegmund in Bayreuth, scheint ein verkappter Bariton gewesen zu sein – Hans von Bülow jedenfalls, der etwas von Stimmen verstand, qualifizierte ihn als klanglosen, hochgezogenen Bariton. Die Fachleute warnen eher vor diesem Weg. Wir sahen, daß Julius Hey den Heldentenor nicht aus dem Bariton, sondern aus dem tiefen Tenor ableitete, was für ihn etwas anderes war, und er sagte denjenigen Sängern stimmlichen Ruin voraus, die sich nur mit Kraft die hohen Töne erzwingen wollten, die ihnen von der Natur versagt geblieben waren. Der italienische Tenor Giacomo Lauri-Volpi, der mehrere interessante Bücher über Sänger und Singen geschrieben hat, äußerte sich zum gleichen Problem, das sich für die italienischen Tenöre etwa beim Otello stellt, ganz ähnlich:

»Der Bariton bleibt Bariton und wird nie eine Tessitura erreichen, die Klarheit und Squillo verlangt [unter »squillo« verstehen die Italiener die Durchschlagskraft der Spitzentöne], ohne sein Gesangsorgan zu gefährden, und wenn er sich in einen Tenor verwandeln will, begibt er sich in gefährliche Abenteuer, die ihn vielleicht seine Karriere kosten, weil er die natürlichen Grenzen seiner stimmlichen Veranlagung überschritten hat.«

Trotz dieser Warnungen hat es immer wieder (und durchaus erfolgreiche) Fachwechsel gegeben: Jean de Reszke, der bedeutendste Tenor der Epoche vor Enrico Caruso und auch ein wichtiger Wagner-Tenor, war Bariton gewesen; ähnlich war es dann bei berühmten Otello-Tenören wie Giovanni Zenatello, Renato Zanelli und Ramón Vinay. Ein hochbedeutender, heute unterschätzter Wagner-Tenor mit Baritoncharakteristik war auch **Ludwig Suthaus** (1906–1971). Als er vor 20 Jahren starb, war sein Rang als Wagner-Tenor kaum noch im Bewußtsein des Publikums. Das lag vor allem daran, daß er im Nachkriegsbayreuth nur einmal aufgetreten war (dort sangen jüngere Konkurrenten wie Wolfgang Windgassen und Hans Hopf seine Rollen) und daß nur sehr wenige Schallplattenaufnahmen von ihm existierten. Glücklicherweise hat Wilhelm Furtwängler ihn bei seinen Nachkriegsproduktionen bevorzugt, und so gibt es eine *Walküre* mit Suthaus als Siegmund und jene maßstäbliche *Tristan*-Aufnahme, an der er an der Seite von Kirsten Flagstad die Titelrolle sang. Inzwischen hat sich die Situation weiter verbessert, weil jene Gesamtaufnahme des *Rings des Nibelungen* auf den Markt kam, die Furtwängler Anfang der fünfziger Jahre für den italienischen Rundfunk aufgenommen hatte und in der Suthaus die beiden Siegfriede singt. So liegt nun also ein durchaus repräsentativer Überblick über seine Leistungen im Wagner-Fach vor, der allerdings, das muß einschränkend gesagt werden, erst gegen Ende seiner Karriere entstanden ist, denn er gehört jener Sängergeneration an, deren stimmlicher Höhepunkt in die Zeit des Zweiten Weltkriegs fiel und die dadurch um eine internationale Bühnen- und Schallplattenkarriere betrogen wurden. Die Bestimmung des in Köln geborenen Sängers für die Rollen Wagners war schon bei seinem Debüt deutlich. Nach einem Studium an der Kölner Musikhochschule stand er zum erstenmal 1928 in Aachen als Stolzing auf der Bühne. Von Aachen aus ging es nach Stuttgart, wo schon damals die Werke Wagners besondere Aufmerksamkeit genossen, und von dort im Jahre 1941 an die Berliner Staatsoper, deren Mitglied er bis 1948 blieb. In diesem Jahr wechselte er, weil die Staatsoper ja im Ostteil der Stadt lag, an die Städtische Oper, später Deutsche Oper, in den Westen, der er bis zum Ende seiner Karriere angehörte.

Jetzt erst, Suthaus hatte die Vierzig bereits überschritten, begann langsam eine internationale Karriere – er bildete sozusagen mit anderen Fachkollegen wie Günther Treptow und August Seider den Übergang zwischen der älteren Generation der Wagner-Tenöre wie Lauritz Melchior, Max Lorenz, Franz Völker zu den genannten Vertretern der jüngeren Generation. Es kamen die zitierten Schallplattenaufnahmen mit Furtwängler, es kamen Gastspiele in London, Mailand, Moskau, Paris und San Francisco. Suthaus konnte nun spät, aber doch nicht zu spät, die Früchte einer solide aufgebauten Karriere ernten. Natürlich war er überall als schwerer Wagner-Held gefragt, zu anderen Rollen wie dem Bacchus, dem Florestan oder dem Otello kam es nur selten. Hört man die Gesamtaufnahmen sich an, so kann vor allem der Tristan auch heute noch bestehen, ja er ist wohl der stimmlich imposanteste der neueren Aufnahmen. Suthaus war ein Heldentenor alter Schule, mit einem soliden baritonalen Fundament der Stimme, auf dem sich sein warmer, fülliger Stimmklang entfalten konnte. Was ihm gegenüber anderen Rollenvertretern an psychologischer Durchdringung und Exaltation fehlt, macht er durch ein bewundernswert unangestrengtes Singen wett. Seine vorzügliche Atemtechnik befähigt ihn auch, lange Bögen zu singen, und bis in das Piano hinein bewahrt er seine Sonorität, was heute keineswegs mehr selbstverständlich ist. Gerade im Vergleich wird deutlich, daß wir heute keine Wagner-Tenöre seines Formats mehr haben – die Zeitumstände ließen nur eine späte »mittlere« Karriere zu, heute wäre er ein Weltstar, im schweren Wagner-Fach ohne Konkurrenz, aber vielleicht war die Zusammenarbeit mit Furtwängler Entschädigung genug für manches Entgangene, deren stimmlicher Höhepunkt sicher der partielle Mitschnitt einer Berliner *Tristan*-Aufführung von 1947 ist. Vielleicht übertreibe ich, aber Suthaus scheint mir als Tristan in dieser Aufführung über sich und auch über seine schärfsten Konkurrenten Melchior und Lorenz hinausgewachsen zu sein [die Studioaufnahme mit Furtwängler bei EMI].

Der Siegmund ist die Wagner-Tenorrolle mit der tiefsten Tessitura und technisch jederzeit für einen Bariton mit guter Höhe erreichbar. Kein Wunder, daß viele gute Siegmund-Interpreten ehemals Bariton waren, wie etwa James King und natürlich Lauritz Melchior. Wenn ich an dieser Stelle die Aufmerksamkeit auf einen hierzulande weitgehend unbekannten Tenor lenke, **Jacques Urlus** (1867–1935), dann, um diesen bei uns sträflich vernachlässigten Sänger bekannter zu machen. Es gibt Experten, die seine Stimme für die prachtvollste im Wagner-Tenorfach halten, die die Schallplatte überliefert hat. Seine Aufnahme des Schwertmonologs aus der *Walküre* bietet neben anderem bei den »Wälse«-Rufen eine stimmliche Expansion, die es mit der Melchiors aufnehmen kann, abstrahiert man von der rudimentären Aufnahmetechnik. Urlus, an der belgisch-deutschen Grenze als Sohn holländischer Eltern geboren, sang nur kurze Zeit (1911/12) in Bayreuth (Siegmund), war dann aber ab 1912 der führende Wagner-Tenor der Met. Er nahm dort die Position Jean de Reszkes im deutschen Fach ein und wurde auch von Enrico Caruso bewundert. Urlus war (und darin ist er mit Alexander Kipnis vergleichbar) von erstaunlicher Vielseitigkeit: Er war auch auf dem Höhepunkt seiner Karriere immer noch ein geschätzter Tamino, er war Otello und Samson, er war Tenorsolist in Mahlers *Lied von der Erde*, und er war ein gerühmter Evangelist in der *Matthäuspassion* – welcher unserer heutigen Wagner-Tenöre traut sich das zu?

Von den Wagner-Recken der sechziger Jahre ist einzig **James King** (*1925) noch im Einsatz. Obwohl King seine größten Erfolge im Wagner-Fach hatte, sind seine meistgesungenen Rollen doch der Kaiser in der *Frau ohne Schatten* und der Bacchus in *Ariadne auf Naxos*, während er dafür vom Siegfried, Tannhäuser und Tristan die Finger ließ. Die stimmliche Kraft hätte auch für diese Partien gereicht, aber diesem weisen Verzicht verdankt King es, daß er heute noch auf der Bühne steht. Ich zweifle jedoch daran, daß die Aufnahmen Kings wirklichen Bestand haben werden. King verband einen dunkel getönten männlichen Stimmklang mit einer immer sicheren Höhe, die ihm auch den Manrico erlaubte, einen kloßigen Beiklang wurde er jedoch nie los, und ein Meister der Schattierung und Differenzierung war er auch nie. Von der Gesamtaufnahme her unbegreiflich ist sein Ruhm als Lohengrin, denn er bleibt in den entscheidenden Punkten hinter den Anforderungen der Partie zurück. King »at his best« dagegen hört man (und versteht dann doch seinen Erfolg), wenn man ihn als Siegmund in Georg Soltis *Ring*-Aufnahme hört, denn hier singt er muskulös und sehnig zugleich, wie angegossen sitzt diese Rolle »auf« seiner Stimme, er wird nie plump kraftmeierisch, hat aber dennoch genug Saft für die entscheidenden Töne, und bei aller Kritik wird man feststellen müssen, daß, ähnlich wie im Falle des Lohengrin von Sándor Kónya, es seither keinen Siegmund mehr gegeben hat, der dieses Niveau erreichte.

Peter Hofmanns (*1944) Karriere, die mit einem Bayreuther Siegmund so verheißungsvoll begann, war bereits nach rund zehn Jahren wegen unzureichender technischer Fundierung an einem Ende angelangt. Das sogenannte schwere Wagner-Tenorfach teilen sich im Augenblick René Kollo, Siegfried Jerusalem und Reiner Goldberg untereinander auf, und damit sind vor allem die beiden Siegfriede gemeint.

In der von aller Fachwelt beklagten problematischen Situation, in der sich das Wagner-Tenorfach seit dem Tod von Wolfgang Windgassen und dem Abtreten von Jon Vickers befindet (der sich allerdings in Wagner-Rollen rar gemacht hatte), nimmt **René Kollo** (*1937) im Augenblick die Rolle des Felsens in der Brandung ein, die ihm so eigentlich gar nicht auf den Leib geschrieben ist. Kollo ist inzwischen auch schon ein Mittfünfziger, was ihm, auch wegen seines »Kindergesichts«, von dem er selbst spricht, kaum anzumerken ist. Wenn er gut disponiert ist (pflichtbewußt singt er gelegentlich auch, wenn er das nicht ist) und mit der Umgebung der Inszenierung, seinen Partnern und dem Dirigenten einverstanden ist (seine Ansprüche sind in dieser Hinsicht nicht gering), dann kann man von ihm als Siegfried, Tannhäuser und Tristan Leistungen hören, wie sie kein anderer Tenor in diesen Partien gegenwärtig zu bieten vermag. Der aus der Berliner Operettendynastie stammende Sänger hatte im Schlagerfach angefangen (ein ungewöhnlicher Beginn für einen Wagner-Sänger) und 1965 in Braunschweig im ernsten Fach begonnen. Über Düsseldorf kam er 1969 nach Bayreuth, wo seine frische Stimme als Steuermann schon aufhorchen ließ, wie man alten Kritiken entnehmen kann. In den siebziger Jahren entfaltete sich seine internationale Karriere mit großer Zielstrebigkeit, aber ohne Überstürzung. Lohengrin und Stolzing waren zunächst die erfolgreichsten Partien in Bayreuth, aber auch in Salzburg bei Herbert von Karajan (mit dem er sich später überwarf), dann kamen die Siegfriede und der Tristan in großer Folgerichtigkeit dazu, die heute einen Schwerpunkt seiner Tätigkeit bilden. Die Schallplatte trug nicht wenig zu seinem internationalen Ruhm bei. In einer Zeit, als Wolfgang Windgassen schon nicht mehr in Frage kam, war man dankbar überrascht, in Georg Soltis *Tannhäuser* und *Parsifal* und in Karajans *Meistersingern* einen jugendlich klaren Tenor zu hören, aus dessen scharf definierter heller Stimme jedes Pathos und Wabern verbannt waren.

Zu seiner Popularität trug weiterhin bei, daß er seine Herkunft und seine Anfänge nicht verleugnete und in Operettenfilmen und -platten sowie eigenen Fernsehshows der leichten Muse, die oft so schwer zu singen und darzustellen ist, künstlerisches Gewicht verlieh. An Richard Taubers Gesangskunst reichen seine Interpretationen in diesem Bereich nicht heran, aber für einen Wagner-Tenor sind sein Danilo in der *Lustigen Witwe* und seine anderen Operettenrollen schon eine bemerkenswerte Leistung. Kollo hat auf diese Weise ohne Zweifel dazu beigetragen, die Kluft zwischen »E« und »U« ein wenig zu überbrücken. Kollo ist ein scharf reflektierender Sänger, wie man unter anderem einem 1982 erschienenen Gespräch mit Imre Fabian entnehmen kann, der sich mehr Gedanken über seinen Beruf, über die Welt und die Menschen macht, als man seinem jungenhaften Äußeren zutrauen würde, ein kritischer Geist, dessen Offenheit nicht von allen Mitgliedern der Opernszene gleichermaßen geschätzt wird und der den Mut hat, seine eigenen Vorstellungen auch gegen eine scheinbare Übermacht durchzusetzen (der Fall Karajan zeigte es). Kein Wunder, daß es ihn gelegentlich reizte, sich als Inszenator zu versuchen: 1986 führte er Regie bei einem Darmstädter *Parsifal* und 1991 bei *Tiefland* in Ulm, Versuche, die mit Respekt aufgenommen wurden und so gar nicht dem alten Klischee (»vom Baßbuffo zum Regisseur«) entsprachen. Man wird von Kollo in dieser Hinsicht noch einiges erwarten können. Er ist außerdem, da gibt es keinen Zweifel, der bedeutendste Wagner-Tenor der siebziger und achtziger Jahre und verteidigt diese Position im Augenblick immer noch mit einigem Erfolg. Er hat alle Wagner-Tenorrollen gesungen, auch den Rienzi, den Siegmund nur auf der Bühne. Unter seinen Plattenaufnahmen werden der Stolzing (mit Karajan) und der Tristan (mit Carlos Kleiber), aber auch der Bacchus, der Kaiser in der *Frau ohne Schatten* und der Paul in Korngolds *Toter Stadt* Bestand haben. Sein Hermann in *Pique Dame*, sein Laca in *Jenufa*, der Peter Grimes Brittens beweisen, daß er sich nicht als Nur-Wagner-Sänger versteht.

Die stimmlichen Leistungen Kollos sind immer mit unterschiedlichen Nuancen beurteilt worden. Waren die einen von der frischen Gradlinigkeit seines Singens begeistert, so vermißten die anderen »appeal« in seinem Timbre. Man wird konstatieren müssen, daß der sinnliche Reiz seiner Stimme beschränkt ist, daß ihr der Farbenreichtum der ganz großen Wagner-Tenöre abgeht. Kollos Tenor nähert sich jener »voce bianca«, der weißen Stimme, von der die Italiener sprechen; das sind die Vorgaben der Natur, dagegen hilft keine Gesangskunst. Diese vorgegebene Limitierung eingestehend wird man jedoch bewundern müssen, was er aus seinen von Natur aus nicht reichen vokalen Gaben gemacht hat. Die Stimme »sitzt« im Gegensatz zu fast allen Kollegen des Faches, aus einer ursprünglich schmalen und flachen lyrischen Tenorstimme ist ein schlagkräftiges Instrument geworden, das auch bei Siegfrieds Schmiede- und Schmelzliedern das Orchester nicht zu fürchten braucht, und wer außer Kollo bewältigt gegenwärtig die Ekstasen des dritten *Tristan*-Aktes, ohne sich dafür zwei Akte lang zu schonen? Kollos bemerkenswerte Karriere, die nun inzwischen 25 Jahre ohne spektakuläre Einbrüche dauert, ist nicht das Ergebnis üppiger Naturgaben, die nur verwaltet zu werden brauchen, sondern entspringt einem klug disponiertem Umgang mit einem nicht unerschöpflichen Material, einer reflektierten Aneignung schwerster Partien – die Früchte dieses verantwortungsbewußten Umgangs mit seinen sängerischen Gaben werden jetzt geerntet; in dieser Hinsicht sollte Kollo ein Vorbild für seine jüngeren Kollegen sein.

Wie bei Kollo sah es auch bei **Siegfried Jerusalem** (*1940) zunächst nicht nach einer Sängerkarriere, zumal in diesem Fach, aus. Aus Oberhausen stammend, unterzog sich der Sohn eines Elektroingenieurs zunächst einer Ausbildung als Fagottist an der Essener Folkwang-Schule und übte nach seinem instrumentalen Examen den Beruf des Fagottisten auch aus, in Hof, dann in Reutlingen und schließlich im Orchester des Süddeutschen Rundfunks in Stuttgart. Die Gesangsambitionen waren immer vorhanden, es fehlten jedoch der rechte Mut und der richtige Lehrer. Den fand Jerusalem in Stuttgart, und seit 1976 (ein später Start für einen Tenor) stand er dann auf der Bühne, ziemlich schnell schon mit einem Lohengrin, seit 1977 auch in Bayreuth, zunächst als Froh und Steuermann, dann als Parsifal, Lohengrin, Stolzing und Siegmund. Seit 1988 sang er den Siegfried in der Harry-Kupfer-Inszenierung des *Rings* in Bayreuth, zunächst nur in *Siegfried*, dann auch in der *Götterdämmerung*. Jerusalems gutes Aussehen, seine Musikalität und seine athletischen Fähigkeiten, die ihn auch die sportlichen Anforderungen Kupfers bewältigen lassen, haben ihn gerade in dieser Rolle weltweit bekannt gemacht. Natürlich ist er im richtigen Alter für den Siegfried, ob er das richtige Stimmaterial dafür hat, wage ich zu bezweifeln. Als er schon seine ersten Lohengrine hinter sich hatte, hieß es, er wolle sich vorsichtig noch lange im lyrischen Repertoire bewegen, aber diese Vorsicht war dann bald vergessen.

Jerusalems frühe Aufnahmen beweisen zweierlei: daß seine Stimmsubstanz lyrisch ist, von großer Schönheit, aber auch Weichheit, und daß der Lohengrin eine Grenzpartie für ihn ist. Sie zeigen außerdem, daß er immer Probleme mit der Höhe und dem »passaggio« zwischen Brust- und Kopfregister hatte, wie sie bei seinen Versuchen mit dem schwierigen Stolzing immer wieder schmerzhaft deutlich wurden. Den Problemen mit der Höhe geht Jerusalem bei den Siegfrieden natürlich aus dem Wege, das Problem, daß seine Stimme nicht die erforderliche Durchschlagskraft für diese Rollen hat, stellt sich jedoch erneut und verschärft. So wird man konstatieren müssen, daß Jerusalem dieses Manko durch vermehrte körperliche Kraftanstrengung auszugleichen sucht, die Stimme jedoch verliert dabei den ihr eigenen Reiz, und auch wenn sie dadurch an Volumen gewonnen hat, wird sie wohl nie das angestrebte Ziel völlig erreichen, weil Substanz und »squillo« dafür einfach nicht ausreichen. Der internationale Erfolg hinterläßt auf diese Weise einen problematischen Nachgeschmack für den, der sich von seiner überzeugenden Bühnenverkörperung nicht das Hören auf die stimmlichen Phänomene abnehmen läßt.

Der heute so beklagenswert oft anzutreffende Befund, daß durch die Natur gesetzte Fachgrenzen ignoriert werden (die Gründe dafür ergäben ein eigenes Kapitel), trifft in noch höherem Maße für **Reiner Goldberg** (*1939) zu. Als Georg Solti für den Bayreuther *Ring* von 1983 sein Ensemble zusammenstellte, plädierte er für Goldberg als Siegfried, weil er ihn für den Inhaber der schönsten Wagner-Tenorstimme hielt, die damals verfügbar war. Hört man die ansonsten nur halb geglückte *Parsifal*-Aufnahme Armin Jordans (die Hans-Jürgen Syberbergs Film als Soundtrack zugrunde lag), dann mag man Solti noch nicht einmal widersprechen: Das war damals, als die Aufnahme entstand (1981), wirklich ein schöner lyrischer Tenor mit einer gewissen Steigerungsfähigkeit, die Italiener hätten gesagt, ein Spinto-Tenor, aber das reichte bei weitem nicht für die beiden Siegfriede, und das hätte auch Solti wissen müssen. Es kam nicht zu diesen Auftritten, aus welchen Gründen auch immer, inzwischen hat Goldberg diese Partien auch in Bayreuth gesungen, und gerade ist die *Götterdämmerung* aus James Levines *Ring*-Zyklus auf CD erschienen, in denen er den Siegfried gestaltet (in Bernard Haitinks *Ring* sang er den Siegmund). Was man bei Goldbergs aktuellen Auftritten (Erik in Bayreuth zum Beispiel) und Aufnahmen hört, ist eine schwer angeschlagene Stimme, die durch Überbeanspruchung strähnig geworden ist; man ahnt die einstige Schönheit des Timbres und fühlt sich an ein kostbares Möbel erinnert, dessen Politur beschädigt ist, weil es zu lange und zu nahe an der Heizung gestanden hat. Siegfried und Tannhäuser sind nun einmal Partien, die sich an jenen rächen, die ohne die nötige stimmliche Grundausstattung glauben (oder sich einreden lassen), sie bewältigen zu können.

Die gegenwärtige Situation im Bereich des Wagnerschen Heldentenorfachs ist außerordentlich diffus. Jerusalem, Kollo und Goldberg sind jenseits der Fünfzig. Robert Schunk hat die Versprechen seiner frühen Jahre nicht einlösen können, Walter Raffeiner, ein eigenwilliger Kopf und eine skurrile Gestalt, hat die so schwierige Umstellung von Bariton auf Tenor technisch nicht genügend vorbereitet. Peter Seiffert hat großen Erfolg als Lohengrin und Parsifal, und eine Bayreuther Zukunft ist ihm unschwer vorauszusagen – ob ihm die tieferen Dimensionen der Menschengestaltung im Sinne Wagners erreichbar sein werden, bleibt abzuwarten. Der Amerikaner Gary Lakes wartet mit üppigem Material auf, dem aber Feinschliff fehlt. Der Amerikaner Ben Heppner ist einer der wenigen gegenwärtigen Tenöre, der Stimmkraft und kultivierte Linienführung zu vereinen weiß, Mozarts Titus wie den Stolzing gleichermaßen überzeugend singt – er ist wohl die größte Hoffnung in diesem Bereich. Der Däne Poul Elming, der 1990 als Siegmund in Bayreuth debütierte (mit Erfolg), muß sich ebenfalls fragen lassen, ob sein Umstellungstraining von Bariton auf Tenor sorgfältig und ausführlich genug war, denn ein Sänger mit so viel physischer Kraft, der am Ende des ersten Aktes der *Walküre* schon erhebliche Ermüdungserscheinungen zeigt, macht irgend etwas falsch. Höchste Bedenken muß man auch haben, wenn Francisco Araiza sich dem Lohengrin zuwendet. Nach Plácido Domingos Platten- und Bühnen-Lohengrin konnte man wieder einmal nur staunen, wie dieser Ausnahmesänger sich einen ihm fremden Be-

reich eroberte, die immer noch reichlich vorhandene italienische Gesangskultur stand gerade dieser Partie gut zu Gesicht. Domingos Platten-Tannhäuser
war schon weniger überzeugend, sein Parsifal hingegen bekam positive Resonanz, ob der angekündigte Tristan das hält, was er verspricht, muß abgewartet
werden. Seine Probleme mit dem deutschen Idiom sind allerdings nach wie
vor bemerkbar.

Mit diesem Rückblick auf die großen, schweren Wagner-Tenöre, ein an-
scheinend aussterbendes oder gar schon ausgestorbenes Sauriergeschlecht des
Wagner-Gesangs, und einem eher diffusen Ausblick ist der Streifzug durch die
Geschichte und die Probleme des Wagner-Gesangs beendet. Vieles blieb un-
gesagt, große Stimmen der Vergangenheit, manche respektablen Stimmen der
Gegenwart blieben ungenannt. Es sollte deutlich geworden sein, daß es durchaus im Sinne Richard Wagners selbst ist, wenn man von Wagner-Sängern die
Einhaltung der Gebote des Kunstgesangs fordert, die das Wagner-Wort vom
deutschen Belcanto erst mit Sinn füllen. Es scheint, als hätten diese Gebote
im heutigen Wagner-Gesang an Verbindlichkeit insgesamt verloren, was beeindruckende Einzelleistungen keineswegs ausschließt.

Hinweise

Die großen Platteneditionen mit historischen Wagner-Aufnahmen bei Acanta und
EMI sind leider verschwunden. Einziger Ersatz zur Zeit ist die Vier-CD-Sammlung
Les grandes interprètes de Wagner bei Music Memoria. Besonders zu beachten sind
natürlich die immer zahlreicheren historischen Mitschnitte großer Wagner-Aufführungen.

Sängerinnen und Sänger
der vierziger und fünfziger Jahre

Boris Christoff

Mitte der sechziger Jahre schien ein Gehirntumor der Karriere des Bassisten Boris Christoff und vielleicht auch seinem Leben ein endgültiges Ende bereiten zu wollen. Mit gewaltiger Energie überwand Christoff die Folgen der Operation. Ende der siebziger Jahre schien er seine Karriere endgültig beenden zu wollen, aber einige Jahre später überraschte er die Opernwelt mit dem Comeback einer erstaunlich intakten Stimme. Zusammen mit Cesare Siepi und Nicolai Ghiaurov wird man Christoff zum beherrschenden Bässetriumvirat der Nachkriegszeit im italienischen, russischen und französischen Fach zählen können, jeder dieser drei bedeutenden Sänger ist vom anderen charakteristisch unterschieden, wobei die beiden Bulgaren Ghiaurov und Christoff untereinander mehr Ähnlichkeiten haben als mit dem belkantistisch-sämig singenden Italiener. Bezeichnenderweise ist Siepi der größte Don Giovanni seiner Zeit gewesen, während Ghiaurov in dieser Rolle auf geteilte Resonanz stieß und Christoff sie, trotz eines Angebots Herbert von Karajans, nie gesungen hat. Bulgarien ist, neben Rußland, traditionsgemäß ein Land der großen Baßstimmen. Der 15 Jahre jüngere Ghiaurov ist im Stimmtypus und in der Klangentfaltung dem italienischen »basso cantante« stärker angenähert als Christoff, dessen spröderes, knorrigeres Organ eher den russischen Bässen des Schaljapin-Typus nahesteht. Kurioserweise hat Christoff ausschließlich in Italien studiert, während Ghiaurov seine Ausbildung in seinem Heimatland Bulgarien erhielt. Wer Nationalcharakteren nachjagt, mag die aus Rußland stammende Mutter Christoffs für diese stimmliche Ausprägung verantwortlich machen.

Christoff, geboren am 18. Mai 1914 in Plowdiw, studierte Jura, ob er den Beruf des Richters je ausgeübt hat, darüber gibt es unterschiedliche Angaben. Lange kann das jedenfalls nicht gewesen sein, denn er fiel als junger Sänger bereits als Solist im international berühmten Gusla-Chor auf. Der bulgarische König, auch er ein Boris vom Namen her, wurde zufällig auf die Pracht-stimme aufmerksam und ermöglichte mit einem Stipendium ein Studium in Italien. Christoff hatte das Glück, in Mailand bei Riccardo Stracciari studieren zu können. Nur selten sind gute Sänger auch gleichzeitig gute Lehrer – Strac-ciari war so ein seltener Fall. Bevor die Wirren des Zweiten Weltkriegs über Italien und dem Balkan zusammenbrachen, hatte Christoff gelernt, was man bei einem Lehrer lernen kann, und ging noch vor Ende des Kriegs nach Salzburg, um sich im deutschen Repertoire zu vervollkommnen. Nach einer kurzen Internierung kehrte er nach Italien zurück und konnte bald nach Kriegsende, nun etwas über 30 Jahre alt, seine Karriere zunächst in Konzerten beginnen. Mit dem Dirigenten Vittorio Gui sang er Haydns *Schöpfung*, am Jahresende 1945 konnte man von Christoff in Rom gar Wotans Abschied aus der *Walküre* hören, eine Rolle, die er nie mehr angegangen ist – Callas-Fans kennen jedoch Christoffs merkwürdigen Gurnemanz in einer Produktion der römischen Oper neben Maria Callas' Kundry. Sein Bühnendebüt erfolgte 1946 ebenfalls in Rom als Colline in Puccinis *La Bohème*, seinem ersten Gur-nemanz Ende 1947 in Venedig legt Christoff selbst allerdings größere Bedeu-tung bei. 1947 kam er dann bereits an die Scala, wo er in *Boris Godunow* zunächst den Pimen und schon bald auch seine Schicksalspartie, den Boris selbst, sang.

600mal soll er seither als Boris auf den großen Bühnen der Welt gestanden haben, und kein Bassist seither, auch Ghiaurov nicht, hat es verstanden, mit dieser Rolle so identifiziert zu werden, wie das bei Christoff der Fall war, ohne Zweifel dem bedeutendsten Boris seit Fjodor Schaljapin. Diesen Boris kann man auf zwei Gesamtaufnahmen hören, die erste wurde 1953 aufgenommen und von Issai Dobrowen geleitet, und zehn Jahre später in der bekannteren Version unter André Cluytens. In beiden Aufnahmen hat sich Christoff eine besondere Starallüre geleistet, könnte man boshaft sagen, er hat nämlich alle drei Baßrollen der Oper gesungen, nicht nur Boris, sondern auch den Mönch Pimen und den entlaufenen Mönch Warlaam, getreu seiner eigenen Devise in bezug auf die 120 Rollen seines Repertoires:

»Ich singe meine 120 Rollen mit 40 Stimmen. Immer aber hört man meine Stimme heraus. Immer bin ich es, Boris Christoff, und stets ist es ein anderer Boris Christoff. Was den Boris angeht: In der ersten Szene bin ich der Zar aller Reußen. Entsprechend muß meine Stimme klingen, voller Kraft und Atem. Im Gemach des Zaren klingt die Stimme zornig. Ich könnte einen Mann töten. Ich schleudere Schuiski zu Boden. In der Beratungsszene bin ich bereits ein toter Mann. Und wenn man fast tot ist, wie kann man mit der Stimme eines Lebenden singen? Das Singen ist ein Metier, welches große Geduld und großen Fleiß verlangt. Man darf nicht nachlässig sein. Ich habe nie für Geld gesungen, und ich lehne Rollen ab, die mich nicht interessieren.«

Wenn man 120 Rollen mit 40 Stimmen singen kann, dann kann man natürlich drei Rollen mit drei verschiedenen Stimmen singen, dennoch hat Christoffs Experiment in den beiden Aufnahmen letztlich niemand voll überzeugt, auch wenn der Respekt vor dieser Leistung immer groß war. Davon aber abgesehen: gerade die frühere Aufnahme unter Dobrowen, die auch noch den hervorragenden jungen Nicolai Gedda als Dmitri aufzuweisen hat, bleibt nach wie vor die überzeugendste Gesamtaufnahme dieser Oper, und das ist vor allem Christoff auf dem ersten Höhepunkt seiner stimmlichen Entfaltung zu verdanken. Diese und andere Aufnahmen, die zwischen dem Ende der vierziger und der Mitte der fünfziger Jahre entstanden, zeigen eine Stimmpracht, die den Aufnahmen des Weltstars Christoff später doch abgeht, als die Stimme ihren Saft langsam verlor und zum Knarzigen tendierte, was dank der Kunst des Sängers durchaus reizvoll ist. Christoffs Stimme ist immer von starker Eigenprägung gewesen, ein eher hoher Baß mit dunkler Färbung – diese Charakteristik mag etwas widersinnig klingen, aber man kann immer wieder feststellen, daß die tiefen Töne Christoffs in der Klangfülle nicht das halten, was die Klangfärbung der Mittellage verspricht. Christoff war gelegentlich in Gefahr, ein veräußerlichtes Singen zu pflegen, seine Neigung zum stark gestischen Gestalten ist nicht immer im Zaum gehalten worden, ohne je so zu überborden, wie es bei Schaljapin der Fall war, aber im Vergleich mit dem Singen seines Landsmanns Ghiaurov fällt doch wieder beeindruckend seine unerhörte darstellerische Präsenz auch beim Hören der Schallplatten auf – und Ghiaurov ist gewiß kein matter Darsteller. Ein Vergleich beider Bassisten in Gounods *Faust* wird einen über die Unterschiede belehren. Und dennoch: Christoffs vielleicht größte Leistung liegt in dem, was er für das russische Lied, speziell für den Kosmos von Mussorgskis Liedern, getan hat. Seine Gesamtaufnahme dieser Lieder ist wieder greifbar, und sie hat diesen Bereich des russischen Liedschaffens überhaupt erst im Westen bekannt gemacht, in einer gesanglichen Eloquenz, die zu den großen vokalen Leistungen der Schallplattengeschichte gehört. Um seinen Ruhm in der Geschichte der Vokalkunst muß sich Christoff nicht die geringsten Sorgen machen.

Hinweise

Von Atanas Bozhkoff stammt die Biographie *Boris Christoff* (London 1991).

Die *Boris*-Aufnahme unter André Cluytens ist bei EMI erhältlich, dort auch die Gesamtaufnahme der Lieder Mussorgskis und die Gesamtaufnahme von Gounods *Faust*, ebenfalls unter Cluytens. Bei EMI und Melodram liegen CDs mit Einzelaufnahmen vor. Bei EMI auch eine Gesamtedition aller russischen Lieder, die Christoff aufgenommen hat, auf fünf CDs.

George London

Wir werden nimmer seinesgleichen hören und sehen – wie oft ist diese Phrase mißbraucht worden, bei Nachrufen auf wenig bedeutende Menschen; im Falle von George London ist dieser Satz keine Phrase. Die Erfahrungen des Verfassers mit der Oper und ihren Sängern beginnen Anfang der sechziger Jahre. Viele der Großen und ganz Großen, über die er schreibt, hat er nicht selbst erleben können. Von denen, die er gerade noch mitbekam vor dem zu frühen Abbruch ihrer Karriere, gilt der oben zitierte Satz insbesondere für Fritz Wunderlich und für London. Sängerisch waren sie beide Phänomene sui generis, als »personality« überragte London seinen deutschen Kollegen noch um Haupteslänge, ja, ich stehe nicht an, ihn zu den vier, fünf überragenden Sängerpersönlichkeiten zu zählen, die es in den letzten 40 Jahren gegeben hat. Das ist eine Behauptung, die auf Widerspruch stoßen wird, denn London wird in der Fachliteratur der letzten Jahre keineswegs uneingeschränkt auf ein so hohes Podest gestellt, und seine Schallplatten scheinen nur für den ihre ganze Wirkung zu entfalten, der ihn auch selbst noch hat hören können. Ich geniere mich auch nicht zuzugeben, daß Londons Stimme auch heute noch, 30 Jahre nachdem ich sie zum letztenmal gehört habe (es waren leider nur drei Auftritte: der Giovanni und der Amonasro in München und der Amfortas in Bayreuth), die oft belächelte Gänsehaut erzeugen kann, eine Wirkung, die sich mit rationalen Termini allerdings nur schwer begründen und beschreiben läßt. Ohne Zweifel ist das eine Wirkung, die vom speziellen Stimmklang dieses Sängers ausgeht und für die nicht alle Hörer gleichermaßen empfänglich waren und sind.

Es war dies ein Stimmklang, der sich durch eine Farbe dunklen Metalls, etwas Erzenes auszeichnete und die Assoziation von dunkel glühender Sinnlichkeit hervorrief, jene Mischung aus Brunst und Inbrunst, von der ich glaube, daß sie ein Spezifikum jüdischer Stimmen ist. Die ungemein sonore Wirkung, das fast Knarrende, Knarzige dieser Stimme erinnert sofort an russische Stimmen bei den Bässen und Baßbaritonen, und diejenigen, die mit aller Vorsicht solchen nationalen Stimmeigentümlichkeiten nachhängen, fühlen sich sogleich bestätigt, wenn sie hören, daß die Eltern Londons russische Juden waren oder jüdische Russen, der Vater war schon vor der Jahrhundertwende, die Mutter im Zusammenhang mit der Oktoberrevolution nach Amerika ausgewandert.

Der Name der Familie war Burnstein, und unter diesem Namen wurde auch London geboren, und zwar am 30. Mai 1920 im kanadischen Montreal (die auch zu lesenden Daten 1919 und 1921 sind wohl nicht richtig). Das Russisch seiner Eltern wollte er als Kind nicht annehmen, wie alle Kinder, die in einer anderssprachigen Umgebung nicht auffallen wollen; später bereute er das sehr, als er für den *Boris Godunow* diese Sprache mühsam phonetisch lernen mußte. London (er nahm diesen Namen 1949 an, seit 1942 nannte er sich George Burnson) wuchs in Los Angeles auf, wo er am City College Musik studierte, zu seinen Lehrern zählen Enrico Rosati und Paola Novikova, eine Schülerin Mattia Battistinis, der er nach eigenem Bekunden das meiste zu verdanken hatte und mit der er später vor allem den Boris studierte. Es kommt zu erstem Mitsingen im Chor bei Opernaufführungen in Los Angeles, auch in der Hollywood Bowl. Bei einer solchen Gelegenheit soll ihn ein bekannter Bassist, der in *Aida* den Ramphis sang, gefragt haben, wie er sich die Zukunft vorstelle. »In zehn Jahren will ich den Boris singen«, soll der nicht 20jährige gesagt haben, und dieses Ziel ist dann auch (in Wien) in Erfüllung gegangen. Der oben erwähnte erste Auftritt war die »Wurzen« des Dr. Grenvil in *La Traviata*. Einige Jahre später war der hoch aufgeschossene junge Baßbariton mit einem sogenannten Belcanto-Trio unterwegs – jeder der Teilnehmer hat seine eigene Karriere gemacht, denn der Tenor hieß Mario Lanza und die Sopranistin Frances Yeend. Auf dieser Entertainment-Schiene, die Lanza als die ihm gemäße ansah, wollte London jedoch nicht weitermachen, und wachsende Erfolge als Konzertsänger gaben ihm recht (so trat er etwa bereits in Mahlers *Symphonie Nr. 8* unter Bruno Walter auf). Ein Engagement als Nachwuchskraft an der Met stand in Aussicht, aber London war sich klar, daß dies jahrelange Auftritte als reitender Bote mit sich gebracht hätte, und wie viele seiner amerikanischen Generationsgenossen hielt er eine Übersiedlung in die Mutterländer der Oper, nach Europa, für sinnvoller. Dort ging es wirklich dann schnell, fast zu schnell für einen so jungen, unerfahrenen Mann. London sang in Brüssel, wo gerade die Wiener Staatsoper gastierte, Karl Böhm vor und erhielt sofort einen Vertrag nach Wien, wo er am 6. September 1949 als Amonasro in *Aida* debütierte, in einem bemerkenswerten Ensemble: Ljuba Welitsch sang die Aida, Set Svanholm, der schwedische Wagner-Recke, den Radamès und Elisabeth Höngen die Amneris.

Es war die große, legendäre Zeit der Wiener Staatsoper nach dem Kriege und vor der Wiedereröffnung des großen Hauses (danach war merkwürdigerweise nichts mehr so in der Wiener Oper, wie es vorher war), und London, als nicht mehr ganz junger, rund 30jähriger, aber noch ziemlich opernunerfahrener Sänger, konnte sich keine bessere Umgebung wünschen, hatte auch keine Angst vor zu schwierigen Rollen. Dem Amonasro folgten der Galizki in Borodins *Fürst Igor*, der Escamillo, die Bösewichter in Offenbachs *Contes d'Hoffmann* und schließlich der Boris Godunow. Letzteres mag als hybrid anmuten bei einem immer noch Anfänger, aber man muß bedenken, daß diese Rolle rein physisch gewissermaßen schwerer aussieht, als sie ist, denn wenn man die Auftritte des Boris und die Zeit, in der er zu singen hat, zusammenzählt, merkt man, daß dies die wohl kürzeste Haupt- und Titelrolle in einer großen Oper ist, die es gibt. »Nur« als interpretatorischer Gipfel ist dies eine Herausforderung, die der Anfänger London gut bestand, so gut, daß sein Ruhm bis nach Moskau ins Bolschoi-Theater drang, und zehn Jahre später war London der erste und, soweit ich sehe, auch bis heute einzige Nichtrusse, der den Boris am Bolschoi sang, im Rückblick wohl die Krönung seiner allzu kurzen Laufbahn. Die Schallplattenaufnahme, die er dann ein Jahr später von diesem Werk in Moskau machte, ist bei uns leider fast unbekannt geblieben. Die sowjetische Plattenfirma Melodija produzierte zweigleisig: Für den sowjetischen und europäischen Markt wurde mit dem Dirigenten Alexandr Melik-Paschajew und dem damaligen Star des Bolschoi-Ensembles, Iwan Petrow, als Boris produziert, für den amerikanischen Markt wurden die Szenen des Boris mit London noch einmal eingespielt. Bei allem Respekt vor Petrow: London übertrifft ihn erheblich an Ausdruckskraft, und es ist ein Jammer, daß diese Version bei uns nicht zu haben war und auch schon lange vergriffen ist. London hat im Beiheft zu der in Amerika bei CBS herausgekommenen Gesamtaufnahme davon erzählt, was es bedeutete, als Sohn russischer Eltern, mit phonetisch tadellosem Russisch, aber erheblich weniger Sprachfähigkeit, in Moskau einen triumphalen Erfolg feiern zu können. Nach seinem Einstand in Wien wurde er schnell zum Publikumsliebling, wozu seine schlanke, imponierende Körpergröße, sein nicht schönes, aber faszinierendes Gesicht mit dem üppigen Mund, den starken Backenknochen und den exotisch geformten Augen das ihre beitrugen.

London ist mit dem platten Prädikat des »denkenden Sängers« belegt worden. Nun: Sänger, vor allem gute Sänger, sollten eigentlich immer denken *vor* und *beim* Singen. Aber es ist etwas Richtiges an diesem Prädikat, denn er war ein Mann von ungewöhnlichem intellektuellen Format, von ungewöhnlicher Sprachbegabung und von erheblichen schriftstellerischen Fähigkeiten, die er leider zu selten ausnutzte. Eine Autobiographie aus seiner Feder wäre ein Vergnügen besonderer Art gewesen, aber seine Krankheit hat ihm offensichtlich selbst dazu nicht mehr die Zeit oder den Mut gegeben. Er war außerdem ein Sänger von einer völlig außergewöhnlichen Ausstrahlung. Das hatte nicht nur mit seiner Körpergröße zu tun – es gibt großgewachsene Sänger, von denen auf der Bühne und im Leben gar nichts ausgeht, wenn auch die Größe das, was man Ausstrahlung nennt, jenes schwer definierbare Fluidum, natürlich begünstigt. Unvergeßlich ist mir der Auftritt als Amonasro in der Münchner *Aida*, in der Eröffnungsspielzeit des wieder aufgebauten Nationaltheaters. Eine durchschnittliche Atmosphäre, als die gefangenen Äthiopier erschienen, unter ihnen Amonasro, dem jeder nicht mit Blindheit Geschlagene ansehen mußte, daß es sich hier nicht nur um Aidas Vater, sondern um den König der Feinde handeln mußte, so königlich trat dieser Mann auf, so gebieterisch war die Aura, noch bevor er zu seinen ersten Tönen ansetzte, »Anch'io pugnai«.

Überlebensgroß, überragend – London konnte keine kleinen Rollen, keine kleinen Menschen darstellen, »bigger than life«, das war die ihm angemessene Konfektionsgröße, er war das Idealbild des Heldenbaritons, und es ist die Tragik dieser Sängerbiographie, daß die Krönung des Heldenbaritonfachs, der Wotan, nicht zur wirklichen Reife gebracht werden konnte. Er selbst hat den Don Giovanni immer als die Krönung seiner Rollen betrachtet, und wer ihn in dieser Partie gesehen hat, wird auch das nicht vergessen, wird nicht vergessen, wie er während der sogenannten Champagnerarie mit lässigem Zynismus sich seine weißen Handschuhe überstreifte, was zu dem hampelnden Armgewerfe der meisten Giovannis wohltuend kontrastierte (ein Armgewerfe, an dem, fürchte ich, die berühmte Max-Slevogt-Darstellung des Baritons Francisco d'Andrade schuld ist). Sein Giovanni ist ja auch auf einer respektablen Schallplatte (mit Rudolf Moralt als Dirigent) festgehalten; dennoch kann er hier mit den ganz Großen wie Ezio Pinza und Cesare Siepi nicht konkurrieren (auch wenn er besser ist als die meisten Rollenvertreter, die zur Zeit international en vogue sind). Unter schärfsten Kriterien war seine Stimme für den Giovanni etwas zu schwerflüssig, zu sehr auf Volumen und klangliche Expansion getrimmt, um in dieser Rolle das Letzte erreichen zu können. Gesangstechnisch wird man ihm mäkelnd auch vorhalten müssen, daß diese gewaltigen, raumgreifenden Töne, zu denen er fähig war, zunehmend unter Druck und Stau produziert wurden, man hört dies an dem fast knallartigen Abreißen der Töne am Ende der Tonproduktion, besonders deutlich bei Konsonanten wie »m« oder »n«, mit denen ein Wort endet. Diese Art des »Hochdrucksingens« ist nicht ungefährlich, sowohl für die Stimme selbst wie für den Gesundheitszustand des Sängers insgesamt; ich will damit nicht sagen, daß die schweren Gesundheitsstörungen, die Londons Karriere schließlich weit vor der Zeit, kaum daß er die Hälfte seiner vierziger Jahre hinter sich hatte, beendeten, damit zusammenhängen, aber es ist nicht auszuschließen. Auf der anderen Seite ist nicht zu bestreiten, daß Londons Gesangstechnik sozusagen die besonderen Qualitäten seines Organs mit dickem Strich untermauerte, das Feurig-Edle und Virile wie auch das Erzene und Quaderhafte.

Die fünfziger Jahre waren nicht eben reich an Heldenbaritonen. Hans Hotter war der einzige, der international noch Stich halten konnte, und da war es kein Wunder, daß London in Bayreuth reüssierte, zumal sein resonanzreiches und kernig-metallisches Organ kontrastierte zu dem noch voluminöseren, aber zum Mulmigen und Wattigen neigenden Baßbariton Hotters. London war in Bayreuth vom Wiederbeginn an dabei, als Amfortas debütierte er 1951, und diese Partie ist gleich zweimal festgehalten: in der Version von 1951 und der von 1962 unter Hans Knappertsbusch, noch immer die Ultima ratio aller, die eine Aufnahme des *Parsifal* suchen, nicht zuletzt deshalb, weil London ein Amfortas war, wie er seither nicht mehr zu hören war. Man muß nur einmal sein doppeltes »Erbarmen« hören, mit einer Stimme, die wie der Gral selbst von Blut und Leidenschaft dunkelrot erstrahlt, und man wird diesen Amfortas verstanden haben, der nie wieder so rollendeckend gesungen wurde. Der Fliegende Holländer wuchs zu ähnlicher dämonischer Größe (wie auf der Aufnahme Antal Doratis zu hören ist), und der Wotan hätte die Krönung dieses kontinuierlichen Aufstiegs im Wagner-Fach werden sollen, werden müssen, statt dessen mußte sich das internationale Wagner-Publikum in den nächsten Jahren mit Theo Adam zufriedengeben. Was war geschehen? London hatte den *Walküre*-Wotan in einer Gesamtaufnahme unter Erich Leinsdorf gesungen, die in der Konkurrenz mit dem gleichzeitig entstehenden Solti-Ring unterging, er hatte bei Georg Solti im *Rheingold* den Wotan gesungen, und er hatte sich 1963 in einer Kölner Inszenierung des *Rings* auf Bayreuth vorbereitet, denn Wieland Wagner hatte inszeniert, und London hatte zum erstenmal die beiden Wotane und den Wanderer zyklisch gesungen. Für 1965 war der Wotan im neuen *Ring* Wielands in Bayreuth fest eingeplant, aber London konnte nicht mehr dazu antreten (und Wieland, mit dem er so gut zusammenarbeitete – Londons »Kein Problem, Herr Wagner« war bei der Bayreuther Probenarbeit zu einem geflügelten Wort geworden – starb ein Jahr später).

In Nora Londons Buch über ihren Mann sind die traurigen Stadien dieses Leidenswegs aufgezeichnet, der im Winter 1961/62 mit einer irreparablen Lähmung des rechten Stimmbands begann, die zu einer Atrophie führte. Anfang 1965 war diese herrliche Stimme nur noch eine Ruine – es ist ein Wunder, daß er überhaupt so lange hat weitersingen können. 1965 stand er auch zum letztenmal auf der Bühne, als Amfortas an der Met, 1967 gab er in Wien ein letztes Konzert. Nach langem Schweben zwischen Hoffnung und Bangen mußte London 1967, er war noch weit von seinem 50. Geburtstag entfernt, das Ende seiner Karriere bekanntgeben. Ich erinnere mich an die Radioübertragung eines Lieder- und Arienabends, von dem ich nicht mehr weiß, ob er vor oder nach diesem Termin lag, die einen Comeback-Versuch dokumentieren sollte, es war eine traurig stimmende Veranstaltung, denn der Stimmklang war der alte, aber Kraft und Glanz waren fast vollständig verschwunden. Es muß für London deprimierend gewesen sein, auf dem Höhepunkt der Karriere die Vernichtung all seiner Pläne und Hoffnungen erleben zu müssen. Seine Tätigkeiten in den nächsten Jahren können diesen Verlust nicht wettgemacht haben. Er wurde künstlerischer Berater für das Kennedy Center for the Performing Arts in Washington und auch Leiter des National Opera Institute zur Koordinierung der amerikanischen Opernaktivitäten, führte außerdem in Seattle Regie beim ersten englisch gesungenen *Ring* in den USA (1975), suchte und förderte Talente; eine Reihe heute berühmter amerikanischer Sänger erinnert sich dankbar seiner menschlichen Zuwendung und natürlich seiner enormen sachlichen Autorität. Es war im Rahmen dieser Tätigkeit, 1977 bei einem Aufenthalt in München, als ihn ein längerer Herzstillstand für den Rest seines Lebens paralysierte. Es begann die letzte Leidenszeit des großen London, der nicht mehr richtig leben, aber auch nicht sterben konnte, bis ihn (in Armonk, NY) der Tod am 24. Mai 1985 (hier ist das Klischeewort wohl angebracht) erlöste.

Es ist, glaube ich, keine nachträgliche Verklärung, wenn ich behaupte, daß London unter den Sängern der Nachkriegszeit eine Ausnahmeerscheinung von einem Maß war, wie es heute verlorengegangen zu sein scheint. Ich sehe im Heldenbaritonfach beeindruckende Stimmen, aber ich sehe keinen Boris, Wotan, Holländer, Giovanni, Golaud von dieser geradezu antiken Größe. Wir werden seinesgleichen nimmer sehen und hören.

Hinweise

Das einzige Buch über George London ist die schöne Erinnerung seiner Witwe Nora London: *Aria for George* (New York 1987).

Londons *Rheingold*-Wotan unter Georg Solti findet sich bei Decca, dort ebenfalls der *Fliegende Holländer* unter Antal Dorati, der *Walküre*-Wotan unter Erich Leinsdorf ist bei Decca erschienen, die beiden *Parsifal*-Mitschnitte aus Bayreuth bei Decca und Philips, sein Giovanni in einer Kölner Rundfunkaufnahme unter Otto Klemperer bei Frequenz, der Moskauer Boris ist vielleicht in den USA noch aufzutreiben. Bei GDS gibt es zwei CDs mit Arienaufnahmen.

Jussi Björling

Die ersten Aufnahmen eines später berühmt gewordenen Sängers zu hören ist immer eine aufregende Sache. Ist die Begabung schon voll entwickelt, oder vermag man in zaghaften Anfängen eines eher häßlichen Entleins den Stimmschwan nicht zu erblicken, der sich später daraus entwickelte? Noch inter-

essanter sind Aufnahmen, die den Sänger oder die Sängerin in zwei verschiedenen Stimmfächern der Entwicklung zeigen. Von Lauritz Melchior besitzen
wir Aufnahmen aus seiner Baritonzeit, ebenso von dem chilenischen Heldentenor Renato Zanelli, einem der berühmtesten Otello-Interpreten seiner Zeit.
Bei Zanelli mag man kaum entscheiden, ob seine beeindruckenden Tenoraufnahmen nicht vielleicht sogar hinter seinen früheren Baritonaufnahmen zurückstehen, bei Melchior ist die Entscheidung für den Heldentenor eindeutig.
In der Gesangsgeschichte einmalig aber dürfte eine Aufnahme aus dem Jahr
1920 sein. Zu einer »Religioso«-Begleitung von seltener Einfalt wird etwas
gesungen, das den Titel *Psalm Nr. 4* trägt. Drei Knabensoprane setzen nach-
einander ein, einer davon bestreitet im folgenden weitere solistische Einwürfe.
Es handelt sich bei den jungen Künstlern um ein Trio mit Namen »Juvenile
Trio«, das mit einer Männerstimme gelegentlich auch zu einem Quartett erweitert wurde. Die drei Knaben hießen Olle, Gösta und Johan oder Jonatan
Björling, der unter dem Namen Jussi späterhin berühmt werden sollte, der Vater
David Björling trat immer wieder hinzu. Welche der drei Knabenstimmen gehört nun aber Jussi Björling? Hugo Thielen, dem wir eine Übersicht über die
Plattenaufnahmen Björlings verdanken, meint, es sei zwecklos, die Stimme Jo-
natans herausfinden zu wollen. L. D. Court, der den Begleittext zu einer Ro-
coco-Platte verfaßt hat, auf der diese Aufnahme enthalten ist, glaubt mit einiger
Sicherheit die an zweiter Stelle einsetzende Knabenstimme als die Jussi Björlings identifizieren zu können, und ich meine, es sprechen gute Gründe für
seine Ansicht. Es ist keine Einbildung, daß diese zweite Stimme die hellste und
strahlendste der drei ist, es ist schon deshalb keine Einbildung, weil sie diejenige
Stimme ist, der die weiteren Soli anvertraut sind; es war eben die attraktivste
der drei Knabenstimen, mit jener glockenklaren Sängerknabenreinheit, die immer wieder besonders bei weiblichen Konzert- und Kirchenbesuchern wohl-
lige Gefühle zu erregen vermag.

Nun gibt es ja Sänger, und es dürfte der Normalfall sein, die vor dem
Stimmbruch nicht weiter aufgefallen sind, aber Björling gehört zu jenen Fällen, bei denen die stimmliche Begabung sich fast bruchlos über den Stimmbruch hinweg gehalten hat, denn neun Jahre nach diesen Knabenexerzitien
haben wir schon die ersten Schallplattenaufnahmen des jungen Tenors. Womit
wir beim nächsten Problem wären, dem Alter Björlings. Kutsch/Riemens und
auch der *New Grove* verzeichnen als Geburtsdatum den 5. Februar 1911,
Kutsch/Riemens fügen in Klammer hinzu »Nach anderen Quellen 1908«,
Thielen in dem erwähnten Aufsatz setzt gar das Jahr 1907 an (2. Februar).
Aufgrund eines Leserbriefs wird Thielen von seiner Redaktion später korrigiert: Durch »Vergleich des Geburtenregisters der Taufkirche« stehe das Datum 5. Februar 1911 fest. Dieses Datum wird von der Diskographie Harald

Henryssons und Jack Porters bestätigt, der bisher zuverlässigsten Publikation über Björling. Das würde allerdings bedeuten, daß die ersten Tenoraufnahmen Björlings, die einen noch unfertigen Sänger, aber eine fast fertige Fabelstimme zeigen, im Alter von 18 Jahren aufgenommen worden wären, selbst für eine Ausnahmeerscheinung wie Björling wäre das ein erstaunliches Alter. Der *New Grove* berichtet noch von einer frühreifen Tat: Björlings Sohn Rolf Björling, der nach dem Tod seines Vaters selbst eine beachtliche Karriere als Tenor machte, sei 1927 geboren, sein Vater wäre zu diesem Zeitpunkt 16 Jahre alt gewesen. So etwas kommt vor, gewiß, ist aber, sagen wir einmal, höchst ungewöhnlich.

Das sind aber auch schon die äußerlich spektakulärsten Umstände von Björlings Karriere. (Fast) alles andere verlief wie im Sängerbilderbuch, von der Geburt an in Stora Tuna in der Provinz Dalarna in Schweden als Sohn des Tenors David Björling, der als Werkzeugschmied nach New York ausgewandert war und dort seine Stimme hatte ausbilden lassen, an der Oper jedoch nur eine kurze Karriere hatte und eher als Stimmpädagoge berühmt war. Bei Björling muß man aufpassen und Namen und Familie auseinanderhalten, die zusammen einen ganzen Kranz von Sängern bilden. Der jüngere Bruder Jussis, Gösta Björling, war ebenfalls Sänger, zunächst Bariton, dann Tenor und hatte an der Stockholmer Oper eine beachtliche Karriere, die sich allerdings überhaupt nicht mit der seines Bruders vergleichen konnte. Göstas Frau Bette Björling war ebenfalls in Stockholm als Mezzosopran engagiert. Rolf Björling, der Sohn Jussis, trat vor allem im Heldentenorfach auf, in den sechziger Jahren war er an der Deutschen Oper in Berlin engagiert, in den Siebzigern dann in Stockholm. Alte Bayreuthianer werden sich noch an den Namen Sigurd Björling erinnern, der als Heldenbariton den Wotan in Bayreuth 1951 sang (wovon auch eine Plattenaufnahme zeugt), dieser Sänger ist allerdings ausnahmsweise nicht verwandt. Der dritte Bruder, Olle Björling, scheint seine Knabensopronkarriere nicht weiter verfolgt zu haben, jedenfalls ist darüber nichts bekannt. Auffallend ist, daß die männlichen Mitglieder der Familie Björling keine lange Lebenszeit hatten. Vater David starb mit 53 Jahren, Bruder Gösta mit 45 Jahren und Jussi (wenn wir beim Geburtsdatum 1911 bleiben) mit 49 Jahren.

1928 kam Jussi Björling an das Stockholmer Konservatorium, mit einer schon fast fertigen Stimme, denn ein Jahr später machte er seine ersten Aufnahmen. Er hatte das Glück, zwei prominente Lehrer zu haben, aber ob sie ihm stimmtechnisch noch viel beibringen konnten, darf bezweifelt werden; der eine war Joseph Hislop, in den zwanziger Jahren der international bekannteste englische Tenor, etwa in Gounods *Faust* der Tenorpartner von Fjodor Schaljapin, später war er dann auch Lehrer von Birgit Nilsson. Der andere war

John Forsell, der wahrscheinlich international bekannteste schwedische Sänger vor Björling, in seiner Glanzzeit zwischen etwa 1905 und 1920 ein renommierter Kavalierbariton, vor allem als Don Giovanni gerühmt, den er an der Met wie bei den Salzburger Festspielen sang. Forsell war nicht nur lange Zeit Direktor der Stockholmer Oper, sondern auch ein begehrter Gesangspädagoge, zu dessen Schülern Björlings Namensvetter Sigurd (der erwähnte Heldenbariton), der große dänische Liedersänger Aksel Schiøtz und der schwedische Heldentenor Set Svanholm gehörten. Entsprechend der stupenden Naturbegabung (selten ist diese Vokabel mit so viel Recht gebraucht worden wie bei Björling) war die Lehrzeit nur kurz. Bereits 1930 stand Björling zum erstenmal auf der Bühne der Stockholmer Oper, nicht als Don Ottavio, wie Kutsch/Riemens schreiben, sondern in der Minipartie des »Lampionaio«, des Lampenputzers in Puccinis *Manon Lescaut* (der Des Grieux in dieser Oper wurde eine seiner besten Partien, und die Studioaufnahme dieses Werkes zählt zu den Höhepunkten seiner Diskographie). Am 20. August des gleichen Jahres kam dann der *Don Giovanni*, in dem er den Ottavio sang, an der Seite seines Lehrers Forsell. Als Mozart-Tenor ist Björling später kaum noch hervorgetreten, vielleicht lag es daran, daß er offensichtlich in Stockholm keinen sensationellen Eindruck machte, denn es dauerte noch einige Zeit, bis man auf den jungen Tenor aufmerksam wurde – da ist von einem Tivoli-Konzert in Kopenhagen 1934 die Rede, bei dem er aufgefallen sein soll.

Eine internationale Karriere entfaltete sich nach der Mitte der dreißiger Jahre, während er der Oper in der schwedischen Hauptstadt bis zum Ende seines Lebens erstaunlich treu blieb: 616 Vorstellungen soll er dort gesungen haben. Daß er bei den Salzburger Festspielen 1936 und 1937 den Don Ottavio gesungen habe, wie Kutsch/Riemens behaupten, ist sicher nicht richtig – die offizielle Statistik der Festspiele verzeichnet in dieser Rolle den Stamm-Ottavio jener Jahre, Dino Borgioli. Auf jeden Fall hat er 1936 zum erstenmal an der Wiener Staatsoper gesungen, und zwar im April, mit Gina Cigna als Aida und unter der musikalischen Leitung des Feuerkopfs Victor De Sabata. Auf einer lange vergriffenen Kassette mit Live-Aufnahmen Björlings aus dieser Zeit gibt es längere Ausschnitte aus einer solchen *Aida*, allerdings eine Aufführung vom 7. Juni des gleichen Jahres mit demselben Dirigenten, aber etwas geänderter Besetzung, außerdem kürzere Ausschnitte aus Aufführungen von *Faust* und *Pagliacci* von Frühjahr und Sommer 1937. Wenn wir uns weiter umsehen nach Live-Aufnahmen aus diesem frühen Stadium von Björlings Karriere, dann fallen da noch ins Gewicht eine komplette *Traviata* aus der Stockholmer Oper von 1939 (wenig bekannt und auch in der Übersicht von Thielen nicht erwähnt), außerdem der berühmt gewordene Mitschnitt einer *Trovatore*-Aufführung aus der New Yorker Met vom 11. Januar 1941 (hier hatte sich Björling im November 1938 als Rodolfo in *La Bohème* glanzvoll eingeführt) und ein *Ballo in maschera* ebenfalls aus der Met vom Dezember 1940.

Ich insistiere deshalb so ausführlich auf diesen Live-Aufnahmen, deren technischer Standard sich zwischen Jammervoll und Passabel bewegt, weil ich glaube, daß man zu ihnen greifen sollte, wenn man Björling »at his best« erleben will. Dies klingt nun merkwürdig bei einem Sänger, dessen Bühnenverkörperungen von allen Zeitzeugen als beklagenswert uninteressiert und statuarisch gegeißelt worden sind. Robert Merrill erzählt, daß ein ehrgeiziger junger Regisseur an der Met versuchte, Björling als Faust für das Duell mit Valentin ein paar zusätzliche Fechtschritte beizubringen, worauf der Tenor zum Direktor Rudolf Bing eilte und monierte, daß er zum Singen und nicht zum Tanzen engagiert sei. Bing selbst, der in seinen Memoiren auf Björling sehr schlecht zu sprechen ist, erzählt mit allen Zeichen des Abscheus von einer *Manon Lescaut*-Vorstellung, in der Björling als Des Grieux im letzten Akt Rückenschmerzen verspürte und keine Lust hatte, für die sterbende Manon das verlangte Wasser zu holen; die hilfsbereite Partnerin stand auf und holte sich ihr Wasser selber. Man mag dies für übertrieben schlechte Nachrede halten – wenn man aber gewisse Bühnenphotos von Björling sich anschaut, dann ist man geneigt, diesen Anekdoten Glauben zu schenken. So gibt es eine Aufnahme aus einer Chicagoer *Aida*-Aufführung, mit Tito Gobbi und Leonie Rysanek als Partnern, in der Björling wirklich wie ein feister, bequemer Rampensteher aussieht, dessen Gedanken ganz woanders sind, und man ist auch geneigt, aus anderen Photos die gleiche Diagnose herauszulesen. Andererseits ist nicht zu bestreiten, daß die genannten Live-Aufnahmen zumindest zeigen, daß das *vokale* Engagement Björlings bei solchen Aufführungen erheblich über dem lag, was wir aus seinen wahrlich brillanten Studioaufnahmen der Jahre zwischen 1937 und 1944 heraushören können.

Es kommt noch etwas anderes hinzu: Thielen, ein profunder Kenner der vokalen Hinterlassenschaft Björlings, sagt, daß seine Stimme erst in den Jahren nach 1948 ihre volle Kraft entfaltete. Die Live-Aufnahmen, die Thielen seinerzeit noch nicht kannte, als er seinen Artikel schrieb, sprechen eine andere Sprache. Björlings Tenor klang nie wieder so sieghaft wie in diesen Jahren zwischen 1936 und 1941, wenn er auf der Bühne stand. Es sind diese Aufnahmen, von denen aus man einen späteren Otello für möglich hält, der nie gesungen worden ist, bis auf die beeindruckende Duettaufnahme mit Merrill (und ein eher kurioses Photo in Otello-Aufmachung, das zu beweisen scheint, daß Björling für den Otello nicht geeignet war). Frappierend schon die technisch miserablen Wiener Live-Aufnahmen – als Canio erreicht Björling das offensichtliche Vorbild Enrico Caruso an stimmlicher Wucht durchaus, sicher nicht in der Präsenz des gestischen Singens, als Manrico bewältigt er später an der Met die Scylla und Charybdis der aufeinanderfolgenden Romanze und der Stretta so wie kein anderer Tenor der Schallplattengeschichte, und der *Ballo in maschera*-Riccardo ist ein Wunder an flüssig-leichter Tongebung und brillanter Attacke – hier wird Beniamino Gigli in der bekannten Gesamtaufnahme noch übertroffen.

Wer gewissermaßen Björling pur hören will, wer wissen will, warum sich eine so außergewöhnliche Karriere anschloß, der muß primär in die Aufnahmen der Zeit zwischen 1937 und etwa 1944 hineinhören, zuerst (wenn er sich vor technischen Unzulänglichkeiten nicht scheut) in die genannten Live-Aufnahmen, dann in die gleichzeitig beginnenden Studioaufnahmen. Die Aufnahmen, die vor dieser Zeit produziert wurden, zeigen die schon perfekt sitzende, aber noch relativ neutral dargebotene Ausnahmestimme, sie zeigen, daß Björling (unter dem Pseudonym Erik Odde) auch die belanglosesten Schnulzen singen konnte und sie durch den Adel seiner Stimme erträglich machte, man höre sich daraufhin einmal Björlings Operettenaufnahmen an, etwa die Emmerich-Kálmán-Aufnahmen von Beginn der dreißiger Jahre oder das mit unwiderstehlichem Charme gesungene Lied des Paris aus Offenbachs *La Belle Hélène*. Diese Aufnahmen sind fast alle in der schwedischen Sprache seiner Heimat gesungen, in der er auch noch gastierte, als er seine ersten internationalen Auftritte machte. Die ersten italienisch gesungenen Arienaufnahmen des internationalen Repertoires machten vor allem in den USA Furore und begünstigten seinen fulminanten Start an der Met 1938.

Die Charakterisierung dieser Stimme fällt gar nicht so leicht. Björling feierte seine größten Erfolge im italienischen Fach bei Puccini und Verdi, war aber von der Stimme her eher kein typischer italienischer Tenor. Es ist wohl, kurz gesagt, die Verbindung eines elegisch-melancholisch getönten Timbres mit der Strahlkraft eines »lirico-spinto«-Tenors, die den besonderen Reiz dieses Singens ausmacht. Es mangelte seiner Stimme an der warmen Sinnlichkeit der großen Italiener, andererseits war dieser Mangel kein Manko, wie man es wohl bei Björlings Landsmann Nicolai Gedda bei aller Bewunderung feststellen muß. Es war eine verdeckte, latent schlummernde Sinnlichkeit, die unter der immer etwas spröden, allen stimmlichen Exzessen aus dem Weg gehenden Haltung Björlings zu spüren war, eine Mischung aus Distanz und Anziehungskraft. Nur wenige Monate vor seinem plötzlichen Herztod sang er in einem Konzert im schwedischen Göteborg zum erstenmal in seinem Leben die Gralserzählung aus *Lohengrin*, angeblich eine Partie, auf die er sich vorzubereiten gedachte. Wenn dies wirklich stimmt, dann ist Björlings Tod der größte Verlust für den Wagner-Gesang gewesen, den man sich vorstellen kann, denn hier hört man die Lohengrin-Stimme par excellence, die aufgebaut sein muß aus Distanz und Weltenferne und schmerzlich getönter Sinnlichkeit (auch wenn dieser erste

Versuch interpretatorisch zu wünschen übrig läßt und einen musikalischen Fehler enthält). Von einem solchen schimmernden Stimmglanz hatte Wagner für diese Partie immer geträumt, dieses Wunder aus Blau und Silber trug Thomas Mann seit seiner Jugend als Ideal im Innern, weder diese beiden noch wir haben je einen idealen Lohengrin gehört.

Eine solche Stimme zu haben ist ein Geschenk besonderer Art, damit auch richtig umzugehen, muß allerdings mühevoll gelernt werden, von Mühe jedoch ist in Björlings Singen nie etwas zu spüren gewesen. Neben aller Bezauberung durch den puren Wohlklang muß doch auch konstatiert werden, daß es keinen Tenor dieses Jahrhunderts gegeben hat, der ihm an der Mühelosigkeit des Tonansatzes, an der Selbstverständlichkeit, mit der er sich in stratosphärischen Höhen bewegte, gleichtat. Zu Recht berühmt geworden ist dafür die Aufnahme des »Cujus animam« aus Rossinis *Stabat mater* aus dem Jahr 1938, wo vom Tenor ein hohes Des gefordert ist, das zu Rossinis Zeit noch mit der Kopfstimme gesungen wurde. Rossini jedenfalls wollte es so, auch wenn es die Übergangszeit war, in der die ersten hohen C mit der Bruststimme produziert wurden. Man höre sich alle Aufnahmen dieses Jahrhunderts an von Tenören, die sich auf das C und gar noch höher hinauf bewegen und dabei vornehmlich die Bruststimme einsetzen, bei allen wird deutlich, daß dies keine natürliche Region ist, und ein Element der Anstrengung wird sogar bei solchen Phänomenen wie Fritz Wunderlich noch deutlich. Der einzige, der Björling hier nahekommt, weil seine Stimme noch höher gelagert ist, ist Joseph Schmidt. Einzig aber steht Björling da in der Selbstverständlichkeit und gleichzeitig auch Klangschönheit, mit der dieser Ton und die C, die man von ihm hören kann, produziert werden – man hat jedenfalls nicht das Gefühl, daß zu jener Zeit damit das Ende der Fahnenstange für ihn erreicht war (in dem wenig später aufgenommenen Live-*Trovatore* aus der Met, den ich erwähnte, wird die Stretta allerdings wie üblich transponiert, aus welchen Gründen auch immer).

Auch wenn Björling als Manrico und als Riccardo die Modellaufnahmen für dieses Jahrhundert geliefert hat, eigentlich war er gar nicht der ideale Verdi-Tenor. Die melancholische Abschattierung seiner Stimme, die wohl ohne eine entsprechende Persönlichkeitsstruktur kaum zu erklären ist, vielleicht auch durch heikle Überlegungen über Volkscharaktere (denn der immer heiter wirkende Gedda sieht sich selbst auch als tief eingefärbten Melancholiker), prädestinierte ihn noch sehr viel mehr für Puccini und Massenet – nicht umsonst halten manche Fans seinen Des Grieux in *Manon Lescaut* für seine größte Rolle, und die gleiche Rolle in Massenets *Manon* wäre es ohne Zweifel auch geworden, wenn er sie (und auch den *Werther*) je ganz gesungen und auf Platte eingespielt hätte. Björling mit seinem ewig strahlenden jungenhaften runden Gesicht war kein schattenloses Gesangsgenie. Am deutlichsten wird das in den

Bemerkungen, die der sehr offene Merrill in seinem Buch *Between Acts* hinterlassen hat. Merrill stand oft mit ihm auf der Bühne und hat die berühmten Duettaufnahmen mit ihm gemacht, die so oft in die Reihe mit Caruso/Ruffo und Caruso/De Luca gestellt werden. Merrill läßt keinen Zweifel darüber, daß Björling vor jeder Vorstellung und jeder Aufnahme ein Opfer seiner Nerven war und (vielleicht damit zusammenhängend) ein Opfer des Alkohols. Alkoholiker scheint auch der Vater gewesen zu sein, und solche Dispositionen sind wohl vererblich, jedenfalls gab es bei Björling ein erhebliches Alkoholproblem, vor allem in den fünfziger Jahren. Nicht nur einmal mußten Merrill und Björlings Frau den Tenor mit List und Tücke von der Flasche und den New Yorker Bars fernhalten – Gewalt hätte nichts genützt, denn der bullige Björling war körperlich nicht zu bändigen. Gewiß: es gab Entziehungskuren, die aber nichts nützten.

Es wird wohl mit diesem Problem zusammenhängen, daß Björling Anfang der fünfziger Jahre eine unerwartete stimmliche Krise durchmachte. Es war ausgerechnet die Zeit, in der vermehrt große Opernproduktionen für die Schallplatte an ihn herangetragen wurden, und so kommt es, daß man jedem Björling-Neuling nicht raten sollte, mit den damals sehr weit verbreiteten Gesamtaufnahmen dieser Zeit anzufangen, denn hier kann plötzlich diese anscheinend untrübbare Stimmpracht doch beeinträchtigt wirken, die Stimme klingt müde und strähnig, man sieht eine kostbare Politur vor sich, über die die Haushaltshilfe mit einem Scheuerpulver gegangen ist, die ersten Probleme mit seiner Herzerkrankung tauchen etwa gleichzeitig auf. Es waren jedoch vorübergehende Erscheinungen; die erwähnte *Lohengrin*-Aufnahme aus dem letzten Lebensjahr wie das gesamte Konzert, das auf Platte erhalten ist, zeigen die Stimme in völliger Frische, mit jugendlichem Stimmklang wie in den besten Zeiten, so gut wie nicht verändert gegenüber den ersten Aufnahmen, die 30 Jahre zuvor gemacht worden waren.

Man könnte nun seitenlang weiterschwärmen über Björling und seine Aufnahmen, und es fällt dem Autor hier besonders schwer, abzuschließen, er kann dies aber nicht, ohne noch eine Aufnahme erwähnt und ans Herz gelegt zu haben und damit den 15. Juli 1939 besonders rot angestrichen zu haben. Es war jener Tag, als Björling mit dem Pianisten Harry Ebert ins Studio ging und unter anderem die Lieder *Cäcilie* und *Morgen* von Richard Strauss aufnahm sowie Beethovens *Adelaide*. Wer nicht Björling mit *Adelaide* gehört hat, der weiß nicht, wie engelhaft eine Männerstimme klingen kann, oder sagen wir es noch wohlklingender: Das ist seraphisches Singen, in dem sich der schüchterne Stolz einer reinen Knabenstimme mit der Ausdruckskraft eines rund 30jährigen Mannes verbindet, eine Aufnahme mit dem EI-(Einsame-Insel-)Faktor 1. Viel zuwenig, wird man nach dieser Aufnahme sagen, hat

Björling sein betörendes Mezza voce eingesetzt, denn er besaß das schönste, das einem Sänger in diesem Jahrhundert gegeben war. Ciao benedetto Jonatan!

Hinweise

Auf CD ist Jussi Björling zur Zeit gut vertreten, auch mit seltenen Konzertaufnahmen. Die erwähnten Gesamtaufnahmen (Live und Studio) haben einen unterschiedlichen Präsenzgrad. Bei Myto gibt es folgende Live-Mitschnitte mit Björling: Gounods *Roméo et Juliette* (Met 1947), *Un ballo in maschera* (Met 1940), *Faust* (Met 1959), *Don Carlos* (Met 1950), *La Bohème* (Met 1948). Es sei auch noch hingewiesen auf Arturo Toscaninis Einspielung von Verdis *Requiem* von 1940, in dem Björling einen berückenden Tenorpart singt (Arturo Toscanini Recordings), auf die *Aida*-Gesamtaufnahme unter Jonel Perlea von 1955, auf die *Il-trovatore*-Gesamtaufnahme unter Renato Cellini von 1952, auf Puccinis *Manon Lescaut*, ebenfalls unter Perlea, von 1954 und auf die legendäre *La-Bohème*-Aufnahme mit Victoria de los Angeles, die Thomas Beecham 1956 einspielte.

An biographischer Literatur herrscht Mangel. Bereits der Mittdreißiger Björling hat eine kleine Autobiographie verfaßt (die aber nur schwedisch existiert), *Med bagaget i strupen* (Stockholm 1945). Aus dem gleichen Jahr stammt ein Buch des jüngeren Bruders Gösta: *Jussi, boken om storebor* (Stockholm 1945), aus dem Todesjahr 1960 ein Erinnerungsbuch, das von Bertil Hagmann herausgegeben wurde: *Jussi Björling, en minnesbok* (Stockholm 1960). Eine kaum zu übertreffende Diskographie ist Harald Henryssons und Jack W. Porters *A Jussi Björling Phonography* (Stockholm 1984; englisch) mit einer Chronologie seines Lebens und seiner Auftritte.

Ramón Vinay

Es war bei der in alle Welt übertragenen 100-Jahr-Feier der Metropolitan Opera in New York ein herzerwärmender Anblick, als eine ganze Reihe von bedeutenden Sängern, die in der Vergangenheit mit der Met verbunden waren, auf die Bühne geführt wurden und dort, von bequemen Stühlen aus, die Darbietungen des Abends verfolgen konnten. Ein soignierter, graumelierter älterer Herr fiel auf durch seine straffe Haltung und durch seine imposante Statur. So soigniert, wie er an diesem Abend wirkte, war Ramón Vinay nicht immer, im Gegenteil, er war einer der wildesten Sturmwinde, die je über die Opernbühne fegten, mit einer kurzen, aber äußerst intensiven Karriere. Viele Leser werden sich jetzt wundern, daß diesem Vinay in diesem Buche ein eigener Abschnitt gewidmet ist, denn gemessen an den goldenen Regeln des Belcantos ließen seine Leistungen an vielen Punkten zu wünschen übrig, ein sehr subtiler oder stilsicherer Sänger war er sicher auch nicht, aber man muß auch einmal seine strengen Grundsätze aufgeben können, um einem Sänger wie Vinay einen Platz an der Rampe zu gönnen, denn auch das gehört dazu: Singen als urweltliches Elementarereignis. In Erinnerung geblieben ist Vinay vor allem als Otello, und es gibt nicht wenige Experten und Liebhaber, die ihn in dieser Rolle für den einzig legitimen Nachfolger von Francesco Tamagno halten – Näheres über seine Otello-Interpretation findet sich im Otello-Exkurs. Mindestens dreimal kann man Vinay in einer vollständigen Aufnahme dieses kapitalen Werkes hören. Chronologisch die erste ist auch die berühmteste: Arturo Toscaninis Mitschnitt der konzertanten Aufführung vom Dezember 1947, auf gleichem Niveau, weil die um einiges geringere musikalische Präzision durch größere Atem- und Bewegungsfreiheit für die Sänger ausgleichend und durch die Bühnensituation noch lebendiger, ist Fritz Buschs Dirigat an der Met vom 18. Dezember 1948, also genau ein Jahr nach der Toscanini-Einspielung; schließlich die Aufführung der Salzburger Festspiele vom Sommer 1951 unter Wilhelm Furtwängler (selbst die größten Verehrer des Dirigenten behaupten nicht, daß er ein genuiner Verdi-Dirigent war, die Aufführung leidet auch unter einem sehr teutonischen Jago, dem ansonsten so guten Paul Schöffler, und einer nicht sehr aussagekräftigen Desdemona, selbst Vinay bleibt hinter seinem Standard zurück). Anschauungsmaterial genug also, aber um die Otello-Stimme Vinays in aller Kraft und mit allem Saft zu genießen, empfehle ich noch eine ganz abseitige Ausschnittaufnahme.

Im Anhang eines nicht sehr empfehlenswerten Mitschnitts von *Samson et Dalila* mit Vinay (eine Aufführung vom August 1958 aus Mexico City) finden sich drei Ausschnitte einer *Otello*-Aufführung vom selben Ort vom Juni 1948, zeitlich also genau in der Mitte zwischen der Toscanini- und der Busch-Aufnahme und offensichtlich zu einem Zeitpunkt, als die kometenhaft kurze Karriere des Otello-Interpreten Vinay sich auf ihrem Höhepunkt befand. Die Ausschnitte umfassen das »Esultate«, das Schlußduett des ersten Aktes (aparterweise mit Astrid Varnay als Desdemona) und »Dio mi potevi scagliar«. Es gibt ja unter Stimmfetischisten das beliebte Spiel, wer das imposanteste »Esultate« zu singen imstande ist, im Studio oder gar unter Live-Bedingungen, und man hört auch von bedeutenden Interpreten dieser Rolle enttäuschende Versionen dieser eminent schwierigen Passage – für mich gibt es nur einen Sieger: Vinay in dieser exotischen Aufführung. Einen Otello von solcher Vehemenz, von solcher wilden Schallkraft auch in dem teuflisch schweren Schlußschlenker »L'u-u-u-ragano« hat es weder vorher noch nachher gegeben, und im Gegensatz zu den meisten anderen rutscht ihm auch das A auf »gano« nicht in den hinteren Teil des Schlundes. Wer diesen Ausschnitt gehört hat, auch ohne die Gesamtaufnahmen zu kennen, der weiß ein für allemal, wie ein Otello zu klingen hat, und alle anderen Sänger haben es seither schwer, diese Erinnerung zu überdecken, deutlich gesagt gelingt es ihnen nicht.

Vinay war zu diesem Zeitpunkt ein 36jähriger Sänger auf der Höhe seiner nur scheinbar unerschöpflichen Stimmkraft. Geboren wurde er am 31. August 1912 in Chillán in Chile als Sohn eines französischen Vaters und einer italienischen Mutter. Die Schule absolvierte er im Heimatland seines Vaters; als er zur Familie zurückkam, war diese nach Mexiko verzogen. In Mexico City studierte er Gesang bei José Pierson. 1938 debütierte er in dieser Stadt als Alfonso in Donizettis *La Favorite*, also in einer Baritonrolle (die Angabe 1931 im *New Grove* scheint mir wenig glaubhaft). Vinay sang sich in den folgenden Jahren durch das Baritonfach hindurch, bis hin zu Rigoletto, Luna und Scarpia. Wer ihn auf seine Tenorkapazitäten hingewiesen hat, ist unbekannt, jedenfalls studierte er dann noch einmal bei dem Tenor René Maison in New York. Dieser belgische Tenor ist eine nicht uninteressante Erscheinung; es gibt kaum Platten von ihm, aber wer den *Fidelio*-Mitschnitt unter Bruno Walter aus der Met kennt, wird sich erinnern an ganz schauerliche, steinerweichende deutsche Dialoge, aber an eine ungemein wuchtige und voluminöse Heldentenorstimme, die durchaus Ähnlichkeit mit der von Vinay besitzt, auch wenn sie längst nicht so dunkel timbriert ist, weil Maison nie als Bariton gesungen hat. Wie lange die Umstellung von Bariton auf Tenor bei Vinay gedauert hat, ist unbekannt. Wenn man leider feststellen muß, daß seine Tenorstimme nur rund zehn Jahre in voller Form gehalten hat, müßte man vom technischen Standpunkt aus sagen: diese Zeit war wahrscheinlich zu kurz, so daß das technische Fundament für eine so gravierende Umstellung vielleicht doch nicht sicher genug war.

Jedenfalls gab es 1943 – Vinay war inzwischen 31 Jahre alt – ein erneutes Debüt. Diesmal als Don José in *Carmen*, eine Partie, die damals wie heute oft fälschlicherweise mit einem Heldentenor – denn dazu hatte sich Vinays Stimme entwickelt – besetzt wird. Als Bariton hatte Vinay kein besonderes Aufsehen erregt, als Tenor machte er nun eine rasante Karriere in der sich künstlerisch blitzartig entfaltenden unmittelbaren Nachkriegszeit. 1944 sang er schon seinen ersten Otello in Mexico City, sein erster Auftritt in Europa fand 1947 statt, zur Eröffnung der Spielzeit der Mailänder Scala. Victor De Sabata leitete die Aufführung. Fast gleichzeitig entstand die Live-Studio-Produktion unter Toscanini, deren maßstabsetzender Rang bis heute unbestritten ist. Mit diesen *Otello*-Aufführungen an prominentester Stelle und mit den prominentesten Dirigenten seiner Zeit war Vinay ein gemachter Mann, die Otellos jagten sich in der Folgezeit, rund 250 Vorstellungen soll er gesungen haben, 1948 kamen die Arena von Verona und die Serie an der Met mit Busch, 1951 die Auftritte bei den Salzburger Festspielen mit Furtwängler. Wien, Covent Garden London, überall war er plötzlich der gefragteste Otello seiner Zeit, nicht nur, weil kein besserer verfügbar war, sondern weil er ein Ereignis darstellte.

1950 kam es zu einem Debüt, von dem ich nicht sicher bin, ob es eine glückliche Wendung in Vinays Karriere darstellte oder ob hier ein Keim zum frühen Untergang gelegt wurde: Er sang seinen ersten Tristan in San Francisco. Das Wagner-Fach darbte nach großen, kräftigen Stimmen, die Karrieren von Max Lorenz und Lauritz Melchior waren zu Ende oder neigten sich ihrem Ende zu, Sänger wie Wolfgang Windgassen und Bernd Aldenhoff konnten diese Lücke nicht wirklich schließen, da waren die gigantischen Töne von Vinay gerade willkommen, der von Schonung oder stimmlicher Ökonomie gar nichts hielt. Der Tenor Anton Dermota, der mit ihm in Salzburg den Cassio sang, hat in seinen Erinnerungen ein sehr lebensecht wirkendes Bild von Vinay in jenen Jahren übermittelt. Dermota gastierte mit der Wiener Staatsoper in Mailand im *Don Giovanni*, und schon dort erreichte ihn der geradezu sagenhafte Ruf dieses neu entdeckten Wundersängers. 1951 kam es dann zur Zusammenarbeit in Salzburg: Vinay sang den Otello.

»Nein, er sang ihn nicht, er war der Othello schlechthin: ein Riese an Gestalt mit gekräuseltem Haar und stechendem Blick (was der Partie sehr zustatten kam) und einer von Temperament vibrierenden Stimme – wir nannten ihn nur den ›Wilden‹ –, ein Vulkan der Leidenschaften, ein Naturereignis! Vinay sang alle Proben mit vollstem Einsatz seiner stimmlichen Mittel. Ich habe keinen ähnlichen Othello mehr erlebt. Vinay hat in dieser Leibrolle die Welt erobert, sich dabei aber frühzeitig verausgabt.«

Ein noch weitaus lebendigeres Bild von Vinay gibt der Bariton Robert Merrill in seinen sehr ungeschminkten Erinnerungen *Between Acts*. Hier taucht Vinay unter dem Decknamen Claudio auf, was bei dem sehr offenen Merrill schon einiges verheißt, und der Leser wird auch nicht enttäuscht, denn Vinay wird als der stupendeste Sexathlet unter den Kollegen gezeichnet, den Merrill je erlebt hat, gegen den selbst der bekannte Frauenliebling Richard Tucker ein Waisenknabe war. Vinays Appetit war grenzenlos, sowohl was Frauen betraf wie auch die Genüsse des Essens und des Trinkens. Merrill berichtet von drei T-Bone-Steaks am Nachmittag vor der Vorstellung und zwei der gleichen Sorte nach der Vorstellung, inklusive Dutzende von Austern, Wein und Desserts. Das einzige, was ihn dazu bewegen konnte, von seinen permanenten Otellos und Tristans abzulassen und auch mal eine Vorstellung abzusagen, waren Verabredungen mit Frauen. Sehr farbig ist die Schilderung, die Merrill von einem gemeinsamen Hotelnachmittag mit Vinay gibt, der eine Matineevorstellung abgesagt hatte, um sich mit einer Blondine namens Sophie zu vergnügen; der Freund und Kollege Merrill, eingeladen, sich die neuesten Sexualtechniken von dem Paar Vinay/Sophie vorführen zu lassen, zog sich mit höflichen Entschuldigungen zurück (weitere Details in Merrills Buch). Merrill läßt keinen Zweifel daran, daß es nicht nur die anstrengenden Partien waren, die Vinays Karriere abkürzten, sondern auch der Mißbrauch seiner doch letztlich begrenzten körperlichen Kräfte – Vinay, der ja inzwischen rüstig sein 80. Lebensjahr vollendet hat, würde das im nachhinein vielleicht anders sehen.

Tatsache ist, daß bereits in der zweiten Hälfte der fünfziger Jahre die stimmlichen Kräfte von Vinay nachließen. Man kann dies ganz gut an den diversen Mitschnitten ablesen, vor allem an dem genannten *Samson*-Mitschnitt aus Mexico City von 1958, wo die Stimme bereits ihre Geschmeidigkeit fast völlig eingebüßt hat und die Schwierigkeiten dieser nicht einfachen Partie nur noch mit der immer noch vorhandenen Kraft bewältigt werden. Was verfängt das aber angesichts der stupenden Leistungen in diesen zehn Jahren zwischen 1947 und 1957! Dabei kann ich die Begeisterung einiger für den Bayreuther Mitschnitt des *Tannhäuser* von 1954 und den aus der Met vom gleichen Jahr unter Rudolf Kempe nicht ganz teilen. Gewiß ist dies ein eindrucksvoller Tannhäuser, aber wie immer wieder festzustellen ist, eignet sich diese Partie für einen baritonalen Heldentenor überhaupt nicht, und Vinay hat gleich mit den schweren Passagen vor dem Lied an Venus im ersten Akt erhebliche Schwierigkeiten, singt auch recht undifferenziert über Textnuancen hinweg, aber welch ein Tristan ist das in dem Mitschnitt aus Bayreuth vom 4. Juli 1952 (nebenbei gesagt wohl Herbert von Karajans elektrisierendste Wagner-Deutung auf Platte). Vinay ist optimal bei Stimme und hält in fast allen Bereichen den Vergleich mit Melchior aus – mehr kann man eigentlich dazu nicht sagen. Sein Siegmund 1957 an der Met unter Dimitri Mitropoulos ist dann leider schon von den nachlassenden stimmlichen Kräften gekennzeichnet. Wie bei so manchen Heldentenören, die vom Bariton herkommen (vgl. den Wagner-Exkurs), blieb als erstes die Höhe weg, dann verlor die Stimme ihre Klangpracht, und die Hoffnung, wieder bequem in jene Regionen zurückkehren zu können, von denen man einst ausgegangen war, erwies sich als »vergebene Hoffnung, furchtbar eitler Wahn«. Als Vinay 1962 nach Bayreuth zurückkehrte, nach einer fünfjährigen Pause, um den Telramund zu singen, war dies nur noch ein (dokumentarisch festgehaltenes) Trauerspiel. Er war kein Tenor mehr, aber auch nicht wieder ein Bariton, sondern nur noch ein Sänger ohne Stimme.

Und was war das für eine Stimme? Es war die Stimme, wie man sie sich für den Otello vorstellt. Es ist zu bezweifeln, ob Francesco Tamagno, mit dem weder Verdi noch die kritischen Stimmen zur Uraufführung wirklich zufrieden waren, entscheidend besser war. Vinay war ein Bariton, der zum Heldentenor geworden war. Von allen anderen prominenten Beispielen dafür unterschied er sich durch die rauhe, fast heisere Wildheit seiner bronzefarbenen Stimme, heutige prominente Rollenvertreter wirken im Vergleich wie domestizierte Kätzchen gegenüber einem Königstiger und seinem Fauchen. Die Stimme ist saftig, eher breit als in der Maske, was zu seinem übermäßigen Kraftverbrauch beigetragen hat, denn wer nicht in der Maske singt, muß die Tragfähigkeit der Stimme durch schiere Kraft vergrößern. Es ist das alte Problem der baritonalen Heldentenöre – ich erinnere mich an den englischen Bariton Hugh Beresford, der nach respektablen Erfolgen im Baritonfach noch mit Ende Vierzig den Sprung zum Heldentenor wagte. 1972 sang er den Tannhäuser in Bayreuth (wie gesagt die ungeeignetste Rolle für einen baritonalen Heldentenor). Bei den ersten Takten horchte man begeistert auf: Welch schöne, dunkel getönte, warme Stimme, aber der hochgezogene Bariton (wie schon Hans von Bülow über den großen Albert Niemann gesagt hatte) hielt den Abend nicht durch, es war ein Desaster. Vinay, mit zehnmal mehr Kraft begabt als Beresford, hielt auch zehnmal länger durch. Giacomo Lauri-Volpi, der große Tenor, hat in einem seiner vielen Bücher (die nicht alle lesenswert sind) interessante und grundsätzliche Überlegungen über den Weg vom Bariton zum Heldentenor angestellt, und zwar am Beispiel Vinay, den er mit Giovanni Zenatello vergleicht. Zenatello war der berühmteste Otello der zehner und zwanziger Jahre, auch er kam vom Bariton her, aber hatte seiner Stimme doch tenorale Züge geben können. Lauri-Volpi erinnert sich sehr gut an Vinays Otello in Mailand nach dem Krieg; er erinnert sich, daß, eben aufgrund einer Tragfähigkeit der Stimme, die nicht mit dem enormen Volumen Schritt halten konnte, der Eindruck nicht dem entsprach, was man von diesem Giganten erwartete, und er erinnert sich an einen kurz darauf gesungenen Samson, bei dem dieser Eindruck noch negativer war. Er kommt zu dem Schluß:

»Ein Bariton bleibt eben ein Bariton und kann nicht eine Tessitura erlangen, in der Klarheit und ›squillo‹ [Durchschlagskraft] verlangt sind, ohne sein Stimmorgan zu schädigen, und wenn er versucht, Tenor zu werden, dann begibt er sich in gefährliche Abenteuer und läuft Gefahr, seine Karriere zu ruinieren, weil er die natürlichen Grundlagen seiner stimmlichen Mittel überbeansprucht.«

Das Beispiel Vinay spricht für Lauri-Volpis These, das Beispiel Melchior dagegen, aber Melchior war in jeder Beziehung eine Ausnahmeerscheinung, seine physische Kraft war womöglich noch größer als die Vinays, und er hielt mit seinen Kräften Haus bis zum Ende einer langen Karriere, hatte außerdem eine erheblich sattelfestere Technik.

Sei es, wie es wolle, die Länge einer Karriere ist nicht etwas, was wir als Zuhörer und Genießer von einem Sänger einklagen können. Jeder Künstler ist für sich selbst verantwortlich, und manche ziehen es eben vor, sich in zehn Jahren zu verschwenden, aus dem vollen schöpfend, bis der Speicher leer ist, andere sparen sich über 40 Jahre lang auf und erreichen nie den wirklichen Höhepunkt. Vinay hat es geschafft, einen Tristan zu singen, der sich mit ein, zwei anderen die Krone teilen kann, und als Otello gab es, so meine ich, keinen eindrucksvolleren Interpreten seit der Uraufführung. Drei Gesamtaufnahmen und diverse Ausschnitte zeugen davon – nie wieder hat jemand die kreatürliche Wildheit dieses Outsiders so fleischlich und gleichzeitig auch in der Wildheit subtil (und vor allem bei Toscanini auch präzise und musikalisch, das wollen wir nicht vergessen) zu gestalten gewußt.

Hinweise

Ramón Vinays Otello liegt in allen drei erwähnten Versionen auf CD vor: der unter Fritz Busch aus der Met auf Melodram, der unter Wilhelm Furtwängler gleich mehrfach, unter anderem bei Hunt, der unter Arturo Toscanini bei Memories. Die Ausschnitte, in Kombination mit einer *Samson et Dalila*-Aufführung unter Thomas Beecham, sind zur Zeit nicht greifbar (als Platte erschienen sie bei Melodram). *Tristan und Isolde* unter Herbert von Karajan ist ebenfalls im Augenblick nicht auf dem Markt, aber das wird sich sicher bald ändern, als Ersatz kann eine Bayreuther Aufführung von 1953 unter Eugen Jochum fungieren (bei Hunt). Den *Tannhäuser* aus Bayreuth von 1954 unter Joseph Keilberth gibt es als CD bei Laudis.

Die kuriose Schilderung Vinays als Claudio findet sich in Robert Merrills Buch *Between Acts* (New York 1976).

Kathleen Ferrier

Im Mai 1952 sahen sich Bruno Walter und Kathleen Ferrier zum letztenmal. Sie sang in Wien den Altpart in Gustav Mahlers *Lied von der Erde* (die Tenorpartie sang Julius Patzak), und die letzten Worte des letzten Stückes, »Abschied«, waren auch für Walter im nachhinein ein Abschied von einer Künstlerin, für die er wie für niemand anderen Worte intensivster Bewunderung fand. Nach der Aufführung im Musikvereinssaal wurde das *Lied von der Erde* auch für die Schallplatte produziert, und diese Aufnahme hat seither legendären Ruhm gewonnen. Hört man unvoreingenommen in sie hinein, ist dies vielleicht sogar die erste Begegnung mit dem Ferrier-Mythos (denn den gibt es), dann wird man eventuell irritiert sein. Der erste Einsatz der Altstimme im zweiten Lied, »Herbstnebel wallen«, ist tonlich unsicher, die Höhenflüge bei »Sonne der Liebe, willst du nie mehr scheinen« machen der Sängerin hörbare Schwierigkeiten, die Stimme rutscht leicht aus dem Fokus. Das ist stimmtechnisch nicht die tadelfreieste Aufnahme, Christa Ludwig hat das sehr viel gekonnter gesungen. In der dritten Strophe des zweiten Liedes aber, »Mein Herz ist müde«, und dann in »Ich hab Erquickung not« geschieht ein Wunder: Die Stimme der Ferrier löst sich von technischer Erdenschwere, entmaterialisiert sich gleichsam, aus dem körperhaften Singen wird ein Tönen, nicht körperlos, aber körpertranszendierend – und diese Leistung prägt auch den »Abschied«, bei dem man spätestens versteht, daß Walter in der ihm eigenen leichten Überemphase davon sprach, daß hier die Saiten der Seele von Kathleen Ferrier von den erhabenen Harmonien einer verwandten Seele widertönten und widerhallten. Es gehört zu dem Merkwürdigen des Ferrier-Mythos, daß viele Menschen meinen, nur mit einem pseudoreligiösen Vokabular das Spezifikum dieser Leistung und dieser Stimme beschreiben zu können. Walter hat da (und ihm konnte man es nicht übelnehmen) den Ton angegeben, eine letzte Überspitzung erfährt das im Nachwort der deutschen Ausgabe der Ferrier-Biographie aus der Feder der Schwester Winifred Ferrier, die nicht zufällig in einem anthroposophischen Verlag erschienen ist. Hier wird die Sängerin postum zum Führer aus der Menschheitskrise ernannt, es wird gefragt, ob die Seele der 1912 geborenen Sängerin nicht vielleicht bei ihrem Niederstieg diejenige des 1911 gestorbenen Mahler bei ihrem Aufstieg erlebt habe und sich daher das Einzigartige ihrer Mahler-Interpretation erkläre, und es wird schließlich behauptet, daß unter den Schwingen des Todesengels hier die vollkommene Katharsis der Menschenstimme erklungen sei.

Nicht immer ist es so schlimm, aber es ist unbestreitbar, daß der Nachruhm Kathleen Ferriers Züge trägt, die mit dem anderer Sänger kaum zu vergleichen sind, und man muß diejenigen, die sich zu solcher Emphase versteigen, etwas dadurch entschuldigen, daß auch sehr viel nüchternere Köpfe angesteckt wurden. Zu ihnen gehörte Gerald Moore, für gesunden Menschenverstand ebenso bekannt wie für englischen Mutterwitz. Als ihr Begleiter bei so manchen Liederabenden schreibt er in seinem Erinnerungsbuch *Bin ich zu laut?*:

»Wir hörten diese Stimme – eine Stimme von natürlicher Wärme und Lieblichkeit von Jahr zu Jahr herrlicher werden, bis sie schließlich eine vergeistigte Schönheit und überirdischen Adel erlangte und sich mit allumfassender Menschlichkeit in unsere Seelen einbrannte.«

Es muß also doch etwas Besonderes an dieser Sängerin gewesen sein, das für den, der sie nicht mehr auf dem Konzertpodium oder bei ihren wenigen Opernauftritten erlebt hat, so einfach nicht nachzuvollziehen ist, denn nicht alles läßt sich aus ihrer Stimme erklären. Es kommen hinzu andere Faktoren, die jeder für sich allerdings auch wieder nicht ausreichen. Versuchen wir sie aufzuzählen. Sie war eine Spätberufene, die in einem Alter Karriere machte, wo andere schon manchmal wieder am Ende sind, ihre Karriere war sehr kurz, sie wurde durch eine bösartige Krankheit, eine Krebserkrankung der Brust, beendet. Diese Krankheit überschattete, wie man aus der Biographie Winifred Ferriers weiß, den ganzen letzten Abschnitt ihres 41 Jahre währenden Lebens. Sie hatte früh einmal einen Ellenbogenstoß gegen die Brust bekommen, und in ihr nagte das Gefühl, daß daraus einmal etwas Bösartiges entstehen könne. Schon 1942 (sie hatte gerade begonnen, das Singen professionell zu betreiben) spielte bei ihrem Entschluß, nach London zu ziehen, der Gedanke an eine eventuell einmal nötige Operation mit, und schon 1944 ließ sie sich untersuchen, allerdings damals ohne Ergebnis, 1949 gab es eine weitere Untersuchung, über deren Ergebnis allerdings nichts bekannt ist, und im Frühjahr 1951 mußte dann zum erstenmal operiert werden – der Leidensweg der Kathleen Ferrier begann. Es ist sicher keine Mythisierung, wenn man diese permanent verspürte latente Gefährdung als jenen Schatten begreift, der das Wesen dieser unkomplizierten, großherzigen, zu gelegentlich derben Späßen aufgelegten Frau mitprägte, und was das Wesen mitprägt, prägt auch die Stimme, das, was an Untergründigem in einer Stimme mitschwingen, mitzittern kann.

Ein zweites: Kathleen Ferrier war zwischen 1935 und 1947 nicht sehr glücklich verheiratet, Kinder hatte sie nicht, und eine Liaison mit einem Mann am Ende der vierziger Jahre endete ebenfalls nicht zufriedenstellend. »Ich bin mir klar geworden, daß es mein Schicksal ist, eine einsame Wölfin zu sein«, schrieb sie einmal an ihre Schwester – ihre emphatische Darstellung des heiklen Zyklus *Frauenliebe und -leben* von Robert Schumann gewinnt vor dem Hintergrund dieser Umstände eine besondere Dimension. Man tritt ihr wohl nicht zu nahe, wenn man konstatiert (damit zusammenhängend), daß Kathleen Ferriers Stimme einen merkbaren Mangel an Sinnlichkeit aufwies, Mangel sei hier in Anführungszeichen verstanden, denn es war in Wirklichkeit eine Stärke. Leicht einzusehen ist, warum ein konzertanter Auftritt als Carmen 1944 der einzige in dieser Rolle geblieben ist. Kathleen Ferrier mit einer roten Rose zwischen den lasziven Lippen (sie hat das wahrhaftig probiert, um ihre Umgebung zu erheitern), das kann man sich beim besten Willen nicht vorstellen. An sinnlich gurrenden Altistinnen und Mezzosopranistinnen herrschte ja nie Mangel, und selbst wenn man aus diesem Klischeebereich hinausgeht und noch einmal an Christa Ludwig erinnert, dann wird deutlich, was der Ferrier fehlte. Dennoch war es keine unsinnliche Stimme im Sinne einer Androgynität, wie sie etwa bei Marilyn Horne zu beobachten ist, wiederum aber auch keine aparte Sonderfarbe, wie sie männliche Altisten von heute (Jochen Kowalski) in die Rolle des Orpheus bringen können. Das Stichwort »Wärme« fällt oft im Zusammenhang mit ihr, mir erscheint es nicht glücklich. »Es wehet kühl im Schatten meiner Fichten« – diese Zeile aus Mahlers »Abschied« im *Lied von der Erde*, von Kathleen Ferrier unnachahmlich gesungen, kommt dem Geheimnis, das letztlich sich der Beschreibung entzieht, näher. Kühl war diese Stimme, wie es skandinavische Stimmen manchmal sind, wie es die von Jussi Björling war, wenn er die glutvollsten Puccini-Kantilenen sang, wie es die von Kirsten Flagstad war, wenn sie die Ekstasen der Isolde nachzeichnete (mit dem Timbre der Flagstad hat das der Ferrier manche Ähnlichkeit), eine Kühle, die aber nicht abstößt, sondern die durchaus anziehend ist, die den Zuhörer in einen weiten Mantel einhüllt, in dem er Geborgenheit empfindet, aber nicht einlullende Nestwärme und körperliche Nähe.

Eine letzte Distanz ist immer da, die nicht überbrückbar ist und eine Aura des Geheimnisvollen, des Weltentrückten entstehen läßt – »Ich bin der Welt abhanden gekommen«, auch das sang sie oft, und so klingt ihre Stimme immer ein wenig, auch schon in den ersten Aufnahmen, die von ihr verfügbar sind. Diese Distanz prägt ihre wundervollen Aufnahmen von Glucks *Orpheus und Eurydike* – eine gekürzte Fassung existiert von ihrem Auftritt in Glyndebourne 1947, und 1977 kam, worauf niemand mehr zu hoffen gewagt hatte, ein kompletter Mitschnitt einer Amsterdamer Aufführung von 1951 ans Tageslicht. Ihr letztes öffentliches Auftreten fand im Februar 1953 ebenfalls in dieser Rolle statt – man hatte in Covent Garden eine Aufführungsserie angesetzt, von der alle im inneren Kreis Beteiligten wußten, daß es die letzten Auftritte Kathleen Ferriers sein würden, und wirklich mußte nach der zweiten Aufführung diese Serie für immer unterbrochen werden. Die beiden älteren genannten Aufnahmen sind insgesamt keine Meilensteine in der *Orpheus*-Diskographie, zu schwach ist die übrige Besetzung, zu gedankenlos wird von mittelmäßigen Orchestern und nicht übermäßig inspirierten Dirigenten mit der Partitur umgegangen, aber immer dann, wenn die Ferrier ihre Stimme als Orpheus erhebt, begreift man sofort, was Gluck vorgeschwebt haben mag, was der Gluck-Bewunderer Hector Berlioz an seinem Vorbild so verehrte. Es ist übrigens ein Jammer, daß Kathleen Ferrier nicht mehr dazu gekommen ist, den zu ihrer Zeit kaum aufgeführten Berlioz zu singen: Die *Nuits d'été*, die Didon in *Les Troyens*, das wären Rollen und Partien gewesen, die ihr in der Kehle gelegen hätten, aber seien wir dankbar, daß sie den damals keineswegs sehr bekannten Mahler mit Hilfe Walters entdecken konnte. Kathleen Ferrier ist einerseits ohne die Tradition des englischen Oratoriengesangs undenkbar (denken wir daran, daß sie nur zwei Opernrollen auf der Bühne gesungen hat, den Orpheus und die Titelpartie von Brittens *Rape of Lucretia*), andererseits ist sie nie das gewesen, was man sich unter einem typischen Oratorienalt vorstellt, jene statiösen Musikmonumente mit einer posaunenhaften Bruststimme, die in Händels Werken so oft zu hören waren und sind (prominentes historisches Beispiel: Clara Butt).

Will man ihre Stimme mit technischen Parametern beschreiben, so geben uns die Hinweise ihres wichtigsten Lehrers Roy Henderson interessanten Aufschluß (Henderson ist weithin bekannt geworden durch seine Mitwirkung bei den berühmten Glyndebourner Mozart-Aufführungen in der Ära Fritz Busch / Carl Ebert, auf Platten zeugt davon sein Graf in *Le nozze di Figaro* und der Masetto im *Don Giovanni*, als Stimme nur Durchschnitt, aber ein sicherer Musiker und später renommierter Lehrer). Henderson beschreibt ihre Stimme, als sie nur wenig geschult zu ihm kam, als schon relativ voll klingend, aber zu dunkel (eben im Sinne des englischen Oratoriengeschmacks), dafür in der Höhe kurz.

Von Schwierigkeiten in der Höhe schreibt auch noch Benjamin Britten in seinen Erinnerungen an die gemeinsame Arbeit am *Rape of Lucretia*, wo sie größte Probleme mit dem A hatte und erst im Strudel der Aufführung merkte, daß es ihr gelang. Es bedurfte langer Arbeit, um die Ausdehnung der Stimme zu erweitern, dennoch blieb Kathleen Ferrier immer ein Alt, wurde nie eine Mezzosopranistin wie Christa Ludwig, die es sogar schaffte, zeitweilig die *Fidelio*-Leonore zu singen, oder eine dramatische Altistin wie Margarete Klose, die zur besten Ortrud wurde, die je zu hören war. Die Höhe der Ferrier (ich erwähnte es im Zusammenhang mit dem *Lied von der Erde*) blieb stimmtechnisch das einzige Problem, wirkte immer dünn und etwas kraftlos. Dafür aber hatte sie einen perfekten Registerausgleich aufzuweisen, und vor allem klang das Brustregister nie so »brustig«, wie man es von dem zitierten Oratorienalt eigentlich erwartet, sondern wurde bruchlos aus der anstrengungslosen Mittellage entwickelt, klang immer rein und volltönend wie ein Glocke (hier ist der abgebrauchte Vergleich einmal durchaus am Platze). Körperlich hatte Kathleen Ferrier die idealen Voraussetzungen für eine Sängerin: ein breitflächiges Gesicht mit einem starken, langen Unterkiefer (den man im unkleidsamen Extrem bei Joan Sutherland sehen kann oder bei Birgit Nilsson), einen großen knochigen Körperbau mit breiten Schultern (Henderson berichtet, daß Chorsänger, die im Konzert hinter ihr saßen, immer wieder verblüfft waren über die mächtige Ausdehnung ihrer Lungenflügel) und eine gut trainierte Zwerchfellstütze, die ihr einen schier endlosen Atem gab. Diese zutreffende Beschreibung suggeriert eher ein häßliches Entlein mit zu großen Füßen, es ist aber ein viel bestauntes Phänomen, daß die Ferrier dies in ihrer Jugend auch wirklich war, je älter sie wurde und je mehr sie in ihrer Kunst reifte, desto intensiver entfaltete sich jedoch eine strahlende Schönheit auf ihrem Gesicht, geradezu schmerzhaft spürbar auf dem letzten Photo, für das sie sich im Krankenhaus noch einmal herrichtete.

Die unspektakulären Stationen ihrer Karriere sind rasch nachgetragen: Am 22. April 1912 wurde sie in Higher Walton (Lancashire) geboren, einem Dorf zwischen Blackburn und Preston, wo ihr Vater Dorfschullehrer war (sie überlebte ihn nur um zwei Jahre). Ihre musikalische Begabung wurde bald offenkundig, aber alles schien auf eine enge Verbindung mit dem Klavier und nicht mit dem Stimmorgan hinzudeuten; sie gewann einige Preise in lokalen Klavierwettbewerben, bis sie im März 1937 an den Wendepunkt gelangte, als sie nämlich gleich zwei Preise gewann: für Klavier und für Gesang. Dem Dirigenten Malcolm Sargent fiel ihre Begabung auf, und er vermittelte ihr Kontakte zu einer Künstleragentur, riet ihr gleichzeitig aber auch zur weiteren Ausbildung ihrer Stimme, deren Potential, das aber teilweise noch unentwickelt war, er erkannte. Kathleen Ferrier, am Anfang ihrer Entwicklung in einem Alter, in dem andere Sänger schon etabliert sind, wurde im Nachkriegsengland jedoch sehr rasch zur landesweit bekannten Oratoriensängerin. Über die Grenzen Englands hinweg wurde sie 1946 und 1947 berühmt, als sie bei den Festspielen in Glyndebourne die Britten-Uraufführung *The Rape of Lucretia* und ein Jahr später den *Orpheus* sang. Entscheidend wurde die Begegnung mit Bruno Walter. Walter suchte 1946 in London für das Edinburgh-Festival des nächsten Jahres Sänger für das diffizil zu singende *Lied von der Erde*, Rudolf Bing, der für das Programm Verantwortliche, wies auf eine junge Sängerin hin, von der jeder in den höchsten Tönen spreche, es war Kathleen Ferrier. Walter hat mit den größten Sängern seiner Zeit zusammengearbeitet, über keinen hat er solch hymnische Worte gefunden wie über diese junge Engländerin, die er auch bei Liederabenden begleitete und die er in die Welt von Schubert, Schumann und Wolf einführte. Am 8. Oktober 1953 starb Kathleen Ferrier in London, deren eigentliche Karriere nur rund sieben Jahre gedauert hatte. Schließen wir unseren Blick auf diese Ausnahmeerscheinung mit den Worten Walters:

»Der bloße Wohllaut ihrer Stimme hatte mir beim ersten Hören das Herz wie kaum je ein Klang bewegt. Aber sie hatte nicht nur eine Kehle, sondern auch eine Seele. Aus dieser Seele klang zurück, was aus Mahlers Werk tönte; ich mußte oft daran denken, was es ihm bedeutet hätte, ihre tief verstehende Wiedergabe jener Gesänge zu erleben. Es war ein Geheimnis um dieses im Leben anscheinend so klare, heitere, einfache und gerade Wesen. Dies Geheimnis tönte aus ihrem Gesang, der alle Gefühlstiefen und den vollen musikalischen Reichtum der Werke erschloß, die sie sich in ernstester Bemühung zu eigen gemacht hatte. Eine besondere Art der Einheit deutete auf dies Geheimnis. Alles an ihr war schön: ihre Erscheinung, ihre Seele, ihre Stimme, ihr Ausdruck. Daß in ihrem Ausdruck sich ein intensives Gefühl vom Anmutigen bis zum Tragischen aussprach und daß es immer schön blieb, darin offenbarte sich jene geheimnisvolle Begnadetheit ihrer Natur, die sie als Aura umgab. Vielleicht gehört auch der frühe Tod zu dem Geheimnis, das über dieser einzigartigen

Künstlerpersönlichkeit waltete. Mit meiner Trauer über ihr Scheiden bleibt ein dauerndes Gefühl der Dankbarkeit verbunden.«

Hinweise

Die solide und nüchterne Biographie (mit Ausnahme des vom Verlag hinzugefügten Nachwortes) der Schwester Winifred Ferrier, zuerst 1955 in London erschienen, wurde 1986 ins Deutsche übersetzt (Stuttgart; 2. Auflage 1988, kombiniert mit dem Erinnerungsband *Kathleen Ferrier. A Memoir*, der von Neville Cardus 1954 in London herausgegeben wurde; es sind darin enthalten Erinnerungen von John Barbirolli, Benjamin Britten, Roy Henderson, Gerald Moore und Bruno Walter, ausgerechnet der Beitrag des damaligen Herausgebers Cardus wurde in die Übersetzung nicht übernommen). 1988 erschien in London Maurice Leonards Buch *Kathleen. The Life of Kathleen Ferrier 1912–1953*. 1990 erschien in Paris die Biographie *Kathleen Ferrier* von Jérome Spycket.

Die Ferrier-Verehrer haben Glück: Die englische Decca brachte eine Kassette mit 14 CDs heraus, in der ihre Aufnahmen gesammelt sind. Auf dem deutschen Markt ist eine Ferrier-Edition mit zehn CDs erhältlich, ebenfalls bei Decca.

Elisabeth Schwarzkopf

Ist es wirklich schon rund 20 Jahre her, daß sich Elisabeth Schwarzkopf von der Bühne verabschiedet hat? Im Dezember 1971 war es, als sie in Brüssel ihre letzte Marschallin sang. Es folgten noch Liederabende bis in die Mitte der siebziger Jahre, und als äußerst gesuchte Leiterin von Meisterkursen ist sie noch immer tätig – sie arbeitet mit jungen Sängern, die sich immer ein wenig vor ihren sehr direkten Äußerungen fürchten, aber auch wissen, daß sie hier von einer immensen Erfahrung profitieren können. Begonnen hatte alles 1938, als sie an der Städtischen Oper Berlin als Blumenmädchen in *Parsifal* auftrat – Wagner sollte in ihrer späteren Karriere keine besondere Rolle spielen. Eine Kuriosität ist es, daß sie ihrem späteren Mann, dem großen Schallplattenproduzenten Walter Legge, schon ein Jahr zuvor begegnet war – Legge produzierte in Berlin die erste Gesamtaufnahme der *Zauberflöte*, die auch heute noch berühmt ist, mit Thomas Beecham als Dirigenten, und im Chor dieser Aufnahme sang Elisabeth Schwarzkopf, gerade 22 Jahre alt.

Geboren wurde sic am 9. Dezember 1915 in Jarotschin in der Nähe von Posen. An der Berliner Musikhochschule sollte die vielversprechende Stimme ausgebildet werden, aber beinahe wäre das Talent für immer zerstört worden, denn die bekannte Sängerin Lula Mysz-Gmeiner taxierte die Elevin auf Alt und richtete den Unterricht entsprechend aus. Zwei Jahre wurde der falsche Weg eingeschlagen, bis die verständige Mutter einschritt. Elisabeth Schwarzkopf verließ unter Eklat die Hochschule und suchte verzweifelt einen Lehrer. Es war der Bariton Karl Schmitt-Walter, der ihr den entscheidenden Hinweis auf Maria Ivogün gab, die bedeutende deutsche Koloratursopranistin. Hier fand die Schwarzkopf endlich die richtige Lehrerin, auch wenn sie selbst keine Koloratursopranistin wurde – später hat die Ivogün auch Rita Streich ausgebildet. Durch Michael Raucheisen, den Mann der Ivogün und den bekanntesten Begleiter damals, gab es auch erste Anregungen für das später sich so reich entfaltende Liedrepertoire.

Die lange und glorreiche Schallplattenkarriere Schwarzkopfs begann schon damals, am Ende der dreißiger Jahre, als sie Operettenquerschnitte mit dem Tenor Rupert Glawitsch aufnahm, zur Operette sollte sie später zurückkehren, zumindest im Schallplattenstudio, als sie die großen Operetten von Strauß und Lehár aufnahm, Einspielungen, deren Rang bis heute nicht wieder erreicht worden ist.

1942 ging sie an die Wiener Staatsoper, sang kleine und mittlere Rollen und machte sich bereits einen gewissen Namen, denn als der Engländer Legge nach dem Krieg nach Deutschland und Österreich kam, um neue Talente für seine Schallplattenproduktionen zu gewinnen, stand der Name Schwarzkopf bereits in seinem Notizbuch.

Wie es zu dem so folgenreichen Vertrag mit der EMI dann kam, das berichtet eine berühmt gewordene Anekdote, von Legge und Schwarzkopf immer wieder gerne erzählt. Es war 1946 im Theater an der Wien, dem Hause der ausgebombten Staatsoper, wo Legge die junge Sopranistin in mehreren Rollen hörte, noch stark dem Koloraturfach verhaftet, wie die Rosina im *Barbiere di Siviglia* (sie hatte sogar zum Entsetzen ihrer Lehrerin die Zerbinetta gesungen). Legge erkannte zweierlei: daß es sich hier nicht um eine Koloratursängerin, sondern um einen lyrischen Sopran handelte und daß er es mit einer großen Begabung zu tun hatte, in der zu der reizvollen Stimme eine ebenso reizvolle Erscheinung und eine hoheitsvolle Grandezza hinzukamen, die sie für die großen Sopranrollen von Mozart und Strauss geradezu prädestinierten. Legge wollte ihr einen Vertrag anbieten, aber Schwarzkopf bestand auf einem regelrechten Vorsingen, damit, wie sie sagte, »Sie nicht die Katze im Sack kaufen und mir auch so viel zahlen, wie ich wert bin«. Es kam also zu diesem Vorsingen. Legge holte noch Herbert von Karajan dazu, mit dem er ebenfalls große Dinge vorhatte, und machte sich daran, mit der jungen Sängerin ein einziges Hugo-Wolf-Lied zu erarbeiten, sein Lieblingskomponist unter den Liedschöpfern, dem er schon Jahre zuvor in England eine große Plattenedition gewidmet hatte. An Wolfs Lied *Wer rief dich denn* feilte er nun anderthalb Stunden dermaßen kritisch herum, daß schließlich Karajan aufsprang und den Raum verließ mit den Worten: »Ich halte es nicht mehr aus – sie quälen ja das Mädchen.« Elisabeth Schwarzkopf bestand diesen harten Test mit der ihr eigenen Zähigkeit und ihrem brennenden Ehrgeiz, und so begann eine jahrzehntelange Zusammenarbeit, die 1953 auch auf ein familiäres Zusammenrücken ausgedehnt wurde, eine Symbiose, von der beide Seiten profitierten, denn sicher hätte sie ohne ihre repräsentativen Plattenaufnahmen nicht die Weltkarriere machen können, die sie gemacht hat, und Legge hätte nicht eine Protagonistin gehabt, die auf der Platte ein viel größeres Repertoire hatte als auf der Bühne. So hat sie etwa die Ariadne nie auf der Bühne gesungen, die sie doch in der Aufnahme mit Karajan 1954 zu einem Modell des Strauss-Gesangs formte.

Der sogenannte Durchbruch Elisabeth Schwarzkopfs kann auf das Jahr 1947 festgelegt werden. Legge hatte mit ihr gerade die ersten Aufnahmen gemacht, in deren Zentrum Brahms' *Deutsches Requiem* unter Karajan stand. Die Aufnahme war noch nicht veröffentlicht, da suchte Wilhelm Furtwängler verzweifelt einen Sopran für das gleiche Werk, das er in Luzern aufführen sollte. Legge präsentierte die Probebänder seiner Aufnahme, und Furtwängler hatte seinen Sopran. Nur wenige Wochen später kam es zu jenem berühmt gewordenen Gesamtgastspiel der Wiener Staatsoper in London, unter anderem mit *Don Giovanni*, bei dem Schwarzkopf die Elvira sang und der in England im Exil lebende Richard Tauber als Don Ottavio in sein altes Ensemble zurückkehrte, wenige Monate vor seinem Tod. Nun war der Weg frei für eine der bemerkenswertesten Karrieren der Nachkriegszeit, die dennoch einige Merkwürdigkeiten aufweist. Der Wechsel ins lyrische Fach war erfolgreich vollzogen, aber Schwarzkopf band sich nun nicht, wie es logisch gewesen wäre, an die Wiener Staatsoper oder ein vergleichbares Haus, sondern baute mit Hilfe Legges eine ungemein kluge Karriere auf, die auf drei Säulen basierte: den wohldosierten Opernauftritten an den exklusivsten Plätzen der Welt, vor allem bei den Salzburger Festspielen, der Präsenz durch die in ihrer Zeit und darüber hinaus besten Plattenaufnahmen, zufällig produziert durch den Ehemann Legge, und einer regen Konzert- und Liederabendtätigkeit, in der ebenfalls nicht zufällig das Schaffen Wolfs bald einen entscheidenden Platz einnehmen sollte. Sie und Legge hatten sehr bald erkannt, daß ihre Stimme kostbar, aber wenig belastbar war – das Volumen war auch für einen lyrischen Sopran nicht sehr groß und hätte einem normalen Opernbetrieb nicht lange standgehalten – Experimente mit der Butterfly und ähnlichen Rollen hatten diese Grenzen schnell aufgezeigt, das Wagner-Fach kam ebenfalls nicht in Frage, die Eva in Bayreuth 1951 blieb der einzige Ausflug in dieses Feld, und so verkleinerte sich das Repertoire für die Bühne sehr schnell auf im Grunde fünf Rollen: Fiordiligi in *Così fan tutte*, Elvira in *Giovanni*, die Gräfin im *Figaro*, die Marschallin im *Rosenkavalier* und die Gräfin in *Capriccio*, am Rande lag noch die Alice in Verdis *Falstaff*. Das ist für einen Sopran von Weltklasse ein eigentlich unmöglich kleines Repertoire, und das konnte nur gutgehen, weil Legge Produzent, Kritiker und Manager gleichzeitig war, wenige verstanden von der menschlichen Stimme so viel wie er. Bevor es zu dieser Verengung des Repertoires kam, hatte sie vor allem an der Mailänder Scala eine ganze Reihe von Rollen ausprobiert, die sie später, vielleicht muß man »leider« sagen, nie wieder gesungen hat, außer im Schallplattenstudio. Als Rarität, von der eine Aufnahme erhalten geblieben ist, darf dabei ihre einzige Mélisande gelten, außerdem waren da die einzigen Elsas und Elisabeths und die Marguerite in Gounods *Faust* dabei.

Ihr scharfer Verstand und ihr unfehlbares Ohr ließen sie schnell lernen. Als Anfängerin hatte sie wenig von der internationalen Welt der Oper mitbekommen, die großen Sänger des Jahrhunderts waren ihr kaum vertraut. Legge hat nicht ohne Stolz berichtet, wie er sie mit den prächtigsten Platten seiner immensen Sammlung impfte, hier ein paar Takte Rosa Ponselle, dort Geraldine Farrar, die Deklamation der Nellie Melba wurde vorgeführt wie auch der strömende Sopran Elisabeth Rethbergs und die früh vollendete Meta Seinemeyer, die schon bewiesen hatte, daß auch eine typisch deutsche Sängerin italienische Klangkultur produzieren konnte. Auf diese Weise entstand das Kunstgebilde Elisabeth Schwarzkopf, und diejenigen Kritiker, die ihr immer ein zu hohes Maß an Bewußtheit vorwarfen, das ja der Manieriertheit eng benachbart ist, wußten vielleicht gar nichts von diesem Pygmalion-Effekt, der nicht wegzuleugnen ist: »her master's voice« wurde sie zeitweilig genannt, und das war nicht immer positiv gemeint. Mehr Kunst als Natur – wer den sängerischen Naturlaut bei Elisabeth Schwarzkopf sucht, der wird ihn schwerlich finden. Sie war eine Künstlerin, die von Anfang an »sophisticated« war – ihre frühen Aufnahmen lassen schon darüber keinen Zweifel, aber sie war doch weit mehr als nur ein Studioprodukt, das aus den Takes der größten Vorbilder zusammengesetzt war. Raffinesse, nicht Naivität war ihr Markenzeichen, problematisch wurde das nur, wenn wie im Falle der Mahler-Lieder die gebrochene Naivität des Mahlerschen Volkstons mit der künstlichen Naivität der Schwarzkopf zusammentraf. Nicht zufällig ergänzte sie sich so oft glücklich mit dem ähnlich gelagerten Dietrich Fischer-Dieskau, aber manchmal potenzierte sich die zweite Natur auch hier auf unglückliche Weise. Elisabeth Schwarzkopf hat, so heißt es, im Mozart- und Strauss-Gesang Höchstes erreicht – ich möchte das zuspitzen auf das Werk Strauss', in dem sie modellhafte Interpretationen hinterlassen hat, unerreicht sind ganz ohne

Zweifel die *Vier letzten Lieder*, die sie im Jahr 1953 in London aufgenommen hat, von dem unterschätzten Otto Ackermann begleitet.

Hinweise

Elisabeth Schwarzkopf ist zur Zeit auf dem »Markt« gut vertreten. Besonders empfehlenswert ist die *Elisabeth Schwarzkopf Edition* (fünf CDs) der EMI. Interessant auch eine CD des Acanta-Labels mit frühesten Aufnahmen der Jahre 1943–45. Autobiographisch wichtig das gemeinsam mit ihrem Mann Walter Legge verfaßte Buch *On and Off the Record* (New York 1982), das auch ins Deutsche übersetzt wurde (*Gehörtes – Ungehörtes. Memoiren*, München 1982).

Maria Callas

Daß aus Kunstleistung und Leben der Maria Callas eine Legende (nämlich die von der Märtyrerin des Belcantos) und aus der Legende ein Mythos geworden ist, dürfte für keinen der Leser eine überraschende Feststellung sein. Der Autor wird hoffentlich keine Gefühle verletzen, wenn er sagt, daß für ihn Maria Callas nicht das größte und ultimative sängerische Ereignis der letzten 400 Jahre darstellt, noch nicht einmal der letzten 100 Jahre, denn unter den Sängern, die in diesem Buch behandelt werden, gibt es einige, die der Callas in wichtigen Parametern zumindest gleichwertig, in manchen ihr sogar überlegen sind (wer schon hier protestiert, sollte besser diesen Abschnitt überspringen). Dies ändert nichts daran, daß Maria Callas unter den Sängern und Sängerinnen dieses Jahrhunderts nicht ganz unberechtigt eine besondere Stellung einnimmt, und über diese besondere Stellung und die Eigenheiten ihres Wesens und ihres Singens sollen jetzt einige Bemerkungen folgen. Man darf sagen, daß über keinen bedeutenden Sänger der Gesangsgeschichte so viel Einsichtiges und Kluges geschrieben worden ist, und es ist nicht vorstellbar, daß künftig noch wesentliche neue Aspekte zutage treten werden. Hier wie sonst nirgends fühlt sich der Autor legitimiert, sich und seine Feder, gerade was die biographischen Details betrifft, zu beschränken (und nicht etwa deshalb, weil er Callas für ein minderes Phänomen hielte).

»Dort wurden wir dem pummeligen griechisch-amerikanischen Mädchen vorgestellt; sie sprach mit einem grauenhaften New Yorker Akzent und wirkte im übrigen reichlich steif und matronenhaft. Es war eine Qual, ihr zuzuhören – aber noch schlimmer war es, sie anzusehen. Sie trug ein schwarzes Schneiderkostüm, das so eng saß, daß sich ihre ausladenden Hüften und Brüste abzeichneten. Das Ganze war gekrönt von einem Samthut im Stil Raffaels. Alles war irgendwie zu groß – die Augen, die Nase, der Mund, und zu allem Überfluß hatte sie unglaublich behaarte Beine. Ich wagte nicht, Luchino anzusehen. Schließlich kam Serafin, der bemerkt hatte, wie sein Schützling geprüft und für mangelhaft befunden wurde, und half ihr: ›Komm, Maria, musizieren wir ein wenig.‹ Der alte Herr setzte sich ans Klavier und schlug ein paar Akkorde aus *La Traviata* an. Ich schloß die Augen, denn ich habe mir die Violetta immer als ein zartes, zerbrechliches Wesen vorgestellt, und wollte mir diese Illusion nicht rauben lassen. Als die Callas jedoch zu singen begann, veränderte sie sich, sie war die Kameliendame. Und sonderbarerweise versuchte sie gar nicht erst, so zu singen, als wäre sie ein zartes schwindsüchtiges Mädchen; ganz im Gegenteil: sie zog alle Register – und es funktionierte.«

So schildert Franco Zeffirelli in seiner Autobiographie die erste Begegnung mit Maria Callas im Hause des Dirigenten Tullio Serafin und in Begleitung seines Freundes und Mentors Luchino Visconti, der für Callas der wichtigste Regisseur (und hoffnungslos geliebte schöne »homme à hommes«) werden sollte. Zeffirelli liebte und verehrte sie, und er war ihr in bestimmten Phasen ihres Lebens außerordentlich nahe (er hat es sich selbst vorgeworfen, in der letzten Phase zu weit entfernt gewesen zu sein). Deshalb kommt seinen Schilderungen ihrer Person einige Bedeutung zu, und wir haben keinen Anlaß anzunehmen, daß diese Schilderung seines ersten Eindrucks von Böswilligkeit geprägt sein könnte. Da stand sie also nun, die Cecilia Sophia Anna Maria Kalogeropoulos, geboren am 2. Dezember 1923 als Tochter griechischer Eltern in New York, Tochter eines ehrgeizlosen Drogisten (wie Zeffirelli ihn nennt) und einer überehrgeizigen Mutter, die aus einer Ehe, in der die berufslose Frau den berufstätigen Mann verachtete, Ende des Jahres 1937 nach Athen zurückkehrte, in Begleitung ihrer beiden Töchter, aber ohne den Mann.

In Athen geriet das häßliche, dickliche, extrem kurzsichtige Wesen, das unter der Bevorzugung der ansehnlicheren Schwester litt und weder Freund noch Freundin aufweisen konnte, über den Klavierunterricht zum Gesang und dann an Elvira de Hidalgo, einen renommierten spanischen Koloratursopran (daß die Hidalgo ein »soprano leggèro« war, halten manche für eine schwere Hypothek für die stimmliche Entwicklung der Callas, die eine so ganz anders geartete Stimme besaß). 1947 – nachdem sie in Athen schon einige Male aufgetreten war – betrat sie in der Arena von Verona als Ponchiellis Gioconda die internationale Szene; daß es eine Arena war, ist natürlich ein Zufall, aber einer mit Symbolcharakter, denn ihr Verhältnis zu ihrem Publikum war eigentlich immer das zwischen Matador und Stier: obsiegte der weibliche Matador, dann lag ihr das Publikum willenlos zu Füßen, aber es kam auch vor, daß der Stier ihr schwere Verletzungen zufügte, von denen Narbengewebe zurückblieb, das sich immer weiter ausbreitete.

Kaum mehr als 13 Jahre dauerte die gewaltige Karriere der Maria Callas, und man macht sich nicht immer klar, wie kurz das ist – Dietrich Fischer-Dieskau, keineswegs ein uralter Mann, singt jetzt seit nunmehr 43 Jahren. Von diesen 13 Jahren wird man bei strengstem Maßstab nur sieben ansetzen können, in denen ihre Stimme ohne Beschädigung und ohne wesentliche Probleme strahlte, denn wie Walter Legge, der es wissen muß, feststellt, ist ihre erste ernsthafte Stimmkrise auf das Jahr 1954 anzusetzen, und auch wenn ihre größten Leistungen zum Teil nach diesem Datum liegen, sind die Spuren dieser Krise nie mehr ganz verschwunden. Alles weitere ist sattsam bekannt, bis zu jenem 16. September 1977, als eine »respektvoll erschütterte Welt« (um den *Tod in Venedig* zu zitieren) die Nachricht von ihrem Tode empfing, ein Tod, über den es viel Rumor gegeben hat, aber selbst Zeffirelli spricht von einem Schlaganfall, und dabei wollen wir es belassen. Läßt man alle Klatscher und Tratscher beiseite und hält sich nur an das Material, das von Kennern ihrer Persönlichkeit und ihres Werdegangs stammt, dann wird dennoch ihr Persönlichkeitsbild mehr Schatten als Licht enthalten.

Maria Callas war ohne Zweifel Trägerin eines überdimensionalen Inferioritätskomplexes, dessen Wurzeln auch nicht beseitigt waren, als sie sich in der Spielzeit 1953/54 von 92 auf 64 Kilo heruntergehungert hatte. Daß ihr stimmlicher Abstieg durch diese Hungerkur verursacht worden sei, halte ich für einen Teil der Legende, der zeitliche Zusammenfall mit der erwähnten Stimmkrise ist zufällig. Auch hier traue ich Zeffirelli, der einen Zusammenhang abstreitet, sowie meinen eigenen Ohren, die mir sagen, daß die Gründe für die stimmlichen Probleme schon bei den allerersten Auftritten, soweit sie dokumentiert sind, im Kern vorhanden sind. Sie stammte aus problematischen Familienstrukturen und fraß sich ihre Frustration als Fettpolster an, später war es dann der Welterfolg, der das Fressen erübrigte, aber dieser Erfolg, unter ständiger Überspannung errungen, fraß wiederum an ihr. Emotional ausgehungert lieferte sie sich dankbar an Battista Meneghini aus, offensichtlich der erste Mann, der sie auch als Frau ernst zu nehmen schien und ihr gleichzeitig den Vater ersetzte, eine Kombination, die nicht in allen Teilen zufriedenstellend sein konnte. Sie war ungebildet, primitiv in ihren Regungen von Haß und Liebe, abergläubisch religiös, vom Geld besessen (daraus resultierte ein Teil der Attraktivität Meneghinis, in viel gigantischerem Ausmaße natürlich die von Aristoteles Onassis). Sie war kleinlich, engstirnig und bösartig gegenüber echten und vermeintlichen Feinden, von kindlichem Egoismus beseelt und entsprechend grausam. Selbst gute Freunde mußten zugeben, daß Abende mit ihr nicht unbedingt anregend waren, denn außer über sie selbst, ihre Karriere, ihre Auftritte, ihre

Kleider und ihren Schmuck konnte man mit der Callas über nicht eben viel sprechen, schon gar nicht über ihre Rollen, die sie sich nicht durch Reflexion erarbeitete, sondern durch Instinkt und Intuition erzwang. Wenn ihr »Tigersinn« (was Leonore über Pizarro sagt, trifft auf Callas exakt zu) sich die Rolle im Sprung eroberte, sie ihre Zähne und Klauen in diese Rolle schlagen konnte, dann ereignete sich Unglaubliches, wenn dies nicht gelang, dann blieb für immer ein Erdenrest, zu tragen peinlich. Sie verliebte sich in kindischer Zuwendung gezielt in homosexuelle Partner und Freunde, und sie, der Weltstar, die einzigartige Callas, ertrug wie ein Hausmütterchen aus Saloniki die sadistischen Quälereien, die Onassis ihr zumutete. »Ich bin ihm einfach ausgeliefert«, soll sie einmal gesagt und damit den sadomasochistischen Charakter dieser Beziehung benannt haben. Sie konnte sinistre Scherze machen, war aber ansonsten von einer ausgeprägten Humorlosigkeit, und Selbstironie lag ihr so fern wie nur irgend etwas (diese ist aber bei großen Sängern und Schauspielern nie besonders ausgeprägt). Wenn es wahr ist, daß es in ihrer Beziehung zu Onassis zu einer Fehlgeburt gekommen ist, dann müssen ihr die Worte ihrer größten Rolle, der Medea Cherubinis, schauerlich im Ohr geklungen haben: »Come puoi tu pensar d'esser madre? Come mai puoi sentir materne ebrezze tu?« (Wie kannst du nur denken, Mutter zu sein? Wie kannst du überhaupt mütterliche Glücksgefühle empfinden?)

Und ihre Stimme? Rodolfo Celletti, international einer der besten Kenner der Traditionen des Belcantos wie der Gesangskunst des 20. Jahrhunderts, hat Anfang der siebziger Jahre in einer interessanten Diskussion im italienischen Rundfunk mit großer Nüchternheit die Stimme der Callas analysiert und dabei zunächst die von Arturo Toscanini überlieferte Einschätzung bestätigt, daß nämlich diese junge Sängerin Essig in der Stimme habe. Celletti spricht von einem häßlichen Timbre, einem dünnen Ton, der ein Gefühl der Dürre und Trockenheit vermittle. An die Stelle von Schmelz sei bei ihr hartes Metall getreten. Das Volumen der Stimme sei normal gewesen, der Umfang allerdings außergewöhnlich, in ihrer besten Zeit mehr als zweieinhalb Oktaven. Am Übergang vom tiefen zum mittleren Register stellte Celletti einen gutturalen Klang fest, der so eigenartig auf ihn wirkte, daß er zu starken Vergleichen mit einem Bauchredner oder einer Stimme in einem Gummischlauch zu greifen sich verpflichtet fühlte. Einen weiteren kritischen Punkt sah Celletti dann beim Übergang zur Höhe, andererseits widersprach er sich gelinde gesagt selber, wenn er später im gleichen Zusammenhang sagte, daß ihre Technik des Registerwechsels perfekt gewesen sei. Das ist ja ein bei Callas vieldiskutiertes Problem (und heute wird der gleiche Vorwurf Agnes Baltsa gemacht), nämlich das der sogenannten Registerbrüche. Celletti ist insofern zuzustimmen, als der Laie nicht unterscheidet zwischen dem klanglichen Charakter der verschiedenen

Stimmregister (gleichgültig, ob man zwei oder drei Register annimmt; siehe Glossar) und der technischen Bewältigung des Übergangs zwischen den Registern. Es sind also durchaus vorstellbar (und Callas ist so ein Fall) Stimmregister, die klanglich extrem auseinanderfallen und die dennoch technisch gut miteinander verbunden sind. Unbestreitbar ist weiterhin, daß der Stimme der Callas von Anfang an, soweit wir jedenfalls ihren sängerischen Werdegang verfolgen können, ein Element des forcierten, ja gewalttätigen Stimmeinsatzes anhaftete, was wiederum mit jenem »wobble«, wie es auf englisch heißt, jenem Tremolo zusammenhängt, das schon früh auftrat und das Problemzentrum der erwähnten Stimmkrise von 1954 bildete. Es machte sich schon früh bemerkbar, wenn lang ausgehaltene Noten im Forte zu singen waren, bezeichnenderweise nicht, wenn das gleiche im Piano zu bewältigen war. Dieses Problem endete dann in jenem jedem Callas-Verehrer mehr oder weniger peinlichen, schmerzhaften, langwelligen »Eiern« der Stimme bei lauten Spitzentönen, potenziert durch die saure Schärfe, die seit der Mitte der fünfziger Jahre zunahm.

Nehmen wir jenen unvorstellbaren Leser an, der Callas nicht kennt und den Text über sie bis hierher verfolgt hat. Er würde doch wohl den Autor ungehalten fragen, was ein solch dubioser Charakter mit so viel technischen Fehlern und so wenig Stimmschönheit behaftet in einem Buch wie diesem zu suchen habe. Es ist also an der Zeit zu sagen, was Maria Callas aus ihrer problematischen Persönlichkeit und ihren keineswegs von Orpheus gesegneten stimmlichen Mitteln gemacht hat – Legge erzählt, daß er ihr im Zusammenhang mit ihrer stimmlichen Krise empfohlen habe, Rat bei Rosa Ponselle zu suchen, für Legge der perfekteste dramatische Sopran. Callas fauchte zurück: »Ich will diese Frau nicht sehen – sie hatte von Natur aus so viel mehr Stimmmaterial als ich!« Die Eigenarten ihres Timbres, nennen wir es mit Celletti häßlich, verbanden sich zu einem komplexen Eindruck, der nur als höchst eigenartig, extrem individuell zu bezeichnen ist, und wenn die These stimmt, daß sängerische Ausnahmeerscheinungen nur aus dem Zusammentreffen von stimmlicher Kunstfertigkeit und möglichst ausgeprägter Timbreeigenart resultieren, dann bot die Stimme der Callas, häßlich hin oder her, die besten Voraussetzungen für eine Weltkarriere. Sie gab außerdem in den Rollen des dramatischen Koloraturfachs, die sie sich eroberte und zum Teil einer völlig neuen Bewertung unterzog und aussetzte, den oberen Registern jene Stimm- und Ausdruckskraft zurück, die nach allen Berichten Giuditta Pasta und María Malibran in den goldenen Zeiten des Belcantos besessen und zu vergeben hatten. Vorbei war es mit jenen Lucias und Normas mit hohen Zwitschertönen, an die man sich gewöhnt hatte, gerade in Europa, wo eine Sängerin wie die Ponselle weitgehend unbekannt geblieben war. Hier gab ein Sopran den großen Rollen Donizettis, Bellinis, Cherubinis und auch Rossinis jene Kraft des

Leidens und der Verzweiflung zurück, die Rollen wie Norma, Medea und Armida benötigen, um glaubhaft und erträglich zu werden. Bei der Callas wurden eben auch Triller nicht zum maschinenhaften Effekt, sondern zum durchdringenden Klang des »Humanum«, das Wort »durchdringend« durchaus im zweifachen Sinn gebraucht, denn wie sie einmal selbst sagte, wollte sie nicht aus Bequemlichkeit die Partituren ihrer Stimme anpassen, sondern sie versuchte, ihre Stimme der Partitur anzupassen, und wenn ihr das nicht ganz gelang, dann mußte eben die Stimme leiden und nicht die Partitur. So hat sie, man kann es nicht anders nennen, ihre Stimmbänder an beiden Enden angezündet und sie verbrannt in der Entäußerung, die ihre größten Rollen von ihr verlangten.

Was ihre größten Rollen waren, habe ich aus meiner Sicht schon angedeutet. Ich schlage mich auf die Seite jener, die meinen, daß sie in den Spinto-Rollen Verdis nicht ihre besten Leistungen erreichte. Das schließt ja nicht aus, daß es in ihrer Aida, ihren beiden Leonoren nicht atemberaubende Momente gegeben habe, aber dies war nicht die musikalische Welt, in der ihre Vorzüge am besten sich darstellten. Lady Macbeth und Traviata sind da gewisse Ausnahmen, die Lady, weil sie ein wenig vom mänadischen Blute der Norma und der Medea ist, die Traviata, weil Callas der fortschreitenden Verniedlichung dieser Rolle durch Sängerinnen wie Toti Dal Monte, Erna Berger und so weiter vehement entgegentrat. Aber so großartig ihre berühmte Verkörperung der Traviata in der Scala-Aufführung unter Carlo Maria Giulini auch ist, ein Moment des Überemphatischen, die Engländer haben den schönen Ausdruck »hectoring«, stört bei dieser Traviata. Alles, was Callas anpackte, hatte die Tendenz, »bigger than life« zu werden, wie ein Geistesverwandter, Orson Welles, von sich und seinen Rollen und Projekten sagte, und das bekommt der Traviata nicht in allen Nuancen gut – so finde ich bei der Ponselle, bei Claudia Muzio und noch bei Ileana Cotrubas mehr von dem Geiste Alexandre Dumas' fils und Giuseppe Verdis. Auch im Verismo, die Tosca ausgenommen, war nicht unbedingt die künstlerische Heimat der Callas, vielleicht deshalb, weil die Diven des Verismo in ihrer Darstellung über die musikalischen Anlässe hinaus- und von ihnen weggehen müssen, die nicht immer von höchster Qualität sind, während Callas ihre Expressivität, die so außerordentlich war, immer im Einklang mit der Musik und aus ihr heraus entwickelte.

Wo aber stimmliche und persönliche Eigenart der Callas und das Rollenporträt, das gefordert wurde, in annähernde Übereinstimmung gebracht werden konnten – und sie war mehr als alle anderen Größen dieses Jahrhunderts auf diese Koinzidenz angewiesen –, da entstanden Ergebnisse, die in der Geschichte des aufgezeichneten Gesangs wie des Bühnengeschehens einzigartig geblieben sind. Dies war der Fall bei Tosca, bei Abigail (in *Nabucco*), bei Medea, bei Norma und Armida (die Carmen kam zu spät, die Kundry, Brünnhilde und Isolde blieben isolierte, wenn auch aparte Versuche, kein Zweifel, daß die Stimme der Callas das Wagner-Fach noch weniger ertragen hätte als das Fach, das sie dann wirklich sang; der Stimmkenner Serafin, der sie in diese Richtung drängen wollte, war hier auf hölzernem Wege).

Die Stimme der Maria Callas ist jetzt im fast vollzogenen Umbruch zur CD auf eine doch unerwartete Weise präsent; man kann sagen, daß sie für die erfreuliche Repräsentanz historischer Gesangsaufnahmen auf CD das Eis gebrochen hat wie einst Enrico Caruso das Eis für die Gesangsaufnahme überhaupt. Bei den Hinweisen gebe ich eine knappste Liste der mir wichtigen Aufnahmen. Hier will ich aus der verwirrenden Fülle nur abschließend zwei Beispiele für die Größe dieser Sängerin herausgreifen. Das eine ist die Szene der Margherita vom Beginn des dritten Aktes von Boitos *Mefistofele*: »L'altra notte in fondo al mare« – es ist die Kerkerszene Gretchens. Die Callas hat diese Rolle nur dreimal gesungen, 1954 in der Arena von Verona, im gleichen Jahr, in dem ihre Studioaufnahme dieser Szene mit Serafin entstand. Es ist einer der magischen Momente dieses großartigen Werkes mit einer Orchestereinleitung, die zu den Höhepunkten der italienischen Oper zählt. Zwei schlichte Strophen, die zweite variiert die erste, in der Margherita auf der Schwelle zwischen Bewußtheit und Wahnsinn den Tod ihres Kindes und ihrer Mutter von sich abwehrt, in eine andere Daseinsebene verdrängt. Man höre sich berühmte Versionen der Szene an, von Montserrat Caballé in einer Gesamtaufnahme betörend schön gesungen, von Victoria de los Angeles innig und beseelt gestaltet. Mit Maria Callas jedoch betreten wir, gewissermaßen aus der Zelle lyrischer Besinnung hinaustretend, die Welt der Tragödie. Sie singt keine anderen Noten, ja sie singt die vorhandenen Spitzentöne erheblich weniger wohllautend als ihre Konkurrentinnen, zeigt im Piano jedoch, daß sie auch zu einer wehmütigen Süße des Tones fähig war. Sie ist aber die einzige, die es versteht, die von Boito gemeinten Schauer der existentiellen Verlassenheit und seelischen Zerstörung in den gesanglichen Vortrag zu legen: »L'altra notte in fondo al mare il mio bimbo hanno gitato« – neulich nachts haben sie mein Kind auf den Grund des Meeres versenkt – sie, die anderen, nicht die Mutter selbst, die Kindsmörderin. Was die Callas allein in das »hanno gitato« zu legen weiß, ist einfach unglaublich – man möchte ohne Umschweife sich aus seinem Phonosessel erheben, »Einspruch, euer Ehren« rufen und sich vor dieses gequälte Wesen werfen, koste es auch das Leben. »L'aura è fredda« – die Luft ist kalt in diesem Kerker, singt Margherita anschließend, Callas allein läßt spüren, daß dies die Kälte des Todeshauchs ist, und schauernd und schaudernd spürt's auch der Hörer; mit Eloquenz wäre diese Leistung zu blaß bezeichnet, es ist eine geradezu magische Kraft der Vergegenwärtigung.

Das andere Beispiel ist natürlich die Medea Cherubinis (nehmen wir die Scala-Aufführung unter Leonard Bernstein 1953). Wenn Callas das bereitete Schlachtfeld des dritten Aktes betritt (»Numi, venite a me, inferni dei!«), dann lernen wir als fassungslose Zuhörer, auch wenn wir nicht Zuschauer waren, was es heißt, in der Oper des 18. und frühen 19. Jahrhunderts Rezitative zu singen, und wenn sie nur dieses und das dem Finale vorausgehende Rezitativ hinterlassen hätte, sie würde allein dadurch zu den größten Erscheinungen dramatischen Gesangs aller Zeiten zählen. Da ist jede leiseste Wendung zwischen Mutterliebe und blindwütigem Haß, der sich durch die Kinder hindurch auf Jason richtet, nachgezeichnet, nein besser mit dem Meißel in mächtige Steinquader gehauen, und daraus entsteht eine Laokoon-Gruppe, die nur aus einer Person besteht: Callas-Medea. Wenn sie die Kinder, die sie eben noch zärtlich »cari figli« genannt hat, mit »lontan, lontan, serpenti« als giftige Schlangen von sich stößt, wenn sie die Nachricht von dem geglückten Racheplan gegen die Rivalin Glauce (»La uccida, o Numi l'empio giubilo!«) mit einem entfesselten Schrei kommentiert, dann erstarrt nicht nur der getreuen Neris das Blut. Ich neige nicht zu Übertreibungen, aber ich muß bei aller Abwehr der kritiklosen Callas-Verhimmelung gestehen, daß es in der Geschichte der Aufzeichnung menschlichen Gesanges nichts Atemberaubenderes gibt als diesen dritten Akt *Medea.* Hier sang jemand um sein Leben, und wenn man die Callas nach diesem Abend tot von der Bühne getragen hätte, mich würde es nicht wundern. Das ist Selbstentäußerung, das ist vokaler Wahnwitz in einem Grade, der jede Kritik verstummen läßt, ja jede fachmännische Beurteilung nebensächlich erscheinen läßt. So darf man einfach nicht singen, so darf man sich nicht auf der Bühne selbst verbrennen, möchte man als Hörer einwenden, aber man bringt kein Wort heraus. Das Gift, das Medea Glauce mit Diadem und Gewand eingibt, das zerfrißt gleichzeitig die Stimmbänder ihrer Interpretin, und der Gott des Gesanges, wenn es denn einen gibt, hat das Opfer, das ihm da gebracht wurde, nicht gnädig angenommen.

Hinweise

Unter den Callas-Büchern möchte ich die folgenden fünf in chronologischer Ordnung hervorheben: Immer noch Bestand hat George Jellineks Untersuchung *Callas. Portrait of a Primadonna* (New York 1960; Neuausgabe New York 1986). John Ardoins und Gerald Fitzgeralds Buch über die Callas erschien 1974 in London, 1977 brachte Ardoin als *Callas Legacy* eine ebenso subtile wie gründliche Musterung des klanglichen Vermächtnisses der Sängerin heraus (deutsch unter dem Titel *Maria Callas und ihr Vermächtnis,* München 1979; eine überarbeitete englische Ausgabe erschien in London 1988). 1990 erschien das Callas-Buch von Jürgen Kesting, 1991 in London die Biographie aus der Feder des kenntnisreichen Michael Scott, *Maria Meneghini Callas*. Die im Text erwähnte italienische Rundfunkdiskussion erschien im Juliheft 1971 der *Neuen Zeitschrift für Musik*. Das intime Bild, das Franco Zeffirelli entwirft, ist in seiner Autobiographie zu finden (München/Zürich 1987). *La Divina. Callas Remembered* nannte Walter Legge sein scharfsichtiges Porträt, das abgedruckt ist in *On and Off the Record. A Memoir of Walter Legge* (natürlich auch in der deutschen Ausgabe dieses Buches). 1987 sammelte David A. Lowe Zeugnisse der Mitwelt: *Callas. As They Saw Her* (London), 1991 dokumentierte Ardoin die Meisterkurse, die sie an der Juilliard School gehalten hat: *Callas at Julliard. The Master Classes* (London).

Die Einzelaufnahmen der Callas sind am besten in acht CDs zugänglich, die die EMI in Zusammenhang mit Kestings Callas-Buch herausbrachte. Und nun noch (nur für die, die Ardoins Buch nicht zur Hand haben) meine Liste der auf jeden Fall unentbehrlichen Gesamtaufnahmen mit der Callas: *Nabucco*, Neapel 1949; *Aida*, Mexiko 1950; *Il trovatore*, Neapel 1951; *Les Vêpres siciliennes*, Florenz 1951; *Armida*, Florenz 1952; *Macbeth*, Mailand 1952; *Lucia di Lammermoor*, Studio 1953; *I puritani*, Studio 1953; *Tosca*, Studio 1953; *Medea*, Mailand 1953; *La forza del destino*, Studio 1954; *La sonnambula*, Mailand 1955; *Norma*, Mailand 1955 und RAI, Rom 1955; *Un ballo in maschera*, Mailand 1957.

* * *

Cesare Siepis (*1923) Nachruhm ist von erheblichem Dissens geprägt: Während er den einen als der beste Don Giovanni aller Zeiten gilt, noch über sein Vorbild Ezio Pinza hinaus, halten ihn die anderen, darunter der geschätzte John Steane, für einen eher mittelmäßigen Sänger und würdigen ihn nur eines kurzen Seitenblicks. Meine Beurteilung läuft auf die Formel hinaus: Der Interpret hält nicht ganz, was die Stimme verspricht. Die Kritiker vernachlässigen doch zu sehr die Tatsache, daß man hier eine »Baßstimme von besonderem Wohllaut« vor sich hat (um Kutsch/Riemens' Formulierung zu benutzen, die den Kern der Sache trifft), wie sie nicht in jedem Jahrzehnt auf die Bühne kommt. Siepi war ein Basso cantante von edelster Ausprägung – unter einer Palette von Edelhölzern würde man wohl auf Mahagoni tippen, um eine Metapher für die Qualität seiner Stimme zu finden. Um das nachzuprüfen, reicht die hörende Zuwendung zu zwei Aufnahmen aus den fünfziger Jahren: zu einer der *Don Giovanni*-Interpretationen mit Siepi in der Titelrolle (seien es die Mitschnitte unter Wilhelm Furtwängler und Dimitri Mitropoulos, sei es die Studioproduktion unter Josef Krips) und zu dem Mitschnitt der *Forza del destino* vom Maggio Musicale in Florenz 1953 (ebenfalls unter Mitropoulos).

Vielleicht kennen einige Leser die Verfilmung der Salzburger *Giovanni*-Version in der Regie Herbert Grafs mit Furtwängler als Dirigent (Filmregisseur war Paul Czinner). Ein tonlich und filmtechnisch eher dürftiges Dokument, das auch Anlaß gibt, dem modernen Regietheater ein wenig Abbitte zu leisten, denn was damals in dieser repräsentativen und weltberühmten Aufführung an beziehungs- und belanglosem Herumstehen verkraftet werden mußte, ist schon erstaunlich. Von dieser Blässe ist auch die Giovanni-Darstellung Siepis angekränkelt: Er verläßt sich auf seine imposante Figur, seine eindrucksvollen Beine im engen Trikot und natürlich vor allem auf die Macht seiner Stimme – mehr Facetten hat er erst in Franco Zeffirellis Londoner Inszenierung von 1962 zeigen können. *Hört* man aber diesen Giovanni in einer der Plattenversionen, dann ist des Entzückens kein Ende über die pure Qualität dieser Stimme. Das fließt wie Honigseim dahin in einem schier endlosen Legato, kann auch bedrohliche Wucht annehmen, wenn es die Situation erfordert, wird aber nie scharf oder bellend. Diese Legatokunst Siepis wird noch deutlicher, wenn er den Guardian in der Florentiner Aufführung der *Forza* singt, ein balsamisches Singen, wie es von einem Bassisten seither nicht mehr zu hören war. In dieser Hinsicht ist er durchaus über Pinza zu stellen, als Interpret jedoch steht er hinter jenem zurück, sein offensichtlich eher gepflegtes Temperament ließ ihn tiefere Dimensionen nicht erkunden, seine Fähigkeit zu sängerischer Eloquenz war eher beschränkt, da muß er sich Pinza beugen, aber auch Tito Gobbi und George London, seinerzeit Konkurrenten in der Rolle des Giovanni, auch dem stimmlich weit weniger reich ausgestatteten Paul Schöffler ist er in dieser Hinsicht unterlegen. Der in Mailand geborene Bassist hatte ohne längere Ausbildung direkt nach Kriegsende im Fenice in Venedig seine Laufbahn in *Nabucco* begonnen, nachdem einzelne Auftritte schon während des Krieges stattgefunden hatten, und war dann gleich an die Scala gekommen. Den Ritterschlag erhielt Siepi durch Arturo Toscanini, der den Mittzwanziger ausersah, in einem (als Tondokument erhaltenen) Gedächtniskonzert für Arrigo Boito den Simon Mago in Ausschnitten aus *Nerone* zu singen. Bald kam er auch an die Met der Rudolf-Bing-Ära, wo er die meisten Auftritte seiner Laufbahn hatte und dort bis zum Boris und zum Gurnemanz gelangte (gerade diese Wagner-Rolle wurde hoch gerühmt), als Giovanni und Figaro war er lange Zeit konkurrenzlos – und wer wollte behaupten, daß Siepis Giovanni bis heute übertroffen wurde? Bis in die Mitte der achtziger Jahre konnte man ihn auf der Bühne hören, und seine Platten sind bis heute (und werden es noch lange sein) Lehrstunden für jeden Bassisten, der meint, es reiche aus, des Basses Grundgewalt möglichst unbehauen in den Klangraum zu stellen [HR].

Der Bassist **Josef Greindl** (*1912) wollte eigentlich Violinvirtuose werden. Zehn Jahre lang studierte er dieses Instrument mit solistischen Ambitionen, als er aber in seiner Heimatstadt München zum erstenmal eine Oper besuchte, nahm ihn die Faszination der Bühne gefangen. An der Münchner Musikakademie studierte er Gesang bei Paul Bender, dem Baßstar der Münchner Oper, mit dem sein Schüler Greindl auch stimmlich manche Ähnlichkeit hat, und dramatische Darstellung bei Anna Bahr-Mildenburg, die ihre Sporen als hochdramatische Sopranistin noch bei Gustav Mahler verdient hatte. 1939 kehrte er als nun schon renommierter Nachwuchsbaß in seine Heimatstadt zurück, diesmal als König Heinrich in *Lohengrin*, 1940 gastierte er bereits an der Wiener Staatsoper, wohlgemerkt immer noch erst 28 Jahre alt, dann kam der Sprung an die Berliner Staatsoper, wohin ihn Heinz Tietjen holte, als damaliger künstlerischer Leiter der Bayreuther Festspiele natürlich sehr an jungen Wagner-Stimmen interessiert, und sehr schnell kam es dann auch zum ersten Auftreten in Bayreuth 1943, als Pogner in den *Meistersingern*. Entscheidend waren für Greindl die langen Jahre in Bayreuth, als er neben Wolfgang Windgassen, Martha Mödl und Astrid Varnay zu den für Wieland Wagner unentbehrlichen Stützen gehörte, gerade aufgrund seiner darstellerischen Fähigkeiten. Andere Regisseure in Bayreuth mochten Gottlob Frick wegen seiner noch imposanteren stimmlichen Mittel bevorzugen, Wieland Wagner setzte auf Greindl, den er dann bis zu seinem Hans Sachs des Jahres 1960 führte, sicher ein Höhepunkt in seiner Karriere. Greindl hat erzählt, wie intensiv die Proben für diesen Hans Sachs waren: Von neun Uhr morgens bis zwei Uhr nachts zu arbeiten war keine Seltenheit. Wer damals Greindl als Sachs in Bayreuth gesehen hat, wird jedoch bestätigen, daß sich die Plage gelohnt hat, einen glaubwürdigeren Sachs hat es kaum auf der Bühne gegeben, stimmlich allerdings lag er für Greindl wie für jeden tiefen Baß im Grenzbereich. Im letzten *Ring*, den Wieland Wagner inszenierte, war er dann wieder ein eindrucksvoller Hunding und ein zerstörerisch-undurchdringlicher Hagen. Greindl wäre jedoch nicht zureichend charakterisiert, wollte man ihn auf das Wagner-Fach festlegen, wie es Karrierezwänge manchmal allzusehr taten. Er war daneben auch Boris Godunow, Rocco in *Fidelio*, Sarastro und Graf Waldner in *Arabella*. Einen Darsteller wie ihn mußte natürlich auch reizen, komische Rollen zu präsentieren – viel zu selten bot man ihm Gelegenheit, seinen durchgefeilten Ochs auf Lerchenau zu zeigen. Die ganze Spannweite seines Repertoires gab Greindl seit den sechziger Jahren an Schüler weiter, zunächst lange als Professor an der Saarbrücker Musikhochschule, dann in gleicher Funktion in Wien [Preiser].

Gemessen an der internationalen Reputation, die **Paul Schöffler** (1897–1977) in den fünfziger und sechziger Jahren besaß, ist sein Ruhm heute, 15 Jahre nach seinem Tod, merkwürdig schnell verblaßt. Das mag an der nicht idealen Repräsentation dieses Sängers auf Schallplatten liegen: Er war zwar auf einer ganzen Reihe von Gesamtaufnahmen vertreten, meist aber Aufnahmen, die im Schatten anderer, besserer stehen, wie etwa die *Meistersinger* unter Hans

Knappertsbusch, die auch für den Hans Sachs Schöfflers einige Jahre zu spät kam. Es kommt hinzu, daß seine Stimme nicht unbedingt phonogen war; das eher spröde Timbre eines knorrigen Baßbaritons, dem zum echten Heldenbariton die stimmliche Expansion fehlte, benötigte die Bühnenpersönlichkeit des exzellenten Darstellers, um zur vollen Wirkung zu gelangen – diese Problematik teilt Schöffler mit berühmten Kollegen und Kolleginnen, es sei nur an den großen Wagner-Sopran Astrid Varnay erinnert, deren Ruhm niemand verstehen wird, der sie nur von der Schallplatte her kennt. Schöffler wurde immer als Wiener Künstler angesehen, auch wenn er ein gebürtiger Dresdener war, aber an der Wiener Staatsoper hat er fast 30 Jahre lang ein ungewöhnlich breites Repertoire gesungen. Als sein Entdecker darf wohl der Dirigent Fritz Busch gelten, der ihn 1924 an die Dresdener Staatsoper holte. Ob er dort als Heerrufer in *Lohengrin* oder als Ortel in den *Meistersingern* debütierte, darüber streiten sich die Chronisten, aber das ist auch nicht so wichtig. Wenn ein Sänger noch mit 67 Jahren als Hans Sachs auftreten kann (wie es Schöffler in New York tat), dann deutet das auf einen sorgsamen Karriereaufbau hin, wie ihn damals ein verantwortungsbewußtes Opernhaus wie das Dresdener garantieren konnte. Langsam wuchs Schöffler in das berühmte Ensemble der Semper-Oper hinein. Es dauerte neun Jahre, bis ihm eine erste große Rolle im Fach des Charakterbaritons übertragen wurde, der Mandryka in Strauss' *Arabella*, den er in der Nachfolge Alfred Jergers sang. Unter Buschs Nachfolger Karl Böhm sang er den Orest in der *Elektra*, den Barak in der *Frau ohne Schatten*, der eine zentrale Rolle bleiben sollte, und auch schon Amfortas und Wotan, den er aber bald wieder beiseite legte.

1937 lockte die Wiener Staatsoper, der er bis 1965 angehörte, ein außerordentlich respektiertes, zuletzt verehrtes Ensemblemitglied. In den Kriegsfestspielen Bayreuths sang er 1943/44 den Sachs, es kam allerdings nach dem Krieg nicht zu einem neuen Engagement. Herbert von Karajan wollte ihn 1951 für die ersten Nachkriegs-*Meistersinger* haben, aber da hatte Schöffler schon für die Salzburger Festspiele als Jago zugesagt. In den fünfziger Jahren entwickelte sich eine internationale, vom Repertoire her ungewöhnlich breit angelegte Karriere, die Schöffler nach Mailand und New York, nach München, Hamburg und London, nach Buenos Aires und Rom führte. Neben dem Hans Sachs waren es vor allem der Pizarro und der Barak (den er bei der Wiedereröffnung der Wiener Staatsoper sang, die Aufführung ist auf Platte festgehalten), aber auch der Don Alfonso, der Figaro und der Don Giovanni, mit dem er 1950 an der Met debütierte, wo allerdings die Erinnerung an Ezio Pinza den ganz großen Erfolg verhinderte. Es ist sicher absurd, bei einer so erfolgreichen Karriere irgendwelche Tragik herauslesen zu wollen. Wäre allerdings Schöffler von Ehrgeiz zerfressen gewesen (was er nicht war), dann hätte er sich beklagen können, überall mit den großen Vorbildern kämpfen zu müssen, denen gegenüber er immer einen halben Schritt zurücktreten mußte: als Don Giovanni gegenüber Pinza und Cesare Siepi, als Sachs gegenüber Friedrich Schorr und Rudolf Bockelmann und so weiter. Schöfflers enorme Vielseitigkeit hinderte ihn, sich in einigen wenigen Rollen zu spezialisieren, auch fehlte seiner Stimme das letzte Quentchen charakteristisches Timbre, so daß er nicht auf den ersten Ton hin zu identifizieren ist, aber seine Bühnenpräsenz wird denen im Gedächtnis bleiben, die ihn erleben konnten. Wenige Wochen nach seinem 80. Geburtstag ist er in Amersham in England gestorben.

Jeder, der sich für Sänger interessiert und insbesondere für Maria Callas, kennt jenen zweiten Akt *Tosca* aus einem Pariser Opern-Galaabend, eines der wenigen, viel zu wenigen filmischen Zeugnisse der Callasschen Darstellungskunst. Dieser Ausschnitt ist aber nicht nur wegen Maria Callas bemerkenswert, sondern auch dadurch, daß sie als Scarpia einen Partner von gleichartiger Intensität hat, den berühmtesten Scarpia der fünfziger und sechziger Jahre, **Tito Gobbi** (1913–1984). Wie Gobbi die aggressiv-sadistische Komponente dieser Figur hinter einer Maske von Kultiviertheit und Bonhommie verdeckt, die aber immer mehr abblättert, das könnte gerade im Zusammenspiel mit der Callas ein Lehrfilm für junge Sängerdarsteller sein. Geboren wurde er in Bassano del Grappa in Venetien, dort, wo jener italienische Schnaps beheimatet ist, der nicht jedermanns Sache ist. Die betuchte Familie, aus der er stammte, schickte ihn zum Jurastudium auf die nahegelegene Universität von Padua, aber der Studiosus war mehr den sportlichen Vergnügungen zugewandt, die sich ihm boten, und exzellierte vor allem im Tennisspiel. Die Anekdote will es, daß er nach einem Spiel einer attraktiven Zuschauerin ein spontanes Ständchen brachte und dabei von einem Baron Zanchetta gehört wurde, der ihm dringend riet, seine Stimme ausbilden zu lassen. Gobbi tat dies in Rom bei Giulio Crimi, einem zwischen 1910 und 1920 berühmten Tenor, der in manchen Uraufführungen veristischer Opern mitgewirkt hatte.

Als erster nur halboffizieller Auftritt des jungen Baritons Gobbi ist 1935 der Graf Rodolfo in Bellinis *Sonnambula* in Gubbio verzeichnet. Ein Jahr später gewann er in Wien einen internationalen Gesangswettbewerb und debütierte nun offiziell 1937 im römischen Teatro Adriano als Vater Germont in *La Traviata*. Die nächste Rolle war der Heerrufer in *Lohengrin*, die einzige Wagner-Partie, die Gobbi je gesungen hat. Er war inzwischen Mitglied der römischen Oper geworden und blieb dies für sechs Spielzeiten. 1942 kam er dann an die Mailänder Scala, der er bis zum Ende seiner Karriere angehörte, seine Debütrolle war der Belcore in Donizettis *Elisir d'amore*, und er hat später besonders gerne einige wenige komische Rollen gesungen wie den Falstaff und den

Gianni Schicchi, auch wenn ihn sein Stimmcharakter dafür nicht zu prädestinieren schien. Gobbi hat sich vor schwierigen Aufgaben nie gedrückt, so hat er mehrfach den Wozzeck Alban Bergs gesungen, zuerst 1942 in Rom, dann auch 1952 an der Scala. Nach Kriegsende entfaltete sich eine bedeutende internationale Karriere, die ihn zum führenden italienischen Bariton der fünfziger und sechziger Jahre machte, zumindest was das sogenannte schwerere Fach betrifft, obwohl er erstaunlich lange auch Rollen wie Rossinis Barbier gesungen hat. Als seine Lieblingsrolle hat er oft den Simon Boccanegra bezeichnet, die Titelfigur in Verdis immer noch zuwenig bekanntem Meisterwerk, ein Prüfstein für jeden singenden Schauspieler mit einer ganzen Skala von Gefühlszuständen in einem trotz der Überarbeitung dramaturgisch nicht kohärenten Zusammenhang. Auch auf der Schallplatte läßt sich nachvollziehen, daß keiner der großen Kollegen die Facetten dieser Rolle so subtil changierend nachvollzogen hat wie Gobbi. Von ähnlichem Rang war sein Jago in *Otello*, ein fröhlicher Zyniker, der sein Credo nicht als düster-nihilistisches Bekenntnis, sondern als abgrundtief boshafte Eulenspiegelei auffaßte, und schließlich auch der erwähnte Scarpia, womit die drei größten Rollenformungen Gobbis genannt sind. Als der früh verstorbene Ettore Bastianini noch lebte und sang, wurde oft darauf hingewiesen, daß er Gobbi an stimmlicher Schönheit überlegen war, und in Gobbis späterer Zeit war es dann der jüngere Piero Cappuccilli, der ihm an Eleganz und Biegsamkeit der Stimme etwas voraus hatte, es hat aber keinen italienischen Bariton der Nachkriegszeit gegeben, der eine solche Ausdrucksbreite aufzuweisen gehabt hätte, dem delikate Weichheit ebenso zu Gebote stand wie die machtvolle Autorität der großen Herrschergestalten. Im Gegensatz zu anderen großen Bühnendarstellern hat Gobbi es auch vermocht, seine interpretatorische Leistung fast ohne Verlust auf seine zahlreichen Schallplatten zu übertragen, von denen allerdings immer weniger heute erreichbar sind, weil ein unseliger Technikfetischismus die Einspielungen der fünfziger und sechziger Jahre in jene Lücke zwischen den wirklich historischen und den nach neuesten Erkenntnissen gefertigten Aufnahmen rutschen läßt – die Gesangs- und Darstellungskunst Gobbis wird auch diese Periode unbeschadet überstehen [EMI, Nuova Era].

Der amerikanische Bariton **Leonard Warren** (1911–1960) wurde als Sohn eines jüdischen Trödlers in New York geboren. Sein enormes Stimmaterial ermöglichte es ihm, ohne Gesangsstudium 1935 in den Chor der Radio City Music Hall einzutreten. Er nahm aber dann doch noch eine richtige Ausbildung auf sich und studierte bei Sidney Dietch in New York und bei Giuseppe Pais und Riccardo Piccozzi in Mailand. 1939 nahm er an einem Gesangswettbewerb der Metropolitan Opera teil und konnte einen ersten Preis entgegennehmen. Als zusätzliche Prämie winkte den Preisträgern damals ein Auftreten an der Met, für Warren war es die Rolle des Paolo in Verdis *Simon Boccanegra* neben so großen Namen wie Ezio Pinza, Giovanni Martinelli und Lawrence Tibbett. Niemand konnte damals ahnen, daß Warren einmal die Nachfolge Tibbetts als führender Verdi-Bariton der Met antreten würde. Bereits zehn Jahre später war es Warren, der die Rolle Tibbetts, nämlich den Simon Boccanegra, bei einer Wiederaufnahme der Oper sang. Seine Partnerin als Amelia war Astrid Varnay, damals schon junge Wagner-Sängerin an der Met.

Mit dieser Aufführung aus dem Jahre 1949 hatte Warren einen ersten Höhepunkt seiner Karriere erreicht. Die Met blieb sein künstlerisches Zentrum, Gastspiele führten ihn nach Mexico City, Buenos Aires und Rio de Janeiro. 1953 eroberte er sich die Mailänder Scala als Jago und Rigoletto, und die Italiener mußten anerkennen, daß sie diesem amerikanischen Bariton nichts Gleichwertiges entgegenzusetzen hatten. In die fünfziger Jahre fallen auch die bedeutenden Gesamtaufnahmen, an denen Warren, meistens an der Seite von Jussi Björling, mitwirkte. Es gelang ihm auch als Bühnendarsteller, sich von einem relativ konventionellen Darstellungsstil zu einem der großen Menschengestalter zu entwickeln. Auf den Schallplatten triumphieren die pure Kraft und Schönheit seines Materials, vergleichbar fast mit der Stimme Titta Ruffos und seither nicht mehr übertroffen. Das überwältigende Volumen seines sehr dunklen, fast rauhen Baritons verband sich mit einer verblüffenden Kunst des Legatosingens und stentorhaften Spitzentönen, die in tenorale Höhen hineinreichen.

1958 unternahm Warren eine äußerst erfolgreiche Rußlandtournee – er sang in Riga und Moskau. Er war jetzt Ende der Vierzig und stand auf dem Höhepunkt seiner Karriere. Seine stimmlichen Kräfte zeigten kein Nachlassen, eher das Gegenteil, wie seine letzte Schallplattenaufnahme beweist, die *Trovatore*-Gesamtaufnahme, die er im Sommer 1959 mit Leontyne Price und Richard Tucker in Italien machte. Nur sein Hausarzt war wegen seines überhöhten Blutdrucks besorgt. Es kam das Jahr 1960. Wieder stand eine Neuinszenierung von *Simon Boccanegra* auf dem Spielplan, jene Oper, die in Warrens Karriere immer eine entscheidende Rolle gespielt hatte. Am 1. März 1960 feierte Warren als Simon wohl den größten Triumph seiner Laufbahn, beflügelt auch von Dimitri Mitropoulos am Pult. Am 4. März stand eine Aufführung von Verdis *Forza del destino* auf dem Spielplan. Renata Tebaldi sang nach einer längeren Unterbrechung zum erstenmal wieder an der Met, Richard Tucker sang den Alvaro und Warren den Carlos, eine Besetzung, die damals als unübertrefflich galt. Die Tebaldi begann den Abend nicht sehr gut (ihre Stimkrise begann sich damals schon abzuzeichnen), steigerte sich jedoch dann erheblich; Tucker und Warren waren in Höchstform, so daß der

Abend in die glanzvollen Annalen der Met einzugehen schien. Er tat dies auch, jedoch in einem unerwartet tragischen Sinne, denn in der großen Szene des Carlos aus dem dritten Akt setzte Warren nach dem »O gioia« zur Schlußstretta an, als er plötzlich zusammenbrach. Der Dirigent Thomas Schippers klopfte ab, der Vorhang fiel. Tucker warf sich weinend über Warren, der Theaterarzt eilte herbei. Inzwischen war Intendant Rudolf Bing vor den Vorhang getreten und hatte um eine kurze Pause gebeten. Der Arzt konnte nur mehr den Tod Warrens feststellen. Bing trat erneut vor den Vorhang und begann mit dem Satz: »Dies ist eine der traurigsten Nächte in der Geschichte der Metropolitan Opera«, und forderte dann das Publikum auf, sich zu Ehren Warrens zu erheben. Die Met hatte ihren größten Bariton verloren, und es dauerte einige Zeit, bis Robert Merrill das New Yorker Publikum über den Verlust Warrens einigermaßen hinwegtrösten konnte [Memories, Live-Aufnahmen bei Legato].

»In allen seinen Aufnahmen finden wir im Baritonfach die größte Annäherung an den Belcanto, die die Nachkriegswelt hervorgebracht hat« – so enthusiastisch urteilt John Steane über die verschiedenen Versionen von *La Traviata* mit **Robert Merrill** (*1917) als Vater Germont, und ich stimme ihm durchaus zu, hinzufügend, daß man seinen Rigoletto und Posa nicht tiefer einstufen darf. Als Steane das schrieb, kannte er die Leistungen Renato Brusons noch nicht, und ich nehme an, er würde ihn auf einen vergleichbaren Rang setzen, was den Belcanto betrifft, an stimmlicher Potenz jedoch ist Merrill erheblich überlegen. Nach meinem Eindruck entspricht der Ruf Merrills hierzulande nicht dieser hoch angesetzten Einschätzung, allenfalls mag seine *Rigoletto*-Aufnahme von 1963 (mit Georg Solti) noch einen gewissen Bekanntheitsgrad besitzen, weil sie durchaus berechtigt in Diskographien als Referenzaufnahme immer wieder auftaucht. »Live« jedoch ist Merrill in Europa kaum in Erscheinung getreten, hat in Deutschland meines Wissens überhaupt nicht gesungen, sondern nur wenige Male in Mailand, Venedig und London. An der Met jedoch ist er nach dem Tode Leonard Warrens der führende Bariton im italienischen Fach gewesen, mit 551 Vorstellungen zwischen 1945 und 1975, und kein Sachkenner wird behaupten, daß seither Cornell MacNeil, Louis Quilico und Sherrill Milnes seinen Rang erreicht hätten.

Merrill wurde in Brooklyn geboren. In seinen lesenswerten Memoiren *Once More From the Beginning* (denen er noch ein köstliches Buch voller pikanter Histörchen über seine Kollegen folgen ließ: *Between Acts – an Irreverent Look at Opera and Other Madness*) gibt er ein anrührendes Porträt seiner »Jiddisch Momme«, die ihn mit ihrem brennenden Ehrgeiz in seine Karriere trieb und mit der ihn eine Haßliebe verband. Seine Gesangsausbildung wurde weitgehend von ihm selbst durch seine profihaften Fähigkeiten im Baseballspiel finanziert. Bci Samuel Margolis und anderen Lehrern erwarb er sich sein technisches Rüstzeug, die Stimme bedurfte einer längeren Reifezeit. Als er 1942 zum erstenmal an jenem Nachwuchswettbewerb teilnahm, der so vielen Talenten den Weg zur Met geebnet hat (»Metropolitan Opera's Audition of the Air«), fiel er durch, aber drei Jahre später siegte er souverän und trat im gleichen Jahr als Germont Père zum erstenmal auf diese Bühne (nachdem er ein Jahr zuvor in Trenton, New Jersey, als Amonasro begonnen hatte). Ein Jahr später wurde aus dem Nachwuchssänger ein international bekannter Bariton, als nämlich Arturo Toscanini in ihm seinen Vater Germont für die *Traviata*-Aufnahme fand (1954 war er dann der Renato in des Maestro *Ballo in maschera*). Die Amerikaner waren besonders stolz, daß einer der ihren die große Tradition im Baritonfach (Lawrence Tibbett, Warren) würdig fortsetzte und sich gegen die italienische Konkurrenz zu behaupten wußte, und so wurde Merrill auch die ehrenvolle Aufgabe übertragen, bei der Trauerfeier zu Präsident Franklin Roosevelts Tod »The Lord's Prayer« zu singen. Merrill war ein Endzwanziger und ein gemachter Mann als Opernbariton; seine 30jährige Karriere bestätigte in ihrer Solidität und Beständigkeit den fulminanten Beginn. Besonders gut harmonierte seine Stimme mit der seines Freundes Jussi Björling, und so sind die Gesamtaufnahmen und die Duetteinspielungen (letztere aus dem Jahr 1951) von unverwelktem Reiz.

Merrills Prachtbariton entwickelte sich aus verhaltenen Anfängen zu einem Organ von ausladender Kraft, das alle nötigen Reserven für Jago und Rigoletto besaß. Seine Verkörperung des Hofnarren (die Diskographen bestätigen es immer wieder) muß in einem Atem mit der Riccardo Stracciaris und Warrens genannt werden und hat seither keine vergleichbaren Konkurrenten gefunden, auch nicht in Tito Gobbi, der ihm in der Durchgefeiltheit der Charakterisierung überlegen war, aber stimmlich nicht Schritt hielt. Zur Ausnahmeerscheinung fehlte Merrill nur jenes Gran an persönlichem Timbre, das seine Stimme sofort erkennbar geprägt hätte – er ist einer jener Fälle, in denen die Harmonie der verschiedenen Elemente gegenüber der charakteristischen Ausprägung *eines* Elements (Timbre, Klanggewalt, Technik) im Vordergrund steht, und wir alle sind geneigt, jene Sänger faszinierender zu finden, bei denen ein Vorzug im Extrem ausgebildet ist; es bleibt zu fragen, ob das letztlich gerecht ist. Trösten wir uns und Merrill mit der Wiederholung von Steanes Einschätzung: Näher am Belcanto war kein dramatischer Bariton nach dem Krieg, und das ist ja auch nicht wenig [Legato].

Der deutsche Bariton **Josef Metternich** (*1915) hat in den fünfziger Jahren eine glänzende internationale Karriere gemacht, die ihn auch an die Met führte, wo er überraschenderweise vor allem das italienische Fach sang. Wenn dies einem deutsch erzogenen Bariton gelingt (Metternich war im Rheinland groß geworden und hatte seine ersten Bühnenerfahrungen in Berlin noch im Kriege gesammelt), dann will das schon etwas heißen. Hört man sich Metternichs beste Aufnahmen an (zu ihnen würde ich einen Mitschnitt des *Ballo in maschera* von der Met rechnen, aber auch Gesamtaufnahmen des *Fliegenden Holländers* und von *Lohengrin*, in der er den Telramund singt), dann versteht man seinen Erfolg. Metternich hatte so gar nichts mit dem gepflegten Typus des deutschen Wolfram-Baritons zu tun in der Tradition Heinrich Schlusnus' und Gerhard Hüschs. Sein Timbre konnte sich an Schönheit mit diesen Sängern nicht messen, er besaß aber auch keineswegs die sanfte Fülle eines Leonard Warren, mit dem er zu Unrecht oft verglichen worden ist. Metternichs Bariton klang in der Mittellage eher etwas raspelig, mehr nach Rohkost als nach Honig, war aber schon in diesem Bereich enorm tragfähig. Vor allem aber hielt er in der Höhe, was er in der Mittellage versprach: Geradezu rampenreißerisch explodierten die hohen Töne, nicht unbedingt schön, aber von einer unerbittlichen Energie getragen, der sich kein Zuhörer entziehen konnte. Aus dieser Tonenergie heraus läßt sich erklären, daß Metternich als Holländer und Telramund reüssieren konnte, ohne wirklich ein Heldenbariton zu sein (auf der Bühne hätte er in diesen Rollen als relativ kleingewachsener Sänger Schwierigkeiten gehabt, insofern könnte man Metternich eher mit dem italienischen Bariton Aldo Protti vergleichen, auch ein kleiner Mann, aber ein stimmlich ausladender Jago und Rigoletto). Metternichs kräfteraubendes Singen mit ständig letztem Einsatz hat eine sehr lange Karriere nicht zugelassen, dafür war er aber dann noch lange als Gesangslehrer erfolgreich [EMI, Preiser.].

Es ist sicher keine Übertreibung zu behaupten, daß der vor 80 Jahren in Reggio nell'Emilia geborene **Ferruccio Tagliavini** (*1913) einer der bei uns unbekanntesten italienischen Tenöre ist, obwohl er eine, wenn auch kurze, Weltkarriere gemacht hat. Seine Anfänge erinnern an die vielen märchenhaften Lebensgeschichten großer Sänger, bei denen man nicht immer weiß, wieviel Legende sich hinter den biographischen Behauptungen verbirgt: vom Kirchenchor über die Amateurtruppe zum Gesangswettbewerb und zum Beinamen »piccolo Caruso«, der ja schon immer sehr unbedacht vergeben wurde. Dann aber gibt es eine unerwartete Volte: Tagliavini will lieber ein solides Ingenieurstudium absolvieren, während ihn der Vater zur Sängerlaufbahn zu überreden sucht, geradezu eine Umkehrung der sonst üblichen Verhältnisse. Ein Preis bei einem Belcanto-Wettbewerb gibt dann jedoch den Ausschlag – nach einem kurzen Studium vor allem bei Amedeo Bassi in Florenz, einst selbst prominenter Tenor, debütiert Tagliavini 1939 in Florenz als Rodolfo in Puccinis *La Bo-*

hème. Der Erfolg fällt so aus, daß es dem jungen Tenor erspart bleibt, die Ochsentour über die Provinz zu machen – sofort greift die Mailänder Scala nach dem Talent. Hier, auch in Florenz und Rom, erarbeitet er sich die Partien Bellinis und Donizettis, singt aber auch Mozart und Massenet, dessen Werther zu seinen besten Rollen gehört. Für Verdi fehlt es ihm an stimmlichem Gewicht, doch gehören der Riccardo im *Ballo in maschera* und der *Rigoletto*-Herzog zu seinen größten Erfolgen. Tagliavini heiratet die ebenfalls erfolgreiche Mezzosoprankollegin Pia Tassinari, mit der er oft gemeinsam auftritt. Seine internationale Karriere entfaltet sich nach dem Ende des Krieges sehr rasch. Tagliavini füllt die Lücke aus, die sich zwischen den älteren und außerdem politisch nicht unbelasteten Beniamino Gigli und Giacomo Lauri-Volpi und den jüngeren Giuseppe Di Stefano und Mario Del Monaco ergibt.

Der Höhepunkt seiner Karriere ist wahrscheinlich mit der zweiten Hälfte der vierziger Jahre bezeichnet, als er an der Metropolitan Opera in New York singt, und damit ist auch ein Grund angegeben, warum Tagliavini heute nur noch für Kenner etwas bedeutet, denn es ist eine für Schallplattenaufnahmen sehr ungünstige Zeit. Klug erkennt Tagliavini, daß er nicht zu den Tenören gehört, deren Stimmen sich zu größerer Dramatik entwickeln – er bleibt in seinem angestammten Fach des lyrischen Tenors und ist damit klüger als etwa Di Stefano, der unbedingt den Otello singen wollte. Als Tagliavini den *Bohème*-Rodolfo zum erstenmal in New York singt, schreibt ein Kritiker: »Er bemühte sich weder, wie ein Bariton zu singen, noch wie ein Schlagersänger schmachtend zu schluchzen. Er sang sogar ein echtes hohes Pianissimo, wie man es hier seit Jahren nicht mehr gehört hat.« Ähnliche Begeisterung erregte er als Nemorino in Donizettis *Elisir d'amore* an Covent Garden in London. Bei seinem Debüt in dieser Rolle mußte die Vorstellung nach seiner Arie »Una furtiva lagrima« minutenlang unterbrochen werden, weil das Publikum vor Begeisterung aus dem Häuschen war. Die Kritik schrieb, daß hier der Triumph reinen Gesanges und wirklicher Musikalität zu hören gewesen sei. Hört man heute Tagliavinis Aufnahmen, so wird man sehr deutlich das Vorbild Giglis erkennen, vor allem im raffinierten Einsatz der Kopfstimme, weniger als der erfolgreichere Gigli jedoch gibt Tagliavini den Unarten nach, die italienischen Tenören so gefährlich werden können, hierin ist er altmodischer als sein älterer Kollege. Auch ist die Qualität der Stimme sicher nicht ganz so groß wie bei Gigli, aber auf seinen besten Aufnahmen kann man perfektes Legato, ein sicheres Stilgefühl und einen bittersüßen, elegischen Smorzandoton hören, Dinge, die heute zu den seltenen Ausnahmen gehören, von Tagliavini in eine Zeit hinübergerettet, als die Tugenden des italienischen Belcantos auch in seinem Heimatland in Vergessenheit zu geraten drohten. Es mag ja nicht viel heißen, aber als ich einmal einer Gruppe von opernbegeisterten Studenten 25 Versionen von »Che gelida manina« (ohne Nennung der Sängernamen) vorführte (alle großen Tenöre waren dabei), entschied sich eine Mehrheit für Tagliavini als den besten Interpreten [Melodram, Memories].

Das Charakterbild des italienischen Tenors **Giuseppe Di Stefano** (*1921) schwankt in der Geschichte. Anfang der siebziger Jahre unternahm er eine große Konzerttournee mit jener Sängerin, mit der er seine größten Erfolge auf Bühne und Schallplatte gehabt hatte, mit Maria Callas. Konnte bei der Callas die ungebrochene Faszinationskraft der Persönlichkeit die schweren Stimmschäden kaum noch überdecken, gelang dies bei Di Stefano erst recht nicht mehr – er brach die Tournee vorzeitig ab und bestätigte so diejenigen Kritiker, die die technische Unvollkommenheit seines Singens bereits auf dem Höhepunkt seiner Karriere gerügt, ihm den baldigen stimmlichen Ruin prophezeit hatten. Nun haben solche Stimmexperten nicht immer recht, einige von ihnen haben auch Lauritz Melchior ein frühes Ende vorhergesagt, aber im Falle Di Stefanos hatten sie recht. Auf der anderen Seite steht das Urteil des englischen Experten John Steane, der Di Stefano eine der besten Tenorstimmen des Jahrhunderts zuschreibt. Mir scheint, die Wahrheit liegt auch hier in der Mitte, ganz abgesehen davon, daß Stimmschönheit nicht immer mit technischer Perfektion (und umgekehrt) Hand in Hand gehen muß – einer der bedeutendsten Tenöre, Aureliano Pertile, hatte eine Stimme von durchaus mangelhafter Klangschönheit. Auch der engagierteste Di-Stefano-Verehrer wird jedoch zugestehen, daß dieser sizilianische Tenor bereits bei seinen ersten Aufnahmen Untugenden aufwies, die aller Wahrscheinlichkeit nach seinen stimmlichen Verfall beschleunigten. Dazu ist vor allem eine zu »offene« Höhe zu rechnen, das heißt Spitzentöne, die in den Resonanzräumen nicht richtig plaziert sind, nicht das nötige Mindestmaß an Deckung besitzen und so aus einem weit aufgerissenen Mund, drastisch gesagt, »herausgeplärrt« werden, in der vergeblichen Hoffnung, dadurch die unzureichende Tragfähigkeit zu substituieren. Hört man seine zahlreichen Aufnahmen chronologisch, so kann man feststellen, daß die Höhe kontinuierlich mühsamer und gequälter klingt, und das in einem Alter, in dem andere Tenöre erst zu ihrer Hochform finden.

Di Stefano wurde in Motta Santa Anastasia in der Nähe von Catania geboren, also ganz in der Nähe der Stadt, deren größter Sohn Vincenzo Bellini ist. Es gab bei ihm keine großen Umwege auf die Sängerkarriere hin – die keineswegs wohlhabende Familie nahm jedes Opfer auf sich, um ihm das Gesangsstudium in Mailand bei Luigi Montesanto zu ermöglichen. Als 25jähriger begann Di Stefano am Teatro Municipale in Reggio nell'Emilia als Des Grieux in *Manon Lescaut* von Puccini, der fortan eine seiner Glanzrollen blieb.

Im gleichen Jahr konnte er bereits in Barcelona am Teatro Liceo gastieren. Der Ruhm des jungen Tenors strahlte sehr schnell auf, in kurzen Schritten führte der Weg über Rom nach Mailand an die Scala, schon 1948 an die Metropolitan Opera nach New York. Die Beziehung zur Met war jedoch nicht sehr glücklich. Der damalige Intendant Rudolf Bing widmet in seinen Erinnerungen Di Stefano einige sehr erboste Seiten. Nach seiner Darstellung wurde Di Stefano vertragsbrüchig, weil er sich in New York krankmeldete, in Mailand aber fröhlich weitersang, »einer der begnadetsten, aber auch launenhaftesten Künstler, mit denen ich an der Metropolitan arbeiten mußte«, schreibt Bing, schwärmt aber gleichzeitig von dem hohen C in Gounods *Faust*-Oper. Di Stefanos Karriere entwickelte sich aber auch ohne New York gewaltig; allerdings führte der Mangel an Selbstdisziplin, den Bing wohl zu Recht tadelt, immer wieder zu Problemen mit Intendanten und Kollegen. Nicht nur in dieser Hinsicht ähnelt Di Stefano auf frappante Weise Maria Callas, mit der er seine größten Auftritte hatte und seine besten Schallplatten machte, so etwa die legendäre *Tosca*-Einspielung unter Victor De Sabata. In den fünfziger Jahren wetteiferte er mit Mario Del Monaco um den unsinnigen, aber immer wieder ausgetragenen Streit, der legitime Nachfolger Enrico Carusos zu sein, obwohl beide Tenöre von Grund auf verschieden waren. Del Monaco war ein italienischer Heldentenor, der das natürliche Metall seiner Stimme immer protziger zur Schau stellte, während Di Stefano ein lyrischer Tenor war, bei dem die Spinto-Charakteristik schon zweifelhaft war, der jedoch den falschen Ehrgeiz hatte, zu früh zu schwere Partien zu singen, wie den Alvaro, den Manrico, den Chénier. Am Ende seiner Karriere hat er sogar den Otello gesungen. Diese fatale Fehleinschätzung der eigenen Möglichkeiten in Kombination mit den genannten technischen Mängeln führte zu jenem vorzeitigen stimmlichen Verschleiß, den ich angesprochen habe und der spätestens Mitte der sechziger Jahre festzustellen war. Als Di Stefano 1966 in Berlin als Richard-Tauber-Nachfolger mit Lehárs *Land des Lächelns* große Kasse machte, war er, ein Mittvierziger, bereits am Ende seiner Karriere – was später kam, sollten alle vergessen, die sich der Suggestivität seiner ausdrucksvollen Stimme in den Aufnahmen aus den fünfziger Jahren nicht entziehen können und wollen [EMI, Legato, Nuova Era].

Eine schöne Würdigung des frankokanadischen Tenors **Léopold Simoneau** (*1918) erschien vor einiger Zeit in der Zeitschrift *Opernwelt*, der Autor war Ekkehard Pluta; ich bin mir nicht sicher, wie viele Leser mit dem Namen des Sängers etwas verbinden konnten, denn man hätte Simoneau mit guten Gründen auch unter die Unbekannten und Unterschätzten einreihen können: An ihm läßt sich gut demonstrieren, daß vokale Kunst und Stimmschönheit höchsten Ranges nicht immer ausreichen, um einem Sänger einen angemessenen Nachruhm zu verschaffen, den er allerdings bei den Fachleuten international durchaus genießt. Es sind auch bei ihm die üblichen Faktoren verantwortlich: eine relativ kurze Karriere, Plattenaufnahmen, die heute nicht in zureichendem Maße präsent sind, und ein Stimmfach, angesiedelt zwischen »tenore di grazia« und lyrischem Tenor, das für spektakuläre Karrieren denkbar ungeeignet ist.

Simoneau sang zunächst in einem Montrealer Kirchenchor, ließ sich in der gleichen Stadt ausbilden und vervollkommnete sich bei dem Tenor Paul Althouse in New York, Lehrer auch von Richard Tucker, dem er, wie es heißt, seine Kunst des Messa di voce verdankt. Ein erster Konzertauftritt soll bereits 1941 in Montreal stattgefunden haben, 1943 stand er in einem kleinen Theater der Stadt zum erstenmal auf der Opernbühne. Mit seiner Frau, der Sopranistin Pierrette Alarie, ebenfalls eine Frankokanadierin, die bei Elisabeth Schumann studiert hatte, ging er nach dem Krieg nach Europa, wo er von der Pariser Opéra-Comique aus rasch zu internationalem Ansehen aufstieg. Die Festspiele von Glyndebourne und Aix-en-Provence, wo er mit Mozart- und Gluck-Rollen brillierte, waren dabei von entscheidender Bedeutung, als Ottavio und Tamino war er auch in den späten fünfziger Jahren bei den Salzburger Festspielen erfolgreich, Gastspiele in New York und Chicago waren nur von kurzer Dauer. Wenn ich richtig sehe, war seine Karriere bereits Mitte der sechziger Jahre im wesentlichen zu Ende, und bis zum endgültigen Abschied von der Bühne 1971 gab es nur noch wenige Auftritte. Kurzfristig war er an der Oper von Quebec tätig, bevor er zusammen mit seiner Frau eine Professur in San Francisco übernahm.

Wer Simoneau nicht kennt und bereit ist, sich von ihm überzeugen zu lassen, dem empfehle ich zwei im Augenblick leider nur für Findige greifbare Gesamtaufnahmen, die von Bizets *Pêcheurs de perles* und die von Glucks *Orphée et Euridice*, letztere unter Hans Rosbaud 1956 entstanden. Unser Wort »edel« ist vom Substantiv »Adel« abgeleitet, und wer die Substanz beider Wörter von einem singenden Menschen erfahren will, der wird bei Simoneau reiches Anhörungsmaterial dafür finden und die Erfüllung aller diesbezüglichen Vorstellungen erleben. Es hat Tenöre mit viel mehr Elan und sinnlicher Vergegenwärtigungskraft gegeben, man denke nur an seinen Zeitgenossen Ferruccio Tagliavini, dessen stimmliche Substanz ganz ähnlich geartet war, der daraus aber ein Maximum an sensuellen Effekten herausholte, an klassischer Linienführung, an Zucht und Maß der gezügelten Emotion kommt Simoneau kein Tenor der Nachkriegszeit gleich. Kein Wunder, daß Glucks Orpheus ein unüberholtes Tonmonument ist, auf ganz andere Weise nur von Kathleen Ferrier egalisiert, und beim Vergleich mit der Version Jochen Kowalskis hört man, daß bei aller technischen Virtuosität der Altist von heute genau das vermissen läßt, was ein englischer Kritiker treffend Simoneaus poetische Schönheit und apollinische Nobilität genannt hat. Ebenso unübertroffen und nur mit John McCormacks Version vergleichbar ist seine Interpretation der »Champs paternels« aus Méhuls *Joseph* auf einem lange vergriffenen Recital aus den fünfziger Jahren, nur wenig darunter anzusiedeln seine Mozart-Interpretationen. Wenn Simoneau dramatischere Rollen wie den José und den Hoffmann singt, dann ahnt man allerdings, was ihm nicht nur an Temperament, sondern auch an stimmlicher Substanz gebrach und worin ein Keim für das frühe Ende der Karriere zu suchen ist, denn seine Stimme, deren Sitz und Führung im Piano und im wundervollen Mezza voce so untadelig sind, wird bei der Beanspruchung in stärkeren Fortegraden sehr schnell »strähnig«. Das deutet darauf hin, daß seine stimmerzeugende Physis sehr zart konstruiert war und längeren Belastungen nicht gewachsen sein konnte (man kann die gleiche Beobachtung bei den Kollegen Joseph Rogatchevsky und Tagliavini machen). Es wäre dringend zu wünschen, daß auch die vergriffenen Aufnahmen Simoneaus bald wieder für eine junge Generation von Gesangsenthusiasten zugänglich sind, denn ein derartig nobles Singen ist von einem Tenor derzeit weltweit nicht zu hören [Simoneaus Ottavio in Live-Mitschnitten bei Frequenz und Hunt, sein Tamino bei Melodram].

Tausendundein Abend – Mein Sängerleben, so lautet der Titel von **Anton Dermotas** (1910–1989) lesenswerten Erinnerungen an eine lange, unspektakuläre, aber auf solidem Fundament gebaute Karriere. Die Bescheidenheit dieses Tenors, sein weitgehender Verzicht auf internationale Auftritte, der natürlich auch bedingt war durch die Situation der vierziger und fünfziger Jahre und die altmodische Treue zu einem Haus, der Wiener Staatsoper, haben dazu geführt, daß sein Name heute nicht in dem Maße mehr bekannt ist, wie es seine Leistungen verdienen. Dermota war gebürtiger Slowene, aus kleinen Verhältnissen kommend (der Vater war Nagelschmied). Er studierte Komposition und Orgel am Konservatorium in Laibach, dann Gesang in Wien bei Elisabeth Rado, die auch andere später prominente Schüler aufzuweisen hatte. Nach ersten Auftritten in Klausenburg hatte Dermota das Glück, als Mittzwanziger gleich mit zwei der größten Dirigenten aller Zeiten in Berührung zu kommen – und er hat diesen Glücksfall immer dankbar als solchen anerkannt –, mit Arturo Toscanini und mit Bruno Walter. Es war das Jahr 1936, das diese entscheidenden Begegnungen brachte: Bei den Salzburger Festspielen sang er die winzige Rolle des Meister Zorn in den *Meistersingern* mit Toscanini – und die bis zum Zerreißen angespannte Probensituation mit Klavierauszügen, die an Sängerköpfe flogen, ist ihm immer im Gedächtnis geblieben. Größere Aufgaben erhielt er durch Walter: ein Mozart-*Requiem* in Paris (neben Elisabeth Schumann und Alexander Kipnis immerhin) und gleich darauf den Ottavio an der Wiener Staatsoper. In die erste Reihe der Mozart-Tenöre (damals besetzt von dem Italiener Dino Borgioli und dem Ungarn Koloman von Pataky) rückte Dermota 1938 auf, als er in Salzburg seinen Ottavio sang. Dermota wurde dann tenoraler Glanzpunkt jenes Wiener Mozart-Ensembles, um das Legende sich gewoben hat, die nicht in allen Punkten der akustischen Überprüfung standhält – in seinem Falle jedoch wird man der Legende recht geben wollen. Noch während des Krieges bildete sich unter Karl Böhm das berühmte *Così-fan-tutte*-Ensemble heraus (mit Erich Kunz, Paul Schöffler, Irmgard Seefried, später Lisa della Casa und Christa Ludwig), das dann weit in die vierziger und fünfziger Jahre hinein Furore machte; Josef Krips baute aus diesen Anfängen dann jenes Mozart-Monument auf, von dem heute noch die Rede ist.

Wenn Dermota heute vor allem als Mozart-Tenor geführt wird, dann ist das von seinen Leistungen her verständlich, der Breite seines Repertoires gegenüber aber von einer gewissen Ungerechtigkeit. Zu welchen tenoralen Aufschwüngen er fähig war, das wird einem am besten demonstriert, wenn man sich den Mitschnitt einer der Eröffnungsvorstellungen der neuen Wiener Staatsoper anhört: *Fidelio* im Jahre 1955, in dem Dermota nicht etwa den Jaquino singt, sondern den Florestan, für mich eine seiner größten Leistungen und vielleicht der beste Florestan, den es auf Platte zu hören gibt, wenn man sich damit abfindet, daß hier kein überforderter Heldentenor röhrt, sondern ein lyrischer Tenor (allerdings mehr als ein »tenore di grazia«) mit einer erstaunlichen Steigerungsfähigkeit singt, Spinto-Qualitäten also, die man ihm nicht zugetraut hätte (er hatte allerdings diesen Florestan wie auch den *Freischütz*-Max mit Erich Kleiber schon zuvor gesungen). Hört man diesen Florestan, wird man der Meinung sein können, daß von hier es nur ein kleiner Schritt gewesen wäre zum dann wahrscheinlich besten Lohengrin, den es nach dem Kriege gegeben hätte, Dermota ist diesen Weg nicht gegangen (zum Stolzing wurde ihm heftig geraten), in der vollkommen richtigen Ansicht, daß mit dem Florestan die Grenze seiner Möglichkeiten erreicht worden war. In dieser Richtung weiter zu gehen hätte einen konsequenten Fachwechsel bedeutet mit ungewissem Ausgang und der bangen Frage, ob die Länge seiner Karriere dadurch nicht erheblich abgekürzt worden wäre. So blieb Dermota ein lyrischer Tenor, der als Lenski, Werther und Des Grieux, aber auch als Smetanas Dalibor viel zuwenig bekannt wurde. Mit seiner Frau Hilde Berger-Weyerwald zusammen trat er in zahlreichen Liederabenden auf, und noch in hohem Alter sang er eine bewegende *Winterreise*. Dies wie auch seine pädagogische Tätigkeit in Wien war ihm wichtiger, als dem Sängerzirkus auf internationalen Flugrouten anzugehören. Vergleicht man Dermotas Aufnahmen mit denen von Fritz Wunderlich, seinem eigentlichen Nachfolger gerade im Mozart-Fach, dann fällt auf, daß beide Stimmen genau gesehen unvergleichbar sind: Ist Wunderlichs Stärke der unglaublich strahlend freie Ton, so liegt Dermotas stimmlicher Reiz nicht so auf silbernem Tablett vor dem Hörer da. Das Verhangene und Verschattete seines Tenors, ein Sfumato, das über seiner Stimme liegt, ist der prägende Eindruck. Er selbst hat diese Charakteristik mit seiner slawischen Herkunft in Verbindung gebracht, und bei aller Schwierigkeit, solche ethnischen Eigenarten festzuschreiben, wird man ihm hier nicht widersprechen wollen (bei Tino Pattiera ist es ähnlich festzustellen). Es mag Hörer geben, für die Dermotas Stimme nicht ihrem Idealbild eines Tenors entspricht – wer jedoch auch herbstliche Farben in einer Stimme liebt (und sich an der gelegentlichen Nasalität nicht stört, die sein Singen manchmal in die Nähe Alfred Piccavers rückt), der wird für den elegischen Wohlklang Dermotas ein immer offenes und immer wieder entzücktes Ohr haben [Preiser, Melodram].

Als Fritz Wunderlich an den Folgen eines Unfalls verstarb, wurde die Erinnerung an einen anderen großen deutschen Tenor wachgerufen, in vieler Hinsicht ein Vorgänger Wunderlichs und auch er auf dem Höhepunkt seiner Karriere Opfer eines Unfalls: **Peter Anders** (1908–1954). Anders ist wohl noch heute der populärste Sänger der ersten Nachkriegsjahre, die für den Ruhm eines Interpreten nicht gerade die günstigsten waren. Er stammte aus Essen. Zunächst arbeitete er als Bücherrevisor und nahm in der Freizeit Gesangsunterricht. Er erzählte später über diese Zeit:

»Was es für einen lebenslustigen jungen Mann bedeutet, nach achtstündiger Bürozeit Abend für Abend Gesang zu studieren, kann ein Laie überhaupt nicht ermessen! Auf alles verzichten, woran man in jungen Jahren Freude hat, hieß das für mich – früh schlafen gehen, keinen Alkohol trinken, nicht rauchen. Nie das Ziel aus den Augen verlieren, daß es gelingen muß, daß man daheim beweisen möchte, daß man etwas kann und genügend Begabung besitzt, sich eines Tages auch als Sänger durchzusetzen. Dazu gehörte eiserne Energie und ein unerschütterlicher Glaube an sich selbst und seine Berufung.«

An der Berliner Musikhochschule folgte Gesangsunterricht bei Ernst Grenzebach, dem Lehrer von Max Lorenz, und dann bei Lula Mysz-Gmeiner. 1932 begann Anders in Heidelberg, wo er zunächst Bufforollen sang. Über einige Zwischenstationen kam er dann nach München und schließlich 1940 an die Berliner Staatsoper. Über der Popularität, die Anders nach dem Kriege genoß, wird oft vergessen, daß er bereits vor 1945 zu den bekanntesten lyrischen Tenören gehörte – so sang er bei den Salzburger Festspielen den Tamino unter Karl Böhm. Nach Kriegsende blieb Anders zunächst im Ensemble der Berliner Staatsoper, die sich in Ost-Berlin befand, wechselte aber 1948 in den Westen und machte die Hamburgische Staatsoper zu seinem Stammhaus. Nun folgten zahlreiche Verpflichtungen, die ihn auch bald ins Ausland führten, und viele Rundfunkaufnahmen. Nicht zuletzt waren es seine Operettenaufnahmen, die Anders populär machten, wenn ihm auch die Nonchalance der großen Operettentenöre fehlte. Die Nachkriegszeit brachte auch eine entscheidende Veränderung im Repertoire von Anders. Galt er bis dahin als Prototyp des lyrischen Tenors, dessen Schwergewicht auf Mozart-Partien lag, so wandte er sich nun immer mehr dramatischen Rollen zu. Diese Entwicklung begann mit dem Bacchus in Strauss' *Ariadne auf Naxos* 1950, setzte sich im Florestan 1951 und im Stolzing 1952 fort und gipfelte im Otello und im Lohengrin, den er für den Rundfunk aufgenommen hat – sein Tod verhinderte das geplante Auftreten in Bayreuth.

Seine Entwicklung vom lyrischen zum jugendlich-heldischen Tenor wird allgemein als folgerichtig und positiv beurteilt. Ich kann mich dem nicht ganz anschließen. Zwar besaß Anders die metallisch-durchschlagskräftige Höhe, die für die dramatischen Rollen nötig ist, aber schon in der *Lohengrin*-Aufnahme sind Unebenheiten nicht zu überhören. Die Spitzentöne wirken nicht frei und mühelos, und die Stimmführung ist längst nicht so ausgeglichen wie in früheren Aufnahmen. Diese und andere Aufnahmen lassen es mir zweifelhaft erscheinen, ob die zielbewußte Entwicklung von Anders zum Heldentenor (sogar ein Tristan soll geplant gewesen sein) wirklich seinem Stimmcharakter und seinen Möglichkeiten entsprochen hat – ein endgültiges Urteil darüber kann nicht gesprochen werden. Jedenfalls hatte Anders den Gipfel seiner Karriere vielleicht noch nicht erreicht, als er im September 1954 einige Tage nach einem schweren Autounfall starb. Seine Platten- und Rundfunkaufnahmen haben seine Stimme lebendiger erhalten als die anderer Sänger seiner Generation, und es ist richtig bemerkt worden, daß er eigentlich noch heute kaum als eine »große Stimme der Vergangenheit« angesehen wird, sondern eher als ein Sänger unserer Gegenwart [EMI, Acanta].

Es hat dem Nachruhm des Tenors **Rudolf Schock** (1915–1986) nicht gut getan, daß er die zweite Hälfte seiner Karriere mit einer starken Hinneigung zur leichten Muse unterschiedlicher Güteklasse bestritten hat. Das ist gerade in Deutschland immer noch ein Makel für einen Sänger, der von der Oper herkommt, dieser Makel spielt auch in der Rezeption Richard Taubers keine unwichtige Rolle, während die noch viel extensivere Hinwendung zum populären Liedgut einem John McCormack in der englischsprachigen Welt überhaupt nicht geschadet hat. Nicht gut getan hat aber auch (und das sind schon ernster zu nehmende Einwände), daß Schock seine Karriere weit über ihre natürliche Begrenzung hinaus getrieben hat. Er wollte offensichtlich nicht akzeptieren, daß sein technischer Schwachpunkt, eine schon früh nicht ganz frei

schwingende und leicht erreichte Höhe, immer gravierendere Formen an-
nahm, und so mußte man schon in den sechziger Jahren konstatieren, daß seine
zahlreichen Auftritte in den Medien immer peinvoller wurden aufgrund einer
immer forcierter erzwungenen Höhe, bis dann die gereifte Playback-Technik
es Schock ermöglichte, nervenschonend auf Aufnahmen aus besseren Tagen
zurückzugreifen. Hört man sich allerdings Schocks Aufnahmen aus seiner
besten Zeit, also den fünfziger Jahren, an, dann ist man doch immer wieder
begeistert von einer der schönsten Tenorstimmen, die es im deutschen Fach
gegeben hat. Die Force dieser Stimme war die reiche, dunkelglühende Mittellage. Rechnet man die schon in den frühen Aufnahmen um 1950 auffallende
kurze Höhe hinzu, dann ergibt sich die Frage (die verblüffen mag), ob Schock
nicht in Wirklichkeit ein verkappter hoher Bariton war, ein lyrischer allerdings
und kein potentieller Heldentenor. Als lyrischer Tenor hatte Schock schon sehr
früh begonnen, 1937 in Braunschweig. Der Krieg raubte auch dieser Karriere
wichtige Jahre, und als er Ende der vierziger Jahre als Mozart-Tenor auf sich
aufmerksam machte, war er bereits Mitte Dreißig. Es mag mit Peter Anders'
Unfalltod 1954 zusammenhängen, daß man Schock anschließend zu immer
gewichtigeren Aufgaben heranzog. Zeugnis dafür sind drei Operngesamtaufnahmen, in denen er auch heute noch bestehen kann, Herbert von Karajans
Ariadne auf Naxos, Rudolf Kempes *Meistersinger von Nürnberg* und Joseph Keil-
berths *Freischütz*. Kurze oder angestrengte Höhe hin oder her – von Schocks
unverkrampfter Natürlichkeit (gab es seither je wieder einen so gewinnenden
Stolzing?), seiner zärtlichen Zuwendung (man wird den Bacchus nicht mehr
von alternden Wagner-Helden hören wollen, wenn man Schock genossen hat)
und seiner fabelhaften Diktion (beispielsweise als Max) kann man heute nur
lernen und gleichzeitig den Hut ziehen [die frühen Aufnahmen auf drei CDs
bei EMI].

Welcher Sänger der Operngeschichte hat 14 Rollen kreiert in Opern, die speziell für ihn geschrieben wurden, davon zwölf von einem einzigen Komponisten? Welcher andere international bekannte Tenor gab sein Metropolitan-
Debüt mit Mitte Sechzig? Und welcher Tenor gab sein Debüt bei den
Glyndebourner Festspielen in einer stummen Rolle? **Peter Pears** (1910–
1986) heißt dieses seltene Exemplar eines Sängers, Benjamin Britten war jener
Komponist, für den er der entscheidende Interpret wurde. Zwölf Rollen
schrieb Britten für Pears, sogar 14, wenn man seine Bearbeitungen von Pe-
puschs *Beggar's Opera* und von Purcells *Dido and Aeneas* hinzuzählt. Bei uns,
wo das Opernwerk Brittens leider nie so recht auf den Bühnen heimisch geworden ist, wurde Pears wohl als Evangelist in den Bachschen Passionen am
bekanntesten, vor allem durch seine Mitwirkung bei zwei Gesamtaufnahmen

dieses Werkes unter den Dirigenten Karl Münchinger und Otto Klemperer. England ist zwar das Land der großen Chortradition, aber nicht gerade ein Platz, wo große Stimmen gedeihen. Eine gewisse Ausnahme scheinen dabei nur die Altistinnen beziehungsweise Mezzosopranistinnen zu sein, für die hier Namen wie Kathleen Ferrier und Janet Baker stehen sollen. Wenn wir den Namen des Tenors Pears hinzufügen, so muß gleich gesagt werden, daß wir besser vom Sänger Pears sprechen, dessen Stimme als Tenor einzustufen ist, denn Pears war während seiner außergewöhnlichen Karriere nie, was man einen typischen Tenor nennen kann, und einen Manrico oder Alfredo kann man sich von ihm auch nur schwer vorstellen. Wenn man nach vergleichbaren Sängerpersönlichkeiten im Tenorfach sucht, so fallen einem allerdings einige Namen ein, die durchaus mit der eigenartigen Stimme von Pears verglichen werden können, die deutschen Tenöre Karl Erb und Julius Patzak zum Beispiel, vielleicht auch noch Ernst Haefliger, und man wird es bedauern, daß Pears nie eine Rolle wie Pfitzners Palestrina gesungen hat. Die Namen, die ich nannte, stehen für eine Spezies Tenor, die sich weniger durch Stimmreize und sinnliche Klangfülle als vielmehr durch eher asketischen Stimmklang und einen Schwerpunkt im Lied- und Oratorienbereich auszeichnet. Vergessen werden darf dabei nicht, daß Pears am Anfang seiner Karriere durchaus Rossinis Almaviva, Mozarts Ferrando und Tamino gesungen hat, aber sein Opernrepertoire blieb schmal und konzentrierte sich ganz eindeutig auf die großen Rollen, die Britten für ihn schrieb.

Pears genoß als Knabe die kultivierte Ausbildung der englischen Oberschicht und kam bereits im Internat mit einer guten Musikschulung in Berührung. Klavier und Kammermusik standen dabei im Mittelpunkt, dann die Orgel, für die er sogar ein Stipendium gewann. Hätte man dem jungen Mann damals berufliche Prophezeiungen gemacht, so wäre man sicher auf Musiklehrer oder Musikkritiker gekommen, kaum auf den Beruf des Sängers. Mit 24 Jahren begann Pears überhaupt erst Gesangsunterricht zu nehmen, zeitweise bei Elena Gerhardt, der in England sehr populären deutschen Liedinterpretin der dreißiger und vierziger Jahre. Pears wurde später ein bedeutender Liedsänger, vor allem seine Interpretationen der Schubertschen Liedzyklen, bei denen er meist von Britten am Klavier begleitet wurde, haben bei Schubert-Liebhabern einen ganz besonderen Klang, seine Interpretation der *Winterreise* gilt allgemein als ein »locus classicus« des Schubert-Gesangs. Als Pears sein musikalisches Studium abgeschlossen hatte, nahm er in der zweiten Hälfte der dreißiger Jahre eine Beschäftigung im Chor der BBC und dann bei den New English Singers an, was sicherlich mehr als finanzielle Absicherung gedacht war und kein künstlerisches Ziel darstellte. Entscheidend für beide sollte die Bekanntschaft und Freundschaft mit dem gleichfalls jungen und noch nicht arrivierten Komponisten Britten werden, die in diese Jahre fällt und die ein Kritiker einmal folgendermaßen charakterisiert hat:

»Ein bedeutendes Genie eines Sängers, musikalischer als mancher Komponist, hatte ein schöpferisches Genie getroffen, das im Grunde genommen ein großer Melodiker und äußerst empfänglich für die menschliche Stimme im allgemeinen und für charakteristische, individuelle Stimmen im besonderen ist.«

In den ersten Jahren des Zweiten Weltkriegs hielten sich die Freunde für längere Zeit in den USA auf, wo Pears unter anderem bei Teresa Schnabel Unterricht nahm, der Frau Artur Schnabels, die selber eine bedeutende Konzertsängerin gewesen war. 1943, mitten im Krieg, kehrten Britten und Pears nach London zurück, Pears nahm ein Engagement bei Sadler's Wells an, der einzigen noch spielenden Oper in England, Britten arbeitete an seiner Oper *Peter Grimes*, die dann im Juli 1945 für beide Künstler den entscheidenden Durchbruch bedeutete. Die nicht nur sängerische, sondern auch darstellerische Intelligenz des fast völlig bühnenunerfahrenen Pears setzte die Opernwelt damals und bei vielen folgenden Aufführungen in Erstaunen. Sein Grimes war anders konturiert als der von Jon Vickers, dem berühmtesten Rollenvertreter späterer Tage, schmaler, zerbrechlicher, eher dem Wozzeck ähnlich. Die Geschichte des Bühnenwerks von Britten ist in der folgenden Zeit immer auch die der großen Bühnenrollen von Pears: der Albert Herring von 1947, eine komische Rolle, für die Britten angeregt wurde durch Pears' Darstellung des stotternden Václav in Smetanas *Verkaufter Braut*, der Captain Vere in *Billy Budd* 1951, der Peter Quint in *The Turn of the Screw* 1954, bis hin zu Gustav Aschenbach in Brittens letzter Oper *Death in Venice*.

Pears war ein Sänger, an dem sich die Geister schieden und scheiden. Auch seine Verächter werden zugeben, daß seine Tenorstimme zu den charakteristischsten und eigenartigsten gehörte, die wir kennen – man hört ihn auf jeden Fall aus 100 anderen Tenören sofort heraus. Pears hatte das Glück, nicht am Ende des 19. Jahrhunderts Sänger sein zu müssen. Bei der damaligen Übermacht von Wagner, Verdi und Puccini hätte er sicher nie eine derartige Karriere machen können. Sein Stern ging zu einer Zeit auf, als sängerische Intelligenz und Gestaltungswille gefragt waren, vom Glücksfall der künstlerischen Symbiose Pears/Britten ganz zu schweigen, die dank der Plattenzeugnisse auch nach dem Tode von Pears keineswegs pure Vergangenheit ist [die *Winterreise* Schuberts bei Decca].

Der Herztod **Richard Tuckers** (1913–1975) in einem New Yorker Hotel kam plötzlich und unerwartet. Fast auf den Tag genau 15 Jahre vorher hatte Tucker miterleben müssen, wie in einer Met-Aufführung der *Forza del destino* sein

Kollege und Freund, der Bariton Leonard Warren, mitten in seiner großen Arie auf der Bühne tot zusammenbrach. Wie Warren war auch Tucker, als er starb, aktiv und frisch wie kaum zuvor. Es war gerade zweieinhalb Jahre her, daß er nach langer Zeit wieder einmal in Verona gesungen hatte, wo er 1947 in Ponchiellis *La Gioconda* sein umjubeltes Debüt in Europa gab, mit einer noch sehr unbekannten und sehr dicken jungen Sopranistin namens Maria Callas an seiner Seite. Als Tucker 1972 als Radames und als Riccardo im *Ballo in maschera* nach Verona zurückkehrte, waren sich die Experten einig, daß die Stimme kaum Alterserscheinungen zeigte. Sein Auftritt in der Arena war mit großer Spannung erwartet worden, denn im Gegensatz zu vielen amerikanischen Kollegen hatte sich Tucker all die Jahre in Europa sehr rar gemacht. Vor allem hat er nie in Deutschland gesungen, weil er nach dem Dritten Reich als Sohn orthodoxer jüdischer Eltern sich nicht dazu durchringen konnte.

Tucker hieß eigentlich Reuben Ticker und war das Kind bessarabischer Einwanderer, der schon als Junge in einer New Yorker Synagoge sang. Tucker wurde im New Yorker Stadtteil Brooklyn geboren. Seine Ausbildung zum Opernsänger begann bei dem amerikanischen Tenor Paul Althouse, der in den dreißiger Jahren an der Met als Wagner-Tenor erfolgreich gewesen war. Sein Schüler wurde kein Wagner-Sänger, sondern ein Verdi-Tenor par excellence, der von seinem Lehrer die Maxime mitbekam, die anderen brüllen zu lassen und auf seiner kultivierten, klug disponierenden Art des Singens zu beharren, die ihm ja wirklich eine lange Karriere bescherte. Tucker war gar nicht mehr so jung, als er 1944 als Konzertsänger debütierte, dann eine Tournee mit einer italienischen Operntruppe anschloß und dabei als Alfredo in *La Traviata* auftrat. Dies war seine einzige Opernerfahrung, als er bedrängt wurde, doch mal an einem der auch heute noch stattfindenden Gesangswettbewerbe der Met teilzunehmen. Der Tenor ohne Repertoire gewann diesen Wettbewerb nicht, aber er blieb einigen Fachleuten im Gedächtnis. 1945 wollte die Met *La Gioconda* nach langer Zeit wieder in das Repertoire aufnehmen. Es gab nicht viele Tenöre, die die Partie des Enzo singen konnten, und so entschloß man sich, speziell für diese Besetzung ein Vorsingen zu veranstalten. Diesmal hatte Tucker mehr Glück – er bekam die Rolle, die er dann auch zwei Jahre später in Verona mit der Callas singen sollte. Sein Erfolg war groß, aber den internationalen Durchbruch bedeutete diese eine Met-Premiere noch nicht. Der kam erst mit der zur Legende gewordenen Aufführung von *Aida*, die unter der Leitung Arturo Toscaninis stand und sowohl für die Schallplatte aufgezeichnet wurde wie auch als erste weltweit ausgestrahlte Fernsehoper zu gelten hat (in konzertantem Gewande allerdings – ein Video ist jetzt wieder zugänglich). Von Toscanini scheint Tucker Dinge gelernt zu haben, die sein Singen fortan auszeichneten: den Drang zur Perfektion, was rhythmische und tonliche Exaktheit betrifft, den weitgehenden Verzicht auf tenorale Mätzchen, die Fähigkeit, gesungene Worte zu begreifen, ihnen Leben und Sinn einzuhauchen. Berühmt geworden ist aus dieser Aufnahme der Schluß der Radames-Arie »Celeste Aida«. Toscanini bestand darauf, daß das hohe B am Schluß piano gesungen würde, wie es Verdi seiner Meinung nach auch vorgesehen hatte. Tucker hatte damit Schwierigkeiten, und so führte Toscanini eine Kompromißlösung ein: Er ließ den Tenor das B forte singen, dann eine Oktave hinuntergehen und das mittlere B im Piano wiederholen.

Es wird Tucker vielleicht doch ein wenig enttäuscht haben, daß zu anderen Opernaufnahmen früherer Jahre sein Schwager Jan Peerce von Toscanini herangezogen wurde. Beide Tenöre, die sich später auseinanderlebten, sangen am Anfang das gleiche Fach, aus dem sich Tucker allerdings später in schwerere Partien hinausbewegte, ohne je allzu ehrgeizig etwa auf den Otello zuzusteuern. Er hat sich selbst als einen lyrisch-dramatischen Spinto-Tenor bezeichnet, eine Stimme, die in der Basis zwar lyrisch ist, aber doch den Biß, die Durchschlagskraft in der Höhe hat. Seit der Zusammenarbeit mit Toscanini war Tucker ein weltberühmter Tenor. Es gab andere Tenöre, die mehr an Starqualitäten besaßen als er, aber wenn diese schon wieder vom Sternenhimmel verschwunden waren, sang da immer noch Tucker, von dem Indispositionen, Nervenkrisen oder Skandale nicht bekannt wurden. Sein Zentrum blieb die Metropolitan Opera seiner Heimatstadt, um 1960 gastierte er häufig in London, Wien und Mailand. Unter seinen Platten sind einige Glanzlichter des Katalogs, wie zweimal die *Aida*, einmal mit Toscanini, das andere Mal mit Maria Callas als Aida. Seine Stimme besaß nicht die betörende Qualität eines Jussi Björling, nicht die Durchschlagskraft eines Franco Corelli. Er ist am ehesten dem großen Aureliano Pertile zu vergleichen in der Art, wie er aus einem eher durchschnittlichen Stimmaterial das Optimum herausholte, dessen ein Sänger seiner Intelligenz und seines künstlerischen Verantwortungsbewußtseins fähig war. Tuckers größte Leistung ist wohl der Eléazar in Halévys *Juive*, den er 1973 in London sang (ein Mitschnitt ist erhalten). Seit Enrico Caruso hatte diese Rolle niemand mehr bewältigt – der Brooklyner Jude Tucker tat dies auf modellhafte Weise (und José Carreras in der Studioaufnahme kommt dem nicht annähernd nahe) [Memories, Legato, *La Juive* bei Legato].

In kleinem Rahmen beendete **Mario Del Monaco** (1915–1982) seine Karriere, der sich doch selbst immer als überlebensgroßer Tenorheld stimmlich in Szene gesetzt hatte, vielleicht weil er zwar einen stattlichen Charakterkopf besaß, aber für einen Tenor und gar für einen »tenore eroico« um einige Zentimeter zu klein geraten war. Sein letzter Auftritt fand 1974 statt; er sang den

Luigi in Puccinis *Il tabarro* in Torre del Lago, wo der Komponist lange gelebt hatte. Del Monacos letzter großer Auftritt hatte ein Jahr zuvor an der Wiener Staatsoper stattgefunden, wo er noch einmal den Canio in Leoncavallos *Pagliacci* gesungen hatte. Er war Ende Fünfzig, aber die ehemals so stählerne Tenorstimme hatte schon seit einiger Zeit Risse und Sprünge bekommen, war durch das immer härter werdende Dauerfortissimo spröde und klanglos geworden. Die acht Jahre, die ihm noch verblieben, sahen ihn weiterhin als eindrucksvolle Erscheinung bei Gesangswettbewerben und internationalen Opernereignissen, waren aber durch Krankheiten überschattet. Seit einem schweren Autounfall mußte sich Del Monaco regelmäßig einer Dialyse unterziehen, und an einem Nierenversagen starb er auch im Oktober 1982. Die einen sehen ihn als legitimen Nachfolger Francesco Tamagnos, gar Enrico Carusos in den dramatischen Rollen, als einen der größten italienischen Heldentenöre also, die anderen qualifizieren ihn als unsubtilen Brüller ab, der mit Stentorstimme über alle Feinheiten seiner Partien hinwegsang, als Konkursverwalter des Belcantos gewissermaßen – man lese nur nach, was Jürgen Kesting von ihm hält. Die Wahrheit liegt, so meine ich, irgendwo in der Nähe der Mitte der beiden extremen Beurteilungen.

In Florenz geboren, wuchs Del Monaco als Sohn eines hohen italienischen Ministerialbeamten in Pesaro auf, der Stadt Rossinis. Die Familie war musikalisch vorbelastet, der Großvater war Organist gewesen, und die Mutter besaß eine hübsche Sopranstimme; sie war außerdem die Kusine der ersten Frau von Caruso, ein merkwürdiger Zufall. Es verwundert nicht, daß man in dieser Familie sehr früh auf die stimmliche Begabung des Sohnes aufmerksam wurde, der schon mit 14 Jahren in einem Konzert zu hören war. Daneben beschäftigte er sich mit Malerei und Bildhauerei und schloß seine Ausbildung mit einem Diplom ab. Als 20jähriger gewann Del Monaco einen Gesangswettbewerb, den der Dirigent Tullio Serafin in Rom veranstaltete – Serafin war für seine Sängernase berühmt und hat später etwa auch Maria Callas entscheidend gefördert. Schon damals sagte Del Monacos Gesangslehrer, er gebe zuviel Stimme, der Versuch allerdings, ein gestütztes Piano und ein Mezza voce sich anzueignen, führte zu einer schweren Stimmkrise, und der junge Tenor zog für sich daraus die Konsequenz, nichts mehr auf Gesangslehrer zu geben und seiner Begabung fürs laute Singen zu vertrauen. Der Zweite Weltkrieg brachte für ihn den Militärdienst, 1941 jedoch bekam er Urlaub, um am Teatro Puccini in Mailand in *Madama Butterfly* zu debütieren. Nach dem Ende des Krieges begann eine rasche und glänzende Karriere. Del Monaco war nun Anfang der Dreißig und hatte seinen Weg gefunden, und dies war der Weg des italienischen Heldentenors, des »tenore robusto«. 1946 horchte man bei den Festspielen von Verona auf: Ein junger Radames füllte die akustisch tückische Arena mühelos mit raumgreifenden Tönen, der Chénier in Triest bestätigte diesen Eindruck – beides blieben Glanzrollen in Del Monacos Repertoire. Nach einer Tournee, die er mit dem Ensemble der Oper von Neapel machte, wurde er auch international bekannt. 1951 wurde er Mitglied der Metropolitan Opera und natürlich auch der Mailänder Scala, in Mailand allerdings erhielt er nie ungeteilte Zustimmung. Bald sang er auch jene Rolle, die er fortan nach eigenen Angaben 427mal verkörperte, den Otello, und mit der er mehr als mit jeder anderen identifiziert wurde – zwei Gesamtaufnahmen und einige Live-Mitschnitte zeugen davon. Seine Karriere dauerte rund 15 Jahre. Mitte der sechziger Jahre hatte er seinen stimmlichen Zenit bereits überschritten. Der Versuch, sich als Heldentenor auch im Wagner-Repertoire zu etablieren, und zwar mit dem Siegmund, den er 1966 in Stuttgart sang, schlug fehl, und er hat ihn auch nicht wiederholt.

Es ist kein Zweifel, daß Del Monacos stählerner Bronzeklang auch heute noch zu beeindrucken vermag. Wer das bestreitet, leugnet die sinnliche Wirkung, die von einer solch virilen Stimme ausgehen kann. Seine Otello-Aufnahmen zeigen dies immer noch eindrucksvoll, ebenso der fulminante Mitschnitt der *Forza del destino* unter Dimitri Mitropoulos aus dem Jahre 1953. Hier hat man Del Monaco »at his best«, mit noch unbeschädigtem überwältigenden Material, dessen metallische Kraft mitzureißen vermag, und mit dramatischer Intensität, die ihn auch noch auszeichnete, als die Stimme nachzulassen begann. Andererseits ist nicht zu bestreiten, daß Del Monaco einem weit verbreitetem Irrtum unterlag, daß nämlich dramatisches Singen mit lautem Singen identisch sei. Bei einem Tenor wie Pertile hätte er lernen können, daß man mit der Hälfte des Stimmaterials ein noch dramatischerer Sänger sein kann, wenn man eine breite dynamische Palette ausschöpft. Andere Sänger hätten bei dem Schmetterstil, den Del Monaco kultivierte, schon sehr viel früher schlapp gemacht, sein Stimmaterial muß doch sehr robust gewesen sein, daß es so lange standgehalten hat. Es wäre ungerecht gegenüber diesem als Stimmphänomen doch bedeutenden Sänger, wenn wir seine Leistungen, vor allem als Otello, minimieren würden – wenn jemand für eine ganze Generation mit dieser Rolle identifiziert wird, dann kann seine Leistung nicht nur defizitär gewesen sein (vgl. dazu das *Otello*-Intermezzo) [EMI, Decca].

Es ist auch im Rückblick mehr als erstaunlich, welche Rollenvielfalt die italienische Altistin **Giulietta Simionato** (*1910) (die man genausogut auch als Mezzosopranistin oder Koloraturaltistin bezeichnen könnte) in ihrer langen und überaus erfolgreichen Karriere gesungen hat. Da gab es von ihr in einer Spielzeit Glucks Orpheus, die Valentine in Meyerbeers *Huguenots*, Rossinis *Cenerentola* und die Santuzza in Mascagnis *Cavalleria rusticana* zu hören. Die

Simionato hat damit für ihr Stimmfach jene Breite und Vielseitigkeit zurückgewonnen, die früheren Zeiten selbstverständlich war, im Zeitalter der Spezialisierung aber verlorenging. Blickt man auf die unmittelbaren Vorgängerinnen, so muß man konstatieren, daß Giulietta Simionato sowohl die Nachfolgerin der dramatischen Mezzosopranistinnen wie Fedora Barbieri und Ebe Stignani war, in Rollen wie der Amneris, der Eboli, als auch die der weltberühmten Spanierin Conchita Supervia, die in den zwanziger Jahren einer staunenden Opernwelt bewiesen hatte, daß es gerade in den großen Rossini-Rollen wie der Rosina, der Cenerentola, der Semiramis doch möglich war, mit einer Altstimme die geforderte Virtuosität einzubringen. Die Simionato mag nicht die stimmliche Kraft einer Ebe Stignani, nicht die Virtuosität einer Supervia gehabt haben, sie war sozusagen die ideale Kreuzung beider Traditionen und scheute auch nicht vor Ausflügen ins Fastsopranfach zurück, wie eben die Rolle der Valentine zeigt. Wenn man heute Agnes Baltsa zujubelt, sollte man nicht vergessen, daß hier unmittelbar an die Tradition der Supervia und Simionato angeknüpft wird.

Giulietta Simionato wurde in Forlì geboren, als Tochter eines Venezianers und einer Sardinierin, zweier sehr gegensätzlicher Temperamente also. Ihre Kindheit verbrachte sie in Sardinien. Relativ früh wurde ihre stimmliche Begabung entdeckt und zunächst in Rovigo vom dortigen Leiter der Stadtkapelle, Ettore Locatello, ausgebildet, dann in Mailand von Guido Palumbo. Beide Lehrer schärften ihr ein, sich nicht durch den vorhandenen ungewöhnlichen Stimmumfang zu den falschen Rollen verführen zu lassen und nie zu vergessen, daß sie in erster Linie ein Mezzosopran sei. Trotz des Repertoires von rund 70 Rollen, das sich die Simionato erarbeitete, ist sie Versuchungen in dieser Richtung (so bot ihr Tullio Serafin die Lady Macbeth und Puccinis Mädchen aus dem Goldenen Westen an) doch aus dem Weg gegangen.

Mit 23 Jahren gewann sie einen Belcanto-Wettbewerb in Florenz, das war 1933, aber es dauerte noch zwei Jahre, bis sie zum erstenmal auf der Opernbühne stand, ebenfalls in Florenz, in einer Oper des damals als avantgardistisch berühmten, heute kaum noch bekannten italienischen Komponisten Ildebrando Pizzetti. Ein Jahr später meldete sich bereits die Mailänder Scala, und alles schien auf eine sogenannte Blitzkarriere hinauszulaufen. Dann aber gab es in der Laufbahn Giulietta Simionatos eine merkwürdige, sehr lang dauernde Flaute. Sie erhielt nur immer kurzfristige Verträge für kleine und kleinste Rollen – die großen durfte sie nur als sogenannte »doppia« studieren, das heißt als potentielle Einspringerin für eine berühmtere Sängerin. Es dauerte einige Zeit, bis sie begriff, daß sie so nicht weiterkam, und als man ihr keinen attraktiveren Vertrag anbieten wollte, verließ sie die Scala und sang an anderen italienischen Bühnen wie Rom, Florenz, Bologna, Triest, die zwar nicht so renommiert waren, ihr aber doch größere Entfaltungsmöglichkeiten boten.

1947 kehrte die inzwischen auch außerhalb Italiens berühmte Mezzosopranistin an die Scala zurück. Als Mignon in Thomas' Oper und als Dorabella in *Così fan tutte* hatte sie das, was man einen Durchbruch nennt, und sie blieb bis 1966 der unbestrittene Star in ihrem Fach. Eines der großen Erlebnisse, wie sie erzählt, war das Gedächtniskonzert für Arrigo Boito, das Arturo Toscanini 1948 in der Scala dirigierte und in dem sie die Rolle der Rubria in Boitos *Nerone* sang. Mit der Rolle der Giovanna Seymour in Donizettis *Anna Bolena* etablierte sie sich als ebenbürtige Partnerin von Maria Callas, mit der sie dann zahlreiche gloriose Auftritte und Plattenaufnahmen absolvierte. Die fünfziger und frühen sechziger Jahre waren die Zeit eines unangefochtenen Weltruhms, dessen Höhepunkte man nicht alle aufzählen kann – es seien hier nur der Orpheus bei den Salzburger Festspielen 1959 genannt und die Azucena in der legendären Produktion von Verdis *Trovatore* ebenfalls in Salzburg 1962 unter Herbert von Karajan. Die Live-Aufnahme dieser Aufführung vermag uns zu belehren, daß Giulietta Simionato keine ausgesprochene Studiosängerin war, denn dieses Aufführungsdokument, eine der mitreißendsten Versionen dieser Oper überhaupt, zeigt, daß die Bühnenpräsenz dieser Sängerin groß war, während im Studio ihr Bemühen um technisch makellosen Gesang manchmal zu einer instrumental-kühlen Interpretation führte, zumal die Stimme an sich nicht die Qualität des Außergewöhnlichen hat – die gewann ihr Gesang erst durch die darstellerische Präsenz dieser äußerlich eher unscheinbaren, von Starallüren freien Sängerin. 1966 zog Giulietta Simionato sich von der Bühne zurück, aber immer noch kann man sie in den Jurys großer Gesangswettbewerbe sehen [Nuova Era].

Einem bekannten Bonmot zufolge ist es ganz einfach, *Il trovatore* zu besetzen, man brauche nur die vier besten Sänger der Welt zu nehmen. Nach meinem Eindruck ist dies im Studio am ehesten der Aufnahme unter Renato Cellini gelungen, die in den fünfziger Jahren entstand. Ihm standen für die vier Hauptrollen **Zinka Milanov** (1906–1989), Fedora Barbieri, Jussi Björling und Leonard Warren zur Verfügung. Zinka Milanov war Kroatin, sie wurde in Zagreb geboren. Bereits im bemerkenswerten Alter von vier Jahren soll sie mit dem Singen begonnen und mit acht Jahren in einer privaten Aufführung die Carmen gestaltet haben – früher kann man eigentlich kaum anfangen. Nachdem ihre Stimme sich zu einem Sopran entwickelt hatte, studierte sie bei Milka Ternina in Zagreb und debütierte 1927 in Laibach, also immer noch in recht jugendlichem Alter. Ursprünglich hatte Zinka Milanov mit der Oper nicht viel im Sinn gehabt, ihr Ehrgeiz ging auf eine Konzertlaufbahn, aber ihre Lehrerin, die einst an der Met viele Wagner-Rollen verkörpert hatte, überredete sie zu einer Opernkarriere. Sehr bald wurde sie an die Nationaloper in Zagreb verpflichtet, wo sie fast jeden Abend auf der Bühne stand und sich ein ungemein breites Repertoire erarbeitete, von der *Fidelio*-Leonore und Sieglinde bis zur Butterfly und Marschallin, eine harte Schule, die sie ohne Schaden überstand. 1936/37 war sie in Prag engagiert, und es schien fast so, als ob dem fulminanten und frühen Beginn dieser Laufbahn eine Karriere nur mittleren Ausmaßes folgen sollte, da kam 1937 jener Zufall zu Hilfe, von dem so viele Sängerbiographien zu berichten wissen. In Wien war die für eine *Aida*-Vorstellung vorgesehene Sopranistin plötzlich erkrankt, und man telegraphierte nach Prag, ob Zinka Milanov einspringen könne. Sie konnte und hatte einen bemerkenswerten Erfolg und das Glück, daß Bruno Walter die Vorstellung dirigierte. Er war von ihr sehr angetan und fragte sie gleich nach der Vorstellung, ob sie sich zutraue, bei den Salzburger Festspielen das Verdi-*Requiem* unter Arturo Toscanini zu singen, der verzweifelt nach einem Sopran suchte. Sie sang Toscanini vor und wurde engagiert. Inmitten eines Weltstar-Ensembles (Helge Rosvænge und Alexander Kipnis waren beteiligt) hatte Zinka Milanov einen enormen Erfolg. Julius Korngold schrieb damals: »Eine neue Sonne ist aufgegangen. Die Sterne standen im Schatten der neuen Sängerin aus Jugoslawien.«

Die Schallplatte wurde erst auf sie aufmerksam, als ihre Karriere sich bereits dem Ende zuneigte, ohne daß ihre Stimme wesentliche Alterserscheinungen aufgewiesen hätte. Ein Jahr nach ihrem Salzburger Triumph war Zinka Milanov bereits Mitglied der Metropolitan Opera, und sie blieb es über 20 Jahre lang bis zum Ende der fünfziger Jahre, in Europa hat sie während dieser Zeit nie mehr gesungen. An der Met wurde sie die Nachfolgerin Elisabeth Rethbergs, ohne deren Wagner-Rollen mitzuübernehmen. Ihre besten Rollen waren wohl Bellinis Norma, Ponchiellis Gioconda, in einem fulminanten Mitschnitt von 1939 festgehalten (mit Giovanni Martinelli als Enzo), und die beiden Leonoren in Verdis *Forza del destino* und *Trovatore*. Die Norma hielt Zinka Milanov für die schwierigste Sopranpartie überhaupt, schwieriger als die Wagnerschen Brünnhilden. Sie war der Liebling des New Yorker Publikums, während sie mit der Kritik gelegentlich eine Privatfehde austrug, weil an ihren Spitzentönen gemäkelt wurde, und wirklich klingen auch auf ihren Platten manche Höhen schrill und unfrei, während der gleiche Ton in einer anderen Phrase vollkommen ist. Eine Einschränkung, die ich viel entscheidender finde, ist, daß all ihren Verkörperungen eine Art vornehmer Distanziertheit anzumerken ist, eine gesangliche Statuarik, die auch auf der Bühne nicht verborgen blieb. Vergleicht man etwa ihre Leonora mit der Interpretation durch Leontyne Price oder gar ihre Tosca mit der von Maria Callas, so fehlen doch einige Dimensionen. Überlegen ist Zinka Milanov ihren Konkurrentinnen allerdings in der puren Stimmschönheit, der jederzeit abgerundeten Tonproduktion und den schwebenden Pianokantilenen. In dieser Beziehung braucht sie wohl in Vergangenheit und Gegenwart keinen Vergleich zu scheuen [RCA, Legato].

Eine »voce d'angelo«, eine Engelsstimme, soll ihr Maestro Arturo Toscanini bescheinigt haben, das wird seit Jahrzehnten von Fans und Plattentexteverfassern über **Renata Tebaldi** (*1922) kolportiert – »dat hebt«, sagt der Kölner. Tebaldi selbst jedoch, bescheiden und natürlich geblieben bei allem Selbstbewußtsein, hat diese Legende eigenhändig korrigiert. 1950 sang sie mit Toscanini in der Scala Verdis *Te Deum*. Für einen bestimmten Teil ihres Parts wünschte sich der Dirigent den Eindruck, als ob die Stimme des Soprans wie vom Himmel erschalle, und postierte die junge Tebaldi dafür über und hinter dem Chor – das war die nüchterne Grundlage für eine verkaufsfördernde Legende. Aber auch ohne das Toscanini-Kompliment bleibt an der Laufbahn der Tebaldi genug zu bestaunen.

Begonnen hatte sie 1944 in Rovigo, wo sie die Elena in Boitos *Mefistofele* sang, 22 Jahre alt. In Pesaro war Renata Tebaldi geboren worden, und wenn Rossini der Schwan von Pesaro war, dann müßte sie die Schwänin gewesen sein, denn sie sang auf jeden Fall besser als der Komponist (zu dessen Œuvre sie keine besondere Beziehung entwickelte). Ihre Kindheit war überschattet durch die Trennung der Eltern (lange hielt sie ihren Vater, einen Cellisten, für tot, bis er eines Tages wieder überraschend auftauchte) und durch eine Kinderlähmungsattacke, die lange währende Folgen hinterließ, bis hin zu ihrer relativen Unbeweglichkeit auf der Bühne. Der Zufall wollte es, daß das Café ihres Onkels in Pesaro von Carmen Melis besucht wurde, eine der Sopranprimadonnen der Scala in den zwanziger Jahren, die noch mit Enrico Caruso und Titta Ruffo auf der Bühne gestanden hatte. Die Melis wurde auf die Gesangselevin aufmerksam und ist ihre wichtigste Lehrerin geblieben. Nach ihrem Debüt, im Kriegsende notwendigerweise unbeachtet, kam Toscanini, bei dem sie vorsang und der sie sogleich für Konzerte an der wiedereröffneten Scala engagierte (wiedereröffnet als Konzertsaal, die Bühne war noch nicht funktionsfähig). Im Eröffnungskonzert im Mai 1946 sang sie dann den Sopranpart in der Preghiera aus Rossinis *Mosè in Egitto* – dieses eine Mal also mit dem Schwan von Pesaro innig verbunden, und ein technisch miserabler Mitschnitt des Konzerts läßt ihren jugendfrischen Sopran so aufleuchten, daß in der Tat Toscaninis angeblicher Ausspruch wahr hätte sein können. Es folgten die ersten Bühnenauftritte im Ensemble der Scala und dann seit etwa 1950 jene Weltkarriere, die im einzelnen hier nicht nachgezeichnet werden kann.

Seit Mitte der fünfziger Jahre verlagerte sie ihren künstlerischen Schwerpunkt an die Met, nicht zuletzt, weil die berüchtigte Callas-Tebaldi-Fehde ihr die Tätigkeit an der Scala verleidete. Lanfranco Rasponi stellt in seinem Buch *The Last Primadonnas* es so dar, daß die »Schuld« eindeutig bei Callas zu suchen ist, zurückgehend auf einen Vorfall in Rio de Janeiro 1951, wo diese einen eklatanten Mißerfolg auf eine Intrige Tebaldis zurückführte (Einzelheiten sind bei Rasponi nachzulesen). Wie dem auch sei, man muß Tebaldi zugestehen, daß sie wie meist so auch hier Haltung bewahrt hat. Der Tod ihrer Mutter, mit der sie in einer bedenklich innigen Symbiose gelebt hatte, und eine Phase der Erschöpfung führten in der ersten Hälfte der sechziger Jahre zu einer schweren stimmlichen und persönlichen Krise, die sie nur mit einer einjährigen Singpause bewältigen konnte. Als sie auf die Bühne zurückkehrte, war ihre Stimme merklich nachgedunkelt, und die sich schon früher andeutenden Schwierigkeiten in der Höhe wuchsen sich jetzt zu einem echten Problem aus, kurioserweise ganz ähnlich wie bei Callas, von der sie ansonsten doch Welten trennten. Sie setzte zwar ihre breite Plattenaufnahmetätigkeit fort, aber diese Einspielungen aus den späten sechziger und frühen siebziger Jahren sind mit Vorsicht zu genießen. 1973 verabschiedete sie sich mit der Desdemona von ihrem New Yorker Publikum (in New York hatte Callas nie richtig reüssiert, ausgleichende Gerechtigkeit), und damit war ihre Karriere auch weitgehend zu Ende.

Wer Renata Tebaldi als statiöse, langweilige Stimmbesitzerin gegen Callas ausspielt, tut ihr Unrecht. Gewiß, geht man ihre Rollenphotos durch, dann hat man schon den Eindruck, daß ihr breitflächiges Gesicht zu zwei Ausdrucksnuancen in der Lage war, einer heiteren und einer traurigen, und sie selbst hat nie behauptet, Rollen wie der Norma und der Medea gewachsen zu sein (sie hat sie auch nie gesungen). Man höre sich jedoch einmal den berühmten Mitschnitt der *Forza del destino*-Aufführung Florenz 1953 an, in der ihre Leonora all die Dramatik entfaltet, bis hin zu bewußten stimmlichen Schärfen, die man von der Rolle gerechterweise erwarten kann. In der Rolle der Tosca konkurrierte sie direkt mit Callas (als Leonora war sie, halten zu Gnaden, ihr überlegen), und hier entwickelt sie, in der zweiten Aufnahme von 1960, ein eigenständiges Rollenporträt, mit allen erforderlichen Nuancen, wenn auch ohne die Callassche Selbstentäußerung. Um 1960 hat sie ihre besten Aufnahmen gemacht: Die Stimme war noch intakt, ihre sängerische Persönlichkeit ausgereift, das zeigt zum Beispiel auch ihre Desdemona in der Aufnahme mit Herbert von Karajan von 1961, verletzlich und doch würdevoll und mit jenen flutenden weichen Tönen gesungen, die ihren Ruhm verständlich werden lassen. Die ernste, warme Kraft ihrer herrlichen Stimme entfaltet sich aufs schönste in der mittleren Lage, und wenn ich es wagen darf, von dorther eine Einstufung ihrer Tessitura vorzunehmen, dann muß ich den leisen Verdacht äußern, daß hinter diesem Sopran in Wahrheit ein Mezzo verborgen war, denn das

würde die früh auftretenden Höhenschärfen erklären und die rapide Nach-
dunklung der Stimme in einem Alter, in dem das ansonsten nicht zu erwarten
ist. Unabhängig von dieser Einschätzung bleibt die humane Kraft ihres Singens
nicht genug zu bewundern, und wenn sie die Stimme eines Engels hatte, dann
die eines, der frühzeitig für irdische Aufgaben herangezogen worden ist [Decca,
Nuova Era].

Es ist sicher ungalant, eine Sängerin in diesem Abschnitt einzuordnen, die noch
im Jahr 1990 Liederabende in Wien und Berlin gegeben hat, aber es entzieht
sich meiner Kenntnis, ob diese Abende wirklich noch ein Zeichen sängerischer
Kunstfertigkeit waren oder nur eine Reminiszenz an frühere gloriose Zeiten.
Es ist auf der anderen Seite nicht zu bestreiten, daß die stimmliche Glanzzeit
von **Victoria de los Angeles** (*1923) in den fünfziger Jahren lag und in die
sechziger Jahre hineinreichte (daran ändert auch die Rolle der Carmen nichts,
die sie 1979 zum erstenmal an der New York City Opera sang). Ihre Elisabeth
in *Tannhäuser*, die ich Anfang der sechziger Jahre in Bayreuth hörte, ist mir
jedenfalls ein unauslöschlicher Eindruck geblieben, eine Figur der spanischen
Mystik mehr als der deutschen Tradition – sie selbst assoziierte damals Teresa
von Avila als Vorbild für die Kontur dieser Rolle. Das rundliche, fast puppen-
hafte Gesicht ließ zunächst eine eher kandierte Interpretin befürchten, aber
das Gegenteil war der Fall: Ernst und herb war diese Elisabeth, durchdrungen
von ihrer Mission, stimmlich in einer aufregenden Schwebe zwischen Jung-
fräulich und Fraulich. Ob Rollen wie Elsa und Elisabeth, wie Butterfly und
Traviata nicht doch eigentlich außerhalb ihrer Reichweite lagen und so zum
relativ frühen Nachlassen der stimmlichen Kräfte führten, das sich zuerst in
zunehmenden Höhenschärfen bemerkbar machte, bleibe dahingestellt. Es gibt
zu denken, daß ihre schönsten Gesamtaufnahmen Massenets Manon und Charlotte im *Werther* sind, Partien mit tieferer Tessitura, als es Sopranrollen sonst zu
sein pflegen.

Bei Dolores Frau am Konservatorium ihrer Geburtsstadt Barcelona hatte
Victoria de los Angeles ihre Stimme ausbilden lassen, 1946 debütierte sie am
Teatro Liceo als Gräfin im *Figaro* (Mozart spielte später keine entscheidende
Rolle mehr in ihrem Repertoire, obwohl manche meinen, sie hätte in diesem
Bereich ihre Hauptaufgabe suchen sollen). Bald sang sie auch ihre ersten Wagner-Rollen, dann fiel sie in Mailand, London und Paris als Ariadne, Mimì und
Marguerite auf. In den fünfziger Jahren verlagerte sich ihre Operntätigkeit an
die Met, wo sie ein breites Repertoire sang, bevor sie in den sechziger Jahren
wieder nach Europa zurückkehrte, durch ihre Bayreuther Auftritte mit Aplomb
eingeführt. Ihre Einfühlung in die deutsche Sprache und die deutsche Musik,
sei es Wagner, seien es Lieder von Schubert und Brahms, war erstaunlich; sie

hatte nicht umsonst mit Elena Gerhardt das deutsche Repertoire im Liedbereich sich erarbeitet, aber ohne die Butterfly und die Mimì herabwürdigen
zu wollen: Interpretationen von identifikatorischer Kraft erreichte Victoria de
los Angeles vor allem im französischen Repertoire. Wer einmal ihr »Pie Jesu«
aus Faurés *Requiem* gehört hat, in der völlig eigenartigen Mischung aus Herb-
heit, Innigkeit und verhaltener Verzückung, der ist für jede andere Version dieser
kurzen, aber magnetischen Passage verdorben, und diesen Magnetismus vermochte sie auf ihre Massenet-Figuren auszudehnen – vor allem ihretwegen
sind die genannten Gesamtaufnahmen der beiden bedeutendsten Massenet-
Opern von bleibender Eindruckskraft [EMI].

1947 gastierte die Wiener Staatsoper in London, ein Gastspiel, das eine Signal-
wirkung für den Wiederbeginn des Opernlebens im zerstörten Europa hatte.
Es war jenes Gastspiel, bei dem Richard Tauber seinen letzten Bühnenauftritt
als Don Ottavio hatte. Neben dem *Don Giovanni* gab es auch Strauss' *Salome*
zu hören und zu sehen. Der Kritiker Alex Natan erinnerte sich später an diesen
Abend:
»Wenige Minuten nach Beginn der Oper erschien Salome, von den lie-
besgierigen Augen ihres Stiefvaters auf die mondsüchtige Terrasse getrieben.
Aber keine frühreife Asphaltpflanze, keine orientalische Lulu schlängelte sich
ihren Weg zur Zisterne, in der der Täufer schmachtete. Wie eine exotische
Stichflamme raste eine Frau mit brandroten Haaren die Rampe herunter, von
den hemmungslosen Furien der Sinne getrieben. Ein erregendes, ein unvergeßliches Fanal! Längst bevor sich diese Stimme vernehmen ließ, waren
wir ihr bereits verfallen. Die Begegnung dieser Salome mit Johannes dem
Täufer endete in einem psychopathologischen Liebestod, der vielleicht einmalig geblieben ist.«
Die Sängerin, die einen solchen Eindruck hinterließ und die von vielen
noch heute als die beste Salome seit der Uraufführung dieses Werkes angesehen wird, hieß **Ljuba Welitsch** (*1913). Dieser Ruhm ist um so erstaunlicher, als ihre Karriere sich international auf die Jahre zwischen 1945 und
1955 beschränkte und nur sehr wenige Schallplatten von ihrem Können
Zeugnis ablegen. Ljuba Welitsch stammt aus Bulgarien, wo sie in Borissowo
geboren wurde (mit dem jugoslawischen Bariton Alexander Welitsch ist sie
nicht verwandt). Sie begann ihre Ausbildung am Konservatorium von Sofia.
1934 kam sie nach Wien und nahm Unterricht bei Theo Lierhammer, bei
dem auch Erich Kunz und Maria Reining studierten. 1936 wurde sie an das
Grazer Opernhaus engagiert, wo sie ausgerechnet als eine der Wagnerschen
Walküren begann, ein Repertoire-Gebiet, das sie später nie wieder berührte.
Es kamen die ersten Puccini-, Verdi- und Mozart-Partien. Im Krieg sang sie

zunächst vor allem in Hamburg, dann an der Wiener Volksoper und in München.

An der Volksoper sang sie ihre erste Salome, die sie dann (und das wird man als ihren Durchbruch bezeichnen können) an der Wiener Staatsoper in einer der Festaufführungen zu Richard Strauss' 80. Geburtstag gestalten konnte, mit den Ratschlägen des Komponisten versehen. Wenn es auch keine reguläre Schallplattenaufnahme dieses Werkes mit Ljuba Welitsch gegeben hat, so besitzen wir doch glücklicherweise einen Mitschnitt einer Aufführung der Metropolitan Opera aus dem Jahr 1949 unter Fritz Reiner sowie mehrere Versionen der Schlußszene, die deutlich erkennen lassen, worin die von Natan beschriebene Faszination lag, die von dieser Interpretation ausging. Eine 15jährige mit einer Isoldenstimme, wie sie der Komponist im Ohr hatte, ist auch Ljuba Welitsch nicht, aber ich bin nicht sicher, ob man sich solch eine abstruse Kombination überhaupt wünschen sollte. Ihre Stimme war ein jugendlich-dramatischer Sopran mit gar nicht so großem Volumen, aber sich in der Höhe erstaunlich entfaltender Tragkraft und einem aus Süße und Sinnlichkeit einzigartig gemischten Timbre, das gerade den berühmten hochdramatischen Rollenvertreterinnen eigentlich immer abgeht.

Von kleiner Statur und schon damals zum, wie man in Wien sagt, »Mollerten« neigend, entsprach Ljuba Welitsch auch in ihrer Glanzzeit nicht dem glamourösen Ideal einer Salome, auf das man heute eingeschworen ist, sie besaß dafür aber alle nur schwer in Worte zu fassenden Zwischentöne dieser in den Farben der Dekadenz schimmernden und schillernden Figur. In den folgenden Jahren war Ljuba Welitsch dann die gefragteste Salome in Wien, in London, in Mailand und in New York – dem Ensemble der Met gehörte sie zwischen 1948 und 1952 an. Ihre Identifikation mit dieser Rolle verdunkelt heute die Tatsache, daß sie große Erfolge auch als Donna Anna in *Don Giovanni* hatte, die sie unter Wilhelm Furtwängler bei den Salzburger Festspielen sang, ebenso als Aida und Tosca und als Tatjana in *Eugen Onegin*. Ob die lyrische Grundsubstanz der Stimme diesen schweren Partien letztlich doch nicht gewachsen war, bleibt unklar. Tatsache ist, daß ihre Karriere bereits Mitte der fünfziger Jahre sich dem Ende zuneigte. Bis 1964 blieb sie Mitglied der Wiener Staatsoper und konnte sich dann, ein weiblicher Leo Slezak, eine zumindest an der Anzahl der Filme gemessen beachtliche Filmkarriere als komische ältere und alte Darstellerin aufbauen. 1972 hatte Rudolf Bing die gute Idee, Ljuba Welitsch wieder auf die Opernbühne zurückzuholen: als Herzogin von Crakentorp trat sie in Donizettis *Fille du régiment* noch einmal auf der Bühne der Met auf, von ihrem alten Publikum enthusiastisch gefeiert [EMI, Melodram, *Salome*-Mitschnitt bei Melodram].

»Ich bin eine K.u.K.-Mischung«, pflegt **Sena Jurinac** (*1921) zu sagen, wenn man sie nach ihren Eltern fragt. Sie wurde in Travnik in Jugoslawien geboren und hatte damals noch den etwas längeren Vornamen Srebrenka. Der Vater stammte aus Kroatien und hatte bei seinem Medizinstudium in Wien seine künftige Frau kennengelernt. Als Militärarzt bekam er eine Stelle in dem bosnischen Bergstädtchen Travnik. Mit ihrer Mutter zog Sena Jurinac nach Zagreb, wo sie ihre Stimme an der Musikakademie und bei Milka Kostrencic ausbilden ließ, die auch die Lehrerin von Zinka Milanov gewesen war. Der Beginn der Gesangsausbildung fiel mit dem Beginn des Zweiten Weltkriegs zusammen.

Im Mai 1942 betrat Sena Jurinac als Mimì in *La Bohème* die Bühne des Zagreber Nationaltheaters. Der Erfolg war groß, und ihr wurde von einigen Rezensenten eine bedeutende Zukunft prophezeit. Man wurde auch außerhalb Zagrebs auf sie aufmerksam. Ein Vorsingen in München bei Clemens Krauss war nicht erfolgreich, in Wien jedoch kam sie besser an, wo sie von Karl Böhm noch 1944 an die Staatsoper verpflichtet wurde. Das Kriegsende und die Zerstörung des Hauses verhinderten zunächst den Antritt dieses Engagements, das dann unter sehr provisorischen Bedingungen am 1. Mai 1945 in der Volksoper als Cherubino in Mozarts *Le nozze di Figaro* begann, womit gleichzeitig schon eine Festlegung auf Hosenrollen gegeben war, die Sena Jurinac lange begleiten sollte. Bald darauf begann im Theater an der Wien ein Spielbetrieb der Staatsoper, der als Provisorium zehn Jahre lang dauern sollte und von vielen noch heute als die beste Zeit der Staatsoper nach dem Krieg angesehen wird. In dem nun schon legendären Ensemble jener Jahre, mit Irmgard Seefried, Anton Dermota, Erich Kunz, Paul Schöffler und vielen anderen, war die junge Jurinac zunächst Mädchen für alles. Sie wurde auf sträfliche Weise überlastet und in allen möglichen wichtigen und unwichtigen Rollen eingesetzt – im ersten Jahr sang die technisch noch nicht sattelfeste Nachwuchskraft 150 Vorstellungen. Trotz ihrer kerngesunden Natur führte diese Belastung 1948 zu einer schweren stimmlichen Krise, die nur langsam überwunden wurde.

Langsam kristallisierten sich zwei Schwerpunkte im Repertoire von Sena Jurinac heraus: Mozart und Strauss. Zu dem Cherubino trat bald der Octavian im *Rosenkavalier* und der Komponist in *Ariadne auf Naxos*, zunächst noch tastende Versuche, später dann aber jene Verkörperungen, mit denen sie einen Gipfel ihrer Darstellungs- und Gesangskunst erreichte. Der erste Dirigent, der ihre Begabung in vollem Umfange erkannte, war Fritz Busch, mit dem sie die Fiordiligi in *Così fan tutte* bei den Festspielen von Glyndebourne erarbeitete, ein Jahr später die Ilia in *Idomeneo*. Aus diesen Jahren 1950 und 1951 datiert ihr künftiger Weltruhm als Mozart-Sängerin. Bald kam auch noch die Elvira in Mozarts *Don Giovanni* hinzu. Der Gefahr der Festlegung auf die genannten

Rollen entging Sena Jurinac wiederum mit Hilfe eines prominenten Dirigenten. Herbert von Karajan, Wiener Staatsoperndirektor in der zweiten Hälfte der fünfziger Jahre, führte sie behutsam in das italienische Fach ein: Desdemona, Elisabeth in *Don Carlos* und nicht zuletzt Butterfly, eine zunächst verblüffende Besetzung, weil man diese Partie nicht von einem relativ dunklen mezzonahen Sopran wie dem der Jurinac gewohnt war. 1960 kam dann für die Eröffnung des neuen Großen Festspielhauses in Salzburg mit dem *Rosenkavalier* als Octavian niemand anders in Frage als sie – durch den Opernfilm dieser Inszenierung wurde sie weltbekannt.

Sena Jurinac hat ein erstaunliches Repertoire gesungen, nicht nur in ihren Anfangsjahren. Sie hat sogar den Sprung ins hochdramatische Fach gewagt und die *Fidelio*-Leonore gesungen (zum erstenmal unter Otto Klemperer in London); sie ist dabei keineswegs gescheitert, war aber vorsichtig genug, ihre Auftritte in dieser Rolle sehr zu beschränken. Der einzige Bereich, der ihrer ungestümen Neugier auf neue Erfahrungen verschlossen blieb, waren die Werke Wagners, vielleicht verursacht durch eine unglücklich verlaufende Zusammenarbeit mit Wieland Wagner. Zur großen Enttäuschung ihrer Verehrer hat sie Mitte der sechziger Jahre den Octavian aufgegeben und ist ohne großes Aufsehen in die Rolle der Marschallin geschlüpft, hat daneben noch sich die Marie in Bergs *Wozzeck* erarbeitet.

Auch heute noch hat sich Sena Jurinac keineswegs ganz zurückgezogen. Sie gibt gelegentlich Konzerte, ist für Festspiele in ihrer Heimat tätig, leitet Meisterkurse. In zweiter Ehe ist sie mit einem Augsburger Chirurgen verheiratet. Sena Jurinac war eine der bezwingendsten Sängerdarstellerinnen ihrer Generation. Wenn sie sang, schien sie die Wärme und Fülle ihrer Persönlichkeit in jede Phrase zu legen und aus ihren großen leuchtenden Augen strahlen zu lassen; das Geheimnis ihrer Wirkung hing mit diesem Magnetismus zusammen, denn ihre wenigen Schallplatten geben diese Wirkung nicht vollständig wieder [EMI].

Das Leben der Sopranistin **Maria Cebotari** (1910–1949) enthält so viele Elemente eines tragischen Rührstücks, daß man sich wundern muß, warum der Film nicht schon längst sich dieses Schicksals bemächtigt hat, wie er es mit dem von Joseph Schmidt tat, zumal sie wie auch Schmidt selbst als Filmsängerin und Filmschauspielerin tätig war, und das sehr erfolgreich. Titel wie *Mädchen in Weiß, Starke Herzen, Mutterlied* und *Melodie der Liebe* sind der älteren Generation wohl noch vertraut – die letzten beiden Filme drehte die Cebotari gemeinsam mit Beniamino Gigli, den sie an schauspielerischem Talent weit übertraf, in einem weiteren Film stellte sie die berühmte Sängerin María Malibran dar, trat aber auch in Filmen auf, in denen sie nicht sang, sondern nur das verkörperte, was der damalige Geschmack als aparten slawischen Typ schätzte.

Als Schauspielerin hatte Maria Cebotari angefangen. Geboren wurde sie in Kischinew (Bessarabien). Als Kindersopran sang sie in Gottesdiensten und verzierte mit ihren früh gereiften stimmlichen Fähigkeiten diverse Familienfeste der besseren Gesellschaft von Kischinew. Außer der Tatsache, daß sie eigentlich Cebutaru hieß, wissen wir ansonsten über ihre Familie und Lebensumstände in diesen Jahren fast nichts. Bekannt ist nur, daß sie mit 14 Jahren ins Konservatorium der Stadt aufgenommen wurde und dort mit Fleiß und Konzentration lernte, eine Eigenschaft, die sie bis ans Ende ihrer kurzen Karriere beibehielt. Der erste Mächtige, dem Maria Cebotari vorsang, war Fritz Busch, der Chef der Dresdener Staatsoper und als Kenner der menschlichen Stimme geschätzt. Auch in diesem Falle versagte sein Ohr nicht. Er engagierte die 20jährige, gab ihr Zeit zum Rollenstudium und zur Perfektionierung der deutschen Sprache und dann am 15. April 1931 ihre erste Chance. Es war keine Premiere, die zu sehr an den Nerven gezehrt hätte, sondern die Repertoirevorstellung der *Bohème*, als Tenorpartner fungierte der vergötterte Tino Pattiera, und Busch selbst dirigierte. Der ungemein schnellen Auffassungsgabe der Cebotari fügte sich jetzt Rolle auf Rolle – wie ein Schwamm saugte sie Anregung und Anforderungen in sich auf und verwandelte sie in ausstrahlungsmächtige Bühnenfiguren, mit einer Energie, die man der zierlichen jungen Frau nicht zutraute. Bis 1935 war sie in Dresden engagiert. Krönender Abschluß ihrer dortigen Tätigkeit war die Uraufführung der *Schweigsamen Frau* von Strauss, in der sie die Aminta sang, zur großen Begeisterung des Komponisten, der sie auch als Arabella, Daphne und Salome bewunderte. Bruno Walter hörte Maria Cebotari in Dresden und verpflichtete sie für die Salzburger Festspiele, wo sie in Werken Glucks und Mozarts auftrat. 1935 wechselte sie von Dresden nach Berlin an die dortige Staatsoper, blieb Dresden aber weiterhin verbunden.

1936 begann ihre Filmkarriere – sie war erst 26 Jahre alt –, und gleichzeitig begann sie auch für die Klatschspalten der Boulevardpresse interessant zu werden: eine attraktive junge Frau mit exotischem Einschlag, eine vielversprechende Sopranistin, auf die bedeutende Dirigenten große Stücke hielten, die außerdem mit einem wesentlich älteren russischen Emigranten verheiratet war und dann bei ihrem zweiten Film einen prominenten, auf bergsteigende Naturburschen spezialisierten Filmschauspieler namens Gustav Dießl kennenlernte und mit ihm aus der ersten, zu früh geschlossenen Ehe ausbrach – das mußte eine Öffentlichkeit interessieren, die weit über die Öffentlichkeit des Dresdener oder Berliner Opernhauses hinausging. Mit großer Energie zwang sich Maria Cebotari, auch diesen Rummel zu überstehen und sich in ihrem künstlerischen Entwicklungsprozeß nicht beirren zu lassen. Es waren Jahre, in denen immer größere Aufgaben auf sie zukamen. Solange es die politischen Ereignisse zuließen, gastierte sie an den großen europäischen Bühnen mit ihrem sich immens erweiternden und immer vielseitiger werdenden Repertoire, in dem die Traviata und Tschaikowskis Tatjana Glanzpunkte bildeten. Nach Kriegsende sang sie *Arabella*, mit der ganz jungen Lisa della Casa als Zdenka an ihrer Seite, die später die berühmteste Vertreterin dieser Rolle werden sollte. Als Konstanze in der *Entführung aus dem Serail* stand sie schon 1945 bei den ersten Salzburger Festspielen nach dem Krieg wieder auf der Festspielbühne, und 1947 sang sie die Lucile in einer Novität: Gottfried von Einems *Dantons Tod*, ein Jahr später die Isot in Frank Martins Tristan-Mysterium *Le Vin herbé*. Die Tragik ihrer großen Opernrollen hatte zu dieser Zeit schon tief in ihr Leben eingegriffen. Der scheinbar so kräftige Dießl hatte zwei Schlaganfälle erlitten und starb bereits 1948, seine Frau und zwei kleine Kinder zurücklassend. Maria Cebotari selbst war zu diesem Zeitpunkt unheilbar krank, ohne daß sie es selbst wußte. Ärztliche Fehldiagnosen verharmlosten ihre Krankheitszustände, bis dann das Todesurteil feststand: inoperables Leberkarzinom.

Als sie in Wien starb, war sie 39 Jahre alt und noch lange nicht am Ende ihrer erstaunlichen Entwicklung. Maria Cebotari besaß keine Stimme, die man sofort unter Hunderten heraushört. Die Eigenart ihrer künstlerischen Leistung liegt in der staunenerregenden Vielfalt ihres Repertoires, dem von der Zerlina und Sophie über die Arabella und Salome bis zur Carmen nichts Sopranhaftes fremd war – einzig die Wagnerschen Rollen lagen außerhalb ihrer Spannweite. Die Schallplattenaufnahmen, die ohne die Attraktivität ihrer Bühnenerscheinung auskommen müssen, lassen dennoch das Fluidum dieser Sängerpersönlichkeit spüren, eine Aura von nervöser Gespanntheit, von in höchstem Grade vibrierender Intensität, die das eigentliche Markenzeichen der Cebotari war. Streicht man Glamour und Tragik einer ungewöhnlichen Karriere ab, bleibt musikalisch-sängerisch immer noch genug zu bewundern, und selbst die unerträglichen Spielfilme, in denen sie mitwirkte, vermitteln etwas vom Magnetismus dieser Persönlichkeit, verbunden mit dem Reiz eines süßen lyrischen Soprans, ohne jede gutturale Beimischung, wie sie so viele Frauenstimmen aus Osteuropa aufweisen [Preiser].

Es gab in den dreißiger und vierziger Jahren eine Traditionslinie deutscher Sopranistinnen, in der etwa Margarete Teschemacher und Tiana Lemnitz an prominenter Stelle standen. Diese Namen stehen für Schlichtheit der Charakterisierung, innige Beseeltheit des Ausdrucks und mädchenhafte Anmut der Tongebung – Vorzüge, die prädestinieren für Rollen wie Agathe, Elsa, Pamina. Nach dem Kriege gab es eigentlich nur eine Sängerin, die sich würdig in diese

Phalanx einreihen konnte: **Elisabeth Grümmer** (1911–1986). Elisabeth Grümmer wurde in der Nähe von Thionville in Lothringen geboren. Sehr früh erwachte in ihr der Wunsch, zum Theater zu gehen, aber auch, als die Familie nach Meiningen zog, das ja eine bemerkenswerte Theatertradition aufzuweisen hatte, widersetzten sich die Eltern heftig diesen Plänen ihrer Tochter. Als der Widerstand schließlich schwächer wurde, schien zunächst alles auf ein Karriere als Schauspielerin hinzudeuten. In der Meininger Schauspielschule brachte es die junge Elisabeth Grümmer immerhin bis zum Klärchen in Goethes *Egmont*. Die Heirat mit einem Meininger Kapellmeister war nicht nur für ihr privates Leben von Bedeutung, denn ihr Mann wurde bald nach Aachen engagiert, wo gerade ein blutjunger Generalmusikdirektor namens Herbert von Karajan sein Amt angetreten hatte. Elisabeth Grümmer hatte in Meiningen bereits bei einigen Gelegenheiten mit ihrer Naturstimme drauflosgesungen, sei es in Spieloper oder Operette. Jetzt in Aachen, im Kontakt mit einem Opernhaus von zunehmender Bedeutung, erwachte in ihr der Drang, systematisch an das Singen heranzugehen, und die Hausfrau und Mutter nahm zum erstenmal richtigen Gesangsunterricht. Karajan wurde auf die Bemühungen der Frau Kapellmeister aufmerksam und forderte sie eines Tages auf, eines der Blumenmädchen in Wagners *Parsifal* zu singen. Dieser Versuch fiel so überzeugend aus, daß ihr weitere Rollen angeboten wurden, bis ihr dann mit dem Octavian im *Rosenkavalier* der entscheidende Durchbruch gelang. Dies alles spielte sich im Jahre 1941 ab, als Elisabeth Grümmer immerhin schon 30 Jahre alt war, ein Alter, in dem andere Sängerinnen bereits ihre zweite Stimmkrise hinter sich haben. Der späte Beginn hat Elisabeth Grümmer nicht geschadet, er hat ihr vielleicht geholfen, ihr jugendliches Timbre bis ins fortgeschrittene Alter zu bewahren. 1942 wurde Elisabeth Grümmer an das Stadttheater von Duisburg engagiert. Das Duisburger Ensemble mußte nach der Zerstörung des Theaters durch Bomben nach Prag evakuiert werden. In den Wirren des Kriegsendes arbeitete sie als Postangestellte, konnte aber gleich 1946 ihre Karriere wiederaufnehmen und wurde an die Berliner Städtische Oper, die spätere Deutsche Oper, engagiert, der sie bis zum Ende ihrer Laufbahn treu blieb.

Nun setzte eine Karriere ein, die frei von Skandalen und Schlagzeilen, dafür stetig und unaufhaltsam war. Die Grümmer verzichtete so gut wie völlig auf die verlockenden Möglichkeiten, die das Düsenzeitalter den Sängern bot. Sie blieb ihrem Stammhause treu und entfaltete nur eine maßvolle Reisetätigkeit, was nicht heißt, daß sie nicht an großen europäischen Bühnen gesungen hätte. In den Opern von Mozart, Wagner und Strauss feierte sie ihre größten Erfolge. Ihre Donna Anna unter Wilhelm Furtwängler bei den Salzburger Festspielen ist durch den berühmten Opernfilm festgehalten, Wagners Eva und Elsa, die sie seit 1957 in Bayreuth sang, durch Plattenaufnahmen.

Die fünfziger Jahre waren der Höhepunkt ihrer Karriere. Die Künstlerin, die immerhin schon in den Vierzigern ihres Lebens stand, vermochte es ohne aufgesetzte Neckerei, überzeugend junge Frauen und Mädchen zu verkörpern, wobei ihr der silbrige Reiz ihrer Stimme behilflich war. Sie konnte sich, wie Alex Natan einmal schrieb, den »Luxus der Schlichtheit« leisten. Diese Schlichtheit zeichnete auch ihre Liederabende aus, die sie nun vermehrt gab und in denen sie vor allem Schubert und Brahms interpretierte. Jeder, der Elisabeth Grümmer einmal auf der Bühne gesehen hat, wird bestätigen, daß ihre Schallplatten nur unvollkommen den Eindruck ihrer Persönlichkeit wiedergeben, die ungekünstelte Naivität, die uneitle Präsentation ihrer erheblichen stimmlichen Mittel, deren technische Beherrschung es ihr ermöglichten, bis zum Beginn der siebziger Jahre noch auf der Bühne zu stehen. Man mag bedauern, daß ihre bedeutenden Gesamtaufnahmen einiger Wagner-Opern für sie so spät gekommen sind, als sie ihren stimmlichen Zenit schon überschritten hatte. Was ihr aber als Elsa, als Elisabeth an stimmlicher Durchschlagskraft mangeln mag, macht sie durch die Kultiviertheit ihrer Diktion wieder wett, und sie gibt in diesen Aufnahmen manch jüngerer Konkurrentin durch ihre unforcierte Mädchenhaftigkeit das Nachsehen [EMI].

Irmgard Seefried (1919–1988) war ein Liebling des Wiener Staatsopernpublikums, wie es wenige gegeben hat; gemessen daran blieb ihre internationale Karriere bescheiden, und auch um ihre Schallplattenhinterlassenschaft sieht es im Augenblick nicht gut bestellt aus. Ihre Karriere begann sehr früh und hatte bald auch spektakuläre Auftritte. Sie war Bayerin und wurde in Köngetried in der Nähe von Bad Wörishofen geboren. Ihr Vater war der Lehrer eines Dorfes von 400 Einwohnern, in einer Zeit, als Dorfschullehrer noch nicht von Mittelpunktschulen verschluckt worden waren und sich außerdem oft durch eine vielseitige Musikalität auszeichneten. Das Musikmachen gehörte zum Haushalt der Seefrieds wie das tägliche Brot, und der Vater erkannte bald die Fähigkeiten seiner Tochter. Die Familie zog nach Wörishofen um, und Irmgard Seefried schrieb sich am Augsburger Konservatorium ein, wo sie von Albert Mayer in Gesang unterrichtet wurde. Das erste Engagement führte an das Aachener Stadttheater, das damals einen äußerst ehrgeizigen österreichischen Chefdirigenten namens Herbert von Karajan hatte. Als der Vertrag unterschrieben wurde, mußte die Mutter die Unterschrift leisten, denn Irmgard Seefried war noch nicht 21, also nach damaligen Regeln noch nicht volljährig. 1940 begann sie als Priesterin in *Aida*, Karajan stand am Pult, es folgte die Nuri in *Tiefland*, ein ganz normaler Anfang also für einen jungen Sopran, aber dann kam plötzlich die Aufforderung durch den Dirigenten, ganz schnell die Donna Anna in *Don Giovanni* zu lernen, eine viel zu schwierige und dramatische

Rolle, und sehr viel später noch war Irmgard Seefried der Meinung, daß Karajan gegenüber Sängern nicht immer verantwortungsvoll handelte, sie benutzte wie Instrumentalisten, wie Orchestermitglieder, wenn seine Pläne es so vorsahen. Sie bestand das Experiment, hat aber die Donna Anna nie mehr wieder gesungen. Nicht diese gefährliche Rolle war der sogenannte Durchbruch, sondern das Einspringen in Beethovens *Missa solemnis* in einer von Karajan geleiteten Aufführung des Aachener Domchors, mit der dieser auch in Berlin gastierte – schon war Irmgard Seefried keine ganz unbekannte Sängerin mehr. 1943 kam die ganz große Chance, eine Vorstellung auf Probe an der Wiener Staatsoper. Die verlangte Partie war die Eva in den *Meistersingern*, die sie noch nie gesungen hatte, der Partner war Max Lorenz als Stolzing, der Dirigent Karl Böhm. Diese Vorstellung führte zum Engagement, und die Wiener Opernhabitués waren hingerissen von dem Enthusiasmus und der Beseeltheit dieser jungen bayerischen Sopranistin. Es gibt ein Zeugnis dafür, was die 25jährige zu leisten imstande war, die Festaufführung von *Ariadne auf Naxos* von 1944 zum 80. Geburtstag von Richard Strauss. Eine solche Interpretin in der Rolle des Komponisten voll Exaltation, jugendlicher Spannung, gleich wild in ihren Ausbrüchen von Jubel und Trauer, hatte Strauss noch nie gehört, und auch die späteren Schallplattenversionen haben keine überzeugendere Rollenvertreterin mehr hervorgebracht – glücklicherweise wurde diese Aufführung mitgeschnitten.

Es kam das Kriegsende, die Zerstörung der Wiener Staatsoper und der Wiederbeginn in der Volksoper und dann im Theater an der Wien. Irmgard Seefried half unter der Leitung von Josef Krips den inzwischen zur Legende gewordenen Mozart-Stil eines erlesenen Ensembles mitprägen, sei es als Pamina, die sie auch bei den Salzburger Festspielen mit Wilhelm Furtwängler sang, sei es als Zerlina oder als Susanna im *Figaro*, die Rolle, die sie so oft sang wie keine andere, auch bei ihrem Met-Debüt 1953, und auch als Fiordiligi in *Così fan tutte*. Es ist keine unzulässige Einengung, wenn man sie in erster Linie als Mozart-Sängerin, in zweiter als Strauss-Interpretin bezeichnet. 1948 hatte sie den Geiger Wolfgang Schneiderhan geheiratet, der damals eine respektable Karriere als Solist und Kammermusiker begann. Mit ihm führte sie Werke für Sopran und Streichquartett auf, mit ihrer Kollegin Elisabeth Schwarzkopf nahm sie eine Rarität auf: die *Mährischen Duette* Antonín Dvořáks. Die Marie in Bergs *Wozzeck*, die sie in Stuttgart und Edinburgh sang, war sicher eine Grenzpartie für Irmgard Seefried, sie selbst hat diesen Schritt nie bereut, weil sie Rollen brauchte, in denen ihr impulsives Temperament sich ausdrücken konnte. Laue Temperiertheit war nie ihre Sache, auch wenn ihr immer klar war, daß der frühe Karrierebeginn und der immer schonungslose Einsatz ihrer nicht unbegrenzten Stimmittel Folgen haben würden. Schon in den sechziger Jahren machten sich dann auch stimmliche Schwächen bemerkbar. Es war gerade die Zeit, in der verstärkt Schallplattenaufgaben an sie herangetragen wurden, die sie nicht mehr mit ihrem vollen Können bewältigen konnte. Ihr Abschied von der Wiener Staatsoper geschah zwar erst 1976 in Janáčeks *Káťa Kabanová*, aber in Wirklichkeit war ihre Karriere bereits früher beendet. Wenn man Irmgard Seefried glauben darf, dann hat sie nie bereut, sehr oft zuviel gegeben zu haben, alles andere wäre gegen ihre impulsive Natur gegangen. Sie konnte nie mit halber Seele singen und deshalb auch nur selten mit halber Stimme [GDS, Orfeo].

Es war **Erna Berger** (1900–1990) nicht mehr vergönnt, ihren 90. Geburtstag zu feiern. Alles deutete darauf hin, daß es zu diesem ungewöhnlichen Jubiläum kommen würde. Noch im Frühjahr des Jahres 1990 sah ich sie zufällig in einer Münchner Musikalienhandlung, wo sie aufrecht und frisch eine Autogrammstunde gab und ihre Lebenserinnerungen signierte, aber dann erlag sie doch einer Herzschwäche, mit der sie schon lange zu tun hatte, ohne daß ihre Umgebung davon mehr als unbedingt nötig mitbekam. Das lange und erfolgreiche Leben der Erna Berger hatte in Cossebaude bei Dresden begonnen. Die so bürgerlich wirkende Sängerin war ziemlich unbürgerlich aufgewachsen, in Familienverhältnissen, die man nicht als geordnet bezeichnen kann, denn sie wurde von Verwandten und nicht von den Eltern erzogen. Der Vater war Ingenieur und geriet 1914 beim Bau der Tanganjika-Bahn in Ostafrika in englische Gefangenschaft. In dieser Zeit schloß sich das junge Mädchen wieder an die Eltern an und folgte ihnen nach Paraguay, wohin diese auswanderten. In Montevideo verdiente Erna Berger sehr jung schon Geld hinzu, als Hauslehrerin, denn die Erträge der Siedlerexistenz der Eltern waren nicht eben reichlich. Eine natürliche Leichtigkeit des Singens fiel auf, aber erst mit 23 Jahren kam sie alleine nach Deutschland zurück, um sich in Dresden ausbilden zu lassen.

Als erster Knabe in der *Zauberflöte* trat sie 1925 auf die ehrfurchtgebietende Bühne ihrer Heimatstadt, eine Rolle, in der schon manche Soprankarriere begonnen hat, und bald kamen größere Aufgaben. 1930 präsentierte sie sich vor einem internationalen Festspielpublikum, nämlich in Bayreuth. Mehr als der Hirtenknabe in *Tannhäuser* konnte es bei Wagner für sie natürlich nicht sein, aber immerhin war es Arturo Toscanini, der dirigierte, und eine Schallplatte zeugt heute noch von diesem Auftritt. 1934 kam sie dann an die Berliner Staatsoper, und hier bekam ihre Karriere erst richtig Schub. Die Stimme war nun voll entwickelt. Hatte man sie bisher nach deutschem Fachdenken als Koloratursoubrette eingestuft, so war sie nun in ein Fach hineingewachsen, für das es im deutschen Fachjargon eigentlich keine richtige Bezeichnung gibt, die Italiener sind da mal wieder genauer und nennen eine solche sehr spezielle Stimme einen »soprano lirico leggèro«, also einen leichten lyrischen Sopran, und diese Stimme hat sich im Falle Erna Bergers auch bis zum Ende der Karriere eigentlich nicht geändert. Andere wachsen ganz normal nach und nach ins schwerere Fach, wenn mit Alter und Reife auch die Stimme älter und reifer wird. So ist etwa Lucia Popp heute eine Eva in den *Meistersingern*, die einst als Königin der Nacht angefangen hat. Erna Berger aber, so wollte es die Natur, war die Königin der Nacht und die Gilda, und sie blieb es bis fast ans Ende ihrer Laufbahn. Sie hat dies bedauert, hätte gerne schwerere Rollen gesungen, aber ihre Stimme blieb so, wie sie war, und begrenzt blieb dadurch auch ihr Repertoire: Bis weit in die fünfziger Jahre hinein war sie in Berlin die regierende Konstanze, Zerbinetta, Gilda (die sie 1944 auf einer deutsch gesungenen Gesamtaufnahme mit Heinrich Schlusnus als Rigoletto interpretierte), Despina, Susanna und Zerlina.

Auch die Traviata sang sie oft und gerne, wie auch ein Ausschnitt aus einem ziemlich unerträglichen Spielfilm mit Beniamino Gigli zeigt, aber mit einer solchen Rolle war doch weniger stimmlich als vielmehr darstellerisch ihre Bandbreite überfordert, denn eine Verworfene und Lebedame, wie rührend auch immer, das lag nun doch weit außerhalb ihrer Möglichkeiten. Das Mädchenhafte und Rührende ihrer silbrigen, glockenklar schwingenden Stimme, das waren ihre stärksten Waffen, und mit diesen bezauberte sie auch in fortgeschrittenem Alter noch ihre Zuhörer. Es ist ja ein großes Problem für eine Sopranistin, wenn sie so wie Erna Berger an das Fach ihrer Jugendtage gebunden bleibt, ihre Glaubwürdigkeit nicht zu verlieren. Und es ist sicher dieses Problem gewesen, das sie 1953/54 veranlaßte, ihren Abschied von der Bühne und dem Konzertsaal zu nehmen, denn die Stimme war nach wie vor intakt. Noch 1949 hatte sie erfolgreich an der Met debütiert, als Sophie im *Rosenkavalier*, für eine Frau von fast 50 Jahren keine einfache Rolle, aber sie meisterte auch diese Herausforderung. Immer noch sang sie auch die Königin der Nacht und die Gilda. In der letzteren Rolle wurde sie sogar 1950 in Amerika noch einmal zu einer Gesamtaufnahme herangezogen neben dem größten Rigoletto jener Jahre, dem Amerikaner Leonard Warren. Um 1950 wurde sie Professorin an der Hamburger Musikhochschule, und nach ihrer Pensionierung zog sie nach Essen, wo sie bis zu ihrem Tode lebte. Erna Bergers Karriere ist dennoch eine deutsche Karriere zu nennen, ihr spezifischer Stimmcharakter war ein Pendant zu dem beseelten lyrischen Ton einer Teschemacher und Grümmer [EMI, Preiser].

Maria Stader (*1911) ist so oft als musikalische Botschafterin ihres Heimatlandes Schweiz in aller Welt aufgetreten, daß viele ihrer Verehrer überrascht sind, wenn sie hören, daß sie als Maria Molnár in Budapest geboren wurde. Als Ferienkind kam die kleine Maria zum erstenmal in die Schweiz, um sich von den ungünstigen Lebensumständen im Budapest des Ersten Weltkriegs zu erholen. Ab 1921 blieb sie für immer dort, von dem Fischerei- und Restaurantbesitzer Stader in Romanshorn adoptiert. Früh ließ sie ihre Stimme bei Mathilde Bärlocher in Sankt Gallen ausbilden, dann bei Hans Keller in Zürich. Ihre Bühnenreifeprüfung, die sie 1933 in Karlsruhe ablegte, wurde mit dem Urteil abgeschlossen, daß Stimme und Vortrag nichts zu wünschen übrigließen, daß sie aber zu klein für die Bühne sei. Ähnlich wie Joseph Schmidt ließ sich Maria Stader durch diese berechtigte Einschränkung nicht entmutigen, sondern vervollkommnete ihre Studien bei der Altistin Ilona Durigo in Zürich und vor allem bei der großen dramatischen Sopranistin Giannina Arangi-Lombardi in Mailand, der sie, wie sie in ihren Erinnerungen schreibt, am meisten verdankte. Jetzt fühlte sie sich reif, bei dem Internationalen Gesangswettbewerb in Genf anzutreten, den sie 1939 gewann.

In den folgenden Kriegsjahren konnte sich ihre Karriere nur langsam entfalten. Sie wurde oft zu Rundfunkkonzerten herangezogen, wichtiger waren vielleicht jedoch die Kontakte, die sie zu großen Künstlern bekam, die in der Schweiz gastierten oder sich dorthin flüchteten, wie Artur Schnabel, Clara Haskil, Bernhard Paumgartner. Vor allem Paumgartner, Dirigent und Mozart-Forscher, war es, der ihre spezielle Begabung für die Musik Mozarts erkannte und mit ihr den damals weithin unbekannten Bereich der Mozartschen Konzertarien erarbeitete, mit dem sich Maria Stader ein eigenes Repertoire-reich abseits der ausgetretenen Pfade zu sichern wußte. In dieser Zeit kam es auch zu zwei ihrer so seltenen Auftritte auf der Opernbühne: In Zürich sang sie die Olympia in Offenbachs *Contes d'Hoffmann* und den Yniold in Debussys *Pelléas et Mélisande* – später gab es noch eine Königin der Nacht in London –, Rollen also, in denen ihre geringe Körpergröße entweder kaschiert werden konnte oder geradezu gefordert wurde (wie bei der Rolle des kleinen Kindes Yniold). Nach Kriegsende begann dann eine internationale Laufbahn als Konzertsopranistin, an der zunächst Bruno Walter wesentlichen Anteil hatte, der sie mit dem Sopransolo in Mahlers *Symphonie Nr. 4* herausstellte. Alle Welt wollte nun *Exultate, jubilate* und *Jauchzet Gott in allen Landen* von Maria Stader hören – eine Zeit hektischen Reiselebens begann.

Drei Dirigenten waren für Maria Stader besonders wichtig: Bruno Walter, Carl Schuricht und vor allem Ferenc Fricsay. Bis zu seinem frühen Tod verband Maria Stader mit Fricsay eine enge freundschaftliche und künstlerische Gemeinschaft. Sie war seine bevorzugte Sopranistin in allen Bereichen, die ihrer Stimme zugänglich waren, die genau auf der Grenze zwischen dem lyrischen und dem Koloratursopran lag. Vor allem gab er ihr die Möglichkeit, zumindest auf der Schallplatte die großen Frauenrollen der Mozart-Opern zu singen, die ihr auf der Bühne verwehrt blieben. Die damals entstandenen Gesamtaufnahmen haben ihren Rang bis heute behalten. Es gab sogar Kritiker, die sie als Donna Anna, als Agathe, Elsa und Elisabeth sehen wollten, aber es bleibt zu bezweifeln, ob solche Experimente mit Erfolg gekrönt gewesen wären. Ende der sechziger Jahre hielt es Maria Stader für richtig, von ihrer öffentlichen Tätigkeit Abschied zu nehmen, auch wenn ihre stimmlichen Mittel noch kaum beeinträchtig waren, was oft bei Frauenstimmen ihres Typus festzustellen ist (man denke nur an die lange Karriere von Erna Berger). Mit einem letzten Mozart-*Requiem* im Dezember 1969 in New York nahm Maria Stader Abschied von einer Laufbahn, die sie vor allem im Bereich der Mozart-Interpretation auf die höchsten Höhen geführt hatte.

Drittes Intermezzo

Die Merkwürdigen und die Außenseiter, die Verkannten und die Unbekannten

Jedes Museum hat sein Kuriositätenkabinett. Manchmal versteckt es sich in den Magazinen, manchmal ist es zu einem eigenen Raum ausgebaut. Dieses Buch soll eine kleine, aber feine Abteilung haben, die nicht dazu dient, alles unterzubringen, was nicht in die einzelnen Abschnitte hineinpaßte, sondern die eine Einladung des Autors an seine Leser zu einer Entdeckungsreise zu jenen Sängern und Sängerinnen ist, die nicht im Brennpunkt des Interesses der Sammler und Historiker des Gesangs stehen. Wenn ich dabei von Verkannten und Unbekannten spreche, dann sehe ich schon jene Kenner, die geradezu beleidigt reagieren, wenn ich von ihnen annehme, den Tenor X und den Mezzosopran XY *nicht* zu kennen, denn das wäre ja eine Attacke auf ihre Sammler- und Liebhaberehre, und nichts ist befriedigender für einen Sammler und Liebhaber, als wenn er einem anderen Sammler und Liebhaber eine Platte unter die Nase hält oder vorführt, die jener nicht kennt – das glückliche Strahlen läßt fast vermuten, der Vorführende habe die Platte selbst besungen.

So furchtbar viele verkannte Genies gibt es auch unter den Sängern nicht, dafür ist die internationale Gemeinde doch zu sehr informiert und durch Fachliteratur untereinander zum Austausch gerüstet, aber natürlich gibt es blinde Flecken, verschwommene Ecken, Namen, die im »mainstream« nicht mitgeführt werden. Das hat höchst unterschiedliche Gründe. Zum einen gibt es regionale Blickverengungen. Kurt Malisch hat beispielsweise in einem kenntnisreichen Artikel (in der Zeitschrift *fono forum* Heft 2 und 3, 1989) darauf hingewiesen, daß wir von den sowjetischen Sängern der nachrevolutionären Zeit nur die Spitze eines Eisbergs kennen, einfach, weil die Abgeschlossenheit des riesigen Reiches allzu groß war und die Platten sowjetischer Firmen bei uns (auch aus technischen Gründen) kaum präsent waren. Da gibt es zum Beispiel den Bariton Pawel Lissizjan, der noch in Jürgen Kestings Buch als überragender Geheimtip gehandelt wird. Inzwischen ist er mit einer Platte bei uns

377

vertreten, und man kann überprüfen, daß die Geheimtip-Propaganda etwas übertrieben hat, daß es sich dennoch um einen bemerkenswerten Sänger und um eine noch bemerkenswertere Stimme handelt (und Malisch nennt noch eine ganze Fülle weiterer Namen).

Weiterhin gibt es jene Perspektive, die sich mit dem historischen Abstand zunehmend verengt (und dieses Buch versucht dezidiert, dieser Verengung entgegenzuwirken). Ich meine damit die Tatsache, daß es viele am Phänomen des Kunstgesangs außerordentlich interessierte Zeitgenossen gibt, für die die großen Stars und die bedeutenden Sänger der Gegenwart existieren, über die sie fast alles wissen, für die sich jedoch die Perspektive in die Vergangenheit auf, übertrieben gesagt, die Namen Maria Callas und Enrico Caruso verengt – auch hierbei spielen natürlich technische Gründe eine Rolle, denn je tiefer der Brunnen der Vergangenheit ist, desto größer muß die Bereitschaft sein, die Forderungen nach technischer Brillanz der Aufnahmen zurückzustufen. Der fast unglaubliche Boom historischer Gesangsaufnahmen auf CD gibt allerdings Anlaß zu der Hoffnung, daß diese Hürde zunehmend kleiner wird.

Es gibt außerdem jene Karrieren, die deshalb aus dem Blickfeld gerieten, weil sie Rätsel aufgeben, das Rätsel etwa, warum jemand mit einer solchen Stimme nicht eine ganz andere, bedeutendere Karriere gemacht hat, dann jene, die zu spät oder zu früh sich entfalteten, nach glänzendem Beginn in unbegreiflicher Bedeutungslosigkeit versandeten oder die durch Krankheit und frühen Tod nicht zur Entfaltung kamen. Es gibt bedeutende Sänger, die einfach auf Platten unzureichend repräsentiert sind. Magda Olivero etwa, der hochbedeutende italienische Verismosopran: Sie wird aus gutem Grund die Königin der Piratenaufnahmen genannt, denn wenn es nicht die vielen Live-Mitschnitte gäbe, auf denen sie zu hören ist, wüßte kaum jemand von dem Können dieser Sängerin.

Es gibt also viele Gründe, warum ein Sänger nicht so bekannt geworden ist, wie er es verdient (diejenigen, die verdientermaßen nicht bekannt geworden sind, bleiben natürlich unberücksichtigt). Nebenbei gesagt bin ich der festen Überzeugung, daß es in jeder Generation, die hier behandelt wird, bedeutende Sänger gibt, über deren Leistungen wir überhaupt nichts mehr sagen können, einfach, weil ihre Stimmen nicht aufgezeichnet wurden; es werden nicht viele Fälle sein, aber es gibt und gab sie ganz ohne Zweifel. Damit sind nicht jene Größen gemeint, deren Glanzzeit vor der Erfindung der Schallplattenaufzeichnung lag, denn über María Malibran, Giuditta Pasta, Wilhelmine Schröder-Devrient, Adolphe Nourrit und Gilbert Duprez, über Mario und Giovanni Battista Rubini gibt es natürlich Kritiken, Berichte, Biographien, die es uns ermöglichen, uns einen Eindruck zu verschaffen; sie sind aus dem Pantheon des Gesangs (wenn man dessen Räume betritt, die hinter unserem Jahrhundert liegen) nicht mehr hinwegzudenken. Wer aber als Sänger im 20. Jahrhundert nicht in den Genuß einer Aufzeichnung seiner Stimme kam, der hat kein Nachleben zu gewärtigen, dessen Existenz ist für die Nachwelt außerordentlich schwer zu präzisieren (und deshalb war es eine begrüßenswerte Entscheidung der Herausgeber, das *Große Sängerlexikon* von Karl-Josef Kutsch und Leo Riemens auch jenen zu öffnen, die nicht auf Schallplatte überliefert sind).

Die folgenden Ausführungen müssen notwendigerweise summarisch bleiben; Umfang und Anlage des Buches bedingen es, daß die Darstellung hier ein wenig in jenes »name dropping« verfällt, das ich ansonsten strikt vermieden habe. Die einzelnen Sänger, deren Nennung ich für wichtig und notwendig halte, können auf diese Weise nicht zureichend dargestellt werden, ihre Namen sollen dem Leser Anregung bieten, auf eigenes Ohr weiterzuforschen, jene Entdeckungsreisen zu machen, für die ihm der Autor nur die Zielbahnhöfe, schon nicht mehr die Fahrtrouten nennen kann. Manchmal entstehen solche Hinweise aus reinem Zufall, einfach deswegen, weil man einen Sänger einmal gehört hat, der dann wieder in der Versenkung verschwand, aber es gibt noch mehr Zufälle: Der Name des Tenors Heinrich Bensing würde hier nicht auftauchen (er kommt bei Jürgen Kesting nicht vor), wenn der Autor nicht in Frankfurt aufgewachsen wäre und dort von dem Können des frühverstorbenen Sängers gehört hätte; irgendwann viel später stieß er dann auf eine alte Rundfunkaufnahme von Meyerbeers *Africaine*, in der Bensing den Vasco sang und seinen fast nur lokalen Ruf vollauf bestätigte. Auch wenn es kein Frankfurt-Kapitel gibt, geht die Aufteilung des folgenden Abschnitts nach geographischen Gesichtspunkten vor.

Es wäre allerdings auch eine andere Aufteilung denkbar, etwa eine, die die makabre Abteilung des Gruselkabinetts mit jenen Sängern bestücken würde, die durch merkwürdige Todesfälle auf sich aufmerksam machten. Die talentierte Sopranistin **Gertrud Bindernagel** (1894–1932) etwa wurde unter den Arkaden des Berliner Städtischen Opernhauses von ihrem zweiten Mann, einem Bankier, angeschossen und erlag später ihren Verletzungen. Sie hatte gerade die Brünnhilde in *Siegfried* gesungen, und die Pointe, auf ihre letzten Worte in dieser Oper hinzuweisen: »Leuchtende Liebe, lachender Tod«, läßt man sich natürlich nur ungern entgehen. Familiäre Zwistigkeiten führten auch zum Tod des rumänischen Tenors **Trajan Grosavescu** (1894–1927), der in Wien beim Aufbruch zu einem Berliner Gastspiel von seiner angeblich eifersüchtigen Frau erschossen wurde. Welche Gründe hinter der Depression der russischen Sopranistin **Sinaida Jurjewskaja** (1896–1925) standen, ist hingegen unbekannt. Sie hatte an der Berliner Staatsoper Janáčeks *Jenufa* in der Titelrolle zu einem bedeutenden Erfolg geführt, nahm jedoch während eines

Schweizer Urlaubs in Andermatt Gift und stürzte sich anschließend in einen Gletscherbach. Das erinnert, um einmal in die Historie abzuschweifen, natürlich stark an den Freitod des wahrscheinlich größten französischen Tenors des 19. Jahrhunderts, Adolphe Nourrit, des bedeutendsten Meyerbeer-Interpreten seiner Zeit, der 1839 sich aus dem Fenster seines Hotels in Neapel stürzte.

Diese beiden Freitode führen uns hinwiederum ganz ungezwungen zu der australischen Sopranistin **Marie Collier** (1926–1971), bei uns bekannt geworden durch ihre Chrysothemis in Georg Soltis *Elektra*-Aufnahme. Sie stürzte, eben 45 Jahre alt, aus dem Fenster eines Londoner Hotels und starb an den Folgen; mir ist nicht bekannt, ob geklärt wurde, was hier vorlag: ein Unglücksfall oder Selbstmord. Unglücklich auch das Ende der großen italienischen dramatischen Mezzosopranistin **Irene Minghini-Cattaneo** (1892–1944), der großartigen Azucena in der *Trovatore*-Gesamtaufnahme mit Aureliano Pertile – sie starb in ihrer Villa in Rimini bei einem Luftangriff.

Besonderes Aufsehen erregten natürlich jene Todesfälle, die auf offener Bühne geschahen: **Leonard Warren** (1911–1960), der unübertroffene amerikanische Bariton, ist sicher der berühmteste Fall – er brach in einer Aufführung der *Forza del destino* nach den Worten »O Gioia« in der Met zusammen. In noch jüngerem Alter starb der Berliner Tenor **Josef Mann** (1883–1921), eine große Hoffnung im jugendlich-heldischen Fach und gerade auf dem Sprung in eine Weltkarriere, denn er hatte ein Engagement an die Met in der Tasche, wollte sich für Amerika in schlanker Gestalt präsentieren und hatte sich einer radikalen Abmagerungskur unterzogen, die sein Herz zu sehr belastete. Während einer *Aida* starb er als Radames auf der Bühne der Berliner Staatsoper. Die gleichen Gründe liegen vor beim frühen Tod **Mario Lanzas** (1921–1959), der kurioserweise im gleichen Alter wie Mann starb, allerdings nicht auf der Bühne, die er in seinem Sängerleben nie betreten hatte. **Hermann Uhde** (1914–1965), ein bedeutender Charakterbariton, als Holländer und Telramund auch in Bayreuth erfolgreich, starb während einer Aufführung von Niels Viggo Bentzons *Faust III* in Kopenhagen. Geht man das unentbehrliche Sängerlexikon von Kutsch/Riemens mit geschärften Augen auf solche tragischen Kuriositäten durch, dann könnte man diesen Nekrolog ohne Probleme erheblich verlängern, aber man stößt auch auf noch größere Kuriositäten, zum Beispiel auf einen Wagner-Tenor der Kölner Oper vom Ende des 19. Jahrhunderts (von dem es offensichtlich keine Schallplatte gibt). **Bruno Heydrich** (1865–1938) heißt er, und er kommt auch in Bruno Walters Lebenserinnerungen vor. Als Sänger war er unbedeutend, nach Walter ein unangenehmer Mensch mit einer häßlichen Stimme, aber Walter erwähnt ihn, weil er der Vater Reinhard Heydrichs war, der als zweiten Vornamen Tristan führte und eine ebenso prominente wie unselige Rolle im Dritten Reich spielte.

Beginnen wir unseren schlendernden Rundgang im Saal der Sänger und Sängerinnen *deutscher* Zunge und halten wir uns an eine historische Reihenfolge. Da begegnet uns zunächst **Karl Erb** (1877–1958), dessen Name für immer mit der Uraufführung von Pfitzners *Palestrina* verbunden sein wird, die 1917 in München unter der Leitung Bruno Walters stattfand. Walter, der für Sänger ein gutes Ohr hatte, hebt in seinen Lebenserinnerungen Erb in diesem Zusammenhang nicht besonders hervor. Es mag natürlich eine reine Vermutung sein, aber vielleicht hat Erb Walter nicht so außerordentlich beeindruckt. Erb hat, gerade in München als Lokalmatador, nach wie vor eine große Gemeinde, aber hört man sich seine Platten an, dann wird man nicht allzuviel Grund zur Begeisterung finden. Sein Timbre war von seltener Reizlosigkeit (positiv wird das dann ein Timbre von hoher Eigenart und gläserner Kühle genannt), und er sang, wie ihm der Schnabel gewachsen war, das heißt mit allen Vorteilen des naturbelassenen Autodidakten, aber auch ohne jene Reize, die nur die technische Verfeinerung hervorzubringen imstande ist – so war etwa seine Atemtechnik nur Durchschnitt, wie man gerade bei seinen Wagner-Aufnahmen hört. Die Mängel des Timbres wurden auch keineswegs durch Raffinement der Interpretation wettgemacht. Erbs Singen ist von einschläfernder Gleichmäßigkeit, und ich kann nicht finden, daß dieses Manko in seiner berühmten Interpretation des Bachschen Evangelisten keine Rolle gespielt hätte.

Wem dieses Urteil über Erb zu hart vorkommt, der wird gebeten, sich Aufnahmen des weit weniger bekannten, fast gleichaltrigen Heldentenors **Heinrich Hensel** (1874–1935) anzuhören. Von beiden gibt es zum Beispiel die Gralserzählung und den Abschied vom Schwan aus *Lohengrin* zu hören, und bei Hensel (der etwa bei John Steane nicht auftaucht) kommt man in den Genuß eines mühelos flutenden, edel timbrierten jugendlichen Heldentenors. Ähnlich wie bei dem Schweden Carl Martin Öhman kann man feststellen, daß ein solcher Lohengrin in Bayreuth seit Sándor Kónyas Zeiten nicht mehr zu hören war, kein Zweifel, daß Hensel heute eine Weltkarriere machen würde, zu seiner Zeit kam er über Wiesbaden und Hamburg nicht hinaus.

Der wienerischste aller Bassisten, **Richard Mayr** (1877–1935), war kein Wiener, sondern ein Salzburger, aber wer 33 Jahre zum Ensemble der Wiener Hof- und Staatsoper gehört, der muß seinen Geburtsschein nicht mehr vorzeigen. Mayr wäre heute kaum so bekannt, wie er es noch ist, wenn nicht zum einen Gustav Mahler ihn sehr geschätzt hätte, der ihn auch 1902 an die Hofoper holte, und wenn er nicht seit der Wiener Premiere des *Rosenkavaliers* das Monument eines Ochs auf Lerchenau dargestellt hätte (der Dresdner Baß Karl Perron, der allererste Ochs, hatte keinen weitreichenden Eindruck hinterlassen). Daß Mayr im Ochs die Rolle seines Lebens gefunden hat, bezeugt auch jene Szenenfolge aus der Oper, die mit dem fulminanten Ensemble Lotte

Lehmann (Marschallin), Maria Olszewska (Octavian), Elisabeth Schumann (Sophie) und eben Mayr unter der Leitung Robert Hegers im herbstlichen Wien des Jahres 1933 aufgenommen wurde. Die stilprägende Gestaltung Mayrs, die ähnlich Schule machte wie die Bühnenbilder Alfred Rollers, sein auch gesanglich tadelsfreier Vortrag, die geradezu unheimliche identifikatorische Anverwandlung dieser zwiespältigen Figur – das alles ist um so erstaunlicher, als die Schallplattenaufnahmen aus der Zeit um 1910, als er schon ein berühmter Mann war, einen durchaus provinziellen Sänger hören lassen (schonungsvoller kann man es nicht ausdrücken). Da wird Verschiedenartiges wie Gremin, Colline, der Wanderer und gar Hagen über den gleichen Leisten geschoren, die Tongebung ist gaumig, ja kloßig, die Höhen werden von unten angeschmiert, der Stimmklang bleibt einförmig und nölig. Diese Aufnahmen bieten keinen Anlaß, den Sänger in diesem Buch zu behandeln, der Ochs aber, sowohl in dem zwei Jahre vor Mayrs Tod aufgenommenen Querschnitt wie bei früheren Einzelaufnahmen, ist ein Mythos, der der Überprüfung standhält [der *Rosenkavalier* bei Pearl].

Zur annähernd gleichen Generation wie Erb, Mayr und Hensel gehört auch die Wiener Sopranistin **Helene Wildbrunn** (1882–1972). Sie hatte als Altistin begonnen und wurde in Stuttgart bekannt, bevor sie an die Staatsopern von Berlin und Wien kam. Als hochdramatische Sopranistin machte sie Karriere, wenn auch eine der zweiten Reihe, denn die Konkurrenz der Gadski, Kappel, Leider und so weiter war einfach überwältigend. Auf ihren wenigen Aufnahmen, etwa der mit Grandeur und Wärme gesungenen *Fidelio*-Arie, erweist sich ihre Stimme als eine der attraktivsten im hochdramatischen Fach, die durch die satte, dunkle Grundfarbe aus ihrer Altvergangenheit geprägt ist, in der Höhe allerdings stößt sie, es kann gar nicht anders sein, schon früher an ihre Grenzen als die berühmteren Kolleginnen.

Bei **Elena Gerhardt** (1883–1961), der 1933 nach London emigrierten Mezzosopranistin, kann man sich von dem Vorurteil befreien, erst Dietrich Fischer-Dieskau sei in der Lage gewesen, das deutsche Kunstlied differenziert vorzutragen. Sie war nach einer kurzen Opernkarriere ausschließlich Lieder- und Konzertsängerin. Als Stimmbesitzerin wird man sie nur dem Durchschnitt zurechnen können, als Meisterin der Kolorierung und Nuancierung jedoch verdient sie ihren bis heute anhaltenden Ruhm.

Auch als Stimmbesitzerin fulminant war die Altistin **Margarethe Arndt-Ober** (1885–1971), die von 1907 bis 1945 an der Berliner Staatsoper zu hören war und dort wie auch in New York immerhin mit Enrico Caruso und Arturo Toscanini arbeitete. Wenn man von ihr zum Beispiel die Szene der Fidès aus Meyerbeers *Prophète* hört (»Oh, Priester des Baal«), dann kann man (wie bei Elisabeth Schumann-Heink und Sigrid Onegin) nur staunen, wie sich einst eine pastose Tiefe mit enormer Geläufigkeit und sopranleichter Höhe vereinen ließ.

»Gesanglich und schauspielerisch die ideale Sophie« – so urteilt Bruno Walter über die von ihm geschätzte **Elisabeth Schumann** (1888–1952); sein Urteil läßt sich überprüfen anhand der 1933 in Wien eingespielten gekürzten Version der Oper. Was das Schauspielerische betrifft, so sind sich in der Tat alle Zeitzeugen einig über den Liebreiz und den Charme ihrer Erscheinung im Privatleben und auf der Bühne (und die Photos bestätigen das ebenfalls). Im Gesanglichen hingegen sprechen die Zeugnisse der (vor allem) Mozart- und Strauss-Sängerin Schumann keine so eindeutige Sprache. Das silbrige Timbre ist exquisit, darüber wird kein Zweifel möglich sein, es ist das Timbre einer Edelsoubrette, wie man es in diesem Fach, wo die Stimmen immer in Gefahr sind, spitz und klirrend zu werden, selten antrifft. Was hingegen die Gesangskunst dieser in Wien und Salzburg heiß verehrten Sängerin angeht, die in England und Amerika vor allem als Liedinterpretin geschätzt wurde, so scheinen mir gewisse Einschränkungen angebracht. Daß die Stimme von äußerst schmaler Substanz und in der Tiefe kaum noch hörbar ist, das hat die Natur so eingerichtet. Aber auch die Höhe ist flach und schwingt nicht frei aus; als weltberühmte Sophie mogelt sich Schumann geschickt, aber unbefriedigend über die exponierten Töne hinweg, die doch strahlend über dem Orchester und der Mezzostimme des Octavian liegen müßten. Nimmt man hinzu, daß auch die Atemtechnik und das davon abhängige Legato kaum mehr als Durchschnitt sind, so wird man den bis heute anhaltenden Ruhm dieser Sängerin doch etwas herabstimmen müssen, auch wenn das eminente Vergnügen an der Stimme Schumanns unzerstörbar ist [vier CDs bei Pearl, eine bei Preiser].

Daß **Herbert Janssen** (1892–1965) eine außerordentliche Stimme besessen habe, wird man nicht behaupten können, und dennoch gehörte er zu jenen Sängern, die es verstehen, auch von einem Platz in zweiter Reihe aus (international gesehen) das Operngeschehen einer ganzen Epoche mitzubestimmen. Er war ein Bariton, der vom lyrischen Fach des Wolfram, mit dem er in Bayreuth 1930 seinen Durchbruch hatte, bis hin zum Charakterfach (Pizarro, Orest, Kurwenal) mit Musikalität, gestischer Präsenz und stimmlicher Prägnanz seinen Mann stand, in Deutschland ebenso wie später in der Emigration in den Vereinigten Staaten (nur der Griff zu den Heldenbaritonpartien am Ende seiner Karriere sprengte die Grenzen seiner stimmlichen Veranlagung).

Im Vergleich mit dem international erfolgreichen Janssen wird man bei der Frankfurter Sopranistin **Emmy Bettendorf** (1895–1963) nur von einer Karriere der dritten Reihe sprechen können, die sich vor allem in Berlin abspielte, aber ihre relativ zahlreichen Plattenaufnahmen haben unter den

Sammlern einen guten Ruf, der sich vor allem auf der bewegenden Timbre-qualität ihrer Stimme gründet, wie man sie beispielsweise in dem Solo aus Brahms' *Deutschem Requiem* »Ihr habt nun Traurigkeit« vernehmen kann.

Der Name des Baritons **Mathieu Ahlersmeyer** (1896–1979) kommt in dem von mir außerordentlich geschätzten Buch des Kollegen John Steane nicht vor, auch dies ein Beispiel für eine regionale Beschränkung des Blickes, denn ich bin sicher, daß Steane Ahlersmeyer behandelt hätte, und zwar aus-führlich, wenn er ihn gekannt hätte. Ahlersmeyer ist in gewisser Weise als der Nachfolger Janssens zu betrachten, ein Charakterbariton von nobler Stimm-kraft, einer der ganz wenigen deutschen Baritone, die es wie Joseph Schwarz und Heinrich Schlusnus auch im italienischen Fach mit den Italienern auf-nehmen konnten. Nur war es sein Unglück, den Höhepunkt seiner Karriere im Dritten Reich zu haben, und zwar einige Rundfunkaufnahmen, aber kaum Schallplatten machen zu können. Von seiner Geburtsstadt Köln aus war Ah-lersmeyer an die Berliner Kroll-Oper zu Otto Klemperer gekommen, von dort über Hamburg nach Dresden, wo ihn Karl Böhm in großen Rollen einsetzte. Seine dunkle, mächtige Stimme schien keine Probleme zu kennen und hatte eine enorme Projektionskraft in der Höhe. Seine männlich-kernige Dar-stellungskunst kam in Rollen wie dem Giovanni, dem Mandryka, dem Posa und dem Renato am besten zur Geltung. In Ahlermeyers Verdi-Aufnahmen kommt eine erstaunliche Affinität zur Stimme von Leonard Warren zum Aus-druck, und in der virilen Stimmpotenz überragte er den gepflegteren Schlusnus erheblich. Die *Macbeth*-Aufführung der Wiener Staatsoper von 1943 mit Eli-sabeth Höngen als Lady zeigt Ahlersmeyer als Titelhelden auf der Höhe seines Könnens. Wer gerne über deutschen Verdi-Gesang seine Nase rümpft (keines-wegs immer zu unrecht), der höre sich diese Aufnahme an. Kein Geringerer als Harold Rosenthal urteilt über Ahlersmeyers Macbeth in Alan Blyth' Standardwerk *Opera on Record*: »Convincing, idiomatic and beautifully sung« – dem ist nichts hinzuzufügen.

Der Wiener Tenor **Julius Patzak** (1898–1974) wird oft in einem Atemzug mit Karl Erb genannt, und auf den ersten Blick scheinen das Timbre seiner Stimme und Partien wie der Palestrina, die Mozart-Tenorrollen und der Bachsche Evangelist diese Einschätzung zu rechtfertigen. Es ist richtig, daß auch Patzaks Timbre nicht besonders attraktiv war, es tendierte mit seinem zum Grellen, Offenen neigenden Klang geradezu ins Kuriose, aber im Ge-gensatz zu Erb sind die Interpretationen Patzaks nie in der Gefahr, zu lang-weilen. Der Wiener Autodidakt Patzak hatte immer etwas vom Volkstheater-Ton eines Johann Nestroy und eines Alexander Girardi. Wortdeutlichkeit und unpathetische Schlichtheit, Musikalität und Intelligenz machen seine Platten hörenswert, die Sprödheit seiner Stimme ließ das musikalisch Gemeinte nackt und unverstellt hervortreten. Ein Merkwürdiger, der immer noch zu fesseln versteht [Pearl].

Eigenartig war auch das Timbre des in Antwerpen als Sohn deutscher Eltern geborenen Tenors **Marcel Wittrisch** (1901–1955). Er ist der Kriegs- und Nachkriegsgeneration vor allem dadurch im Gedächtnis geblieben, daß er im Fach der Operette als Nachfolger des vertriebenen Richard Tauber aufgebaut worden war, vielleicht auch ungut durch eine 1934 markig gesungene Hymne »Gott sei mit unserem Führer«. Darüber war in Vergessenheit geraten, daß Wittrisch vor dem Krieg eine bedeutende Opernkarriere gemacht hatte, die ihn vom lyrischen Fach zum deutschen Spinto-Tenor führte. Seine Stimme hatte immer einen leicht heiser-belegten Klang, aber nur so viel, daß dies immer als verheißungsvoller Reiz aufgefaßt werden konnte, und wirklich besaß er die Fähigkeit, aus einem raffinierten Mezza voce seine keineswegs großvolumige Stimme erstaunlich aufstrahlen zu lassen. Diese Fähigkeit kommt etwa in einer zu Recht berühmten Aufnahme des Duetts Raoul/Valentine aus dem vierten Akt der *Huguenots* Meyerbeers zum Ausdruck, 1932 mit Margarete Teschemacher entstanden, kurz bevor das Werk Meyerbeers von den Bühnen zu verschwinden hatte. Höhepunkt seiner Opernkarriere war sicherlich der Lohengrin, den er 1937 in Bayreuth sang. Auch wenn er damit den kaum zu übertreffenden Franz Völker nicht in den Schatten stellte, so zeigen seine Lohengrin-Aufnahmen doch eine eigenständige Farbe, der man Reiz nicht absprechen kann [Preiser].

Der Name des Tenors **Heinrich Bensing** (1911–1955) fiel schon; er war seit 1939 an der Frankfurter Oper engagiert und machte schon während des Krieges überregional auf sich aufmerksam, unter anderem war er an der Uraufführung von Hermann Reutters Oper *Odysseus* im Jahr 1942 beteiligt. Als es um 1950 so weit gewesen wäre, daß Bensing zu einer größeren Karriere hätte aufbrechen können, war er gesundheitlich nicht mehr auf der Höhe. Die erwähnte Aufnahme der *Africaine*, die der Hessische Rundfunk 1951 produzierte, läßt Bensing in der Rolle des Vasco da Gama hören, eine italienisch geprägte Tenorstimme jugendlich-heldischen Charakters von hoher Attraktivität, die zu Höherem berufen war.

Eine sehr viel längere Karriere als Bensing konnte die hochdramatische Sopranistin **Christel Goltz** (*1912) machen, ein Unikum in diesem Stimmfach insofern, als sie um die einschlägigen Rollen Wagners einen großen Bogen machte, obwohl Volumen und Durchschlagskraft ihrer Stimme sie dafür prädestiniert hätten. Sie zog es vor, psychologisch vielfältig gebrochene Frauenfiguren zu gestalten, wie sie die Werke von Richard Strauss, aber auch Alban Berg mit seiner Marie in *Wozzeck* boten. Eine ihrer größten Rollen war die Salome, und dabei kam ihr die Ballettausbildung, die sie in München genossen hatte, zustatten. Als Elektra und Färberin wußte die Goltz das Beste aus ihrem nicht unbedingt betörenden Timbre zu machen, eine Sängerin, die nicht kalt ließ und bei der Gesang und Darstellung auf intensive Weise verschmolzen. Um 1970 endete eine Karriere, deren Höhepunkte heute unverdient in den Schatten getreten sind, weil die Stimme allein die Faszinationskraft nicht verständlich macht und auch nur wenige Aufnahmen vorhanden sind.

Eine Stimme größeren Kalibers besaß die Wiener Sopranistin **Gertrude Grob-Prandl** (*1917), die von ihren wenigen, aber engagierten Verehrern an die Seite Birgit Nilssons gestellt wird. Ich bin nicht sicher, ob es nur ihre majestätische Figur war, die eine größere Karriere verhindert hat. Die Stimme, wie man sie auf einigen wenigen Aufnahmen, darunter einem kompletten *Tristan* mit Max Lorenz, hören kann, ist allerdings eine Wucht, nicht nur laut und groß, sondern auch durchaus wohlklingend, aber das, was sie singt, bleibt doch eindimensional, grell ausgeleuchtet, nicht sehr interessant. Merkwürdigerweise hatte Grob-Prandl ihre größten Erfolge in den fünfziger Jahren in Italien.

Wer das *Otello*-Kapitel mit Aufmerksamkeit gelesen hat, wird sich nicht wundern, wenn ich hier erneut eine kräftige Lanze für **Ernst Kozub** (1924–1971) breche. Um das Resümee vorwegzunehmen: kein wirklich überragender Sänger und Interpret, eher nur Mittelklasse, aber das prachtvollste Stimmmaterial, das im Fach des jugendlichen Heldentenors nach dem Krieg zu hören war. Georg Solti muß der gleichen Meinung gewesen sein, denn als er für seine *Ring*-Einspielung einen jungen Siegfried suchte, kam er auf Kozub, den er aus seiner Frankfurter Tätigkeit in den fünfziger Jahren kannte. Bei John Culshaw, dem berühmten Toningenieur dieser Aufnahme, ist ohne Namensnennung nachzulesen, warum Kozub dann doch nicht als Siegfried zu hören ist, sondern Wolfgang Windgassen, als Stimme keine wirkliche Alternative. Es ist heute gar nicht leicht, meine hochfliegende Behauptung über Kozub nachzuprüfen. Die Opernquerschnitte in deutscher Sprache, die er in den fünfziger und frühen sechziger Jahren für Philips, aber auch für drittklassige Labels aufnahm, sind längst vergriffen und werden sicher nie mehr auftauchen, das gleiche gilt für seine Arienplatten, zum größeren Teil sang er dort auch Rollen, die ihm gar nicht lagen, wie Alfredo und Faust. Bei großen Platteneinspielungen hört man ihn nur in Nebenrollen: als Melot und Erik, aber berühmt geworden ist die Meinung eines Kritikers anläßlich von Soltis *Tristan*-Gesamtaufnahme, daß doch lieber der Melot (Kozub) die Partie des Tristan hätte singen sollen. Kozubs Stimme mangelt es ganz erheblich an Imagination und intellektueller Projektion, wenn er aber an die richtige Partie gerät, als Max, als Florestan und eben als Otello, dann ist die schiere Pracht dieser Stimme überwältigend. Auf dem Höhepunkt seiner Karriere, die sich sicherlich weiter erstreckt hätte, erlitt der Autonarr Kozub einen schweren Verkehrsunfall, von dessen Folgen er sich nicht mehr erholte. Kozub hätte das stimmliche Zeug zum großen Wagner-Tenor gehabt – Siegfried, Siegmund, Tristan, Tannhäuser –, eine Konkurrenz war nicht zu fürchten, wenn er mit dem richtigen Regisseur, dem richtigen Dirigenten gearbeitet hätte – so bleiben eine unerfüllte Hoffnung und einige wenige beeindruckende Aufnahmen.

Eine der faszinierendsten Erscheinungen auf der deutschen Bühne der fünfziger und sechziger Jahre muß erwähnt werden, auch wenn es sich nicht um eine stimmlich außergewöhnliche Erscheinung handelt, einfach, weil er es verdient, für die Nachwelt im Gedächtnis zu bleiben: **Gerhard Stolze** (1926–1979). Der gebürtige Dessauer, der zunächst Schauspieler war, war ein Solitär als Buffo- und Charaktertenor, aber diese Fachbezeichnungen sagen in seinem Fall wenig, denn Stolze war eben Stolze, eigenartig und unverwechselbar mit seinem fast krähenden, scharfen Ton und seiner äußerst eigenwilligen Technik, gewissermaßen die Kreuzung von Julius Patzak und einem Heldentenor, messerscharf über Orchesterfluten triumphierend, in einem seltsamen Niemandsland zwischen Singen und Sprechen sich bewegend, durch die Stimme allein alle Nuancen hervorbringend, die man dem bubenhaften runden Gesicht nicht zutraute. Als David und als Mime, als Loge und Herodes schien er ohne Konkurrenz (und auch der hervorragende Heinz Zednik hat die Härte Stolzes nicht erreicht), und er wagte es sogar, die Baßbaritonpartie des Wozzeck zu übernehmen, ein Experiment, das negativ aufgenommen wurde, von dem allerdings kompetente Augen- und Ohrenzeugen behaupten, es sei eminent gewesen.

Stolze ist noch allen, die ihn auf der Bühne erlebt haben, fest im Gedächtnis, sehr viel weniger Eindruck hat offenbar der Wiener Tenor **Werner Krenn** (*1943) hinterlassen. Vor 20 Jahren galt Krenn als die größte Hoffnung im Mozart-Fach nach dem Tode Fritz Wunderlichs, aber dann war, aus mir unbekannten Gründen, die Karriere schon bald wieder zu Ende. Hört man seine Plattenaufnahmen, dann kann man nur den Hut ziehen, denn das ist wirklich die nach Wunderlich schönste Stimme eines lyrischen Tenors im deutschen Sprachraum, viel attraktiver als die des weit berühmteren Peter Schreier. Im Gegensatz zu Wunderlich war Krenn allerdings kein lyrischer Tenor mit sich andeutenden Spinto-Qualitäten, sondern, genau besehen, das bei uns sehr rare Exemplar eines »tenore di grazia«. Wäre er Italiener gewesen, hätte er das Repertoire eines Tito Schipa gesungen, mit dem er Timbreähnlichkeiten aufweist. Die Stimme des ehemaligen Fagottisten war schmal und nicht sehr belastbar (vielleicht liegt hier ein Grund für das frühe Ende der Karriere), aber von edelstem Klang und bestrickendem Reiz – man höre sich nur die Platte mit Schubert-Liedern an, die er mit Gerald Moore aufnahm.

Wenn wir nach *Italien* blicken, so sind zunächst die berühmtesten Tenöre der Vor-Caruso-Zeit zu nennen, die in allen Standardwerken genannt werden (Francesco Tamagno wurde schon im *Otello*-Kapitel behandelt). Da ist zunächst **Fernando De Lucia** (1860–1925), aus Neapel stammend wie Enrico Caruso, bei dessen Trauerfeierlichkeiten er das »Pietà signore« von Alessandro Scarlatti sang. De Lucia errang seinen Ruhm vor allem als Interpret veristischer Partien, was in einem gewissen Gegensatz zu der Tatsache steht, daß ihn die Platten-sammler vor allem als Exponenten eines noch »klassischen« Belcanto-Stils schätzen, gerade im Unterschied zu dem »modernen« Caruso. Ich kann die Begeisterung für De Lucia nicht teilen und bin da ganz auf der Seite des ge-strengen Michael Scott, der (in Einklang mit einigen Kritikern der Jahr-hundertwende übrigens) vor allem jenes meckernde Tremolo kritisiert, das man nur mit einigen Verrenkungen als besonderen Reiz oder besonderen Kunstgriff wird interpretieren können, sondern das doch eher ein Zeichen der techni-schen Dekadenz ist, mangelnder Atemkontrolle genauer gesagt. Zu hören ist außerdem, daß der Registerausgleich nicht perfekt ist und daß De Lucia mit zwei Tonstärken singt anstatt mit einer gleitenden Skala, mit einem eher un-attraktiven Forte und mit einem bis zur Manieriertheit verhauchenden Piano, aus dem er endlose Effekte herauszuholen versteht. Ganz unberechtigt aller-dings ist De Lucia nicht so berühmt geworden (berüchtigt war er bei Sach-verständigen dafür, daß er ihm unbequem liegende Arien unbedenklich bis zu einer Terz nach unten transponierte), und wenn man heute seine Rossini-Aufnahmen hört, wird man Charme und Grazie einer sehr vergangenen Epo-che durchaus nachempfinden können, als Ganzes aber, fürchte ich, ist De Lucia einer heutigen Generation von Gesangsbegeisterten nicht mehr nahe zu brin-gen [Pearl, Bongiovanni].

Zu ähnlichen Schlüssen wird man wohl bei **Alessandro Bonci** (1870–1940) kommen, dem schon zeitgenössische Kritiker einen nasalen Beiklang und eine »voce bianca« attestierten, allerdings auch seine leichte Tonemission und seine vorbildliche Diktion rühmten. Aber auch hier ist das stark störende Tremolo wie bei De Lucia zu hören und ein Stimmklang ohne besonderen Reiz, allerdings ein besseres Umgehen mit der Tonstärke und wie bei De Lucia (das ist dann eben doch die alte Schule) ein Singen, das bei allen kritischen Punkten nie langweilig oder öde wird, sondern durch die Finessen der Tradi-tion Kolorit und Beredtheit erhält [Bongiovanni].

Man müßte schon an den Tenören der Vor-Caruso-Ära verzweifeln und bedauern, daß es von dem Gesangsgiganten **Jean de Reszke** (1850–1925) keine zureichende Aufnahme gibt, außer einer akustischen Geröllhalde, die sich Mapleson-Zylinder nennt und über die Stimme nichts aussagt, denn nach allem, was man weiß, war de Reszke der bedeutendste Tenor der zweiten Hälfte des 19. Jahrhunderts.

Aber da rettet dann der Sizilianer **Giuseppe Anselmi** (1876–1929) die Ehre, korrekterweise darf man ihn allerdings nicht zur Vor-Caruso-Ära rechnen, denn er war drei Jahre jünger als der gewaltige Neapolitaner, stilistisch jedoch gehört er weit eher zu De Lucia und Bonci. Anselmi endlich bringt uns jene sinnlich-einschmeichelnde Stimmqualität, die wir bei De Lucia und· Bonci schmerzhaft vermissen. Anselmi ist für mich der eigentliche Vorgänger von Tito Schipa, ein »tenore di grazia« mit einer zarten Stimme von bestrikkendem Reiz und einer Messa-di-voce-Technik, bei der die Stimme sich in ätherischem Klang verliert. In Rollen wie Werther, Nadir und Loris *(Fedora)* kommt diese Fähigkeit aufs schönste zum Ausdruck. Ohne Fehler war allerdings auch Anselmi nicht, denn er belastete seine zarte Stimme mit völlig ungeeigneten Rollen wie Turiddu und Cavaradossi, und wenn er die Höhen im Forte nimmt, dann merkt man, daß er forcieren muß, was zu einer sofortigen Versprödung der Stimme führt, diese hinwiederum rächt sich dann mit Kratzern in der Mittellage. Anselmis Aufnahmen sind insofern eine Kuriosität, als man ihn immer wieder während der Aufnahme sich räuspern hört, um diesen lästigen Belag wegzubringen (etwa bei seiner mit feinster Linie gezeichneten Interpretation von »Quando le sere al placido« aus *Luisa Miller*). Von dieser Merkwürdigkeit abgesehen, scheinen mir Anselmis Interpretationen, die wie mit dem vokalen Silberstift gezeichnet wirken, für Ohren von heute die attraktivsten zu sein, die Tenöre vor und neben Caruso zu bieten haben.

Unter den italienischen Koloratursopranistinnen der zwanziger und dreißiger Jahre ragt **Toti Dal Monte** (1893–1975) hervor. Ihre Aufnahmen sind von unverwelkter Frische, es gibt sogar eine Gesamtaufnahme mit ihr: *Madama Butterfly* mit Beniamino Gigli (der forciert kindliche Ton dieser Butterfly ist allerdings gewöhnungsbedürftig). Die ihr nachgesagte »Nachtigallenstimme« Dal Montes ist auf ihren Aufnahmen in der Tat nachzuvollziehen, aber ihre Wirkung beschränkt sich nicht auf den aus Klarheit und Süße gemischten runden Ton. An ihrer Lucia di Lammermoor kann man etwa das Vorurteil widerlegen, daß vor Maria Callas die Interpretinnen der Lucia nur flötenhafte Töne und sonst nichts zu bieten gehabt hätten, denn obwohl Dal Montes Stimme mit der der Callas in keiner Weise zu vergleichen ist, gelingt es ihr, die Akzente von Leid und Tragik hervorzubringen, die die Lucia sicher benötigt, im Gegensatz zur Callas bleibt sie dabei allerdings im Ausdrucksspektrum der Belcanto-Oper, während die Callas dieses Ausdrucksspektrum ständig überschreitet, was ein Kenner und Liebhaber der Oper dieser Epoche mit gemischten Gefühlen betrachten wird. Dal Montes Stimme verlor relativ früh die Rundung der Höhe, was ihr oftmaliger Partner Gigli darauf zurückführte, daß ihre Stimme eigentlich ein lyrischer Sopran gewesen sei, der durch die Erfolge im Koloraturfach in eine Richtung gedrängt wurde, der er auf Dauer nicht gewachsen sein konnte [Preiser, Pearl].

Italien wird klischeehaft als Land der Tenöre herausgestellt. Überblickt man jedoch die Zeitspanne von den zwanziger Jahren bis zu den fünfziger Jahren, dann wird man mit Fug und Recht Italien als Land der Baritone bezeichnen müssen, denn diese große Tradition war mit Battistini, Ruffo, De Luca und Amato keineswegs beendet, im Gegenteil hatte die italienische Oper in jenen Jahren geradezu einen Wildwuchs an sehr guten bis hervorragenden Sängern des Baritonfachs zu bieten. Im Detail wird man darüber diskutieren können, ob bei diesen zwei Generationen nicht die Vorzüge der Battistini-Schule mehr oder weniger stark aufgeopfert wurden, um die Nachteile des Ruffo-Vorbilds zu verinnerlichen (grob gesagt Stimmstärke und vokales Kraftmeiertum auf Kosten der Linie und des Legatos) – angesichts des heute nicht gerade üppig und überzeugend besetzten Baritonfachs im italienischen Repertoire wird man wehmütig werden, wenn man sich die Platten dieser Sänger auflegt. Ich kann hier nur die wichtigsten Namen nennen (Stracciari und Gobbi sind ausführlich behandelt worden): Carlo Galeffi, Benvenuto Franci, Giuseppe Danise, Umberto Urbano, Afro Poli und Cesare Formichi für die ältere Generation, Carlo Tagliabue, Paolo Silveri, Gian Giacomo Guelfi, Mario Sereni, Ettore Bastianini, Gino Bechi, Sesto Bruscantini, Rolando Panerai für die jüngere.

Nur einen kann ich ausführlicher beleuchten: **Apollo Granforte** (1886–1975), weil er mir neben Riccardo Stracciari die bemerkenswerteste Erscheinung in diesem Fach zu sein scheint. Für Granfortes Nachruhm ist von entscheidender Bedeutung gewesen, daß er für drei Gesamtaufnahmen als Baritonstar ausgewählt wurde *(Otello, Tosca* und *Il trovatore)*, und so hat sich seine Leistung in technisch ausgezeichneten Aufnahmen um 1930 konserviert. Der Sänger mit dem köstlichen Namen (offensichtlich kein Pseudonym) stammte aus Legnano, jener durch die frühe Verdi-Oper berühmten Stadt in der Nähe von Verona. Armut zwang die Familie zur Auswanderung nach Südamerika, und in Argentinien stand Granforte zum erstenmal auf der Bühne. Nach Beendigung des Ersten Weltkriegs entfaltete sich seine Karriere in Italien und führte ihn 1921 an die Scala, wo er als Amfortas unter Arturo Toscanini debütierte (er hat später auch Telramund und Kurwenal, sogar den Wanderer in seinem Repertoire gehabt). Granforte ging durch die Schule Toscaninis, und das ist seinen Platten anzumerken, die er ohne den Maestro machte. Granforte scheint mir unter den genannten Kollegen der Primus inter pares zu sein; er besaß die Stimmkraft Formichis, die dunkle Farbe Stracciaris und die edle Tönung Urbanos. Noch seine Platten zeigen, daß er ein seltener Glücksfall von vokaler Ausgeglichenheit und darstellerischer Intensität war. Seine beste Leistung ist wahrscheinlich der Jago in der *Otello*-Aufnahme von 1933 (in der Granforte die Hauptfigur ist, nicht der Otello Nicola Fusatis). Dieser Jago besitzt Feuer und Größe, sein viriler Bariton scheint unerschöpfliche Reserven zu haben, ohne die vokale Linie, die Verdi vorgezeichnet hat, je zu verlassen, eine Leistung von geradezu klassischer Ausgewogenheit, der beste Jago, den es in einer Gesamtaufnahme zu hören gibt [Preiser, die *Otello*-Gesamtaufnahme leider nur in der Kassette *Teatro alla Scala* bei Rodolphe].

Eine eigene Gemeinde hat die Sopranistin **Magda Olivero** (*1910), jene Königin der Piratenaufnahmen, von der schon kurz gesprochen wurde. Für die Schallplattenindustrie stand sie offensichtlich im Laufe ihrer unglaublich langen Karriere immer im Schatten berühmterer Kolleginnen, eine Karriere, die auch noch ganz ungewöhnlicherweise zwischen 1941 und 1951 durch eine lange Pause unterbrochen wurde, was dann auch dazu führte, daß sie als 65jährige an der Met als Tosca debütierte. Es ist nicht auszuschließen, daß die lange Pause dazu beigetragen hat, die Stimme so verblüffend frisch zu halten, ja über eine Ende der fünfziger Jahre deutliche stimmliche Krise, in der ihr Sopran strähnig und angestrengt wirkt, hinwegzuhelfen. Olivero debütierte schon 1933 in Turin und sang 1938 in einer Gesamtaufnahme von *Turandot* die Liù. Eine Aufnahme der Violetta-Arie, die 1939 entstand, ist von einer stupenden Virtuosität und Ausdruckskraft und reiht sich in die schmale Phalanx der modellhaften Aufnahmen dieser Szene ein (Rosa Ponselle, Claudio Muzio, Maria Callas). Sie wurde dann eine der großen Diven des Verismo, in diesem Sinne das Bindeglied zwischen Muzio und Callas, nur daß ihr Ruhm weitgehend auf Italien beschränkt blieb. Zu ihrer mangelnden Berücksichtigung bei Schallplattenaufnahmen mag beigetragen haben, daß ihre Stimme weniger Eigencharakteristik trug als die der berühmteren Kolleginnen. Hier werden die Olivero-Fans heftig protestieren und behaupten, daß sie ihr Idol sofort akustisch wiedererkennen. Das ist zuzugeben, aber es ist ein Erkennen nicht aufgrund eines speziellen Timbres, sondern eines speziellen sängerischen Gestus. Olivero verstand es, ihrem Publikum mit den ersten Tönen und den ersten Gesten klarzumachen: Hier lebt und singt eine reife Frau mit der Verletzlichkeit eines jungen Mädchens, der untergründigen Wildheit einer Eleonora Duse und den Erfahrungen einer leidenden Tragödin. Auf diese Weise hat Olivero als Giordanos Fedora, als Zandonais Francesca da Rimini, als Mascagnis Iris und vor allem als Cileas Adriana Lecouvreur Unvergeßliches geleistet [Legato, Rodolphe].

Spanien ist (wen wundert es angesichts der heutigen Tenorszene) immer ein Land gewesen, seit den Tagen Manuel Garcías des Älteren, in dem exzeptionelle Stimmen gediehen, nicht in solcher Breite und Fülle wie in Italien, in der Spitze jedoch kaum weniger produktiv. Drei Männer- und drei Frauenstimmen sollen herausgegriffen werden. In einem Atem genannt werden meist die beiden Tenöre Hipólito Lázaro und Miguel Fleta, meist wenn es darum geht, auf die Tradition zu verweisen, in der Domingo, Carreras und Aragall stehen. **Hipólito Lázaro** (1887–1974) wurde vor allem durch seine Mitwirkung bei Uraufführungen veristischer Opern von Mascagni und Giordano bekannt. Diese Komponisten schätzten besonders Stimmen wie die von Lázaro, die mit einem durchdringenden »squillo« in der Höhe ausgestattet waren – Mascagni schwärmte ja auch besonders für den italienischen Tenor Bernardo De Muro, der sich genau in diesem Bereich durch geradezu abnorme Stimmentfaltung auszeichnete. Hört man heute Lázaros Aufnahmen, so wird man seinen Ruhm schwer begreiflich finden, denn er setzt mit seinem geradezu meckernden Tremolo die ungute Tradition Fernando De Lucias und Alessandro Boncis im Bereich des Spinto-Tenors fort.

Eine andere Sache ist es mit **Miguel Fleta** (1893–1938), der in seinem Heimatland immer noch eine enorme Popularität genießt, eine Art spanischer Joseph Schmidt, dessen persönliches Schicksal durch sein Engagement für General Franco und seine Leute allerdings diametral anders verlief. Fletas Aufnahmen vermögen auch heute noch zu beeindrucken, auch wenn er einen »wobble« in der Höhe aufzuweisen hat, hervorgerufen durch einen deutlich bemerkbaren Kehldruck, aber er kann phrasieren und seine Fähigkeit des Messa di voce in einen Manierismus hineintreiben, den die Dirigenten von heute nicht mehr dulden würden, dessen Raffinement man sich jedoch nur schwer entziehen kann [Preiser].

Verglichen mit Lázaro und Fleta war **Antonio Cortis** (1891–1952) geradezu ein Musterbeispiel sängerischer Schlichtheit. Auch er zeigt die Timbreeigenart vieler spanischer Tenöre, eine spröde Verhangenheit, ein Chiaroscuro, das sich merkbar von den saftigen, offeneren italienischen Stimmen unterscheidet. Bei Cortis wird dies reizvoll kontrastiert durch eine enorme Durchschlagskraft in der Höhe, mit der er als Kalaf und Dick Johnson zu beeindrucken wußte. Cortis' Aufnahmen sind bei uns ziemlich unbekannt und bieten doch für unsere Ohren ein zeitloses Hörvergnügen [Preiser].

Ein Hörvergnügen bereiten auch nach wie vor die Aufnahmen von **Lucrezia Bori** (1887–1960), ein seltener Fall in der Gesangsgeschichte allein dadurch, daß es ihr gelang, ihre Karriere wiederaufzunehmen, die durch eine schwere Erkrankung der Stimmorgane und eine Operation so gut wie sicher am Ende schien. Nach Erfolgen an der Scala kam sie 1912 an die Met und debütierte als Manon Lescaut neben Caruso. Nach ihrer mehrjährigen Pause trat sie 1919 wieder in das New Yorker Rampenlicht und blieb dem Haus bis 1936 eng verbunden. Boris Aufnahmen zeigen einen »soprano leggèro« von exquisitem Timbre und resolutem Charme, in Duettaufnahmen verbindet sich ihre Stimme ideal mit dem honigsüßen Singen Beniamino Giglis, ein »Addio del passato« Traviatas zeigt, daß sie durchaus auch zur Freilegung tieferer Seelenschichten in der Lage war [Pearl].

Geradezu aufregend und atemberaubend könnte für viele Leser die erste Begegnung mit der Argentinierin **Hina Spani** (1896–1969) sein, die den Schwerpunkt ihrer Karriere in Italien hatte, denn hier hört man eine Stimme, deren Appeal man nicht erst lange suchen muß: die Prachtausgabe eines Lirico-spinto-Soprans, mit einem üppigen Brustregister und leuchtender, nie scharf werdender Höhe und der Fähigkeit, auch diese Höhe im Mezza voce zu gestalten. Spani war eine ausdrucksstarke und intensive Sängerin, deren Szenen der Amelia *(Un ballo in maschera)* zu den schönsten Verdi-Aufnahmen unseres Jahrhunderts gehören [Preiser].

Und schließlich **Conchita Supervia** (1895–1936), der Mezzosopran (oder Koloraturalt) aus Barcelona, jene Sängerin, die lange vor Giulietta Simionato und Teresa Berganza nachwies, daß die Frauenrollen Rossinis durchaus in der originalen Altlage gesungen werden können. Als Rosina im *Barbiere di Siviglia*, als Isabella in der *Italiana in Algeri* und als Cenerentola läutete sie seit Mitte der zwanziger Jahre eine eigene Rossini-Renaissance ein. Im Unterschied zu Bori und Spani muß man sich bei Supervia erst ein wenig an ihr quickes Tremolo gewöhnen, aber im Unterschied zu den genannten Tenören ist es bei ihr nicht der Ausdruck einer defizienten Atemtechnik, sondern ein fester Bestandteil ihrer Stimmcharakteristik, man gewöhnt sich sehr schnell daran (»wie im Glas geschütteltes Eis« meinte einmal ein Kritiker). Ihre Aufnahmen sind vokales Quecksilber, ein auch heute noch sprudelnder Quell ungetrübten Vergnügens, man muß schon an die größten Namen denken, um ein gleichartig eloquentes, meisterhaft kolorierendes Singen benennen zu können – in den Rollen Rossinis und als Carmen hat sie Höchstes geleistet [EMI].

Das Klischee erklärt die *Franzosen* für mäßige Stimmbegabungen und die französische Sprache mit ihren Nasalen für ungeeignet, adäquat gesungen zu werden. Nun gibt es aber, das läßt sich nicht bestreiten, eine ganze Menge wunderschöner französischer Opern, und die sollten ja irgendwie zu Gehör gebracht werden. Mir scheint, daß man gerade in Frankreich, wenn wir einmal Westeuropa nehmen, die erstaunlichsten Entdeckungen in der Sängerlandschaft machen kann, und es ist sicher keine Beleidigung so bedeutender Sängerinnen wie Germaine Lubin und des Koloratursoprans Mado Robin, wenn diese Entdeckungen gerade im Tenorbereich festgehalten zu werden verdienen.

Damit sollen die Bässe und Baritone nicht verkleinert werden: Pol Plançon ist ein Monument eigener Art, darüber gibt es keinen Zweifel, und **Victor Maurel** (1848–1923), Verdis erster Jago und Falstaff, vom alten Maestro trotz seines immensen Selbstbewußtseins und seiner Starallüren hochgeschätzt, stammte immerhin aus Marseille. In **Hippolyte Belhomme** (1854–1923) kann man ein weiteres prachtvolles Beispiel des »basse chantant« kennenlernen, in **Maurice Renaud** (1862–1933) einen subtilen Vokalisten von nobler Eleganz (an diese Baritontradition wird später Gérard Souzay anknüpfen), der in seiner Interpretation von »Vision fugitive« aus Massenets *Hérodiade* die Intensität von innen leuchten läßt und nicht von außen aufsetzt.

Die spezifische französische Tradition eines wortgeprägten Liedvortrags, die sich von der deutschen so sehr unterscheidet wie die französische Sprache von der deutschen Sprache, wurde in der Zwischenkriegszeit von zwei eminenten Künstlern vertreten, von **Charles Panzéra** (1896–1976) und **Pierre Bernac** (1899–1979). Bernac war der typische französische »baryton martin«, hoch gelagert, tenoral, wie er für Rollen wie den Pelléas gefordert wird, Panzéra hingegen besaß eine sehr viel dunklere, klangvollere Stimme, obwohl er gerade als idealer Pelléas gerühmt wurde, man kann ihn mit Gerhard Hüsch vergleichen, wenn auch sein Bariton schlanker wirkt. Panzéra hat maßstäbliche Einspielungen der Lieder Gabriel Faurés und Henri Duparcs vorgelegt, seine berühmte Interpretation von Schumanns *Dichterliebe* kann mit den bekannteren Versionen deutscher Sänger durchaus mithalten. Bernac wurde durch die für ihn geschriebenen Lieder Francis Poulencs und durch seine weit ausgreifende Lehrtätigkeit berühmt (Souzay gehörte zu seinen Schülern). Beide Künstler haben ihre Erfahrungen und Erkenntnisse in wichtigen Büchern niedergelegt, die für jeden unabdingbare Lektüre sein sollten, der sich mit französischer Gesangstradition, dem französischen Kunstlied beschäftigt [Panzéra bei Pearl].

Aber nun die Tenöre. Welch eine Fülle von höchst charakteristischen Talenten ersten Ranges, jeder für sich eine sängerische Individualität! Da ist zunächst jener kleingewachsene Tenor mit dem Gesicht einer Bulldogge und den Beinen eines Bassetts, wie er nicht gerade liebevoll charakterisiert wurde: **Léonce Escalaïs** (1859–1941), die verblüffendste Ausprägung des französischen Heldentenors, des »ténor de vaillance«, eine helle Stimme ohne baritonale Grundierung, die in der Gegend um das hohe C herum Stentortöne von sich geben kann. So bewältigt Escalaïs ohne jede Mühe jene Partien in Rossinis *Guillaume Tell* und in den Opern Meyerbeers, die heutzutage so viel Besetzungskopfzerbrechen machen. Es sei zugegeben: besonders schmelzreich ist seine Stimme nicht, andererseits ist er aber durchaus in der Lage, Subtilitäten wie ein Mezza voce oder einen erstaunlichen Triller einzubringen, die man ihm zunächst nicht zutraut – ein exzeptioneller Sänger (in den fünfziger Jahren hat der bei uns völlig unbekannte Tony Poncet diese Tradition fortgesetzt).

Wem Escalaïs nicht genügt, weil er das sinnliche Vergnügen an einer schönen Tenorstimme nur ungenügend befriedigt, den kann man vertrauensvoll an **Edmond Clément** (1867–1928) verweisen, das französische Gegenstück zu Giuseppe Anselmi und dem jungen Enrico Caruso, eine herrliche Stimme, so klar wie frisches Quellwasser, mit größter Leichtigkeit und Eleganz geführt, dabei immer männlich klingend und nie verweichlicht (man höre das Duett aus Bizets *Pêcheurs de perles*, das er mit Marcel Journet singt). Technisch ist die Stimmführung Cléments ohne Fehl und Tadel, er beweist, daß das bei seinen Zeitgenossen so oft auftretende Tremolo keineswegs notwendig ist. Clément ist für das französische lyrische Tenorfach (mit Spinto-Tendenz) stil- und geschmacksbildend geworden, und man wird nicht sagen können, daß er im französischen Repertoire übertroffen worden ist.

Eine Ausnahme innerhalb der französischen Tenorphalanx bildet **Paul Franz** (1876–1950), denn er vertritt jene Spezies des baritonalen schweren Heldentenors, die in Frankreich außerordentlich selten anzutreffen ist, und er vertritt sie auf eine beeindruckende Weise. Franz war der beste französische Otello seiner Zeit, vor allem aber ein kaum je übertroffener Samson. Man sollte allerdings dabei auf seine frühen akustischen Aufnahmen zurückgreifen, denn die späteren elektrischen zeigen eine immer noch schöne, aber schon ermüdete Stimme; wenn er jedoch in einer älteren Aufnahme »Arrêtez ô mes frères« singt, dann bekommt man einen Eindruck, welche Wucht und welche Würde ein überragender Samson haben muß, der sich für abgesungene italienische Tenöre als Alterssitz überhaupt nicht eignet – neben Caruso scheint Franz der beste Interpret dieser anspruchsvollen Rolle gewesen zu sein.

Mit dem Südfranzosen **Lucien Muratore** (1878–1954) kehren wir wieder zur Spezies der lyrischen Tenöre zurück, hier in der Version des samtweichen »crooner«, wie die Amerikaner sagen würden, aber auch die Franzosen hatten für solche Stimmen viel übrig, wie die immense Popularität des Operetten- und Filmtenors Tino Rossi zeigte, der nie eine Bühne betreten hat. Muratore steht natürlich als Künstler weit höher als Rossi, aber es ist eine vergleichbare sängerische Signatur, die dem Gesungenen verliehen wird. Als Werther und Des Grieux kann Muratore mit jedem berühmteren Rollenvertreter mithalten, er ist am ehesten mit Richard Tauber zu vergleichen, ohne dessen einzigartigen Rang zu erreichen.

Ich sprach eben von Tino Rossi, einem Korsen (wie seine Verehrer sagten, der größte seit Napoleon), und es ist auffallend, daß die italienisch-französische ethnische Mischung hervorragende Sänger hervorgebracht hat, in unserem Zusammenhang sind vor allem Vezzani und Luccioni zu nennen. **César Vezzani** (1886–1951) glich den Mangel an stimmlichem Charme durch ein männlichnerviges Singen aus, das seinen Eindruck nicht verfehlt, speziell bei Meyerbeer – hier trat er die Nachfolge von Escalaïs an, und auf der immer noch anhörenswerten *Faust*-Gesamtaufnahme mit Marcel Journet als Méphistophélès singt er einen attraktiven Faust [Music Memoria, dort auch die *Faust*-Gesamtaufnahme].

José Luccioni (1903–1978), schon im *Otello*-Zusammenhang erwähnt, ist ein Spinto-Tenor von erheblicher Durchschlagskraft und deshalb ein beeindruckender Samson auf der Gesamtaufnahme, die Louis Fourestier leitet.

Bekannter als die bisher genannten Tenöre wurde **Georges Thill** (1897–1984), von vielen Experten als der wichtigste französische Tenor unseres Jahrhunderts angesehen, ich muß jedoch gestehen, daß ich seinem gradlinigen, aber geheimnislosen Singen ohne Licht und Schatten nicht so viel abgewinnen kann [Sechs-CD-Kassette bei EMI].

Viel eher erliege ich den Reizen des Ukrainers **Joseph Rogatchevsky** (1891–1985), der schon im jugendlichen Alter nach Paris kam und in Brüssel seine größten Erfolge feierte, deshalb also sicher zu den frankophonen Sängern gerechnet werden darf. Wer von diesem Stimmklang, dieser Nuancierungskunst nicht bezaubert wird, dem ist nicht zu helfen. Es soll nicht verschwiegen werden, daß auf seinen Aufnahmen immer wieder deutlich wird, wie wenig belastbar das zarte Stimmaterial war, denn immer wieder, bei der leisesten Forcierung, treten (ähnlich wie bei Anselmi) Kratzer auf, die die Tontechniker der zwanziger Jahre offensichtlich für vernachlässigenswert hielten. Als Rogatchevsky Ende der zwanziger Jahre auf dem Höhepunkt seines Könnens einmal in Berlin gastierte, charakterisierte ihn der deutsche Gesangspädagoge Otto Iro mit den folgenden treffenden und trefflichen Worten: »Schlechtweg das Ideal einer lyrischen Tenorstimme. Man sucht vergeblich nach Worten, welche das Süße, nicht nur für Frauennerven Berückende dieses Stimmtimbres ausdrücken könnten, über dem es wie ein ungewollt webendes Liebkosen liegt. Der Künstler streichelt wie von ungefähr mit seinen moosweichen Mezza-voce-Tönen über eine nebensächliche Phrase, und schon umfängt uns der Zauber einer tiefsinnigen Lyrik, die Wehmut eines naturechten Leidens.«

Einen noch größeren tenoralen Appeal weist der aus Lüttich stammende Wallone **André D'Arkor** (1901–1971) auf, ein Sänger, mit dessen Aufnahmen man den »normalen Liebhaber« schöner Stimmen immer wieder verblüffen kann, denn hinter dem ebenso wohlklingenden wie hierzulande unbekannten Namen verbirgt sich eine der attraktivsten Tenorstimmen unseres Jahrhunderts. Er besaß zwar nicht ganz das Raffinement Rogatchevskys, kannte dafür aber nicht dessen Probleme bei der Stimmentfaltung, im Gegenteil bezieht sein Singen seinen Reiz vor allem aus einer metallisch sich entfaltenden Höhe, die immer wieder verblüffend aus einem gehauchten, fast körperlosen Mezza voce sich entbindet. D'Arkors sängerische Schwäche war es, daß er gerne beide Extreme relativ unverbunden nebeneinanderstellte – hätte er daran gearbeitet, eine bruchlose Kontinuität zwischen beiden sängerischen Äußerungsformen herzustellen, wäre er einer der größten Tenöre unserer Zeit geworden, aber auch so sind seine Aufnahmen heute ein Labsal für von häßlichen Tenortönen gepeinigte Ohren (was man dabei nicht hört: D'Arkor war auch ein schöner Mann; bei seinem Debüt an der Brüsseler Oper, deren Star er zwischen 1930 und 1950 war, soll ein Raunen durch den Saal gegangen sein, »Mon dieu, qu'il est beau«) [EMI, Music Memoria].

Mit einem anderen Wallonen, **Fernand Ansseau** (1890–1972), wollen wir den Rundgang durch das französische Sprachgebiet abschließen. Ansseau hatte zuerst im Baritonfach gesungen, und so fügt er, ähnlich wie Paul Franz, dem Fach des jugendlichen Heldentenors eine dunkle Farbe zu, ohne dadurch an den mächtig aufstrahlenden Spitzentönen etwas reduzieren zu müssen. Für die Massenet- und Puccini-Rollen, die er in Brüssel, aber auch international sang, ist seine Stimme eigentlich zu schwer; wäre er ein deutscher Tenor gewesen, hätte er sicherlich eine enorme Wagner-Karriere machen können [Preiser].

Wenden wir uns dem *anglo-amerikanischen* Bereich zu, begegnen wir, was die Engländer betrifft, einem ähnlich gelagerten Vorurteil wie bei den Franzosen: eine Nation, deren Nebelinsel nicht für die Hervorbringung großer Stimmen geeignet ist. Auch in diesem Falle wird man zugeben müssen, daß die Zahl der Talente wahrscheinlich nicht so groß ist wie in den klassischen Ländern der Gesangskultur, aber wie für Frankreich und in noch viel größerem Maße für die Sowjetunion gilt die Behauptung, daß wir Deutsche einfach oftmals nicht genügend unterrichtet sind über Persönlichkeiten, die nicht internationale Karriere gemacht haben oder relativ weit in die Historie zurückreichen.

Wer kennt bei uns zum Beispiel schon **Clara Butt** (1873–1936), eine Altistin, eine wirkliche Altistin und nicht eine Mezzosopranistin, wie sie heute meist unter der Altflagge einhersegeln. Legt man heute einem unvorbereiteten Hörer eine Platte mit Butt-Aufnahmen auf, dann muß man riskieren, unliebsame Reaktionen zu provozieren, denn das maskuline Brustregister Butts kann eine groteske Wirkung ausüben auf eine Generation von Hörern, die nicht mehr weiß, wie ein echter Alt zu klingen hat. Auch innerhalb ihrer Generation und wohl aller uns überprüfbar bekannten Altistinnengenerationen war Butt ein Unikum, denn solche Töne hat nur sie produziert, aber diese

Ausnahmeerscheinung war doch in ein Umfeld von pastosen tiefen Frauenstimmen eingebettet, wie Ernestine Schumann-Heink, Sigrid Onegin, Emmi
Leisner, die es verhinderten, daß solche Töne einen geradezu absurden Eindruck machten, der heute nur schwer zu vermeiden ist. Clara Butt war aber
nicht nur ein Unikum wegen ihrer ganz exzeptionellen stimmlichen Mittel,
sie war auch ein englisches Monument, weil sie das Urbild des englischen
Oratorienalts gewesen ist, jenes statiösen Wesens, das die Oratorien von Händel
ebenso bewältigt wie Elgars »Land of Hope and Glory«, die zweite englische
Nationalhymne, und wenn sie diese sang, dann war sie, so Thomas Beecham,
bei klarem Wetter bis über den Kanal zu hören. Clara Butt hatte aber nicht
nur die tiefen Töne einer Kontraaltistin, sondern auch die hohen einer Koloraturaltistin, und ihre Aufnahme des »Brindisi« aus Donizettis *Lucrezia Borgia*
ermöglicht den Vergleich mit Ernestine Schumann-Heinks berühmter Version
dieses Schmankerls: Clara Butt hat enorme tiefe Töne, allerdings stehen damit
die hellen, hohen Töne in einer nicht ganz organischen Verbindung, was wiederum bei Schumann-Heink besser miteinander verknüpft ist [Pearl].

Mit einer einzigen Aufnahme ist **Eva Turner** (1892–1990) weltberühmt
geworden, mit der 1928 aufgenommenen Szene der Turandot Puccinis, »In
questa reggia«. Die aus Oldham gebürtige Sopranistin hatte in der Operntruppe von Carl Rosa angefangen und wurde Mitte der zwanziger Jahre von
dem Dirigenten Ettore Panizza nach Italien an Arturo Toscanini empfohlen.
Unter seiner Leitung debütierte sie an der Scala mit Wagner-Rollen und fand
dann sehr bald die Rolle ihres Lebens, eben Turandot, mit der sie in den folgenden Jahren schon fast zu sehr identifiziert wurde und mit der sie sich 1928
in ihrer Heimat, in Covent Garden, unüberhörbar zurückmeldete. Ihre Karriere
dauerte bis zum Ende der vierziger Jahre, und sie wurde dann eine begehrte
Gesangspädagogin zuerst in den USA, dann in England. »In questa reggia« ist
in der Tat eine verblüffende und staunenerregende Aufnahme, es sind allerdings
Zweifel angebracht, ob es wirklich die Jahrhundertaufnahme ist, als die sie
immer bezeichnet wird. Spezifisch für Eva Turners Leistung ist die Tatsache,
daß hier eine Partie bewältigt wird, die man gewohnt ist, von einer Hochdramatischen gesungen zu hören. Die Turner ist »nur« ein Lirico-spinto-So-
pran, hat aber in der Höhe die Durchschlagskraft und das Stehvermögen einer
Hochdramatischen (die üblichen Rollen dieses Faches hat sie ansonsten nicht
gesungen). Man hört also eine vokale »tour de force«, von der man nicht unbeeindruckt bleibt, vergleicht man allerdings mit Birgit Nilsson, der stimm-
mächtigsten Turandot nach dem Kriege, dann wird man nicht umhin können,
an Eva Turners Stimme ein Element der Schrillheit und Schärfe zu konstatieren, das das Anhören dieser Aufnahme zu einem auch anstrengenden Erlebnis
macht [EMI].

Interessanterweise ist es genau diese Charakteristik, die sich auch bei der Schülerin der Turner, **Amy Shuard** (1924–1975), findet, einer fast ebenso potenten dramatischen Sopranstimme, der Brillanz ebenfalls nicht abzusprechen ist (sie hat »In questa reggia« auch aufgenommen), Brillanz, für die man aber wiederum Schärfe in Kauf nehmen muß.

Schärfe ist das letzte, was man einer der großartigsten Frauenstimmen unseres Jahrhunderts, der von **Eileen Farrell** (*1920), nachsagen kann, im Gegenteil, es hat keinen hochdramatischen Sopran dieses Kalibers gegeben (und in puncto Volumen kann es Farrell mit den größten Fachvertreterinnen aufnehmen), der gleichzeitig eine derartige Weichheit und samtige Fülle mitbrachte. Man wird den Stimmklang Farrells heute am ehesten mit dem von Jessye Norman vergleichen können, nur mit dem Unterschied, daß Norman in der Höhe an Volumen und Durchschlagskraft kontinuierlich verliert, wahrscheinlich also doch ein verkappter Mezzosopran ist, während es Farrell gelang, Weichheit und Höhenglanz zu vereinen.

Diese bemerkenswerte Frau mit der ungewöhnlichen Karriere ist irischer Abstammung, ihre Eltern gehörten einer Vaudeville-Truppe an, die durch Amerika reiste, und so wurde Eileen Farrell in Connecticut geboren. Ihre Gesangskarriere begann im Rundfunk und ist vornehmlich eine Rundfunk- und Schallplattenkarriere geblieben. Anfang der vierziger Jahre wurde die Rundfunkgesellschaft CBS auf sie aufmerksam, und sie bekam eine eigene kleine Sendereihe: »Eileen Farrells Presents«, es folgten Konzertauftritte mit Dirigenten wie Eugene Ormandy und Leopold Stokowski und die ersten Schallplatten, darunter auch schon Wagner-Aufnahmen. Für Wagner wurde ihre Stimme als besonders geeignet empfunden, aber sie selbst soll gesagt haben: »Wenn ich nichts anderes mehr singen kann, dann werde ich mit Wagner anfangen.« Internationale Reputation, wenn auch nur für einen kleinen Kreis, errang sie, als sie mit Dimitri Mitropoulos die Marie in einer konzertanten Aufführung von Bergs *Wozzeck* 1951 sang – der Mitschnitt war lange Zeit die einzige greifbare Gesamtaufnahme dieses Werkes. Nicht nur die Stimme Eileen Farrells war überdimensioniert, sondern auch ihre Gestalt (eine weitere Parallele mit Jessye Norman), und so dauerte es sehr lange, bis sie sich entschloß, auf einer Bühne aufzutreten: Ende der fünfziger Jahre konnte man sie in San Francisco als Medea sehen und dann 1960 zum erstenmal an der Met als Glucks Alceste. Mit ihren relativ wenigen Auftritten versetzte sie die Kritiker in Begeisterungstaumel: »Was der Niagara unter den Wasserfällen, das ist Eileen Farrell unter den Sopranen«, schrieb einer von ihnen, und wirklich ist die ihr eigene Verbindung von gewaltigem Volumen und einem weichen fraulichen Stimmklang (anders als bei den geschärfteren Stimmen Kirsten Flagstads und Birgit Nilssons) etwas Besonderes geblieben. Man höre sich die

Schlußszene aus *Siegfried* an, die sie 1949 mit Set Svanholm als Partner aufnahm, ihre Arie der Rezia aus Webers *Oberon* »Ozean, du Ungeheuer« oder
das Duett aus dem *Ballo in maschera* »Teco io sto« mit Richard Tucker, und
man wird den Eindruck bestätigt bekommen, daß Eileen Farrell eine singuläre vokale Erscheinung war.

Singulär in einem anderen Sinne war auch die Karriere von Alfredo Arnold
Cocozza, besser bekannt unter dem Namen **Mario Lanza** (1921–1959), keine
Opernkarriere, sondern eine Film- und Plattenkarriere, ganz ähnlich wie bei
Joseph Schmidt, aber aus ganz anderen Gründen. Da spielt und singt einer die
Rolle Enrico Carusos in einem Filmwelterfolg, der es nicht nötig hat, sich
stimmlich doubeln zu lassen, und wird doch bis zum frühen Ende seines Lebens nie auf einer Bühne stehen. Da spielt einer im Film durchaus überzeugend
den *Rigoletto*-Herzog, den Canio in *Pagliacci*, Verdis Otello, den Manrico und
beherrscht doch von allen diesen wunderbaren Partien nur gerade die berühmteste Arie. Es wird behauptet, daß er es geschafft habe, eine Partie einmal ganz
zu lernen, man weiß nur nicht genau, welche das gewesen ist. Mit Caruso-
Platten, die hunderte Male angehört wurden, fing es an, mit einem Vorsingen
bei dem Dirigenten Sergei Kussewizki, das der 20jährige absolvierte, setzte es
sich fort. Kussewizki verschaffte ihm ein Stipendium am Bostoner Konservatorium, aber Lanza, wie er sich nach dem Mädchennamen der Mutter nannte,
hielt ein geregeltes Studium nicht für nötig, da ja doch alle seine wirklich
umwerfende Naturstimme, mit der er Caruso-Platten verblüffend kopierte, für
ausreichend hielten, um eine große Karriere zu machen. Lanza nahm dann am
Krieg teil und sang die beliebtesten Stücke seines sogenannten Repertoires
bei Konzerten zur Truppenunterhaltung. Nach Kriegsende saß er in Hollywood und harrte der Dinge, die da kommen würden. Nun war Hollywood ja
nicht als Opernzentrum, sondern als Zentrum der Unterhaltungsindustrie berühmt – hier wurden also schon früh die Weichen gestellt. Aber auch von dort
aus konnte man immer noch eine Weltkarriere als Opernsänger machen, wie
ein junger Kanadier bewies, mit dem Lanza in einem Belcanto-Trio durch die
Staaten tingelte, er hieß George London – leider ist uns kein Tondokument
von der Partnerschaft Lanza/London überliefert. Ein Filmmanager erkannte
das Potential, das in dem jungen Lanza steckte, und investierte viel Geld, um
seine musikalische Ausbildung voranzutreiben, nicht im Hinblick auf eine
Opernlaufbahn, sondern im Hinblick auf das Genre des in Amerika seit je
beliebten Musikfilms.

1949 lohnte sich die Investition, denn Lanza bekam einen Siebenjahres-
vertrag von MGM und drehte gleich seinen ersten Film, *That Midnight Kiss*.
Der Film war erfolgreich, noch erfolgreicher war allerdings die Schallplatte
zum Film, auf der Lanza »Because you're mine« sang und die sich rasant ver-

kaufte; auch der zweite Film ging gut, aber das reichte noch lange nicht aus, um Lanza eine weltweite Reputation zu verschaffen. Die kam mit dem dritten Film im Jahr 1951, als Hollywood auf die Idee kam, mit Lanza das Leben Carusos zu verfilmen. Caruso war ja in Amerika immer noch ein Sänger von legendärem Ruhm, der weit über das eigentliche Opernpublikum hinausreichte – es traf sich ganz gut, daß Lanza im Todesjahr Carusos geboren worden war, da konnte man sich sogar dunkle Andeutungen über eine Reinkarnation leisten. Lanza war nun 30 Jahre alt, er war weltberühmt, hatte viel Geld und galt bei einem breiten Publikum als der legitime Nachfolger Carusos – gleichzeitig stand er aber auch an einem Scheideweg. Sollte er nun versuchen, jene Karriere, die er im Filmstudio schon hinter sich gebracht hatte, auf der Bühne nachzuholen? Das würde viel Arbeit und das Risiko des Scheiterns bedeuten. Oder sollte er den einmal eingeschlagenen Weg fortsetzen und der Film- und Schallplattensänger bleiben, der er jetzt war? Lanza hätte jetzt, um den ersten Weg zu gehen, Charakterstärke und den Rat guter Freunde gebraucht – beides besaß er nicht und wählte den bequemeren zweiten, der ihn in wenigen Jahren in den Abgrund führte. Die Stationen dahin sind zu trostlos, um sie detailliert aufzuführen. Weitere Filme, die den Erfolg des Caruso-Films bei weitem nicht erreichten, ständige Gewichtsprobleme, die radikale, aber nutzlose Abmagerungskuren nach sich zogen, all das ließ die Stimme Lanzas sehr bald nicht mehr im alten Glanz erstrahlen. Eine Deutschlandtournee mußte 1958 vorzeitig abgebrochen werden, weil Lanza nicht einmal mehr die wenigen Arien eines Konzerts durchzuhalten vermochte. Er sah ein, daß es so nicht weiterging, zog sich nach Rom zurück, um ernsthaft an einem Comeback zu arbeiten, am 7. Oktober 1959 starb er jedoch in einer römischen Klinik an einem Herzanfall.

Es stellt sich die Frage, ob Lanza, wie viele Opernliebhaber damals wie heute meinten, ein von Hollywood künstlich hochgeputschtes Dutzendtalent war oder eine echte große Begabung. Ich neige sehr stark zur zweiten Meinung. Sieht man heute den Caruso-Film, hört man seine ja nicht sehr zahlreichen Opernaufnahmen, so hört man zwar, daß hier ein nicht besonders kultivierter Al-fresco-Sänger am Werk war, dessen Stimme noch nicht einmal allzu große Ähnlichkeit mit der Carusos hatte, aber das stimmliche Material, die Fülle und Üppigkeit dieses Tenors waren doch so groß, daß hier unter der richtigen Anleitung damals wie heute eine wirklich große Opernkarriere durchaus möglich gewesen wäre. Man mache das Experiment und spiele eine der Opernaufnahmen Lanzas (etwa die Szene Otello/Desdemona »Dio ti giocondi«) ohne Namensnennung im Vergleich mit berühmteren Opernstimmen vor, und man wird feststellen, daß alle Hörer begeistert sind, die ansonsten starke Vorbehalte anmelden, wenn sie wissen, daß es sich um Lanza handelt, eine tragische Figur der Gesangsgeschichte, die ihrerseits einen realistisch-kritischen Film »Der begabte, aber unglückliche Lanza« verdient hätte [RCA].

In *Skandinavien* treffen wir (und da hat das Klischee seine volle Berechtigung) vor allem auf Stimmen, die für Wagner geeignet sind. Warum das so ist, darüber gibt es die geistvollsten Sängerstammtisch-Theorien, aber keine davon ist geeignet, wirklich sachliche Diskussionen zu gewährleisten. Die wichtigsten skandinavischen Wagner-Sänger sind im Wagner-Intermezzo abgehandelt worden. Hier wäre noch zu ergänzen der jugendliche Heldentenor **Carl Martin Öhman** (1887–1967), der uns schon im *Otello*-Kapitel begegnet ist, ein Sänger, der in den zwanziger und dreißiger Jahren nur eine mittlere Karriere gemacht hat, dem aber heute als Otello und Lohengrin eine große Laufbahn sicher wäre, denn ein so schönes heldisches Timbre und ein so unangestrengtes und doch markantes Singen wird man heute mit der Lupe suchen müssen.

In einem Exkurs über die Merkwürdigen und die Außenseiter muß aber ein Sänger vor allen anderen genannt werden, wenn wir uns in Skandinavien befinden, eine merkwürdige und isolierte Erscheinung, wie sie Peter Pears in England, Julius Patzak in Österreich war, mit denen **Aksel Schiøtz** (1906–1976) manche Ähnlichkeiten aufzuweisen hat. Diejenigen, denen der dänische Tenor eine unbekannte Größe ist, wird es vielleicht überraschen, daß der große Liedbegleiter Gerald Moore Schiøtz' Schallplatteninterpretation des Liederzyklus *Die schöne Müllerin* als modellhaft und ihn als einen der größten Liedersänger dieses Jahrhunderts bezeichnet. Nun mag man zweifeln, ob Moore in diesem Falle ein unabhängiges Urteil fällen kann, denn er selbst war der Pianist der gerühmten Aufnahme, aber wenn man dieses hohe Lob von anderen Kapazitäten bestätigt findet, wird man doch vielleicht, neugierig geworden, sich auf die Suche nach dieser Aufnahme begeben. Schiøtz wurde in Roskilde geboren und wuchs in Kopenhagen auf. An der dortigen Universität studierte er nach dem Gymnasium Sprachen und Literatur und bereitete sich auf den Lehrerberuf vor, in dem er dann ab 1929 tätig war. Er sang im Kopenhagener Studentenchor mit, und Anfang der dreißiger Jahre wurde der junge Lehrer Schiøtz Mitglied in dem von Mogens Wöldike geleiteten Palestrina-Chor. Wöldike wurde auf die ungewöhnliche Stimme aufmerksam und empfahl seinem Choristen, bei Agnete Zacharias und Valdemar Lincke, zwei renommierten dänischen Stimmpädagogen, Unterricht zu nehmen – daneben betraute er ihn mit kleineren Soloaufgaben und darf so als sein Entdecker gelten. Als sich erste Erfolge und Zuspruch einstellten, intensivierte Schiøtz seine Gesangsstudien und war gelegentlich im dänischen Rundfunk zu hören; und doch dauerte es bis zum Jahre 1938, als er bereits 32 Jahre alt war, bis aus dem Lehrer ein Sänger wurde. In diesem Jahre wurden Verantwortliche des Schallplattenkonzerns EMI bei einer Rundfunkübertragung von Bachs *Weihnachtsoratorium* auf Schiøtz aufmerksam und boten ihm Plattenaufnahmen an. Er beschloß daraufhin, seinen Lehrerberuf an den Nagel zu hängen, ließ sich von John Forsell, dem Lehrer auch von Jussi Björling, den letzten stimmlichen Schliff geben und begann spät, aber intensiv seine außergewöhnliche Karriere. Unter dem aus Deutschland emigrierten Dirigenten Fritz Busch, der damals viel in Dänemark arbeitete, sang er die Tenorpartie in Haydns *Jahreszeiten*, und an der Kopenhagener Oper debütierte er als Ferrando in *Così fan tutte*. Daß Schiøtz ein Mozart-Sänger von hohem Rang war, beweist seine Plattenversion von »Dalla sua pace«; sie ist von Schallplattenkritikern mit der Richard Taubers verglichen worden, und wirklich sind die Geläufigkeit der Skalen, die perfekte Atemtechnik und die Mühelosigkeit der Tonproduktion nur an den höchsten Maßstäben zu messen. Schiøtz' Stimme war ein ausgesprochen männlich-schöner, leicht baritonal timbrierter Tenor, von seinem leicht verhangenen Stimmcharakter her mit Alfred Piccaver zu vergleichen, ohne dessen für Puccini prädestinierte Tonsinnlichkeit zu besitzen, während ihm im Vergleich mit Tauber dessen Engagement und Intensität fehlten. Die größte Ähnlichkeit, wenn wir schon beim Vergleichen sind, hatte er wohl mit einem Bariton, und zwar mit Heinrich Schlusnus in seinen besten Aufnahmen – der gleiche leicht nasale, aber nie unangenehme Beiklang, eine ähnliche Reserviertheit im Ausdruck. Jedoch war Schiøtz dem Liedersänger Schlusnus an sängerischer Intelligenz überlegen. Wie dem auch immer sei – die Mozart-Aufnahmen von Schiøtz können in mancher Hinsicht Modellcharakter beanspruchen.

Die so glanzvoll begonnene Karriere erfuhr zwei wesentliche Beeinträchtigungen, die wohl verhindert haben, daß er heute überall den Ruf genießt, der seiner interpretatorischen Qualität gebührte: der Einmarsch der Hitler-Truppen in Dänemark 1940 und seine schwere Erkrankung kurz nach Kriegsende. Ein Tumor am Gehörnerv mußte operiert werden, und obwohl der Eingriff erfolgreich war, mußte Schiøtz fortan mit einer gelähmten rechten Gesichtshälfte leben – man mag ermessen, was dies für einen Sänger bedeutet. Mit großer Willenskraft nahm er nach zweijähriger Unterbrechung seine Karriere wieder auf und konnte feststellen, daß sein Publikum in seiner Heimat und in den USA ihm treu geblieben war. Er selbst war jedoch der erste, der merkte, daß seinem Tenor, der bereits früher (auch hierin mit Piccaver vergleichbar) über dem hohen A Schwierigkeiten hatte, die obere Region jetzt mehr und mehr abging, eine Folge wohl auch seiner Behinderung. Gleichzeitig begann er eine rege Lehrtätigkeit an verschiedenen amerikanischen und kanadischen Universitäten. Bis 1968 lehrte er Gesang an der Universität von Colorado und nahm anschließend eine Professur in Kopenhagen an. Bis ins hohe Alter ist er noch als Sänger aufgetreten. Hätte er nichts hinterlassen als seine Aufnahme der *Schönen Müllerin* – ein Ehrenplatz in der Galerie der großen Sänger dieses Jahrhunderts wäre ihm sicher. Die Aufnahme entstand im November 1945 kurz vor seiner schweren Erkrankung. Sie wurde mit Moore am Klavier an einem Tag aufgenommen, was ihr den konzentrierten Elan verleiht, der perfekteren Studioproduktionen meist abgeht. Die herbe Schönheit von Schiøtz' Stimme, die männliche Melancholie, der jeder sentimentale Tonfall fremd ist, bewirken ein Hörerlebnis eigener Art.

Wenden wir uns zum Schluß dieses Streifzugs durch die Landschaft der Exotika und Kuriosa nach *Osten.* Hier tut sich nun ein so reiches Reservoir an faszinierenden, uns im Westen weitgehend unbekannten Sängerinnen und Sängern auf, daß es besonders schmerzlich ist, hier nur die wichtigsten Namen und diese nur im Vorübergehen streifen zu können. Zu Beginn wurde schon auf den informativen Artikel Kurt Malischs verwiesen, der für die Sowjetunion nach 1917 zur Ergänzung und zur Vertiefung (auch wegen seiner wichtigen diskographischen Hinweise) heranzuziehen wäre.

Im näheren Osten finden wir in Rumänien zunächst einen Bariton, der in den sechziger Jahren durch eine ungewöhnlich schöne und charakteristische Stimme im italienischen Fach auffiel: **Nicolae Herlea** (*1927). Er sang in einigen Gesamtaufnahmen osteuropäischer Provenienz, die wegen ihrer mangelhaften Technik bei uns kaum Resonanz hatten (heute können etwa ungarische Aufnahmen durchaus mit westlichen mithalten), und so dürfte es schwerfallen, heute Platten mit Herlea aufzutreiben. Als Interpret war er nur von durchschnittlicher Statur, seine Stimme jedoch verweist ihn auf einen vorderen Rang im Baritonfach der Nachkriegszeit.

Von dem gleichaltrigen ungarischen Tenor **Róbert Ilosfalvy** (*1927) meinte Jürgen Kesting im Plattentext eines Recitals einmal, es handele sich hier um den Zuschnitt eines Jahrhundertsängers – diese Vorhersage hat Ilosfalvy nicht erfüllt; auch wenn man auf diesem Recital mit italienischen Arien zu hören glaubt, warum diese Charakterisierung übertrieben war, wird man doch feststellen können, daß seine Karriere nicht seinem Können entsprochen hat – ich erinnere mich, von Ilosfalvy, der damals schon ein Mittfünfziger war, einen jugendlich schlanken Stolzing gehört zu haben, wie er zur gleichen Zeit in Bayreuth nicht zu vernehmen war.

Aus Bulgarien stammen zwei Tenöre, die durch ungewöhnliche Stimmpotenzen in den sechziger Jahren auf sich aufmerksam machten: **Dimiter Usunow** (1922–1985) und **Nikola Nikolow** (*1925). Während Usunow ein mächtiges Material ziemlich ungefüg auf die Bretter stemmte, brachte Nikolow zusätzlich zu seinem heldischen Prachttenor auch eine gewisse Stimmkultur mit. Hätte ich nicht zufällig Nikolow in Frankfurt als Radames gehört (es wird etwa das Jahr 1965 gewesen sein) und würde ich mich nicht dadurch an einen italienischen Tenor von seltener Fülle und Schönheit erinnern, hätte ich nicht eine rare Recitalplatte der Firma Balkanoton gefunden, auf der Nikolow als Radames, Canio und Manrico zu hören ist, ich wüßte wie die meisten nicht, welcher Tenorglanz da der fast völligen Vergessenheit anheimgefallen ist (weder John Steane noch Kesting kennen ihn, und bei Kutsch/Riemens taucht er erst im Nachtragsband auf).

Viel bekannter bei uns wurde, allerdings für eine merkwürdig kurze Zeit, der Rumäne **Ludovic Spiess** (*1938), der Ende der sechziger Jahre wie ein Komet auftauchte, 1967 den Dmitri in Herbert von Karajans Salzburger *Boris Godunow* sang, dann mit dem Kalaf in Stuttgart und Verona Furore machte, schon bald aber wieder von der internationalen Bühne verschwunden war. Ein Recital aus jenen Jahren läßt nichts erkennen, was auf ein frühes Karriereende hindeutet: Das Timbre ist ausnehmend schön, die Stimme sitzt ausgezeichnet, als Interpret bleibt Spiess weit hinter seinem stimmlichen Potential zurück, aber daran hätte gearbeitet werden können – dies hätte eine große Karriere werden müssen.

Nun aber abschließend zu den Sängern des zaristischen Rußland und der Sowjetunion – und nicht etwa nur zu russischen Sängern, denn wir haben unter den Großen aus dem Osten Armenier, Ukrainer, Litauer und Georgier ebenso wie Russen. Wenn wir diese Fülle von halb bekannten und unbekannten Persönlichkeiten einmal aufteilen in die vor und die nach der Jahrhundertwende Geborenen, dann ist zunächst **Medea Mei-Figner** (1859–1952) zu nennen, keine Russin, sondern eine geborene Italienerin, die aber doch die entscheidenden Jahre ihrer Karriere in Rußland verbrachte, zeitweilig mit dem renommierten russischen Tenor Nikolai Figner verheiratet war und durch ihn in den Tschaikowski-Kreis hineinkam: Die beiden Figners sangen die Hauptrollen bei der Uraufführung von *Pique Dame*. Ihre Schallplatten geben aufgrund des Alters der Aufnahmen nur einen ungefähren Eindruck von ihrem Können, das sich virtuos zwischen Alt- und Sopranpartien bewegte.

Für die Dominanz des italienischen Repertoires auf den Opernbühnen des zaristischen Rußland (die sich auch darin ausdrückte, daß Mattia Battistini einer der gefeiertsten Sänger dort war) spricht auch der russische Ruhm der Italienerin **Olimpia Boronat** (1867–1943), einer Koloratursopranistin von bemerkenswerter Geläufigkeit der Gurgel – noch mehr als Medea Mei-Figner aber unterliegt sie den Unbilden der Aufnahmetechnik ihrer Zeit.

Ganz anders verhält es sich mit den Platten von **Antonina Neshdanowa** (1873–1950), die weit bis in die zwanziger Jahre hinein Aufnahmen machte. Ihre Stimme ist gar nicht einfach zu bestimmen: Man könnte sie am besten als lyrischen Sopran mit Koloraturgeläufigkeit und Spinto-Qualitäten bezeichnen, um ihrer Spannweite gerecht zu werden, eine Stimme von großer Schönheit und besonderer Phonogenität, deren Spektrum von der Königin der Nacht über die Meyerbeer-Partien bis zu *Lohengrin* reichte, eine Stimme, die mit Adelina Patti, Marcella Sembrich und Frieda Hempel auf eine Stufe zu stellen ist [Club 99].

Bei den tiefen Männerstimmen hat Fjodor Schaljapin mit seiner erdrückkenden, geschmacksbildenden Dominanz das Können anderer russischer oder sowjetischer Bässe erheblich verdunkelt. Die meisten russischen Bässe, das ist einmal mit Recht festgestellt worden, sind ja, wie eben Schaljapin auch, genau besehen hohe Bässe, wenn nicht gar sich dem Charakterbariton nähernde Stimmen, was durch jene trockene, künstlich abdunkelnde Tonfärbung vertuscht wird, die man weithin als Charakteristikum des russischen »Stroh«-Basses ansieht. Ein echter Baß, wie man ihn sich bassiger nicht vorstellen kann, mit gewaltigen Orgeltönen in der Tiefe, eine männliche Clara Butt gewissermaßen, war der Petersburger **Lew Sibirjakow** (1869–1942), eine Stimme, für die englische Fachleute das schöne Beiwort »cavernous« (kellertief) bereithalten – ihn muß man sich auch deshalb anhören, damit man nicht Schaljapin für das Maß aller Dinge hält, ohne seine Bedeutung in irgendeiner Weise schmälern zu wollen.

Fragt man mich nach demjenigen osteuropäischen Bassisten, der in der Breite des Repertoires und der sonoren Fülle der Stimme dem von mir besonders geschätzten Alexander Kipnis am ehesten nahekommt, dann muß ich **Mark Reisen** (1895–1992) nennen, ein Ukrainer, jenes Fabelwesen, das noch mit 90 Jahren als Fürst Gremin auf der Bühne des Bolschoi-Theaters stand. John Steane nennt ihn »one of the best singers of our century«, das ist ein wenig übertrieben, aber nur ein wenig, denn es handelt sich bei Reisen wirklich um eine herrlich runde Stimme mit einer slawischen Timbredefinition, aber ohne die russische Sprödigkeit, eine Stimme von enormem Volumen, dabei weich und nie kantig oder rauh (ein Vergleich müßte am ehesten auf den Sopran Eileen Farrells zielen). Reisen sang seit 1930 am Bolschoi und war über Jahrzehnte hinweg der erste Baß dieses Hauses, die nationale Antwort auf den untreuen Schaljapin gewissermaßen. Die Höhepunkte seines Repertoires, allerdings erst sehr spät in seiner Karriere auf Gesamtaufnahmen verewigt, waren natürlich der Boris, aber auch der Dossifei in Mussorgskis *Chowanschtschina* – man vergleiche einmal die Dossifeis der beiden modernen Gesamtaufnahmen dieser Oper mit Reisens Leistung [Preiser].

Auch wenn er nicht das Format Reisens erreichte, soll hier **Iwan Petrow** (*1920) genannt werden, Bassist auch er und in den fünfziger und sechziger Jahren ein Boris von Statur, der durch eine Gesamtaufnahme dieser Oper auch bei uns bekannt wurde.

Der neben Schaljapin im Westen bekannteste russische Sänger war der Bariton **Georges Baklanoff** (1880–1938), weil seine Karriere sich gleichmäßig zwischen Osten und Westen verteilte und er nach der Revolution anscheinend nicht mehr in seiner Heimat auftrat. Baklanoff war außerdem im russischen wie im italienischen Repertoire gleichermaßen erfolgreich und erweist sich auf seinen Platten als Rigoletto, Jago und Renato als ebenso eindrucksvoll wie in den russischen Partien, wo allerdings (wie in der Titelrolle von Rubinsteins *Dämon*) eine starke Neigung zur Larmoyanz negativ auffällt.

Unter den russischen Tenören sticht als eine Ausnahme **Iwan Jerschow** (1867–1943) hervor, denn genuine Wagner-Tenöre sind in diesen Breiten äußerst selten. Jerschow, der nur zu Beginn seiner Karriere im Westen sang, sich dann aber vor allem auf Petersburg konzentrierte, überrascht als jugendlicher Heldentenor, dessen Spannweite bis zu Otello und Tristan reichte, mit leicht ansprechender Höhe, schönem Mezza voce und einer vorwärtsdrängenden Emphase, die seinem Tannhäuser Profil gibt. Neben Jacques Urlus gehört Jerschow zu den interessantesten Wagner-Entdeckungen der Jahrhundertwende.

Unter Plattensammlern erfreuen sich die Tenöre **Leonid Sobinow** (1872–1934) und **Dmitri Smirnow** (1881–1944) eines großen Rufes – sie bildeten das strahlende Zweigespann russischer Tenorherrlichkeit zwischen Jahrhundertwende und Erstem Weltkrieg. Ich muß gestehen, daß ich nach ihren Aufnahmen diesen Ruhm nicht in allen Nuancen nachvollziehen kann, denn weder Smirnows helle, aber spröde, claironhafte Stimme noch Sobinows distinguiertes, aber geheimnisloses, offenes Singen vermögen mich nachhaltig zu beeindrucken.

Da scheinen mir die viel weniger bekannten Fachkollegen, die nach der Jahrhundertwende geboren wurden, mehr Aufmerksamkeit zu verdienen: **Iwan Koslowski** (*1900) (zu seinem 90. Geburtstag im Bolschoi geehrt) hat auf den ersten Blick keine hervorstechenden tenoralen Reize zu bieten, hört man ihm aber länger zu, so bemerkt man, welch ein imaginativer, beredter Sänger er war – er war über lange Zeit der erste Tenor für eine ganze Reihe von Gesamtaufnahmen russischer Opern, die aber bei uns kaum bekannt wurden [Myto].

Jegliche Neugier wert ist auch der lyrische Tenor **Sergei Lemeschew** (1902–1977), eine männliche, attraktive Stimme auch in Partien, in denen man einen leichteren, säuselnderen Stimmklang erwartet, ein Sänger, der vielleicht am ehesten mit Peter Anders zu vergleichen ist.

Wenn man jene tenorale Lyrik zu schätzen weiß, die eben halb despektierlich mit »Säuseln« bezeichnet wurde, also eine Stimme, wie sie idealtypisch bei Tito Schipa zu finden ist, dann wird man mit **Georgi Winogradow**

(1908–1980) eine außerordentlich angenehme Überraschung erleben, ein Sänger, der vor allem im Rundfunk und im Konzert zu Hause war und mit einer ausgefeilten Kultur der Kopfstimme und des Mezza voce zu bezaubern weiß.

Im dramatischen Tenorfach ist Rußland seit Jerschow nicht mehr unbedingt glücklich gewesen, dramatische Tenöre (das aktuelle Beispiel Wladimir Atlantow lehrt es) neigen zu undifferenziertem lauten Singen, bieten einfach nicht genug Stimmqualität, um etwa mit südeuropäischen oder südamerikanischen Stimmen mithalten zu können. Eine Ausnahme bildet der in der Sowjetunion sehr geschätzte **Georgi Nelepp** (1904–1957), dessen Rollen seit den sechziger Jahren Atlantow übernommen hat [die letztgenannten Sänger bei Pearl: *Tenors of the Bolshoi*].

Kultivierter als Atlantow war der bei uns kaum bekannt gewordene Georgier **Surab Andshaparidse** (*1928), dessen mächtig auftrumpfender Hermann in *Pique Dame* auch auf einer Gesamtaufnahme festgehalten worden ist. Auf ähnlichem Niveau steht ein anderer Georgier, **Surab Sotkilawa** (*1937), über den ich in allen meinen Nachschlagewerken keine Information finden konnte, der aber auf einer Sammelplatte mit sowjetischen Sängern durch einen begeisternden Cavaradossi auffällt. Kaum bekannt ist auch der Litauer **Virgilius Noreika** (*1935), ein Spinto-Tenor mit leichter Höhe, dessen Version der Arie des Lenski aus *Eugen Onegin* die höchsten Vergleiche auszuhalten vermag.

Unter den Baritonen ragen zwei bedeutende Sänger hervor: **Pawel Lissizjan** (*1911), ein Armenier, und der Este **Georg Ots** (1920–1975), beides Erscheinungen, die im Westen eine enorme Karriere hätten machen können und, wenn sie zum jetzigen Zeitpunkt anträten, auch machen würden. Zu ihrer Zeit aber blieben sie auf ihre Heimat reduziert, abgesehen von einigen Gastspielen, die Lissizjan machen konnte. Lissizjans Stärke ist die pure Stimme, ein dramatischer Bariton von edler Sonorität und müheloser Tonexpansion bis in tenorale Höhen hinein, ein Meister der eloquenten Kolorierung der Stimme wie seine großen italienischen Fachkollegen war Lissizjan allerdings nicht. Was Ots betrifft, wahrlich nach wie vor ein Geheimtip, so wurde er von einem Diskographen als die »vielleicht schönste lyrische Baritonstimme, die je aufgenommen wurde«, bezeichnet. Wie alle Verabsolutierungen ist auch diese fragwürdig, denn wo bleiben Mattia Battistini, Joseph Schwarz und manche andere, wenn Ots dermaßen in den Himmel gehoben wird, aber Ots war wirklich, wie Kurt Malisch schreibt, »weicher, wärmer und farbenreicher als Lissizjan, dazu von besonderer stimmlicher Geschmeidigkeit und dynamischer Variabilität, der dennoch über die Fähigkeit zur Komprimierung der Stimme verfügte, wie sie für dramatische Partien gefordert ist«.

Wie wir angedeutet haben, hat Rußland, haben die Länder des sowjetischen Machtbereichs eine große Tradition bedeutender Sängerinnen. Damit scheint es in den letzten Jahrzehnten zu hapern. Merkwürdigerweise ist vor allem der hohe Sopran des Typus Neshdanowa und Boronat anscheinend ziemlich ausgestorben. Was uns häufig begegnet, ist der jugendlich-dramatische Sopran mit einer vibratoreichen Stimmfülle, dem gesangstechnische Verfeinerung und subtile Interpretation weitgehend Fremdworte sind (dem entspricht eine ähnliche Vergröberung bei den russischen dramatischen Tenören). Einem solchen Typus ist etwa **Tamara Milaschkina** (*1937, die Ehefrau Wladimir Atlantows) zuzurechnen.

Die bedeutendste der russischen Sopranistinnen der Nachkriegszeit ist ohne Zweifel **Galina Wischnewskaja** (*1926). Die Ehefrau Mstislaw Rostropowitschs, wie ihr Mann eine mutige, resolute Person (wie man etwa aus dem Interview lernen kann, das die beiden dem französischen Journalisten Claude Samuel gegeben haben), war auf der Bühne eine imponierende Frau (ich sah sie in einer unvergeßlichen Aufführung von Prokofjews *Krieg und Frieden* im Bolschoi-Theater, dirigiert von ihrem Mann, kurz bevor die beiden die Sowjetunion verließen). Hört man sich jedoch ihre Platten an, dann wird man bei allem Respekt vor dem prachtvollen Stimmaterial wie bei ihren Kolleginnen die sängerische Verfeinerung vermissen, die etwa Antonina Neshdanowa aufzuweisen hat. Unbeeindruckt wird man von dieser Sängerin nicht bleiben, wenn sie mit dem ihr eigenen breiten und satten Stimmpinsel malt, und auf jeden Fall gab es in Moskau keine gleichwertige Konkurrentin [Erato].

Bedeutende Erscheinungen waren hingegen im Mezzo-Alt-Fach zu beobachten, die wichtigste ist sicherlich die mit Galina Wischnewskaja fast gleichaltrige **Irina Archipowa** (*1925), ein dramatischer Mezzosopran vom Range einer Medea Mei-Figner, Karin Branzell und Irene Minghini-Cattaneo, die in allen Fachpartien des russischen Repertoires brillierte, etwa in der Rarität der Jeanne d'Arc Tschaikowskis, aber auch als Carmen im Westen erfolgreich war. Stimmlich noch üppiger ausgestattet, als Interpretin im Vergleich mit Archipowa weitgehend pauschal wirkend ist **Jelena Obraszowa** (*1937), Leningraderin wie Galina Wischnewskaja und durch zahlreiche Gastspiele an der Scala und an der Met (dort seit 1977 auch fest engagiert) im Westen sehr bekannt geworden. Sie ist eine echte dramatische Altistin, wie es einst mit schärferer Kontur Margarete Klose war, ein bei uns im Westen ausgestorbener Stimmtypus, und so erklärt sich ihr Erfolg, den sie auf der Platte auch zusammen mit Plácido Domingo hatte, als Azucena, Amneris und als Charlotte im *Werther* (die ich mit Stimmen solchen Kalibers allerdings eklatant fehlbesetzt finde).

Wenn wir noch einen kräftigen Schritt weiter nach Osten uns bewegen, dann kommen wir nach Shanghai und treffen dort auf einen Sänger, der weit mehr als eine Kuriosität ist. Sänger aus dem Fernen Osten treten in den letzten Jahren verstärkt auch im Westen auf Bühnen und bei Wettbewerben auf, die Zeit, in der es gerade einmal eine japanische Sopranistin zu einer Butterfly brachte, ist vorüber, chinesische Sänger sind nach wie vor erheblich rarer, aber alle fernöstlichen Gesangskünstler werden nach meiner Einschätzung immer noch überragt von dem Bassisten **Y-Kwei Sze** (*1915). In einer biographischen Notiz ist zu lesen, daß er ein Schüler von Alexander Kipnis sei. Wir sind nicht genau informiert darüber, ob es sich nur um eine Art Meisterkurs gehandelt hat oder um eine längere Ausbildung, auf jeden Fall ist Y-Kwei Sze wirklich der einzige Bassist, den ich kenne, bei dem man eine verblüffende Ähnlichkeit mit seinem offensichtlichen großen Vorbild feststellen kann: Es ist die gleiche Stimmkultur des nuancierten Vortrags, nur daß der chinesische Bassist im Timbre nicht ganz an Kipnis heranreicht. Bei all seinen enormen Qualitäten als Liedinterpret hat Kipnis seine Karriere doch vor allem auf der Opernbühne gemacht, Y-Kwei Sze hingegen ist ausschließlich Konzertsänger gewesen, von einigen Auftritten in Shanghai abgesehen, bevor er nach dem Ende des Zweiten Weltkriegs seine Heimat verließ, um sich in den USA zu vervollkommnen und von dort aus seine Karriere aufzubauen. Daß man ihn bei uns so wenig kennt, hat auch damit zu tun, daß kaum Platten von ihm bekannt geworden sind – seine eminente Aufnahme von Mussorgskis Liederzyklus *Ohne Sonne* ging auf einem kleinen holländischen Label völlig unter – für findige Sammler gibt es hier eine superbe Baßentdeckung zu machen.

Mit diesem Rundgang durch die sängerische Szene in Osteuropa und im Fernen Osten ist unser Überblick über die Merkwürdigen und die Außenseiter, die Verkannten und die Unbekannten beendet. Welche Talente zum Beispiel in Osteuropa im Augenblick schlummern und uns bald bekannt werden, dank verbesserter Möglichkeiten des kulturellen Austauschs, ist schwer abzusehen. Ob der Bassist Anatoli Kotscherga, der Bariton Sergei Leiferkus, die Sopranistin Ljubow Scharnina, der Bariton Dmitri Chworostowski die Erwartungen erfüllen werden, die die westliche Musikszene in sie setzt, bleibt abzuwarten. Der Autor hofft, seinen Lesern mit diesem Intermezzo Anregungen in Fülle gegeben zu haben, auf vokale Entdeckungsreisen zu gehen – nichts macht mehr Vergnügen, als jenseits ausgetretener Pfade seine eigenen Ausgrabungen zu machen.

Sängerinnen und Sänger
der sechziger und siebziger Jahre

Nicolai Ghiaurov

Seit dem frühen Tod von Martti Talvela sieht es bei den Bassisten der internationalen Opernszene plötzlich erstaunlich schütter aus. Boris Christoff und Cesare Siepi haben von der Bühne Abschied genommen, Matti Salminen und Kurt Moll beschränken sich weitgehend auf das deutsche Repertoire, Samuel Ramey und Ruggero Raimondi vertreten nun fast ausschließlich das Fach des sogenannten »basso cantante«, also eines relativ hoch gelagerten beweglichen Bassisten, der zum Baßbariton tendiert, jener Stimme, mit der man heute am liebsten den Don Giovanni besetzt. Niemand käme auf die Idee, diese Rolle mit dem Georgier Paata Burchuladse ausfüllen zu wollen, einem der wenigen echten Bässe gegenwärtig.

Auch Nicolai Ghiaurov hat einige Zeit lang sehr erfolgreich den Don Giovanni gesungen, obwohl er eigentlich nie ein »basso cantante« war. Schon lange hat er von dieser Rolle Abstand nehmen müssen wie von anderen auch (ich denke an den Boris Godunow), für die er lange Zeit in aller Welt die erste Wahl war. Für einen Bassisten mit solider Technik ist eigentlich das 60. Lebensjahr keine besonders zu beachtende Grenze. Man muß es ja nicht gleich so weit treiben wie der große russische Bassist Mark Reisen, der auch noch mit 90 Jahren auf der Bühne des Bolschoi-Theaters stand. Bei Ghiaurov hat man aber den Eindruck, daß sich in letzter Zeit die rund 35jährige Karriere stimmlich bemerkbar macht, was nicht ausschließt, daß ihm immer noch beeindruckende Auftritte gelingen, wie etwa in der Wiener *Chowanschtschina*.

In Lydjene bei Welingrad in Bulgarien wurde Ghiaurov (eigentlich Nicolai Gjaurow) am 13. September 1929 als Sohn eines Mesners geboren. Seine Gesangskarriere begann er als »soprano leggèro«, denn schon als Sechsjähriger war sein hübscher Knabensopran bei manchen Gelegenheiten gesellschaft-

licher Art gefragt, und die niedlich geträllerte »Blaue Donau« gehörte zu seinen erfolgreichsten Nummern. Nach dem Stimmbruch verlor er zunächst das
Interesse am Singen und sah sich eher als Schauspieler. In einer halb privaten
Aufführung der *Tosca* von Victorien Sardou, also des Schauspiels, das Puccinis
Oper zugrunde liegt, spielte er pikanterweise die Rolle des Cavaradossi, was
bei Puccini nicht möglich gewesen wäre. Seine musikalischen Ambitionen
waren nicht ganz vergessen, sie richteten sich jedoch eher auf Geige, Klarinette und Trompete als auf das Singen. Die Militärzeit unterbrach diese schönen Zerstreuungen abrupt, brachte jedoch auch die eigentliche Entdeckung
seines stimmlichen Potentials. Ghiaurov leitete einen Chor, und beim Vorsingen einiger Phrasen fiel Chorsängern auf, daß ihr Dirigent sie stimmlich
bei weitem übertraf. Einer der mitsingenden Offiziere hatte Kontakt zu dem
führenden Bariton der Oper von Sofia, Christo Brambarow. Es kam zu einem
Vorsingen, bei dem Brambarow bestätigte, daß es sich hier um eine ungewöhnliche stimmliche Begabung handelte. Zu Ghiaurovs Enttäuschung aber
wollte ihn Brambarow wegen Arbeitsüberlastung nicht unterrichten, und erst
als der junge Bassist bei einem Armeekonzert auffiel, änderte der Lehrer seine
Meinung. Für ein Jahr arbeitete Ghiaurov an der Akademie in Sofia mit
Brambarow, ohne je eine Arie oder ein Lied zu singen, nur Übungen innerhalb einer Oktave waren erlaubt, und alle Flausen, ein zweiter Fjodor Schaljapin zu werden, wurden ihm unnachsichtig ausgetrieben. Nach diesem ersten
Jahr gab es ein Vorsingen vor einer Kommission, und dieses Vorsingen war so
eindrucksvoll, daß die Akademie beschloß, Ghiaurov ein Stipendium nach
Moskau zu geben. Dort studierte er von 1950 bis 1955 mit einem kürzeren
abschließenden Aufenthalt in Leningrad und kehrte mit einem hervorragenden Diplom zurück.

In seiner bulgarischen Heimat ging jedoch keineswegs alles nach Wunsch.
In Moskau hatte man ihm nach einem Vorsingen vorgeschlagen, in die Nach-
wuchsriege des Bolschoi einzurücken. Sein Kultusministerium verweigerte die
nötige Erlaubnis und verfügte, daß er seine Opernkarriere an einer bulgarischen Provinzbühne zu beginnen habe – Planwirtschaft auch in diesem Bereich. Erst der erste Preis bei einem Gesangswettbewerb in Paris belehrte die
Bürokraten eines besseren, und so konnte Ghiaurov 1955 als Basilio im *Barbiere
di Siviglia* in Sofia debütieren. Nach einem Jahr an der Oper von Sofia gastierte
er als Pimen und Warlaam in *Boris Godunow* im Bolschoi. Mit einem Ramphis
in Verdis *Aida* begann dann seine internationale Karriere an der Wiener Staatsoper, die sich durch einen Gounodschen Méphistophélès in Bologna auch auf
Italien ausdehnte, das seitdem seine zweite Heimat geworden ist. Als seine
Stammbühne wird man die Mailänder Scala ansehen können, wo er 1959 in
Boris Godunow debütierte, als Bettelmönch Warlaam allerdings, neben dem da-

mals nicht zu übertreffenden Boris seines Landsmannes und Freundes Christoff. In späteren Vorstellungen dieser Produktion konnte er dann diese Partie, die zu den größten Herausforderungen für jeden Bassisten gehört, zum erstenmal ausprobieren, legte sie aber auf Anraten seines alten Lehrers Brambarow noch einmal für fünf Jahre in die Schublade, bis er dann 1965 bei den Salzburger Festspielen mit Herbert von Karajan sich als Christoff ebenbürtiger Boris etablierte.

Seit Beginn der sechziger Jahre durfte Ghiaurov als international anerkannt gelten, er ist es also jetzt seit rund 30 Jahren. Er ist immer ein Sänger gewesen, der eine Zeit der Reifung innerhalb einer Rolle benötigte, nie gleich als fertiger Interpret auf die Bühne sprang. So wie sein Boris noch einmal ruhen mußte, um glaubwürdig zu werden, so war auch sein erster Don Giovanni zwar stimmlich imposant, aber doch recht äußerlich jungenhaft und etwas breitstämmig geraten. Erst die Zusammenarbeit mit Otto Klemperer bei der Plattenaufnahme, die bis heute ihren Rang behalten hat, eröffnete ihm die tieferen Dimensionen dieser Rolle. 1964 sang er an der Scala seinen ersten Philipp in Verdis *Don Carlos*, von Publikum und Kollegen mißtrauisch beäugt, denn es gibt keinen italienischen oder italienisch geschulten Bassisten (und Ghiaurov sang und singt merkwürdigerweise eher wie ein italienischer Baß denn wie ein slawischer, auch wenn er nie in Italien gelernt hat), der diese Partie nicht als Gipfel betrachten würde. Auf Anhieb reihte sich der Mittdreißiger (der nach Ansicht der Experten für die Rolle viel zu jung war) in die Reihe der größten Rollenvertreter ein, wie Tancredi Pasero, Ezio Pinza, Cesare Siepi, natürlich auch Christoff. Sein Duett mit Talvela als Großinquisitor im vierten Akt muß von einer atemverschlagenden monumentalen Größe gewesen sein, die so selten erreicht wird, weil meistens einem guten oder sehr guten Philipp ein schwacher zweiter Bassist gegenübersteht – noch schlimmer sind jene Fälle, wo die Qualitäten umgekehrt verteilt sind. Zu Boris, Giovanni und Philipp müssen noch die beiden sehr unterschiedlichen Mephisto-Figurationen der Opernbühne dazugenommen werden: der geschmeidig-elegante Kavalier Gounods und der monumentalere, merkwürdigerweise deutscher (wenn auch nicht goethescher) anmutende Boitos, um die zentralen Punkte seines Repertoires zu umreißen, das bis auf den Giovanni mit dem des überdimensionalen Vorbilds Schaljapin übereinstimmt.

Noch eine Rolle hat Ghiaurov direkt von Schaljapin übernommen, die dieser überhaupt erst kreiert hat: den Don Quichotte Massenets, ein leider viel zuwenig gespieltes Meisterwerk. Aber im Vergleich mit dem ziemlich engen Repertoire Schaljapins ist Ghiaurov ein geradezu universaler Sänger. Rossinis Mosè, Verdis Attila, Tschaikowskis Gremin, Mussorgskis schon erwähnter Fürst Chowanski, Pater Guardian in *La forza del destino*, Banquo in *Macbeth*, Marcel in der berühmt gewordenen Scala-Aufführung der *Huguenots* Meyerbeers, der Creonte in *Medea* von Cherubini – das sind nur die wichtigsten Rollen in einem ungewöhnlich breiten Repertoire, in dem allerdings der Bereich des Kunstlieds und die Rollen der deutschen Oper ausgeklammert sind. Einmal war der Gurnemanz in Wagners *Parsifal* geplant, aber dazu kam es nicht, weil Ghiaurov wohl zu Recht seinen Sprachfähigkeiten nicht völlig traute; die Zeiten, als Christoff einen Gurnemanz auf italienisch singen konnte, waren schon länger vorbei. Auch die komische Seite des begnadeten Darstellers Ghiaurov ist zuwenig ausgenutzt worden, aber da gibt es leider in seinen Repertoiregrenzen außer dem Basilio zuwenig zu holen, und Verdis Falstaff lag ihm nun doch zu hoch.

Kein Zweifel: Ghiaurov hat nach Siepi und Christoff die beeindruckendste Baßkarriere unserer Zeit gemacht, und ein gleichwertiger und gleich vielseitiger Nachfolger ist, wie angedeutet, überhaupt nicht in Sicht. Vielleicht war es nicht allen, die ihn auf dem Höhepunkt seiner Karriere hörten, bewußt, welche Ausnahmestimme da erklang. Stellt man seine Schallplattenaufnahmen neben die der jetzt präsenten Generation, dann wird einem dieser Rang jedoch sogleich deutlich, auch wenn er keineswegs ein genuiner Studiosänger war. Bulgarien war immer reich an außergewöhnlichen Baßstimmen. Vielleicht ist es eine spezielle Mischung aus der knorrigen Rauheit der russischen Bässe und der weichen Geschmeidigkeit des nicht allzu fernen Mittelmeerraums, die ein Grund für dieses merkwürdige Phänomen ist. Wer jetzt noch Gelegenheit hat, diese majestätische Stimme (auch wenn sie spröder geworden ist) und diesen raumfüllenden Sängerschauspieler zu erleben, sollte sie nicht ungenutzt verstreichen lassen.

Hinweise

In französischer Sprache erschien eine schmale Monographie von Philippe Grenèche: *Nikolaj Ghiaurov* (Paris 1979). In Helena Matheopoulos' Buch *Bravo. Berühmte Sänger über ihre großen Rollen* (München 1988) ist ein Abschnitt Nicolai Ghiaurov gewidmet.

Unter seinen großen Opernrollen sind folgende Gesamtaufnahmen hervorzuheben: Den Boris Godunow singt Ghiaurov dreimal, unter Herbert von Karajan (Decca), unter Mstislaw Rostropowitsch (Erato) und unter Emil Tschakarow (Sony). Die *Don-Giovanni*-Aufnahme unter Otto Klemperer ist im Augenblick nur als Extrakt zu haben, dafür ein Live-Mitschnitt unter Karajan (Nuova Era). Als König Philipp in Verdis *Don Carlos* ist er dank der Live-Mitschnitte gleich mehrere Male vertreten, in Studioaufnahmen unter Georg Solti (Decca) und in der französischen Fassung unter Claudio Abbado (Deutsche Grammophon). Als Méphistophélès in Gounods *Faust* läßt ihn die

Aufnahme unter Georges Prêtre erleben (EMI). Eine Kostbarkeit am Rande ist die jetzt bei Decca wieder aufgelegte Einspielung des *Don Quichotte* von Massenet, in der er die Titelrolle singt. Mit Arienplatten war Ghiaurov nie besonders gut vertreten, das hat sich im Zeitalter der CD nicht geändert.

Dietrich Fischer-Dieskau

Der englische Germanist Kenneth Whitton hat nicht nur das zur Zeit maßgebliche biographische und Aufnahmen interpretierende Buch über Fischer-Dieskau geschrieben (er ist ein gleichaltriger Bewunderer und hat die Karriere seines Idols seit etwa 1950 verfolgt), sondern reist auch mit einem Standardvortrag über den Sänger durch die Lande. Seine Vorträge beschließt er jeweils mit einem Zitat aus einer schottischen Kritik, und er hat dieses Zitat auch an das Ende seines Buches gestellt:

»Das Schicksal gibt dem einen eine schöne Stimme, dem anderen musikalische Beherrschung der Gesangskunst, und manche – es läßt sich nicht leugnen – bekommen weder das eine noch das andere. Dietrich Fischer-Dieskau ist beides verliehen. Das Ergebnis ist ein Wunder, mehr kann man darüber nicht sagen. Wenn man ein paar Superlative geschrieben und das Programm geschildert hat, bleibt einem als Kritiker nach einem solchen Konzert nur noch, ›finis‹ unter die Besprechung zu setzen, nach Hause zu gehen und dem Himmel zu danken, daß man das erleben durfte.«

Über Wunder läßt sich schlecht reden, das ist wohl wahr, man erlebt sie und man verstummt; als Schlußsatz eines Buches von 250 Seiten sind solche Auslassungen allerdings etwas merkwürdig, denn der Verfasser hat ja recht wortreich versucht, das Wunder zu beschreiben und zu analysieren. Wunder sind außerdem nach der allgemeingültigen Definition Manifestationen überirdischer und übermenschlicher Mächte; Sänger jedoch, auch die bedeutendsten, sind Menschen, die zwar wie alle großen schöpferischen und nachschöpferischen Menschen mehr leisten als »tutti quanti«, die dennoch mit menschlichen Maßstäben gemessen werden sollten. Aureolen sind schlechte Beleuchtungskörper, und alle Liebe und alle Verehrung sollten nicht dazu führen, Maßstäbe zu suspendieren. Fischer-Dieskau selbst, in der ihm eigenen Mischung aus hohem Selbstbewußtsein und Bescheidenheit, hat dies ganz eindeutig in einem Interview geklärt:

»Wir sollten als gute Interpreten nur Nachschöpfer sein. Man bringt Stücke zum Leben, indem man sie klingend macht. Das vollzieht sich beim Sänger – mehr als bei jedem Instrumentalisten – via corpus, durch den eigenen Körper.

Also muß ein sehr persönlich geprägtes Bild entstehen. Das kann sich in beschränkter Einförmigkeit offenbaren oder aber in einer vielfach gefächerten Ausdrucksmöglichkeit. Es kommt auf den Versuch an, diese Dinge zu organisieren und zu beherrschen. Das heißt: sich in einigen Fällen auf ein bestimmtes Gebiet zu beschränken und in anderen Fällen den Fächer weit zu öffnen. In diesem Auffächern oder Zuschließen liegt selbstverständlich ein Mitschöpferisches. Ich würde aber keineswegs sagen, daß sich der Interpret vor den Komponisten stellen darf. Niemals. Wir sind Arbeiter im Weinberg des Herrn und nichts weiter.«

Dietrich Fischer-Dieskau, geboren am 28. Mai 1925 in Berlin, ist kein Star, auch wenn er als Sänger international einen Sonderstatus genießt, wie ihn kein anderer je für sich beanspruchen konnte. Würde man das Publikum von heute befragen, wer als Inbegriff des Sängers zu betrachten ist, so wie es einst Enrico Caruso und Fjodor Schaljapin, Beniamino Gigli und Maria Callas waren, dann würde wohl niemandem prompt Fischer-Dieskau einfallen, sondern es würden die Namen von Luciano Pavarotti und Plácido Domingo genannt werden. Einen Fischer-Dieskau, der Werbung für einen Magenbitter, für eine Pelzfirma oder ein teures Duftwasser macht, kann man sich nicht vorstellen. Natürlich hat Fischer-Dieskau eine Gemeinde, aber es sind nicht unbedingt die Fans, die die Bühnenausgänge belagern mit dicken Photomappen in der Hand, es ist nicht jene junge Frau dabei, die die Kostüme Fritz Wunderlichs aufkauft und in ihrer Wohnung aufstellt, sondern es ist eher jener Typus, der als Jugendlicher für einen respektvoll verehrten Studienrat geschwärmt hat, als Student dann zu Füßen einer ehrfurchtgebietenden Professorenpersönlichkeit saß. Es ist von komplementärer Folgerichtigkeit, daß Fischer-Dieskau nichts weniger gern tut als Autogramme zu geben und sich von glücklich-aufgeregt schwitzenden Fans die immer gleichen Fragen stellen zu lassen – lieber hält er in einem kleinen, erlesenen Kreis Vorträge über einen Komponisten mit Bild- und Tonmaterial aus seinen schier unerschöpflichen Sammlungen (nebenbei gesagt, besitzt er eine enorme Sammlung von Sängerschallplatten, ein Buch wie dieses hier aus seiner Feder wäre eine aufregende Sache, dessen kann man gewiß sein). Bücher über Schubert und Schumann, über die Beziehung von Wagner und Nietzsche aus der Feder eines älter gewordenen Wunderlich, eines Hermann Prey kann man sich schwer vorstellen, bei Fischer-Dieskau ist das möglich gewesen, allein als Arbeitsleistung neben der atemverschlagenden Konzert-, Opern- und Schallplattentätigkeit eine Ungeheuerlichkeit; die für jeden Sänger heute obligatorische Lebensbeichte, bei den meisten schon in den Vierzigern publiziert, erschien 1987 unter dem Titel *Nachklang* und wirkte auf manche Leser eher enttäuschend in der knappen Zurückhaltung, mit der über sich und andere geurteilt wurde.

Es ist, glaube ich, nichts übermäßig »Völkisches« an der These, daß Fischer-Dieskau in seiner Herkunft aus dem deutschen Bildungsbürgertum (der Vater war Geheimrat und Begründer des Zehlendorfer Gymnasiums), in seinem lehrenden und belehrenden Impetus, wie er sich in seinen Liedprogrammen, in seinen anthologischen und sammelnden Neigungen, in seinem geradezu hohepriesterlichen Ernst, mit dem er sich den Verlockungen des Medienzeitalters entzieht, etwas ungemein Deutsches an sich hat und etwas ungemein Unzeitgemäßes. Hier liegt, glaube ich, eine Wurzel für die fundamentalen Mißverständnisse, denen gerade dieser Sänger in letzter Zeit ausgesetzt war. Das Wort »unzeitgemäß« mag verwundern bei einem Sänger, der so viele Schallplatten gemacht hat wie kein anderer, seit es dieses Medium überhaupt gibt, und es ist kaum vorstellbar, daß es einem anderen Sänger je gelingen wird, diese schiere Masse zu egalisieren (man betrachte sich die Diskographie im Anhang von Whittons Buch). Fischer-Dieskau hat auf eine nicht wiederholbare Art den Schub der Nachkriegszeit genutzt, als die Langspielplatte zu ihrer dritten Entwicklungsphase ansetzte. Die erste war durch Caruso befördert worden, der das Medium als solches popularisierte, die zweite, bedingt durch den Wechsel von der akustischen zur elektrischen Aufnahmetechnik, brachte Sänger wie Gigli in das Rampenlicht einer internationalen Öffentlichkeit, die dritte ist durch Künstler wie Callas und Fischer-Dieskau gekennzeichnet, während die vierte, in der wir uns immer noch befinden, durch die multimediale Vermarktung (Opernfilm, Oper im Fernsehen, Oper auf CD, Oper auf Laser-Disc usw.) gekennzeichnet ist, für die Sänger wie Pavarotti und wie Domingo wahrscheinlich die repräsentativsten Künstler sind.

Dennoch beharre ich auf dem Begriff der Unzeitgemäßheit. Man lese nur nach, was er über den ambivalent gesehenen Kollegen Prey in *Nachklang* sagt und dessen Tendenz, die Stimme als Ohrenschmeichler einzusetzen, der er seine eigene Fähigkeit zur Konzentration auf das Werk gegenüberstellt, und wie er sich von der Möglichkeit, seine Kunst im Fernsehen auszuüben, erheblich distanziert. So wenige Fernsehsendungen hat er gar nicht gemacht, aber er hat natürlich vollkommen recht, wenn er dem Fernsehen vorwirft, durch seine Bildlichkeit von dem Eigentlichen, eben jener Konzentration aufs Werk, abzulenken, und wenn er der synchronisierten Fernsehoper die Überzeugungskraft abspricht, hat er natürlich mindestens ebenso recht (als ihn sein Freund Peter Beauvais einmal zu einer Schauspielrolle im Fernsehen überredete, in Heinrich von Kleists *Käthchen von Heilbronn*, führte das übrigens zu einem sehr achtbaren Ergebnis). »Der Hohepriester des Liedes«, so lautet das Klischeewort über Fischer-Dieskau, aber etwas daran ist doch nicht unwahr. Mögen andere die »Kings« sein, die Könige und Kaiser des Musiklebens, sich im Rampenlicht baden, Fischer-Dieskau tritt immer einen Schritt aus diesem Licht zurück, ein Teil seines Wesens als Künstler soll offensichtlich nicht in diesem nackten, gleißenden Licht stehen, die Aura der Unnahbarkeit, die auf den ersten Blick so gar nicht mit dem lange Zeit runden, geheimnislosen Gesicht korrespondierte, tritt in den letzten Jahren auf dem schmaler gewordenen Gesicht des Sängers deutlich hervor, das zwischen Verschmitzt und Mokant pendelnde Lächeln scheint immer mehr zu einer Art Schutzschild zu werden.

Hoherpriester sein heißt also einerseits einen Schritt zurückzutreten, andererseits dadurch auf Macht keineswegs zu verzichten, im Gegenteil lassen sich aus dieser Position Macht und Selbstbewußtsein sehr viel besser ausleben und regulieren als in der Rampenposition, in der man schnell zum Hampelmann der öffentlichen Meinung und der Drahtzieher hinter den Kulissen wird. Man nehme mich nicht ganz ernst beziehungsweise mit dem notwendigen Körnchen Salz, wenn ich auf Verdis Szene zwischen Philipp und dem Großinquisitor verweise. Fischer-Dieskau ist eher der Großinquisitor als der König des Gesangs in der zweiten Hälfte unseres Jahrhunderts, womit ich nicht das Menschenverachtende dieser Figur meine, sondern ihre Distanz zum Tagesgetriebe, ihren fanatischen Ernst, der in unserem Fall dem Kunstwerk dient – Arbeiter im Weinberg des Herrn, schöner kann man es nicht ausdrücken, nur daß auf den Arbeiter Fischer-Dieskau verdientermaßen sehr viel vom Glanz des Herrn, das heißt des Kunstwerks und seines Schöpfers, zurückgefallen ist.

Ich weiß, daß ich mich ins Reich der Spekulation begebe, wenn ich all das, was jetzt umschrieben wurde, das Priesterliche, Professorale, Didaktische, das Zurückstellen des »delectare« hinter das »prodesse«, den heiligen Ernst, mit dem die »holde« und »heilige« Kunst betrieben wird, einerseits auf das Deutsche zurückführe, den deutschen Umgang mit Kunst, mit allen seinen prekären, aber auch großartigen Seiten, andererseits aber auch auf die Jugend des Sängers im Dritten Reich. Gemessen an der abhakenden Knappheit, mit der er in seinem autobiographischen Buch viele Dinge abhandelt, auf die die meisten Leser neugierig sind, erscheinen die Abschnitte über seine Jugend doch vielsagend – die Fackelmärsche zum Olympiastadion, das Verschwinden jüdischer Nachbarn, die Indoktrinierung in der Schule, die Einsicht in die eigene Verführbarkeit, obwohl die Familie immunisiert gegen die Verführungskraft des Nationalsozialismus war, schließlich Kriegserlebnis und Gefangenschaft in Italien (in unkommentierten Tagebuchblättern wiedergegeben) – nicht zu vergessen der Untergang des geistig und körperlich behinderten Bruders im Nazi-Euthanasieprogramm –, all das (auch wenn es Fischer-Dieskau nicht direkt ausspricht) scheint mir als ebenso bedrückende wie anspornende Verpflichtung, als Lavaglut in den verzehrenden Musikstrom eingeflossen zu sein, mit dem dann der 22jährige seine ersten Hörer und dann bald auch die aufhorchende Musikwelt überwältigte. Die Emotionen unter dieser Glut aber konnten wohl nur bewältigt, in die Kanäle der Kunstausübung gelenkt werden, wenn gleichzeitig Distanzierung möglich war, Schlacken abfielen und Lavastrom zu Kunstgebilden gerann. Das ihm oft vorgeworfene »Unsinnliche« seines Singens erhält hier zumindest eine Erklärung.

Nur eines sei noch angefügt, was in diesen Zusammenhang gehört. Den Leser des *Nachklangs* mag seltsam anmuten, jedenfalls ging es mir so, wie Fischer-Dieskaus sehr seltenen Anmerkungen zur politisch-gesellschaftlichen Entwicklung ausfallen. Von Pavarotti wird man keine tiefgründigen Überlegungen zur politischen Landschaft Italiens erwarten oder zu dem ökologischen Desaster, das seine Landsleute in ihrem herrlichen Land anrichten, von einem ungemein reflektierenden Künstler wie Fischer-Dieskau würde man da allerdings mehr erwarten, jenseits wohlfeiler Bekundungen wohlgemerkt, wie sie heute en vogue sind. An einer Stelle seines Buches aber wird ganz deutlich, warum es in dieser Hinsicht so gründlich enttäuscht, nämlich dort, wo er kurz über die »Uraufführung« von Hans Werner Henzes *Floß der Medusa* berichtet, die 1969 einen handfesten Skandal verursachte und an der Fischer-Dieskau beteiligt war. Natürlich hat Fischer-Dieskau recht, wenn er sich über den naiven Edelkommunismus Henzes und seiner Parteigänger amüsiert, aber er macht es sich vielleicht doch zu einfach, wenn er dies zum Anlaß nimmt, die »Fanatiker« zu beschimpfen, die die Gesellschaft umfunktionieren wollten, wo es doch darum gegangen sei, die Freiheit gegen »rote Bedrohung« zu verteidigen. Bei aller berechtigten Abwehr gewalttätiger und unreflektierter Ausuferungen der 68er-Bewegung wird man nicht bestreiten können, daß es für sie auch Grundlagen gab, deren moralische und historische Berechtigung man damals wie heute nicht ignorieren kann, und es reicht bei solchen Gegebenheiten nicht aus, wie Fischer-Dieskau zu sagen: »Wir alle sind hoffnungslos in materielle Zeitlichkeit verstrickt. Um so tiefer könnte der Gewinn sein, den wir aus dem Erlebnis von Überzeitlichkeit ziehen, wie sie im großen Kunstwerk offenbar wird« – dem muß mit Theodor W. Adorno entgegnet werden: »Es gibt kein richtiges Leben im falschen«, und auch die Überzeitlichkeit des Kunstwerks kann durch die Gewalt des Zeitlichen zuschanden werden. Aber auch hier scheint mir das Erlebnis des Dritten Reiches und des Krieges für die geradezu selbstschützerische und energische Abwehr des allzu Zeitlichen verantwortlich zu sein. Man muß eine solche Haltung nicht befürworten, aber man wird sie respektieren müssen.

Es ist ganz typisch für diesen untypischsten aller Sänger unserer Zeit, daß ich bisher vom *Sänger* noch kaum gesprochen habe. Das Biographische mag im folgenden ausgespart bleiben – jedem, der sich mit Gesang beschäftigt, sind die unspektakulären Daten vertraut (aus diesem Unspektakulären fallen einzig die vier Ehen heraus). Fischer-Dieskau bildet aber in diesem Buch eine Ausnahme insofern, als ich mich dieses eine Mal auf die heftige Kritik einlassen will, die Jürgen Kesting in seinem Buch *Die großen Sänger* an Fischer-Dieskau geübt hat. Kestings Angriffe gegen Fischer-Dieskau haben einiges Aufsehen erregt, sie wurden zunächst in Heft 5 (1985) der Zeitschrift *fono forum* vorgetragen unter dem Titel »Zwischen Genialität und Gefährdung«; als dann 1986 die drei Bände des Buches herauskamen, stellte sich heraus, daß der Zeitschriftenartikel eine gekürzte Version des Buchabschnitts über Fischer-Dieskau war. Es kann nicht im einzelnen darum gehen, Kesting zu zitieren oder zu widerlegen. An seiner Philippika war sicher auch die Lust daran beteiligt, ein »monstre sacré« zu schlachten, dem unmündigen Publikum der Jetztzeit die Leviten zu lesen. Merkwürdig dazu verhält sich die Tatsache, daß Fischer-Dieskau, ausgerechnet als Jago, das Titelblatt des dritten Bandes ziert – die Bände 1 und 2 zeigen Enrico Caruso und Maria Callas, von Kesting hochfavorisierte Sänger; wenn er hier also zu einem in seinen Augen und Ohren fragwürdigen Sänger greift, dann scheint er ihm jedenfalls seine Bedeutung als symptomatisch nicht streitig machen zu wollen.

Ein Detail der harschen Kritik Kestings scheint mir bezeichnend zu sein. Es wirkt auf den ersten Blick ephemer, spricht aber doch bei näherem Hinsehen für eine erhebliche Blicktrübung des Kritikers. Er stellt den beiden Versionen seiner Fischer-Dieskau-Kritik ein Zitat aus dessen Mund voran, um die Selbstüberschätzung des Sängers bloßzustellen, die apologetische Haltung eines Künstlers, der vom Erfolg maßlos verwöhnt wurde, wie Kesting sagt (was ja wohl heißen soll, daß er diesen Erfolg so nicht verdient hat), und auf die Existenz von Kritik ungläubig oder gar indigniert-gereizt reagiere. Das Zitat als Motto lautet: »Ich habe meine eigenen Maßstäbe... Die meisten Kritiker unterscheiden zuwenig zwischen den individuellen Gegebenheiten des Sängers und einer Gesangslehre.« Das klingt allerdings ausgesprochen selbstherrlich und anmaßend, das muß man zugeben. Für dieses Zitat wird kein Beleg angegeben, wenn man aber per Zufall die Quelle findet, so wird man auch finden, daß Kesting hier die Sorgfaltspflicht des korrekten Zitierens, warum auch immer, außer acht gelassen hat.

Beide Sätze stammen aus einem Interview, das im Januarheft 1970 der Zeitschrift *fono forum* zu lesen war. Die beiden Sätze liegen relativ weit auseinander. Im zweiten Satz läßt Kesting ein sehr wichtiges Wort aus, Fischer-Dieskau spricht da nämlich von den individuellen *organischen* Gegebenheiten des Sängers, die von einer Gesangslehre zu unterscheiden seien; das ist schon etwas anderes als die viel grundsätzlicher klingenden »individuellen Ge-

gebenheiten«, zu denen Timbre, Interpretation und Gestaltung ja auch zu zählen wären, die Anmaßung ist also schon eine viel geringere. Der erste Teil
des Zitats ist ein Beispiel dafür, was »aus dem Zusammenhang gerissen« hei
ßen kann. Der Kontext, in dem dieser Satz steht, muß hier unbedingt berücksichtigt werden, denn es geht um die Unterschiede zwischen Lied und
Operngesang, um die dynamischen Grenzen, von denen die Interviewerin
glaubt, daß sie in einem Lied grundsätzlich enger zu ziehen sind als in einer
Opernszene. Fischer-Dieskau läßt sich auf solche grundsätzlichen Unterschiede nicht ein und negiert sie im Prinzip, wenn er auch zugibt, daß es
zwischen Fortissimo und Fortissimo Unterschiede geben kann und muß. Die
Interviewerin insistiert und verweist auf die Vorwürfe, die dem Sänger in diesem Punkte immer wieder gemacht werden.

An dieser Stelle des Interviews antwortete Fischer-Dieskau folgendermaßen: »Die [Vorwürfe] können mich wenig tangieren, denn ich habe meine
eigenen Maßstäbe für diese Dinge, die von der Musik gebildet werden. Ich
kann mich nicht von Besprechungen irgendwelcher Art umleiten lassen.«
Man wird Kesting den Vorwurf nicht ersparen können, hier ein Zitat willlentlich oder unwillentlich in seinem Sinn gravierend verfälscht zu haben,
denn der Sänger hat ganz klar nicht behauptet, daß für ihn selbst nur seine
eigenen Maßstäbe gelten würden, sondern er hat nur gesagt, daß er für die
dynamische Gestaltung von Lied oder Opernszene seine eigenen Maßstäbe
aus der Musik selbst zu beziehen in der Lage zu sein glaubt und da nicht
auf Rezensentenhinweise angewiesen ist. Das ist immer noch selbstbewußt
genug, hat aber mit der Hybris, die in Kestings Version des Zitats zutage
kommt, nichts zu tun. Der Leser mag dieses Stück Philologie entschuldigen,
aber da diese Zitatmanipulation an prominenter Stelle gleich zweimal auftaucht und auch die atmosphärische Basis für eine gravierende Kritik abgab,
muß man, denke ich, den Urheber des Zitats gegen solche Verfälschungen in
Schutz nehmen.

Die Vorwürfe Kestings gegenüber Fischer-Dieskau, die überakzentuieren
und auf die Spitze treiben, was auch andere Kritiker, die ganze Karriere begleitend, meist etwas verhaltener artikuliert haben, sind stichwortartig so zusammenzufassen: artikulatorische Übernuancierung, Schwierigkeiten bei verzierter Musik, falsches Repertoire im Opernbereich, »stößige« Tonemission,
kataraktartige vokale Ergüsse, Extreme der Lautstärke vor allem in den Liedaufnahmen, dozierendes, bedeutendes (im Sinne von hindeutend) Singen statt
Natürlichkeit. Nicht alles von dem, was Kesting moniert, ist ganz aus der Luft
gegriffen, am wenigsten der tadelnde Hinweis auf Auswüchse im Repertoire.
Es läßt sich nicht bestreiten, daß sich Fischer-Dieskau in Bereiche hineingewagt hat, für die seine stimmliche Grundausstattung nicht geeignet war. »Il

più grande Rigoletto del mondo«, wie ein Mailänder Taxifahrer einmal ausrief, nein, das war er sicher nicht. Sein Rigoletto, sein Jago, sein Macbeth waren interessante Versuche, Partien zu singen, denen er weder vom Stimmklang noch von der Stimmschulung noch von der Kernigkeit der Stimme her gewachsen war. Wirklich übertreibt der liebenswert unkritische Hagiograph Whitton in seinem Buch stark, wenn er Fischer-Dieskaus Rigoletto über den von Tito Gobbi stellt. Fischer-Dieskau selbst verweist interessanterweise auf den italienischen Bariton Gino Bechi, ein andermal auf Apollo Granforte als von ihm in ihren historischen Plattenzeugnissen besonders geschätzte Fachkollegen; im Vergleich damit muß man allerdings seine eigenen Leistungen im italienischen Fach doch in die Sphäre des Aparten, aber nicht vollständig Überzeugenden verweisen, vor allem wenn man Bechis stentorhaft schwingende Spitzentöne hört, die im Stile Titta Ruffos gebildet werden (Gobbi hat hier angeknüpft). Nicht umsonst hieß Ruffo »voce di leone« – nein, eine Löwenstimme hat Fischer-Dieskau nie gehabt, und wenn er in dem genannten Interview von 1970 sagt: »Ich bin mir bewußt, daß ich nicht der robusteste aller Heldenbaritone bin und daß ich nicht die größte Stimme habe, die es heute zu hören gibt«, dann wird er das leicht ironisch so gemeint haben, daß ihm die kernigsonore, metallisch getönte Stimme des italienischen schweren Baritons (und der ist es, der Jago, Rigoletto usw. singen sollte) gänzlich abging, daß seine Spitzentöne eher wattig und wenig fokussiert klangen in diesen Partien und nicht zentriert und weit ausschwingend. Für andere italienische Partien wie den Posa fallen solche Einschränkungen weniger ins Gewicht, stärker dann natürlich schon wieder für den Holländer und den *Rheingold*-Wotan, und seine Selbstkritik hätte hier vielleicht nicht erst vor Wotan und Wanderer in *Walküre* und *Siegfried* haltmachen sollen.

Ich muß allerdings gestehen, daß ich solche Experimente nicht als so katastrophal beurteilen kann, wie es viele Kritiker tun. Wenn die Sänger nicht böse sind, wenn man ihnen den eigenen Eindruck vermittelt, und wenn sie sich durch solche Experimente nicht gänzlich die Stimme ruinieren, was bei Fischer-Dieskau offensichtlich nicht der Fall war, dann bleibt bei einem Sänger dieses Ranges immer noch genug Interessantes übrig, um darüber zumindest zu diskutieren, was man von den meisten Dutzendleistungen nicht sagen kann. So hat mich sein Falstaff sehr viel mehr überzeugt als die meisten anderen; was da an Vollklang der Stimme fehlte, wurde durch subtiles Singen teilweise wieder wettgemacht. Ähnliches gilt für den Hans Sachs, auch wenn ich die Tendenz, die ja auch durch Bernd Weikl vertreten wird, den Sachs von einem lyrischen Bariton singen zu lassen, nicht für glücklich halte, denn er muß ein hoher Baß sein, aus verschiedenen Gründen, die ich im Exkurs über den Wagner-Gesang darlege. Was wiegen solche nicht immer glücklichen

Experimente neben Wolfram, Lear, *Figaro*-Graf, Alfonso, Danton, Mittenhofer, Cardillac, Faust, Wozzeck, Dr. Schön?

Vergessen wir bei allem nicht, und er selbst hat es am wenigsten vergessen, daß Fischer-Dieskau, ich muß wieder das ominöse Wort gebrauchen, einer deutschen Gesangsschule entstammt, darüber hinaus noch einer ganz auf den Liedgesang zentrierten Schule. Seine beiden einzigen Lehrer, Georg A. Walter und der wichtigere, Hermann Weißenborn, waren beide Schüler von Raimund von Zur Mühlen, dem berühmten baltischen Liederinterpreten und noch berühmteren Gesangslehrer, Zur Mühlen wiederum war Schüler des großen Julius Stockhausen, des »Sängers des deutschen Liedes«; Stockhausen, dem Johannes Brahms seinen *Magelone*-Liederzyklus widmete (den er auch uraufführte), war wiederum Schüler von Manuel García dem Jüngeren gewesen, dem bedeutendsten Gesangspädagogen des 19. Jahrhunderts. Mit García gewinnt der Ururenkel Fischer-Dieskau gewissermaßen den Anschluß an die internationale Gesangsschule der ersten Hälfte des 19. Jahrhunderts, aber alle Zwischenglieder entfernen sich in dem Maße von der Belcanto-Schulung, als sie der Liedinterpretation ihr einziges aufmerksames Ohr schenkten.

Fischer-Dieskau hat sich immer gegen die Behauptung gewehrt, daß er der erste und einzige gewesen sei, der im Liedgesang eine dem Wort mehr Aufmerksamkeit schenkende Interpretationsweise eingeführt habe. Völlig zu Recht hat er auch in diesem Zusammenhang darauf insistiert, daß die Kritiker und Rezensenten, die das als Allerweltsweisheit verkündeten und ihm als Klischee aufpappten (der »Deklamator«), einfach zuwenig historische Kenntnisse hatten, um zu wissen, daß etwa dem Bariton Johann Michael Vogl, der der genuine Interpret und Freund Franz Schuberts war, schon damals vorgeworfen wurde, daß er allzusehr deklamiere, das Wort allzusehr in den Vordergrund rücke. Und Fischer-Dieskau selbst hat noch in seiner Jugend in Berlin die großen Liedinterpreten der Zwischenkriegsgeneration gehört, die anderen durch Schallplatten kennengelernt, er wußte und weiß, daß ein Gerhard Hüsch, ein Herbert Janssen, ein Alexander Kipnis bei Schubert, Brahms und Wolf allergrößten Wert auf eine deutliche Wortbezogenheit legten, daß ein Nuropernsänger wie Helge Rosvænge eine Interpretation von Hugo Wolfs *Feuerreiter* eingespielt hat, die an Schärfe und Präzision der Deklamation alles übertrifft, was der Liedspezialist Fischer-Dieskau je sich traute. Schon diesen Größen vergangener Tage war das an einem Lied »Vorbeibelkantisieren«, wie es Fischer-Dieskau einprägsam bezeichnet hat, ein Greuel, und auf sie konnte er sich immer berufen, vorausgesetzt, daß sein Publikum bereit war, seinen Neuansatz in diesen weiteren historischen Rahmen zu stellen. Man darf sich deshalb auf ihn selbst stützen, wenn man bezweifelt, daß er als Liedsänger

etwas ganz und gar Neuartiges, etwas aus aller Tradition Herausfallendes gemacht habe. Das nun wirklich Einzigartige seiner Leistung liegt unter anderem in der Breite, Intensität und Repertoirevollständigkeit, mit der er das
Lied, das deutsche, aber auch französische Kunstlied, neu erschlossen und ver-
messen hat. Der Kontinent Schubert ist durch seine Leistung in allen seinen
Erhebungen und Vertiefungen für unsere Generation nachmeßbar und aus-
schreitbar geworden; Fischer-Dieskau hat diese Risikolust und Entdeckerfreude auf andere Komponisten ausgedehnt und über 40 Jahre hinweg auf
einem erstaunlich gleichwertigen Niveau gehalten, und es ist ihm meist gelungen, was er, wiederum bescheiden und selbstbewußt zugleich, als die Aufgabe des Liedinterpreten ansieht: »Nicht Wiedergabe von Stücken, sondern
eine Wiedergeburt des Werkes im Konzertaugenblick.« Der intellektuelle Anspruch seiner Programmzusammenstellungen, in denen der Gestus des privaten Bild- und Tonvortrags immer ein wenig mitschwingt, hat ein internatio-
nales und sehr heterogenes Publikum kaum abgeschreckt, die Auswahl seiner
Begleiter, von Gerald Moore über Jörg Demus, Alfred Brendel, Swjatoslaw
Richter bis zu Hartmut Höll, hielt immer den Ansprüchen stand, die er an
den Klavierpartner stellte.

Und schließlich: vergessen wir nicht, daß Fischer-Dieskaus Stimme auch
für den Stimmgourmet, last but not least, durchaus etwas zu bieten hat. Sein
von Hause aus lyrischer Bariton, hoch gelagert, mit weicher Kontur, die dem
weichen, runden Gesicht entspricht (es ist unbestreitbar, daß es da Zusammenhänge gibt), war zu wirklich bezaubernden Klängen fähig, die aus seiner
Beherrschung des Mezza voce und des Messa di voce besonders deutlich
hervortreten. Ich greife ein beliebiges Beispiel heraus: Man höre sich nur die
geradezu balsamischen Töne an, mit denen Fischer-Dieskau vor 30 Jahren die
kurzen Passagen für den Bariton in Gabriel Faurés *Requiem* in der Aufnahme
mit André Cluytens sang – das ist ohrenschmeichlerisch in einem Maße, wie
es dem Kollegen Hermann Prey bei allem Kehldruck nie gelungen ist, und
solche Eindrücke sind aus dem gargantuesken Berg seiner Aufnahmen nicht
eben selten zu gewinnen (wobei verblüffend ist, wie wenig sich die Stimme
im Laufe von fast 40 Jahren verändert hat, auch wenn das Volumen um
einiges gewachsen ist). Das Wort vom Professor Rigoletto und vom Intel-
lektualisten unter den Sängern ist insofern von hoher Ungerechtigkeit, als es
diese nun wirklich belkantistischen Fähigkeiten unterschlägt. *Eine* Begrenzung aber ist nicht zu bestreiten: Der Sänger des Naiven ist Fischer-Dieskau
nun wirklich nie gewesen; sein Papageno besonders, aber auch der Barak und
teilweise auch der Mandryka zeigen, daß jemand kaum das tumbe Kind aus
dem Volke singen kann, wenn er bereits die Stufe der Selbstreflexion erklommen hat.

Diese Bemerkungen erheben nicht den Anspruch, ein zusammenhängendes Bild des singulären Künstlers Fischer-Dieskau zu ergeben. Sein Singen war kein Naturereignis, sondern immer ein Kunstereignis, die Überwältigung des Zuhörers geschah nicht durch schiere Stimmpracht, sondern durch die reflektierte Kunst des überscharf bewußten Interpreten. Wie Kleist in seinen Bemerkungen über das Marionettentheater sagte, vermag das Bewußtsein erhebliche Unordnungen in der natürlichen Grazie des Menschen anzurichten – ein Sänger vom Typus Gigli wäre durch Reflexion völlig aus dem sängerischen Tritt geraten, ähnliches gilt für den unübertroffenen Jussi Björling. Schon der 20jährige Fischer-Dieskau jedoch begann gewissermaßen eine Reflexionsstufe höher, natürliche Grazie war sicher nicht das, was ihn zu seinen großen Leistungen befähigte, sondern die wissende Anmut. Ein übersinnliches Wunder ist das alles nicht, vor dem wir oder irgend jemand auf die Knie fallen müßten, wie Saulus vor dem Damaskus-Blitzstrahl. Es gibt aber allen Anlaß, vor der Lebensleistung Dietrich Fischer-Dieskaus ganz tief den Hut zu ziehen: Chapeau bas!

Hinweise

In diesem Falle einzelne Platten zu nennen verbietet sich von selbst. Eine komplette Diskographie, die bis etwa 1984 reicht, findet sich in Kenneth S. Whittons Buch *Dietrich Fischer-Dieskau. Ein Leben für den Gesang* (Stuttgart 1984). Zu ergänzen wäre dieses Buch durch die ergiebigen Interviews, die Wolf-Eberhard von Lewinski mit dem Sänger geführt hat: *Dietrich Fischer-Dieskau. Interviews, Tatsachen, Meinungen* (Mainz 1988). Fischer-Dieskaus eigenes Erinnerungsbuch erschien unter dem Titel *Nachklang. Ansichten und Erinnerungen* (Stuttgart 1987). Eine schöne intime Würdigung erschien zum 60. Geburtstag: Heinz Friedrich gab eine *Hommage à Dietrich Fischer-Dieskau* als Privatdruck heraus, in der die engeren Freunde aus der musikalischen und nichtmusikalischen Welt ihre persönliche Gratulation darbrachten (München 1985).

Carlo Bergonzi

Im Frühjahr 1989 trat im Münchner Herkulessaal ein fast 65jähriger Tenor auf und demonstrierte dem Publikum, was Kunstverstand, intakte Stimmtechnik, fast unbeschädigtes Material und kluge Karrieredisponierung bedeuten können. Carlo Bergonzi (geboren am 13. Juli 1924) war in München lange Jahre nicht mehr zu hören gewesen und rief Verblüffung und Begeisterung hervor – einige Wochen später war es dann am gleichen Ort sein Fachkollege Nicolai

Gedda, fast auf den Tag genau ein Jahr jünger, der den gleichen Effekt erzeugen konnte, zwei Tenorfelsen in einem Meer von Kurzkarrieren und permanenten Stimmkrisen, zwei Gesangskünstler, auf die das Wort von der Krise der Gesangskunst nie zugetroffen hat. Ist Gedda in vieler Hinsicht der Prototyp des skandinavischen Sängers, wenn auch als Weltbürger in fast allen Sprachen, in denen gesungen wird, zu Hause, so scheint Bergonzi schon durch seinen Geburtsort fest in die Tradition der italienischen Oper eingebunden zu sein, denn Vidalenzo liegt ziemlich genau eine Fußstunde zwischen Busseto und Sant'Agata, also der Stadt, in der Verdi seine musikalische Erziehung erhielt (nebenan in Roncole war er geboren worden), und der, in der er sein Landhaus hatte. Bergonzi erlernte das Handwerk des Käsemachens, er war ein »casaro«, in der Emilia ein wichtiges und ehrenwertes Handwerk, nebenbei sang er aber auch schon im Extrachor der Verdi-Festspiele in Busseto, wo er einige der großen Sänger seiner Zeit aus der Nähe beobachten konnte.

Am Konservatorium von Parma erhielt der junge Bergonzi Musik- und Gesangsunterricht bei dem renommierten Ettore Campogalliani – Mitstudenten jener Jahre waren Renata Tebaldi und Aldo Protti. Von Campogalliani lernte Bergonzi Entscheidendes über die Atemtechnik, wurde allerdings in einem Punkt schlecht beraten, denn sein Lehrer bildete ihn als Bariton aus. Aus seinem Handwerk hatte sich Bergonzi schon verabschiedet, aber im Singen gab es eine massive Unterbrechung durch die Kriegsereignisse. Im Herbst 1943 wurde er in Mantua gefangengenommen und nach Deutschland gebracht, wo er die nächsten 25 Monate festgehalten wurde. Nach dieser nutzlosen Unterbrechung ging es mit der Laufbahn eines Baritons weiter, die immerhin vom Sommer 1948 bis zum Herbst 1950 dauerte. Es war eine bescheidene Karriere, auch wenn er gelegentlich an der Seite bedeutender Kollegen stehen konnte. Niemand wies ihn darauf hin, daß es mit dem Bariton seine Richtigkeit nicht haben konnte. Glücklicherweise merkte er es selbst, was für seine analytischen Fähigkeiten spricht. Es waren seine Schwierigkeiten mit den Tönen um das hohe F, für einen Bariton italienischer Schulung normalerweise kein Problem, für einen Tenor jedoch heikel, weil hier ein Registerübergang sich befindet, und als Bergonzi dann einmal beim Einsingen merkte, daß ihm die Töne beim F abbrachen, er aber dann ohne Mühe darüber hinaus bis zum C aufsteigen konnte, war für ihn die Diagnose klar. Der Umstieg vom Bariton zum Tenor ist ja nicht so selten, man beobachtet ihn allerdings meistens im Wagner-Fach. Bergonzi ist ein anderer Fall, denn er wurde zum Tenor, dem heldentenorale Züge ganz abgehen und der in seiner zweiten Karriere auch keineswegs ein baritonaler Tenor wurde. Diese zweite Karriere begann nach nur dreimonatigem Umschulen im Januar 1951 mit der Titelrolle in *Andrea Chénier* im Teatro Petruzelli in Bari.

Es war nicht einfach, in jenen Jahren als italienischer Tenor sich durch-zusetzen. Die Karrieren der ganz Großen aus den dreißiger Jahren: Aureliano Pertile, Giacomo Lauri-Volpi und Beniamino Gigli, waren zu Ende oder neigten sich ihrem Ende zu. Eine neue Generation trat auf den Plan: Mario Del Monaco, Giuseppe Di Stefano, Gianni Poggi und Gianni Raimondi, we-nige Jahre später kam auch noch Franco Corelli dazu. In der unbestreitbar brillanten Karriere Bergonzis gibt es eine Merkwürdigkeit: An der Scala hatte er nicht den Erfolg, der ihm zugestanden hätte. Auch wenn er dieses Schicksal mit bedeutenden Künstlern teilte, ist das für einen italienischen Tenor sicher-lich eine bittere Pille. Sein erstes Auftreten dort verlief im Jahr 1953 ohne weiteres Aufsehen, mit einer *Aida* 1963 schien ihm der Durchbruch gelungen, aber dann brach der Kontakt wieder ab. Der ihm in Mailand versagte Ruhm wurde ihm an anderer Stelle reichlich zuteil. An der Met in New York hat er 16 Spielzeiten hintereinander gesungen (von 1956 bis 1972), und ebenfalls 16 Spielzeiten gab es in der Arena von Verona, was beweist, daß auch eine Stimme von durchschnittlichem Volumen bei perfekter Technik in der Arena bestehen kann.

Bergonzi ist unter den Tenören seiner Generation der Verdi-Tenor par ex-cellence geworden. An erster Stelle muß hier sein Radames genannt werden, den er mehrere hundert Male gesungen hat, dann auch der Alvaro und der Riccardo im *Ballo in maschera*, die technisch anspruchsvollste der drei Partien. Der Alvaro war bereits eine Grenzpartie, ins heldische Fach hat er sich nicht weiter vorgewagt und im Gegensatz zu seinem wenig selbstkritischen Kolle-gen Di Stefano auf den Otello verzichtet, der außerhalb der Möglichkeiten seiner immer schlank geführten Stimme lag. Eine Plattenkassette demonstriert die enorme Vielseitigkeit dieses Ausnahmetenors: 31 Arien, die Verdi für Tenor geschrieben hat, sind hier gesammelt. Kein anderer Sänger hat sich dieses Experiment zugetraut, kein anderer hätte es so perfekt bestanden wie Ber-gonzi, der sich in seinen festen und begründeten Ansichten über die richtige Art, Verdi zu singen, durch nichts beirren läßt. Im Teatro Regio in Parma mußte er erleben, daß das Publikum protestierte, als er in einer *Aida*-Vor-stellung das Schluß-B von »Celeste Aida«, wie von Verdi vorgeschrieben, im schwierigen Piano sang. Er hat dieses Opernhaus nie mehr betreten. Mitte der sechziger Jahre hat er in Busseto ein eigenes Hotel eröffnet, das *I due Foscari* heißt, nach jener frühen Verdi-Oper, in der er einen seiner ersten Er-folge hatte. Dort hat er auch einen Verdi-Gesangswettbewerb organisiert. Von einer Beendigung seiner Karriere, wie in einem großen Sängerlexikon zu lesen ist, kann offensichtlich noch keine Rede sein. Der anfangs erwähnte Münchner Lieder- und Arienabend zeigte jedenfalls, daß der Tenor Bergonzi weit davon entfernt ist, für sich mildernde Umstände in Anspruch zu nehmen und das nach einer Gesangskarriere von gut 40 Jahren. Für junge Sänger konnte dieser Abend ein Jahr Gesangsunterricht ersetzen, weil er vor allem zeigte, daß für große Gesangskunst nicht das vorhandene Stimmaterial entscheidend ist. Bergonzi konnte und kann sich an Eigenart und Qualität des Timbres mit Gigli und Tagliavini nicht messen, an Volumen und metallischer Durchschlagskraft nicht mit Del Monaco oder Corelli, an Temperament und Charme nicht mit Di Stefano. Mit Ausnahme Giglis ist er aber allen diesen Kollegen als Künstler und Musiker überlegen, weil er aus eher durchschnittlichen stimmlichen Anlagen (vergleichbar darin Pertile) alles gemacht hat, was Stimmkunst erreichen kann.

Hinweise

In Helena Matheopoulos' Buch *Bravo. Berühmte Sänger über ihre großen Rollen* (München 1988) hat sich Bergonzi ausführlich über seine Interpretationen geäußert.

Unter seinen Opernaufnahmen erste Wahl sind die *Aida* mit Herbert von Karajan (Decca), *Don Carlos* in der Georg-Solti-Version (Decca), *Ernani* mit Thomas Schippers (Movimento Musica) und *Un ballo in maschera* mit Erich Leinsdorf (RCA). Seine Gesamtaufnahme sämtlicher Verdi-Tenorarien ist bei Philips in drei CDs wiederaufgelegt worden.

Fritz Wunderlich

Fritz Wunderlich als 60jähriger Tenor? Manchen mag das schwer vorstellbar erscheinen, aber warum eigentlich nicht? Seine unerschöpflich scheinenden stimmlichen Mittel, die naturwüchsige Stimmtechnik waren beste Voraussetzungen für eine lange, gloriose Karriere. Er hätte in diesem Alter wahrscheinlich nicht mehr den jungen Dichter Lenski gesungen wie in einem Schallplattenquerschnitt und einer durch eine Fernsehaufzeichnung festgehaltenen Aufführung der Bayerischen Staatsoper, aber eine weiter so kontinuierlich sich entwickelnde Stimme hätte ohne weiteres zu Stolzing und zu Lohengrin fortschreiten können (entsprechende Verlockungen kündigten sich bereits zu seinen Lebzeiten an), er hätte im italienischen Fach, dem er sich mit *La Bohème* und *La Traviata* schon so erfolgreich genähert hatte, weiter vorangehen können, und er hätte vor allem, davon bin ich fest überzeugt, im französischen Repertoire, als Hoffmann, Werther und Des Grieux, als Faust und Roméo, als Berlioz-Interpret alle seine bisherigen Erfolge in den Schatten stellen können. Die Festlegung auf den Mozart-Tenor wäre bald aufgeweicht worden, weil er in diesem Bereich im Grunde schon alles erreicht hatte, was zu erreichen ist für einen Tenor, denn mit Verlaub: die Mozartschen Tenorpartien stellen hohe Ansprüche, aber keinen unergründlichen Kontinent dar.

Es kam alles anders. Der leidenschaftliche Jäger Wunderlich erholte sich Mitte September 1966 im Jagdhaus eines Bekannten von einem Auftritt bei den Festspielen Edinburgh, wo er noch einmal den Tamino gesungen hatte; Wunderlich schläft im Souterrain und geht zum Telephonieren hoch ins Erdgeschoß – er will, obwohl es nach Mitternacht ist, seine Frau anrufen. Nach Beendigung des Gesprächs werden die Gastgeber durch einen Aufprall geweckt. Sehr wahrscheinlich ist Wunderlich beim Hinuntergehen über einen offenen Schnürsenkel gestolpert, die Treppe war nur mit einem Seil gesichert (keine Baubehörde würde das heute mehr dulden), Wunderlich gleitet aus, hält sich an dem Seil fest, das aus der Verankerung reißt, er stürzt nach unten, mit dem Kopf auf den Steinboden, wird noch in die Klinik nach Bretten und dann nach Heidelberg gebracht, übersteht eine Operation, bleibt aber im Koma, und am nächsten Tag, dem 17. September, gut eine Woche vor seinem 36. Geburtstag, setzt das Herz endgültig aus. Es endete eine Sängerkarriere, wie es sie in Deutschland nach dem Krieg nicht gegeben hatte (auch die ja ebenfalls durch einen Unfall abrupt beendete Laufbahn von Peter Anders ist damit nicht zu vergleichen). Mit »Wen die Götter lieben« und so weiter hat das nichts zu tun. Dies sind in allen Fällen spätere Verklärungen, mit denen sich die Nachwelt vor dem Bewußtsein eines völlig sinnlosen, vorzeitigen, durch einen ebenso banalen wie gräßlichen Unfall verursachten Todes drücken will. Nein, Wunderlich war nicht früh vollendet, ebensowenig, wie das Joseph Schmidt war, er war noch lange nicht fertig mit seiner Entwicklung, und so Großes er geleistet hat, Größeres wäre von ihm zu erwarten gewesen.

Am 26. September 1930 war Wunderlich im pfälzischen Kusel geboren worden, der größte Sohn dieser Stadt, die ihn mit einem winzigen Wunderlich-Museum geehrt hat, das gleich neben dem Heimatmuseum untergebracht ist. Die Eltern des immer als Pfälzer bezeichneten Wunderlich kamen nicht aus der Pfalz, sondern waren aus Thüringen nach Kusel gekommen und hatten in »Emrichs Braustübl« Gastwirtschaft und angeschlossenes Kino übernommen, zu den Stummfilmen auch die Musik gemacht, nebenher mit Dirigieren (der Vater) und Geige (die Mutter) ein Zubrot verdient. Die ärmliche Lage der Familie wurde besonders schwierig, als sich der Vater Wunderlichs fünf Jahre nach dessen Geburt das Leben nahm, so stand die Mutter mit dem fünfjährigen Sohn und der zehn Jahre älteren Schwester allein da, Musikstunden mußten den notwendigsten Lebensunterhalt herbeischaffen, bald war auch Fritz mit

Ziehharmonika und Horn in einer Kuseler Kapelle beteiligt. Am Gymnasium fiel er nicht durch besondere Leistungen auf, einzig der Musiklehrer wurde auf ihn aufmerksam; es war Joseph Müller-Blattau, bis zum Ende des Krieges noch als Ordinarius für Musikwissenschaft in Amt und Würden, jetzt in die Pfalz verschlagen. Müller-Blattau hatte selbst eine passable Baritonstimme und verstand etwas vom Singen. Es wurden Wege geebnet, und Wunderlich konnte als 20jähriger nach Freiburg an die renommierte Musikhochschule gehen und dort studieren, mit den Fächern Waldhorn und Gesang, denn in welche der beiden Richtungen die Reise gehen würde, war noch keineswegs ausgemacht. Er fand aber dann die für ihn richtige Lehrerin, die blinde Pädagogin Margarete von Winterfeld, die den Verdacht Müller-Blattaus bestätigte, daß hier eine außergewöhnliche sängerische Begabung vorlag, die den Vorteil hatte, durch das Hornspiel schon ein gewisses Atemtraining mitzubringen. Wunderlich war und blieb ein Instinktsänger, dem man nicht viel »Technik« einpauken mußte, aber auch natürliche Anlagen von einer solchen Solidität müssen gepflegt und ausgebaut werden.

Mit seiner Lehrerin arbeitete Wunderlich zunächst vor allem auf dem Gebiet der vorklassischen Musik. Es ist dies das Feld, auf dem mir der Ruhm Wunderlichs am stärksten unterbelichtet zu sein scheint. Man mag mich für einen Snob halten, aber für mich ist Wunderlich der beste Evangelist in den Passionen Bachs, von dem ich weiß, die *Johannespassion*, die das bezeugt, hat leider den Nachteil, daß sie als Aufnahme insgesamt eher Durchschnitt ist, aber es ist endlich einmal nicht jener geschlechtslos-neutrale Stimmklang, den man allzulange für den des typischen Bach-Tenors hielt, weil er zu anderem nicht taugte, sondern eine kernige, männliche Stimme, die dennoch die gewaltigen Schwierigkeiten dieser »Partie«, denn das ist es letztlich ja doch auch, bewältigte (der ungarische Tenor Koloman von Pataky hatte es in den dreißiger Jahren schon einmal vorgemacht, daß auch Tenorstimmen der Belcanto-Schulung den Evangelisten singen können und nicht nur jene der Erb-Patzak-Pears-Richtung). Vielleicht noch weniger bekannt sind leider Wunderlichs Leistungen in Händels Opern; auf der Bühne hat er wohl nur den Sesto in *Giulio Cesare* gesungen, an den ich mich gut erinnere, von der Bühne des Münchner Nationaltheaters her. Seine Aufnahmen daraus vom März 1966 dürften zu seinen letzten Einspielungen zählen. Zwei Arien aus einer Rundfunkproduktion von Händels *Serse* (»Bleibt ihr treu dem, der euch so verachtete?« und »Finstere Furien, ihr Geister der Hölle«), 1962 mit Rafael Kubelik aufgenommen, sind Zeugnisse einer staunenerregenden stimmlichen Virtuosität, allerdings noch weit entfernt vom heutigen stilistisch peniblen Händel-Singen, sondern in dem Al-fresco-Stil, in dem damals vorklassische Musik behandelt wurde.

In den letzten Jahren seiner Freiburger Ausbildung war Wunderlich bereits Eleve am Stadttheater, und daß hier ein lyrisches Tenortalent heranwuchs, blieb den Kommilitonen an der Hochschule nicht verborgen. Als eine Hochschulaufführung der *Zauberflöte* bevorstand, gab es keine Zweifel, wer den Tamino singen sollte, jene Partie also, mit der er seinen internationalen Ruhm begründete (seine Leistung in der Gesamtaufnahme Karl Böhms gilt zu Recht als unerreicht) und die er noch wenige Tage vor seinem Tode bei seinem letzten Auftritt (in Edinburgh) sang. Dem Intendanten der Stuttgarter Oper, Walter Erich Schäfer, begabt mit einem Ohr für Talente, fiel der junge Tenor auf, und er riskierte mit ihm einen Anfängervertrag. Bei seinem ersten Auftritt 1955 in Stuttgart konnte Wunderlich noch nicht zeigen, was in ihm steckte: Er sang einen der Meister in den *Meistersingern*, aber sehr bald kam die Gelegenheit (es war 1955), in einer Repertoirevorstellung den ersten vollgültigen Tamino zu singen.

Durch die Biographie von Werner Pfister ist das kurze Leben Wunderlichs (fast zu) ausführlich dokumentiert; merkwürdigerweise gibt es nur wenige substantielle Aussagen von Kollegen und Freunden. Typisch dafür ist das Kapitel, das Hermann Prey in seinem Buch *Premierenfieber* dem doch engen Freund widmet. Mit der Überschrift »Amico Fritz« ist der Witz des Ganzen schon erschöpft, man erfährt des weiteren, daß Wunderlich ein begeisterter Jäger war und daß Prey den Freund bei unvorsichtigem Hantieren mit einer Pistole beinahe erschossen hätte, daß Fritz außerdem bereits die Träne in der Stimme hatte, die andere Sänger erst mit Vierzig bekommen. Das einzig wirklich Ertragreiche habe ich in Dietrich Fischer-Dieskaus *Nachklang* gefunden, jenem autobiographischen Buch, dem man wohl zu Recht allzu rasches Abhaken von Personen und Situationen und keinen sehr liebevollen Blick auf Künstlerkollegen nachsagen kann. Der Abschnitt über Wunderlich jedoch lohnt das Zitieren, weil er auch einen Eindruck vermittelt von der Wirkung, die der Mittzwanziger Wunderlich auf einen schon weltweit arrivierten Kollegen machte:

»1956 bei der Ansbacher Bach-Woche, standen wir mit zwei weltlichen Kantaten des Thomas-Kantors zum ersten Mal nebeneinander. Nachdem Werner Egk den Eingangschor ›Auf, schmetternde Töne‹ geprobt hatte, erhob sich Fritz Wunderlich und sang. Fast erschrak ich beim Hören, denn diese Stimme hatte einen berückenden Schmelz und dabei doch das notwendige Gran Metall im Klang, wie es so von deutschen Tenören schon seit langem nicht mehr zu vernehmen war.«

Später arbeiteten Fischer-Dieskau und Wunderlich in der erwähnten Aufnahme der *Johannespassion* zusammen: »Mir imponierte die Gelassenheit, mit der der junge Mann mit dem Schalk im Auge und Nacken all die Proben und

Wiederholungsprozeduren über sich ergehen ließ. [...] Ich war auch einmal Zaungast bei der Hauptprobe von Werner Egks *Verlobung von San Domingo* in der Bayerischen Staatsoper und sah in all der rennenden und gackernden Hühnerhofatmosphäre Wunderlich völlig gesammelt abwarten, was sich denn wohl sonst noch ereignen würde. Diese äußere Ruhe bereicherte zwar seine Bühnendarstellung nicht sonderlich, sicherte aber seinem Organ den Schutz für schlackenlose Tonproduktion.«

Bald kommen auch die ersten Schallplattenproduktionen des Nochanfängers, sie zeigen bereits den ganzen Wunderlich im Kern, noch mit reduzierter Dynamik und ohne viel farbliche Valeurs, mit der Schüchternheit des Novizen, der sich des Wertes seines unvergleichlichen Timbres aber durchaus schon bewußt ist. 1958 erhielt er einen Teilvertrag in Frankfurt, und im gleichen Jahr machte er schon den Schritt auf die Ebene der internationalen Festspiele, als er in Aix-en-Provence den Tamino sang. Den sogenannten Durchbruch aber brachten die Salzburger Festspiele des folgenden Jahres 1959. In einer vielbeachteten Aufführung der *Schweigsamen Frau* von Strauss sang er den Henry. Die Partie ist nicht übermäßig groß, aber schwierig zu singen, und wenn ein Tenor gut ist, kann er das auch deutlich zeigen. Auch in Salzburg hatte man ein solches Tenortalent lange nicht gehört. Die wenigen wirklich zählenden Tenorrollen bei Strauss hat Wunderlich gern gesungen: den Leukippos in *Daphne*, als Live-Aufnahme überliefert, und auch als er schon sehr berühmt war, war er sich für den Kurzauftritt des Sängers im *Rosenkavalier* nicht zu schade – jeder, der weiß, wie qualvoll dieser kurze Auftritt sein kann (weil er so verdammt schwer zu singen ist), kann sich vorstellen, welche Labsal es war, Wunderlich angekündigt zu finden; eines Tages wäre wohl auch der Bacchus in *Ariadne auf Naxos* hinzugekommen.

1960 wurde er an die Bayerische Staatsoper engagiert. Die folgenden sechs Jahre, die ihm noch blieben, waren eine Zeitspanne sich kontinuierlich steigernder Triumphe, die ihm jedoch nie zu Kopf stiegen. Er war ein besessener Arbeiter, der sich Partien aneignete, die man einem noch sehr jungen Mozart-Tenor nicht zugetraut hätte, dabei unterstützt durch die organische Entwicklung seiner immer voluminöser werdenden Stimme. Er sang den Rodolfo in *La Bohème* ebenso beeindruckend wie den Alfredo in *La Traviata* an der Seite einer ebenfalls sehr jungen Sopranistin namens Teresa Stratas, er sang den Lenski zusammen mit Prey, der auch sein Partner im *Barbiere di Siviglia* war (die letzten beiden Aufführungen sind vom Fernsehen aufgezeichnet worden). Er war sich aber auch nicht zu schade, eine so kleine und skurrile Nebenpartie wie den uralten Patriarchen Abdisu in Pfitzners *Palestrina* zu singen. Die Titelrolle in diesem für jedes Repertoire unwegsamen Brocken sang er dann an der Wiener Staatsoper 1964 (in der Inszenierung

Hans Hotters und unter der Stabführung Robert Hegers), und es gibt *Pale-strina*-Liebhaber, die seine Interpretation über die Julius Patzaks und Nicolai Geddas stellen (um die zwei Extreme zu nennen, die in dieser Partie möglich sind).

Wunderlich war nun Mitte Dreißig, die internationale Musikwelt stand ihm offen. Er hat in jenen Jahren, blickt man jetzt zurück, eine erstaunlich große Zahl von Schallplattenaufnahmen gemacht. Er war die Standardbesetzung für Aufnahmen der deutschen und böhmischen Spieloper (das Wort »Standard« hat erst später in diesem Zusammenhang die schmerzliche Bedeutung erlangt, daß diesen Standard niemand mehr erreicht hat), in Lortzings *Wildschütz*, in Nicolais *Lustigen Weibern von Windsor* und in Smetanas *Verkaufter Braut*, in der er sämtliche tschechischen Spezialisten in den Schatten stellt, er sang die Tenorpartien in der *Zauberflöte* und in der *Entführung*, während sein vielgerühmter Ottavio nur in Live-Mitschnitten vorliegt. Er ist der stimmprächtigste Andres in Bergs *Wozzeck* (und diese Rolle soll durchaus stimmprächtig gesungen werden), das gleiche gilt für den Steuermann im *Fliegenden Holländer* und Walther von der Vogelweide in *Tannhäuser*.

Ein reines Wunder ist jedoch die Aufnahme von Mahlers *Lied von der Erde*, die er unter Otto Klemperer mit Christa Ludwig zusammen einspielte – die Aufnahme trägt das Erscheinungsdatum 1967, entstand aber 1965. Bis man Wunderlich gehört hatte, hielt man dieses Stück für den Tenor eigentlich für unsingbar (für die Altistin nicht minder, aber mehr aus Gründen der emotional interpretatorischen Ansprüche des mehr als 20minütigen »Abschieds«). Für den Tenor jedoch kommen die rein stimmtechnischen Anforderungen hinzu, am mörderischsten im einleitenden »Trinklied vom Jammer der Erde«, wo sofort auf den unangenehmen Vokalen »e« und »i« die Höhen von »auflachend in die Seele euch klingen« bewältigt werden müssen, desgleichen die grotesk verzerrten Klanggestalten, wenn jener Affe beschrieben wird, dessen wild-gespenstische Gestalt auf den Gräbern hockt. Gefordert ist insgesamt eine Kreuzung aus Heldentenor (der sich im ersten Lied gegen das massive Orchester triumphal durchsetzen muß) und lyrischem Tenor, der auch die zarten Miniaturen (»Von der Jugend«) filigran nachzeichnen muß. Besetzt man mit einer zu schweren Stimme, wie auch auf der Schallplatte geschehen, dann wird die ganze Sache ein rauher Kraftakt, der niemand zufriedenstellen kann, besetzt man mit einem Tenor wie Julius Patzak in der Referenzaufnahme Bruno Walters, dann bekommt die Angelegenheit etwas Fleischloses, Beinernes, das »Von der Jugend« eine geradezu senil-komische Nebenbedeutung. Wunderlich ist, da gibt es nichts zu deuten, eine einmalige und unwiederholbare Idealbesetzung gewesen, dem bei allem tenoralen Überschwang auch die abschattierten Nuancen zur Verfügung standen (»Dunkel ist das Leben, ist der Tod«). In dieser Aufnahme, in der zweiten Aufnahme der *Schönen Müllerin*, die er mit Hubert Giesen erarbeitete, und schließlich in einem Salzburger Liederabend vom 19. August 1965, der auf Schallplatte festgehalten ist, wird ganz deutlich, daß Wunderlich eine neue Höhe seiner Kunst, eine neue Stufe seiner Entwicklung erreicht hatte.

Das Naturburschenhafte, Klampfen- und Wandervogelartige, das ihn in früheren Jahren auszeichnete und ihn zum Prototyp eines deutschen Tenors machte, der von italienischen und französischen Tenören genauso deutlich zu unterscheiden ist, wie der jugendlich-dramatische Sopran einer Elisabeth Grümmer und Maria Müller von den gleichen Stimmen anderer Nationalitäten zu unterscheiden ist, wich einer differenzierteren, subtileren und vielfältigen Schattierungen unterliegenden Singweise, die noch nichts mit Interpretation zu tun hat, sondern die wohl auch mit dem Älterwerden, dem natürlichen Reifungsprozeß zusammenhängt. Wie gesagt, es war gerade ein Anfang gemacht, aus diesem unbekümmerten, unkomplizierten Stadium herauszutreten in eine neue Phase reflektierten Singens, wozu die zunehmende Beschäftigung mit dem deutschen Kunstlied unter der Anleitung Giesens entscheidend beigetragen hat.

»Natürlichkeit« des Singens ist jedoch glücklicherweise das entscheidende Signum von Wunderlichs Kunst geblieben. Wem der Schnabel so hold gewachsen war wie ihm, der hatte es leicht, zu behaupten, daß das mit der Technik meist erheblich übertrieben werde. »Es gibt im Grunde nur eine Technik: die Technik der absolut natürlichen Tongebung«, sagte er in einem Interview des Bayerischen Rundfunks. »Man beherrscht diese natürliche Tongebung, wenn man beim Singen so wenig wie möglich verändert und auf dem schwingenden Ton wie ein Instrumentalist spielt. Wenn man das tut, verschenkt man auch am wenigsten Luft« – leicht gesagt, aber für seine meisten Kollegen schwer getan, für den Waldhornisten Wunderlich offensichtlich aber keine schwere Übung. Und wirklich gibt es im ganzen Tenorfach des 20. Jahrhunderts nur einen Tenor, der seine Töne noch müheloser produzierte als Wunderlich: Jussi Björling, und nur dessen Interpretation von Beethovens *Adelaide* steht durch das zauberische Mezza voce noch ein Quentchen über derjenigen von Wunderlich, wie er sie beim erwähnten Salzburger Liederabend vortrug, berückend schön und allerdings in der deutschen Diktion überlegen.

Wir wollen uns nicht an jener Verklärung der allzu früh Verstorbenen beteiligen, eine Art James-Dean-Kult für Tenöre würde der Bedeutung von Wunderlich nicht gerecht, aber es ist kein Zweifel, daß seine stimmliche Begabung ihn in die Reihe der bedeutendsten Tenöre dieses Jahrhunderts stellt – man sieht das ganz schlicht daran, daß in den 25 Jahren nach seinem Tod

Elisabeth Schwarzkopf als Marschallin in „Der Rosenkavalier"
von Richard Strauss

Kathleen Ferrier als Orpheus in „Orpheus und Eurydike"
von Christoph Willibald Gluck

Maria Callas als Anna Bolena in Gaetano Donizettis gleichnamiger Oper

Renata Tebaldi als Mimi in „La Bohème" von Giacomo Puccini

Conchita Supervia als Carmen in Georges Bizets gleichnamiger Oper

Ljuba Welitsch als Puccinis Tosca

Richard Mayr
als Baron Ochs in
„Der Rosenkavalier"
von Richard Strauss

Nicolai Ghiaurov
als König Philipp
in „Don Carlos"
von Giuseppe
Verdi

Sena Jurinac als Komponist in „Ariadne auf Naxos" von Richard Strauss

Joan Sutherland als Jennifer in „The Midsummer Marriage" von Michael Tippett

Hermann Jadlowker als Bacchus in „Ariadne auf Naxos" von Richard Strauss

Leontyne Price als Donna Anna in „Don Giovanni" von Mozart

Nicolai Gedda
als Zarewitsch
in Franz Léhars
gleichnamiger Operette
(Foto: Fayer, Wien)

Fritz Wunderlich
als Tamino in
„Die Zauberflöte"
von Mozart
(Foto: Sabine Toepffer,
München)

Janet Baker
(Foto: Werner Neumeister, München)

Christa Ludwig als Eboli in „Don Carlos" von Giuseppe Verdi (Foto: Fayer, Wien)

Marilyn Horne als Isabella in „L'Italiana in Algeri" von Gioacchino Rossini
(Foto: Keystone)

Mirella Freni als
Mimi in „La Bohème“
von Giacomo Puccini
(Foto: Fayer, Wien)

Julia Varady und
Dietrich Fischer-
Dieskau als
Georgette und
Michele in
„Il Tabarro“ von
Giacomo Puccini
(Foto: Felicitas Timpe,
München)

Placido Domingo
als Chevalier Des Grieux
in „Manon Lescaut"
von Giacomo Puccini
(Foto: Sabine Toepffer, München)

Luciano Pavarotti
(Foto: Decca/Polygram
Klassik, Hamburg)

Carlo Bergonzi
als Manrico in „Il Trovatore"
von Giuseppe Verdi
(Foto: Ilse Buhs, Berlin)

Samuel Ramey
als Mozarts Don Giovanni
(Foto: Felicitas Timpe, München)

Edita Gruberova
als Violetta Valery
in „La Traviata"
von Giuseppe Verdi
(Foto: Sabine Toepffer,
München)

Cecilia Bartoli
(Foto: Decca/Polygram Klassik, Hamburg)

Lucia Popp als Arabella in Richard Strauss gleichnamiger Oper (Foto: Sabine Toepffer, München)

Jessye Norman als Dido in „Dido and Aeneas" von Henry Purcell
(Foto: Zoe Dominics/Philips Classics)

eine vergleichbare Stimme in dem Zwischenbereich zwischen dem lyrischen und dem jugendlich-heldischen Tenor nicht erschienen ist, und man tritt geschätzten Interpreten wohl nicht zu nahe, wenn man feststellt, daß etwa Peter Schreier seine Karriere als Mozart-Tenor nur in diesem Ausmaße machen konnte, weil Wunderlich nicht mehr da war, denn Schreiers stimmliche Mittel nehmen sich geradezu ärmlich im Vergleich aus (Vergleichbares geschah auch mit der Wagner-Karriere Theo Adams, als George London eine gewaltige Lücke hinterließ). Als Stimme also eine Jahrhundertbegabung, als singender Interpret und als Bühnendarsteller sicher nicht – da hätte sich allerdings noch sehr viel entwickeln können, alle Anzeichen deuten darauf hin. Insofern weiß man nicht, was mehr wiegt: die Freude über die unverblaßten Erinnerungen und die unverblaßten Schallplatteneinspielungen oder die Trauer über das Mögliche, jedoch nicht Eingelöste. Wunderlichs vorletzte Zugabe beim Salzburger Liederabend war Schuberts *Im Abendrot*; »O wie schön ist diese Welt« beginnt dieses herrliche Lied, von Wunderlich in meditativer, schwebender Ruhe gesungen, mit einem schmerzlich-glücklichen Aufschwung bei »Trinkt noch Glut und schlürft noch Licht« – wer das von Wunderlich gehört hat, der weiß, daß er zu anderem fähig war als nur zu »Freunde, das Leben ist lebenswert« – beides jedoch erwuchs aus der gleichen Lebensfreude, die den Hörer glauben macht, man habe aus einem frischen Quell getrunken, wenn man diesen Ausnahmetenor einmal gehört hat.

Hinweise

Die entscheidende (und einzige) Biographie: Werner Pfister: *Fritz Wunderlich* (Zürich 1990). Das Interview mit dem Bayerischen Rundfunk ist abgedruckt in Egloff Schwaigers *Warum der Applaus* (München 1968). Ein lebendiges Porträt findet man in den Erinnerungen seines Begleiters Hubert Giesen.

Was die Platten angeht: Einzelhinweise erübrigen sich; die genannten herausragenden Platten (*Die schöne Müllerin*, Salzburger Liederabend, *Das Lied von der Erde*) sind alle erhältlich. Empfehlenswert sind eine Drei-CD-Kassette der EMI und eine Fünf-CD-Kassette der Deutschen Grammophon. Zur Zeit tauchen immer neue Live-Mitschnitte und Rundfunkproduktionen mit Wunderlich auf, die das Spektrum der bekannten Studioaufnahmen erheblich erweitern. Hervorzuheben sind: sein letzter Liederabend (Edinburgh, September 1966), Glucks *Iphigenie auf Tauris*, Rossinis *Barbiere di Siviglia* (Wiener Staatsoper 1966) und Pfitzners *Palestrina* (Wiener Staatsoper 1964), alle bei Myto erschienen.

Nicolai Gedda

Metropolitan Opera New York im Jahre 1974. Es wird gespielt die aufsehenerregende Produktion der *Vêpres siciliennes* Verdis, jenes nicht in allen Belangen geglückten ersten Versuchs des Komponisten mit dem Genre der Großen Oper. John Dexter inszeniert, Josef Svoboda baut eine seiner berühmten monumentalen Treppen, die doch stark an Leopold Jessners Treppen im deutschen Bühnenexpressionismus erinnern, und James Levine, noch relativ neu in seinem Amt als musikalischer Leiter der Met, dirigiert. Zwei Tenöre alternieren in der nicht einfachen Rolle des Arrigo, die einen Lirico-spinto-Tenor verlangt: Plácido Domingo, auf einem ersten Gipfel seiner Weltkarriere, und Nicolai Gedda, fast 50 Jahre alt, aber immer noch blendend bei Stimme. Gedda singt diese Partie zum ersten und letzten Mal – er meistert sie bewunderungswürdig, aber der Hörer merkt, daß der große schwedische Tenor sich nicht wohl fühlt. Die Figur ist blaß und unentwickelt, dennoch schwer zu singen und verlangt eine stimmliche Potenz, die Gedda nicht von Hause aus zur Verfügung steht, sondern von ihm nur mit allen technischen Raffinessen simuliert wird, um es einmal so auszudrücken. Gedda war immer in einem Zwiespalt zwischen seiner äußerst klugen sängerischen Zurückhaltung einerseits, die ihm früh klar werden ließ, daß eine lange Karriere, wie er sie anstrebte (das Schicksal Maria Callas', mit der er *Carmen* aufnahm, stand ihm warnend vor Augen), eine sehr vorsichtige Rollenplanung erforderte, und der Tatsache, daß er durch seine enorme Vielseitigkeit in sprachlicher und musikalischer Hinsicht, durch seine Tessitura, die ihm praktisch keine Tenorgrenzen auferlegte, von den Schallplattenproduzenten und Bühnenleitern immer alle Rollen angeboten bekam, die von einem Tenor überhaupt gesungen werden können.

Bei aller bewundernswerten Disziplin geschah es auch Gedda, sich zu verheben. Der Arrigo in New York war ein solcher Fall, der Hermann in Tschaikowskis *Pique Dame* ein anderer und natürlich der *Lohengrin*, für den er nach Bayreuth schon engagiert war, nachdem er die Rolle 1966 dreimal in Stockholm gesungen hatte. Der Erfolg war groß gewesen, aber Gedda selbst hatte gemerkt, daß die Rolle seiner Stimme nicht gut tat, weil sie sich vornehmlich in der Mittellage bewegte und dort darauf angewiesen war, sich gegen das zum Teil massive Orchester durchzusetzen. Die von Hause aus sehr hoch gelagerte Stimme Geddas hatte zwar damals schon erheblich an Tiefe und Volumen dazugewonnen, aber für den Lohengrin reichte es offensichtlich doch nicht. Gedda merkte dies keineswegs zuerst beim Lohengrin selbst, sondern an einem anderen Lackmuspapier, der Rolle des Belmonte in der *Entführung aus dem Serail*, die er gleichzeitig für die Platte einzuspielen hatte – sie ging ihm nicht so leicht von der Kehle, wie Mozart ihm hätte gehen müssen. Hier war nun jener Punkt erreicht, in dem Gedda sich von den meisten anderen Sängern unterschied. Die Chance, in Bayreuth den Lohengrin zu singen (die Akustik dieser Bühne ist ja bekanntlich sängerfreundlich), hätte wohl bei den meisten über etwaige Bedenken gesiegt. Gedda aber riskierte eine starke Verärgerung bei den Bayreuther Verantwortlichen (denn die ganze Welt war über sein Debüt dort bereits informiert), hatte auch feststellen müssen, daß seiner Bitte um ausreichende Ruhetage zwischen den Vorstellungen nicht entsprochen worden war, und sagte ab – nicht nur für dieses Projekt, denn er hat den Lohengrin nie wieder gesungen. Ist es zu kühn gefolgert, wenn ich behaupte, daß wir dieser Einstellung verdanken, wenn wir Gedda heute als Mittsechziger immer noch in fast unverminderter stimmlicher Frische hören können?

Über Geddas Herkunft und Herkommen gab es lange verwirrende Ansichten, vor allem, weil er selbst die Mitwelt im Unklaren darüber ließ. Noch in Helena Matheopoulos' Buch *Bravo*, das im englischen Original 1986 erschien, gibt es falsche Angaben. Ein klärendes Wort hat Gedda für seine deutschen Verehrer in einem ertragreichen Interview gesprochen, das er 1988 für die *Opernwelt* gegeben hat. Der Russe Michail Ustinow, der immer als sein leiblicher Vater galt, war nur sein Adoptivvater, Olga Gedda, die als seine Mutter firmierte und von Gedda auch bis heute als solche betrachtet wird, war seine Adoptivmutter, gleichzeitig aber auch seine leibliche Tante. Der leibliche Vater hieß wie sein Sohn Nicolai Gedda, war der Sohn eines schwedischen Graveurs Gustav Gedda und einer Russin. Vater und Mutter Gedda sahen keine Möglichkeit der Heirat in den wirtschaftlich überall in Europa schwierigen zwanziger Jahren, so war es die Schwester des Vaters, die das Kind vor einer Heimerziehung rettete und es aufzog, eine mutige Entscheidung, denn sie selbst war ebenfalls unverheiratet und heiratete den Russen Ustinow, der mit dem Donkosakenchor nach Stockholm kam, erst, als Nicolai drei Jahre alt war (geboren wurde er am 11. Juli 1925 in Stockholm). Es verwundert nicht, daß Gedda zu seinen leiblichen Eltern, die er erst kennenlernte, als er schon ein arrivierter Sänger war, keine intensive Beziehung entwickelte.

Wesentliche Jahre seiner Kindheit verbrachte er in Leipzig, wo sein Adoptivvater musikalischer Leiter der dortigen russisch-orthodoxen Gemeinde geworden war. Der als Kind Schwedisch sprechende Nicolai ging in Leipzig auch zwei Jahre in eine deutsche Schule, was den Grundstein für sein vorzügliches Deutsch legte. Als die Nazis an die Macht kamen, sah der Vater zunächst keinen Grund, Leipzig zu verlassen, nur die Mutter hatte eine Ahnung, was sich in Deutschland entwickeln würde, und erreichte, daß die Familie 1934 nach Stockholm zurückkehrte. Der Vater fand keine entsprechende Arbeit, die Mutter ernährte mühsam die Familie, so kam die Familie Ustinow/Gedda mehr schlecht als recht durch die Kriegsjahre. Nicolai machte dennoch Abitur, absolvierte eine Banklehre und den Militärdienst. Seine Tenorstimme entwickelte sich erst langsam nach dem Stimmbruch, fiel aber dann doch so auf, daß die Bankkollegen aufmerksam wurden und zur Ausbildung rieten. Eine erste Lehrerin konnte dem 23jährigen nicht die entscheidenden Impulse geben; ein glücklicher Zufall jedoch führte über einen Kunden der Bank zu Carl Martin Öhman.

Über Öhman, offensichtlich ein vorzüglicher Lehrer, muß eine Nebenbemerkung gestattet sein, denn er war auch als jugendlicher Heldentenor eine beachtliche Erscheinung und während seiner Karriere als erster Tenor der Städtischen Oper in Berlin und darüber hinaus ein gefragter Lohengrin, Stolzing und so weiter. Die ganz große Karriere hat er nie gemacht, nie in Bayreuth gesungen, aber seine Aufnahmen sind auch heute noch hörenswert, vielleicht am besten gelungen sogar die Ausschnitte aus Verdis *Otello*, zu denen nur das entscheidende Temperament fehlt. Öhman war für Gedda keineswegs ein Traumtenor – gegenüber seinen wirklichen Vorbildern wie Richard Tauber, Marcel Wittrisch und Herbert Ernst Groh (den deutschen Knödeltenören der dreißiger und vierziger Jahre, wie Gedda sie heute durchaus ungerecht nennt) war Öhman als Sänger doch zu schmelzlos und zuwenig elegant, aber lernen konnte man von ihm viel, zum Beispiel den richtigen Gebrauch der Stütze und viele andere technische Grundlagen, wie den Übergang vom Brust- ins Kopfregister, die richtige Deckung der Töne und all das, was den eminenten Techniker Gedda bis heute auszeichnet. Gedda hat in seinem Leben nur zwei Lehrer gehabt, Öhman und dann später Paola Novikova in New York, die noch bei Mattia Battistini studiert hatte – bei beiden hat er insgesamt 15 Jahre ohne Unterbrechung gelernt – worauf er mit Recht stolz ist.

Im Herbst 1949 (Gedda war 24 Jahre alt) fing der Unterricht bei Öhman an; der Lehrer hatte beim Schüler gleich einen guten Start, als er nach dem Vorsingen sagte, daß er »Una furtiva lagrima« so gut nur von Jussi Björling und Beniamino Gigli gehört habe. Die Stunden konnten zunächst nicht bezahlt werden, aber das änderte sich schnell durch den Gewinn des ersten Preises der Christine-Nilsson-Stiftung, jener großen schwedischen Sängerin der Jahrhundertwende, die mit Birgit Nilsson weder verwandt noch verschwägert ist. Engagements in Kirchen kamen hinzu, dann die Stockholmer Opernschule – die Tätigkeit bei der Bank konnte nach und nach reduziert werden.

Noch aber war der junge Tenor ein Nemo – ein Niemand und kein Nemorino. Das änderte sich zumindest in der schwedischen Hauptstadt schlagartig am 9. April 1951, als Gedda in der Rolle des Chapelou in Adams

Postillon de Lonjumeau debütierte. Das ist eine fast vergessene Opéra comique des 19. Jahrhunderts, aber nur fast, denn die Tenorarie mit ihren extremen Höhen ist immer noch ein Paradestück jener Tenöre, die es sich leisten können, sie zu singen. In Deutschland kennt oder kannte jeder Rundfunkhörer die Aufnahme, die Joseph Schmidt davon gemacht hat, in Stockholm im Frühjahr 1951 wußte plötzlich jeder, wer Gedda war, der da mit enormer Unbekümmertheit und technischer Virtuosität diese schwierige Rolle sang.

War dieses Debüt ein Glücksfall, so war es auch die direkt anschließende Begegnung mit dem großen Produzenten Walter Legge. Legge war sehr viel mehr als der Ehemann von Elisabeth Schwarzkopf, er war der bis heute unerreichte bedeutendste Produzent klassischer Musik auf dem Schallplattensektor, den es gegeben hat, und sagen wir es offen: Legge war für Schwarzkopf beruflich wichtiger, als Schwarzkopf es für Legge war. Frau Legge gastierte in Stockholm, Herr Legge nutzte die Gelegenheit, sich schwedische Sänger anzuhören, darunter war auch ein dünner langer Tenor, wie er in seinen Erinnerungen beschreibt (wirklich ist Gedda für einen lyrischen Tenor ungewöhnlich groß, das runde Gesicht andererseits ist ein idealtypisches Tenorgesicht). Gedda sang die Blumenarie aus *Carmen* und die beiden Arien des Don Ottavio vor. Legge war perplex und bat Gedda, im Laufe des Tages noch einmal zu kommen – auch Schwarzkopf sollte diesen Tenor sich anhören, und sie war genauso verblüfft wie ihr Mann. So kam es zu jenem Telegramm, das sowohl an Herbert von Karajan wie an Antonio Ghiringhelli, den damaligen Intendanten der Mailänder Scala, ging: »Hörte gerade den größten Mozart-Sänger meines Lebens: Sein Name ist Nicolai Gedda.« Und dieser junge schwedische Sänger hatte zum richtigen Zeitpunkt noch einen weiteren Vorteil: Seine Russischkenntnisse waren durch seine Verwandtschaft gut. Was er nicht wissen konnte, war die Tatsache, daß Legge gerade eine Schallplattenproduktion des *Boris Godunow* plante, mit einem der größten Interpreten der Hauptrolle, Boris Christoff (es ist die erste der beiden Aufnahmen mit Christoff, Issai Dobrowen war der Dirigent). Die Rolle des Dmitri mit ihrem lyrischen wie neurotisch-heldischen Aplomb war Geddas Entreebillett in die europäische Musikszene.

Es ist sehr schade, daß er später zumindest auf Platte die großen russischen Tenorpartien nicht in dem Maße verkörpern konnte, wie es ihm zugestanden hätte, weil die Popularität russischer Opern erst in den letzten Jahren etwas zugenommen hat und ein Meisterwerk wie *Pique Dame* immer noch zu den in Westeuropa unbekannten Werken gerechnet werden muß. Hört man die oft allzu unsensiblen russischen Sänger in diesen Rollen, wird man das noch mehr bedauern – eine Arienplatte Geddas vermittelt einen Eindruck davon, was hier möglich gewesen wäre, denken wir nur an die Tour de force der Arie des Sobinin aus Glinkas *Leben für den Zaren* mit den fünf hohen C und dem einen hohen Des, die Gedda weitaus überzeugender singt als Helge Rosvænge in seiner vielgelobten Aufnahme. Das ist aber auch wohl die einzige Lücke in Geddas beeindruckender Diskographie, wohl die vielseitigste, die es von einem Tenor unseres Jahrhunderts überhaupt gibt, denn von dem noch fleißigeren Domingo können wir uns eine *Matthäuspassion* oder einen Tamino nun doch nicht mehr erwarten. Gedda ist sehr viel mehr als ein Mozart-Tenor geworden, wie Legge voraussagte, er ist dies sogar eher weniger geworden, als man erwarten konnte, und merkwürdigerweise hat er gerade bei Mozart nie den Grad an Vollkommenheit erreicht wie etwa Fritz Wunderlich in seiner sehr viel kürzeren Karriere. Aber ansonsten: welche atemberaubende stilistische und sprachliche wie musikalische Vielseitigkeit: rund 80 Operngesamtaufnahmen, von Adams *Postillon de Lonjumeau* bis Webers *Euryanthe*, gespickt mit Raritäten wie Roussels *Padmâvatî*, Rossinis *Guillaume Tell*, Pfitzners *Palestrina*, dessen Titelrolle er endlich einmal weg von dem geschlechtslosen Evangelistenton brachte, der diese Rolle meist so nervtötend macht, und Charpentiers *Louise*.

Es gibt nicht wenige, die Geddas Leistungen im französischen Fach als den Höhepunkt seines sängerischen Schaffens empfinden. Einziger Schandfleck auch hier: Von Meyerbeers Opern *Le Prophète* und *Les Huguenots* wurden Gesamtaufnahmen angefertigt, deren schwache Stellen ausgerechnet die jeweiligen Tenöre sind, während man Gedda etwa zeitgleich nur auf Mitschnitten konzertanter Aufführungen hören kann – die Chance, mit und durch Gedda eine Meyerbeer-Renaissance einzuläuten, wurde verpaßt. Viel besser sieht es bei Massenet aus. Werther und Des Grieux zählen zu Geddas Leistungen, mit denen auch er selbst sehr zufrieden ist (die Tenorrollen in *Cendrillon* und *Thaïs* sind zweitrangig). Sie kamen zur rechten Zeit und zeigen den reifen Gedda auf der Höhe seiner Kunst. Die immer wieder gerühmte Perfektion seiner Aussprache des Französischen ist ausnahmsweise das Ergebnis harter Arbeit, denn Französisch war das einzige Schulfach, in dem Gedda versagt hatte. Das, was ihm im italienischen Fach immer ein wenig im Wege stand, ein Tenortimbre, dem die warme Sinnlichkeit des Südens fehlte (ein Manko vieler skandinavischer Stimmen, auch des großen Björling, der es jedoch weiß Gott wettmachte), das schlug im französischen Fach zum Vorteil aus. Die französische Stimmtrainerin Janine Reiss hat einmal ganz richtig gesagt, daß der typisch französische Tenor weniger warm und sonnig als der italienische sei – sie verwies auf Georges Thill, den großen Tenor der dreißiger Jahre mit seinem Repertoire zwischen Lohengrin und Werther, dessen Stimme im Hörer Bilder von der Ile de France entstehen lasse und eben nicht vom Golf von Sorrent – in diesem Sinne sei Gedda der ideale Sänger für das französische Repertoire.

Nebenbei gesagt erklärt sich in diesem Zusammenhang auch die besondere Eignung spanischer Stimmen für die französische Oper, man denke an Victoria de los Angeles' anrührende Charlotte und Manon, an Alfredo Kraus und an José Carreras als Werther – auch diese Stimmen sind spröder und härter, verschatteter als italienische Stimmen und können die ganz eigene Mischung aus Desperation und Melancholie, die ein Werther erfordert, glaubwürdiger darstellen. Es mag sogar sein, daß Carreras, dessen Werther für mich seine beste Rolle auf der Platte ist, viel eher als die ganzen Spinto-Partien, die er so gerne singt, die noch glaubwürdigere, weil jüngere Stimme für den deutschen Poeten besitzt, Gedda bleibt (in der Aufnahme Georges Prêtres) der rundum stilsicherste, geschmackvollste (was nicht heißt temperierteste), nuancierteste und den sprachlichen Anforderungen am subtilsten entsprechende Interpret – kein ganz unwichtiger Faktor, wie mir scheint, denn wenn man ehrlich ist, dann erreichen Carreras und Domingo als Werther nur sprachliche Annäherungswerte, was doch ein gewisses Manko ist. Angeblich ist Französisch so schwer zu singen, vor allem wegen der Nasale – bei Gedda merkt man von dieser Schwierigkeit überhaupt nichts, die sehr viel eher bei schlechten französischen Sängern auftritt, auch bei Jessye Norman, die diese Sprache fast so akzentfrei wie Gedda singt, ist davon nichts zu verspüren. Die Schwierigkeiten liegen wohl also nicht im sprachlichen, sondern eher im stilistischen Bereich: Die französische Sprache und die französische Opernmusik mögen kein Portamentosingen, ja gestatten es nicht einmal, und es ist kein größerer Gegensatz denkbar als der zwischen dem Gesangsstil der Zeitgenossen Puccini und Debussy.

Es ist eine sehr schwierige Balance zwischen Deklamation und Gesang gefordert, eine ganz andere Art von »Sprachgesang« als beim vielfältig mißverstandenen Wagner. Außerdem bewegen sich die großen Tenorpartien der französischen Oper mit Vorliebe in sehr unbeliebten Gegenden, nämlich im Bereich des sogenannten »passaggio«, also des Übergangs zwischen Brust- und Kopfregister, beim Tenor um F und G liegend. Diesen Bereich immer wieder zu passieren, oft sogar noch im Mezza voce, erfordert schon eine enorm sattelfeste Technik. Wer schon einmal durchschnittliche Tenöre am Hoffmann hat scheitern hören, weiß, wovon ich spreche, oder anders ausgedrückt: Wer den Werther und den Hoffmann gesangstechnisch (von der Expression wollen wir einmal gar nicht sprechen) bewältigt, den kann kaum mehr etwas im Tenorfach erschüttern, es sei denn, er wolle unbedingt auch noch Tannhäuser und Tristan singen. Den Hoffmann läßt sich sogar Gedda hinreißen, für eine schwere Partie zu halten, und seine Gründe treffen auch den Kern des

Problems: Der Titelheld steht fast durchgehend auf der Bühne, muß für jedes der drei Abenteuer eine verschiedene Stimmfärbung benutzen (wie der Sopran, falls er sich zutraut, alle drei Partien auf einmal zu singen), die schwierige Klein-Zack-Ballade kommt ziemlich schnell zu Anfang, und der Giulietta-Akt erfordert noch einmal geradezu dramatischen Stimmklang, und das am Schluß eines langen Abends, wo dieser Akt richtigerweise stehen sollte. Gedda ist der vielleicht einzige Tenor der letzten 30, 40 Jahre, der all diese Schwierigkeiten wirklich bewältigt hat, Domingo hat immer wieder höchst beeindruckend darüber hinweggetäuscht, daß ein Otello eigentlich keinen Hoffmann singen kann, Neil Shicoff, wohl die größte Begabung des französischen Tenorfachs in der letzten Zeit, hat mit dem Problem zu kämpfen, daß seine physischen Reserven für eine solche Rolle eigentlich zu schmal sind – auf der Platte ist er ein beeindruckender Hoffmann.

Gedda, dessen Karriere sich zu dem Zeitpunkt, an dem ich dies schreibe, in ihrem Abendrot befindet, aber noch keineswegs abgeschlossen ist, hat nie die Popularität erlangt, wie sie einem Domingo, einem Carreras oder Luciano Pavarotti zuteil wurde. Auf den ersten Blick ist dies verständlich, denn er hat, wie erwähnt, nicht die sinnlichen Valeurs in der Stimme aufzuweisen, wie sie einem Tenoridol eingeschrieben sind – andererseits hat diese Pavarotti ebensowenig aufzuweisen. Es liegt wohl auch an den Rollen, die er gesungen hat – um den Verismo hat er meist einen großen Bogen gemacht, aber andererseits hat er wie kein Tenor seiner Zeit sich für die Operette eingesetzt, hierin seinem großen Vorbild Tauber folgend. Die Zahl seiner Operetteneinspielungen ist Legion, darunter sind die Musterfälle mit Otto Ackermann als Dirigenten und Schwarzkopf als Partnerin. Die Operette jedoch, ob Gold oder Silber, war zu jenem Zeitpunkt, als Gedda sich für sie einsetzte, schon nicht mehr wirklich lebensfähig (mit den bekannten zwei, drei Ausnahmen), und so sind diese großartigen Einspielungen doch eher ein klingendes Museum als eine lebendige Wirklichkeit. All das also mögen Gründe sein, aber es läßt sich immer auch das Gegenteil behaupten.

Zwei Argumente jedoch sind wohl unwiderleglich: Gedda war immer ein Tenor für Kenner – das mag eine Contradictio in adjecto sein, aber es trifft wohl zu. Wer schmetternde Spitzentöne, sängerische Exhibition, rampenreißerisches Benehmen erwartete (jenen »kellnerhaften Rampenservice«, über den Fritz Kortner immer schimpfte), der wurde bei ihm enttäuscht. Wer aber für Singen als Kunst etwas übrig hat, für ein mirakulöses Legato, für eine nach heutigen Maßstäben geradezu unglaubliche Kunst, die »voix mixte« einzusetzen, die das Hauptgeheimnis seiner leichten Höhe ist, für eine bruchlose Verblendung der Register, für eine vorbildliche Deklamation und eine staunenerregende stilistische Einfühlung in verschiedene Epochen, Stile und Sprachen, der fühlte und fühlt sich bei Gedda immer aufgehoben wie in Abrahams Schoß. Einrechnen muß man allerdings, daß Gedda (und das ist vielleicht der letzte und wichtigste Grund) ein zurückhaltender, zu melancholischen Anwandlungen neigender, introspektiver Mensch ist, eine letzte Reserviertheit ist allen seinen Rollengestaltungen anzumerken, und diese Mischung aus Hemmung und verdecktem romantischen Feuer, aus Kühle und Sinnlichkeit, wie sie noch idealer Björling verkörperte, ist es wohl, die auch seine Interpretationen der Tenorpartien in den Werken Berlioz' so unvergeßlich macht. Geddas Benvenuto Cellini, immer noch viel zuwenig bekannt, ist vielleicht der Gipfel seiner Leistungen.

Hinweise

Sehr aufschlußreich sind die Gespräche mit Nicolai Gedda, die im Jahrbuch 1988 der Zeitschrift *Opernwelt* abgedruckt sind. Dort befindet sich auch eine gute Diskographie von Thomas Voigt, die einen Führer durch die schier unübersehbare Plattentätigkeit Geddas darstellt. Eine schwedische Lebensbeschreibung aus der Feder von Aino Sellermark, die unter dem Titel *Gavan är inte gratis* (Stockholm 1977) erschien, ist nicht ins Deutsche übersetzt worden. Weitere interessante Äußerungen Geddas zu seiner Karriere finden sich in Helena Matheopoulos' Buch *Bravo* (München 1988).

Hinweise zu einzelnen Aufnahmen sind in diesem Fall überflüssig.

Christa Ludwig

1968 erschien ein Heft der Schallplattenzeitschrift *fono forum* mit einem Porträt Christa Ludwigs (geboren am 16. März 1928 in Berlin), in dem folgendes zu lesen war: »Im Herbst beginnen die Schallplattenaufnahmen für Karajans *Siegfried*, der nächstes Jahr in Salzburg über die Bühne gehen soll, Christa Ludwig wird die Brünnhilde singen. Und 1970 mit Karajan die Isolde: Also auch der letzte, kühne Sprung in das hochdramatische Fach.« An diesem Zitat ist zu sehen, wie weit schon jene Pläne gediehen waren, die dann doch nicht, wie wir wissen, realisiert wurden (eine Ironie am Rande ist es, daß Herbert von Karajan beide Partien dann mit Helga Dernesch besetzt hat, die im hochdramatischen Fach sich nur mit Mühe bewähren konnte und bald in das Fach des Mezzosoprans überwechselte). Christa Ludwig hat später immer wieder betont, daß sie es nicht bereute, diese Partien nicht gesungen zu haben, denn sie ist sich sicher, daß ihre Stimme diesen Belastungen nicht standgehalten hätte, mit ihren Stimmbändern so zart wie ein Wollfaden, während die Birgit

Nilssons so dick wie ein Daumen waren, wie sie einmal gesagt hat. Und sie singt ja jetzt auch seit fast unglaublichen 45 Jahren, in der festen Überzeugung, daß der Verzicht auf die Wagner-Partien ihr diese lange Karriere ermöglichte. Damals jedoch, in dem Interview von 1968, hatte sie einen ganz anderen Standpunkt und war der Meinung, daß sie eine Abkürzung der Karriere hinnehmen würde, denn sie wolle gar nicht unbedingt lange singen, lieber irgendwann einmal richtig leben und nicht auf die Stimme Rücksicht nehmen müssen. Man kann seine Ansichten korrigieren.

Was von dem Ansatz zum Fachwechsel übriggeblieben ist, ist eine lange vergriffene Platte, auf der sie die Elektra/Orest-Szene singt (zusammen mit ihrem damaligen Mann Walter Berry) und Brünnhildes Schlußszene aus der *Götterdämmerung* – beide Aufnahmen 1964 entstanden, aus einem Hamburger Konzert von 1962 gibt es noch Isoldes Liebestod. Hört man sich diese Aufnahmen heute an, so wird man ihrer Sinnesänderung voll zustimmen. Nein, das ist wirklich nicht der Gesang einer Hochdramatischen, sondern das ist die Stimme eines genuinen Mezzosoprans, der sich allerdings eine unerhört leichte und leuchtende Höhe erarbeitet hatte, eine Höhe, die unverkrampfter und strahlender ist als die von Martha Mödl und Astrid Varnay, die dieses angestrebte Fach jahrelang gesungen haben. Im Vergleich mit den großen hochdramatischen Sopranen unseres Jahrhunderts fehlt jenes entscheidende Quentchen an vokalem Potential, an Kraftreserven, ohne die eine hochdramatische Karriere nicht Bestand haben kann; die Spitzentöne klingen keineswegs angestrengt, aber das kundige Ohr merkt, daß mit jedem dieser Spitzentöne das Äußerste erreicht ist, was diese Stimme leisten kann, und es ist nur der enormen Technik der Sängerin zu verdanken, daß der Extrempunkt dieser Leistung kaum hörbar ist. Noch etwas: vergleicht man diese genannten Aufnahmen mit jener weltberühmt gewordenen Gesamtaufnahme von *Fidelio* unter Otto Klemperer, dann muß man feststellen, daß die Spitzentöne, die ja auch die Leonore erfordert, dort 1961 noch ein Gran freier und leuchtender klangen. Es ist nicht von der Hand zu weisen, daß in jenen entscheidenden Jahren zwischen 1961 und 1964, als Christa Ludwig wie ein nervöser Sprinter in den vokalen Startlöchern scharrte, um das Fach zu wechseln, andererseits in ihrem angestammten Fach enorm beschäftigt war, schon erste Warnzeichen auftraten, und es erscheint nicht als Zufall, daß sie 1965 eine mehrmonatige Erholungspause einlegen mußte.

Natürlich war es dieser *Fidelio*, der alle Welt begehrlich auf die Isolden und Brünnhilden der Christa Ludwig machte. Sie selbst hat amüsant erzählt, daß erst Karajan an sie herantrat mit dieser Idee, daß dann Karl Böhm aufgebracht sagte: »Wie kann er es wagen, Ihnen das vorzuschlagen«, dann aber hinzufügte: »Mit mir wäre das schon eine andere Sache, da könnten Sie es wagen«, und daß sie dann auf dem Wege zu Leonard Bernstein, um ihm die Isolde vorzusingen, umkehrte und absagte. Ihre Leonore war aber auch wirklich ein »kairos«, ein einmaliger, unwiederholbarer Höhepunkt. Christa Ludwig war 33 Jahre alt, auf dem Gipfel ihrer stimmlichen Leistungsfähigkeit, nichts schien ihr unerreichbar, und jeder, der diese Aufnahme kennt, wird bestätigen, daß es seit den Tagen der Lotte Lehmann keine Interpretin dieser gewaltigen Rolle gegeben hat, die das glühende Humanum Beethovens so unverstellt und ohne Umschweife dem Hörer zu vermitteln in der Lage war, den vokalen Anforderungen dabei in allen Belangen gerecht werdend (und darin Lotte Lehmann durchaus überlegen). Daß ein Mezzosopran die Leonore so mühelos bewältigte, müheloser als die meisten Soprankolleginnen, das war nicht ein Geschenk der Natur, sondern das Ergebnis harter, unablässiger Arbeit.

Christa Ludwigs Eltern waren als Sänger am Aachener Stadttheater tätig, der Vater Anton Ludwig als Tenor, späterer Intendant des Hauses, die Mutter Eugenie Besalla-Ludwig als dramatischer Sopran, der unter Karajan dort auch die Leonore sang. Berlin war die Geburtsstadt, weil die Mutter, selbst Berlinerin, dort ihr Kind zur Welt bringen wollte. Die Mutter ist die wichtigste Gesangslehrerin Christa Ludwigs geblieben und hat bis ins hohe Alter die Stimme ihrer Tochter überwacht. Noch im Krieg zog die Familie nach Hanau, wo der Vater das kleine Theater leitete. Blutjung wurde sie unmittelbar nach dem Krieg nach Gießen engagiert (was die meisten biographischen Angaben unterschlagen); das war 1945, und ein Jahr später kam sie nach Frankfurt, wo sie mit Achtzehn ihren ersten Orlofsky in der *Fledermaus* sang. Sie selbst gibt zu, daß sie damals eine extrem »kurze« Stimme hatte, in der hohen Mittellage um das F herum war schon Schluß, und es bedurfte einer peinlich genauen und mühseligen Arbeit mit ihrer Mutter, um sich den gesamten Höhenbereich zu erarbeiten – alle halbe Jahre ein halber Ton, war die Devise. Ihr Höhenproblem war, man mag es angesichts der genannten Aufnahmen kaum glauben, auch noch vorhanden, als sie 1955 (nach Jahren in Darmstadt und Hannover) nach Wien an die Staatsoper engagiert wurde, und Böhm, der Chef des Hauses, meinte, daß sie daran noch ein bisserl arbeiten müsse.

Sie tat es und folgte auch dem Ratschlag des Dirigenten, nicht gar so strikt auf Azucena und Ulrica zuzusteuern, sondern sich lieber mit dem Cherubino zu »begnügen«, dem die Dorabella in *Così fan tutte* folgte (im Wiener Mozart-Ensemble jener Jahre, das dann auch die Salzburger Festspiele dominierte) und schließlich der Octavian im *Rosenkavalier*, der später von der Marschallin abgelöst wurde, die eine ihrer zentralen Partien wurde. In den sechziger Jahren war sie die wahrscheinlich vielseitigste Mezzosopranistin auf dem internationalen Parkett, schon 1958 sang sie bei den Wiener Festwochen unmittelbar nebeneinander die Rosina im *Barbiere di Siviglia*, die Brangäne in

Tristan und Isolde, den Cherubino in *Le nozze di Figaro* und die Amneris in *Aida*. Sie konnte nun einfach alles und sang auch Partien, die ihr nicht auf den Leib geschrieben waren, wie die Venus in *Tannhäuser*, die Carmen und die Kundry. Die »Lust an der Verstellung«, von der sie selbst spricht, war ihr natürliches Element, und als dann die zäh errungene stimmliche Meisterschaft hinzukam, da machte Christa Ludwig vor kaum etwas halt (bis eben auf die großen Wagner-Rollen): So kommt ihre Ortrud fast an das Vorbild der Margarete Klose heran, auch wenn die grandiose Dämonie der Klose nicht ihre Sache war.

Als Färberin in Strauss' *Frau ohne Schatten* rührte sie dann ein letztes Mal an hochdramatische Bezirke, aber die beschränkte Ausdehnung der Partie ließ dieses Experiment wunderbar gelingen. Daß Christa Ludwig auch eine große komische Begabung besitzt, konnte sie auf der Bühne zuwenig zeigen – wer die Feier zu Bernsteins 70. Geburtstag gesehen hat und ihre Darbietung dabei, weiß, was gemeint ist. Mit Bernstein verband sie, nach Karajan und Böhm, die dritte, vielleicht die intensivste künstlerische Bindung; die Mahler-Interpretationen, die sie mit ihm gestaltet hat (auch auf Platte), gehören zu ihren großen Erfahrungen (mit der Intuition der Jugend hatte sie einst die unüberholte Aufnahme des *Lieds von der Erde* mit Klemperer und Fritz Wunderlich eingespielt).

Von den großen Partien hat sich Christa Ludwig inzwischen verabschiedet, die Klytämnestra steht immer noch in ihrem Repertoire. Konzert und Lied sind sehr viel stärker in den Mittelpunkt getreten, ihre Gestaltung von Schuberts *Winterreise* hat Aufsehen und kontroverse Stellungnahmen erregt. Sie nimmt sich, in zweiter Ehe verheiratet, jetzt mehr Zeit für das »Leben«, auf das sie mit Vierzig schon sehnsüchtig zusteuerte. Im Fragebogen der *Frankfurter Allgemeinen Zeitung* hat sie als ihren Hauptcharakterzug die Ungeduld genannt und sich als immer auf der Suche bezeichnet, andererseits erschien ihr da als das vollkommene irdische Glück, in der Harmonie mit sich selbst zu leben. Stetige Neugier, Ungeduld und Harmoniebedürfnis, das sind die Grundlagen des warmen, humanen Tones, der uns aus Christa Ludwigs Stimme als ihrem Wesen immanent entgegentönt. Nie war sie heroisch, übermenschlich, überdimensional, aber immer ungemein warmherzig und lebendig. Liest man ihre Interviews, so beneidet man die Interviewer, mit einer so offenen, natürlichen und blitzgescheiten Frau sprechen zu können (wobei diese Eigenschaften sich mit zunehmendem Alter stärker auszuprägen scheinen). Ich habe noch von keiner berühmten Sängerin so offene Worte über die Probleme des Klimakteriums gelesen wie von ihr, wahrscheinlich ist sie die einzige, die dieses heiße Eisen überhaupt öffentlich angepackt hat; es sind diese Eigenschaften, die aus den großen Aufnahmen der Christa Ludwig immer noch wie unmittelbar zu uns sprechen werden, wenn sie eines Tages ihre erstaunliche Karriere beendet haben wird.

Hinweise

Über Christa Ludwig gibt es merkwürdigerweise kaum etwas Substantielles zu lesen. In älteren Sammelbänden von Egloff Schwaiger (*Warum der Applaus*) und Josef Müller-Marein und Hannes Reinhardt *(Das musikalische Selbstporträt)* hat sie knapp Auskunft über sich gegeben. Das ertragreichste Interview mit ihr hat Thomas Voigt geführt (*Opernwelt* Heft 8, 1990, mit einer Diskographie).

Unter ihren Operngesamtaufnahmen seien hervorgehoben, neben dem Monument ihrer *Fidelio*-Leonore, *Così fan tutte* (die ältere Version von 1955 ist vergriffen, die von 1962 bei EMI auf CD lieferbar, beide mit Karl Böhm), ihre beachtliche Dalila in Saint-Saëns' *Samson et Dalila* (Eurodisc), die Klytämnestra in *Elektra* mit Seiji Ozawa (Philips), die Färberin in der *Frau ohne Schatten* (nur in Live-Aufnahmen), eine beklemmende Lady Macbeth (Live-Aufnahme Wien 1970 mit Böhm), die Ortrud in der nach wie vor gültigen *Lohengrin*-Aufnahme Rudolf Kempes (EMI) und die Kundry in der Georg-Solti-Aufnahme von *Parsifal* (Decca). Schuberts *Winterreise* wurde mit James Levine am Klavier eingespielt (Deutsche Grammophon), Mahlers *Lied von der Erde* mit Otto Klemperer, Herbert von Karajan und Leonard Bernstein, Mahlers *Lieder aus des Knaben Wunderhorn* mit Bernstein (CBS). Ihre Aufnahme von Wagners *Wesendonck-Liedern* ist leider im Augenblick nicht greifbar. Bei der französischen EMI erschien eine Vier-CD-Kassette *Les introuvables de Christa Ludwig*.

Janet Baker

Vor zehn Jahren hat sich Janet Baker (geboren am 21. August 1933), »Dame of the British Empire«, von der Opernbühne zurückgezogen. Da sie außerhalb Englands als Opernsängerin wenig aufgetreten ist, droht nun bei uns völlig in Vergessenheit zu geraten, daß der Operngesang in ihrem Wirken doch einen erheblichen Stellenwert gehabt hat. Es sind nicht weniger als rund 40 Opernrollen, die in ihrem Repertoire stehen, eine Reihe davon allerdings nur konzertant, in Rundfunkproduktionen oder auf Schallplatte gesungen, aber man muß festhalten, daß etwa Alfredo Kraus eine reine Bühnenkarriere mit einem erheblich kleineren Repertoire gemacht hat. Unter den Rollen, die Janet Baker auf der Bühne gesungen hat, wird man (als Nichtengländer mit Überraschung) die Dorabella in *Così fan tutte* finden, den Komponisten in *Ariadne auf Naxos*, die Charlotte in *Werther*, Cassandre und Dido in Berlioz' *Troyens* und die

Marguérite in *La Damnation de Faust* desselben Komponisten. Mit drei ihrer größten Rollen hat sie sich von der Bühne verabschiedet: mit Donizettis Maria Stuarda und mit Glucks Orfeo und Alceste.

Begonnen hatte der Weg von Janet Baker (der bedeutendste einer englischen Sängerin nach Kathleen Ferrier, mit der sie immer wieder verglichen wurde) in Hatfield in Yorkshire, wo sie geboren wurde. In Grimsby, wo die Eltern später wohnten, sang sie im örtlichen Chor und war vom Theater fasziniert, allerdings nur vom Sprechtheater, Oper erlebte sie überhaupt zum erstenmal, als sie 1956 im Chor der Glyndebourne-Festspiele mitsang. Nach dem Schulabschluß dachte niemand, auch sie nicht, ernsthaft an eine musikalische Ausbildung; eine Banklehre wurde angetreten, als aber die Lust an der Musik unbezwingbar wurde, ermahnte ihr Vater sie, sich bald ernsthaft zu entscheiden, in welche Richtung ihr Lebensweg führen sollte. In London intensivierte Janet Baker ihre Studien bei der Pädagogin Helene Isepp, verließ die Bank und trat als Sängerin bei den renommierten Ambrosian Singers ein. Ein Jahr später, 1956, gewann sie bedeutungsvoll genug den Kathleen Ferrier Award und konnte Meisterkurse bei Lotte Lehmann und am Salzburger Mozarteum besuchen. Bis zu diesem Zeitpunkt hatte sie selbst das Gefühl, ein englischer Oratorienalt in der Tradition von Clara Butt und Kathleen Ferrier zu sein. Anthony Lewis verdankt sie es nach eigenem Bekunden, sich darüber klar geworden zu sein, daß sie ein dramatischer Mezzosopran war und im Bereich der Oper auch Möglichkeiten für sie lagen (und sie hat dann erheblich mehr Oper gesungen als Ferrier). Um 1960 entfaltet sich ihre Karriere als Konzertsolistin, etwa als Solistin der *Symphonie Nr. 2* Gustav Mahlers, die sie unter Otto Klemperer in Edinburgh sang – zum erstenmal sang sie mit einem bedeutenden Dirigenten, und so wie Bruno Walter für Ferrier die Welt Mahlers eröffnete, so Klemperer für Baker – es gibt nicht wenige, die diese beiden Sängerinnen für die bedeutendsten Mahler-Interpretinnen halten.

Sehr rasch hatte sich Janet Baker den ersten Rang im Oratorien- und Konzertbereich ersungen, denn sie füllte bei aller stimmlichen Verschiedenheit (Ferrier war ein echter Alt, was Baker nicht war) jenen durch Ferriers frühen Tod verwaisten Platz aus, den bisher niemand hatte einnehmen können – Christa Ludwig, die einzig mögliche Konkurrenz, war zu dieser Zeit intensiv mit ihrer Opernkarriere beschäftigt. Von Händel zu Elgar, von Bach zu Mahler – sie sang das ganze einschlägige Repertoire, und da verschlug der Mezzocharakter ihrer Stimme auch nichts, denn alle diese Partien sind von einem ausreichend kräftigen Mezzo genauso zu bewältigen wie von einem Kontraalt. Langsamer ging es mit der Oper, denn der englische Oratorienalt, wie ihn das Publikum sah und meist auch die Sängerinnen selbst, war in der Oper fehl am Platz. Daß Janet Baker beispielsweise 1967 in der Scottish Opera die Dorabella sang und dabei komisch-humoristische Wirkungen zu erzielen wußte, war eine allgemeine Überraschung. Ihre entscheidenden Erfahrungen machte sie in Benjamin Brittens English Opera Group. Beim Aldeburgh-Festival von 1962 sang sie die Dido in Purcells *Dido and Aeneas*, und 1966 war die Lucretia in Brittens *Rape of Lucretia* ihre erste große Rolle, in der sie zeigen konnte, was in ihr steckte (Kathleen Ferrier hatte die Uraufführung gesungen).

Was das Besondere, durchaus auch Einzigartige an Janet Baker ist, läßt sich gar nicht so leicht bestimmen. Sie war und ist in England ja nicht die einzige bedeutende Mezzosopranistin ihrer Generation. Zwei verdienen es hier besonders hervorgehoben zu werden: Josephine Veasey, im Opernbereich weiträumiger tätig als Janet Baker, mit einer üppigeren, saftigeren Stimme, die an italienische Fachkolleginnen erinnert, eine Fricka, Kundry, Amneris und Octavian von hohem Rang, und die Australierin Yvonne Minton, als Octavian international berühmt und eine großartige Berlioz-Interpretin (zusammen mit Stuart Burrows und Pierre Boulez hat sie die schönste Aufnahme der *Nuits d'été*, der *Sommernächte*, gemacht, die es bis heute gibt). Beides sind Sängerinnen von hohem Rang, und ihr Engagement an Covent Garden hat mit dazu beigetragen, daß Janet Bakers Opernaktivitäten nicht noch intensiver gewesen sind, gerade an diesem Haus.

Der einsame Rang Bakers wird aber vielleicht gerade dann deutlich, wenn man sie mit diesen hochkarätigen Kolleginnen vergleicht. Jenseits allen schönen Gesanges transportieren die Stimme und die Kunst Janet Bakers (ohne daß sie die stimmliche Individualität Ferriers besäße) etwas Besonderes, das man umschreiben könnte als die Aura von Größe, Einfachheit, Klarheit und Ruhe. So klar und offen ihr Gesicht ist (mit der charakteristischen Stupsnasigkeit), so auch ihre Stimme und ihr Singen. Wie ein See des Lake District liegt die Kunst Janet Bakers vor uns, keineswegs unsinnlich und emotionslos, aber Sinnlichkeit und Emotion sind gezügelt, eingebunden in das Bemühen um eine schlackenlose Kunstproduktion. Ihr Mezzosopran wird völlig unforciert geführt und ist von einer Schönheit, wie sie bei den Tenören Léopold Simoneau verkörperte, eine Schönheit, die nicht packt, überwältigt, sondern rührt und berührt. John Steane hat darüber hinaus als Geheimnis ihrer Kunst die Mischung aus Kraft und Zartheit gerühmt und damit etwas Richtiges getroffen, denn ohne diese Mischung kann man Mahler nicht so identifikatorisch singen, wie sie es getan hat, und man wird ihre Mahler-Interpretationen unmittelbar neben die Ferriers stellen können. Es ist ein großer Jammer, daß nicht sie in der bisher einzigen Gesamtaufnahme von Berlioz' *Troyens* die Cassandra oder Dido gesungen hat. Wer die Klagelaute der Dido in ihrer Todesszene gehört hat (auf einer Platte mit Berlioz-Szenen), dem wird Bakers Klang nicht mehr aus dem Sinn gehen, ebensowenig wie das »Euridice« von Kathleen Ferrier als Orpheus.

Hinweise

Das Tagebuch *Full Circle* (London 1982) schildert Janet Bakers Leben während ihrer letzten Opernauftritte auf eine sehr persönliche Weise.

Die Berlioz-Szenen mit Baker gibt es bei EMI, ebenfalls dort Mahlers Orchesterlieder mit John Barbirolli, die unübertroffene Aufnahme der *Wunderhorn*-Lieder Mahlers ist bei Nimbus wiederaufgelegt worden. Bei Philips ist eine CD mit Händel-Arien erschienen, bei Decca eine mit französischen Liedern.

Marilyn Horne

Als Wundertier bezeichnete Elisabeth Schwarzkopf Lucia Popp, als sie die junge Sängerin zum erstenmal gehört hatte. Bei allem Respekt vor Lucia Popp, ein solcher Ehrentitel gebührt in dem Zeitraum, in dem wir uns befinden, an erster Stelle Marilyn Horne (geboren am 16. Januar 1934, nach anderen Angaben 1929). Marilyn Horne hat, ganz ähnlich wie Joan Sutherland im Sopranfach, das Element des Virtuosen im Kunstgesang für die letzten Jahrzehnte neu bestimmt und die Maßstäbe erheblich höher gelegt, als sie bis zu ihrem Auftreten waren. Kein Wunder, daß die Zusammenarbeit von Horne und Sutherland, meist unter der Anleitung Richard Bonynges, großartige Ergebnisse gebracht hat, die auf Schallplatten nachprüfbar und hoffentlich gelegentlich auch nachvollziehbar sind. Sie ist oft fälschlicherweise als Koloraturalt bezeichnet worden, korrekterweise (und sie selbst sieht das auch so) wird man in ihrem Falle von einem Koloraturmezzosopran sprechen müssen, denn die Farbe der Stimme ist bis in die Stentortöne des Brustregisters hinein die eines Mezzos, und daraus erklärt sich auch die leicht ansprechende Höhe.

Diese Fachbezeichnung war der Sängerin selbst lange nicht klar, zunächst sang sie im Sopranfach, betrachtet das aber nicht als Unglück, denn durch dieses Sopransingen hat sie sich wohl ihre leichte und sichere Höhe erworben. Die in Bradford (Pennsylvania) geborene Marilyn Horne hatte in Los Angeles Gesang studiert, dabei auch Kurse bei Lotte Lehmann belegt. Als Kind hatte sie schon gesungen und war mit ihrer Schwester als Horne-Sisters aufgetreten. In jungen Jahren machte sie im Film auf sich aufmerksam, allerdings nicht auf, sondern hinter der Leinwand: Für Dorothy Dandridge sang sie die Carmen in der Filmversion *Carmen Jones* von Otto Preminger. Als sie dann in Rossinis *Cenerentola* in Los Angeles die Titelpartie sang (der Regisseur war Carl Ebert), da war sie schon ganz nahe dran an ihrem zukünftigen Fach, aber damals war das Ohr nicht so geschärft für die Opern des Belcanto-Bereichs, und so blieb Marilyn Horne weiterhin ein Sopran; als solcher kam sie auch Mitte der fünfziger Jahre nach Europa. Gelsenkirchen hatte damals das Glück, Marilyn Horne im Ensemble zu haben, aber wahrscheinlich wußten nicht alle dortigen Opernliebhaber, welchen Schatz sie besaßen, und man kann es ihnen noch nicht einmal übelnehmen, denn wenn man sich die junge Sopranistin als Mimì, Marcellina, Tatjana in *Eugen Onegin* vorstellt (Partien, die sie damals sang), dann wird der Eindruck wahrscheinlich gar nicht überwältigend gewesen sein. Das Timbre mit seinen maskulinen Zügen war und ist gewöhnungsbedürftig, ihre Figur neigte früh zur Massivität, für einen lyrischen Sopran nicht die besten Vorbedingungen. Wie wenig man seinerzeit auf die korrekte Erfüllung der Vorstellungen der Belcanto-Oper vorbereitet war, zeigt eine weitere Episode: In Gelsenkirchen war Rossinis *Italiana in Algeri* angesetzt (eine Partie, in der Marilyn Horne noch vor kurzem an Covent Garden großen Erfolg hatte), aber man ließ die Titelrolle in der hergebrachten Sopranfassung singen statt in der originalen Koloraturaltfassung, obwohl, wie man hinzufügen muß, bereits Giulietta Simionato gelegentlich gezeigt hatte, wie solche Rollen in der ursprünglichen Lage klingen können. Die Zeit war für einen Durchbruch des Originals offensichtlich noch nicht reif.

Die Entdeckung Marilyn Hornes als einer großartigen Vertreterin der Rollen der Belcanto-Oper wie auch der Grand opéra ist Richard Bonynge zu verdanken; ohne seine Pionierarbeit zusammen mit seiner Ehefrau hätten Hornes Talente vielleicht weiterhin im verborgenen geblüht, aber als sie 1961 für Simionato in New York bei einer konzertanten Aufführung von Bellinis *Beatrice di Tenda* einsprang (es war gleichzeitig das New Yorker Debüt Sutherlands), da wußten zum mindesten die Fachleute, was hier zu hören gewesen war. Ihr Arsace in Rossinis *Semiramide* 1964 bildete dann einen ersten Höhepunkt der Zusammenarbeit mit Bonynge und Sutherland, eine echte Koloraturaltpartie (ursprünglich von einem Kastraten gesungen), was dem Mezzo Hornes zunächst erhebliche Schwierigkeiten machte, denn durch ihre Sopankarriere hatte sie zwar die Höhe erlangt, aber Tiefe eher verloren. Von hier ab datiert eine der ungewöhnlichsten Karrieren der letzten Jahrzehnte, gemacht gegen die Tendenz, die zumal von weiblichen Opernstars ein glamouröses Äußeres verlangt, gegen ein höchst eigenartiges Timbre (dessen Eigenart aber auch wieder eine Stärke war) und gegen die von der Kritik schon früh festgestellte Uneinheitlichkeit des Stimmklangs in Tiefe, Mittellage und Höhe. Allein die stupende Kehlfertigkeit, die Neugier auf unentdeckte Bereiche der Opern- und Gesangsgeschichte und eine unermüdliche stimmliche und körperliche Vitalität haben diese Laufbahn zu dem gemacht, was sie heute ist (was für Joan Sutherland Bonynge war, das war für Marilyn Horne ihr erster Ehemann, der Dirigent Henry Lewis, in zweiter Ehe ist sie mit dem griechischen Bassisten Nicola Zaccaria verheiratet). Marilyn Hornes größte Rolle ist wahrscheinlich die Fidès in Meyerbeers *Prophète*. Nun, da die Opern Meyerbeers wieder im Kommen sind, erkennt man erst so richtig, was sie 1970 geleistet hat, als sie in einer italienischen Rundfunkproduktion die Fidès sang, in der alles zusammengefaßt ist, was das 19. Jahrhundert von einer dramatischen Altistin gefordert hatte (Pauline Viardot-García hatte die Uraufführung gesungen), und auch wenn Marilyn Horne eigentlich keine dramatische Altistin ist, so hat das seit Karin Branzell und Sigrid Onegin keine mehr so gesungen, und sie ist den Kolleginnen Altistinnen in der Durchschlagskraft der Höhe noch überlegen. Man höre sich nur einmal die große Szene »O prêtres de Baal« mit den geradezu wahnwitzigen Koloraturen des dritten Arienteils an, um die Sängerin zu verstehen, wenn sie sagt: »Wenn man alle Noten singt, ist Meyerbeer ein Ungeheuer«, und wenn sie sich bei Aufführungsserien drei Tage Pause zwischen jeder Vorstellung ausbedungen hat. Mit Marilyn Horne haben wir eine Sängerin, mit der wir als Zeitgenossen, selten genug, an das »Golden Age of Belcanto« anknüpfen können – wissen das alle zu würdigen?

Hinweise

1983 erschien in New York eine gemeinsam mit Jane Scovell verfaßte Autobiographie *Marilyn Horne, My Life*.

Die Aufnahme von Meyerbeers *Prophète* liegt auf verschiedenen Labels vor, unter anderem bei Myto, Einzelaufnahmen bei Nuova Era, Legato und Decca.

Joan Sutherland

Während dieser Abschnitt geschrieben wird, geht eine der gloriosesten Karrieren der Opernwelt in der zweiten Hälfte des Jahrhunderts zu Ende. Joan Sutherland, »Dame of the British Empire«, wie ihr Ehrentitel lautet, ist nun eine Mittsechzigerin, und auch eine Sängerin mit einer so felsenfest verankerten Technik kann die Spuren des Alterns nicht länger mehr verbergen. Eine

Serie von letzten und unwiderruflich letzten Bühnenauftritten hat stattgefunden (das erinnert an ihre große Kompatriotin Nellie Melba – nun hat Australien zwei Gesangsmonumente aufzubieten), konzertante Ereignisse sind wahrscheinlich weiterhin nicht ausgeschlossen. In Sydney war sie am 7. November 1926 geboren worden, Tochter eines aus Schottland eingewanderten Schneiders und seiner zweiten Frau, die mit einem schönen Mezzosopran begabt war und deren tägliche Gesangsübungen ganz sicher von erheblichem Einfluß gewesen sind. Joan war bereits ein kräftiges Neugeborenes, zehneinhalb Pfund wog sie, und ihre kräftige Statur und ihr kantiges, unansehnliches Gesicht (wie es der ansonsten galante Biograph Brian Adams nennt) mit dem Dick-Tracy-Kinn haben ihr nicht nur persönlich zu schaffen gemacht, sondern hätten auch beinahe ihre Karriere in eine vielleicht unzuträgliche Richtung, nämlich die des hochdramatischen Soprans, geführt, nach dem Motto: Wer so aussieht, muß doch Wagner singen. Franco Zeffirelli, dem sie entscheidende Inszenierungen verdankt, vergleicht in seinen Erinnerungen den ersten Eindruck, den er von ihr hatte, mit jenem von Maria Callas (der im Callas-Kapitel zitiert wurde): auch hier eine stämmige, linkische, unvorteilhaft gekleidete Frau mit einer chronischen Erkältung (die erst durch eine risikoreiche Nebenhöhlenoperation behoben wurde), und auch hier ist es der alte, weise Tullio Serafin, der dieses kräftige Aschenputtel zum Singen auffordert und dadurch eine Verwandlung herbeiführt. Zeffirelli, der seine Sänger immer gerne touchiert, physischen Kontakt braucht, berichtet amüsiert, wie er das gleiche auch bei Joan Sutherland versucht, die ihm ängstlich, frustriert und verkapselt vorkommt, und wie sie rot werdend zurückweicht, dann aber tief Luft holt und ihn stürmisch umarmt, alle Erziehung vergessend. Das Ganze findet statt in der Vorbereitungsphase für eine Covent-Garden-Inszenierung von *Lucia di Lammermoor* im Jahre 1959, und Serafin hatte Zeffirelli nach London geholt mit dem Hinweis darauf, daß da eine junge Sängerin sei mit enormer Begabung und auch großen Problemen – diese *Lucia di Lammermoor* wurde die Initialzündung für Sutherlands Weltkarriere.

Klavier- und Gesangsunterricht hatte Joan Sutherland zunächst bei ihrer Mutter gehabt, dann bei John und Aida Dickens, ebenfalls noch in Sydney, die vor allem dafür sorgten, daß die Ausdehnung der Stimme nach oben voranschritt, denn ihre Mutter war fest davon überzeugt, in ihrer Tochter einen Mezzo vor sich zu haben, wie sie selbst einer war; die kräftige Mittellage, die sie immer besaß, entschuldigt diese Fehleinschätzung etwas. Ausgeprägte Mittellage und Volumen der Stimme scheinen schon damals in eine dramatische, wenn nicht hochdramatische Richtung zu weisen. 1947 singt sie zum erstenmal in einer breiteren Öffentlichkeit, bei einer konzertanten Aufführung von Purcells *Dido and Aeneas*, einige Konzertengagements schließen sich an. Zur

Vervollkommnung ihres Talents scheint jedoch ein weiteres Studium in England unerläßlich, und zwar am Royal College of Music bei Clive Carey. Zweimal singt sie vergeblich in Covent Garden vor, beim dritten Mal bekommt sie einen Kontrakt, und so kann man sie heute noch auf einem Mitschnitt einer *Norma*-Aufführung hören, wo sie die winzige Partie der Clotilde neben Maria Callas singt, die Stimme ist fast kaum zu erkennen, ein Schmetterling, der sich noch in einer Larve verbirgt.

Zu jener Zeit gibt es schon eine enge Zusammenarbeit mit einem ebenfalls australischen jungen Pianisten namens Richard Bonynge. Die beiden kannten sich aus der Heimat und waren sich in London wiederbegegnet. Noch strebte Bonynge, im Gegensatz zu seiner späteren Frau ein südländisch wirkender Beau, eine Pianistenkarriere an. Außerdem aber hatte er eine archivalische Leidenschaft für die Belcanto-Oper des späten 18. und frühen 19. Jahrhunderts entwickelt, und er hörte aus der Stimme Sutherlands die Möglichkeit heraus, dieses Repertoire wieder mit Leben zu füllen. Ohne Zweifel fühlte sich Bonynge angeregt durch den Erfolg von Maria Callas, denn ihr gebührt hier eindeutig der Vortritt, auch wenn sich das Repertoire der beiden Sängerinnen später nicht total überschnitt (so sang Sutherland nie die Medea, und auch die Norma erwies sich als Grenzpartie für sie). Sutherland hatte jedoch gegenüber der Callas einige Vorteile: eine außerordentlich widerstandsfähige Physis, die auch chronisch entzündete Nebenhöhlen und Wirbelsäulenerkrankungen wegsteckte, eine perfekte Technik ohne Registerprobleme und mit einer einzigartigen Rundung auch in stratosphärischen Höhen. Letzteres mußte von Bonynge jedoch erst entwickelt werden, denn in den entscheidenden Jahren 1954 bis 1958 ging es dann um die Frage: dramatischer oder Koloratursopran.

Joan Sutherland hatte eine der Walküren gesungen, war Agathe im *Freischütz* gewesen und hatte die *Meistersinger*-Eva gestaltet, aber Bonynge erkannte offensichtlich einerseits, daß die natürliche Weichheit ihrer Stimme nie den metallischen Strahl bekommen würde, der für die großen Wagner-Partien erforderlich war, und daß andererseits das Potential dieser Stimme in der Höhe noch lange nicht ausgeschöpft war, trotz der Vorarbeiten der bisherigen Gesangslehrer. Im Gegensatz zu Joan Sutherland hatte er das absolute Gehör, und so konnte er sie täuschen, indem er ihre Stimme nach oben trieb, behauptend, sie sänge eine Terz tiefer, als sie in Wirklichkeit sang; so brachte sie in der privaten Arbeit Dinge zustande, die sie sich öffentlich nicht zugetraut hätte. »Richard hatte, lange bevor ich dem zustimmte, beschlossen, daß ich ein Koloratursopran war«, sagte Joan Sutherland später ergeben, wohl wissend, daß sie Bonynges Sachverstand und Gehör immer vertrauen konnte (1954 heirateten sie). Seine entscheidende Weichenstellung jedoch beschreibt er selbst rückblickend so:

»Am Anfang, als sie Koloraturtechnik zu lernen begann, neigte sie lange Zeit dazu, die Stimme künstlich leichter zu machen. Das war ganz falsch. Nach einer Weile war das behoben, und sie fand heraus, daß man Koloraturen singen konnte, ohne die Stimme leichter zu machen. Koloratur ist eine Technik, die man mit jeder Art von Stimme singen kann. Man muß alle verschiedenen Partien des Repertoires mit derselben Art Stimme singen können, ohne sie künstlich zu verändern – ob nun im dramatischen oder im Koloraturfach.«

Hier ist sicher das Zentrum von Joan Sutherlands Erfolgsgeheimnis zu suchen: die glückliche Verbindung der Fülle einer dramatischen Sopranstimme (allerdings ohne die Durchschlagskraft einer hochdramatischen Stimme) mit der Höhensicherheit und Koloraturgewandtheit eines »soprano d'agilità«. Bonynge wußte aus seinem Studium des 19. Jahrhunderts, daß die großen Diven die Partien Bellinis und Donizettis mit einer solchen Verbindung bewältigt hatten. Das, was Maria Callas bahnbrechend für die zweite Hälfte unseres Jahrhunderts vorexerzierte, wenn sie den durch Verzärtelung verhunzten Koloraturpartien dieses Repertoires dramatische Kraft zurückgab, war wohl für ihn nur die eine Seite der Wahrheit, denn die Callas hatte in ihrer Stimme Durchschlagskraft und Schärfe, aber keine Fülle und Weichheit, und Stimmkennern konnte nicht verborgen bleiben, daß sie mit ihrer problematischen Technik Schwierigkeiten bekommen würde, während der Sutherland eine 40jährige Karriere zu prophezeien schon in ihren Anfängen nicht gewagt war. Bonynge ist ohne Zweifel gewesen, was schon Walter Legge für Elisabeth Schwarzkopf war, nur daß er als Pianist und Dirigent noch enger in ihre Laufbahn eingreifen konnte, ein Dirigent, der es geduldig ertragen hat, daß seine Fähigkeiten als notwendiges Übel eines Sutherland-Auftritts unterschätzt wurden.

Mit dem Jahr 1958 waren die Weichen endgültig gestellt: Eine Donna Anna, die sie in Vancouver an der Seite von George London als Giovanni und Léopold Simoneau als Ottavio sang, ließ die Opernwelt aufhorchen (London empfahl sie sogleich für größere Aufgaben), und ein Jahr später kam die Lucia in London, 1960 eine aufsehenerregende Alcina Händels im Fenice in Venedig und 1962 die berühmt gewordene Aufführung der *Huguenots* Meyerbeers in italienischer Sprache an der Scala, neben Franco Corelli, Giulietta Simionato und Nicolai Ghiaurov, als Mitschnitt auch heute noch weit verbreitet. Damit war Joan Sutherland als internationaler Star etabliert, und es schloß sich jene Karriere an, die wir alle kennen und die mit einer außerordentlich großen Zahl von Schallplatten garniert wurde. Die Breite ihres Repertoires ist dabei stetig gewachsen und hat (wobei Bonynge als Spiritus rector anzusehen ist) zu großartigen Wiederbelebungen geführt – so ist die erste Gesamtaufnahme der *Huguenots*, die Ende der sechziger Jahre eingespielt wurde, eine große Tat gewesen. Neben den Operngesamtaufnahmen waren vor allem jene Arienplatten bedeutsam unter Titeln wie *The Age of Belcanto* oder *The Art of Primadonna*, in denen sie in Ausschnitten jenen Teil des Repertoires wiederbelebte (Opern von Bononcini und Graun beispielsweise), die nicht zu den Ehren von Aufführungen oder Gesamtaufnahmen kommen konnten. Nachdem die beiden entdeckungsfreudigen Künstler das Rossini-Bellini-Donizetti-Dreieck ausgeleuchtet hatten, wandten sie sich, mindestens genauso verdienstvoll, dem französischen Repertoire des 19. Jahrhunderts zu: Meyerbeer wurde schon genannt, Delibes' *Lakmé*, Massenets *Roi de Lahore*, Thomas' *Hamlet*. In diesem Bereich soll eine Aufnahme hervorgehoben werden: Massenets großartige Zauber- und Ritteroper *Esclarmonde*, deren Titelrolle mit ihren unglaublichen vokalen Anforderungen auch Massenet selbst von seiner Lieblingssängerin Sybil Sanderson nicht so gehört haben kann, wie es Joan Sutherland auf der Höhe ihres Könnens gelang. Die Beschwörung der Geister der Luft und des Wassers am Ende des ersten Aktes, »Esprits de l'air, esprits de l'ondes«, ist eine vokale Tour de force, deren geradezu triumphale Bewältigung alleine genügen würde, um die Interpretin in die Reihe der ganz großen Erscheinungen der Gesangskunst zu stellen.

Auch eine solche Karriere blieb nicht frei von Kritik. Auf dem ersten Höhepunkt ihres Weltruhms bescheinigte ihr der einflußreiche englische Kritiker Desmond Shawe-Taylor künstlerische Unreife, schlechte Aussprache und eine monotone und matte Tongebung. Es war und ist für Joan Sutherland natürlich immer ein Problem, mit Maria Callas verglichen zu werden, mit der sie ganz erhebliche Repertoireüberschneidungen hatte (und Callas soll angeblich gesagt haben, daß die Sutherland um ein Jahrhundert zurückwerfe, was sie selbst mühsam aufgebaut habe). Um Ponchiellis *Gioconda* zu zitieren: »voce di donna o d'angelo« – die Stimme einer Frau oder eines Engels – darum ging es, viel ausgeprägter noch als in dem hochgepeitschten Gegensatz zwischen Callas und Renata Tebaldi. Callas war in jeder Faser ihres Singens liebende, hassende, rasende, trauernde Frau, Sutherland immer ein Monument des kunstreichen Wohlklangs. Eine eloquente Sängerin war sie nie, ihre Artikulation war immer nur mittelmäßig, wurde eher schlechter im Lauf der Zeit, der Gesangston, bei aller Reinheit der Tonschwingung, tendierte zum Mulmigen, Unscharfen.

Jürgen Kesting hat in einem Artikel zu ihrem 60. Geburtstag den Finger auf die Wunde gelegt (auch wenn er an ihrer Gesangskunst nicht deutet): »Das Singen läuft tendenziell auf die Umformung des Textes in eine Vokalise hinaus. Expressive Färbungen und Inflexionen werden nicht aus der Tönung des einzelnen Vokals entwickelt, der danach Relief durch die Einrahmung mittels Konsonanten bekäme, sondern wie ein Schleier über die gesamte Phrase geworfen. Das ergibt einen wehmütigen Klangeffekt, ein Singen wie mit Trauerrand.« Kesting bezeichnet genau den problematischen Punkt dieser großen Sängerin, die sich darin sicher von Giuditta Pasta und María Malibran unterschied, daß sie glaubte, mit der stimmlich und musikalisch perfekten Wiedergabe des Komponierten ihr Soll erfüllt zu haben, eine Überzeugung, die sie immer wieder, von Bonynge bestärkt, offensiv vertreten hat. In einer Zeit, in der solche Bedingungen meist nicht einmal grundsätzlich gegeben sind, wird man eine solche Leistung nicht hoch genug einschätzen können, aber man wird auch konstatieren dürfen, daß es Sänger und Sängerinnen gegeben hat, die ihren Verkörperungen noch jenes Gran an imaginativer Kraft verliehen haben, das aus der perfektionierten Kunstleistung ein kathartisches Erlebnis machte, aus dem Arcanum ein Humanum. Wenn Kesting am Schluß seines Artikels sie als Nachtigall bezeichnet, ihr Singen als Ausdruck einer überragenden Unpersönlichkeit, geht er doch wohl etwas zu weit. Kurz zuvor hatte er ihr ein charakteristisches, unverkennbares Timbre attestiert, und das hat man doch wohl nur, wenn man auch als Persönlichkeit fest umrissen ist. Man muß doch anscheinend sich damit abfinden, daß auch große, ja größte Sänger eindimensionale Persönlichkeiten sein können, deren gewissermaßen diatonische Schlichtheit natürlich nicht so faszinierend sein kann wie die chromatische Farbigkeit und Gespanntheit vielschichtigerer Erscheinungen. Aber wer wollte bestreiten, daß die stupende Technik (»La Stupenda« wird sie genannt), die traumwandlerische Sicherheit der Tongebung wie der Musikalität, die stilistische Politur und der immer wieder berührende elegische Ton (wie wir ihn auch von Tenören wie Tito Schipa und Ferruccio Tagliavini kennen) aus Joan Sutherland ein immer wieder beglückendes Gesangsereignis gemacht haben?

Hinweise

Aus der Literatur seien hervorgehoben das auch auf deutsch erschienene Buch von Brian Adams, *La Stupenda* (München 1982), und *Joan Sutherland* von Norma Major (London 1987).

Die wichtigsten der Operngesamtaufnahmen mit Joan Sutherland sind wieder auf CD greifbar (darunter auch Massenets *Esclarmonde* bei Decca), das gleiche gilt auch für wichtige Arienzusammenstellungen, so etwa *The Art of the Primadonna* auf zwei CDs, *The Age of Belcanto* (zusammen mit Marylin Horne), *Joan Sutherland singt französische Arien*, alle bei Decca.

Mirella Freni

Auf einem Recital der sechziger Jahre sang die junge Mirella Freni (geboren am 27. Februar 1935) auch die Szene von Massenets Manon »Adieu notre petite table« und hat dort die folgenden Worte zu gestalten: »Je ne suis que faiblesse et fragilité.« So schön das wie alles auf dieser Platte gesungen ist, gerade das ist man der Sopranistin aus Modena nicht bereit abzunehmen: daß sie nichts anderes als Schwachheit und Zerbrechlichkeit sei, denn sie singt das genauso unheilbar gesund und rund und vollmundig wie alles andere, und man muß sich nur einmal anhören, wie Victoria de los Angeles diese Phrase singt, um zu verstehen, was Mirella Freni hier verfehlt. Die Gestaltung von Zerbrechlichkeit, Verwundung, seelischen Abgründen lag außerhalb der menschlichen und so auch stimmlichen Möglichkeiten der Mirella Freni (auch wenn sie technisch jeden Ton singen kann, der einem Sopran überhaupt erreichbar ist), und hier genau liegt die Ursache für den wohl einzigen schwarzen Tag ihrer ansonsten fast unheimlich konstanten Karriere, die inzwischen auf das 40jährige Jubiläum hinsteuert.

Es war jene *Traviata* an der Scala im Jahr 1964, ein Jahr, nachdem sie am gleichen Haus mit der Mimì in *La Bohème* mit Franco Zeffirelli als Regisseur und Herbert von Karajan als Dirigent einen Triumph gefeiert hatte, der Operngeschichte gemacht hat, auch weil er der Aufführung als Ganzes zukam. Als Violetta jedoch wurde sie erbarmungslos ausgebuht, aber wie konnte man auch erwarten, daß ein Publikum, welches Maria Callas als Violetta in Erinnerung hatte, mit Mirella Freni zufrieden sein würde, die alle Töne der Partie zur Verfügung hatte, weit schöner und weit sicherer als die Griechin, ansonsten aber alles vermissen ließ, was eine Violetta, von Dumas fils und Verdi konzipiert, als Gepäck mit sich führen muß?

Eine solche Bemerkung über die natürlichen Grenzen einer Sängerin, die aus ihrer Persönlichkeitsstruktur resultieren, wird das Phänomenale an ihrer Karriere nicht wesentlich beeinträchtigen können, denn sie hat sich seither, wenn ich richtig sehe, an die Traviata nicht mehr herangewagt und sich klug in dem für sie geeigneten Rollenspektrum gehalten. Dazu zähle ich durchaus auch die vielkritisierte Aida, die sie mit Karajan in Salzburg gemacht hat, denn so wie Radames kein Heldentenor mit baumdicken Tönen sein muß (José Carreras war damals durchaus eine mögliche Besetzung), so muß auch Aida keine hochdramatische Heroine sein (die einst gerühmte Aida der Dusolina Giannini war es auch nicht), und ich gestehe, daß ich Mirella Freni als Aida Birgit Nilsson in der gleichen Rolle vorziehe. Ein ursprünglich lyrischer Sopran, auf urgesundem Material aufgebaut, durch eine sattelfeste Technik geschützt, der sich im Lauf der Zeit zu Spinto-Qualitäten entwickelt, warum soll der nicht die Aida bewältigen? Auch wenn Mirella Freni dieses Experiment nicht mehr wiederholt hat, so hatte es doch eine gewisse Konsequenz, denn wer die Elisabetta in *Don Carlos*, die Amelia in Verdis *Simon Boccanegra*, die Desdemona in *Otello* singen kann, der ist auch fähig, eine Aida zu gestalten.

Die aus einer schlichten Familie Modenas stammende Mirella Freni – der gleichaltrige Luciano Pavarotti, ebenfalls in Modena geboren, soll ihr Milchbruder gewesen sein, weil die beiden Mütter in der gleichen Tabakfabrik arbeiteten – hatte ihre Stimme bei Ettore Campogalliani in ihrer Heimatstadt ausbilden lassen und 1955 am dortigen Teatro Comunale debütiert, als Micaela in *Carmen* übrigens, eine Partie, mit der sie später immer wieder großen Erfolg hatte. Sie heiratete den Dirigenten Leone Magiera, auch ein Jugendfreund, bekam eine Tochter Micaela und setzte mit dem Singen aus (heute ist sie in zweiter Ehe mit Nicolai Ghiaurov verheiratet). 1957 nahm sie einen zweiten Anlauf, und nachdem sie 1958 in Vercelli einen Gesangswettbewerb gewonnen hatte, ging es zügig bergauf. Die Mimì an der Scala 1963 war das Signal für eine sich seither an allen großen Bühnen der Welt ausbreitende Laufbahn, deren Zentrum immer die Scala blieb. Ihre großen Rollen hat sie dort alle gesungen, an zweiter Stelle ist Wien zu nennen, und ihre Schallplatten (Karajan hat sie immer wieder prominent eingesetzt) sind Legion. Auch wenn heute das Vibrato weiter schwingt als vor 20 Jahren – immer noch kann sich der Operngänger beruhigt zurücklehnen, weil er weiß, daß man bei Mirella Freni keine Angst vor schrillen oder mißglückten Tönen haben muß, und er kann einen lyrischen Sopran hören, wie er so warm, gerundet und unforciert eine Seltenheit war und ist. Natürlichkeit und Einfachheit sind die größten Qualitäten ihres Singens, und vor allem (wie der englische Kritiker Andrew Porter einmal sagte): Mirella Freni ist weiß Gott nicht kunstlos, aber sie ist nie künstlich.

Hinweise

1990 erschien in Mailand ein Buch aus der Feder des Exgatten Leone Magiera *Mirella Freni. Metodo e mito*.

Neben den vielen Gesamtaufnahmen sind Recitals unter anderem bei Decca, Deutsche Grammophon und EMI erschienen.

* * *

Der finnische Bassist **Martti Talvela** (1935–1989) starb allzu früh, aber nicht auf dem Höhepunkt seiner Karriere, wie man vermuten könnte. Schon einige Jahre zuvor, um 1980, hatte er seine Auftritte auf wenige Häuser konzentriert und vor allem darauf verzichtet, in den Sommermonaten bei den internationalen Festivals zu glänzen, sondern zog es vor, in dieser Zeit die Ernte seines Landgutes in Finnland einzubringen. Anfang der sechziger Jahre war der ehemalige Volksschullehrer mit Rasanz in eine internationale Karriere hineinkatapultiert worden, zuerst durch Wieland Wagner in Bayreuth, dann auch in anderen Zentren des Opernbetriebs. Seine eigenen Aussagen lassen darauf schließen, daß die ohne jede Erfahrung aus dem Stand begonnene Weltkarriere ihn nervlich und körperlich stark belastete. Hinter dem bärenhaften Äußeren des riesigen Mannes verbarg sich eine zartbesaitete Natur, und hier lag auch die Stärke des Sängers Talvela. Finnland brachte schon immer mächtige Baßstimmen hervor: Kim Borg, Matti Salminen und Jaako Ryhänen sind nur einige Beispiele dafür, und auch Talvela war ein Basso profondo, im Timbre zwischen skandinavischen und russischen Stimmen angesiedelt, von üppiger Sonorität und aus dem vollen Volumen schöpfend. Dennoch lag ihm die große Geste nicht, das Überdimensionale fand in ihm nicht den richtigen Anwalt (Wagners Hagen hat er nur selten gesungen), und lieber hat er seine Figuren aus sanften Farben zusammengesetzt – so fand die Klage des Königs Marke in *Tristan* in ihm einen ergreifenden Interpreten, und sein Boris Godunow, den er oft gesungen, aber nicht glücklich auf Platte eingespielt hat, wirkte mehr durch die leisen Töne als durch gesangliche Selbstentäußerung, die seinem Naturell nicht lag. Talvela wirkte auf den großen Bühnen dieser Welt immer ein wenig wie ein Findling. Eine Haltung wie die seine, auf Bayreuth zu verzichten, weil er die lange Abwesenheit von Finnland nicht ertrug, rief im internationalen Opernbetrieb Unverständnis und Ärger hervor. Der auftrumpfende Exhibitionismus, der zu einer großen Gesangskarriere letztlich auch dazugehört, fehlte ihm gänzlich, und daraus erklärt sich, daß seinen Bühnengestalten jene scharfe persönliche Kontur fehlte, die seiner sehr individuellen Stimme durchaus anhaftete [Finlandia].

Um **Karl Ridderbusch** (*1932) ist es in den letzten Jahren still geworden. Schon in den achtziger Jahren wurde seine so glänzende internationale Laufbahn nicht recht fortgesetzt, die ihn in den siebziger Jahren zu den höchsten Höhen des Baßfaches geführt hatte. Die Gründe dafür liegen im Dunkel, technische Probleme werden es kaum gewesen sein, denn Ridderbusch nimmt im Baßfach der Nachkriegszeit unter diesem Gesichtspunkt einen ersten Platz ein. Eine so in allen Lagen ausgeglichene Stimme von einer weichen Fülle, die wie Öl ins Ohr des Hörers fließt, ist von einem Bassisten außerordentlich selten zu hören. Es war diese balsamische Qualität seines unangestrengten Singens, die ihm die Tore zu den größten Häusern öffnete, besonders Herbert von Karajan war von ihm begeistert und förderte ihn nach Kräften. Die Salzburger Osterfestspiele wie auch Bayreuth sahen seine Triumphe. Ob die sehr weit gehende Spezialisierung auf das Wagner-Fach seinem eher gemütlichen Naturell angemessen war, bleibt zu fragen. Hunding und Hagen lagen als Personifikationen (nicht stimmlich) außerhalb seiner Reichweite, beim Hans Sachs erfüllte er die freundlich-biedere Komponente der Rolle mit seinem Schöngesang, andere Facetten blieben ihm verschlossen; für einen echten Bassisten ist außerdem der Sachs eine substanzraubende Partie, wenn man sie so oft singt, wie Ridderbusch das getan hat. Höchstes leistete Ridderbusch im Baßbuffofach: Sein La Roche in Strauss' *Capriccio*, sein Kezal in der *Verkauften Braut* Smetanas, sein Barbier von Bagdad in der Oper von Cornelius, sein Falstaff in Nicolais *Lustigen Weibern von Windsor* und der van Bett in Lortzings *Zar und Zimmermann* – all das sind Interpretationen, die noch lange Bestand haben werden.

Auch die Karriere von **Franz Crass** (*1928) gibt Rätsel auf, größere noch als die von Karl Ridderbusch. Nach einem geradezu triumphalen Jahrzehnt zwischen etwa 1960 und dem Anfang der siebziger Jahre trat er unaufhaltsam in den Hintergrund, und heute muß man die Jüngeren schon ausdrücklich auf ihn hinweisen, seinen Holländer oder seinen Sarastro, um ihnen klarzumachen, welch eminenter Sänger hier kaum noch bekannt ist. Der aus dem Bergischen stammende Bassist hatte Mitte der fünfziger Jahre seine Laufbahn in Krefeld begonnen und war dann in Bayreuth als König Heinrich aufgefallen. 1960 sprang er für George London als Holländer ein und machte Sensation. Dennoch ist es fraglich, ob er gut beraten war, diese Partie zu übernehmen, der Bayreuther Live-Mitschnitt zeigt, daß Crass das in Deutschland seltene Exemplar eines echtblütigen Basso cantante war, edel timbriert und mit schlanker Tonführung. Seine gute Technik verlieh ihm die Spitzentöne, die für den Holländer erforderlich sind, aber sie kamen nicht mit der notwendigen Durchschlagskraft, und so mußte er immer wieder seine Reserven angreifen, um das zu ersetzen, was die Natur seiner Stimme versagt hatte. Das Experiment blieb nicht ohne negative Folgen für Crass' Stimme, und er hat es dann auch nicht fortgesetzt. Weniger bekannt ist, daß Crass der nach meinem Eindruck beste Gurnemanz in *Parsifal* war, den es nach dem Krieg gegeben hat, auf dem Bayreuther Mitschnitt von 1970 unter Pierre Boulez mag man es überprüfen. Diskographen der Mozart-Opern weisen außerdem immer wieder darauf hin, daß man von Crass einen dem Ideal nahekommenden Sarastro hören kann (in der Karl-Böhm-Studioaufnahme), und dem ist voll zuzustimmen. Crass hat mehr

Konzert- und Oratorienauftritte gehabt als die meisten seiner Fachkollegen – leider sind nur noch wenige der entsprechenden Platten greifbar. Unter den Bassisten seiner Generation sticht Crass durch Autorität und Noblesse hervor – es ist außerordentlich zu bedauern, daß seiner Laufbahn die letzte Erfüllung versagt blieb.

Warum die Karriere des Baritons **Ettore Bastianini** (1922–1967) abrupt zu Ende ging, ist leicht herauszufinden: Die schwerwiegende Tumorerkrankung, an der er auch gestorben ist, verhinderte eine Fortführung seiner Auftritte. Um 1960 stand er in der vordersten Reihe des italienischen Faches. Er hatte unmittelbar bei Kriegsende zu singen begonnen, allerdings als Bassist, dann 1951 nach kurzer Umstellung als Bariton debütiert. 1953 sang er bei den Florenzer Mai-Festspielen, unmittelbar darauf schon an der Scala und an der Met. Die großen Rollen des Baritonrepertoires erarbeitete er sich in der Folgezeit an den ersten Bühnen der Welt, eine belastende Art, Karriere zu machen, die er aber glänzend meisterte, sehr oft an der Seite von Maria Callas und Renata Tebaldi (so war er der Vater Germont in der zur Legende gewordenen *Traviata* an der Scala neben der Callas). Vergleichen wir seine Stimme mit der der später führenden Vertreter des Faches, so fällt das ausgesprochen schwarze und kernige Timbre auf, das die Herkunft aus dem Baßfach verrät. Es ist diese spezielle Eigenfarbe der Stimme, der er wohl das meiste verdankte, denn ein begnadeter Darsteller war Bastianini nicht. Ein Wechsel vom Baß zum Bariton ist außerordentlich selten, und man wird auch bei ihm konstatieren müssen, daß seine Spitzentöne nie so frei schwangen, wie das bei einem Verdi-Bariton nötig ist, dem G und A mühelos zur Verfügung stehen müssen, während bei Bastianini allen Tönen über dem F das mühevoll Erarbeitete anzuhören war. Das Jahr 1962 brachte für ihn auf dem Höhepunkt seiner Laufbahn seine größte Enttäuschung. Lange hatte er sich auf den Rigoletto vorbereitet, den er an der Scala präsentierte, für den er aber mehr Pfiffe als Beifall erhielt. Diese anspruchsvolle Partie lag für einen Charakter- und Kavaliersbariton, wie Bastianini einer war (in Italien in seinem Fach eine seltene Erscheinung), doch außerhalb der Reichweite. Diese Scharte konnte er nie mehr richtig auswetzen, denn schon bald war er gezwungen, mit großer Tapferkeit gegen die ersten Anzeichen seiner tödlichen Krankheit anzusingen. War Bastianini sicher auch kein Sängerdarsteller ersten Ranges, so bestechen seine Aufnahmen doch heute noch durch die vornehme Qualität seines Timbres [Legato, Melodram, Nuova Era].

Der zuverlässigste und beständigste aller Baritone im italienischen Fach war damals und ist immer noch **Piero Cappuccilli** (*1929). Der Triestiner hat relativ spät debütiert (er wollte ursprünglich Architekt werden), dann aber eine Laufbahn ohne Krisen und Einbrüche absolviert. Sein Lehrer Luciano Donaggio und seine jugendliche Begeisterung für den Tauchsport vermittelten ihm eine Atemtechnik, die Staunen und Neid bei seinen Kollegen erregte. Von Hause aus nicht mit außergewöhnlichen stimmlichen Mitteln gesegnet, hat Cappuccilli seine Karriere mit größter Sorgfalt und Vorsicht ausgebaut und genießt jetzt als über 60jähriger die Früchte dieser Vorsicht. Von den leichten Baritonrollen hat ihn sein Weg zu den schwersten seines Faches geführt: Rigoletto, Amonasro, Jago und vor allem Simon Boccanegra. Mit dem Boccanegra erklomm Cappuccilli den Gipfel seiner Laufbahn. Seinen beiden Schallplattenproduktionen dieser Oper merkt man deutlich an, daß er auf die Zusammenarbeit mit großen Regisseuren und Dirigenten angewiesen war (mit Giorgio Strehler erarbeitete er sich die Rolle auf der Bühne). Ist die ältere Aufnahme mit Gianandrea Gavazzeni noch unpersönlich-neutral, wenn auch schön gesungen, so erfüllt er mit Claudio Abbado die spätere Aufnahme mit Valeurs, die man von ihm ansonsten nicht gewohnt ist. Oft tendiert er dazu, sich auf den perfekten Sitz seiner Stimme, auf die wie selbstverständliche Bewältigung auch der unbequemsten Tessitura und sein anstrengungsloses Legato zu verlassen, die Innenspannung der Figuren kommt unter dieser polierten Oberfläche dann ungenügend zum Ausdruck, auch ist die Eigenfärbung seiner Stimme im Vergleich mit den größten Fachkollegen eher unterentwickelt. Aber es gibt auch mit Cappuccilli Sternstunden zu erleben, in denen er solche Begrenzungen hinter sich läßt, und zu ihnen gehört sein Simon Boccanegra mit Strehler und Abbado [Melodram, Nuova Era].

Vor 20, 30 Jahren gab es in Europa zwei Sänger, die im Bereich des Liedgesangs unangefochten und fast gleichwertig an der internationalen Spitze standen: Dietrich Fischer-Dieskau und **Gérard Souzay** (*1918). Heute ist der deutsche Bariton immer noch in einer einsamen Position, der französische Kollege jedoch, nur sieben Jahre älter, ist auf eine merkwürdige Weise dem Gedächtnis weiter Kreise entschwunden, kaum eine seiner einst weltweit präsenten Schallplatten ist im Augenblick noch zu erhalten. Gérard Marcel Tisserand, wie er eigentlich hieß, stammte aus einer Offiziersfamilie mit starken musischen Neigungen. Der Großvater war ein berühmter Agronom aus dem Elsaß (daher wohl Souzays akzentfreies Deutsch), die Großmutter war Portugiesin. Bei Pierre Bernac, einem der herausragenden französischen Liedinterpreten der dreißiger und vierziger Jahre, erarbeitete sich Souzay seine spätere Meisterschaft in diesem Bereich. Wie Bernac gehörte Souzay einer Stimmgattung an, die man in Frankreich nach einem berühmten Sänger des 19. Jahrhunderts »baryton martin« nennt, ein hoher Bariton mit Tenortendenzen, wie er etwa gerne für den Pelléas in Debussys Oper eingesetzt wird (später dunkelte Souzays Stimme nach). 1947 kam er an die Pariser Grand Opéra, aber er erkannte anscheinend sehr bald, daß seine konstitutionell zarte Stimme einer ständigen Opernbelastung nicht standhalten würde, und so wurden seine Opernauftritte immer seltener, je berühmter er wurde. Sprachbegabung, sängerische Intelligenz und umfassende Bildung prädestinierten ihn für das europäische Liedrepertoire. Er hat Kunst- und Volkslieder in 17 Sprachen gesungen, 700 Lieder und Arien von rund 80 Komponisten hat er aufgenommen. Bewundernswert für uns ist vor allem seine Einfühlung ins deutsche Kunstlied, seine Schubert- und Schumann-Interpretationen haben nichts von ihrer Eindruckskraft verloren. Es gibt nicht wenige, die Souzays Aufnahme der *Dichterliebe* Schumanns für unübertroffen halten. Seine Stimme war in Volumen und Tragkraft beschränkt, ihre Timbrierung jedoch war von hoher Eigenart. In seinen frühen Aufnahmen ist sein Bariton geradezu schmal zu nennen, mit einem schnellen Vibrato, wie es bei französischen Baritonen häufig anzutreffen ist, später gewann er an Volumen und dunkler Färbung, das Vibrato geriet allerdings in gefährliche Nähe zum Tremolo. Es mag sein, daß diese Entwicklung zum relativ frühen Ende seiner außergewöhnlichen Laufbahn beigetragen hat. Wer sich die Mühe macht, sich Platten von Souzay zu beschaffen, dem kann auf jeden Fall die Begegnung mit einem der größten Liedinterpreten der Nachkriegszeit versprochen werden [Denon].

Die Amerikaner waren immer besonders stolz, wenn einer der ihren in den von ihnen so besonders geliebten italienischen Stimmfächern reüssierte. Im Baritonfach sind das vier Sänger gewesen: Lawrence Tibbett, Leonard Warren, Robert Merrill und schließlich **Sherrill Milnes** (*1935). Milnes wirkt immer so (und kultiviert dieses Image auch), als sei er der John Wayne des Operngesangs, ein Cowboy, der die Tessitura einer Verdi-Partie bezwingt, statt Wildpferde zuzureiten. Das täuscht darüber hinweg, daß er eine sehr solide und breite musikalische Ausbildung genossen hat: Klavier, Geige, Bratsche, Tuba und sogar Dirigieren (auf einer Schallplatte haben Plácido Domingo und er sich gegenseitig dirigiert). Allerdings ist er der Sohn eines Farmers aus Illinois, und als Jugendlicher hat er sich bei schwerer Landarbeit die Kondition errungen, die ihm auf der Bühne dann zustatten kam. Bei der Tanglewood-Opernkompanie von Boris Goldovsky sammelte er seine ersten Erfahrungen (dabei sang er 90mal den Masetto im *Don Giovanni*, Grund genug, diese Partie später nie mehr zu singen). Milnes kam dann an die New York City Opera und schaffte von dort bald den Sprung an die Met, wo er 1965 als Valentin in *Faust* debütierte, neben einer anderen Debütantin als Marguerite, Montserrat Caballé. Der entscheidende Abend für seine Karriere kam drei Jahre später: Verdis

Luisa Miller, »a new star was born«, und schon bald lernte ihn auch Europa kennen, als er auf speziellen Wunsch Karl Böhms den Macbeth an der Wiener Staatsoper sang. Seit Beginn der siebziger Jahre war Milnes als führender Bariton des Verdi-Faches etabliert, in Amerika, an der Met ohne Konkurrenz, während in Europa Piero Cappuccilli den entsprechenden Platz einnahm. Milnes' große Stärke war eine verblüffende, in tenorale Bezirke reichende Höhe. Das hohe B war ihm erreichbar, und im Racheduett aus Verdis *Otello* machte er sich gelegentlich den Spaß, den Tenor in seinem A hilfreich zu unterstützen. Diese verblüffende Höhenakrobatik hatte allerdings immer einen seltsamen Beigeschmack, denn diese Töne klangen nicht so, als seien sie organisch mit dem Rest der Stimme verbunden, und es ist vielleicht die Buße dafür, daß in den letzten Jahren zunehmende Schwierigkeiten auftauchen, die Höhe mit ausreichender Tongenauigkeit auszustatten. Milnes' große Verdi-Rollen, die er auf zahlreichen Schallplatten verewigt hat, sind stimmlich imposant, aber doch eher holzschnittartig geformt. Merkwürdigerweise erreichte er Höheres in Rollen, die angeblich schwieriger zu singen sind, Rollen des französischen Repertoires zumal. Sein Hamlet in Thomas' gleichnamiger Oper gehört dazu, aber auch sein Nélusco in einer leider unveröffentlicht gebliebenen Aufnahme des Bayerischen Rundfunks von Meyerbeers *Africaine*.

In der Karriere **Walter Berrys** (*1929) gab es eine entscheidende Phase, in der die Frage war, ob aus dem weltberühmten Papageno und Leporello ein Wagnerscher Heldenbariton werden sollte. 1967 machte Herbert von Karajan in Salzburg das Experiment, Berry als Wotan in der *Walküre* einzusetzen, und ein Jahr später war sein Hans Sachs bei den Bayreuther Festspielen schon fast bis zur Premiere gediehen, als der Sänger, aus welchen Gründen auch immer, die Notbremse zog und es dann künftig kaum mehr mit Wagner versucht hat, eine merkwürdige Koinzidenz übrigens mit dem Liebäugeln seiner damaligen Frau Christa Ludwig mit dem hochdramatischen Sopran. Der gebürtige Wiener Berry hatte bei Lehrern wie Hermann Gallos, Hans Duhan und Josef Witt studiert, die die alte, gute Tradition der Wiener Staatsoper verkörperten. Er ließ schon bald stimmliche Potenz erkennen und eine ursprüngliche Theaterbegabung, die auf die mimischen Urgründe des Wiener Volkstheaters verwies. 1950 kam er an die Wiener Staatsoper, seit 1952 trat er bei den Salzburger Festspielen auf und war schnell Masetto, Leporello, Papageno vom Dienst. Schon frühzeitig hatte Berry das Glück, beweisen zu können, daß sein Darstellungstalent über die offensichtliche »vis comica« weit hinaus ging. Als die Wiener Staatsoper ihr altes Haus neu eröffnete, 1955, holte ihn Karl Böhm als Wozzeck, und diese Rolle gehört zu seinen größten Leistungen. In der Gesamtaufnahme unter Pierre Boulez, die viel später entstand, zeigt Berry gegenüber allen anderen Rollenvertretern auf Schallplatte, daß man diese Partie in einem sehr hohen Maße auch *singen* kann, ohne Alban Bergs Intentionen zuwider zu handeln. Der Wozzeck wies schon in die Richtung eines Charakterbaßbaritons, und so war nur folgerichtig, daß der Barak in Strauss' *Frau ohne Schatten* zu einem der größten Erfolge Berrys wurde. Der Ochs im *Rosenkavalier* kam hinzu, und es bleibt unverständlich, daß er in dieser Rolle im Schatten von Sängern stand und steht, denen das geforderte Idiom sehr viel hölzerner von den Lippen geht. Auch ist zuwenig bekannt, daß er ein hervorragender Falstaff in Verdis letzter Oper ist. Wer die Otto-Klemperer-Aufnahme von Bachs *Matthäuspassion* kennt, wird sich außerdem daran erinnern, daß er die Baßarien nie wieder so tonschön und so beredt gehört hat, wie damals vom jungen Berry gesungen.

Der amerikanische Bariton **Thomas Stewart** (*1926) hat nach meinem Eindruck heute nicht mehr den Namen, den er seinen Leistungen entsprechend verdienen würde. Wie so oft hängt das mit seiner relativ schmalen Plattenhinterlassenschaft zusammen. Sein Wotan in der *Walküre* (1967) in der Gesamtaufnahme des *Rings* unter Herbert von Karajan ist noch greifbar, aber die ganze Aufnahme ist im Interesse der Enthusiasten doch in den Hintergrund getreten. Sein *Fliegender Holländer*, der unter Karl Böhm 1971 bei den Bayreuther Festspielen mitgeschnitten wurde, ist schon lange nicht mehr greifbar. Der *Parsifal*, den Pierre Boulez 1971 in Bayreuth dirigierte, kann sicher in der Diskographie des Werkes keinen vorderen Platz beanspruchen, verdiente aber wegen zweier Sänger mehr Interesse: Franz Crass als Gurnemanz und eben Stewart als Amfortas – auch in meiner eigenen Erinnerung der beste Amfortas, den es nach George London und bis heute gegeben hat.

Der gebürtige Texaner hatte Mathematik und Elektrotechnik und bei Mack Harrell und Frederick Cohen Gesang studiert. Schon in dieser Zeit lernte Stewart die Kollegin Evelyn Lear kennen, die er heiratete und mit der er nach Europa ging. Zunächst schien Evelyn Lear die größere Karriere zu machen. Das Sängerehepaar war gemeinsam an der Deutschen Oper in Berlin engagiert, und während Lear als Spezialistin für das schwierige Fach (Bergs *Lulu*) auf sich aufmerksam machte, wo sie mehr Eindruck hinterließ denn als Mozart-Sängerin, wurde Stewart als vielseitig einsetzbarer Charakterbariton nur langsam über die Berliner Grenzen hinweg bekannt. Mitte der sechziger Jahre stand er am Scheideweg zwischen einer Karriere im schwereren italienischen Fach (ich erinnere mich an einen Jago von einigem Gewicht) und der im Wagner-Fach, die durch Partien wie Amfortas, Gunther und Donner in Bayreuth sich andeutete. Stewart entschied sich für Wagner und hat dort, vor allem bei Karajan in Salzburg und auf Platten, Leistungen von auch heute noch wirksamer

Eindrücklichkeit geboten. Stewarts Stimme war nicht die eines wirklichen Heldenbaritons, dazu fehlte es in der Tiefe und der Mittellage doch an Volumen, und in der Mitte klang sie immer etwas flach. Im Timbre aber hatte Stewart etwas von der markanten Sonorität der großen Fachvertreter, und in der Höhe bekam sein Bariton plötzlich so etwas wie einen zusätzlichen Schub, machte die große Projektionskraft der gutsitzenden Stimme die Begrenzungen vergessen. Dem Ohr mit historischem Abstand erscheint es heute unbegreiflich, daß seinerzeit Theo Adam im Wagner-Fach die größere Karriere gemacht hat als Stewart – umgekehrt wäre ein Schuh daraus geworden (den Hans Sachs, apropos, hat Stewart leider nur bei einer Münchner Rundfunkproduktion gesungen, die es nicht zu Plattenehren brachte).

Ein so schlichter Sonny Boy, wie er von den Medien immer präsentiert wird, ist der Berliner Bariton **Hermann Prey** (*1929) nie gewesen. Er selbst hat mit einem Teil seines Plattenrepertoires zu diesem Bild beigetragen, in Wirklichkeit hat er einige Krisen bestehen müssen. Wie bei so vielen nach außen hin fröhlichen Hopplahopp-Menschen gibt es auch bei Prey einen Kern von Melancholie und Depression, der immer wieder unvermutet sich meldet, aber auch die Karriere selbst, auf den ersten Blick glanzvoll wie wenige andere im Nachkriegsdeutschland, erlegte ihm Beschränkungen auf, unter denen er litt. Im Gegensatz zu vielen Fachkollegen wuchs seine Stimme nicht in Volumen und Tragkraft (oder nur unwesentlich), ein langsames Hineingleiten in ein schwereres Fach blieb ihm versagt, das er so gerne erreicht hätte. In einem Interview am Ende der siebziger Jahre sprach er davon, wie gerne er den Simon Boccanegra singen würde, den Carlo in *La forza del destino*, den Posa, den Mandryka, gar den Sachs. Den Beckmesser allerdings wolle er trotz aller Angebote nicht singen, denn er als Belcanto-Sänger könne mit dieser Rolle nichts anfangen. Ironie eines Sängerschicksals: ausgerechnet den Beckmesser gestaltete er 1986 in Bayreuth zu einem der größten Triumphe seiner Laufbahn, während alle anderen Traumpartien Träume blieben. Im gleichen Interview gab er auch einer Enttäuschung darüber Ausdruck, daß man ihn als Don Giovanni nicht hören wolle, den er Anfang der sechziger Jahre zum ersten Male präsentiert hatte. Völlig zu Recht kritisiert er die mit Ezio Pinza beginnende falsche Tendenz, den Giovanni mit einem Baß zu besetzen, denn die ursprüngliche Rollentradition ist die eines hohen Baritons, aber er vergißt hinzuzufügen, daß diese »falsche« Tendenz großartige Ergebnisse gezeitigt hat, und sein Mißerfolg mit dem Giovanni lag vielleicht nicht nur in solchen Rollenklischees begründet.

Bemerkenswert offen hat sich Prey auch über den »Komplex« Dietrich Fischer-Dieskau geäußert. Für einen jungen lyrischen Bariton, der eine bestimmte Vorstellung davon hat, wie er das deutsche Kunstlied zu einer Domäne seiner Stimmkunst machen will, dabei die durch Heinrich Schlusnus und Gerhard Hüsch begründeten Traditionen aufnehmend und ausbauend, muß es schon frustrierend sein, einen vier Jahre älteren lyrischen Bariton vor der Nase zu haben, der genau das gleiche vorhat und mit enormem Erfolg auch schon praktiziert. Da wurde nicht nur durch die Presse künstlich etwas aufgebauscht, um auch in Deutschland so etwas wie die Callas-Tebaldi-Konstellation als Lesefutter zu haben, sondern da gab es, wie unterschiedlich letzten Endes auch die Persönlichkeiten und die Stimmcharaktere sein mochten, eine unbezweifelbare Konkurrenzsituation. Man kann dies auch aus der umgekehrten Perspektive überprüfen. In seinem Erinnerungsbuch *Nachklang* spricht Fischer-Dieskau für seine Verhältnisse recht maliziös über diese Konkurrenz, ein Zeichen dafür, daß sie auch für ihn nicht unproblematisch war. Viele aufgebaute Ressentiments seien bei gemeinsamer Arbeit von selbst verschwunden:

»Einzig eine gewisse Automatik des Nachziehens in der Wahl des Programms, der Begleiter und der Liederabendzyklen störte mich immer. Prey wurde vier Jahre nach mir geboren, Schumanns opus 35 nach Kerner brachte ich rund vier Jahre vor ihm aufs Podium, realisierte vier Jahre vor ihm meinen ersten Zyklus von Liederabenden, hatte vier Jahre vor ihm Karl Engel als Begleiter, wurde vier Jahre vor ihm Mitglied der Bayerischen Akademie der schönen Künste etc. Nun, auch an so etwas gewöhnt sich der Mensch. Wenn mich allerdings jemand dazu auffordert, doch wie Prey der leichten Muse zu huldigen, so muß ich bedauernd ablehnen, denn zum einen gibt es für mich nicht lediglich gut oder schlecht gemachte Musik, sondern vor allem künstlerische Qualität und das Fehlen ebenderselben. Zum anderen habe ich nie erprobt, ob ich der Unterhaltung mit gleicher Virtuosität zu dienen in der Lage wäre wie Hermann Prey. Vielleicht wird er auch vier Jahre nach mir aufhören zu singen...«

»Komm lieber Mai und mache«, das war der erste Auftritt des elfjährigen Berliner Metzgersohnes in seiner Schule, nach dem Ende des Kriegs erfolgte seine Gesangsausbildung, vor allem bei Harry Gottschalk, dem er das meiste in technischer Hinsicht verdankt. Ein Frankfurter Gesangswettbewerb im Jahre 1952 brachte erste Anerkennung, im gleichen Jahre erfolgte das Debüt in Wiesbaden als Moruccio in d'Alberts *Tiefland* (nicht als zweiter Gefangener in *Fidelio*, wie überall zu lesen). Hamburg, Berlin, München waren die weiteren Stationen einer sich rasch entfaltenden Karriere. Als Guglielmo in Mozarts *Così fan tutte* brillierte er bei den Salzburger Festspielen der frühen sechziger Jahre, als Wolfram in *Tannhäuser* bei den Bayreuther Festspielen. Als Rossinis Figaro konnte er sich gar gegen italienische und internationale Konkurrenz eine führende Position erarbeiten, was vor ihm noch keinem deutschen Sänger in dieser Rolle gelungen war. Unzählige Fernsehauftritte bis hin zu Personality-Shows verbreiteten seine Popularität ins Überdimensionale. Nicht vergessen sollte werden, daß er in seiner *Hermann Prey Lied Edition* auf 27 Schallplatten mit 435 Liedern eine chronologisch aufgebaute Übersicht über das deutsche Kunstlied vom Minnesang bis zur Gegenwart vorlegte, die es an Ernsthaftigkeit und Durchdachtheit mit den großen Unternehmungen Fischer-Dieskaus aufnehmen' kann.

Preys Stimme und deren Führung hat die Gesangsinteressierten immer in zwei Lager geteilt: Die einen fühlten sich vom warmen, körperhaften, einschmeichelnden Klang stark angesprochen, die anderen wurden abgeschreckt durch jene spezifische Prey-Mischung aus Kehldruck und Gaumigkeit, die mit einer gewissen Raffinesse am Knödeln vorbeihuschte, seinem Singen aber eine unbestreitbar charakteristische Note verlieh. Beide Lager hatten und haben auf ihre Weise recht; es muß auch gesagt werden, daß Prey durchaus selbstkritisch von »Drückern und Bibbern« in einer Phase seiner Laufbahn spricht und diese »Nebengeräusche« in der Spätphase seiner Karriere weitgehend abgebaut hat. Trösten mag er sich im Abendrot einer spektakulären Laufbahn damit, daß sein ganz anders gearteter Baritonkollege Sherrill Milnes bekannt hat, von Preys gesanglicher Leistung viel stärker angesprochen zu sein als von der Fischer-Dieskaus [EMI, Ariola].

Das Renommee des kanadischen Heldentenors **Jon Vickers** (*1926) entspricht in Deutschland bei weitem nicht seinem wirklichen Können. Eigentlich ist er erst durch Herbert von Karajans Aufnahmen der *Walküre*, von *Tristan* und *Otello* bei uns bekannt geworden, aufgetreten ist er hierzulande fast nicht, wenn ich richtig sehe, außerhalb Bayreuths überhaupt nicht. Ich erinnere mich an einen Parsifal in Bayreuth 1964, bei dem Vickers mehr Ratlosigkeit als Zustimmung hinterließ, und schon 1958 als Siegmund hatte er am gleichen Ort nicht genug Eindruck gemacht, um in den folgenden Jahren engagiert zu werden. Das mutet seltsam an, denn wenn man ehrlich ist, dann hat es im Bayreuth der Nachkriegszeit keinen Tenor gegeben, der Stimmkraft und Subtilität auf derart beeindruckende Weise verband, und wenn es mit rechten Dingen zugegangen wäre, dann hätte Vickers der dominierende schwere Tenor Bayreuths werden müssen, denn auch als Darsteller war er in der Lage, die Anforderungen etwa Wieland Wagners zu erfüllen. Warum Vickers und Bayreuth nicht zusammenpaßten, entzieht sich der Kenntnis, und ob er dort auch den Siegfried und den Tannhäuser gesungen hätte, die er nie in den Kreis seiner Rollen einbezog, wird Spekulation bleiben. Vickers als Wagner-Tenor zu bezeichnen wäre dennoch falsch, deshalb ist er auch hier eingeordnet und nicht im Wagner-Exkurs.

Der Sänger, dessen Tristan zu den bleibenden Leistungen des Wagner-Gesangs in unserem Jahrhundert gehört, hatte einst, 1954, in seiner kanadischen Heimat als Herzog in *Rigoletto* debütiert, und als Verdis Don Carlos war er 1958 an Covent Garden aufgetreten. In Prince Albert war er als Jonathan Stewart geboren worden, hatte in Toronto bei George Lambert und Hermann Geiger-Tourel studiert (angeblich nur, weil er keinen Medizin-Studienplatz erhielt). 1957 begann er seine lange und glanzvolle Laufbahn an Covent Garden, das man als sein Stammhaus betrachten darf, mit dem Enée in Berlioz' *Troyens*. Dieses kapitale Werk, eine der größten Opernkonzeptionen der gesamten musikdramatischen Literatur, war damals so gut wie unbekannt (das hat sich etwas, wenn auch nicht grundlegend geändert), der Enée ist eine der schwersten Tenorrollen des gesamten Repertoires. Vickers selbst hat einmal die geforderte Palette völlig zutreffend so charakterisiert: Der erste Auftritt erfordert einen Spinto-Tenor, der zweite schon fast einen lyrischen Bariton, der sich dann in einen dramatischen Tenor verwandeln muß, beim dritten Auftritt ist ein lyrischer Tenor gefordert und beim vierten eine Otello-Stimme. Auf der 1969 entstandenen Aufnahme kommt Vickers diesen Anforderungen erstaunlich nahe, auch wenn die Beweglichkeit seiner Stimme und seine nicht eben leichte Höhenattacke an exponierten Stellen an ihre Grenzen stoßen.

Von diesem Zeitpunkt an durchmaß Vickers eine beeindruckende Laufbahn. Sein Florestan auf der Otto-Klemperer-Aufnahme von 1961 erregte berechtigtes Aufsehen, mit Maria Callas trat er als Jason in Cherubinis *Medea* auf. Als Vickers' größte Interpretationen sind sicher zu Recht sein Otello, sein Tristan und sein Peter Grimes in Brittens gleichnamiger Oper bezeichnet worden. Über seine Otello-Interpretation gibt das Otello-Intermezzo Auskunft. Mit dem Peter Grimes hat er es geschafft, die Erinnerung an den nun wirklich kategorial anders gearteten Peter Pears zumindest schwächer werden zu lassen. Über seinen Tristan gibt es geteilte Ansichten, für mich gehört er mit Lauritz Melchior, Max Lorenz, Ludwig Suthaus und Ramón Vinay zu den ganz großen Interpreten dieser Rolle. Die zwiespältige Aufnahme, die Vickers immer wieder erfahren hat, hängt ohne Zweifel mit dem eigentümlichen Stimmklang zusammen, der nicht wegzudiskutieren ist. Vickers' Tenor ist von schier unerschöpflichem Volumen, wohl die größte Stimme seines Faches, die es nach dem Krieg gegeben hat. So üppig sie in der Breite ist, so wenig Spitze hat sie aber auch, und so fehlt diesen stammdicken Tönen oft die notwendige Zentrierung. Jeden anderen Sänger hätte die Notwendigkeit matt gesetzt, die fehlende metallische Durchschlagskraft durch die Ausdehnung in der Breite zu ersetzen, nicht so Vickers, den die Natur mit einer physischen Kraft ausgestattet hat, die an die Zeiten von Leo Slezak, Melchior und Vinay erinnert, auch in dieser Beziehung nimmt er eine Sonderstellung unter den Tenören der Nachkriegszeit ein. Soweit wird niemand seine Vorzüge bestreiten können. Die Geister scheiden sich jedoch an dem hoch eigentümlichen, immer belegten, wie heiser anmutenden Stimmklang, kein technischer Fehler wohlgemerkt, sondern die Eigenart eines Timbres, wie es bei Tenören immer mal wieder vorkommt, so bei dem Spanier Miguel Fleta und dem deutschen Marcel Wittrisch, Sängern, mit den Vickers ansonsten nicht viel zu tun hat.

Die Größe von Vickers aber besteht nicht nur in der überwältigenden Dimensionierung seiner stimmlichen Anlagen, sondern darin, wie er solche Dimensionen mit der Fähigkeit verbindet, subtil zu singen. Ganz ähnlich verhielt es sich ja mit Melchior, der seine größte Faszination entfaltet, wenn er als Otello oder Siegmund die riesige Stimme in ein rattenfängerisches Mezza voce zurücknimmt. Auch Vickers ist ein Meister des Mezza voce und erzielt damit Wirkungen, die intensiver sind als die lautesten, gewaltigsten Töne [Memories].

»Sempre paura« – immer Angst habe er gehabt, wenn er öffentlich sang, das gestand **Franco Corelli** (*1921), als er vor wenigen Jahren in der Wiener Staatsoper geehrt wurde, damals ein sportlicher Endsechziger, inzwischen hat er das 70. Lebensjahr vollendet. Corelli war in den sechziger Jahren, als sich Mario Del Monacos Karriere schon ihrem Ende zuneigte, der führende dramatische Tenor des italienischen Repertoires, und außerdem war er der wahrscheinlich bestaussehende Tenor unseres Jahrhunderts. Wie oft wird darüber diskutiert, ob jemand die »physique du rôle« habe, wie der französische Fachausdruck lautet, bei Corelli wagte nie jemand zu bezweifeln, daß er diese für den Radames, den Kalaf, den Manrico, den Ernani, den Andrea Chénier besaß, um nur einige seiner großen Rollen zu nennen. Man hat im Rückblick das Gefühl, daß nicht alle Opernfans jener Zeit zu würdigen wußten, in welchem Maße das Aussehen des ungewöhnlich großen, schlanken Mannes mit dem Kopf des jungen Gary Cooper mit seinen mächtig ausladenden tenoralen Trompetentönen harmonierte.

Schiffsingenieur hatte der aus der Hafenstadt Ancona stammende Corelli werden wollen und das Patent als Geometer und Schiffsmaschinenmeister schon erlangt. Im Gegensatz zu den meisten anderen Großen des Gesangs entdeckte er erst spät, mit 18 Jahren, daß er so etwas wie eine Stimme besaß. Von dieser Entdeckung zu der Teilnahme an einem Gesangswettbewerb war es dann allerdings nur ein kurzer, schneller Schritt. Der völlig ungeschulte jugendliche Tenor fiel durch, aber auch auf und zwar dem anwesenden, damals renommierten Komponisten Ildebrando Pizzetti, der ihn ermahnte, daß es eine Schande sei, mit solchen stimmlichen Mitteln nicht zu studieren. Dennoch blieb Corelli, erstaunlich genug, genau besehen ein Autodidakt. Er ließ sich von einem Freund stimmtechnisch betreuen, der wiederum Gesangsschüler von Arturo Melocchi war, dem Lehrer von Del Monaco, ein Second-hand-Studium also, das dennoch in der Neigung zum lauten Singen für Del Monaco und Corelli auf die gemeinsame Schule verweist. Etwas Naturwüchsiges, Unbehauenes blieb Corelli von diesem merkwürdigen Studium immer anhaften, und die letzte gesangstechnische Verfeinerung, wie sie den großen Tenören der zwanziger und dreißiger Jahre trotz aller veristischen Verführungen noch zur Verfügung stand (Aureliano Pertile und Giacomo Lauri-Volpi seien hier genannt), blieb Corelli versagt – die zählebige Kritik an seinem Singen hat hier durchaus recht gehabt.

1951 debütierte er in Spoleto als Don José, 1954 kam er an die Scala, dort begann er mit dem Licinio in Spontinis *Vestale* an der Seite von Maria Callas, eine Aufführung, die in einem Mitschnitt festgehalten ist. Corellis Tenor ist bereits unverkennbar geformt, was auch kein Wunder ist, denn er war ja bereits 33 Jahre alt, also schon ein recht reifer Scala-Debütant, auffallend ist aber ein sehr rasches, leicht meckerndes Vibrato, das die Italiener sehr sinnvoll ein »caprino« nennen, ein Ziegenvibrato (es fällt bei den Tenören Fernando De Lucia und Alessandro Bonci um die Jahrhundertwende auf, aber auch bei den Spaniern Miguel Fleta und Hipólito Lázaro). Erstaunlich ist, daß der Autodidakt Corelli diese Eigenart später völlig in den Griff bekommen hat. Ebenso erstaunlich ist die Tatsache, daß er in jenen Jahren gerade in jenen Partien zu brillieren wußte, die er später fast völlig aus seinem Repertoire verbannte, den dramatischeren Rollen des Belcanto-Repertoires nämlich, also Licino, Poliuto (in Donizettis gleichnamiger Oper), Pollione (in Bellinis *Norma*) und Gualtiero (in Bellinis *Pirata*). Diese Tatsache allein, aber auch die Mitschnitte zeigen, daß Corelli sich ein gewisses Maß an technischer Perfektion angeeignet hatte, Autodidakt hin oder her, das ihn diese Rollen mit Aplomb bewältigen ließ. Die Weltkarriere, die recht besehen mit dem Manrico im *Trovatore* bei den Salzburger Festspielen 1962 eröffnet wurde, führte ihn leider von solchen Experimenten weg, sicher auch, weil die Met, an der er nun vornehmlich sang, solche Rollen nicht von ihm erwartete.

Bis zu seinem unerwarteten Rückzug von der Bühne, den er 1976 antrat, als sich die ersten Anzeichen stimmlichen Nachlassens bemerkbar machten, war es dann eine Karriere, die von Triumphen begleitet war, aber auch von extremem Lampenfieber und den Krisen und Ausbrüchen einer ebenso temperamentvollen wie dünnhäutigen Natur. Wenn er seine offenliegenden Nerven auf der Bühne in die Vibrationen seiner Stimme und seiner Rollen umwandeln konnte, gab es Abende, die auch noch auf der Platte zu elektrisieren vermögen, aber es gab auch Vorstellungen, in denen er sich auf seine immens lauten hohen Töne verließ und auf sonst nichts. Diese Stimme war allerdings von höchstem Karat, mit einem »squillo«, der Stahltüren zu durchschneiden schien. Corellis Tenor war nicht nur laut, sondern auch enorm tragfähig. Der überreiche metallische Beiklang machte sie erstaunlicherweise nicht spröde oder trocken, sondern hatte, wenn er in Form war, immer etwas vom Schrei eines wilden Tieres, ein animalisches Moment, das auch durch seine reiche baritonale Mittellage bekräftigt wurde (durch sie unterschied er sich von anderen »tenori robusti« wie Lauri-Volpi). Corelli war, nehmt alles nur in allem, einer der fünf, sechs Tenöre mit den reichsten stimmlichen Mitteln, die es in unserem Jahrhundert gegeben hat, ein Phänomen ganz ohne Zweifel, als Künstler erreichte er diese Höhe nicht. Es gibt einige wenige Auftritte (eher die Live-Mitschnitte als die Studioaufnahmen), in denen er überraschenderweise zeigt, daß er zu »smorzando«-Effekten in der Lage war, aber ein wirkliches Mezza voce oder gar Messa di voce lag außerhalb seiner Fähigkeiten und wurde erst gar nicht entwickelt. Auf subtile Wirkungen, auf Valeurs und Schattierungen wird man bei Corelli vergeblich warten, als Tenor des sieghaften Höhenstrahls und -stahls hat er kaum seinesgleichen. Wäre er ein deutscher Tenor gewesen, hätte man von ihm einen Siegfried erwarten können, der einzig dagestanden hätte, in seinem angestammten Repertoire hat er den lebenslang ersehnten Otello nicht mehr zustande gebracht [EMI, Legato, Cantabile].

Zehn Jahre länger als Franco Corelli singt inzwischen der spanische Tenor **Alfredo Kraus** (*1927), ein Mittsechziger, der zum Zeitpunkt, zu dem dies geschrieben wird, offensichtlich noch nicht ans Aufhören denkt. Seine Stimme, die nie zu besonders sinnlichen Vibrationen neigte, ist spröder, trockener geworden, aber immer noch kann er jüngeren Kollegen und einem staunenden Publikum demonstrieren, was eine sichere Höhe bedeutet (in seinen besten Zeiten bereitete ihm das D keine Schwierigkeiten, sogar das Es in der Voix mixte war ihm erreichbar gewesen sein), was Mezza voce und was Messa di voce bedeuten, und wie eine solide Atemtechnik zu einem bruchlosen Legato verhelfen kann. Lange Karrieren sind nicht immer als spezielle Leistung anzuerkennen. Manchmal wäre es für einen Sänger besser, seine Karriere wäre kürzer, als es der Ehrgeiz befiehlt, andere werden durch eine starke Physis bevorzugter behandelt als ihre Kollegen. Grundvoraussetzungen für ein langes Intakthalten der Stimme sind aber auf jeden Fall eine grundsolide Technik und der eiserne Widerstand gegen alle Versuchungen, die Grenzen der Stimme durch falsche Partien zu verletzen. Unter den noch aktiven Sängern ist Kraus ein Lehrbeispiel dafür, wie man ein Sängerleben mit äußerster Klugheit und Vorsicht plant. Diese Klugheit und Vorsicht gehen bei Kraus so weit, daß ihm nicht ganz zu Unrecht immer wieder mangelnde Spontaneität und Impulsivität vorgeworfen worden sind, und hier ist auch ein Grund dafür zu suchen, daß er bei weitem nicht die Popularität von Plácido Domingo, Luciano Pavarotti und José Carreras errungen hat, obwohl er von Kritik und Fachleuten immer hoch gelobt wurde: Kraus war ein Sänger der »happy few«, von jenen geliebt, die auch bei einem Tenor nicht Überwältigung verlangen, sondern fein ziseliertes Kunsthandwerk, oder anders ausgedrückt: Wo die großen Tenorlieblinge mit satten Ölfarben auf die Leinwand pinseln, arbeitet Kraus mit der Tuschfeder des peniblen Zeichners.

Alfredo Kraus Trujillo ist der Sohn eines österreichischen Vaters und einer spanischen Mutter, den Mutternamen, der nach spanischem Brauch auch benutzt wird, ließ der Sänger weg. Neben einer normalen Berufsausbildung (die einen Quellen sprechen vom Ingenieurstudium, die anderen vom Vermögensberater) ließ er seine Stimme ausbilden, zunächst zögernd und beiläufig, dann intensiv. Seine wichtigste Lehrerin war dabei Mercedes Llopart in Mailand, ein in den zwanziger Jahren bekannter jugendlich-dramatischer Sopran aus Barcelona, die an der Scala unter Arturo Toscanini die Sieglinde gesungen hatte und zu deren Schülern auch Fiorenza Cossotto, Renata Scotto und Anna Moffo gehörten. An exotischem Ort, in Kairo, debütierte Kraus als Herzog in *Rigoletto*, in jener Rolle also, durch die er weltbekannt wurde, als er sie 1963 für die Schallplatteneinspielung unter Georg Solti gestaltete. 1959 debütierte er an der Scala, 1962 an der Met, und seither hält eine Karriere von seltener Kontinuität an. Als der junge Kraus dem italienischen Tenor Giacomo Lauri-Volpi vorsang, der in Spanien lebte, da war Lauri-Volpi begeistert von der mühelosen Höhe, der Geschmeidigkeit der Stimmführung, der Eleganz und Natürlichkeit der Tonproduktion. Endlich wieder ein klassischer »tenore di grazia«, soll er ausgerufen haben. Diese Einstufung wird vielleicht verwundern, wenn man vom »tenore di grazia« das Klischeebild einer schmalen, dünnen Stimme hat und sich dagegen Kraus als Faust und Werther vergegenwärtigt, der gerade in der Höhe Töne von beträchtlicher Lautstärke produzieren kann. Aber das Idealbild eines solchen Tenors, Tito Schipa, belehrt darüber, daß auch im Volumen eher schmale Stimmen in der Höhe große Durchschlagskraft entwickeln können, und auch Schipa war ein berühmter Werther seiner Zeit. Kraus und Schipa decken die Anforderungen dieser schwierigen Rolle eher ab als ein Domingo mit seiner zu schweren Stimme.

Für Lauri-Volpis These vom »tenore di grazia« spricht, daß Kraus sich fortan ziemlich strikt an das Rollenfach gehalten hat, das von einem Tenor also nicht etwa ein schwaches, körperloses Singen erfordert, sondern vielmehr Noblesse, Eleganz und Stilgefühl, die sich durchaus mit kräftigeren Tönen paaren können, dort, wo sie am Platze sind. Kraus selbst gesteht sich zwei Ausrutscher zu, den Cavaradossi und den Rodolfo (in *Tosca* und *La Bohème*), die er am Anfang seiner Karriere sang. Schnell erkannte er aber, daß das Verismorepertoire für seine Stimme Gift war, weil die dicke Orchestrierung dieser Opern die Stimmen veranlaßt zu forcieren, falls die Substanz nicht ausreicht, und so seien die Stimmruinen programmiert. Kein Sänger darf, so ist seine felsenfeste Ansicht, seine stimmlichen Möglichkeiten permanent ausreizen, sehr viel besser sei es, immer etwas unterhalb seiner Möglichkeiten zu bleiben. Sein Vorbild in dieser Hinsicht ist Aureliano Pertile, ein dramatischer Tenor, der immer wieder erfolgreich sich auf Rollen des »tenore di grazia« »herunterschraubte« und so seine phänomenale Elastizität lange beibehielt. Bald hatte sich das Repertoire des vorsichtigen Kraus auf rund zwölf Partien reduziert, mit denen er nun seit 30 Jahren höchst erfolgreich besteht. Unter ihnen ragen der Faust, der Werther, der Des Grieux (in Massenets *Manon*), der Alfredo, der Herzog und der Fernando in Donizettis *Favorita* hervor. Kraus war auch ein hervorragender Ottavio im *Don Giovanni*, aber Mozart-Rollen hat er schon lange nicht mehr gesungen.

Diese sicher manchem sehr eng vorkommende Spezialisierung ist das genaue Gegenteil dessen, was man bei Kraus' Landsmann Carreras erlebt, der sich nichts Schlimmeres vorstellen kann, als immer mit denselben Partien durch die Welt zu reisen, aber bei Carreras kann man studieren, welche Folgen es haben kann, wenn man seine Fachgrenzen völlig vernachlässigt (dies ganz unabhängig von seinen gesundheitlichen Schwierigkeiten). Kraus betrachtet sich als hochspezialisierten Künstler mit einer sehr ernsten und tiefgehenden Verpflichtung gegenüber dem Kunstwerk und dem Publikum. Als Pavarotti 1976 den Arturo in Bellinis *Puritani* an der Met sang, mit frenetischem Erfolg übrigens, da transponierte er die gefürchtete Folge der hohen D gegen Schluß einer Arie ungeniert nach Des – das mag als sehr wenig erscheinen, aber für einen Tenor ist in dieser Region schon ein Halbton eine Welt. Kraus würde nie auf die Idee kommen, so etwas zu tun, er sang den Arturo immer mit allen Original-D, und als er sich ihrer nicht mehr absolut sicher war, gab er die Partie auf. Ein Gesangskünstler von solch ernster Kunstauffassung und solch hohem Verantwortungsbewußtsein ist in unseren Zeiten eine Rarität – Kraus wird den Liebhabern der Gesangskunst fehlen, wenn er seine Karriere beendet [EMI, Nuova Era, Bongiovanni].

Der aus Meißen stammende deutsche Tenor **Peter Schreier** (*1935) hat eine Weltkarriere vor allem als Mozart-Tenor gemacht, deren Beginn man mit seinem ersten Auftritt 1967 bei den Salzburger Festspielen ansetzen kann. Dieses Datum ist von einer gewissen Symptomatik, denn 1966 war Fritz Wunderlich gestorben. Es gibt solche Konstellationen: Plötzlich ist ein Platz an der Spitze eines Faches frei, und jemand, der von dieser Spitze noch um einiges entfernt war, sieht sich unvermutet nach vorne katapultiert. Man wird Schreier zugestehen, daß er diese Herausforderung angenommen und bestanden hat. Ähnlich ging es im Heldenbaritonfach durch den Karrierebruch bei George London – Theo Adam hätte ansonsten in diesem Fach seine Karriere nicht so rasch und so gezielt machen können. Schreier war Kruzianer, also Mitglied des Dresdener Kreuzchors, zunächst als Knabenalt, dann als Tenor, und hatte an der Dresdener Musikhochschule seine Ausbildung erfahren. Auch der ältere Adam war Kruzianer, und so sind beide in einer Musiktradition von großer Zuverlässigkeit und Solidität aufgewachsen. Unirritierbare Musikalität in der besten deutschen Tradition ist ein zentrales Kennzeichen der Kunst Schreiers. An der Staatsoper Dresden debütierte er 1957, kam dann an die Berliner Staatsoper, und von dort aus entfaltete sich seit Ende der sechziger Jahre seine weltumspannende Karriere.

Schreier hat immer den Oratorien- und Liedgesang als Hauptbestandteil seiner Laufbahn begriffen. Es waren auch die geschilderten Umstände im Mozart-Fach, die ihn um die ganze Welt führten. Über diesen Bereich hinaus hat er sich Partien wie den David und den Loge erobert, auf Platten sogar den *Freischütz*-Max, die ihm nicht an der Wiege gesungen worden waren. In den letzten Jahren ist er auch mehrfach als Palestrina zu hören gewesen, blieb aber der stimmlichen Expansion, die der Schluß des ersten Aktes von Pfitzners Werk fordert, einiges schuldig. Schreier ist als Mozart-Sänger gelegentlich, und nicht nur von der Plattenindustrie, auf eine Stufe mit Richard Tauber und Wunderlich gestellt worden. Das heißt allerdings erheblich zu hoch greifen. Weder die Qualität des Timbres noch die emotionale Kraft seines Singens reichen auch nur entfernt an diese Vorbilder heran. Ausgehend von einer Mozart-Arienplatte jüngeren Datums hat der Wiener Gesangsexperte Clemens Höslinger über Schreier als Mozart-Tenor ein rigides, aber doch nicht ungerechtes Urteil gefällt, das hier abschließend zitiert werden soll: »Ganz grundsätzlich erhebt sich die Frage, ob Schreier, dessen Kompetenz als Bach-Sänger, zum Teil auch als Lied-Interpret unantastbar ist, wirklich zu den Größten des Mozart-Gesangs zählt. Der Mozart-Tenor erfordert den ganzen Mann, gehört im Idealfall dem jugendlich-dramatischen Typus an. Peter Schreiers Stimme zählte von jeher zu den Sonderfällen im Gesangsfach, war immer durch ihre knabenhafte Neutralität bestimmt. Ihre Stärke ist – so paradox dies klingt – der weiche, milde Pianoklang gewesen. Doch nie war dieses Organ imstande, sich zu strahlendem Durchbruch zu erheben. Im Gegenteil, wenn Kulminationen der Gesangslinie gefordert wurden, verengte sich der Ton, nahm einen grellen, manchmal sogar gequetschten Klang an.«

Sucht man ernsthaft nach einem Mozart-Tenor, der zumindest in erheblicher Annäherung in der Lage war, die Gipfelkette fortzuführen, die durch die Namen John McCormack, Richard Tauber, Léopold Simoneau und Fritz Wunderlich gekennzeichnet ist, dann wird man sich an einen Sänger aus Wales wenden müssen, an **Stuart Burrows** (*1933). Auch hier muß es wieder heißen: hierzulande leider zuwenig bekannt, und doch verdanken wir Burrows die schönsten Mozart-Aufnahmen, die es nach Wunderlichs Tod zu hören gab, und ich stehe nicht an zu behaupten, daß es seither keinen besseren Tenor im lyrischen Fach gegeben hat, denn Burrows hat nicht nur Mozart gesungen. Die »physique du rôle« hatte Burrows nicht unbedingt für die Rollen seines Repertoires; der schon früh zur Massigkeit neigende Tenor erinnerte an den späteren McCormack nicht nur mit seiner Stimme, vielleicht hat auch das im Zeitalter des Sängerglamours eine noch spektakulärere Karriere verhindert, aber in Covent Garden und an der Met wurde seine Gesangskunst anerkannt.

Zunächst hatte Burrows Lehrer werden wollen, einer der in Wales so populären Gesangswettbewerbe zeigte ihm jedoch, daß er eine bemerkenswerte stimmliche Begabung besaß. 1963 sang er in Cardiff zum erstenmal auf der Bühne, seit 1967 war er an Covent Garden engagiert. 1969 machte er als Tamino in einer nicht rundum geglückten Aufnahme der *Zauberflöte* unter Georg Solti auf sich aufmerksam und wurde speziell als Mozart-Sänger von nun an von den großen Bühnen in aller Welt engagiert. Herbert von Karajan holte ihn als Ottavio für die Salzburger Festspiele, Solti, der ihn von der gemeinsamen Arbeit in London her besonders schätzte, zog ihn auch zu Aufgaben heran, die über das Mozart-Fach hinausgingen. So gehört sein Lenski in Soltis Aufnahme von *Eugen Onegin* von 1974 sicher zu seinen größten Leistungen, und er bewältigte auch Gounods *Faust*, den Alfredo in *La Traviata* und den Des Grieux in Massenets *Manon*. Burrows gehört als lyrischer Tenor, als Mozart-Tenor im besonderen, zu jenem Typus, den Clemens Höslinger vorhin einforderte; er ist ein kerniger lyrischer Tenor mit Tendenz zum jugendlich-dramatischen Fach und vor allem einer fulminanten Atemtechnik. So wie Burrows etwa die Koloraturen von Idomeneos Arie »Fuor del mar« bewältigt, hat er in den letzten 20 Jahren keinen Vergleich zu scheuen und erinnert an die genannten großen Vorbilder. Das einzige Defizit dieses großen Sängers liegt in seinem Temperament begründet: Das Elegische liegt ihm besser als das Drängende, wie es Wunderlich so unvergeßlich in seine Mozart-Interpretationen einbrachte, und gelegentlich legt sich ein lethargischer Grundzug über seine Interpretationen, aber auch mit dieser Einschränkung bleibt an Burrows genug zu bewundern.

Lange, für ihren Geschmack sicher zu lange, ist **Fiorenza Cossotto** (*1935) immer wieder mit Giulietta Simionato verglichen worden, und es wurde in den Fachblättern und unter den Stimmfanatikern diskutiert, ob sie nun wirklich die würdige Nachfolgerin geworden sei. In den Rollen, in denen der unmittelbare Schallplattenvergleich möglich ist, also beispielsweise die Azucena im *Trovatore*, schneidet Fiorenza Cossotto für den unvoreingenommenen Hörer besser ab. Ihr Mezzosopran ist fülliger, reicher an Valeurs, im tiefen Register auch pastoser, rein technisch gesehen müssen wir konstatieren, daß der Registerwechsel ausgeglichener ist. Die Schönheit ihrer Stimme kommt vor allem in der Mittellage, die wunderbar ausgebildet ist, zum Ausdruck – es ist gerade jene Lage, die bei der Simionato relativ schwach ist. Und was die Höhe betrifft, so geben sich beide Sängerinnen nichts nach – beide waren in der Lage, in den Sopranbereich vorzudringen. Aber damit enden auch schon die unmittelbaren Vergleiche, denn Simionato hat einen Rollenbereich brillant vertreten, den des Koloraturalts, den Cossotto immer vermieden hat. Die vielseitigere Sängerin also war die ältere Kollegin, was die Qualitäten der jüngeren nicht mindert. Die Karriere der in Crescentino bei Turin geborenen Mezzosopranistin dauert inzwischen auch schon rund 35 Jahre, und noch sind kaum Zeichen eines Nachlassens der Kräfte zu bemerken. Es ist noch nicht allzulange her, daß ich sie in Bellinis *Norma* als Adalgisa hören konnte, eine Paraderolle, die sie auch schon mit Maria Callas zusammen gesungen hat, und immer noch war sie in der Lage, ihrer sehr viel jüngeren *Norma*-Partnerin eine Lektion in Kunstgesang zu erteilen, auch wenn sie ihr als Darstellerin unterlegen war.

Die Gesangsausbildung Fiorenza Cossottos begann am Turiner Konservatorium und wurde bei Mercedes Llopart in Mailand fortgesetzt. Sie gewann einen Gesangswettbewerb und kam als Elevin an die Mailänder Scala. Hier machte sie brav die Ochsentour von den kleinsten über die kleineren bis zu den mittelgroßen Partien durch und sang auch schon mal 1958 bei einem Gastspiel an der Wiener Staatsoper die Maddalena in *Rigoletto*. Der Durchbruch gelang ihr bezeichnenderweise wieder einmal in Konkurrenz zu Giulietta Simionato: Alternierend mit ihr sang sie die Leonora in *La favorita* von Donizetti an der Scala und erntete hohes Lob – das war 1961, und noch immer war Fiorenza Cossotto eine junge Sängerin. Als sie ein Jahr später die Amneris in Wien sang, war sie nicht mehr die unbekannte Anfängerin aus Mailand, sondern schon eine junge Berühmtheit. Die sechziger Jahre sahen den ersten Höhepunkt ihrer bemerkenswerten Karriere. In der Arena von Verona wie in Hamburg, in Wien und Paris, schließlich auch an der Met sang sie sich an die Spitze ihres Faches. Da sie sich, wie erwähnt, nicht in das Gebiet des Koloraturalts hineinwagte, blieb ihr Repertoire relativ beschränkt: Adalgisa, Azucena, Amneris, Eboli waren die Hauptpfeiler, zu denen dann noch ein sehr erfolgreicher Ausflug in dramatischere Gefilde bis hin zur Santuzza in *Cavalleria rusticana* kam. Inzwischen singt sie nicht mehr so viel und rastlos wie in den sechziger und siebziger Jahren, aber auch wenn ihre

Auftritte seltener geworden sind, so strahlt sie doch jedesmal die Autorität einer Sängerin aus, die in ihrem Fach zur Zeit immer noch eine der ersten ist.

In einem Plattentext lesen wir folgendes: »Die Größe dieses Künstlers liegt in der Fähigkeit, Singen als natürliches Mittel zum Ausdruck menschlicher Emotionen zu benutzen. Seine Charakterporträts sind natürlich und überzeugend. Seine präzise Diktion auch in lyrischen Phrasen wie sein intelligenter Zugang zu dramatischer Aktion sind gleichermaßen überzeugend. Wort und Musik, Sprache und Gesang finden sich bei ihm in seltener Übereinstimmung.« Dies alles ist deutlich auf einen Mann gemünzt, könnte mit dem Austausch weniger Wörter aber auch auf **Brigitte Fassbaender** (*1939) passen, und das nicht von ungefähr, denn es handelt sich um einen Plattentext über Willi Domgraf-Fassbaender, dessen Guglielmo und Figaro in Fritz Buschs Glyndebourner Mozart-Aufnahmen ihren historischen Rang bis heute nicht verloren haben. Ich will nicht behaupten, daß Brigitte Fassbaender alle diese Fähigkeiten von ihrem Vater geerbt habe, aber die Übereinstimmungen im künstlerischen Profil sind doch zu stark, als daß von bloßem Zufall gesprochen werden könnte.

In Berlin wurde sie geboren, wo der Vater an der Staatsoper engagiert und die Mutter, Sabine Peters, als Filmschauspielerin tätig war. Die großen Kollegen, die zu Besuch kamen, wie Hans Hotter, Erna Berger oder Maria Cebotari, fanden bei Brigitte Fassbaender in dieser Zeit kein übermäßiges Interesse. Das erwachte für den Gesang eigentlich erst am Ende der Gymnasialzeit. Ihr Vater blieb ihr einziger Lehrer, bei dem sie zwischen 1958 und 1961 in Nürnberg Unterricht hatte. Bei einem Hochschulkonzert sang sie 1961 eine kleine Rolle in Purcells *Dido and Aeneas*. Der Intendant der Bayerischen Staatsoper, Rudolf Hartmann, war auf der Suche nach Talenten anwesend und stutzte bei dem ihm wohlbekannten Namen. Die Stimme überzeugte ihn auch, und so kam es zu einem Vorsingen in München, wo ein Mezzo in der Nachwuchsabteilung der Staatsoper gerade fehlte. Als Brigitte Fassbaender im Frühjahr 1961 in München begann, war sie das jüngste Ensemblemitglied, neun Jahre später war sie auch die jüngste Kammersängerin.

Es gibt gute Gründe dafür, einem Anfänger abzuraten, gleich an ein so großes Haus zu gehen und den lehrreichen Weg durch die Provinz auszulassen. Brigitte Fassbaender sieht diese Entwicklung nicht negativ. Sie hatte kleine und mittlere Rollen, bekam nicht zu früh große angeboten und konnte auch nicht in kleinen Häusern mit großen Rollen gastieren. Gewiß hatten die großen Dirigenten und Regisseure keine Zeit, um mit der Anfängerin zu arbeiten, aber ein bedeutender Kapellmeister alten Schlages wie Meinhard von Zallinger kümmerte sich intensiv um sie, und von den großen Sängerkollegen konnte sie allein durch Beobachtung viel lernen. 1965 kam mit der Clarissa in Rossinis *Pietra del paragone* der sogenannte Durchbruch für die 26jährige Sängerin. Damit schien eine Linie des Koloraturalts vorgezeichnet, und weitere Rossini-Partien boten sich an, aber der Cherubino und dann auch der Octavian verwiesen doch eher auf die Hosenrollen, der Komponist in *Ariadne auf Naxos* kam bald hinzu. Vor Wagner hatte sie im Gegensatz zu ihrem Vater keine Scheu: Brangäne, Fricka und Waltraute brachten ihr auch in Bayreuth große Erfolge. In den siebziger Jahren weitete sich ihre Karriere auf die großen Bühnen der Welt aus; es war ihr allerdings nicht recht, daß sie dabei weitgehend auf den Octavian festgelegt wurde. Mindestens genauso wichtig ist ihr die Charlotte in Massenets *Werther*, die sie auch in einem Fernsehfilm dargestellt und gesungen hat.

Die schauspielerische Komponente ihrer Herkunft wird dem, der Brigitte Fassbaender über Jahre beobachten konnte, in der letzten Zeit immer deutlicher. Der Kreis ihrer Rollen ist weitgehend ausgeschritten, als letzte kam noch die Amme in der *Frau ohne Schatten* hinzu. Um so wichtiger wird ihr die Ausfeilung der darstellerischen Nuancen. Deutlich kann man das an einer Rolle wie der Gräfin Geschwitz in Bergs *Lulu* sehen, eine Partie, die eine äußerst heikle Balance zwischen Pathos und Komik halten muß, welche erst im Opfertod für die geliebte Lulu aufgehoben wird. Wenn Brigitte Fassbaender die Geschwitz darstellt, wie in der Inszenierung Jean-Pierre Ponnelles an der Bayerischen Staatsoper, dann werden Tragik wie Tragikomik dieser Frau anrührend deutlich. Dennoch: man wird Brigitte Fassbaender kein Unrecht tun, wenn man feststellt, daß die Opernbühne heute für sie nicht mehr so wichtig ist, wie sie es vor zehn, fünfzehn Jahren war. Die Zahl der Auftritte hat sich reduziert, dafür ist die der Liederabende erheblich gestiegen. Mit Schubert, Brahms und Mahler hat sie sich ein neues, anderes Publikum erobert. Vor allem zu Mahler, der für den Mezzosopran so großartige Aufgaben stellt, hat sie ein inniges Verhältnis gewonnen und teilt sich heute bei uns mit Christa Ludwig jenen Platz, den einst unangefochten Kathleen Ferrier einnahm – dafür ist ein alter Wunsch, einmal die *Fidelio*-Leonore zu singen, klugerweise ad acta gelegt worden – auch Christa Ludwig hat sich ja diesen waghalsigen Ausflug nicht lange geleistet. Brigitte Fassbaender steht im Zenit ihres stimmlichen und darstellerischen Könnens, die Mezzosopranistinnen gleichen Ranges wird man heute an einer Hand abzählen können. Ein gewisses Defizit wird man allenfalls darin sehen, daß ihre bedeutenden Opernrollen nur zu einem kleineren Teil auf Schallplatte konserviert sind (die Azucena in Carlo Maria Giulinis *Trovatore* möchte ich nur bedingt dazu zählen, auch wenn sie ein faszinierendes Rollenporträt ist). Es bleibt zu hoffen, daß hier noch manche Lücke geschlossen wird [Orfeo, Acanta].

Im Jahre 1977 wurde das Rollendebüt der spanischen Mezzopranistin **Teresa Berganza** (*1934) als Carmen bei den Festspielen in Edinburgh von ihren Verehrern mit größter Spannung, aber auch mit einem gewissen Unbehagen erwartet, denn man konnte ja nicht sicher sein, daß eine Dorabella, eine Rosina, ein Cherubino auch eine gute Carmen sein würde. Das Debüt jedoch ließ alle Bedenken verstummen, die gleichzeitig entstandene Schallplatte mit Plácido Domingo als José unter der Leitung Claudio Abbados zeigt, daß Teresa Berganza eine überzeugende Carmen war, wenn man als Zuhörer bereit war, von einigen Rollenklischees Abschied zu nehmen, wie denen, daß eine Carmen mit aufdringlichster Erotik zu protzen habe oder auch armdicke tiefe Töne besitzen müsse. Die Spanierin zeigte all das nicht, dafür aber, wie ihre große spanische Vorgängerin in der Rolle, Victoria de los Angeles, Subtilität, gesangliche Raffinesse und die stilistische Erfahrung der Zarzuelatradition, die der Franzose Bizet sehr gut studiert hatte. Es war eine Carmen, die in ihrem Verzicht auf Vulgarität sicher eher den Vorstellungen des Erzählers Prosper Mérimée und des Komponisten entsprach als manch berühmtere Interpretin dieser Rolle. Seither hat Teresa Berganza die Carmen nicht allzuoft gesungen. Sie hat immer wieder betont, daß sie sich durch solche Partien nicht von ihrer Mozart-Rossini-Linie abbringen lassen wolle, daß ihr die zahlreichen Liederabende zu wichtig seien, als daß sie sich stärker ins dramatische Fach hineinbewegen wolle.

Die in Madrid geborene Sängerin studierte in ihrer Heimatstadt bei Lola Rodríguez Aragon, ihrerseits Schülerin der großen Elisabeth Schumann, von der das tiefe Mozart-Verständnis der Spanierin herrühren dürfte. Schon mit 20 Jahren debütierte Teresa Berganza als Konzertsängerin mit Schumanns Zyklus *Frauenliebe und -leben*. Von diesem Zeitpunkt an war das Lied ein Zentrum ihrer Karriere. Neben dem Gesang wurden Klavier, Orgel und Komposition nicht vernachlässigt, eine profunde Musikalität herausgebildet. Kometenhaft stieg ihr Stern bereits zwei, drei Jahre später auf, als sie in Aix-en-Provence als Dorabella in *Così fan tutte* zum erstenmal auf der Bühne stand. Die Festspiele in Aix galten damals als bedeutendstes Mozart-Festival in Europa neben Salzburg, und Teresa Berganza nutzte ihre Chance konsequent. Sie war gerade Mitte Zwanzig, als ihr die Welt der Oper und des Konzerts offenstand, war jedoch klug genug, nicht allen Verlockungen nachzugeben. Deshalb wurde sie einmal auch als »größte Sängerin mit dem kleinsten Repertoire« bezeichnet. Dies trifft jedoch nur auf ihr Opernrepertoire zu, das in der Tat nicht sehr groß ist, stilistisch jedoch überspannt sie mehr als manche ihrer berühmten Kolleginnen, wenn man die spanischen Lieder von de Falla und Granados hinzurechnet, Werke Monteverdis, Scarlattis und Purcells, die Oratorien Bachs und Händels, die Lieder Schuberts, Schumanns und Wolfs. Klein, aber erlesen, so sollte man ihr Repertoire besser kennzeichnen. Nur mit großer Vorsicht erobert sie sich Neuland, lehnt Musik ab, die sie für ihre Stimme als schädlich ansieht. Ihre Technik ist sicher, der Stimmumfang erstaunlich, und so konnte sie sich die Rollen des sogenannten Koloraturaltfachs aneignen, wie vor allem die Rosina in Rossinis *Barbiere di Siviglia.* Als Teresa Berganza begann, diese Rolle zu singen, war es noch weitgehend üblich, sie mit Koloratursopranistinnen zu besetzen, weil die Altistinnen nicht die notwendige Kehlfertigkeit aufbrachten. Sie bewies jedoch, daß die originale Lage ungleich wirkungsvoller ist, und wenn wir heute Cecilia Bartoli in dieser Rolle bewundern, sollten wir daran denken, daß Teresa Berganza und Giulietta Simionato diese gute Tradition nach dem Krieg neu begründet haben. Der vorsichtige Karriereaufbau hat sich für Teresa Berganza ausgezahlt. Zwar werden ihre Auftritte jetzt seltener, aber die Stimme hat ihre Frische fast völlig bewahren können, die Differenzierung und Eleganz ihres Singens, die stilistische Vielseitigkeit, der Reichtum an Zwischentönen, das alles macht sie nicht zum Liebling einer riesigen Opernarena, in der es auf Volumen und Lautstärke ankommt, im kleineren, intimeren Rahmen jedoch entfalten sich die Vorzüge dieser großen Sängerin, und dort wird ihr der Beifall der Kenner immer wieder sicher sein [DGG, Decca, Claves].

Gewisse Ähnlichkeiten in Stimme und Repertoire sind zwischen **Frederica Von Stade** (*1945) und Janet Baker nicht zu übersehen, aber man wird dieser bedeutenden Künstlerin nicht zu nahe treten, wenn man konstatiert, daß ihre Kunst sich in einem enger umrissenen Bezirk bewegt, wie auch ihre Stimme kleiner dimensioniert erscheint. Sie ist als lyrischer Mezzosopran zu bezeichnen im Gegensatz zum dramatischen Duktus der Baker, ein Mezzosopran zumal, der sehr hoch gelagert, an der Grenze zum Sopran angesiedelt ist (sonst wäre eine ihrer größten Rollen, Debussys Mélisande, ihr nicht zugänglich).

Frederica Von Stade stammt aus einer reichen New-Jersey-Familie, unter ihren Vorfahren soll sich ein Bürgermeister von Stade bei Hamburg befinden, von dem der Familienname herstammt, ihr Vater fiel als amerikanischer Soldat in Deutschland noch in den letzten Kriegstagen, sie lernte ihn nicht mehr kennen. Als wohlbehütetes Mädchen wuchs sie in einem luxuriösen Milieu auf, ging als Aupair-Girl nach Paris, lernte dort ihr exzellentes Französisch, das ihr noch von größtem Nutzen sein sollte, und arbeitete nach der Rückkehr bei Tiffanys. Unter solchen Umständen streben andere junge Damen nach der standesgemäßen Heirat, Frederica Von Stade strebte zur Musik. Am Mannes College in New York studierte sie, ihr Gesangslehrer war Sebastian Engelberg, dem sie die Erkenntnis verdankte, daß sie kein tiefer Alt, sondern ein hoher Mezzo war. 1970 wurde sie in das Nachwuchsstudio der Met aufgenommen und sang sich in den folgenden Jahren durch die entsprechenden kleinen Partien in diesem großen Haus. Die Initialzündung ihrer Karriere fand außer Landes statt. Georg Solti holte sie als Cherubino 1973 nach Paris zur Eröffnung der Rolf-Liebermann-Ära an der Pariser Oper; die Galavorstellung von *Le nozze di Figaro* fand in der Regie von Giorgio Strehler in Versailles statt. Ihr atemlos junger und passionierter Cherubino war das Ereignis der Aufführung, und von diesem Zeitpunkt an war Frederica Von Stade der Opernwelt ein Begriff, was sich bis heute nicht geändert hat, denn ihre Auftritte und Schallplatten sind von einer selten gleichmäßigen Qualität.

Ihre schlanke Gestalt, das ebenmäßige Gesicht ließen sie gerade in Hosenrollen reüssieren: Als Cherubino und als Octavian hatte sie wenig Konkurrenz zu fürchten. Die bei Engelberg erlernte Koloraturgewandtheit erschloß ihr Rossini-Rollen wie die Rosina (im *Barbiere di Siviglia*) und die Cenerentola. Wie Janet Baker auch hat sie auf Partien wie Amneris, Azucena und Carmen verzichtet, weil weder das Gewicht ihrer Stimme noch ihr Temperament dafür geeignet sind, wie sie selbst versichert. Einmal sang sie die Adalgisa in Bellinis *Norma* und erkannte sofort, daß dies ein Irrtum war. Sie fühlt sich aber auch nicht als Oratorienaltistin, und so bleibt ihr Repertoire beschränkt, ohne daß sie dies offensichtlich besonders bedauern würde. Wie sonst nur Nicolai Gedda hat sie es als fremdsprachige Sängerin verstanden, in die Welt der französischen Musik einzutauchen. Sie ist eine vorzügliche Interpretin des französischen Liedes der Jahrhundertwende und vor allem der Oper dieser Zeit. Ihre Charlotte in Massenets *Werther* in der meisterlichen Aufnahme unter Colin Davis nimmt es mit den größten Vorbildern leicht auf, und auch ihre Mélisande in Herbert von Karajans Aufnahme der Debussy-Oper hat exemplarischen Rang. Beides sind Rollen, in denen Frederica Von Stade zeigen kann, daß ihr oft leicht kühl und distanziert wirkendes Singen sich auch zu emotionalen Akzenten von schmerzhafter Eindringlichkeit aufschwingen kann, eine Sängerin, deren subtile Kunst für eine Breitenwirkung zu ätherisch ist, dem Kenner aber tiefes Entzücken vermitteln kann [Philips].

Wer die letzten Jahrzehnte der Opernszene verfolgt hat, wird kaum der Feststellung widersprechen, daß **Gwyneth Jones** (*1936) heute einen stimmlich frischeren und stabileren Eindruck macht als in der zweiten Hälfte der siebziger Jahre. Zu diesem Zeitpunkt hatte sie einen ersten Karrieregipfel erklommen, denn sie sang die Brünnhilde in Patrice Chéreaus *Ring*-Inszenierung in Bayreuth, die zuerst aggressiv befehdet, dann mit Triumphgesängen verabschiedet wurde. Gwyneth Jones' Brünnhilde, durch die Fernsehversion in aller Welt bekannt, überzeugte durch die kompromißlose Anverwandlung dieser facettenreichen Rolle, das für sie typische Hineinstürzen in eine Aufgabe ohne Wenn und Aber und durch die unforcierte Mädchenhaftigkeit ihrer Gestaltung. Als stimmliche Leistung jedoch war das mit einigen Fragezeichen zu versehen. Trotz des Welterfolgs, den sie damals und seither mit den mächtigsten hochdramatischen Rollen gehabt hat (Brünnhilde, Isolde, Salome, Elektra), und trotz des in der Tat beeindruckenden Volumens, das sie aufbieten kann, sind Zweifel angebracht, ob das eine im Kern hochdramatische Stimme war und ist. Frühe Aufnahmen zeigen einen dunkel getönten (sie wurde zunächst als Mezzo eingestuft), aber dennoch lyrischen Sopran, dem der stählerne Charakter einer Hochdramatischen in der Höhe immer fehlte. Sie machte das durch die Expansion des Volumens wett, was in jenen Bayreuther Jahren zu einer wenig kontrollierten Ausuferung des Vibratos führte. Es ist zuzugeben, daß Gwyneth Jones allen kritischen Stimmen unrecht gegeben hat, die angesichts solcher Symptome und der allzu schwer erscheinenden Partien ein baldiges Ende der Laufbahn prophezeiten, denn heute, wie gesagt, wirkt die Stimme gefestigter als damals. Das Volumen ihres Soprans ist beeindruckender denn je, aber noch stärker als früher neigt sie auch dazu, dieses Volumen ungehemmt einzusetzen, mit vollen Stimmsegeln einherzurauschen, ohne dabei größere Rücksicht auf vokale oder textliche Nuancen zu nehmen (Artikulationsdeutlichkeit war nie ihre Stärke, Richard Wagner hätte das streng moniert).

Wales ist ein Landstrich mit stärker vertretenen Gesangstalenten, als sie im übrigen England zu finden sind (der Tenor Stuart Burrows kommt ebenfalls aus Wales). Speziell gilt das, wie uns englische Experten versichern, für Monmouthshire und noch spezieller für die Stadt Pontnewynydd, aus der auch Gwyneth Jones stammt. In einem Kirchenchor sang sie in der Altstimme mit, daher die anfängliche Einstufung als Mezzosopran; erst am Royal College of Music in London wurde entdeckt, daß sie ein Sopran war. Dennoch sang sie, kaum vom Züricher Opernstudio an die Oper gewechselt, den Orpheus, aber damit war auch die Mezzokarriere beendet. Im Oktober 1963 machte sie zum erstenmal auf sich aufmerksam, als sie an der Welsh National Opera die Lady Macbeth sang, in Covent Garden, wo sie zur gleichen Zeit begann, war eine Sieglinde unter Georg Solti Signal für eine sich rasch entfaltende internationale Laufbahn, die sie schon 1966 als eine der Walküren nach Bayreuth führte, Kundry, Senta, Elisabeth fügten sich an und dann die Brünnhilde. Später kam zu den großen Wagner-Rollen ein Schwerpunkt bei Strauss hinzu, und ohne Mühe bewältigt sie bis zum heutigen Tag die Salome, die Elektra, aber auch die Marschallin (Elektra und Marschallin nebeneinander zu singen ist eine ganz ungewöhnliche Kombination). Aber auch so schwierige und nicht immer dankbare Partien wie die Färberin in der *Frau ohne Schatten* und die ägyptische Helena in der gleichnamigen Oper finden in Gwyneth Jones eine genuine Strauss-Interpretin. Eine warmherzige Frau, eine ohne Einschränkungen beliebte Kollegin, eine mächtige Stimme, so tritt uns Gwyneth Jones entgegen, in der sängerischen Feinarbeit bleiben Wünsche offen, als raumgreifende Bühnenpersönlichkeit nimmt sie auch heute noch einen herausragenden Platz ein [Chandos].

»Ich war keine Mozart-Sängerin, ich hatte weder das Timbre noch die Musikalität, das Stilgefühl für Mozart.« Wer da so offen und uneitel über seine sängerischen Defizite spricht, das ist **Leonie Rysanek** (*1926), die heute, nach einer über 40jährigen Laufbahn, immer noch auf der Bühne steht, wenn auch in anderen Rollen als früher – jetzt sind es die Klytämnestra in *Elektra*, die Herodias in *Salome* und die Küsterin in Janáčeks *Jenufa*, einst waren es die Senta, die Sieglinde, die Kaiserin in der *Frau ohne Schatten* und die Tosca, auch noch die Lady Macbeth, mit der sie 1959 an der Met einen so sensationellen Einstand hatte. Vom stimmlichen Zuschnitt gibt es erstaunliche Ähnlichkeiten mit der zehn Jahre jüngeren Gwyneth Jones (als Leonie Rysanek die Kollegin zum erstenmal hörte, war sie nach eigenem Bekunden nahe daran, ihre Laufbahn aufzugeben, weil sie sich von deren jugendlichem Feuer überrumpelt fühlte). Im Gegensatz zu Gwyneth Jones hat sie jedoch die wirklich hochdramatischen Partien nicht gesungen, ein Birgit-Nilsson-Komplex trug daran nicht geringe Schuld, denn mit deren vokalem Stahlpanzer konnte sich ihre eigene Stimme nicht messen. Leonie Rysanek ist eine echte Wienerin, und wie bei vielen echten Wienerinnen war der Vater aus Böhmen eingewandert (auch ihre jüngere Schwester Lotte schlug übrigens die Laufbahn einer Sängerin ein). Die Naturgaben einer großen Stimme, einer sicheren Höhe und eines leichten Pianos waren vorhanden, sie wurden an der Wiener Akademie ausgebaut, wo sie Schülerin von Alfred Jerger war, der in den zwanziger und dreißiger Jahren der führende Charakterbariton der Wiener Staatsoper gewesen war. In Innsbruck debütierte die junge Sopranistin 1949 als Agathe und lernte dort auch ihren ersten Ehemann, den erheblich älteren Bariton Rudolf Großmann, kennen, dem sie stimmtechnisch und darstellerisch Wesentliches zu verdanken hat. 1950 kam sie nach Saarbrücken und von dort aus, völlig überraschend, zu ihrem ersten Bayreuth-Engagement bei den Eröffnungsfestspielen nach dem Krieg 1951, wo sie die Sieglinde sang, eine Schicksalspartie in vielerlei Hinsicht. Mit Wieland Wagner verband Leonie Rysanek eine Beziehung, die aus Anziehung und Abstoßung gemischt war; trotz ihres Erfolges wurde sie jedenfalls in den nächsten Jahren nicht mehr engagiert und kehrte erst 1958 wieder zurück.

Trotz der auffallend üppigen stimmlichen Mittel ging es in den fünfziger Jahren mit der jungen Sopranistin nicht so recht weiter, weder in Bayreuth noch in München, wo sie dem Ensemble angehörte. Ihre eigentliche Karriere hat sie merkwürdigerweise in den USA gemacht, wo sie nach ihrem Einspringen für Maria Callas als Lady Macbeth, 1959 an der Seite von Leonard Warren an der Met, ein Star war (sie kam allerdings nicht durch dieses Einspringen an die Met, wie immer wieder zu lesen ist, sondern war von Rudolf Bing schon vorher für die Aida engagiert worden). Um 1960 war es dann soweit, daß es hätte richtig losgehen können, aber da stolperte die äußerlich so sonnig wirkende Frau mit ihrem überschäumenden Temperament in eine schwere persönliche und künstlerische Krise (über deren Ursachen man in dem ausführlichen Gespräch nachlesen kann, das sie im Jahrbuch 1989 der Zeitschrift *Opernwelt* mit Imre Fabian geführt hat). Leonie Rysanek selbst sagt dort, daß sie seither nie mehr ganz die alte geworden ist, von ihrer ungetrübten Stimmschönheit, ihrer explosiven Projektionskraft Entscheidendes verloren, dafür an Musikalität, Genauigkeit und Konzentriertheit gewonnen habe. Trotz dieses Verlustes blieb offensichtlich noch so viel übrig, daß sie seit der Mitte der sechziger Jahre wirklich jene Weltkarriere machen konnte, zu der sie schon mehrfach angesetzt hatte. In Bayreuth war sie die Sieglinde vom Dienst, die jenen Sieglinden-Schrei kreierte, wenn Siegmund das Schwert im ersten *Walküren*-Akt aus dem Stamm zieht, später ist sie dann noch eine stimmüppige Kundry gewesen. Mit ihrem satten Stimmaterial, einem dramatischen Sopran an der Schwelle zum hochdramatischen Fach, der sich gerade in jenen Höhenlagen immer reicher entfaltete, wo den meisten »schweren« Sopranen die Luft auszugehen pflegt, war sie vor allem für den Strauss-Gesang prädestiniert, denn dessen Sopranrollen erfordern besonders reiche Höhenregister. Wie Gwyneth Jones hat auch Leonie Rysanek immer eher mit dem breiten Pinsel und mit starken Farben gemalt als mit dem Silberstift gezeichnet, auch bei ihr blieb die Wortdeutlichkeit meist auf der Strecke, aber der große Zug, die fulminante Geste ihrer vokalen Darstellungskraft rissen immer wieder auch mäkelnde Operngourmets hin. Mit Jones und Rysanek geht offensichtlich eine Ära des dramatischen Sopranfachs zu Ende, denn Sängerinnen dieses Kalibers sind in den spezifischen Rollen im Augenblick nicht zu entdecken [Legato].

1967 besetzte Herbert von Karajan seine *Walküre*-Aufführung in Salzburg (und auf Schallplatte) mit **Régine Crespin** (*1927) als Brünnhilde, eine der unsinnigsten Entscheidungen, die dieser in Gesangsdingen immer wieder unbegreiflich instinktlose Dirigent getroffen hat. Die französische Sopranistin war selbst daran nicht unschuldig, denn sie hatte sich schon in den Jahren davor besonders als Wagner-Sopran etabliert und die Kundry und die Sieglinde auch in Bayreuth gesungen. 1961 nahm sie ein Wagner-Recital auf, das ihr einigen Ruhm verschaffte, und so kam es, daß französische Kritiker schon mit leuchtenden Augen von einer Crespin-Isolde fabulierten und die legitime Nachfolgerin der großen Germaine Lubin inthronisierten. Nichts hätte für die Laufbahn dieser hochbegabten Sängerin fataler sein können. Schon die Lubin war ja kein hochdramatischer, sondern ein jugendlich-dramatischer Sopran gewesen, die jedoch durch eine mühelose, frei schwingende Höhe dieses Manko wettmachte und eine bedeutende Isolde war. Régine Crespin hingegen war kaum ein jugendlich-dramatischer Sopran und hatte schon gar nicht die Höhe der Lubin zur Verfügung. Es handelte sich bei ihr um einen lyrischen Sopran mit einer allerdings ungewöhnlich reichen und farbigen Mittellage, die zu der falschen Annahme verführte, daß hier ein dramatischer Kern vorliege (für diesen speziellen Typus haben die Franzosen den Begriff »sopran falcon« nach einer berühmten Sängerin des 19. Jahrhunderts); daß die Stimme in der Höhe jedoch ziemlich schnell schmal wurde und unter der geringsten Belastung versprödete, hätte der Sängerin und ihren Beratern zu denken geben müssen.

Schon das viel gerühmte Wagner-Recital wies auf diese fundamentale Schwäche der Stimme hin. So schön die *Wesendonck-Lieder* gelungen sind, weil die Crespin hier mit äußerster Zurückhaltung die betörenden Qualitäten ihres Timbres entfalten kann, so genau ist schon damals (sie war Mitte Dreißig und am Anfang ihrer internationalen Karriere) zu hören, daß für die Aufschwünge der Sieglinde (die ja keine exponierten Höhen hat) alles an Stehvermögen und Durchschlagskraft fehlt, und auch für die zarteren Töne der Elsa fehlt das entscheidende Quentchen Kraft. Zehn Jahre später, 1971, hört man auf einer Platte mit französischen Opern- und Operettenausschnitten die Folgen des falschen Faches, denn eine Sopranistin darf mit Mitte Vierzig in der Höhe nicht so schwer angeschlagen klingen, wie es hier, schmerzlich für alle Verehrer dieser besonderen Stimme, der Fall ist.

Die in Marseille geborene Sopranistin hatte 1950 in Mulhouse bereits als Elsa debütiert (schon am Anfang also eine falsche Weichenstellung) und kam ein Jahr später bereits an die Grand Opéra in Paris. Es lag sicher auch an dem Bedarf der französischen Opernszene an einer französischen dramatischen Sopranistin, daß Régine Crespin in die falsche Bahn gedrängt wurde. Wenn sie Rollen wie die Charlotte in *Werther* oder Operetten von Jacques Offenbach und Opéras-comiques von André Messager und Reynaldo Hahn sang, aber auch die Marschallin, dann merkte man, wo die Stärken dieser Künstlerin lagen; eine ihrer schönsten Aufnahmen ist ein Querschnitt aus Berlioz' Meisterwerk *Les Troyens*, in dem sie sowohl die Cassandre wie auch die Didon singt: Der noble Klang ihres Soprans trägt jenes Element von Grandeur in sich, das der »doctrine classique« von Pierre Corneille und Jean Racine entstiegen zu sein scheint und ohne das diese Oper nur einen Teil ihrer Wirkung entfalten kann [Decca, Rodolphe].

Wenn eine Sängerin wie **Gundula Janowitz** (*1939) sich mit Anfang Fünfzig von der Opernbühne zurückzieht, um Operndirektorin zu werden, dann spielen vielerlei Gründe eine Rolle: Unzufriedenheit mit dem mörderischen Musikbetrieb, Enttäuschung über die Besetzungspolitik der großen Opernhäuser und Plattenfirmen, die kein Verständnis für Phasen der Ruhe und Besinnung haben, Enttäuschung auch über den einstigen Mentor Herbert von Karajan, der kein Interesse mehr an ihr zu haben schien. Es ist symptomatisch, daß ihr letzter großer Opernauftritt sich in exotischen Gefilden abspielte: Bei einer Japantournee der Wiener Staatsoper sang sie vor einigen Jahren die Marschallin im *Rosenkavalier*. Solche Entwicklungen waren nicht vorherzusehen, als sie in den sechziger Jahren einen atemberaubend schnellen Aufstieg nahm.

Obwohl in Berlin geboren, ist Gundula Janowitz österreichisch-ungarischer Herkunft und wuchs in Graz auf, wo sie bereits mit 16 Jahren begann, ihre Stimme am Steiermärkischen Konservatorium ausbilden zu lassen. Mit einem Stipendium kam sie als Studentin 1959 nach Bayreuth und sang dort vor, wurde auch gleich von Wieland Wagner und Wolfgang Sawallisch für die *Parsifal*-Aufführungen des Jahres 1960 engagiert – ihr Blumenmädchen ist auf der Schallplattendokumentation dieser Aufführung zu hören. Die Kunde von dieser sehr eigenwilligen und ungewöhnlichen Stimme drang von Bayreuth schnell an die Wiener Staatsoper zu deren damaligem Chef Karajan, der sogleich seine Häscher nach Graz aussandte: »Da ist ein Mädchen in Graz, Janowitz, treibt die mal auf«, soll es damals geheißen haben. Die Barbarina im *Figaro* war ihre erste Rolle in Wien, die künftige Sieglinde war noch nicht zu ahnen. Nun ging es sehr schnell: In Aix-en-Provence sang sie die Pamina, ein Jahr später die Ilia in *Idomeneo* in Glyndebourne, die Gräfin im *Figaro* kam dazu, und so galt sie bald als die designierte Nachfolgerin einer Elisabeth Schwarzkopf und der amerikanischen Sopranistin Teresa Stich-Randall, mit der sie die instrumentale Führung ihres fast vibratolosen Soprans gemeinsam hatte.

Diese Eigenart ihrer Stimme, die zusammen mit einem sehr persönlichen herben Timbre das Singen der Janowitz so unverwechselbar machte, bezieht ihren Reiz nicht zuletzt aus dem Gegensatz zu dem Übermaß an Vibrato, das man von den meisten Kolleginnen zu hören bekommt. Sängen alle so wie die Janowitz, wäre deren Marktwert nicht so hoch gewesen – auch das sind Mechanismen des Musikbetriebs. Dieses Singen birgt aber auch Risiken: Jede Schwankung der Tonhöhe wird sofort hörbar (in dieser Hinsicht war die Janowitz fast immer untadelig), und jede Überanstrengung gefährdet die Stimme, die man mit einem spröden, unter hohem Druck stehenden Glas vergleichen könnte. Von hier aus gesehen ist es zumindest fraglich, ob sich Gundula Janowitz auf den richtigen Weg begeben hat, als sie Partien wie die

Sieglinde, die Aida und gar die *Fidelio*-Leonore übernahm. Vor allem die Leonore, die sie an der Wiener Staatsoper unter Leonard Bernstein sang (es gibt davon eine Schallplatte), war ein beeindruckendes Experiment, das dennoch einige Fragen zurückließ. Gegenüber der großartigen *Freischütz*-Agathe, an die ich mich aus der Mitte der sechziger Jahre noch sehr gut erinnere, waren hier Verhärtungen und Verfestigungen der Stimme unüberhörbar. Gundula Janowitz hat dann diese Entwicklung ins hochdramatische Fach allerdings gestoppt, die Zahl der Partien, zu nennen wären noch die Kaiserin in der *Frau ohne Schatten*, die Desdemona, die Amelia in *Simon Boccanegra*, wurde dann reduziert. Es kam hinzu, daß die Sopranistin sich inzwischen stärker dem Liedgesang zugewandt hatte – eine vielgerühmte und preisgekrönte Platte mit Schuberts Frauenliedern zeugt davon. Sie hatte sich da ohne Zweifel in die Garde der bedeutenden Liedinterpreten eingereiht. Man muß allerdings bereit sein, das deklamatorische Element im Liedgesang, wie es Dietrich Fischer-Dieskau verkörpert, zurückzustellen, denn für Gundula Janowitz steht nach eigenem Bekunden die Wortverständlichkeit erst an zweiter Stelle hinter dem Wohllaut und der Linie. Man kann dies auch banaler ausdrücken: Die Textverständlichkeit ist bei ihr nicht sehr stark ausgebildet, dafür wird man als Hörer durch die marmorne Schönheit eines ebenso kühlen wie klassisch-strengen Singens entschädigt. Wer Gundula Janowitz so schätzt, wie sie es verdient, wird sich wünschen, daß das doch außergewöhnliche Profil ihrer Stimme und ihres Singens im Gedächtnis bleibt.

Die Karriere der schwedischen Sopranistin **Elisabeth Söderström** (*1927) scheint noch keineswegs am Ende, auch wenn sie ihren Herbst oder vornehmer gesagt Nachsommer erreicht hat. Dieser Herbst ist in diesem Falle besonders ertragreich ausgefallen: Elisabeth Söderström hat sich mit ungewöhnlichem Erfolg zwei Bereiche neu erschlossen, die Lieder Tschaikowskis, Rachmaninows und Sibelius', die sie vor allem mit Vladimir Ashkenazy eingespielt hat, und das Opernwerk Janáčeks. In den drei hochgerühmten Einspielungen, die Charles Mackerras von *Jenufa*, *Kát'a Kabanová* und *Die Sache Makropoulos* gemacht hat, war sie jeweils die Titelheldin beziehungsweise Hauptdarstellerin. Leute, die es beurteilen können, heben dabei hervor, daß das Tschechisch der vielsprachigen Sängerin sich vor dem der muttersprachlichen Partner nicht zu verstecken braucht. Verglichen mit ihren schwedischen Soprankolleginnen fällt die Söderström durchaus aus dem Rahmen – während die skandinavischen Sopranistinnen schon immer als für das hochdramatische Fach besonders geeignet galten, hat sie gerade darum immer einen Bogen gemacht, sich statt dessen ein Repertoire erarbeitet, dessen Vielseitigkeit und Vielsprachigkeit nur Staunen machen kann. Vielleicht kam ihr zugute, daß sie ähnlich wie Nicolai

Gedda aus der gemischten Ehe eines schwedischen Vaters und einer russischen Mutter stammte.

In Stockholm geboren, studierte sie an der dortigen Königlichen Musikakademie bei einer russischen Lehrerin, Andrejewa von Skilondz, einst Koloratursopran an der Petersburger Hofoper. Von dieser Lehrerin kam die immer beherzigte Warnung, die Stimme nicht mit zu dramatischen Partien zu überanstrengen und das natürliche Timbre zu bewahren. Schon als Gesangsstudentin war Elisabeth Söderström keine Fachidiotin: Sie studierte daneben auch Theatergeschichte, Klavier und Geige und hat sich seither den Ruf einer ungewöhnlich versierten und kenntnisreichen Musikerin bewahrt. 1947 debütierte sie als Bastienne im historischen Drottningholm-Theater bei Stockholm, ein Jahr später sang sie an der Königlichen Oper ihrer Heimatstadt unter anderem in der schwedischen Erstaufführung von Hindemiths *Mathis der Maler*. In der zweiten Hälfte der fünfziger Jahre wurde sie nicht nur Mutter von drei Kindern, sondern begann auch ihre internationale Karriere. 1955 debütierte sie in Monte Carlo als Debussys Mélisande, eine Rolle, die sie 14 Jahre später noch einmal sehr erfolgreich in London sang und anschließend mit Pierre Boulez in einer Gesamtaufnahme verkörperte.

Die Festspiele in Glyndebourne sahen sie ebenso wie die von Salzburg vor allem als Mozart-Sängerin. Die Gräfin in *Le nozze di Figaro* hat sie in der Aufnahme unter Otto Klemperer gesungen und damit eines der bewegendsten Porträts dieser Rolle gezeichnet, das die Schallplatte überliefert. Es gab eine Zeit, da sang sie im *Rosenkavalier* gleich drei Rollen nebeneinander: Marschallin, Octavian und Sophie. Es ist dabei erstaunlich, wie sich Elisabeth Söderström Partien erobert hat, die ihrem Stimmtypus doch eher fernliegen, denn ihr schon immer frauliches Timbre scheint zunächst für Rollen wie Sophie und Mélisande nicht zu passen, aber es gelingt ihr immer wieder, durch Kunstverstand eine Kindlichkeit im Stimmklang zu erzeugen, die mit Soubrettennaivität nichts zu tun hat – es ist schon bemerkenswert, daß jemand die Marie in *Wozzeck* und die Mélisande gleichzeitig im Repertoire hat. Ihre darstellerischen Fähigkeiten wurden durch eine für eine Sängerin wohl einmalige Ehrung belohnt: Für ihre Verkörperung der Emilia Marty in Janáčeks *Die Sache Makropoulos* wurde sie 1965 in Schweden zur besten *Schauspielerin* des Jahres gekürt. Nicht minder stolz sein kann sie auf die Tatsache, daß die anspruchsvollsten Dirigenten besonders gerne mit ihr gearbeitet haben: Mit Klemperer nahm sie ihre leider einzige Mozart-Gesamtaufnahme auf (den erwähnten *Figaro*), mit Hans Rosbaud und Hans Werner Henze sang sie zeitgenössische Musik, mit Boulez Debussy, mit Mackerras erarbeitete sie sich das Janáček-Repertoire. Elisabeth Söderström war nie der Sopranstar für die Galerie, dazu fehlte ihr wohl auch das Markenzeichen einer ganz persönlichen Stimmprägung, als komplette Musikerin jedoch hat sie immer noch sehr wenig Konkurrenz.

Es war in der Mitte der siebziger Jahre, als **Lisa della Casa** (*1919) (wie sie selbst erzählt) beim Frühstück ihrem Mann gegenüber saß und zu ihm sagte: »Was meinst du, könnte ich es mir eigentlich nicht leisten, aufzuhören?« Er sprang auf, ging zum Telephon und löste alle noch bestehenden Verträge. Danach hat sie nie mehr einen Ton öffentlich gesungen, vergessen, daß sie je Sängerin war (wie sie behauptet), und diesen Entschluß nie bereut, was man ihr schon eher glauben kann, denn diese große Sopranistin, die auf der Bühne so viel Glamour ausstrahlte, war eine sehr ernsthafte und besonnene Person, die den nach außen gekehrten Seiten ihres Berufes nie sehr viel hatte abgewinnen können. Es war wohl ein findiger Journalist, der für Lisa della Casa den Ehrentitel »Arabellissima« erfand, der ihre auffallende Schönheit und die Rolle, mit der sie über viele Jahre hinweg identifiziert wurde, geschickt zusammenfügte, und es ist sicher keine unzulässige Verkürzung, wenn man sie vornehmlich als Mozart- und Strauss-Sängerin im Gedächtnis behalten hat, eine Fixierung, gegen die Lisa della Casa nie etwas einzuwenden hatte.

Ungeachtet ihres italienisch klingenden Namens ist sie eine echte Schweizerin. Maria Cebotari, neben deren Arabella Lisa della Casa in Zürich die Zdenka gesungen hatte, war es, die die junge Kollegin den Salzburger Festspielen empfahl, wo für die Saison 1947 ebenfalls eine Zdenka gesucht wurde, eine ungewöhnliche und gut genutzte Chance für eine 28jährige Sängerin. Im gleichen Jahr wurde sie dann bereits Mitglied der Wiener Staatsoper, und von nun an verlief ihre Karriere mit großer Stetigkeit, ohne Krisen und ohne Skandale. 1950 sang sie ebenfalls in Salzburg die Gräfin in *Capriccio* und etablierte sich damit als die neben Elisabeth Schwarzkopf kompetenteste Strauss-Sopranistin der Gegenwart (nachdem Maria Cebotari früh verstorben war); Octavian, Ariadne, Chrysothemis, später die Marschallin kamen hinzu, als Arabella, die die Schwarzkopf nicht sang, hatte Lisa della Casa über zwei Jahrzehnte geradezu ein Monopol. Zweimal hat sie diese Oper auch auf Schallplatte eingespielt, erst unter Georg Solti mit George London als Partner, dann unter Joseph Keilberth mit Dietrich Fischer-Dieskau als Mandryka, eine Besetzung, die lange Jahre ein Herzstück der Münchner Opernfestspiele bildete. Die beiden Plattenaufnahmen lassen die Nachprüfung darüber zu, daß die Begeisterung für ihre Arabella nicht aus der Blendung durch ihre Bühnenerscheinung entstand, sondern daß hier eine differenzierte weibliche Figur durch Stimmbeherrschung und Kunstverstand nachgeschaffen wurde in einer Weise, wie es vor Lisa della Casa in dieser Oper noch nie gelungen war.

Von allen Strauss-Partien, die sie sich erarbeitete, war vielleicht nur die Salome, die relativ spät kam, nicht ganz ihre Sache. Natürlich war sie auch als Salome eine Augenweide, aber der dekadente Paroxysmus dieser Figur lag ihrem zurückhaltenden Temperament nun gar nicht. Zu den Frauenrollen Richard Wagners hatte sie, darin Elisabeth Schwarzkopf sehr gut vergleichbar, keine enge Beziehung. Nur die Elsa in *Lohengrin* lag ihr richtig in der Kehle, mit der *Meistersinger*-Eva hatte sie stimmliche Probleme, und so blieb der Auftritt bei den Bayreuther Festspielen von 1952 in dieser Rolle Episode – eine merkwürdige Koinzidenz mit Schwarzkopf, die die gleiche Rolle in Bayreuth ein Jahr vorher gesungen hatte, ohne dieses Experiment zu wiederholen. Die Elisabeth in *Tannhäuser* hätte natürlich durchaus im Bereich ihrer stimmlichen Möglichkeiten gelegen, aber sie war an dieser Rolle nicht interessiert, bedauerte es später eher, die Traviata und die Desdemona nie gesungen zu haben. Als vollgültiger Ausgleich traten dafür bald die großen Mozart-Partien gleichberechtigt neben die Strauss-Erfolge (unter denen nur die Daphne fehlte). Mit der Donna Anna, der *Figaro*-Gräfin, vor allem der Fiordiligi in *Così fan tutte* eroberte sie sich seit der Mitte der fünfziger Jahre die großen Bühnen der Welt. Mit ihrem aus intellektuellem Erfassen und Intuition gemischten intensivem Bühnenspiel entsprach Lisa della Casa dem Idealtypus des Sängerschauspielers, wie er sich nach dem Krieg etablieren konnte. Ihr Aussehen trug sicher zur Beförderung ihrer Karriere bei, ihre Schallplatten hinterlassen jedoch nicht den Eindruck, daß dadurch gesangliche Mängel überdeckt werden mußten. Im Gegenteil zeigen sie einen Sopran von großer Leuchtkraft, der gerade und schlicht daherkommt und nicht jene Manierismen hören läßt, an denen sich bei der Schwarzkopf die Geister scheiden. Technische Probleme größerer Art scheint es für Lisa della Casa bis zu ihrem rechtzeitigen Abschied von der Bühne nicht gegeben zu haben, deutlich wird auf ihren Aufnahmen aber auch, daß ihrem Temperament Grandezza und verhaltene Wehmut näher lagen als dramatische oder gar hysterische Steigerungen. Ihre Mozart- und vor allem ihre Strauss-Aufnahmen, von der Arabella bis zu den *Vier letzten Liedern*, sind Zeugnisse ihrer Künstlerschaft, und bei so manchem prominent besetzten *Rosenkavalier*, bei *Figaro* und *Arabella* ertappt man sich bei der wehmütigen Feststellung: Das hätte die della Casa aber besser gemacht [Melodram, Relief].

Über die politischen Entwicklungen in ihrem Heimatland wird sich die rumänische Sopranistin **Ileana Cotrubas** (*1939) im Grundsatz gefreut haben, denn in einem schon länger zurückliegenden Interview hat sie sich bemerkenswert offen und äußerst kritisch über das Ceauşescu-Regime geäußert. Im allgemeinen gelten Sänger mit ihrer zugleich exhibitionistischen und narzißtischen Kunst nicht als Paradebeispiel für politisch denkende Wesen (und das zu Recht), aber Ileana Cotrubas war immer eine Künstlerin mit einem sehr eigenwilligen Kopf und der Neigung, ihre Meinung geradeheraus zu sagen, auch auf die Gefahr hin, mit Kollegen, Dirigenten und Regisseuren über Kreuz zu kommen. Sie hatte strikte Maßstäbe für sich und andere, und an denen ließ sie nicht rütteln. So hat sie in dem gleichen Interview noch auf dem Höhepunkt ihrer Karriere erklärt: »Ich jedenfalls werde ganz bestimmt nicht bis ins hohe Alter singen. Ich hoffe, daß der liebe Gott mir so viel Verstand gibt, mir zu erlauben, im richtigen Moment nein zu sagen und aufzuhören.« Genauso hat sie es gehalten: 1989, mit 50 Jahren und ohne hörbare Abnutzungserscheinungen, hat sie ihre Opernkarriere mit einer letzten Mélisande in Florenz beendet.

Begonnen hatte alles in Galatz, wo sie geboren wurde, in einer Familie mit vielfältigen musikalischen Interessen. Bereits mit neun Jahren sang sie in einem Kinderchor, und von dort kam sie zu vereinzelten Aufgaben in der Bukarester Oper, wenn wie in *Carmen* Kinder auf der Bühne gebraucht wurden. Als die Stimme eine erste Reife erlangt hatte, wurde sie am Konservatorium der Hauptstadt ausgebildet und debütierte 1964 als Yniold in Debussys *Pelléas et Mélisande*, deren Hauptrolle zu ihren größten Kreationen zählen sollte. Mitte der sechziger Jahre dann gewann sie bedeutende Wettbewerbe (darunter den Münchner der deutschen Rundfunkanstalten) und gelangte über Brüssel nach Frankfurt zu ihrem ersten längeren Opernengagement (ich erinnere mich aus dieser Zeit bereits an eine Mélisande von anrührender Intensität). Die Mélisande war auch diejenige Rolle, mit der sie international zum erstenmal auf sich aufmerksam machte, 1969 in Glyndebourne, wohin sie John Pritchard geholt hatte, der sie in Frankfurt für diese Rolle entdeckte. Als Durchbruch wird man die Violetta 1971 an der Wiener Staatsoper bezeichnen können, die sie dann an allen großen Bühnen der Welt (und auf der bemerkenswerten Schallplattenaufnahme mit Carlos Kleiber) gesungen hat. Violetta, Mimì in *La Bohème* (mit dieser Rolle sprang sie 1974 fulminant für Mirella Freni an der Scala ein), Antonia in *Les Contes d'Hoffmann*, Mélisande, Tatjana in *Eugen Onegin* und die Manon Massenets, das waren ihre großen Rollen, zu denen noch einige Raritäten kamen, wie die Louise in Charpentiers gleichnamiger Oper, die Leila in Bizets *Pêcheurs de perles*, einige Mozart-Rollen nicht zu vergessen (Pamina, Susanna). Das ist ein schmales Repertoire, und Ileana Cotrubas hat sich erfolgreich bemüht, sich auch in diesen relativ wenigen Rollen nicht verschleißen zu lassen. Ihre Stimme war nie sehr belastbar, ihre Gesundheit nicht felsenfest, und ihre Neigung, sich auf der Bühne völlig auszugeben, mußte durch mehrere Tage der Erholung ausgeglichen werden (mehr als 35 Vorstellungen pro Saison hat sie nie gesungen). Vielleicht gerade deswegen waren

Abende mit Ileana Cotrubas immer etwas Besonderes. Wie nur wenige Sängerinnen ihres Faches (und da ist sie mit den Größten vergleichbar) hat sie es verstanden, diesen Rollen, die man auswendig zu kennen glaubte, etwas mitzugeben, was so völlig abseits von Routine, Klischee und Abonnentenservice lag, daß es Neuentdeckungen glich. Ihr Signum war die eigenartige Mischung aus äußerster Verletzlichkeit und Zartheit auf der einen Seite und der Fähigkeit auf der anderen Seite, in Extremsituationen (und zentrale Opernsituationen sind immer Extremsituationen) über sich hinauszuwachsen, übermenschliche Kräfte der Seele zu mobilisieren – ein Phänomen, wie wir es ähnlich bei Maria Cebotari noch aus ihren Aufnahmen herauszulesen bereit sind. Gar nicht so entscheidend waren dabei ihre beträchtlichen technischen Künste, die es ihr mit einem lyrischen Sopran gestatteten, die Koloraturen der Violetta ohne Schwierigkeiten auszuführen – man vergaß das, wenn sie auf der Bühne es verstand, uns zu vermitteln, daß es hier um das Schicksal einer Frau ging und daß diese Frau sich singend (und nicht tanzend oder sprechend) äußerte, das erschien uns selten so selbstverständlich und nicht befragbar wie bei Ileana Cotrubas – die Lücke, die ihr Bühnenabschied hinterlassen hat, wird lange nicht geschlossen werden können.

Ileana Cotrubas war in ihrer Ernsthaftigkeit und Aufrichtigkeit schon eine besondere Erscheinung in der Opernszene der letzten Jahrzehnte. Gegenüber **Teresa Stratas** (*1938) muß jedoch auch sie wie ein unbekümmerter, gedankenloser Springinsfeld wirken. Selbstquälerischer, grüblerischer hat sich wohl noch nie eine bedeutende Sängerin dargestellt, von der ein mit ihr arbeitender Regisseur einmal sagte: »Du wirst immer leiden. Du suchst das Absolute, aber du findest es nicht.« Wenn solche Stimmungen und Zweifel, Erbteil wohl des manisch-depressiven Vaters, in Interviews oder in einem Fernsehporträt in die Öffentlichkeit getragen werden, dann ist man als Leser und Zuschauer immer unangenehm berührt, weil solchen Bekundungen notgedrungen ein Element des Exhibitionistischen innewohnt, und es kommen Zweifel auf, was daran echt, was nur ostentative Bekundung, gar Public Relations ist. Eines spricht allerdings für Teresa Stratas. Schon Ende der siebziger Jahre hat sie öffentlich erklärt, sich einmal zurückziehen zu wollen, sich fernhalten zu wollen von der Scheinrealität eines auf gut geölte Effizienz angelegten internationalen Musikbetriebs. Solche Distanzierung und Klage über den Betrieb hört man von vielen, die an diesem Betrieb munter teilhaben, Teresa Stratas ist die einzige, die solche Ideen wirklich wahr gemacht hat, denn 1984 unterbrach sie für gut drei Jahre ihre wahrlich nicht unbedeutende Karriere und half unter anderem in dieser Zeit bei Mutter Teresa in Kalkutta. Als empfindlicher Zeitgenosse hätte man es vielleicht noch lieber gesehen, wenn eine solche Tätigkeit gar nicht an das Ohr der Öffentlichkeit gedrungen wäre, aber bei einer doch so prominenten Sängerin ist ein solcher Schritt nicht geheimzuhalten, und wir müssen ihr hoch anrechnen, daß wir immerhin von Hochglanzphotos »Mutter Teresa Stratas in den Slums von Kalkutta« verschont geblieben sind. Eine bemerkenswerte Konsequenz also wird man dieser höchst eigenartigen Frau nicht absprechen können, und es ist genau diese Konsequenz und Eigenart, die auch ihre künstlerische Leistung so bemerkenswert und eigenartig macht.

Die in Toronto geborene Tochter griechischer Einwanderer (wie es Maria Callas war) war Schülerin von Irene Jessner am Konservatorium ihrer Geburtsstadt gewesen – ihre Lehrerin hatte es als jugendlich-dramatischer Sopran an der Met zu einigen Ehren gebracht. Ein Gastspiel der Met in Toronto mit Renata Tebaldi und Jussi Björling in *La Bohème* hatte ihr den unbeirrbaren Wunsch eingepflanzt, Sängerin zu werden. In diesem Falle ist von einer musikalischen Familie nichts zu berichten – bei den Stratas wußte man kaum, daß es so etwas wie Oper gab, und die Lebensumstände waren mehr als bescheiden. In New York gewann sie 1959 den Met-Nachwuchswettbewerb und konnte durch das Einspringen als Liù in Puccinis *Turandot* neben Weltstars wie Franco Corelli und Birgit Nilsson auf sich aufmerksam machen. In Opern von Menotti und de Falla machte sie schon damals deutlich, daß sie als Spezialistin für das Schwierige zu gelten hatte, und sie stürzte sich mit Vehemenz auch in Aufgaben, denen ihre Stimme nicht von Hause aus gewachsen schien. Auch hier wieder kann der Vergleich mit Ileana Cotrubas gezogen werden, denn beide Sängerinnen haben mit der Violetta eine große Karriere gemacht, während aber Cotrubas von Anfang an die technische Fertigkeit für die Koloraturseite der Partie mitbrachte (sogar ein dramatischer Sopran wie Rosa Ponselle hat die Traviata bewältigen können), hört man schon der jungen Stratas an, daß ihre Technik eigentlich dafür nicht ausreichte. Das zeigt etwa der Mitschnitt einer berühmt gewordenen Münchner Aufführung von 1965 mit ihr, berühmt geworden vor allem wegen Fritz Wunderlich als Alfredo, in der sie am Ende von »È strano« auch stimmlich am Ende ist. Ähnliches gilt auch für ihre Lulu in der Pariser Erstaufführung der durch Friedrich Cerha vervollständigten Fassung von Alban Bergs unvollendet hinterlassener zweiter Oper. Die vertrackten Höhenflüge dieser Partie (die Plattenproduktion mit Pierre Boulez beweist es) sind eigentlich außerhalb ihrer Möglichkeiten, so wie die Salome außerhalb ihrer Möglichkeiten war, die sie nur für das Fernsehen gesungen hat, aber dennoch ist das eine Lulu von verzehrender Intensität. »Nirgends brennen wir genauer« – Ernst Blochs Wort wirkt wie auf Teresa Stratas zugeschnitten, obwohl er sie nicht gemeint hat. Welch eine Sängerin muß das sein, die ihren größten Rollen »eigentlich« stimmlich nicht gewachsen ist und doch solch tiefgehenden Eindruck hinterläßt. Bei Teresa Stratas müssen wir wohl weiterhin in extremis auf alles gefaßt sein.

Vor einigen Jahren hat **Leontyne Price** (*1927) mit einer letzten Aida an der Met ihren Abschiedsabend gegeben. Hört man sich heute ihre Platten an, wird einem bewußt, was schon wieder in Vergessenheit zu geraten droht: daß ein Spinto-Sopran solchen Formats seither nicht mehr zu hören war. Die in Laurel (Mississippi) geborene Tochter eines Zimmermanns und einer Hebamme (so bei Kutsch/Riemens zu lesen) sang mit Fünfzehn im Kirchenchor und wurde unter großen Opfern der Familie auf ein College in Ohio geschickt, um ihre Stimme weiter ausbilden zu lassen. Das Examen für den Lehrerinnenberuf sollte das Abenteuer Gesang absichern. 1949 kam sie auf die Juilliard School zu Florence Page Kimball, ihrer einzigen Lehrerin. Nach ersten Auftritten in New York tourte sie 1952 bis 1954 durch Europa als Bess in einer Gastspiel-truppe, die Gershwins *Porgy and Bess* in Europa überhaupt erst bekannt machte (der Porgy dieser Truppe war der amerikanische Bariton William Warfield, den sie heiratete, die Ehe wurde später wieder getrennt). Die stimmliche Potenz der jungen Sängerin fiel auf, aber niemand dachte daran, daß aus dieser Gershwin-Sängerin einmal eine der größten Verdi-Sopranistinnen werden würde. Ein Fernsehauftritt als Tosca 1955 und die Mitwirkung bei einer Auf-führung von Poulencs *Dialogues des Carmélites* 1957 in San Francisco wies den Weg endgültig zur Oper, eine Aida, mit der sie im gleichen Haus für Antonietta Stella einsprang, bedeutete den endgültigen Durchbruch, weil dies die Rolle war, in der sie konkurrenzlos blieb. Ein Jahr später wurde sie für die Aida von Herbert von Karajan nach Wien eingeladen, Verona und Covent Garden folgten mit der gleichen Partie. 1960 sang sie dann auch an der Scala ihre Glanzrolle (sie wurde an diesem Haus jedoch nie heimisch, an dem Renata Tebaldi in den einschlägigen Rollen uneingeschränkte Primadonna war), 1961 die Leo-nora im *Trovatore* an der Met, wo sie fortan den Schwerpunkt ihrer Karriere hatte. In Europa trat sie nicht häufig auf in den folgenden Jahren, bekannt wurde Leontyne Price bei uns vor allem durch ihre Mitwirkung bei den Salz-burger Festspielen, wo sie mit Karajan 1960 die Donna Anna im *Don Giovanni* sang, 1962/63 die Leonora im *Trovatore* mit Tenorpartnern wie Franco Corelli und James McCracken.

Als Darstellerin auf der Bühne blieb Leontyne Price klischeehaften Gesten aus alten Operntagen verhaftet, das Pfund, mit dem sie wucherte, war ihr phä-nomenales Stimmaterial und dessen kunstreiche Benutzung. Der oft beschrie-bene gutturale Beiklang farbiger Sänger war bei ihr nicht festzustellen, dafür besaß sie etwas, was die englische Sprache »smoky« nennt, das deutsche Wort »rauchig« klingt schon etwas zu stark nach Bardame. Sie sang mit zwei deutlich getrennten Stimmfarben: Die außerordentlich üppige Mittellage und Tiefe, die an einen Alt gemahnte, hatte jenen rauchigen Charakter, die leicht ansprechende Höhe klang hell und klar und blieb bis in höchste Regionen unangestrengt. Die Kombination beider sich eigentlich ausschließender Charakteristika ist eines der Geheimnisse ihres Erfolges gewesen. Abgesehen vom völlig anderen Timbre hatte diese Eigenart erheblich Ähnlichkeit mit dem Stimmphänomen der Marilyn Horne, und es wäre Leontyne Price durchaus möglich gewesen, als Koloraturmezzo eine vergleichbare Karriere zu machen, so aber brachte sie ihre besonderen Fähigkeiten vor allem in den Verdi-Gesang ein und auf Platten zumindest auch in Arien und Szenen, die eine erhebliche Stimmausdehnung verlangen. So hat niemand so beeindruckend das »Es gibt ein Reich« der Strausssschen Ariadne gesungen mit der gefürchteten Tiefenlotung bei »Totenreich« und den strahlenden Höhen, einmal abgesehen von der Frage, ob das spezifische Timbre für die Rolle geeignet ist. An dieser Frage schieden sich bei Leontyne Price schon immer die Geister. Wer so ausgeprägten Klangcharakter besitzt wie sie, wessen Stimme einen geradezu sexuellen Lockduft ausströmt, der wird als Violetta oder als Butterfly, als Adriana Lecouvreur oder als Elisabetta in *Don Carlos* nicht am richtigen Platz sein, wenn sie aber Aida und Carmen, Leonora und Tosca sang, dann konnte man sich der Wirkung dieser vokalen Raubkatze kaum entziehen, deren aus träger Sinnlichkeit aufschießende Gefühlsentladungen den stärksten Eindruck machten. Die große Leistung der Leontyne Price bestand aber darin, daß sie sich nicht auf diese üppige Naturausstattung ihres stimmerzeugenden Apparates verließ, sondern daß sie mit großer Energie und Fleiß daraus das Instrument einer sensiblen Kunstausübung machte. Sie klang nicht nur aufregend, sie sang auch hervorragend, und die Kombination beider Komponenten machte aus ihrer äthiopischen Königstochter Aida ein Klangdenkmal von grandioser Exotik, das mit Rosa Ponselle und Elisabeth Rethberg das Trio der größten Interpretinnen dieser Rolle bildet [RCA, Nuova Era].

Im Zusammenhang mit Leontyne Price müssen drei Sängerinnen erwähnt werden, die mit ihr spezifische Ähnlichkeiten aufweisen, nicht nur weil sie Farbige sind, sondern auch weil in Timbre, Karriere und Rollenwahl Gemeinsamkeiten bestehen. Die älteste dieser drei, Shirley Verrett, ist ebenso wie die jüngste, Grace Bumbry, noch tätig, während die mittlere, Martina Arroyo, auf schwer begreifliche Weise dem internationalen Gesichtsfeld entschwunden ist. Grace Bumbry und **Shirley Verrett** (*1931) wiederum haben gemeinsam, daß sie beide in ihrer Karriere zwischen Mezzo und Sopran changierten, entgegen dem üblichen Trend, daß ein Sopran beim Älterwerden sich tieferen Regionen zuwendet, haben beide sich in der zweiten Künstlerlebenshälfte eher nach oben geschraubt. Verrett, in New Orleans geboren, hatte ihre ersten großen Erfolge in Europa, in Köln und Spoleto, in London und Mailand, wo sie die Rollen für dramatischen Mezzo des italienischen Repertoires sang: Amneris, Ulrica, Azucena, auch die Carmen, die zu einer ihrer größten Partien wurde. Unter den drei genannten Kolleginnen ist sie diejenige mit dem schmalsten Stimmaterial, eine eher sehnige als üppige Stimme, nicht so charakteristisch durchgebildet und mit einer nicht ausladenden, aber durchschlagenden Höhe. So wurde sie in die Lage versetzt, auch Partien des Belcanto-Repertoires zu singen, wie die Elisabetta in Donizettis *Maria Stuarda* (ihre Koloraturfähigkeit hatte sie bei Giulietta Simionato geschult), anderseits zunehmend Partien des dramatischen Sopranfachs zu singen, sofern die Tessitura nicht extrem hoch war: Norma, Lady Macbeth, Tosca.

Ich erinnere mich an ein Konzert, in dem Shirley Verrett und **Grace Bumbry** (*1937) gemeinsam auftraten und sich das Vergnügen machten, zwei Ausschnitte aus Bellinis *Norma* zu singen, wobei sie sich in den Partien der Norma und der Adalgisa abwechselten. Mit der Venus im Bayreuther *Tannhäuser* von 1961 hatte sie sich in Europa etabliert, die erste farbige Sängerin bei den dortigen Festspielen, und über der Sensationsmache mit der schwarzen Venus ging völlig unter, welch ein gut ausgebildeter Mezzosopran da aus Saint Louis, wo sie geboren wurde, und aus Kalifornien, wo sie lange mit Lotte Lehmann gearbeitet hatte, gekommen war. Sie ist die bedeutendste Schülerin Lotte Lehmanns geblieben, eine Schülerin nicht im gesangstechnischen Sinne, denn Technik unterrichtete Lehmann eigentlich nicht, sondern im Sinne der interpretatorischen Anleitung – daher rührt ihr ausgeprägter Sinn für das deutsche Repertoire bis hin zum deutschen Kunstlied. Zunächst festgelegt auf Mezzopartien, begann sie bald auch Sopranpartien zu singen wie Salome, Aida, Tosca und die Lady Macbeth. Nach ihrer eigenen Einschätzung hat sie sich nicht etwa von einem Mezzo zu einem Sopran entwickelt, sondern war von Anfang an beides zugleich, verlor im Gegenteil durch allzu prononcierte tiefe Partien ihre natürliche Höhe und stellte schon deshalb ihr Repertoire um, während sie in den letzten Jahren wieder mehr Mezzorollen singt. Bumbrys Stimme ist voluminöser als die Verretts und hat die gleiche Sicherheit in der Höhe. Allerdings scheint sie nicht die gleiche Phonogenität zu besitzen. Grace Bumbry auf Platten ist selten der Eindruck, der sie auf der Bühne sein kann, am ehesten geben Live-Aufnahmen den Charakter ihrer Stimme wieder und die spezifische dramatische Spannung, die aus ihrem unfehlbaren Sinn für rhythmische Präzision und eloquente Artikulation entsteht. Man nehme nur ihre Eboli in Verdis *Don Carlos*, eine der vertracktesten Partien der Opernliteratur, weder Sopran noch Mezzo, sondern eine Mischung aus beidem, dramatische Sopranistinnen scheitern meist an ihr, Altistinnen und echte Mezzosopranistinnen haben Schwierigkeiten mit der Höhenlage der großen Arie »O don fatale«. Grace Bumbry hat die Stimme und die technischen Fähigkeiten, die Verdi offensichtlich vorschwebten, als er diese Rolle konzipierte, eine bessere Eboli hat es in den letzten Jahrzehnten wohl kaum gegeben, und das ist vielleicht noch mehr wert, als eine schwarze Venus zu sein [Orfeo].

Ginge es mit rechten Dingen zu, dann müßte **Martina Arroyo** (*1936) wie Shirley Verrett und Grace Bumbry immer noch in der Spitzengruppe ihres Faches, des Spinto-Soprans, tätig sein, jedoch ist sie seit über einem Jahrzehnt den Augen und Ohren des internationalen Opernpublikums entschwunden, 1987 hat sie in Seattle die Turandot gesungen, und vor kurzem ist sie an einer mittleren deutschen Bühne wieder aufgetaucht. Dabei war ihre Karriere in den sechziger und siebziger Jahren eine der fulminantesten, und es gibt gute Gründe dafür, ihre Stimme als die schönste aller vier hier im Zusammenhang behandelten Sängerinnen anzusehen, fülliger und wärmer als die von Verrett und Bumbry, in Mittellage und Tiefe farbenreicher und edler als die von Leontyne Price, wenn auch nicht so herausfordernd und prunkend. Die aus New York stammende Sängerin hatte 1959 den Met-Wettbewerb gewonnen, war dann nach Europa gegangen, nach Zürich, und hatte zurückkehrend und für Birgit Nilsson einspringend mit der Aida an der Met Furore gemacht; 1965 war das, und von da an schien ihre Karriere unaufhaltsam. Es entzieht sich meiner Kenntnis, warum es dann nicht so weiterging, wie es hätte weitergehen müssen. Es bleiben vorzügliche Aufnahmen. Ihre Valentine in Meyerbeers *Huguenots* (es ist Richard Bonynges Aufnahme mit Joan Sutherland als Marguerite) übertrifft diejenige Giulietta Simionatos an menschlicher Wärme und technischem »skill« um einiges, die Noblesse ihres Timbres macht ihre Leonora (in *La forza del destino*) zu einem Ereignis, das von John Steane in die allerhöchsten Ränge der Verdi-Interpretation gehoben wird. Martina Arroyo ist eine heute völlig zu Unrecht unterschätzte Sängerin.

Die eigentliche Nachfolgerin der großen Magda Olivero als Diva des Verismo ist **Renata Scotto** (*1933) gewesen, was ihr nicht an der Wiege gesungen wurde, denn sie begann als akklamierte Vertreterin des romantischen Belcanto-Repertoires. Als sie 1957 in Edinburgh bei einem Gastspiel der Scala die erkrankte Maria Callas als Amina in Bellinis *Sonnambula* ersetzte, schien die Abstempelung als Callas-Nachfolgerin (bei der sich Krisenerscheinungen massiv bemerkbar machten) vorgezeichnet, und sie hat die entsprechenden Partien auch alle gesungen, obwohl aufmerksame Kritiker schon damals bemerkten, daß ihre Koloraturtechnik nicht so perfekt war, wie sie es hätte sein müssen.

Dementsprechend fühlte sie sich als Norma (bei der der Koloraturpart stark reduziert ist) auch wohler als in anderen Rollen. Renata Scotto stammte aus Savona, einer ligurischen Stadt in der Nähe von Genua, schon als Kind wurde sie durch eine *Rigoletto*-Aufführung so beeindruckt, daß Singen und nur Singen für sie den Lebensinhalt bilden konnte. Mit brennendem Ehrgeiz versehen absolvierte sie ihre ersten Vorsingen noch in kindlichem Alter, begierig bestätigt zu bekommen, daß eine große Karriere auf sie wartete; als sie 1953 einen Wettbewerb in Mailand gewann, war sie immer noch erst 19 Jahre alt und konnte sich anschließend als Violetta im Teatro Nuovo der Stadt vorstellen. Schon bald bekam sie einen Vertrag für die Scala, sang kleine und kleinste Rollen, ohne sich zu beklagen, bis dann die erwähnte Chance in Edinburgh kam, die sie ergriff und nutzte.

Renata Scotto war immer eine disziplinierte Arbeiterin mit einem geradezu fanatischen Ausdruckswillen. Aufmerksame Beobachter ihrer ersten großen Auftritte bemerkten, daß sie ihr nicht unbedingt vorteilhaftes Äußeres (die Kritikerin Giovanna Kessler beschrieb es uncharmant als »kleine rundliche Gestalt mit den ausdrucksvollen Augen im etwas zu großen Kopf über etwas zu kurzem Hals«) durch ein Zuviel an Gestik und Mimik zu überspielen suchte, aber daran war sicher nicht nur diese Kompensation schuld, sondern auch das Ungenügen an dem eigentlichen Kern der Belcanto-Rollen, in denen die ganze Expression in der möglichst perfekten Wiedergabe des Notentextes inklusive aller Ornamentik zu liegen hat. Bei aller Fertigkeit fehlten Renata Scotto dafür entscheidende Dinge: die Unverwechselbarkeit des Timbres, die Perfektionierung des verzierten Gesangs und die leichte Höhe. Ihre hohen Töne neigten von Anfang an dazu, dünn und scharf zu werden, und man muß nur einmal ihre Verdi-Aufnahmen mit denen von Mirella Freni vergleichen, um zu merken, was ihr an sattem, rundem Ton fehlte – um so erstaunlicher, daß sie mit diesen Defiziten im Belcanto-Bereich eine solche Karriere machte – es muß, in gehörigem Abstand gesehen, eine der Callas vergleichbare Bannkraft der Intensität gewesen sein, die über technische Mängel hinweghalf. Als sie mit der weiteren Reife ihrer Stimme dann zunehmend Verismo-Partien in ihr Repertoire aufnahm, wurde schnell klar, daß ihr Ausdruckswille, der immer über das musikalische Material hinaustendierte, genau hier am rechten Platz war, und nun konnten Höhenschärfen plötzlich auch als Mittel der Charakterisierung eingesetzt werden. Wer sie einmal als Francesca da Rimini in Riccardo Zandonais selten gespielter gleichnamiger Oper gesehen und gehört hat, der weiß, wie überraschend hier eine Sängerin, der die Natur die Insignien einer großen Diva versagt hat, als Interpretin von sehrender Eindringlichkeit solche Begrenzungen vergessen macht [Hungaroton, Nuova Era].

In seinem 1974 erschienenen, hier öfters zitierten Buch *The Grand Tradition* hängt der geschätzte John Steane die Meßlatte außerordentlich hoch. In der durch Schallplatte dokumentierten Gesangsgeschichte seien es vier Sopranistinnen gewesen, die im lyrisch-dramatischen Repertoire sowohl die Technik der verzierten Musik beherrschten als auch zu tragischer Größe sich aufschwingen konnten: Lilli Lehmann, Rosa Ponselle, Maria Callas und Montserrat Caballé. Steane schreibt dies in seinem vorletzten Kapitel, das sich mit den aktuellsten Entwicklungen des Jahres 1971 beschäftigt (das Jahr des Redaktionsschlusses zu seinem Buch offenbar). Von unserem Standpunkt 20 Jahre später wäre es ein leichtes, sich über ein solches Urteil zu mokieren, denn es ist nicht zu bestreiten, daß die Karriere **Montserrat Caballés** (*1933) nicht das gehalten hat, was die Auspizien um 1970 verhießen, aber an dem fast immer sicheren Urteil Steanes muß etwas gewesen sein. Was das war, das hört man am besten, wenn man sich Schallplatten aus jenen Jahren anhört, in denen ihre vokale Leistungsfähigkeit auf dem Höhepunkt war; es sind das die Jahre zwischen etwa 1965 und 1971. Da gibt es etwa ein Recital mit französischen Opernarien, in denen sie »O beau pays de la Touraine« aus Meyerbeers *Huguenots* oder die Arie der Mireille aus Gounods gleichnamiger Oper, »Voici la vaste plaine«, singt, und es gibt jene großartige Gesamtaufnahme von Verdis *Don Carlos*, die Carlo Maria Giulini leitete und in der Montserrat Caballé neben dem Carlos des jungen Plácido Domingo die Elisabetta singt. Auf diesen Aufnahmen findet man all das, was Steane zu seinem enthusiastischen Urteil veranlaßte: Die schiere Schönheit des Timbres stellte das der abgetretenen Callas leicht in den Schatten und übertraf auch den immer umwölkten Klang Joan Sutherlands. Es war eine melancholische Klarheit in diesem Sopran, das scharf konturierende Licht der spanischen Hochebene. Und dann die allergrößte Gabe der Caballé: ihre Fähigkeit, in Höhenlagen, wo andere Sopranistinnen nur mit Anstrengung und dementsprechend im Forte sich artikulieren, ein ebenmäßig flutendes Piano zu singen, dieses in ein Diminuendo zu überführen und es dann zum Schluß in einem Morendo ersterben zu lassen – da fühlt sich der Vokalfetischist nun wirklich in den siebten Belcanto-Himmel erhoben und an Zeiten erinnert, in denen solche Fähigkeiten zur Grundausstattung großer Gesangskunst gehörten.

Als Caballé bekannt wurde (ihr Einstieg war das Einspringen 1965 für Marilyn Horne in einer konzertanten Aufführung von Donizettis *Lucrezia Borgia* in New York), war sie keine Nachwuchssängerin mehr. Die aus Barcelona stammende Sopranistin hatte schon in der Kindheit gesungen und am Liceo eine musikalische Ausbildung erhalten, ihre Gesangslehrerin war die Ungarin Eugenia Kemeny. Nach einigen Jahren im Genre der Zarzuela kam sie 1956 nach Basel, wo sie mehrere Jahre im verborgenen blühte und dort ihr Repertoire ausbaute, was ihrer späteren erstaunlichen Vielseitigkeit zugute kam. Nach ihrem internationalen Auftreten ab Mitte der sechziger Jahre wurde sie als Nachfolgerin Maria Callas' und als Konterpart zu Joan Sutherland aufgebaut, obwohl sie sich von beiden Sängerinnen charakteristisch unterschied. Ulrich Schreiber hat sich damals in einem sehr kritischen Artikel mit dieser Vermarktungsstrategie beschäftigt und festgestellt, daß sich Montserrat Caballé mehr und mehr auf eine perfektionierte Glätte und Schablonisierung des Vortrags zurückzog, weil ihr Potential zur Wiederbelebung der Tugenden des klassischen Belcantos nicht wirklich von ihr abgefordert wurde. Deshalb sah Schreiber letztlich die Diagnose der Spezialistin für die alte und zeitgenössische Musik, Cathy Berberian, bestätigt, die sehr scharf und mit Nennung der Namen Renata Tebaldi und Caballé von der fast kuhähnlichen Mentalität jener Sänger sprach, die nur auf den schönen Ton fixiert seien, auf den Klang und dessen Wiedergabe, und die Bedeutung der gesungenen Worte oder gar die Charakteristik der darzustellenden Person hintanstellten.

Wenn auch an diesen Vorwürfen etwas dran ist, so scheinen sie mir insgesamt zu weit zu gehen und die großen Verdienste der Caballé in einem erstaunlich breiten Repertoire, das von Donizetti und Bellini bis zur Salome reichte, doch unterzubewerten. Ihre Schwächen wird man vielmehr in ihrem Singen selbst suchen müssen und antreffen können. Schon auf den genannten Aufnahmen aus ihrer besten Zeit ist ein Manko zu bemerken, das dann sehr bald deutlicher wurde und gerade jene Phase ankränkelte, in der sie weltbekannt wurde. Ihre eminente Pianokultur gerade in der Höhenlage war nichts anderes als die Tugend, die aus der Not gemacht worden war (was die Qualität dieser Tugend nicht herabmindert), denn die Stimme wurde in der Höhe im Forte sehr schnell strähnig und wirkte überlastet. Das ist dann schon in den Aufnahmen der Jahre 1973 und 1974 unüberhörbar (beispielsweise in den Gesamtaufnahmen von Boitos *Mefistofele* und Rossinis *Guillaume Tell*). Es fehlte ihrer Stimme und ihrem Temperament jegliche Verve, jede Attacke, jeder Drive, und so entstand zunehmend der Eindruck eines Singens mit Muskelschwäche, eines asthenischen Singens. Auch Renata Scotto hatte, wie wir sahen, eine Höhe, die schnell scharf und schmal wurde, aber sie übersang diese Schwäche mit der Emphase ihres vulkanischen Temperaments, während Montserrat Caballé sich zunehmend in das Reservat ihrer allerdings beträchtlichen Piano- und Legatokünste zurückzog, was zu einem geradezu lethargischen Singen führte und sich wie ein lähmender Schleier über ihre vokale Kunst legte. So bleibt der Eindruck dieser bedeutenden Stimme im Rückblick zwiespältig. Will man diesen Zwiespalt verdrängen, dann lege man sich das Schlußduett Elisabetta/Carlos aus der genannten *Don-Carlos*-Aufnahme auf: »Ma lassù ci vedremo«, und man wird wieder hingerissen sein von der elegischen Schönheit dieser Stimme, die ihrem jungen Partner Domingo, der kaum weniger schön timbriert ist als sie, zeigt, wie man ein perfekt abgestütztes Piano und Mezza voce singen sollte (was er nur in Ansätzen beherrscht). Behalten wir Montserrat Caballé mit dieser und ähnlichen Aufnahmen im Gedächtnis [RCA, DGG, Nuova Era].

Als vor einigen Jahren die Feierlichkeiten zu Leonard Bernsteins 70. Geburtstag weltweit über die Fernsehschirme gingen, hatte der ihm zu Ehren veranstaltete Galaabend eine ebenso charmante wie kompetente Conferencière, **Beverly Sills** (*1929), von der vielleicht nicht alle Zuschauer außerhalb der USA wußten, welchen Ruhm sie als Koloratursängerin wie als Operndirektorin in ihrem Lande genießt. Der Ruhm als Operndirektorin geht auf ihre zehnjährige Tätigkeit an der Spitze der New York City Opera zurück, der der Koloratursängerin auf eine ebenso bemerkenswerte wie merkwürdige Karriere, die vor allem eine amerikanische Karriere war. Merkwürdig insofern, als es eine Spätkarriere war: Als Beverly Sills an der Metropolitan Opera debütierte, war sie bereits Mitte Vierzig. Es steht zu vermuten, daß sie so spät erst an Amerikas erste Oper kam, weil Rudolf Bing, der Generalmanager, keinen Wert darauf legte, den weiblichen Star der 100 Meter entfernten New York City Opera an sein Institut zu holen, und so mußte sein Abgang von der Met abgewartet werden, um ihr längst fälliges Debüt zu ermöglichen. Es erfolgte übrigens in Rossinis selten gespielter Opera seria *L'assedio di Corinto* und bezeichnet damit auch schon jenes Repertoire, in dem sich der Erfolg der Sills vornehmlich abspielte, nämlich im Bereich der italienischen Oper der Rossini, Bellini und Donizetti. Begonnen hatte die Laufbahn der in New York geborenen Belle Silberman ziemlich früh: Mit 17 Jahren sang sie in einer Schüleraufführung die Micaela in *Carmen*. Ausgebildet wurde sie bei Estelle Liebling, ihrerseits eine Schülerin der großen Mathilde Marchesi. In Operettentruppen wurde Beverly Sills, wie sie sich bald nannte, groß, der Weg zur Spitze war ungewöhnlich lang und arbeitsreich. 1948 debütierte sie wieder als Micaela in Philadelphia, 1953 wurde sie in San Francisco engagiert, wo sie als Elvira und als Elena in Boitos *Mefistofele* keineswegs besonders auffiel. Die City Opera in New York wollte ihre spätere Chefin zunächst auch nicht unbedingt engagieren – mehrerer Anläufe bedurfte es, bis es 1955 zum dortigen Beginn als Traviata kam, und auch damit war sie keineswegs der Star des Ensembles, sondern galt als nicht herausragende, aber vielseitig einsetzbare nützliche Kraft. Es dauerte noch einmal rund zehn Jahre, bis man in New York auf die Fähigkeiten der nun nicht mehr ganz jungen Koloratursopranistin aufmerksam wurde.

Wer Beverly Sills je auf der Bühne gesehen hat, wird bestätigen, daß sie die Präsenz besaß, die nur den großen Diven eigen ist, auch wenn sie in eher schwächeren Werken von Donizetti auftrat. Mißt man ihre Leistung nur an ihren Schallplatten, wird sich dem aufmerksamen Ohr diese Präsenz durchaus mitteilen, die rein vokale Beurteilung wird hingegen nicht so eindeutig ausfallen. Nicht jeder wird so streng sein wie Jürgen Kesting, der ihren Vortrag dünn und eckig nennt, ohne Prägnanz in der Formung der Koloratur, ohne Eloquenz und Anmut. Ihr Vortrag sei, bei aller Artistik, so künstlich und synthetisch wie das Zirpen einer Glasharfe, und Kesting kommt zu der sehr negativen Bilanz, daß in der Geschichte der Gesangskunst selten eine Sängerin mit so bescheidenen Stimmitteln so weit nach vorne gekommen sei wie Beverly Sills. Dieses harsche Urteil halte ich für übertrieben, aber es bleibt die Tatsache, daß die stimmliche Substanz der Sills eher bescheiden war, ihr Ton weder Fülle noch Sonorität besaß, wie sie die ganz großen Koloratursängerinnen ja doch immer gehabt haben, wenn sie sich dem dramatischen Koloraturbereich näherten; einen Vergleich mit Joan Sutherland hält Beverly Sills sicherlich nicht aus, den mit Maria Callas ebenfalls nicht. Ihre darstellerische Intelligenz ist aber auch auf den Schallplatten hörbar, und man sollte sie gerechterweise nicht *überhören*. Unbestreitbar ist jedenfalls, daß Beverly Sills eine der großen Persönlichkeiten des amerikanischen Musiklebens war und ist, und als sie sich in der eigens für sie komponierten Oper *La Loca* von Gian Carlo Menotti 1979 von der Bühne verabschiedete (selbstverständlich in ihrem Haus, der City Opera), da schwang in dem Dank des Publikums auch die Tatsache mit, daß es sich hier nicht um eine Nursängerin handelte, sondern um eine jener typischen amerikanischen Karrieren, die vom Tellerwäscher zum Millionär führen, in diesem speziellen Falle von einem Sopran der Mittelklasse in harter Arbeit zu einem Weltstar.

Eine solitäre Erscheinung unter den Sopranistinnen jener Jahrzehnte (und auch heute noch tritt sie, im besten Sängerinnenalter, gelegentlich immer wieder auf) war **Anja Silja** (*1940), ein Berliner Gesangswunderkind, das schon mit zehn Jahren einen ersten Auftritt im Titania-Palast hatte, mit 16 Jahren in Braunschweig als Rosina im *Barbiere di Siviglia* debütierte. Eine Rossini-Karriere hat sie dann nicht gemacht, welche Karriere sie gemacht hätte, wenn sie dann nicht in noch jugendlichem Alter 1960 die Senta in Bayreuth gesungen hätte, die ihr die Begegnung mit Wieland Wagner brachte, ist schwer zu beurteilen. Eine 20jährige Senta jedenfalls von solcher Bühnenpräsenz und somnambuler Intensität, der man endlich einmal glaubte, wenn sie zu singen hat »Ich bin ein Kind und weiß nicht, was ich singe«, machte die gebührende Sensation, und bis zu Wielands frühem Tod 1966 war ihre Laufbahn mit Bayreuth untrennbar verbunden. Danach war für Anja Silja nichts mehr so wie vorher, und das in einem Alter, in dem andere erst anfangen, sich auf den

Brettern zurechtzufinden. Bewundernswert ist es, wie sie es verstanden hat, aus dieser ungewöhnlichen Situation und aus der besonderen Charakteristik ihrer Stimme das Beste zu machen. Ihr Sopran war durch eine vibratoarme gläserne Kühle gekennzeichnet, der warme, gedeckte Farben abgehen, eine »voce bianca« im Extrem, von erstaunlicher Tragfähigkeit in den hohen Lagen. Für die hochdramatischen Rollen Wagners war diese Stimme, einige Experimente bewiesen es, nicht geeignet, seine jugendlich-dramatischen Rollen waren für sie mit Bayreuth verbunden und damit ein abgeschlossenes Kapitel, eine Entscheidung, der Respekt gebührt. So wurde Anja Silja die Spezialistin für das Ausgefallene und Schwierige: Salome, Marie in *Wozzeck*, Lulu, Cassandre in Berlioz' *Troyens*, Küsterin in *Jenufa*, Grete in Schrekers *Fernem Klang*, Amme in Strauss' *Frau ohne Schatten*, alles Rollengestaltungen von hoch individueller Signatur, das weibliche Gegenstück zu Gerhard Stolze, was als großes Kompliment gemeint ist. Wie bei Stolze, bei Martha Mödl und Astrid Varnay wird man auch bei Anja Silja sagen können, daß ihr eine Karriere als Schauspielerin offengestanden hätte. Sie hätte gut in das Ensemble der Kroll-Oper zu Otto Klemperers Zeiten in Berlin gepaßt, in den aufregenden Jahren zwischen 1927 und 1931 (die Kroll-Oper hatte mit Moje Forbach eine Sängerin von ähnlichem Zuschnitt). Seit längerer Zeit ist sie mit dem Dirigenten Christoph von Dohnányi verheiratet und lebt deshalb einen großen Teil des Jahres in den USA, ihre sehr reduzierten Auftritte sind immer Theaterereignisse besonderer Art.

Im Falle der amerikanischen Sopranistin **Helen Donath** (*1940) muß wieder einmal betont werden, daß ihre Einordnung in dieses Kapitel keineswegs besagt, sie habe in den achtziger und neunziger Jahren nichts mehr zu sagen beziehungsweise zu singen gehabt. Es ist noch nicht lange her, daß ich mich in einer Aufführung von Beethovens *Neunter* unter Sergiu Celibidache überzeugen konnte, daß sie das heikle Sopransolo völlig mühelos und tadelsfrei bewältigte, im Stimmklang kaum von ihren Anfängen unterschieden, auch wenn das Volumen größer und die Farbe etwas dunkler geworden ist. Wenn Helen Donath im internationalen Musikbetrieb einen Schritt zurückgetreten zu sein scheint, dann kann das nicht an stimmlichen Problemen liegen, sondern wird eigene Entscheidung sein. Sie ist eine der wenigen bedeutenden Sängerinnen, die unter dem Namen ihres Mannes, des Pianisten und Dirigenten Klaus Donath, Karriere gemacht hat. Als Helen Erwin kam sie aus einer texanischen Stadt mit dem schönen Namen Corpus Christi 1961 nach Europa, sang an den Opernhäusern in Köln, Hannover und Frankfurt, bevor sie 1967 nach München ging. Als Pamina war sie dann lange international gefragt, die sie zuerst an prominenter Stelle 1964 bei den Salzburger Festspielen gesungen hatte. Herbert von Karajan setzte große Hoffnungen in sie und verpflichtete sie 1970 als Eva für seine *Meistersinger*-Aufnahme. Helen Donath hat später selbst gesagt, daß die Aufnahme einige Jahre zu früh für sie kam, an exponierten Stellen fehlten damals doch Kraft und Atem (inzwischen singt sie die Partie auch auf der Bühne), aber eine schöner klingende Eva hat es seither, auch in Bayreuth, nicht gegeben. Ihre Stimme ist ein lyrischer Sopran mit einer immer überdurchschnittlichen Klangfülle, ohne daß je Spinto-Qualitäten zum Vorschein gekommen wären. Wie wenige Sängerinnen ihrer Generation und ihres Faches besitzt sie jenes »anmutig bebende Lächeln« in der Stimme (um Wagner zu zitieren, der aber einen idealen Interpreten des Lohengrin meinte). Ein Geheimtip dazu: Wer Helen Donath »at her best« hören will, der greife zu der Aufnahme von Humperdincks *Königskindern*, die 1980 entstand. Schöner hat wohl auch Geraldine Farrar die Gänsemagd bei der Uraufführung an der Met nicht gesungen.

Immer noch ist es bei uns so, daß ein allzu unbekümmertes Tummeln im Bereich der sogenannten U-Musik sich für einen Sänger der ernsten Muse negativ auswirkt, Kopfschütteln und Mißbilligung bei den Gralshütern des seriösen Faches erregt. Das haben Hermann Prey und Rudolf Schock erfahren müssen, bei den Sängerinnen ist es in Deutschland **Anneliese Rothenberger** (*1921) gewesen, die dieser Regel ihren zum Teil schmerzhaften Tribut zollen mußte. Sie war in den sechziger und siebziger Jahren ohne Zweifel die bekannteste deutsche Sängerin, wahrscheinlich war sie einem breiten Publikum wesentlich vertrauter als Maria Callas und erheblich bekannter als Joan Sutherland. Diese Vergleichsnamen deuten schon an, daß ihr diesbezüglicher Ruhm, durch zahllose Schallplatten, Film- und Fernsehauftritte befördert, durch die Statur ihrer künstlerischen Leistung nicht völlig abgedeckt wurde, aber andersherum wird man auch sagen können, daß ihre Gesangsleistungen besser waren, als es das allgemeine Naserümpfen vermuten läßt. Als Papagena, später als Pamina, als Zdenka in Strauss' *Arabella* (Standardbesetzung neben Dietrich Fischer-Dieskaus Mandryka und Lisa della Casas Arabella), als Sophie im *Rosenkavalier* erntete sie weltweiten Ruhm. Rothenbergers Sopran war ein zartes Instrument, nicht sehr belastbar und auch nicht im Verlauf der Jahre sich entwickelnd, ihre Stimme verharrte eigentlich immer auf der Schwelle zwischen Soubrette und lyrischem Sopran und wurde durch die Natur in ihrem Ausdrucksspektrum begrenzt. Es verwundert nicht, daß eine so überlegte Künstlerin mit diesem ihr erreichbaren schmalen Rollenbereich nicht zufrieden sein konnte; ihre weitgespannte Tätigkeit in den Massenmedien muß insofern als Kompensation betrachtet und verstanden werden (und für den Nachwuchs hat sie dabei Positives geleistet). Wenn sie zu Rollen vorstieß, die ihr nicht auf den

Leib geschneidert waren, wie die anspruchsvolle Konstanze in Mozarts *Entführung aus dem Serail*, eigentlich eine dramatische Koloraturpartie, die auch heute meist so besetzt wird, dann setzte das Gelingen in Erstaunen. Der englische Kritiker William Mann setzt in einer vergleichenden Diskographie dieser Oper Anneliese Rothenbergers Konstanze in die allererste Reihe, und es ist in der Tat erstaunlich, wie ihre schmale Stimme von silbernem Liebreiz hier plötzlich dramatische Schärfung und Seelenadel gewinnt; allen Rothenberger-Verächtern sollte man diese Gesamtaufnahme vorspielen [EMI].

Die Konstanze war auch eine der großen Partien von **Erika Köth** (1925–1989), deren Koloratursopran allerdings von anderer, kräftigerer Struktur war als der Anneliese Rothenbergers. Ein Darmstädter Kind von unverfälscht südhessischem Naturell (sie trat auch als Schauspielerin in Ernst Niebergalls unsterblichem Lokalstück *Datterich* auf), hatte sie sich schon in den fünfziger Jahren als Deutschlands führender Koloratursopran etabliert, was den dramatischeren Teil des Faches betraf. Die Situation war günstig, denn Erna Sacks und Erna Bergers Karrieren waren beendet oder neigten sich ihrem Ende zu, Rita Streich und Anneliese Rothenberger stießen in diesem Fach schnell an ihre stimmlichen Grenzen und konnten die Lucia di Lammermoor nicht singen, die für Erika Köth durchaus erreichbar war. Noch war jener Koloraturtypus nicht erschienen, wie er heute durch Edita Gruberová, Lucia Aliberti und andere vertreten wird. Erika Köth repräsentierte die deutsche Variante eines älteren Typus, der durch die Namen von Amelita Galli-Curci und Toti Dal Monte bezeichnet ist. Sie besaß eine hochgelagerte Stimme von beträchtlichem Reiz und einiger Durchschlagskraft, beabsichtigte aber nicht, jene Bereiche auszuloten, die durch Maria Callas gleichzeitig eröffnet wurden, sondern verblieb im Rahmen der deutschen Rollenkonventionen für das Koloraturfach. Königin der Nacht, Konstanze, Mimì in *La Bohème* und Zerbinetta in *Ariadne auf Naxos* waren die Rollen, in denen sie ihre Virtuosität herausstellen konnte, die für jene Hörer im Nachkriegsdeutschland, die von den großen Traditionen des virtuosen Faches nichts wußten, einer Neuentdeckung glichen. Im Vergleich mit den ganz großen Koloratursopranistinnen wird man Erika Köths Aufnahmen nicht in die allererste Reihe stellen können, weil ihr Ausdrucksspektrum begrenzt blieb, ein vokales Vergnügen (bevor in der Spätphase ein Tremolo sich bemerkbar machte) sind sie allemal.

Ein solches vokales Vergnügen bieten auch die Aufnahmen von **Rita Streich** (1920–1987), die in der Rolle der Zerbinetta eine Zeitlang konkurrenzlos war (sie singt sie auf Herbert von Karajans Aufnahme von 1954). Schmaler im Volumen als die rustikalere Stimme Erika Köths, war der Sopran Rita Streichs von einem besonderen distinguierten Charme, der ihren Erfolg auch heute noch erklärlich macht. Sie war in Sibirien geboren worden, wo der deutsche Vater in der Kriegsgefangenschaft eine Russin geheiratet hatte, und hatte noch im Krieg 1943 zum erstenmal an der Oper in Außig gesungen. In der Neuorientierung nach 1945 hatte sie das Glück, sich bei Erna Berger und Maria Ivogün Rat holen zu können, und Mitte der fünfziger Jahre erregte sie von Berlin aus Aufmerksamkeit. Der Waldvogel im Bayreuther *Siegfried* von 1952 und eine Zerlina im Salzburger *Don Giovanni* von 1954 neben Cesare Siepi machten sie international bekannt. Als Mozart-Sängerin arbeitete sie mit den bedeutendsten Dirigenten der Zeit zusammen, und als Interpretin der Konzertarien Mozarts nahm sie jahrelang eine Sonderstellung ein. Als sie das Gefühl hatte, ihren Rollenkreis ausgeschritten zu haben, wurden Konzert- und Liederabendauftritte häufiger, Opernabende seltener. Rita Streich trat zu einem Zeitpunkt in den Hintergrund, zurückhaltend und distanziert, wie sie immer war, als sie stimmlich noch keinen Grund hatte, zurückzustecken.

Eine der letzten Plattenaufnahmen der Sopranistin **Edith Mathis** (*1938) ist der Mitschnitt einer Zürcher Aufführung von Alexander von Zemlinskys entzückender komischer Oper *Kleider machen Leute* gewesen, in der sie nicht die geringste Mühe hatte, eine junge Dame zu singen, deren Ambitionen auf gesellschaftlichem Parkett durch ihre Naivität fast durchkreuzt werden. Der Hörer kann zufrieden feststellen, daß die Sängerin sich ihren jugendlichen, ja mädchenhaften Stimmklang bewahrt hat, und das immerhin 34 Jahre nach ihrem Debüt in Luzern. Die Karriere und die Stimme der Edith Mathis erinnern an zwei große Kolleginnen: an Maria Stader, mit der sie die schweizerische Heimat und einen großen Teil des vor allem durch Mozart geprägten Repertoires gemeinsam hat, und an Elisabeth Grümmer, die zwar ein anderes Fach sang, aber mit der im Timbre Ähnlichkeit besteht, das ja auch bei Grümmer seine Frische bis ins fortgeschrittene Alter bewahrte (und es verwundert deshalb überhaupt nicht, daß Edith Mathis die deutsche Kollegin immer als Vorbild bezeichnet hat). Mathis' Karriere nahm ihren Ausgang von Köln, wo sie in der Ära Wolfgang Sawallisch / Oscar Fritz Schuh wertvolle Erfahrungen als Anfängerin sammeln konnte. Mit einem Cherubino bei den Festspielen von Glyndebourne machte sie international auf sich aufmerksam. Von ihrer stimmlichen Ausstattung her war Edith Mathis nicht so beschränkt wie Erna Berger, hatte im Gegenteil in Tiefe und Volumen erstaunliche Reserven, die »physique du rôle« jedoch verwies nun einmal auf das Fach des Liebreizenden, und so wurde sie vom Opernbetrieb stärker festgelegt, als es ihr recht sein konnte. Gelegentlich gelang es, diese Begrenzungen zu durchbrechen, so in Sutermeisters *Roi Bérenger*, in dessen Uraufführung sie 1985 in München sang, und in Schoecks *Massimilla Doni,* in der sie für eine Plattenproduktion 1986 die Titelrolle mit dramatischer Charakterzeichnung gestaltete. Ihre Aufnahmen bestechen (ob bei Mozart oder in anderen Aufgaben) durch den warmen, runden, immer unforcierten Ton, dem jede Tendenz zum Flachen und Schrillen, die man auch bei berühmten Fachvertreterinnen gelegentlich antreffen kann, völlig abgeht. Auch über den kaum zu übersehenden Charme ihrer Bühnenwirkung hinaus werden ihre Platten Bestand haben [Novalis].

In den sechziger Jahren schon erwuchs den älteren deutschen Kolleginnen eine ebenso zartgliedrige wie durchsetzungswillige Konkurrenz: **Reri Grist** (*1932). Die New Yorkerin war schon als Kind am Broadway aufgetreten und hatte dann am Queens College Gesang studiert. Auge und Ohr Leonard Bernsteins fielen auf sie, als sie in der *West Side Story* auftrat, und er holte sie für das Sopransolo in der *Symphonie Nr. 4* Gustav Mahlers, dessen Werk er damals in der ganzen Welt bekannt zu machen begann. In Europa debütierte sie 1960 mit der Königin der Nacht in Köln, eine Rolle, mit der sie heute nicht mehr besetzt werden würde, wo man Stimmen größeren Kalibers bevorzugt. Von Zürich aus, wo Herbert Graf ihr alle Unterstützung angedeihen ließ, kam sie auf die größten Bühnen Europas. Schicksalspartie dabei war sicherlich die Zerbinetta, die sie 1962 in Glyndebourne sang, 1963 in Wien und 1964/65 bei den Salzburger Festspielen in der berühmt gewordenen Produktion Günther Rennerts und Karl Böhms. Die spätere Plattenaufnahme des Werkes in einer ähnlichen Besetzung hat den Rang dieser Aufführung nicht konservieren können, und wer Aufführung und Platte miteinander vergleicht, der wird wohl auch feststellen, daß die Stimme Reri Grists nicht von idealer Phonogenität war. Was auf der Bühne immer wie eine »Mademoiselle Silberklang« aus Mozarts *Schauspieldirektor* wirkte, tendiert auf der Platte zu einem dürren, entfärbten Klang, was keineswegs dem Eindruck in natura entspricht. Vor allem transportiert die Schallplatte nur ungenügend jenen unbändigen Charme, mit dem Reri Grist das Publikum um den Finger wickeln konnte, nach Belieben, möchte man sagen. Da war nichts mehr von dem Puppenhaften und Gezierten, das der Soubrette alten Stils so oft anhaftete, sondern da stand ein zierlicher, aber äußerst energischer Mensch auf der Bühne, dem man abnahm, daß er mit einem aggressiven Haremsaufseher ebenso fertig wurde wie mit einer bunten Commedia-dell'arte-Truppe. Bei allen, die Reri Grist in jenen Jahren in ihren großen Rollen sehen konnten, ist das immense Vergnügen an dieser verzaubernden Präsenz immer noch lebendig.

Jüdische Sänger
Eigenart und Schicksal

Jeder, der sich für den Kunstgesang interessiert, also jeder Leser dieses Buches, kennt die auffallend häufig wiederkehrenden Hinweise in Plattentexten und biographischen Lexikonartikeln auf die jüdische Herkunft vieler bedeutender Sänger, er kennt nicht zuletzt die mehr oder weniger verbrämten Hinweise bei Sängerkarrieren des 20. Jahrhunderts, die sich in Europa abspielten: mußte aus politischen Gründen 1934 Deutschland verlassen... konnte in Österreich nach 1938 nicht mehr auftreten und emigrierte nach England... und so weiter. Es handelt sich dabei um Sänger, die nach der Rassegesetzgebung der Nationalsozialisten als Juden betrachtet wurden, auch wenn sie sich selbst nicht als solche verstanden, was ohne Zweifel zum Beispiel für Richard Tauber zutrifft. Anders verhält es sich bei Joseph Schmidt, um gleich das zweite ganz berühmte Beispiel zu nennen, dessen Photo in Chasan-(Kantor-)Bekleidung ja zeigt, wie sehr er noch mit dem jüdischen Glauben verbunden war, ganz abgesehen von seinen Schallplattenaufnahmen synagogischer Gesänge (allerdings der reformierten Provenienz, also von Komponisten wie Salomon Sulzer und Louis Lewandowski). Mit Tauber und Schmidt sind allerdings nur zwei prominente Sänger genannt, die mit dem Judentum in Verbindung stehen. Um gleich mit weiteren Namen aufzuwarten, sollen hier nur Alexander Kipnis, Joseph Schwarz, Hermann Jadlowker, Friedrich Schorr, Jan Peerce, Richard Tucker, Leonard Warren, Robert Merrill und Beverly Sills erwähnt werden, um nur einmal ein erstes Spektrum zu entwerfen.

Vor einigen Jahren (1985) kam in Italien ein hochinteressantes Lexikon heraus, dessen Autor Luciano Di Cave ist; es trägt den Titel *Mille voci una stella (Tausend Stimmen, ein Stern)* und unternimmt es, wie der Untertitel sagt, den Beitrag jüdischer Sänger zur klassischen Musik, speziell der Oper, aufzulisten. Auf rund 200 Seiten in Lexikonformat werden alle dem Autor bekannten Sänger aufgelistet (mit Ausnahme eines historischen Exkurses beschränkt er sich auf das 20. Jahrhundert), die mit dem Judentum in Verbindung zu bringen sind. »In Verbindung zu bringen sind« – damit ist schon ein Problem dieses Lexikons genannt, denn Di Cave klärt nicht grundsätzlich, was für ihn ausschlaggebend ist, um einen Sänger in sein Lexikon aufzunehmen, beruft sich nur wiederum auf weitere Handbücher, Sängerlexika wie das von Kutsch/Riemens, aber auch auf die *Encyclopedia Judaica* oder Gdal Saleskis Verzeichnis *Famous Musicians of Jewish Origin*, ohne selbst im einzelnen Nachforschungen anzustellen. In unserem Zusammenhang kann nun nicht einmal annähernd die schwierige Frage geklärt werden, welcher Definition jüdischer Existenz zu folgen wäre: Ist Jude, wessen Mutter Jüdin ist oder wer nach anerkanntem Ritus zum jüdischen Glauben übergetreten ist (die heute in der jüdischen Welt maßgebliche Definition)? Oder ist Jude nur, wer sich als Jude fühlt, sich zum Judentum bekennt? Oder gibt es darüber hinaus eine jüdische Gefühlsgemeinschaft, der sich auch zugehörig fühlt, wer sich nicht in diesem engen Sinne als Jude versteht (so die Definition, die der große Wiener Schriftsteller Arthur Schnitzler für sich in Anspruch nahm, der dem Wiener assimilierten Großbürgertum entstammte, das sich der jüdischen Religion nicht mehr verbunden fühlte)?

Schon hier beginnen Fragen von höchster Komplexität, die der Autor nur anzuschneiden wagt, weil er sich mehrfach mit der sogenannten deutsch-jüdischen Symbiose befaßt hat. Daß die Rassearithmetik der Nationalsozialisten als Definition nicht in Frage kommen kann, bedarf keiner Begründung, diese hatte allerdings zur Folge, daß auch Menschen als Juden abgestempelt wurden, die mit diesem Begriff nichts mehr verband. Um noch einmal das Beispiel Tauber anzuführen: Nach den genannten Definitionen dürfte er in einem Lexikon über jüdische Sänger nicht vorkommen, denn nach allem, was man weiß, ist sein Großvater väterlicherseits Jude gewesen, aber nicht seine Mutter, und auch er selbst hat sich nicht in irgendeiner Weise zum Judentum bekannt. Natürlich wird er jedoch überall als Sänger jüdischer Herkunft bezeichnet, weil die Nazis ihn zu einem solchen gemacht haben. Vielleicht aber nicht nur deshalb.

Auch wenn der diskreditierte Rassebegriff auf das Judentum in ernstzunehmender Weise von niemand mehr angewandt wird, kann doch bei Vorliegen einer ununterbrochenen jüdischen Traditionskette in einer Familie, wie sie aufgrund der speziellen jüdischen Geschichte in der Zerstreuung schon fast die Normalität darstellt, von einer Abstammungsgemeinschaft gesprochen werden, und auch wenn diese Abstammungsgemeinschaft durch die Assimilation des europäischen Judentums bei den unmittelbaren Vorfahren eines Künstlers, eines Sängers aufgeweicht worden ist, wird man doch noch von mehr oder weniger beständigen ethnischen Gemeinsamkeiten sprechen können, die sich eben auch im Gebrauch der Stimme, im Stimmklang ausdrücken können. Wie selbstverständlich sprechen wir von speziell italienischen oder spanischen oder russischen Stimmklängen, oft genug ist das in diesem Buch geschehen, es sind stimmliche Eigenarten, die einerseits auf ethnische Gemeinsamkeiten zurückzuführen sind, andererseits auf Besonderheiten der gesprochenen Sprache, die Auswirkungen auf die gesungene Sprache haben – solche Gemeinsamkeiten gibt es selbstverständlich auch bei Sängern jüdischer Herkunft. In diesem speziellen Fall kommt noch etwas anderes hinzu: die Tradition des synagogischen Gesangs, wie ihn der Chasan, der jüdische Kantor, ausübt.

An zwei prominenten Beispielen kann die enge Verbindung des jüdischen Kantorengesangs zur Gesangskunst europäischer Tradition dargelegt werden. **Hermann Jadlowker** (1877–1953), der Startenor der Berliner Hof- und Staatsoper, zeitweise auch der Met, sang in seiner Geburtsstadt Riga bereits früh im Synagogenchor unter dem berühmten Chasan Leib Rosowski. Wie bei vielen Söhnen orthodoxer jüdischer Familien wurde seine Gesangsbegabung für religiöse Zwecke gerne gesehen und gefördert, ein auf weltliche Musik gerichteter Ehrgeiz hingegen abgelehnt, und so bedurfte es einiger Überredungskunst, das Gesangsstudium in Wien bei Josef Gansbächer aufnehmen zu dürfen, zusammen mit dem Freund und Kollegen Joseph Schwarz übrigens und gefördert von dem Vater des Heldenbaritons Friedrich Schorr, der Oberkantor an der Wiener Synagoge war. Jadlowker hatte dann eine glänzende Karriere in aller Welt mit den Zentren Berlin und New York und sang in einer erstaunlichen Breite von den Rossinischen Tenorrollen bis zum Lohengrin ein großes Repertoire. Nach Beendigung seiner Opernkarriere kehrte Jadlowker (und insofern ist er ein ungewöhnlicher Fall) zu seinen Anfängen zurück: Er wurde Oberkantor an der Rigaer Synagoge, aber auch als Berliner Opernstar hatte er gelegentlich in der dortigen Synagoge gesungen. Der sich verdüsternde Horizont trieb den 60jährigen nach Palästina (wo ein Teil seiner Familie schon war). 1938 wanderte er aus und ließ sich in Tel Aviv nieder, wo er sich als Gesangspädagoge betätigte. Auch Richard Tucker und Joseph Schmidt haben gelegentlich in der Synagoge gesungen, Tucker auch noch während seiner Opernkarriere, Schmidt wohl nur, bevor er bekannt wurde; Jadlowker ist der einzige mir bekannte Fall, in dem ein berühmter Opernsänger das Amt eines Chasans eingenommen hat.

Das Gegenbeispiel zu Jadlowker ist **Josef Rosenblatt** (1882–1933), ein Sänger, dem eine enorme Opernkarriere offengestanden hätte, der sich aber aus religiösen Gründen für den Beruf des Chasans entschied, den schon sein Vater und einige seiner Vorfahren in Rußland und Galizien ausgeübt hatten. Bereits als Kind trat er zusammen mit seinem Bruder als Gesangsduo auf, wurde dann Kantor in Ungarn, später in Preßburg, ab 1906 war er in Hamburg tätig, bekannt auch durch seine synagogalen Kompositionen (viele der bekannten Chasane des 19. Jahrhunderts haben komponiert, um das synagogale Repertoire zu erweitern). Unter ungeklärten Umständen kam er in die USA, wo er in New York seine Kantorentätigkeit wiederaufnahm. Nachdem er schon in Hamburg erste Plattenaufnahmen gemacht hatte, verbreitete sich der Ruhm von »Yossele« Rosenblatt jetzt über die USA und überschritt auch die Kreise des amerikanischen Judentums, durch Plattenaufnahmen befördert. Noch während des ersten Weltkriegs bot ihm Cleofonte Campanini, der Direktor der Oper von Chicago, einen Opernvertrag an, den Rosenblatt aber ablehnte. Durch den Konkurs einer Zeitung, an der er beteiligt war, wurde Rosenblatt in solche finanziellen Schwierigkeiten gestürzt, daß er sein Kantorenamt aufgeben mußte und sich durch große Konzerttourneen, die ihn auch nach Südamerika und Europa führten, zu sanieren versuchte. Gegen Ende seines Lebens amtierte er jedoch wieder als Kantor und starb während eines Besuchs in Jerusalem.

Rosenblatts Plattenaufnahmen sind sicher diejenigen, die am besten geeignet sind, einem mit dieser Gesangskunst Unvertrauten die Ohren zu öffnen. Man hört eine Stimme, die die eines jugendlichen Heldentenors italienischen Typs ist, eines »tenore robusto«, eine Stimme, von der man sich einen Radames, einen Alvaro ohne Probleme vorstellen kann. Zwei Fähigkeiten jedoch heben Rosenblatts Gesangskunst über dieses Normalmaß (einmal abgesehen von dem saftigen, attraktiven Timbre) hinaus: die eminente Koloraturkunst und die Kunst, in einer selten gehörten Bruchlosigkeit zwischen den Registern eines Tenors zu wechseln, also vom Brust- in das Kopfregister und darüber hinaus in Falsetthöhen vorzustoßen. Bei Rosenblatt, wenn er etwa den *Neuen Omar Rabbi Elosor* mit atemberaubender Geläufigkeit singt, versteht man plötzlich, warum Opernsängern jüdischer Herkunft so oft besondere Koloraturvirtuosität zugesprochen wird. Man vergleiche die berühmte Aufnahme Hermann Jadlowkers von »Ecco ridente il cielo« aus dem *Barbiere di Siviglia*: auch hier eine seltene Geschmeidigkeit der Koloratur, der Skalengeläufigkeit ohne Registerbrüche – John Steane ist von dieser Aufnahme mit Recht begeistert. Die gemeinsame Wurzel Jadlowkers und Rosenblatts (man denke aber auch an Joseph Schmidts transzendentalen Triller am Ende von »Una furtiva lagrima«, den ich im Schmidt-Abschnitt erwähne) liegt in der vokalen Erziehung der Kantoren, deren Kunstleistung durch die stark melismatisch geprägte Synagogen-Musik bestimmt wird.

Die Quellen belegen, daß in der jüdischen Tradition Musik zur Zeit der ersten Könige (Saul, David und Salomo, um 1000 vor Christus) eine besondere Rolle zu spielen beginnt, wie sie im Bild von David mit der Harfe uns allen vertraut ist. Mit der Wirkung der Musik auf das Gemüt wird die Ekstase, das Außersichsein, gefördert. Diese Ekstase wird von den »Begeisterten«, den späteren Propheten, als wichtigstes Mittel angesehen, ihre religiösen Gefühle zum Ausdruck zu bringen und auf ihre Zuhörer einzuwirken. Nach dem Bau von Salomos Tempel bekommt die Musik im Judentum eine Rolle als »musica sacra« zugewiesen, ihre gemütserregenden Wirkungen werden im Rahmen eines religiösen Konzepts eingesetzt. Klagelieder nehmen dabei, vor allem in der Zeit der babylonischen Gefangenschaft, eine bedeutende Rolle ein; vom Trauergesang auf den Tod eines einzelnen ausgehend, wird nun das Klagelied auf das Schicksal eines ganzen Volkes ausgedehnt, wie es die Propheten anstimmen; der Klageton hat sich angesichts der Geschichte des jüdischen Volkes bis heute fortgepflanzt und spielt neben den fröhlichen und festlichen Gesängen eine eminent wichtige Rolle. Eine spezielle Funktion haben in der religiösen jüdischen Musik die Psalmentexte, religiöse Lyrik, die zum Preis Gottes angestimmt wird. Sie wurden in alter Zeit durch verschiedene Vortragsarten interpretiert, unter denen das sogenannte »Kantillieren« besonders wichtig war, also das Deklamieren durch Heben und Senken der Stimme. Es wird angenommen, daß durch den Ausbau und die Verfeinerung dieses Psalmenkantillierens die religiöse Vokalmusik der Juden den entscheidenden Antrieb erhalten hat und es die Wurzel für das ist, was auch heute noch in den Synagogen zu hören ist beziehungsweise auf den Platten der großen Kantoren.

Neben die Psalmenvorträge tritt die Thora-Lesung (die auf einer Pergamentrolle niedergeschriebenen fünf Bücher Mose). Diese Texte wurden schon in alter Zeit nicht einfach monoton vorgelesen, sondern vorgetragen mit »hohen, ruhenden, zitternden, auf- und absteigenden Tönen«, wie es heißt. Dafür wurde ein Akzentsystem entwickelt, auch mit dem griechischen Wort »Tropen« bezeichnet. Aus diesen beiden immer komplizierter werdenden Aufgaben des Vorbeters und des Vorsängers entwickelte sich das Berufsbild des Chasans, des Kantors. Je größer die Fähigkeiten des Chasans, desto größer die angestrebte Wirkung der Sammlung bei den Gläubigen. Aus dem Spätmittelalter haben wir das Zeugnis eines Vorsängers Imanuel Romi, der sagt:

»Wenn ich die große Keduscha, einen Jozer oder die Keroba spreche, dann werden auch die Härtesten mit fortgerissen; wenn ich am Versöhnungstage bete, die Megila am Purim lese, En Kamocha an den Wallfahrtsfesten oder einen Psalm vortrage, dann zittern die Gewaltigen ob meiner Stimme, und wenn ich die Klagelieder zu Gehör bringe, dann bleibt kein Auge tränenleer.«

Interessant dabei ist, daß schon früh darüber geklagt wird, daß einige Kantoren die vokale Virtuosität zum Selbstzweck werden lassen und sich und ihre schöne Stimme sowie die von ihnen komponierten Melodien in den Vordergrund stellen, statt demütig hinter das Wort Gottes zurückzutreten. Die westeuropäischen Gemeinden waren in diesem Punkte immer strenger als die osteuropäischen, wo gerade in Polen und Galizien sich die Gemeinde an virtuosen Improvisationen des Chasans erfreute, während im Westen Improvisationen verpönt waren. Solche Improvisationen hatten ihr Zentrum meist in kadenzartigen Koloraturen, und so erklärt es sich wahrscheinlich, daß bei Sängern, die dem osteuropäischen Judentum entstammen wie Jadlowker, Rosenblatt und Schmidt, gerade diese vokale Fertigkeit besonders ausgeprägt ist.

Nicht immer war in Osteuropa gewährleistet, daß der Chasan die nötige religiöse Bildung und Bibelkenntnis mitbrachte. Je virtuoser er sang und improvisierte, desto mehr konnte er seine Zuhörer darüber hinwegtäuschen, daß es ihm an strengen Fundamenten fehlte, auch das mag ein Grund für die Virtuosität gerade der osteuropäischen Chasane gewesen sein. Der holländische Rabbiner S. Ph. de Vries schrieb um 1930 zur Rolle des Chasans zusammenfassend:

»Verwandelt der Chasan die Synagoge in einen Konzertsaal, dann stimmt etwas nicht, und sie verliert ihren Charakter. Und doch kann das Wesen der Synagoge unverfälscht nur im Gottesdienst und allein durch den Chasan zum Ausdruck gebracht werden. Deshalb geht es nicht anders, als daß der Chasan ein Sänger mit besonderen Fähigkeiten ist. Sonst wäre er nicht dazu in der Lage, die ihm anvertrauten wichtigen Aufgaben in der Synagoge und im religiösen Leben der jüdischen Gemeinde auf die Dauer durchzuführen. Zu diesem Zweck ist seine Gesangskunst nicht das Vordringlichste. Aber ein guter Kantor muß die Chasanut kennen und sie kultiviert vortragen können. Zwar stimmt es, daß dem Vortrag mehr Aufmerksamkeit geschenkt wird, je schöner seine Stimme und je reicher seine musikalische Kultur ist. Trotzdem sollten Stimme und musikalische Begabung den Andachtsübungen untergeordnet sein und sich dem religiösen Ideal der Synagoge freiwillig unterwerfen. Den Kantor muß eine tiefe Religiosität beseelen, und er muß ein tiefes Empfindungsvermögen besitzen. Er muß es verstehen, seine ganze Seele in seinen Vortrag zu legen. Er muß die Menschen in der Synagoge mitreißen, sie zutiefst durch seine beredte Wiedergabe in Gesang und Gebet aus tiefster Seele berühren.«

Es besteht kein Zweifel, daß weltberühmte Kantoren wie Yossele Rosenblatt, die Schallplattenaufnahmen machten, im Konzertsaal auftraten, in gewisser Weise auch die Synagoge als Konzertsaal benutzten. Einer so gestrengen Auffassung wie der von de Vries wird ein Kantor wie Rosenblatt nicht genügt haben, noch weniger der ebenso berühmte Gershon Sirota, von dem gar Aufnahmen von Verdi-Arien erhalten sind. Der Mittelweg zwischen gesanglicher

Attraktivität und Askese in der Entfaltung von Wirkung ist wohl in Wirklichkeit kaum einzuhalten.

Es ist außerordentlich schwierig, über die Gesangskunst der Kantoren substantielle Aussagen in der Literatur zu finden, über ihre Ausbildung und ihre speziellen Fähigkeiten, wie man sie auf den Schallplatten hören kann. Es gibt natürlich Bücher über jüdische Musik und den synagogalen Gesang, dabei geht es aber immer um die Musik, die Betonungen und Akzente, nie wirklich um Gesangstechnik. Einen winzigen, aber faszinierenden Einblick in die osteuropäische Tradition des Kantorengesangs bekommt man durch eine Buchrarität, die 1932 in Chicago in deutscher Sprache erschien. Es handelt sich um die Lebenserinnerungen des Baßbaritons **Adolf Mühlmann** (1865–1938) mit dem seltsamen Titel *A Grobber Koll*. Mühlmann war kein Sänger der ersten Reihe, hatte aber an der Met seit 1898, daneben aber auch in London, eine bedeutende Karriere als Utilité des Helden- und Charakterbaritonfachs, so als Pizarro, Telramund und Holländer. Er sang neben Jean de Reszke und Enrico Caruso, neben Lilian Nordica und Ernestine Schumann-Heink. Mühlmann stammte aus einer jüdischen Familie und wurde in Kischinew in Bessarabien geboren. Schon früh kam er mit dem synagogalen Gesang in Berührung. *A Grobber Koll* bedeutet auf Jiddisch eine häßliche, gemeine Stimme, die dem Jungen attestiert wurde – gegen diese Stimmprüfung machte er dann seine Karriere.

Wir bekommen durch seine Erinnerungen ein farbiges Bild des osteuropäischen Judentums, man würde sich nur noch sehr viel ausführlichere Informationen über die Gesangserziehung wünschen, die er als Chorsänger in der Synagoge erhalten hat. Immerhin kommen folgende Details heraus: Als 16jähriger kam »Alterl«, wie sich Mühlmann in seiner Autobiographie nennt, in das Beth-Hamidrasch, das Haus des Lernens, in dem die jungen Leute den Talmud studieren, aber auch die täglichen Gebete üben. Besonders intensiv wurde dort das *Schema Jisroel (Höre, Israel)* geübt, bei dem es darauf ankam, das Wort »echod« (einzig) mit möglichst langem Atem auszuhalten, und Mühlmann betont, daß er sich die Grundlagen seiner Atemtechnik bei diesen Übungen angeeignet habe, wo einer versuchte, den anderen zu übertreffen. Hinzu kam der Singsang beim Beten, den die Adepten vom erfahrenen Rabbi übernahmen, ein monotones Heben und Senken der Stimme, das aber im Zusammenhang mit der Atemtechnik ohne Zweifel dazu dient, stimmliche Fähigkeiten auszubilden und zu trainieren. Der stimmbegabte Alterl Mühlmann wurde von einem Chasan entdeckt und in einen Synagogenchor aufgenommen, in den Kreis von Meschorerim, wie die Chorsänger genannt werden. Von seinem knappen Gehalt mußte der Chasan seine Chorsänger, die bei ihm wohnten, verpflegen, kleiden und auch musikalisch unterrichten – man kann sich vorstellen, wie ärmlich es in den Gemeinden Osteuropas da zuging. Um in solch einen Chor zu kommen, muß der Knabe oder Jüngling durch sicheres Treffen der Töne und eine schöne Stimme aufgefallen sein, wenn er Glück hat, lernt er beim Chasan dann auch Notenlesen und Skalen singen.

Mühlmann beschreibt, wie der erste Tenor des Chores, der gleichzeitig auch sein Dirigent war, Stimmübungen abhält: »Er ließ das C als Grundton ansetzen und verlangte, daß man denselben Ton etwas weinerlich in die Höhe ziehe, um so den halben Ton nach oben (Cis) zu erhalten. Um einen halben Ton tiefer zu treffen, ließ er den Ton fest ansetzen und dann etwas nach unten drücken. Sehr leicht geht die Sache nicht, denn die erste Bedingung ist Reinheit des Tones; Schwankungen werden nicht geduldet. Sind die Schüler so weit, daß sie die ganzen und die halben Töne sicher und rein bringen, so beginnen die Treffübungen. Mit der Stimmgabel wird der Grundton angeschlagen, und nach diesem werden große, kleine, übermäßige, verminderte und reine Intervalle gemessen. Die so von Kindheit auf musikalisch gedrillten Knaben sind dann die Stützen im Chor, wenn sie nach dem Stimmbruch wieder als Meschorerim eintreten.«

Aus all diesen Mosaiksteinchen ergeben sich für die Eigenart jüdischen Gesangs die folgenden Schlüsse, die sowohl für den religiösen wie auch für den volkstümlichen Gesang gelten, wie er uns in der chassidischen Volksmusik des Ostens entgegentritt: Die Musikalisierung der Psalmen- und Thora-Lesungen in der Synagoge führen zu einer starken Vorherrschaft der vokalen Komponente im musikalischen Bereich des jüdischen Gottesdienstes. Stimmlich begabte Knaben und junge Männer erlernen frühzeitig Atemtechnik und stimmliche Geschmeidigkeit. Die absolute Vorherrschaft der männlichen Stimme beruht auf der talmudischen Festlegung, daß die Stimme der Frau als Blöße (Scham) gilt und es deshalb den Frauen verboten ist, öffentlich zu singen, den Männern, die Stimme einer fremden Frau zu hören. Die reich verzierte, melismatische religiöse Musik der Juden und die Neigung zur Improvisation vor allem in Osteuropa führen zur Ausbildung einer teilweise staunenerregenden Virtuosität bei den gesanglich bedeutenden Kantoren (nicht alle jüdischen Kantoren sind selbstverständlich solche Stimmwunder wie Rosenblatt). Atemtechnik, Reinheit der Tongebung, Koloraturfähigkeit – dies sind die speziellen Vorzüge, die an jüdischen Sängern immer wieder gerühmt werden.

Nach all dem, was gesagt wurde, wird diese Hervorhebung nicht weiter verwundern, und so hören wir noch in den Koloraturen Hermann Jadlowkers, wenn er Rossini singt, die Tradition des ihm wohl vertrauten Chasan-Gesangs. Wir finden diese Besonderheiten bei allen Sängern, die in einem engen, unmittelbaren Zusammenhang mit diesen Traditionen stehen, und es sind diese Vorzüge, die schon in der Mitte des 19. Jahrhunderts italienische

Opernsänger zu Salomon Sulzer pilgern ließen, dem berühmten Wiener Kantor und Komponisten, und die auch Enrico Caruso veranlaßten, wo immer es ihm möglich war, sich Kantoren anzuhören. In diese direkte Traditionslinie gehören Jadlowker als Sonderfall, Joseph Schmidt, Joseph Schwarz, Adolf Mühlmann, Jan Peerce, Richard Tucker und Friedrich Schorr, wobei man einschränkend sagen muß, daß nicht in allen diesen Fällen eine gleich deutliche Ausprägung jüdischen Singens zu hören ist, bei Tucker und Warren ist es weniger stark als bei Schmidt und Jadlowker. Ganz offensichtlich aber gibt es Residuen, Spuren dieser Traditionen auch bei Sängern, deren Zusammenhang mit dem Judentum längst nicht mehr eng ist: Das Beispiel Richard Tauber mit seiner eminenten Legatokunst, dem virtuosen Einsatz der Kopfstimme steht hier natürlich an prominenter Stelle. Zur Begründung für solche schwer erklärbaren Phänomene sei erneut auf den Begriff der »Abstammungsgemeinschaft« verwiesen, aber auch auf Traditionen, die noch in einer mehrfachen Verdünnung ihre Wirkung zeigen. So ist es doch durchaus vorstellbar, daß der Vater Taubers, der Schauspieler Richard Anton Tauber, in seiner Stimmerziehung noch beeinflußt worden ist von Gewohnheiten, die mit dem Synagogengesang seiner jüdisch gläubigen Eltern oder Großeltern zusammenhängen.

Dies alles bewegt sich sehr schnell in den Bereich der Spekulation, gewiß, aber unser Mosaik, das hier auf einem noch fast unaufgeklärten Feld entworfen wurde, zeigt doch gewisse Konstanten und feste Punkte.

Ein Letztes muß jedoch noch bedacht werden, ein Wichtigstes und Schwierigstes zugleich, nämlich das Klischee vom »jüdischen Timbre«, das immer wieder auftaucht, aber so wenig zu fassen ist wie das Rätsel des Timbres insgesamt. Es scheint unbezweifelbar, daß es bei Sängern jüdischer Herkunft eine Gemeinsamkeit des Timbres gibt – sehr oft ist darauf hingewiesen worden, aber es wurde dann auch bei diesem Hinweis belassen; da ist dann etwa vom »Synagogenton« die Rede oder ähnlichem. Ich selbst spreche in diesem Buch mehrfach von einer spezifischen Mischung aus Brunst und Inbrunst, von sinnlicher und spiritueller Emphase also. Zur Erklärung ist hinzuweisen auf die unbestreitbare Tatsache, daß die jüdische Religion, die das jüdische Leben in so hohem Maße bestimmt, solange es sich nicht an seine Umgebung anpaßt, eine im Gegensatz zum Christentum körperfreudige und sinnliche Religion ist; der Zölibat für die Priester dieser Religion, die Rabbiner, ist unbekannt, um nur diesen einen Faktor zu nennen. Auch die jüdische Musik, religiöse wie weltliche, hat, bestimmt auch durch die orientalischen Wurzeln, eine starke Prägung durch Körperlichkeit. Der jiddisch schreibende Schriftsteller Jizchak Leib Perez umschreibt die Vorstellung der Chassidim von der Melodie folgendermaßen:

»Es gibt viele Stufen von Melodien. Da gibt es eine Melodie, zu der Worte gehören, das ist eine ganz niedrige Stufe. Eine Melodie, die sich ganz ohne Worte singen läßt, ist schon reine Melodie. Doch bedarf diese Melodie noch der Stimme und der Lippen, aus denen die Stimme hervorgeht. Und Lippen sind doch etwas Körperliches. Und die Stimme ist zwar von edler Körperlichkeit, aber körperlich ist sie immerhin.«

Man vergleiche nur einmal den Gesang eines guten jüdischen Kantors mit dem auf Unkörperlichkeit und kastratenhafte Geistigkeit gestimmten Singen, das die Priester der beiden christlichen Kirchen in ihrer Ausbildung anerzogen bekommen und dessen schlimmste Ausprägung der sogenannte Bach-Tenor ist (der glücklicherweise sich auf dem Rückzug befindet), um diesen Unterschied sich fundamental deutlich zu machen. Für den Synagogengesang mag noch etwas anderes hinzukommen: Die jüdische Religion ist keineswegs leibfeindlich, wie gesagt, verweist aber die Freuden des Leibes eindeutig auf den Status der Ehe, und wer Sinnlichkeit vor der Ehe ausleben will, sofern er sich an diese Vorschriften zu halten bereit ist, der wird seine ganze Sinnlichkeit in jenen sensuellen Gesang legen können, wie ihn jüdische Traditionen in der Synagoge nicht nur erlauben, sondern geradezu fordern (man denke an die unverhüllte Sinnlichkeit des *Hohen Liedes Salomonis*, in dem himmlische und irdische Liebe untrennbar miteinander verschmelzen). So, denke ich, ist jener ausgesprochen sensuelle Ton zu erklären, der bei großen Stimmen jüdischer Herkunft so unüberhörbar ist, seien es Kantoren oder Opernsänger, es ist aber ein sensueller Ton, der nicht ohne spirituellen Beiton ist, denn die sensuelle Überwältigung des Hörers steht ja im Dienste eines höheren, religiösen Ziels. Wahrscheinlich sind wir damit am Zentrum des Geheimnisses jenes »jüdischen Timbres«, für das die Formel »Brunst und Inbrunst« gewählt wurde.

Dies sind vorläufige und vorsichtige Bemerkungen zu einem außerordentlich faszinierenden Thema, das eine intensivere Untersuchung verdiente, die hier aus verschiedenen Gründen nicht geleistet werden kann. Dabei soll es zunächst einmal bleiben. Beschlossen werden soll dieses Intermezzo mit einer Namensliste bedeutender Sänger jüdischen Glaubens oder jüdischen Ursprungs, die sich stützt auf das eminente Lexikon Luciano Di Caves und sich auf dessen solide Recherchen verläßt (mit der eingangs gemachten Einschränkung, was die Definition betrifft):

Irene Abendroth (Sopran), Gitta Alpar (Sopran), Mario Ancona (Bariton), Rosette Anday (Mezzosopran), Raffaele Arié (Baß), Kurt Baum (Tenor), Rudolf Berger (Heldentenor), Hermine Bosetti (Sopran), Marcello Cortis (Bariton), Julia Culp (Mezzosopran), Charles Dalmorès (Tenor), Desző Ernster (Baß), Ella Flesch (Sopran), Alma Gluck (Sopran), Sylvia Greenberg (Sopran),

Reynaldo Hahn (Bariton/Komponist), George Henschel (Bariton), Róbert Ilosfalvy (Tenor), Maria Ivogün (Sopran), Hermann Jadlowker (Tenor), Sabine Kalter (Alt), Jan Kiepura (Tenor), Alexander Kipnis (Baß), Nina Koshetz (Sopran), Melanie Kurt (Sopran), Selma Kurz (Sopran), Jean Lassalle (Bariton), Evelyn Lear (Sopran), Emanuel List (Baß), Josef Mann (Tenor), Fritzi Massary (Sopran), Margarete Matzenauer (Alt), Robert Merrill (Bariton), Bella Paalen (Mezzosopran), Rose Pauly (Sopran), Jan Peerce (Tenor), Roberta Peters (Sopran), Rosa Raisa (Sopran), Heinz Rehfuss (Bariton), Mark Reisen (Baß), Maurice Renaud (Bariton), Regina Resnik (Mezzosopran), Giacomo Rimini (Bariton), Marko Rothmüller (Bariton), Joseph Schmidt (Tenor), Lotte Schöne (Sopran), Friedrich Schorr (Bariton), Joseph Schwarz (Bariton), Vera Schwarz (Sopran), Lew Sibirjakow (Baß), Beverly Sills (Sopran), Alexander Svéd (Bariton), Mihály Székely (Baß), Richard Tauber (Tenor), Richard Tucker (Tenor), Leonard Warren (Bariton), Hermann Weil (Bariton), Hilde Zadek (Sopran).

Diese Liste muß nicht weiter kommentiert werden, mit der einzigen Ausnahme des Fehlens von George London, der nach meinen Informationen russisch-jüdischer Abkunft ist, im Lexikon Di Caves jedoch nicht aufgeführt ist. Hinzuzufügen wäre der Liste auf jeden Fall der aktuell leuchtende Name des Tenors Neil Shicoff, der Sohn eines Kantors ist.

Aber nicht mit diesen Namen möchte ich schließen, sondern mit dem Verweis auf und einem Denkstein für einige jener Sänger, die Opfer der Verfolgung wurden:

Die Altistin **Ottilie Metzger-Lattermann**, die 1878 in Frankfurt am Main geboren wurde, eine große Karriere an der Hamburger Oper, aber auch als Erda und Waltraute in Bayreuth machte, bei der Uraufführung der *Symphonie Nr. 8* unter Gustav Mahlers eigener Leitung mitsang, Deutschland dann verlassen mußte und 1942 aus Brüssel, wo sie sich niedergelassen hatte, verschleppt wurde. Wahrscheinlich im Februar 1943 ist sie in Auschwitz umgebracht worden.

Der polnische Bariton **Juan Luria**, der 1862 in Warschau geboren wurde, 1890 an der Met sang, an der Scala den Wotan in der Erstaufführung darstellte und noch als Greis aus Holland nach Auschwitz gebracht wurde, wo er 1942 ermordet wurde.

Die in Prag 1887 geborene Altistin **Magda Spiegel,** die von 1917 bis 1935 die erste Altistin des Opernhauses Frankfurt war, ein Liebling des dortigen Publikums und durch Gastspiele auch über Frankfurt hinaus bekannt. Auch sie wurde (im September 1942) in Auschwitz ermordet.

Der Tenor **Louis Treumann,** geboren 1872 in Wien, Operettenstar der Wiener Jahrhundertwende, Uraufführungs-Danilo in der *Lustigen Witwe*, als alter Mann noch nach Theresienstadt gebracht und dort im Juli 1944 umgekommen.

Ihrem Andenken und dem der anderen nicht genannten und nicht so bekannten Opfer seien diese Überlegungen gewidmet.

Hinweise

Der Bariton Marko Rothmüller, als Opernsänger und Liedinterpret erfolgreich, hat ein Buch über *Die Musik der Juden* (Zürich 1951) geschrieben. Aron Friedmanns Studie *Der synagogale Gesang* (Berlin 1908) liegt in einem Reprint vor (Leipzig 1978)

Bei Pearl sind zwei CDs mit historischen Aufnahmen bedeutender Kantoren erschienen, bei Symposium eine CD. Den zeitgenössischen ungarischen Chasan Joseph Malovany kann man auf einer Hungaroton-CD hören.

Sängerinnen und Sänger
der Gegenwart

Plácido Domingo

Gibt es noch irgend etwas, was über Plácido Domingo noch nicht gesagt und geschrieben wurde? Doch, es gibt immer wieder Überraschungen. Erst vor kurzer Zeit erschien in einer deutschen Opernzeitschrift ein Leserbrief, der die Redaktion aus England erreichte. In bezug auf Domingo wurde da die Behauptung aufgestellt, daß dieser nicht erst 50 Jahre zähle, sondern deren 60, und es gebe auch einen Beweis, nämlich mindestens vier Schallplatten noch aus der 78er-Ära. Was Domingos Alter betrifft, so gab es allerdings immer wieder Zweifel, denn das offizielle Geburtsjahr 1941 harmonierte nicht recht mit den übrigen Daten. Danach wäre er 16 Jahre alt gewesen, als er in einer Baritonpartie einer Zarzuela in Mexico City zum erstenmal auf der Bühne stand, und 18, als er in *Rigoletto* den Borsa sang – ein wahrlich ungewöhnlich früher Karrierebeginn. Zu denken gibt auch, daß Rodolfo Celletti in seinem Buch über die großen Tenöre ganz selbstverständlich das Geburtsjahr 1934 angibt, damit allen offiziellen Verlautbarungen widersprechend, die sich ansonsten völlig durchgesetzt haben. Was jedoch in unserem Zusammenhang zählt, ist die sängerische und künstlerische Leistung, und darüber gibt es genug zu sagen, von dem allerdings das meiste schon und immer wieder gesagt worden ist, aus kompetentem und manchmal weniger kompetentem Munde.

Halten wir uns an die offizielle Lesart, die besagt, daß Domingo am 21. Januar 1941 in Madrid geboren wurde. Die Eltern waren im Bereich der Zarzuela tätig, jenes in Spanien so populären Genres, das durch den wenig adäquaten deutschen Begriff »Operette« bei uns in ein falsches Licht gerückt wird. Der Vater hieß Plácido Domingo Ferrer, die Mutter Josefa Embil, mit dem Beinamen »Pepita«. Der Name der Mutter deutet auf die baskische Herkunft ihrer Familie hin, die des Vaters setzte sich aus aragonesischen und katalanischen Bestandteilen zusammen. Der Vater sang in den Zarzuelas Baritonpartien, hatte das Zeug zum Heldentenor, wie der Sohn berichtet, und wählte sich Miguel Fleta zum Vorbild, den großen spanischen Tenor der zwanziger Jahre mit seinen berühmten Manierismen. Der Vater verlor früh seine schöne Stimme und verlegte sich auf die Tätigkeit eines Impresarios. Als solcher stellte er im Jahre 1948 eine Zarzuelatruppe zusammen, die nach Mexiko fahren sollte, er selbst wollte mit seiner Familie in diesem Land bleiben, das ihm bei einem früheren Gastspiel so eminent gefallen hatte. So kam es, daß Domingo einen wesentlichen Teil seiner Kindheit in Mexico City verbrachte, das damals noch nicht so unzumutbare und krankmachende Lebensbedingungen hatte wie heute. Als eine Art Hospitant besuchte Domingo das Konservatorium der Stadt, lernte dort eine zwei Jahre ältere Studentin kennen, sie heirateten (er 16, sie 18 Jahre alt) und bekamen ein Jahr später einen Sohn (die Ehe zerfiel bereits nach einem Jahr). Domingo begann, in der Truppe seiner Eltern Zarzuelapartien zu singen, Baritonpartien heißt es immer, aber diese Rollen bewegen sich in der Tessitura eines Baritontenors, eines »baryton martin«, wie die Franzosen sagen würden, sind also nicht so weit von der Tenortessitura entfernt.

So wie Domingo mit Recht stolz darauf ist, seine Partien sein ganzes Künstlerleben lang ohne Korrepetitor sich selbst am Klavier erarbeitet zu haben, so betont er auch, daß er nie einen regelrechten Gesangsunterricht genossen hat – beides nicht unbedingt zur Nachahmung empfohlene Vorgehensweisen, denen in diesem Falle der Erfolg recht gegeben hat. Dennoch gibt es zwei Menschen, denen er entscheidende Hinweise für seine Gesangskarriere verdankt. Der erste war Carlo Morelli, ein chilenischer Bariton, der in Italien begonnen hatte und in den dreißiger Jahren an der Met dramatische Partien seines Faches sang. Morelli hieß eigentlich Carlo Zanelli, und wem dieser Name vom *Otello*-Kapitel her bekannt ist, der irrt nicht, denn Morelli war der Künstlername des Bruders des chilenischen Baritons, später Heldentenors, Renato Zanelli, dem wir bereits als herausragendem Otello-Interpreten begegnet sind. Morelli war es, der den jungen Bariton Domingo darauf hinwies, daß er eigentlich ein Tenor sei, als dieser ihm den Prolog aus *Pagliacci* vorsang, und bei Morelli holte er sich die entscheidenden Anregungen dafür, wie sich interpretierendes Singen von bloßer Tonproduktion unterscheidet. Der zweite Ratgeber hieß Franco Iglesias, ein mexikanischer Bariton, der mit Domingo und dessen späterer zweiter Frau Marta in Tel Aviv engagiert war. Dort sang Domingo bereits in der Tenorlage, hatte aber immer noch erhebliche Schwierigkeiten mit der Höhe, denn beim H brach jedesmal die Stimme. Welch sängerisches Naturkind er damals war, erhellt sich aus der Tatsache, daß ihn Iglesias darauf hinweisen mußte, daß es so etwas wie Stütze und Zwerchfell überhaupt gibt und welche Funktion sie haben. Bevor er nach Israel kam, hatte er bereits 1959 in Mexico City in der Nebenrolle des Borsa in *Rigoletto* debütiert (in der Titelrolle gastierte der amerikanische Bariton Cornell MacNeil) und zwei Jahre später den Alfredo in *La Traviata* gesungen, Ende 1961 dann den Edgardo in *Lucia di Lammermoor* in Dallas, sein amerikanisches Debüt und gleichzeitig die erste Rolle an der Seite eines Weltstars, Joan Sutherland. Vom Dezember 1962 bis Mitte 1965 sang er dann in Tel Aviv, 280 Vorstellungen waren es, eine harte, aber fruchtbringende Lehrzeit, fast alle Partien in der Originalsprache, zwei davon sogar in Hebräisch – zusammen mit Marta verdiente er 320 Dollar im Monat.

Im Oktober 1965 sang er dann zum erstenmal in New York, an der City Opera, es war die Tenorrolle in *Madama Butterfly*. Am gleichen Haus eröffnete er dann schon 1966 in der Uraufführung von Alberto Ginasteras *Don Rodrigo* die Spielzeit, Anfang 1967 sang er zum erstenmal in Deutschland, in Hamburg (kurz darauf folgte der berühmt gewordene erste Versuch mit dem Lohengrin an der gleichen Bühne), im Herbst 1969 sprang er für den erkrankten Franco Corelli an der Met in *Adriana Lecouvreur* ein (schon einmal hatte er Corelli in New Orleans ersetzt), an der Wiener Staatsoper hatte er im Mai 1967 den Don Carlos gesungen, und das Scala-Debüt in Verdis *Ernani* erfolgte im Dezember 1969. Was folgte, ist Operngeschichte unserer Zeit und muß hier nicht weiter ausgebreitet werden. Erwähnt sei vielleicht noch sein erster Otello, den er bereits 1975 in Hamburg sang, dann unter anderem 1976 zur Scala-Eröffnung mit Carlos Kleiber gestaltete und 1987 am gleichen Haus zur Hundertjahrfeier der Uraufführung, den Franco-Zeffirelli-Film nicht zu vergessen, durch den diese Oper auf eine allerdings fragwürdige Weise bekannter wurde als durch eine 100jährige Bühnengeschichte. Lange angedeutet und geplant ist die Hinwendung zu Wagner, die Domingo jetzt im Spätsommer seiner Karriere vollzieht. Lohengrin, Siegmund und Parsifal sind bereits im Repertoire, ein Tristan wird wohl noch folgen (den er früher schon einmal für 1985 anvisiert hatte).

Bereits im Januar 1981 konnte Domingo ein besonderes Jubiläum feiern: Er sang seine 1500. Vorstellung, allein seit seinem Met-Debüt hatte er damals schon mehr gesungen, als Enrico Caruso in seiner ganzen Laufbahn, und seither hat sich die Zahl seiner jährlich gesungenen Vorstellungen nur unwesentlich reduziert, von all den Plattenaufnahmen und Medienauftritten zu schweigen. Wo die Vorstellungszahl im Augenblick hält, entzieht sich meiner Kenntnis, es müssen jetzt weit über 2000 sein. Während berühmte Kollegen darauf stolz sind, im Jahr nicht mehr als 30, 35 Vorstellungen zu singen, kam Domingo in einem normalen Jahr wie 1982 auf 75 Auftritte (Konzerte mit eingerechnet, aber ohne Plattenaufnahmen und ähnliches) und ist seinerseits stolz darauf, nie zwei Tage hintereinander zu singen, während für andere schon zweimal die Woche als zuviel erscheint. Diese geradezu fabelhafte sängerische Unersättlichkeit, die nur auf dem Fundament einer beneidenswerten Physis und von Nerven wie Stahltrossen möglich ist, hat schon früh zu dem Topos geführt, daß er viel zuviel singe; Birgit Nilsson soll gesagt haben, er beherrsche ja eine ganze Reihe von Sprachen, aber leider nicht diejenige, in der er »Nein« sagen könne, und von Maria Callas wird ein ähnlicher Ausspruch über den jungen Kollegen überliefert. Domingo hat sich dagegen immer unmutig gewehrt und darauf beharrt, daß er selbst am besten wisse, was seiner Stimme bekomme und was nicht, und man wird zugeben müssen, daß heute, nach einer rund 30jährigen Karriere solch exorbitanten Zuschnitts, seine Stimme nicht mehr als die üblichen Alterungs- und Abnutzungsprozesse hören läßt. Ob er allerdings im Alter seines Landsmannes Alfredo Kraus noch dessen Leistungen zu erbringen in der Lage sein wird, sei dahingestellt, aber seine Antwort zu diesem Problem ist schon seit längerer Zeit, daß er schon mehr als ein normales Sängerleben hinter sich habe und sich nicht für ein unvorhersehbares Alter schonen wolle, in dem er auch dirigieren oder ein Operninstitut leiten könne.

Um das Besondere einer sängerischen Persönlichkeit zu umreißen, ist es nie zwecklos, sich mit kritischen Einwänden auseinanderzusetzen, sofern sie aus kompetenter Quelle stammen. Die allgemeine und weltweite Begeisterung für Domingo, die nun auch schon rund 20 Jahre alt ist, verdeckt meist die Tatsache, daß es immer wieder in ernstzunehmender Weise kritische Anmerkungen gegeben hat. Damit meine ich nicht jene Stimmen, die es sich nicht vorstellen können, daß ein Tenor des italienischen Repertoires einen guten Lohengrin singen kann und für die kategorisch Peter Hofmann auf jeden Fall ein besserer Rollenvertreter sein muß als Domingo. Ich meine auch nicht jene hartgesottenen Fans, die ihrer Begeisterung für Luciano Pavarotti oder José Carreras am liebsten dadurch Ausdruck geben, daß sie über Domingo herziehen, weil sie in ihrer monotheistischen Glaubenshaltung keine Götter neben dem einzigen, nämlich ihrem, dulden können, ohne zu berücksichtigen, daß diese drei Künstler höchst verschiedenen Zuschnitts sind (wenn Vergleiche schon unvermeidbar sind, so will ich hier nicht im unklaren darüber lassen, daß mir die sängerische Signatur Domingos an Farben und Reichtum die der beiden sogenannten Konkurrenten erheblich zu übersteigen scheint). Nein, ich meine fundierte Äußerungen, über die zu diskutieren lohnt. Da verwundert zunächst der kurze Artikel über Domingo im *New Grove Dictionary of Music and Musicians*. Er stammt aus der Feder des kenntnisreichen Herausgebers der englischen Zeitschrift *Opera*, Harold Rosenthal, ist für den Sänger durchaus lobend, mit der allerdings gewichtigen

Einschränkung, daß seine Stimme »not highly individual« sei, in ihrer Individualität (des Timbres ist wohl gemeint) nicht sehr stark ausgeprägt sei. Dem vermag ich nicht zu folgen. Eine Karriere wie die Domingos ist gerade in einer Zeit, in der Markenidentität so ungeheuer wichtig ist, nicht vorstellbar ohne ein distinktes Timbre, und wer die drei genannten Tenorkonkurrenten, die von der Industrie erfolgreich auch zusammengekoppelt werden, nebeneinander hört, wird allen dreien, andere Kriterien einmal beiseite, ein hoch individuelles Timbre nicht absprechen können.

Erheblich schwerer wiegt das erstaunlich negative Urteil über Domingo, das Rodolfo Celletti in seinem 1989 erschienenen Buch *Voce di tenore* fällt. Celletti ist ein hochangesehener Experte für den Kunstgesang und die Sängerstimme, seit Jahrzehnten eine vielgefragte Autorität. Nachdem er Domingo zunächst eine attraktive Tenorstimme bescheinigt hat, geht es aber auch schon los: Härten bei den Spitzentönen, Schwierigkeiten, die Töne zu modulieren, in der hohen Lage würden die Töne immer forcierter und farbloser, weil der Sänger die Technik des In-der-Maske-Singens und des Registerübergangs (»passaggio«) nicht beherrsche, hinzu komme eine ungute Nasalität der Töne in gewissen Bereichen und außerdem eine Standardisierung der Interpretation, die für jeden Gebrauch und für jedes Repertoire das gleiche Aussehen habe – abschließend folgt noch ein moderates Lob seines Otello. Bei so viel Tadel sollte man als Domingo-Liebhaber dennoch nicht gleich sich angewidert abwenden, sondern die Argumente prüfen und in einen Zusammenhang stellen. Wer Cellettis Bücher kennt, oder wer auch nur dieses Buch aufmerksam liest, wird dieses Urteil cum grano salis nehmen können. Cellettis Tenorgeschmack ist der italienische, das heißt, es werden Tenöre bevorzugt, die über eine gut fokussierte Stimme verfügen, eine Stimme mit Squillo also, klar definierter Durchschlagskraft ohne verschwimmende Ränder, im Prinzip also der Pavarotti-Typus (auch wenn dieser bei Celletti ebenfalls sein Fett wegbekommt). Tenöre wie Aureliano Pertile, Giacomo Lauri-Volpi, Tito Schipa und nicht zuletzt Kraus (auch wenn er kein Italiener ist) stellen für Celletti das Idealbild des Tenors dar und nicht die baritonalen Tenöre wie Zanelli, Jon Vickers oder eben auch Domingo. Der eher verhauchte, rauchige Stimmansatz so vieler spanischer Tenöre wie Fleta, Antonio Cortis und Hipólito Lázaro hat es in Italien immer schwergehabt, und Domingo, der in diese Tradition gehört, macht da keine Ausnahme.

Was die Höhenschwierigkeiten betrifft, so ist Celletti allerdings recht zu geben. Davon abgesehen, daß nicht jeder Tenor ein C-Tenor sein kann und sein muß (Caruso, den Domingo als sein wichtigstes Plattenvorbild nennt, war es auch nicht), ist bei ihm eine zunehmende, aber schon ältere Tendenz zu bemerken, den Tönen oberhalb des »passaggio« ihre notwendige Spitze zu nehmen, sie nicht genug in die »Maske«, die resonanzbildenden Regionen, zu führen. Daraus resultieren jene manchmal quälenden, weil mühselig klingenden »breiten« statt zentrierten Spitzentöne, die nur durch die unendliche Routine dieses Sängers und seine sonstigen Qualitäten im Rahmen des Erträglichen bleiben. Wenn Domingo dann doch einmal natürlicherweise an einem Abend müde ist (und das können dann auch Abende sein, die weltweit im Fernsehen übertragen werden), dann klingt seine Stimme, für alle Verehrer schmerzlich, matt und stumpf – und es ist kein Geheimnis, daß Fans, die ihn bisher nur von der Platte kannten, oft etwas enttäuscht sind, wenn sie ihn zum erstenmal auf der Bühne erleben, weil die Stimme ihnen kleiner und matter vorkommt, als sie es im heimischen Sessel gewohnt sind. Völlig legitim ist es, daß er inzwischen jene Partien bevorzugt, wie Otello und die Wagner-Rollen, in denen die eminent reiche Mittellage zum Zuge kommt und nicht die Spitzentöne jenseits des A. Trotz dieser Eingeständnisse wird man das Gesamtbild, das Celletti da in wenigen Zeilen von Domingo entwirft, als hochgradig ungerecht empfinden müssen.

An den Nerv geht allerdings der Vorwurf der standardisierten Interpretation. Ihn hat andeutungsweise schon vor 20 Jahren John Steane in seinem Buch *The Grand Tradition* erhoben, als Domingo auf einem ersten Gipfel seiner Karriere war, und im *Otello*-Exkurs habe ich mich dem mit aller Vorsicht angeschlossen. Es kann aber auch gar nicht anders sein. Wer sich irgendwann einmal entschlossen hat, in 30 Jahren über 2000 Vorstellungen zu singen statt nur 500 oder 600, wer rund 80 Partien ständig abrufbereit auf der Palette hat statt acht oder zehn, die er immer wieder verfeinert und perfektioniert, der *muß*, wenn er kein Übermensch ist, notwendigerweise zu einer Standardisierung kommen. Es ist das eine Grundsatzentscheidung, die ein Künstler trifft, und kein Publikum der Welt hat das Recht, etwas anderes von ihm zu fordern als das, was er selbst leisten und geben möchte. Domingos enorme natürliche Gaben, seine hohe Musikalität, sein geradezu animalischer Instinkt für die richtigen Gesten und Bewegungen auf der Bühne, seine virile Präsenz machen seine Auftritte auch dann noch darstellerisch glaubhaft, wenn er erst am Morgen der Vorstellung eingetroffen ist, während illustre Kollegen wochenlang proben können, ohne aus ihrer Eindimensionalität entbunden zu werden. So etwas verführt, das ist richtig, und auch im speziell sängerischen Bereich führt Domingo eher den breiten Pinsel als die filigrane Feder. Gerade im Otello war festzustellen, daß die letzte Vertiefung, das Aufreißen von Abgründen, die kontrollierte Entäußerung auf diese Weise nicht zu erreichen sind. Jene größten Momente menschlichen Singens, die in diesem Buche gelegentlich »orphisch« genannt worden sind, Momente, wie sie in Carusos Eléazar, in Richard Taubers *Toter-Stadt*-Emphase, in Joseph Schmidts Nemorino, in Kathleen Ferriers Mahler-Interpretationen, in Maria Callas' Medea gewissermaßen das Herzblut der Partitur und des Interpreten auf den Stimmbändern bloßlegen, solche Momente waren und sind bei Domingo nicht zu erleben. Man mag dies bedauern, wenn ein Sänger mit solch überreichen Fähigkeiten nicht an diesen Punkt gelangt, einfordern oder gar einklagen wird man dies nicht wollen und können. Domingo hat nicht in der Tiefe, aber wohl in der Breite so viel bewirkt wie kein anderer Tenor dieses Jahrhunderts, er hat für die Oper unendlich viel getan, und in seinen größten Momenten auf der Schallplatte (man nehme nur den geradezu cremigen Wohllaut seines Don Carlos auf Carlo Maria Giulinis Gesamtaufnahme) hat er für Millionen Menschen nachvollziehbar gemacht, welches Glück es sein kann, mit einer der schönsten Tenorstimmen dieses Jahrhunderts begnadet und der sicher größte Kommunikator unter den Sängern der letzten Jahrzehnte zu sein.

Hinweise

Plácido Domingos Autobiographie erschien 1983 unter dem Titel *My First Forty Years* (deutsch: *Die Bühne – mein Leben*, München 1983). Der Journalist Daniel Snowman hat Domingo zwischen 1981 und 1984 begleitet und daraus das Buch *Plácido Domingo – die göttliche Stimme* gemacht (deutsch 1986, eine überarbeitete Version erschien 1992 in Zürich). In Helena Matheopoulos' Buch *Bravo* (München 1988) finden sich seine Gedanken zur interpretatorischen Seite seines Berufs. Ein Bildband von Georg S. Rabal erschien in München 1992.

Aufnahmen Domingos hervorzuheben ist ein Ding der Unmöglichkeit. Ich lasse es also bei der Erwähnung der *Don-Carlos*-Gesamtaufnahme unter Carlo Maria Giulini.

Luciano Pavarotti

Das Jahr 1990 war wohl das erfolgreichste in der langen Karriere jenes Sängers, den die amerikanischen Fans »Big P.« nennen oder, wenn sie den Namen schon aussprechen, »Paveraddi« mit schön gerolltem R. Bei der Fußballweltmeisterschaft hatte er in einem Konzert, dessen künstlerischer Ertrag gleich Null war, zusammen mit seinen Kollegen Plácido Domingo und José Carreras in den Caracalla-Thermen Roms demonstriert, wie lange und wie laut ein Mann bestimmte Töne aushalten kann (die CD von diesem Ereignis ist ein Verkaufsschlager erster Ordnung). Bei einer Serie von Freiluftkonzerten beziehungsweise Auftritten in großen Sportarenen hatte er im gleichen Jahr, unterstützt vom Wappentier eines berühmten italienischen Magenbitters, so viel Geld wie noch nie auf einen Schlag verdient. Der in solchen Dingen sehr kundige Musikreferent des *Spiegels* hatte für das Konzert auf dem Kölner Roncalli-Platz ausgerechnet, daß eine Abendgage von 600000 Mark herauskam, bei 15 gesungenen Titeln ein Stückpreis pro Arie von 40000 Mark, bei insgesamt 60 Minuten Singzeit eine halbe Million Mark Stundenlohn. Vielleicht war das Kölner Konzert besser als die Eröffnungsveranstaltung dieser Tournee in München, wo ein ziemlich indisponierter Pavarotti der Münchner Bussi-und-Schicki-Gesellschaft eine relativ glanzlose Leistung bot – die Eintrittspreise jedoch waren gezahlt, und da der Tenor bis zum Schluß durchhielt, wurden sie auch nicht zurückerstattet. Die von Pavarotti vor langen Jahren einmal eingespielte Aufnahme von »Nessun dorma« aus Puccinis *Turandot* diente der BBC während der Fußballweltmeisterschaft als Erkennungsmelodie, wird seither millionenfach verkauft und von den englischen Fußballfans wahrscheinlich für eine Originalkomposition des italienischen Fußballverbands gehalten.

Die Karriere dieses ungewöhnlich erfolgreichen Sängers hatte 30 Jahre zuvor, am 29. April 1961, am Teatro Municipale in Reggio nell'Emilia begonnen, wo er den Rodolfo in *La Bohème* sang. Luciano Pavarotti war der Sohn eines Bäckers, geboren am 12. Oktober 1935 in Modena, der Vater Fernando hatte eine »passione«, und das war der Gesang. Er sang nicht nur lange im Opernchor von Modena mit, sondern besaß, wie auch Sachkenner bestätigten, wirklich eine ungewöhnlich schöne Tenorstimme. Die Schallplatten von Caruso, Gigli, Pertile und Schipa gehörten zum täglichen Anhörungsunterricht des jungen Luciano, den neben Fußball das Singen wirklich am meisten interessierte. Als Brotberuf schien der Volksschullehrer der geeignetste und sicherste zu sein, eine berufliche Auswertung jener Begabung, die der stimmlich so begabte Dilettant Pavarotti senior nur zu einem Freizeitvergnügen hatte machen können, wurde dennoch mit aller Vorsicht angepeilt. Bei dem Tenor Arrigo Pola in Modena, der in den vierziger Jahren eine nicht unbeachtliche italienische Karriere gehabt hatte, erhielt der 20jährige seinen ersten Unterricht. Pola hat später in einer Rückerinnerung die Begeisterung, den Fleiß und die Konzentration des Schülers hervorgehoben. Pavarotti hatte nach eigener Bekundung eine Naturstimme, was immer man darunter verstehen mag, also eine schon vom Stimmbruch her bis zu einem gewissen Punkt natürlich entwickelte Tenorstimme von gutem Sitz, klangvoller Resonanz und ohne gravierende technische Fehlfunktionen. Besonders arbeitete Pola an der Deutlichkeit der Aussprache beim Singen und ist mit Recht stolz darauf, daß man das seinem Schüler heute noch anmerkt. Pavarottis zweiter Lehrer war berühmter: Ettore Campogalliani in Mantua, dafür bekannt, daß man bei ihm Atemtechnik studieren konnte, was dann auch

Carlo Bergonzi, Renata Tebaldi, Renata Scotto und Mirella Freni getan hatten, die Kindheitsfreundin Pavarottis, seine Milchschwester, wie er gerne erzählt, mit der er im Leben schon alles außer »amore« gemacht habe. Das Debüt in Reggio nell'Emilia mit 25 Jahren war die Folge eines gewonnenen Wettbewerbs, und es wurde begleitet von einem bekannten Dirigenten: Francesco Molinari-Pradelli, und der Inszenierung einer Soprangröße von einst: Mafalda Favero. Dieses Debüt und der Wettbewerb schienen gefährdet zu sein, als Pavarotti kurz zuvor die einzige ernsthafte Stimmkrise seines Lebens hatte, die er selbst auf Überanstrengung zurückführte.

1963 erschien er zum erstenmal außerhalb Italiens, als er den Edgardo in *Lucia di Lammermoor* in Amsterdam sang. Bekannt wurde er, als er im gleichen Jahr zusammen mit Giuseppe Di Stefano in Covent Garden in *La Bohème* besetzt war und wegen der Absage Di Stefanos auch jene Vorstellungen übernahm, die für den berühmten Kollegen vorgesehen waren. Interessanterweise hat Pavarotti einmal auf die Frage nach seinen Vorbildern »alle berühmten Kollegen« genannt, besonders aber Di Stefano, mit der wohlweislichen Einschränkung »von der Aussprache« her. Den entscheidenden Schub bekam seine Laufbahn durch das Angebot, an der Seite von Joan Sutherland durch die Welt zu touren. Sutherland und ihr Mann, der Dirigent Richard Bonynge, brauchten für ihr Revival der Belcanto-Oper beziehungsweise jenes Teils der Belcanto-Oper, der nicht durch Maria Callas wiederbelebt worden war, immer wieder junge Tenöre, die in der Lage waren, jenes Repertoire mit seinen Anforderungen in der Höhe zu singen, die nicht mehr wie seinerzeit noch mit der Kopfstimme bewältigt werden durften. Pavarotti war genau der Richtige für diese Aufgabe (nach einigen fehlgeschlagenen Experimenten mit anderen Tenören), und er selbst hat nie vergessen (was heute allgemein kaum noch bekannt ist), daß Sutherland und Bonynge wohl die wichtigste Hilfestellung bei seiner Karriere geleistet haben, nicht uneigennützig versteht sich. Ein großer Teil dieser Zusammenarbeit ist auf Schallplatte festgehalten, ob Bellinis *Puritani*, ob dessen *Sonnambula* oder Donizettis *Fille du régiment*, in der er in der Arie des Tonio mit ihren neun hohen C das Publikum in Mailand, New York und London zur Raserei brachte.

Bonynge hat sich später erinnert, daß er Pavarotti bei einem Vorsingen in Covent Garden im Jahr 1963 zum erstenmal hörte und das außergewöhnliche Talent sofort erkannte. Die Stimme war voll, hatte einen metallischen Kern und stieg mühelos in stratosphärische Höhen auf. Sein Mangel an Erfahrung wurde durch seine ungeheure Lernbegierde ausgeglichen – sobald der Ehemann nicht hinsah, fummelte der junge Tenor am Bauch von Joan Sutherland herum, in allen Ehren, versteht sich, um von der phantastischen Atemtechnik der Diva zu profitieren. Außerdem war er jung, schon sehr kräftig, aber eher athletisch als dick und, vergessen wir das nicht, für einen Tenor sehr groß gewachsen, was neben der ebenfalls nicht klein geratenen Sutherland ein großer Vorteil war.

Pavarotti war also in den sechziger und frühen siebziger Jahren ein »tenore di grazia«, der sich dann allerdings allmählich in schwereres Gelände vorwagte. Der Rodolfo und der *Rigoletto*-Herzog waren in den nächsten Jahren jene Rollen, mit denen er weltweit seine erfolgreichen Debüts gab, seine *Bohème*-Aufnahme mit Herbert von Karajan und sein Arturo in den *Puritani* mit Sutherland aus jenen Jahren sind in meinen Augen und Ohren immer noch seine größten Leistungen. Pavarottis Entwicklung seit Mitte der siebziger Jahre gibt zu Kontroversen Anlaß. Ich muß gestehen, daß ich sie nicht uneingeschränkt positiv bewerten kann. Als Darsteller hat er sich seither kaum entwickelt. Wenn Joan Sutherland sagt, daß er in den ersten Jahren ihrer Zusammenarbeit als solcher sehr beschränkt war, so wird man seither höchstens das Wörtlein »sehr« streichen können. Den meisten Effekt erzielte und erzielt er immer noch dann, wenn sein gewaltiger Korpus sich in einer tapsig-bärigen Komik ergehen kann, wie beim Nemorino im *Elisir d'amore*, eine Rolle, die auch Enrico Caruso besonders liebte. Auch als unbekümmerter Liebhaber konnte er früher Punkte sammeln, aber je mehr er ins Lirico-spinto-Fach hineinging, desto stärker wurden die Defizite seiner Darstellungskunst deutlich. Sein Manrico, sein Kalaf und sein Enzo (in *La Gioconda*), erst recht der Radames fallen weit hinter das zurück, was man heute als glaubhafte Verkörperung anzunehmen bereit ist, und im Gegensatz zu Caruso hat er jene Entwicklung vom Ungeschickten zum Wahrhaftigen nicht mitgemacht. Auch die Entwicklung der Stimme trägt dem nicht Rechnung, aber hier muß man Pavarotti zugestehen, daß er klüger war als sein Kollege Carreras. Er hat nie versucht, seine Stimme künstlich abzudunkeln, zu heroisieren, denn er beobachtete sehr wohl, daß sie mit zunehmendem Alter sich kaum veränderte, sondern ihren hellen, claironhaften Klang beibehielt, die einzige Veränderung, die festzustellen ist, betrifft die stärkere metallische Legierung der Spitzentöne. Der beim jungen Pavarotti so bezaubernde schwebende und lächelndklare Klang ist einer stärker durchdringenden, metallischen Verhärtung gewichen, mit der er die »spinto«-, ja »robusto«-Partien bewältigt, dafür jedoch eine zunehmende Versprödung des Stimmklangs in Kauf nimmt, »stretto« nennt er selbst jenes Klangphänomen, von dem man nicht sicher sein kann, ob es hätte verhindert werden können durch ein Verharren in den Partien des »tenore di grazia«, in denen ihm jedoch seine Karriere nie möglich gewesen wäre.

Sein Welterfolg in jenen großen Partien des Spinto-Repertoires ist erkauft mit einer Verarmung des Klangbilds, mit einer sängerischen Eindimensionalität. Alle Schattierungen und Differenzierungen, die einem großen Verdi-Tenor zur Verfügung stehen sollten und wie sie mit viel weniger glänzenden stimmlichen Mitteln Carlo Bergonzi so meisterlich vorgeführt hat, sind bei Pavarotti zunehmend einer höhenglanzpolierten vokalen Außenseite geopfert worden – ob sie ihm je zur Verfügung gestanden hätten, wäre seine Laufbahn anders verlaufen, bleibe dahingestellt. Ein Meister seines Fachs bleibt er trotz dieser Einschränkungen allzumal, seine Phrasierungskunst in seinen früheren Aufnahmen ist über jeden Tadel erhaben, die absolute Sicherheit seiner Höhe, ohne die Forcierungen und Verspannungen seiner beiden berühmtesten Kollegen, war immer eine sichere Bank und ein enorm beruhigendes Element, seine gewinnende Persönlichkeit und raumgreifende Herzlichkeit sichern ihm die Sympathien seiner Millionen Fans. Nur gelegentlich rutscht ihm etwas heraus, was ihm hinterher leid tut, so Anfang der achtziger Jahre eine Interviewbemerkung über den Kollegen Domingo, der sei eine blasse Persönlichkeit mit einer unscharfen Stimme – was Domingo mit dem Hinweis auf die verständliche Eifersucht des erheblich älteren Pavarotti zu kontern wußte. Nein, größer als Caruso oder so groß wie Caruso, wie Karajan geschäftsfördernd behauptet haben soll, das ist Pavarotti gewiß nicht, und auch mit Tito Schipa, Beniamino Gigli und Aureliano Pertile wird man ihn nicht vergleichen wollen, wenn man historisch fundierten Gerechtigkeitssinn hat. Daß er seit nun 25 Jahren in der Spitzengruppe der Tenöre des italienisch-französischen Repertoires steht, hat jedoch seine volle Berechtigung – eine andere Generation wird entscheiden, ob sein gigantischer Erfolg wirklich angemessen war.

Hinweise

Eine sogenannte Autobiographie, in Wirklichkeit eine zusammengestoppelte Sammlung verschiedener Texte, auch von anderen Autoren, erschien unter dem Titel *Ich – Luciano Pavarotti* 1982 in München. Aus der Feder Martin Meyers und Gerald Fitzgeralds erschien 1987 in London *Grandissimo Pavarotti*, Jürgen Kestings Monographie *Luciano Pavarotti* 1991 in Düsseldorf. 1986 erschien in Modena ein Bildband *Pavarotti. 25 anni per la musica*, herausgegeben von Rodolfo Celletti und Giorgio Corzolani. Das neueste italienische Buch über Pavarotti stammt von Daniele Rubboli: *Luciano Pavarotti* (Mailand 1990). 1992 erschien ein Buch des Pavarotti-Begleiters Leone Magiera: *Pavarotti. Mythos, Methode und Magie* (Zürich).

Auf die Nennung einzelner Aufnahmen sei auch hier verzichtet.

José Carreras

»Seht her. Ich bin zurückgekommen. Ich bin wieder unter euch Lebenden. Ich singe.« Diese Worte, die dem Munde des wiederauferstandenen Christus zu entstammen scheinen (und diese Assoziation ist ganz offensichtlich gewollt), sollen angeblich Worte des wieder gesundeten José Carreras sein, denn sie begleiteten in Anführungszeichen die Reklame für sein Erinnerungsbuch *Singen mit der Seele*, das 1989 erschien. Anzunehmen ist, daß sie eher dem Einfallsreichtum der Werbeabteilung des Verlages entstammen, denn der Sänger selbst macht eigentlich nicht den Eindruck, als ob er auf solch peinvoll am guten Geschmack vorbeisegelnde Reklame Wert lege. Man muß allerdings zugeben, daß es eine so schwere Erkrankung eines weltberühmten Sängers mit nachfolgendem Comeback in der Gesangsgeschichte bisher nicht gegeben hat – man stelle sich vor, Enrico Caruso sei von seinen schweren Operationen wieder genesen und habe seine Karriere wiederaufgenommen, oder Kathleen Ferrier habe ihre Krebserkrankung überstanden, oder Fritz Wunderlich habe sich von den Folgen seines Unfalls erholen können – verstehbar ist die Publicity schon, die dieser Fall gehabt hat, und wenn sich ein immer sehr gut aussehender, noch junger Mann in der Öffentlichkeit fast ohne Kopfhaare sehen läßt, die ihm die Behandlung seiner Krankheit geraubt hat, dann muß man diesen Mangel an Eitelkeit anerkennen. Anerkennen muß man auch das positive Vorbild, das ein solch weltberühmter Patient bietet, wenn er eine Krankheit meistert, bei der viele Menschen jeden Mut verlieren – Carreras hat hier, wie auch durch die Gründung seiner Leukämie-Stiftung, eine außerordentlich wichtige Funktion übernommen, was vielleicht mehr wiegt als die Frage, wie sich seine Erkrankung auf seine Spitzentöne ausgewirkt hat (zum Schluß soll aber auch dieser Frage nicht ausgewichen werden).

Als Joseph Maria Carreras Coll wurde der Tenor am 5. Dezember 1946 in Barcelona geboren (Carreras war der erste Name des Vaters, Coll der erste der Mutter; wie es bei Katalanen üblich ist, wird daraus der Name des Sohnes gebildet, und Joseph darf Carreras auch offiziell im Reisepaß als Vornamen führen). Carreras ist ein Katalane, ein stolzer Katalane, und selten wird er in seinem Buch so ernst wie dann, wenn er über seinen Haß auf das Franco-Regime spricht. Der Vater war überzeugter Republikaner, ein Lehrer, der seinen Beruf wegen seiner politischen Überzeugung nicht ausüben durfte (offiziell hieß das »mangels Bedarf«) und so als Verkehrspolizist arbeiten mußte, während die Mutter mit einem Friseurgeschäft zum Unterhalt beitrug (ihr früher Tod hat beim Sohn tiefe Spuren hinterlassen). Als Carreras fünf Jahre alt war, wanderte die Familie nach Argentinien aus (eine Parallele zu der Familie Plácido Domingos), kehrte aber nach elf Monaten wieder nach Barcelona zurück. Im Gegensatz zur Familie Domingos spielte Musik in der von Carreras keine herausragende Rolle, und es muß doch etwas in ihm selbst Vorhandenes und Angelegtes gewesen sein, das die enorme Resonanz eines einzigen Filmes bewirkte: *Der große Caruso* mit Mario Lanza. Nur der Großvater mütterlicherseits konnte mit dem permanent singenden Knaben etwas anfangen, weil er selbst opernbegeistert war und verstand, was da vorging. Neben Lanza war es der spanische Rundfunktenor Luis Mariano, der zum Vorbild wurde, ein Sänger von großer Popularität, ähnlich wie Tino Rossi in Frankreich, ein »Crooner«, wie die Amerikaner sagen, mit einer kultivierten und angenehmen Stimme, die für die Bühne wohl zu schwach, für das Mikrophon jedoch sehr gut geeignet war.

Als Knabenaltist singt Carreras mit acht Jahren im Rundfunk »La donna è mobile«, mit elf hat er einen Auftritt in de Fallas *Meister Pedros Puppenspiel*, und 1964 beginnt er seine gesangliche Ausbildung bei Francisco Puig, dem Lehrer auch von Giacomo Aragall, zur Absicherung läuft ein Chemiestudium nebenher, das aber nicht abgeschlossen wird. Die Verfeinerung erhält Carreras bei Juan Ruax, einem im Rollstuhl sitzenden Zahntechniker mit einer bemerkenswerten Tenorstimme und einer Begabung fürs Lehren. Nachdem die jugendliche Phase der Begeisterung für Lanza und Mariano überwunden ist, tritt ein drittes Vorbild auf den Plan: Giuseppe Di Stefano, und es ist ganz merkwürdig, daß ausgerechnet dieser Tenor mit seiner problematischen Technik, dem Sichverausgaben in zu schweren Rollen und der zu kurzen Karriere Vorbild nicht nur für Carreras ist (der ihm in Vorzügen und Problemen am nächsten kommt), sondern auch für Pavarotti und Domingo, die ihm sehr viel unähnlicher scheinen – hier spricht doch etwas für die magnetische Wirkung dieses Tenors, die nicht allen Hörern von heute noch zu vermitteln ist. Sowohl Pavarotti wie auch Carreras benennen genauer, was sie an Di Stefano so angezogen hat: die direkte Umsetzung der Emotion in den Gesang und der Primat der »parola« vor der »musica«. Carreras ist als »tenore della parola cantata« bezeichnet worden, Tenor des gesungenen Wortes, weil die Wortdeutlichkeit bei ihm wie auch bei Pavarotti wirklich vorbildlich ist; mit dem Wagnerschen Sprachgesang hat das wenig zu tun, weil Deutlichkeit der Aussprache in der italienischen Sprache hergestellt werden kann, ohne auf musikalische Phrasierung zu verzichten, im Deutschen ist das schon schwerer.

Carreras' Karriere verlief bis zu seiner Erkrankung ebenso konsequent wie spektakulär, wobei die Hebammendienste seiner mütterlichen Kollegin Montserrat Caballé von unschätzbarer Bedeutung waren (deren Bruder sein Manager wurde). Im Januar 1970, gerade 23 Jahre alt geworden, stand er zum erstenmal als Tenor auf der Bühne des Liceo in seiner Heimatstadt Barcelona, als Flavio in *Norma* neben Caballé, Fiorenza Cossotto und Bruno Prevedi. Als sein eigentliches Debüt aber sieht er den Dezember des gleichen Jahres an, als er den Gennaro in Donizettis *Lucrezia Borgia* am gleichen Ort ebenfalls mit Caballé sang. Im Oktober 1971 gewann er den Verdi-Wettbewerb in Parma, im Januar 1974 debütierte er an der Wiener Staatsoper als *Rigoletto*-Herzog, und das Wiener Publikum schloß ihn ganz besonders ins Herz, auch wenn ihm am Ende von »La donna è mobile« die Stimme wegblieb (die Wiener bereiteten ihm nach seiner Genesung wohl auch den triumphalsten Empfang). Im März 1974 sang er den Alfredo in Covent Garden, im gleichen Jahr sprang er für Franco Corelli als Cavaradossi in München ein, im Februar 1975 debütierte er an der Scala als Riccardo im *Ballo in maschera* im Kostüm von »Pippo« Di Stefano, der es ihm zum Geschenk machte. Mit Verdis *Requiem* begann im April 1976 die Zusammenarbeit mit Herbert von Karajan, die ihren Höhepunkt wohl in *Don Carlos* hatte und, von vielen als fragwürdigster Punkt angesehen, im Radames, den er im Juli 1979 in Salzburg sang. Im Juli 1987 brach die Krankheit aus (eine akute lymphoblastische Leukämie) – über die Marter der monatelangen Behandlung in Barcelona und Seattle berichtet Carreras' Buch genau und unsentimental –, und am 21. Juli 1988 stand er in Barcelona zum erstenmal wieder vor Publikum.

Will man hören, wie der junge Carreras klang, wie er seine Wirkung auf willfährige Ohren ausübte, dann greife man zu seinem ersten Plattenrecital, das er im Frühjahr 1976 mit Roberto Benzi als Dirigent einspielte – übrigens ein hervorragend zusammengestelltes Programm, das weitgehend aus Raritäten besteht. Wer heute als erstes die Carreras-Aufnahmen aus jüngster Zeit kennenlernt und seine Schwierigkeiten haben mag, den Weltruhm des Sängers zu verstehen, den kann man mit diesen Aufnahmen leicht überzeugen, und ich denke, ich übertreibe nicht, wenn ich diese Stimme als die aparteste bezeichne, die unter den Tenören der Gegenwart anzutreffen ist. Gar nicht leicht zu beschreiben ist jedoch, was daran so apart ist. Es hat wohl mit der ethnischen Herkunft des Sängers zu tun, denn wenn man sich Aufnahmen spanischer Tenöre früherer Jahre anhört, nehmen wir nur die berühmtesten wie Hipólito Lázaro, Miguel Fleta und Antonio Cortis, dann entdeckt man eine spezifische Verwandtschaft mit dem Carreras-Klang, die vielleicht am besten als Chiaroscuro zu bezeichnen ist, denn dieser Ausdruck aus der Malerei, die Mischung aus Hell und Dunkel, sei sie kraß wie bei Caravaggio, sei sie mild wie bei Rembrandt, beschreibt am besten die Eigenart großer spanischer Tenöre – in diesem Sinne ist die Stimme Domingos weniger spanisch als die der Genannten, denn ihr relativ einheitlich dunkler Klang ist nicht typisch für Tenöre dieser Region. Carreras' Stimme also war schlank und schmal (der Zusammenhang zur Physis ist natürlich einsichtig), dabei von schon früh erstaunlich dunkler Färbung, für den bleichen Tenorhelden romantischer Melancholie wie geschaffen, Glut unter der Asche einer jugendlich-männlichen Versammeltheit und Selbstdisziplin. Wäre er den Grenzen seiner stimmlichen Veranlagung gefolgt, dann hätte er nur ein relativ schmales Repertoire singen können. »Eine langweilige Karriere, die darin besteht, daß man jahraus, jahrein mit einem halben Dutzend Rollen im Repertoire in der Welt herumfährt, könnte ich nicht einmal dann ertragen, wenn ich sie beinahe perfekt singen würde. Auf diese Weise werde ich, wenn meine Karriere vorbei ist, wenigstens das gesungen haben, was ich singen wollte« – so Carreras, wahrscheinlich auch mit einer Spitze gegen Alfredo Kraus.

Ähnlich unwillig wie Domingo reagiert auch Carreras immer wieder auf meist gutgemeinte Ratschläge, was er zu singen habe und von was er besser die Finger lassen solle. Wer hat wirklich das Recht, einem Sänger (der aber auch gute Berater haben sollte) vorzuschreiben, wie er seine Karriere aufbaut. Das Problem liegt wahrscheinlich nur in dem Halbsatz: »wenn meine Karriere beendet ist«, denn jeden Liebhaber des Kunstgesangs wird es schmerzen, mit ansehen zu müssen, daß eine Karriere viel zu frühzeitig den Abstieg vom Höhepunkt beginnt, der bei vorsichtiger Planung erheblich hätte hinausgezögert werden können. Man muß zugeben, daß auch bedeutende Sänger kaum je in der Lage sind, durch eine rechtzeitige Beendigung der Laufbahn dem Publikum schmerzvolle Hörerlebnisse zu ersparen, und sie sind dazu um so weniger in der Lage, je früher die stimmlichen Probleme einsetzen, denn kein Tenor Mitte Vierzig wird genug Selbstkritik aufbringen, um zuzugeben, daß er mit seinem stimmlichen Latein am Ende ist, wenn er nach normalen Maßstäben noch 15 Jahre Singen vor sich sieht. Dies sei einmal zunächst ganz allgemein gesagt. Im Falle von Carreras sind sich eigentlich alle Auguren einig, daß er zu früh zu schwere Partien gesungen hat: 1978 den Alvaro, 1979 den Radames, im gleichen Jahr den Andrea Chénier und den Enzo in *La Gioconda*, 1982 den José, 1983 den Kalaf und den Manrico, 1986 den Canio und seither auf Platte gar den Eléazar in Halévys *Juive* und den Samson in *Samson et Dalila*, beides Rollen, die zu den Höhepunkten von Carusos spätesten Jahren gehörten, als dessen Stimme schon länger das Format eines italienischen Heldentenors erreicht hatte. Bei Carreras kam dieses Rollengebiet sicher nicht zu früh von seinem Alter her, sondern weil er bis heute die stimmliche Signatur der Rollen nicht erreicht hat und nie erreichen wird. Dabei finde ich das Radames-Experiment, das von den meisten Carreras-Experten als besonders gravierend empfunden wurde, nicht einmal als das problematischste, denn an der Seite eines Dirigenten wie Karajan, mit dem Carreras auch die Micaela gesungen hätte, wie er einmal sagte, ist solch ein Experiment möglich, bei einer Rolle, die immer eher zu schwer besetzt wird.

Ich halte Rollen wie Kalaf und Chénier für die erheblich gefährlicheren Experimente, denn sie erfordern Stimmen von großer und vor allem dauerhafter Durchschlagskraft bei den Spitzentönen, im Falle des Chénier noch die Fähigkeit, in den vier großen Szenen im Grunde vier verschiedene Stimmtypen zu verkörpern, vier verschiedene »tessiture« zu präsentieren, vom Lyrischen zum Heroischen und wieder zurück wechseln zu können.

Nun scheint mir kein Zweifel daran zu bestehen, daß Carreras nach wie vor ein lyrischer Tenor ist, der durchaus die Fähigkeit hat, an gewissen Punkten auch dramatische Energie einzusetzen, dessen Stimme aber überfordert ist, wenn sie einer vorherrschend dramatischen Gestaltung unterworfen ist. In einem Gespräch, das er Mitte der achtziger Jahre führte, hat er das exakt benannt: »Ich finde, daß meine Stimme jetzt viel lyrischer ist, als sie es vor zwei oder drei Jahren war. Zwar ist sie dunkler geworden, und das erlaubt mir, neue Rollen zu singen, aber sie ist immer noch lyrisch, mit dramatischen Akzenten.« Es ist dies genau die Definition eines »lirico spinto«-Tenors, aber Carreras hat seither und auch schon damals diese selbst erkannten und selbst gesetzten Grenzen nicht ausreichend beherzigt und sich auf Rollen verlegt, bei denen der »spinto«-Charakter den »lirico«-Charakter bei weitem überwiegt, sich gar in die Bereiche des »tenore robusto« vorgewagt, und »robusto« ist nun gerade eine Eigenschaft, die weder seiner Physis (unabhängig von seiner Krankheit) noch seiner Stimme anhaftet. Und auch das hat er merkwürdigerweise völlig klar erkannt, ohne allerdings die richtige Konsequenz daraus zu ziehen.

In einem Interview aus dem Jahre 1989 beschreibt er das gegenwärtige Problem seines Singens, ohne zu erkennen, daß er damit auch sich selbst treffen könnte: »Wenn man eine Zeitlang eine bestimmte Art von Partien singt, die nicht zur eigenen Stimme passen, dann kann dies die Stimme beschädigen, nicht so sehr, weil man die Stimme überanstrengt, sondern weil man zuviel Energie und Konzentration aufwenden muß. Dann bleibt man immer am Rande seiner Möglichkeiten.« Und dann gefragt, ob er einen Unterschied an seiner Stimme vor und nach der Krankheit feststelle, verneint er diese Frage im Prinzip, aber: »Meine Stimme hat wohl immer noch die gleiche Farbe, allenfalls hat sie, nach einem Jahr Singpause, wieder etwas mehr lyrische Tönung, die sie zuvor verloren hatte. Denn gerade in dem Moment, als ich krank wurde, sang ich in Opern wie *Bajazzo, Carmen, Andrea Chénier*, hatte das Repertoire fast eines ›Spinto‹-Tenors.« Die Einschränkung »fast« ist nicht recht zu verstehen, denn welche Partien wären die eines »spinto«-Tenors, wenn nicht die, die Carreras hier nennt? Auch ist nicht recht begreiflich, daß er nicht erkennt, wie genau er hier die Problematik seiner Rollen benennt, wenn seine Stimme die lyrische Tönung verloren hat, denn wenn eine

Stimme eine ihr eigene Tönung verliert durch die falschen Rollen, dann hat sie eben etwas verloren, was ihr eigentlich anhaftet, befindet sich also in einem mangelhaften Zustand, zumal bei einem Sänger wie Carreras, bei dem gerade die Mischung aus lyrischer Grundtönung und gelegentlichen emphatischen Akzenten eben jenes Chiaroscuro herstellte, das die geradezu magnetische Qualität seines Singens ausmachte.

Nun liegt es natürlich nahe, den gegenwärtigen problematischen Zustand seiner Stimme auf die Erkrankung zurückzuführen, und dies ist auch der Tenor der meisten Kritiken der letzten Zeit, nachdem die erste Rührung über den Wiederauferstandenen sich gelegt hat. So hieß es vor kurzem bei dem Vergleich einer neuen Kanzonenplatte mit den frühen Recitals aus den siebziger Jahren: »So ist nun ein Gezeichneter zu hören. Sein Tenor klingt schwerfällig und hart; in der Dynamik wird erschreckend wenig differenziert. Fast alle Nummern sind einer Einheits-Lautstärke angenähert. Der Höhe fehlt der Glanz.« Das ist, ziemlich unbarmherzig ausgedrückt, der Höreindruck, den man unvoreingenommen haben muß, wenn man die jüngsten Aufnahmen von Carreras sich anhört – so auch den Samson in der Gesamtaufnahme. Ich bezweifle jedoch, daß die Krankheit hier die Hauptursache ist. Es verhält sich ähnlich wie mit der Legende, daß die stimmlichen Probleme Maria Callas' damit begonnen hätten, daß ihr die Abmagerungskur nicht bekommen sei. Nun läßt sich eine Abmagerungskur mit einer so gravierenden Erkrankung wirklich nicht vergleichen, aber auch im Falle der Callas waren schon vor dieser Gewaltkur für das aufmerksame Ohr die zentralen Probleme ihrer Technik zu hören. Ebenso ist auch schon beim frühen Carreras, etwa in der Aufnahme von Berlioz' *Lélio* von 1980, zu hören, daß die hohen Töne nicht den richtigen Sitz haben, forciert werden und dadurch bei längerem Aushalten jenen gefährlichen »jaulenden« Vibratocharakter bekommen, wie er ganz vergleichbar bei der Callas immer mehr zum Vorschein kam und auch bei Carreras' großem Vorbild Di Stefano, der ebenfalls die Höhe viel zu offen anging. Verführt durch die dunkle Färbung seiner Stimme, die er statt als ethnische Eigenart als Hinweis auf den dramatischen Charakter seiner Stimme ansah, hat sich Carreras zu einem falschen Repertoire verleiten lassen, anstatt die Höhenprobleme auszukurieren, hat er genau jene Rollen gesungen, die eine ausladende Höhe erfordern – und so vor allem sind die stimmlichen Schwächen zu erklären, die jetzt, sicher verstärkt, wenn auch nicht verursacht durch die Erkrankung, so schmerzhaft zum Tragen kommen. Vergessen wir jedoch nicht, daß dies in ihrem Kern eine der schönsten Tenorstimmen des Jahrhunderts war und ist, und hoffen wir, daß es Carreras möglich sein wird, die Substanz seiner Stimme wieder unbeschädigt zum Ausdruck zu bringen.

Hinweise

Das autobiographische Buch erschien unter dem Titel *Singen mit der Seele* 1989 in München. In Helena Matheopoulos' Buch *Bravo. Berühmte Sänger über ihre großen Rollen* (München 1988) äußert sich Carreras über seine Interpretationen.

Die erwähnten empfehlenswerten frühen Aufnahmen stammen aus den Jahren 1976/77 und finden sich heute über mehrere CDs bei Philips verteilt.

Agnes Baltsa

Eine hochindividuelle Farbe im gegenwärtigen Sängerinnenspektrum wird man der griechischen Mezzosopranistin Agnes Baltsa (geboren am 19. November 1944) zusprechen dürfen, vielleicht die einzige Erscheinung auf der Bühne der Gegenwart, die im Umriß des Temperaments an Maria Callas erinnert, ihre Karriere allerdings dauert nun schon unbeschädigt 23 Jahre, und das allein ist genug Unterschied. Die auf der ionischen Insel Lefkas geborene Tochter eines Kaufmanns (eine wenig ältere Schwester wurde Architektin) war so etwas wie ein singendes Wunderkind – was bei Sängerkarrieren ja eher eine Ausnahmeerscheinung darstellt im Gegensatz zu den Pianisten und Geigern: Jussi Björling, Anja Silja sind die ganz seltenen Beispiele dafür, und eben Agnes Baltsa, die im regen Musikleben der kleinen Insel schon bald auffiel und mit neun Jahren öffentlich Schubert-Lieder vortrug. Als sie 13 Jahre alt war, zog die Familie nach Athen; dort besuchte sie das Konservatorium, lernte bei Nunuka Fragia-Spiliopoulos und verließ bereits mit 18 Jahren diese Bildungsstätte, versehen mit dem George-Enescu-Preis und dem Maria-Callas-Stipendium, mit dem sie nach München zog, um ihre Studien zu vervollständigen. Das vorzügliche Deutsch, das sie damals erlernte, half ihr später bei der Rolle des Octavian ganz erheblich. 1968 sang sie in Frankfurt vor, wo damals Christoph von Dohnányi Operndirektor war, und wurde sogleich engagiert. Die Debütrolle war der Cherubino, und in den folgenden Jahren wurde Agnes Baltsa auf die Hosenrollen festgelegt, Schicksal fast jedes jungen Mezzosoprans, wenn er nicht gar zu weit figürlich aus dem Rahmen fällt, und das konnte man damals wie heute der schlanken Griechin mit dem sprechenden Gesicht nicht vorwerfen. Schon ein Jahr später sang sie den Octavian an der Wiener Staatsoper, Josef Krips dirigierte, Sena Jurinac sang die Marschallin (die früher selber ein meisterlicher Octavian gewesen war), Otto Edelmann den Ochs. In diesem Ensemble sich zu bewähren, das hieß schon etwas, und so war der Aufstieg Agnes Baltsas von da an, wie man sagt, unaufhaltsam.

Der Komponist in *Ariadne auf Naxos* kam hinzu, es folgten Sesto in Mozarts *Clemenza di Tito* und der Prinz Orlofsky in der *Fledermaus*. Da Agnes Baltsa hinter der äußeren Fassade des griechischen Sorbas-Temperaments (als das sie selbst sich bezeichnet hat) eine äußerst kühl und präzise arbeitende und planende Künstlerin ist, war sie die Festlegung auf Hosenrollen bald leid und erweiterte ihr Repertoire in andere Richtungen: Da waren vor allem die Koloraturmezzopartien Rossinis, also die Cenerentola, die Rosina und die Italienerin in Algier, die sie auch heute noch mit dem gleichen Gusto und der gleichen stimmlichen Verve singt wie vor 15 Jahren, da waren die Mezzopartien des Belcanto-Repertoires (unvergeßlich ihr Romeo in Bellinis *I Capuleti e i Montecchi* an der Seite Edita Gruberovás, auch auf Platte festgehalten), die Didon in den *Troyens* von Berlioz und nicht zuletzt die Carmen, die sie gefährlich früh schon 1971 in Houston sang und mit der sie nach wie vor Furore zu machen versteht. Herbert von Karajan, der schon so manche Sänger über ihre Grenzen hinaus gefordert hat, machte auch mit der jungen Agnes Baltsa Experimente: Die Herodias in *Salome* und die Eboli in *Don Carlos* zierten auf diese Weise seine Salzburger Festspiele. Ob sie diese Rollen wirklich überzeugend verkörpert hat, oder genauer gesagt, gesanglich überzeugend erfüllt hat, darüber gehen die Meinungen weit auseinander.

Warum Karajan diesen Weg mit ihr ging, das wird aus einem vielzitierten Ausspruch aus seinem Munde deutlich: »Agnes Baltsa ist die bedeutendste dramatische Mezzosopranistin der Zeit.« Man wird bei dem Beiwort »dramatisch« stutzen dürfen. Dramatisch ist das Temperament der Sängerin gewiß, aber darf das dazu verführen, auch ihre Stimme als dramatisch anzusehen? Denkt man an Sängerinnen wie Christa Ludwig und Janet Baker oder gar an Margarete Klose, Karin Branzell und Margarete Matzenauer aus der tieferen Vergangenheit, dann wird man schnell zugeben, daß zu einem dramatischen Mezzosopran ein unabdingbares Maß an stimmlicher Fülle, Expansionskraft und Steigerungsfähigkeit gehört, ein »Spinto«-Element also, das Agnes Baltsas Stimme bei allem Respekt gerade *nicht* besitzt. Wo andere füllig und muskulös sind, ist ihre Stimme schlank und sehnig, und was eine zwischen Mezzo und Sopran pendelnde Grace Bumbry der Eboli an explosiver Kraft verleihen kann, das kann Agnes Baltsa eben wegen dieser natürlichen Begrenzung ihrer Mittel nicht leisten. So ist also hinter diese Tendenz ihrer Karriere ein gewisses Fragezeichen zu setzen, und ihre Santuzza, die sie 1989 ihrem Repertoire hinzufügte, sowie die Dalila (in Saint-Saëns' Oper) als letzte Erweiterung sind mit Skepsis zu betrachten. Zugeben wird man allerdings müssen, daß solche Experimente ihrer Stimme bisher nicht merklich geschadet haben und daß die immer wieder dazwischen eingelegten Rossinis ihr nach wie vor flüssig von der Kehle gehen.

Die eben geäußerten Bedenken haben nichts zu tun mit dem Haupt-vorwurf, dem sich Agnes Baltsa bei Kritik und Publikum immer wieder und unverändert ausgesetzt sieht, daß ihre Stimme nämlich durch »Register-brüche« gekennzeichnet sei (von denen die einen behaupten, sie würden immer schlimmer, die anderen, sie seien schon immer schlimm gewesen). Hier muß die Sängerin verteidigt werden, denn dieses Urteil beruht auf einer Verwechslung von Registerbruch und Farbunterschieden im Klangausdruck der Register. Registerbruch kann korrekt gebraucht nur bedeuten, daß es beim Übergang vom Brust- zum Kopfregister (siehe »Register« im Glossar) einen hörbaren »Bruch« gibt. Unter den bekannten Sängern der Gegenwart wird man einen solchen Registerbruch selten hören, ein prominentes Beispiel dafür ist Hildegard Behrens. Etwas anderes ist ein disparater Klangausdruck bei ansonsten nicht vorhandenem Bruch. Bestes Beispiel dafür ist Marilyn Horne, deren technische Perfektion jeden Gedanken an einen Registerbruch ausschließt, die aber wirklich mit drei verschiedenen Farben in Tiefe, Mittellage (kein eigenes Register!) und Höhe singt, ein ähnliches Phänomen gab es bei Leontyne Price, die mit zwei Farbskalen sang, und natürlich bei der Callas (wo andere Probleme hinzukamen). Wer Agnes Baltsa auch heute noch bei den Rossini-Skalen zwischen Brust- und Kopfregister zuhört, wird nicht wirklich auf den Gedanken kommen können, es seien da Brüche fest-zustellen, allerdings gibt es einen ausgeprägten Farbunterschied, den man mögen kann oder nicht, ein gesangstechnisches Problem ist dies jedenfalls nicht.

Von Agnes Baltsa wird man noch genug hören, und alle ihre Verehrer wer-den darüber glücklich sein. Wird es noch einmal eine Kundry von ihr geben? Karajan hatte sie schon einmal gefragt, aber sie war gut beraten, nein zu sagen. Die Präponderanz von Waltraud Meier in dieser Rolle wird sie heute zögern lassen, und im Lichte des Gesagten wird man ihr zu dieser Rolle, meint man es gut mit dieser bedeutenden Sängerin, nicht wirklich raten dürfen. Daß auch hier ein faszinierendes Rollenporträt zu erwarten sein dürfte, steht außer Frage, aber die unersättliche Gier des Publikums nach immer neuen Sensa-tionen sollte von den Sängern nicht immer befriedigt werden.

Hinweise

Über Agnes Baltsa erschien 1986 (Salzburg) eine Bildmonographie von Christina Bau-mann.

Unter den Gesamtaufnahmen mit Agnes Baltsa seien die der *Cenerentola* und der *Italiana in Algeri* Rossinis genannt, Bellinis *I Capuleti e i Montecchi* und Verdis *Don Carlos*. Bei DGG, Orfeo und EMI liegen Arien-CDs mit Ausschnitten aus ihrem Repertoire vor. Ein Ausflug in die populäre Musik Griechenlands auf hohem Niveau ist die CD *Lieder meiner Heimat*, die bei der DGG erschien.

Julia Varady

Es mag zunächst seltsam anmuten, wenn ich behaupte, daß die einzige Sängerin der Gegenwart im Sopranfach, bei der ich gewisse Ähnlichkeiten mit der künstlerischen Kontur von Maria Callas entdecke, Julia Varady (geboren am 1. September 1941 in Oradea) ist. Eine Sängerin, die ihren Ruhm zunächst auf Mozart-Partien gründete, inzwischen eine ganze Reihe von Wagner-Rollen in ihrem Repertoire hat und jetzt auf die Leonore in *Fidelio* und die Kaiserin in der *Frau ohne Schatten* zusteuert, scheint auf den ersten Blick mit der Callas recht wenig zu tun zu haben. Schaut man näher hin, so werden jedoch die Gemeinsamkeiten deutlicher. Eine umrißscharfe Persönlichkeit, auch im Schnitt ihres Gesichtes von hoher Eigenwilligkeit, ein vulkanisches Temperament, das jedoch im Gegensatz zur Callas immer unter Kontrolle zu sein scheint. Unter dem Etikett »herb« hat die Sängerin sich nur ungern immer wieder subsumieren lassen, und wirklich ist der Charakter ihrer Stimme damit nicht eigentlich richtig bezeichnet. Es ist eher eine Stimme, wie man sie bei skandinavischen Sängerinnen findet, klar, hervorragend fokussiert, mit jener Durchschlagskraft versehen, die ihre Besitzerin ganz folgerichtig vom lyrischen über das Spinto-Fach nun an die Grenzen des hochdramatischen Bereichs geführt hat, ohne daß Julia Varadys Sopran eigentlich über das Volumen einer Hochdramatischen verfügte; aber auch sie ist ein Lehrbeispiel, daß perfekter Sitz der Stimme und daraus resultierende Tragfähigkeit bis zu einer gewissen Grenze Volumen ersetzen können. Wer Varady in ihrer jüngsten Repertoireerweiterung gehört hat, als Abigaille in Verdis *Nabucco*, der wird an dem Callas-Vergleich noch weniger Anstoß nehmen können. Hier war alles vorhanden, was die dezidierten Callas-Epigonen wie Sylvia Sass und Elena Suliotis nur unter Verzicht auf eine längere Karriere zeitweise realisierten, der gebieterische Ton einer Frau, die nur zum Herrschen oder zum Untergehen geboren ist, die Technik (sicherer und selbstverständlicher als bei Callas), um die horrenden Schwierigkeiten, die extremen Amplituden dieser Partie zu bewältigen, und nicht zuletzt jenes unwägbare Gran »personality«, das durch keine Gesangstechnik ersetzt werden kann und ohne das auch eine Abigaille, perfekt gesungen, eine Hülle ohne Kern bleiben muß.

Begonnen hatte es in Siebenbürgen, wo Julia Varady als Angehörige der ungarischen Minderheit in Rumänien aufwuchs, in einer ungarisch-deutschen

Familie und mit Ungarisch als Muttersprache – wenn sie also immer wieder als Rumänin bezeichnet wird, dann wird die komplizierte Herkunft arg verfehlt. Als Kind war sie eine gute Geigenspielerin, mit 14 Jahren hatte sie das Gefühl, daß ihre klare hohe Sopranstimme etwas anderes war als die Stimmen ihrer Mitschüler, ein Jahr später mutierte ihre Stimme in einer Art weiblichem Stimmbruch in die Tiefe; deshalb wurde sie zu Beginn ihrer Ausbildung noch als Mezzo bezeichnet. Von der rumänischen Musikausbildung in einem Musikgymnasium und dann am Konservatorium in Cluj (Klausenburg) spricht sie auch heute noch mit Respekt. Sie wurde schon so dezidiert und detailliert auf den Beruf der Opernsängerin vorbereitet, daß es ihr keine Schwierigkeiten machte, 1970 direkt nach Deutschland an ein Haus großen Zuschnitts wie Frankfurt zu gehen – Christoph von Dohnányi hatte sie dorthin engagiert. Mit Partien wie Vitellia in Mozarts *Clemenza di Tito* und vor allem der Elettra in *Idomeneo* machte sie dann bald in München auf sich aufmerksam, wo sie seit 1973 engagiert ist (und das neben Berlin nach wie vor eine Art Stammhaus ist). Als sie 1973 in München Puccinis *Tabarro* mit Dietrich Fischer-Dieskau sang, begann eine Beziehung, die 1977 in eine Ehe mündete (eine erste Ehe noch aus der Zeit in Rumänien war früh gescheitert). Julia Varady hat keine Probleme damit, ihren Mann als Vorbild und Lehrer zugleich zu bezeichnen, bei dem sie gelernt habe, das Singen aus dem Piano heraus zu entwickeln und den Text wichtiger zu nehmen, als es ihr in ihrer Ausbildung beigebracht worden war – wenn sie heute eine Deklamatorin hohen Grades ist, wird man das auch dieser fruchtbaren Verbindung zuschreiben können.

Mit dem Ende der siebziger Jahre wird man den Beginn einer internationalen Laufbahn bezeichnen, markiert durch die große Resonanz der Uraufführung von Aribert Reimanns *Lear* in München (in der sie neben Fischer-Dieskaus Lear die Cordelia sang) und durch das Met-Debüt mit Mozarts Elvira. Noch Ende der achtziger Jahre wurde sie als Elvira für die Salzburger Festspiele verpflichtet, obwohl sie inzwischen zur Donna Anna herangewachsen war – beide Partien nebeneinander zu singen stellt einige Anforderungen an die Wandlungsfähigkeit einer Sängerin. Als Santuzza und Bartóks Judith (in *Herzog Blaubarts Burg*) wie auch in den zentralen Verdi-Rollen ist Julia Varady heute kaum zu übertreffen (nur Agnes Baltsa kann ihr in der ersteren Rolle die Waage halten), und dabei kommt ihr das alte Mezzofundament zugute, das sich nicht etwa als Stimmklangelement äußert (der ist purer Sopranklang, wie man ihn sich eindeutiger nicht vorstellen kann), sondern als Basis einer gesunden Tiefe und Mittellage, die nicht durch künstliche Abdunklung herbeigezwungen werden muß. Im Wagner-Fach, das ihr zunächst nicht auf den Leib geschrieben schien, hat sie bemerkenswerte Erfolge erzielt. Mit der Eva in den *Meistersingern* begann es (dabei wird der Reiz, neben Fischer-Dieskaus Sachs stehen zu können, eine gewisse Rolle gespielt haben), mit der Sieglinde setzte es sich fort, obwohl ihr zu dieser Rolle vielleicht doch das letzte Gran an stimmlicher Üppigkeit und gleichsam naivem Überschwang fehlt, während sie als Senta im *Fliegenden Holländer* die Selbstentäußerung dieser somnambulen Figur ganz erstaunlich trifft; außerdem wird man immer wieder mit Überraschung konstatieren, daß die immerhin jetzt 50jährige Sängerin keinen Verlust an jugendlichem Stimmklang zu verzeichnen hat.

Julia Varady ist im Panorama der Gegenwart eine ganz eigenartige, eine besondere Farbe. Im Gegensatz zu den meisten anderen Sängern und Sängerinnen ihrer Generation hat man bei ihr überhaupt nicht das Gefühl, daß ihre Entwicklung abgeschlossen sei und daß es jetzt daran gehe, die Ernte in die Scheuer zu fahren, wie es so schön heißt. Sie macht eher den Eindruck, immer noch nach neuen Ufern aufbrechen zu wollen, nach neuen Erfahrungen zu verlangen, vor Lust am kontrollierten Abenteuer zu vibrieren. Die Partien, die vor ihr liegen, wurden genannt; die Leonore wird ein interessantes Experiment werden, ob sie sich in der blassen Rolle der Kaiserin wirklich wohl fühlen wird, kann bezweifelt werden. Wo aber ist das große Opernhaus, das die einmalige Chance nutzt, mit Julia Varady endlich die Medea Cherubinis zu wagen, die seit Maria Callas wieder in einen Dornröschenschlaf versunken ist? Hier ist, zum ersten Male seit Callas, eine Sängerin, mit der diese Partie, diese Oper rollendeckend besetzt wäre – die Medea könnte die Krönung einer ungewöhnlichen Laufbahn bedeuten und für die Opernszene am Ende dieses Jahrhunderts ein besonderes, mit nichts zu vergleichendes Ereignis.

Hinweise

Unter den Opernaufnahmen mit Julia Varady möchte ich die folgenden hervorheben: Halévys *Juive*, eine nur teilweise geglückte Einspielung eines bedeutenden Werkes, in der sie als Rachel bei weitem ihre Kollegen überragt; Reimanns *Lear* natürlich, Strauss' *Arabella* unter Wolfgang Sawallisch mit Dietrich Fischer-Dieskau als Mandryka, die ältere *Idomeneo*-Aufnahme mit Karl Böhm, als Rarität Spontinis *Olimpie*, die Gerd Albrecht leitete. Unter den konzertanten Werken ist mir Zemlinskys *Lyrische Symphonie* die liebste Aufnahme.

Lucia Popp

Als Otto Klemperer seine Schallplattenaufnahme der *Zauberflöte* vorbereitete, suchten er und der Produzent Walter Legge intensiv nach einer Königin der

Nacht. Die etablierten Vertreterinnen der heiklen Partie schienen den Ansprüchen nicht recht zu genügen, da verfiel man auf eine junge Slowakin, die bei den Salzburger Festspielen als erster Knabe aufgefallen war. Es hieß, sie beherrsche auch die beiden Arien der Königin der Nacht, und so kam es im Sommer 1963 zu einem Vorsingen in Salzburg. Im Studio dabei Elisabeth Schwarzkopf, mit Legge verheiratet; von ihr stammt der berühmt gewordene Ausspruch nach der Absolvierung des Vorsingens: »Sie sind ein Wundertier.« Gemeint war Lucia Popp (geboren am 12. November 1939), damals 23 Jahre alt, und mit der Königin der Nacht begann so eine sehr spektakuläre Karriere, die inzwischen weit über diese Koloraturanfänge hinausgeführt hat. Geboren wurde Lucia Popp in Záhorská Ves bei Preßburg. Ihre Vorfahren väterlicherseits kamen aus Österreich, des weiteren sind mährische, ungarische und rumänische Einflüsse festzustellen, also eine K.u.k-Mischung ganz besonderer Art, deren Kosmopolitismus ihrer internationalen Laufbahn zugute kam. Ihr Vater war Ingenieur mit starken musikalischen Neigungen, die Mutter Konzertsängerin, deren immer noch schöne Stimme in einem Fernsehporträt der Tochter zu hören war. Es ist zweifelhaft, ob stimmliche Begabungen in direkter Linie erblich sein können, in diesem Falle scheint es so zu sein, vielleicht ist es aber einfach auch nur die musikgesättigte Atmosphäre eines solchen Elternhauses, die entscheidend einwirkte.

Durch das genannte Fernsehporträt wurde auch bekannt, was viele Popp-Verehrer gar nicht wußten, daß nämlich zunächst eine Karriere im Film wahrscheinlicher schien als eine auf der Opernbühne. Von der Theaterakademie Bratislava aus wurden Talente und Liebreiz der jungen Lucia Popp für die Leinwand entdeckt, und in mindestens zwei Filmen spielte sie Hauptrollen. Ihre Gesangslehrerin in dieser Zeit war Anna Hrusovská, ehemals Koloratursopran an der Wiener Volksoper. Ein erster Liederabend, in fünf Sprachen gesungen, machte auf das junge Talent aufmerksam, mit dem Debüt 1963 als Königin der Nacht in Preßburg begann eine Karriere, die das Klischeebeiwort »kometenhaft« durchaus verdient. Im gleichen Jahr schon kam das Engagement an die Wiener Staatsoper, von Herbert von Karajan getätigt, es kamen, wie erwähnt, die Salzburger Festspiele und die Verpflichtung durch Legge und Klemperer für jene *Zauberflöte*-Aufnahme, die den internationalen Durchbruch bedeutete. Die blutjunge Sängerin reüssierte als Königin der Nacht deshalb so spektakulär, weil sie nicht jene flache Zwitscherstimme besaß, mit der man diese Rolle so oft besetzte, sondern bei aller Koloratursicherheit und allen Spitzentönen ein warmer und fülliger Sopran war, der die spätere Entwicklung schon in sich trug, wie man der Aufnahme heute noch anhören kann. Lucia Popp hatte so eine Glanzpartie, die sie nun international sang, aber überhaupt kein Repertoire, denn dazu war keine Zeit gewesen. Kurioserweise war die

Barbarina im *Figaro* die einzige Rolle, die sie zunächst neben der Königin sang, dann kam die Sophie im *Rosenkavalier* dazu, und so ging es dann sehr schnell weiter, weil sie enorm schnell lernte, aber immer im Koloraturfach: Oscar und Despina, Gilda und Ännchen waren die nächsten Rollen, die sie dann auch schon in London und an der Met sang.

Konsequent, überlegt und glücklich zugleich wie kaum eine Kollegin vollzog Lucia Popp dann ihren ersten Fachwechsel. 1971 sang sie die Königin der Nacht noch einmal an der Met; durchaus erfolgreich, aber es kostete sie jetzt zuviel Nerven und zu große Anstrengungen, wie sie selbst sagt, dieses Niveau und diese hohen Töne zu präsentieren. Es war ihre letzte Königin der Nacht, und aus der Koloratursopranistin Lucia Popp wurde eine lyrische Sopranistin, die dann in den folgenden Jahren mit noch sich steigerndem Erfolg statt der Sophie die Marschallin, statt der Zdenka die Arabella, dann die Daphne und *Capriccio*-Gräfin sang, natürlich auch alle großen Mozart-Rollen für lyrischen Sopran, die sie sich vor allem in Köln erarbeitete, wo sie seit 1967 fest engagiert war. Der Kölner Mozart-Zyklus, den Jean-Pierre Ponnelle inszenierte, hatte am Ende der siebziger Jahre sein stimmliches Glanzlicht in ihren Interpretationen. Die zunehmende internationale Karriere führte zum Abschied von Köln; seither hat sie sich nicht mehr ausschließlich an ein Haus gebunden. Vor einigen Jahren schon wagte sie sich an die Eva in den *Meistersingern* heran, und das mit großem Erfolg, denn diese Partie ist seither ein regelmäßiger Glanzpunkt der Münchner Opernfestspiele; die Elisabeth in *Tannhäuser* wurde für die Schallplatte eingespielt, ging allerdings etwas unter, was nicht an Lucia Popp lag. Dann debütierte sie als Elsa in *Lohengrin* an der Seite ihres Mannes Peter Seiffert, der seinen ersten Lohengrin sang, und nun ist gar eine *Fidelio*-Leonore angekündigt.

Sie hat also sich zumindest teilweise das jugendlich-dramatische Fach erobert, und es gab bisher keine Stimme, die ihre Qualitäten dabei in Gefahr sah, ihr von solchen Experimenten abriet. Es gibt heute wenige Sänger mit solcher Selbstkontrolle und Selbstkritik wie Lucia Popp, bei der es nie eine Überforderung oder Überbeanspruchung der Stimme gegeben hat, und wenn sie Wagner singt, dann klingt das genauso füllig-unangestrengt, so warm und beseelt wie ihr Mozart- und Strauss-Gesang. Sie wird allerdings wohl kaum über diese drei Wagner-Rollen hinausgehen. In den gut 25 Jahren der erstaunlichen Karriere von Lucia Popp hat es keine stimmlichen Krisen gegeben. Lucia Popp ist eine komplette Musikerin, keine Nursängerin. Sie liebt vor allem die Kammermusik, und für sich zu Hause spielt sie lieber am Klavier Schubert-Sonaten, als sich Opernmusik anzuhören. Kein Wunder, daß ihr der Liedgesang mindestens so wichtig ist wie die Opernauftritte, und jeder, der einen Liederabend von ihr gehört hat, wird bestätigen, daß ihr geradezu rattenfängerischer Charme auf dem Konzertpodium fast noch stärker wirkt als auf der Bühne. Sie benutzt diese Gabe auch dazu, dem Publikum, ihrem Publikum, ein weitgefächertes Liedrepertoire zuzumuten, das die Pfade des Ausgetretenen immer wieder verläßt, bei Schubert und Schumann, bei Brahms und Mahler, bei Strauss und Dvořák. Als Mahler-Interpretin wurde sie besonders von Leonard Bernstein geschätzt, der sie in aller Welt zu dieser Aufgabe heranzog. Lucia Popp hat alles erreicht, was man als Sopran in dieser Musikwelt von heute erreichen kann, ihr Elan und ihre Neugier scheinen aber ungebrochen.

Hinweise

Biographische Informationen gibt es über die Alltagsjournalistik hinaus kaum. Von den zahlreichen Aufnahmen nenne ich stellvertretend nur eine: Lucia Popp singt slawische Opernarien, als CD bei der EMI herausgekommen.

Edita Gruberová

Als Edita Gruberová, geboren am 23. Dezember 1946, im Herbst 1991 an der Bayerischen Staatsoper die Lucia di Lammermoor sang, wurde ihre Leistung von einem Kritiker, der Maria Callas und Joan Sutherland in den großen Bel-canto-Partien noch gehört hatte, als diesen Größen gleichwertig, wenn nicht gar noch zwingender bezeichnet. Das war, aus prominentem Kritikermunde, nur eine der vielen Bestätigungen, daß Edita Gruberová jetzt, in der Mitte ihrer vierziger Jahre, auf dem Höhepunkt ihrer Laufbahn steht und in ihrem Fach derzeit keine Rivalin zu fürchten braucht. Aber was ist das Fach dieser bedeutenden Sängerin? Als Königin der Nacht und Zerbinetta hat sie begonnen und ihre Karriere begründet. Ähnlich wie Lucia Popp hat sie inzwischen die Königin der Nacht beiseite gelegt, auch wenn sie technisch sich durchaus noch in der Lage fühlt, diese Partie zu singen (beim Einsingen geht sie nach wie vor bis zum dreigestrichenen F, wie sie bekundet). Lucia Popp, auch sie in der Slowakei geboren, ist inzwischen bei Arabella und Elsa angekommen, Gruberová singt inzwischen Fiordiligi und Donna Anna zumindest auf Platte, dort steht auch die *Figaro*-Gräfin bevor, aber Traumrollen wie Desdemona werden wohl Traumrollen bleiben. Sie ist nach wie vor ein Koloratursopran, auch ein dramatischer Koloratursopran, wenn man diesen Begriff nicht ausschließlich von Maria Callas ableitet, sie hat erheblich mehr Stimme

548

als der herkömmliche »soprano leggèro«, Mittellage und Bruststimme sind jedoch nicht so ausgebildet wie bei Joan Sutherland oder bei Maria Callas (die
sie selbst als nicht nachahmenswert in ihrer Stimmtechnik ansieht). Man wird
sie also als einen dramatischen Koloratursopran mit Tendenzen hin zum lyrischen Sopran bezeichnen können, wenn man eine Fachschublade sucht, ansonsten ist sie Edita Gruberová, und das ist schon mehr, als man in Zeiten, in
denen bedenkliche technische Unsicherheiten an der Tagesordnung sind, erhoffen darf.

Auch wenn sie in Preßburg geboren wurde, wird man sie nicht als Urslowakin bezeichnen dürfen, denn die Mutter war Ungarin und der Vater Deutscher, wesentliche Jahre hat sie in Wien verbracht, heute wohnt sie in der
Schweiz und betrachtet sich als Weltbürgerin, für die 1993 in Tokio ein Gruberová-Festival veranstaltet wird. In Prag nahm sie die ersten Gesangsstunden,
als ihre eigentliche Lehrerin aber wird man Ruthilde Boesch in Wien bezeichnen können, auch wenn sie erst mit 24 Jahren zu ihr kam. Schon 1968 hatte
sie in Preßburg als Rosina im *Barbiere di Siviglia* debütiert, dann zwei Jahre in
der Provinz gesungen. Ein einmaliges Gastspiel 1970 in Wien als Königin der
Nacht öffnete den Weg, als Elevin an die Staatsoper zu kommen, aber trotz
ihrer stimmlichen Fertigkeiten dauerte es auf dem schwierigen und überfüllten
Pflaster Wiens fast sieben Jahre, bis sie als Zerbinetta mit Karl Böhm so reüssierte, daß ihre große Karriere auf diesen Zeitpunkt datiert werden kann. In
Wien hatte sie riesige Erfolge, mußte aber auch die Auswirkungen einer gegen
sie gerichteten Kampagne spüren, die bis zu jenem Fasteklat bei den Salzburger
Festspielen führte, als Edita Gruberová die österreichische Presse von einem
Liederabend ausschloß. An allen anderen Plätzen entfaltete sich ihre Karriere
reibungs- und störungsfrei, die Met, München und Zürich wird man als ihre
wichtigsten Bühnen ansehen dürfen.

Nachdem Königin der Nacht, Konstanze und Zerbinetta ausgereizt erschienen, eroberte sich Edita Gruberová zunehmend das Belcanto-Fach, in
dem sich durch das lang sich hinziehende Abschiednehmen Joan Sutherlands
die interessantesten Perspektiven ergaben. Lucia, Elvira in den *Puritani* Bellinis,
Donizettis *Fille du régiment*, Rossinis *Semiramide* – wer könnte das heute wohl
besser singen als sie? Donizettis Lucrezia Borgia und Anna Bolena stehen in
dieser Phalanx noch aus, und der Liebhaber des französischen Repertoires
würde sich freuen, wenn sie auch in diesem Bereich den Spuren Sutherlands
folgen würde, denn da warten noch wunderbare Aufgaben. Was Sutherland und
Richard Bonynge mühsam wiederbelebt haben, Opern wie Massenets *Esclarmonde* und *Roi de Lahore*, Delibes' *Lakmé*, die Werke Meyerbeers – sie alle drohen wieder in den Stand der Vergessenheit zurückzufallen, wenn sich nicht
Sängerinnen vom Kaliber Gruberovás ihrer annehmen.

Mustert man die kritischen Würdigungen, die Edita Gruberová in den letzten zehn, fünfzehn Jahren zuteil geworden sind, wird man gerade im deutschsprachigen Raum ein merkwürdiges Phänomen bemerken. Sosehr die technische Virtuosität dieser Sängerin anerkannt wird, so sehr wird immer wieder darauf hingewiesen, daß es ihr doch an Verinnerlichung, Beseelung, Tiefe der Interpretation mangele. Es ist bezeichnend, daß das Beispiel Sutherland einst geradezu deckungsgleiche Ergebnisse hervorgerufen hat. Ich habe das in beiden Fällen immer für ungerecht gehalten, auch wenn zuzugeben ist, daß solche Urteilsklischees sich aus verschiedenen Konstanten zusammensetzen. Einmal gibt es gerade in unseren Breiten eine sehr alte Tendenz, eine glänzende technische Oberfläche mit Oberflächlichkeit gleichzusetzen (der entspricht die Tendenz, technische Mängel mit »Ausdruck« zu entschuldigen). Man wird es als widersprüchlich bezeichnen dürfen, wenn der Niedergang der Gesangstechnik allgemein beklagt wird, dann aber von sich selbst genügender Virtuosität in tadelndem Ton gesprochen wird, wenn endlich einmal technische Mängel *nicht* festzustellen sind. Technik ist nicht alles, gewiß, aber, wie so oft in diesem Buch betont, Technik ist die Voraussetzung für sängerische Interpretation und nicht etwa ein Hindernis, mangelnde Technik hingegen behindert oder verhindert gar jegliche Interpretation und Vertiefung. Insofern sollten wir also allesamt froh und glücklich sein über die technische Virtuosität der Edita Gruberová, die in den Rollen, die sie zur Zeit singt, einzig dasteht, da wird wohl niemand widersprechen. Die Geläufigkeit und Elastizität der Stimme, die Tonfülle auch in den höchsten Lagen, wo von anderen nur noch ein Zwitschern vernehmbar ist, die ätherischen Piani in Bereichen, wo andere sich nur noch mit Kraft behelfen können – das sollte doch ohne Reserven anerkannt werden.

Wer die Callas als Maßstab heranzieht, vergleicht Unvergleichbares. Vokale Selbstzerstörung sollte kein Muster darstellen, auch wenn sie solche Ergebnisse gebracht hat, wer das als Regel aufstellen möchte, der verlangt Gladiatorenspiele (»morituri te salutant«) anstatt Vokalkunst. Höhenlagen, in denen die Callas sich nur mit höchster Anstrengung bewegte, machen Gruberová keine Schwierigkeiten; bei ihr hört sich wie mühelose Natur an, was doch das Ergebnis harter Arbeit ist. Man sollte auch bedenken, daß weibliche Stimmen, die sich bevorzugt in diesen Lagen bewegen, aus rein physikalischen Gründen nicht so viel seelisch-sinnliche Schwingungen aussenden können, wie das in tieferen Lagen möglich ist: Kein Koloratursopran wird darin je einem Mezzo gleichkommen können, wie auch keine Pikkoloflöte einem Englischhorn darin Konkurrenz machen kann. Am Ende bleibt dann allerdings jener keineswegs unwichtige Rest der Persönlichkeitsstruktur, der als gegeben hingenommen werden muß, und wer wird bestreiten, daß Edita Gruberová von ihrem Naturell her eher einer Regimentstochter und einer Zerbinetta nahesteht als einer Medea. Hier gibt es Grenzen, die nicht zu überspringen sind, was aber Kunstverstand und Einfühlung zu leisten vermögen, das ist dieser großen Sängerin erreichbar, je reifer sie wird, desto selbstverständlicher. Konnte man an ihren Platten und Auftritten vor rund zehn Jahren noch dies und jenes vermissen, so hat ihre Münchner Lucia gezeigt, was sie über die schiere Virtuosität hinaus an tiefer Empfindung zu vermitteln vermag.

Hinweise

Unter den Gesamtaufnahmen mit Edita Gruberová seien die der *Ariadne auf Naxos*, der *Maria Stuarda*, des *Don Giovanni* und der *Zauberflöte* hervorgehoben (die Mozart-Aufnahmen mit Nikolaus Harnoncourt). Bei Teldec sind Strauss-Lieder erschienen, bei Orfeo gibt es zwei CDs mit Arien und virtuosen Koloraturstücken.

Jessye Norman

Als zur 200-Jahr-Feier der Französischen Revolution, ein weltweites Medienereignis, Jessye Norman mit einem Lift auf eine Bühne der abgesperrten Place de la Concorde gehievt wurde und dann, den mächtigen Leib in eine riesige Trikolore gehüllt, die *Marseillaise* sang, die Stimme mit allen Mitteln der modernen Elektronik verstärkt, da hatten einige Verehrer dieser Künstlerin doch ihre Schwierigkeiten damit, die grandiose Interpretin der Lieder von Gabriel Fauré und Henri Duparc wiederzuerkennen, denn abgesehen davon, daß die besondere Qualität ihrer Stimme in dieser gigantischen Vergrößerung und Vergröberung kaum wiederzuerkennen war, wollte dieses ziemlich bodenlose Spektakel so gar nicht passen zu einer Sängerin, die die intime Kultur des Liederabends noch über das Opernereignis stellt und entscheidend dazu beigetragen hat, daß auch eine Generation, die nicht mit Dietrich Fischer-Dieskau oder gar Gerhard Hüsch aufgewachsen ist, es wieder als interessant empfindet, in Liederabende zu gehen. Jessye Norman selbst fand und findet nichts bei einem solchen Auftritt und gesteht ein, daß sie dabei sogar das »beinahe heroische Gefühl einer neu und für alle Welt gewonnenen Freiheit« empfand. Sie ist zu gescheit, um nicht zu wissen, daß solches Gefühl kaum etwas wiegt gegenüber den wirklichen Bedrohungen der Freiheit, aber so ist sie nun einmal: abhängig von Gefühlen, angewiesen auf Herzlichkeit, Wärme und Übereinstimmung, die auf sie zuströmen, so wie sie von ihr ausgehen in einem

Maße und in einer Fülle, die nicht zuletzt den Grad ihres immensen Erfolges bestimmen. Viele Künstler ihres Ranges halten sich Zudringlichkeit und Affiziertheit des Publikums durch eine Aura der Distanziertheit vom Leibe; niemand wäre auf die Idee gekommen, einem Fischer-Dieskau, einem Herbert von Karajan allzu nahe zu kommen. Es ist sicher kein Zufall, daß es zwei Amerikaner sind, Leonard Bernstein und Jessye Norman, die den Eindruck einer menschheitsumarmenden Herzlichkeit machten und machen, und wenn dann noch eine schier unerschöpflich flutende, quasi ozeanische Stimme hinzukommt, dann schafft man es, auch mit einer ganz und gar ungewöhnlich verlaufenden Karriere weltbekannt zu werden, was in diesem Falle so verdient ist wie selten.

Ungewöhnlich war und ist diese Karriere, weil sie andere Wege gegangen ist als die gewohnten, weil sie jetzt erst die Rollen auf der Bühne und auf der Schallplatte singt, für die die Musikindustrie sie schon vor zehn, fünfzehn Jahren vorgesehen hatte. Geboren wurde Jessye Norman am 15. September 1945 in Augusta (Georgia), und sie legt großen Wert darauf, daß sie nicht aus den Slums auf die Podien der Welt aufgestiegen ist, sondern aus einer Familie der schwarzen Mittelklasse, in der jedes der Kinder etwas Ordentliches geworden ist, mit der Ausnahme der Sängerin Jessye. Der Vater war Versicherungsagent, die Mutter eine gute Pianistin, die Kinder sangen in der Kirche, und die Liebe zu den Spirituals ist, wie bei den meisten amerikanischen farbigen Sängern, lebendig geblieben. Das Radio brachte die berühmten Übertragungen aus der Metropolitan Opera und damit die bedeutendsten Stimmen der Welt auch nach Augusta, aber Jessye Norman zog zunächst keine Verbindung zwischen *Aida* und *Walküre* und *Swing Low, Sweet Chariot*, fühlte sich nicht angeregt nachzuahmen. In den Kirchen und Gemeinden der Nachbarschaft fiel jedoch ihre Stimme in der Gruppe, mit der sie reiste, auf, und so kam es zu einem Gesangsstudium an der Howard University bei Carolyn Grant, ihrer ersten und langjährigen Lehrerin, der sie vor allem die Einsicht verdankt, daß nichts die Bedeutung des gesungenen Wortes besser transportiert als eine genaue Artikulation, was ihr auch heute noch in den vier Sprachen zugute kommt, die sie fast so perfekt wie ein »native speaker« singt.

Mit 20 Jahren gewann sie ihren ersten Preis, mit 22 schloß sie das Studium mit dem Bachelor-Grad ab, studierte aber bei Alice Duschak am Peabody-Konservatorium in Baltimore weiter und besuchte Kurse an der University of Michigan, die Pierre Bernac dort hielt, der bedeutendste Interpret des französischen Liedes zwischen Charles Panzéra und Gérard Souzay, der auch mehrere Bücher über dieses Spezialthema geschrieben hat, und wenn Jessye Norman heute als Interpretin des französischen Kunstlieds auch in Frankreich selbst keine Konkurrenz hat, dann hat sie das wohl vor allem Bernac zu verdanken.

Im Herbst 1968, gerade 23 Jahre alt, kam sie zum erstenmal nach Europa. Mit Elisabeths Gebet aus Wagners *Tannhäuser*, »Allmächtge Jungfrau«, überrumpelte sie die Jury des Münchner Rundfunkwettbewerbs, an dem sie teilnahm, weil ein amerikanisches Stipendium ihr diese Teilnahme ermöglichte, nicht etwa weil sie sich über die Bedeutung dieses Wettbewerbs im klaren gewesen wäre. Aus dem Gewinn in München folgte ein Engagement an die Deutsche Oper Berlin, eben als Elisabeth, und es schien eine sogenannte normale Opernkarriere sich anzubahnen, denn sie sang auch die Gräfin in *Le nozze di Figaro* in Berlin, 1971 die Sélica in Meyerbeers *Africaine* beim Maggio Musicale in Florenz, die Aida an der Scala 1972 und (ein erster Kontakt mit einem ihrer bevorzugten Komponisten) die Cassandre in Berlioz' *Troyens* in Londons Covent Garden, ebenfalls 1972. Dann aber ging es nicht so weiter wie vermutet, denn Jessye Norman gab, ohne daß es seinerzeit sofort deutlich wurde, ihre Opernkarriere weitgehend auf und nahm sie erst vor wenigen Jahren verstärkt wieder in Griff. Gleichgültig nun, ob dabei die Schwierigkeiten mit ihrer enormen, sie fast zu Bühnenunbeweglichkeit verurteilenden Physis die entscheidende Rolle spielten, die Unsicherheiten einer Anfängerin ohne jede Bühnenerfahrung, die sich plötzlich auf den ersten Bühnen der Welt neben den erstrangigen und ausgefuchsten Kollegen bewegen sollte, oder die Sorge vor den sehr bald an sie herangetragenen Rollenvorschlägen, die sehr direkt ins hochdramatische Fach zielten – jedenfalls war diese Entscheidung Jessye Normans sicher die klügste, die sich denken läßt, und vor dem Hintergrund des heutigen Betriebs geradezu revolutionär – allein das ist schon eine Leistung der Selbstbescheidung, die sie unter die Größten ihres Faches einordnen läßt. Heute jedenfalls, wo sie den Faden aus der Mitte der siebziger Jahre wiedcraufnimmt, strahlt sie eine viel größere Selbstsicherheit aus als seinerzeit, ist schlanker und beweglicher geworden, hüllt ihre immer noch majestätischen Formen in staunenerregend schöne Seidengewänder des Pariser Modeschöpfers Elia Kim, der diese nur für sie entwirft, und vermag auch auf der Bühne jene Ausstrahlung zu vermitteln, die auf dem Konzertpodium schon immer von ihr ausging.

In der dazwischenliegenden Zeit, von der Mitte der siebziger bis zur Mitte der achtziger Jahre, wuchs Jessye Norman zur bedeutendsten Konzertsängerin heran, ja, nach Fischer-Dieskau hat es keine Sängerin gegeben, die ein so weites Repertoire in vier Sprachen beherrschte, insofern es einer weiblichen Stimme überhaupt zugänglich ist. Als Kind schon war sie enorm beeindruckt von der ebenfalls farbigen Altistin Marian Anderson, die sie auf einer Platte mit Brahms- und Mahler-Liedern hörte; Lotte Lehmann, in den Vereinigten Staaten als Liedersängerin seinerzeit viel bekannter als in Europa, das sie verlassen hatte, wurde ein weiteres Vorbild. Besonders innig vermählt sich ihre

Stimme mit den Klangfluten des romantischen und spätromantischen Orchesters im Genre des Orchesterlieds. Von Berlioz' *Nuits d'été* über Mahlers Lieder, Ravels *Shéhérazade* bis zu Strauss' *Vier letzten Liedern* hat sie Aufnahmen gemacht, die jetzt schon historischen Status haben. Es ist keine Beckmesserei, wenn ich feststelle, daß nicht alle gleichermaßen ideal sind. Für Berlioz' Zyklus scheint mir eine schlankere, herbere Stimme doch geeigneter zu sein (zumal im wohl richtigeren Wechsel mit einem Tenor), und so ziehe ich die Aufnahme der Australierin Yvonne Minton (mit Stuart Burrows und Pierre Boulez) vor, aber wenn Jessye Norman in Mahlers *Dritter* ihr »O Mensch« singt oder *Im Abendrot* von Strauss zusammen mit Kurt Masur mit einem schier unglaublichen Atem in einer Breite zelebriert, die man nicht für singbar hält, wenn man es nicht gehört hat, dann wird dieses arg spätzeitlich-geschmäcklerische Stück plötzlich so selbstverständlich schlicht und innig, daß einem die zu recht berühmte Elisabeth-Schwarzkopf-Interpretation sehr künstlich erscheint (was dem Charakter dieser künstlichen Paradiese inmitten des Zusammenbruchs allerdings doch wohl gerechter wird). Den Gipfel ihrer Orchesterliedkunst allerdings erklimmt Jessye Norman in einem Werk, das bei uns sträflich vernachlässigt wird, in Ernest Chaussons *Poème de l'amour et de la mer;* wie sie hier alle Abschattierungen zwischen schwelgerischem Sichverströmen und melancholischer Trauergeste dieser kostbaren und unendlich differenzierten Partitur realisiert, das hat den höchsten Rang, den Interpretation überhaupt haben kann, eine Jahrhundertaufnahme – nur haben es noch nicht viele gemerkt.

Was ist das überhaupt für eine Stimme, die dieser »Black American Soprano« aufzuweisen hat (wie sie vom *New Grove* genannt wird)? »Wenn Jessye Norman singt, kann man nicht mehr denken, man kann nur noch hören. Nicht einmal fassen, erklären will man diesen Gesang, nur nehmen, besitzen, nicht davon lassen«, schrieb ein überschwenglicher Münchner Kritiker, dem es dann doch nicht so die Sprache verschlug, als daß nicht doch noch ein umfangreicher Bericht über ein Gespräch mit der Sängerin gefolgt wäre. Hören wir also und geben dennoch das Denken dabei nicht auf. Oft schon ist versucht worden, die offenbar atemberaubende Wirkung der Stimme von Jessye Norman zu beschreiben, eine besonders unsinnige Formulierung sprach von einem »samtig-metallenen Riesensopran«, aber entweder ist samtig (was zutrifft) oder metallen (was nicht zutrifft). »Hell und stechend wie eine Fanfare unter Hochdruck« seien ihre brillanten Spitzentöne, schrieb ein anderer prominenter Musikjournalist – er muß versehentlich eine Birgit-Nilsson-Platte aufgelegt haben, denn andere, die mehr von der Sache verstehen, sprechen von einer merkwürdig zurückgenommenen Höhe im Vergleich zur üppigen Mittellage und zur fülligen Tiefe und sind damit näher an der Realität. Die geradezu flauschige

Wärme dieser Stimme ist sicher jener Höreindruck, der alle anderen Details zu übertönen imstande ist. Eine ähnlich üppige Stimmausstattung hat es in unserem Jahrhundert wohl nur bei Kirsten Flagstad und bei Eileen Farrell gegeben, nur daß bei der Flagstad die Konturen härter und klarer waren, fjordartiger, während sie bei der Farrell geradliniger waren. Nicht zufällig sind damit zwei Sopranistinnen genannt, die im Wagner-Fach ihre größten Erfolge hatten (Farrell dort aber nur auf dem Konzertpodium und im Schallplattenstudio). Jessye Norman hat auf der Platte inzwischen Elsa und Sieglinde gesungen, die Isolde steht an.

Ist Jessye Norman jene Hochdramatische, als die sie schon lange gesehen und ersehnt wird? Ich bezweifle das (und stehe deshalb dem jetzigen Sprung ins hochdramatische Fach skeptisch gegenüber). Gerade in dem vielsagenden Vergleich mit Kirsten Flagstad und Eileen Farrell wird deutlich, was Jessye Norman zu einer Hochdramatischen fehlt und immer fehlen wird, jene strahlende Höhenlage, die nicht unbedingt fanfarenhaft sein muß wie bei Birgit Nilsson, sondern auch schlank klingen kann wie bei Frida Leider; Jessye Norman aber hat weder das eine noch das andere, was nur daran liegen kann, daß sie eigentlich, wenn sie überhaupt in ein Stimmfach einzuordnen ist, ein Mezzosopran ist. Die Ausdehnung ihrer Stimme ist völlig außergewöhnlich, eine Ausdehnung, die sich nicht nur auf bloß erreichte Töne bezieht, sondern eine gleichbleibende berauschende Klangfülle von der tiefsten Tiefe bis fast in die höchste Höhe bedeutet, auf diese Weise war sie in der Lage, in Verdis *Requiem* sowohl die Sopran- wie die Altpartie zu singen, ein Experiment, das vor ihr meines Wissens niemand gewagt hatte, aber auch diese Stimmausdehnung hat ihre natürlichen Grenzen, und die liegen eben in der Höhe; so erklärt die Mezzosopranbasis dieser Stimme relativ leicht jene vielberätselte Schwäche in der Höhe – wäre diese völlig normale Schwäche nicht vorhanden, müßte man Jessye Norman ins Abnormitätenkabinett der Gesangsgeschichte einordnen.

Eine Stimme mit dieser Charakteristik, die in den letzten Jahrzehnten einzigartig ist, kann sehr sehr viel erreichen und singen, aber doch nicht alles. Ich halte es überhaupt nicht für ausgeschlossen, Carmen *und* Isolde zu singen: Lilli Lehmann hat das vor 90 Jahren getan, und vergessen wir nicht, daß Maria Callas es auch getan hat, aber einer Isolde, der die mächtige Expansion in der Höhe fehlt, der fehlt doch etwas Entscheidendes (das auch fehlt, wenn Mittellage und Tiefe zu schwach sind, die Höhe allein reicht nicht aus). Die Kundry stellt andere Probleme, deren Bewältigung Jessye Norman eher zuzutrauen ist. Ihr immer noch schmales Opernrepertoire ist sorgfältig ausgewählt, Rollen wie die ihr angebotene Färberin in Strauss' *Frau ohne Schatten* hat sie abgelehnt, weil sie eine unglückliche und verbiesterte Frau nicht darstellen und singen kann. Ihre *Ariadne* an der Met und auf Schallplatte war hingegen ein vokales

Ereignis – der Darstellerin wird in dieser Rolle nicht allzuviel abgefordert. Das Großartige an Jessye Normans Kunst und vielleicht ihr größtes Erfolgsgeheimnis ist der so glücklich überwundene natürliche Gegensatz zwischen der reinen Pracht der Stimme und der Fähigkeit zur Nuancierung und Differenzierung. Ein flutendes Pianissimo, von einer solchen Stimme gesungen, hat eben eine andere Wirkung, als wenn eine zartstimmigere Sängerin es singt. Hier wird keine große Stimme mit Anstrengung auf Liedformat reduziert, sondern hier singt jemand mit der gleichen Selbstverständlichkeit und Natürlichkeit große wie kleine Töne, und wenn einem Pianissimo die Ahnung dessen beigegeben ist, zu was diese Stimme *auch* fähig ist, vielleicht sogar schon in der nächsten Sekunde, dann wird Gesang so aufregend, wie er bei Jessye Norman es ist. Ein Problem bleibt die Frage, ob all das, was sie sich anverwandelt in der ganzen Breite ihres Repertoires, auch persönlich erfüllt sein kann – so geht es einem manchmal mit ihr, wenn sie etwa in einem berühmt gewordenen Konzert mit Herbert von Karajan Isoldes Liebestod sang, dabei die fehlende Expansion der Höhe durch eine enorme Abschattierung in den leisen Farben zu ersetzen versuchte, aber auch abgesehen von diesen vokalen Problemen fragte man sich, ob man nach all den Nuancen und Subtilitäten auch eine *Gestalt* gehört hatte – ähnlich konnte es einem mit ihrer Elsa gehen, die äußerst differenziert gesungen war, aber synthetisch wirkte wie die ganze hochbesetzte Aufnahme. Vielleicht muß Jessye Norman noch irgendwann jenen Schritt zur Entäußerung gehen, den ihr großes Vorbild Lotte Lehmann immer wieder, verschwenderisch mit ihren Möglichkeiten, getan hat, sonst bleibt ihren Gestaltungen der großen Figuren der Opernbühne die letzte Erfüllung versagt.

Hinweise

Bis zu diesem Zeitpunkt gibt es keine zureichende Literatur über Jessye Norman, das wird sich sicher bald ändern.

Mit der folgenden Ausnahme ist es nicht nötig, einzelne Aufnahmen zu nennen: Ernest Chaussons *Poème de l'amour et de la mer* erschien, 1983 aufgenommen, bei Erato.

* * *

Allen Lesern, die mir bis hierher gefolgt sind, ist es wohl klar geworden, daß eine Intention des Buches ist, den Sinn für das Historische zu schärfen, den Brunnen der Vergangenheit, von dem Thomas Mann sprach, so tief wie möglich auszuloten. Es mag erscheinen, als ob gegen Schluß des Buches und eben auch im jetzt folgenden Kapitel den Sängern der Gegenwart nicht genug Gerechtigkeit widerfährt. Ich hoffe jedoch, deutlich gemacht zu haben, daß ich nicht ein unbedingter Anhänger jener These bin, die besagt, »früher« sei grundsätzlich besser gesungen worden. Ich verdanke den Sängern, die ich selbst hören konnte und noch hören kann, zuviel an großen Kunsterlebnissen, als daß ich in Versuchung käme, sie pauschal zu verteufeln. Ich möchte nur versuchen, mit diesem Buch ein wenig Ausgleich dafür zu schaffen, daß die Sänger der Gegenwart, die bedeutenden und weniger bedeutenden, eine Medienpräsenz, wie man das nennt, sondergleichen haben. Das meint nicht die Sängerautobiographien, die es früher, entgegen anderen Meinungen, mindestens so reichlich gab wie heute, eher reichlicher (nur sind die meisten nur noch den Spezialisten bekannt). Der Bekanntheitsgrad in »Film, Funk und Fernsehen« jedoch, der heute erreicht werden kann, den gab es so früher nicht, in eingeschränktem Maße eigentlich nur für die Handvoll Weltstars. Nun jedoch wird fast jeder Sänger, der eine Reputation über seine engere Heimat hinaus genießt, auf einem breiten Medienband mit Interviews, Porträts, Photos, Berichten, Fernsehauftritten, Fernsehporträts und so weiter verwöhnt, von der PR-Arbeit seiner Plattenfirma einmal ganz abgesehen. Wir wissen, mit einem Wort, über unsere Lieblinge hervorragend Bescheid, und wenn wir wollen, können wir uns auch über die informieren, von denen wir gar nichts halten. In diesem Sinne, denke ich, kann ich mich bei meinem Panorama der Gegenwart kürzer fassen, versuche aber dennoch über eine pauschale Namensliste hinauszukommen, was aber auch bedeuten muß, daß keineswegs alle Sänger von einiger Bedeutung hier genannt und nicht alle Sänger immer ihrer Bedeutung nach gewürdigt werden können. Ich gestehe gerne ein, daß ich letztlich lieber einem ganz Großen der Vergangenheit mehr Platz eingeräumt habe, um eine heutige Generation von Gesangsinteressierten an ihn heranzuführen, als allgemein zugängliche Informationen über einen Sänger der Gegenwart zu repetieren, die sich jeder Interessierte leicht auf anderen Wegen beschaffen kann. Den Vorwurf einer gewissen ausgleichenden Ungerechtigkeit muß ich daher wohl oder übel tragen. Für mein Panorama der Gegenwart wähle ich eine schlichte, aber einsehbare Vorgehensweise: Ich ordne die Sänger nach ihren Stimmfächern, beginne dabei bei den Bässen und ende bei den Sopranen.

Der georgische Bassist **Paata Burchuladse** (*1951) hat eine schnelle Karriere gemacht, die ihn in kürzester Zeit an die größten Bühnen der Welt geführt hat. Am Polytechnikum seiner Heimatstadt Tiflis ließ er sich zunächst zum Bauingenieur ausbilden, studierte dann aber bald am Konservatorium. 1976 wurde er, in einem für einen Baß jugendlichen Alter, an die Oper von Tiflis verpflichtet, 1978 ließ er sich in Italien, unter anderem bei Giulietta Simionato, weiterbilden und gewann 1981 den Verdi-Wettbewerb in Busseto. Ein Jahr später kehrte er nach Tiflis zurück und sang dort wichtige Rollen des großen Baßrepertoires, gastierte auch schon unter anderem als Boris am Bolschoi-Theater in Moskau. International wurde man auf Burchuladse aufmerksam, als er 1984 den Ramphis in Covent Garden gab, seither hat er an allen großen Bühnen gesungen und eine Reihe von Schallplattenaufnahmen gemacht. Seine erste Arienplatte kam 1985 heraus und beeindruckte durch sonore Klangfülle und mächtigen Ton. Sein Boris Godunow, den er schon mit Anfang Dreißig zum ersten Male sang, hat nicht überall ungeteilten Beifall gefunden, weil sich Burchuladse zu sehr auf massive Stimmentfaltung verließ und die stimmlichen und charakterlichen Details vernachlässigte. Gerade in dieser Rolle fällt auch auf, daß er als Darsteller keine Begabung besitzt, die seinen stimmlichen Mitteln entspricht, aber auch an diesen sind in der letzten Zeit Zeichen zu erkennen, die an einer kontinuierlichen positiven Entwicklung zweifeln lassen.

Ingenieur wollte auch der russische Bassist **Jewgeni Nesterenko** (*1938) werden, und im Gegensatz zu Paata Burchuladse hat er sein Studium auch beendet, das ihn zu einem Ingenieur bei der Marine machen sollte. Während der Ausbildung in Leningrad wurde seine stimmliche Potenz erkannt und auch ausgebildet, zuletzt bei Wassili Lukanin, der für Nesterenko sein wichtigster Lehrer geblieben ist, weil er die westlichen Traditionen der Gesangsausbildung mit den spezifisch russischen Eigenheiten (über die sich etwa Michail Glinka Gedanken gemacht hatte) zu verbinden wußte. 1963 debütierte er als Gremin in *Eugen Onegin* in Leningrad, seit 1971 sang er am Bolschoi in seiner Heimatstadt Moskau. Als König Philipp in *Don Carlos* wurde er 1978 an der Mailänder Scala gefeiert, als Boris Godunow 1975 an der Met bei einem Gastspiel des Bolschoi-Theaters. Seit Mitte der siebziger Jahre war er der führende Bassist des Bolschoi-Theaters, und als Boris, immer noch die größte Rolle für einen russischen Bassisten, trat er die Nachfolge von Sängern wie Mark Reisen, Alexandr Ogniwzew und Iwan Petrow an (die russischen Antworten auf Boris Christoff und Nicolai Ghiaurov). Die Karriere Nesterenkos hat sich in den letzten Jahren, wenn ich das richtig beobachte, nicht ganz so entwickelt, wie es seinen Fähigkeiten entspricht. Auch wenn er auf sowjetischen Operngesamtaufnahmen gut vertreten ist (oder war), so ist seine Plattenpräsenz bei uns eher schwach, wie an der Tatsache abzulesen ist, daß zur Zeit kein einziges Recital greifbar ist, und doch halte ich ihn in seinem Repertoire, das das eines seriösen Basses ist, obwohl auch er die Schwärze früherer Rollenvertreter nicht besitzt, für den führenden Sänger. Vokal und darstellerisch gleichermaßen beeindruckend, mangelt es seiner Stimme an der Knorrigkeit anderer russischer Bässe, was Vor- und Nachteil zugleich ist. In seiner Verbindung aus eher italienischer Stimmschulung mit slawischer Diktion erinnert er mehr an Alexander Kipnis als an Fjodor Schaljapin, ohne die einzigartige Größe beider zu erreichen oder in der Majestät der Stimme sich mit Ghiaurov auf der Höhe seines Könnens vergleichen zu können.

Der aus Turku gebürtige Finne **Matti Salminen** (*1945) nimmt im Augenblick als »Finnenbaß« die Stelle ein, die durch den frühen Tod von Martti Talvela verwaist war. Salminen stammt aus einer Arbeiterfamilie und erlernte das Tischlerhandwerk, sang dann aber früh im Chor der Nationaloper in Helsinki, nebenbei ging seine stimmliche Ausbildung bei Lea Piltti, Matti Lehtinen und Luigi Ricci in Rom weiter. Die vokalreiche finnische Sprache, die einem natürlichen Stimmsitz entgegenkommt, hält Salminen für einen wichtigen Grund für die immer wieder erstaunliche Repräsentanz finnischer Sänger. Mit noch nicht 25 Jahren debütierte er, einspringend in Helsinki, als König Philipp und machte eine entsprechend sehr frühe und rasche Weltkarriere, denn seine stimmlichen Mittel überstiegen allerdings das Baßnormalmaß bei weitem. Es ist nicht zu bestreiten, daß die skandinavischen Bässe einen spezifischen Stimmklang haben, ob das der Norweger Ivar Andrésen war oder der Schwede Bengt Rundgren oder der Däne Aage Haugland oder Talvela und Salminen; diese Eigenart ist kaum zu beschreiben, sondern höchstens zu vergleichen mit dem eigenen Ton, den auch die Musik Jean Sibelius' aufweist (man mag sie mögen oder nicht), und die Hinneigung zum russischen Repertoire, die bei diesen Sängern zu beobachten ist, hat auch mit der geographischen Nähe zu tun. Salminens Stimme, die immer etwas Ungefüges hat, prädestiniert ihn weniger für die Rollen des italienischen (trotz seines Debüts) als für die des russischen und deutschen Repertoires. Nicht von ungefähr ist er der beste Hagen, den man zur Zeit hören kann, wobei er gerade in dieser Rolle die größte Wirkung erzielt, wenn er die aggressive Gefährlichkeit dieses Mannes aus den leisen Tönen entwickelt, zu denen er auch fähig ist.

Salminens nur wenig jüngerer Landsmann **Jaako Ryhänen** (*1946) beginnt erst in jüngster Zeit, eine internationale Karriere zu entwickeln – vor allem als Daland im *Fliegenden Holländer* wird er international gefeiert.

Der Kölner (wenn wir seinen Geburtsort Buir einmal eingemeinden wollen) Bassist **Kurt Moll** (*1938) nimmt unter den deutschen Vertretern seines Faches nun schon seit langen Jahren die erste Stelle ein. Er begann in Aachen (1961) und wirkte schon seit 1968 in Bayreuth mit, zuerst in kleinen Rollen, dann in den siebziger Jahren als Marke und Fafner. Als Hunding hat er internationale Erfolge gehabt und ist neben Matti Salminen der erfolgreichste Vertreter dieser Partie in unseren Tagen, nur bis zum Hagen hat er sich bisher nicht vorgewagt, wohl in richtiger Einsicht, daß das relativ weiche, immer wohlklingend eingesetzte Stimmorgan wie auch sein Naturell für diese Rolle nicht geeignet sind; glänzend ist Moll hingegen als Gurnemanz. Er selbst sieht sich als Vertreter des sogenannten »seriösen« Baßfaches, was vielleicht erklärt, daß seine Vis comica für Rollen wie Osmin und Barbier von Bagdad ausreichen mag, beim Ochs auf Lerchenau jedoch an ihre Grenzen stößt. Diese Begrenzung und die nicht genuine, sondern antrainierte Sprachfärbung haben bisher ein wirklich voll überzeugendes Rollenporträt verhindert, obwohl Moll durch die Beweglichkeit seiner Stimme und durch die leichte Höhe, die ihm zu Gebote steht, andererseits dafür prädestiniert ist. Angenehm bei seinem Ochs ist jedoch, daß er gesanglich wie darstellerisch auf Mätzchen und Manierismen verzichtet. Nach Engagements in Mainz, Wuppertal und Köln binden Moll heute weitreichende Gastverträge wohl nur noch an München und Hamburg. Hervorzuheben ist Molls Vielseitigkeit, die ihn auch als Lied- und Oratoriensänger in Bereiche führt, die der »normale« Bassist oft gar nicht betritt – erinnert sei an eine beachtliche Aufnahme der *Winterreise*.

Ähnliche Konturen wie die Karriere Kurt Molls weist die von **Hans Sotin** (*1939) auf, benachbart durch das Geburtsdatum und die Herkunft (Sotin stammt aus Dortmund). Anders als Moll, der Cellist werden wollte und dessen kultivierte Legatoführung seines Stimminstruments immer wieder auffällt, schlug Sotin zunächst die Laufbahn eines Chemikers ein. 1962 debütierte er in Essen, und 1964 kam er nach Hamburg, wo er von Rolf Liebermann langsam, für den Sänger manchmal zu langsam, »aufgebaut« wurde. Sotin unterscheidet sich von Moll aber auch dadurch, daß seine Stimme in ihrer Tessitura etwas höher liegt – während Moll ein tiefer (wenn auch nicht schwarzer) Baß mit viel Höhe ist, wird man Sotin als hohen Baß mit viel Tiefe bezeichnen können, denn sonst wäre das mehrfach wiederholte Experiment mit dem Wotan in der *Walküre* nicht möglich gewesen, das Moll nie gewagt hat. Im Augenblick scheint Sotin allerdings den Weg Richtung Heldenbariton wieder verlassen zu haben. Sotin ist auch stärker als Moll auf den Wagner-Gesang festgelegt, wo sicher seine größten Leistungen zu suchen und zu finden sind. Seit 1972 ist er aus Bayreuth nicht wegzudenken, als er als Landgraf in *Tannhäuser* debütierte, immer noch eine Paraderolle, weil gerade er mit der hohen Tessitura dieser Partie bestens zurecht kommt. Mit Moll teilt sich Sotin weltweit die Partie des Gurnemanz, die er in Bayreuth über 13 Jahre hinweg gesungen hat – eine wohl einmalige Kontinuität in dieser in vieler Hinsicht anspruchsvollen Rolle. Sowohl als Hans Sachs wie als Ochs auf Lerchenau hat Sotin sich bisher nicht endgültig durchsetzen können, auch wenn sein Stimmcharakter ihn für beide Rollen geeignet erscheinen läßt.

Unter den jüngeren deutschen Bassisten wird man gegenwärtig **Matthias Hölle** (*1951) den ersten Rang zuerkennen können. Der in Rottweil geborene Sänger lernte bei Josef Sinz, Georg Jelden und Josef Metternich. In für einen Bassisten sehr jungen Jahren wurde er bereits 1976 an das Kölner Opernhaus engagiert und bald international bekannt, vor allem durch seine Auftritte bei den Bayreuther Festspielen, wo er in den letzten beiden *Ring*-Zyklen jeweils den Hunding und auch den Fasolt sang. Vor allem in Wagner-Rollen gastiert er inzwischen in aller Welt. Statur und Stimmfülle machen das verständlich, aber eigentlich handelt es sich bei Hölle um einen in Deutschland ganz ungewöhnlichen »basso cantante« mit einem edlen Timbre und weicher Stimmcharakteristik, der seine höchsten Leistungen im italienischen Fach erreichen könnte, wenn man ihn nur ließe, aber ein deutscher Bassist wird in diesem Bereich immer mißtrauisch betrachtet und durch Vorurteile abgewertet. Hölle hält sich einstweilen schadlos durch seinen Einsatz für die Musik Karlheinz Stockhausens. In einer Stuttgarter Aufführung von Monteverdis *Ritorno d'Ulisse in patria* bewies er kürzlich, daß er (in gleich drei Baßrollen dieses Werkes) auch am Anfang der Operngeschichte stilsicher und wohlklingend zu Hause ist.

Wenn wir uns vom seriösen Baß etwas hinauf zum hohen Baß, zum »basso cantante«, bewegen (dem wir uns mit Matthias Hölle schon leicht angenähert hatten), dann treffen wir dort zu unserem ungeteilten Vergnügen auf **Samuel Ramey** (*1942). Ramey stammt aus dem 5 000-Seelen-Ort Colby, der an der Grenze zwischen Kansas und Colorado liegt, und ist der Sohn eines Metzgers. Die Kinder der Familie Ramey waren alle musikalisch, und der Kirchenchor von Colby erfreute sich durch sie einer kräftigen Verstärkung. In der amerikanischen Provinz waren die Möglichkeiten, mit Oper und Operngesang bekannt zu werden, nicht sehr groß: Schallplatte und Rundfunk übernahmen hier die Aufgaben, die in den Großstädten die Opernhäuser hatten. Im Falle Rameys war es eine Platte von Ezio Pinza, in den dreißiger und vierziger Jahren der weltweit beste Vertreter jenes Faches, das Ramey heute singt. Immer noch wollte Ramey kein Sänger, sondern Musiklehrer werden und ging zum Studium an die Kansas State University. Im Chor der Oper von Colorado, wo er hospitierte, erlebte er den Starbaß der New York City Opera, Norman Treigle. Treigle, bei uns wohl nur durch eine Gesamtaufnahme von Boitos *Mefistofele* bekannt, war ein Bassist ungewöhnlichen Formats, mit einer nur durchschnittlichen Stimme, aber einer elektrisierenden Bühnenpräsenz, die aus der genannten Aufnahme zumindest partiell heraushörbar ist. Ramey nennt immer wieder Pinza als sein sängerisches und Treigle als sein Bühnenvorbild. An der Wichita University in Kansas setzte er dann sein Musikstudium fort, schon jetzt mit einem Schwerpunkt auf dem Gesang bei Arthur Newman, der als Bassist ebenfalls einmal an der New York City Opera tätig gewesen war, und dann seit 1970 in New York bei Armen Boyajian, einem Pädagogen, der für seine glückliche Hand speziell mit Bassisten bekannt war (auch Paul Plishka gehört zu seinen Schülern). 1973 debütierte Ramey an der New York City Opera als Zuniga in *Carmen* – der Escamillo sollte später eine seiner besten Partien werden. Hier konnte er seinem Idol Treigle noch näher sein (der Anfang 1975 überraschend starb) und von dessen Darstellungskunst lernen – Rameys Mefistofele wird von allen, die beide Sänger in der Rolle gesehen haben, als produktive Anverwandlung des Treigleschen Vorbilds bezeichnet. Dem musikalischen und zeitweise auch Gesamtleiter der City Opera, Julius Rudel, ist zu verdanken, daß Rameys Begabung für die Baßrollen der Belcanto-Oper um 1800 erkannt und gepflegt wurde. So trat er neben dem Sopranstar des Ensembles, Beverly Sills, in den *Puritani* und in *Anna Bolena* auf – eine Aufführung des letzteren Werkes erlebte ich mit, und es ist keine nachträgliche Retuschierung, wenn ich mich noch heute an den nachhaltigen Eindruck erinnere, den Ramey bei mir hinterließ, ein Name, der mir völlig unbekannt war.

Seine europäische Karriere entfaltete sich nach seinem Figaro 1976 bei den Glyndebourne-Festspielen und erreichte durch seinen Giovanni mit Herbert von Karajan bei den Salzburger Festspielen 1987 ihren äußeren Gipfel. Als die Leitung der Met sich Anfang der achtziger Jahre überlegte, welcher junge Baß eine führende Position übernehmen sollte, entschied sie sich für James Morris anstatt für Ramey, der mit der innerstädtischen Konkurrenz der City Opera identifiziert wurde. Morris ist inzwischen stark ins Heldenbaritonfach abgewandert, während Ramey, wie er selbst in allem Selbstbewußtsein gelegentlich statuiert, der Bassist mit dem breitesten Repertoire ist, dem außer Wagner kein Experiment zu kühn ist. Ob er Rossinis *Turco in Italia* singt oder Meyerbeers *Robert le diable*, ob er Strawinskys Nick Shadow ist oder Verdis kaum gespieltes *Attila* wiederbelebt, ob er Gounods und Boitos Teufelsbässe mit vitaler Verve erfüllt, immer ist Rameys sängerische und mimische Präsenz zu bewundern. Ich kann allerdings nicht finden, daß sein Giovanni seine größte Leistung sei – die großen Giovannis wie Pinza, Cesare Siepi und George London hatten neben dem blendenden Aussehen, das auch Ramey aufzuweisen hat, die Kontur der Rolle auch in dem außergewöhnlichen und spezifischen Timbre ihrer Stimme. Rameys hoher Baß jedoch ist »not highly individual«, wie fälschlicherweise von Plácido Domingo gesagt wurde. Dieses Manko gleicht er durch seine in diesem Fach heute überragende »agilità« aus – den Assur in Rossinis *Semiramide*, den er im Sommer 1990 bei den Münchner Festspielen konzertant bot, singt ihm keiner nach, das reichte fast an die Geschmeidigkeit des unübertroffenen Pol Plançon heran. Wenn er diese Stärke nicht ausspielen kann, wie im Giovanni, bleibt ein Rest, der seine Interpretation letztlich neutral erscheinen läßt. In der herzlich uninteressanten Rolle des Escamillo hat Ramey allerdings auch keine Konkurrenz, denn er umgreift scheinbar mühelos die verteufelt unangenehme Tessitura dieser Rolle.

Weite Bereiche des Repertoires hat Samuel Ramey mit seinem gleichaltrigen Kollegen **Ruggero Raimondi** (in den Quellen finden sich sowohl 1942 wie 1941 als Geburtsdatum) gemeinsam. Vor allem sind sie die beiden führenden Don Giovannis unserer Zeit. Dennoch gibt es zwischen den beiden erhebliche Unterschiede. Raimondi überragt Ramey körperlich um mehr als eine Kopfgröße, und auch seine Stimme ist erheblich mächtiger, dafür fehlte es ihr immer an dem Feinschliff, den Ramey von Anfang an aufwies. In letzter Zeit gibt es bedenkliche Anzeichen einer stimmlichen Auslaugung bei Raimondi, die vorübergehend sein mögen und die vielleicht auch damit zu tun haben, daß er einige Jahre früher die internationale Bühne betrat und nun schon fast 30 Jahre auf ihr steht. Wie Ramey hat Raimondi im Elternhaus in Bologna durch Schallplatten seine ersten stimmlichen Eindrücke erfahren. In einer glaubwürdigen Quelle wird berichtet, er habe als 13jähriger am Strand von Ostia, nachdem der Stimmbruch vorüber war, das Credo des Jago vor sich hin gesungen und habe zwei Musikinteressenten auf sich aufmerksam gemacht. Als seinen eigentlichen Entdecker betrachtet Raimondi den Dirigenten Francesco Molinari-Pradelli, der ihn etwa zwei Jahre später anhörte und ihm eine große Karriere prophezeite. Das Gesangsstudium absolvierte Raimondi in Rom und Mantua, unter anderem bei Ettore Campogalliani. 1964 gewann er einen Gesangswettbewerb in Spoleto, mit dem auch sein Debüt auf der Bühne verbunden war: der Colline in *La Bohème*. Mit dem Procida in Verdis *Vêpres siciliennes* ein Jahr später an der römischen Oper erregte der immer noch sehr junge Bassist Aufsehen, dann jedoch kam eine ruhigere Phase seiner sich anbahnenden Karriere, die sicher von Nutzen war, denn es wurde ihm von Mario Labroca, dem Intendanten des Teatro La Fenice in Venedig, Gelegenheit gegeben, in den nächsten Jahren die großen Partien des italienischen Repertoires an einer kleineren Bühne auszuprobieren, die nicht im internationalen Rampenlicht lag.

Als die entscheidende Begegnung für seine Existenz als Bühnensänger sieht Raimondi jedoch die mit dem Regisseur Piero Faggioni an, der aus diesem lang aufgeschossenen, hölzern-ungeschickten jungen Bassisten einen Darsteller von großem Format machte – der Knopf ging auf bei der gemeinsamen Arbeit an Gounods Méphistophélès. Als Darsteller hat sich Raimondi inzwischen immer wieder bewährt – ohne ihn wäre Joseph Loseys *Don-Giovanni*-Verfilmung nur die Hälfte wert gewesen, und da dieser Film einmal als eines der wenigen wirklich gelungenen Beispiele des problematischen Genres Opernfilm angesehen werden wird, wird er auch den Ruhm Raimondis vielleicht in Zukunft weiter tragen als seine Schallplattenaufnahmen. In einem

Film von Alain Resnais hat er sogar ganz ohne Singstimme seinen darstellerischen Mann gestanden (auch der große Fjodor Schaljapin sang in einer Don-Quichotte-Verfilmung noch einige Lieder). Musikalisch ist Raimondi durch Dirigenten wie Claudio Abbado, Carlo Maria Giulini und Herbert von Karajan geformt worden – mit letzterem hat er sich sogar an den Scarpia gewagt, der, wie er selbst zugibt, die Grenzen seines Stimmtypus eigentlich überschreitet. Raimondis Repertoire ist fast so breit wie das von Ramey, gesangstechnisch wird man ihn hinter den Amerikaner ansiedeln müssen, denn eine Tendenz zu einem gelegentlich ungefügen, rauhen Singen, vielleicht verführt durch sein mächtiges Stimmorgan, ist nicht zu überhören. Raimondis Magnetismus im Kontakt mit dem Publikum ist auf der anderen Seite seine ganz große Stärke, die ihn über seine Kollegen heraushebt.

Wer den Wozzeck, den Holländer, den Amfortas, den Hans Sachs mit großem Erfolg singt, den bezeichnet man eigentlich als Heldenbariton, wer den Philipp, den Méphistophélès Gounods, den Leporello und den Figaro sowie den Giovanni mit Erfolg singt, den würde man als »basso cantante« einordnen, wenn einer beides zusammen leistet wie der belgische Sänger **José Van Dam** (*1940) – als was ist ein solch vielseitiger Sänger zu bezeichnen? Es ist schwer, Van Dam einzuordnen, und wenn man sagt, daß er eine zwischen Baß und Bariton liegende kantable Stimme besitzt, deren Höhenregister sich im Laufe seiner Karriere immer mehr erweitert hat und deren felsenfeste Technik es ihm erlaubt, auch Partien zu singen, die die Tessitura eines Heldenbaritons haben und auch dessen Durchschlagskraft erfordern, dann ist das eigentümliche Phänomen dieser Stimme wohl am besten beschrieben. Van Dams Stimmcharakter ist mit seinem weichen, wohllautenden Kern nicht der eines Heldenbaritons, darüber besteht kein Zweifel, und ob das eher gemäßigte Temperament des Sängers ihn für den Holländer prädestiniert, mag bezweifelt werden, aber durch die Zusammenarbeit mit Herbert von Karajan, die ihn entscheidend geprägt und auch nach vorne gebracht hat, sind solche Partien für ihn in den Bereich des Möglichen gerückt, und sie sind mit hohem Kunstverstand und großer darstellerischer und gesangstechnischer Raffinesse erarbeitet worden. Ein Element des Erklügelten haftet daher seinen Interpretationen immer an, die nie elementare Ereignisse sind, aber bedeutende Sänger dieser Couleur hat es immer wieder gegeben, und man wird mit diesem Mangel doch auch immer wieder versöhnt durch die gelassene Sicherheit, die Van Dam verströmt. Zitterpartien hat wohl noch keiner mit diesem Sänger erlebt, auch nicht, als er in der Uraufführung von Messiaens Oper *Saint François d'Assise* 1983 in Paris viereinhalb Stunden fast ununterbrochen auf der Bühne stand und der repetitive Charakter der Musik seine ganze Aufmerksamkeit erforderte – nur ein Sänger von der eminenten Musikalität

Van Dams besteht solche Herausforderungen (der den Leporello in 14 Tagen, den Wozzeck in drei Monaten lernte).

Ein Jesuitenpater hat das Talent des Knaben einst entdeckt, als dieser in einem Brüsseler Kirchenchor sang – die Familie, in der Musik keine Rolle spielte (der Vater war Zimmermann), war einsichtig genug, der offensichtlichen Begabung keine Steine in den Weg zu legen. Schon vor dem Stimmbruch (das ist eine Rarität) nahm sich der Pädagoge Frédéric Anspach vom Brüsseler Konservatorium des Knaben an und führte ihn bis zum Diplom, das er 1960 erhielt, und weit darüber hinaus. Im gleichen Jahr debütierte Van Dam in Lüttich als Basilio im *Barbiere di Siviglia*, kam schon ein Jahr später an die Grand Opéra in Paris, wo er sich in kleinen Rollen aufbaute, und begann von 1967 an, als er an die Deutsche Oper in Berlin berufen wurde, seine internationale Karriere, deren Zenit jetzt erreicht ist. Von seinem Hans Sachs, den er 1986 in Brüssel zum erstenmal sang, läßt sich sicher noch eine bedeutende Weiterentwicklung erwarten. Um den Wotan wird Van Dam klugerweise offensichtlich auch weiterhin einen großen Bogen machen; wie er sagte, findet er es nicht so ersprießlich, stundenlang Dialoge über Machtpolitik zu singen und erst ganz am Ende der *Walküre* durch den Abschied von Brünnhilde sängerisch belohnt zu werden. Dramatische Partien ja, aber sie müssen genug lyrische Substanz aufweisen, um Van Dam reizen zu können (insofern ist seine Entscheidung für den Sachs gut zu verstehen). Nie haben ihn auch die reinen Bösewichtspartien wie Pizarro, Telramund, Scarpia gereizt, obwohl Rollenangebote sicher vorlagen – in dieser Hinsicht gehört er zu den klügsten und überlegtesten Sängern unserer Zeit, denn er sieht genau, daß es seiner Stimme schaden könnte, ihr häßlich-bedrohliche Farben verleihen und gleichzeitig orchestrale Zusammenballungen übertönen zu müssen. Diese kluge Karrieredisposition dürfte gewährleisten, daß man sich an dem Wohlklang dieses Sängers noch lange erfreuen kann.

Von den jüngeren Sängern des Faches »basso cantante«, die rund zehn Jahre später geboren sind, sollte zumindest **Ferruccio Furlanetto** (*1949) noch genannt werden, auch er wie Raimondi ein Schüler Ettore Campogallianis, der offensichtlich in Italien der entscheidende Gesangspädagoge der letzten 30, 40 Jahre ist. In der Nähe von Pordenone im Friaul geboren, wendete sich der junge Furlanetto zunächst der Landwirtschaft zu, bevor er sich dem Gesangsstudium widmete. Mit 25 Jahren, 1974 (es fällt auf, daß gerade die italienischen Bassisten oft in einem Alter debütieren, in dem bei uns eine tiefe Männerstimme noch lange nicht für ausgereift gehalten wird), stand er in Triest als Colline in *La Bohème* zum erstenmal auf der Bühne. Anfang der achtziger Jahre wurde er über die Grenzen Italiens hinaus bekannt, als er in Glyndebourne, in Verona und an der Met auftrat, 1986 war er ein arg junger

König Philipp bei den Salzburger Festspielen, 1991 bei den Osterfestspielen ebendort ein kerniger Figaro. Furlanetto ist ein kraftvoller, stimmlich gesunder »basso cantante« in der besten italienischen Tradition, eine besondere individuelle Charakteristik bringt er vorläufig in das internationale Baßfeld nicht ein, aber das ist eine mehr oder weniger leise Einschränkung, die bei den letzten großen Namen insgesamt gemacht werden muß.

Eigenwillige Individualität wird man einem deutschen Baßbariton nicht absprechen können, dem Saarländer **Siegmund Nimsgern** (*1940); auch er jener Generation um 1940 angehörig, die zur Zeit auf dem Höhepunkt ihrer Karrieren steht, vom Nachwuchs jedoch schon merklich bedrängt wird. Wenn ich richtig sehe, gibt es in seinem Fach keinen anderen Sänger, dessen Karriere so ausbalanciert zu sein scheint zwischen Bühne und Podium. Musikalität und Weite des Blicks lassen ihn für die Musik des 20. Jahrhunderts als besonders geeigneten Interpreten erscheinen. Dirigenten wie Pierre Boulez haben ihn immer wieder zu Konzerten und Plattenaufnahmen in diesem Bereich herangezogen, ob es sich um Schönbergs *Gurrelieder* und *Glückliche Hand* oder um Strawinskys *Oedipus Rex* handelte. Nach einigen erfolgreich absolvierten Gesangswettbewerben begann sich Nimsgern 1967 auf der Opernbühne zu tummeln, und daß Temperament und Lust an der gestischen Expression hier am rechten Platz waren, darüber konnte sehr bald kein Zweifel mehr bestehen. Auf Sparflamme oder gar mit den Zinsen des Stimmkapitals zu singen, das hat Nimsgern immer als den Einbruch der Buchhaltung in die darstellende Kunst empfunden und abgelehnt, die später erworbene Routine brachte allerdings die Fähigkeit der weiträumigen Disponierung mit sich. In seinen Anfangsjahren im Saarbrücker Opernhaus hat er schon Partien gesungen, die die Säulen des Repertoires eines Charakter- und Heldenbaritons sind, darunter den Telramund und den *Rheingold*-Wotan.

Bis er den Wotan im *Ring* in Bayreuth singen konnte, vergingen 16 Jahre seit seinem Debüt, es war der Georg-Solti/Peter-Hall-*Ring*, den er als Wotan von 1983 bis 1986 wesentlich mitgestaltete. Wer ihn gesehen oder bei den weltweiten Übertragungen gehört hat, wird bestätigen, daß hier ein Wotan zu bewundern war, der die Wagnersche Hauptforderung nach Deutlichkeit aufs präziseste erfüllte, Deutlichkeit nicht nur in der sprachlichen Artikulation, sondern auch als Signum der mimisch-gestischen Präsentation, durch die etwa der große Monolog Wotans in der *Walküre* aus seiner oft ermüdenden Pauschalität erlöst wurde und in ein differenziertes Miniaturdrama übergeleitet wurde. Im Zusammenspiel mit Hildegard Behrens gelangen darüber hinaus Momente, die auch alten Bayreuth-Hasen im Gedächtnis bleiben werden. Als Wagner-Sänger ist Nimsgern international eben durch diesen Wotan am bekanntesten geworden, wodurch verdunkelt wird, daß er auch ein beeindrukkender Amonasro, Scarpia, Dapertutto, Jago und Bartóks Blaubart sein kann. Nimsgern ist der einzige Sänger, der den Telramund (eine gefürchtete »Killer«-Partie) gleich zweimal auf Platte eingespielt hat (einmal mit Herbert von Karajan, einmal mit Solti). Seit 1973, als er in Montreal den Jago, in London und in Wien den Amfortas sang, ist diese Karriere als international zu bezeichnen, eine Karriere, die gegründet ist auf einer großen stimmlichen Begabung, einer unirritierbaren Musikalität und einer ebenso raschen wie präzisen Auffassungsgabe. Nimsgerns Schallplattenverzeichnis ist von einer staunenerregenden Vielseitigkeit: Da findet sich eine beeindruckende *Winterreise* (1987 eingespielt) neben Bachs Oratorien und Kantaten, da findet sich Puccinis *Tabarro* neben Glucks *Alceste*, Chaussons *Roi Arthus* neben Marschners *Vampir*, Hindemiths *Cardillac* neben Faurés *Requiem*, Mahlers *Achte* neben Schönbergs *Gurreliedern*. Nimsgerns Sprachbegabung macht gerade seine Interpretationen französischer Musik zu Ereignissen: Die Partie des Méphistophélès in Berlioz' *Damnation de Faust* wird man auch von französischen Sängern nicht idiomatischer hören können.

Als Siegmund Nimsgern 1983 in Bayreuth den Wotan übernahm, fühlte sich **Simon Estes** (*1938), der diese Rolle gerne gesungen hätte, zurückgesetzt und machte seinem Unmut Luft in manchen öffentlichen Äußerungen, die darauf hinausliefen, man habe ihn wegen seiner schwarzen Hautfarbe nicht genommen, ein Leitmotiv, das seither Interviews mit ihm wie ein roter Faden durchzieht. Wie weit solche Vorwürfe und Vermutungen berechtigt sind, ist hier nicht zu untersuchen. Ohne Zweifel gab und gibt es solche rassistischen Vorurteile, und es ist nicht vergessen, gegen welche Widerstände einst Marian Anderson in den USA sich durchzusetzen hatte und welch eher verhohlener Skepsis die »schwarze Venus« Grace Bumbry in Bayreuth begegnete, und farbige Sänger haben es sicher noch schwerer als ihre Kolleginnen. In Bayreuth jedoch hatte Estes als Holländer seit 1978 enormen Erfolg gehabt, was ein wenig darauf hindeutet, daß bei der Entscheidung der Wotan-Besetzung andere als die Hautfarbengründe eine Rolle gespielt haben mögen. Der Karriere von Estes hat das jedenfalls nicht geschadet, er hat den Wotan seither an der Met, in Berlin und an anderen großen Bühnen gesungen, inzwischen ist ihm jedoch gerade in dieser Rolle mit James Morris und Robert Hale erhebliche Konkurrenz erwachsen.

Estes, in Centerville (Iowa) geboren, stammt aus bescheidensten Verhältnissen, der Vater war Bergmann, der Großvater war noch als Sklave für 500 Dollar eingekauft worden. Der Gesangspädagoge Charles Kellis eröffnete ihm die Perspektive auf seine stimmlichen Möglichkeiten und auf die Oper, eine Kunstform, von der der junge Estes nicht die geringste Ahnung hatte, weil er keine Gelegenheit hatte, sie kennenzulernen. In Berlin und Zürich hatte er seine wichtigsten Engagements, wo er auch langsam an das Wagner-Fach herangeführt wurde (in Zürich sang er 1977 seinen ersten Holländer). Estes ist stolz darauf, daß ein Sänger, den man vor 40 Jahren vielleicht nur den Porgy hätte singen lassen, nun als Wotan und Amfortas und Boris Godunow auf den großen Bühnen der Welt zu finden ist. Ob Estes ein wirklicher Heldenbariton ist und nicht doch eher ein »basso cantante«, darüber mag man streiten. Die Stimme des physisch außerordentlich kräftigen Sängers hat zwar ein großes Volumen, ihr fehlt aber doch der metallische Stimmkern, der meines Erachtens zur Definition eines Heldenbaritons dazugehört, was ihr an Sonorität fehlt, wird durch Kraftentladung wettgemacht, ein nicht ganz ungefährliches Verfahren, dessen erfolgreiche Durchführung für eine enorme Robustheit des stimmerzeugenden Apparates spricht. Estes hat auch einen großen Stimmumfang, und ziemlich einzigartig dürfte seine Fähigkeit sein, sowohl den König Philipp wie den Macbeth zu singen.

Mit Siegmund Nimsgern (der zur Zeit mit dieser Partie zuwenig betreut wird), Simon Estes, Robert Hale, dem englischen Bassisten John Tomlinson (der ihn im letzten *Ring* in Bayreuth gesungen hat) und **James Morris** (*1947) sind die führenden Vertreter der Rolle des Wotan in unserer Zeit genannt. Morris, der aus Baltimore stammende Baßbariton, singt den Wotan gar auf beiden zur Zeit entstehenden *Ring*-Gesamtaufnahmen, was eine merkwürdige Präponderanz dieses Sängers ausdrückt, die auf der internationalen Musikbühne so nicht gegeben ist – merkwürdig vor allem deshalb, weil Morris überhaupt noch nicht in Bayreuth gesungen hat, was darauf hindeutet, daß die Rolle Bayreuths als Mekka des Wagner-Gesangs doch vorüber ist. Außerdem ist Morris keineswegs ausschließlich Wagner-Sänger, sondern hat seine ersten internationalen Schritte als Mozart-Sänger und im italienischen Fach gemacht. Er wollte Arzt werden, sang in Chören und ließ sich auch mit Popmusik hören. Bei einem Weihnachtsspiel fiel die laute und tragende Stimme eines der drei Könige auf, und so kam der erste Gedanke an eine stimmliche Ausbildung auf. Morris studierte vornehmlich bei Nicola Moscona in Philadelphia, einem griechischen Bassisten, der lange an der Met gesungen hat und auf einigen Arturo-Toscanini-Aufnahmen zu hören ist. Mit 23 Jahren bereits begann er an der Met als König in *Aida* und sang sich so durch die Partien des seriösen Baßfaches hindurch, bis er eines Tages als Don Giovanni einspringen konnte und bewies, daß seine Stimme mehr ein »basso cantante« war als ein »basso profondo«.

Auch wenn Morris heute als Wagner-Heldenbariton international am erfolgreichsten ist, ist sein Stimmcharakter nach wie vor der eines hohen kantablen Basses. Sein Erfolg ist wohl vor allem dadurch gekennzeichnet, daß er im Wagner-Fach zur Zeit die wohlklingendste Stimme aufzuweisen hat, sein

Gesang ist ohrenschmeichlerisch in einem Maße, das auch bei den Großen der Vergangenheit in diesen Rollen eigentlich kaum zu vernehmen war – so hätte man einen Cesare Siepi, einen Ezio Pinza im Wagner-Fach sich vorstellen können, und man hört die Erfahrung mit den Verdi- und Mozart-Partien, die Friedrich Schorr und Rudolf Bockelmann so nie gehabt haben. In diesem Vorzug liegt auch ein Keim der Schwäche: Das Machtvoll-Düstere, Gebrochene und Verzweifelte, dann wieder sich überlebensgroß Aufbäumende, das ein Wotan doch auch haben sollte, ist Morris' Sache nicht, seine Interpretationen richten sich in einem überschaubaren Rahmen ein, haben ein begrenztes Ausdrucksspektrum, bekommen, überspitzt gesagt, etwas Gemütlich-Beschauliches (auf der Platte fällt das noch mehr auf als auf der Bühne) und erfüllen so nicht ganz eine der wesentlichen Dimensionen, die ein Wotan heute haben muß. Inwieweit hier Stimm- und Personalcharakter des Sängers zum Tragen kommen, sei dahingestellt. Eine solche Einschränkung versteht sich außerdem als eine auf dem höchsten heute erreichten Niveau dieses Faches, denn ich wiederhole es: Eine solch wohltuende Stimmschönheit, wie sie Morris dem Wotan angedeihen läßt, ist in der vokalen Geschichte dieser Partie, soweit wir sie überblicken, bisher nicht anzutreffen gewesen – und das ist nicht eben wenig.

Unter den eben genannten Sängern, die sich zur Zeit die Wagnerschen Heldenbaritonpartien, voran den Wotan, international aufteilen, hat der in San Antonio geborene Amerikaner **Robert Hale** (*1943) am spätesten internationale Karriere gemacht hat. Er ist aber auch der einzige, der eine Stimmcharakteristik besitzt, die man schon für verschollen und ausgestorben halten mußte, nämlich die des Heldenbaritons. Hier ist ein Sänger (siehe auch den Wagner-Exkurs), der weder Baß (wie John Tomlinson) noch hoher Baß/»basso cantante« wie James Morris und Simon Estes, noch aber eigentlich Bariton wie Bernd Weikl ist, sondern einfach Heldenbariton mit der dazugehörigen Tessitura, den ausladenden Tönen um F herum, der nötigen Stimmschwärze, dem metallischen Stimmkern und der mühelosen Sonorität auch im Mezzoforte, die das Wagner-Orchester zu übertönen vermag. Hales berechtigter Erfolg kam spät, aber glücklicherweise nicht zu spät; ein wenig ungerecht ist allerdings, daß er weder derzeit den Wotan in Bayreuth singt noch auf einer der beiden aktuellen Einspielungen vertreten ist, denn so steht zu befürchten, daß die Möglichkeit versäumt wird, diesen bedeutenden Sänger auf der Höhe seines Könnens festzuhalten. Hale hat zunächst eine jener typisch amerikanischen Karrieren gemacht, die einen Könner seines Faches schon zu einem Zeitpunkt zum Lehrenden machen können, wenn er selbst noch quasi in der eigenen Ausbildung ist. Über Denver kam er nach New York an die City Opera, machte die entscheidenden Schritte jedoch in Europa, vor allem in

Frankfurt, Zürich und Wiesbaden. Zunächst vor allem im Belcanto-Repertoire tätig, bewegte sich Hale vorsichtig auf Wagner zu. Kein Wunder bei
seiner Stimmcharakteristik, daß er George London als ersten wesentlichen
Schallplatteneindruck im Wagner-Repertoire nennt. Seinen ersten *Ring*-Wo-
tan sang Hale in Wiesbaden, der seither neben dem Holländer zu seinen
größten internationalen Erfolgen gehört, daneben sind Scarpia, Barak und
Escamillo zu nennen.

Dadurch, daß der englische Baßbariton **John Tomlinson** (*1946) von
1988 bis 1992 der Wotan und Wanderer im Bayreuther *Ring* war, den Daniel
Barenboim und Harry Kupfer leiteten, ist er bei uns weitgehend als Wagner-
Sänger abgestempelt. Gerade, im Herbst 1992, hat er auch einen eindrucksvollen Gurnemanz an der Berliner Staatsoper gegeben. Die Karriere Tomlin-
sons verlief allerdings keineswegs so zielstrebig in Richtung Wagner, wie man
es vermuten könnte. Nach einem begonnenen Ingenieurstudium und einer
Gesangsausbildung in Manchester und London (dort bei Otakar Kraus, vor
30 Jahren ein Alberich der Bayreuther Festspiele) hatte Tomlinson zunächst
seine ersten Erfolge im Baßfach und dort vor allem im Belcanto-Repertoire,
sowohl an der English National Opera als auch an Covent Garden; man kann
ihn auf zahlreichen Opernaufnahmen der siebziger und achtziger Jahre, die
in London entstanden, in solchen Rollen hören. Ungewöhnlich genug näherte er sich dem Heldenbaritonfach auf dem Umweg über die Wagnerschen
Baßrollen und sang zunächst Hagen und Hunding – Rollen, die er auch
heute noch nicht beiseite gelegt hat, wie der Gurnemanz zeigt. Beides bei
Wagner gleichzeitig zu singen, Baß und Heldenbariton, ist sehr ungewöhnlich: Aus der Vergangenheit fallen einem Alexander Kipnis und Ludwig Hofmann ein, später dann Hans Hotter, der auch den Gurnemanz gesungen hat,
nie aber Hagen und Hunding; ansonsten sind und waren beide Bereiche
streng getrennt, mit guten Gründen. Tomlinson ist nach wie vor kein echt-
bürtiger Heldenbariton, sondern ein genuiner hoher Baß. Diese Stimm-
definition fügt seinem erfolgreichen Wotan eine imposante schwarze Farbe
bei, hat aber den Nachteil, daß die Spitzentöne meist aus dem Fokus rutschen,
mit mehr Kraft als zentrierter Stimmführung gesungen werden. Tomlinson ist
ein Sängerschauspieler von raumgreifender Vitalität und Jugendlichkeit, der
sich der körperbetonten Energie, die Kupfer von seinen Sängern fordert, mit
Lust unterordnet. Es bleibt abzuwarten, ob die stimmliche Leistung auf Dauer
die Grenzbelastung aushält. Neben den eher konventionellen Wotan-Personi-
fikationen Morris' und Hales ist sein Göttervater sicher die aktuell aufregend-
ste Rollengestaltung.

Unter den deutschen Baritonen der Generation, die heute auf dem Höhepunkt ihres Könnens steht, ist sicher **Bernd Weikl** (*1942) derjenige mit

dem weitgespanntesten Repertoire. In Wien gebürtig, wuchs er im Bayerischen Wald auf und dann in Mainz. Dort studierte er Volkswirtschaft (und ein wenig auch Sinologie), daneben Gesang am Konservatorium. Die eigentliche Gesangsausbildung fand an der Musikhochschule von Hannover statt, wo er bei Naan Pöld und William Reimer in den besten Händen war. 1968 stand er in Hannover zum erstenmal auf der Bühne, als Ottokar im *Freischütz*. Lange Wege über die Provinz machte Weikl nicht, alle seine großen Partien hat er seither zum erstenmal auch an ersten Häusern gesungen – eine Methode, vor der immer wieder gewarnt wird, die aber in seinem Fall nicht zum Schaden ausschlug. 1971 nahm er für Herbert von Karajan die nicht große, aber nicht unwichtige Partie des Melot in *Tristan und Isolde* auf – die wenigen Takte, die hier zu singen sind, sind so exponiert, daß man zeigen kann, was stimmlich in einem steckt, und Weikl tat dies auch 1972, als diese Karajan-Produktion in Salzburg über die Bühne ging, im gleichen Jahr schon sang er den Wolfram in Bayreuth in der damals heißumstrittenen Götz-Friedrich-Inszenierung von *Tannhäuser*, die schon bald aber als »klassisch« galt. Mit diesem Wolfram wurde er international bekannt, in Bayreuth hat er den Amfortas hinzugefügt, vor allem aber den Hans Sachs (seit 1981), eine Partie, in der er seither als konkurrenzlos zu betrachten ist.

Im Wagner-Exkurs wird darüber gesprochen, ob es richtig ist, die Partie des Sachs von einem lyrischen Bariton singen zu lassen, der Weikl von Haus aus und nach wie vor ist, wie er selbst auch immer wieder bestätigt, ein lyrischer Bariton mit einer phantastischen Höhe und einem großen, üppigen Stimmvolumen, das ihn vom sozusagen normalen lyrischen Bariton unterscheidet, aber immer noch ein lyrischer Bariton. Ich habe diese Frage im Wagner-Exkurs grundsätzlich verneint, will aber gerne zugeben, daß Weikl als Sachs große und nachhaltige Wirkung zu erzielen vermag, vor allem, weil ihm seine hohe Tessitura erlaubt, den Schluß des Werkes nach dem längsten Opernabend, den es für einen Bariton überhaupt gibt, noch frisch und ohne große Mühe zu singen, was ein schätzbarer Vorteil ist. Auch kommt die Rolle seinem Typus als Darsteller entgegen, mehr als es ein Scarpia oder Wotan tun würde (um die er klugerweise einen Bogen macht), mehr auch als der Jago, den er gesungen hat. Dennoch ist Weikls Stimme nicht das, was die Rollenkonzeption und auch die vokale Konzeption des Hans Sachs fordern. Problematischer ist jedoch der Holländer, den er mit gespaltenem Erfolg 1990 in Bayreuth gesungen hat (1987 schon einmal in London). Obwohl diese Rolle erheblich kürzer ist als der Sachs, machte sie ihm, etwa in München, mehr Schwierigkeiten. Auch hier sind Stimmcharakter und Rolle nicht zur Deckung zu bringen, fehlt dem fülligen, aber weichen Bariton Weikls das nötige Erz, die stimmliche Expansion, um die Höhepunkte des großen

Monologs wirklich zu gestalten – was in Bayreuth angesichts der exemplarischen akustischen Verhältnisse gerade noch angeht, muß an allen anderen Häusern letztlich scheitern. Wo Weikls stimmliche Eigenart, die Kombination von weichem, doch nie wattigem Stimmklang, Tonfülle in den hohen und höchsten Lagen (manche tippten schon auf einen verkappten Heldentenor) und einer stattlichen Physis zum Tragen kommen, hat er heute kaum Konkurrenten zu fürchten. Da Richard Strauss seine Baritonrollen genau für solche Stimmen geschrieben hat (die ihm offensichtlich viel sympathischer waren als Tenöre), gibt es heute keinen besseren Mandryka und Barak als Weikl, und er singt auch einen guten Eugen Onegin, den er mit Georg Solti in der Originalsprache eingespielt hat. Verdis Falstaff könnte ich mir als die Krönung der Leistungen Weikls vorstellen.

Eine Generation jünger als seine prominenten Kollegen ist **Andreas Schmidt** (*1960). Der gebürtige Düsseldorfer absolvierte eine breit angelegte musikalische Ausbildung in seiner Heimatstadt, studierte Gesang bei Ingeborg Reichelt, einer in den fünfziger und sechziger Jahren weithin bekannten Konzertsopranistin. In den Meisterkursen Dietrich Fischer-Dieskaus in Berlin holte sich Schmidt entscheidende Anregungen. Nach dem Gewinn wichtiger Wettbewerbe in den Jahren 1982 und 1983 debütierte er 1984 an der Deutschen Oper Berlin als Malatesta in *Don Pasquale*. Mit relativ wenigen ausgesuchten Partien für lyrischen Bariton hat Schmidt seither Erfolge erzielt: als Wolfram in Wien und Hamburg, den man so unaufgesetzt schlicht und liedhaft kaum je gehört hatte, als Valentin, Guglielmo und Olivier in Strauss' *Capriccio* (letztere Rolle bei den Salzburger Festspielen). Seine außergewöhnliche musikalische Befähigung ließ ihn als Repräsentanten zeitgenössischer Musik besonders geeignet erscheinen: In Wolfgang Rihms *Ödipus* (1987) und in Hans Werner Henzes *Das verratene Meer* (1990) war er der Protagonist. Seinem Vorbild Fischer-Dieskau ähnelt er auch darin, daß er in der gegenwärtigen Phase seiner Laufbahn dem Konzertpodium mehr Platz einräumt als den Bühnenbrettern. Als Solist in Faurés *Requiem* und in Brahms' *Deutschem Requiem*, als Interpret der Orchesterlieder Mahlers und der klassischen Klavierliedliteratur gilt er jetzt schon als bemerkenswerter Vokalist. Mit dem Namen Fischer-Dieskaus ist aber auch jener Vorbehalt genannt, der immer wieder gemacht wird, ob denn hier nicht ein Epigone herangezüchtet wird oder worden ist. Ich sehe das nicht so, denn die natürlichen Gegebenheiten kann ein Sänger nicht verleugnen, und da gibt es in der Tat verblüffende Parallelen, sowohl, was den hellen Stimmklang dieses lyrischen Baritons betrifft, als auch das weitgehende Fehlen jener sinnlichen Sonorität, die einen Verdi-Bariton auszeichnet, ja bis ins Timbre ist Schmidt Fischer-Dieskau ähnlich, aber das kann man nicht mit Fleiß nach dem Vorbild eines Lehrers formen, sondern dies sind jene natürlichen Gegebenheiten, mit denen nun das Beste gemacht werden muß, und Schmidt scheint doch mit Gründlichkeit seinen eigenen Weg gehen zu wollen (die Nachahmung dieses überwältigenden Vorbildes scheint mir bei Schmidts ostdeutschem Kollegen Olaf Bär im Duktus des Singens größer zu sein). Mit der Klarheit und Lauterkeit seines Singens (man mag dies als typisch deutsche Eigenschaften bezeichnen) wird Schmidt seinen eigenen Weg gehen, da kann man ziemlich sicher sein, und vorläufig deutet auch nichts darauf hin, daß er die physische Begrenzung seines Materials nicht erkennen und durch Überbeanspruchung strapazieren würde.

Was eine solche Überbeanspruchung betrifft, kann man leider schon jetzt bei dem noch jüngeren sibirischen Bariton **Dmitri Chworostowski** (*1962) nicht ganz sicher sein, ob dieser begabte junge Sänger in der Lage sein wird, den Verlockungen, die das Medienzeitalter auch für Opernsänger bereit hält, zu widerstehen. In seiner Geburtsstadt Krasnojarsk absolvierte er eine Ausbildung zum Musiklehrer mit gleichzeitigem Gesangsstudium bei der Pädagogin Jekaterina Jofel, und schon 1986 sang er als Solist an der Oper dieser Stadt. 1987 und 1988 gewann er zwei bedeutsame Gesangswettbewerbe, 1989 den in Cardiff stattfindenden »Singer of the World«-Wettbewerb, dessen Preisträger über BBC sich hören lassen können. Als er im Frühjahr 1990 in einem New Yorker Konzert auftrat, überschlug sich die Presse: »Der sensationelle russische Bariton produzierte die wohl schönsten und ausdrucksvollsten Töne, die man zur Zeit von einer menschlichen Stimme hören kann«, und so weiter. Bei einem Galaabend für die Richard-Tucker-Stiftung drückte ihn Luciano Pavarotti an seine umfangreiche Brust und sang mit ihm das Duett Alvaro/Carlos aus Verdis *Forza del destino* – das gute Aussehen des Sängers trug gerade in Amerika, aber auch bei uns dazu bei, daß die Medien auf diesen neugeborenen Star geradezu abfuhren, wie man so schön sagt. Chworostowskis erste CD mit russischen und italienischen Arien, die Anfang 1990 produziert wurde, ist jedoch, halten zu Gnaden, eher geeignet, Zweifel an diesen überlauten Werbetrompeten zu verbreiten und zu bestärken. Eine schöne Stimme gewiß, aber kein Grund, alle anderen schönen Stimmen der Gegenwart in die zweite Reihe zu verweisen. Vor allem aber zeigt diese Platte, daß der Jungstar sich jetzt schon, offensichtlich schlecht beraten, zuviel zumutet. Die russischen Arien sind eindrucksvoll, aber wenn sich dann dieser eindeutig lyrische Bariton an Verdi versucht, werden jetzt schon Zeichen der Überbeanspruchung deutlich. Hochbedenklich vor allem die Szene des Macbeth, »Pietà, rispetto, amore«, die nur von einem dramatischen Bariton mit großer Tonfülle bewältigt werden kann, aber nicht von einem 28jährigen lyrischen Bariton, der seine Stimme unter Druck setzen muß und bis zur

Versprödung künstlich groß macht, ohne die Anforderungen auch nur annähernd zu bewältigen. Die künstlerische Reifung ist auch noch nicht so weit gediehen, daß die musikalischen Charaktere der verschiedenen Rollen bewältigt würden: Macbeth klingt wie Onegin, Vater Germont wie Fürst Jelezki (aus *Pique Dame*), ein pauschales Singen ist zu hören, das sich einzig und allein auf die Wirkung der *Stimme* verläßt (die in der Tat erhebliche Qualitäten hat) und nicht auf die des *Singens*. Man wird den weiteren Weg dieses begabten Sängers mit Skepsis verfolgen müssen.

Der englische Bariton **Thomas Allen** (*1944) wird von Kritikern seines Heimatlandes als bedeutendster Vertreter seines Faches seit Charles Santley bezeichnet, jenes Sängers am Ende des 19. Jahrhunderts, für den Charles Gounod das Gebet des Valentin in *Faust* nachkomponierte, nachdem er ihn in dieser Rolle gehört hatte. Durch diese Wertschätzung wird Allen auch über den sieben Jahre älteren Kollegen Benjamin Luxon hinausgehoben. Nach einer vielseitigen musikalischen Ausbildung in London sang Allen, der aus einer Bergarbeiterfamilie stammt, zunächst im Chor von Glyndebourne und debütierte 1969 als Almaviva in *Le nozze di Figaro* an der Welsh National Opera. Seit 1972 singt er in Covent Garden, wo er zunächst als Papageno auffiel, dann als Almaviva und vor allem als Don Giovanni sich als führender englischer Mozart-Bariton etablierte. Als Brittens Billy Budd setzte er eine Tradition fort, die vor ihm Peter Glossop in einer Karriere, die nicht ganz das gehalten hatte, was die stimmlichen Mittel einst versprochen hatten, verkörpert hatte. Wenn noch der Eugen Onegin genannt ist, dann ist damit jener Rollenkreis bezeichnet, mit dem Allen in den letzten Jahren international viel Erfolg gehabt hat, und auch als Liedinterpret mit Werken von Schumann und Schubert hat er in jüngster Zeit auf sich aufmerksam gemacht, während er in England als solcher schon länger bekannt ist. Allens Stimme ist zwischen lyrischem und Charakterbariton anzusiedeln, und er bewegt sich bisher äußerst klug in dem Bereich, den seine stimmlichen Möglichkeiten ihm eröffnen. Er besitzt außerdem eine dominierende Bühnenfigur und eine virile, nervige Ausstrahlung – die rein stimmliche Wirkung mag im Vergleich damit zurückbleiben, weil seinem Timbre der Stempel des Außergewöhnlichen fehlt und auch die Durchschlagskraft der äußeren Erscheinung nicht ganz entspricht.

Die Familie des amerikanischen Baritons **Alan Titus** (*1945) ist russisch-französischen Ursprungs. Seine Beweglichkeit auf der Bühne erklärt sich auch daraus, daß er ursprünglich vorhatte, Tänzer zu werden, bevor er sich dem Gesangsstudium an der Juilliard School zuwandte, sich aber auch bei dem großen Aksel Schiøtz Anregungen holte. Das Debüt erfolgte 1969 in Washington, näher ins Rampenlicht rückte Titus, als er 1971 bei der New Yorker

Uraufführung von Bernsteins *Mass* mitwirkte. An der City Opera sang er neben Beverly Sills, seit 1976 auch an der Met. Seine eigentliche Opernkarriere fand jedoch bisher in Europa statt, wo er vor allem als Don Giovanni (auch bei einer Plattenproduktion unter Rafael Kubelik) und als Olivier in Strauss' *Capriccio* auffiel. Seine große Sprachbegabung ließ ihn auch in Außenseiteraufgaben des deutschen Repertoires wie Strauss' *Intermezzo* erfolgreich sein. Die Rolle des Vincenzo Gellner in einer Produktion von Catalanis *La Wally* zeigte, daß Titus sich auf dem Weg vom lyrischen zum Charakterbariton befand, den er inzwischen mit dem Barak abgeschlossen hat; der Hans Sachs steht unmittelbar bevor. Wenn er diesen Weg vorsichtig weiter beschreitet, wird man von diesem vielseitigen Sänger noch einiges erwarten können.

Ist der amerikanische Bariton **Thomas Hampson** (*1955) ein amerikanischer Bariton im Sinne von Sherrill Milnes oder Cornell MacNeil, oder ist er nicht doch eher der europäische Typus, fast ein »deutscher« Sänger im Sinne Dietrich Fischer-Dieskaus mit seiner Neigung zur tiefschürfenden Grübelei, seiner Ernsthaftigkeit, die im Gegensatz zu seinem unbekümmerten Äußeren steht, der erstaunlich umfassenden literarisch-musikalischen Bildung? Als europäisch geprägt wird man seine Ausbildung bezeichnen dürfen, auch wenn sie zunächst in Amerika stattfand, seine erste Lehrerin, Sister Marietta Coyle, hatte ihrerseits bei Lotte Lehmann studiert, sein zweiter Lehrer, Martial Singher, entstammte der großen französischen Baritontradition, der deutsche Bariton Horst Günter schließlich nahm ihn in Freiburg unter seine Fittiche, und zuletzt wurde Hampson auch noch von Elisabeth Schwarzkopf gefördert. Wie dem auch sei – Hampson hat in den letzten Jahren die zugleich brillanteste und eigenwilligste Karriere im Baritonfach gemacht, die sich denken läßt. Er hat einerseits als Don Giovanni, als Rossinis Figaro, als Graf Almaviva, als Marcello in *La Bohème* auf den großen Bühnen der Welt allen Opernglamour verbreitet, den man sich von solchen Partien wünscht, er hat auf der anderen Seite seine ganze gewinnende Bühnenpräsenz auch für Rollen wie Brittens Billy Budd, für den Roland in Schuberts *Fierrabras*, für Henzes *Prinz von Homburg* eingesetzt, und in unmittelbarer Zukunft wird er nicht nur den Onegin und den Posa zum erstenmal singen, Rollen, die seine Verehrer schon lange dringlich erwarten, sondern auch Thomas' *Hamlet*, eine Partie, die er kaum gastspielweise in aller Welt wird herumreichen können.

Mit der gleichen Neugier auf das Unvertraute, dem Vermeiden ausgetretener Pfade, setzt er sein Renommee auch auf seinen Soloplatten ein. Es wäre für ihn ein leichtes, einer Firma eine *Schöne Müllerin* vorzuschlagen, lieber jedoch spielt er ein erlesenes Programm mit Liedern nach *Wunderhorn*-Texten ein, präsentiert Schubert-Lieder, die nur dem Spezialisten bekannt sind, singt Meyerbeer- und Rossini-Lieder, aber auch Werke von Charles Ives, Samuel Barber und Edward McDowell, und er hat auch noch mit seinem Mentor Leonard Bernstein eine Einspielung der *Lieder eines fahrenden Gesellen*, der *Rückert-Lieder* und der *Kindertotenlieder* Gustav Mahlers vorgelegt, die jetzt schon als »klassisch« gelten darf (diese wie andere Platten Hampsons sind mit internationalen Schallplattenpreisen ausgezeichnet worden). Hampsons europäische Karriere begann 1980 an der Düsseldorfer Oper, führte dann über Zürich und Wien an die Met und nach München. Inzwischen ist er diesen Häusern nur noch durch Gastverträge verbunden und wird in der nächsten Zeit seine Tätigkeit zwischen Oper und Konzert aufteilen. Dem sich hektisch überschlagenden Opernbetrieb steht er mit Skepsis gegenüber, lieber gräbt er unbekannte Fassungen von Mahler-Liedern aus oder ist auf der Suche nach verkannten Liedmeistern des 19. Jahrhunderts. Liest man Interviews mit ihm, so findet sich darin nicht die übliche Information über die größten Erfolge von gestern und die projektierten Festspielauftritte von morgen und übermorgen, sondern eine sehr ernsthafte, sehr reflektierte Auseinandersetzung mit der Existenz eines musizierenden Künstlers in einer wirren Welt. Wenn ich an dieser Stelle wieder einmal sage, daß von Hampson noch einiges zu erwarten ist, dann ist das eine unangebrachte Untertreibung.

Ständige Überforderung eines rein lyrischen Stimmaterials mit Rollen wie Macbeth, Renato, Rigoletto, Jago und Gérard *(Andrea Chénier)* ist das Hauptproblem der Karriere von **Leo Nucci** (*1942), der nichtsdestotrotz glänzende Erfolge zu verzeichnen hat. Nucci war zunächst Autoschlosser, seine Stimme wurde von dem Pädagogen Mario Bigazzi entdeckt, der ihn für einen Tenor hielt (und eine leicht anspringende Höhe zeichnet den Sänger noch heute aus); erst Giuseppe Marchesi bildete ihn als Bariton aus. 1967 debütierte Nucci in Spoleto als Figaro im *Barbiere di Siviglia* (übrigens neben dem Basilio des ebenfalls jungen Ruggero Raimondi). Dann ging es mit der Stimme nicht recht weiter, und Nucci trat in den Chor der Mailänder Scala ein, eine Solistenkarriere zu den Akten legend. Man ermunterte ihn, es noch einmal zu versuchen, und 1975 gab es einen neuen, diesmal erfolgreichen Karriereansatz: Wieder als Figaro begeisterte er zunächst in Padua, dann 1976 an der Scala, 1978 sprang er in London in Verdis *Luisa Miller* für Ingvar Wixell ein und setzte sich neben Katia Ricciarelli und Luciano Pavarotti durch. Seit 1980 sang Nucci auch an der Met, dort dann schon problematische Rollen wie den Amonasro. Es drängt sich in seinem Falle der Eindruck auf, daß er versucht, den relativ späten Beginn seiner wirklichen Karriere durch ein forciertes Vordringen in sämtliche auf dem Papier erreichbaren Rollenbereiche auszugleichen – das Tempo, in dem er neben seiner Blitzkarriere das ganze Rollenspektrum des italienischen Baritons sich aneignete, spricht für diese

Vermutung. Die stimmlichen Leistungen Nuccis in seinen letzten internationalen Auftritten lassen ebenfalls erkennen, daß der Tribut für die Überdehnung und Überanstrengung einer schönen, ursprünglich hellen, fast tenoralen lyrischen Baritonstimme ins Dramatische hinein bereits gezahlt werden muß – der Sänger sollte sich ernste Sorgen machen um den Fortgang seiner Karriere.

In einem Interview vor einigen Jahren hat **Giorgio Zancanaro** (*1939) sich bitter darüber beklagt, daß er mit seiner Karriere einfach kein Glück habe, offenbar weil er sich weigere, die Mätzchen und Unarten mitzumachen, mit denen andere Fachkollegen ihre Triumphe einheimsen. Inzwischen hat sich die Situation geändert, und Zancanaro ist in die vordere Reihe der italienischen Baritone vorgestoßen, obwohl seine Laufbahn in der Tat merkwürdig verlaufen ist und sehr spät begonnen hat, denn sein Bühnendebüt gab er erst mit 32 Jahren, aber nicht, weil er so lange studiert hätte, denn er hat, wie er immer stolz betont, keinen Gesangslehrer gehabt (gelegentlich wird aber ein Maestro Ravazzin genannt). Zancanaro war Polizist mit einer offensichtlich ausgeprägten Naturstimme und wurde von seiner Frau gedrängt, es einmal mit einem Vorsingen zu versuchen. Zwei Jahre lang sang er nach seinem Debüt an Italiens Opernhäusern, mittleren und größeren, gab dann aber 1973 wieder auf und arbeitete als Fahrlehrer. Erst 1975 schlug er endgültig die Laufbahn eines Opernsängers ein, mit 36 Jahren ein außergewöhnlich später Beginn. Als er 1977 in Hamburg den Luna im *Trovatore* sang, begann seine internationale Karriere, die ihn seither an alle großen Bühnen der Welt geführt hat. Außerordentliche Zuverlässigkeit, große Belastbarkeit der Stimme, ein gesundes Material und eine sattelfeste Technik mit sehr gleichmäßiger Stimmführung – das sind die Garanten von Zancanaros jetzigem Erfolg. Darüber hinaus fällt es allerdings schwer, bei ihm jene Qualitäten zu finden, die für einen so großen Erfolg eigentlich verantwortlich sein müßten. Seiner Stimme mangelt es an einer eigenen Färbung wie auch an einer speziellen Potenz, sei es in der Tiefe, Mittellage oder Höhe, und sein Bühnenspiel beschränkt sich auf jene Klischees des zurückgeworfenen Kopfes und des je nach Situation erhobenen rechten oder linken Arms, wie man sie schon für ausgestorben hielt. Es muß die Situation im Baritonfach sein, die trotz dieser eklatanten Defizite einen solchen Erfolg ermöglicht.

Man müßte den Gang durch das italienische Baritonfach mit trüben Gedanken beenden, gäbe es da nicht **Renato Bruson** (*1936). Bruson ist nur sieben Jahre jünger als Piero Cappuccilli, aber während Cappuccilli bereits in den sechziger Jahren international zum führenden Verdi-Bariton aufstieg, ist Bruson erst in den achtziger Jahren in die Position gelangt, die seinem Können angemessen ist und die er nun als Mittfünfziger immer noch hält und hoffentlich noch lange halten wird, nämlich die des führenden italienischen Baritons, der im Gegensatz zu Cappuccilli als Vertreter des Belcanto-Repertoires begonnen hat und sich erst langsam von dort zum Verdi-Fach vorgearbeitet hat, während er das Verismo-Repertoire fast völlig meidet. Bruson dürfte der einzige heute tätige Bariton sein, der allein 17 Donizetti-Partien gesungen hat, und damit auch der einzige, der in seiner aus der Musik des 18. und frühen 19. Jahrhunderts heraus entwickelten Stimmtechnik und Stimmkultur ein Fortsetzer der Tradition ist, für die die Namen Mattia Battistini und Giuseppe De Luca stehen. Im Gegensatz zu Giorgio Zancanaro hat Bruson in einem ganz normalen Alter debütiert, nämlich mit 25 Jahren, ist aber erst mit Anfang Vierzig international bekannt geworden. Die Früchte eines so vorsichtigen Aufbaus (was daran Planung, was hindernder Zufall war, bleibe dahingestellt) werden jetzt geerntet. Bei seiner Lehrerin Elena Fava Ceriati am Konservatorium von Padua hat er die Belcanto-Tradition eingesogen, und so ist er heute der einzige, der es sich leisten kann, eine Platte nur mit »arie antiche« aufzunehmen, Musikstücken also, die aus der zweiten Hälfte des 18. Jahrhunderts stammen, ein Repertoire, das bei uns kaum bekannt ist. Aus einer armen Bauernfamilie in der Nähe von Padua stammend, gab es für ihn zu dem Vorschlag, die stimmliche Begabung mit Hilfe eines Stipendiums auszubauen, natürlich keine Alternative. Dem Beginn 1961 in Spoleto mit dem Luna folgte lange nicht die entsprechende Aufwärtsbewegung. Sein Studium war auch eher auf den Konzert- und Liedgesang ausgerichtet, und die Welt der Oper war ihm zunächst sehr fremd. Sein eher zufälliges Debüt an der Met 1969 blieb unbeachtet, und erst 1980 wurde man auf ihn wirklich aufmerksam.

Bis dahin hatte Bruson vornehmlich das Donizetti-Bellini-Repertoire gesungen – mit dieser Spezialisierung aber kann man, so wie der Spielplan international heute aussieht, als Bariton zumindest (bei den Tenören ist das schon anders) keine internationale Karriere machen; so mußte er sich dem Verdi-Repertoire zuwenden, wobei er auch heute noch der Meinung ist, daß die natürliche Entwicklung, die er genommen hat, die einzig richtige ist, nämlich die Entwicklung des Verdi-Repertoires aus dem Belcanto-Repertoire – nur so können stimmliche Probleme vermieden werden. Ob Bruson wirklich ein voll überzeugender Macbeth, Rigoletto und Jago ist, darüber gibt es unterschiedliche Ansichten, und auch ich glaube, daß ihm hier jenes Maß an stimmlicher Exhibition und Expansion fehlt, das für solche Rollen nun einmal unabdingbar ist. Das Angenehme an Brusons Stimme ist, daß sie immer schlank und beweglich geführt ist; die Schönheit des Timbres entfaltet sich am besten in der Mittellage (so sollte es bei einem Bariton auch normal sein, das hat er mit dem so oft beschworenen Klang des Cellos gemeinsam); dem steht eine eher schwache Tiefe (auch das normal für italienische Baritone) und eine relativ schmale Höhe (das unterscheidet ihn von Titta Ruffo, Riccardo Stracciari, Apollo Granforte, aber auch Capuccilli) gegenüber. Diese Stimmcharakteristik und eine zurückhaltende, introvertierte Art lassen ihn für die genannten Rollen nicht als ideale Besetzung erscheinen (Rollen wie Scarpia oder Gérard hat er klugerweise vermieden, wie fast den ganzen Verismo), wo er aber durch würdevolle Reserviertheit die erlesene Qualität seiner Stimme und die belkanteske Schulung sozusagen still leuchten lassen kann, da ist Bruson das Baritonereignis in diesem Fach der letzten 30, 40 Jahre und auch Cappuccilli überlegen: Als Simon Boccanegra und auch als Posa (in früheren Jahren) hat er sich seinen Platz unter den Großen seines Faches ersungen.

Im Bereich des sogenannten Mozart-Tenors gibt es eine ganze Reihe von Talenten, aber keine Präponderanz eines einzigen Sängers, wie es für die kurzen Jahre der Fall mit Fritz Wunderlich war, dann mit Peter Schreier und dem wunderbaren Stuart Burrows. Zu diesen Talenten ist **Hans Peter Blochwitz** (*1952) zu zählen, der nach einer Tätigkeit als Informatikingenieur erst 1984 die Bühne als Lenski in Frankfurt betrat und sofort auf sich aufmerksam machte, eine Stimme, die der deutschen Mozart-Tradition nahesteht, mit kernigem Stimmklang, aber leichten Defiziten in der Phrasierungs- und Legatokunst.

Hierin ist ihm der südafrikanische Tenor **Deon van der Walt** (*1958) überlegen, der vor allem als Belmonte und Tamino, aber auch in Rossini- und Donizetti-Rollen eine sehr rasche Karriere gemacht hat; wenn seine Stimme sich kontinuierlich weiter entwickelt, wird man ihn sicher auch bald in stimmlich gewichtigeren Rollen hören können.

Der in Japan geborene Amerikaner **Kurt Streit** (*1959) ist im gegenwärtigen Mozart-Gesang der stimmlich schmalste Vertreter, was er aber durch eine außergewöhnlich kultivierte Phrasierung auszugleichen versteht.

Zwischen Mozart und Puccini pendelt schon der Amerikaner **Jerry Hadley** (*1952) hin und her. In Leonard Bernsteins 1987 aufgenommener *Bohème* sang er den Rodolfo, wirkte allerdings dabei noch ein wenig überfordert, wenn auch überzeugend jungenhaft und unroutiniert (und darauf kam es Bernstein an).

Primus in diesem Bereich, aber auch älter als seine Kollegen, ist zur Zeit der Schwede **Gösta Winbergh** (*1943), der in Stockholm unter anderem auch bei Carl Martin Öhman studierte, dem Lehrer Nicolai Geddas. 1971 debütierte er an der Göteborger Oper, in den achtziger Jahren machte er international auf sich aufmerksam, vornehmlich als Mozart-Tenor. Winberghs Stimme hat sich inzwischen weiterentwickelt, ihr männlich-metallischer Kern tendiert in Richtung von Lirico-spinto-Partien, aber seine Versuche in diesem Bereich hatten bisher nicht den gleichen Erfolg wie die Mozart-Partien.

Den gleichen Ausgangspunkt wie Winbergh hatte **Francisco Araiza** (*1950), hat sich aber von ihm inzwischen weit entfernt. In Mexico City als Betriebswirt und Tenor gleichermaßen ausgebildet, kam er Mitte der siebziger Jahre nach Europa, wo er in Zürich begann (Zürich und München sind nach wie vor seine Stammhäuser). Araiza wurde zunächst bekannt als lyrischer Tenor im Mozart- und Donizetti-Fach. Beraten von George London und in München weitergebildet von Richard Holm, baute er sein Repertoire zunächst sehr vorsichtig auf, hat diese Vorsicht aber inzwischen aufgegeben. Partien wie Giuseppe Hagenbach (in Catalanis *Wally*), Lohengrin und Stolzing scheinen mir außerhalb seiner Reichweite zu liegen. Die ersten Anzeichen einer Überbeanspruchung sind nicht mehr zu überhören, denn Rollen wie Hoffmann und Werther fallen ihm zunehmend schwer, Rollen, die zwar keine Spinto-Qualitäten verlangen, aber äußerste Anforderungen an die Technik stellen, unter anderem, weil sie oft im gefürchteten Passaggio-Bereich liegen. Araizas Stimme ist zwar in der Mittellage erheblich nachgedunkelt, das wird wohl zu diesem Irrweg geführt haben, die Durchschlagskraft der Höhe jedoch ist nicht in gleichem Maße gewachsen; hier läßt nach meinem Eindruck eine zu enge Mundstellung die Töne nicht so frei entströmen, wie dies notwendig wäre, und so wird der Sänger dazu verleitet, mit Druck und Kraft auszugleichen, was der unverkrampfte Klangstrom nicht hergibt. Araizas Timbre ist das aparteste und kostbarste unter den bisher genannten Tenören, aber seine Entwicklung ist an einem problematischen Punkt angelangt.

Die Wiederbelebung des Belcanto-Repertoires einerseits, der großen französischen Oper andererseits hat in den letzten Jahren dazu geführt, daß eine Reihe von Tenören an die Öffentlichkeit trat, die in der Lage waren, jene Töne jenseits des hohen C zu produzieren, die vor 200 Jahren mit der Kopfstimme gesungen wurden, so aber heute nicht mehr akzeptiert werden (über den griechischen Tenor Anastasios Vrenios, der in einer Gesamtaufnahme von Meyerbeers *Huguenots* glaubte, das im alten Stil tun zu dürfen, unterstützt vom sachkundigen Dirigenten Richard Bonynge, fiel die Kritik erbarmungslos her). Es kommt also darauf an, jene stratosphärischen Register mit einer Mischtechnik anzugehen, wobei trotz Kopfregisterbeimischung ein möglichst viriler Klang angestrebt wird, um dem herrschenden Geschmack nicht allzusehr zu widerstreben. Das ist keine ganz einfache Kunstleistung, und die Tenöre, die darin erfolgreich sind, verdienen ihren Ruf zu Recht.

Da ist **Chris Merritt** (*1952), der es vom Autoverkäufer zum Tenorhelden brachte und vor allem als Rossini-Interpret zunächst in Italien, dann auch an anderen Bühnen großen Ruhm erntete; so ist er einer der wenigen Tenöre, die den Arnold in *Guillaume Tell* singen können, es muß aber darauf hingewiesen werden, daß schon Nicolai Gedda über diese Technik durchaus verfügte, sich jedoch nicht auf das spezielle Repertoire einließ, weil es zu seiner Zeit auch noch kaum eine Rolle spielte, dennoch den Arnold unübertroffen auf Platte gesungen hat. Wenn Merritt seinen angestammten Bereich verläßt, etwa als Arrigo in Verdis *Vêpres siciliennes*, dann fällt doch auf, daß die Qualität der Stimme mit der Technik nicht Schritt hält, und so sind die Ergebnisse dann eher enttäuschend.

Vielversprechend sind die großen Schritte, die der Italo-Amerikaner **Frank Lopardo** (*1959) in seiner Karriere unternimmt, sowohl in Mozart-Rollen wie auch vor allem als Rossini-Interpret. Sein Lindoro in der *Italiana in Algeri* etwa sprudelt über vor Musikalität, die bis in die Fingerspitzen reicht und der ja nicht sehr charaktervoll konturierten Rolle eine köstliche körperlich-gestische Ausprägung verleiht. Eher als bei Chris Merritt wird man aber bei Lopardo eine Entwicklung in andere vokale Bereiche vermuten können, denn Tiefe und Mittellage klingen jetzt schon relativ dunkel und kräftig, wozu die helle Höhe nicht ganz organisch passen will.

An stimmlicher Ausgeglichenheit übertrifft **Rockwell Blake** (*1951) seine Kollegen, auch er von George London gefördert. Bei Blake ist die Höhenlage mit der Stimme so homogen verschmolzen, wie das überhaupt möglich ist, und so sind seine Leistungen in diesem Repertoirebereich zur Zeit die überzeugendsten.

Mit einer Rossini-Donizetti-Arien-CD hat der mexikanische Tenor **Ramón Vargas** (*1960) bei den Schallplattenrezensenten helle Begeisterung erregt. In der Tat hat hier die Garde der genannten Spezialisten für die schwierigen Höhenflüge der Belcanto-Oper einen Zuwachs erhalten, der die Konkurrenten schon bald überflügeln könnte. Vargas singt schon seit Jahren in Europa, jetzt erst wird man auf ihn aufmerksam, und gleich ist er auch schon an die Wiener Staatsoper engagiert. Er hat im Vergleich mit seinen Fachkollegen ein auffallendes Plus an Stimmschönheit und fülligem Ton in Mittellage und Tiefe, ohne dafür an Geläufigkeit und Höhensicherheit einzubüßen.

Im gegenwärtigen Augenblick ist schwer entscheidbar, ob **Luis Lima** (*1948) einmal zu den ganz Großen seines Faches gezählt werden wird oder ob er den Sprung auf die letzte Plattform doch nicht vollzieht. Das Zeug dazu hätte der im argentinischen Córdoba geborene Sänger ohne Zweifel, der bei Carlos Guichandut Privatstunden nahm, einem in einer Gesamtaufnahme vertretenden Sänger des Otello, und sich Rat von Gina Cigna holte, der italienischen dramatischen Sopranistin. 1974 debütierte er in Lissabon als Turiddu. Über Mainz und Straßburg kam er an die größeren Häuser, als jugendlich-romantischer Held des mediterranen Typus, relativ zierlich, dunkelhaarig, hatte er neben Diven wie Joan Sutherland und Montserrat Caballé Erfolg. In den achtziger Jahren sang er dann größere Rollen an größeren Bühnen. Sein Don Carlos bei den Florentiner Maifestspielen 1985 reichte vokal und darstellerisch an die größten Vorbilder heran, desgleichen sein Werther, aber seither scheint seine Laufbahn zu stagnieren aus Gründen, die mir unbekannt sind und auch unverstehbar erscheinen. Mit Rollen wie dem Cavaradossi und dem Riccardo tut er seiner immer noch schlanken Stimme sicher keinen Gefallen, im Zwischenfach zwischen lyrischem und Spinto-Tenor, bei Edgardo und Carlos, aber auch beim Werther und Hoffmann, sicher auch beim José, wenn er so schlank gesungen wird, wie er Bizet vorschwebte, sind Limas Vorzüge am besten aufgehoben, im veristischen Repertoire hingegen wird er sein kostbares Stimmaterial nutzlos überanstrengen.

Ein vergleichbarer Fall, eher noch problematischer, ist **Neil Shicoff** (*1949), vielleicht die größte tenorale Begabung der letzten 20 Jahre, wenn man bereit ist, unter einem Tenor auch etwas anderes zu verstehen als einen Lieferanten armdicker Töne. Shicoff, in New York als Sohn eines jüdischen Kantors russischer Herkunft geboren, erlernte das Singen an der Juilliard School, vor allem bei Jenny Tourel. 1975 begann er als Narraboth in *Salome*, kurz darauf sprang er für Richard Tucker ein, der in Cincinnati Ernani singen sollte. 1976 sang er dann auch schon an der Met, in einer leichteren Partie, dem Rinuccio in *Gianni Schicchi*. Sein europäisches Debüt habe ich zufällig miterlebt, es war der Don Carlos in Amsterdam 1977, ein bis heute anhaltender Eindruck. Shicoffs größte Leistungen sind aber im französischen Fach zu suchen. Seine Sprachbegabung macht es schwierig, ihn von einem französischen Sänger zu unterscheiden, die Schönheit seines Timbres, dessen Glanz melancholisch verschattet ist, die Subtilität seiner Phrasierung, all das macht ihn zum idealen Interpreten des Werther, des Des Grieux, des Hoffmann. Ich stehe nicht an, seinen Werther, den ich 1982 in München hörte, über Georges Thill wie über Nicolai Gedda und José Carreras zu stellen, berührender und intensiver habe ich einen Tenor in dieser Partie nie singen hören, fast ebenso gut war sein Hoffmann (unter anderem München 1986), den er auch in einer glänzenden Platteneinspielung verkörperte.

Nicht so glücklich war er als José im Studio neben der Carmen der Jessye Norman, als Macduff und *Rigoletto*-Herzog – für die heldischeren Töne des französischen wie vor allem des Verdi-Faches fehlen ihm doch die rein physischen Steherqualitäten. Shicoff gibt sich in seinen großen Partien voll aus, man hat den Eindruck, daß jede Vorstellung ihm an die Substanz geht, der schmale, zierliche Mann muß mit seinen Kräften haushalten. Ebenso zart gewebt ist sein Nervenkostüm; in den internationalen Besetzungsbüros ist er inzwischen gefürchtet als hochgradig absagegefährdeter Star. Es gehört zu den kruden Unbarmherzigkeiten des aktuellen Betriebes, daß die robusten Tonträger immer die größeren Chancen haben als die sensitiven Künstler. Einen Werther kann vollblütig nur singen, wer über die notwendige Sensibilität verfügt, die aber auch eine nervliche Fragilität zur Folge hat, die berücksichtigt werden muß, denn es handelt sich ja nicht um einen Gewichtheber. Durch diese Unangepaßtheit an die Marktbedingungen scheint Shicoffs Karriere im Augenblick problematisch zu sein, aber wenn dieser Markt und seine Abnehmer, also wir, das Publikum, noch die geringste Aufnahmefähigkeit für einen Sänger haben, der im Wettbewerb um »höher, lauter, länger« nie gewinnen wird, für diesen Sensibilissimo unter den Tenören, der wie einst Tito Schipa und Ferruccio Tagliavini demonstriert, was tenorale Subtilität bedeuten kann, dann sollten wir weiterhin auf Shicoff setzen.

Wenn wir von den Zwischenfachsängern Luis Lima und Neil Shicoff ins schwerere italienische Fach kommen, dann treffen wir auf die kaum überraschende Tatsache, daß man alle Vertreter dieses Faches kaum beneiden kann angesichts der geradezu erdrückenden Präponderanz des »trio tenorale« Plácido Domingo, Luciano Pavarotti, José Carreras (auch wenn letzterer, wie oben dargestellt, eigentlich gar nicht in dieses Fach hineingehört). Es ist ein Übergewicht, das vor allem auf dem Plattensektor für den Nachwuchs verheerende Folgen hat, aber auch für die ältere Generation, denn weder Franco Bonisolli noch Giacomo Aragall werden der Nachwelt so erhalten bleiben, wie es ihre stimmlichen Leistungen eigentlich verdienen.

Franco Bonisolli (*1938), inzwischen ein Mittfünfziger, drei Jahre jünger als Luciano Pavarotti, ist immer noch prächtig bei Stimme und gehört für mich zu den unterschätzten Sängern dieser Tage, dessen Können durch seine ridiküle Neigung zu auftrumpfendem Tenorgehabe und zu skandalgeschwängerten Auftritten (mit denen er nur alte Sängertraditionen erfrischend neu belebt) verdunkelt wird. Ähnlich wie Maria Callas ist er dadurch zum Medienfutter geworden, ohne daß seine stimmlichen Leistungen mit dem gleichen Interesse verfolgt werden. Meine eigene Bewunderung für Bonisolli rührt besonders von einer Rundfunkübertragung her, die Rossinis *Guillaume Tell* 1976 von den Florentiner Maifestspielen brachte. Was Bonisolli hier (neben dem vorzüglichen Tell Siegmund Nimsgern) als Arnold leistete, war phänomenal. Sämtliche Höhenflüge, für die heute nur noch Spezialisten taugen, wurden mit strahlendem Glanz bewältigt, und dem großen Nicolai Gedda war Bonisolli in dieser Rolle noch durch das männlich-markige, dunkel getönte Organ überlegen. Bonisolli stammt aus Rovereto, hat bei Alfred Lattaro studiert und 1961 in Spoleto debütiert, einem Wettbewerb mit damit verbundenem Opernauftritt, der uns schon öfters begegnet ist. In den siebziger

Jahren rückte er in die erste Garnitur der Tenöre auf, in den achtziger Jahren hatte seine Karriere wohl ihre Höhepunkte, aber auch heute noch wird sie fast ungemindert fortgesetzt, an der Wiener Staatsoper ist es seit seinem dortigen Debüt 1968 eine Sache der Religion, ob man Bonisolli oder einen Sänger des Triumvirats bevorzugt, aber seine Gemeinde steht dort auch hinter ihm, wenn er während einer *Trovatore*-Vorstellung die Bühne für immer verläßt (so geschehen 1978 aus Unzufriedenheit mit den Reaktionen des Publikums). Im letzten Jahrzehnt hat sich Bonisolli, dessen Stimme schwerer und dunkler geworden ist, den heldischen Partien des italienischen Repertoires zugewandt: Kalaf und Radames gehören zu seinen besten Rollen, seltsamerweise wird er als Otello nur selten herangezogen. In wirklich erstrangigen Opernaufnahmen ist Bonisolli leider nie eingesetzt worden mit Ausnahme eines *Trovatore* unter Herbert von Karajan, und das ist eine große Ungerechtigkeit, denn ich bin sicher, daß Bonisolli einen eindrücklicheren Otello gesungen hätte bei jenem mißglückten Experiment, das Georg Solti mit Pavarotti anstellte (man muß an Soltis Verständnis für Stimmen wirklich entschieden zweifeln).

Fast gleichaltrig mit Franco Bonisolli ist der russische Tenor **Wladimir Atlantow** (*1939), der gerade in der Rolle des Otello in den letzten Jahren der einzige von der Öffentlichkeit ernstgenommene Konkurrent Plácido Domingos ist. Atlantow ist der Sohn des Leningrader Bassisten Andrei Atlantow, debütierte auch an der dortigen Oper 1963 und sang seit 1968 am Bolschoi-Theater. Seit Anfang der siebziger Jahre machte er durch Gastspiele im Westen auf sich aufmerksam, vor allem durch die Rollen des russischen Repertoires, die er auch zum Teil auf Schallplatte aufnahm (Lenski, Hermann), dann aber auch durch die dramatischen Rollen des italienischen Repertoires (Cavaradossi, Canio). Sehr oft trat er zusammen mit seiner Frau, der Sopranistin Tamara Milaschkina, und dem Baritonkollegen Juri Masurok auf, ein russisches Trio, das volle Häuser garantierte. Atlantow ist heute der einzige der drei Sänger, der seine Karriere unvermindert erfolgreich fortsetzt (in den Erinnerungen Galina Wischnewskajas über die Ereignisse, die ihrer und ihres Mannes Mstislaw Rostropowitsch Ausbürgerung vorausgingen, spielt Atlantow innerhalb der Bolschoi-Hierarchie keine gute Rolle). Zeitweise erregte er Aufsehen dadurch, daß er in das Baritonfach überwechselte – nach seiner eigenen Auskunft war dies das Ergebnis einer persönlichen Krisensituation, die zum Verlust seiner Höhe und fast seiner Stimme führte. Atlantow hat immer durch die Kraft seines Stimmorgans beeindruckt, weniger durch die Subtilität seines Singens, ausgerechnet die Rollen aus russischen Opern litten unter seiner vokalen Kraftmeierei mehr als die aus dem westlichen Repertoire, denn russische Tenöre haben immer wieder bewiesen, daß man den

Lenski, den Hermann auch mit Zwischentönen singen kann. In der Art seines Singens erinnert Atlantow an Mario Del Monaco, ohne dessen stimmlichen Glanz zu erreichen, der russischen dramatischen Tenören durch ihre Neigung zu gutturaler Klangbildung meist abgeht.

Fälschlicherweise wird **Jochen Kowalski** (*1954) oft als Countertenor bezeichnet. Weder wird dabei berücksichtigt, daß er in Wirklichkeit ein Counteralt ist, noch daß sich seine Stimmgebung wesentlich von der Tradition unterscheidet, wie sie nach dem Krieg im wesentlichen durch Alfred Deller geprägt wurde. Kowalski wollte eigentlich ein ganz normaler Tenor werden, wenn möglich ein Heldentenor, aber mit dem Tenorstudium ging es nicht so recht vorwärts, das große Vorbild Fritz Wunderlich blieb in immer gleicher uneinholbarer Ferne, bis an der Hochschule eines Tages eine Mitstudentin mit der Arie des Orpheus »Ach ich habe sie verloren« Schwierigkeiten hatte. Kowalski machte ihr aus Jux vor, was er für sich schon häufig geübt hatte, aus seiner Tenorstimme einen Alt machend. Die Wirkung dieser kuriosen Demonstration war so verblüffend, daß man ihn zu der Gesangspädagogin Marianne Fischer-Kupfer schickte (der Frau von Harry Kupfer), und aus dem unzufriedenen Tenoradepten wurde der phänomenale Altist Kowalski, der 1983 an der Komischen Oper als Knabe Fjodor in *Boris Godunow* debütierte und 1984 in Händels *Giustino* brillierte, mit dem er auch gastspielend den Westen bereiste. Sein größter Erfolg ist sicher Glucks Orpheus, den er inzwischen auch auf Platte eingespielt hat, als Prinz Orlofsky übertrifft er seine weiblichen Kolleginnen an androgynem Charme beträchtlich. Kowalskis besondere Kunst besteht in dem risikofreudigen Ausleben der erotischen Zwischenstufe, die ein männlicher Alt darstellt. Die Countertenöre versuchen normalerweise das Bizarre, Zwitterhafte ihres Tuns durch ein vibratoarmes Singen auf die Stufe des Knabenhaften herunterzufahren. Kowalski setzt das kontrollierte Vibrato voll ein, so wie es ihm zur Verfügung steht, und ist damit der einzige männliche Sänger, der heute an den Stimmklang der Kastraten zu erinnern vermag, wie er als ferner Abglanz uns durch die Aufnahmen Alessandro Moreschis dringt. Diese Stimme klingt fremd, aber auch schön und sinnlich, und so ist sein Erfolg (der durch seine darstellerischen Fähigkeiten noch unterstrichen wird) verständlich und berechtigt.

Es mag ein Zufall sein, daß die drei überzeugendsten Charaktertenöre der Gegenwart aus dem angloamerikanischen Bereich kommen (Charaktertenor ist dabei jene Bezeichnung für alle Tenöre, die sich nicht in die gängigen Schubladen einordnen lassen). **Robert Tear** (*1939) stammt aus der Sängerwiege Wales und ist durch seine Mitarbeit an Benjamin Brittens English Opera Group in den sechziger Jahren geprägt worden – nicht zufällig hat er seiner stolzen Reihe schwieriger Partien erst kürzlich den Aschenbach in Brittens letzter Oper *Death in Venice* hinzugefügt. Es wäre dennoch falsch, in Tear einen Nachfolger Peter Pears' zu sehen, denn abgesehen davon, daß Pears eine eigenartige Erscheinung ohne eine direkte Nachfolge war, muß man in Tear einen Sänger anderen Zuschnitts erkennen. Die Rolle des Loge etwa, die er erfolgreich gesungen hat, ist von Pears nicht vorstellbar gewesen. Tears Stimme ist durchschlagskräftiger, kann aber auch, wo es nottut, mehr Qualitäten des schönen Klanges aufbieten. Seine überlegene Musikalität machte ihn (und da ist er Pears vergleichbar) zum Spezialisten für das Neue, Schwierige, Ungewohnte. Den Maler in Bergs *Lulu* sang er bei der Uraufführung der komplettierten Fassung ebenso wie die Titelfigur in der Uraufführung von Pendereckis hochnotpeinlichem *Ubu Rex*.

Der Amerikaner **Kenneth Riegel** (*1938) hat sich weit mehr ins lyrische Fach vorgewagt als Robert Tear. Einem breiten Publikum ist er wahrscheinlich vor allem durch seinen Ottavio in Joseph Loseys *Don-Giovanni*-Film bekannt geworden. Die weiteren Mozartschen Tenorrollen, aber auch Puccinis Rodolfo, Offenbachs Hoffmann und Verdis Alfredo hat er an der Met und in Paris gesungen; was ihm an vokalem Schmelz abging, ersetzte er dabei durch hervorragende Phrasierung, unirritierbare Musikalität und eine glänzende darstellerische Begabung, die er an extremen Rollen wie dem verkrüppelten Zwerg in Zemlinskys gleichnamiger Oper bewähren konnte, aber auch als Alwa in *Lulu* in der erwähnten Pariser Version. Auch Riegel gilt wie Tear zu Recht als der Mann für die schwierigen Fälle, bei dem man glücklicherweise keine vokalen Abstriche machen muß, nur um eine schwierige Partie, einen schwierigen Charakter kompetent verkörpert zu sehen. Riegel als Schuiski in *Boris Godunow* (München 1991) oder als Herodes in *Salome* (Salzburger Festspiele 1992), das sind immer Meisterleistungen modernen Musiktheaters, verkörpert durch einen eminenten Sängerschauspieler.

Ein Generationsgenosse Robert Tears und Kenneth Riegels ist außerhalb seiner englischen Heimat später bekannt geworden als seine beiden Kollegen; jetzt erkennt man auch international gerade noch rechtzeitig, welch glänzende Begabung **Philip Langridge** (*1939) ist. Langridge ist allzulange als »nur« für das interessante Repertoire geeigneter Sänger mißverstanden worden. Wie Tear und Riegel hat er viel Moderne gesungen (und in England heißt das Britten, Tippett, Goehr und Birtwistle), im Unterschied zu diesen beiden jedoch auch viel »alte« Musik (Monteverdi, Bach, Rameau). Seinen internationalen Durchbruch jedoch verdankt er seltsamer- und bezeichnenderweise den Opern Janáčeks: Sein Laca in *Jenufa* (in Covent Garden und bei den Festspielen von Glyndebourne) erregte großes Aufsehen, und in der verteufelt anspruchsvollen Partie des Komponisten Živný in Janáčeks unbekanntem Meisterwerk *Schicksal* (in der Aufnahme, die Charles Mackerras leitet) zeigte Langridge, daß man auch in einer englisch gesungenen Version die Tenorrollen Janáčeks mit ihrer gefürchteten Tessitura mit allem belcantesken Aufschwung und dennoch idiomatisch richtig und in der Gebrochenheit des Charakters überzeugend singen kann. Ein hervorragender Künstler, der sich auf dem Höhepunkt seiner Laufbahn befindet (die Schallplattenproduzenten sollten dies noch mehr ausnutzen).

Unter den tiefen Frauenstimmen der Gegenwart scheint der Kontraalt ähnlich gründlich ausgestorben zu sein wie der schwere Heldentenor im Wagner-Fach. Sängerinnen, die heute als Altistinnen bezeichnet werden, wären vor 70, 80 Jahren gerade noch als Mezzosopran durchgegangen. Zwischen einem Mezzosopran wie Agnes Baltsa und einer Altistin wie **Lucia Valentini Terrani** (*1946) gibt es keine entscheidenden Unterschiede der Stimmfärbung und des Stimmcharakters, und so konkurrieren beide auch in den Koloraturaltpartien Rossinis, aber auch in der Rolle der Eboli. Valentini Terrani hat in ihrer Geburtsstadt Padua Gesang studiert und 1969 in Brescia debütiert, als Titelheldin von Rossinis *Cenerentola*. Als Rossini-Interpretin hat sie seither die entscheidenden Karriereschritte gemacht, und ihr ausgeprägtes komisches Talent hat ihr in Rollen wie Isabella (*L'Italiana in Algeri*) und Rosina (*Il barbiere di Siviglia*) internationalen Ruhm an allen jenen Bühnen gebracht, die an der unerwarteten Rossini-Wiederbelebung der letzten Jahre Anteil hatten. Neuerdings verstärkt die Sängerin ihre Bemühungen, ins dramatische Fach hineinzugehen (Amneris, Eboli); es bleibt fraglich, ob die stimmliche Potenz dazu ausreicht. Ihre Agilität, die sie in den Rossini-Partien glänzen lassen kann, bleibt bewundernswert, und sie singt in diesem Repertoire noch stilbewußter als Baltsa, mit der zusammen sie die Tradition Giulietta Simionatos und Teresa Berganzas weiterführt.

An Teresa Berganza in ihren besten Momenten fühlt man sich durch eines der vielversprechendsten Talente der Gegenwart erinnert, durch die römische Mezzosopranistin **Cecilia Bartoli** (*1966). Auch sie hat vor allem im Rossini-Repertoire auf sich aufmerksam gemacht und hat mit der Rosina überall, wo sie auftrat, großen Eindruck hinterlassen. Neben zwei Rossini-Recitals ist sie inzwischen in zwei Gesamtaufnahmen von Mozart-Opern eingesetzt worden (*Così fan tutte* und *Lucio Silla*) und hat auch dort ihren Rang bestätigt. Ausgefeilte Technik des Belcanto-Repertoires verbindet sich bei Cecilia Bartoli mit dem besonderen Wohllaut einer reizvoll timbrierten Stimme, wie sie für großen Mozart-Gesang unabdingbar ist. Man darf auf die weitere Entwicklung dieser Sängerin gespannt sein.

Die wohl vielseitigste und zuverlässigste Vertreterin des lyrischen Mezzosopranfachs ist die aus Dublin stammende **Ann Murray** (*1949), die mit dem englischen Charaktertenor Philip Langridge verheiratet ist. Sie hat keine Blitzkarriere gemacht, ihre Leistungen sind eher durch Beständigkeit und geschmackssichere Nuanciertheit gekennzeichnet als durch vokale oder darstellerische Exhibition. Auch sie profitierte in ihren Anfängen von der Rossini-Renaissance, verließ dann allmählich dieses Repertoire, kehrte aber als Cenerentola bei den Salzburger Festspielen Ende der achtziger Jahre noch einmal zu diesen Anfängen zurück. Ihr breites Spektrum reicht von Monteverdi bis zu Mahler, hat in den Mozart-Partien ihres Faches ein Zentrum und umgreift außerdem eine reiche Palette des Konzert- und Oratoriengesangs. Ann Murray hat in all diesen Bereichen in England die Nachfolge Janet Bakers angetreten und ist ihr in Musikalität und Vielseitigkeit durchaus vergleichbar, auch wenn sie den großen Zuschnitt Bakers nicht aufweist.

Eine rund 20jährige Karriere von großer Konstanz hat inzwischen **Hanna Schwarz** (*1943) hinter sich. Nach einem Psychologie- und einem Gesangsstudium begann sie 1970 als eine der Walküren in Hannover, und mit Wagner ging es auch weiter: Schon 1975 konnte man sie bei den Bayreuther Festspielen hören, 1976 bereits als Erda. Daß sie in dieser Partie seither weltweit gefragt ist, spricht erstens für die oben geäußerte These, daß es keine Kontraaltistinnen mehr gibt für Partien wie diese (denn Hanna Schwarz ist eindeutig ein Mezzo), es spricht aber auch für das technische Fundament dieser Sängerin, denn sie kann ihrem Brustregister das notwendige Tiefenvolumen entlocken, ohne ins Forcieren zu geraten. Hanna Schwarz hat sich nicht auf Wagner festlegen lassen, auch wenn sie zu Recht als die beste Brangäne der Gegenwart gilt. Als Konzertsängerin hat sie daneben eine reichhaltige Tätigkeit entfaltet und wird vor allem als Mahler-Interpretin geschätzt. Das Lied der Waldtaube in Schönbergs *Gurreliedern* hört man von ihr so expressiv wie von kaum einer anderen Sängerin. Der Sprung ins italienische dramatische Mezzofach, den sie früher einmal anvisierte, ist bis jetzt, trotz einer Preziosilla *(La forza del destino)*, nicht wirklich vollzogen worden, und Hanna Schwarz scheint sich auch vor den Versuchungen des hochdramatischen Faches hüten zu wollen, eine kluge Reserve, zu der man sie nur beglückwünschen kann.

Diese Reserve wird offensichtlich von **Waltraud Meier** (*1956) außer acht gelassen, denn für 1993 ist ihr Debüt als Isolde in Bayreuth angekündigt. Nun ist bis dahin noch etwas Zeit, und auch das entsprechende Debüt Christa Ludwigs war einmal angekündigt und hat nie stattgefunden. Im Falle Waltraud Meiers wird man diese Pläne jedoch nur mit erheblicher Sorge betrachten können. Sie hat im Grunde mit einer Rolle Weltkarriere gemacht, mit der Kundry in *Parsifal*, die sie Anfang der achtziger Jahre zum erstenmal in Dortmund sang und dann ab 1983 mit unerhörtem Erfolg in Bayreuth. Eine so junge Kundry war damals auch für Bayreuth eine Sensation, weil man dort mit Martha Mödl, Astrid Varnay und Leonie Rysanek einen erheblich reiferen Sängerinnentypus gewohnt war; Frische und eminente Ausdruckskraft Waltraud Meiers bekamen dieser so schwierigen Rolle außerordentlich gut, und der Ruhm, der daraus resultierte, war wohlbegründet. Die in Würzburg geborene Sängerin hatte einen kurzen Ansatz zu einem Philologiestudium gemacht, dann aber ihre Stimme bei Adolf Theisen und Dietger Jacob ausbilden lassen, 1976 stand sie zum erstenmal auf einer Bühne, der ihrer Heimatstadt, ging dann nach Mannheim und Dortmund, wo neben der Kundry die Eboli und die Santuzza auf sie zukamen. Trotz der Kundry-Präponderanz und trotz Waltraute und auch Venus wird man es nicht schaffen, Waltraud Meier auf Wagner festzulegen. Wer so früh wie sie in wenigen großen Rollen reüssiert, hat es allerdings schwerer, die Breite des Repertoires gewissermaßen nachzuholen. Ihre große darstellerische Potenz macht sie zur begehrten Protagonistin für anspruchsvolle Regisseure. Mit Harry Kupfer hat sie in Hamburg die Venus erarbeitet, in München die hierzulande völlig unbekannte *Jeanne d'Arc* Tschaikowskis zu einem unvermuteten Erfolg geführt. Der unaufhaltsame Trend ins Hochdramatische jedoch muß erhebliche Skepsis hervorrufen. Sie hat sich technisch die Höhe der Kundry und der Ortrud erarbeitet, diese Höhe jedoch hat nicht die Reserven, die Fülle und den Glanz, der für ein ständiges Verweilen im hochdramatischen Bereich erforderlich ist. Es ist etwas anderes, solche Lagen nur gelegentlich anzutippen, als sie unter Dauerbelastung produzieren zu müssen. Ihr großes Vorbild, Christa Ludwig, hatte in dieser Beziehung erheblich mehr zu bieten, wie ihre fulminante Leonore bewiesen hat, und verzichtete dennoch auf den letzten Schritt ins andere Fach. Wer berät und warnt Waltraud Meier vor einem solchen mit hohem Risiko behafteten Schritt?

Von einem vergleichbaren Ehrgeiz ist bei **Marjana Lipovšek** (*1946) nichts bekannt, und doch hätte sie die größeren Chancen für einen solchen Schritt, weil ihre Mittellage um einiges fülliger und sonorer ist als die der erheblich schlankeren Waltraud Meier. Aber auch ohne solche Ambitionen gehört die aus Ljubljana stammende Sängerin zur Zeit zu den gefragtesten Fachvertreterinnen. Bei ihr ging es mit der Karriere zunächst gemächlich voran, und sie war schon 40 Jahre alt, als sie mit der Fricka im Münchner *Ring des Nibelungen* 1987 sich endgültig etablierte – daß sie zuvor schon in München eine überragende Marie in Bergs *Wozzeck* gewesen war, blieb im Repertoirealltag verborgen. In Ljubljana und in Graz hatte Marjana Lipovšek Musikpädagogik studiert, in Graz fiel ihre Stimme Hilde Rössl-Majdan auf, bei Herma Handl und Gottfried Hornik wurde diese Stimme dann ausgebildet. 1978 kam sie ins Opernstudio der Wiener Staatsoper, größere Rollen erhielt sie jedoch erst, als sie 1981 nach Hamburg ging. Neben der Münchner

Fricka waren es vor allem Dalila und Carmen, mit denen sie bei den Bregenzer Festspielen (und bei den Fernsehübertragungen dieser Produktionen) weithin auf sich aufmerksam machte. Marjana Lipovšek erntet jetzt die Früchte einer vorsichtig und stetig verlaufenen Aufbauphase. Präsent und in sich ruhend beherrscht sie die Bühne, auf dem Fundament ihrer urgesunden Mittellage entfalten sich Höhen und Tiefen (beides muß sich ein echter Mezzo gleichermaßen erarbeiten), die kaum Grenzen zu kennen scheinen. Bei ihr mehr als bei allen bisher genannten Kolleginnen ist das Potential des wirklich *dramatischen* Mezzosoprans zu erkennen.

Eine Mezzosopranistin ganz besonderen Typus ist die Schwedin **Anne-Sofie von Otter** (*1955). In ihr ist eine neue, junge Verkörperung jenes Mezzos zu sehen, wie ihn eine Generation früher Frederica Von Stade und Yvonne Minton darstellten, mit einer Facette ihrer Künstlerschaft auch Janet Baker: eine schlanke, klare, eher herbe als üppige Stimmsignatur, die eine Dalila oder Carmen nicht erwarten oder wünschbar werden läßt, die jedoch in speziellen Partien der Oper und des Konzerts ideal eingesetzt werden kann. Wer die Stockholmerin als Marguérite in Berlioz' *Damnation de Faust* hören konnte, wird sich für diesen delikaten Bereich der französischen Oper des 19. Jahrhunderts heute kaum eine bessere Interpretin vorstellen können.

Unter den so außerordentlich dünn gesäten hochdramatischen Sopranistinnen der Gegenwart nimmt die Budapesterin **Eva Marton** (*1943) einen herausragenden Platz ein. Wenn auf den großen Bühnen und bei Platteneinspielungen zur Zeit die Brünnhilde im *Ring*-Zyklus oder die Elektra zu besetzen ist, dann kommen offensichtlich nur zwei Sängerinnen in Frage: Hildegard Behrens und Eva Marton. Während das Repertoire von Behrens neben Wagner und Strauss jedoch ziemlich schmal ist und ihre Ausflüge als Tosca geteilte Aufnahme finden, kam Eva Marton erst ins deutsche Fach, nachdem sie sich ein breites italienisches Spinto-Repertoire aufgebaut hatte, das sie teilweise auch heute noch singt. Ihre Turandot gilt als konkurrenzlos (da kann auch die bulgarische Kollegin Ghena Dimitrova nicht mithalten), und es sieht so aus, als habe sie die legitime Nachfolge Birgit Nilssons angetreten, zumal sie von Registerproblemen, wie Behrens sie hat, völlig verschont bleibt. Mit Birgit Nilsson verbindet sich für Eva Marton nach eigener Ansicht auch der Beginn ihrer Weltkarriere: Es war 1981 eine Aufführung von Strauss' *Frau ohne Schatten* in New York, bei der Birgit Nilsson, sich dem Ende ihrer Laufbahn nähernd, die Färberin sang, Eva Marton auf Vorschlag Nilssons die Kaiserin (und damit eine alte Domäne Leonie Rysaneks eroberte). Der gewaltige Erfolg öffnete ihr sämtliche Türen; bis zu diesem Zeitpunkt war ihre Laufbahn eher auf den deutschsprachigen Raum beschränkt. Gesang und Sport waren die Schwerpunkte ihrer Ausbildung (sie soll sogar in der Nationalmannschaft Ungarns Volleyball gespielt haben, und eine trainierte Physis ist für einen hochdramatischen Sopran nicht von Nachteil). 1972 kam sie nach Frankfurt in das Ensemble Christoph von Dohnányis, in dem eine ganze Reihe großer Talente reifte, und blieb dort bis 1977. In Frankfurt sang sie vornehmlich das italienische Fach zwischen »lirico« und »lirico spinto«; als sie 1978 an der Scala debütierte, war es die Leonora im *Trovatore*. Mit ihrer ersten *Siegfried*-Brünnhilde 1984 in San Francisco kam der Einstieg ins schwere Wagner-Fach, in dem sie nicht zuletzt deshalb reüssiert, weil sie der ziemlich seltene Fall einer Stimme mit italienischer Schulung und italienischem Stimmklang ist, der sich in diesem Bereich zu behaupten weiß – sie erinnert in dieser Hinsicht an die Österreicherinnen Anny Konetzni und Gertrude Grob-Prandl. Eva Martons Stimme imponiert mehr durch Breite und Fülle als durch Konzentriertheit des Klanges; verführt durch das für heutige Verhältnisse exzeptionelle Volumen ihres Soprans, neigt sie eher zu einem pauschalen Singen der großräumigen vokalen Geste, als Interpretin hat sie an Vertiefung erheblich dazugewonnen. In Harry Kupfers *Elektra*-Inszenierung in Wien und Salzburg zeigte sie eine erstaunliche Leistung mit dem Mut zum Ablegen alles Heroinenhaften, und man verstand zum erstenmal, warum sie schon vor längerer Zeit einmal die italienische Schauspielerin Anna Magnani als ihr eigentliches Vorbild bezeichnete.

Die Vielseitigkeit der amerikanischen Sopranistin **Cheryl Studer** (*1955) ist stupend. Sie kam Ende der siebziger Jahre nach Europa, begann gleich sehr weit oben, in München, allerdings in kleinen Partien, und konnte auch in Darmstadt und Berlin, den nächsten Stationen, nicht die Partien singen, die ihr am Herzen lagen. Das änderte sich, als sie 1985 innerhalb weniger Wochen als Elisabeth im Bayreuther *Tannhäuser* einsprang. Robuste Nerven und eine grundsolide technische und musikalische Ausbildung bewährten sich auch bei zwei weiteren Einspringsituationen in München und an der Scala. Durch Bayreuth und eine erfolgreiche Sieglinde in München schien Cheryl Studer als jugendlich-dramatischer Sopran auf das Wagner-Fach festgelegt, und die meisten anderen Kolleginnen hätten der Versuchung nicht widerstanden, auf diesem erfolgreichen Wege voranzuschreiten, sie jedoch erregte Aufsehen und Unverständnis zugleich. Statt weiterhin Wagner zu singen, riß sie das Steuer zu Mozart und dem Belcanto-Repertoire herum: *Figaro*-Gräfin und Donna Anna (letztere auch auf der Platte mit Riccardo Muti), die Mathilde in Rossinis *Guillaume Tell* und die Hélène in *Les Vêpres siciliennes*, beides an der Scala, und gar eine Lucia di Lammermoor in Philadelphia. Auch die Schallplattentätigkeit Cheryl Studers spiegelt diese verblüffende Wandlungsfähigkeit: *Salome* ist schon eingespielt (mit Giuseppe Sinopoli, der seit dem Bayreuther *Tannhäuser* große Stücke auf sie hält), Senta und Elsa stehen bevor, aber auch die Violetta und Rossinis Semiramide. Cheryl Studer und ihre Verteidiger haben ganz recht, wenn sie darauf hinweisen, daß eine solche Vielseitigkeit nur für einen unhistorischen Blick etwas Unübliches oder gar zu Verwerfendes ist – große Namen der Vergangenheit zeigen, daß ein Repertoire zwischen Königin der Nacht, Carmen und Brünnhilde zwar nicht die Regel, aber doch möglich war. Mit ihrer technischen Virtuosität bietet sie eine unabdingbare Grundlage für solche Experimente. Dennoch ist zu fragen, ob die Bedingungen, unter denen heute große Opernereignisse auf der Bühne und auf der Platte produziert werden, solche Breite des Repertoires zulassen. Der Hörer von heute hat in allen Repertoirebereichen, in allen Partien die besten erreichbaren Interpretationen der letzten 100 Jahre zumindest potentiell zur Verfügung und mißt die jeweils aktuelle Leistung daran. Cheryl Studers letzte Auftritte und Einspielungen hinterlassen (ganz ähnlich wie im Falle Plácido Domingos) die Frage, ob Vielseitigkeit nicht doch Nivellierung bedeuten kann, bedeuten muß (auf hohem Niveau, wie sich bei einer solchen Könnerin versteht), oder um es auf eine Formel zu bringen: Es ist alles gut, aber nichts außerordentlich; hinzu kommt, daß das Timbre ihrer Stimme »not highly individual« ist, wie es im Englischen heißt. Davon unabhängig besteht mein tiefes Verständnis für eine Sängerin, die nicht landauf, landab immer Sieglinde und Elisabeth singen will, mit der einzigen Aussicht, irgendwann einmal zur Brünnhilde vorstoßen zu können – das kann für eine so quicklebendige, bewegliche künstlerische Natur wie die Cheryl Studers nur eine deprimierende Perspektive sein. Respektieren wir also, daß es Sängerinnen gibt, die ständig im Aufbruch sind – solche, die ihr sicheres Ufer nicht verlassen mögen, haben wir genug.

Die Karriere von **Margaret Price** (*1941) hat, recht besehen, nicht den Verlauf genommen, der ihr prophezeit wurde, mit guten Gründen prophezeit wurde. Da haben wir die nach meinem Eindruck kostbarste Sopranstimme der Gegenwart, kostbar im Sinne eines intimen Reizes, der sich nicht im Füllhorn verstreut, sondern in begrenztem Rahmen entfaltet, eine Sopranstimme, die im Mozart-Gesang bereits Höchstes geleistet hat, und keines der Mozart-Spektakel 1991 glaubte es nötig zu haben, auf Margaret Price zurückkommen zu müssen. Das kann nicht nur an der schon frühzeitig zur junonischen Fülle neigenden körperlichen Erscheinung der Sängerin gelegen haben, und als besonders unangenehme Zeitgenossin ist sie auch nicht berüchtigt, aber auf eine schwer erklärbare Weise scheint sie den Stromlinien des Musikbetriebs sich nicht widerstandslos anpassen zu wollen oder zu können. Die aus dem unerschöpflichen Sängerreservoir Wales stammende Sopranistin machte auf sich aufmerksam, als sie 1963 in Covent Garden als Cherubino für die erkrankte Teresa Berganza einsprang. Als Pamina und Fiordiligi etablierte sie sich im Mozart-Fach (Otto Klemperer holte sie für seine Aufnahme von *Così fan tutte*) und wurde in London immer heftig akklamiert, Covent Garden jedoch entschied sich dafür, Kiri te Kanawa als führenden lyrischen Sopran aufzubauen, Margaret Price hatte das Nachsehen. Der Mozart-Zyklus, den Jean-Pierre Ponnelle in Köln entwickelte, machte die junge Sängerin dann auch auf dem Kontinent bekannt, und von dort kam sie nach München, wo sie später ihren Wohnsitz nahm und auch Bayerische Kammersängerin wurde. In stetiger Entwicklung ihrer stimmlichen Möglichkeiten führte sie der Mozart-Weg von Cherubino zur Donna Anna (die sie inzwischen nicht mehr singt) und später dann in zunächst nicht erwartetem, aber vergleichbarem Erfolg im Verdi-Fach von der Amelia in *Simon Boccanegra* über die Desdemona zur Aida. Die bei Margaret Price scharf ausgebildete selbstkritische Instanz hat dazu geführt, daß Opernauftritte rar geworden sind. An der Stimme kann es nicht liegen, denn die ist so intakt und frisch, wie es sich jüngere Kolleginnen nur wünschen könnten, aber sie scheint Schwierigkeiten zu haben, zu einem Rollenporträt zu finden, mit dem sie sich selbst in totaler Übereinstimmung fühlen kann. Cileas *Adriana Lecouvreur* war ein solches von ihr gewünschtes Experiment, stimmlich beglückend, aber ohne den veristischen Saft, den eine Magda Olivero in der kleinen Fingerspitze hatte. Gänzlich überraschend das Gelingen der Isolde auf der Carlos-Kleiber-Aufnahme, nur im Studio möglich, versteht sich, aber wer unvoreingenommen an diese Aufnahme herangeht, begreift, warum Kleiber diese Besetzung wollte: Wohllaut statt großem Ton bringt dieser Rolle ungeahnte Nuancen – die Geister werden sich daran weiter scheiden. Den Problemen, die Margaret Price mit der Oper hat, antwortet die zunehmend wichtiger werdende Konzerttätigkeit. Als Liedersängerin mit dem Vorbild Dietrich Fischer-Dieskau hat sie inzwischen ein Niveau erklommen, das alle Vergleiche aushält, und wer singt den Sopranpart in Verdis *Requiem* heute inniger und still leuchtender als sie?

Kiri te Kanawa (*1944) hat sich dort als führender lyrischer Sopran etablieren können, in Covent Garden, wo es Margaret Price nicht gelungen ist. Sie dankt das ihrer englischen Wahlheimat mit erstaunlicher Heimattreue. In einer Zeit, in der Sänger ihres Renommees die Flugpläne kennen wie ihre aktuellen Partituren, ist Kiri te Kanawa am liebsten zu Hause und singt in London. In der weiten Welt hört man sie deshalb relativ selten, dort wurde sie eigentlich erst durch ihre Elvira in Joseph Loseys *Don-Giovanni*-Film bekannt. Dame Kiri, wie sie sich inzwischen nennen darf (sie wurde zur »Dame of the British Empire« ernannt), stammt aus Gisborne in der Nähe von Auckland (Neuseeland). Ihr Vater gehört der neuseeländischen Ureinwohnerschaft der Maoris an, daher der exotische Gesichtsschnitt der Sopranistin. Nur wenige Wochen alt wurde sie adoptiert. Ihre Adoptivmutter erkannte die stimmliche Begabung und ließ schon die Zwölfjährige bei einer Nonne Unterricht nehmen. 1966 kam sie mit einem Stipendium nach London, noch als Mezzosopranistin deklariert, 1969 fiel sie beim Camden-Festival in Rossinis *Donna del lago* auf, und 1971 reüssierte sie als ungewöhnlich junge *Figaro*-Gräfin in einer Covent-Garden-Aufführung unter Colin Davis. Der Ruhm kam arg früh, Kiri te Kanawa hatte praktisch kein Repertoire, und jede neue Produktion war in der nächsten Zeit immer auch ein Rollendebüt. Mit der Desdemona Verdis hatte sie auch in den USA große Erfolge, und die genuine Mozart-Sängerin eroberte sich langsam auch das lyrische italienische Repertoire bis hin zur Violetta. Als Gräfin in *Capriccio* und als Arabella zeigte sie sich erfolgreich als Strauss-Interpretin, dessen *Vier letzte Lieder* sie mit erlesenem Geschmack zu singen versteht. Kiri te Kanawa verfügt über einen lyrischen Sopran von begrenztem Volumen (Spinto-Rollen liegen wohl außerhalb ihrer Möglichkeiten), aber von berückendem Wohlklang. Ihr Singen verströmt einen milden Glanz, den man neudeutsch als »gesoftet« bezeichnen könnte, alles ist abgerundet, wie durch einen Weichzeichner abgebildet, kontrolliert und distinguiert, »very british«, könnte man sagen, britischer als manche Urbriten, zu weitergehenden Exaltationen scheint sie nur ungern bereit zu sein, und so wird man doch durch eine Art edle Lethargie ermüdet, wenn man ein gesamtes Rollenporträt aus ihrer Kehle vor sich hat. Wenn sie als Violetta »follie, follie« singt, dann klingt das so, als habe sie vor der Königin den Hofknicks vergessen und nicht, als ginge es um Tod und Leben. Um so verblüffter konnte man sein, als sie im genannten *Giovanni*-Film plötzlich ein ungeahntes Temperament entwickelte, das Losey und Lorin Maazel aus ihr entbunden hatten. Wer wird künftig das offensichtlich doch vorhandene Potential Kiri te Kanawas nutzen?

Wie Kiri te Kanawa ist auch **Katia Ricciarelli** (*1946) weltweit bekannt geworden durch einen Opernfilm, durch Franco Zeffirellis *Otello* mit Plácido Domingo als Partner, und als geradezu unerträglich blonde Desdemona (eine Haarfarbe, die sie auch außerhalb der Bühne konsequent beibehält) war sie international im letzten Jahrzehnt an allen großen Bühnen die erste Wahl. Sie stammt aus Rovigo, gewann nach dem Gesangsstudium in Venedig Ende der sechziger Jahre einige Wettbewerbe und konnte 1969 in Mantua als Mimì in *La Bohème* debütieren. 1973 sang sie zum erstenmal an der Scala, 1974 an der Met (auch hier die Mimì), und seit Mitte der siebziger Jahre verbreitete sich ihr Ruhm in allen Musikzentren. Ricciarellis Sopran ist im lyrischen Fach fest verankert, mit erstaunlichen Koloraturmöglichkeiten, wie sie bei einer soliden italienischen Schulung eigentlich immer vorhanden sein sollten, was nur außerhalb Italiens Befremden und Erstaunen hervorruft. Der italienische lyrische Sopran hat allerdings immer wieder eine gefährliche Eigenschaft: Seine oft ungewöhnlich füllig und sonore Mittellage verführt Unkundige dazu, in ihm Spinto-Qualitäten zu suchen, die gar nicht vorhanden sind. Wehe, wenn da die Sängerin ihre eigenen Grenzen nicht einschätzen kann. An Katia Ricciarelli trat der Versucher in Gestalt Herbert von Karajans heran, der in seinem Bestreben nach Lyrisierung der großen Partien immer den Ehrgeiz hatte, eine Nummer zu klein statt adäquat zu besetzen. So kamen wir in den zweifelhaften Genuß einer Tosca und gar einer Turandot aus der Kehle Katia Ricciarellis, und der Reiz des schwebenden, aber doch immer sinnlich erfüllten Sopranklangs, dem sie ihre Karriere verdankte, verdünnte sich. Die letzten Jahre haben gezeigt, daß die Sängerin das Ruder wieder herumgerissen hat und sich auf ihr eigenstes Fach besonnen hat, wie etwa kürzlich ihre Giulietta in Bellinis *I Capuleti e i Montecchi* bewiesen, aber ganz ohne Spuren sind die Experimente nicht vorübergegangen.

Als durchaus eigenwillige sängerische Persönlichkeit wird man **Mara Zampieri** (*1951) bezeichnen können. Die kleine Person mit dem runden Gesicht sieht auf den ersten Blick recht harmlos aus, aber auf der Bühne werden dann ungeahnte Kräfte entfesselt, darstellerisch, aber auch in ihrem erstaunlich großen, bis zur Schärfe durchdringenden Sopran. In all diesen Kriterien fühlt man sich stark an Renata Scotto erinnert, die das Vorbild für Zampieris künstlerische Existenz zu sein scheint. An ihrer Gesangstechnik scheiden sich die Geister, ihr meist spitzer statt weicher Tonansatz ist nicht jedermanns Sache (Vergleichbares in einem ganz anderen Fach war früher von Astrid Varnay zu hören), aber sie vertritt diesen eigenen Stil nun schon 20 Jahre (seit ihrem Debüt in Pavia) mit Konsequenz und Erfolg (was auch zeigt, daß es sich nicht um einen technischen Defekt handelt, der ihre Stimme längst ruiniert hätte). Da der einschmeichelnde Klang nicht ihre Hauptstärke ist, kann sie sich mit Intensität den interessanten Rollen widmen: Norma, Lady Macbeth, Zandonais *Francesca da Rimini* (die Titelrolle), und kürzlich sang sie gar in Wien ihre erste Salome, für einen italienischen Spinto-Sopran kein geringes Wagnis.

Höchste Skepsis ist angebracht, aber auch höchste Gefahr für die Betroffene lauert, wenn ein Nachwuchstalent als »neue Callas« oder »neue Tebaldi« angepriesen wird (ähnliches gilt auch für den neuesten Caruso-Tauber-Gigli-Domingo-Nachfolger). Die Vergangenheit hat da lehrreiche Beispiele, wenn man an die angeblichen Callas-Nachfolgerinnen Elena Suliotis oder Sylvia Sass denkt. Man wird die Sorge nicht los, daß es **Lucia Aliberti** (*1957) ähnlich ergehen könnte. Als Bellinis Sonnambula und als Lucia di Lammermoor ging ihr Stern um 1980 geradezu kometenhaft auf, da war sie gerade Anfang Zwanzig, hört man sich jedoch ihre kürzlich erschienene Gesamtaufnahme der

Sonnambula an, so wird man doch bedenkliche technische Defizite hören, mit denen ausgerechnet das Belcanto-Fach nicht auf Dauer zu bewältigen ist.

Preßburg scheint irgend etwas im Trinkwasser zu haben, was für die Entwicklung von Sängerkehlen förderlich ist. Wie sonst könnte man sich erklären, daß Edita Gruberová, Lucia Popp, Peter Dvorský und auch **Gabriela Beňačková** (*1944) dem Dunstkreis dieser Stadt entstammen? Beňačková hat eine der heute selten gewordenen soliden und langsamen Karrieren gemacht, vielleicht nicht einmal ganz freiwillig, denn wenn man fest im einstigen Ostblock, an der Prager Nationaloper, engagiert war, mußten die Engagements im publicityträchtigen Westen beschränkt werden. Wahrscheinlich hat sie das früher immer wieder bedauert, aber heute singt sie mit einer nach wie vor ausgeruhten, unstrapazierten Stimme die *Fidelio*-Leonore mit der gleichen Souveränität wie Dvořáks Rusalka oder Janáčeks Jenufa und Kaťa Kabanová. 1970 kam sie nach Prag (in der Provinz hatte sie sich nicht lange aufgehalten), seit Beginn der achtziger Jahre sang sie dann zunehmend im Westen, wo die Wiener Staatsoper als das Zentrum ihres Wirkens anzusehen ist. In dem erdigen Timbre ihres Soprans mag man die Spuren ihrer Herkunft erkennen wollen, aber das sind die üblichen ethnischen Spekulationen, schwer zu fassen, aber dennoch nicht ganz von der Hand zu weisen. In der Pianokultur der Kopfstimme gibt es Ähnlichkeiten mit Lucia Popp, das größere Volumen und die Durchschlagskraft ermöglichen ihr aber den Einstieg in ein anderes Fach. So vermag sie als Maddalena in Giordanos *Andrea Chénier* zu beeindrucken, aber eben auch als eine gar nicht heroinenhafte, sehr viel Wärme verströmende Leonore im *Fidelio*.

Im Zwischenbereich zwischen Soubrette und lyrischem Sopran hat sich erfolgreich **Kathleen Battle** (*1948) etabliert. Als Mozarts Zerlina und Despina, auch als Pamina und Susanna, als Sophie und Zdenka bei Strauss hat sie, mit einer gehörigen Portion durchtriebenem Charme ausgestattet, sich an die Spitze ihres Faches gesungen, in Liederabenden demonstriert sie ihre ausgefeilte Pianokultur in allen Abschattierungen der unteren dynamischen Bereiche. Für die Zerbinetta, die sie auch gesungen hat, fehlen ihr jene Stärkegrade der Stimme, die man heute doch (und zu Recht) von dieser Rolle erwartet. Im Grunde gehört Kathleen Battle einem älteren Typus des Koloratursoprans beziehungsweise der Soubrette an, wie er einst durch Erna Berger prominent vertreten war. Innerhalb ihrer natürlichen Stimmgrenzen jedoch bewegt sich die Sängerin mit bewundernswerter Leichtigkeit und Eleganz.

Die gleichaltrige **Barbara Hendricks** (*1948), aus Arkansas stammend und Schülerin von Jenny Tourel, fing ebenfalls mit Soubrettenrollen an. Stimmlich üppiger ausgestattet, ist sie inzwischen jedoch im lyrischen Fach gelandet. Anfang der achtziger Jahre machte sie als Pamina in Salzburg, als Liù in *Turandot* an der Met und als *Figaro*-Susanna in Berlin auf sich aufmerksam. Als Darstellerin von mädchenhaft-innigem Charme, der auch Capricen nicht ausschließt, ein »Capricen-Schädel«, wie es im *Rosenkavalier* heißt, wickelt sie ihr Publikum um den Finger (darin an Reri Grist erinnernd). Es ist ihr hoch anzurechnen, daß sie sich auf diese Vorzüge nicht allein verlassen hat, sondern sich inzwischen mit einer Anverwandlungsfähigkeit in das französische Repertoire hineingekniet hat, die verblüffend ist – und hierin kann ihr zur Zeit nur Jessye Norman das Wasser reichen. Wenn es um Debussy, Lalo, Bizet, Chabrier geht, um das Liedschaffen von Ravel und Duparc (es mag ein Armutszeugnis für die französischen Sänger sein), werden international Norman und Hendricks mit diesen Aufgaben betraut.

Das Panorama der Gegenwart sei beschlossen mit einer Sängerin, von der es noch keine nennenswerten Schallplatten gibt, obwohl sie nicht mehr ganz jung ist und doch eine beachtliche Karriere gemacht hat, außerdem zu den wirklich bemerkenswerten Erscheinungen des gegenwärtigen Opernbetriebs gehört – **Catherine Malfitano** (*1948). Bereits vor 20 Jahren hat sie debütiert, aber erst vor nicht allzulanger Zeit so etwas wie ihren Durchbruch erlebt, als Salome an der Deutschen Oper Berlin mit Giuseppe Sinopoli am Pult – bezeichnend aber, daß nicht diese Salome von überdimensionalem Format für die spätere Schallplatteneinspielung gewählt wurde, sondern die bekanntere Cheryl Studer (die die Rolle allerdings noch nie auf der Bühne gesungen hat). Wer bereits 1985 Catherine Malfitano als Bergs Lulu in München erleben konnte, wußte, daß er es hier mit einer außergewöhnlichen Erscheinung zu tun hat. In der Intensität, der brennenden Genauigkeit der Darstellung am ehesten mit Teresa Stratas zu vergleichen, übertraf sie die Stratas (die Uraufführungs-*Lulu* in der um den dritten Akt komplettierten Fassung) erheblich in Durchschlagskraft und Sicherheit der Höhenlagen, und genau diese Fähigkeiten machten auch ihre Salome zum Ereignis (die die Stratas wiederum eindrucksvoll nur im Fernsehen verkörpern konnte, nicht aber auf der Bühne). Die zierliche Sängerin vermag ungeahnte Reserven körperlicher und stimmlicher Art zu mobilisieren, von der Italo-Amerikanerin aus New York wird man im sogenannten interessanten Fach noch einiges zu erwarten haben.

Glossar

Vorbemerkung

Bei in- und ausländischen Publikationen zu den Gesangsgrößen unserer und vergangener Zeiten ist oft ärgerlich zu beobachten, wie wenig Wert auf die historischen und theoretischen Grundlagen der Gesangskunst gelegt wird – da werden auf zwei, drei Seiten einige wichtige Ausdrücke erklärt und dann kombiniert mit einleitenden Worten zu der mystischen Schönheit des menschlichen Gesanges. Es ist zuzugeben, daß Bücher wie das vorliegende vor einem Dilemma stehen. Eine grundlegende Unterrichtung über die akustischen, anatomischen und physiologischen Grundlagen des Singens ist normalerweise ein Buch für sich, eine Untersuchung über die historischen Grundlagen des Kunstgesangs vom Schrei des jagenden Urmenschen über die Arbeitsgesänge zivilisierter Völker bis zu den großen Kastraten des 18. und den Primadonnen des 19. Jahrhunderts ist ein weiteres, weit umfangreicheres Buch für sich.

Was die theoretischen Grundlagen des Singens angeht, so wird hier ein Kompromiß versucht. In Form eines Glossars sollen die wichtigsten Begriffe und Fachausdrücke erläutert werden in einer bis zum äußersten komprimierten Form, die dennoch über das hinausgeht, was in vergleichbaren Publikationen dem Leser geboten wird. Einerseits ist der aktuelle Wissensstand für Leser, die sich eingehender informieren wollen, gut greifbar, andererseits ist die Verwirrung der Begriffe so groß wie auch die konkurrierenden Theorien so unübersichtlich (einander ausschließende Vorstellungen vom richtigen Atmen und der richtigen »Stütze« sind fast so zahlreich wie die Gesangslehrer selbst), daß eine noch so kurze Orientierung vielleicht willkommen ist.

Der Autor fühlt sich daher verpflichtet, deutlich zu sagen, woher er neben seiner eigenen Gesangsausbildung seine Kenntnisse hat, was gleichzeitig eine Empfehlung zur weiteren Lektüre bedeutet. Franziska Martienßen-Lohmanns

Buch *Der wissende Sänger* (ein »Gesangslexikon in Skizzen«, Zürich 1956) liegt in einem Neudruck vor. Es zeichnet sich nach wie vor durch die Vermeidung von Fachchinesisch sowie durch die immense Erfahrung der Autorin aus, die kleinen Schwächen des Buches liegen im theoretischen und historischen Bereich, wo es gelegentliche Ungenauigkeiten gibt. Unter den Versuchen von Gesangslehrern, ihre Methode und »Weltanschauung« zu propagieren, sticht *Singen* von Frederick Husler und Yvonne Rodd-Marling (Mainz ²1978) durch große Solidität hervor, aber auch hier wie bei allen vergleichbaren Büchern ist immer Vorsicht geboten. Deshalb empfiehlt es sich, solche Lektüre gewissermaßen abzusichern durch Bücher von Ärzten und Stimmphysiologen (die immer wieder sich mit der faszinierenden Welt des Singens beschäftigt haben), weil sie nicht in der Gefahr sind, ihre Gesangsmethode wie ein religiöses Dogma zu propagieren. Hier sind zu empfehlen Günther Habermanns Buch *Stimme und Sprache* (Stuttgart 1978) und *Die Sängerstimme* von Wolfram Seidner und Jürgen Wendler (Wilhelmshaven 1982). Das neueste und umfassendste Buch in deutscher Sprache ist Peter-Michael Fischers *Die Stimme des Sängers* (Stuttgart 1993). Wer sich vor Fachterminologie in englischer Sprache nicht scheut, der sollte unbedingt zu jenem Buch greifen, das den fundiertesten und ehrgeizigsten Versuch darstellt, das derzeitige Wissen über dieses Thema in enzyklopädischer Form zusammenzufassen, nämlich das voluminöse Werk des amerikanischen Pädagogen Cornelius L. Reid: *A Dictionary of Vocal Terminology* (New York 1983). Von Reid stammen auch drei weitere wichtige Bücher, die vor allem im angloamerikanischen Raum erheblichen Einfluß haben: *Bel Canto: Principles and Practices*, *The Free Voice: A Guide to Natural Singing* und *Voice: Psyche and Soma*.

Dietrich Fischer-Dieskaus großes Buch *Töne sprechen, Worte klingen* (München und Stuttgart 1985) scheint mir in seinem Wert bisher schmählich verkannt und wenig ausgenutzt zu sein. Es setzt allerdings einen fortgeschrittenen Leser voraus und läßt sicher an Ausgewogenheit und didaktischer Gliederung des reichen Materials zu wünschen übrig. Wer die daraus resultierende anfängliche Sperrigkeit und Sprödigkeit des Buches überwindet, wird reich belohnt. Das als *Handbuch der Gesangskunst* bezeichnete Taschenbuch von Bernd Göpfert (Wilhelmshaven 1988) kann zur ersten Orientierung dienen.

Wer andere Bücher in diesem Themenbereich kennt, wird vielleicht erstaunt sein, wieviel Raum das vorliegende seinem Glossar einräumt. Der Autor möchte jedoch betonen, daß er dies als das Minimalgepäck ansieht, ohne das der Ausflug zu den großen Persönlichkeiten oberflächlich und unbefriedigend bleiben muß – man vergleiche die rund 450 Seiten, die die Martienßen-Lohmann für ihr *Gesangslexikon in Skizzen* benötigt, oder den glei-

fang, allerdings im Lexikonformat, von Reids *Dictionary*. Er empfiehlt seinen Lesern, dieses Glossar zunächst im Zusammenhang zu lesen und es dann in der weiteren Lektüre zum Nachschlagen zu benutzen.

Akustik

Wie jedes Schallphänomen läßt sich auch die menschliche Stimme, und so auch das Singen, als physikalisches Ereignis beschreiben und messen, und zwar durch vier Parameter: 1. Frequenz (die subjektiv als Tonhöhe empfunden wird), 2. Schalldruck (der subjektiv als Lautstärke empfunden wird), 3. Spektrum (das subjektiv als Klangfarbe empfunden wird) und 4. Dauer. Das Maß für die Frequenz ist Hertz, ein Hertz bedeutet eine Schwingung pro Sekunde. Für die Messung des Schalldruckes hat sich als relativer Maßstab die Einheit Dezibel eingebürgert, während das vertrautere Phon dafür nicht mehr benutzt wird. In der Akustik spricht man von Tönen, wenn es sich um eine einfache, regelmäßig wiederkehrende, das heißt periodische Schwingungsform handelt, von Klängen, wenn es sich um zusammengesetzte periodische Schwingungsformen handelt. Korrekt gesprochen gibt die menschliche Stimme einen Klang von sich, während sich der Begriff Gesangs*ton* eingebürgert hat. Zerlegt man die harmonischen Schwingungen eines Klanges, so kommt man zu Teiltönen, deren erster als Grundton bezeichnet wird, deren weitere als Obertöne bezeichnet werden; gerade diese Obertöne sind für den Höreindruck der menschlichen Stimme von besonderer Wichtigkeit, sie entscheiden mit über die Klangfarbe einer Stimme, also das *Timbre* (siehe dort), ein bestimmtes Maß an Obertonreichtum muß ein Stimmklang aufweisen, sonst hat die Stimme

keinen Glanz, nehmen die Obertöne überhand, läuft die Stimme Gefahr, schrill und penetrant zu wirken. Die für den Klangeindruck wichtigen Frequenzbereiche werden *Formanten* genannt (Sängerformant, siehe *Stimmsitz*). Für die Verbreitung eines Klanges ist die Resonanz, der Resonanzraum entscheidend. Solche Räume müssen in der Lage sein, selbst in Schwingung zu geraten, um die Schwingungen des erzeugten Klanges weiterzugeben, sie haben also eine Eigenfrequenz, die zutage tritt, wenn sie durch eine andere Schwingung in dieser Frequenz angeregt werden (vgl. das Experiment mit der Stimmgabel, die an einen Tisch oder den Kopf gehalten wird). Die Resonanzwirksamkeit hängt wiederum von der Dämpfung des Resonanzraumes ab. Je geringer die Dämpfung, desto größer die Resonanz. Eine blecherne »Flüstertüte« und ein Stadionlautsprecher schallen entsprechend weit, aber unschön, der Lautsprecher einer Hifi-Anlage und der Resonanzraum für die menschliche Stimme, also das sogenannte *Ansatzrohr* (siehe dort), sind sehr viel aufwendiger gedämpft (das Ansatzrohr durch Schleimhaut und Feuchtigkeit) und stehen in der Schallkraft weit zurück, sind dafür aber in der Lage, erheblich differenziertere, harmonischere, *schönere* Klänge zu transportieren.

Ansatzrohr

Mit diesem unschön mechanistischen Ausdruck, der wohl von den Blasinstrumenten übernommen wurde (wie der

Begriff »Register« von der Orgel), wird jener Bereich der Hals-Kopf-Anatomie bezeichnet, der über dem *stimmerzeugenden Apparat* (siehe dort) sitzt, also jener Bereich, der unmittelbar über der *Glottis* (siehe *stimmerzeugender Apparat*) anfängt, wo die Taschenfalten, morgagnischen Ventrikel und der Kehlraum liegen, über Rachenraum, Mundhöhle, Zunge, weichem und hartem Gaumen bis zur Nase mit ihren Haupthöhlen (die Nebenhöhlen scheinen für die Funktion des Ansatzrohres von geringer Bedeutung zu sein). Dieses ganze Ansatzrohr ist mit Schleimhaut »gedämpft« (siehe *Akustik*) und bedarf zur Funktion eines gewissen Feuchtigkeitstonus, der nicht unter- bzw. überschritten werden darf (man erlebt ja leider gelegentlich Sänger, und leidet mit ihnen, die entweder zu geschickt plazierten Gläsern greifen müssen oder sich überflüssigen Schleims zu entledigen haben). Dieses Ansatzrohr funktioniert als Resonanzraum für den im stimmerzeugenden Apparat zustande gekommenen Schall, er ist also das, was der schwingende Holzkörper für die Geigen- oder Cellosaiten ist, und so wie der von Stradivari oder der Geigenfabrik XY gefertigte Holzkörper über den Klang des Instruments letztlich entscheidet, entscheiden ganz wesentlich solche anatomischen Voraussetzungen über den endgültigen Stimmklang. In Sängerkreisen geht das Wort vom »goldenen Schnitt« um, einer für das Singen idealen Kopfform, und wirklich fällt besonders bei den größten Tenören unseres Jahrhunderts eine ausgeprägt runde und gleichzeitig breite Kopfform mit massivem Knochenbau auf, die auf eine entsprechende Ausbildung des Ansatzrohres schließen läßt, man sehe sich nur die Porträts von Enrico Caruso, Beniamino Gigli und auch Jussi Björling, aber auch das des klangmächtigsten Baritons, Titta Ruffo, an. Die Aufgabe des Sängers besteht nun darin, gewissermaßen mit dem Pfund seines Ansatzrohrs zu wuchern, das heißt durch Ausbildung, Selbst- und Fremdkontrolle diejenige Einstellung zu finden, die eine optimale resonatorische Funktion garantiert, denn neben den unveränderlichen Gegebenheiten lassen sich natürlich durch Stellungen von Mund, Gaumen, Zunge und so weiter Veränderungen herbeiführen. Von einer optimalen Grundeinstellung her, die auf Weiträumigkeit und Weichwandigkeit basieren und alle Verspannung natürlich vermeiden muß, sind dann sämtliche gleitenden Veränderungen zu bewältigen, die sich nach Tonhöhe, Tonstärke, Vokalfarbe und so weiter richten müssen.

Appoggio siehe **Stütze**

Atem, Atmung

»Chi sa respirare, sa cantare« – jene alte Weisheit italienischer Gesangsmeister, die so einfach klingt und doch so schwer in die Kunst des Gesangatems umzusetzen ist. Ohne Atemtechnik kein Kunstgesang, weil Legato und Linie, das Herz des Singens, darauf angewiesen sind, daß der Sänger mit dem einmal geschöpften Atem sowohl ökonomisch wie wirkungsvoll umzugehen weiß: Das Ängstlich-den-Atem-Zurückhalten mag sparsam sein, läßt den Gesangston aber verkümmern, das Verschwenderisch-mit-der-Luft-Umgehen kann eindrucksvolle Einzeltöne erzeugen, zwingt aber zu häufigem Nachschub und zerstört so jeden Gesangsfluß. Über die physiologischen Grundlagen des Atmens informieren die genannten Handbücher. Es ist der Punkt, in dem sich die verschiedenen Gesangsschulen oft bis auf die Stimmgabel bekriegen, wie auch bei der aus dem Atem abgeleiteten Stütze (siehe dort). Gesichert erscheint folgendes: Man unterscheidet zwei hauptsächliche Atembewegungen, die Bauch- oder Zwerchfell- und die Brust- oder Rippenatmung. Die Bauchatmung beruht vor allem auf einer Aktivität des Zwerchfells, das sich durch Muskelzusammenziehung abflacht und so den Lungen eine Kapazitätserweiterung nach unten ermöglicht. Die Brust- oder Rippenatmung erweitert den Brustraum durch Tätigkeit der Zwischenrippenmuskeln. Neben diesen beiden Haupttypen sind die Schulter- und die Rückenatmung vor allem für das Singen als peripher und eher kontraproduktiv zu betrachten. Als produktiv für das Singen (wie auch das richtige Sprechen) wird eine Kombination aus Brust- und Bauchatmung angesehen, die auch als Tiefatmung bezeichnet wird, während die sogenannte Hochatmung (Brust- und Schulteratmung) als ungünstig angesehen wird. Feststehende Regeln für das letztlich entscheidende Zusammenspiel beider Atemtypen je nach Phase des Atemvorgangs und je nach Anforderung an Dauer und Tiefe der Atemleistung, lassen sich offensichtlich nur schwer festlegen; es ist auch zu bedenken, daß der Atemvorgang in ein komplexes Zusammenspiel von Kehlkopfstellung, Gaumenposition, Zungenlage, Mundöffnung und mentaler Einstellung auf den Singvorgang eingebunden ist. Wegen dieser Komplexität wird von den Gewährsleuten dieses Glossars meist ein spezielles Atemtraining als zu einseitig abgelehnt. Schaut man sich aber in der gegenwärtigen Gesangsszene um und bemerkt auch bei bekannten Gesangsgrößen erhebliche Schwächen in der Atemtechnik und in der davon abhängenden Fähigkeit zum *Legato* (siehe dort), dann wird man doch der Ansicht zu-

neigen, daß sich die richtige Atemtechnik keineswegs quasi von selbst ergibt. Ganz sicher ist, daß extreme Atemvorgänge, Verspannungen und Forcierungen im Atemanhalten oder Atemausstoßen (etwa das sogenannte Stauprinzip) von Übel sind, auch wenn sie immer wieder als die Lösung aller Gesangsprobleme angepriesen werden.

Belcanto

Es ist unter selbsternannten Kennern der Gesangskunst zur stehenden Klage geworden, wie heruntergekommen der Begriff »Belcanto« in der Gegenwart ist. Wirklich muß zugegeben werden, daß im Alltags- und Pausengespräch der Begriff eine Ausweitung erfahren hat, die ihn zum Synonym für »schöne Stimme«, laute und hohe Töne oder gar ganz allgemein für italienischen Operngesang gemacht hat. Und es ist noch nicht so lange her, daß man auf Plattenhüllen allen möglichen Unsinn lesen mußte, so etwa den, daß Mario Del Monaco als Testamentsvollstrecker des Belcantos bezeichnet wurde, der doch höchstens sein Konkursverwalter war (das hat nichts mit der stupenden Wirkung seiner *Stimme* zu tun). Der Gerechtigkeit halber muß man jedoch zugeben, daß sich die Kenntnisse über die wahre Natur des Belcantos auch bei uns in den letzten Jahren erheblich verstärkt und verbessert haben; die Wiederbelebung eines Teils des Repertoires der Belcanto-Oper, entsprechende Plattenaufnahmen und auch Bücher wie die *Storia del Belcanto* des italienischen Experten Rodolfo Celletti (Florenz 1986, jetzt auch ins Deutsche übersetzt) haben doch einiges bewirkt. Hier zu diesem sehr reichen und vielfältigen Kapitel der Musik- und Interpretationsgeschichte nur so viel: Belcanto ist einmal das Markenzeichen für eine Phase der Operngeschichte, die etwa um 1700 begann bei Komponisten wie Antonio Lotti, Giovanni Bononcini, Nicola Porpora und dann über Leonardo Vinci (nicht der Maler), Johann Adolf Hasse und Georg Friedrich Händel bis zum Spätstadium zu Beginn des 19. Jahrhunderts bei Gioacchino Rossini, Vincenzo Bellini und Gaetano Donizetti führte. Belcanto ist zweitens der musikalische Stil und damit auch der Gesangsstil, den diese Komponisten für die großen Sänger dieser Epoche, in allererster Linie die großen Kastraten, in ihren Opern schufen, und Belcanto ist drittens ein pädagogisches Konzept, das sich in den Gesangstraktaten des 18. Jahrhunderts (Pier Francesco Tosi, Giambattista Mancini, Vincenzo Manfredini) niederschlug und von dem eine direkte Linie über die wichtige Literatur des 19. Jahrhunderts (Manuel García, Mathilde Marchesi, Gasparo Pacchiarotti) bis zu den ernst zu nehmenden Handbüchern des 20. Jahrhunderts führt (obwohl da oft ein eklatanter Mangel an historischem Bewußtsein festzustellen ist). Die wesentlichen Punkte des Belcanto-Konzepts sind in den einzelnen Abschnitten dieses Glossars in ihrer heute noch gültigen Essenz stichwortartig wiedergegeben, nämlich die Lehre von den Registern und ihrer möglichst bruchlosen Verbindung, die Lehre von der reinen Intonation, die Lehre vom richtigen Atmen, die Lehre von der richtigen Körperhaltung und Mundstellung sowie die Lehre von der rechten Art, den Gesang zu lernen und zu üben, mit einem Schwerpunkt auf Kunstfertigkeiten wie Triller und *Messa di voce* (siehe dort), sowie letztlich die von der dazugehörigen Körper- und Stimmhygiene. Das klingt schlicht, war aber dann im 18. Jahrhundert ein System von großer Differenziertheit, das so nur möglich war durch die staunenerregende Virtuosität der Kastraten, die wiederum basierte auf ihren nur durch den kruden Akt der Kastration erreichbaren abnormen körperlichen Voraussetzungen in Verbindung mit einem extrem spezialisierten Training. Ohne die Kastraten hätte das Konzept des Belcantos nicht diesen Grad an Verfeinerung annehmen können, das kann nicht genug betont werden, und das 19. und 20. Jahrhundert, das auf den Kastraten verzichtete, mußte sich darüber klar sein, daß seine Gesangskunst nur noch ein Schatten des einst Möglichen sein konnte und sein kann (es sei denn, die Gentechnologie findet hier neue, weniger entwürdigende Möglichkeiten...). Noch am Ende der Kastratenära und damit letztlich auch der Belcanto-Ära legten kritische und kompetente Beobachter, die die letzten großen Kastraten hören konnten, eminenten Wert auf die Feststellung, daß es im Belcanto-Gesang der Kastraten nicht nur auf die geradezu transzendentale Virtuosität ankam, sondern daß damit vor allem seelische Bewegungen von großer Differenziertheit transportiert wurden. »Cantar, che nell'anima si sente« (Singen, was man in der Seele fühlt), das war, so noch Rossini, die große Kunst der Kastraten. In diesem Punkte allerdings, denke ich, ist es den ganz großen Sängern unserer Epoche immer wieder gelungen, mit den Kastraten gleichzuziehen, auch wenn sie in puncto Virtuosität ihnen nie gleichkommen konnten.

Bruststimme siehe **Stimmregister**

Decken, Deckung siehe **Stimmsitz**

Durchschlagskraft siehe **Stimmsitz**

Dynamik siehe **Stimmsitz**

Falsett siehe **Stimmregister**

Glottis siehe **stimmerzeugender Apparat**

Knödeln siehe **Stimmsitz**

Kopfstimme siehe **Stimmregister**

Legato

»Gebunden« – ein einfaches Wort (gebunden – legiert – kann auch eine Gemüsesuppe sein), aber ein zentraler Begriff der Gesangskunst. Gemeint ist zunächst die gleitende Verbindung zwischen zwei oder mehr Tönen einer musikalischen Phrase (insofern ein Begriff, der auch für Instrumente gilt, besonders für die Streichinstrumente). In einem zugleich erweiterten und präzisierten Sinne meint es die Fähigkeit des Sängers, musikalisch zusammenhängende Phrasen auch in einer zusammenhängenden Linie zu singen. Insofern hängt das Legato zunächst einmal von einer ausgefeilten Atemtechnik ab, die es erlaubt, mit möglichst sparsamem Luftverbrauch zu arbeiten, also lange Phrasen in einem Atem zu singen, des weiteren es aber auch ermöglicht, die notwendigen Atemvorgänge so zu gestalten, daß die Linie möglichst wenig unterbrochen wird. Für ein überzeugendes Legato ist weiter wichtig der Ausgleich der Tonstärken der einzelnen Töne, das heißt, daß eine Änderung der Dynamik und Lautstärke gleitend erfolgen muß, denn willkürliche oder auch vorgeschriebene »sforzati«, also kräftige Akzente auf Einzeltönen zerstören das Legato. Auch die Gestaltung der Konsonanten im Singen muß diesem Prinzip untergeordnet werden; die Vorherrschaft des vokalreichen

Italienisch als Gesangssprache kommt nicht von ungefähr, die konsonantenreiche deutsche Sprache hat es schwerer, aber das heißt nicht, daß ein Legato im Deutschen unmöglich sei, und es gehört zu den schlimmsten Mißverständnissen des deutschen dramatischen Gesangs, aus dem Begriff »Sprachgesang«, den Richard Wagner benutzte, die Legitimation für einen Verzicht auf das Legato herauszulesen. Dem ist eine wichtige Bemerkung Wagners entgegenzuhalten, der noch 1875 zu dem Gesangspädagogen Julius Hey bemerkte: »Die Mehrzahl der Sänger leidet an einer Kurzatmigkeit, welche die dynamische Ausführung eines breit ausgesponnenen Gesangsmotivs zur Unmöglichkeit macht« – womit nichts anderes als das Legato gemeint ist (zum weiteren Zusammenhang siehe den Wagner-Exkurs). Es versteht sich von selbst, daß insgesamt ein befriedigendes Legato nur zustande kommen kann, wenn die technischen Voraussetzungen von Atemtechnik, Stimmerzeugung und Stimmsitz, gegeben sind. Franziska Martienßen-Lohmann hat das schön zusammengefaßt: »Das Legato ist die hohe Schule des Vokalausgleichs, des Konsonantenschliffs, der Tonstärkenbeherrschung, des Lagenausgleichs (mit der gleichsam gleitenden und doch präzisen Verbindung der Tonhöhen), der Klangfarbeneinheit: und über dem allen der seelischen und körperlichen Hingebenheit an das gesangliche Lebensgefühl.«

Maske siehe **Stimmsitz**

Messa di voce

»Einmessen«, Einrichten der Stimme. In den Handbüchern wird der Begriff mit »Schwellton« übersetzt und als Teil einer Gesangsübung verstanden, in der das bruchlose An- und Abschwellen eines Tones trainiert werden soll. Diese Definition ist nicht falsch, unterschlägt aber wieder einmal die historische Dimension des Begriffs, der in der *Belcanto*-Tradition (siehe dort) eine zentrale Stellung einnahm. Wichtig ist, daß es sich um ein Handwerks- wie um ein Kunstmittel handelte, letzteres wird deshalb oft vergessen, weil es als solches aus dem unsere Spielpläne beherrschenden Opernrepertoire des 19. und frühen 20. Jahrhunderts lange verschwunden war. Noch in den Opern des frühen Giuseppe Verdi jedoch kann man in die Partitur eingezeichnete Anweisungen zum Einsatz des Messa di voce finden. Als Handwerksmittel hatte es zwei Aufgaben: Einmal wurde damit die Koordination von Atemfunktion und Tonerzeugung trainiert, die für das bruchlose An- und Abschwellen eines Einzeltones unabdingbar ist, wichtiger noch war der spezielle Einsatz des Messa di voce im Bereich des *Passaggio* (siehe dort), also des Übergangs vom Brust- zum Kopfregister, wo die Vermischung und Verblendung beider Register geübt wurde, um störende Registerbrüche auszuschließen und ein graduelles Ab- bzw. Anschwellen auch der jeweiligen Registeranteile zu garantieren. Als Kunstmittel galt es im goldenen Zeitalter des Belcantos neben dem Triller als Höhepunkt der Gesangskunst, wenn auf endlosem Atem in schwierigsten Lagen das Messa di voce vorgeführt wurde, mit den noch kunstvolleren Variationen der »esclamazio viva« (Einsatz mit Fortissimo, Abschwellen auf Piano, wieder Anschwellen auf Fortissimo) und der »esclamazio languida« (Einsatz im Piano, Anschwellen auf Forte, Zurückgehen auf Piano, Anschwellen auf Fortissimo).

Metall siehe **Stimmsitz**

Mezza voce
»Mit halber Stimme singen«, nicht gleichbedeutend mit »ein Mezzoforte singen«, wie manchmal vermutet wird, sondern dieser Ausdruck bezieht sich auf die Fähigkeit, auf die volle Stimmresonanz zu verzichten und dennoch einen tragenden Gesangston zu bilden, der in der Intensität natürlich verringert sein muß. Man wird ein eher körperhaftes, robusteres Mezza voce, das sich in der Mittellage einer Stimme entfalten kann, unterscheiden von einem Mezza voce in den oberen Lagen, bei dem die Kopfstimme eine entscheidende Rolle spielt und das entsprechend körperloser klingt, ohne daß es, etwa beim Tenor, feminine oder kastratenhafte Züge annehmen darf, aber doch durch eine süße und weiche Tongebung gekennzeichnet ist (Beniamino Gigli war ein Meister dieses Mezza voce).

Mittelstimme siehe **Stimmregister**

Nasalität siehe **Stimmsitz**

Passaggio
»Übergang«, gemeint ist der Registerübergang zwischen Brust- und Kopfregister, der bei allen Stimmen einheitlich bei E und F über dem mittleren C (C') liegt (siehe *Stimmregister*). Hier, wo jede Stimme gezwungen ist, den Registerwechsel vorzunehmen, zielt die italienische Gesangsschule darauf ab (und alle ernstzunehmenden Gesangsschulen schließen sich ihr an), diesen gleitenden Übergang sowenig wie möglich hörbar zu machen und dadurch den Eindruck einer registerlosen »einen« Stimme zu erzeugen. Gelegentlich wird das Passaggio auch liebevoll-scherzhaft »ponticello«, also Brückelchen, genannt. Die wichtigste Übung zur Bewältigung dieser kritischen Zone war

in der Belcanto-Technik das *Messa di voce* (siehe dort).

Sängerformant siehe **Stimmsitz**

Stimmerzeugender Apparat
Zu diesem Thema verbrauchen die Handbücher viele Seiten und fast ebenso viele Abbildungen. Die in unserem Zusammenhang möglichen Stichwörter müssen deshalb besonders unzulänglich und abgekürzt sein. Der Kehlkopf, in dem der Klang der Sprech- und Singstimme erzeugt wird, ist aber auch ein ziemlich kompliziertes Gebilde, ein Wunder der Technik sozusagen, dessen Differenziertheit seine Anfälligkeit für Dysfunktionen mehr als verständlich macht, es im Gegenteil als ein weiteres Wunder erscheinen läßt, daß es überhaupt Gesangsstimmen gibt, die die jahrelangen extremen Beanspruchungen einigermaßen schadlos überstehen. Der Kehlkopf besteht aus einem Stützgerüst, das aus Knorpelmasse gebildet ist. Die Muskeln des Kehlkopfes haben die entscheidende Aufgabe, die Stimmritze einzustellen, also jene Öffnung, durch die der Atemstrom aus der Luftröhre nach oben steigt. Das Entscheidende an dieser Öffnung ist nun aber nicht die Öffnung selbst, sondern das, was diese Öffnung umgrenzt, nämlich die Stimmlippen, also jenes geheimnisvolle Kompaktum aus Muskeln, Gewebe, Gefäßen und Nerven, an und mit dem Klang überhaupt erst erzeugt wird. Nur ein Teil der Stimmlippen, nämlich jener, der am inneren Rand sitzt und die Stimmritze direkt umschließt (zusammen wird dieses Zentrum der Stimmerzeugung *Glottis* genannt), wird korrekterweise Stimmband genannt, da es zwei sind, spricht man von den Stimmbändern. Zur Einatmung werden die Stimmlippen und damit die

Stimmritze geöffnet, zur Klangerzeugung aneinandergelegt. Der von Natur aus nach Höhe und Tiefe sehr bewegliche Kehlkopf sollte bei der Produktion des Gesangstons weitgehend auf diese Beweglichkeit verzichten, ein Höhersteigen des Kehlkopfes mit höheren Tönen ist ein Anfängerfehler, im Gegenteil ist man sich heute einig, daß ein grundsätzliche Tiefstellung von Vorteil ist und Abwärtsbewegungen etwa bei raschem Übergang von Piano zu Forte normal sind, Aufwärtsbewegungen dagegen vermieden werden sollten. Auch hier gilt, daß Elastizität absoluten Vorrang vor verkrampften oder gar fixierten Kehlkopfeinstellungen haben muß. Nicht nur die Stimmbänder, sondern die Stimmlippen insgesamt geraten in Schwingung, allerdings nur die (von der Stimmritze aus gesehen) vorderen zwei Drittel, die Schwingungsvorgänge sind von der Tonhöhe abhängig. Das Gralsgeheimnis der Stimmerzeugung, die die Fachleute *Phonation* nennen, besteht in dem Zusammenwirken zwischen den muskulären Vorgängen im Kehlkopf und dem Atemstrom, der beim Ausatmen durch die Stimmritze nach oben geführt wird, an den Stimmlippen vorbei oder, genauer gesagt, durch die Stimmlippen hindurch – eine bei Gesangspädagogen beliebte Metapher, die durchaus hilfreich und sinnbildlich ist, spricht vom Gesangston, der auf der Atemsäule balanciere wie ein Ball auf der Wassersäule eines Springbrunnens. Seidner/Wendler fassen den Wissensstand zur Stimmerzeugung so zusammen: »Danach werden die Stimmlippenschwingungen zunächst durch den subglottischen (von unten an der Glottis wirksamen) Druckanstieg und die Einstellung der Kehlkopfmuskeln bestimmt, genauer von Masse, Länge und Spannung der Stimmlippen. Der Anblasedruck löst den Verschluß der Stimmritze, und es kommt zum Ausströmen der Luft und zu einem Druckabfall unterhalb der Stimmlippen. Die muskuloelastischen Kräfte überwiegen wieder, und die Stimmlippen schließen sich. Der nachfolgende Druckanstieg führt erneut zum Auseinanderweichen der Stimmlippen. Bei periodischem Wechselspiel dieser Kräfte entstehen regelmäßige Stimmlippenschwingungen, die den Stimmschall erzeugen.« Von der Spannung der Stimmlippen ist auch die Höhe des erzeugten Tones abhängig, höhere Töne erfordern eine Verstärkung der Spannung, tiefere eine Verminderung der Spannung. Vom obengenannten Anblasedruck von unten auf die Stimmlippen hängt die Stimmstärke ab.

Stimmgattungen

Die Einteilung der Stimmgattungen wird zunächst einmal, physiologisch und akustisch, von den *Stimmumfängen* präjudiziert. Die Grenzen sind nicht auf den Punkt zu bestimmen; so ist es kein Geheimnis, daß es Tenöre gibt, die das C", das sogenannte zweigestrichene oder »hohe« C, nicht oder nicht immer erreichen und dennoch als vollwertige Sänger zu betrachten sind. Auch sagt die Fähigkeit einer Sopranistin, das F (jenes berüchtigte F der Königin der Nacht) zu erreichen, nichts über ihre sonstigen Qualitäten als Sängerin aus. Natürlich muß man auch unterscheiden zwischen einem solchen Extremton, der nur angetippt werden muß, und hohen Tönen, die lange und eindrucksvoll ausgehalten werden müssen. Daß die Sopranistin Erna Sack das D"" beherrschte und die angebliche Inka-Prinzessin Yma Sumac Pfeiftöne von 4000 Hertz erreichte, gehört in das Gebiet der Zirkuskunststücke und ist für die Kunstausübung uninteressant. Der

normale Stimmumfang einer ausgebildeten Stimme reicht von zwei bis zweieinhalb Oktaven, der sogenannte physiologische Umfang reicht bis dreieinhalb Oktaven. Sopran- und Baßstimmen haben meist einen etwas größeren Umfang als Stimmen, die sich im mittleren Spektrum befinden. Als Stimmgattungen werden grundsätzlich Sopran, Alt, Tenor und Baß bezeichnet, als Zwischenstufen sind der Bariton und der Mezzosopran hinzugekommen, die sich wiederum, abhängig von der Entwicklung des jeweiligen Repertoires, in *Stimmfächer* unterteilen lassen. Natürlich sind die Grenzen sowohl zwischen den Gattungen und erst recht zwischen den Fächern fließend, Weiter- und Zurückentwicklung der Stimme wie auch Fehleinschätzungen während der Ausbildung können zu mehr oder weniger schwerwiegenden Veränderungen führen, hormonelle oder altersbedingte Veränderungen sind ebenfalls zu berücksichtigen. Über die historische Entwicklung der Stimmfächer findet sich Näheres im Wagner-Exkurs.

Stimmregister

Läßt man einen ungeübten Sänger eine Tonleiter aufwärts singen, vom tiefsten ihm erreichbaren Ton bis zum höchsten, wird man an einem bestimmten Punkt bemerken, daß in der Gleichmäßigkeit der Tonproduktion ein Loch, ein Bruch entsteht und die daran anschließenden Töne einen anderen Klangcharakter haben als die vorhergehenden. Diese Beobachtung führte schon früh zur Feststellung, daß die menschliche Stimme, bei Frauen wie bei Männern, zwei verschiedene Bereiche kennt, die in Anlehnung an den Bau der Orgel als Register bezeichnet wurden. Über Eigenart und Zahl dieser Register geht die Auseinandersetzung bis heute auf und ab, hin und her. Einig ist man sich darüber, daß es auf jeden Fall zwei verschiedene Register gibt, über die keine Zweifel bestehen, das *Brustregister* (die *Bruststimme*) und das *Kopfregister* (die *Kopfstimme*). Bei Männerstimmen nimmt, grob gesagt, das Brustregister etwa zwei Drittel des Stimmumfangs ein, das Kopfregister ein Drittel, bei Frauenstimmen ist das Verhältnis umgekehrt, wobei das Brustregister den unteren Teil des Stimmumfangs abdeckt, das Kopfregister den oberen. Jeder Laie kann an sich das Vorhandensein dieser Register feststellen, wenn er mit aufgelegter Hand auf seiner Brust Vibrationen registrieren kann, solange er im Brustregister singt, die dann verschwinden, wenn er ins Kopfregister übergeht (was aber nicht bedeutet, daß sich in diesem Bereich Resonanzräume befinden). Töne, die im Übergang zwischen beiden Registern liegen, werden als amphotere Töne bezeichnet. Ob man diesen amphoteren Tönen keinen eigenen Registerstatus zugesteht oder ob man an einen eigenen mittleren Registerbereich glaubt, der dann als Mittelregister beziehungsweise französisch als *Voix mixte* bezeichnet wird, ob man also ein Anhänger der Zwei- oder Dreiregistertheorie ist, das erscheint mir nicht wirklich wesentlich – es erinnert allzusehr an die Konzile der Spätantike, bei denen es jahrelang um den zweieinigen oder dreieinigen Gott ging. Die Autoren, auf die sich dieses Glossar beruft, neigen eher der Zweiregistertheorie zu, weil sie die Mittelstimme, das Mittelregister, für schwer abgrenzbar halten. Davon unabhängig wird die Existenz solcher »gemischten« Töne nicht bestritten, es gibt auch Fachleute, die gerade die Ausbildung der amphoteren Töne und damit der Voix mixte für eine gute Stimmleistung für unabdingbar hal-

ten und die Stimmqualität an der Ausdehnung dieses Bereichs nach oben und unten messen. Eine gut ausgearbeitete Voix-mixte-Technik kann den Männerstimmen sehr hilfreich sein beim Erklimmen der hohen Töne, die bis ins zweite Drittel des 19. Jahrhunderts ja noch mit der Kopfstimme gebildet wurden, bevor die Bruststimme für die Bildung immer höherer Töne herangezogen wurde, was eine immer größere physische und auch psychische Belastung darstellte. Ein technisch perfekter Sänger wie Nicolai Gedda verblüffte in seiner besten Zeit (etwa in seiner berühmten Aufnahme der Arie des Sobinin aus Michail Glinkas *Ein Leben für den Zaren*) mit hohen C, Des und D, die alle mit einer so raffinierten Voix mixte gebildet waren, daß der ungeschulte Zuhörer sie für Bruststimmentöne hielt und entsprechend bejubelte, zu Recht bejubelte auf der anderen Seite, denn auch diese Technik fällt keinem Sänger in den Schoß. Das Kopfregister wird oft mit dem *Falsett* verwechselt (bei den Männerstimmen), obwohl dieses nach neuerer Ansicht eindeutig nach oben an das Kopfregister anschließt. Während das Kopfregister des Mannes trotz der relativ weichen und zarten Tongebung immer noch als virile Stimmproduktion erkennbar ist, nimmt das Falsett hingegen eunuchoide Züge an und wird für komische oder groteske Wirkungen eingesetzt. Darüber hinaus nehmen manche Fachleute noch ein *Fistelregister* an, dem bei den Frauenstimmen das *Pfeifregister* entspricht. Beobachtungen des Verhaltens der Stimmlippen haben das Vorhandensein zumindest des Brustregisters und des Kopfregisters bestätigt – sie schwingen beim Brustregister breiter und voller, beim Kopfregister schmaler; auch ist die Obertonfülle des Brustregisters größer als die des Kopfregisters, das vitale Ausdrucksspektrum also größer – insofern war die Ausdehnung des Brustregisters sozusagen auch eine musikdramatische Notwendigkeit. Einig ist man sich darüber, daß den Kunstgesang die Tendenz zum Registerausgleich auszeichnet. Der Übergang zwischen den Registern soll möglichst unhörbar gemacht werden – es ist jenes *Passaggio* (siehe dort), an dem die italienische Stimmschulung von je besonders gearbeitet hat –, und es soll der Eindruck eines *Einregisters* erweckt werden, wenn man so will vorgetäuscht werden, denn die Existenz der zwei Register ist ja nicht hinwegzuschaffen. Stimmen, bei denen die zwei Register hörbar auseinanderklaffen, entsprechen nicht den klassischen Regeln des Belcantos, daran ändert auch die Tatsache nichts, daß ein deutlicher Registerunterschied auch von bedeutenden Sängern und vor allem Sängerinnen geradezu als Kunstmittel oder zumindest als Reizmittel eingesetzt wird.

Um die Kompliziertheit des Registerbegriffs zu vergrößern, vor allem aber, um die historische Komponente nicht zu unterschlagen, sei darauf verwiesen, daß die alten Traktate zur Gesangskunst eine andere Begriffsverwendung zeigen. Daß es zwei Register gibt, ist schon im 14. Jahrhundert bekannt, wo von einer *vox integra* und einer *vox ficta* gesprochen wird, also einer »vollständigen« und einer »vorgetäuschten« Stimme. Die beiden wichtigsten Abhandlungen des 18. Jahrhunderts, die von Pier Francesco Tosi (1723) und von Giambattista Mancini (1776), verwenden statt des Ausdrucks Kopfstimme den des »falsetto«, der gelegentlich auch synonym mit »voce di testa« gegenüber dem der »voce di petto« gebraucht wird. Bei Giulio Caccini, zu Beginn des 17. Jahrhunderts, um die Verwirrung komplett zu machen, wird der »voce di piena«, der vollen Stimme, also der Bruststimme, die »voce di finte«, die vorgetäuschte Stimme, die Kopfstimme entgegengesetzt, während man später dazu überging, die »voce di finte« mit dem »mezzo falso« gleichzusetzen, was wohl nichts anderes als die »voix mixte« war. Bei der Rezeption historischer Thesen zur Gesangskunst ist also vor allem auf die Gleichsetzung von Falsett und Kopfstimme zu achten – bis heute ist letztlich keine einheitliche Terminologie hergestellt, das Glossar gibt lediglich die vorherrschende Meinung wieder. Für die Beschränkung des Begriffs »Falsett« auf einen eng umrissenen Bereich gibt es auf jeden Fall den guten Grund, daß dieser Begriff, der von »falso« (falsch) abgeleitet ist, dem so wichtigen Kunstmittel der Kopfstimme einen pejorativen Beigeschmack verleiht.

Stimmsitz

Hinter diesem nüchternen Begriff verbirgt sich ein ganzes Kompendium keineswegs einfach zu definierender Vorstellungen. Unter einem guten oder richtigen Stimmsitz ist vor allem ein ausgewogenes Zusammenspiel zwischen *stimmerzeugendem Apparat* (siehe dort) und *Ansatzrohr* (siehe dort) zu verstehen. Dem Ziel, die Stimme nach außen in Richtung auf den Zuhörer hin projizieren zu müssen, entspricht die Vorstellung vom sogenannten »Vordersitz« der Stimme, das heißt einer Stimme, die weder im Gaumen noch im Hals sitzen bleibt. Beliebt ist auch der Begriff der *Maske*, das heißt die Vorstellung, daß das Zentrum der projizierten Stimmempfindung etwa im Bereich der Nasenwurzel sitzt, mit konzentrischen Vibrationskreisen nach außen. Stirn- und Nasenhöhlen spielen offenbar für die Lokalisierung und Kontrolle des Stimmsitzes eine größere Rolle, als es ihre tatsächliche Bedeutung als Resonatoren vermuten läßt. Der Begriff der *Nasenresonanz*, der auch immer wieder zu finden ist, ist allerdings mit Vorsicht zu genießen, denn das *näselnde Singen* wird zumindest im europäischen Kulturkreis nicht als schön und angenehm empfunden. Andererseits wird gerade bei Tenorstimmen ein gewisses Maß an nasalem Beiklang durchaus positiv aufgenommen, verstärkt es doch, wie uns die Psychologen sagen, den sinnlichen Klang einer Stimme – beides jedoch nur, solange eine gewisse äußerst schwer zu bestimmende Grenze nicht überschritten wird. Unter den prominenten Tenören dieses Jahrhunderts ist Alfred Piccaver ein interessantes Studienobjekt für dieses Phänomen, bei dessen stark nasaliertem Vortrag die einen Hörer, offenbar vor allem weibliche, geradezu dahinflossen, die anderen eher unangenehm berührt waren. Mit dem richtigen Stimmsitz ist die *Tragfähigkeit* einer Stimme untrennbar verbunden. Man versteht darunter die Fähigkeit einer Stimme, unabhängig von ihrem Volumen und ihrer Lautstärke einen Raum zu füllen, speziell einen großen Theaterraum (bei diesem Thema wird immer wieder die ziemlich kleine Tenorstimme Tito Schipas genannt, dessen hoch entwickelte Tragfähigkeit es ihm gestattete, auch das riesige Teatro Colón in Buenos Aires mühelos zu beschallen). Eine solche Tragfähigkeit wird nur erreicht, wenn das *Ansatzrohr* (siehe dort) in seiner resonatorischen Funkion optimal ausgenutzt wird. Hektische Körperarbeit, vermehrter Atemverbrauch und das verzweifelte Bemühen, mit größtmöglicher Lautstärke zu singen, sind da eher kontraproduktiv. Jeder Leser kennt jene Sänger, die sich gewaltig anstrengen,

laute und mächtige Töne von sich zu geben, deren Töne jedoch kurz hinter der Rampe wie Wackersteine zu Boden fallen, während es anderen anscheinend mühelos gelingt, mit ihren Tönen die hintersten Reihen zu erreichen. Untersuchungen von Akustikern wie Fritz Winckel haben ergeben, daß für die Tragfähigkeit einer Stimme der sogenannte Sing- oder *Sängerformant* entscheidend ist. Geschulte Gesangsstimmen, so wurde festgestellt, haben im Vergleich zu ungeschulten Stimmen einen deutlich höheren Durchschnittsgehalt von Obertonschwingungen, und besonders fällt eine Konzentration von solchen Obertönen im Bereich um 3 000 Hertz auf. Man schreibt diesem sogenannten Formantmaximum die spezielle Eigenschaft einer *Trägerfrequenz* zu und hat es deshalb den Sängerformanten genannt. Besonders gut »sitzende« Stimmen zeichnen sich dadurch aus, daß dieser Formantbereich ziemlich eng ist und in ihm ein erstaunlich hoher Prozentsatz der Gesamtenergie des Klangspektrums einer Stimme konzentriert ist. Damit sind wir gleichzeitig bei der vielbeschworenen *Durchschlagskraft* einer Stimme. Wird dieser ideale Bereich überschritten, kommt es keineswegs zu einer Verbesserung der Tragfähigkeit, also einer Verbesserung der Gesangsleistung, sondern der Stimmeindruck wird im Gegenteil rauh und scharf, der subjektive Höreindruck ist negativ. Obertonarme Stimmklänge dagegen wirken matt und stumpf. Die Durchschlagskraft ist darüber hinaus natürlich auch eine Frage der *Dynamik*. Auch ein lyrischer Tenor kann zum Beispiel eine solche Durchschlagskraft haben oder entwickeln, dann nennt man ihn in Italien einen (Lirico-)Spinto-Tenor. Ein wesentliches Geheimnis des dramatischen Singens überhaupt ist ja mit rein stimmphysiologischen Kriterien nicht zu erfassen, nämlich der von den Zielen der Interpretation geleitete Einsatz variabler Dynamik und Steigerungsfähigkeit. Nichts ermüdet einen Zuhörer (und nebenbei gesagt auch den Sänger selbst) so sehr wie Gleichförmigkeit der Stimmgebung. Ein Mezzoforte kann, neben ein Pianissimo gesetzt beziehungsweise aus diesem entwickelt, von ungeheurer Wirkung sein, während ein Fortissimo, das aus einem Dauerforte entwickelt wird, in seiner Wirkung verpuffen wird (Lehrstunden in dieser Beziehung bietet das Anhören der Platten Aureliano Pertiles im direkten Vergleich mit denen etwa Mario Del Monacos oder Franco Corellis).

In den Bereich des schwierig zu Fassenden und Metaphorischen kommen wir mit dem Begriff des *Metalls*, der so häufig gebraucht wird, in der Sprache der Pausendiskussionen wie in der der Musikkritik, und nach dem Gesangspädagogen und Schüler so oft vergeblich in des Kehlkopfs Tiefen graben. Natürlich spricht die Hörerfahrung dafür, daß es Stimmen mit mehr und mit weniger metallischem Beiklang gibt, natürlich klang die Stimme Birgit Nilssons metallischer als die Kirsten Flagstads, die Mario Del Monacos metallischer als die Ramón Vinays, aber die Fachliteratur läßt bei der Verifizierung dieses Höreindrucks im Stich. Dem Autor sei die These gestattet, daß »Metall« die Umschreibung ist für eine extreme Obertonanreicherung des Stimmklanges, wobei die Tonführung im Ansatzrohr vornehmlich in die härteren Bereiche der Resonanzräume geleitet wird, die stärker von den Schädelknochen bestimmt werden als die weicheren Regionen von Rachen, Gaumen und so weiter. Eine metallische »Trimmung« der Stimme beziehungsweise eine schon

durch die anatomischen individuellen Gegebenheiten herbeigeführte metallische Stimmbeimischung birgt immer die Gefahr in sich, ins Rauhe und Spröde umzukippen, und muß daher sorgsam austariert und kontrolliert werden. Solche Stimmen neigen dazu, ihre Biegsamkeit zu verlieren und wie ein versprödeter Knochen für Brüche anfällig zu sein. Daß der metallische Stimmklang eines Heldentenors wie im Falle etwa von Franco Corelli, Mario Del Monaco und Max Lorenz von überwältigender Wirkung sein kann, das wird nur der bestreiten, der den einstmal so genannten »Bach-Tenor« für die Krone der Tenorschöpfung hält. Das sogenannte *Knödeln*, vor allem das des angeblich so verbreiteten Knödeltenors, taucht auch bei durchschnittlichen Sängern sehr viel seltener auf, als es der Volksmund wahrhaben will. Es ist ein Sammelbegriff für eine vom richtigen Stimmsitz sich entfernende Rückwärtsverlagerung der Tonbildung sozusagen in die Hinterzimmer des Ansatzrohres in Richtung Gaumen, oft verbunden mit einem nicht tief gestellten Kehlkopf. Eine solche Tonproduktion verliert rasch und fundamental den nötigen Reichtum an Obertönen und damit an Tragfähigkeit. Das Knödeln kann bei mangelnder Kontrolle der Stimme gefährlich werden, weil der Sänger subjektiv das Gefühl hat, seiner Stimme dadurch mehr Glanz und Schönheit zu verleihen, während objektiv das Gegenteil der Fall ist. Problematisch ist der Begriff des *Deckens* beziehungsweise des *gedeckten* Singens, unter dem man eine künstliche Abdunklung von Vokalen versteht und die vor allem dann zum Einsatz kommt, wenn die Stimme die Registergrenze zwischen Brust- und Kopfregister erreicht, also jenes berühmte *Passaggio* (siehe dort). Das Decken wird angewandt, wenn der Sänger eine zu offene Tonproduktion vermeiden, den Registerausgleich erleichtern und seiner Stimme zugleich eine dunkel getönte, heroische Färbung verleihen will. Es verwundert daher nicht, daß diese Technik Teil einer historischen Entwicklung ist, speziell der vom lyrischen Tenor zum Heldentenor. Als Propagator des Deckens gilt der französische Tenor Gilbert Louis Duprez, ebenjener, der mit seinem mit der Bruststimme erzeugten hohen C in Rossinis *Guillaume Tell* Sensation machte. Beim Decken haben die Physiologen eine Tiefstellung des Kehlkopfes bei Aufrichtung des Kehldeckels und Weitung des Ansatzrohrs festgestellt. Über die Zulässigkeit des Deckens gibt es geteilte Ansichten, heutige Pädagogen neigen dazu, es mit Vorsicht zu behandeln, der amerikanische Experte Cornelius Reid lehnt es etwa strikt als manipulativ und stimmschädigend ab. Ein berühmtes Beispiel für gedecktes Singen war Lauritz Melchior (man trifft es bezeichnenderweise am häufigsten bei Baritonen, die zum Heldentenor umgeschult haben), bei dem der mit urweltlicher Kraft gestaltete »Durchbruch« der hohen Töne durch die Deckung von unnachahmlicher Wirkung war. Bei weniger kraftvollen Sängern (und wer wäre kraftvoller als Melchior) kann das forcierte Decken sehr rasch zum Stumpfwerden der Stimme und zum entsprechenden Verlust der Tragfähigkeit führen.

Stimmumfang siehe **Stimmgattungen**

Stütze
Mit diesem Begriff scheint ein Arcanum der Gesangslehre verbunden zu sein, denn er gehört offensichtlich zu den geheimnisumwittersten, bei dem die einen ganz

banal an eine Spannungshaltung des Zwerchfells denken, während die anderen Metaphern der Statik benutzen, die aus der Bauhütte eines gotischen Domes zu stammen scheinen. Halten wir uns an die nüchternen Seidner/Wendler: »Ziel des Stützvorgangs ist die bewußte und zweckmäßige Führung des Ausatmungsstromes für eine optimale Kehlkopffunktion und die Verlängerung der Ausatmung durch ein möglichst langes Beibehalten der Einatmungsstellung.« Letzteres wird durch Zusammenarbeit zwischen Zwerchfell und Bauchdeckenmuskulatur erreicht, ersteres ist ein äußerst komplizierter und einer Variation in Permanenz unterworfener Vorgang, der in jeder Sekunde abhängig ist von dem, was gesungen wird und wie es gesungen werden soll. Ein gutes Beispiel für die Dynamik dieses Vorgangs ist das *Messa di voce* (siehe dort), weil es eine im Idealfall absolut gleichförmig verlaufende Verstärkung und Abschwächung des Ausatmungsstroms ohne Löcher und Atemstöße verlangt, bei gleichbleibender Einstellung des Kehlkopfes. Eine Stakkato-Koloratur verlangt dagegen eine äußerst rasche Veränderung der Kehlkopfeinstellung. Stütze und Atem sind also die sich ergänzenden und aufeinander angewiesenen zentralen Vorgänge, die zur Bildung eines befriedigenden Gesangstons erforderlich sind. Der in der italienischen Gesangsmethodik gebräuchliche Begriff des *Appoggio* wird in der Literatur nicht ganz klar definiert. Cornelius Reid bezieht das »appoggiare la voce«, das Aufstützen der Stimme, auf den Kehlkopf und definiert es als die optimale muskuläre Einstellung des Kehlkopfes, auf die gestützt sich der Gesangston frei entfalten kann, Seidner/Wendler sprechen vom »appoggiare la voce in petto« und beziehen es auf die

Brustatmung, während der ebenfalls gebräuchliche Ausdruck »appoggiare in testa« bei ihnen als die Klangbildung im *Ansatzrohr* (siehe dort) verstanden wird, während ich glaube, daß damit die Zentrierung des Tones in der *Maske* (siehe *Stimmsitz*) gemeint ist.

Tessitura

Vom italienischen Begriff für »Gewebe, Struktur, Gefüge, Aufbau«. Meint zunächst jenen Tonhöhenbereich, in dem eine individuelle Stimme ohne Anstrengung und Verspannung ihr Maximum an Klangschönheit und Entfaltung des eigenen Timbres zur Geltung bringen kann. Man nennt dies auch die »natürliche Tessitura«. Wichtig dabei ist, daß die Bestimmung der Tessitura einer Stimme unterschieden werden muß von der dieser Stimme möglichen Ausdehnung nach oben und unten. So mag ein Mezzosopran durch Naturgabe und Training die Höhen eines hochdramatischen Soprans erreichen, die Tessitura jedoch verweist, sofern sie fachmännisch bestimmt wird, auf eine Einstufung als Mezzosopran. Man kann sich vorstellen, daß eine falsche Einstufung verheerende Folgen hat (im Wagner-Exkurs werden Beispiele für die schwierige Einstufung zwischen hohem Bariton und Heldentenor, zwischen Mezzosopran und hochdramatischem Sopran gegeben). In einem weiteren Sinne spricht man auch von der Tessitura einer Partie. Unabhängig von der äußeren Ausdehnung einer Partie (also von dem höchsten und tiefsten geforderten Ton) ist für die Frage, ob eine Stimme für eine bestimmte Partie geeignet ist (bzw. umgekehrt), wichtig, in welchem Tonbereich die für die Bewältigung der Partie entscheidenden Passagen liegen. So unterscheidet sich die Rolle des Hagen von der des Wotan nicht in der stimmlichen Ausdehnung, der Wotan jedoch muß sich im oberen Drittel seines Bereichs mit größerer Leichtigkeit und Freiheit bewegen können als der Hagen, der diesen Bereich nur gelegentlich ansteuern muß – insofern wird man letzteren mit einem Baß besetzen, ersteren mit einem Heldenbariton (daß ein Sänger beide Partien singt, wie der Engländer John Tomlinson, ist eine Ausnahme und mit Skepsis zu betrachten).

Timbre

Noch ein Begriff, der geheimnisumwittert ist, so sehr, daß Franziska Martienßen-Lohmann in ihrem Gesangslexikon hinter den Begriff gleich noch »das Geheimnis« setzt. Für sie ist Timbre »das Persönlichste, der Eigenreiz, der betörende oder hinreißende Schönheitsklang der Stimme [...] Geheimnis der Quellen, Geheimnis des Timbre, Geheimnis der Schönheit überhaupt: Gottesbeweis und Offenbarung ›mehr als alle Weisheit und Philosophie‹«. Nüchterner sehen es die Stimmphysiologen, für sie (siehe *Akustik*) wird die Klangfarbe oder das Timbre durch Anzahl und Stärke der Teiltöne bestimmt, aber auch durch die sogenannten habituellen Klangfarbenvarianten, die mit der körperlichen Ausprägung des Individuums, der speziellen Ausformung seiner Resonanzräume, aber auch Schattierungen der Persönlichkeit und des Temperaments zusammenhängen. Es ist jener Bereich erreicht, der physikalischen Messungen letztlich sich entzieht, mit einer Person so eng verbunden ist wie ein Fingerabdruck. Zur wirklich großen unverwechselbaren Sängerpersönlichkeit gehört das unverwechselbare Timbre dazu – so wie es Personen gibt, die im Stimmengewirr eines großen Raumes schon durch ihre Sprechstimme die ganze Aufmerksamkeit auf sich ziehen, so gibt es immer wieder jene Sängerstimmen, die bei ihrem ersten Auftreten sich sofort aus dem Klangbrei eines Routineopernabends herauslösen. Mit richtigem und gutem Singen hat das Timbre primär gar nichts zu tun. Bedeutende Karrieren sind ohne dieses Geschenk der Natur gemacht worden, faszinierende Timbres sind durch ungenügende Technik vorzeitig vor die Hunde gegangen. Die ganz große sängerische Erscheinung ist nur aus einer Kombination beider Elemente vorstellbar, zu der im besten Falle auch noch die Fähigkeit tritt, der habituellen Klangfarbenvariante in den entscheidenden Momenten die emotionale Klangfarbenvariante hinzuzufügen, das heißt die emotionalen Höhepunkte eines Opernabends, einer Rolle mit jener vibrierenden stimmlichen Intensität zu erfüllen, die in der Lage ist, Bühne und Zuschauerraum in eine mystische Kommunion zu bringen – und schon bin auch ich beim geheimnisvollen Raunen, das ich ansonsten weitgehend vermeide.

Tragfähigkeit siehe **Stimmsitz**

Tremolo, Triller siehe **Vibrato**

Vibrato
»Ein ausgewogenes Vibrato gehört zu einem edlen Gesangsklang wie zu einem beseelten Geigenton« (Franziska Martienßen-Lohmann). Das Vibrato einer Stimme ist darüber hinaus für das geübte Ohr so etwas wie die Körpertemperatur für den Arzt – es sagt etwas über den Gesundheitszustand der Stimme aus, lange bevor drastischere Krankheitserscheinungen zutage treten. Die Akustiker unterscheiden drei Vibratoarten, das Tonhöhen-

vibrato, das Intensitätsvibrato und das Klangfarbenvibrato, der Laie denkt zunächst wohl nur an das erstere, aber erst das Zusammenwirken aller drei Faktoren ergibt das Gesamtbild eines Vibratos, wobei sicher das Tonhöhenvibrato seine beiden Partner an Valenz überragt. Ein alter Sängerscherz spricht davon, daß selbst im größten Affekt das Vibrato den Umfang einer Terz nicht überschreiten sollte. Das normale Vibrato hat dagegen normalerweise den Umfang eines halben Ganztons, Abweichungen davon sind bei gesunden Stimmen minimal. Die Frequenz der Tonhöhenschwankungen liegt zwischen fünf und sieben pro Sekunde. Dieses gesunde Vibrato gehört zum günstigen Stimmeindruck unabdingbar dazu, es ist sozusagen das Lebenszeichen, das Vitalitätssignal einer Stimme. So wie man von einem Menschen spricht, der vor Energie vibriert, weil seine Vitalkräfte auf einem Höhepunkt sind, so sind es die Schwingungen der Stimme, die vom Zwerchfell, dem Kehlkopf und speziell der Glottis ausgehen, die die Vitalität einer Stimme nachweisen und die die Klangfarbe, das Timbre einer Stimme erst wirkungsvoll transportieren. Vibratolose Stimmen, die man korrekterweise als vibratoarme Stimmen bezeichnen sollte, werden gelegentlich als exotische bzw. geschlechtslose Farbe speziell eingesetzt, denn es ist kaum bestreitbar, daß das Vibrato den Eindruck von Sinnlichkeit transportiert. So ist der Einsatz von Knabensopranen in Kirchenmusik in seinem speziellen Reiz zu erklären, aber auch bedeutende Sänger haben mit einem vibratoarmen Ton es geschafft, sich aus der Masse ihrer »vibrierenden« Konkurrenz herauszuheben (Teresa Stich-Randall, Gundula Janowitz, Karl Erb, Julius Patzak). Verlieren Sänger im Alter ihre körperliche Spannkraft, dann nimmt die Tonhöhenschwankung erheblich zu, die Frequenz des Vibratos gleichzeitig ab, und es entsteht jener unangenehme Eindruck des »Eierns« oder »Schlagens« einer Stimme. Unabhängig vom Alter kann eine ungute Abart des Vibratos, das *Tremolo*, auftreten, bei dem die Frequenzmodulation über sieben, manchmal gar über zehn pro Sekunde steigt, und es entsteht jener flackernde, meckernde Stimmklang, auf den allerdings Hörer verschieden (auch regional unterschiedlich) reagieren können. Nicht zu verwechseln mit dem Tremolo ist der bewußt eingesetzte *Triller* um einen Halb- oder Ganzton, der in der Belcanto-Tradition einmal ein wesentliches Kunstmittel darstellte, weil seine Ausführung Auskunft darüber gab, ob eine

Stimme im Sinne dieser Tradition richtig und ausreichend ausgebildet war. Die Trillervirtuosität der Kastraten des 18. Jahrhunderts war atemberaubend, sie nahm jedoch mit dem Verschwinden der Kastraten und dem Rückgang der Belcanto-Oper ab, obwohl noch bei Wagner und Verdi an prominenten Stellen den Sängern Triller abgefordert werden. Die mangelnde Virtuosität der meisten Sänger des 20. Jahrhunderts ließ auch die Trillerfähigkeit verkümmern, Sängerinnen wie Selma Kurz und auch Joan Sutherland haben jedoch die Tradition aufrechterhalten, die durch die Wiederbelebung der Opern Rossinis und seiner Zeitgenossen wieder im Aufschwung begriffen ist.

Voix mixte siehe **Stimmregister**

Literaturverzeichnis

Wer sich über die im Glossar genannten Titel hinaus mit der Entwicklung der Gesangstechnik und Gesangskunst in historischer Perspektive befassen will, sei verwiesen auf (dort findet sich auch eine sehr reichhaltige kommentierte Bibliographie zu diesem Bereich):

Monahan, Brent Jeffrey: *The Art of Singing*, Metuchen, N.J. 1978.

Literaturhinweise zu einzelnen Sängern sind bei den einzelnen größeren Porträts gegeben. Für jede weitere Information sind die folgenden zwei Bibliographien unerläßlich:

Farkas, Andrew: *Opera und Concert Singers*, New York/London 1985.

Cowden, Robert H.: *Concert and Opera Singers*, Westport 1985.

Das gegenwärtig international führende Sängerlexikon liegt in deutscher Sprache vor:

Kutsch, K. J. / Riemens, Leo: *Großes Sängerlexikon*, 2 Bände, Bern 1987, Ergänzungsband Bern 1991.

Längst nicht so umfassend, aber gerade für den italienischen Bereich immer noch wichtig ist:

Celletti, Rodolfo (Hrsg.): *Le grandi voci*, Rom 1964.

Das folgende Verzeichnis führt Bücher auf, die sich mit den Sängerinnen und Sängern unseres Jahrhunderts beschäftigen. Die Autoren der mir besonders wichtig erscheinenden Titel sind durch Fettdruck hervorgehoben.

Brand-Seltei, Erna: *Belcanto. Eine Kulturgeschichte der Gesangskunst*, Wilhelmshaven 1972.

Brower, Harriette Moore: *Vocal Mastery. Talks with Master Singers and Teachers*, New York 1920.

Literaturverzeichnis

Celletti, Rodolfo: *Voce di tenore*, Mailand 1989.

Farga, Franz: *Die goldene Kehle. Meistergesang aus drei Jahrhunderten*, Wien 1948.

Firner, Walter (Hrsg.): *Wir von der Oper*, München 1932.

Haas, Walter: *Geliebte Primadonna. Das Leben großer Sängerinnen*, Frankfurt/Berlin 1986.

Hines, Jerome: *Great Singers on Great Singing*, London 1983.

Herzfeld, Friedrich: *Magie der Stimme*, Berlin/Frankfurt/Wien 1961.

Kesting, Jürgen: *Die großen Sänger*, 3 Bände, Düsseldorf 1986.

Lauri-Volpi, Giacomo: *Voci parallele*, Bologna 1977.

Matheopoulos, Helena: *Bravo. Berühmte Sänger über ihre großen Rollen*, München 1988.

Matheopoulos, Helena: *Diva. Great Sopranos and Mezzos discuss Their Art*, London 1991.

Mordden, Ethan: *Demented. The World of the Opera Diva*, New York 1990.

Müller-Marein, Josef / Reinhardt, Hannes: *Das musikalische Selbstporträt*, Hamburg 1963.

Natan, Alex: *Prima donna. Lob der Stimmen*, Basel 1962.

Natan, Alex: *Primo uomo. Große Sänger der Oper*, Basel 1963.

Pahlen, Kurt: *Große Sänger unserer Zeit*, Gütersloh/Wien 1971.

Pleasants, Henry: *The Great Singers. From the Dawn of Opera to Our Own Time*, London 1983.

Rasponi, Lanfranco: *The Last Prima Donnas*, New York 1982.

Rosenberg, Wolf: *Die Krise der Gesangskunst*, Karlsruhe 1968.

Schwaiger, Egloff: *Warum der Applaus? Berühmte Interpreten über ihre Musik*, München 1968.

Scott, Michael: *The Record of Singing*. Band 1: London 1977, Band 2: London 1979.

Steane, John B.: *The Grand Tradition. Seventy Years of Singing on Record*, London 1974.

Steane, John B.: *Voices, Singers and Critics*, London 1992.

Steinitzer, Max: *Meister des Gesangs*, Berlin 1920.

Weinschenk, H. E.: *Künstler plaudern*, Berlin o. J. [1938].

Weissmann, Adolf: *Die Primadonna*, Berlin 1920.

Personenregister

Die Seiten, auf denen Sängerinnen und Sänger ausführlicher behandelt werden, sind durch **Fettdruck** hervorgehoben.

Berry, Walter   444, **465f.**
Bertram, Theodor   231
Besalla-Ludwig, Eugenie   445
Bettendorf, Emmy   **383f.**
Bigazzi, Mario   576
Bindernagel, Gertrud   **379**
Bing, Rudolf   156, 159, 305, 320, 334, 340, 345, 365, 486, 503
Birtwistle, Harrison   586
Bizet, Georges   56, 63, 226, 346, 395, 481, 493, 582, 597
Björling, Annalisa   308
Björling, Bette   303
Björling, David   302, 303
Björling, Gösta   302, 303, 309
Björling, Jussi   44, 56, 57, 76, 90, **101**, 136, 147, 148, 154, 164, **273f.**, **301–309**, 318, 339, 341, 355, 359, 403, 425, 434, 438, 440, 443, 495, 540
Björling, Olle   302, 303
Björling, Rolf   303
Björling, Sigurd   303, 304
Blake, Rockwell   **581**
Blech, Leo   186, 205, 258, 259
Blennow, Ragnar   258
Bloch, Ernst   109, 495
Blochwitz, Hans Peter   **579**
Blyth, Alan   106, 384
Bockelmann, Rudolf   **242–244**, 248, 337, 569
Bodanzky, Artur   163
Böhm, Karl   100, 107, 240, 246, 259, 297, 336, 348, 349, 366, 372, 384, 431, 444, 445, 446, 447, 461, 465, 466, 509, 545, 549
Böhme, Kurt   240
Boesch, Ruthilde   549
Bohnen, Michael   59, 94, **190f.**, 239
Boito, Arrigo   4, 11, 23, 24, 47, 56, 78, 80, 82, 83, 84, 86, 99, 116, 123, 145, 151, 152, 153, 188, 189, 205, 235, 331, 334, 359, 361, 413, 502, 503, 561, 562
Bolig, John R.   4, 17

Boltz, Oscar   182
Bonci, Alessandro   6, 74, 137, 142, 144, 153, **388**, 389, 392, 472
Bonisolli, Franco   **105, 583f.**
Bononcini, Antonio Maria   456
Bonynge, Richard   450, 451, 452, 454, 455, 457, 499, 531, 549, 580
Bordoni, Faustina   250
Borg, Kim   460
Borgatti, Giuseppe   **95**, 151
Borgioli, Dino   304, 348
Bori, Lucrezia   57, 140, 223, **392f.**
Boris III.   294
Borodin, Alexandr   120, 142, 298
Boronat, Olimpia   **405**, 409
Borovsky, Victor   27
Bosetti, Hermine   520
Boulez, Pierre   449, 461, 465, 466, 490, 495, 554, 566
Boyajian, Armen   561
Bozhkoff, Atanas   295
Brambarow, Christo   412, 413
Brahms, Johannes   69, 118, 120, 122, 194, 214, 323, 363, 371, 423, 480, 548, 553, 572
Branzell, Karin   **250f.**, 409, 452, 541
Bratt, Gillis   238
Braun, Helena   247
Braunfels, Walter   225
Brecher, Gustav   171
Brendel, Alfred   424
Brilioth, Helge   **282f.**
Britten, Benjamin   288, 318, 319, 320, 321, 351, 352, 353, 449, 470, 574, 575, 585, 586
Bronsgeest, Cornelis   205
Bruckner, Anton   2
Bruscantini, Sesto   390
Bruson, Renato   340, **577–579**
Bülow, Hans von   271, 283, 314
Bull, Ole   70
Bumbry, Grace   178, 497, **498f.**, 541, 567
Burchuladse, Paata   411, **557f.**

Cleva, Fausto 109
Cluytens, André 294, 295, 424
Cohen, Frederick 466
Collier, Marie **380**
Collins, Wilkie 86
Colson, Percy 44
Constant, Benjamin 138
Cooper, Gary 471
Coradetti, Ferruccio 50
Corelli, Franco 75, 76, **103**, 109, 153,
    164, 211, 260, 355, 427, 428, 455,
    471–473, 495, 496, 525, 536
Corneille, Pierre 487
Cornelius, Peter 461
Cortis, Antonio **392**, 527, 536
Cortis, Marcello 520
Corzolani, Giorgio 533
Cossotto, Fiorenza 474, **477–479**, 536
Cossutta, Carlo 105, **111**, 113
Cotogni, Antonio 29, 144, 201
Cotrubas, Ileana 330, **492–494**, 495
Court, L. D. 302
Coveney, John 176
Coyle, Marietta 575
Craig, Charles **112**, 282
Crass, Franz 117, 239, **461f.**, 466
Crespin, Régine **486f.**
Crimi, Giulio 337
Crosby, Bing 140
Culp, Julia 520
Culshaw, John 386
Cunelli, George 1, 5, 8, 33, 34
Curci, Luigi 226
Cuzzoni, Francesca 250
Czinner, Paul 333

Da Costa, Albert **103**
Dal Monte, Toti 66, 92, 330, **389f.**, 507
Dalmorès, Charles 520
Damrosch, Walter 255
D'Andrea, Renzo 141, 142, 143
Dandridge, Dorothy 450
Danise, Giuseppe 390
D'Arkor, André **396f.**

Daspuro, Nicola 3
Davis, Colin 483, 594
Dean, James 434
De Angelis, Nazzareno 20, **188f.**
Debussy, Claude 48, 120, 221, 222,
    375, 441, 464, 482, 483, 490, 493,
    597
Delibes, Leo 23, 120, 456, 549
Deller, Alfred 585
Del Monaco, Mario 75, 76, 100, 107,
    108f., 110, 113, 114, 126, 153, 211,
    343, 345, **355–357**, 427, 428, 471,
    472, 585
De Luca, Giuseppe 30, 35, 37, 45, 48,
    49–51, 163, 164, 196, 210, 226, 227,
    308, 390, 578
De Lucia, Fernando 6, 7, 8, 74, 137,
    142, 153, **388**, 389, 392, 472
Deman, Rudolf 183, 184, 185, 277
De Muro, Bernardo **92f.**, 392
De Muro Lomanto, Enzo 92
Demus, Jörg 424
Demuth, Leopold 52, 130
De Negri, Giovanni **89**
De Rensi, Raffaelo 147
Dermota, Anton 193, 312, **347–349**,
    366
Dernesch, Helga 443
De Sabata, Victor 221, 254, 276, 277,
    278, 304, 311, 345
Destinn, Emmy **62f.**, 69, 223
Dexter, John 436
Di Cave, Luciano 511, 512, 520, 521
Dickens, Aida 453
Dickens, Charles 158
Dickens, John 453
Dießl, Gustav 368, 369
Dietch, Sidney 338
Dimitrova, Ghena 590
Di Stefano, Giuseppe 104, 343, **344f.**,
    427, 428, 531, 535, 536, 539
Dobrowen, Issai 133, 294, 295, 439
Dohnányi, Christoph von 505, 540,
    544, 591

Schaljapin, Fjodor   4, **17–27**, 39, 40,
45, 46, 47, 52, 92, 115, 116, 119,
120, 121, 123, 140, 190, 191, 236,
244, 294, 295, 303, 406, 407, 412,
413, 416, 558, 559, 564
Schalk, Franz   172, 174, 175, 176,
177
Scharnina, Ljubow   410
Schauensee, Max de   164, 169
Scheidemantel, Carl   232
Schenk, Otto   103, 267
Schiller, Friedrich von   143, 215
Schillings, Max von   182, 191, 212,
215, 281
Schiøtz, Aksel   304, **402–404**, 574
Schipa, Tito   74, **136–143**, 145, 147,
387, 389, 407, 457, 474, 527, 530,
533, 583
Schippers, Thomas   340, 428
Schlar, Josef   130
Schlemmer-Ambros, Amalie   224
Schlüter, Erna   185
Schlusnus, Heinrich   51, 182, 183, 185,
191–193, 194, 342, 374, 384, 403,
468
Schmedes, Erik   54, 253
Schmidt, Andreas   **572f.**
Schmidt, Joseph   **203–206**, 307, 367,
375, 392, 400, 429, 439, 511, 513,
514, 516, 519, 521, 528
Schmitt-Walter, Karl   **195**, 322
Schnabel, Artur   353, 375
Schnabel, Teresa   353
Schneidereit, Otto   133, 136
Schneiderhan, Wolfgang   372
Schnitzler, Arthur   512
Schnorr von Carolsfeld, Ludwig   232
Schock, Rudolf   278, **350f.**, 506
Schoeck, Othmar   509
Schöffler, Paul   97, 134, 310, 334, **335–**
337, 348, 366
Schönberg, Arnold   253, 566, 567, 588
Schöne, Lotte   521
Schorr, Friedrich   184, 218, **241f.**, 244,

246, 248, 255, 261, 337, 511, 513,
519, 521, 569
Schreiber, Ulrich   502
Schreier, Peter   387, 435, **475f.**, 579
Schreker, Franz   76, 132, 206, 214, 281,
505
Schröder-Devrient, Wilhelmine   230,
231, 378
Schubert, Franz   20, 65, 69, 133, 134,
194, 195, 244, 352, 363, 371, 416,
423, 424, 435, 446, 464, 480, 481,
489, 540, 547, 548, 574, 575
Schubert, Richard   **281**
Schuh, Oscar Fritz   267, 268, 508
Schulz-Dornburg, Richard   190
Schumann, Elisabeth   241, 346, 347,
382, **383**, 481
Schumann, Robert   19, 20, 65, 69, 178,
194, 244, 317, 394, 416, 464, 468,
481, 548, 574
Schumann-Heink, Ernestine   44, **57–**
60, 231, 249, 382, 398, 517
Schunk, Robert   290
Schuricht, Carl   375
Schwaiger, Egloff   435, 447
Schwarz, Hanna   **588**
Schwarz, Joseph   48, **51f.**, 192, 193,
384, 408, 511, 513, 519, 521
Schwarz, Vera   521
Schwarzkopf, Elisabeth   119, 128, 134,
173, 218, 225, **321–325**, 372, 439,
442, 450, 455, 488, 491, 492, 546,
554, 575
Scott, Michael   3, 4, 13, 17, 194, 223,
237, 333, 388
Scotti, Antonio   7, 36, 62, 196, 197
Scotto, Renata   474, **499f.**, 502, 531,
595
Scovell, Jane   452
Seebach, Nikolaus Graf   131
Seefried, Irmgard   348, 366, **371–373**
Seider, August   285
Seiffert, Peter   290, 547
Seifferth, Elisabeth   129